INA SPIEGEL-RÖSING, HILARION PETZOLD (Hrsg.)

Die Begleitung Sterbender

Theorie und Praxis der Thanatotherapie

Ein Handbuch

Reihe

VERGLEICHENDE PSYCHOTHERAPIE

Band 6

Herausgegeben von

Prof. Dr. Dr. HILARION PETZOLD, Düsseldorf
(Verfahren humanistischer Therapie)

in Verbindung mit

Prof. Dr. phil. KLAUS GRAWE, Bern
(Verhaltenstherapie)

Prof. Dr. med. ECKARD WIESENHÜTTER, Salzburg
(Psychoanalyse)

JUNFERMANN-VERLAG · PADERBORN

1984

INA SPIEGEL-RÖSING, HILARION PETZOLD (Hrsg.)

Die Begleitung Sterbender

Theorie und Praxis der Thanatotherapie

Ein Handbuch

JUNFERMANN-VERLAG · PADERBORN

1984

Für Sigurd Diederich:
gemeinsame Erfahrungen mit Sterben, mit Tod,
mit viel neuem Leben.

Ina Rösing

Für meine Großmütter Ida Heinz (1880-1952)
und Maria Petzold (1888-1974) —
Sie haben mich viel über das Alter, das Sterben
und das Leben gelehrt.

Hilarion Petzold

CIP-Kurztitelaufnahme der Deutschen Bibliothek

Die Begleitung Sterbender: Theorie u. Praxis
d. Thanatotherapie; e. Handbuch/
Ina Spiegel-Rösing; Hilarion Petzold (Hrsg.). —
Paderborn: Junfermann, 1984.
(Reihe vergleichende Psychotherapie; Bd. 6)
ISBN 3-87387-215-3

NE: Spiegel-Rösing, Ina [Hrsg.]; GT

© Junfermannsche Verlagsbuchhandlung, Paderborn 1984

Lektorat: Christoph Schmidt

Einband-Gestaltung: Christof Gassner

Gesamtherstellung: Junfermannsche Verlagsbuchhandlung und Verlagsdruckerei,
Paderborn.

ISSN 0720-0560
ISBN 3-87387-215-3

Inhalt

Vorwort

Das vorliegende Buch entstand aus der langjährigen praktischen und theoretischen Auseinandersetzung der Herausgeber mit den Fragen um das Alter, das Sterben und um den Tod. Diese Auseinandersetzung war keineswegs vorwiegend von wissenschaftlichen Interessen motiviert. Sie wurzelt in der persönlichen Betroffenheit: Todeserfahrungen im Verlauf des eigenen Lebensweges, Erfahrungen an der Seite Sterbender. Ein weiterer Hintergrund für das Zustandekommen dieses Bandes ist eine gute und fruchtbare Zusammenarbeit im Bereich der thanatologischen Weiterbildung von Angehörigen helfender Berufe.

Die Konfrontation mit Sterben und Tod und den Phänomenen, die sich in diesem existentiellen Grenzbereich und in dieser Randzone individuellen und gesellschaftlichen Lebens vorfinden, führt in eine tiefe Nachdenklichkeit, denn sie erfordert eine Auseinandersetzung mit der eigenen Lebensgeschichte — es wird klar, daß sie „eine Kette von Trennungen und Abschieden und Neuanfängen ist" —, und sie erfordert Auseinandersetzung mit den Strukturen unserer Gesellschaft, die die *Marginalität* des individuellen Todes praktiziert und ihn in klinische Sonderbereiche abgedrängt hat, die aber andererseits die *Potentialität* des kollektiven Todes produziert und so zentral stellt, daß er das Leben der einzelnen Menschen und der Menschheit derzeit permanent überschattet. — Unsere thanatologische, aniatologische und thanatotherapeutische Arbeit hat uns im Laufe der Jahre deshalb immer mehr zum Konzept einer *kritischen* und *engagierten Thanatotherapie* geführt, deren Aufgabe es nicht nur sein kann, gegen die Inhumanität individuellen Sterbens anzutreten, Bedingungen zu schaffen, die zu einem menschlichen Sterben beitragen, Methoden zu entwickeln, Sterbenden und ihren Angehörigen beizustehen. Aufgabe muß vielmehr auch sein, *Bewußtheit* für die „*conditions inhumaines*" individuellen und kollektiven Sterbens zu schaffen, Bewußtheit dafür, was die Bedrohung des Todes mit uns macht, wie wir sie verdrängen, verleugnen oder — bedenklicher noch — verschieben und ins Gegenteil verkehren. Thanatotherapie darf, bei aller Spezifität ihrer theoretischen und praktischen Aufgaben, nicht ein abseitiges Randgebiet werden, sondern sie sollte dazu beitragen, daß Menschen zu den Themen Tod und Sterben neue Zugänge finden können, um ihr Leben besser zu verstehen, daß die Auseinandersetzung mit der „Gewalt des Todes" zur Motivation wird, sich mit dem Problem der Gewalt schlechthin zu konfrontieren.

Das Feld und die Aufgaben von Thanatotherapie, Thanatagogik, Medizinpsychologie und Medizinethik sind weit gesteckt und greifen ineinander. Dabei können die persönliche und die politische, die fachwissenschaftliche und die philosophische, die forschungsmethodische und die ethische Dimension nicht voneinander abgetrennt werden. Die auftauchenden Fragen sind komplex, und die Disziplinen, die sich mit dem Alter, den psychologischen Aspekten schwerer Krankheit, mit dem Sterben und dem Tod befassen, sind noch relativ jung, und obgleich eine gewisse modische Aktualität festzustellen ist und eine Fülle von Forschungsergebnissen vorliegt, stehen wir in vieler Hinsicht am Anfang. — Auch dies ist ein Hintergrund unseres Buches. Es ist ein Versuch, Vorhandenes zu sammeln und zu ordnen, um den Forschungsstand und den Kontext von Thanatologie, Thanatotherapie und angrenzenden Disziplinen zuganglicher zu machen sowie Methoden, Settings, Zielgruppen und Erfahrungen aus der Praxis vorzustellen. Dabei war es unser Bemühen, Autoren zu Wort kommen zu lassen, die unterschiedliche Ansätze und Verfahren vertreten. Gerade im Bereich der Arbeit mit Sterbenden ist Methodenvielfalt angezeigt, weil anzunehmen ist, daß unterschiedliche Ansätze die Chance bieten, der Vielfalt der Bedürfnisse gerecht zu werden, die wir bei den Patienten und ihren Angehörigen finden und die uns in der Verschiedenheit der individuellen Sterbeprozesse entgegentritt. Die theoretische und methodologische Arbeit in der Thanatotherapie und Thanatagogik befindet sich im Stadium einer Suchbewegung, und eigentlich ist dieses Suchen dem Gegenstand angemessen, weil jede Zeit und jede Kultur *ihre* Formen des Sterbens hervorbringt und abschließende Lösungen sich verbieten. Eine „differentielle Thanatologie" ist angezeigt, die ihren Gegenstand und ihre Praxis beständig reflektiert und hinterfragt, um normierenden Festlegungen zu entgehen und wachsam zu bleiben gegenüber der Gefahr, daß wissenschaftliche Betriebsamkeit und thanatotherapeutischer Aktivismus nicht selbst zu einer Form der Abwehr oder Verdinglichung werden.

Wir hoffen, daß dieser Band dazu beiträgt, die Situation sterbender Menschen humaner zu gestalten, und daß er die Bemühungen um eine theoretische und praxeologische Entwicklung der Thanatotherapie vorantreibt. Wir wünschen uns, daß er den Leser zur erneuten Reflexion der Fragen um Leben, Sterben und Tod anregt und ihn für die persönlichen und gesellschaftlichen Implikationen dieser Fragen sensibel macht. Danken möchten wir all den Freunden und Kollegen, die zum Zustandekommen dieses Bandes beigetragen haben, den Teilnehmern an unseren Weiterbildungskursen, mit denen zusammen wir lernen konnten, dem Pflegepersonal und den Ärzten, die unsere praktische Arbeit unterstützt haben, und den Menschen, die wir im Sterben und in Trauerprozessen begleiten konnten.

Hilarion Petzold, Ina Spiegel-Rösing

1   Der thanatologische Kontext
Schwerpunkte, Entwicklungen, Defizite
Ina Spiegel-Rösing

1. Definition und Kontext

Den Begriff „Thanato-Therapie" benutzen wir im Kontext des vorliegenden Bandes als eine Kurzbezeichnung für alle Formen der psycho-sozialen Interventionen bei Menschen, die von Sterben und Tod betroffen sind. Die Bezeichnung „Thanato-Therapie" ist uns nicht wichtig — sie kann auch durch eine andere Kurzbezeichnung ersetzt werden —, wohl aber die damit gemeinte Bereichsbestimmung. Die obige Kennzeichnung thanato-therapeutischer Arbeit bedeutet zweierlei:

1. Da mit Thanato-Therapie „alle Formen psycho-sozialer Interventionen" gemeint sind, geht die Bereichsbestimmung über die professionelle formale Psychotherapie hinaus. Mit Thanato-Therapie ist also nicht eine neue Form der Spezialtherapie gemeint. Thanato-Therapie kann, muß aber nicht „formale" Psychotherapie sein. Thanato-therapeutisches Handeln ist also auch das Handeln des Seelsorgers am Krankenbett des Sterbenden, ein Gespräch der Krankenschwester mit dem Patienten, die Interaktion der Angehörigen mit dem Sterbenden. Thanato-Therapie heißt nicht, daß der Effekt ein psychotherapeutischer ist; Thanato-Therapie meint „nur" ein Handeln, eine Interaktion, eine Intervention, die von der Orientierung getragen ist, dem Betroffenen auf der psycho-sozialen Ebene beizustehen.

2. Wenn Thanato-Therapie sich auf Menschen bezieht, „die von Sterben und Tod betroffen sind", so ist die *prägnant gewordene Möglichkeit* und die *anstehende Faktizität* von Sterben und Tod gemeint. Für einen Menschen, der die ersten Symptome einer als bedrohlich erlebten Krankheit an sich beobachtet, wird die Möglichkeit eines baldigen Sterbens *prägnant*. Auch für einen Menschen, der sich, selbst wenn er medizinisch ganz gesund ist, mit Todesängsten quält, ist die Möglichkeit des Sterbens prägnant. Sie ist prägnant für alle, die mit einem sterbenden Menschen umgehen; sie ist prägnant für Menschen, die von „fremdem" Tod — Massentod, Krieg in einem anderen Teil

9

der Welt — innerlich betroffen sind, für Menschen, die über den Tod eines nahestehenden Menschen trauern. Irgendwann wird Sterben und Tod für uns alle zum Faktum. Aber das Faktum steht uns nicht allen unmittelbar bevor.

Thanato-Therapie als so definierter Handlungsbereich gehört, wissenschaftlich betrachtet, in einen doppelten Kontext; einmal in den Bereich der Psychotherapieforschung, zum anderen in den Bereich der Thanatologie. Auf den ersten Kontext geht das Kapitel 2 (Überblick über den Stand der Thanato-Therapie) sowie Kapitel 3 (soweit es ethische Aspekte betrifft) ein. Auch in den übrigen Kapiteln des Buches, in denen spezielle Verfahren, Zielgruppen und Ansätze thanato-therapeutischer Arbeit dargestellt werden, wird dieser Kontext mitbeleuchtet. Er wird deshalb im vorliegenden Kapitel nicht angesprochen.

Der zweite Kontext der Thanato-Therapie ist die Thanatologie. Ziel des vorliegenden Kapitels ist es, mit einem kurzen Überblick über die Thanatologie eine Lokalisation und Ortung der Thanato-Therapie in diesem ihrem wissenschaftlichen Kontext zu ermöglichen.

Thanatologie leitet sich ab von *Thanatos*, dem griechischen Gott des Todes, und bedeutet „Forschung über Sterben und Tod". *Weisman* (1974) definiert die Thanatologie als „die Untersuchung von Tod, Sterben, Trauer, lebensbedrohlichem Verhalten und Selbstmord" (S. 6). Dabei geht es nicht nur um den Abschluß des Lebenszyklus (Sterben, Tod als Ende des Lebens, d. h. wie das Ende aussieht und erlebt wird, welche Bedingungen zu Aussehen und Erleben beitragen, was der Interaktionskontext und der institutionelle Rahmen des Sterbens ist und welche Rituale den Tod umgeben), sondern es geht auch darum, wie Menschen einer bestimmten Gesellschaft, Schicht, religiösen Orientierung etc. — auch lange vor dem Ende — mit Sterben und Tod umgehen, und zwar auch mit *erlebtem* Tod (Sterben des anderen, Trauer), mit *vorgestelltem* Tod (Todeseinstellungen und Todesbilder) und *hergestelltem* Tod (Selbstmord, Gewalt, Krieg). Auch wenn Wissenschaftler verschiedener Fachherkunft (z. B. Onkologie, Psychiatrie, Psychologie) jeweils das Schwergewicht der Thanatologie ein wenig anders setzen und die Grenzen unterschiedlich ziehen (vgl. die Definitionssammlung in *Fleming* et al. 1975), so besteht doch allgemeiner Konsens über diese Bereichsbestimmung der Thanatologie. Sie liegt auch den meisten Übersichtsbänden zur Thanatologie (vgl. u.) sowie thanatologischen Bibliographien und Handbuchartikeln (vgl. u.) zugrunde.

Die Thanatologie als Forschungsbereich steht ihrerseits in einem weiteren Kontext. Im Netz etablierter wissenschaftlicher Disziplinen läßt er sich bestimmen durch den Beitrag, den diese Disziplinen zu verschiedenen Fragestellungen der Thanatologie liefern. Die wichtigsten Beiträge zur Thanatologie kommen aus den klinischen Fächern Medizin (dort besonders Onkologie, Psychiatrie, Psychosomatik) und der Pflegeforschung, den sozialwissenschaftlichen Fächern Psychologie, Soziologie und Ethnologie sowie den humanistischen Fächern der Philosophie, Theologie und Geschichte. Enge inhaltliche Verbindungen bestehen auch zur Medizinischen Anthropologie, die sich mit den Grundfragen der Werte, des Menschenbildes und der Ethik der Medizin befaßt, sowie zur Medizinpsychologie und -soziologie. Obwohl in den beiden letztgenannten Disziplinen Fragen von Sterben und Tod ein paradigmatisches Thema sein könnten, an dem wesentliche Aspekte der Arzt-Patienten-Beziehung, des subjektiven Krankheitsverständnisses, der psycho-sozialen Einflüsse auf Krankheit, der institutionellen Bedingungen von Kranksein, der Rollenbeziehung im Krankenhaus etc. (alles wesentliche Themen von Medizinpsychologie und -soziologie) abzuhandeln wären, ist der Raum, den das Thema in diesen Bereichen (auch gerade in den guten Lehrbüchern dieser Fächer) einnimmt, recht gering (vgl. z. B. *Enke* et al. 1977, *Siegrist* 1975, *Basler* et al. 1978). Dennoch sind Medizinpsychologie und Medizinsoziologie wichtige Bezüge der Thanatologie, denn hier werden Konzepte erarbeitet und Ergebnisse erzielt, die in ihrer Anwendung auf das Arbeitsfeld der Thanatologie noch bei weitem nicht ausgeschöpft sind.

Diese verschiedenen zur Thanatologie beitragenden Disziplinen haben zum Teil grundlegend unterschiedliche Erkenntnisinteressen, d. h. ihre Forschungen sind von unterschiedlichen Motivationen und Orientierungen getragen: mehr auf praktisches Erkenntnisinteresse in den klinischen Fächern (z. B.: wie ist die Situation des Sterbenden im Krankenhaus humaner zu gestalten?) und oft stärker auf theoretisches Erkenntnisinteresse in den sozialwissenschaftlichen Fächern (z. B.: gilt die sozialpsychologische Dissonanztheorie auch für Einstellungen gegenüber Sterben und Tod?). Diese unterschiedlichen Orientierungen innerhalb des multi-disziplinären Forschungsbereiches der Thanatologie machen seine Breite aus, bedingen aber auch eine Reihe spezifischer Defizite (vgl. u.).

Im folgenden möchte ich kurz die Entwicklung der Thanatologie als Forschungsbereich skizzieren und ihre Hauptfragestellungen aufweisen, um auf dieser Basis einmal die Thanato-Therapie einordnen und zum anderen den Stand der Thanatologie — gerade in ihrem Bezug zur Thanato-Therapie — kritisch beleuchten zu können.

2. Die Entwicklung der Thanatologie und ihre soziale und kognitive Institutionalisierung

Mit Ausnahme der Philosophie, in der Fragen nach dem Tod eine lange Tradition haben, sind thanatologische Fragestellungen eine vergleichsweise junge Erscheinung wissenschaftlicher Entwicklung. Oft wird der inzwischen als Klassiker der Thanatologie angesehene Band „The Meaning of Death" (1959 von *Feifel* herausgegeben) als ein wichtiger Ausgangspunkt eines sich dann sehr schnell entwickelnden thanatologischen Interesses angesehen. Sind vor diesem Zeitpunkt Arbeiten zum Thema Sterben und Tod eher vereinzelt erschienen und konnte das Thema Tod danach zunächst noch als „Tabu-Thema" bezeichnet werden (*Feifel* 1962, 1963), so ist heute das Reden von der „Flut" thanatologischer Literatur bereits zum Allgemeinplatz geworden.[1]

In der Tat hat sich die thanatologische Literatur seit Beginn der sechziger Jahre vervielfacht (für Zahlen und Kurven vgl. z. B. *Williams* 1966, *Spiegel-Rösing* 1975, *Wittkowski* 1978). Die Literatur ist inzwischen so umfangreich, daß spezielle Bibliographien in immer größerer Zahl und größerem Umfang erscheinen (*Kutscher* 1969, *Fulton* 1970, *Vernick* 1970/71, *Taylor* 1975, *Poteet* 1976, *Fulton* et al. 1977, *Miller* und *Acri* 1977, *Nevins* 1977, *Sell* 1977, *Rest* 1978, *Simpson* 1979; vgl. auch die fortlaufenden „media exchanges" von *Bertram* und *Corr* in der Zeitschrift „*Death Education*"); Übersichtsartikel (z. B. *Weisman* 1974, *Tentler* 1977, *Kastenbaum* und *Costa* 1977) sowie Übersichtsbücher (*Fulton* 1976, *Shneidman* 1976, *Vovelle* 1980, *Feifel* 1977, *Fulton* und *Bendiksen* 1976, *Kastenbaum* 1977, *Wilcox* und *Sutton* 1977, *Wass* 1979) versuchen, das Gesamtfeld darzustellen. Auch der Bereich der thanatologischen Lehre (der Aus- und Fortbildung von Menschen, die beruflich mit Sterbenden, Suizidalen, Trauernden zu tun haben) findet in der Literatur zunehmend Eingang und hat sich inzwischen auch ein eigenes Kommunikationsorgan (die erwähnte Zeitschrift „*Death Education*") geschaffen.[2] Und wie stets, wenn ein Forschungsbereich beginnt, sich zu institutionalisieren (vgl. u.), erscheinen zunehmend nicht nur thanatologische Arbeiten, sondern auch Meta-Thanatologie, Arbeiten, die das Forschungsfeld portraitieren, seine Geschichte nachzeichnen, die Gründungsväter benennen, die Arbeits-

---

[1] *Kalish* (1978): „... der Strom der Bücher ... schwillt zu einem Fluß und dann zu einer Flutwelle". (S. 219)

[2] Für eine Übersicht und Zusammenstellung der Literatur zur Death Education vgl. *Warren* 1981, *Wass* et al. 1980, *Zalaznik* 1979.

mittel ausbauen und die Kommunikationsstrukturen organisieren (vgl. z. B. *Pine* 1977) für den Bereich der Death Education; und *Fleming* et al. (1975) sowie *Fox* (1981) für den Gesamtbereich der Thanatologie; zur Geschichtsschreibung vgl. auch *Kastenbaum* und *Costa* 1977).

Über diese rein quantitative Skizze hinaus ist die Entwicklung der Thanatologie unter zwei wesentlichen Aspekten zu prüfen: ihrer sozialen und ihrer kognitiven Institutionalisierung. Ein Forschungsbereich ist „institutionalisiert", wenn sich nachzeichenbare Strukturen herausgebildet haben. Soziale Institutionalisierung meint die (im weiteren Sinne) organisatorischen Strukturen: Forschungsorganisation, Institutionalisierung von Lehre, Kommunikation, Interaktion. Die kognitive Institutionalisierung meint die inhaltliche Struktur: Konzepte, Fragestellungen, theoretische Ansätze, methodische Vorgehensweisen. Um einen Eindruck von dem Stand der Thanatologie als Forschungsbereich zu gewinnen, seien beide Aspekte kurz betrachtet.

Soziale Institutionalisierung

An anderer Stelle (*Spiegel-Rösing* 1975) habe ich ausführlicher behandelt, daß die Thanatologie, unter dem Gesichtspunkt der sozialen Institutionalisierung, als ein wohl etablierter Forschungsbereich betrachtet werden kann (zumindest was die Situation in den Vereinigten Staaten betrifft). Die thanatologischen Forscher haben sich in wissenschaftlichen Vereinigungen zusammengetan (Foundation of Thanatology, Société de Thanatologie, International Work Group on Death Education, Forum for Death Education and Counseling etc.); sie haben ihre regelmäßigen Konferenzen und Symposien; ihre Forschungskommunikation läuft über wohl organisierte Kanäle (die Zeitschriften Omega, Death Education, Suicide and Life-Threatening Behavior, Bulletin de la Société de Thanatologie etc.); es gibt institutionalisierte Forschungs- und Lehrstätten an der Universität (z. B. das Center for the Psychological Study of Death, Dying and Lethal Behavior an der Wayne University, das Center for Death Education and Research an der Minnesota University); die Lehre ist zum Teil mit regelmäßigen Angeboten institutionalisiert (für die USA vgl. *Liston* 1973, *Dickinson* 1976). Zweifellos ist auf dem Sektor der sozialen Organisation in der Thanatologie eine Strukturierung eingetreten, die die anfängliche informelle Kommunikation weniger Thanatologen „per Telefon" (*Pine* 1977) lange abgelöst hat.

Kognitive Institutionalisierung

Keinesfalls so fortgeschritten ist die Thanatologie im Bereich der kognitiven Institutionalisierung — und gerade das Auseinanderklaffen dieser beiden Aspekte beleuchtet eine ihrer Gefahren (vgl. u.). Kriterien der kognitiven Institutionalisierung sind: inhaltliche Kohärenz der Forschungsansätze, Kumulativität und Aufeinanderbezogenheit der Ergebnisse und Ansätze, Konsens hinsichtlich der Bedeutung von Fragestellungen und Methoden, übereinstimmende Konzepte und Definitionen, Integration von Theorie und Praxis. Obwohl es vereinzelte optimistische Gegenstimmen gibt,[3] muß die kritische Betrachtung doch ergeben, daß die Thanatologie als Forschungsbereich hier erhebliche Mängel aufweist. Kohärenz, Integration, Bezogenheit fehlen weitgehend. Der Mangel an Systematik und Integration wird immer wieder beklagt (z. B. *Schulz* 1978; *Wittkowski* 1978). Die Kohärenz endet spätestens an den Grenzen der Disziplinen, die zur Thanatologie beitragen; so gibt es z. B. wenig Verbindung zwischen einer Psychologie und einer Ethnologie des Todes. Aber nicht erst an den Grenzen dieser Disziplinen beginnt die mangelnde Kohärenz, meist ist sie auch bereits intra-disziplinär auszumachen: Die Thanato-Psychologie z. B. steht weitgehend unverbunden neben den breiten Bereichen der restlichen Psychologie, aus der sie vieles gewinnen könnte.

Aber mit intra- und inter-disziplinärer Unverbundenheit ist die Defizitliste nicht erschöpft. Eine der wichtigsten Unverbundenheiten in der Thanatologie ist zweifellos die zwischen Forschung und Praxis, zwischen Wissenschaft und Erfahrung. Dies ist besonders deutlich im Bereich des Umgangs mit Sterbenden. Einer oft weitsichtigen und vielfältigen Erfahrungsliteratur (Erfahrungen von Sterbenden, Erfahrungen von Ärzten, Krankenschwestern, Sozialarbeitern im Umgang mit Sterbenden etc.) steht die mehr theorie-geleitete „wissenschaftliche" Literatur der Thanatologie etwa im Bereich der Soziologie und Psychologie gegenüber, die oft keinen einzigen Gedanken zu der Frage nach ihrer Relevanz für die Praxis (den Umgang, die Kommunikation, die Hilfe für den Sterbenden) entwickelt. Auf der anderen Seite nehmen große Teile der aus der Praxis heraus entstandenen Arbeiten keinerlei Bezug zur thanatologischen Forschung. Eine Literatur voller Bekenntnisse, Appelle, guter Ratschläge etc. steht einer Literatur gegenüber,

---

[3] Pine (1977) spricht von „relativ gut definierten Forschungsfragen und dargelegten Hypothesen und Theorien"; und was die Integration betrifft, so sieht er gerade hier mehr interdisziplinäre Kommunikation „als in jedem anderen Themenbereich" (S. 63/64, S. 67).

die sich kaum für das Thema interessiert, an dem sie (stellvertretend) relativ enge Konzepte und Methoden erprobt. Der Mittelbereich ist nur dünn vertreten. Diese Beurteilung spiegelt sich allenthalben in den thanatologischen Gesamtbewertungen wider:

„Die meisten bisher veröffentlichten Bücher und Artikel enthalten eine immense Fülle von Ratschlägen. ... Es ist jedoch ein wesentliches Manko dieser Veröffentlichungen, daß sie keine Forschungskriterien oder klinische Daten anführen, aufgrund derer die Fachleute dann die Anwendbarkeit dieser Ratschläge einschätzen können" (*Kalish* 1978, S. 219).

Und *Kalish* fordert deshalb, daß die Thanatologie mehr „rigorous *and* creative research" brauche (S. 225). Ähnlich beurteilt *Kastenbaum* (1977) die Lage:

„... Im letzten Jahrzehnt ist auf diesem Gebiet eine Fülle von Material erschienen. Die ‚signal-to-noise‘-ratio (Verhältnis Substanz-Irrelevanz) war jedoch nicht immer ermutigend" (S. VI-VIII),

und er beklagt, daß ein großer Teil der thanatologischen Literatur „Seichtheit, Mode und persönliche Meinung" sei. Auch *Weisman* (1974) fordert mehr Kohärenz und „System", wenn die Thanatologie „überleben" soll und wir zu einem Verständnis der Phänomene von Sterben und Tod kommen sollen:

„... Veröffentlichungen über Tod und Sterben haben enorm zugenommen. Es erscheinen mehr Artikel und Bücher, als von der Substanz her gerechtfertigt ist. Die Öffentlichkeit verlangt nach mehr, aber systematische Beobachtungen und wissenschaftliche Untersuchungen sind noch immer Mangelware" (S. 6).

„Wir können nur ... hoffen, daß die ständige Wiederholung humanistischer Prinzipien ersetzt wird durch systematischere Untersuchungen thanatologisch relevanter Probleme — wenn die Thanatologie überleben soll" (S. 153).

„Der Ausdruck ‚System‘ kann viele Bedeutungen haben. Ich benutze diesen Begriff als Ausdruck zusammenhängender Konzepte, verbunden mit spezifischen Methoden der Datenerhebung. Andernfalls werden zukünftige Generationen einfach die Lehrsätze und Vorurteile ihrer Vorgänger übernehmen, und jene Phase des Lebens, die die Gegenüberstellung mit dem Tod bedeutet, wird obskur und erschreckend sein" (S. 154).

Es ist aber nicht damit getan, daß aus Appellen und Ratschlägen, aus „Seichtheit und Mode" und „pop-death literature" (*Pine* 1977 — populär orientierte Todesliteratur) nur „rigorose" Forschung und Systematik wird, sondern es geht darum, die mehr theorie-geleiteten Konzepte der thanatologischen Forschung systematisch für die Praxis zu reflektieren — wie es etwa *Glaser* und *Strauss* (1965, 1968), *Weisman* (1974, 1979) und auch *Sudnow* (1973) getan haben, und umgekehrt, die praktische Erfahrung unter systematischen Konzepten auszuwerten. Diese Aufgaben stehen noch weitgehend aus.

3. Hauptfragestellungen der Thanatologie

In Ermangelung einer systematischen Struktur thanatologischer Fragestellungen (vgl. kognitive Institutionalisierung) läßt sich die Vielfalt der Fragestellungen der Thanatologie entweder nach den hauptsächlich beitragenden Disziplinen ordnen — wobei wegen der erwähnten weitgehenden Unverbundenheit der Ansätze Überschneidungen nicht groß sind — oder, pragmatischer noch, nach den unterscheidbaren inhaltlichen Hauptfragen; sie sind leicht auszumachen an der vorfindbaren begrenzten Bezogenheit der jeweils zugehörigen Literatur. So ist zum Beispiel das Thema „Umgang mit Sterben und Tod beim Kind" ein solcher abgrenzbarer Themenbereich, in dem die verschiedenen Untersuchungen begrenzt aufeinander bezogen sind, d. h. ein Beitrag die Ergebnisse anderer Beiträge berücksichtigt, darauf aufbaut oder in der Diskussion reflektiert. Ich möchte hier beiden Gesichtspunkten für die Gliederung der Fragestellungen folgen (beitragende Disziplinen und Abgrenzbarkeit des Themas) und darüber hinaus die Themenvielfalt nach vier Hauptgruppen unterscheiden.

In der Thanatologie lassen sich schwerpunktmäßig vier Arten von Zugängen zum Thema Sterben und Tod ausmachen; ich nenne sie intrapersonell, interpersonell, institutionell und ideell. Zu jedem dieser Bereiche werde ich im folgenden die wichtigsten Forschungsfragen nennen und gleichzeitig kurz anführen, welche der vielen zur Thanatologie beitragenden Disziplinen diese schwerpunktmäßig bearbeiten und wie der allgemeine Stand dieses jeweiligen Bereichs zu beurteilen ist. Für jedes Thema werden einige Beispiele der Forschung zitiert, die gleichzeitig einen Einstieg in den Themenbereich ermöglichen. Die jeweilige intrapersonelle, interpersonelle, institutionelle oder ideelle Orientierung der Fragestellung ist dabei nicht als Ausschließlichkeitsorientierung, sondern als Schwerpunktorientierung zu verstehen.

3.1 Intrapersonell

Bei intrapersonell orientierten Fragestellungen der Thanatologie geht es vor allem darum, was „innerhalb" des Individuums abläuft: Wahrnehmungen, Einstellungen, Entwicklungen, Erleben, Verarbeitung in bezug auf Sterben und Tod. Beginnen wir mit den Beiträgen der klinischen Disziplinen zu solchen Fragestellungen, so steht hier hinsichtlich der Anzahl und Breite der Arbeiten die Frage nach dem *Sterbeerleben* im Vordergrund. Was heißt es — subjektiv —, zu sterben? Wie erlebe ich mein Sterben? Welche Hauptprobleme hat der sterbende Patient — jenseits aller medizinischen Symptome und Komplikationen? Wie wird er mit dem Bewußtsein des Sterbens fertig, oder wie verbannt er den Verlauf der Krankheit aus seinem Bewußtsein? Auf welche Abwehrmechanismen greift er zurück, und welche Bewältigungsmechanismen stehen ihm zur Verfügung? Wie hängen Abwehr- und Bewältigungsmechanismen im Sterben zusammen mit der Art und Weise, wie er sein Leben gemeistert hat — oder die größten Krisen seines Lebens?

Die wichtigsten klinisch orientierten Fragestellungen nach dem Sterbeerleben kommen aus der Medizin (insbesondere Psychiatrie und Psychosomatik), der Pflegeforschung und der klinischen Psychologie. Auch die Psychoanalyse (z. B. *Hägglund* 1978, 1981) hat hier wichtige Beiträge geliefert. Ein beträchtlicher Teil der Veröffentlichungen zu diesem Thema sind Fallberichte von Ärzten, Krankenschwestern, Seelsorgern oder Angehörigen Sterbender und Erlebnisberichte von sterbenden Patienten. All diese Beiträge enthalten durchaus wichtige Erfahrungen und Beobachtungen zum Verständnis des Sterbeerlebens, zumal einer mehr systematischen empirischen Untersuchung des Sterbeerlebens entscheidende ethische Grenzen gesetzt sind (vgl. dazu Kapitel 3). Ein Überblick über bisherige Erkenntnisse zum Sterbeerleben findet sich z. B. in *Barton* 1977, *Pattison* 1977, *Roberts* 1976, *Weisman* 1972, 1974, 1979, *Gaus* und *Köhle* 1979 (vgl. auch Kapitel 4.2.1 in diesem Band). Ein deutlich ausgrenzbarer Forschungsbereich befaßt sich mit dem zum Teil mißbräuchlichen und mißbrauchten Thema des Sterbeerlebens „fast" Gestorbener oder wiederbelebter Menschen; der jüngst erschienene Band von *Kastenbaum* (1979) gibt hierzu einen zum Teil auch kritischen Überblick (vgl. auch *Vicchio* 1980).

Ein zweites, oft überwiegend auf intrapsychische Prozesse orientiertes Thema ist die Untersuchung des *Trauerprozesses* bei Verlust eines Menschen. Wie verläuft der Trauerprozeß? Lassen sich charakteristische Stadien der Trauerverarbeitung unterscheiden? Ist es sinnvoll, Trauer als „Krankheit" zu verstehen? Welche Faktoren tragen dazu bei, daß Trauer verarbeitet wird, welche bedingen einen pathologischen Trauerprozeß? Wie unterscheidet sich qualitativ die Trauer bei Kindern, bei Erwachsenen; bei Verlust eines nahestehenden, geliebten Menschen oder beim Erleben von Massentod? Die meisten dieser Fragestellungen werden auch klinisch oder praxisbezogen, d. h. verbunden mit der Frage angegangen, wie dem Trauernden zu helfen sei — sei es als Arzt, Psychiater, Psychotherapeut oder Seelsorger (vgl. *Lindemann* 1979, *Margolis* et al. 1981, *Parkes* 1978, *Schoenberg* 1980, *Schoenberg* et al. 1970, *Spiegel* 1972).

17

Als dritten, auch sehr umfangreichen Forschungsbereich der intra-·personellen Orientierung ist die Untersuchung von *Todeseinstellungen* zu nennen. Hauptbeitrag hierzu — quantitativ betrachtet — liefert die Psychologie. Es sind meist brave empirische Arbeiten, in denen untersucht wird, welche Todeseinstellungen es überhaupt gibt, wie sie mit Alter, sozialer Schicht, religiöser Zugehörigkeit, Geschlecht, Persönlichkeit usw. zusammenhängen, wie sie quantitativ zu messen und nach Einzelkomponenten zu differenzieren sind, wie sie sich im Verhalten (z. B. Gesundheitsverhalten, Berufswahl) manifestieren, mit welchen anderen Einstellungen sie einhergehen, wie sie im Verlauf der Biographie sich entwickeln, wie Kinder, Jugendliche oder alte Menschen Sterben und Tod erleben. Der Stand der Forschung in diesem Bereich ist paradigmatisch für die oben genannte Non-Kumulativität und Desintegration der thanatologischen Forschung. Widersprüchliche Ergebnisse werden kaum systematisch untersucht, es werden vielmehr neue Untersuchungen mit nochmals anderen Ergebnissen einfach daneben gestellt. Jeder arbeitet mit anderen Methoden, Meßinstrumenten, Untersuchungsstichproben, und Doppelforschung ist nicht selten. *Wittkowski* (1978) und *Schulz* (1978) geben einen Überblick über diesen Forschungsbereich. Eine Zusammenfassung und Integration unter der Frage nach der Todesverdrängung in unserer Gesellschaft versuchen *Dumont* und *Foss* (1972).

Quantitativ geringer, aber qualitativ gewichtiger sind Beiträge aus Psychiatrie und Psychoanalyse zu Todeseinstellungen. Das Schwergewicht ihrer intrapersonellen Fragestellung liegt aber oft mehr im Bereich pathologischer Entwicklungen. Es geht um pathologische Einstellungen gegenüber Sterben und Tod, um krankhafte Todesangst, um Todeseinstellungen und Todesangst in der Entwicklung psychiatrischer Krankheitsbilder. Wichtige Beiträge stammen z. B. von *Meyer* (1975 und 1979) und *McCarthy* (1980).

Als letzter deutlich ausgrenzbarer Forschungsbereich mit einer *eher* intrapersonellen Orientierung ist die *Suizidforschung* zu nennen. Die Beiträge kommen überwiegend aus dem Bereich von Psychiatrie, Psychoanalyse, Psychotherapieforschung. Die Suizidforschung ist einer der etabliertesten Forschungsbereiche aus dem Feld der Thanatologie. Die Orientierung ist stark klinisch, aber es gibt auch schon eine Reihe wesentlicher theoretischer Beiträge zum Verständnis der Suizidneigung, Suizidbehandlung und Suizidprophylaxe. Einen Überblick geben z. B. *Pohlmeier* (1978) und *Wekstein* (1979); als theoretischer Beitrag sei *Henseler* (1974) genannt.

Diese vier thanatologischen Forschungsbereiche (Sterbeprozeß, Trauerprozeß, Todeseinstellungen, Suizid) sind zwar zu großen Teilen, aber keinesfalls ausschließlich intrapersonell orientiert. Mit der klinisch-praktischen Ausrichtung kommt die interpersonelle Komponente dazu. Und es sind gerade diejenigen Ansätze, die neben der primär intrapersonellen Fragerichtung auch die interpersonelle, die institutionelle und die ideelle Bedingtheit des untersuchten Phänomens mit einbeziehen, die am meisten beitragen zu einem umfassenden Verständnis von Sterben, Trauer, Todeseinstellungen und Selbstmord; z. B. wenn in bezug auf Selbstmordneigung nicht nur gefragt wird, welche intrapsychischen Konstellationen dazu beitragen und wie diese sich entwickelt haben, sondern auch, was die Interaktionserfahrung zu einer Selbstmordgefährdung beigetragen hat, welchen Einfluß gesellschaftliche Strukturen („Institutionen") ausüben und wie sie in Zusammenhang mit den gesellschaftlich bedingten Vorstellungen von Leben, Gesundheit, Krankheit und Tod stehen. Oder — um ein anderes Beispiel zu nennen — wenn für die Entwicklung pathologischer Trauer nicht nur gefragt wird, welche Persönlichkeitsanteile dazu beitragen, sondern auch, welche frühkindlichen oder aktuellen interpersonellen Konstellationen krankmachend wirken, wie die vorhandenen gesellschaftlichen Verhaltensmuster (z. B. Rituale) den Trauerprozeß fördern oder hindern und welche gesellschaftlichen Angebote des Sinnverständnisses von Sterben und Tod darauf wirken.

3.2 Interpersonell

Das wichtigste Untersuchungsfeld der Thanatologie mit primär interpersoneller Orientierung ist der *Umgang mit dem Sterbenden*. Dies ist rein quantitativ sicher einer der größten Teilbereiche der Thanatologie, wobei die klinischen Fächer, vor allem Medizin und Pflegeforschung, den umfangreichsten Beitrag liefern. Fallstudien und Erfahrungsberichte aus der Praxis nehmen einen deutlich breiteren Raum ein als systematische Untersuchungen. Einen guten Überblick geben *Köhle* et al. (1979). Systematische Untersuchungen kommen eher aus der Psychologie und Soziologie. Als wesentliche soziologische Beiträge sind vor allem die Untersuchungen von *Sudnow* (1973) sowie *Glaser* und *Strauss* (1965, 1968) anzusehen. In den systematischen Studien sind teilnehmende Beobachtung und Interview die meist verwendeten Methoden. So untersuchen z. B. *Glaser* und *Strauss* die Interaktionsmuster von Krankenhauspersonal und sterbenden Patienten in bezug auf die Zeitstrukturierung von Arbeits- und Erlebnisabläufen und in bezug auf die Handhabung der Offenheit der Diagnosemitteilung gegenüber dem Patienten. Fragen der Kommunikation mit dem Sterbenden (z. B. *Verwoerdt* 1966) und vor allem auch die wichtige Frage nach der „Wahrheit am Krankenbett" — wieweit die infauste Prognose dem betroffenen Patienten mitzuteilen ist — nehmen einen breiten Diskussionsraum ein. Zur Frage der „Wahrheit" überwiegen Erfahrungsberichte, persönliche Meinungen und Empfehlungen neben Untersuchungen, die nach den Bedürfnissen des Kranken und der faktischen ärztlichen Handhabung fragen (vgl. dazu die Spezial-Literaturliste zu Kapitel 3).

Aus dem Fragenkomplex nach dem Umgang mit dem sterbenden Patienten lassen sich zwei Bereiche speziellen Umgangs ausgliedern, die in der thanatologischen Literatur besondere Beachtung finden. Einmal die *Psychotherapie mit dem sterbenden Patienten* (vgl. dazu Kapitel 3 und 4) sowie die *Seelsorge* am sterbenden Patienten (vgl. dazu Kapitel 16). Diese Beiträge — überwiegend aus der Psychiatrie und Psychotherapie auf der einen, der Theologie auf der anderen Seite — sind in ihrem Erkenntnisinteresse primär praxis-orientiert; systematische Untersuchungen dieser speziellen Interaktionsformen sind selten, und die Einbindung in andere Fragestellungen der Thanatologie (vor allem intrapersonelle und institutionelle Fragestellungen) ist gering.

3.3 Institutionell

Wenn man unter institutionell orientierten Fragestellungen im weiteren Sinn nicht nur die Untersuchung von Institutionen, sondern auch die Untersuchung allen institutionalisierten, d. h. in Rollen und Ritualen strukturierten Verhaltens versteht, so sind hier mindestens vier Hauptfragestellungen zu unterscheiden.

Es sind vor allem Soziologen, die die *Institution Krankenhaus*, aber auch Pflegeheim, Altenheim, die spezielle Institution der „Sterbekliniken" als die Orte, an denen in unserer Gesellschaft gestorben wird, nach ihrem Selbstverständnis, ihren institutionellen Zielsetzungen, ihren definierten Rollen und Aufgaben und deren Auswirkungen auf Interaktion mit dem Patienten untersuchen (vgl. dazu Kapitel 5). Wichtige Beiträge hierzu hat vor allem die Medizinsoziologie, speziell die Krankenhaussoziologie geleistet (vgl. z. B. *Rohde* 1962, *Siegrist* 1978, *Lau* 1975; für Pflege- und Altenheime vgl. *Rest* 1977). Einen breiten Raum nimmt in jüngster Zeit die Frage nach speziellen „Sterbekliniken" ein (vgl. z. B. *Cohen* 1979, *Dingswerth* und *Tiefenbacher* 1980). Ein zweiter umfangreicher Forschungsbereich bezieht sich auf To-

des- und Trauerriten und -rituale (Übersichten: *Habenstein* und *Lamers* 1963, *Tegg* 1973, *Huntington* und *Metcalf* 1979), einschließlich der Berufe und Rollen im Zusammenhang mit dem Begräbnis. Dies ist sowohl für unsere Gesellschaft untersucht (z. B. *Fulton* 1979 a, b; vgl. auch *Mitford* 1965) als auch in für das Verständnis unserer gesellschaftlichen Todeseinstellungen und Umgangsweisen (,,Thanato-Praxis") wesentlichen systematischen Vergleichen zwischen unserer Gesellschaft und anderen Kulturen (vgl. vor allem die Beiträge von *Thomas* 1975 und *Ziegler* 1977). Die Untersuchung von Todesritualen und Begräbnisriten stellt den Hauptbeitrag der Ethnologie zu thanatologischen Fragestellungen dar, wobei sich die Mehrzahl der Arbeiten auf einzelne kulturelle Gruppen bezieht, während der systematische interkulturelle Vergleich eher selten ist (*Bendann* 1930/1969). Dennoch sind die ethnologischen Einzelstudien ein ganz wesentlicher Beitrag zur Thanatologie, weil sie — neben der historischen Perspektive (Wandlung von Todeseinstellungen und Todespraktiken in *unserer* Gesellschaft) — eine der wichtigsten *Relativierungen* unserer gesellschaftlichen Umgangsweisen mit Sterben und Tod darstellen.

Ein dritter wesentlicher Forschungsbereich der institutionellen Orientierung ist die *Untersuchung kollektiver Todeseinstellungen.* Hier wird nicht gefragt nach den Todeseinstellungen von Individuen oder Gruppen von Individuen in ihrem Zusammenhang mit anderen personellen Variablen, sondern nach dem Zusammenhang zwischen strukturellen Merkmalen der Gesellschaft (ihre Wirtschaftsverfassung, Schichtstruktur, ihre Familienstruktur etc.) und deren Auswirkung auf die in Sprache, Riten, Kunst, Literatur repräsentierten Todeseinstellungen. Die wichtigsten Beiträge kommen auch vor allem aus der Ethnologie und Soziologie (vgl. z. B. *Blauner* 1966/1976, *Fuchs* 1969, *Parson* 1963 und 1978, *Parsons* und *Lidz* 1967, *Thomas* 1981).

Als letzten Bereich institutionell orientierter thanatologischer Fragestellungen sind Beiträge zu nennen, die den *gesellschaftlich legitimierten Umgang mit Tod* behandeln. Dazu gehören einmal Fragen der Todesstrafe als in manchen Ländern gesellschaftlich legitimierte Form der Bestrafung. Es überwiegen juristische und soziologische Beiträge (als historischer Einstieg vgl. *Laurence* 1960, als Überblick *Joyce* 1971), wobei vor allem die Frage nach dem Abschreckungseffekt der Todesstrafe diskutiert wird (z. B. *Bailey* 1980, *Barnett* 1978, *Glaser* 1979, *Phillips* 1980 sowie die Diskussion in der Zeitschrift *Crime and Delinquency* 1980, 26, No 4). Zum anderen gehört zu diesem Themenbereich der Krieg als weitgehend gesellschaftlich legitimierter Umgang mit Konflikt. Krieg ist in der Thanatologie nach dem Selbstverständnis der meisten Bereichsbestimmungen absolut randständig — wird weitgehend der Politikwissenschaft und Friedensforschung überlassen. Dies hängt sicher mit der stark klinischen Orientierung der Thanatologie zusammen, die sich eher mit einer auf der gesellschaftlichen Ebene unpolitischen Grundhaltung paart. Die wenigen Beiträge zum Thema Krieg sind entsprechend weniger „institutionell", gesellschaftlich orientiert als intra- oder interpersonell. Die wichtigsten Beiträge hat *Lifton* (1963, 1964, 1968) mit seinen Untersuchungen der Überlebenden von Hiroshima und seinen Untersuchungen der Vietnam-Veteranen (1973) geleistet (vgl. auch *Lifton* und *Olson* 1974, 1976).

3.4 Ideell

Die Untersuchung kollektiver Todeseinstellungen (vgl. o.) stellt ein Übergangsfeld von institutionell und ideell orientierten Fragestellungen dar. Als ideell orientiert bezeichne ich Untersuchungen, in denen Todeskonzeptionen nach ihrer inhaltlichen Struktur und ihrem Zusammenhang mit anderen Konzeptionen untersucht werden, weniger in ihrem Zusammenhang mit gesellschaftlichen Strukturen und Institutionen. In diesem Sinn gehören vor allem die *Philosophie des Todes* (als Einstieg vgl. z.B. *Carse* 1980, *Ebeling* 1979, *Scherer* 1979; zum Tod im marxistischen Denken *Reisiger* 1977) sowie die *Theologie des Todes* (*McC.Gatch* 1969, *Rahner* 1958, *Stephenson* 1980) zu diesem Themenbereich. Die wichtigsten Beiträge sind allerdings diejenigen, die eine ideelle und institutionelle Perspektive verbinden, wie es zum Beispiel *Ariès* (1976, 1980) in seiner *Geschichte des Todes* im Abendlande unternimmt. Die Untersuchungen zu den intrapersonellen, interpersonellen und institutionellen Fragestellungen werden in diesem Kontext zum Forschungsmaterial — ihre Ergebnisse zu Indizien kollektiver Todeskonzepte.

Unter ideell orientierten Fragestellungen möchte ich auch all diejenigen Beiträge zählen, die sich mit *Fragen der Werte und der Ethik* im Zusammenhang mit Sterben und Tod auseinandersetzen — ein Bereich, der sich in jüngster Zeit rapide entwickelt hat und weitreichende praktische Bedeutung nicht nur für den Umgang mit dem Sterbenden, sondern auch für den Umgang mit der Sterbeforschung hat (vgl. dazu Kapitel 3).

3.5 Schlußbemerkung

Die vorangehende Unterscheidung nach vier schwerpunktmäßigen Orientierungen der thanatologischen Fragestellungen (intrapersonell, interpersonell, institutionell und ideell) hat zunächst nicht mehr als analytische Bedeutung — sie hilft, die Vielfalt der Fragestellungen zu gliedern und zu strukturieren. Gleichzeitig aber impliziert diese Unterscheidung auch einen *Anspruch*: die wichtigsten Beiträge zum Verständnis von Fragen nach Sterben und Tod sind gerade diejenigen, die mehr als eine dieser Perspektiven verbinden. Das Sterbeerleben zu untersuchen — der Kampf des einzelnen Kranken mit der Erfahrung körperlichen Verfalls, seine Bedürfnisse, seine Sorgen und Qualen, seine Siege und Niederlagen in der Bewältigung dieser Erfahrung (intrapersonelle Orientierung) —, ist ohne Zweifel wesentlich, und das vor allem, wenn es verbunden ist mit einer Praxisorientierung, die systematisch nach den Konsequenzen dieses Erlebens für den Umgang mit dem Sterbenden fragt. Tiefreichender aber ist die Frage nach dem Sterbeerleben dann angegangen, wenn sie einbezieht, daß der Sterbende in einem vielfältigen Interaktionsnetz steht, das sein Erleben bedingt und beeinflußt (interpersonelle Orientierung), daß er in einer Institution stirbt, z. B. im Krankenhaus, das von einem spezifischen Selbstverständnis und von spezifischen Rollendefinitionen geprägt ist (institutionelle Orientierung), daß sein Erleben nicht abgespalten ist von den gesellschaftlich definierten Umgangsweisen mit Sterben und Tod und ebenso nicht unabhängig von dem, was in unserer Gesellschaft an Todesverständnis, an „Sinn" oder „Nicht-Sinn" angeboten wird (ideelle Orientierung). In einer solchen komplexen Frage verbinden sich dann intrapersonelle, interpersonelle, institutionelle und ideelle Orientierungen zu einem vollständigeren Verständnis des Sterbeerlebens und zu weitreichenderen praktischen Konsequenzen, die nicht beim „Umgang mit dem Sterbenden" aufhören, sondern Institutionen-Arbeit und Arbeit an gesellschaftlicher Veränderung mit einbeziehen.

4. Ortung der Thanato-Therapie

In dem vorangehend für die Darstellung des Gesamtbereiches der Thanatologie benutzten Begriffsnetz läßt sich die Thanato-Therapie leicht orten. Ihre Fragestellungen sind ganz überwiegend intrapersonell und interpersonell orientiert. Gefragt wird vor allem nach der intrapersonellen Erlebnisverarbeitung der Erfahrungen von Sterben und Tod und nach der spezifischen interpersonellen Konstellation, welche die Arbeit des Therapeuten mit dem vom Sterben und Tod betroffenen Patienten darstellt. Als deutliches Defizit thanato-therapeutischer Beiträge ist nicht nur die oft weitgehende Ausblendung institutioneller

(z. B.: was bedeutet die thanato-therapeutische Interaktion speziell im Blick auf das Setting Krankenhaus?) und ideeller Fragestellungen (die Frage nach dem „Sinn" des Sterbens) zu nennen, sondern auch die weitgehende Unverbundenheit der spezifisch thanato-therapeutischen Fragen mit anderen Forschungsbereichen der Thanatologie. So werden z. B. für die Thanato-Therapie die umfangreichen Beiträge aus dem Bereich der Untersuchung von Sterbeerleben wenig systematisch aufgegriffen; eine Reflexion, was die gesellschaftlich bedingten Todeseinstellungen für das Sterbeerleben und seine Verarbeitung bedeuten, fehlt weitgehend. Die Beiträge zur Thanato-Therapie kommen, wie erwähnt, im wesentlichen aus der Psychiatrie, Psychotherapieforschung sowie klinischen Psychologie, und diese Bereiche stehen weitgehend unverbunden neben einer experimentell oder empirisch orientierten psychologischen Einstellungsforschung, einer soziologischen Institutionenforschung oder einer auf Fragen kollektiver Todeskonzeptionen orientierten Geschichte, Philosophie oder Theologie des Todes. Dies liegt sicher zum Teil in der multi-disziplinären Struktur der Thanatologie insgesamt begründet und in dem nicht nur für die Thanatologie charakteristischen Faktum, daß disziplinäre Grenzen zu überschreiten offensichtlich schwerfällt.

5. Kritische Beurteilung der Thanatologie und die Frage nach ihrer Legitimation

Diese für die Thanato-Therapie genannten Defizite sind diesem Bereich der Thanatologie keinesfalls spezifisch. Gerade die Unverbundenheit der Forschungsansätze sowie die mangelnde Einbindung von Forschung und Anwendung hatte ich bei der Charakterisierung des kognitiven Standes der Thanatologie als einen der deutlichsten Mängel benannt. Ich möchte abschließend kurz die Frage aufwerfen, was zu dieser Abspaltung beiträgt und welche kritischen Fragen die Richtung ihrer Überwindung andeuten.

Zentral erscheint mir in diesem Zusammenhang die Frage nach den Legitimations-Ressourcen eines Forschungsbereichs. Wenn ein Forschungsbereich wie die Thanatologie sich auf der Ebene der sozialen Institutionalisierung etabliert hat — wie dies, wie oben angedeutet, für die Thanatologie zumindest in den USA der Fall ist —, so bedeutet dies, daß ihr finanzielle Ressourcen zur Verfügung stehen — Lehrstühle, Lehrprogramme, Konferenzen, wissenschaftliche Zeitschriften, Forschungsprogramme kosten Geld. Eine Selbstverständlichkeit der finanziellen Förderung von Wissenschaft gibt es nicht. Wissenschaft

muß sich rechtfertigen, muß sich dafür legitimieren, daß sie gesellschaftliche Ressourcen verbraucht. Manche Wissenschaften haben es
schwerer, sich zu legitimieren, als andere — in Abhängigkeit von den
wechselnden gesellschaftlichen Werten und gesellschaftsrelevanten
Problemen. Einer Wissenschaft, der finanzielle Förderung zugute
kommt, stehen offensichtlich solche Möglichkeiten der Legitimation
zur Verfügung. Durch Legitimations-Ressourcen werden finanzielle
Ressourcen erlangt. Es ist zu fragen, welches die Legitimations-Ressourcen der Thanatologie sind.

Prüfen wir die Sprache mancher thanatologischer Beiträge, wonach
es kein wesentlicheres Thema überhaupt gibt (*Kastenbaum* und *Costa*
1977;) wo den Tod zu verstehen Voraussetzung ist, Leben zu verstehen
(*Weisman* 1974), und Voraussetzung von Freiheit, Gleichheit, Revolution (*Ziegler* 1977), so scheint sich eine weniger umfassende Legitimation gewissermaßen zu erübrigen.

Zwei Aspekte gesellen sich zu dieser spezifischen Situation der Thanatologie hinsichtlich ihrer Legitimations-Ressourcen hinzu. Erstens
das sehr breite öffentliche Interesse. „Es ist ein neues, schickes
Thema", sagt *Weisman* (1974, S. 113). Thanatologie wird *gewünscht*.
Zweitens der Druck auf die thanatologische Forschung aus der Praxis.[4] Auch das stärkt die Legitimations-Ressourcen: Thanatologie
wird *gebraucht*. Aber ein solcher Überschuß an Legitimations-Ressourcen ist keinesfalls nur eine positive Bedingung für die Entwicklung
eines Wissenschafts- und Praxisbereiches. Ein allzu großes öffentliches
Interesse, mehr „pop-death"-Beiträge (*Pine* 1977) zu erhalten als substantielle, noch mehr „Seichtheit und Mode" (*Kastenbaum* 1977),
„mehr Bücher, als ihre Substanz rechtfertigt" (*Weisman* 1974), ein
noch ungünstigeres Verhältnis von Substanz und Irrelevanz („Signal-
to-noise-ratio", *Kastenbaum* 1977), heißt nicht nur, daß zu viel
erscheint, was entbehrlich ist, sondern es kann auch heißen (und hier

---

[4] „Es ist unvernünftig, von der Psychologie — sei es nun als unabhängige Wissenschaft
oder in Verbindung mit anderen Disziplinen — schnelle und sichere Lösungen für Probleme im Zusammenhang mit Tod und Sterben zu erwarten. Trotzdem besteht ein
starker Druck auf Seelenforscher und Sozialwissenschaftler, die immer stärker ins
Bewußtsein unserer Gesellschaft tretenden thanatologischen Probleme zu erklären
bzw. „wegzuerklären". In den kommenden Jahren werden wir uns nicht nur mit intellektuellen und emotionalen Problemen auf diesem Gebiet konfrontiert sehen, sondern
müssen außerdem noch versuchen, das Gleichgewicht zwischen Erwartungen und
Versprechungen gegenüber der Realität zu halten. Es gibt kaum ein Thema, das für
den einzelnen wie auch für die Allgemeinheit gleichermaßen bedeutend — bzw. gleichermaßen komplex und kompliziert für jene ist, die sich der Herausforderung durch
eben dieses Thema stellen." (*Kastenbaum* und *Costa* 1977, S. 244-245)

ist die Frage viel wichtiger), daß es die Qualität der Forschung selbst tangiert. Es ist durchaus nicht von der Hand zu weisen, daß eine ganze Reihe der Merkmale, die die thanatologische Forschung kennzeichnet, z. B. die Unverbundenheit der Forschung, selbst Ausdruck und Konsequenz des genannten Legitimationsüberschusses ist. Dies wäre dann auch eine Begründung für die Beobachtung, daß im Fall der Thanatologie die soziale und die kognitive Institutionalisierung (ihr institutioneller Besitzstand auf der einen und die Struktur ihrer Forschung auf der anderen Seite) auseinanderklaffen.

Ich meine, daß in bezug auf die Thanatologie (wie auch auf andere Forschungsbereiche) die nachdrücklich zu stellende Frage: Wozu brauchen wir dieses oder jenes Forschungsprojekt? — die Frage also nach der Legitimation ihrer Forschung — auch gerade dem Inhalt und den Ergebnissen ihrer Forschung zugute kommt. Die Frage nach der Legitimation der Forschung, nach ihren grundlegenden Zielsetzungen (weitgehend implizit bisher) und nach den forschungsleitenden Werten (kaum reflektiert) stellt sich meines Erachtens in keinem anderen Forschungsbereich mit solchem Nachdruck wie hier, wo es nicht nur um uns alle angehende grundlegende und existentielle Fragen geht, sondern diese Fragen anzugehen auch grundlegende ethische Implikationen hat (vgl. Kapitel 2). Diese Implikationen liegen nicht nur auf der Ebene des „Untersuchten", sondern auf der viel umfassenderen Ebene der Frage nach dem Beitrag der Thanatologie zu unserem Todesverständnis und damit auch — unabspaltbar — nach unserem Verständnis von Leben, dem Leben in unserer Gesellschaft (vgl. *Spiegel-Rösing* 1981).

Literatur

Ariès, P. (1976): Studien zur Geschichte des Todes im Abendland, München.
Ariès, P. (1980): Geschichte des Todes, München.
Bailey, W. C. (1980): A multivariate cross-sectional analysis of the deterrent effect of the death penalty, *Sociology and Social Research* 64, 183-207.
Barnett, A. (1978): Crime and capital punishment: Some recent studies, *Journal of Criminal Justice* 6, 291-303.
Barton, D. (1977): Dying and Death. A Clinical Guide for Caregivers, Baltimore.
Basler, H. D. et al. (1978): Medizinische Psychologie II, Stuttgart.
Bendann, Effie (1930/1969): Death Customs. An Analytical Study of Burial Rites, London.
Blauner, R. (1966/1976): Death and social structure, *Psychiatry* 29, 378-394. Auch in: *Fulton, R.* (ed.): Death and Identity, Bowie, 35-59.
Carse, P. (1980): Death and Existence. A Conceptual History of Human Mortality, New York.
Cohen, K. P. (1979): Hospice: Prescription for Terminal Care, Germantown.

Dickinson, G. E. (1976): Death education in U.S. medical schools, *Journal of Medical Education* 51, 134-136.

Dingswerth, P., Tiefenbacher, H. (Hrsg.) (1980): Sterbekliniken — oder Was brauchen Sterbende? Stuttgart.

Dumont, R. G., Foss, D. C. (1972): The American View of Death. Acceptance or Denial? Cambridge.

Ebeling, H. (Hrsg.) (1979): Der Tod in der Moderne, Königstein.

Enke, H., Enke-Ferchland, E. et al. (1977): Lehrbuch der Medizinischen Psychologie, München.

Feifel, H. (ed.) (1959): The Meaning of Death, New York.

Feifel, H. (1962): Scientific research in taboo areas — death, *The American Behavioral Scientist* 5, 28-30.

Feifel, H. (1963): The taboo on death, *The American Behavioral Scientist* 6, 66-67.

Feifel, H. (ed.) (1977): *New Meanings of Death*, New York.

Fleming, T. J., Kutscher, A. H., Peretz, D., Goldberg, I. K., Cherico, D. J. (1975): Communicating Issues in Thanatology, New York.

Fox, R. C. (1981): The sting of death in American society, *The Social Service Review* 55, 42-59.

Fuchs, W. (1969): Todesbilder in der modernen Gesellschaft, Frankfurt.

Fulton, R. (1970): Death, Grief and Bereavement. A Chronological Bibliography 1943-1970, Minnesota.

Fulton, R. (1979): Death and the funeral in contemporary society, in: *Wass, Hannelore* (ed.): Dying: Facing the Facts, Washington, 236-255.

Fulton, R., Bendiksen, R. (ed.) (1976): Death and Identity, Revised Edition. Bowie.

Fulton, R., Carlson, J., Krohn, K., Markusen, E., Owen, G. (1977): Death, Grief and Bereavement. A Bibliography, 1845-1975, New York.

Gaus, E., Köhle, K. (1979): Psychische Anpassungs- und Abwehrprozesse bei lebensbedrohlich Erkrankten, in: *Uexküll, Th. v.* (Hrsg.): Lehrbuch der Psychosomatischen Medizin, München, 745-760.

Glaser, B. G., Strauss, A. L. (1965): Awareness of Dying, Chicago; deutsch (1974): Interaktion mit Sterbenden, Göttingen.

Glaser, B. G., Strauss, A. L. (1968): Time of Dying, Chicago.

Glaser, D. (1979): Capital punishment — deterrent or stimulus to murder? Our unexamined deaths and penalties, *The University of Toledo Law Review* 10, 317 ff.

Habenstein, R. W., Lamers, W. M. (1963): Funeral Customs the World Over, New York.

Hägglund, T.-B. (1978): Dying: A Psychoanalytic Study with Special Reference to Individual Creativity and Defensive Organizations, New York.

Hägglund, T.-B. (1981): The final stage of the dying process, *The International Journal of Psycho-Analysis* 62, 45-49.

Henseler, H. (1974): Narzißtische Krisen. Zur Psychodynamik des Selbstmordes, Reinbek.

Huntington, R., Metcalf, P. (1979): Celebrations of Death: The Anthropology of Mortuary Ritual, Cambridge.

Joyce, J. A. (1971): Capital Punishment: A World View, New York.

Kalish, R. A. (1978): A little myth is a dangerous thing: Research in the service of the dying, in: *Garfield, Ch. A.* (ed.): Psychosocial Care of the Dying Patient, New York, 219-226.

Kastenbaum, R. (1977): Death, Society and Human Experience, St. Louis.

Kastenbaum, R. (ed.) (1979): Between Life and Death, New York.

Kastenbaum, R., Costa, P. T. (1977): Psychological perspectives on death, *Annual Review of Psychology* 28, 225-249.

Köhle, K., Simons, Claudia, Urban, H. (1979): Zum Umgang mit unheilbar Kranken, in: *Uexküll, Th. v.* (Hrsg.): Lehrbuch der Psychosomatischen Medizin, München, 811-832.

Kutscher, A. H. (ed.) (1969): Death and Bereavement, Springfield.

Lau, E. (1975): Tod im Krankenhaus. Soziologische Aspekte des Sterbens in Institutionen, Köln.

Laurence, J. A. (1960): A History of Capital Punishment, Secaucus.

Lifton, R. J. (1963): Psychological effects of the atomic bomb in Hiroshima: The theme of death, *Daedalus* 92, 462-497.

Lifton, R. J. (1964): On death and death symbolism: The Hiroshima disaster, *Psychiatry* 27, 191-210.

Lifton, R. J. (1968): Death in Life. Survivors of Hiroshima, New York.

Lifton, R. J. (1973): Home from the War: Vietnam Veterans. Neither Victims nor Executioners, New York.

Lifton, R. J., Olson, E. (1974): Living and Dying, New York.

Lifton, R. J., Olson, E. (1976): The nuclear age, in: *Shneidman, E.* (ed.): Death: Current Perspectives, Palo Alto, 99-109.

Lindemann, E. (1979): Beyond Grief: Studies in Crisis Intervention, New York.

Liston, E. H. (1973): Education on death and dying: A survey of American medical schools, *Medical Education* 48, 577-578.

Margolis, O. S., Raether, J. C. et al. (eds.) (1981): Acute Grief: Counseling the Bereaved, New York.

McCarthy, J. B. (1980): Death Anxiety. The Loss of the Self, New York.

McC.Gatch, M. (1969): Death. Meaning and Mortality in Christian Thought and Contempary Culture, New York.

Meyer, J. E. (1975): Death and Neurosis, New York.

Meyer, J. E. (1979): Todesangst und das Todesbewußtsein der Gegenwart, Berlin/Heidelberg.

Miller, A. J., Acri, A. J. (1977): Death: A Bibliographical Guide, Metuchen.

Mitford, Jessica (1965): Der Tod als Geschäft — The American Way of Death, Freiburg.

Nevins, M. M. (ed.) (1977): Annotated Bibliography of Bioethics. Selected 1976 Titles, Rockville.

Parkes, C. M. (1978): Vereinsamung. Die Lebenskrise bei Partnerverlust, Reinbek.

Parsons, T. (1963): Death in American Society — a brief working paper, *The American Behavioral Scientist* 4, 61-65.

Parsons, T. (1978): Death — V. Death in the Western World, in: *Reich, W. T.* (ed.): Encyclopedia of Bioethics, New York, 255-261.

Parsons, T., Lidz, V. (1967): Death in American society, in: *Shneidman, E.* (ed.): Essays in Self-Destruction, New York, 133-170.

Pattison, E. M. (1977): The Experience of Dying, Englewood Cliffs.

Phillips, D. P. (1980): The deterrent effect of capital punishment: New evidence on an old controversy, *American Journal of Sociology* 86, 139-148.

Pine, V. R. (1977): A socio-historical portrait of death education, *Death Education* 1, 57-84.

Pohlmeier, H. (1978): Selbstmord und Selbstmordverhütung, München.

Pohlmeier, H. (Hrsg.) (1978): Selbstmordverhütung. Anmaßung oder Verpflichtung, Bonn.

Poteet, G. H. (1976): Death and Dying. A Bibliography (1950-1974), Troy.

Rahner, K. (1958): Zur Theologie des Todes, Freiburg.
Reisinger, F. (1977): Der Tod im marxistischen Denken heute, München.
Rest, F. (1977): Praktische Orthothanasie (Sterbebeistand) im Arbeitsfeld sozialer Praxis. I. Teil: Entwicklung von Verhaltensmerkmalen für den Umgang mit Sterbenden auf der Grundlage partizipierender Feldforschung in Einrichtungen der Altenhilfe, Opladen.
Rest, F. (1978): Praktische Orthothanasie (Sterbebeistand) im Arbeitsfeld sozialer Praxis. II. Teil: Dokumentation in- und ausländischer Literatur zur multi-disziplinären Auseinandersetzung mit Tod und Sterben unter besonderer Berücksichtigung des Umgangs mit Sterbenden, Opladen.
Roberts, S. L. (1976): Behavioral Concepts and the Critically Ill Patient, Englewood Cliffs.
Rohde, J. J. (1962): Soziologie des Krankenhauses, Stuttgart.
Scherer, G. (1979): Das Problem des Todes in der Philosophie, Darmstadt.
Schoenberg, B. M. (ed.) (1980): Bereavement Counseling. A Multidisciplinary Handbook, Westport.
Schoenberg, B., Carr, A. C., Peretz, D., Kutscher, A. H. (1970): Loss and Grief: Psychological Management in Medical Practice, New York.
Schulz, R. (1978): The Psychology of Death, Dying, and Bereavement, Reading, Mass.
Sell, J. L. (1977): Dying and Death. An Annotated Bibliography, New York.
Shneidman, E. S. (ed.) (1976): Death: Current perspectives, Palo Alto.
Siegrist, J. (1975): Sterben und Tod, in: *Siegrist, J.:* Lehrbuch der Medizinischen Soziologie, München, 156-163.
Siegrist, J. (1978): Arbeit und Interaktion im Krankenhaus, Stuttgart.
Simpson, M. A. (1979): The Facts of Death, Prentice Hall.
Spiegel, Y. (1972): Der Prozeß des Trauerns, München.
Spiegel-Rösing, Ina (1975): Forschungsgebiet am Rande der etablierten Medizin: Soziale und kognitive Institutionalisierung der Thanatologie, Habilitationsvortrag, Konstanz.
Spiegel-Rösing, Ina (1981): Ethik und Legitimation unserer Beschäftigung mit Sterben und Tod, in: *Lipp, W.* (Hrsg.): Sterben, Langenau. 27-35.
Stephenson, D. (1973): Organisiertes Sterben. Eine soziologische Untersuchung, Frankfurt.
Sudnow, G. (Hrsg.) (1980): Leben und Tod in den Religionen, Darmstadt.
Taylor, Susan D. (1975): Bibliography on nursing research, 1950-1974, *Nursing Research* 24, 207-225.
Tegg, W. (1973): The Last Act: Being the Funeral Rites of Nations and Individuals, Detroit.
Tentler, T. N. (1977): Death and dying in many disciplines: A review article, *Comparative Studies in Society and History* 19, 511-522.
Thomas, L.-V. (1975): Anthropologie de la Mort, Paris.
Thomas, L.-V. (1981): La mort escamotée, *Bulletin de la Société de Thanatologie* No 51, 3-11.
Vernick, J. J. (1970/71): Selected Bibliography on Death and Dying, Washington.
Verwoerdt, A. (1966): Communication with the Fatally Ill, Springfield.
Vicchio, S. (1980): Moody, suicide and survival: A critical appraisal, *Essence* 4, 69-77.
Vovelle, M. (1980): Rediscovery of death since 1960, *The Annals of the American Academy of Political and Social Science* 447, 89-99.
Warren, W. (1981): Death education: An outline and some critical observations, *British Journal of Educational Studies* 29, 29-41.
Wass, Hannelore (ed.) (1979): Dying: Facing the Facts, New York.

Wass, Hannelore, Corr, C. A., Pacholski, R. A., Sanders, C. M. (1980): Death Education: An Annotated Resource Guide, Washington.

Weisman, A. D. (1972): On Dying and Denying. A Psychiatric Study of Terminality, New York.

Weisman, A. D. (1974): The Realization of Death. A Guide for the Psychological Autopsy, New York.

Weisman, A. D. (1974): Thanatology, in: *Freedman, A., Kaplan, H., Sadock, B.* (eds.): Comprehensive Textbook of Psychiatry, Baltimore, 1748-1759.

Weisman, A. D. (1979): Coping with Cancer, New York.

Wekstein, L. (1979): Handbook of Suicidology. Principles, Problems, and Practice, New York.

Wilcox, Sandra G., Sutton, Marilyn (eds.) (1977): Understanding Death and Dying, Sherman Oaks.

Williams, Mary (1966): Changing attitudes to death: A survey of contributions in „Psychological Abstracts" over a thirty-year period, *Human Relations* 19, 405-423.

Wittkowski, J. (1978): Tod und Sterben. Ergebnisse der Thanatopsychologie, Heidelberg.

Zalaznik, P. W. (1979): Dimensions of Loss and Death Education: A Resource Curriculum Guide, Edu-Pac Publishing Co.

Ziegler, J. (1977): Die Lebenden und der Tod, Darmstadt.

2 Der ethische Kontext
Ethik der Medizin, Thanatologie und Psychotherapie
Ina Spiegel-Rösing

1. Einleitung: Ziele, Motivation, Überblick

Kaum ein Handlungs- und Forschungsbereich ist so unausweichlich mit ethischen Fragen konfrontiert wie der Bereich „Sterben und Tod". Das vorliegende Kapitel soll dem Leser einen Überblick geben über das inzwischen außerordentlich umfassend gewordene Gebiet der Medizinethik und der Ethik der Thanatologie; auch die Ethik der Psychotherapie wird im Blick auf die Thanato-Therapie kurz behandelt. Es kann im Rahmen dieses Kapitels und im Kontext dieses Buches nicht darum gehen, zu der Fülle ethischer Probleme normative Antworten zu liefern oder spezielle, sich oft widersprechende Positionen auszubreiten. Es geht vielmehr darum, einige der ethischen Fragestellungen darzulegen — und damit auch für ethische Probleme zu sensibilisieren —, die Diskussionsvielfalt zu strukturieren und Einstiegsmöglichkeiten aufzuzeigen, die in Richtung auf substantielle Antworten weisen.

Mein eigenes Engagement an ethischen Fragestellungen, insbesondere in der Sozialwissenschaft und Medizin, geht zurück auf die Konfrontation mit ethischen Fragestellungen in meiner eigenen Forschung (1971), die mich *aus* dem Fach Psychologie zu einer systematischen, wissenschaftsethischen und wissenschaftssoziologischen Analyse *über* Psychologie, dann über Wissenschaft überhaupt geführt hat (Fach Wissenschaftsforschung); das Engagement ist auch geprägt von Erfahrungen in Kliniken, als Gesprächspartner sterbender Patienten, als Angehörige schwerkranker Patienten und als Patientin; eine weitere Quelle ist die wissenschaftswissenschaftliche Analyse der Thanatologie als Fach, die sehr schnell auf eine Fülle ethischer Fragen führt, sowie die Konfrontation mit Fragen der Werte in der Psychotherapie — sei es in der Lehre, in der Praxis oder in der Literatur zur Psychotherapieforschung. Schließlich ist auch das Interesse und Engagement an ethischen Fragen nicht abzuspalten von meinem politischen Denken und Handeln. — Auch mein Interesse an Fragen nach Zielen und Werten (vgl. Kapitel 4), nach der Legitimation und Motivation eines

Handlungs- und Forschungsbereiches (vgl. Kapitel 1) sind im weiteren Kontext dieses ethischen Engagements zu sehen.

Das vorliegende Kapitel ist folgendermaßen gegliedert: In einem *ersten* Abschnitt gebe ich einen kurzen Überblick über die Medizinethik insgesamt. Im *zweiten* Abschnitt wird die Ethik der Thanatologie (als ein Teilbereich der Medizinethik) behandelt. Der *dritte* Abschnitt geht auf die Ethik der Psychotherapie (insbesondere der Psychotherapie mit sterbenden Menschen) ein.

In der Darstellung werde ich mich einiger Unterscheidungen bedienen, die das Material ein wenig strukturieren und den Forschungsstand in diesem Bereich zu bewerten erlauben

Die erste Unterscheidung betrifft den „Bezugsbereich" der jeweiligen ethischen Diskussion. Sie kann sich beziehen 1. auf die medizinische *Praxis*, 2. auf die medizinische *Forschung* und 3. auf den *gesellschaftlichen Kontext* medizinischer Praxis und Forschung.

Die zweite Unterscheidung betrifft die *Art des ethischen Zugangs*. Hier wird allgemein unterschieden zwischen einer meta-ethischen Diskussion, einer deskriptiven Ethik, einer normativen Ethik und einer — wie *Dyck* (1977) es genannt hat — „strategischen" Ethik. Die Meta-Ethik untersucht die Struktur und Argumentationsmuster ethischer Diskussion. Die deskriptive Ethik zeichnet nach, was die faktische Ethik praktischen Handelns ist, wie Menschen sich angesichts ethischer Probleme tatsächlich verhalten. Die normative Ethik bezieht Position, setzt Werte und Normen. Und die strategische Ethik fragt nach den praktischen Prozessen und Strukturen der Umsetzung ethischer Normen in die Praxis, etwa in Form ethischer Kodices, ethischer Kommissionen oder ethischer Policy-Modelle.

Eine letzte Unterscheidung betrifft den *disziplinären* Hintergrund des jeweiligen ethischen Beitrags: medizinisch, philosophisch, theologisch, soziologisch, sozialethisch etc.

2. Medizinethik: ein Überblick

Carella (1979) hat die Medizinethik als „neueste akademische Wachstumsindustrie" bezeichnet. Der als „dramatisch" empfundene Aufschwung (*Barber* et al. 1973) der Medizinethik wird meist auf die technologischen Entwicklungen der Medizin zurückgeführt (vgl. *Doughert* und *Walker* 1978, *Kass* 1971), etwa die Möglichkeit der Organtransplantationen, die aufs neue die Frage nach der Definition des Todeszeitpunkts (wann darf z. B. bei einem verunglückten Menschen ein Spenderorgan entnommen werden) und nach der Verteilung knapper Ressourcen aufwirft, oder die lebensverlängernden Technologien, womit sich die Frage nach dem Wert von Lebensverlängerung und Lebensqualität im Sterben neu stellt. Weniger häufig wird ein weiterer Grund für den allgemeinen Aufschwung der Medizinethik diskutiert: die Veränderung der Arzt-Patient-Beziehung. Die Kritik ärztlichen Paternalismus, der Ruf nach dem mündigen Patienten, die Forderung nach einer partnerschaftlichen Beziehung von Arzt und Patient sind selbst nur ein Ausdruck eines viel allgemeineren kulturellen Trends der Infragestellung etablierter Autoritätsbeziehungen und der Veränderung gesellschaftlicher Werte (*Fox* 1974, *Barber* 1976).

Was immer die Ursachen der explosiven Entwicklung der Medizinethik sein mögen, der Aufschwung in den letzten 10-15 Jahren ist in der Tat beträchtlich. Dies zeigt sich in der Verbreitung der Lehre an den Universitäten (für die USA vgl. *Veatch* und *Fenner* 1975; Teaching of Bioethics 1976; für die BRD vgl. die Umfrageergebnisse von *Brand* und *Seidler* 1978), der großen Zahl an Symposien und Konferenzen, der Einrichtung spezieller Zentren und Institute (insbesondere in den USA), der wachsenden, auch öffentlichen Diskussion in den Medien (*Fox* 1974, 1976), der Fülle von Literatur zur Medizinethik (vgl. z. B. die Bibliographien von *Sollitto* und *Veatch* 1973; *Sollitto, Veatch* und *Fenner* 1975; *Walters* 1975-1977; *Sollitto, Veatch* und *Singer* 1979/80; *Readings* 1981) sowie der Anzahl wissenschaftlicher Zeitschriften, die sich überwiegend medizinethischen Fragen widmen (z. B. *Journal of Medical Ethics, Ethics in Science and Medicine; Hastings Center Report*; vgl. auch *Journal of Medicine and Philosophy; Perspectives in Biology and Medicine; Metamedicine*).

Dieser Aufschwung der Medizinethik wird im Bereich der Medizin keinesfalls mit ungeteilter Freude aufgenommen. Halten die einen die Medizinethik für eines der zentralsten Anliegen der modernen Medizin überhaupt, so denunzieren andere sie zu einer Anhäufung von Ängsten und Leidenschaften; sie sei inflationär, zeitraubend, unergiebig:

Selbst auf die Gefahr hin, als gleichermaßen beschränkt wie pervers zu erscheinen, möchte ich schüchtern behaupten, daß vielleicht das aufgeblähteste Nicht-Thema, das augenblicklich Zeit und Energie der im Gesundheitswesen Tätigen und ihrer staatlichen Schaltstellen absorbiert, jene lose Ansammlung von Ängsten und Leidenschaften ist, die unter dem Banner der Medizinethik auftritt. (*Greenberg* 1974)

Die widersprüchliche Bewertung der Medizinethik belegt nicht nur ihren Aufschwung, sondern auch ihre mangelnde Konsolidierung und Integration in die Medizin.

Es gibt buchstäblich Dutzende von Büchern, die einen Gesamtüberblick der Medizinethik vermitteln, die Hauptproblemfelder skizzieren,

Strukturmodelle ethischer Entscheidungen entwerfen und die kontroversen normativen Positionen aufzeigen[1], dazu eine Vielzahl von Bänden und Zeitschriftenartikeln, die die Medizinethik unter einer bestimmten disziplinären Perspektive beleuchten, etwa unter juristischer[2] oder theologischer bzw. christlich-ethischer[3], unter mehr philosophischer[4] oder soziologischer Perspektive (Fox 1976); oder speziell im Blick auf die Pflegeberufe[5]. Neben diesen Übersichten befaßt sich eine Vielzahl von Artikeln mit Grundsatzfragen der Medizinethik, ihrer Entwicklung und ihren Fragestellungen, ihrer Definition und Bereichsbestimmung, ihren Aufgaben und Grenzen, ihrer Beziehung zur allgemeinen Ethik und zur Medizin, ihren Kernbegriffen und Struktur.[6]

Unter dieser Vielzahl von Bänden — deren Auflistung keinesfalls Anspruch auf Vollständigkeit erhebt — möchte ich einige Bücher hervorheben, die mir als Überblick besonders geeignet erscheinen:

Beauchamp und Childress (1979) gehen nicht von einzelnen Problemfeldern der Medizinethik aus, sondern versuchen, eine systematische Analyse grundlegender, für die Medizin relevanter ethischer Prinzipien aufzuzeigen — Autonomie, Wohltätigkeit, Nichtschaden (non-maleficence), Gerechtigkeit, Wahrhaftigkeit, Vertraulichkeit und Rollenverantwortlichkeit —, und untersuchen, in welcher Weise diese ethischen Prinzipien in konkrete medizin-ethische Probleme eingehen. Brody (1976) entwickelt ein Strukturmodell ethischer Entscheidungen, das im Konfliktfall den Entscheidungsprozeß transparenter machen soll, und wendet dieses Strukturmodell dann auf eine Vielzahl ethischer Probleme an, die anhand konkreter Fälle behandelt werden.

---

[1] Abernethy 1980, Bandman and Bandman 1978, Basson 1980, Beauchamp und Childress 1979, Bier 1977, Bliss und Johnson 1975, Brody 1976, Campbell 1975, Davis, Hoffmaster und Shorten 1978, Dedek 1975, Duncan, Dunstan und Welbourn 1977, Engelhardt und Callahan 1977, Fletcher 1979, Häring 1975, Hunt und Arras 1977, Katz und Capron 1975, Kieffer 1979, Lennard und Lennard 1980, McCarthy 1976, Medizinische Ethik 1979, Mendelsohn, Swazey und Taviss 1971, Munson 1979, Nelson 1976, Rehr 1978, Reich 1978, Reiser, Dyck und Curran 1977, Rogers und Barnard 1979, Shannon 1976, Shannon und DiGiacomo 1979, Sporken 1977, Szasz 1979, Stein 1978, Thomas 1978, Vaux 1970, Veatch 1977, Wertz 1973, Williams 1973

[2] z. B. Dowd et al. 1971, Gaylin et al. 1973

[3] z. B. Curran 1973, Frankl 1979, Häring 1972, Hollis 1977, Mouw 1979, Novak 1979, O'Donnell 1976, Pompey 1974, Rosner 1972, Swyhart-DeMartino 1975, Theology and Medical Ethics 1979, Vaux 1974

[4] z. B. Gorovitz et al. 1976, Ladd 1979, Romanell 1972, Spicker und Engelhardt 1977, Wallwork 1979

[5] Armiger 1977, Aroskar 1980, Davis und Aroskar 1978, Ethical Dilemmas in Nursing 1977, Rest 1978

[6] Ackerman 1980, Blank und Ostheimer 1979, Bok 1977, Callahan 1976, Clouser 1975, Dyck 1973, Elkinton 1970, Karcher 1980, Mitchell 1976, Pellegrino 1973, Pellegrino 1976, Piechowiak und von Manz 1979, Ramsey 1977, Self 1974, Self 1975, Thomasma 1980, Thompson 1976, Walton 1980

Das Buch von *Lennard* und *Lennard* (1980) ist insofern hervorzuheben, als hier einige der in der medizinethischen Literatur wenig beachteten Probleme behandelt werden — wie etwa „Heilen als Geschäft", ethische Probleme der Medikation, ethische Auswirkungen der Patientenbehandlung auf die dem Patienten nahestehenden Menschen. *Munsons* Buch (1979) zeichnet sich besonders durch seinen klaren didaktischen Aufbau aus, der die Diskussion der verschiedensten medizinethischen Probleme durchzieht: Ein einleitender Text umreißt das Problem, eine Fallpräsentation konkretisiert es, Textauszüge illustrieren die verschiedenen normativen Positionen, die dazu eingenommen werden, und in einem abschließenden „Entscheidungsszenario" wird versucht, eine Lösung aufzuzeigen.

Nelson (1976) ist erwähnenswert, weil er nicht von medizinethischen Einzelfragen ausgeht, sondern die Medizinethik aufrollt über die *Personen*, die an ethischen Entscheidungen beteiligt oder von ihnen betroffen sind (Arzt, Patient, Angehöriger, Seelsorger etc.); er untersucht deren Selbstverständnis, Sichtweisen und Bedürfnisse in ihrem Einfluß auf ethische Entscheidungen. Die vierbändige „Encyclopedia of Bioethics" von *Reich* (1978) stellt sicher die derzeit umfassendste (wenn auch nicht in jedem Stichwort tiefgehendste) Darstellung medizinethischer Probleme dar — darunter viele Themen, die in kaum einer anderen Übersicht der Medizinethik zu finden sind: die Rolle der Medizin im Krieg, Medizin und Rassenvorurteil, gesellschaftliche Bezüge der Medizin, um nur einige wenige Beispiele zu nennen. Darüber hinaus behandeln diese Bände auch ethische Theorien, die religiösen Einflüsse auf die Medizinethik, ihre Geschichte sowie Fragen des Bezugs der Medizinethik zu einer Vielfalt anderer Disziplinen. Schließlich sei noch das Buch von *Veatch* (1977) erwähnt, in dem die Medizinethik anhand von über hundert konkreten Fällen durchdiskutiert wird — ein Band, der auch sehr geeignet ist für den medizinethischen Unterricht (vgl. dazu auch *Levine* und *Veatch* 1982).

Zu den in medizinethischer Literatur am häufigsten behandelten Themen gehört die egalitäre bzw. paternalistische Struktur der Arzt-Patienten-Beziehung, insbesondere Fragen der Werte und der ethischen Dimensionen in der Arzt-Patienten-Kommunikation (vgl. z. B. *Churchill* 1977, *Engelhardt* 1980, *Hardison* 1977, *Haney* und *Colson* 1980), der Vertraulichkeit der Patienten-Information, der Frage der Wahrhaftigkeit der Diagnosemitteilung durch den Arzt (vgl. Abschnitt 2, u.) sowie die Frage nach dem „informed consent", der informierten Zustimmung des Patienten zur Behandlung, einschließlich der Frage nach seinem Recht, eine Behandlung abzulehnen; wieweit das Prinzip der informierten Zustimmung in der Praxis überhaupt möglich ist, wird dabei zum Teil recht kontrovers beurteilt (vgl. *Barber* 1980, *Garnham* 1975, *Gray* 1975, *Laforet* 1976, *Strong* 1979 und unter juristischem Gesichtspunkt: *Annas, Glantz* und *Katz* 1977; einen wichtigen Beitrag stellt auch die Arbeit von *Köhle* et al. 1982 dar).

Neben der Arzt-Patient-Beziehung sind die in der medizinethischen Literatur am häufigsten diskutierten Probleme Fragen der Abtreibung, die Frage der durch die Forschung möglich gewordenen reproduktiven Technologien, der genetischen Manipulation, der Verhaltenskontrolle (z. B. durch Psychochirurgie) sowie der in Zusammenhang mit der

Möglichkeit von Organtransplantation neu aufgetretenen Frage nach der Definition des Todes (vgl. u.) und der Auswahl von Patienten für die Transplantation (vgl. dazu z. B. *Fox* und *Swazey* 1974, *Levine* 1979), was im weiteren Kontext der ethischen Frage nach der „gerechten" Verteilung knapper medizinischer Ressourcen (z. B. *Basson* 1979, *Blustein* 1978, *Boyd* 1979, *Rhoads* 1980, *Willard* 1980) und des Rechts auf Gesundheitsversorgung steht.

In bezug auf ethische Fragen im Zusammenhang von Sterben und Tod nimmt die kontroverse Diskussion über die Frage des Behandlungsabbruchs (passive und aktive Euthanasie) sicher den größten Raum ein (vgl. u.).

Eine mehr auf soziale Institutionen und die soziale Struktur orientierte Medizinethik fragt nach der Struktur und Macht des Medizinsystems, seiner Einbettung in die soziale Struktur unserer Gesellschaft sowie den ethischen Dimensionen der Gesundheitspolitik (vgl. z. B. *Illich* 1977).

Einen zunehmend breiteren Raum nimmt in der medizinethischen Literatur die *Ethik der medizinischen Forschung* ein. Auch dazu sind eine Vielzahl von Überblicksbänden erschienen.[7] Daneben werden in einer Fülle von Fachzeitschriftenartikeln einzelne Probleme der medizinischen Forschung aufgegriffen, wobei den breitesten Raum die Frage der informierten Zustimmung des experimentell Untersuchten und die Frage der Risiko-Gewinn-Abschätzung medizinischer Forschungsprojekte einnimmt.[8]

Betrachtet man die medizinethische Literatur unter den oben angegebenen Gesichtspunkten (disziplinärer Bezug der ethischen Diskussion, Art des ethischen Zugangs, Bezugsbereich der Ethik), so lassen sich Schwerpunkte und Defizite leicht ausmachen. Deutlich überwiegen medizinische, philosophische, theologische und juristische Beiträge, während der Beitrag der Sozialwissenschaften vergleichsweise gering

---

[7] z. B. *Barber* et al. 1973, *Beecher* 1970, *Bogomolny* 1976, *Carmi* 1978, *Deutsch* 1979, Experiments and Research 1975, *Fried* 1974, *Gallant* und *Force* 1976, *Gray* 1975, *Hershey* und *Miller* 1976, *Katz, Capron* und *Swift* 1972, *Klockars* und *O'Connor* 1979, *Ladimer* 1970, *Pappworth* 1968, *Rivlin* und *Timpane* 1975; wichtig auch, obwohl mehr auf die Sozialwissenschaften bezogen, das Buch von *Reynolds* 1979.

[8] *Armiger* 1977 (aus *Barber* 1976), *Eisenberg* 1977, *Capron* 1974, *Jonas* 1978, *Ladimer* 1969, *Lasagna* 1971, *Morris* 1972, *Silva* 1980, *Smith* 1979, *Schneyer* 1976, *Staak* 1979, *Walters* 1977, *Weinstein* 1974; zu den Richtlinien, die die World Health Organization für die medizinische Forschung herausgegeben hat, vgl. z. B. *Rudowski* 1980. Einen sehr guten Überblick über die Problematik des Informed Consent geben *Köhle, Kubanek* und *Simons* (1982).

ist, was bereits *Fox* (1974, 1976) beklagt und sich bis heute nicht wesentlich geändert hat. Mit dem geringen sozialwissenschaftlichen Beitrag zur Medizinethik hängt auch zusammen, daß in bezug auf die Art des ethischen Zugangs Fragen der deskriptiven Ethik — d. h. die Frage, wie ethische Probleme in der Praxis und Forschung tatsächlich gehandhabt werden, wieweit das Verhalten mit den proklamierten Normen in Übereinstimmung steht, welche Einstellungen vorherrschen, in welchem Maß informierte Zustimmung wirklich möglich ist, wie faktisch der ethische Entscheidungsprozeß läuft, wie das tatsächliche Verhältnis von Risiko und Gewinn aus der medizinischen Forschung sich darstellt — relativ wenig untersucht sind (als Beispiele empirischer Untersuchung zu diesen Fragen vgl. z. B. *Barber* et al. 1973, die ebenfalls diese mangelnde empirische wie theoretische Fundierung der Medizinethik kritisieren, sowie *Crane* 1975, *Garnham* 1975, *Gilbert, McPeek* und *Mosteller* 1977, *Gray* 1975, *Holmes, Margetts* und *Gibbs* 1979). Noch weniger vertreten als Beiträge zur deskriptiven Ethik sind meta-ethische Analysen (wie z. B. *Ladd* 1978); auch Fragen der „strategischen" Ethik stehen eher am Rande (vgl. aber einige der Diskussionen zu den ethischen Kodices in der Medizin, zu Kommissionen als Entscheidungsinstrument für ethische Probleme und zu Fragen der entscheidungstheoretischen Verbesserung der Problemlösung, z. B. *Alexander* 1977, *Beller* 1980, *Holmes* 1979, *Veatch* 1980).

In bezug auf den Bereich der ethischen Diskussion läßt sich sagen, daß in der Medizinethik vor allem die klinische Praxis eingehend Beachtung gefunden hat. Beiträge zur Ethik der medizinischen Forschung nehmen zu. Eher vernachlässigt aber — und auch dies mag wieder im Zusammenhang mit dem geringen Beitrag der Sozialwissenschaften zur Medizinethik gesehen werden — ist die gesellschaftsbezogene, d. h. sozialethisch orientierte Diskussion. Bezogen auf die Fülle medizinethischer Literatur werden z. B. nur am Rande der institutionelle und professionelle Kontext ethischer Probleme (Krankenhaus, Gesundheitswesen, Forschungssystem, Berufsstand; vgl. dazu z. B. *Agich* 1980, *Churchill* 1977, *Toulmin* 1977) sowie Fragen der Interaktion zwischen Medizin auf der einen Seite und Struktur, Entwicklungsprozessen und Werten der Gesellschaft auf der anderen Seite miteinbezogen (vgl. aber Ansätze bei *Carella* 1979, *Fox* 1974, *Powles* 1973, *Pellegrino* 1976).

Solange die Medizinethik rein „innerfachlich" betrachtet wird, kann man sie noch als *„no big deal"* (keine große Sache) bezeichnen und ihre Aufgaben auf innerfachliche Problemsensibilisierung (*„consciousness raising enterprise"*) und Problemstrukturierung beschränken (*Clouser*

1974, 1975). Mit einer solchen Konzeption von Medizinethik verbindet sich dann auch oft die Einstellung, Medizinethik sei nichts weiter als eine auf spezielle Problemfelder angewandte allgemeine Alltagsethik, und die Legitimierten, Zuständigen und Kompetenten für medizinethische Problemlösungen seien ausschließlich innerhalb der medizinischen Profession zu suchen.

Sobald die Medizinethik im weiteren gesellschaftlichen Kontext gesehen wird, verändern sich auch die Beurteilung ihres Stellenwertes und ihres Standortes sowie die Konzeptionen für die Lösung medizinethischer Probleme. Dann ist von einer „neuen Ethik" die Rede (*Fox* 1974), von einschneidenden Änderungen der Problemstellung (*Pellegrino* 1976), ja von einer „Revolution" der Medizinethik im *Kuhn*schen Sinne (*Carella* 1979). Für eine Medizinethik, die im Kontext gesellschaftlicher Änderungen gesehen wird, kann der Lösungsansatz nicht mehr innermedizinisch, ja nicht einmal mehr innerwissenschaftlich (interdisziplinär) gesehen werden, sondern nur als eine Aufgabe, die Laien und Betroffene, d. h. die Gesellschaft als ganze, angeht (vgl. *Duff* und *Campbell* 1979).

3. Ethik der Thanatologie

3.1 Praxis

Die Ethik der Thanatologie ist ein Teilbereich der Medizinethik und wird in der medizinethischen Literatur (vgl. die zitierten Übersichtsarbeiten) meist auch ausführlich behandelt. Darüber hinaus erscheinen immer mehr Beiträge, die sich speziell den ethischen Fragen im Kontext von Sterben und Tod zuwenden (als neuere Übersichtsbände vgl. z. B. *Bayles* und *High* 1978, *Beauchamp* und *Perlin* 1978, *Fritsche* 1979, *Gruman* 1978/79, *Heifetz* 1978, *McMullin* 1978, *Ramsey* 1978, *Veatch* 1976, *Veatch* 1977, *Weir* 1977). Diese Arbeiten beziehen sich ausschließlich auf die Ethik der Praxis, d. h. den klinischen Umgang mit den Sterbenden und die ethischen Fragen, die in diesem Kontext auftreten. Inhaltlich sind als häufigst diskutierte Fragen drei zu identifizieren: 1. die Frage nach der Diagnosemitteilung gegenüber einem Patienten mit zum Tode führender Krankheit („*Wahrheit am Krankenbett*"); 2. die Frage der *Definition des Todeszeitpunktes* und 3. Fragen nach dem Einsatz „heroischer" lebensrettender oder lebensverlängernder Maßnahmen, dem Behandlungsabbruch, dem Recht des Patienten nach Mitbestimmung bei Behandlungsentscheidungen — alles Fragen, die oft unter dem Stichwort „*Euthanasie*" behandelt werden. Jeder dieser Hauptbereiche klinischer Thanatologie-Ethik ist seinerseits in Spezialliteratur ausführlich behandelt worden.[9]

Als Teilbereich der Medizinethik spiegelt die Ethik der Thanatologie z. T. auch die Schwerpunkte und Defizite der Medizinethik wider. Unterschiede ergeben sich u. a. daraus, daß die ethischen Probleme jedoch angesichts von Sterben und Tod verschärft sind; man kann in einer eingehenden Analyse die subtilen und impliziten ethischen Dimensionen der Arzt-Patient-Beziehung analysieren (vgl. die ausgezeichnete Arbeit von *Churchill* 1977; Abschnitt 2.1) und dabei aufzeigen, wie Wertungen, Vorurteile und Schichtzugehörigkeit in das Gespräch mit den Patienten eingehen; aber solche Fragen nach Vorurteilen, Selbstschutzaussagen, Selbstaufwertungsaussagen des Arztes sind noch viel schwerwiegender, wenn es sich nicht um den Grippe-Patienten in der Praxis, sondern den sterbenden Patienten in der Klinik handelt; nicht nur subtile Wertungen der Arzt-Patienten-Kommunikation, sondern die gesamte „Tragfähigkeit" dieser Beziehung steht an, wenn es etwa um die Mitteilung einer infausten Prognose geht (*Horn* 1981). Ebenso stellt sich die Frage nach der Mitbestimmung des Patienten bei Behandlungsentscheidungen mit ganz anderem Nachdruck, wenn es darum geht, über die Fortsetzung oder Absetzung lebensverlängernder Maßnahmen zu befinden.

Diese Zuspitzung der allgemein-medizinethischen Fragen (Arzt-Patient-Beziehung, Partizipation des Patienten in der Behandlungsentscheidung) im Kontext von Sterben und Tod findet nun auch seinen Ausdruck in den Schwerpunkten und Defiziten der entsprechenden thanatologischen Literatur. Hier kann noch weniger leidenschaftslos diskutiert werden als in der allgemeinen Medizinethik — entsprechend überwiegt im Bereich der Thanatologie-Ethik die normative Ethik in noch größerem Maße; in der Tat ist ein großer Teil etwa der zitierten Literatur zur Wahrheitsfrage oder zur Frage der „Euthanasie" eine Darstellung von speziellen und kontroversen Positionen, an deren jeweilige Richtung Erfahrung und Argumente angegliedert werden. Demgegenüber tritt die deskriptive Ethik, relativ gesehen, in den Hintergrund. Immerhin liegen auch dazu einige relevante Arbeiten vor: Wie gehen Ärzte faktisch mit der „Wahrheitsfrage" um? Welche

---

[9] Zur *„Wahrheit am Krankenbett"*: Diskussionsbeiträge, Untersuchungen über die Wünsche und Bedürfnisse von Patienten und gesunden Menschen in bezug auf die „Wahrheit" sowie Einstellungen und Verhaltensweisen von Ärzten — vgl. ausgewählte Spezialbibliographie am Schluß des Kapitels. Desgleichen zur Frage der *„Definition des Todes"* und zur *„Euthanasie"*.

Bedürfnisse haben Patienten? Welche Auswirkungen hat die „Wahrheitsmitteilung" auf den Patienten? — Solche Fragen sind von einigen Autoren, allerdings oft mehr im Stile der Meinungsumfrage, angegangen worden (vgl. dazu die Spezialbibliographie zur Frage der „Wahrheit am Krankenbett"). Zur Frage des Behandlungsabbruchs untersucht *Crane* (1975), was Ärzte verschiedener Fachrichtungen an Maßnahmen angeben, die sie bei Sterbenskranken vornehmen oder unterlassen, und wie sich diese *Aussagen* über ihr Verhalten zu ihrem faktischen Verhalten (analysiert anhand von Krankenhausdokumenten) verhalten.

Metaethische Analysen fehlen fast gänzlich (Ansätze dazu vgl. *Kluge* 1975, wo versucht wird, die Struktur der jeweiligen kontroversen Argumentation zu analysieren, die Inkonsistenzen herauszuarbeiten, die Prämissen zu isolieren); dagegen sind Arbeiten zur „strategischen" Ethik (d. h. Fragen der institutionellen, politischen und juristischen Umsetzung normativer Positionen) im Bereich der Ethik der Thanatologie eher gewichtiger, weil hier vor allem auch wesentliche juristische Fragen von Leben und Tod anstehen. Zu solchen „strategischen" Fragestellungen gehören z. B. das Vermächtnis des Patienten („*living will*") für seine Behandlung, die klinischen Ethik-Kommissionen und die Gesetzgebung in bezug auf Sterben und Tod (vgl. dazu die Spezialbibliographien zur „Definition des Todeszeitpunktes" und zur „Euthanasie").

Hinsichtlich der disziplinären Orientierung der Beiträge sind die Ethik der Medizin und die Ethik der Thanatologie vergleichbar — auch letztere zeichnet sich aus durch ein Übergewicht an vor allem medizinischen, theologischen, juristischen Beiträgen gegenüber sozialwissenschaftlichen Analysen. In bezug auf den Ethik-Bereich (Praxis, Forschung, Gesellschaft) aber sind die Gewichtsunterschiede in der Thanato-Ethik noch wesentlich ausgeprägter als in der Medizin-Ethik; die Forschungsethik in der Thanatologie ist eher vernachlässigt (vgl. aber z. B. *Deutsch* 1979, *Krant, Cohen, Rosenbaum* 1977) — und das ist angesichts der Fülle thanatologischer Forschung ein sehr gravierendes Defizit. Zwar wird bei einigen Autoren die Frage thanatologischer Forschungsethik am Rande mit erwähnt (vgl. z. B. *Barton* 1977, *Engelke* 1980, *Schulz* 1978), aber eine eingehende Darstellung und Analyse fehlt.

3.2 Forschung

Eine systematische Forschungsethik der Thanatologie kann auch im Kontext dieses Kapitels nicht geleistet werden, aber ich möchte wenigstens kurz einige der entscheidenden Probleme benennen. Ich sehe in bezug auf die ethischen Fragen der Forschung zu Sterben und Tod vier eng miteinander zusammenhängende Ebenen ethischer Anfragen, die ich hier nur aus analytischen Gründen und Gründen der Darstellung trenne: die Ebene des Forschers, die Ebene des „Beforschten", die Ebene des Forschungsprojekts und die Ebene der Gesellschaft.

1. Die Ebene des Forschers

Auf der Ebene der ethischen Anfragen an den Forscher sind zwei Bereiche zu unterscheiden, die ich mit den Stichworten „Rolle" und „Person" (Motivation) umschreiben will.

(1) *Rolle.* Wenn ich ein Forschungsprojekt in Angriff nehme, ist meine Rolle mindestens dreifach definierbar. *Erstens* gehöre ich in meiner Rolle als Forscher einer oder mehrerer wissenschaftlichen Diszipli- nen an oder stehe ihnen zumindest näher als anderen. Verschiedene Fächer haben nicht nur unterschiedliche Forschungsobjekte, -inhalte und -fragen und, damit zusammenhängend, unterschiedliche Theorien und Methoden, sondern sie zeichnen sich vor allem auch durch unter- schiedliche Wertorientierungen aus, die Theorien und Methoden, Aus- wahl von Fragestellungen und Forschungsprozeß, Selbstverständnis und Verhalten in der Rolle als Wissenschaftler mitprägen (vgl. *Spiegel- Rösing* und *Schwidetzky* 1982). Diese Wertorientierungen sind mir in der Ausbildung in diesem Fach mit vermittelt worden. Beispiel einer solchen Orientierung ist die relative Stellung, die etwa der Wert „Neu- igkeit" des Forschungsansatzes oder -ergebnisses in einer Disziplin hat. Dieser Wert ist in den Naturwissenschaften und in den empirisch orientierten, oft sich an Naturwissenschaften orientierenden Sozialwis- senschaften ausgeprägter (und wenn nur deshalb, weil nachprüfbarer) als etwa in historischen oder philologischen Fächern. Wenn — um beim Beispiel des „Neuigkeitswertes" zu bleiben — Neuigkeit von Ansatz und Ergebnis ein Wert derjenigen Disziplin ist, in der ich ausge- bildet bin, in der ich forsche, in der ich veröffentliche, dann bekomme ich als Wissenschaftler dieser Disziplin für einen Forschungsansatz, der „Neuigkeit" bringt, auch mehr positive Rückmeldungen, d. h. Reputa- tion innerhalb meines Fachkreises. Und nicht eben viele Forscher sind von der Aussicht auf Reputation unabhängig. Nun sind die „neuen" Forschungsfragen aber keinesfalls immer die wichtigsten Fragen. Gerade im Bereich der Thanatologie sind die alten Fragen, die schon vielfach gestellt, vielfach untersucht, vielfach diskutiert sind, vielleicht manchmal die allerwichtigsten, z. B. die Frage, welchen Beitrag die

psycho-soziale Forschung leisten kann, um das Leiden des sterbenden Patienten zu mildern.

Die ethische Anfrage in bezug auf meine disziplinäre Rolle als thanatologischer Forscher beinhaltet also die radikale und kritische, aber auch informierte Anfrage an die disziplinären Werte, die mich in Auswahl und Durchführung meines Forschungsprojektes möglicherweise beeinflussen, und die ebenso kritische Konfrontation mit der Frage, ob diese Werte mich im Blick auf den Forschungsbereich (im vorliegenden Beispiel der Sterbende) wirklich auf die *wichtigen* Fragen lenken; oder ob sie mich davon geradezu ablenken. Und im Bereich der Thanatologie, wo es um existentielle Fragen von Leben, Leiden, Tod geht, ist dies eine eminent ethische Frage.

Zweitens, und damit aufs engste zusammenhängend, stellt sich die Frage nach dem disziplinär beeinflußten Selbstverständnis in meiner Rolle als Forscher. Ich kann mich, wie es in manchen Naturwissenschaften das vorherrschende Selbstverständnis ist, als einen von meinem Forschungsgegenstand losgelösten, unbeteiligten, distanten Forscher definieren — vielleicht möglich, wenn ich Substanzen in einem Reagenzglas experimentell untersuche. Ich kann mich aber auch, wie eher in den Sozialwissenschaften, als mitbetroffener, beteiligter, gesellschaftliche Änderungen bewirkender und bewirkenwollender Forscher verstehen.

Diese unterschiedlichen Rollenverständnisse (hier nur vereinfacht und polar skizziert) haben Auswirkungen auf mein Verhalten gegenüber dem Forschungsgegenstand. Wenn meine Forschung sich auf den sterbenden Menschen bezieht, vielleicht sogar in Interaktion mit ihm durchgeführt wird (etwa bei „Interviews" mit sterbenden Patienten), dann wird die Unterscheidung dieser Rollenselbstverständnisse zu einer ethischen Frage. In der *distanten* Haltung kann ich dann Sterbenskranke fragen: „Was meinen Sie, welche Krankheit Sie haben, was mit Ihnen ist?" Ich kann dann aus dem Krankenzimmer hinausgehen und die Antwort danach klassifizieren, wieviel der Patient über seinen Zustand weiß, und das dann korrelieren mit seinem klinischen Zustand (vgl. *Rosin* et al. 1979). Und in der distanten Haltung brauche ich mich nicht darum zu kümmern, welche Auswirkungen diese Frage auf den Patienten hatte — hat sie ihn überhaupt erst auf die Frage: „Ja, was habe ich eigentlich wirklich?" sensibilisiert? Hat sie ihn beunruhigt? Hat sie vielleicht sein subtiles Abwehrsystem gegen die Bedrohlichkeit des Wissens durchbrochen? Mit einem Selbstverständnis als *beteiligter* Forscher werde ich mir dagegen Gedanken darüber machen, was meine Fragen bewirken, und mein empirisches „Design" wird sehr eingehende Überlegungen dazu einschließen, wie ich die möglichen Auswirkungen meiner Fragen *mittrage* und wie ich sie auffange. Mein Selbstverständnis als Forscher hat also im Bereich der Thanatologie eine unvermeidlich ethische Dimension.

Drittens stellt sich die Frage nach meinem Standort als Forscher innerhalb der wissenschaftlichen Gemeinschaft und in bezug auf ihre Forschungsinstitutionen. *Barber* et al. (1973) fanden, daß Wissenschaftler, die in der wissenschaftlichen Gemeinschaft einen „geringeren" Stand haben (weniger Rückmeldungen — gemessen etwa anhand der Zitierungen, die ihre Veröffentlichungen von anderen Forschern erhalten; weniger Veröffentlichungen), eher dazu neigen, ethisch fragwürdige Untersuchungen durchzuführen, als Wissenschaftler hoher Reputation. Auch die Stellung in der jeweiligen Forschungsinstitution (wieweit ich in meiner Stellung „abgesichert" bin, an welcher Stelle von Hierarchie und Einfluß ich stehe) wirkt sich nach den Untersuchungen von *Barber* und Mitarbeitern auf das ethische Verhalten aus. Die Gründe sind ebenso einsichtig wie ethisch fragwürdig: der weniger erfolgreiche Wissenschaftler, der in seiner Position weniger gefestigte Wissenschaftler riskiert im Namen der Wissenschaft (und das heißt: im Blick auf die Verbesserung seines Standes) mehr als ein hochqualifizierter, abgesicherter Wissenschaftler. In bezug auf die thanatologische Forschung stellt sich damit die ethische Frage nach dem Zusammenhang meines wissenschaftlichen Standes und meiner Stellung auf der einen Seite und der Auswahl und Durchführung meiner Forschungsfragen auf der anderen. Mute ich etwa einem Sterbenden mehr an Fragen zu, als bei einer konsequenten ethischen Prüfung vertretbar ist, — einfach aufgrund meiner Stellung und meines Standes, d. h. aufgrund meines persönlichen Status' als Wissenschaftler?

(2) *„Person"*. Wenn ich forsche, forsche ich nicht nur als Rollenträger, sondern auch als „Person". Ich habe ein bestimmtes persönliches Selbstverständnis, ich habe bestimmte Lebenswerte, ich habe eine bestimmte Motivation, ich habe eine bestimmte Biographie. Alle diese Merkmale haben mehr oder weniger verborgene ethische Implikationen für meine thanatologische Forschung. Wenn zum Beispiel die Werte, die ich lebe („es ist mir wichtig, Distanz zu Menschen zu halten"), in Widerspruch stehen zu den Werten, die ich aus methodischer oder ethischer Einsicht in meiner Forschung realisieren will („dem Sterbenden trete ich nicht als distanter Forscher gegenüber"), so stellt sich die Frage nach dem Gelingen. Im Falle thanatologischer Forschung kann das aus solchem Gegensatz heraus entstehende Mißlingen einer bestimmten wissenschaftlichen oder rollenbezogenen Wertorientie-

rung ethisch fragwürdig werden. Solche potentiellen Widersprüche lassen sich in großer Zahl entwerfen — aber das sei dem Leser überlassen. Worum es in den verkürzten Beispielen geht, ist die Aussage, daß in der thanatologischen Forschung die Frage nach dem Zusammenhang meiner Lebens- und meiner Forschungswerte eine ethische Dimension enthält.

Oder die Frage der Biographie. Was hat mich in den Bereich gerade der thanatologischen Forschung geführt? Bin ich selbst einmal betroffen gewesen, als Todkranker im Krankenhaus? Habe ich den Tod eines mir nahestehenden Menschen erlebt? Habe ich mich diesem emotional belastenden Thema zugewandt, weil meine Eltern mir niemals etwas zugetraut haben? Das alles sind sehr holzschnittartig gestellte Fragen, und die ethischen Implikationen ihrer Antworten sind keinesfalls in einfacher Weise bewertbar. Sowohl eine biographische Verankerung meines Forschungsinteresses in einer Erfahrung der Betroffenheit, aus der heraus das Motiv des Helfenwollens entstehen mag, als auch aus der Erfahrung der Gegnerschaft, aus der heraus eine Motivation des Beweisenwollens erwächst, kann blind machen für die Vielfalt ethischer Implikationen thanatologischer Forschung. Wichtig ist mir in diesem Zusammenhang lediglich, aufzuweisen, daß die ethische Anfrage an mich selbst nicht endet mit Anfragen an meine Rolle, sondern auch Anfragen an meine Person miteinschließt.

2. Die Ebene des „Beforschten"

Der Mensch, den wir in einem empirischen Forschungsansatz untersuchen, ist selbstverständlich stets der wesentliche Bezugspunkt aller ethischen Überlegungen. Auch die ethischen Anfragen an den Forscher laufen ja letztlich auf die Frage hinaus, welche Auswirkungen unreflektierte Momente seiner Rolle und Person auf den untersuchten Menschen haben kann. In bezug auf den untersuchten Menschen werden in der Literatur zur Ethik der Forschung vor allem zwei Fragen diskutiert, die ich auch schon im Zusammenhang mit der allgemeinen Medizinethik genannt habe: die Frage der informierten Zustimmung und die Frage nach Gewinn versus Schaden aus der Untersuchung.

(1) Im Grundsatz fordert das ethische *Prinzip der informierten Zustimmung* die Möglichkeit des Versuchspartners, aufgrund der vom Forscher gegebenen Information über Ziel, Zweck, Vorgehen, Verlauf und mögliche Risiken und Gewinne des Projektes eine freie Entscheidung über die Teilnahme am Forschungsprojekt fällen — und auch zu einem späteren Zeitpunkt aus dem laufenden Projekt aussteigen zu können. Das klingt einleuchtend und einfach, aber es ist eine in der

Praxis höchst schwierige Forderung — weshalb manche Autoren von der informierten Zustimmung auch als einer bloßen „Fiktion" sprechen (*Laforet* 1976). Erstens kann die Übermittlung der Information über das Forschungsprojekt die Untersuchbarkeit der Frage aufheben oder zumindest mitbeeinflussen. Wenn ich einem kranken Menschen z. B. sage, daß mein Forschungsprojekt, in dessen Rahmen ich ein Gespräch mit dem Patienten führen will, die Frage untersucht, wieweit die Bewältigungsmechanismen des Lebens auch in der Bewältigung von Krankheit eine Rolle spielen, so kann der Patient, der diese Fragestellung kennt und dem Forscher vielleicht nützlich sein will, natürlich selektiv berichten und damit bewußt dazu beitragen, daß die Fragestellung bestätigt wird (*self-fulfilling prophecy*). Das Ausmaß der dem Versuchspartner gegebenen Information und die Untersuchbarkeit einer Fragestellung stehen oft in einer mehr als fragilen Beziehung.

Ein weiteres, kritisch diskutiertes Problem im Zusammenhang mit der sogenannten informierten Zustimmung bezieht sich auf die Frage der „freien" Zustimmung. Hierbei treten zum Teil sehr subtile Probleme auf. Ist es „freie" Zustimmung, wenn zum Beispiel ein schwerkranker Patient aufgrund der ihm über das Projekt gegebenen Information zur Teilnahme bereit ist, wobei folgende zwei Gründe mitgeschwungen haben: Der schwerkranke Patient fühlt sich und *ist* auch oft weitgehend den Ärzten und dem Pflegepersonal „ausgeliefert". Der „Forscher", der um die Teilnahme an einem Projekt nachfragt, führt die Untersuchung mit Wissen von Ärzten und Pflegepersonal durch und wird deshalb vom Patienten leicht ihnen zugeordnet. Das heißt, auch er hat wahrgenommene „Macht" über den Patienten. Eine Ablehnung seines Anliegens könnte (in der Vorstellung des Patienten) also negative Auswirkungen auf Pflege und Behandlung haben. Die wahrgenommene Macht kann für den Patienten auch bedeuten, daß er sich von der Teilnahme an dem Forschungsprojekt gewissermaßen magische Hilfe verspricht. Beide Gedankengänge, die auf subjektiven Zuschreibungen beruhen, reduzieren die tatsächliche „Freiheit" der Entscheidung. Darüber hinaus haben empirische Untersuchungen gezeigt, daß das Verstehen des Forschungsansatzes (also der vom Forscher gegebenen Information) oft rudimentär ist (*Garnham* 1975, *Gray* 1975). Wenn das Verständnis des Patienten über das, was an Information gegeben wird, nicht auch überprüft wird, wird die Forderung nach der informierten Zustimmung ebenfalls zur Fiktion.

(2) Das zweite im Zusammenhang mit dem „Beforschten" oft diskutierte Problem bezieht sich auf die Einschätzung möglicher *negativer Auswirkungen oder Gewinne* aus der Untersuchung. Gewinn oder

Schaden können direkt oder indirekt, kurz- oder langfristig sein. Indirekte Auswirkungen betreffen zum Beispiel den *Kontext* des untersuchten Patienten, die Mitpatienten oder Angehörigen. Fühlt sich der nicht untersuchte Mitpatient ausgeschlossen, zurückgesetzt, vernachlässigt? Verstärkt es sein Gefühl, ein „schlechter" Patient zu sein, vertieft es seine Einsamkeit? Oder fühlen sich Angehörige des Patienten durch die Untersuchung, etwa durch irgendeine Art der Befragung des Patienten, auch in *ihrem* privaten Bereich tangiert? Auch das sind ethische Fragen.

Grobe Schäden oder Gewinne sind sicher leicht auszumachen, sowohl in bezug auf den untersuchten Patienten als auch seinen Kontext oder den wissenschaftlichen Ertrag. Das ethische Problem der Schadens-Nutzens-Einschätzung wird erst schwierig bei subtileren Auswirkungen, die darüber hinaus noch individuell höchst unterschiedlich sein können. Wenn etwa *Wittkowski* (1977) seine Versuchspartner (gesunde Menschen) im Rahmen eines thanatologischen Forschungsprojekts fragt: „Wie stark schätzen Sie das Gefühl von Einsamkeit und Verlassenheit ein, das Sie in Ihrer Todesstunde empfinden werden?" Oder: „Wenn Sie eines Tages sterben werden, glauben Sie, daß Sie einen langen Todeskampf haben werden?" Oder: „Welche Gefühle und Empfindungen werden Ihre nächsten Angehörigen bewegen," wenn sie Ihren erkalteten, bleichen und starren Leichnam betrachten?" — wieweit ist dann sichergestellt, daß solche Fragen nicht eine „Beunruhigung des Todes" in das Leben des Befragten bringen können, die vorher nicht gegeben war, also eine Sensibilisierung in bezug auf belastende Fragestellungen bringt? Solche Auswirkungen sind ethisch fragwürdig. Daß sie durchaus vorkommen, zeigen etwa Untersuchungen, bei denen nach der Intervention von Therapeut und/oder Forscher die Todesangst der untersuchten Menschen erhöht ist (vgl. *Zuehlke* und *Watkins* 1975).

Die Schwierigkeit einer ethisch motivierten Nutzens-Schadens-Analyse liegt also nicht nur in der Abschätzung der Auswirkungen, in der Abschätzung der Wahrscheinlichkeit des Auftretens verschiedener Auswirkungen, in der Berücksichtigung individueller Unterschiede in bezug auf die Effekte, sondern auch bereits in der Identifikation höchst subtiler Effekte. Im Rahmen einer Nutzens-Schadens-Analyse, die nicht nur den Versuchspartner, sondern auch den wissenschaftlichen Effekt, den Effekt für künftige Patienten, die Auswirkung auf Gesellschaft, berücksichtigt, wird es jedenfalls im Blick auf den Nutzen nicht ausreichen — wie es etwa *Schulz* (1978) tut —, lediglich anzuführen:

(Experimentelle Forschung) kann in verschiedener Weise nützlich sein. Die Versuchsperson mag durch die Aufmerksamkeit, die man ihr gibt, geschmeichelt sein und das gute Gefühl haben, einen wertvollen Beitrag zur Wissenschaft zu leisten. Das Gefühl des Selbstwertes kann auch dadurch erhöht werden, wenn die Versuchsperson Gelegenheit hat, ihre Meinungen auszusprechen. Und schließlich kann es sein, daß die Versuchsperson einige Einsichten in sich und ihre umgebende Welt gewinnt. Auf der anderen Seite ... kann die Selbsteinsicht auch negativ sein ... (*Schulz* 1978, 15).

Solche Überlegungen reichen nicht.

3. Die Ebene des Forschungsprojekts

Auf dieser Ebene lassen sich mindestens fünf ethische Anfragen benennen.

(1) Die erste betrifft die *Wahl der Fragestellung*. Diese Frage hat zwei Aspekte. Auf der einen Seite können ethische Überlegungen zu dem Schluß führen, daß eine ins Auge gefaßte Fragestellung ethisch nicht vertretbar ist. Eine konsequente Ethik der Forschung kann somit das wissenschaftlich Mögliche unmöglich machen. Zum anderen ist bei Fragestellungen, die mögliche subtile Nebenwirkungen haben können, stets auch zu fragen, ob das übergeordnete Ziel, das ich mit meiner Forschungsfrage verbinde (z. B. einen Beitrag zur Humanisierung der Krankenhaussituation des schwerkranken Patienten zu leisten), nicht direkter und effektiver auch auf *anderem* Weg zu erreichen ist als mit Forschung. Auch hier kann eine konsequente Ethik eine Forschungsfrage gewissermaßen aufheben.

(2) Ein zweiter Bereich bezieht sich auf die Ethik der *Methode und des Forschungsdesigns*. Die gewählte Methode muß unter ethischen Aspekten geprüft werden, und ggf. müssen auch weniger effektive, dafür aber auch weniger belastende Methoden gewählt werden. Ein experimentelles Design schließt z. B. oft die Bestimmung einer Experimental- und einer Kontrollgruppe ein. Welcher Patient wird (etwa im Falle einer thanatologischen Untersuchung in der Klinik) der Experimental-, welcher der Kontrollgruppe zugeordnet? Wenn es etwa um die Überprüfung der Wirkung therapeutischer Interventionen beim sterbenden Patienten geht, so stellt sich bei der Kontrollgruppe, die keine Therapie bekommt, die Frage nach der Berechtigung, diese Menschen von potentieller Hilfe auszuschließen. Dies ist eine ethische Frage, die gerade im Zusammenhang mit der Psychotherapieforschung im thanatologischen Bereich oft auftritt. *Zuehlke* und *Watkins* (1975) haben das Problem dadurch gelöst, daß der Kontrollgruppe *nach* Abschluß der Untersuchung psychotherapeutische Hilfe zuteil wurde. Aber löst dies das Problem? Würde man ohne wissenschaftliche Untersuchung das Angebot einer psychotherapeutischen Hilfe nicht nach

dem Zeitpunkt der Hilfsbedürftigkeit ausrichten statt nach dem Zeitpunkt des Forschungsprojektes und irgendwelchen forschungsrelevanten Vergleichsdaten (Alter, Art der Krankheit, soziale Schicht etc.) der jeweiligen Experimental- und Kontrollgruppenpatienten?

(3) Drittens stellen sich ethische Anfragen auch an die *Theorie*, die einem Forschungsprojekt zugrunde liegt oder die mit diesem überprüft werden soll. *Barton* (1977) hat diese Frage angenommen. Wem, fragt er, dient die Theorie? Eine Theorie ist oft eine Strukturierung und Vereinfachung komplexer Realität. Wem kommt diese Vereinfachung zugute? Diese Frage ist am Beispiel der sogenannten Stufentheorie des Sterbens von *Kübler-Ross* zu verdeutlichen. *Churchill* (1979) vertritt die Auffassung, daß diese „Theorie" überwiegend der Orientierung des Pflegepersonals dient, diesem eine Definition des „guten Patienten" (der nämlich die Stufen von Schock, Zorn, Ärger, Verhandlung etc. hinter sich läßt und zu der Stufe der „Todesakzeptanz" kommt) an die Hand gibt und darüber hinaus noch Kriterien normativen Drucks auf den Patienten — während der Patient diesem Druck *ausgesetzt* ist und damit in seiner Selbstdefinition eingeengt und möglicherweise kontrolliert wird. Die Auswirkungen *müssen* nicht eintreten; es geht aber darum, bei den ethischen Anfragen an unsere Theorie die Frage einzubeziehen, wie eine Theorie auch mißbrauchbar ist und damit ethische Probleme aufwirft.

(4) Ein vierter ethischer Bereich auf der Ebene des Forschungsprojekts stellt sich in bezug auf die *Ergebnisdarstellung*, ein Problem, das weitgehend unbeachtet bleibt. Eine konsequente Forschungsethik auf dieser Ebene verlangt m. E. zumindest zweierlei. Einmal, gerade auch in der Veröffentlichung, eine ausführliche Darlegung der ethischen Überlegungen, der ethischen Schlußfolgerungen, der Überprüfung der behaupteten ethischen Absicherungen, die vorgenommen wurden. Zum anderen verlangt sie (das ist banal und wird dennoch nicht selten vernachlässigt) den Schutz der untersuchten Person. Mit Schutz ist nicht nur die Wahrung seiner Anonymität gemeint, die Wahrung der Vertraulichkeit der gegebenen Information, sondern es ist auch eine *nicht wertende* Darstellung gemeint. Das Gemeinte läßt sich vielleicht anhand eines Buches von *Strauss* und *Glaser* (1970) illustrieren. Diese Autoren untersuchen unter soziologischer Perspektive den Sterbensweg einer krebskranken Frau. Das Buch handle, so heißt es gleich zu Beginn (S. 2), von der Bewältigung der Sterbeerfahrung bei einer „höchst unangenehmen Patientin". Oder weiter unten (S. 4): „Der Leser ... wird die soziologische Tiefe und den soziologischen Reichtum einer solchen Art des Sterbewegs zu schätzen wissen." Oder es heißt,

daß die unangenehme Routinearbeit der Pflege eines Krebskranken dem Pflegepersonal dadurch „erspart geblieben" sei, daß die Patientin die Station für eine Operation verlassen mußte, an der sie starb. Es ist menschlich, daß das überlastete Pflegepersonal sich vom Tod eines schwierigen Patienten erleichtert fühlt; es ist menschlich, eine schwierige Patientin als „höchst unangenehm" zu empfinden — aber in der Darstellung wissenschaftlicher Ergebnisse kann diese Art der Wertung nicht auf Verständnis stoßen; unter ethischem Gesichtspunkt ist auch zu fragen, wie sich die Faszination an soziologischem „Tiefgang und Reichtum" zu dem zum bloßen Beobachtungsobjekt gewordenen sterbenden Menschen verhält.

(5) Ein letzter ethischer Aspekt auf der Ebene des Forschungsprojektes bezieht sich auf die *Anwendung der Ergebnisse.* Das Selbstverständnis vieler Wissenschaftler schließt diese Frage nicht ein. In einem Bereich aber, wo die Ergebnisse solche existentiellen Fragen wie Sterben und Tod betreffen, ist es unverantwortlich, sich als Wissenschaftler nicht auch um die Ergebnisanwendung und ihren potentiellen Mißbrauch Gedanken zu machen und den Weg der Anwendung auch kritisch zu verfolgen. Auch hier mag die Stufentheorie von *Kübler-Ross* als Beispiel dienen. Es läßt sich nachweisen, daß sie in der klinischen Anwendung zu einem zwanghaften Kochbuchrezept geworden ist (vgl. dazu auch Kapitel 4). Oder es läßt sich illustrieren anhand der Literatur zu den Erlebnissen von wiederbelebten Patienten (vgl. dazu z. B. *Hampe* 1976, *Kastenbaum* 1979, *Moody* 1977, *Noyes* und *Kletti* 1972, 1976, 1977a, 1977b, *Noyes* und *Slymen* 1978/79, *Osis* und *Haraldsson* 1977, *Wiesenhütter* 1976 sowie einen der Kritiker: *Vicchio* 1979). Einige „Wiederbelebte" berichten von außerordentlich positiven und intensiven Sterbens- und Todeserfahrungen. Daß es diese Erlebnisse gibt, steht außer Zweifel. Wenn daraus aber ein euphemistisches Bild des Sterbens konstruiert wird, das etwa alten Menschen oder Schwerkranken als Trost angeboten wird, dann ist das ein ethisch höchst fragwürdiger Mißbrauch dieser Ergebnisse.

4. Die Ebene der Gesellschaft

Hier stellen sich in bezug auf die Forschungsethik der Thanatologie mindestens vier Fragen. Die übergeordnete Frage ist die nach der Legitimation — Teilfrage der Überlegungen nach Nutzen und Schaden eines Forschungsprojekts im Vergleich zu seinem Aufwand und seinen Kosten. Zunächst ist zu fragen, wem nutzt das Forschungsprojekt? Den ohnehin Mächtigen? Oder nutzt es den Ohnmächtigen? Die Frage kann in dieser Überspitzung stehenbleiben, um die Richtung ethischer

Anfrage anzudeuten. Zweitens ist zu fragen, welche Konzeptionen und Ideologien von Sterben und Tod mit meinem Forschungsprojekt möglicherweise gestützt oder hinterfragt werden. Die Antwort auf diese Frage hängt ab von meinem sozialethischen Standpunkt und meiner Position in bezug auf die Wünschbarkeit von Stabilisierung oder Veränderung der bestehenden Verhältnisse (vgl. dazu *Josuttis* 1976, auch Kapitel 4). Und drittens ist zu fragen, wie über bestimmte Konzeptionen und Ideologien hinaus sich meine Forschungsansätze auf die bestehenden institutionellen Strukturen auswirken, etwa die Struktur des modernen Krankenhauses; trägt mein Ansatz, tragen meine Ergebnisse dazu bei, diese zu verfestigen oder diese zu ändern? Hierzu gehört auch die Überlegung, welche institutionellen Auswirkungen die Fokussierung meiner Forschung auf Sterben und Tod auf die anderen Bereiche der Medizin hat.

Es läßt sich mit einigem Recht fragen, wieweit der Aufschwung thanatologischer Forschung (und thanatologischen Engagements in der Praxis) den Umgang mit dem Sterbenden nicht zu einer „Feiertagssituation der Menschlichkeit" macht, die aus dem Auge verliert, daß viele der Forderungen, die sich auf den Umgang mit dem Sterbenden beziehen, mit gleichem Recht und Nachdruck für die Situation des nicht-sterbenskranken Patienten im Krankenhaus gelten. — Ich meine, daß jedes thanatologische Projekt (nachdrücklicher noch als andere Forschung) sich diesen ethischen Anfragen stellen muß.

3.3 Gesellschaft

Diese angedeuteten Überlegungen zu den gesellschaftsrelevanten Aspekten einer thanatologischen Forschungsethik sind Teil einer Sozialethik, die ich als dritten Bezugsbereich ethischer Diskussion (neben Praxis und Forschung) zu Beginn des Kapitels genannt hatte. Wie in der Medizin-Ethik insgesamt, sind auch in der Ethik der Thanatologie solche Überlegungen weitgehend vernachlässigt. Im Rahmen dieses Kapitels bleibt mir kaum mehr, als wenigstens die entsprechenden Fragestellungen aufzuzeigen.

Die übergeordnete sozialethische Frage im Kontext einer Ethik der Thanatologie bezieht sich auf den Zusammenhang unserer gesellschaftlichen Verfaßtheit auf der einen Seite und den dadurch mitbedingten Umgangsweisen (sowohl in Praxis als auch in Forschung) mit Fragen von Sterben und Tod auf der anderen. Dieser Zusammenhang rückt dann in ein scharfes Licht, wenn man unsere Gesellschaft und ihren Umgang mit Tod vergleicht mit anderen Kulturen (vgl. z. B. die ausgezeichneten Analysen von *Thomas* 1975 und *Ziegler* 1977). Aber auch eine Analyse der Hauptmerkmale unserer Gesellschaft (Technisierung, Wert der Machbarkeit, Primat des Ökonomischen etc.), die das gesellschaftlich dominante Menschenbild, die Definition lebenswerten Lebens, die Struktur unserer Institutionen bedingen, verdeutlicht den Zusammenhang zwischen Gesellschaftsstruktur und Einstellungen gegenüber Sterben und Tod (vgl. dazu einige Überlegungen bei *Eibach* 1977, *MacIntyre* 1978, *Genewein* und *Sporken* 1979).

Wenn gesellschaftliche Verfassung mit ihren Werten bestimmt, was lebens-wert ist, wenn sie bestimmt, was bei uns „Identität" ist, so bestimmen ihre Werte auch, was Sterben bedeutet und welche Identität es ist, die wir im Tod verlieren. Es ist zu fragen, welche Sinnbilder, welches Todesverständnis unsere Gesellschaft anbietet und wieweit diese ihrem eigenen Erhalt dienen; wie die Ungleichheit, die unsere Gesellschaft prägt, ihr Klassencharakter, sich in der Ungleichheit vor und nach dem Tode widerspiegelt (*Sudnow* 1973, *Charlot* 1976). Diese Zusammenhänge implizieren, daß ärztliches und therapeutisches Handeln nicht Handeln von Individuen ist, sondern im weiten Kontext der Frage nach gesellschaftsstabilisierendem bzw. -veränderndem Handeln gesehen werden muß. Daraus ergibt sich keine leichte Position, die von hoher sozialethischer Warte aus die Ethik von Ärzten, die Mißstände von Kliniken, den Leidensweg Sterbender gesellschaftspolitisch kritisiert. Sie impliziert aber die Notwendigkeit einer Analyse, die aufweist, in welcher schwierigen ethischen Situation der Arzt angesichts der Tatsache steht, daß er als Mitglied unserer Gesellschaft den gesellschaftlichen Wertverunsicherungen ausgesetzt und gleichzeitig mit den fundamentalsten Wertentscheidungen konfrontiert ist.

Eine Forderung nach der Einbeziehung sozialethischer Reflexion impliziert auch (dies ist eine Frage an jede thanatologische Arbeit), wieweit sie den gesellschaftlichen Kontext nicht nur analysiert, sondern auch *handelnd* miteinbezieht: wo geht die Arbeit — sei es im Umgang mit dem Sterbenden oder im Beitrag durch die Forschung — über das individuelle Helfenwollen hinaus und engagiert sich an einer Veränderung institutioneller Strukturen und gesellschaftlicher Grundeinstellungen? In diesem Kontext muß dies zunächst Appell bleiben. Wichtig ist mir jedoch, wenigstens anzudeuten, daß Leben, Gesundheit, Krankheit, Tod, daß Medizin und Krankenhaus gesellschaftliche Größen sind und eine nicht amputierte Ethik der Medizin und Thanatologie deshalb nur eine *gesellschaftsbezogene* Ethik sein kann.

4. Ethik der Psychotherapie

Die prinzipielle Unvermeidbarkeit der ethischen Konfrontation in der Psychotherapie wird ebenso oft betont,[10] wie der Mangel an ethischer Reflexion der psychotherapeutischen Praxis beklagt wird. Warum stellen sich ethische Fragen mit solchem Nachdruck in der Psychotherapie? Diese Frage hängt aufs engste zusammen mit der Unvermeidbarkeit der Werte in der Psychotherapie (vgl. dazu Kapitel 4), mit den Kernfragen, mit denen Psychotherapie es zu tun hat (letztlich die Frage des Klienten: „Wie soll ich leben?", vgl. *May* 1967), mit dem Kompetenz- und damit potentiell auch „Machtgefälle" der therapeutischen Konstellation, mit der Subtilität der positiven und negativen Effekte der Psychotherapie. „Es gibt keinen Beruf", so schreiben *van Hoose* und *Kottler* (1977), „der potentiell nützlicher oder schädlicher ist als die Psychotherapie. Ihre Effekte und Ergebnisse sind subtil, verborgen, sehr oft unsichtbar, selbst für den Klienten" (S. 50; vgl. dazu auch *Strupp* et al. 1977).

Im folgenden soll nur ein kurzer Überblick über die wichtigsten ethischen Problemfelder der psychotherapeutischen *Praxis* gegeben werden,[11] einschließlich ihrer *sozialethischen* Dimension. Die Ethik der Psychotherapie*forschung* kommt im Kapitel 3 zur Sprache und wird deshalb hier nicht mitbehandelt.

---

[10] „Alle Therapeuten haben eine ethische Theorie, ob sie nun auf einer impliziten oder expliziten Ebene handeln. Sehr selten ist die Theorie konkret, spezifisch oder klar definiert, aber sie beeinflußt dennoch die Art und Weise, wie der Therapeut charakteristischerweise vorgeht, sie beeinflußt sein Vorstellungssystem, die Ziele, die ausgewählten Strategien und die Ergebnisse seiner Arbeit mit dem Klienten." (*van Hoose* und *Kottler* 1977, S. 16)

[11] Als Grundsatz- und Übersichtsarbeiten vgl. z. B. *Ajzen* 1973, *Arieti* 1975, *Bambeck* und *Wolters* 1981, *Beck* 1971, *Bergin* 1975, *Daubner* und *Daubner* 1970, *Ellis* 1973, *Erikson* 1976, *Fish* 1973, *Foster* 1975, *Goldberg* 1977, *Hartmann* 1973, *Hoffman* 1979, *van Hoose* und *Kottler* 1977, *van Hoose* und *Paradise* 1977, *Karasu* 1980, *Kelley* 1972, *Ladd* 1971, *Levy* 1972, *McNamara* und *Woods* 1977, *Michels* 1976, *Moore* 1978, *Mowrer* 1967, *Spiegel* 1978, *Strupp* 1974, *Verplanck* 1970.
   Daneben sei noch einige Einstiegsliteratur zu spezielleren Problemen der Ethik der Psychotherapie genannt. Zur Ethik der *Gruppenpsychotherapie* vgl. z. B. *Patterson* 1972; zu Fragen psychotherapeutischer und psychiatrischer *Gutachten* vgl. z. B. *Bazelon* 1974; zu Fragen der Vertraulichkeit von psychol. Klienten-Information vgl. *Boyd* et al. 1973, 1974, *Dubey* 1974, *Gurevitz* 1977, *Plaut* 1974, *Roth* und *Meisel* 1977.
   Zu der besonders heftig geführten Diskussion der Ethik, speziell der *Verhaltenstherapie*, vgl. die Grundsatzkritik von *Szasz* 1978, *Braun* 1975 sowie z. B. die Diskussion bei *Bergin* 1980, *Houts* und *Krasner* 1980, *Kitchener* 1980a, 1980b.

Warum ist eine systematische Reflexion der ethischen Dimension von Psychotherapie wichtig? *Bambeck* und *Wolters* (1981) fassen einige der wichtigsten Gründe zusammen. Psychotherapie ist potentiell Machtausübung; wenn die Ethik der Psychotherapie systematisch reflektiert wird, so wird eine Kontrolle der Macht wahrscheinlicher. Die Diskussion der Verhaltensnormen der Psychotherapie macht diese transparenter; die Diskussion kann auch dazu beitragen, letztlich nicht begründbare normative Anteile an diesen Verhaltensnormen von wissenschaftlich begründbaren Anteilen zu trennen, die Diskussion auf die normativen Anteile zu fokussieren und die wissenschaftlich begründbaren Anteile in Forschungsansätzen zu untersuchen; eine solche Diskussion könnte auch dazu führen, die Ethik der Psychotherapie in die Ausbildung zum Psychotherapeuten zu integrieren. *Moore* (1978) sieht zwei Hauptfunktionen einer systematischen Reflexion der ethischen Implikationen von Psychotherapie: Problemstrukturierung und Problemsensibilisierung. Dazu beizutragen, ist auch die Absicht des folgenden kurzen Überblicks.

Ich möchte im vorliegenden Kontext acht ethische Problemfelder der Psychotherapie unterscheiden und sie auch in bezug auf die Psychotherapie mit sterbenden Menschen charakterisieren.

1. Ein erstes ethisches Problem besteht im Zusammenhang mit der Frage nach der *Zugänglichkeit von Psychotherapie*. Der Bedarf an psychotherapeutischer Behandlung ist weit größer als das Angebot an qualifizierten Psychotherapeuten. Es entsteht ein Problem der Verteilung knapper Ressourcen, das auch unter vielen anderen Aspekten in der Medizinethik diskutiert wird. Wer bekommt therapeutische Hilfe?

Die ethische Dimension dieser Frage wird vor allem unter zwei Aspekten diskutiert: einmal im Hinblick auf den Klassencharakter von Psychotherapie, zum anderen hinsichtlich der oft impliziten Präferenzen von Psychotherapeuten für bestimmte Patienten/Klienten.

Es kann als erwiesen angesehen werden, daß die Psychotherapie insgesamt mittelschicht-geprägt ist und nicht selten auf der Seite der

---

Speziell zu ethischen Fragen der *Psychiatrie* vgl. z. B.: *Bernal* 1975, *Ehrhardt* 1978, *Redlich* und *Mollica* 1976, *Dawidoff* 1973, *Murphy* 1979.

In die *juristische* Seite ethischer Probleme der Psychotherapie führen z. B. ein: *Burgum* und *Anderson* 1975, *van Hoose* und *Kottler* 1977, *Huckins* 1968, *Robitscher* 1975, *Ware* 1971, *Wegener* 1980.

Nur wenige Arbeiten untersuchen das *faktische ethische Verhalten* von Psychotherapeuten bzw. ihre ethischen Orientierungen. Als Beispiele solcher Ansätze vgl. *Baldick* 1980, *Buckley* et al. 1979, *van Hoose* und *Paradise* 1979, *Paradise* 1978, *Rabow* und *Manos* 1980, *Roman* und *Karasu* 1978.

Privilegierten steht. Das betrifft nicht nur die soziale Herkunft der Psychotherapeuten, die Therapeuten-Präferenz für Mittelklasse-Patienten
(oder solche, die zahlen können), sondern auch die Ziele, die Inhalte,
die Sprache vieler Psychotherapien, was eine relative Unzugänglich-
keit der Psychotherapie für Unterschicht-Patienten bedingt.[12] Es gibt
zwar Hinweise, daß innerhalb von Institutionen (Krankenhäuser,
Rehabilitationszentren etc.) dieser Klassen-Bias weniger zum Tragen
kommt,[13] aber auch hier spielen weitere Auswahlkriterien eine Rolle,
die *nicht* auf dem Bedarf nach Hilfe beruhen, sondern außertherapeutisch motiviert sind (vgl. u., Punkt 7).

In bezug auf die thanato-therapeutische Situation (wenn wir sie, wie
im Vorwort definiert, weiter fassen als nur Psychotherapie mit Sterbenden innerhalb der Institution Krankenhaus, vielmehr als die
psycho-soziale Intervention für Menschen bestimmen, die von Sterben
und Tod betroffen sind) stellt sich die aus dem Klassencharakter von
Psychotherapie erwachsende ethische Problematik in gleicher Weise,
wenn nicht noch verschärft, weil die Betroffenheit von Sterben und
Tod eine *existentielle* Problematik betrifft, ihre außertherapeutisch
motivierte Ausgliederung aus der Psychotherapie also um so schwerer
wiegt.

Die Verschärfung der ethischen Anfrage für die Thanato-Therapie
gilt auch für den zweiten hier erwähnten Aspekt selektiver Zugänglichkeit von Psychotherapie, die erwiesene Präferenz von Therapeuten für
bestimmte Patienten; deren Merkmale sind mit dem Stichwort
„YAVIS" umschrieben worden: Präferenz besteht für Patienten, die
young, attractive, verbal, intelligent, strong (jung, attraktiv, verbal,
intelligent, Ich-stark) sind; es bedarf keiner Ausführung im Blick auf
die ethische Fragwürdigkeit, die sich ergibt, wenn solche Gesichtspunkte auch in die Auswahl von vom Sterben und Tod betroffenen
Menschen Eingang finden sollten.

2. Ein zweiter Komplex ethischer Fragen stellt sich in bezug auf die
Qualifikation des Psychotherapeuten. Im Bereich der klassischen Psy-

---

[12] Zum Zusammenhang von Psychotherapie und sozialer Klasse vgl. z. B. Übersichtsarbeit von *Jones* 1974; zur Zugänglichkeit von Psychotherapie vgl. z. B. *Albee* 1977,
Dowds et al. 1977, *Graff* et al. 1971, *Siassi* und *Messer* 1976; dagegen vgl. z. B. *Crocetti* et al. 1976, *Wold* und *Steger* 1976.
Zur „Klassenbarriere" psychotherapeutischer Ziele, Methoden, Sprachen vgl.
z. B. *Nir* und *Cutler* 1978, *Rosenberg* und *Attison* 1978, *Frank* et al. 1978, *Hallum*
1978, *Goeppert* und *Goeppert-Frank* 1974, *Meltzer* 1978, vgl. dagegen *Biebl* et al.
1975.

[13] z. B. *Gisin* et al. 1978.

chotherapien ist die Frage der Therapeutenqualifikation zwar weitgehend durch Ausbildungsrichtlinien und formale Ausbildungskontrollen reguliert, aber im Bereich neuerer psychotherapeutischer Anwendungen oder Verfahren, z. B. bei den sogenannten humanistischen Psychotherapien, sind solche Regelungen durchaus nicht immer vorhanden. Das gilt auch für die Erweiterungen therapeutischer Intervention auf neue Problemfelder. Mit dem Aufschwung des thanatologischen Interesses (vgl. Kapitel 1) sind auch klinisch-thanatologische Fragestellungen mehr in den Vordergrund gerückt und damit auch Fragen der psycho-sozialen Intervention beim sterbenden Patienten. *Hudson* (1978) hat mit kritischer Schärfe auf die ethischen Probleme hingewiesen, die sich aus diesem thanato-therapeutischen „Aufschwung" ergeben: es fehlt eine systematische Ausbildung, es fehlen etablierte Standards, es gibt keine ausgewiesenen „Experten". Dagegen finde man allenthalben Anarchie, zahlreiche selbsternannte Experten und wohlmeinende Enthusiasten. Es reiche aber im Umgang mit dem Sterbenden nicht aus, nebenbei einmal ein paar Bücher über die Psychologie des Sterbens gelesen zu haben. „Die systematische Hilfe für den sterbenden Patienten ist eine Kunst, die noch in den Kinderschuhen steckt", sagt *Hudson* (S. 79), und deshalb sei hier an allererster Stelle *Bescheidenheit* am Platz, Bescheidenheit in bezug auf die Möglichkeiten und Grenzen dieses Helfens. Neben der Frage nach der „objektiven" Qualifikation (d. h. Certification) stellt sich auch die ethische Forderung nach der subjektiven Einschätzung der eigenen therapeutischen Fähigkeit. Es ist die ethische Forderung nach Bescheidenheit, Selbsteinschätzung und Selbstbeschränkung — die Forderung, die eigene Kompetenz nicht zu überschreiten. (In der allgemeinen Psychotherapie wird die Frage der Kompetenz z. B. diskutiert bei *Strupp* et al. 1977 oder auch bei *van Hoose* und *Kottler* 1977.)

3. Eine Vielzahl ethischer Probleme ergibt sich im Zusammenhang mit den *Zielen der Psychotherapie. Karasu* (1980) geht darauf ausführlich ein, und für die Thanato-Therapie werden die ethischen Implikationen der Zielsetzung im Kapitel 3 behandelt. Die Ethik der Zielsetzung ist primär eine Frage der Angemessenheit, des Zuschnitts, der Authentizität von Zielen in bezug auf den Patienten: sind es *seine* Ziele, zu deren Erreichung der Psychotherapeut Hilfestellung gibt, oder sind es die (theoretischen, persönlichen) Ziele des Therapeuten? Wird auf seine Ziele gehört, oder werden ihm therapeutische Ziele übergestülpt? Bleibt ihm die Freiheit, sich zu ändern oder zu verweilen, wo er ist? Werden realistische Ziele gesetzt oder unberechtigte Hoffnungen erweckt? Überschreiten die Ziele die Fähigkeiten des Patienten

und werden zum Anspruch, oder sind sie seinen Möglichkeiten angemessen? Sind die Ziele explizit, oder sind sie verdeckt? Gerade die verdeckten, die impliziten, die nicht reflektierten, die mit dem Patienten nicht ausgehandelten Ziele therapeutischer Intervention sind dabei diejenigen, die „ethisch am problematischsten sind" (*Karasu* 1980, S. 1505).

4. Ethische Anfragen stellen sich auch zur Art der *Therapeut-Patient-Beziehung*. Sie wird diskutiert zwischen der polaren Bestimmung von „autoritär" versus „egalitär"; d. h. in welchem Ausmaß unterliegt diese Beziehung der Definition des Therapeuten allein, bzw. wie weit wird sie durch einen Kontrakt auf der Basis relativer Gleichheit zwischen Therapeut und Patient ausgehandelt (vgl. zur egalitären Beziehung z. B. *Szasz* 1965 und *Goldberg* 1977, auch *Fromm* 1954). Eine nicht egalitäre, nicht explizit formulierte, nicht ausgehandelte Beziehung zwischen Psychotherapeut und Patient kann zu Machtmißbrauch seitens des Therapeuten führen — Abhängigkeiten werden z. B. geschaffen, die Interessen des Therapeuten (z. B. an der Funktionsweise des Unbewußten) werden zum Selbstzweck, der Therapeut wird zum wichtigsten Bezugsmenschen des Patienten, die Übertragungsbeziehung wird ausgenutzt zur Beeinflussung des Patienten, die nicht mehr nach der Authentizität der Änderungen fragt.

Eine ethische Frage im Rahmen der Therapeut-Klient-Beziehung stellt auch in der Psychotherapie die Frage nach der „informierten Zustimmung" des Patienten dar — wieweit wird er einbezogen in die Entscheidung über die Behandlungsschritte, über die möglichen Gewinne, die möglichen negativen Rückwirkungen therapeutischer Intervention (zum „informed consent" in der Psychotherapie vgl. u. a. *Bambeck* und *Wolters* 1981, *Robitscher* 1978). Auch liegen die Hauptprobleme, folgt man *Karasu* (1980), weniger in der *Art* der Beziehung als im Grad der *Explizierung* der Beziehung: „Gerade in der nicht expliziten Art (der therapeutischen Beziehung) liegt der ethische Haken der Psychotherapie" (S. 1506).

Daß die Explizierung der Beziehung ethische Probleme jedoch nicht aufhebt, läßt sich für den thanato-therapeutischen Bereich an dem speziellen therapeutischen Vorgehen *Feigenbergs* (1980) illustrieren. Hier wird die Beziehung zwischen dem Psychotherapeuten und dem sterbenden Patienten sehr klar definiert; sie wird mit „Freundschaftspakt" umschrieben und stellt eine *ausschließliche*, vertrauliche und enge Beziehung zum Patienten dar — unter Ausschluß jeglichen Kontaktes zu Angehörigen oder Pflegepersonal. Wieweit wird dabei die therapeutische Beziehung des Patienten zum Psychotherapeuten gewichtiger als die langjährig gewachsenen Beziehungen zu den Angehörigen? Wieweit fühlen die Angehörigen sich durch dieses Vorgehen ausgeschlossen aus einer Intimität, von der sie nichts erfahren? Wieweit verunsichert das ihren Kontakt zum sterbenden Patienten? Das alles sind ethische Fragen an die Therapeuten-Klienten-Beziehung und an die Ergebnisse der Therapie, bei denen nicht nur die Effekte auf den Patienten, sondern eben auch die indirekten Effekte auf die mit dem Patienten in Kontakt stehenden Menschen berücksichtigt werden müssen.

5. Weitere ethische Anfragen ergeben sich aus der Betrachtung der *therapeutischen Transaktion* zwischen Patient und Psychotherapeut. *Van Hoose* und *Kottler* (1977) weisen auf einige der in diesem Zusammenhang auftretenden subtileren ethischen Probleme hin. Unethisch in bezug auf die therapeutische Transaktion sei es, wenn der Therapeut in irgendeiner Weise den Fokus auf sich selbst legt statt auf den Patienten — z. B. von sich redet, von seinen Erfahrungen, von seiner Bewältigung, wobei die Grenze zwischen einer therapeutisch relevanten Offenheit des Therapeuten und einer ethisch fragwürdigen Weise, sich in den Vordergrund zu spielen, durchaus sehr schmal sein kann.

Ein weiteres ethisches Problem in der therapeutischen Transaktion betrifft die „versteckten Programme" („*hidden agendas*"). Das sind Absichten, Zielvorstellungen, Interessen, die nicht ausgesprochen oder bewußt verborgen werden. Wenn der Therapeut, der mit einem sterbenden Patienten arbeitet, um dessen lebensgefährlichen Zustand weiß, aber auf Anraten etwa von Ärzten oder Bitten von Angehörigen dieses Wissen dem Patienten verheimlicht, so kann dies ein „verstecktes Programm" werden (vgl. die ausführliche Diskussion der Wahrheitsfrage gegenüber einem sterbenden Patienten seitens eines Psychotherapeuten bei *Eissler* 1978, Fall 2).

Ein weiteres ethisches Problem stellt das „*Labeling*" dar, d. h. die Etikettierung von Patienten mit Krankheitsbezeichnungen, etwa mit „Depression" oder mit „aggressiver Phase". Dies bewirkt u. a. Festschreibungen der Selbstwahrnehmung beim Patienten und vor allem auch der Fremdwahrnehmung durch die Umwelt, was eine autonome Selbstdefinition einschränkt (*van Hoose* und *Kottler* 1977).

Auch die Frage nach der Beendigung der Psychotherapie wirft eine Vielzahl von ethischen Problemen auf (vgl. dazu z. B. *Bambeck* und *Wolters* 1978), in der thanato-therapeutischen Situation etwa dort, wo die Beendigung nicht durch den Krankheitsprozeß oder das Sterben des Patienten bedingt ist, sondern durch die Abwesenheit des Therapeuten, wo die Unterbrechung der Therapie, bedingt durch Therapeutenabwesenheit, zusammenfällt mit einer Krankheitsverschlechterung (vgl. die entsprechenden Diskussionen bei *Eissler* 1978 und bei *Feigenberg* 1980).

6. Die ethischen Anfragen an Ziele, an die Therapeut-Patient-Beziehung, an die therapeutische Transaktion, sind alles letztlich ethische Anfragen an die *Ergebnisse der Psychotherapie.* Auf mögliche negative Auswirkungen von Psychotherapie sind *Strupp* et al. (1977) ausführlich eingegangen. Solche negativen Effekte sind z. B. erhöhtes Schuldgefühl, geringeres Selbstvertrauen, mehr Angst, mehr Feindseligkeit, destruktives Ausagieren, depressiver Zusammenbruch, geringere Fähigkeit, Spannungen auszuhalten und Bedürfnisbefriedigungen aufzuschieben, erhöhte interpersonelle Schwierigkeiten, Rückzug und Regression und Verlust des Vertrauens in die Psychotherapie. *Strupp* et al. analysieren auch, welche Bedingungen zu solchen negativen Effekten beitragen können — etwa eine falsche Einschätzung der Ich-Stärke des Patienten, eine an zu schnellen Änderungen orientierte therapeutische Haltung, eine zu schnell angestrebte Tiefung der therapeutischen Intervention, mangelnde Flexibilität der Intervention, aber auch eine Reihe von Bedingungen, die beim Patienten oder im Umfeld des Patienten liegen.

Als negative Effekte bezeichnen diese Autoren nicht vorübergehende Effekte der Destabilisierung, die durch den therapeutischen Prozeß zustande kommen können. Auch beachten sie kaum die negativen Effekte, die sich weniger in bezug auf den Patienten denn seine Umwelt ergeben. Für die Psychotherapie mit einem sterbenden Menschen werden jedoch auch vorübergehende negative Effekte ethisch fragwürdig; mit welchem Recht und welcher Legitimation im Blick auf den therapeutischen Prozeß oder auf das therapeutische Ziel darf ein Psychotherapeut vorübergehende negative Effekte in Kauf nehmen (Erhöhung von Angst, Schuldgefühl, Feindseligkeit), wenn die Zeit, eben nicht nur die Therapiezeit, sondern die Lebenszeit des Patienten, in solchem Maße beschränkt und vor allem auch ungewiß ist wie beim sterbenden Patienten? Gerade in bezug auf die Zeit ergeben sich in der thanato-therapeutischen Situation ethische Fragen, die sich nicht mit gleichem Nachdruck in der allgemeinen Psychotherapie stellen mögen. Das gleiche gilt für die direkten oder indirekten Auswirkungen der Psychotherapie auf die interpersonelle Umwelt des Patienten; auch hier sind vorübergehende negative Effekte ethisch fragwürdig, wenn die Zeit zur „Wiederherstellung", zur Aufhebung dieser Effekte, unsicher und begrenzt ist (vgl. dazu auch die Ausführungen im Kapitel von *Shneidman*).

7. Ein siebenter Bereich ethischer Probleme der Psychotherapie bezieht sich auf den Kontext der Psychotherapie, insbesondere den *institutionellen Kontext.* Hier stellen sich eine Reihe von Fragen, die auch für die thanato-therapeutische Situation relevant sind. An erster Stelle steht die mit den Zielen der Psychotherapie zusammenhängende Frage nach der Anpassung der therapeutischen Arbeit an die Ziele und Interessen der Institution, in deren Rahmen sie stattfindet. Im Kontext der Institution Krankenhaus ist der „angepaßte" Patient gefragt, der sich ruhig verhält, nicht auflehnt, die Behandlung akzeptiert, sich mit seinem Zustand abfindet (vgl. dazu auch Kapitel 5). Und es ist hinlänglich bekannt, daß der Ruf nach psycho-sozialer Intervention, wenn er vom Krankenhaus ausgeht, nicht selten gerade den „schwierigen" Patienten meint. — Welche Art Arbeit leistet der Psychotherapeut, wenn er diesen Ruf nicht auch institutionell mit reflektiert? Er wird zum Vollzugsglied institutioneller Interessen — und diese können den Interessen des Patienten zuwiderlaufen; für den Patienten ist es vielleicht viel wesentlicher, daß er für seine Gefühle und Empfindungen, die hinter seinem Verhalten als „schwieriger Patient" stehen, Ausdruck findet, statt sie schnell zu besänftigen. Dies ist ein Beispiel aus dem Bereich der Thanato-Therapie, in dem sich das auch in der allgemeinen Psychotherapie viel diskutierte Problem der *Doppelloyalität* des Therapeuten stellt.

Damit in Zusammenhang steht das Problem der Wahrnehmung der *Vertraulichkeit* der vom Patienten gegebenen Information. Wie ist zu handeln, wenn diese Information eine Gefährdung anderer erkennen läßt (wie etwa in dem vielfach diskutierten Fall Tarasoff, der in der Psychotherapie eine Mordabsicht äußerte, vgl. *Gurevitz* 1977), oder, was in der thanato-therapeutischen Situation häufiger ist, eine Gefährdung seiner selbst — etwa im Wunsch oder Plan nach Selbstmord oder in Überlegungen zum Abbruch der Behandlung, zur Beihilfe zur „Euthanasie". In bezug auf sein Handeln wird hier jeder Therapeut seine eigene ethische Position beziehen müssen — aber in bezug auf das einmal gegebene Vertraulichkeitsversprechen wird eine aktive Intervention zur Selbstmord- oder Euthanasieverhinderung in jedem Fall ein ethisches Problem. Einige Autoren meinen, daß dieses Problem überhaupt nur zu umgehen sei, wenn der Psychotherapeut auch die Grenzen der Vertraulichkeit a priori deutlich macht (so z. B. *Karasu* 1980).

Ein in der thanato-therapeutischen Situation seltener vorkommendes Problem ist, was in der Ethik zur allgemeinen Psychotherapie unter „nicht-therapeutischen Kontakten" des Therapeuten zum Klienten abgehandelt wird, z. B. sexuelle Kontakte, Annahme von patientenvermittelten Hilfen und Vorteilen durch den Therapeuten. Aus dem thanato-therapeutischen Bereich diskutiert für letzteres *Eissler* (1978) eingehend die ethischen und juristischen Implikationen einer Erbschaft, die eine bei ihm psychotherapeutisch behandelte sterbenskranke Patientin ihm zukommen ließ.

8. Auf der *gesellschaftlichen Ebene* stellt sich an die Psychotherapie vor allem die Frage nach den oft impliziten politischen Implikationen verschiedener psychotherapeutischer Orientierungen, die Frage danach, wie sie insgesamt zur Festigung gesellschaftlicher Repression bzw. zur Auflösung der repressiven Strukturen beitragen. *Kovel* (1977) analysiert eine Reihe psychotherapeutischer Schulen unter diesem Aspekt, und die Bewegung der „radikalen Therapie" (vgl. z. B. *Agel* 1973, *Halleck* 1971, *Steiner* 1971) ist erwachsen aus dieser gesellschaftlichen Kritik an der Psychotherapie. Es ist eine zentrale ethische Frage, die im Prozeß der Psychotherapie immer wieder auftritt, wieweit man den Patienten/Klienten ermutigt, sich gegen repressive Strukturen der Umwelt zu wehren bzw. sich den gegebenen Bedingungen anzupassen. Und es ist auch eine Frage mit weitreichenden ethischen Implikationen, in welchem Maß das Leid, das psychotherapeutisch „gemildert" werden soll, gerade gesellschaftlich und nicht individuell bedingt ist.

Diese ethischen Fragen stellen sich ebenso an die Thanato-Therapie: Wie hängen die Bedingungen, unter denen heute im Krankenhaus gestorben wird, zusammen mit einigen wesentlichen Bestimmungsstücken unserer gesellschaftlichen Verfaßtheit (Technisierung, Hochwertung reibungslosen Funktionierens, Bürokratisierung, Professionalisierung, Profitmaximierung)? Wieweit hängt das Ausmaß des Leidens am Sterben zusammen mit den gesellschaftlich geprägten Einstellungen zum Leben? Welche „Sinnangebote" bietet unsere Gesellschaft für das Verständnis von Tod, wieweit dienen solche Sinnangebote der Stabilisierung des gesellschaftlichen Status quo, und wieweit reproduzieren und stärken wir sie in der thanato-therapeutischen Arbeit? Eine solche politische Ethik wird gerne schnell mit dem Hinweis abgetan, daß eine konsequente Berücksichtigung solcher Anfragen jegliche therapeutische Arbeit aufheben würde. Aber es geht wohl nicht darum, im Blick auf eine Utopie die Arbeit im Rahmen der gegebenen Bedingungen einzustellen, sondern darum, im Blick auf eine motivierende und orientierende Zukunftsvision von einer besseren Gesellschaft die Arbeit im Rahmen der gegebenen Bedingungen mit einer Arbeit zur Änderung dieser Bedingungen zu verknüpfen.[14]

---

[14]) Zu ein paar bescheidenen Ansätzen vgl. *Lafferty* (1981).

Zusammenfassung

Ziel des Kapitels ist es, einen Überblick über drei Bereiche der Ethik zu geben, die für das Thema des vorliegenden Bandes relevant sind: Die Ethik der Medizin, die Ethik der Thanatologie und die Ethik der Psychotherapie (unter besonderer Berücksichtigung der Thanato-Therapie). Dieser Überblick soll gleichzeitig sensibilisieren für die Vielfalt der zum Teil subtilen ethischen Probleme, die im weiteren und engeren Kontext der Psychotherapie mit Sterbenden auftreten. Für jeden dieser drei Bereiche (Medizin, Thanatologie, Psychotherapie) wird eine Ethik der Praxis (oder Klinik), eine Ethik der Forschung (medizinische Forschung, thanatologische Forschung, Psychotherapieforschung) und eine Ethik des gesellschaftlichen Kontexts von Praxis und Forschung unterschieden. Das Kapitel zeigt die Hauptfragestellungen auf, die die ethische Diskussion von Medizin, Thanatologie und Psychotherapie beherrschen, gibt Einstiege in die entsprechende Literatur, zeigt die Lücken der Fragestellungen auf und nimmt eine kritische Bewertung über den Stand von Reflexion und Forschung in diesen Bereichen der Ethik vor.

Literatur

1. Medizinethik

Abernethy, Virginia (Ed.) (1980): Frontiers in Medical Ethics: Applications in a Medical Setting, Cambridge, Mass.

Ackerman, T. F. (1980): What bioethics should be, *The Journal of Medicine and Philosophy* 5 (No 3), 260-275.

Agich, G. J. (1980): Professionalism and ethics in health care, *The Journal of Medicine and Philosophy* 5 (No 3) 186-199.

Alexander, Shana (1977): They decide who lives, who dies, in: *Hunt, R., Arras, J.* (Eds.): Ethical Issues in Modern Medicine, Palo Alto, 409-424.

Annas, G. M., Glantz, L. H., Katz, Barbara F. (1977): Informed Consent to Human Experimentation: The Subject's Dilemma, Cambridge, Mass.

Armiger, Bernadette (1977): Ethics of nursing research: Profile, principles, perspective, *Nursing Research* 26 (No 5), 330-336.

Aroskar, Mila A. (1980): Anatomy of an ethical dilemma: The theory. Anatomy of an ethical dilemma: The practice, *American Journal of Nursing* 80 (No 4), 658-660 und 661-663.

Bandman, Elsie L., Bandman, B. (Eds.) (1978): Bioethics and Human Rights: A Reader for Health Professionals, Boston.

Barber, B. (1976): The ethics of experimentation with human subjects, *Scientific American* 234 (No 2), 25-31.

Barber, B. (1980): Informed Consent in Medical Therapy and Research, New Brunswick.

Barber, B., Lally, J. J., Makarushka, J. L., Sullivan, D. (1973): Research on Human Subjects. Problems of Social Control in Medical Experimentation, New York.

Basson, M. D. (1979): Choosing among candidates for scarce medical resources, *The Journal of Medicine and Philosophy* 4 (No 3), 313-333.

Basson, M. D. (Ed.) (1980): Ethics, Humanism, and Medicine, New York.

Beauchamp, T. L., Childress, J. F. (1979): Principles of Biomedical Ethics, New York.

Beecher, H. (1970): Research and the Individual: Human Studies, Boston.

Beller, F. K. (1980): Aufgaben von Ethik-Kommissionen. Begründung ihrer Notwendigkeit am Beispiel der In-vitro-Fertilisation, *Deutsches Ärzteblatt*, Heft 7, 401-404.

Bier, W. C. (Ed.) (1977): Human Life: Problems of Birth, of Living, and of Dying, New York.

Blank, R. H., Ostheimer, J. M. (1979): An overview of biomedical policy: Life and death issues, *Policy Studies Journal* 8, 470-479.

Bliss, B. P., Johnson, A. G. (1975): Aims and Motives in Clinical Medicine: A Practical Approach to Medical Ethics, London.

Blustein, J. (1978): Allocation of scarce lifesaving resources and the right not to be killed, in: *Bandman, Elsie L., Bandman, B.* (Eds.): Bioethics and Human Rights: A Reader for Health Professionals, Boston, 285-289.

Bogomolny, R. L. (Ed.) (1976): Human Experimentation, Dallas.

Bok, Sissela (1977): The tools of bioethics, in: *Reiser, S. J., Dyck, A. J., Curran, W. J.* (Eds.): Ethics in Medicine: Historical Perspectives and Contemporary Concerns, Cambridge, Mass., 137-141.

Boyd, K. M. (Ed.) (1979): The Ethics of Resource Allocation in Health Care, Edinburgh.

Brand, U., Seidler, E. (1978): Medizinische Ethik in der Ausbildung des Arztes. Eine Umfrage an den Hochschulen der Bundesrepublik, Österreichs und der Schweiz, *Ärzteblatt Baden-Württemberg* 5, 362-371.

Brody, H. (1976): Ethical Decisions in Medicine, Boston.

Callahan, D. (1976): Bioethics as a discipline, *Hastings Center Studies* 1, 66-73.

Campbell, A. V. (1975): Moral Dilemmas in Medicine. A Coursebook in Ethics for Doctors and Nurses, Edinburgh.

Carella, M. J. (1979): The central issue in medical ethics, in: *Wilbur, J. B.* (Ed.): The Life Sciences and Human Values. Proceedings of the 13th Conference on Value Inquiring, Geneso, 36-46.

Churchill, L. R. (1977): Tacit components of medical ethics: Making decisions in the clinic, *Journal of Medical Ethics* 3, 129-132.

Clouser, K. D. (1974): What is medical ethics? *Annals of Internal Medicine* 80, 657-660.

Clouser, K. D. (1975): Medical ethics: Some uses, abuses, and limitations, *New England Journal of Medicine* 293, 384-387.

Crane, Diana (1975): The Sanctity of Social Life: Physicians' Treatment of Critically Ill Patients, New York.

Curran, C. E. (1973): Politics, Medicine, and Christian Ethics, Philadelphia.

Davis, Anne J., Aroskar, Mila A. (1978): Ethical Dilemmas and Nursing Practice, New York.

Davis, J. W., Hoffmaster, B., Shorten, Sarah (Eds.) (1978): Contemporary Issues in Biomedical Ethics, Clifton, N. J.

Dedek, J. F. (1975): Contemporary Medical Ethics, Mission, Kansas.

Doughert, C. J., Walker, V. R. (1978): Scientific medicine, technology and the concept of health, *Ethics in Science and Medicine* 5 (No 2), 75-80.

Dowd, D. W., Likoff, W., Elkinton, J. R. et al. (1971): Medical, Moral, and Legal Implications of Recent Medical Advances. A Symposium, New York.

Duff, R. S., Campbell, A. G. M. (1979): Social perspectives on medical decisions relating to life and death, in: *Ladd, J.* (Ed.): Ethical Issues Relating to Life and Death, Oxford, 187-208.

Duncan, A. S., Dunstan, G. R., Welbourn, R. B. (Eds.) (1977): Dictionary of Medical Ethics, London.

Dyck, A. J. (1973): Ethics and Medicine, *Linacre Quarterly*, August, 182-200; Wiederabdruck in: *Reiser, S. J., Dyck, A. J., Curran, W. J.* (Eds.) (1977): Ethics in Medicine: Historical Perspectives and Contemporary Concerns, Cambridge, Mass., 114-122.

Dyck, A. J. (1977): An alternative to the ethic of euthanasia, in: *Weir, R. F.* (Ed.): Ethical Issues in Death and Dying, New York, 281-296.

Elkinton, J. R. (1970): The literature of ethical problems in medicine, Part 1, Part 2, Part 3, *Annals of Internal Medicine* 73, 495-498, 662-666, 863-870.

Engelhardt, H. T. (1980): Ethical issues in diagnosis, *Metamedicine* 1, 39-50.

Engelhardt, H. T., Callahan, D. (Eds.) (1977): Knowledge, Value and Belief, Hastings-on-Hudson.

Ethical dilemmas in nursing — A special AJN supplement (1977): *American Journal of Nursing* 77, 845-876.

Fletcher, J. (1979): Humanhood: Essays in Biomedical Ethics, Buffalo, New York.

Fox, R. C. (1974): Ethical and existential developments in contemporaneous American medicine: Their implications for culture and society, *Health and Society*, Fall, 445-483; Wiederabdruck in: *Fox, R. C.* (1979): Essays in Medical Sociology, New York, 381-412.

Fox, R. C. (1976): Advanced medical technology — Social and ethical implications, *Annual Review of Sociology* 2, 231-268; Wiederabdruck in: *Fox, R. C.* (1979): Essays in Medical Sociology, New York, 413-461.

Fox, R. C., Swazey, J. P. (1974): The Courage to Fail: Organ Transplants and Dialysis, Chicago.

Frankl, V. E. (1979): Der Mensch vor der Frage nach dem Sinn, München.

Garnham, J. C. (1975): Some observations in informed consent in non-therapeutic research, *Journal of Medical Ethics*, September, 138-145.

Gaylin, W. et al. (1973): The law and the biological revolution, *Columbia Journal of Law and Social Problems*, Fall, 47-76.

Gilbert, J. P., McPeek, B., Mosteller, F. (1977): Statistics and ethics in surgery and anesthesia, *Science* 198, 684-689.

Gorovitz, S., Jameton, A. L., Macklin, R., O'Connor, J. M. et al. (Eds.) (1976): Moral Problems in Medicine, Englewood Cliffs.

Gray, B. H. (1975): Human Subjects in Medical Experimentation, New York.

Greenberg, D. S. (1974): Ethics and nonsense, *The New England Journal of Medicine* 290, 977-978.

Häring, B. (1972): Heilender Dienst. Ethische Probleme der modernen Medizin, Mainz.

Häring, B. (1975): Ethics of Manipulation: Issues in Medicine, Behavior Control and Genetics, New York.

Haney, C. A., Colson, A. C. (1980): Ethical responsibility in physician-patient communication, *Ethics in Science and Medicine* 7, 27-36.

Hardison, O. B. (1977): Problems of value in medicine and the humanities, or will the real doctor please stand up? *Perspectives in Biology and Medicine* 20, 439-449.

Hollis, H. (Ed.) (1977): A Matter of Life and Death: Christian Perspectives, Nashville.

Holmes, C. (1979): Bioethical decision making. An approach to improve the process, *Medical Care* 17, 1131-1138.

Holmes, C., Margetts, J., Gibbs, G. (1979): Who should decide? A survey of attitudes about bioethical decision-making, *Ethics in Science and Medicine* 6, 137-144.

Hunt, R., Arras, J. (Eds.) (1977): Ethical Issues in Modern Medicine, Palo Alto.

Illich, I. (1977): Die Nemesis der Medizin. Von den Grenzen des Gesundheitswesens, Reinbek.

Karcher, H. L. (1980): Bioethik ist keine Sonderethik, *Selecta* No 18, 1890-1900.

Kass, L. R. (1971): The new biology: What price relieving man's estate? *Science* 174, 779-788.

Katz, J., Capron, A. M. (1975): Catastrophic Diseases. Who Decides What? New York.

Kiefer, G. H. (1979): Bioethics: A Textbook of Issues, Reading, Mass.

Köhle, K., Kubanek, B., Simons, C. (1982): Informed consent — psychologische Gesichtspunkte, *Der Internist* 23, 209-217.

Ladd, J. (1978): Legalism and medical ethics, in: *Davis, J. W., Hoffmaster, B., Shorten, S.* (Eds.): Contemporary Issues in Biomedical Ethics, Clifton, N. J., 1-35.

Ladd, J. (Ed.) (1979): Ethical Issues Relating to Life and Death, Oxford.

Laforet, E. G. (1976): The fiction of informed consent, *Journal of the American Medical Association* 235, 1579-1585.

Lennard, H., Lennard, Suzanne Crow-Hurst (Eds.) (1980): Ethics of Health Care, Woodstock, N. Y.

Levine, E. (1979): Heart transplants: An ethical and criminal offence? in: *De Vries, A., Carmi, A.* (Eds.): The Dying Human, Ramat Gan, Israel, 293-302.

Levine, C., Veatch, R. M. (Eds.) (1982): Cases in Bioethics from The Hastings Center Report, Hastings-on-Hudson.

McCarthy, D. G. (Ed.) (1976): Responsible Stewardship of Human Life: Inquiry into Medical Ethics, II, St. Louis.

Medizinische Ethik (1979): *Medizin, Mensch, Gesellschaft* 4, ganzes Heft No 3.

Mendelsohn, E., Swazey, J. P., Taviss, I. (Eds.) (1971): Human Aspects of Biomedical Innovation, Cambridge, Mass.

Mitchell, B. (1976): Is a moral consensus in medical ethics possible? *Journal of Medical Ethics* 2, 18-23.

Mouw, R. J. (1979): Biblical revelation and medical decisions, *The Journal of Medicine and Philosophy* 4, 367-382.

Munson, R. (1979): Intervention and Reflection: Basic Issues in Medical Ethics, Belmont, Calif.

Nelson, J. B. (1976): Rediscovering the Person in Medical Care, Minneapolis.

Novak, D. (1979): Judaism and contemporary bioethics, *The Journal of Medicine and Philosophy* 4, 347-366.

O'Donnell, T. J. (1976): Medicine and Christian Mortality, New York.

Pellegrino, E. D. (1973): Toward an expanding medical ethic: The Hippocratic ethic revisited, in: *Bulger, R. J.* (Ed.): Hippocrates Revisited. A Search for Meaning, New York, 133-147.

Pellegrino, E. D. (1976): Philosophy of medicine: Problematic and potential, *The Journal of Medicine and Philosophy* 1, 5-31.

Piechowiak, H., von Manz, H. G. (1979): Medizinische Ethik — ein Fach wird mündig, *Deutsches Ärzteblatt* 76, 3047-3051.

Pompey, H. (1974): Fortschritt der Medizin und christliche Humanität, Würzburg.

Powles, J. (1973): On the limitations of modern medicine, *Science, Medicine and Man* 1, 1-30.

Ramsey, P. (1977): The nature of medical ethics, in: Reiser, S. J., Dyck, A. J., Curran, W. J. (Eds.): Ethics in Medicine: Historical Perspectives and Contemporary Concerns, Cambridge, Mass., 123-128.

Readings in Society, Ethics and the Life Sciences (1981): Bibliography, Hastings-on-Hudson.

Rehr, Helen (Ed.) (1978): Ethical Dilemmas in Health Care. A Professional Search for Solutions, New York.

Reich, W. T. (Ed.) (1978): Encyclopedia of Bioethics, New York.

Reiser, S. J., Dyck, A. J., Curran, W. J. (Eds.) (1977): Ethics in Medicine: Historical Perspectives and Contemporary Concerns, Cambridge, Mass.

Rest, F. (1978): Pflegerisch-kommunikative Ethik unter besonderer Berücksichtigung der Kranken- und Sozialpflege, Deutsche Krankenpflegezeitschrift 8, 382-386.

Rhoads, S. E. (1980): Valuing Life: Public Policy Dilemmas, Boulder, Co.

Rogers, W. R., Barnard, D. (Eds.) (1970): Nourishing the Humanistic in Medicine: Interactions with the Social Sciences, Pittsburgh.

Romanell, P. (1972): Medical ethics in philosophical perspective, in: Visscher, M. B. (Ed.): Humanistic Perspectives in Medical Ethics, Buffalo, 24-28.

Rosner, F. (1972): Modern Medicine and Jewish Law, New York.

Self, D. J. (1974): Methodological considerations for medical ethics, Science, Medicine and Man 1, 195-202.

Self, D. J. (1975): An alternative explication of the empirical basis of medical ethics, Ethics in Science and Medicine 2, 151-166.

Shannon, T. A. (Ed.) (1976): Bioethics, New York.

Shannon, T. A., DiGiacomo, J. J. (1979): An Introduction to Bioethics, New York.

Sollitto, S., Veatch, R. M. (1973): Bibliography of Society, Ethics and the Life Sciences, Hastings-on-Hudson.

Sollitto, S., Veatch, R. M., Fenner, D. (1975): Bibliography of Society, Ethics and the Life Sciences, Hastings-on-Hudson.

Sollitto, S., Veatch, R. M., Singer, I. D. (1979/80): A Selected and Partially Annotated Bibliography of Society, Ethics, and Life Sciences, 1979/1980, Hastings-on-Hudson.

Spicker, S. F., Engelhardt, H. T. (Eds.) (1977): Philosophical Medical Ethics: Its Nature and Significance, Boston.

Spiegel-Rösing, Ina (1971): Gleichgewichtstendenz und Selbstaufwertungshypothese. Beitrag zur Selbstkritik des sozialpsychologischen Forschungsprozesses, Frankfurt.

Sporken, P. (1977): Die Sorge um den kranken Menschen: Grundlagen einer neuen medizinischen Ethik, Düsseldorf.

Stein, Jane J. (1978): Making Medical Choices. Who is Responsible? Boston.

Strong, C. (1979): Informed consent: Theory and policy, Journal of Medical Ethics 5, 196-199.

Swyhart-DeMartino, Barbara Ann (1975): Bioethical Decision-Making. Releasing Religion from the Spiritual, Philadelphia.

Szasz, T. (1979): The Theology of Medicine. The Political-Philosophical Foundations of Medical Ethics, Oxford.

Teaching of Bioethics: Report of the Commission on the Teaching of Bioethics (1976): Hastings-on-Hudson.

Theology and Medical Ethics (1979): The Journal of Medicine and Philosophy 4, whole No 4, special issue.

Thomas, J. E. (1978): Matters of Life and Death. Crises in Bio-Medical Ethics, Toronto.

Thomasma, D. C. (1980): The possibility of a normative medical ethics, The Journal of Medicine and Philosophy 5, 249-259.

65

Thompson, I. E. (1976): The implications of medical ethics, *Journal of Medical Ethics* 2, 74-82.
Toulmin, S. (1977): The meaning of professionalism: Doctors' ethics and biomedical science, in: *Engelhardt, H. T., Callahan, D.* (Eds.): Knowledge, Value and Belief, Hastings-on-Hudson, 254-278.
Vaux, K. (Ed.) (1970): Who Shall Live? Philadelphia.
Vaux, K. (1974): Biomedical Ethics: Morality for the New Medicine, New York.
Veatch, R. M. (1977): Case Studies in Medical Ethics, Cambridge, Mass.
Veatch, R. M. (1980): Professional ethics: New principles for physicians? — The proposal of the American Medical Association, *The Hastings Center Report* 10, 16-24.
Veatch, R. M., Fenner, D. (1975): The teaching of medical ethics in the United States of America, *Journal of Medical Ethics* 1, 99-103.
Wallwork, E. (1979): Attitudes in medical ethics, in: *Rogers, W R., Barnard, D.* (Eds.): Nourishing the Humanistic in Medicine: Interactions with the Social Sciences, Pittsburgh, 123-151.
Walters, LeRoy (Ed.) (1975-1977): Bibliography of Bioethics, Volumes 1-3, Detroit.
Walton, D. N. (1980): The ethical force of definitions, *Journal of Medical Ethics* 6, 16-18.
Wertz, R. W. (Ed.) (1973): Readings on Ethical and Social Issues in Biomedicine, Englewood Cliffs.
Willard, L. D. (1980): Scarce medical resources and the right to refuse selection by artificial chance, *The Journal of Medicine and Philosophy* 5, 225-229.
Williams, P. N. (Ed.) (1973): Ethical Issues in Biology and Medicine, Cambridge.

2. Ethik der Thanatologie

2.1 Allgemein

Barber et al. (1973): (vgl. Literatur zur Ethik der Medizin).
Barton, D. (1977): Dying and Death. A Clinical Guide for Caregivers, Baltimore.
Bayles, M. D., High, D. M. (Eds.) (1978): Medical Treatment of the Dying: Moral Issues, Cambridge, Mass.
Beauchamp, T. L., Perlin, S. (Eds.) (1978): Ethical Issues in Death and Dying, Englewood Cliffs.
Charlot, Monica (1976): Vivre avec la Mort, Paris.
Churchill, L. R. (1977): (vgl. Literatur zur Ethik der Medizin).
Churchill, L. R. (1979): Interpretations of dying: Ethical implications for patient care, *Ethics in Science and Medicine* 6, 211-222.
Crane, Diana (1975): (vgl. Literatur zur Ethik der Medizin).
Deutsch, E. (1979 a): Experimentation on the dying patient, in: *De Vries, A., Carmi, A.* (Eds.): The Dying Human, Ramat Gan, Israel, 305-308.
Deutsch, E. (1979 b): Das Recht der klinischen Forschung am Menschen, Frankfurt.
Eibach, U. (1977): Krankenhaus und Menschenwürde, *Wissenschaft und Praxis in Kirche und Gesellschaft* 66, 330-347.
Engelke, E. (1980): Sterbenskranke und die Kirche, München.
Fritsche, P. (1979): Grenzbereiche zwischen Leben und Tod, Stuttgart.
Garnham, J. C. (1975): (vgl. Literatur zur Ethik der Medizin).
Genewein, C. M., Sporken, P. (1979): Menschlich pflegen. Grundzüge einer Berufsethik für Pflegeberufe, Düsseldorf, 3. Auflage.
Gray, B. H. (1975): (vgl. Literatur zur Ethik der Medizin).

Gruman, G. J. (1978/79): Ethics of death and dying: Historical perspective, *Omega* 9, 203-237.

Hampe, J. C. (1976): Sterben ist doch ganz anders. Erfahrungen mit dem eigenen Tod, Stuttgart.

Heifetz, M. D. (1978): Ethics in human biology, in: *Garfield, C. A.* (Ed.): Psychosocial Care of the Dying Patient, New York, 304-316.

Horn, J. (1981): Die Aufklärung von Tumorpatienten, unveröffentlichtes Manuskript.

Josuttis, M. (1976): Das selige und das sinnvolle Sterben. Über Leitbilder kirchlicher Sterbebegleitung, *Wissenschaft und Praxis in Kirche und Gesellschaft* 65, 360-372.

Kastenbaum, R. (Ed.) (1979): Between Life and Death, New York.

Kluge, E.-H. (1975): The Practice of Death, New Haven.

Krant, M. J., Cohen, J. L., Rosenbaum, C. (1977): Moral dilemmas in clinical cancer experimentation, *Medical and Pediatric Oncology* 3, 141-147.

Laforet, E. G. (1976): (vgl. Literatur zur Ethik der Medizin).

MacIntyre, A. (1978): The right to die garrulously, in: *McMullin, E. (Ed.):* Death and Decision, Boulder, 75-84.

McMullin, E. (Ed.) (1978): Death and Decision, Boulder.

Moody, R. A. (1977): Leben nach dem Tod, Reinbek.

Noyes, R., Kletti, R. (1972): The experience of dying from falls, *Omega* 3, 45-52.

Noyes, R., Kletti, R. (1976): Depersonalization in the face of life-threatening danger: An interpretation, *Omega* 7, 103-114.

Noyes, R., Kletti, R. (1977): Depersonalization in response to life-threatening danger, *Comprehensive Psychiatry* 18, 375-384.

Noyes, R., Kletti, R. (1977): Panoramic memory: A response to the threat of death, *Omega* 8, 181-194.

Noyes, R., Slymen, D. J. (1978/79): The subjective response to life-threatening danger, *Omega* 9, 313-321.

Osis, K., Haraldsson, E. (1977): Deathbed observations by physicians and nurses: A cross-cultural survey, *The Journal of the American Society for Psychical Research* 71, 237-259.

Ramsey, P. (1978): Ethics at the Edges of Life: Medical and Legal Intersections, New Haven.

Rosin, A. J., Wallach, L., Assael, M. (1979): The feelings of terminal cancer patients in relation to their symptoms, in: *De Vries, A., Carmi, A.* (Eds.): The Dying Human, Ramat Gan, Israel, 17-23.

Schulz, R. (1978): The Psychology of Death, Dying, and Bereavement, Reading, Mass.

Spiegel-Rösing, Ina, Schwidetzky, Ilse (1982): Maus und Schlange. Untersuchungen zur Lage der deutschen Anthropologie, München.

Strauss, A. L., Glaser, B. G. (1970): Anguish: A Case History of a Dying Trajectory, Mill Valley, Calif.

Sudnow, D. (1973): Organisiertes Sterben. Eine soziologische Untersuchung, Frankfurt.

Thomas, L.-V. (1975): Anthropologie de la Mort, Paris.

Veatch, R. M. (1976): Death, Dying, and the Biological Revolution, New Haven.

Veatch, R. M. (1977): Caring for the dying person — ethical issues at stake, in: *Barton, D.* (Ed.): Dying and Death, Baltimore. 150-169.

Vicchio, S. J. (1979): Against raising hope of raising the dead: Contra Moody and Kübler-Ross, *Essence* 3, 51-67.

Weir, R. F. (Ed.) (1977): Ethical Issues in Death and Dying, New York.

Wiesenhütter, E. (1976): Blick nach drüben. Selbsterfahrungen im Sterben, Gütersloh, 3. Auflage.

67

Wittkowski, J. (1977): Affektive Erlebens- und Verhaltensmodi bei der Begegnung mit Tod und Sterben. Ein theoretischer und empirischer Beitrag zur Psychologie des Todes, Würzburg.

Ziegler, J. (1977): Die Lebenden und der Tod, Darmstadt.

Zuehlke, T. E., Watkins, J. T. (1975): The use of psychotherapy with dying patients: An exploratory study, *Journal of Clinical Psychology* 31, 729-732.

2.2 Zur „Wahrheit am Krankenbett"

Aitken-Swan, J., Easson, E. C. (1959): Reactions of cancer patients on being told of their diagnosis, *British Medical Journal* 1, 779-783.

Ansohn, E. (1978): Die Wahrheit am Krankenbett. Grundfragen einer ärztlichen Sterbehilfe, Salzburg/München, 3. Auflage.

Barckley, Virginia (1958): What can I say to the cancer patient? *Nursing Outlook* 6, 316 310.

Beatty, D. C. (1955): Shall we talk about death? *Pastoral Psychology* 6, 11-14.

Becker, A. H., Weisman, A. D. (1967): The patient with a fatal illness — to tell or not to tell, *Journal of the American Medical Association* 201, 646-648.

Begemann-Deppe, Monika (1976): Im Krankenhaus sterben: Das Problem der Wissenskonstitution in einer besonderen Situation, in: *Begemann, H.* (Hrsg.): Patient und Krankenhaus, München, 71-89.

Blumenfield, M., Levy, N. B., Kaufman, D. (1979): The wish to be informed of a fatal illness, *Omega* 9, 323-326.

Bok, Sissela (1980): Lügen. Vom täglichen Zwang zur Unaufrichtigkeit, Reinbek.

Bok, Sissela (1980): Sollen Ärzte lügen dürfen? *Psychologie Heute* 7, 57-63.

Brauer, P. H. (1960): Should the patient know the truth? *Nursing Outlook* 8, 672-676.

Cappon, D. (1961): The psychology of dying, *Pastoral Psychology* 12, 35-44.

Cappon, D. (1962): Attitudes of and towards the dying, *Canadian Medical Association Journal* 87, 693-700.

Carey, R. G., Posavac, E. J. (1978): Attitudes of physicians on disclosing information to and maintaining life for terminal patients, *Omega* 9, 67-77.

Cassem, N. H., Stewart, R. S. (1975): Management and care of the dying patient, *The International Journal of Psychiatry in Medicine* 6, 293-304.

Davies, E. (1973): The patient's right to know the truth, *Proceedings of the Royal Society of Medicine* 66, 533-536.

Dickinson, G. E., Pearson, A. A. (1979): Differences in attitudes toward terminal patients among selected medical specialties of physicians, *Medical Care* 17, 682-685.

Dodge, J. S. (1963): How much should the patient be told — and by whom? *Hospitals* 37, 66-70.

Eid, V. (1978): Hoffnung und Wahrheit in auswegloser Krankheit. Ein schwieriges Problem ärztlicher Hilfeleistung, in: *Eid, V., Frey, R.* (Hrsg.): Sterbehilfe. Oder wie weit reicht die ärztliche Behandlungspflicht, Mainz.

Finn, W. F. (1979): Do you really want to know that you are dying and will your doctor tell you, in: *De Vries, A., Carmi, A.* (Eds.): The Dying Human, Ramat Gan, Israel, 171-178.

Fitts, W. T., Ravdin, I. S. (1953): What Philadelphia physicians tell patients with cancer, *Journal of the American Medical Association* 153, 901-904.

Fletcher, J. (1977): Medical diagnosis: Our right to know the truth, in: *Weir, R. F.* (Ed.): Ethical Issues in Death and Dying, New York, 26-41.

Friedman, H. J. (1970): Physicians' management of dying patients: An exploration. *Psychiatry in Medicine* 1, 295-305.

Ginzberg, R. (1949): Should the elderly cancer patient be told? Geriatrics 4, 101-107.

Glaser, B. G. (1966): Disclosure of terminal illness, Journal of Health and Human Behavior 7, 83-91.

Glaser, B. G., Strauss, A. L. (1965): Awareness of Dying, Chicago.

Gödan, H. (1972): Die sogenannte Wahrheit am Krankenbett, Darmstadt.

Hackett, T. P. (1966): How to help the dying patient, Medical Economics 43, 2-6.

Hanganu, E., Popa, G. (1977): Cancer and truth, Journal of Medical Ethics 3, 74-75.

Herter, F. (1969): The right to die in dignity, Archives of the Foundation of Thanatology 1, 93-97.

Hinton, J. M. (1966): Facing death, Journal of Psychosomatic Research 10, 22-28.

Hinton, J. (1968): The dying and the doctor, in: Toynbee, A., Mant, A. K., Smart, N. et al.: Man's Concern with Death, New York, 36-45.

Hinton, J. M. (1974): Talking with people about to die, British Medical Journal 3, 25-27.

Hinton, J. (1976): Speaking of death with the dying, in: Shneidman, E. S. (Ed.): Death: Current Perspectives, Palo Alto, 303-314.

Hoff, F. (1975): Vom Sterben. Der Arzt und die Wahrheit, in: Hoff, F.: Von Krankheit und Heilung und vom Sterben, Stuttgart, 267-285.

Hoffman, J. W. (1972): When a loved one is dying: How to decide what to tell him, Today's Health 134, 41-43.

Hogshead, H. P. (1978): The art of delivering bad news, in: Garfield, C. A. (Ed.): Psychosocial Care of the Dying Patient, New York, 128-129.

Horn, J. (1981): Die Aufklärung von Tumorpatienten, unveröffentlichtes Manuskript.

Johnson, W. G. (1966): To die as a man: Disease, truth, and Christian ethics, Journal of the Iowa Medical Society 56, 813-816.

Kastenbaum, B. K., Spektor, R. E. (1978): What should a nurse tell a cancer patient, American Journal of Nursing 78, 640-641.

Kastenbaum, R. (1967): Viewpoint: Helping the patient prepare for death, Geriatrics 22, 80-88.

Kelly, W. D., Friesen, S. R. (1977): Do cancer patients want to be told? in: Weir, R. F. (Ed.): Ethical Issues in Death and Dying, New York, 3-8.

Knox, M. F. (1970): ... and the cells grow, American Journal of Nursing 70, 1047.

Koch, U., Schmeling, C. (1978): Umgang mit Sterbenden — ein Lernprogramm für Ärzte, Medizinstudenten und Krankenschwestern, Medizinische Psychologie 4, 81-93.

Kram, C., Caldwell, J. M. (1969): The dying patient, Psychosomatics 10, 293-295.

Krant, M. J. (1976): Problems of the physician in presenting the patient with the diagnosis, in: Cullen, J. W., Fox, B. H., Isom, R. N. (Eds.): Cancer: The Behavioral Dimensions, New York, 269-274.

Kutscher, A. H., Kutscher, L. G. (1973): Progressive cancer: Psychosocial implications, in: Kutscher, A. H., Goldberg, M. R. (Eds.): Caring for the Dying Patient and His Family, New York, 57-61.

Lewis, E. R., Sump, E. K. (1955): Sympathy and objectivity in balance, in: Standard, S., Nathan, H. (Eds.): Should the Patient know the Truth? New York, 115-119.

Litin, E. M. (1960): Should the cancer patient be told? Postgraduate Medicine 28, 470-475.

Litin, E. M., Rynearson, E. H., Hallenbeck, G. A. (1960): Symposium: What shall we tell the cancer patient? Proceedings of the Staff Meeting of the Mayo Clinic 35, 239-257.

Lohmann, R. A. (1977): Dying and the social responsibility of institutions, Social Casework 58, 538-545.

69

Lund, C. (1946): The doctor, the patient and the truth, *Annals of Internal Medicine* 24, 955-959.

Martin, D. S. (1969): The role of the surgeon in the prospects of death from cancer, *Annals of the New York Academy of Sciences* 164, 739-748.

McIntosh, J. (1976): Patients' awareness and desire for information about diagnosed but indisclosed malignant disease, *The Lancet*, August, 300-303.

Meyer, B. C. (1954): Should the patient know the truth? *Journal of the Mount Sinai Hospital* 20, 344-350.

Meyer, B. C. (1955): What patient, what truth? in: *Standard, S., Nathan, H.* (Eds.): Should the Patient Know the Truth? New York, 47-58.

Meyer, B. C. (1977): Truth and the physician, in: *Weir, R. F.* (Ed.): Ethical Issues in Death and Dying, New York, 42-54.

Meyer, R. M., Latz, P. A. (1979): What open heart surgery patients want to know, *American Journal of Nursing* 79, 1558-1560.

Mikorey, M. (1955): Der Arzt und die letzten Dinge, *Medizinische Klinik* 50, 954-961.

Miller, A. (1962): The patient's right to know the truth, *Canadian Nurse* 58, 25-29.

Milton, G. W. (1973): Self-willed death or the bone-pointing syndrome, *Lancet* 1, 1435-1436; auch in: *Garfield, C. A.* (Ed.): Psychosocial Care of the Dying Patient, New York, 125-127.

Moss, D. M., McGaghie, W. C., Rubinstein, L. I. (1978): Medical resistance, crisis ministry, and terminal illness, *Journal of Religion and Health* 17, 99-116.

Novack, D. H., Plumer, R. et al. (1979): Changes in physicians' attitudes toward telling the cancer patient, *Journal of the American Medical Association* 241, 897-900.

Oken, D. (1961): What to tell cancer patients: A Study of medical attitudes, *Journal of the American Medical Association* 175, 86-94; auch in: *Weir, R. F.* (Ed.) (1977): Ethical Issues in Death and Dying, New York, 9-25.

Oppenheim, G. (1961): When patients ask tough questions, *Medical Economics* 38, 54-58.

Pemberton, L. B. (1971): Diagnosis: Can/should we tell the truth? *Bulletin of the American College of Surgeons*, March, 7-13.

Pienschke, Darlene (1973): Guardedness or openness on the cancer unit, *Nursing Research* 22, 484-490.

Quint, Jeanne C. (1965): Institutionalized practices of information control, *Psychiatry* 28, 119-132.

Raspe, H.-H. (1976): Informationsbedürfnisse und faktische Informiertheit bei Krankenhauspatienten, in: *Begemann, H.* (Hrsg.): Patient und Krankenhaus, München, 49-70.

Rea, M. P., Greenspoon, S., Spilka, B. (1975): Physicians and the terminal patient: Some selected attitudes and behavior, *Omega* 6, 291-302.

Reeves, R. B. (1969): To tell or not to tell the patient, in: *Kutscher, A. H.* (Ed.): Death and Bereavement, Springfield, 5-9.

Rest, F. (1982): Die Wahrheit am Krankenbett, *Die Schwester/Der Pfleger* 20, 794-797.

Reynolds, Maureen (1978): No news is bad news: Patients' views about communication in hospital, *British Medical Journal* 1, 1673-1676.

Saunders, Cicely (1959): Should a patient know ...? *Nursing Times*, October, 994-995.

Senn, H. J. (1980): Wahrhaftigkeit am Krankenbett, in: *Meerwein, F.* (Hrsg.): Einführung in die Psycho-Onkologie, Bern/Stuttgart, 64-83.

Standard, S., Nathan, H. (Eds.) (1955): Should the Patient Know the Truth? New York.

Stauder, K. H. et al. (1953): Soll der Arzt dem Kranken die Wahrheit sagen? (Umfrage), *Medizinische Klinik* 48, 403-405.

Vandeveer, D. (1980): The contractual argument for withholding medical information, *Philosophy and Public Affairs* 9, 198-205.

Veatch, R. M., Bok, S. (1978): Truth-telling, in: *Reich, W. T.: Encyclopedia of Bioethics*, New York, 1677-1688.

Veatch, R. M., Tai, E. (1980): Talking about death: Patterns of lay and professional change, *The Annals of the American Academy of Political and Social Science* 447, 29-45.

Verwoerdt, A. (1962): Communication with the fatally ill, *CA, A Cancer Journal for Clinicians*, May-June, 105-111.

Verwoerdt, A. (1966): Informing the patient with fatal illness, *Postgraduate Medicine* 40, A 95-99.

Verwoerdt, A., Wilson, R. (1967): Communication with fatally ill patients. Tacit or explicit? *American Journal of Nursing* 67, 2307-2309.

2.3 Zur Definition des Todeszeitpunktes

Agich, G. J. (1976): The concepts of death and embodiment, *Ethics in Science and Medicine* 3, 95-105.

Arnold, J. et al. (1968): Public attitudes and the diagnosis of death, *Journal of the American Medical Association* 206, 1949-1954.

Ayd, F. J. (1967): When is a person dead? *Medical Science* 18, 33-37.

Bahrmann, E. et al. (1968): Zur Problematik der Toterklärung, *Deutsches Gesundheitswesen* 23, 2403-2407.

Beecher, H. K. et al. (1968): A definition of irreversible coma. Report of the Ad Hoc Committee of the Harvard Medical School, to examine the definition of brain death, *Journal of the American Medical Association* 205, 337-340.

Beecher, H. K. (1969): After the definition of irreversible coma, *New England Journal of Medicine* 281, 1070-1071.

Beecher, H. K. (1970): Definitions of life and death for medical science and practice, *Annals of the New York Academy of Science* 169, 471-474.

Benton, R. (1978): Termination of life: Who draws the line and why? in: *Benton, R.: Death and Dying: Principles and Practices in Patient Care*, New York, 1-38.

Bron, B. (1976): Problems of death in modern medicine, *Confinia Psychiatrica* 19, 222-235.

Capron, A. M. (1973): The purpose of death: A reply to Prof. Dworkin, *Indiana Law Journal* 48, 640-646.

Capron, A. M. (1978): Death, definition and determination of — II. Legal aspects of pronouncing death, in: *Reich, W. T.* (Ed.): Encyclopedia of Bioethics, New York, 296-301.

Capron, A. M., Kass, L. R. (1972): A statutory definition of the standards for determining human death: An appraisal and a proposal, *University of Pennsylvania Law Review* 121, 87-118; Wiederabdruck in: *Weir, R. F.* (Ed.) (1977): Ethical Issues in Death and Dying, New York, 103-124.

Cassell, E. J. (1973): Being and becoming dead, in: *Mack, A.* (Ed.): Death in American Experience, New York, 162-176.

Conway, D. J. (1974): Medical and legal views of death: Confrontation and reconciliation, *Saint Louis Law Review* 19, 172-188.

Crafoord, C. C. (1969): Cerebral death and the transplantation era, *Diseases of the Chest* 55, 141-145.

Cranford, R. E., Smith, H. L. (1979): Some critical distinctions between brain death and the persistent vegetative state, *Ethics in Science and Medicine* 6, 199-209.

Curran, W. J. (1968): Public health and the law: The legal meaning of death, *American Journal of Public Health* 58, 1965-1966.

Curran, W. J. (1971): Legal and medical death: Kansas takes the first step, *New England Journal of Medicine* 284, 260-261.

Devins, G. M., Diamond, R. T. (1976/77): The determination of death, *Omega* 7, 277-296.

Dobzhansky, T. G. (1965): Self-awareness and death-awareness, in: *The Biology of Ultimate Concern*, New York, 63-81.

Dusinberre, R. K. et al. (1972): Statutory definition of death, *New England Journal of Medicine* 286, 549-550.

Dworkin, R. B. (1973): Death in context, *Indiana Law Journal* 48, 623-639.

Engelhardt, H. T. (1978): Definitions of death: Where to draw the lines and why, in: McMullin, E. *(Ed.)*: Death and Decisions, Boulder, 16 34.

Fischer, F., Fritsche, P., Pribilla, O. (1978): Definition des Todes: Feststellung des Todes und Bestimmung des Todeszeitpunktes aus ärztlicher und juristischer Sicht, in: *Eid, V., Frey, R. (Hrsg.): Sterbehilfe oder Wie weit reicht die ärztliche Behandlungspflicht?* Mainz, 26-35.

Foster, H. H. (1976): Time of death, *New York State Journal of Medicine* 76, 2187-2193.

Frenkel, D. A. (1979): Establishing the cessation of life, in: *De Vries, A., Carmi, A. (Eds.): The Dying Human*, Ramat Gan, Israel, 221-234.

Fujimuri, B. (1969): Standards of determining death: Cerebral death from the standpoint of neurophysiology, *Surgical Therapy*, April, 415-422.

Gilli, R. et al. (1968): On the ascertainment of death and on freedom to remove organs for transplantations, *Minerva Anesthesiologica*, November, 1340-1351.

Green, M. B., Wikler, D. (1980): Brain death and personal identity, *Philosophy and Public Affairs* 9, 105-133.

Halley, M. M., Harvey, W. F. (1968): Definition of death, *New England Journal of Medicine* 279, 834-835.

Halley, M. M., Harvey, W. F. (1968): Medical vs. legal definitions of death, *Journal of the American Medical Association* 204, 423-425.

Hammer, R. T. (1969): Legal death — can it be defined? *Journal of the Medical Association of Alabama* 38, 610-614.

Harp, J. R. (1974): Criteria for the determination of death, *Anesthesiology* 40, 391-397.

Ad Hoc Committee of the Harvard Medical School (1968): A definition of irreversible coma, *Journal of the American Association* 205, 337-340; Wiederabdruck in: *Weir, R. F. (Ed.): Ethical Issues in Death and Dying*, New York, 82-89.

High, D. M. (1972): Death: Its conceptual elusiveness, *Soundings* 55, 438-458.

High, D. M. (1978): Death, definition and determination of — III. Philosophical and theological foundations, in: *Reich, W. T. (Ed.): Encyclopedia of Bioethics*, New York, 301-307.

Hoffman, A. C., Vancura, M. C. (1979): The brain criteria, in: *De Vries, A., Carmi, A. (Eds.): The Dying Human*, Ramat Gan, Israel, 325-343.

Horan, D. J. (1980): Definition of death. An emerging consensus, *Trial* 16, 22-26, 59-60.

Isaacs, L. (1978): Death, where is thy distinguishing? *The Hastings Center Report* 8, 5-8.

Jennett, B. (1977): The diagnosis of brain death, *Journal of Medical Ethics* 3, 4-6.

Johnstone, H. W. (1979): Reply to Gary E. Jones, *The Journal of Medicine and Philosophy* 4, 239-241.

Jones, G. E. (1979): Death and after death, *The Journal of Medicine and Philosophy* 4, 234-238.

Jones, G. E. (1979): The negative nature of death, *The Journal of Medicine and Philosophy* 4, 242-243.

Kass, L. R. (1971): Death as an event, *Science* 173, 698-702; Wiederabdruck in: *Weir, R. F.* (Ed.): Ethical Issues in Death and Dying, New York, 70-81.

Kennedy, I. (1977): The definition of death, *Journal of Medical Ethics* 3, 5-6.

Korein, J. (Ed.) (1978): Brain Death: Interrelated Medical and Social Issues, New York.

Korein, J., Maccario, M. (1969): On the diagnosis of cerebral death: A prospective study, *Electroencephalography and Clinical Neurophysiology* 27, 700.

Korein, J., Maccario, M. (1971): On the diagnosis of cerebral death: A prospective study on 55 patients to define irreversible coma, *Clinical Electroencephalography* 2, 178-199.

Kosnik, A. R. (1973): Theological reflections on criteria for defining the moment of death, *Hospital Progress*, Dec., 64-69.

Kretschmer, H. (1969): Determination of the time of death from the neurosurgical viewpoint, *Zeitschrift für die Ärztliche Fortbildung* 63, 884-885.

Kurth, W. (1975): Biologischer und geistiger Tod, *Dynamische Psychiatrie* 8, 106-114.

Lamb, D. (1978): Diagnosing death, *Philosophy and Public Affairs* 7, 144-153.

Mills, D. H. (1971): The Kansas death statute: Bold and innovative, *New England Journal of Medicine* 285, 968-969.

Molinari, G. F. (1978): Death, definition and determination of — I. Criteria for death, in: *Reich, W. T.* (Ed.): Encyclopedia of Bioethics, New York, 292-296.

Morison, R. S. (1971): Death: Process or event. *Science* 173, 694-698; Wiederabdruck in: *Weir, R. F.* (Ed.): Ethical Issues in Death and Dying, New York, 57-69.

Mueller, P. H. (1967): Legal medicine and the delimitation of death, *World Medical Journal* 14, 140-142.

Neville, R. C. (1977): Defining death, in: *Bier, W. C.* (Ed.): Human Life, New York, 181-191.

Pearson, J. (1972): The time of death: A legal, ethical and medical dilemma, *Catholic Lawyer* 18, 243-257.

Perry, C. (1979): Applying the Harvard criteria, *The Journal of Medicine and Philosophy* 4, 232-233.

Perry, C. (1979): Determining and defining death, *The Journal of Medicine and Philosophy* 4, 219-225.

Pruitt, R. D. (1974): Death as an expression of functional disease, *Mayo Clinic Proceedings* 49, 627-634.

Rado, Leslie (1981): Death redefined: Social and cultural influences on legislation, *The Journal of Communication* 31, 41-47.

Redleaf, D. L., Schnitt, S. B., Thompson, W. C. (1979): The California Natural Death Act: An empirical study of physicians' practices, *Stanford Law Review* 31, 913-945.

Refinements in criteria for the determination of death: An appraisal (1972): *Journal of the American Medical Association* 221, 48-53.

Reilly, C. T. (1969): The diagnosis of life and death, *Journal of the Medical Society of New Jersey* 66, 601-604.

Rizzo, R., Yonder, J. (1973): Definition and criteria of clinical death, *Linacre Quarterly* 40, 223-233.

Rosoff, S. et al. (1968): The EEG in establishing brain death: A ten-year report with criteria and legal safeguards in the 50 states, *Electroencephalography and Clinical Neurophysiology* 24, 283-284.

Samuel, V. N. (1977): Brain death, *Diseases of the Nervous System* 38, 691-693.

Schiffer, R. B. (1978): The concept of death: Tradition and alternative, *The Journal of Medicine and Philosophy* 3, 24-37.

Schiffer, R. B. (1979): The concept of death: Causes and criteria, *The Journal of Medicine and Philosophy* 4, 226-231.

Schwartz, M. L. (1971): Death: A neuroscientific analysis, *Omega* 2, 30-35.

Shneidman, E. S. (1968): Orientation toward cessation: A re-examination of current modes of death, *Journal of Forensic Sciences* 13, 33-45.

Silverman, D. (1970): Criteria of brain death, *Science* 170, 1000.

Simpson, K. (1968): The moment of death: A new medico-legal problem, *Acta Anaesthesia Scandinavia Supplements* 29, 361-364.

Skegg, P. D. (1976): Case for a statutory „definition of death", *Journal of Medical Ethics* 2, 190-192.

Stickel, D. L. (1979): The brain death criterion of human death. An analysis and reflections on the 1977 conference (New York) on brain death, *Ethics in Science and Medicine* 6, 177-197.

Thurston, G. (1970): The point of death, *The Practicioner* 205, 187-190.

van Till, H. A. (1976): Diagnosis of death in comatose patients under resuscitation treatment: A critical review of the Harvard Report, *American Journal of Law and Medicine* 2, 1-40.

Veatch, R. M. (1975): The whole-brain oriented concept of death: An outmoded philosophical formulation, *Journal of Thanatology* 3, 13-30.

Veatch, R. M. (1976): Brain death, in: *Shneidmann, E. S.* (Ed.): Death: Current Perspectives, Palo Alto, 232-240.

Veatch, R. M. (1979): Defining death anew, in: *Wass, H.* (Ed.): Dying: Facing the Facts, Washington, 320-359.

Veith, F. J., Fein, J. M. et al. (1977): Brain death. Part 1: A status report of medical and ethical considerations, *Journal of the American Medical Association* 238, 1651-1655.

Veith, F. J., Fein, J. M. et al. (1977): Brain death. Part 2: A status report of legal considerations, *Journal of the American Medical Association* 238, 1744-1748.

Wasmuth, C. E. (1969): The concept of death, *Ohio State Law Journal* 30, 32-60.

White, R. J. (1972): The scientific limitation of brain death, *Hospital Progress*, March, 48-51.

Winter, A. (Ed.) (1969): The Moment of Death. A Symposium, Springfield.

Woods, D. J., Royder, T. (1978): Determination of death: Perspectives from psychological assessment, *Psychological Reports* 42, 851-857.

2.4 Zur „Euthanasie"-Frage

Abrams, Natalie (1978): The right to death and the right to euthanasia, in: *Bandman, E. L., Bandman, B.* (Eds.): Bioethics and Human Rights: A Reader for Health Professionals, Boston, 139-140.

Abramson, R. (1975): A dying patient: The question of euthanasia, *The International Journal of Psychiatry in Medicine* 6, 413-454.

Adams, G. R., Bueche, N. et al. (1978): Contemporary views of euthanasia: A regional assessment, *Social Biology* 25, 62-68.

Annas, G. J. (1979): Reconciling Quinlan and Saikewicz: Decision making for the terminally ill incompetent, *American Journal of Law and Medicine* 4, 367-395.

Annas, G. J. (1980): Quinlan, Saikewicz, and Now Brother Fox, *The Hastings Center Report* 10, 20-21.

Audi, R. (1978): The moral rights of the terminally ill, in: *Davis, J. W., Hoffmaster, B., Shorten, S.* (Eds.): Contemporary Issues in Biomedical Ethics, Clifton, N. J., 43-62.

Auer, A., Menzel, H., Ese, A. (1977): Zwischen Heilauftrag und Sterbehilfe. Zum Behandlungsabbruch aus ethischer, medizinischer und rechtlicher Sicht, Köln.

Bachmann, W., Fouquet, C. (1978): Euthanasie und Vernichtung „lebensunwerten" Lebens unter Berücksichtigung des behinderten Menschen, Oberbiel.

Beauchamp, Joyce M. (1975): Euthanasia and the nurse practicioner, Nursing Forum 14, 56-73.

Beauchamp, T. L., Davidson, A. I. (1979): The definition of euthanasia, The Journal of Medicine and Philosophy 4, 294-312.

Beecher, H. K. (1968): Ethical problems created by the hopelessly unconscious patient, New England Journal of Medicine 278, 1425-1430.

Behnke, J. A., Bok, S. (Eds.) (1975): The Dilemmas of Euthanasia, Garden City.

Bok, Sissela (1976): Personal directions for care at the end of life, New England Journal of Medicine 295, 367-369.

Bok, Sissela (1978): Death and dying. Euthanasia and sustaining life. II. Ethical views, in: Reich, W. T. (Ed.): Encyclopedia of Bioethics, New York, 268-278.

Bonnet, J. D. (1975): Bill of rights of the dying patient, Baylor Law Review 27, 27-30.

Buchanan, A. (1979): Medical paternalism of legal imperalism: Not the only alternatives for handling Saikewicz-type cases, American Journal of Law and Medicine 5, 97-117.

Campbell, A. G., Duff, R. S. (1979): Deciding the care of severely malformed or dying infants, Journal of Medical Ethics 5, 65-67.

Carson, R. A. (1979): Euthanasia or the right to die, in: Wass, H. (Ed.): Dying: Facing the Facts, Washington, 360-374.

Cassell, E. J. (1977): The medical profession: Euthanasia, in: Bier, W. C. (Ed.): Human Life, New York, 213-222.

Cassell, E. J. (1978): What is the function of medicine? in: McMullin, E. (Ed.): Death and Decision, Boulder, 35-44.

Cassem, N. H. (1980): Consultation to continue or stop treatment measures in irreversible illness, in: Freyberger, H. (Ed.): Psychotherapeutic Interventions in Life-Threatening Illness, Basel/München, 119-131.

Childress, J. F. (1978): To kill or let die, in: Bandman, E. L., Bandman, B. (Eds.): Bioethics and Human Rights. A Reader for Health Professionals, Boston, 128-131.

Clouser, K. D. (1973): „The sanctity of life": An analysis of a concept, Annals of Internal Medicine 78, 119-125.

Colen, B. D. (1976): Karen Ann Quinlan: Dying in the Age of Eternal Life, New York.

Collester, D. C. (1977): Death, dying, and the law: A prosecutorial view of the Quinlan case, Rutgers Law Review 30, 304-328.

Culliton, Barbara J. (1975): The Haemmerli affair: Is passive euthanasia murder? Science 190, 1271-1275.

Curran, T. J. (1978): Problems in euthanasia, Dialogue 21, 9-13.

Dokumente zum Thema „Menschenwürdiges Sterben" (1978), Vorgänge No 6, 108-122.

Dowbeen, C. (1980): Prometheus revisited: Popular myths, medical realities, and legislative actions concerning death, Journal of Health Politics, Policy and Law 5, 250-276.

Downing, A. B. (Ed.) (1969): Euthanasia and the Right to Death. The Case for Voluntary Euthanasia, London.

Drinan, R. F. (1977): Should there be a legal right to die? in: Weir, R. F. (Ed.): Ethical Issues in Death and Dying, New York, 297-307.

Dyck, A. J. (1973): An alternative to the ethic of euthanasia, in: Williams, R. H. (Ed.): To Live and to Die: When, Why, and How, New York, 98-112.

Dyck, A. J. (1977): An alternative to the ethic of euthanasia, in: Weir, R. F. (Ed.): Ethical Issues in Death and Dying, New York, 281-296.

Dyck, A. J. (1978): Living wills and mercy killing: An ethical assessment, in: Bandman, E. L., Bandman, B. (Eds.): Bioethics and Human Rights: A Reader for Health Professionals, Boston, 132-138.

Eid, V. (Hrsg.) (1975): Euthanasie oder Soll man auf Verlangen töten? Mainz.

Eser, A. (Hrsg.) (1976): Suizid und Euthanasie als human- und sozialwissenschaftliches Problem, Stuttgart.

Evans, F. J. (1977): The right to die — a basic constitutional right, Journal of Legal Medicine 5, 17-20.

Feinberg, J. (1978): Voluntary euthanasia and the inalienable right to life, Philosophy & Public Affairs 7, 93-123.

Fletcher, G. P. (1976): Prolonging life, in· Shannon, T. A. (Ed.): Bioethics, New York, 189-205.

Fletcher, J. (1973): Ethics and euthanasia, in: Williams, R. H. (Ed.): To Live and To Die: When, Why, and How, New York, 113-122.

Fletcher, J. (1974): The „right" to life and the „right" to die. A protestant view of euthanasia, The Humanist, July/August, 12-15.

Fletcher, J. (1977): Ethics and euthanasia, in: Weir, R. F. (Ed.): Ethical Issues in Death and Dying, New York, 348-359.

Fletcher, J. (1979): Euthanasia, in: Fletcher, J.: Humanhood: Essays in Biomedical Ethics, Buffalo, N. Y., 149-158.

Foot, P. (1977): Euthanasia, Philosophy & Public Affairs 6, 85-112.

Forssmann, W. (1977): Probleme der Euthanasie (1), Ärzteblatt Baden-Württemberg 32, 893-902.

Forssmann, W. (1978): Probleme der Euthanasie (2), Ärzteblatt Baden-Württemberg 33, 18-23.

Friedman, E. (1978): „Natural death" laws cause hospital few problems, Hospital 52, 124-148.

Geilen, G. (1975): Euthanasie und Selbstbestimmung. Juristische Betrachtungen zum „Recht auf den eigenen Tod", Recht und Staat in Geschichte und Gegenwart 446, 1-30.

Gould, J., Craigmyle, L. (Eds.) (1971): Your Death Warrant? The Implications of Euthanasia, London.

Griffin, J. J. (1975): Family decision: A crucial factor in terminating life, American Journal of Nursing 75, 795-796.

Grisez, G., Goyle, J. M. (1979): Life and Death with Liberty and Justice: A Contribution to the Euthanasia Debate, Notre Dame.

Gruman, G. J. (1973): An historical introduction to ideas about voluntary euthanasia: With a bibliographic survey and guide for interdisciplinary studies, Omega 4, 87-138.

Haug, Marie (1978): Aging and the right to terminate medical treatment, Journal of Gerontology 33, 586-591.

Hegland, K. F. (1978): Unauthorized rendition of life-safing medical treatment, in: Beauchamp, T. L., Perlin, S. (Eds.): Ethical Issues in Death and Dying, Englewood Cliffs, 194-203.

Heifetz, M. D., Mangel, C. (1976): Das Recht zu sterben, Frankfurt.

Hendin, D. (1977): Artificial prolongation of life: Means and morality, in: Bier, W. C. (Ed.): Human Life, New York, 192-200.

Hershey, N. (1971): The law and the nurse: On the question of prolonging liefe, *American Journal of Nursing* 71, 521-522.

Hiersche, H.-D. (Hrsg.) (1975): Euthanasie — Probleme der Sterbehilfe. Eine interdisziplinäre Stellungnahme, München.

Hirsch, H. L., Donovan, R. E. (1977): The right to die: Medico-legal implications of in re Quinlan, *Rutgers Law Review* 30, 267-303.

Hirschauer, G. (1978): Über Freitod, Selbstmord, aktive Sterbehilfe und Tötung auf Verlangen, *Vorgänge* No 6, 96-98.

Hoefer, W. (Hrsg.) (1977): Leben müssen, sterben dürfen, Bergisch Gladbach.

Horan, D. J., Mall, D. (Eds.) (1977): Death, Dying, and Euthanasia, Washington.

Hunter, R. C. (1980): Euthanasia. A paper for discussion by psychiatrists, *Canadian Journal of Psychiatry* 25, 439-445.

Husak, D. N. (1979): Killing, letting die and euthanasia, *Journal of Medical Ethics* 5, 200-202.

Jonas, H. (1978): The right to die — in twilight zones with anxious choices, *The Hastings Center Report* 8, 31-36.

Jones, G. (1980): Euthanasia and the insentient patient, *The Journal of Medicine and Philosophy* 5, 333-339.

Kamisar, Y. (1971): Euthanasia legislation: Some non-religious objections, in: *Downing, A. B.* (Ed.): Euthanasia and the Right to Death, New York, 85-113.

Kaplan, R. P. (1976): Euthanasia legislation: A survey and a model act, *American Journal of Law and Medicine* 2, 41-99.

Kary, Carla (1980): A moral distinction between killing and letting die, *The Journal of Medicine and Philosophy* 5, 326-332.

Kaul, F. K. (1979): Die Psychiatrie im Strudel der Euthanasie, Frankfurt.

Kohl, M. (Ed.) (1975): Beneficient Euthanasia, Buffalo.

Kohl, M. (1978): Karen Quinlan: Human rights and wrongful killing, in: *Bandman, E. L., Bandman, B.* (Eds.): Bioethics and Human Rights: A Reader for Health Professionals, Boston, 121-127.

Kohl, M. (1979): The voluntary ending of life and meaningless existence, in: *De Vries, A., Carmi, A.* (Eds.): The Dying Human, Ramat Gan, Israel, 253-262.

Kottow, M. H. (1980): Levels of objectivity in the analysis of medicoethical decision making. A reply, *The Journal of Medicine and Philosophy* 5, 230-233.

Krauss, P. (1976): Der ersehnte Tod. Tötung auf Verlangen, Stuttgart.

Kutner, L. (1979): Euthanasia: Due process for death with dignity: The living will, *Indiana Law Journal* 54, 201-228.

Lappé, M. R. (1978): Dying while living: A critique of allowing-to-die legislation, *Journal of Medical Ethics* 4, 195-199.

Lehr, Ursula, Schuster, M. (1976): Geriatrische Euthanasieprobleme (XIII) — Psychologische Aspekte, *Ärztliche Praxis* 28, 1528-1532.

Levinson, A. J. (1979): An overview of the euthanasia movement in the United States today, in: *De Vries, A., Carmi, A.* (Eds.): The Dying Human, Ramat Gan, 311-322.

Linacre Centre (1979): Prolongation of Life: Ordinary and Extraordinary Means of Prolonging Life, London.

Lo, B., Jonsen, A. R. (1980): Ethical decisions in the care of a patient terminally ill with metastatic cancer, *Annals of Internal Medicine* 92, 107-111.

Lohmann, T. (1975): Euthanasie in der Diskussion. Zu Beiträgen aus Medizin und Theologie seit 1945, Düsseldorf.

Lüth, P. (Hrsg.) (1976): Sterben heute, ein menschlicher Vorgang? Stuttgart.

Maguire, D. (1976): The freedom to die, in: *Shannon, T. A.* (Ed.): Bioethics, New York, 171-180.

Malone, R. J. (1974): Is there a right to a natural death? *New England Law Review* 9, 293-310.

Mansson, H. H. (1977): Justifying the final solution, in: *Weir, R. F.* (Ed.): Ethical Issues in Death and Dying, New York, 308-319.

Matthews, W. R. (1976): Voluntary euthanasia: The ethical aspect, in: *Shneidman, E. S.* (Ed.): Death: Current Perspectives, Palo Alto, 497-501.

May, W. F. (1978): The right to die and the obligation to care: Allowing to die, killing for mercy, and suicide, in: *McMullin, E.* (Ed.): Death and Decision, Boulder, 111-130.

McCartney, J. R. (1978): Suicide vs right to refuse treatment in chronically ill, *Psycho-somatics* 19, 540-543.

McCormick, R. A., Veatch, R. (1980): The preservation of life and self-determination, *Theological Studies* 41, 390-396.

Menzel, P. T. (1979): Are killing and letting die morally different in medical contexts? *The Journal of Medicine and Philosophy* 4, 269-293.

Milton, D. et al. (1976): Das Recht zu sterben, Frankfurt.

Mochel, H. (1973): Milder Tod: Euthanasie, Aufzeichnungen nach einer Fernsehsendung, München.

Möllering, J. (1977): Schutz des Lebens — Recht auf Sterben, Stuttgart.

Montange, C. H. (1974): Informed consent and the dying patient, *Yale Law Journal* 83, 1632-1664.

Moor, P. (1973): Die Freiheit zum Tode. Ein Plädoyer für das Recht auf menschenwürdiges Sterben. Euthanasie und Ethik, Hamburg.

Morison, R. S. (1978): Misgivings about life-extending technologies, *Daedalus*, Spring, 211-226.

Mueller, D. M. (1977): Involuntary passive euthanasia of brain-stem-damaged patients: The need for legislation — an analysis and a proposal, *San Diego Law Review* 14, 1277-1297.

Nowak, K. (1980): Euthanasie und Sterilisierung im Dritten Reich, Göttingen.

Ostheimer, J. M. (1980): The polls: Changing attitudes toward euthanasia, *Public Opinion Quarterly* 44, 123-128.

Ostheimer, Nancy C., Ostheimer, J. M. (Eds.) (1976): Life or Death — Who Controls? New York.

Rabkin, M. T. et. al. (1978): Orders not to resuscitate, in: *Beauchamp, T. L., Perlin, S.* (Eds.): Ethical Issues in Death and Dying, Englewood Cliffs, 176-181.

Ramsey, P. (1976): Prolonged dying: Not medically indicated, *Hastings Center Report* 6, 14-17.

Regenbrecht, J. (1976): Bis zum bitteren Ende? Sterbehilfe — Verbot oder Verpflichtung? *Kontraste* 16, 12-17.

Roellecke, G. (1976): Gibt es ein „Recht auf den Tod"? in: *Eser, A.* (Hrsg.): Suizid und Euthanasie, Stuttgart, 336-346.

Rosner, F. (1972): Euthanasia, in: *Schoenberg, B., Carr, A. C.* et al. (Eds.): Psychological Aspects of Terminal Care, New York, 309-324.

Rothenberg, L. S. (1978): Demands for life and requests for death: The judicial dilemma, in: *McMullin, E.* (Ed.): Death and Decision, Boulder, 131-154.

Russell, O. R. (1977): Freedom to Die. Moral and Legal Aspects of Euthanasia, New York.

Saul, S., Saul, S. R. (1977/78): Old people talk about — the right to die, *Omega 8*, 129-139.

Schmidt, Marianne (1973): Sterben als Erlösung, Zürich.

Schoenfeld, C. G. (1978): Mercy killing and the law — a psychoanalytically oriented analysis, *The Journal of Psychiatry and Law 6*, 215-244.

Schubert, R., Störmer, A. (1977): Euthanasieprobleme, München-Gräfelfing.

Schwarzenberg, L., Viansson-Ponte, P. (1979): Den Tod verändern, München.

Self, D. J. (1980): Clarification of the philosophical foundations for medical ethical decision making, *The Journal of Medicine and Philosophy 5*, 234-235.

Shapira, A. (1979): The human right to die — some Israeli and Jewish legal perspectives, in: *De Vries, A., Carmi, A.* (Eds.): The Dying Human, Ramat Gan, Israel, 359-371.

Slater, E. (1974): Wandlung der ethischen Auffassung über Euthanasie in England, in: *Bitter, W.* (Hrsg.): Alter und Tod — annehmen oder verdrängen? Stuttgart, 139-146.

Slater, E. (1976): Assisted suicide: Some ethical considerations, *International Journal of Health Services 6*, 321-330.

Stein, J. J. (1978): Postponing death, in: *Stein, J. J.*: Making Medical Choices. Who is Responsible? Boston, 167-188.

Stein, J. J. (1978): Deciding to die, in: *Stein, J. J.*: Making Medical Choices. Who is Responsible? Boston, 189-208.

Stein, J. J. (1978): Pulling the plug, in: *Stein, J. J.*: Making Medical Choices. Who is Responsible? Boston, 209-226.

Steinbock, B. (1979): The intential termination of life, *Ethics in Science and Medicine 6*, 59-64.

Steinbock, B. (Ed.) (1980): Killing and Letting Die, Englewood Cliffs.

Stephenson, S. A. (1980): The right to die — a proposal for natural death legislation, *University of Cincinnati Law Review 49*, 228ff.

Strong, C. (1980): Euthanasia: Is the concept really nonevaluative? *The Journal of Medicine and Philosophy 5*, 313-325.

Thielicke, H. (1979): Wer darf sterben? Grenzfragen der modernen Medizin, Freiburg.

Thomson, Judith J. (1976): Killing, letting die, and the trolley problem, *The Monist 59*, 205-217.

Triche, Ch. W., Striche, D. (1975): The Euthanasia Controversy (1812-1974). A Bibliography with Select Annotations, New York.

Trubo, R. (1973): An Act of Mercy: Euthanasia Today, New York.

Valentin, F. (Hrsg.) (1969): Die Euthanasie. Ihre theologischen, medizinischen und juristischen Aspekte, Göttingen.

Veatch, R. M. (1976): Choosing not to prolong dying, in: *Shannon, T. A.* (Ed.): Bioethics, New York, 181-188.

Veatch, R. M. (1978): Death and dying: Euthanasia and sustaining life — III. Professional and public policies, in: *Reich, W. T.* (Ed.): Encyclopedia of Bioethics, New York, 278-286.

Vernon, G. M. (1979): Perceived morality of euthanasia, in: *Vernon, G. M.*: A Time to Die, Washington, 89-102.

Weinfeld, J. (1979): Euthanasia of defective new-born — should it be legalized? in: *De Vries, A., Carmi, A.* (Eds.): The Dying Human, Ramat Gan, Israel, 351-358.

Williams, P. (1978): Rights and the alleged right of innocents to be killed, in: *Bandman, E. L., Bandman, B.* (Eds.): Bioethics and Human Rights: A Reader for Health Professionals, Boston, 141-143.

Wilson, J. B. (1975): Death by Decision. The Medical, Moral, and Legal Dilemmas of Euthanasia, Philadelphia.

Winget, Carolyn, Kapp, F. T. et. al. (1977): Attitudes toward euthanasia, *Journal of Medical Ethics* 3, 18-25.

Wunderli, J. (1974): Euthanasie oder Über die Würde des Sterbens, Stuttgart.

Young, E. W. (1978): Reflections on life and death, in: *Garfield, C. A.* (Ed.): Psychological Care of the Dying Patient, New York, 295-303.

Young, R. (1976): Voluntary and nonvoluntary euthanasia, *The Monist* 59, 264-283.

Young, R. (1979): Euthanasia and the wrongness of killing others, in: *De Vries, A., Carmi, A.* (Eds.): The Dying Human, Ramat Gan, Israel, 237-251.

Zimmermann, R. (1977): Der Sterbende und sein Arzt. Gedanken zur Euthanasieproblematik, *Neue Juristische Wochenschrift*, Heft 46, 2101-2107.

3. Ethik der Psychotherapie

Agel, J. (1973): Rough Times, New York.

Ajzen, R. (1973): Human values and counseling, *Personnel and Guidance Journal* 52, 77-81.

Albee, G. W. (1977): Does including psychotherapy in health insurance represent a subsidy to the rich from the poor? *American Psychologist* 32, 719-721.

Arieti, S. (1975): Psychiatric controversy: Man's ethical dimension, *American Journal of Psychiatry* 132, 39-42.

Baldick, T. L. (1980): Ethical discrimination ability of intern psychologists: A function of training in ethics, *Professional Psychology* 11, 276-282.

Bambeck, J. J., Wolters, A. (1981): Moral in der Psychotherapie, *Psychotherapie, Medizinische Psychologie* 31, 113-124.

Bazelon, D. L. (1974): The perils of wizardry, *American Journal of Psychiatry* 131, 1317-1322.

Beck, C. E. (1971): Ethical practices: Foundations and emerging issues, *Personnel and Guidance Journal* 50, 320-325.

Bergin, A. E. (1975): Psychotherapy can be dangerous, *Psychology Today*, November, 96-104.

Bergin, A. E. (1980): Behavior therapy and ethical relativism: Time for clarity, *Journal of Consulting and Clinical Psychology* 48, 11-13.

Bernal y del Rio, V. (1975): Psychiatric ethics, in: *Freedman, A. M., Kaplan, H. I.* et al. (Eds.): Comprehensive Psychiatry, 2nd ed., Baltimore, 2546.

Biebl, W., Eckensberger, D., Heising, G. (1975): Thoughts on indications for therapy, *Praxis der Psychotherapie* 20, 60-66.

Boyd, R. E., Tennyson, W. W., Erikson, R. (1973): Counselor and client confidentiality, *Counselor Education* 12, 278-288.

Boyd, R. E., Tennyson, W. W., Erikson, R. (1974): Changes in counselor disclosure of data from 1962 to 1970, *Measurement and Evaluation in Guidance* 7, 32-38.

Braun, S. H. (1975): Ethical issues in behavior modification, *Behavior Therapy* 6, 51-62.

Buckley, P., Karasu, T. B., Charles, E. et al. (1979): Theory and practice in psychotherapy: Some contradictions in expressed belief and reported practice, *Journal of Nervous and Mental Diseases* 167, 218-223.

Burgum, T., Anderson, S. (1975): The Counselor and the Law, Washington.

Crocetti, T., Spiro, H. R., Siassi, I. (1976): Psychiatry and social class, *Social Psychiatry* 11, 99-105.

Daubner, E. V., Daubner, E. S. (1970): Ethics and counseling decisions, *Personnel and Guidance Journal* 48, 434-442.

Dawidoff, D. J. (1973): The Malpractice of Psychiatrists, Springfield.

Dowds, B. N., Fontana, A. F., Russakoff, L. M., Harris, M. (1977): Cognitive mediators between patients' social class and therapists' evaluations, *Archives of General Psychiatry* 34, 917-920.

Dubey, J. (1974): Confidentiality as a requirement of the therapist: Technical necessities for absolute privilege in psychotherapy, *American Journal of Psychiatry* 131, 1093-1096.

Ehrhardt, H. E. (1978): Ethical problems in psychiatric practice, *Psychiatric Annals* 8, 47-59.

Eissler, K. R. (1978): Der sterbende Patient. Zur Psychologie des Todes, Stuttgart.

Ellis, R. (1973): Human values and counseling, *Personnel and Guidance Journal* 52, 77-81.

Erikson, E. (1976): Psychoanalysis and ethics — avowed and unavowed, *International Review of Psychoanalysis* 3, 409-415.

Feigenberg, Loma (1980): Terminal Care. Friendship Contracts with Dying Cancer Patients, New York.

Fish, J. M. (1973): Placebo Therapy: A Practical Guide to Social Influence in Psychotherapy, San Francisco.

Foster, H. M. (1975):The conflict and reconciliation of the ethical interests of therapist and patient, *Journal of Psychiatry and Law* 3, 39-48.

Frank, A., Eisenthal, S., Lazare, A. (1978): Are there social class differences in patients' treatment conceptions, *Archives of General Psychiatry* 35, 61-69.

Fromm, E. (1954): Psychoanalyse und Ethik, Stuttgart.

Gisin, S., Meier, H., Binder, J., Scharfetter, C. (1978): Soziale Schicht und psychische Erkrankung. Eine empirische Studie im Kanton Zürich, *Schweizer Archiv für Neurologie, Neurochirurgie und Psychiatrie* 22, 253-269.

Goeppert, S., Goeppert-Frank, H. C. (1974): Some considerations on class-specific behavior in psychoanalysis and psychotherapy, *Confinia Psychiatrica* 17, 53-68.

Goldberg, C. (1977): Therapeutic Partnership: Ethical Concerns in Psychotherapy, New York.

Graff, H., Kenig, L., Radoff, G. (1971): Prejudice of upper class therapists against lower class patients, *Psychiatric Quarterly* 45, 475-489.

Gurevitz, H. (1977): Tarasoff: Protective privilege versus public peril, *American Journal of Psychiatry* 134, 289-292.

Halleck, S. L. (1971): The Politics of Therapy, New York.

Hallum, K. C. (1978): Social class and psychotherapy: A social linguistic approach, *Clinical Social Work Journal* 6, 188-201.

Hartmann, H. (1973): Psychoanalyse und moralische Werte, Stuttgart.

Hoffman, J. C. (1979): Ethical Confrontation in Counseling, Chicago.

van Hoose, W. H., Kottler, J. A. (1977): Ethical and Legal Issues in Counseling and Psychotherapy, San Francisco.

van Hoose, W. H., Paradise, L. V. (1979): Ethics in Counseling and Psychotherapy: Perspectives in Issues and Decision Making, Cranston.

Houts, A. C., Krasner, L. (1980): Slicing the ethical Gordian Knot: A response to Kitchener, *Journal of Consulting and Clinical Psychology* 48, 8-10.

Huckins, W. C. (1968): Ethical and Legal Considerations in Guidance, Boston.

Hudson, R. P. (1978): Death, dying and the zealous phase, in: *Bayles, M. D., High, D. M.* (Eds.): Medical Treatment of the Dying: Moral Issues, Cambridge, 65-84.

Jones, E. (1974): Social class and psychotherapy: A critical review of research, *Psychiatry* 37, 307-320.

Karasu, T. B. (1980): The ethics in psychotherapy, *American Journal of Psychiatry* 137, 1502-1512.

Kelley, E. W. (1972): The ethics of creative growth, *Personnel and Guidance Journal* 51, 171-176.

Kitchener, R. F. (1980a): Ethical relativism and behavior therapy, *Journal of Consulting and Clinical Psychology* 48, 1-7.

Kitchener, R. F. (1980b): Ethical relativism, ethical naturalism, and behavior therapy, *Journal of Consulting and Clinical Psychology* 48, 14-16.

Kovel, J. (1977): Kritischer Leitfaden der Psychotherapie, Frankfurt.

Ladd, E. T. (1971): Counselor, confidences and civil liberties of clients, *Personnel and Guidance Journal* 50, 261-268.

Lafferty, J. (1981): Political responsibility and the human potential movement, *Journal of Humanistic Psychology* 21, 69-75.

Levy, C. S. (1972): The content of social work ethics, *Social Work* 17, 95-101.

Lifton, R. J. (1976): Advocacy and corruption in the healing professions, *International Review of Psychoanalysis* 3, 385-398.

May, R. (1967): Psychology and the Human Dilemma, New York.

McNamara, J. R., Woods, K. M. (1977): Ethical considerations in psychological research: A comparative review, *Behavior Therapy* 8, 703-708.

Meltzer, J. C. (1978): A semiotic approach to suitability for psychotherapy, *Psychiatry* 41, 360-376.

Michels, R. (1976): Professional ethics and social values, *International Review of Psychoanalysis* 3, 377-384.

Moore, R. A. (1978): Ethics in the practice of psychiatry: Origins, functions, models, and enforcement, *American Journal of Psychiatry* 133, 653-656.

Mowrer, O. H. (Ed.) (1967): Morality and Mental Health, Chicago.

Murphy, J. G. (1979): Therapy and the problem of autonomous, *International Journal of Law and Psychiatry* 2, 415-430.

Nir, Y., Cutler, R. (1978): The unmotivated patient syndrome: Survey of therapeutic interventions, *American Journal of Psychiatry* 135, 442-447.

Paradise, L. V. (1978): What price ethics: New research directions in counselor ethical behavior, *Counseling and Values* 23, 2-9.

Patterson, C. H. (1972): Ethical standards for groups, *The Counseling Psychologist* 3, 93-101.

Plaut, E. A. (1974): A perspective on confidentiality, *American Journal of Psychiatry* 131, 1021-1024.

Rabow, J., Manos, J. J. (1980): Values in psychotherapy, *Humboldt Journal of Social Relations* 7.

Redlich, F., Mollica, R. F. (1976): Overview: Ethical issues in contemporary psychiatry, *American Journal of Psychiatry* 133, 125-136.

Robitscher, J. (1978): Informed consent for psychoanalysis, *Journal of Psychiatry and Law* 6, 363-370.

Roman, M. C., Karasu, T. B. (1978): The value system of psychotherapists and changing mores, *Psychotherapy: Theory, Research and Practice* 15, 409-415.

Roth, L. H., Meisel, A. (1977): Dangerousness, confidentiality, and the duty to warn, *American Journal of Psychiatry* 134, 508-511.

Rosenberg, G., Attison, L. (1978): Attitudes toward mental illness in the working class, *Social Work in Health Care* 3, 77-86.

Siassi, I., Messer, S. B. (1976): Psychotherapy with patients from lower socioeconomic groups, *American Journal of Psychotherapy* 30, 29-40.

Spiegel, R. (1978): Editorial: On psychoanalysis, values, and ethics, *Journal of the American Academy of Psychoanalysis* 6, 271-273.

Steiner, C. (1971): Radical psychiatry: Principles, *The Radical Therapist* 1.

Strupp, H. (1974): Some observations on the fallacy of value-free psychotherapy and the empty organism: Comments on a case study, *Journal of Abnormal Psychology* 83, 199-201.

Strupp, H. H., Hadley, S. W., Gomes-Schwarz, B. (1977): Psychotherapy for Better or Worse: The Problem of Negative Effects, New York.

Szasz, T. S. (1965): The Ethics of Psychoanalysis. The Theory and Method of Autonomous Psychotherapy, New York.

Szasz, T. S. (1978): Behavior therapy: A critical review of the moral dimensions of behavior modifications, *Journal of Behavior Therapy and Experimental Psychiatry* 9, 199-203.

Verplanck, W. S. (1970): Trainers, trainees, and ethics, *The Counseling Psychologist* 2, 71-75.

Ware, M. L. (1971): The law and counselor ethics, *Personnel and Guidance Journal* 50, 305-311.

Wegener, M. (1980): Die strafrechtliche Verantwortlichkeit des Psychotherapeuten, *JUS* No 18, 590-597.

Wold, Patricia, Steger, J. (1976): Social class and group therapy in a working class population, *Community Mental Health Journal* 12, 335-341.

3 Psychotherapie mit Sterbenden:
Ein kritischer Überblick vorliegender Ansätze
Ina Spiegel-Rösing

1. Thematische Eingrenzung

Ich habe im Kapitel 1 die Kurzbezeichnung „Thanato-Therapie", wie wir sie hier verstehen wollen, definiert als „alle Formen der psycho-sozialen Intervention bei Menschen, die von Sterben und Tod betroffen sind". Diese weite Definition ist für die Erörterung von Grundsatzfragen der Thanato-Therapie wesentlich: um ihren wissenschaftlichen Rahmen aufzuzeigen (Kapitel 1), um den ethischen Kontext zu verdeutlichen (Kapitel 2) und um die grundlegende Frage nach den Zielen und Werten der Thanato-Therapie anzugehen (Kapitel 4).

Im vorliegenden Kapitel soll dagegen nur ein Ausschnitt der Thanato-Therapie behandelt werden. Ich beschränke mich — entsprechend dem Schwergewicht des vorliegenden Bandes — einmal im Blick auf die Bezugsgruppe der thanato-therapeutischen Intervention (*sterbende Patienten*, insbesondere solche mit degenerativen Erkrankungen) und zum anderen im Blick auf die angewandten Verfahren (hier eher „formale" psychotherapeutische Intervention).

Damit sind drei größere voneinander abgrenzbare Themenbereiche ausgeschlossen, die hier nur mit einigen Hinweisen auf vorliegende psychotherapeutische Ansätze kurz genannt seien.

1. Ich behandle nicht einige der „physisch" kranken Patientengruppen, die zwar von *eigenem* Sterben und Tod betroffen sind, aber Krankheitsbilder zeigen, die auch spezifische psychotherapeutische Probleme aufwerfen und in der thanato-therapeutischen Literatur einigermaßen ausführlich behandelt worden sind. Hierzu gehören z. B. Patienten mit Brandverletzungen[1], Hämodialyse- und Transplantationspatienten[2], Herzinfarktpatienten (auch Herz-Operierte, Patienten der Intensivstation)[3] sowie durch Gewalteinwirkung (Unfall, Krieg) verletzte Patienten[4].

2. Ein zweiter, hier nicht behandelter Themenbereich betrifft Menschen, die zwar unmittelbar, aber nicht von ihrem *eigenen* Sterben und Tod betroffen sind: die Angehörigen sterbender Patienten[5], Ärzte und

Pflegepersonal, die unmittelbar mit Sterbenden zu tun haben (vgl. dazu Kapitel 19),[6] Trauernde, die einen nahestehenden Menschen verloren haben,[7] sowie Überlebende von Katastrophen, hier vor allem die Überlebenden der Atombomben von Hiroshima und Nagasaki,[8] Soldaten mit sogenannten „Kriegsneurosen" (z. B. Veteranen des Vietnamkrieges)[9] und Menschen, die das Konzentrationslager überlebt haben, einschließlich ihrer unmittelbaren Nachfahren, die ebenfalls von spezifischen psychischen Problemen betroffen sind[10].

3. Ein drittes, hier nicht behandeltes Thema betrifft den weiteren Bereich von „Tod und Psychotherapie". Dazu gehören fünf unterscheidbare Fragestellungen·

a) die Rolle von Todeserfahrungen (Verlust), Todeseinstellungen und Todesängsten in der Entwicklung neurotischer und psychiatrischer Erkrankungen sowie deren psychotherapeutische Behandlung,[11]

b) der Tod eines Patienten im Verlauf der Psychotherapie und seine Auswirkungen auf den Therapeuten bzw. die Mitpatienten der psychotherapeutischen Gruppe,[12]

c) die Auswirkungen von Todeserfahrungen seitens des Psychotherapeuten außerhalb seiner Tätigkeit auf seine psychotherapeutische Praxis,[13]

d) der Tod eines Psychotherapeuten und seine Auswirkung auf die von ihm behandelten Patienten,[14] sowie

e) die Rolle von Trauer, Sterben, Tod im Verlauf des psychotherapeutischen Prozesses und bei Unterbrechung und Beendigung von Psychotherapie, wobei hier Trauer, Sterben und Tod im übertragenen Sinn verstanden werden, z. B. als Loslösung von alten Strukturen und Trauer über das Ende der Therapie[15].

2. Zum Stand der Forschung

2.1 Quantitative und qualitative Aspekte

Der Stand der Thanato-Therapieforschung läßt sich quantitativ und qualitativ beurteilen. Hinsichtlich der *Quantität* psychotherapeutischer Arbeit mit Sterbenden ist Ende der fünfziger/Anfang der sechziger Jahre ein Konsens festzustellen: *Rosenthal* (1957) spricht von dem Sterbenden als dem „vergessenen Patienten" der Psychotherapie und *Bard* (1959) von dem „therapeutischen Nihilismus" des psychoanalytischen Denkens und Handelns in bezug auf den sterbenden Patienten. *Norton* (1963) bemerkt, daß Fallstudien zur Psychotherapie sterbender

Patienten selten seien, und ähnlich beurteilen *LeShan* und *Gassman* (1958) die Situation:

„Es gibt ... sehr wenige Berichte von Therapieerfahrungen mit (sterbenden Patienten). Die sehr speziellen Probleme, die im Verlauf der Psychotherapie mit einem Krebskranken auftreten, werden unseres Wissens nirgendwo in der Literatur berichtet." (S. 723)

Aber auch in jüngeren und jüngsten Übersichtsarbeiten wird die Situation zum Teil nicht wesentlich anders beurteilt. So meinen *Miller* et al. (1976), daß „spezifische psychotherapeutische Techniken für Krebspatienten selten in der Literatur erwähnt werden" (S. 165), daß es nur „ein paar allgemeine Vorschläge zur Rehabilitation" gäbe und ein paar Artikel zum pflegerischen Umgang mit dem Sterbenden, und die Autoren kommen zu dem Schluß: „Eine Durchsicht der vorliegenden Literatur ergab wenig Information in bezug auf erfolgreiche Verfahren, dem Krebskranken (psychotherapeutisch) zu helfen" (S. 165). Und in seiner Übersicht aus dem Jahr 1980 weiß *Howe* auch nur ein paar vereinzelte Fallberichte sowie *Sporken, Kübler-Ross, LeShan*, das Hospice-Konzept sowie das Shanti-Projekt (*Garfield* 1978) zu erwähnen.

Ganz anders sieht es dagegen *Simpson* (1979). Es habe wohl noch nie in der Geschichte eine Zeit gegeben, zu der so viele „Tricks und Technologien" zur psycho-sozialen Versorgung des Sterbenden angeboten würden wie heute. Die entsprechende Literatur bezeichnet er als „Boom-Industrie", die entsprechenden Bemühungen als „terminal chic", das Thema als „trendy subject", die Sterbenden als „modische Exoten" für Forscher und Psychotherapeuten, welche für ihn „deathniks" und „Gurus" sind. Das ganze Interesse an diesem Bereich sei „voyeuristisch" und „counterphobisch". „Death-kitsch is upon us", so umreißt er seine Einschätzung.

Auch *Hudson* (1978) meint, der Tod habe es noch nie so gut gehabt wie heute, sterben sei „in". Es sei durchaus nicht zu früh, sich Sorgen darüber zu machen, ob das Thema Tod nicht zu Tode geredet werde, und gerade im Bereich des psychosozialen Umgangs mit dem Sterbenden sei ein potentiell schädlicher „Eifer" zu verzeichnen, der zwar aus legitimen Motiven erwachse, jedoch eine große Zahl potentiell „counterproductive enthusiasts" zeige.

Eine angemessene Beurteilung des quantitativen Aspekts der Thanato-Therapieforschung scheint mir zwischen der teils überholten, teils eher uninformierten Betonung ihrer Seltenheit auf der einen Seite (*Miller, Howe*) und dieser wütenden und unqualifizierten Kritik ihrer Überfülle auf der anderen Seite (*Simpson, Hudson*) zu liegen. Seit *Rosenthal, Norton, Bard* und *LeShan* haben thanato-therapeutische

Arbeiten ganz erheblich zugenommen. Fast 70 % der (trotz der thematischen Eingrenzung) ca. 200 Arbeiten, die der vorliegenden Übersicht (die freilich keinen Anspruch auf Vollständigkeit erhebt) zugrunde liegen, sind in den Jahren 1976 bis 1981 erschienen. Quantitativ ist in jüngster Zeit also gewiß ein Anstieg zu verzeichnen.

Auch hinsichtlich der *Qualität* der vorliegenden Thanato-Therapieforschung sind die Meinungen polar. Auf der einen Seite stehen (meist einschränkungslos) positive Urteile, insbesondere von thanato-therapeutisch Arbeitenden, die von der Anwendung eines speziellen psychotherapeutischen Verfahrens oder spezifischer psycho-sozialer Interventionen bei sterbenden Patienten berichten. Da ist von dem „powerful treatment" (*Kelly* und *Ashby* 1979) oder „powerful tool" (*Gilbert* 1977) die Rede, und *Pelegrino* (1974), der über einen beschäftigungstherapeutischen Ansatz berichtet, meint sogar: „Der Beschäftigungstherapeut kann eine einmalige Rolle im Sterbeprozeß eines jeden Patienten — unabhängig vom Alter — spielen ..." (S. 18). Hier verwischt sich Engagement und Urteil.

Auf der anderen Seite des Meinungsspektrums steht z. B. *Hudson* (1978, vgl. o.), der mit Nachdruck vor einer Überschätzung unserer bisherigen Möglichkeiten psychosozialer Hilfe für den Sterbenden warnt und drei falsche Annahmen anprangert, die er in diesem Bereich immer wieder zu finden glaubt: die Annahme, daß jeder Sterbende psycho-soziale Hilfe brauche, die Annahme, daß wir wüßten, wie ihm zu helfen sei, und die Annahme, daß es (genügend) Leute gäbe, die diese Hilfe geben könnten. *Benson* (1972) kritisiert den „neuen Experten" (Thanato-Therapeuten), der mit „naiver Sicherheit" seine Hilfen präsentiere, und *Howe* (1980) kommt aufgrund seiner (selektiven) Übersicht zu dem Schluß, daß die thanato-therapeutischen Ansätze ihre Behandlungskonzepte „nicht aus empirisch gesicherten Forschungsergebnissen bzw. aus begründeten Theorien" ableiteten, daß die „Wirksamkeit alternativer Behandlungsmethoden für bestimmte Patientengruppen nicht überprüft" seien, und daß schließlich „allen behandelten Ansätzen" gemeinsam sei, „daß sie keine validen und reliablen Meßinstrumente zur Erfassung des Erlebens und Verhaltens sowie deren Entwicklungen" vorzulegen hätten (S. 12-14).

Ich glaube, daß auch in bezug auf die Qualität vorliegender thanato-therapeutischer Arbeiten die Beurteilung zwischen diesen Polen unkritischer Enthusiasmus und zum Teil abwertende Kritik (*Benson*) liegen muß. Es gibt zweifellos eine ganze Reihe wirklich qualifizierter Ansätze — sowohl Einzelfallberichte und Berichte von Gruppenarbeit als auch von Evaluationsstudien thanato-therapeutischer Arbeit. Die

Defizite, die *Howe* nennt, sind zweifellos vorhanden, er versäumt es aber, die Ausnahmen aufzuzeigen. Es gibt durchaus einige theoretisch begründete Behandlungskonzepte, es gibt einige sorgfältige Evaluationsstudien, und es gibt Ansätze zur Entwicklung von Meßinstrumenten (vgl. u.). Darüber hinaus sind sicher Kriterien wie Theoriegehalt, Meßbarkeit, Überprüfung etc. nicht die einzigen wichtigen Kriterien der Beurteilung thanato-therapeutischer Ansätze.

Zumindest dürfte jenseits aller hehrer Wissenschaftlichkeitskriterien auch zu fragen sein, was die thanato-therapeutischen Ansätze dem *Patienten* helfen. Obwohl gewiß viele der berichteten positiven Ergebnisse psychotherapeutischer Arbeit mit Sterbenden angesichts ihrer informellen Erfassung mit Vorsicht aufgenommen werden müssen, so ist doch kein Zweifel, daß diese Bemühungen eine Reihe sehr hilfreicher Wirkungen haben *können*: weniger Angst, weniger Depression, bessere subjektive körperliche Verfassung trotz fortschreitender Krankheit (*Norton* 1963), mehr emotionale Stabilität und besseres physisches Befinden (*Musick* 1980), weniger negativen Affekt, realistischere Betrachtung der Krankheit, größere Aktivität in der Rehabilitationsphase (*Gordon* et al. 1980) — um nur einige Beispiele zu nennen. Eine Erweiterung des Spektrums von Beurteilungskriterien ermöglicht eine differenziertere Beurteilung der Qualität vorliegender thanato-therapeutischer Ansätze und bringt sowohl eine ganze Reihe positiver Seiten ins Blickfeld wie auch einige zusätzliche Defizite (vgl. u.).

2.2 Unterschiede der Beiträge

Der Stand der Thanato-Therapieforschung ist durch Vielfalt gekennzeichnet — was gleichzeitig einen relativ geringen Grad der Integration und Aufeinanderbezogenheit der Ansätze bedingt und eine Non-Kumulativität der Erfahrung. Aus diesen vielfältigen Unterschieden zwischen den verschiedenen Ansätzen möchte ich fünf nur kurz hervorheben (Setting, Therapeut, Patienten, Ziele, Art des Beitrages) und an einigen Beispielen illustrieren, einen Unterschied dagegen etwas ausführlicher behandeln: die Art des Verfahrens, d.h. die psychotherapeutische „Schule".

(1) Die thanato-therapeutischen Arbeiten unterscheiden sich zunächst danach, in welchem *Setting* sie stattfinden. Sie können stattfinden im Rahmen eines psychiatrischen Liaison-Dienstes im Krankenhaus (z.B. *Stedeford* 1979, *Stedeford* und *Bloch* 1979), wo der Psychiater zu den sogenannten „Problemfällen" gerufen wird, oder als Angebot von Gruppen- oder Einzelarbeit in großen Gemeindekran-

kenhäusern (vgl. z. B. das umfangreiche von *Lane* und *Liss-Levinson* 1980 initiierte Projekt oder auch *Wood* et al. 1978) oder im Kontext einer „terminal unit" einer Klinik bzw. in einem Hospice (die sog. Sterbeklinik, z. B. *Rogers* 1978), aber auch in der Privatpraxis des Psychoanalytikers (*Roose* 1969) oder des Onkologen oder Radiologen, der neben der medizinischen Therapie eine thanato-therapeutische Behandlung anbietet (vgl. z. B. *Simonton* und *Simonton* 1975, *Simonton* et al. 1978, 1980). Bei einer längeren therapeutischen Begleitung eines Kranken pflegt das Setting zu wechseln: Die Arbeit beginnt z. B. in der privaten Praxis des Psychotherapeuten; wenn eine Hospitalisierung notwendig ist, so wird sie im Krankenhaus fortgesetzt oder auch in der Wohnung des Patienten (z. B. *Joseph* 1962).

Das Setting der thanato-therapeutischen Arbeit setzt selbstverständlich entschieden unterschiedliche Randbedingungen, die sich auswirken auf die Interventionsmöglichkeiten, auf die Therapeuten-Patienten-Beziehung und auf die Beziehung des Therapeuten zu den Angehörigen des Kranken und dessen ärztlichen Versorgern. Diese Randbedingungen bestimmen auch wesentlich, mit welchem Patienten therapeutisch gearbeitet wird (sog. „Problemfälle" versus Angebot an alle Kranken). Wenn die Arbeit im Krankenhaus stattfindet, so können die institutionellen und die therapeutischen Ziele in Widerspruch geraten, insbesondere dann, wenn die psycho-soziale Intervention sich nicht auch auf Angehörige und das Krankenhauspersonal oder Pflegeteam erstreckt. — All diese im Setting liegenden speziellen Probleme und Unterschiede thanato-therapeutischer Arbeit sind bisher weder in bezug auf ein spezielles Setting noch im Vergleich verschiedener Settings systematisch reflektiert.

(2) Ein zweiter wichtiger Unterschied zwischen verschiedenen thanato-therapeutischen Ansätzen betrifft den *Therapeuten.* Auch hier sind alle erdenklichen Varianten vertreten, auch wenn in den Berichten die therapeutische Arbeit von Psychiatern und ausgebildeten Psychotherapeuten überwiegt. Daneben arbeiten thanato-therapeutisch auch Sozialarbeiter (z. B. *Euster* 1979), oft in Zusammenarbeit mit einem Ko-Therapeuten/Therapeutin, was z. B. die Krankenschwester sein kann (*Kelly* und *Ashby* 1979) oder auch (wie bei *Euster* 1979) „ehemalige" Patientinnen — eine Kombination der Gruppenleitung, von der *Euster* erhebliche Konfliktmöglichkeiten andeutet. Auch Pflegepersonal oder Lehrpersonal von Schwesternschulen arbeitet gelegentlich thanato-therapeutisch, z. B. *Fortune* (1979), deren Arbeit mit Mastektomie-Patientinnen speziell an den Problemen mit dem veränderten Körperbild und der oft verunsicherten Sexualität ansetzt. Bei der

Arbeit von *Lane* und *Liss-Levinson* (1980) fallen dem therapeutischen Leitungsteam jeweils unterschiedliche Aufgaben der psycho-sozialen Intervention zu: dem Psychologen obliegt es, Patienten und Angehörige zu beraten und Fortbildungskurse im Krankenhaus anzubieten, während eine „Lehr"-Schwester die Patienten parallel dazu in bezug auf ihre Krankheit und den Umgang mit den neuen Behinderungen (wie z. B. Kolostomie) unterrichtet. Neben Psychiatern arbeiten auch psychiatrisch ausgebildete Krankenschwestern gelegentlich thanato-therapeutisch (z. B. *McClellan* 1972) oder Beschäftigungstherapeuten (z. B. *Rogers* 1978, *Pelegrino* 1974). Seltener sind die behandelnden Ärzte gleichzeitig die Psychotherapeuten; dies kommt insbesondere dann vor, wenn sie auf der Basis einer Krankheitstheorie arbeiten, nach der physische und psychische Prozesse auf das engste miteinander verzahnt sind und die Krebserkrankung deshalb sowohl physisch wie psychisch angegangen werden kann (vgl. z. B. die erwähnten *Simonton*-Arbeiten oder *Hyman* 1977). — Auch hier ist zu erwähnen, daß diese Rollenvielfalt bislang weitgehend unreflektiert bleibt und in den Berichten Hinweise auf spezielle Kooperationsprobleme (bei Arbeit mit einem Ko-Therapeuten) oder Rollenüberschneidungen (behandelnder Arzt gleichzeitig Psychotherapeut) nur selten, und wenn, sehr flüchtig, angesprochen werden.

(3) Ein dritter wesentlicher Unterschied betrifft die *Ziele* thanato-therapeutischer Arbeit. Oft allerdings bleiben sie weitgehend implizit und lassen sich nur aus der Aufzählung der dargestellten Probleme der Patienten oder anhand der berichteten positiven Ergebnisse schließen. Eine Minderheit von Arbeiten nennt explizit und klar die Zielsetzungen der thanato-therapeutischen Intervention (z. B. *Lebow* 1976, *Kelly* und *Ashby* 1979, *Gordon* et al. 1980, *Florez* 1979, *Capone* et al. 1979), was bei Evaluationsstudien Voraussetzung für die Erfassung der erreichten Wirkung thanato-therapeutischer Intervention ist. Die Zielsetzungen hängen natürlich auf das engste zusammen mit der Bezugsgruppe der Arbeit (z. B. der Kranke selbst oder seine Angehörigen), mit dem Krankheitsstadium und der Krankheitsart des Patienten, mit dem behandelnden Therapeuten, dem angewandten Verfahren, dem Setting. Ich kann im Rahmen dieses Kapitels keinen systematischen Überblick über die verschiedenen therapeutisch angestrebten Ziele geben, sondern nur wenigstens das Spektrum der Ziele kurz illustrieren.

Das Spektrum der Zielsetzung variiert zwischen der auf spezifisches Verhalten oder ein spezifisches Problem ausgerichteten Hilfe auf der einen Seite, und umfassenden, auf „Lebenssinn" oder gar Lebensver-

längerung orientierten Zielen auf der anderen. Konkrete und eingegrenzte Ziele setzen sich z. B. verfahrensbedingt die verhaltenstherapeutisch Arbeitenden; so gehen *Whitman* und *Lukes* (1975) z. B. spezifisch sog. „unerwünschtes" Verhalten an — ausgehend von der (weder
ethisch noch psychologisch reflektierten) These, „daß es nicht notwendig ist, maladaptives Verhalten (bei im Krankenhaus sterbenden
Patienten) zu tolerieren" (S. 98). Zu einem solchen „maladaptiven"
Verhalten zählen sie z. B.: Zornesausbrüche, Weigerung zu essen, physische Inaktivität, Belästigung der anderen Patienten durch lautes Weinen oder ständiges Reden, ständiges Wimmern, forderndes Verhalten
usw. Andere Arbeiten konzentrieren sich auf ein spezifisches leidstif-
tendes Problem des Patienten, so z. B. die erwähnte Arbeit von *Fortune* (1979), wo es bei Mastektomie-Patientinnen speziell um die
Arbeit am Körperbild und der Sexualität geht.

Die Zielsetzung ist abhängig von der Problemlage des Patienten.
Nach einem Selbstmordversuch eines krebskranken Patienten geht es
Leigh (1974) zunächst darum, die Selbstmordneigung zu bearbeiten,
ehe sich die Ziele auf die Gestaltung des verbleibenden Lebens oder die
Selbstexploration des Patienten erweitern.

Neben diesen entweder auf spezifische Verhaltensweisen oder Probleme fokussierten Zielsetzungen geht es anderen Therapeuten um solche übergeordneten Ziele wie Versöhnung mit dem Tod und mystische
Transzendenz — so z. B. in der LSD-Therapie (vgl. z. B. *Richards*
1978), die Stärkung des Lebenswillens des Kranken, das Finden eines
Lebenssinns (vgl. auch *Rosenthal* 1957: „existentiale Versöhnung")
oder — ganz explizit — um die Heilung Krebskranker durch psychotherapeutische Intervention, wie z. B. bei *Mahrer* (1980) mit seinem
konfrontativen Verfahren geleiteter Imagination.

Manche Zielsetzungen sind sehr allgemein, so z. B. wenn es *Roose*
(1969) in der Einzeltherapie eines isoliert lebenden krebskranken Arztes im wesentlichen darum geht, dem Kranken ein Gefühl des Aufge-
fangenseins („being taken care of someone") und „wenigstens eine Illusion verbleibender Unabhängigkeit" zu vermitteln, oder wenn es
Stedeford (1979, *Stedeford* und *Bloch* 1979) im Unterschied in dem ein-
zeltherapeutischen Focus von *Roose* um eine systematische „Adaption" geht, womit er ein Verhalten meint, das die meiste Entlastung
sowohl für den Patienten als auch für seine Familie und für die
Staff-Mitglieder bringt, mit denen er in nahem Kontakt steht. „Adaption" wird hier also in bezug auf ein Beziehungs*system* gesehen.

Andere Ziele sind — um die Varianz kurz zu illustrieren: Überwindung von Angst, Schuldgefühlen und Objektverlust (*Schwartz* und

Karasu 1977, 1980); Lebensgestaltung im Angesicht des Todes, „Entgiftung" der Todesvorstellung (*Spiegel* und *Yalom* 1978, *Spiegel* 1979, *Spiegel* et al. 1981, *Yalom* und *Greaves* 1977), Vermittlung von Nähe durch die therapeutische Beziehung, Lösung interpersoneller Probleme, Vermittlung positiver, aber realistischer Gedanken (*LaRue* 1980); Hilfe im Prozeß der antizipatorischen Trauer bei Patienten und Angehörigen, d. h. ihnen helfen, nicht nur mehr an der Sterbesituation teilzunehmen, sondern auch sich abzugrenzen und Abschied zu nehmen („increased involvement, balanced with individuation", *Lebow* 1976, S. 465); Hilfe geben, die im Prozeß der Trauer um den eigenen erwarteten Tod bei manchen Patienten auftretenden ernsthaften „psychischen" Probleme sowie Beziehungsprobleme zu lösen und den „normalen" Trauerprozeß zu fördern (*Bleeker* 1978). *Bascue* und *Krieger* (1971) nennen in ihrem Überblick über die häufigsten thanato-therapeutischen Zielsetzungen die Ziele: Linderung der Angst vor Sterben und Tod, Hilfe bei der Suche nach einer „versöhnten" Einstellung gegenüber dem Tod, interpersonelle Stützung des Patienten und der Angehörigen, Hilfe bei der Gestaltung des verbleibenden Lebens und Selbstexploration.

Insgesamt fällt bei der Auswertung vorliegender thanato-therapeutischer Ansätze nach deren Zielsetzung auf, daß sie nur sehr selten in bezug auf ihre Herleitung (aus der theoretischen Orientierung des Therapeuten? aus seiner Biographie? aus seiner Erfahrung im Umgang mit Sterbenden? etc.), auf ihre Erreichbarkeit, auf ihre Umsetzung in konkrete Interventionsschwerpunkte, auf ihre ethischen Nebenklänge, ihr verborgenes Menschenbild oder ihre gesellschaftliche Bedingtheit hin durchdacht sind (vgl. dazu auch das Kapitel 4 „Ziele" in diesem Band).

(4) Ein vierter Unterschied zwischen den thanato-therapeutischen Arbeiten betrifft die *Bezugsgruppe* therapeutischer Arbeit. Auf dem einen Pol des Spektrums ist die therapeutische Arbeit *Feigenbergs* (1980) zu nennen, der unter explizitem und totalem Ausschluß jeder Kommunikation mit Angehörigen und Pflegepersonal sich ausschließlich auf den Patienten konzentriert; ebenfalls ausschließlich auf den Sterbenden konzentriert sind die meisten Einzelfallberichte thanato-therapeutischer Arbeit (vgl. u.). Andere Ansätze beziehen dagegen explizit auch die Angehörigen in die Arbeit mit ein, sei es in Gruppenpsychotherapie oder auch Einzelberatung, und begleiten die Angehörigen auch noch ein Stück nach dem Tode des Patienten (vgl. z. B. die zitierten *Spiegel/Yalom*-Arbeiten sowie *Lebow* 1976, *Kelly* und *Ashby* 1979, *Johnson* und *Stark* 1980; vgl. auch die familientherapeutischen Ansätze). Einer dritten Gruppe von Autoren geht es neben der Hilfe

für den Sterbenden und seine Angehörigen auch um „institutionelle" Interventionen, d. h. die Arbeit und Fortbildung für das Pflegepersonal des Krankenhauses (vgl. die systemische „Adaption" von *Stedeford*, die ich oben erwähnt habe) und auch den Kontakt zu und die Einbindung in ein psycho-soziales Interventionsprogramm von Sozialdiensten außerhalb des Krankenhauses (z. B. v. *Kerekjarto* et al. 1980, *Lane* und *Liss-Levinson* 1980).

(5) Der fünfte Unterschied zwischen thanato-therapeutischen Beiträgen, den ich hier erwähnen möchte, bezieht sich nicht auf die Art der therapeutischen Arbeit (Setting, Therapeut, Bezugsgruppen etc.), sondern auf die *Art der Darstellung* und Aufbereitung dieser Arbeit. Sechs Arten von Beiträgen möchte ich hier unterscheiden.

a) *Reviews*. Eine Reihe von Büchern und Artikeln geben einen Überblick über den thanato-therapeutischen Arbeitsbereich. Zunächst seien einige Bände erwähnt, in denen die thanato-therapeutische Arbeit im Kontext der „Psychotherapie in der Medizin" behandelt wird, also in einen das vorliegende Kapitel übergreifenden Kontext gestellt sind: *Karasu* und *Steinmüller* (1978) mit „Psychotherapeutics in Medicine"; *Howells* (1976) mit „Psychiatric Aspects of Surgery"; die beiden Bände über „Psychothérapies Médicales" von *Guyotat* (1978), *Faquet* et al. (1978) mit „Contemporary Models of Liaison Psychiatry" sowie *Gaus* (1975) mit seinem Band „Zur Psychologie therapeutischer Extremsituationen in der Medizin". Spezifischer thanato-therapeutisch orientiert — allerdings unter der weiteren Fassung von Thanato-Therapie (also ohne die für das vorliegende Kapitel vorgenommenen Eingrenzungen) sind die gute Übersicht von *Freyberger* (1980) sowie die Übersichtsartikel von *Berger* (1978), *Berger* und *Beetschen* (1979), *Cassem* (1978), *Miller* et al. (1976), *Spiegel-Rösing* (1980), *Waltzman* (1978) und als jüngere mir zugängliche Arbeiten: *Freidenbergs* et al. (1982) und *McKitrick* (1981/82).

b) Arbeiten einer zweiten Gruppe berichten nicht von praktischer therapeutischer Arbeit, sondern stellen *allgemeine Überlegungen* und Empfehlungen zur thanato-therapeutischen Arbeit dar. Als Beispiele seien *Bascue* und *Krieger* 1971, 1974; *Freyberger* 1976, 1977; *Gallo* 1977, *Jackson* 1977, *Lamerton* 1973, *Peretz* 1972, *Quint-Benoliel* 1980/81, *Rosenthal* 1957 genannt.

c) Eine dritte Gruppe von Arbeiten sind die „informellen" Berichte über praktische *Gruppenarbeit* mit sterbenden Patienten, teils auch ihren Angehörigen (Beispiele dazu vgl. u. „Gruppentherapeutische Verfahren"). Sie enthalten keine formale Auswertung der Ergebnisse. Es sind zum Teil durchaus sehr wesentliche Erfahrungsberichte.

d) *Einzelfallstudien* kommen in der thanato-therapeutischen Literatur häufig vor (wobei ich auch die Arbeiten dazu zähle, die zwei oder drei Einzelfälle ausführlich schildern). Es sind zum Teil Beiträge, die sehr viel mehr über Sterbenserleben, thanato-therapeutischen Prozeß und Spezifität der thanato-therapeutischen Arbeit aussagen als die „großen Projekte", die auf einer Vielzahl von Patienten basieren, die gesamte Dynamik der therapeutischen Interaktion aber nur kursorisch darstellen. Die prozeß-orientierte Darstellung der Einzelfallstudien macht ihren besonderen Informationsgehalt aus (z. B. *Burish* und *Lyles* 1979 und *Cairns* und *Altman* 1979, beide Verhaltenstherapie; *Curran* und *Kobos* 1980, Psychoanalyse; *Eibach* 1979, Katathymes Bilderleben; *Eissler* 1978, *Norton* 1963, *Roose* 1969, Psychoanalyse, usw.)

Wichtige Einsichten in den thanato-therapeutischen Prozeß und in die Dynamik der Sterbeerfahrung vermitteln auch Einzelfallberichte von Patienten, die im Verlauf einer Psychotherapie erkrankten (*Bowers* und *Weinstock* 1978, *Brodsky* 1959, *Eibach* 1979, *Eissler* 1978, Fall 3; *Hertz* 1975, *Joseph* 1962, *Schwartz* und *Karasu* 1977, 1980, Fall 1; *Sandford* 1957, *Young* 1960). Besonders die Fallbeschreibungen von *Hannelore Eibach* (1979), die mit dem katathymen Bilderleben arbeitete, und einige der psychoanalytischen Fallberichte (*Joseph* 1962, *Sandford* 1957) stellen sehr eindrucksvolle und detaillierte Prozeßbeschreibungen und -deutungen dar. Gemeinsam ist diesen Fallberichten die wiederholte Beobachtung entweder unterbewußter, in Träumen oder symbolischen Handlungen sich vermittelnder Vorboten der Krankheit (*vor* ihrer Manifestation in physischen Symptomen und *vor* der ärztlichen Diagnose) und/oder unbewußten Wissens um das Krankheitsausmaß oder um den Weg zum Tode, auch wenn der Patient nicht über seine tödliche Krankheit informiert wurde (zu den Vorboten und Symbolen im Traum und in kreativen Medien vgl. auch *Hertz* 1975, *Hyman* 1977, *von Franz* et al. 1980, *Schmaltz* 1958). Gleichzeitig gibt gerade diese Gruppe von Fallberichten (Begegnung mit Sterbenden im Kontext eines laufenden psychotherapeutischen Prozesses) wichtige Hinweise auf die *Praxis* der Gegenübertragungshandhabung und die Veränderung therapeutischen Verhaltens. Die Psychoanalytikerin *Joseph* (1962) z. B. beschreibt detailliert ihre positive Gegenübertragung und unorthodoxen Interventionen gegenüber ihrer sterbenden Patientin „Alice" und reflektiert und diskutiert auch diesen Prozeß, einschließlich aller ihrer Zweifel, ob sie sich denn als „Analytikerin" richtig verhalten habe (zu solchen Zweifeln im Zusammenhang mit dem Problem der Gegenübertragung vgl. auch die sehr ehrliche Selbstdarstellung in *Curran* und *Kobos* 1980; s. auch die Gegenübertragungsdiskussion, Abschnitt 2.31).

e) *Evaluationsstudien* sind selten, nehmen aber zu. Eine der ganz wenigen *Einzel*fallbehandlungen mit systematischer Evaluation stellt die Arbeit von *Zinker* und *Fink* (1966) dar, die 31 psychotherapeutische Gespräche mit einer sterbenden Patientin über 5 Monate mit Tonband aufnahmen und die Gespräche dann von zwei Psychologen unabhängig voneinander danach einstufen ließen, welche der Bedürfnisse der Maslowschen Bedürfnis-Hierarchie (physiologische Bedürfnisse, Sicherheitsbedürfnisse, Bedürfnis nach Zugehörigkeit und Liebe, nach Anerkennung, nach Selbst-Aktualisierung) im Verlauf der Zeit im Vordergrund stehen. Als positiver Effekt der Psychotherapie wird der progressive „Aufstieg" zu den jeweils höheren Bedürfnissen definiert. Und sie sehen im Ergebnis dieser Psychotherapie ihre Ausgangsannahme, daß im Sterbeprozeß auch noch ein Wachstumsprozeß der Persönlichkeit stattfinden kann, bestätigt.

Eine zweite Gruppe von Arbeiten unternimmt eine Evaluation von *gruppen*therapeutischen Ansätzen, so z. B. *Zuehlke* (1975), der mit Vor- und Nachbehandlungstests den Effekt einer vierzehntägigen logotherapeutischen Gruppenarbeit zu erfassen versucht (vgl. auch *Zuehlke* und *Watkins* 1975); *Florez* (1979), der anhand einer Kontroll- und Interventionsgruppe sowie Vor- und Nachbehandlungserhebung von MMPI-Daten den Effekt einer Gruppenpsychotherapie für Krebspatientinnen untersucht; *Lindenberg* (1977), der mit einer Reihe von Tests (ohne Kontrollgruppe) die Wirkung existentieller Gruppenpsychotherapie mißt; oder *McCarthy* (1975), der die 42wöchige Gruppenarbeit mit Krebspatienten auf Band nimmt und inhaltsanalytisch zu evaluieren sucht. Zum Teil werden zur „Messung" höchst einfache Instrumente verwendet; so lassen z. B. *Wood* et al. (1978) die Patienten nach der Gruppenarbeit Gefühl, Stimmung, Befinden etc. auf vorgegebenen Skalen eintragen, *Euster* (1979) erwähnt einen (nicht angegebenen) Fragebogen, demzufolge 98% der behandelten Patienten die Gruppe als hilfreich erlebten, *Stedeford* (1979) verwendet nur eine informelle Vier-Punkte-Rating-Skala.

Die Wirkung einzeltherapeutischer Intervention bei mehreren Patienten wird zum Beispiel von *Andrysiak* et al. (1979), *Capone* et al. (1979, 1980), *Gordon* et al. (1980) und *Linn* und *Linn* (1981) untersucht. *Andrysiak* et al. (1979) überprüfen anhand von Fragebögen die Wirkung von Marihuana auf die Besserung von Nebeneffekten der Chemotherapie bei Krebspatienten, *Capone* et al. (1979, 1980) untersuchen einen Kriseninterventionsansatz für die Rehabilitation von Krebspatientinnen anhand einer Kontroll- und Interventionsgruppe mit einer Reihe von Testverfahren und einem Verhaltenskriterium. Das Verhaltenskriterium ist die Wiederaufnahme der beruflichen Arbeit. Im Vergleich zu der Kontrollgruppe nehmen doppelt so viele Patientinnen der Interventionsgruppe ihre Arbeit wieder auf (ein allerdings nicht signifikanter Unterschied zur Kontrollgruppe), und in den psychologischen Tests ergibt sich eine Reihe signifikanter Hinweise auf ihre psycho-soziale Stabilisierung. Das gleiche Verhaltenskriterium benutzen auch *Gordon* et al. (1980) in ihrer Evaluationsstudie und finden ebenfalls einen positiven, wenn auch nicht signifikanten Trend. Die Verlängerung der Lebenszeit von Krebspatienten ist für die kombinierte Einzel- und Gruppenarbeit der *Simontons'* (*Simonton* und *Simonton* 1975, *Simonton* et al. 1978, 1980) explizites Ziel sowie Kriterium und Ergebnis der Psychotherapie. — Bei aller versuchten Sorgfalt bleiben die meisten Evaluationsstudien offen sowohl für kritische ethische als auch kritische methodologische Anfragen. Ich werde im Zusammenhang mit der Darstellung der Defizite derzeitiger thanato-therapeutischer Arbeit weiter unten noch kurz darauf eingehen.

f) Als letzte Gruppe von Arbeiten, deren Zahl allerdings minimal ist, möchte ich *empirische Untersuchungen* über den Bedarf an psycho-sozialer Beratung (z. B. *Worden* und *Weisman* 1980) sowie über Wirkung und Einfluß thanato-therapeutisch relevanter Variablen nennen — wie zum Beispiel die Auswirkung der Einstellungen gegenüber Sterben und Tod beim Thanato-Therapeuten auf seine therapeutische Arbeit. In der Gegenübertragungsdiskussion der Thanato-Therapie (vgl. u.) wird immer wieder darauf verwiesen, daß das „Leiden", das der Psychotherapeut hier behandelt (im Unterschied zur Behandlung eines „Zwangsneurotikers", Drogenabhängigen oder „Schizophrenen"), ein Leiden ist, das ihm definitiv auch selbst begegnen wird. Dieses Faktum wird oft (z. B. *Bard* 1959, *Norton* 1963) auch als einer der Hauptgründe gesehen, warum für viele Psychotherapeuten der sterbende Patient der „vergessene" oder vermiedene Patient ist.[16] Angesichts der theoretischen Einsicht in die Bedeutung von Sterben und Tod in *jedem* psychotherapeutischen Prozeß (*Rosenthal* 1963, *Wetmore* 1963, *Wolff* 1977) wäre eine besondere Sensibilität und Offenheit der Psychotherapeuten gegenüber Tod zu erwarten. *Schwartz* und *Karasu* (1977) bezweifeln jedoch diese Offenheit und meinen: „Es ist unser Eindruck, daß es Psychotherapeuten besonders widerstrebt, sich in ihrem persönlichen Leben und ihrem professionellen Bereich mit dem Tod auseinanderzusetzen" (S. 21). In einer kleinen Untersuchung über die Todeseinstellungen und den Umgang mit Sterben und Tod im eigenen Leben und in der Psychotherapie fand *Burton* (1962) bei Psychoanalytikern Hinweise auf eine „negative Gegenübertragung zu Thanatos" und auf Abwehrmechanismen wie Leugnung, Verschiebung und Kompensation im Umgang mit Fragen nach Sterben und Tod. *Clarke* (1981) unternimmt eine Replikation dieser Studie bei Psychiatern, klinischen Psychologen und psychotherapeutisch tätigen Sozialarbeitern und kommt zu ähnlichen Ergebnissen (für eine ähnliche Untersuchung bei Familientherapeuten vgl. *Stephenson* 1981). Diese Fragebogenerhebungen sind allerdings in vieler Hinsicht methodologisch fragwürdig, aber sie gehen doch eine wichtige Frage an: die Frage nach dem Einfluß der eigenen *Einstellungen* gegenüber Sterben und Tod auf dem *Umgang* mit Sterben und Tod in der Psychotherapie. Diese Frage — sie steht hier nur als Beispiel der Untersuchung thanato-therapie-relevanter Variablen — ist um so wichtiger, als Ergebnisse auf den Einfluß von Todeseinstellungen und des Ausmaßes der Todesangst auf den Umgang mit Sterbenden (*Shady* 1977) und auch auf die Wahrnehmung seines psychischen Zustandes (*Bugen* 1979) hinweisen: Hier ist sicher noch ein weites Feld empirischer Untersuchungen offen.

2.3 Verschiedene psychotherapeutische Verfahren

Nach der kurzen Behandlung der vorangehenden fünf Unterschiede der thanato-therapeutischen Ansätze möchte ich auf einen sechsten Unterschied etwas ausführlicher eingehen: den Unterschied des psychotherapeutischen Zugangs. Es überwiegen die supportiven, ich-stärkenden, kathartisch orientierten Verfahren; konfliktzentrierte, konfrontative Ansätze sind ebenso selten wie eine Psychotherapie mit einem sterbenden Patienten, die weniger Problembewältigung denn Selbstexploration zum Ziel hat. Es geht also meist mehr um symptomatische Entlastung als um Persönlichkeitsänderung (*Bloch* 1979), um mehr supportive, re-edukative denn re-konstruktive Ansätze (*Wolberg* 1967)[17)] oder, um *Bugenthals* (1978) Unterscheidung aufzugreifen, öfter um die Behebung von Mängeln und Leiden („deficiency levels of therapeutic goals": Anpassung, Bewältigung, Selbstakzeptanz) als um Strukturveränderung und Wachstum („being levels of therapeutic goals": Selbstaktualisierung, existentielle Emanzipation, Transzendenz), obwohl in einigen Ansätzen, wie erwähnt, auch letzteres im Vordergrund steht.

Im Rahmen dieser überwiegenden Orientierung thanato-therapeutischer Ansätze möchte ich im folgenden neun Verfahren bzw. Gruppen von Verfahren mit jeweils einigen Beispielen darstellen. Auf einige davon werde ich nur kurz eingehen, entweder weil ein Kapitel dieses Buches sich ausführlicher damit befaßt oder weil einfach wenige Berichte über die Anwendung entsprechender Verfahren im thanato-therapeutischen Bereich vorliegen.

Ich gehe im folgenden ein auf:

1. Psychoanalyse
2. Analytische Psychologie
3. Imaginative Verfahren
4. Kreative und humanistische Verfahren
5. Krisenintervention
6. Verhaltenstherapie
7. Familientherapeutische Ansätze
8. Psychotherapie mit LSD
9. Gruppentherapeutische Verfahren

Die Darstellung erhebt keinen Anspruch auf Vollständigkeit, und die Unterscheidung dieser neun Verfahrensgruppen ist nicht theoretisch begründet, sondern folgt dem Vorhandenen. Die Zuordnung der weniger scharf umrissenen Verfahren (z. B. Kreative Verfahren) soll keine Festlegung der Arbeit bedeuten, sondern stellt nur eine am Ziel der Übersichtlichkeit und Strukturierung orientierte vorläufige Zuordnung dar. Eine Reihe von Arbeiten bleibt in dieser Übersicht (2.3) unerwähnt, weil sie verfahrensmäßig gänzlich unspezifisch sind oder unzureichende Verfahrensinformation liefern. Sie sind aber als durchaus wichtige Erfahrungsberichte unter anderen Gesichtspunkten in diesem Kapitel mitbehandelt.

1. Psychoanalyse

Die wichtigsten Beiträge psychoanalytischer Fallberichte oder Abhandlungen über die Arbeit mit sterbenden Patienten (*Bard* 1959, *Benson* 1972, *Brodsky* 1959, *Curran* und *Kobos* 1980, *Dahlberg* 1980, *Deutsch* 1936, *Eissler* 1978, *Hägglund* 1976, *Joseph* 1962, *Norton* 1963, *Renneker* 1957, *Roose* 1969, *Sandford* 1957) sind in zwei Bereichen zu sehen. Einmal erlaubt das konzeptionelle Gerüst der Psychoanalyse eine systematische *Deutung der Dynamik der Sterbeerfahrung* und des psychotherapeutischen Prozesses mit dem Sterbenden, und zum anderen kommen aus der Psychoanalyse die wesentlichen (oder einzigen) Beiträge zu der gerade in der Arbeit mit Sterbenden so wichtigen *Gegenübertragungsproblematik*. Beispielhaft für ersteres ist vielleicht die detaillierte Fallstudie von *Norton* (1963). Eingehend stellt sie anfängliche Ziele und spätere Zieländerungen in der Arbeit mit ihrer krebskranken Patientin dar, behandelt die zentrale Rolle der Trauer im

Sterbeprozeß (einschließlich der Stufenfolge der betrauerten Objekte) und analysiert die drei Stufen der Regression, die es der Patientin schließlich erlauben, ohne extreme Angst und Depression dem Sterben entgegenzusehen. Auf der ersten Stufe der Regression werden in der Beziehung zu der Therapeutin Teile der Bindung der Patientin an ihre Mutter wiederbelebt; es ist in dieser Phase, in der *Norton* das einzige Mal im Verlauf der Therapie der Patientin eine vorsichtige Übertragungsinterpretation anbietet. Die zweite Stufe der Regression ist gekennzeichnet durch die Externalisation des Ego und die Rolle der Therapeutin als geliehenes Ego. Auf der dritten Stufe der Regression geschieht eine Internalisierung der Therapeutin und ergibt sich eine Auflösung der Grenzen zwischen innerem und äußerem Objekt wie in der frühkindlichen Phase. Aus der Reflexion dieses therapeutischen Prozesses zieht *Norton* einige zentrale Schlußfolgerungen in bezug auf das, was sie als wesentliche Elemente einer wirksamen psychoanalytischen Hilfe für den Sterbenden ansieht:

„Eissler sagt, daß die Technik der Behandlung eines sterbenden Patienten zentriert sein muß um das, was er die ‚Geschenksituation‘ nennt … Dieser Fall legt nahe, daß das wirklich entscheidende Geschenk, das der Therapeut geben kann, er selbst als verfügbares Objekt ist. Die Behandlung dieser Patientin kann einfach zusammengefaßt werden als ein Prozeß, in dem ich der Patientin half, sie durch die Förderung der Entwicklung einer regressiven Beziehung zu mir, die Objektverlust ausschloß, gegen Objektverlust zu verteidigen" (S. 557) … „Der Schutz, den diese Beziehung ihr gegen Angst und Depression gab, war extrem beeindruckend". (S. 558)
„Die wesentlichen therapeutischen Instrumente der Behandlung eines sterbenden Patienten sind die konstante Verfügbarkeit des Therapeuten als Objekt, seine Zuverlässigkeit, seine Empathie und seine Fähigkeit, angemessen auf die Bedürfnisse des Patienten zu reagieren". (S. 559)

Und sie sieht in ihrer eigenen Erfahrung die folgende Aussage von *Eissler* bestätigt:

„Es ist denkbar, daß durch die Herstellung einer Übertragung, durch einen Zugang, der das archaische Vertrauen in die Welt mobilisiert und die ursprünglichen Gefühle, von einer Mutter beschützt zu werden, wiedererweckt, das Leiden im Sterben, selbst bei extremem physischem Schmerz, auf ein Minimum reduziert werden kann." (*Eissler* 1978, S. 119)

Im Aufbau einer solchen Beziehung zum sterbenden Patienten spielt die Gegenübertragung des Therapeuten eine zentrale Rolle. *Norton* schreibt:

„Eine wesentliche Voraussetzung der Therapie mit dem Sterbenden ist bewußt akzeptierte Gegenübertragung. Der sterbende Patient konfrontiert den Analytiker mit Schuldgefühlen und einer Verletzung seines Narzißmus; daß der Patient tatsächlich im Sterben liegt, weckt unvermeidlich die Kindheitstodeswünsche des Analytikers und dient zur gleichen Zeit als schmerzlicher Hinweis auf die eigene Sterblichkeit. Abwehr gegen die eine oder andere oder beide Gegenübertragungen erklärt weitgehend, warum sterbende Patienten so oft allein gelassen werden." (S. 559).

Wenn diese in der Arbeit mit dem Sterbenden unvermeidbare Gegenübertragung jedoch bewußt akzeptiert und genutzt werde, so sei sie gerade für den Patienten in höchstem Maße therapeutisch.

Ebenfalls wichtige Beiträge zur Gegenübertragungsproblematik in der therapeutischen Arbeit mit Sterbenden haben die erwähnten Arbeiten von *Joseph, Curran* und *Kobos, Roose, Renneker* und *Hacker* geliefert. Dabei ist zwischen Arbeiten zu unterscheiden, deren Hauptbeitrag vor allem in der offenen Schilderung erlebter Gegenübertragung liegt, und solchen Arbeiten, die diese mehr theoretisch reflektieren und analysieren. *Joseph* (1962) hat z. B. in ihrer Arbeit mit „Alice" eingehend geschildert, wie sie als Therapeutin sich schrittweise und zunehmend von der „klassischen" psychoanalytischen Therapeutenrolle löst (Besuche bei der Patientin zu Hause, Geschenke, Briefe, telefonische Botschaften, Ablehnung von Bezahlung, Körperkontakt) und wie sie sich in dem Konflikt, ob sie sich in dieser Situation als Analytikerin korrekt verhalte, bewußt für das Ausleben der Gegenübertragung entscheidet.[18] Wichtig an der Arbeit von *Joseph* sind auch die Hinweise darauf, wie ihre eigene Einstellung gegenüber Sterben und Tod möglicherweise mit der Verarbeitung des Sterbens bei der Patientin zusammenhängt.[19] — Auch bei *Curran* und *Kobos* (1980) liegt der Hauptwert der Arbeit in der offenen Beschreibung des eigenen Gegenübertragungserlebens und der Konflikte, die dies mit der psychoanalytischen Rollendefinition und Ausbildung heraufbeschwört. Hier wird auch geschildert, wie sich durch die Psychotherapie mit einer sterbenden Patientin das psychoanalytische Behandlungskonzept des Psychoanalytikers und seine Grundeinstellungen zur Psychoanalyse ändern.

Den Beiträgen zur Gegenübertragungsdiskussion von *Bard* (1959), *Hacker* (1977), *Renneker* (1957) und *Roose* (1969) ist gemeinsam die Überzeugung von der radikalen Besonderheit der thanato-therapeutischen Situation in bezug auf die Gegenübertragung. So schreibt *Bard* (1959) zum Beispiel:

„Keine psychotherapeutische Beziehung kann die Flexibilität des Therapeuten und seine Handhabung der Gegenübertragungsangst so nachdrücklich testen wie die Arbeit mit einem sterbenden Patienten ... Es gibt keine therapeutische Situation, in der für den Therapeuten eine dringendere Notwendigkeit besteht, adaptive Lösungen in sich selbst zu finden. Er *muß* sich der Dynamik der Gegenübertragung konfrontieren und sie durcharbeiten; er *muß* Gewandtheit bei der Neuorientierung von Behandlungszielen gewinnen; er *muß* mit Flexibilität seine Wahrnehmung der Übertragungsphänomene ändern; und er *muß* lernen, Kommunikation aufzubauen in einer Beziehung, die beladen ist mit allgegenwärtiger Endlichkeit." (S. 870/71)

Ähnlich meint *Hacker* (1977), daß der thanatologische Prozeß den Therapeuten mit „einmaligen Übertragungs- und Gegenübertragungssituationen" konfrontiere (S. 193). Im Blick auf die Übertragung empfiehlt *Hacker*, daß gerade die Abhängigkeit stiftenden Aspekte der Übertragung in der Thanato-Therapie gefördert werden sollten und daß die „illusional, and probably even delusional transference aspects" zu belassen seien (S. 196). Und bei der Gegenübertragung sei besonders auf diejenigen Aspekte zu achten, die sich schädlich auf den therapeutischen Prozeß auswirken könnten: das Triumphgefühl, Überlebender zu sein; die angstbesetzte Identifikation mit dem Patienten; die Entmachtung der eigenen Omnipotenzphantasien angesichts unaufhaltsamen Sterbens; oder auch die Unsterblichkeitsphantasien des Therapeuten.

Hacker beklagt, daß die thanato-therapeutische Gegenübertragungsproblematik trotz ihrer Einmaligkeit und besonderen Schwierigkeit unzureichend dokumentiert sei. Zwei Beiträge zu einer solchen Dokumentation habe ich bereits oben erwähnt. Wichtig sind noch zwei andere Arbeiten: die von *Roose* (1969), weil er nicht nur die (in diesem Fall eher negative) Gegenübertragung beschreibt, sondern auch im einzelnen aufzeigt, wie sie sich in einzelnen Interventionsfehlern auswirkt; *Rennekers* (1957) Beitrag hebt sich dadurch heraus, daß er nicht nur die Gegenübertragung in einem Einzelfall beschreibt und analysiert, sondern die entsprechenden Erfahrungen von sieben Psychoanalytikern in vielen einzelnen konkreten Auswirkungen (Patientenauswahl, Interventionen und die Wirkung auf den Patienten) darstellt.

2. Analytische Psychologie

Da gerade *Jung* wichtige Beiträge zum Verständnis von Sterben und Tod geliefert hat und es unter den Jungianern nicht an Diskussionen über die Symbolik des Todes, archaische Bilder des Todes und den Tod in Träumen, Bildern und Märchen fehlt (vgl. z. B. *Craddick* 1972, *Fodor* 1964, *von Franz* 1979, *Gordon* 1977, *Henderson* 1963, *Herzog* 1960, *Jaffé* und *Bresler* 1980, *Radford* 1975, *Steffney* 1975, *Zielen* 1976, *Zinkin* 1977), so muß die relative Seltenheit jungianisch orientierter Thanato-Therapie überraschen. *Von Franz* (1980) behandelt in ihrem Beitrag die „Archetypischen Erfahrungen in der Nähe des Todes" Erfahrungen von wiederbelebten Menschen und Todesträume Sterbender, berichtet aber nicht von thanato-therapeutischer Arbeit. Der Beitrag von *Hyman* (1977) über ihre therapeutische Arbeit mit einer sterbenden Krebspatientin geht vor allem ein auf die Vorboten des Todes in den Träumen der Patientin, seine symbolischen und archetypischen Erscheinungsweisen (vgl. dazu auch *Schmaltz* 1958). Die über eineinhalb Jahre laufende Analyse habe der Patientin geholfen, „ein Gefühl der Erfüllung ihrer Lebensziele zu erreichen und dies auch ihrer Familie zu vermitteln" (S. 27). Aber man erfährt auch hier wenig über den Verlauf des psychotherapeutischen Prozesses. Fallberichte in der Ausführlichkeit, wie sie in einiger Zahl aus der Psychoanalyse vorliegen, fehlen in der Analytischen Psychologie weitgehend.

Als Ausnahme muß die sechsmonatige Psychotherapie einer krebskranken Frau durch die jungsche Psychotherapeutin *Wheelwright* (1981) angesehen werden; das Buch gibt einen detaillierten Einblick in den psychotherapeutischen Prozeß, insbesondere auch die Zusammenhänge von Traumgeschehen und Krankheitsprozeß und -bewältigung, und enthält eine Fülle von wichtigen Hinweisen auf die Übertragungs-/Gegenübertragungsproblematik in der Thanato-Therapie.

3. Imaginative Verfahren

Zum Imaginativen Verfahren in der Thanato-Therapie möchte ich die Beiträge von *Eibach* (1979), *Erickson* (1959, 1966), *Erickson* und *Rossi* (1981), *Jaffé* und *Bresler* (1980), *Mahrer* (1980), *Meares* (1976, 1977, 1979), *Musick* (1980), *Pettitt* (1979), *Sacerdote* (1970, 1978) sowie die Arbeiten von *Simonton (Simonton* und *Simonton* 1975, *Simonton* et al. 1978, 1980) zählen.

Auf die Arbeit von *Eibach* (1979, Katathymes Bilderleben) bin ich oben schon kurz eingegangen. Ziel dieser Arbeit ist es, durch die Induktion (Vorgabe) von Bildern und der Bearbeitung der auftauchenden Visualisierung das psychische Leid der sterbenden Patientin zu mildern (vgl. dazu auch *Landau* 1980). Mehr auf die Beeinflussung *psychischer* Prozesse sind die hypnotischen Verfahren (*Erickson* 1959, 1966; *Erickson* und *Rossi* 1981; *Sacerdote* 1970; *Pettitt* 1979, letzterer in Kombination mit einer familientherapeutisch orientierten Psychotherapie) orientiert. Es wird dem Patienten beigebracht, einen selbsthypnotischen Prozeß in Gang zu setzen. Dadurch wird z. B. eine Anästhesierung des eigenen Körpers und damit vor allem der Schmerzen erreicht, oder durch selbsthypnotisch induzierte Amnesie wird der Erinnerungs- und Erwartungscharakter des Schmerzes (ein wesentlicher Teil des subjektiven Schmerzerlebens) beseitigt. Subjektive Schmerzlinderung (*Erickson*) und Linderung von Atemnot (*Pettitt*) sind die erzielten Ergebnisse.

Den anderen erwähnten Beispielen von imaginativen Verfahren in der Behandlung von Krebskranken ist die Annahme gemeinsam, daß durch diesen psychotherapeutischen Prozeß nicht nur das symptomatische körperliche Geschehen (Schmerz), sondern auch der Krankheitsprozeß selbst beeinflußt und letztlich aufgehalten oder auch geheilt werden kann. Für *Jaffé* und *Bresler* (1980) ist die geleitete Imagination eine Methode der Kommunikation des Patienten mit den unbewußten physischen Prozessen. Der Patient wird zum Beispiel aufgefordert, seine Krankheit zu visualisieren, sie sich in allen Einzelheiten bildlich vorzustellen, und sie meinen, daß dadurch nicht nur die höchst individuelle Bedeutung der Krankheit für den Patienten verstanden werden kann, sondern auch medizinisch-diagnostische Hinweise auf die Krankheit gewonnen werden können. Es wird versucht, die Krankheit durch Herstellung neuer, positiver Visualisierungen therapeutisch zu beeinflussen. Als eine der „dramatischsten Techniken", die *Jaffé* und *Bresler* im Rahmen ihrer Arbeit verwenden, nennen sie die Kommunikation mit dem „inneren Berater". Der Patient visualisiert einen solchen inneren Berater und tritt mit ihm in Kommunikation, fragt ihn, hört zu, streitet auch mit ihm und kehrt immer wieder zu ihm zurück. Der „innere Berater" (eine Stimme des Unterbewußten) könne nicht nur eine selbstgestaltete Hilfe und Stütze für den Patienten sein, sondern auch Symptomerleichterung geben und die Botschaften, die die Symptome enthalten, zu verstehen helfen. Sie geben einige illustrative Beispiele ihrer Arbeit, ohne allerdings Ergebnisse mitzuteilen. Insgesamt erinnert ihre Arbeit sehr an die „Aktive Imagination" nach *Jung*, ohne daß sich die Autoren auf diese Quelle beziehen. — Ähnlich versucht *Meares* (1976, 1977, 1979), durch intensive Meditation das Immunsystem zu stärken und letztlich den Wachstumsprozeß des Krebses aufzuhalten. Ähnlich arbeitet auch *Musick* (1980) und illustriert seine Arbeitsweise anhand einiger Fallbeispiele. Alle diese Arbeiten nehmen Bezug auf die von *Simonton* entwickelten theoretischen und psychotherapeutischen Ansätze.

O. und S. *Simonton* sind Radiologen und behandeln ihre Krebspatienten nach einem kombinierten radiologischen und psychotherapeutischen Programm, unter expliziter Einbeziehung auch der Familie. Ihr psychotherapeutischer Ansatz besteht im wesentlichen darin, dem Patienten anstelle negativer Visualisierungen seiner Krankheit (z. B. der Krebs ist eine mich von innen zerfressende Bestie) zu positiven Visualisierungen zu verhelfen (z. B.: meine roten Blutkörperchen sind die stärkste Armee der Welt, und keine Bestie kann ihnen widerstehen). Zentrales Konzept ihrer Krankheitstheorie ist der Begriff der Verantwortlichkeit: da Körper und Geist als Einheit zu sehen sind und interagieren, ist auch eine geistige, imaginative Beeinflussung des Körpers möglich; wenn ich die Verantwortung dafür übernehme, daß ich die Krankheit „gemacht" habe, kann ich auch die Krankheit entmachten. Im Unterschied zu den vorangehend zitierten Arbeiten, die auf denen von *O.* und *S. Simonton* aufbauen, unterziehen *Simonton* et al. (1980) ihren Ansatz auch einer systematischen Überprüfung. Die Wirkung kombinierter chemotherapeutischer, radiologischer und psychotherapeutischer Arbeit (letztere in Einzelsitzungen, in Gruppenarbeit, mit und ohne Familie) überprüfen sie anhand des Kriteriums der mittleren Überlebenszeit der behandelten Krebspatienten im Vergleich zum statistischen Durchschnitt der Überlebenszeit bei einer bestimmten Krebslokalisation und einem bestimmten Grad der Erkrankung, und sie sehen ihre Annahme, daß die angewandten Verfahren den Krankheitsprozeß zumindest verlangsamen, im Blick auf die Überlebenszeit bestätigt. Unter anderem wird diese Wirkung zurückgeführt auf die Stärkung der positiven Erwartungen des Kranken, auf die Mobilisierung der inneren Kräfte, die Motivierung zum Leben.

Als letztes Beispiel imaginativer Verfahren sei noch der Ansatz von *Mahrer* (1980) erwähnt, der sich in mindestens drei Punkten von der Arbeit von *O.* und *S. Simonton* unterscheidet. Erstens arbeitet *Mahrer* nicht mit induzierten oder vom Psychotherapeuten selbst angeregten positiven Visualisierungen der Krankheit, sondern ausschließlich mit den vom Patienten selbst gebotenen Bildern. Zweitens versucht er, die negativen Visualisierungen nicht so bald als möglich in positive zu wenden, sondern verweilt konfrontativ, ja aggressiv, bei den negativen, läßt tief in diese negativen Bilder einsteigen. Drittens nimmt er in einem Ausmaß als Psychotherapeut an diesem Prozeß teil, der jenseits aller traditionellen Rollenverständnisse des Therapeuten liegt, wie er es selbst ausdrückt. Ziel seines Verfahrens ist die Heilung von Krebs. Der Patient verbringt die ganze Einzeltherapiesitzung (von 2,5 bis 3,5 Stunden) mit geschlossenen Augen, er soll seine gesamte Aufmerksamkeit auf die Visualisierung des Krebses richten, sich vollkommen in diese Bilder hineingeben, einschließlich aller dabei auftretenden Körperreaktionen (Schwitzen, Zittern, Schmerzempfinden), und der Therapeut „zwingt" den Patienten, in diesem Bewußtsein auszuharren. Dadurch werde dem Patienten die höchst individuelle, existentielle Bedeutung seiner Krankheit bewußt. Für einen Patienten, bei dem Aggression ein wesentliches Moment dieser Bedeutung war, schildert *Mahrer* sein Vorgehen folgendermaßen:

„Der Patient wird gezwungen, sich mit der Aggression zu konfrontieren und mit ihr zu interagieren … Die Beziehung (zur Aggression) wird aufrechterhalten, lebendig gehalten, egal ob der Patient versucht, sich zurückzuziehen, schweigsam zu werden, das

Thema zu wechseln, einzuschlafen, die Sitzung zu beenden, sich hinter körperlichen Schmerzen zu verbergen, in Verrücktheit abzugleiten, den therapeutischen Prozeß zu attackieren oder auf wütende Weise aggressiv zu werden." (S. 340)

Durch diese radikale Konfrontation komme der Patient in Kontakt mit einem tieferen Potential in sich, das auch in der Krebserkrankung seinen Ausdruck findet. Der Zugang zu diesem Potential sei beim Patienten blockiert und parallel dazu auch die Verbindung des Immunsystems zu den Krebszellen. Der Therapeut fördert den Kontakt zu diesem Potential durch einen Prozeß extremer Identifikation mit dem Patienten, er übernimmt dessen Bilder, auch die körperlichen Begleiterscheinungen der Bilder, und die innere Sprache dieses Potentials:

„Um die Beziehung des Patienten zu seinem tieferen Potential zu fördern, muß der Therapeut radikal abweichen von praktisch allen Rollen derzeitiger Psychotherapie. (Der therapeutische Prozeß) verlangt, daß der Therapeut sich von seiner eigenen Identität, seinem eigenen Selbstsein, seinem eigenen kontinuierlichen, organisierten, intakten Personsein löst und sich ganz wörtlich mit der Identität jenes tieferen, sich im Krebs manifestierenden Potentials der Erfahrung beim Patienten identifiziert ... Der Therapeut wird dessen Identität und dessen Stimme." (S. 340)

Während der konfrontative Teil dieses Verfahrens einigermaßen ausführlich beschrieben ist, bleibt der Teil des Prozesses, in dem die negative Imagination auch zur positiven wird, weitgehend unklar. Teils scheint der Prozeß nach *Mahrers* Darstellung bei einem gewissen Grad der Radikalität der Konfrontation gewissermaßen „umzukippen", zum anderen ist es die Aufgabe des Therapeuten, durch seine Stimme (welche über den Identifikationsprozeß die Stimme des Patienten sei) auch die dem Patienten nicht zugänglichen positiven Aspekte des tieferen Potentials zu verbalisieren.

Mahrer empfiehlt auch anderen Therapeuten, dieses Verfahren in der Behandlung eines Krebskranken anzuwenden, und endet mit der vorsichtigen Schlußfolgerung, daß eine solche Psychotherapie „vielleicht einhergeht mit der Reduktion des neoplastischen Wachstums und der Elimination der Krebszellen" (S. 375). Er sieht sich durch die Tatsache, daß zwei von ihm nach diesem Verfahren behandelte Krebspatienten noch sieben Jahre nach der Behandlung gesund waren, bestätigt (freilich ohne jegliche präzise Angaben über Art und Stand der Krankheit oder Angabe von Vergleichsdaten).

Ich habe diesen Ansatz deshalb relativ ausführlich erwähnt, um anzudeuten, wieviel gerade im Bereich der imaginativen Verfahren experimentiert wird, wie sich Anspruch und Validierung zueinander verhalten und wie viele Fragen (gerade auch ethische Fragen) solche Ansätze aufwerfen (wobei man sich ebenso besorgt nach den Auswirkungen auf den Patienten wie den Auswirkungen auf den Therapeuten erkundigen kann).

4. *Kreative und humanistische Verfahren*

Unter diesen Stichworten seien einige durchaus unterschiedliche thanato-therapeutische Ansätze zusammengefaßt, die unter Einsatz kreativer Medien arbeiten (Musik, Poesie, Malen, Dichten, Gestalten; z. B. *Ames* 1980, *Dreifuss* 1981, *Kern-Pilch* 1980, *Gilbert* 1977, *Petzold* 1980, *Rogers* 1978) und/oder in der Tradition der humanistischen Psychologie stehen (z. B. *LaRue* 1980, *Lückel* 1980, 1981, *Petzold* 1980, *Zinker* und *Fink* 1966, *Zuehlke* 1975, *Zuehlke* und *Watkins* 1975).

Verfahren und therapeutischer Gehalt dieser Beiträge ist sehr unterschiedlich. *Ames* (1980) schildert ihre Arbeit mit einer 60jährigen Krebspatientin, bei der Gemälde und Texte als Medium benutzt wurden, um der Patientin zu helfen, ihre Gedanken und Gefühle zum Ausdruck zu bringen (ähnlich *Kern-Pilch* 1980). *Rogers* (1978) erwähnt die therapeutischen Gewinne vor allem aus dem Schreiben von Gedichten oder der Führung eines Tagebuches. Auch hier geht es vor allem darum, dem Patienten zum Ausdruck seiner Bedürfnisse zu verhelfen, nicht um Deutung oder Bearbeitung. *Gilbert* (1977) empfiehlt die Musiktherapie als potentiell „machtvolles Instrument" in der Hilfe für den Sterbenden und seine Angehörigen. Ihre Wirkung sieht sie darin, daß die Musiktherapie, da sie „gruppenbildend" wirke, die Einsamkeitsgefühle des Sterbenden mildere, daß Musik den Erinnerungsprozeß fördere und damit dem Bedürfnis des Sterbenden nach einer „Lebensbilanz", einem Lebensrückblick entgegenkomme und daß sie als Quelle von Ruhe, Trost, Versicherung dienen könne. Über Erfahrung musiktherapeutischer Arbeit mit Sterbenden wird nicht berichtet.

Stärker psychotherapeutisch orientiert sind solche Verfahren, bei denen die Gestaltung des Patienten zum Medium oder Instrument psychotherapeutischer Arbeit wird. In der von *Dreifuss* (1981) angewandten Kunsttherapie bei krebskranken Patienten malen die Patienten Bilder, die dann durch Assoziationen erweitert, durch Gespräch und Deutung vertieft werden. Die Wirkung dieser Kunsttherapie, die auch anhand einiger Fallbeschreibungen illustriert wird, beschreibt die Autorin folgendermaßen:

„Die Bedeutung der Kunsttherapie in der Behandlung Krebskranker besteht im Angebot der Möglichkeit, aufgrund kreativen Schaffens den dem Kranken auferlegten Trauerprozeß zu fördern und dadurch das bedrohte Selbstgefühl zu sichern. Gleichzeitig werden mittels eines gemeinsam entstandenen, den Kranken in der Gestalt des Geschaffenen überlebenden Bildes dessen Trennungs- und Verlustängste möglichst weitgehend gemildert." (S. 1095)

Auch in der Fallbeschreibung von *Petzold* (1980) ist der Einsatz gestalterischer Arbeit (Gedichte schreiben, Bilder malen) eingebettet in einen psychotherapeutischen Prozeß, hier nach den Verfahren der Gestaltpsychotherapie. Die eingehendste bisher vorliegende gestalttherapeutische Arbeit mit Sterbenden ist die von *Lückel* (1980, 1981). Hier wird mit einer Fülle detaillierter Fallberichte die gestalttherapeutische Arbeit mit Träumen, die Förderung der Lebensbilanzierung,[20] die Bearbeitung „unerledigter Geschäfte", die Durcharbeitung von Gefühlen und Ängsten geschildert. Zwar taucht kein technisches Vokabular von Übertragung und Gegenübertragung auf, aber beide diese gestalttherapeutischen Arbeiten (*Petzold, Lückel*) sind eindrucksvolle Dokumentationen der starken emotionalen Involvierung des Therapeuten; bei *Lückel* ist diese Involvierung nicht nur offen dargelegt und auch biographisch betrachtet, sondern er zeigt auch (und dies ist vielleicht einer der wichtigsten Beiträge seiner Arbeit), wie der Therapeut unter Rückwendung seines therapeutischen Verfahrens auf sich selbst mit den eigenen Ängsten und Emotionen in der thanato-therapeutischen Arbeit umgeht.

Ebenfalls in der Tradition humanistischer Psychologie steht die an der *Maslow*schen Hierarchie menschlicher Bedürfnisse orientierte Einzelfallarbeit von *Zinker* und *Fink* (1966) (vgl. auch *Zinker* und *Hallenbeck* 1965), die in ihrer Arbeit mit einer sterbenden Patientin versuchen, einen Prozeß der Selbstaktualisierung, des Persönlichkeitswachstums und damit der Versöhnung mit dem Tod zu fördern. Von dem therapeutischen Prozeß erfährt man allerdings weniger als von den Details seiner Evaluation anhand von Rating-Skalen (vgl. u.).

5. Krisen-Intervention

Krisenintervention bezeichnet weniger spezielle Verfahren als den Grad der Fokussierung der thanato-therapeutischen Arbeit. Da gerade in allen Liaison-Modellen (und viel an Seelsorge, Psychotherapie, Hilfe durch Sozialarbeiter und andere läuft nach diesem Modell ab) psychotherapeutische Hilfe gerade für „Problempatienten" geholt wird, d. h. oft für Patienten in akuten Krisen, ist Krisenintervention in der Praxis sicher eine der häufigst vorkommenden Formen psycho-sozialer Intervention beim Sterbenden.

In der thanato-therapeutischen Literatur schlägt sich dies nicht entsprechend nieder. Arbeiten, die explizit nach einem Kriseninterventionsmodell arbeiten (*Baldwin* 1979), sind selten. Einen eindrucksvollen Bericht einer akuten kurzfristigen „psychotischen" Reaktion bei einem sterbenden Patienten gibt *Moss* (1980). Die Intervention bestand im wesentlichen darin, die illusionäre Vorstellung des Patienten von der Möglichkeit der Beeinflussung seiner Körperprozesse wieder herzustellen; wichtig ist diese Arbeit vor allem im Blick auf die sorgfältige Diskussion der Entstehung dieser kurzen „psychotischen" Reaktion (anhand von *Winnicotts* „Übergangsobjekt", *Eisslers* „Geschenksituation" und *Khans* „symbolischer Omnipotenz"), welche die Wiederherstellung einer *Illusion* als Krisenintervention in diesem Fall einsichtig macht.

Nach einem expliziten Kriseninterventionsmodell zur Förderung der Rehabilitation von Frauen mit primärem Genitalkrebs arbeiten *Capone* et al. (1979, 1980). In ihrer Kurzzeitpsychotherapie in der Klinik geht es ihnen um „die schnelle Mobilisation der emotionalen Ressourcen des Individuums zur Lösung der unmittelbaren psychologischen Krise, die Wiederherstellung der Funktionsebene vor der Krise und die Entwicklung adaptiverer Bewältigungsmechanismen für die Zukunft". Die Intervention ist „zeitlich begrenzt, problemorientiert, fokussiert und orientiert auf das Erreichen spezifischer, situationsangemessener Ziele" (1979, S. 600). Eine sorgfältige, psychologische Bestandsaufnahme vor der Intervention ermöglicht individuum-spezifische Problemintervention. Bei dieser Bestandsaufnahme geht es vor allem darum, die ganz spezifische Bedeutung der Krankheit für das Individuum herauszufinden, vorangehende belastende Erfahrungen und Erlebnisse zu erheben, die dem Individuum üblicherweise zur Verfügung stehenden Bewältigungsstrategien kennenzulernen, sowie das „support system", das dem Patienten zur Zeit zur Verfügung steht. Diese als „Pilot-Projekt" begonnene Intervention wird anhand einer Behandlungs- und einer Kontrollgruppe evaluiert. Die Kriterien — erhoben 3, 6 und 12 Monate nach der Intervention — sind die psychische Verfassung der Patienten, Sexualität und Rückkehr zur Arbeitsstelle. Die erzielten Ergebnisse bei der Interventionsgruppe im Vergleich zur Kontrollgruppe werden als „dramatisch effektiv" bezeichnet.

6. Verhaltenstherapeutische Ansätze

Noch stärker auf einzelne Probleme bzw. Verhaltensweisen fokussiert sind verhaltenstherapeutisch orientierte Ansätze. *Pomerleau* (1979) gibt einen Überblick über die Hauptanwendungsbereiche der Verhaltenstherapie im medizinischen Bereich, *Block* et al. (1980), *Turk* und *Rennert* (1981) sowie *Turk* et al. (1982) über die Anwendung der

Verhaltenstherapie speziell zur Schmerzbekämpfung. Die Arbeit von *Whitman* und *Lukes* (1975), denen es um die Änderung von „maladaptivem" Verhalten von sterbenden Patienten geht, habe ich schon erwähnt. Sie sehen kein ethisches Problem in dieser Anwendung der Verhaltenstherapie, wenn der Patient über die Ziele der Intervention klar informiert ist und ihnen zustimmt und sowohl Angehörige als auch Pflegepersonal von dem Behandlungsplan wissen und ihn unterstützen. Spezieller noch ist der Interventionsfokus bei *Cairns* und *Altman* (1979), die in einem Einzelfallbericht die Anwendung der Verhaltenstherapie zur Behandlung einer krebsbedingten Anorexia berichten, oder bei *Burish* und *Lyles* (1979 — ebenfalls eine Einzelfallstudie), die durch Entspannungstraining die Nebeneffekte der Chemotherapie bei einer Krebskranken behandeln. *Redd* (1980) berichtet von der erfolgreichen Extinktion psychosomatischer Symptome bei akuter Leukämie.

Rebok und *Hoyer* (1979/80) geben einen Überblick über die Anwendung der Verhaltenstherapie bei Sterbenden und stellen fest, daß diese Verfahren, obwohl ihrer Ansicht nach für viele spezifische Probleme geeignet, bisher selten angewandt wurden (vgl. auch *Testa* 1981, *Redick* 1974). Diese Einschätzung muß wohl nach dem Erscheinen zweier Bände zur thanatologischen Verhaltenstherapie ergänzt werden: die Arbeit von *Sobel* und *Worden* (1981) über „Helping Cancer Patients Cope: A Problem-Solving Intervention Program" und dem Überblicksband von *Sobel* (1981) über die vielfältigen thanato-therapeutischen Anwendungsbereiche der Verhaltenstherapie (Behandlung von Depression des Schwerkranken, Schmerz, Trauer etc.). Der letztgenannte Band legt auch besonderes Gewicht auf die Bedeutung der Neuentwicklungen in der Verhaltenstherapie (insbesondere ihrer „Kognitivierung") und versucht, sie in den Kontext der Humanistischen Psychotherapie zu stellen, um auf diese Weise den Vorwurf der „kalten", „mechanischen" und punktuellen Vorgehensweise der Verhaltenstherapie zu entkräften. „*Being*" (mit dem Patienten sein) reiche nicht, „*doing*" (Tun/Handeln) sei gefragt: aktives, problemfokussierendes, zeitlich begrenztes, strukturiertes Handeln.

Eine Vielfalt konkreter Verfahren wird dazu in diesem Band vorgestellt. Sie reichen von Entspannungsübungen über kognitive Ablenkung („*Attention Diversion*": sich z. B. auf nichtschmerzproduzierende Aspekte der Umwelt zu konzentrieren, sich in schönen Lebenssituationen vorzustellen etc.) bis zum Training von Verhaltensfertigkeiten, spezifischen Denkweisen und der Induktion oder Registrierung von Phantasie- und Vorstellungsbildern (an dieser Stelle berühren sich verhaltenstherapeutische Ansätze mit denen der Imaginativen Therapien). Da in diesem Band nicht der Anspruch erhoben wird, die Verhaltenstherapie sei ein thanato-therapeutisches Allheilmittel, kann man eine Vielzahl der vorgestellten Ansätze als sinnvolle und praktikable Interventionsmöglichkeiten ansehen. Es ist allerdings zu fragen, ob *Ellis* (1981) in diesem Band mit seiner Rational-Emotiven Therapie (die er hier mit Primitiv-Psycho-Logik, therapeutischer Indoktrination des Schwerkranken und schier grenzenlosem Manipulations-Optimismus besonders holzschnittartig darstellt) nicht dem Versuch einer sorgfältigen Inbeziehungsetzung und Einbettung der kognitiven Verhaltenstherapie in die humanistischen Psychotherapien, wie es die meisten anderen Autoren versuchen, in den Rücken fällt.

7. *Familientherapeutisch orientierte Verfahren*

Auf diese Verfahren sei hier nur kurz eingegangen, weil sich ein gesondertes Kapitel dieses Buches damit befaßt. Gerade bei gruppentherapeutischen Verfahren (vgl. u.) werden die Angehörigen gelegentlich auch in die therapeutische Arbeit mit einbezogen, aber dies kann nicht als im engeren Sinn familientherapeutische Arbeit verstanden werden, weil die „Behandlungseinheit" nicht die *Familie*, sondern eine *Gruppe* von verschiedenen Patienten mit Familienangehörigen ist. Spezifisch familientherapeutisch orientierte Ansätze gibt es wenige im thanato-therapeutischen Bereich. *Gallo* (1977) diskutiert einige allgemeine Gesichtspunkte einer solchen Arbeit und gibt verschiedene Empfehlungen in bezug auf die Interventionsziele bei familientherapeutischer Arbeit, desgleichen *Krieger* und *Bascue* (1975) (vgl. auch *Wellisch* et al. 1978, *Wellisch* 1981). Als Ziele in bezug auf die Arbeit mit Familienangehörigen sehen sie es vor allem an, die Unausweichlichkeit des anstehenden Todes zu akzeptieren, den Trauerprozeß zu fördern und der Familie zu helfen, als veränderte Einheit weiter zu funktionieren; sie sehen eine familientherapeutisch orientierte Arbeit deshalb als besonders hilfreich an, weil dann die Stellung des sterbenden Patienten in der Familie bearbeitet werden kann und damit auch die Lücke, die sein Tod bedeuten wird, was Voraussetzung für Neuorientierung und Neuverteilung der Rollen ist; auch für das in der Familie eines Sterbenden manchmal anzutreffende Problem der „Hierarchie der Trauer" (ein Konkurrenzprozeß mit der Frage: Wer trauert am meisten, wer ist am meisten betroffen?) könne gerade nur familientherapeutisch angegangen werden.

Lebow (1976) illustriert anhand dreier Fallbeispiele ihre familientherapeutisch orientierte Arbeit. Die wichtigsten Ziele sind für sie, wie schon kurz erwähnt: stärkere Involvierung der Familie im Sterbeprozeß, gleichzeitig aber Hilfestellung, „getrennt" zu bleiben, d. h. die eigene Person und das eigene Leben nicht mit dem Sterbenden verschwimmen zu lassen; neue Rollenverteilungen in der Familie zu gestalten; die Realität des Sterbens anzunehmen, den antizipatorischen Trauerprozeß zu fördern und die Verabschiedung einzuleiten.

Eine theoretisch begründete Interventionsstrategie bei Krebskranken und ihrer Familie haben *Wirsching* et al. (1981a, 1981b) vorgelegt. Erste Erfahrungen in der Arbeit mit betroffenen Patienten und ihrer Familie (oder ihrem Partner) hatten — auch nach einigen Mißerfolgen — die Notwendigkeit besonderer Interventionsstrategien solcher Arbeit verdeutlicht. Sie liegt begründet in dem, was *Wirsching* und seine Mitarbeiter als einige der spezifischen Merkmale einer „Krebsfamilie" ansehen — sie hat gewissermaßen einen modalen Charakter, der übliche familientherapeutische Interventionen zum Mißerfolg verurteilt. Sie stellen anhand einiger Fallberichte eine von ihnen neu entwickelte, spezifische paradoxe Intervention dar; über die längerfristigen Wirkungen sind noch keine Erfahrungsdaten veröffentlicht (vgl. dazu Kapitel 14).

Als letztes Beispiel einer familientherapeutisch orientierten Thanato-Therapie möchte ich ein Verfahren von *Harald Wise* nennen, über das ich zwar keine Primärliteratur habe finden können, aber die ausführliche Beschreibung einer Krebspatientin, die dieses Verfahren aus der Selbsterfahrung heraus schildert (*McNutt* 1978). Das Verfahren der „family reunion" geht von folgender Annahme aus:

„Wenn ein Mitglied einer Familie ernsthaft erkrankt, gibt es auch innerhalb des Systems der Familie Energie, um das kranke Familienmitglied zu heilen. Außerdem kann das Symptom ‚Krankheit' dieses einen Familienmitglieds ein Hinweis darauf sein, daß auch andere Mitglieder der Familie einer ‚Heilung' bedürfen". (S. 2)

Das Verfahren besteht darin, unter der Leitung des Therapeuten den Patienten und alle Familienmitglieder etwa drei Tage zusammenzuführen und auch diejenigen Familienmitglieder einzubeziehen, die bereits gestorben sind (anhand von Bildern z. B.). Im Fall der hier beschriebenen Erfahrung versammelte sich eine Familie von 30 Menschen: die Familie der Patientin und die Familie ihres Mannes. Den Gewinn aus dieser Erfahrung sieht *McNutt* in zweierlei: einmal war für sie schon die ungeheure Anstrengung, alle Familienmitglieder für ein solches Treffen zu gewinnen, gewissermaßen therapeutisch:

„Die Entscheidung, die Familie angeblich für meine Heilung zusammenzurufen, Druck auf meine Schwestern auszuüben, daß sie kommen, das zu tun, was ich wollte, auch wenn ich wußte, daß mein behandelnder Arzt es nicht mögen würde, waren alles schon

112

Weisen, in denen die Therapie der Familienzusammenführung lange vor dem tatsächlichen Zusammentreffen begann. Meine Handlungen in allen diesen Situationen stellten eine kraftvolle Aussage meines Lebenswillens dar, mir selbst gegenüber und auch anderen gegenüber." (S. 4)

Und als Ergebnis der Familienzusammenkunft, die im unmittelbaren Erleben der Patientin eher frustrierend, enttäuschend und deprimierend verläuft, nennt *NcNutt* folgende Gewinne für sich als Patientin:

„Daß ich reale Personen in dieser Familie mit mir als realer Person konfrontiert habe und umgekehrt, war bedeutungsvoll für mich, um damit aufhören zu können, unbewußt andere mich und mein Leben definieren und validieren zu lassen. In gewisser Hinsicht hat also das Zusammenkommen mit meiner Familie für mich ermöglicht, mich von ihnen zu trennen und einen Prozeß der Individuation zu beginnen, den Jung definiert hat als einen Prozeß, durch den der Mensch das definitive und einmalige Wesen wird, das er in der Tat ist ... Obwohl ich intuitiv glaube, daß all dies mit dem Verlauf meiner Krebserkrankung in Beziehung steht, kann ich das Faktum nicht beweisen. Wegen der neuen Vitalität, die ich durch diese Erfahrung gewonnen habe, zögere ich nicht, andere aufzurufen, die Krebs haben, in diesem Experiment zu mir zu stoßen. Das bedeutet nicht, falsche Hoffnungen zu wecken, wie es Kritiker der Psychotherapie als Behandlung von Krebs gesagt haben. Im Gegenteil, es bedeutet das Angebot der Möglichkeit, den eigenen Wert, die eigene Einmaligkeit und Kreativität zu entdecken. Obwohl ich persönlich glaube, daß diese Entdeckung den Verlauf der Krankheit positiv ändern kann, so wird man sich doch wenigstens — auch wenn dies nicht eintritt — der Möglichkeit des Wachstums und der Möglichkeit der Entdeckung für die Zeit, die man lebt, bewußt werden." (S. 8)

Dieses ausführliche Zitat mag vielleicht illustrieren, daß psychotherapeutische Intervention beim Krebskranken, wenn sie explizit auf Heilung der Krankheit orientiert ist, zumindest den Effekt hat, den Lebenswillen zu stärken und die subjektive Lebensqualität zu steigern, was auch das Ziel der von *LeShan* (1969, 1977, *LeShan* und *Gassman* 1958, *LeShan* und *LeShan* 1961) praktizierten Thanato-Therapie ist. Daß eine in dieser Weise orientierte Psychotherapie auch tatsächlich krebsheilende Wirkung haben kann, sehen *Bowers* und *Weinstock* (1978) angesichts der spontanen Gesundung bei einem Patienten mit metastasierender Krebserkrankung bestätigt (vgl. dazu auch *Bowers* et al. 1971).

8. Psychotherapie mit psychedelischen Drogen (LSD)

Auch auf diese thanato-therapeutische Arbeit, die vor allem mit den Namen *Grof, Kast, Cohen, Pahnke, Richards* und *Goodman* verbunden ist, möchte ich hier nur ganz kurz eingehen, weil dieser Ansatz im vorliegenden Buch in einem gesonderten Kapitel zur Sprache kommt. LSD wurde mit guten Ergebnissen zunächst angewandt für die Behandlung von starken Schmerzen bei sterbenden Krebspatienten (*Kast* und *Collins* 1964; vgl. auch *Kast* 1966, 1970). *Bakalar* (1979/80) gibt einen

Überblick über die seitdem mit einer LSD-gestützten Psychotherapie bei Sterbenden verfolgten Ziele (vgl. auch *Avorn* 1973, *Sheehan* 1972, *Phifer* 1977). Eine psychoanalytische Deutung der in der thanato-therapeutischen Verwendung von LSD auftretenden Ergebnisse versucht *Berendes* (1979/80). Eine frühe Arbeit in diesem Bereich stellt der Fallbericht von *Cohen* (1965) dar; ist das Verfahren bei *Cohen* noch relativ vage beschrieben, so geben die Arbeiten um *Grof* (1980, *Grof* et al. 1972, 1973, *Grof* und *Halifax* 1980, *Kurland* et al. 1972, *Pahnke* 1970, *Pahnke* et al. 1969, 1970, *Richards* 1978, 1979/80, *Richards* et al. 1972, 1977) detaillierte Auskunft über die Anwendung von LSD im Kontext der Psychotherapie mit Sterbenden. Auch Marihuana wird gelegentlich für die Behandlung der physischen und psychischen Belastung des Krebspatienten eingesetzt (vgl. dazu z. B. *Andrysiak* et al. 1979).

9. *Gruppentherapeutische Verfahren*

Gruppengespräche, Gruppenberatung oder Gruppenpsychotherapie sind häufig angewandte Verfahren in der Thanato-Therapie (vgl. z. B. *Corder* und *Anders* 1974, *Euster* 1979, *Florez* 1979, *Franzino* et al. 1976, *Gustafson* et al. 1978, *Gustafson* und *Whitman* 1978, *Heyman* 1974, *Kelly* und *Ashby* 1979, *Krant* et al. 1976, *Lindenberg* 1977, *McCarthy* 1975, *Parsell* und *Tagliareni* 1974, *Spiegel* und *Yalom* 1978, *Spiegel* et al. 1981, *Whitman* et al. 1979, *Winick* und *Robbins* 1976, *Wood* et al. 1978, *Yalom* und *Greaves* 1977). Einen Überblick über Gruppenpsychotherapie im medizinischen Bereich geben *Cunningham* et al. 1978. In diesem Abschnitt sind Arbeiten zusammengefaßt, in denen von Erfahrungen mit thanato-therapeutischen Gruppen berichtet wird, die nach unspezifizierten Verfahren durchgeführt werden (das betrifft die Mehrheit dieser Arbeiten), aber auch solche, die eines der vorangehend behandelten Verfahren im Gruppenkontext anwenden (z. B. *Euster* 1979, die ihre Arbeit in den Kontext der Krisenintervention stellt, oder *Zuehlke* und *Watkins* 1975, die nach einem der humanistischen Psychologie nahestehenden Verfahren, der Logotherapie, arbeiten).

Diese gruppentherapeutischen Ansätze unterscheiden sich nach Setting und Therapeuten, nach Zielen und Gruppenzusammensetzung (Einbeziehung von Angehörigen z. B. bei *Euster* 1979, *Gustafson* et al. 1978, *Gustafson* und *Whitman* 1978, *Kelly* und *Ashby* 1979, *Spiegel* und *Yalom* 1978) sowie dem Grad der Evaluation; die meisten evaluieren die Ergebnisse nicht systematisch; einige verwenden einfache Fragebogen-Rating-Skalen, die der Patient nach Abschluß der Gruppenarbeit ausfüllt (*Euster* 1979, *Wood* et al. 1978), andere stellen vor und nach der Gruppenarbeit erhobene Testdaten gegenüber, deren Änderung mit den Testwerten einer Kontrollgruppe verglichen werden (*Florez 1979, Zuehlke* und *Watkins* 1975).

Unabhängig von diesen Unterschieden berichten alle Autoren von positiven Ergebnissen: Die Gruppenarbeit helfe z. B. , besser mit der Angst umzugehen, reduziere Einsamkeitsgefühle, gebe Gelegenheit zur Vermittlung krankheitsrelevanter Informationen (*Wood* et al. 1978), helfe, Verleugnung abzubauen und das Thema Tod zu „entgiften", ein Gefühl für die Kostbarkeit, aber auch Gestaltbarkeit der verbleibenden Zeit zu gewinnen, Depression abzubauen und dem verbleibenden Leben mehr Bedeutung und Sinn zu geben (*Spiegel* und *Yalom* 1978), sie trage dazu bei, sich mit sich selbst wohler zu fühlen, die zwischenmenschlichen Beziehungen als befriedigender zu erleben, die Krankheit besser zu akzeptieren und sich optimistischer, unbeschwerter und weniger allein zu fühlen (*Tausch* 1981). *Florez* (1979) berichtet von einer im Vergleich zu zwei Kontrollgruppen signifikanten Reduktion der MMPI-Testwerte auf den MMPI-Skalen Depression, Hysterie, Paranoia und Soziale Introversion, und *Zuehlke* und *Watkins* (1975) finden im Vergleich zur Kontrollgruppe ein Ansteigen der Werte in dem „Purpose of Life Test" — aber auch in der „Death Anxiety Scale".

Das Erkennen, daß man nicht allein ist mit seinem Problem, die Wahrnehmung der Problemlösung anderer, die Möglichkeit gegenseitiger Hilfe, die Vermittlung faktischer Information, die Erfahrung von Gruppenzusammenhalt und Wärme, die Förderung des Ausdrucks von Ängsten und Gefühlen — dies sind einige der Faktoren, die Gruppenarbeit, auch Diskussionsgruppen, therapeutisch wirksam machen (*Cunningham* et al. 1978). Wie die Zusammensetzung der Gruppe (mit/ohne Angehörigen, Homogenität/Heterogenität in bezug auf Krankheitsbild, Stand der Krankheit etc.), der Zugang zur Gruppe (offene/geschlossene Gruppe), wie Setting, Timing, verschiedene Co-Therapeuten-Modelle etc. sich auf die Gruppenarbeit auswirken, ist bisher in diesem Bereich kaum vergleichend diskutiert worden.

3. Positive Trends und Defizite

Überschaut man den derzeitigen Stand der Thanato-Therapie, so ist zunächst als positiv zu vermerken, daß die Anzahl entsprechender Arbeiten in den letzten drei bis fünf Jahren erheblich zugenommen hat, daß auch die Anzahl der Evaluationsstudien zunimmt sowie eine kritische Reflexion der Thanato-Therapie in bezug auf ihre Spezifität (*Feigenberg* und *Shneidman* 1979, *Shneidman* 1978), auf das Problem der

Übertragung und Gegenübertragung (vgl. o.) oder ihren ethischen Kontext (*Hudson* 1978). Für die weitere Entwicklung der Thanato-Therapie ist es aber auch wichtig, sich die bestehenden Defizite zu verdeutlichen, die diese Arbeiten bisher noch weitgehend kennzeichnen. Ich möchte im folgenden einige solcher Defizite nennen, nicht ohne auch die Ausnahmen zu erwähnen, die die Richtung andeuten, in der eine Weiterentwicklung wünschenswert wäre.

Drei Ebenen von Defiziten möchte ich kurz ansprechen: 1. Defizite, die auf der Ebene der praktischen thanato-therapeutischen Arbeit liegen; 2. Defizite der Dokumentation und Analyse dieser Arbeit und 3. Defizite auf der Ebene von Werten und Ethik.

3.1 Praxisebene

Obwohl vielfältige Initiativen im Bereich der psychosozialen Intervention beim krebskranken Patienten zu verzeichnen sind, scheinen die meisten von ihnen doch punktuell und kurzfristig zu sein: hier einmal eine Gruppe von fünf Wochen, dort ein „Pilot-Projekt" etc., während längerfristige Projekte und damit auch eine fundiertere Erfahrungsbasis eher selten sind. Im Bereich der Einzeltherapie mit Sterbenden sind die Arbeiten von *Feigenberg* (1975, 1977, 1979, 1980, *Feigenberg* und *Fulton* 1977), sowie von *LeShan* (1964, 1969, 1977, *LeShan* und *LeShan* 1961, *LeShan* und *Gassman* 1958) und auch *Weisman* (1972, 1974, 1979) dafür Ausnahmen; *Spiegel* (1979) ist ein Beispiel gruppentherapeutischer Arbeit, die zum Zeitpunkt des Berichts sich bereits auf eine fünfjährige Laufzeit beziehen kann; *Wood* et al. (1978) berichten von einem seit vier Jahren laufenden Projekt, und das Projekt von *Gustafson* und *Whitman* (1978) besteht seit zwei Jahren und bezieht sich auf die Betreuung von über 1000 Patienten und 250 Familienmitgliedern (vgl. auch *Iszak* et al. 1973).

Daß die thanato-therapeutischen Initiativen so oft punktuell bleiben, hängt natürlich damit zusammen, daß die psychosoziale Seite noch kein integrierter Teil des medizinischen Krankheits- und Versorgungskonzepts ist, so daß besondere finanzielle Mittel für solche Projekte beschafft werden müssen und sie auch bei der Institutionalisierung in der Klinik nicht selten auf den passiven Widerstand oder die Skepsis der Ärzte stoßen (vgl. z. B. *Feigenberg* 1980, Kapitel 11; *Euster* 1979).

Mit dieser Situation hängen auch einige andere Defizite auf der Ebene der Praxis zusammen. Die geringen finanziellen und zeitlichen Ressourcen der Projekte bedingen mit, daß eine systematische psychologische Erhebung und Diagnostik vor der therapeutischen Arbeit selten unternommen wird, obwohl gerade diese erst die speziellen Foci der Interventionsarbeit zu bestimmen ermöglicht. Eine Ausnahme stellt hier die Arbeit von *Gordon* et al. (1980) dar, bei der vor der Intervention eine Phase systematischer psychologischer Bestandsaufnahme der Patienten liegt. Sehr selten ist auch die Kombination verschiedener Ansätze (z. B. Gruppen und Einzeltherapie oder Gruppenpsychotherapie und Rehabilitationsunterricht etc.) und die Kombination verschiedener Interventionsebenen (z. B. Patientenarbeit und Arbeit in der Institution, in der Community). Eine Ausnahme ist hier das Projekt von *Lane* und *Liss-Levinson* (1980), das verschiedene Arbeit mit Patienten (Unterricht, Therapie) und Angehörigen verbindet mit der Ausbildung von Krankenhauspflegepersonal und der Koordination mit Sozialdiensten außerhalb des Krankenhauses (vgl. auch *v. Kerekjarto* et al. 1980, *Grossarth-Maticek* 1980).

3.2 Dokumentation und Analyse

Die auf dieser Ebene zu verzeichnenden Defizite hängen natürlich oft mit der faktischen Arbeit auf der Praxisebene zusammen. Die Darstellungen der thanato-therapeutischen Arbeit sind in der Mehrheit noch wenig explizit in bezug auf die Ziele der Intervention und oft auch mehr als vage in bezug auf die angewandten Verfahren. Allzu oft werden Patientengruppe, Therapeuten und positive Ergebnisse lediglich benannt, ohne daß man aus der Darstellung entnehmen kann, welches der Ausgangspunkt der Arbeit ist, welches die Zielsetzung und auf welchem Weg diese Ziele erreicht wurden. Eine Evaluation der Arbeit setzt eine solche Explizierung voraus, aber Evaluationsstudien sind in der Minderheit. Die meisten Evaluationsstudien haben darüber hinaus methodologische Mängel, die sich vor allem auf die Vergleichbarkeit von sog. Experimental- und Kontrollgruppen, die Validität der Meßinstrumente und die Validität der „Erfolgskriterien" beziehen. *Buckingham* und *Foley* (1978) stellen einige der Anforderungen der Evaluationsforschung im Bereich der Thanato-Therapie zusammen. Ein Verfahrensvergleich (z. B. Effektivität von Einzel- bzw. Gruppenpsychotherapie oder Vergleich verschiedener psychotherapeutischer „Schulen") kommt bei den Evaluationsstudien bisher kaum vor[21], und damit zusammenhängend fehlt es auch weitgehend an systematischer Überlegung zur allgemeinen und speziellen Indikation (d. h. ist hier eine psycho-soziale Intervention überhaupt indiziert, und wenn ja, welche Intervention ist indiziert?) und von Kontra-Indikation ist praktisch überhaupt nicht die Rede. Ein paar Überlegungen zur Frage der Indikation finden sich vereinzelt z. B. bei *Rosenthal* (1957), *Rebok* und *Hoyer* (1979/80), *McClellan* (1972), *Musick* (1980).

Selten wird die thanato-therapeutische Arbeit mit dem Patienten auch auf ihren Kontext hin analysiert. Bei der Gruppenarbeit ist der Kontext für den einzelnen Patienten zunächst einmal die Gruppe; obwohl Gruppenarbeit zu den häufigst angewandten Verfahren gehört, ist mir — mit einer Ausnahme (*Gustafson* et al. 1978) — keine Arbeit bekannt, die auch den gruppendynamischen Aspekt solcher Arbeit analysiert. Die Mehrzahl thanato-therapeutischer Interventionen finden im Krankenhaus statt; auch dieser Kontext wird kaum reflektiert, obwohl jedem, der thanato-therapeutisch in der Klinik arbeitet, bekannt ist, daß die Ziele der psycho-sozialen Intervention und die Ziele der Institution Krankenhaus in Widerspruch geraten können.

Zwei Bedingungen sind für die „wissenschaftliche" Fortentwicklung der Thanato-Therapie nützlich (auch wenn darüber nicht vergessen werden soll, daß in diesem Bereich die praktische Relevanz der Arbeit gegenüber der wissenschaftlichen Steigerung allemal Vorrang hat): einmal die Verknüpfung solcher Arbeit mit theoretischen Konzepten, und zum anderen die Möglichkeit, aufbauend aus vorangehenden Erfahrungen zu lernen. Beide Bedingungen sind in diesem Bereich kaum gegeben. Das Theoriedefizit der praktischen Arbeit ist, wie auch *Howe* (1980) beobachtet hat, hier fast durchgängig. Ansätze finden sich z. B. in den Arbeiten von *Simonton* und *LeShan* (vgl. o.), die ihre thanato-therapeutische Arbeit aus einer bestimmten Krankheitstheorie ableiten, bei *Miller* et al. (1976), die auf der Krisentheorie aufbauen, bei *Kimball* (1975), der sich auf die Theorie des Trauerprozesses von *Lindemann* bezieht, und bei *Wirsching* et al. (1981), die ihre Interventionen nach einer Theorie der „Krebsfamilie" ausrichten.

Der Aufbau der thanato-therapeutischen Arbeit auf vorangehenden Erfahrungen setzt die Integration erarbeiteter psychologischer, psychotherapeutischer, psychosomatischer Konzepte und thanatologischer Ergebnisse voraus, was bestenfalls in bezug auf die *Probleme* des Sterbenden geschieht. Es setzt auch voraus, daß nicht nur Erfolge gemeldet werden, sondern auch die Hindernisse, die Probleme, die Mißerfolge, die sich als erforderlich erweisenden Zieländerungen. Solche Berichte sind selten, und die wenigen Ausnahmen sind deshalb besonders hervorzuheben (vgl. *Leigh* 1974, *Levinson* 1975, *Cunningham* et al. 1978, *Wood* et al. 1978, *Wirsching* et al. 1981).

3.3 Werte und Ethik

Wenn im Zusammenhang mit Defiziten der Thanato-Therapie von Werten die Rede ist, so sind die vielen Berichten zugrundeliegenden Wertungen oder Ideologien gemeint, die, weil implizit, unreflektiert bleiben in bezug auf ihre Auswirkung auf die thanato-therapeutische Arbeit. Wenn *Simpson* (1979) schreibt, daß im Bereich der Thanatologie allzu oft „schöne junge Menschen gesprächig an einer nicht entstellenden Krankheit" sterben (S. 5), daß oft von Menschen die Rede sei, die „außerordentlich bemerkenswerte Personen" sind, daß „kein gewöhnlicher Mensch" je zu sterben scheine und niemand „gewöhnlich" sterbe, so ist dies sicher überzogene Polemik, trifft aber doch auch einen richtigen Punkt. Weiten Teilen der thanatologischen Arbeit liegen gewisse „ideologische" Prämissen zugrunde: daß es wichtig und möglich sei, in Versöhnung mit dem Tod zu sterben, daß die Sterbeerfahrung eine Chance des Wachstums werden kann, daß Bewußtsein besser ist als Leugnung; z. B.:

„Gehört nicht zum Menschsein auch ein bewußtes, ein aktiv angenommenes Sterben und nicht nur ein Ins-Dunkle-gestoßen-Werden?" (*Eibach* 1979, S. 97)

Benson (1972) über seine „kreative Sicht des Todes", wie er es nennt: „Tod ist einfach ein spezielles Beispiel der vielen Situationen, die dem menschlichen Leben eigen sind, die dem Menschen eine ungewöhnliche Gelegenheit für Wachstum geben ... Die Angst vor dem Tod ist einfach die Angst vor dem Wachstum ... Sich dem physischen Tod zu nähern, ist die größte einzelne Gelegenheit des Lebens für äußerstes persönliches Wachstum, weil es der äußerste persönliche Verlust ist." (S. 52, 55, 57)

Zinker und *Fink* (1966) wenden sich gegen eine Einstellung, nach der Sterben und Tod eine psychologisch „schlechte", „negative", „verderbliche" Erfahrung der Existenz sei, und setzen dagegen: „Faktum ist hingegen, daß große literarische Werke, Autobiographien und Nachrichtenmedien immer wieder berichtet und beschrieben haben, wie Menschen am Rande des Todes oder Menschen, die wußten, daß sie in naher Zukunft sterben müssen, die größten Einsichten, die größten Freuden und wichtige Neu-Bewertungen ihres vorangehenden Lebens erfahren." (S. 185/186)

Solche Orientierungen können gewiß eine tragende positive Kraft für den therapeutischen Prozeß sein, aber sie können auch problematisch werden und bergen nicht geringe ethische Gefahren (vgl. dazu das Kapitel 4 und Kapitel 2 in diesem Band, wo ich ausführlicher darauf eingegangen bin). *Bleeker* (1978) zeigt in seiner Kritik einer „Euphorie" des Helfenwollens und Helfenkönnens die Probleme auf, die sich aus einer solchen Orientierung ergeben können — eine Orientierung, in der er nicht nur eine nicht einlösbare Zielsetzung sieht, sondern vor allem auch eine neue Form der Verherrlichung des Sterbens, eine neue Variante der Flucht vor seinem realen Gesicht:

„Sterben heißt im allgemeinen Verfall, Hilflosigkeit, Unentrinnbarkeit, Bedrängnis, Delirium, Schmerz, Erschöpfung plus — manchmal — Akzeptieren. Die Leute sterben so, wie sie gelebt haben; viele können es nicht akzeptieren; die Rigiden und Infantilen werden vor ihrem Tod nicht zu plötzlicher Reife gelangen. Es bedeutet eine zusätzliche Qual für alle Beteiligten, wenn sie das Gefühl haben, dies müßte anders sein. Sterben ist entsetzlich. Die einzig mögliche Hilfe besteht darin, da zu sein, und zwar mit leeren Händen. Die meisten Anweisungen zur Sterbehilfe betonen ausdrücklich, daß unsere Hände nicht wirklich leer sein müssen. Das ist eine Verdrängung der unerträglichen Realität. Sie ist zwar verständlich, aber nicht praktisch, da sie sich ins Gegenteil verkehrt. Die Aktivität von ‚Tod-und-Sterben-Spezialisten' erinnert an jene gewisser Euthanasie-Befürworter ..." (S. 283)

Nicht die eine oder andere damit polar gekennzeichnete Einstellung ist als defizitär anzusehen, sondern der Mangel an Reflexion in der Thanato-Therapie über die praktischen und ethischen Konsequenzen bestimmter, der therapeutischen Arbeit zugrundeliegender Einstellungen dieser Art.

Der gleiche Mangel an Reflexion kennzeichnet auch andere ethische Probleme der Thanato-Therapie. Wie ist es ethisch zu beurteilen, wenn ein Psychotherapeut die Illusion der Krankheitsheilung durch die Psychotherapie weckt? Geschieht dies nicht, wenn ein Psychotherapeut z. B. die Phantasien einer sterbenden Patientin, daß alle ihre physischen Symptome psychogen seien und deshalb psychotherapeutisch behandelbar, in dieser Ansicht explizit bestärkt und diese Bestärkung als das wesentliche „Geschenk" (*Eissler*) ansieht, das er als Therapeut der Patientin zu geben hat (*Leigh* 1974)? Setzt ein Psychotherapeut nicht illusionäre Hoffnungen, wenn er die Psychotherapie mit einem sterbenden Patienten damit beginnt, seine Grundüberzeugung über die Heilwirkung nicht-medizinischer Behandlung darzulegen (*Hyman* 1977)? Wie ist es ethisch zu beurteilen, wenn bei der Verwendung von LSD in der Psychotherapie von Sterbenden 50% der Patienten vorzeitig medikamentös aus dem LSD-Rausch „herausgeholt" werden müssen (*Kast* 1970)? Oder wenn der Psychotherapeut meint, daß die angewandte LSD-Therapie zwar nicht immer „erfolgreich" sei, aber doch eine Fülle von „Wissen" über die Psychologie des Lebens liefere (*Cohen* 1965)? Was heißt hier „nicht erfolgreich"? Hat der Patient gelitten? Wie sind *Leid* und *Wissenserweiterung* gegeneinander aufzuwiegen? Wie ist es ethisch zu bewerten, wenn sogenanntes maladaptives Verhalten des sterbenden Patienten (Schreien, Wimmern, ununterbrochenes Reden) verhaltenstherapeutisch „behoben" wird (*Whitman* und *Lukes* 1975)? Wie ist es zu sehen, wenn nach einer Psychotherapie mit sterbenden Patienten deren (per Test gemessene) Todesangst signifikant höher liegt als vor der Psychotherapie und im Vergleich zur Kontrollgruppe (*Zuehlke* und *Watkins* 1975)? Reicht es, dies als „gestiegenes Bewußtsein und Akzeptieren der Realität" positiv umzudeuten (S. 731)? Wie ist es zu bewerten, wenn zum Zweck eines „experimentellen Designs" Patienten psychotherapeutische Hilfe erhalten — und nicht nach ihrer Problemlage, ihrem Bedarf (*Capone* et al. 1979)? Welche Schlußfolgerungen sind zu ziehen, wenn die einen Thanato-Therapeuten meinen, eine Anwendung von Testverfahren, z. B. des MMPI, sei von der Belastung des Patienten her ihrer Erfahrung nach nicht zu vertreten und müßte deshalb unterlassen werden (*Grof* et al. 1972), während ein anderer eben diesen MMPI zum Zweck der Effektivitätsmessung seinen sterbenden Patienten vor und nach der Therapie vorlegt (*Florez* 1979)?

Das alles sind ethische Anfragen; es sei hier nicht unterstellt, daß die als Beispiel zitierten Autoren nicht entsprechende Vorkehrungen dafür getroffen haben. Defizit ist vielmehr, daß solche ethischen Fragen in der thanato-therapeutischen Arbeit so weitgehend verschwiegen (entweder nicht gesehen oder nicht benannt) werden.

Es wäre zu hoffen, daß die hier angedeuteten Defizite der Thanato-Therapie und Thanato-Therapie-Forschung in Zukunft mehr Beachtung finden.

4. Zusammenfassung

Im vorliegenden Kapitel habe ich unsere weiter gefaßte Definition Thanato-Therapie zunächst eingegrenzt auf die therapeutische Intervention bei *sterbenden* Patienten und auf mehr *formale* psychotherapeutische Interventionen; die damit in dieser Übersicht nicht eingehender behandelten Themen, Bezugsgruppen und Formen der Thanato-Therapie habe ich nur kurz umrissen, und ich habe gleichzeitig versucht, durch ausgewählte Literaturhinweise dem Leser eine selbständige Einstiegsmöglichkeit in diese Themenbereiche zu geben.

Das damit eingegrenzte Themenfeld habe ich im folgenden zunächst nach seinem übergreifenden (quantitativen und qualitativen) Entwicklungsstand charakterisiert und die vorliegenden Ansätze nach ihren Hauptunterschieden (Unterschiede in bezug auf Setting, Therapeut, Zielsetzung, Bezugsgruppe und Darstellung) dargestellt. Ausführlicher bin ich dann auf einen weiteren Unterschied (den im psychotherapeutischen Verfahren) eingegangen. Ohne Anspruch auf eine endgültige oder zwingende Verfahrenszuordnung werden dann Erfahrungen und Ergebnisse der Thanato-Therapie aus folgenden Bereichen der Psychotherapie behandelt: Psychoanalyse (unter besonderer Berücksichtigung der Übertragungs-/Gegenübertragungsproblematik), Analytische Psychologie, Imaginative Verfahren, Kreative und Humanistische

Verfahren, Kriseninterventionen, Verhaltenstherapie, Familientherapie, LSD-Therapie und Gruppentherapeutische Ansätze.

Das damit umrissene Feld thanato-therapeutischer Ansätze habe ich abschließend noch einmal einer kritischen Gesamtbewertung unterzogen, wobei sowohl die positiven Trends als auch die Defizite zur Sprache kommen. Die Defizite habe ich insbesondere auf drei Ebenen lokalisiert: auf der Praxisebene, der „Wissenschafts"-Ebene und der Ebene von Ethik und Werten.

Anmerkungen

[1] *Psychotherapeutische Arbeit mit Brandverletzten*: Einen sehr guten Überblick gibt *Avni* (1980). Vgl. auch *Andreasen* et al. 1972, *Bernstein* 1976, *Goodstein* und *Hurwitz* 1975, *Jorgensen* und *Brophy* 1973, 1975, *Miller* et al. 1976, *Steiner* und *Clark* 1977, *Weisz* 1967. — Zur Psychotherapie von Angehörigen brandverletzter Patienten vgl. z. B. *Abramson* 1975.

[2] *Psychotherapie für Hämodialyse- und Transplantationspatienten und ihre Angehörigen*: Überblick und Kontext geben *Gaus* und *Köhle* 1979 sowie *Lohmann* et al. 1979. Vgl. auch *Bolm* et al. 1979, *Buchanan* 1975, 1978, *Campbell* und *Sinha* 1980, *DuBousky* und *Penn* 1980, *Ford* und *Castelnuevo-Tedesco* 1977, *Freyberger* 1973, 1977, 1980, *Kaplan de Nour* 1970, 1980, *Kaye* et al. 1973, *Koch* et al. 1981, *Marshall* 1974, *Scott* 1973, *Tuckman* 1970, *Wijsenbeek* und *Munitz* 1970, *Wilson* et al. 1974. — Als Beispiele familientherapeutisch orientierter Arbeit und Arbeit mit den oft sehr belasteten Angehörigen vgl. *D'Afflitti* und *Swanson* 1975, *Kaplan de Nour* et al. 1974, *Levenberg* et al. 1978/79.

[3] *Psychotherapie mit Herzinfarktpatienten, Herzoperierten, Patienten auf Intensivstationen*: Als Übersichtsarbeit vgl. *Frank* et al. 1979 und *Freyberger* 1980. Vgl. auch *Abramson* und *Block* 1973, *Cassem* und *Hackett* 1971, *Follick* et al. 1981, *Gruen* 1975, *Kornfeld* 1980, *Rahe* et al. 1979, *Speidel* et al. 1978, *Surman* et al. 1974.

[4] *Psychotherapie mit Kriegs- und Unfallverletzten*: Hier sind vergleichsweise wenig Beiträge. Als Beispiel vgl. aber *Porritt* und *Bordow* 1980, *Raphael* 1979, *Avni* 1975, *Solnit* und *Priel* 1975. Vgl. hierzu auch die Literatur zu Kriegsüberlebenden und Kriegsneurose.

[5] *Psychotherapie mit Angehörigen sterbender Patienten* (speziell auch mit Eltern sterbender Kinder): vgl. z. B. *Borstein* und *Klein* 1974, *Cohen* und *Wellisch* 1978, *Gates* 1980, *Gilder* et al. 1978, *Heller* und *Schneider* 1977/78, *Horowitz* 1975, *Kopel* und *Mock* 1978, *Kaplan* et al. 1978, *Ross* 1979, *Walker* 1977/78.

[6] *Ärzte und Pflegepersonal*: Von psychotherapeutischer Arbeit im engeren Sinn wird wenig berichtet (vgl. aber z. B. *Gray-Toft* 1980 und *Winkelmann* 1975). Zahlreiche Ansätze, nur z. T. psychotherapeutisch orientiert, finden sich dagegen in der sog. „Death Education" für Medizinstudenten (als Diskussionsbeiträge vgl. z. B. *Baider* und *Porath* 1981, *Bloch* 1975, *Barton* et al. 1978, *Durlak* und *Burchard* 1977, *Geelhoed* und *Bowles* 1977, *Koch* und *Schmeling* 1982, *Kolotkin* 1981, *Liston* 1974, *Marks* und *Bertman* 1980, *Ringel* 1975, *Schachter* 1979, *Schmeling* und *Koch* 1978, *Schneider* und *DePerrot* 1971) sowie Krankenschwestern und andere „health professionals" (z. B. *Amaral* et al. 1981, *Benton* 1978, *Berger* 1978, *Coyne* 1977, *Harris* 1980, *Laube* 1977, *Leonard* 1976, *Murray* 1974, *Redick* 1974, *Silberfarb* und *Levine* 1980, *Steiner-Freud* 1979).

[7] *Trauertherapie* (*Dunlop* 1980 gibt diesem Bereich der Psychotherapie die unglückliche Bezeichnung „lamentology"): Einen Einstieg ermöglicht das jüngst erschienene Buch von *Schoenberg* 1980, auch *Lindemann* 1979. Als Beispiele und Diskussionsbeiträge zur psychotherapeutischen Intervention bei Trauernden vgl. auch *De Vaul* et al. 1979, *Gleed* 1978, *Hiltz* 1975, *Lazare* 1979, *Lindemann* 1976, 1979, *Mawson* et al. 1981, *Melges* und *De Maso* 1980, *Morrison* 1978, *Parkes* 1979, *Raphael* 1977, *Ramsay* 1977, *Rosenthal* 1980, *Schoenberg* 1980, *Williams* et al. 1972, 1976, *Volkan* und *Josephthal* 1980. Unter den jüngsten Veröffentlichungen sei auf *Dyne* 1981 und *Margolis* et al. 1981 hingewiesen und vor allem auf die sehr wichtige und anregende Arbeit von *Kast* 1982, die auch viel zu dem hier unter 3e) genannten Thema zu sagen hat.

[8] *Hiroshima-Überlebende*: Die wichtigsten Beiträge hierzu stammen von *Lifton*, z. B. 1963, 1964, 1968.

[9] *„Kriegs-Neurose"*: Vgl. z. B. *Balson* und *Dempster* 1980, *Brende* 1981, *Figley* 1978, *Friedman* 1981, *Lifton* 1973, 1979 sowie *Walker* und *Nash* 1981 zur psychotherapeutischen Behandlung von Vietnamveteranen. Aus israelischer Kriegserfahrung vgl. z. B. *Ben-Yakar* et al. 1978, *Soliman* 1979.

[10] *Überlebende von Konzentrationslagern und ihre Nachfahren*: Diskussionsbeiträge z. B. in *Axelrod* et al. 1980, *Greenblatt* 1978, *Gyomroi* 1963, *Kestenberg* 1980.

[11] *Tod, Neurose, Psychose*: Als Einstieg und guter Überblick vgl. *Meyer* 1973 und 1979. Weitere Diskussionsbeiträge z. B. *Bendiksen* und *Fulton* 1975, *Eigen* 1974, *Hill* 1972, *Markusen* und *Fulton* 1971, *McCarthy* 1981, *Meyer* 1975, *Wendkos* 1979.

[12] *Tod eines Patienten in der laufenden Psychotherapie*: z. B. *Alexander* 1977, *Cohen* 1976, *Condrau* 1975, *Frenkel* und *Torem* 1981, *Furgeri* 1978, *Hertz* 1975, *Kirtley* und *Sacks* 1969, *Wylie* et al. 1964, *Young* 1960.

[13] *Tod im Leben des Psychotherapeuten*: vgl. z. B. in *Balsam* und *Balsam* 1974 und in *Rodman* 1977 sowie *Givelber* und *Simon* 1981, *Lewis* 1982.

[14] *Tod des Psychotherapeuten*: vgl. z. B. *Aronson* et al. 1962, *Ballenger* 1978, *Graves* 1978, *Lord* et al. 1978, *Rosenthal* 1947, *Shwed* 1980.

[15] *Trauer, Sterben, Tod im psychotherapeutischen Prozeß*: z. B. *Bilmes* 1979, *Goodyear* 1981, *Heikkinen* 1981, *Mikkelsen* und *Gutheil* 1979, *Parsons* 1982, *Rosenthal* 1963, *Wetmore* 1963, *Wolff* 1977.

[16] Vgl. z. B. die Erfahrungen von *Curran* und *Kobos* (1980) über die Schwierigkeit, einen psychoanalytischen Kontroll-Therapeuten für die Supervision der Behandlung einer sterbenden Patientin zu finden.

[17] Zu den supportiven Zielen zählt *Wolberg*: die Stärkung vorhandener Verteidigungsmechanismen, die Erarbeitung neuer oder besserer Kontrollmechanismen, die Wiederherstellung einer adaptativen Stufe des Funktionierens.
Zu den re-edukativen Zielen gehören: Explizite Bemühungen um die Neuanpassung des Verhaltens, der Versuch, den vorhandenen Raum kreativer Potentiale auszuleben, mit oder ohne Einsicht in grundlegende psychische Konflikte. Re-konstruktive Ziele sind: Einsicht in unbewußte Konflikte, Bemühungen in Richtung auf extensive Änderungen der Persönlichkeitsstruktur, Expansion bzw. Persönlichkeitswachstum.

[18] „Ein- oder zweimal habe ich daran gedacht, mich psychoanalytisch beraten zu lassen, aber ich habe den Gedanken hartnäckig zurückgewiesen und bin zurückgekehrt zu dem Verhaltensmuster meiner Kindheit und Adoleszenz, das zu tun, was ich wollte, und danach dann die Konsequenzen zu tragen." (S. 28/29)

[19] „Wegen des gesunden Zustandes meiner eigenen Psyche fand ich es schwierig, an die Zerstörbarkeit von Alices Körper und Geist zu glauben, genauso wie ich es schwierig fand, dies für mich selbst zu akzeptieren. Das ruht in jedem Menschen. Meine eigenen archaischen Gefühle, so erkenne ich jetzt, müssen Alice geholfen haben, die Endlichkeit ihrer Situation zu vermeiden. Ich erinnere mich, daß ich gedacht habe: Wie kann dieser zerbrechliche kleine Körper vollständig desintegrieren — wie kann diese feine, sensitive Seele vollkommen ins Nichts verschwinden? Das kann doch nicht wirklich möglich sein." (S. 30)

[20] Vgl. im Kontrast dazu die Konstruktion einer „life narrative" durch den Therapeuten bei *Viederman* et al. (1980); Ähnlichkeit mit diesen auf Lebensbilanz orientierten Gestaltansätzen weist dagegen die „Life Review Therapy" auf (*Hausman* 1980). Vgl. auch die Life review von *Butler* (1973) und deren Diskussion bei *Spero* (1981/82).

[21] Wenn auch nicht auf Schwerstkranke angewandt, so zeigt doch die Arbeit von *Tress* (1981) z. B., wie wichtig und nützlich ein solcher Vergleich sein kann: hier zwischen systematischer Desensibilisierung und katathymem Bilderleben zu der Behandlung phobischer Angst.

Literatur zu Abschnitt 1

Abramson, Marcia (1975): Group treatment of families of burn-injured patients, *Social Casework* 56, 235-241.

Abramson, R., Block, B. (1973): Ego-supportive care in open-heart surgery, *Psychiatry in Medicine* 4, 427-437.

D'Afflitti, J. D., Swanson, D. (1975): Group sessions for the wives of home-hemodialysis patients, *American Journal of Nursing* 75, 633-635.

Alexander, P. (1977): A psychotherapist's reaction to his patient's death, *Suicide and Life-Threatening Behavior* 7, 203-210.

Amaral, P., Nehemkis, A. M., Fox, L. (1981): Staff support group on a cancer ward: A pilot project, *Death Education* 5 (No 3), 267-274.

Andreasen, N. J., Noyes, R., Hartford, C., Brodland, G., Proctor, S. (1972): Management of emotional reactions in seriously burned adults, *New England Journal of Medicine* 286, 65-69.

Aronson, M. L., Furst, H. B., Krasner, J. D., Liff, Z. A. (1962): The impact of the death of a leader on group process, *American Journal of Psychotherapy* 16, 460-468.

Avni, J. (1975): Psychiatric care of burn patients during wartime, *Psychotherapy and Psychosomatics* 26, 203-210.

Avni, J. (1980): The severe burns, in: *Freyberger, H.* (Ed.): Psychotherapeutic Interventions in Life-Threatening Illness, Basel-München, 57-77.

Axelrod, Sylvia, Schnipper, Ofelia L., Rau, J. H. (1980): Hospitalized offspring of holocaust survivors: problems and dynamics, *Bulletin of the Menninger Clinic* 44, 1-14.

Baider, Lea, Porath, Sarah (1981): Uncovering fear: Group experience of nurses in a cancer ward, *International Journal of Nursing Studies* 18, 47-52.

Ballenger, J. C. (1978): Patients' reactions to the suicide of their psychiatrist, *The Journal of Nervous and Mental Disease* 166, 859-867.

Balsam, R. M., Balsam, A. (1974): Becoming a Psychotherapist: A Clinical Primer, Boston.

Balson, P. M., Dempster, C. R. (1980): Treatment of war neuroses from Vietnam, *Comprehensive Psychiatry* 21, 167-175.

124

Barton, D., Flexner, J., Eys, J. van, Scott, Ch. E. (1978): Death and dying: A course for medical students, in: *Garfield, Ch. A.* (Ed.): Psychosocial Care of the Dying Patient, New York, 410-417.

Bendiksen, R., Fulton, R. (1975): Death and the child: An anterospective test of the childhood bereavement and later behavior disorder hypothesis, *Omega* 6, 45-59.

Benton, R. (1978): Getting in touch: The nurse's response to death and dying, in: *Benton, R.*: Death and Dying: Principles and Practises in Patient Care, New York, 319-351.

Ben-Yakar, M., Dasberg, H., Plotkin, I. (1978): The influence of various therapeutic milieus on the course of group treatments in two groups of soldiers with combat reaction, *The Israel Annals of Psychiatry and Related Disciplines* 16, 183-195.

Berger, M. (1978): Possibilités d'aide psychologique aux mourants, in: *Guyotat, J.* (Ed.): Psychothérapies Médicales. Tome II. Situations de Pratique Médicale, Paris, 145-170.

Bernstein, N. R. (1976): Emotional Care of the Facially Burned and Disfigured, Boston.

Bilmes, M. (1979): The process of mourning in group therapy, in: *Wolberg, L. R., Aronson, M. L.* (Eds.): Group Therapy 1979, An Overview, New York.

Bloch, S. (1975): A clinical course on death and dying for medical students, *Journal of Medical Education* 50, 630-632.

Bolm, G., Jaekel, H., Holtschoppen, U. (1979): Gruppenpsychotherapie von Dialysepatienten, *Psychotherapie und Medizinische Psychologie* 29, 105-112.

Borstein, I. J., Klein, Annette (1974): Parents of fatally ill children in a parents' group, in: *Schoenberg, B.* et al.: Anticipatory Grief, London, 164-170.

Brende, J. O. (1981): Combined individual and group therapy for Vietnam veterans, *International Journal of Group Psychotherapy* 31 (No 3), 367-378.

Buchanan, D. C. (1975): Group psychotherapy for kidney transplant patients, *International Journal of Psychiatry in Medicine* 6, 523-531.

Buchanan, D. C. (1978): Group psychotherapy for chronic physically ill patients, *Psychosomatics* 19, 425 und 429-431.

Campbell, D. R., Sinha, B. K. (1980): Brief group psychotherapy with chronic hemodialysis patients, *The American Journal of Psychiatry* 137, 1234-1237.

Cassem, N. H., Hackett, T. P. (1971): Psychiatric consultation in a coronary care unit, *Annals of Internal Medicine* 75, 9-14.

Cohen, A. I. (1976): The impact of the death of a group member on a therapy group, *International Journal of Group Psychotherapy* 26, 203-212.

Cohen, Marie M., Wellisch, D. K. (1978): Living in Limbo: Psychosocial intervention in families with a cancer patient, *American Journal of Psychotherapy* 32, 561-571.

Cohen, S. (1965): LSD and the Anguish of Dying, *Harper's Magazine* 231, 69 ff.

Condrau, G. (1975): Psychotherapie eines Sterbenden, in: *Condrau, G.*: Medizinische Psychologie, München, 309-313.

Coyne, Aurora Barbara (1977): A Conceptual Framework for Death Education for Nurses, Doctoral Dissertation, Pittsburgh.

DeVaul, R. A., Cisook, S., Faschingbauer, T. R. (1979): Clinical aspects of grief and bereavement, *Primary Care* 6, 391-402.

Dubovsky, S. L., Penn, I. (1980): Psychiatric considerations in renal transplant surgery, *Psychosomatics* 21 (No 6), 481-491.

Dunlop, R. S. (1980): Training bereavement therapist, *Death Education* 4, 165-178.

Durlak, J. A., Burchard, J. A. (1977): Preliminary evaluation of a hospital-based continuing education workshop on death and dying, *Journal of Medical Education* 52, 423-424.

Dyne, G. (ed.) (1981): Bereavement Visiting, London.
Eigen, M. (1974): Fear of death: a symptom with changing meanings, *Journal of Humanistic Psychology* 14, 29-33.
Figley, C. R. (ed.) (1978): Stress Disorders Among Vietnam Veterans: Theory, Research, and Treatment, New York.
Follick, M. J., Gottlieb, B. S., Fowler, J. L. (1981): Behavior therapy in coronary heart disease, in: *Sobel, H. J.* (ed.): Behavior Therapy in Terminal Care. A Humanistic Approach, Cambridge, Mass., 253-298.
Ford, C. V., Castelnuevo-Tedesco, P. (1977): Hemodialysis and renal transplantation — psychopathological reactions and their management, in: *Wittkower, E., Warner, H.* (eds.): Psychosomatic Medicine — Its Clinical Applications, 74-85.
Frank, K. A., Heller, S. S., Kornfeld, D. S. (1979): Psychological intervention in coronary heart disease. A review, *General Hospital, Psychiatry* 1, 18-23.
Frenkel, E. M., Torem, M. (1981): Management of a dying patient in group therapy, *Group* 5, 54-61.
Freyberger, H. (1973): Psychosomatik, Rehabilitation, Psychotherapie, in: *Franz, H. E.* (Hrsg.): Praxis der Dialysebehandlung, Stuttgart, 285-307.
Freyberger, H. (1977): Therapieziele bei Dauerdialysepatienten in psychosomatischer Sicht, *Therapiewoche* 27, 5854-5862.
Freyberger, H. (1980): Psychotherapeutic strategies in patients treated in intensive care units, in: *Speidel, H., Rodewald, G.* (eds.): Psychic and Neurological Dysfunctions after Open-Heart Surgery, Stuttgart, 200-204.
Freyberger, H. (1980): Renal transplant unit, in: *Freyberger, H.* (ed.): Psychotherapeutic Interventions in Life-Threatening Illness, Basel-München, 151-177.
Friedman, M. J. (1981): Post-Vietnam syndrome: Recognition and management, *Psychosomatics* 22 (No 11), 931-937.
Furgeri, Lena B. (1978): The celebration of death in group process, *Clinical Social Work Journal* 6, 90-99.
Gates, C. C. (1980): Husbands of mastectomy patients, *Patient Counselling and Health Education* 2 (No 1), 38-41.
Gaus, E., Köhle, K. (1979): Die Therapie der chronischen terminalen Niereninsuffizienz aus psychosomatischer Sicht: Hämodialyse und Transplantation, in: *Th. v. Uexküll* (Hrsg.): Lehrbuch der Psychosomatischen Medizin, München, 789-810.
Geelhoed, G. W., Bowles, L. T. (1977): Fear of dying. Introducing the medical student to the stresses of the dying patient, *American Health Care Association Journal* 3, 45-49.
Gilder, R., Buschman, P., Sitarz, A., Wolff, J. A. (1978): Group therapy with parents of children with leukemia, *American Journal of Psychotherapy* 32, 276-287.
Givelberg, Frances, Simon, B. (1981): A death in the life of a therapist and its impact on the therapy, *Psychiatry* 44, 141-149.
Gleed, Elizabeth A. (1978): Death and mourning; separation and growth: An account of a brief therapy, *British Journal of Projective Psychology and Personality* 23, 7-12.
Goodstein, R. K., Hurwitz, T. D. (1975): The role of the psychiatric consultant in the treatment of burned patients, *International Journal of Psychiatry in Medicine* 6, 413-429.
Goodyear, R. K. (1981): Termination as a loss experience for the counselor, *Personnel and Guidance Journal* 59 (No 6), 347-350.
Graves, J. S. (1978): Adolescents and their psychiatrist's suicide. A study of shared grief and mourning, *Journal of the American Academy of Child Psychiatry* 17, 521-532.
Gray-Toft, Pamela (1980): Effectiveness of a counseling support program for hospice nurses, *Journal of Counseling Psychology* 27, 346-354.

Greenblatt, S. (1978): The influence of survival guilt on chronic family crises, *Journal of Psychology and Judaism* 2, 19-28.

Gruen, W. (1975): Effects of brief psychotherapy during the hospitalization period on the recovery process in heart attacks, *Journal of Consulting and Clinical Psychology* 43, 223-232.

Gyomroi, E. L. (1963): The analysis of a young concentration camp victim, *The Psychoanalytic Study of the Child* 18, 484-510.

Harris, Audrey P. (1980): Content and method in a thanatology training program for paraprofessionals, *Death Education* 4, 21-27.

Heikkinen, C. A. (1981): Loss resolution for growth, *Personnel and Guidance Journal* 59 (No 6), 347-350.

Heller, B. D., Schneider, C. D. (1977/78): Interpersonal methods for coping with stress: helping families of dying children, *Omega* 8, 319-331.

Hertz, D. G. (1975): Confrontation with death. Effect and influence of the impending death on the therapeutic process — A clinical essay, *Dynamische Psychiatrie* 8, 197-213.

Hill, O. W. (1972): Child bereavement and adult psychiatric disturbance, *Journal of Psychosomatic Research* 16, 357-360.

Hiltz, S. R. (1975): Helping widows: Group discussions as a therapeutic technique, *Family Coordinator* 24, 331-336.

Horowitz, L. (1975): Treatment of family with a dying member, *Family Process* 14, 95-106.

Jorgensen, J. A., Brophy, J. J. (1973): Psychiatric treatment of severely burned adults, *Psychosomatics* 14, 331-335.

Jorgensen, J. A., Brophy, J. J. (1975): Psychiatric treatment modalities in burn patients, *Current Psychiatric Therapies* 15, 85-92.

Kaplan, D. M., Smith, A., Grobstein, R., Fischman, S. E. (1978): Family mediation of stress, in: *Garfield, Ch. A. (ed.): Psychosocial Care of the Dying Patient*, New York, 245-257.

Kaplan de Nour, A. (1970): Psychotherapy with patients on chronic haemodialysis, *British Journal of Psychiatry* 116, 207-215.

Kaplan de Nour, A. (1980): The hemodialysis unit, in: *Freyberger, H. (ed.): Psychotherapeutic Intervention in Life-Threatening Illness*, Basel-München, 132-150.

Kaplan de Nour, A., Fisher, G., Mass, M., Gzazkes, J. W. (1974): Diagnosis and therapy of families of patients on chronic hemodialysis, *Mental Health Society* 1, 251-256.

Kast, Verena (1982): Trauern. Phasen und Chancen des psychischen Prozesses, Stuttgart/Berlin.

Kaye, R., Leigh, H., Strauch, B. (1973): The role of the liaison psychiatrist in a hemodialysis program: A case study, *Psychiatry in Medicine* 4, 313-321.

Kestenberg, Judith, S. (1980): Psychoanalyses of children of survivors from the Holocaust: Case presentations and assessment, *Journal of the American Psychoanalytic Association* 28, 775-804.

Kirtley, D. D., Sacks, J. M. (1969): Reactions of a psychotherapy group to ambiguous circumstances surrounding the death of a group member, *Journal of Consulting Clinical Psychology* 33, 195-199.

Koch, U., Muthny, F. A., Broda, M. (1981): Psychotherapeutische Hilfen bei Nierentransplantationen, *Therapiewoche* 31 (No 7), 889-891.

Koch, U., Schmeling, C. (1982): Betreuung von Schwer- und Todkranken. Ausbildungs-kurs für Ärzte und Krankenpflegepersonal, München.
Kolotkin, R. A. (1981): Preventing burn-out and reducing stress in terminal care: the role of assertive training, in: *Sobel, H. J.* (ed.): Behavior Therapy in Terminal Care. A Humanistic Approach, Cambridge, Mass., 229-252.
Kopel, K., Mock, L. A. (1978): The use of group sessions for the emotional support of families of terminal patients, *Death Education* 1, 409-422.
Kornfeld, D. S. (1980): The intensive care unit in adults: coronary care and general medical/surgical, in: *Freyberger, H.* (ed.): Psychotherapeutic Interventions in Life-Threatening Illness, Basel-München, 1-29.
Laube, J. (1977): Death and dying workshop for nurses: Its effect on their death anxiety level, *International Journal of Nursing Studies* 14, 111-120.
Lazare, A. (1979): Unresolved grief, in: *Lazare, A.* (ed.): Outpatient Psychiatric Diagnosis and Treatment, Baltimore/London, 498-512.
Leonard, V. R. (1976): Death education in the helping profession, *The Australian Journal of Social Issues* 11, 108-119.
Levenberg, S. B., Jenkins, Ch., Wendorf, D. J. (1978/79): Studies in family-oriented crisis intervention with hemodialysis patients, *International Journal of Psychiatry in Medicine* 9, 83-92.
Lewis, J. M. (1982): Dying with friends: Implications for the psychotherapist, *American Journal of Psychiatry* 139 (No 3), 261-266.
Lifton, R. J. (1963): Psychological effects of the atomic bomb in Hiroshima: The theme of death, *Daedalus* 92, 462-497.
Lifton, R. J. (1964): On death and death symbolism: The Hiroshima disaster, *Psychiatry* 27, 191-210.
Lifton, R. J. (1968): Death in Life. Survivors of Hiroshima, New York.
Lifton, R. J. (1973): Home from the War: Vietnam Veterans. Neither Victims nor Executioners, New York.
Lifton, R. J. (1979): Advocacy and corruption in the healing professions, in: *Rogers, W. R., Barnard, D.* (eds.): Nourishing the Humanistic in Medicine: Interactions with the Social Sciences, Pittsburgh, 53-72.
Lindemann, E. (1976): Symptomatology and management of acute grief, in: *Fulton, R.* (ed.): Death and Identity, Bowie, Md., 210-221.
Lindemann, E., (1979): Beyond Grief: Studies in Crisis Intervention, New York.
Liston, E. H. (1974): Psychiatric aspects of life-threatening illness: A course for medical students, *Psychiatry in Medicine* 5, 51-56.
Lohmann, R., Voges, B. et al. (1979): Psychopathology and psychotherapy in chronic physically ill patients, *Psychotherapy and Psychosomatics* 31, 267-276.
Lord, Ruth, Ritvo, S., Solnit, A. J. (1978): Patients' reactions to the death of the psychoanalyst, *The International Journal of Psycho-Analysis* 59, 189-197.
Margolis, O. S., Raether, J. C., Kutscher, A. H. et al. (eds.) (1981): Acute Grief: Counseling the Bereaved, New York.
Marks, S. C., Bertman, S. L. (1980): Experiences with learning about death and dying in the undergraduate anatomy curriculum, *Journal of Medical Education* 55, 48-57.
Markusen, E., Fulton, R. (1971): Childhood bereavement and behavior disorders: a critical review, *Omega* 2, 107-117.
Marshall, J. R. (1974): Effective use of a psychiatric consultant on a dialysis unit, *Postgraduate Medicine* 55, 121-125.
Mawson, D., Marks, I. M., Ramm, L., Stern, R. S. (1981): Guided mourning for morbid grief: a controlled study, *The British Journal of Psychiatry* 138, 185-193.

128

McCarthy, J. B. (1981): Psychoanalytic psychotherapy and the fear of death, *American Journal of Psychoanalysis* 41 (No 1), 21-30.

Melges, F. T., Demaso, D. R. (1980): Grief resolution therapy: Reliving, revising, and revisiting, *American Journal of Psychotherapy* 34, 51-61.

Meyer, J. E. (1973): Tod und Neurose, Göttingen.

Meyer, J. E. (1975): Die Todesthematik in der Entstehung und im Verlauf von Zwangs-neurosen, *Psychotherapie und Medizinische Psychologie* 25, 124-128.

Meyer, J. E. (1979): Todesangst und das Todesbewußtsein der Gegenwart, Berlin/Hei-delberg.

Mikkelsen, E. J., Gutheil, T. G. (1979): Stages of forced termination: Uses of the death metaphor, *Psychiatric Quarterly* 51, 15-27.

Miller, W. C., Gardner, N., Mlott, S. R. (1976): Psychosocial support in the treatment of severely burned patients, *Journal of Trauma* 19, 722-725.

Morrison, J. K. (1978): Successful grieving: Changing personal constructs through men-tal imagery, *Journal of Mental Imagery* 2, 63-68.

Murray, Patricia (1974): Death education and its effect on the death anxiety level of nur-ses, *Psychological Reports* 35, 1250.

Parkes, C. M. (1979): Evaluation of a bereavement service, in: De Vries, A. Carmi, A. (eds.): The Dying Human, Ramat Gan, Israel, 389-402.

Parsons, M. (1982): Imposed termination of psychotherapy and its relation to death and mourning, *British Journal of Medical Psychology* 55, 35-40.

Porritt, D., Bordow, S. (1980): Effects of crisis intervention in road-injury patients, *Patient Counselling and Health Education* 2, 178-183.

Rahe, R. H., Ward, H. W., Hayes, V. (1979): Brief group therapy in myocardial infarc-tion rehabilitation: three-to four-year follow-up of the controlled trial, *Psychosoma-tic Medicine* 41, 229-242.

Ramsay, R. W. (1977): Behavioural approaches to bereavement, *Behaviour Research and Therapy* 15, 131-135.

Raphael, B. (1977): Preventive intervention with the recently bereaved, *Archives of General Psychiatry* 34, 1450-1454.

Raphael, B. (1979): A primary prevention action programme: Psychiatric involvement following a major rail disaster, *Omega* 10, 211-226.

Redick, R. J. (1974): Behavioral group counseling and death anxiety in student nurses. Doctoral Dissertation, Pittsburgh.

Ringel, E. (1975): Sterben und Tod als Problem des medizinischen Unterrichts, *Dynami-sche Psychiatrie* 8, 143-156.

Rodman, F. R. (1977): Not Dying: A Psychoanalyst's Memoir of his Wife's Death, New York.

Rosenthal, Hattie, R. (1957): Psychotherapy for the dying, *American Journal of Psy-chotherapy* 11, 626-633.

Rosenthal, Hattie R. (1963): The fear of death as a indispensable factor in psychothe-rapy, *American Journal of Psychotherapy* 17, 619-630.

Rosenthal, Pauline (1947): The death of the leader in group psychotherapy, *American Journal of Orthopsychiatry* 17, 266-277.

Rosenthal, P. A. (1980): Short-term family therapy and pathological grief resolution with children and adolescents, *Family Process* 19, 151-159.

Ross, Judith, W. (1979): Coping with childhood cancer: Group intervention as an aid to parents in crisis, *Social Work in Health Care* 4, 381-391.

Scott, D. L. (1973): Psychiatry problems of haemodialysis: Their treatment by hypno-sis, *British Journal of Psychiatry* 122, 91-92.

Shwed, H. A. (1980): When a psychiatrist dies, *The Journal of Nervous and Mental Disease* 168, 275-278.

Silberfarb, P. M., Levine, P. M. (1980): Psychosocial aspects of neoplastic disease 3. Group support for the oncology nurse, *General Hospital Psychiatry* 3, 192-197.

Soliman, P. (1979): Confrontation with death, *The Israel Annals of Psychiatry and Related Disciplines* 17, 149-164.

Solnit, A. J., Priel, B. (1975): Scared and scarred — psychological aspects in the treatment of soldiers with burns, *Israel Annals of Psychiatry and Related Disciplines* 13, 213-220.

Speidel, H., Achilles, I., Dahme, B. et al. (1978): Probleme der interdisziplinären Zusammenarbeit in der psychosomatischen Forschung am Beispiel eines Projekts mit Herzoperierten, *Gruppenpsychotherapie — Gruppendynamik* 13, 253-261.

Surman, O. S., Hackett, T. P., Silverberg, E. I., Behrendt, D. M. (1974): Usefulness of psychiatric intervention in patients undergoing cardiac surgery, *Archives of General Psychiatry* 30, 830-835.

Schachter, S. C. (1979): Death and dying education in a medical school curriculum, *Journal of Medical Education* 54, 661-663.

Schmeling, Ch., Koch, U. (1978): Gruppenerfahrung mit dem Hamburger Lernprogramm „Umgang mit Sterbenden", *Medizinische Psychologie* 3, 201-202.

Schneider, P. B., DePerrot, E. (1971): Considérations sur l'utilisation du jeu de rôle comme moyen d'enseignement de la relation médicin-malade, *Revue de Médecine Psychosomatique* 13, 187-199.

Schoenberg, B. M. (ed.) (1980): Bereavement Counseling, A Multidisciplinary Handbook, Westport.

Steiner, H., Clark, W. R. (1977): Psychiatric complications of burned adults: A classification, *Journal of Trauma* 17, 134-143.

Steiner-Freud, J. (1979): Preparing nurses to deal with death, in: De Vries, A., Carmi, A. (eds.): The Dying Human, Ramat Gan, Israel, 141-145.

Tuckman, A. J. (1970): Brief psychotherapy and hemodialysis, *Archives of General Psychiatry* 23, 65-69.

Volkan, V. D., Josephthal, D. (1980): The treatment of established pathological mourners, in: Karasu, T. B., Bellak, L. (eds.): Specialized Techniques in Individual Psychotherapy, New York, 1131-1142.

Walker, Cynthia (1977/78): Effect of group psychotherapy on bereavement with spouses of dying cancer patients, Doctoral Dissertation, Los Angeles.

Walker, J. I., Nash, J. L. (1981): Group therapy in the treatment of Vietnam combat veterans, *International Journal of Group Psychotherapy* 31 (No 3), 379-389.

Weisz, A. E. (1967): Psychotherapeutic support of burned patients, *Mod. Treat.* 4, 1291-1303.

Wendkos, M. H. (1979): Sudden Death and Psychiatric Illness, New York.

Wetmore, R. J. (1963): The role of grief in psychoanalysis, *International Journal of Psychoanalysis* 44, 97-103.

Wijsenbeek, H., Munitz, H. (1970): Group treatment in a hemodialysis center, *Psychiatria, Neurologia, Neurochirurgia* 73, 213-220.

Williams, W. V., Polak, P., Vollman, R. R. (1972): Crisis intervention in acute grief, *Omega* 3, 67-70.

Williams, W. V., Lee, J., Polak, P. R. (1976): Crisis intervention: Effects of crisis intervention on family survivors of sudden death situations, *Community Mental Health Journal* 12 (No 2), 128-136.

Wilson, C. J., Muzekari, L. H., Schneps, S. A., Wilson, D. M. (1974): Time-limited group counseling for chronic home hemodialysis patients, *Journal of Counseling Psychology* 21, 376-379.

Winkelmann, F. (1975): Der Sterbende und seine Familie — Erfahrungen einer Balintgruppe, *Dynamische Psychiatrie* 8, 318-327.

Wolff, H. H. (1977): Loss: a central theme in psychotherapy, *The British Journal of Medical Psychology* 50, 11-19.

Wylie, H. W., Lazaroff, P., Lowy, F. (1964): A dying patient in a psychotherapy group, *International Journal of Group Psychotherapy* 14, 482-490.

Young, W. H. (1960): Death of a patient during psychotherapy, *Psychiatry* 23, 103-108.

Literatur zu Abschnitt 2 und 3

Ames, Beatrice (1980): Art and a dying patient, *American Journal of Nursing* 80, 1094-1096.

Andrysiak, T., Carroll, R. M., Ungerleider, J. T. (1979): Marijuana for the oncology patient, *American Journal of Nursing* 79, 1396-1398.

Avorn, J. (1973): Beyond dying: experiments using psychedelic drugs to ease the transition from life, *Harpers* 246, 56-64.

Bakalar, J. B. (1979/80): Psychedelic drug therapy: Cultural conditions and obstacles, *Journal of Altered States of Consciousness* 5, 297-307.

Baldwin, B. (1979): Crisis intervention: An overview of theory and practice, *The Counseling Psychologist* 8, 43-52.

Bard, M. (1959): Implications of analytic psychotherapy with the physically ill, *American Journal of Psychotherapy* 13, 860-871.

Bascue, L. O., Krieger, G. W. (1971): Considerations in counseling the terminally ill, *The Journal of Applied Rehabilitation Counseling* 2, 97-102.

Bascue, L. O., Krieger, G. W. (1974): Death as a counseling concern, *The Personnel and Guidance Journal* 52, 587-592.

Benson, G. (1972): Death and dying: A psychoanalytic perspective, *Hospital Progress* 53, 52-59.

Berendes, Margres (1979/80): Formation of typical dynamic stages in psychotherapy before and after psychedelic drug intervention, *Journal of Altered States of Consciousness* 5, 297-307.

Berger, M. (1978): Formation aux soins aux mourants, in: *Guyotat, J.* (ed.): Psychothérapies Médicales. Tome II. Situations de pratique Médicale, Paris, 171-179.

Berger, M., Beetschen, A. (1979): La médecine, la psychiatrie et la mort, *Confrontations Psychiatriques* 17, 217-248.

Bleeker, J. A. (1978): Brief psychotherapy with lung cancer patients, *Psychotherapy and Psychosomatics* 29, 282-287.

Bloch, S. (ed.) (1979): An Introduction to the Psychotherapies, London.

Block, A..R., Kremer, E., Gaylor, M. (1980): Behavioral treatment of chronic pain: Variables affecting treatment efficacy, *Pain* 8, 367-375.

Bowers, M. K., Jackson, E. N., Knight, J. A., LeShan, L. (1971): Wie können wir Sterbenden beistehen, München.

Bowers, M., Weinstock, Ch. (1978): A case of healing in malignancy, *Journal of the American Academy of Psychoanalysis* 6, 393-402.

Brodsky, B. (1959): The self-representation, anality, and the fear of dying, *Journal of the American Psychoanalytic Association* 7, 95-108.

Buckingham, R. W., Foley, Susan H. (1978): A guide to evaluation research in terminal care programs, *Death Education* 2 (No 1-2), 127-141.

Bugen, L. (1979): State anxiety effects on counselor perceptions of dying stages, *Journal of Counseling Psychology* 26, 89-91.

Bugental, J. F. (1978): Psychotherapy and Process. The Fundamentals of an Existential-Humanistic Approach, Reading, Mass.

Burish, T. G., Lyles, J. H. (1979): Effectiveness of relaxation training in reducing the aversiveness of chemotherapy in the treatment of cancer, *J. Behav. Ther. Exp. Psycho.* 10, 357-361.

Burton, A. (1962): Death as a countertransference, *Psychoanalysis and the Psychoanalytic Review* 49, 3-20.

Butler, R. (1973): Toward a psychiatry of the life-cycle: Implications of socio-psychologic studies of the aging process for the psychotherapeutic situation, in: Death Anxiety, New York, 30-45.

Cairns, G. F., Altman, K. (1979): Behavioral treatment of cancer related anorexia, *Journal of Behavioral Therapy and Experimental Psychiatry* 10, 353-356.

Capone, Mary Ann, Westie, Katharine S. et al. (1979): Crisis intervention — Functional model for hospitalized cancer patients, *American Journal of Orthopsychiatry* 49, 598-607.

Capone, Mary Ann, Good, Raphael S. et al. (1980): Psychosocial rehabilitation of gynecologic oncology patients, *Archives of Physical Medicine and Rehabilitation* 61, 128-132.

Cassem, N. H. (1978): Treating the person confronting death, in: Nicholi, A. M. (ed.): The Harvard Guide to Modern Psychiatry, Cambridge, Mass., 579-606.

Clarke, P. J. (1981): Exploration of countertransference toward the dying, *American Journal of Orthopsychiatry*, 51, 71-77.

Cohen, S. (1965): LSD and the anguish of dying, *Harpers* 231, 69-78.

Corder, M. P., Anders, R. L. (1974): Death and dying — Oncology discussion group, *Journal of Psychiatric Nursing and Mental Health Service* 10-14, 12-13.

Craddick, R. A. (1972): Archetypes of death, *International Journal of Symbology* 3, 35-42.

Cunningham, J., Strassberg, D., Roback, H. (1978): Group psychotherapy for medical patients, *Comprehensive Psychiatry* 19, 135-140.

Curran, M. C., Kobos, J. C. (1980): Therapeutic engagement with a dying person: Stimulus for therapist training and growth, *Psychotherapy: Theory, Research and Practice* 17, 343-351.

Dahlberg, C. C. (1980): Perspectives on death, dying, and illness while working with patients, *The Journal of the American Academy of Psychoanalysis* 8, 369-380.

Deutsch, F. (1936): Euthanasia: a clinical study, *Psychoanalytic Quarterly* 5, 347-368.

Dreifuss, Esther (1981): Die psychotherapeutische Bedeutung der Kunstpsychotherapie in der Behandlung von Krebspatienten, *Schweizerische Rundschau der Medizin (Praxis) No 24*, 1095-1102.

Eibach, Hannelore (1979): Sterbehilfe in der Klinik unter Einsatz des katathymen Bilderlebens (KB), *Psychotherapie, Medizinische Psychologie* 29, 96-104.

Eissler, K. R. (1978): Der sterbende Patient. Zur Psychologie des Todes, Stuttgart.

Ellis, A. (1981): The rational-emotive approach to thanatology, in: Sobel, H. J. (ed.): Behavior Therapy in Terminal Care. A Humanistic Approach, Cambridge, Mass., 151-176.

Erickson, M. H. (1959): Hypnosis in painful terminal illness, *American Journal of Clinical Hypnosis* 1, 117-121.

Erickson, M. H. (1977): The interpersal hypnotic technique for symptom correction and pain control, *American Journal of Clinical Hypnosis* 8, 198-209.

Erickson, M. H., Rossi, E. E. (1981): Hypnotherapie. Aufbau — Beispiele — Forschungen.

Euster, Sona (1979): Rehabilitation after mastectomy: The group process, *Social Work in Health Care* 4, 251-263.

Faquet, R. A., Fawzy, F. I., Wellisch, D. K., Pasnau, R. O. (eds.) (1978): Contemporary Models in Liaison Psychiatry, New York.

Feigenberg, L. (1975): Care and understanding of the dying: A patient-centered approach, *Omega* 6, 81-94.

Feigenberg, L. (1977): Terminal Ward, Lund.

Feigenberg, L. (1979): A method for psychological care of dying cancer patients, in: De Vries, A., Carmi, A. (eds.): The Dying Human, Ramat Gan, Israel, 49-52.

Feigenberg, L. (1980): Terminal Care. Friendship Contracts with Dying Cancer Patients, New York.

Feigenberg, L., Fulton, R. (1977): Care of the dying: A Swedish perspective, *Omega* 8, 215-228.

Feigenberg, L., Shneidman, E. S. (1979): Clinical thanatology and psychotherapy: Some reflections on caring for the dying person, *Omega* 10, 1-8.

Florez, H. (1979): Psicotherapia de grupe en pacientes de cancer, *Revista Latinoamericana de Psicologia* 11, 47-63.

Fodor, N. (1964): Jung's sermons to the dead, *Psychoanalytic Review* 51, 74-78.

Fortune, Ellen (1979): A nursing approach to body image and sexuality adaptation in the mastectomy patient, *Sexual Disability* 2, 47-53.

von Franz, Marie-Louise (1979): C. G. Jungs Auffassung von Alter und Tod und ihre Bedeutung für die analytische Psychologie, in: Petzold, H., Bubolz, Elisabeth (Hrsg.): Psychotherapie mit alten Menschen, Paderborn, 131-143.

von Franz, Marie-Louise (1980): Archetypische Erfahrungen in der Nähe des Todes, in: von Franz, M.-L., Frey-Roha, L., Jaffé, A.: Im Umkreis des Todes, Zürich, 97-135.

von Franz, Marie-Louise, Frey-Roha, Liliane, Jaffé, Aniela (1980): Im Umkreis des Todes, Zürich.

Franzino, Mary Ann, Geren, J. J., Meiman, G. (1976): Group discussion among the terminally ill, *International Journal of Group Psychotherapy* 26, 43-48.

Freidenbergs, Ingrid, Gordon, W., Hibbard, M., et al. (1982): Psychosocial aspects of living with cancer. A review of the literature, *International Journal of Psychiatry in Medicine* 11 (No 4), 303-329.

Freyberger, H. (1976): Psychosomatic aspects of an intensive care unit, in: Howells, J. G. (ed.): Modern Perspectives in the Psychiatric Aspects of Surgery, New York, 549-569.

Freyberger, H. (1977): Supportive psychotherapeutic techniques in primary and secondary alexithymia, *Psychotherapy and Psychosomatics* 28, 337-342.

Freyberger, H. (ed.) (1980): Psychotherapeutic Interventions in Life-Threatening Illness, Basel-München.

Gallo, F. T. (1977): Counseling breast cancer patient and her family, *Family Therapy* 4, 547-553.

Garfield, C. A. (ed.) (1978): Psychosocial Care of the Dying Patient, New York.

Gaus, E. (1975): Zur Psychologie therapeutischer Extremsituationen in der Medizin, Dissertation, Ulm.

Gilbert, Janet P. (1977): Music therapy perspectives on death and dying, *Journal of Music Therapy* 14, 165-171.

Gordon, R. (1977): Death and creativity: A Jungian Approach, *The Journal of Analytical Psychology* 22, 106-124.

Gordon, W. A., Freidenbergs, Ingrid, Filler, L., Hibbard, M. et al. (1980): Efficacy of psychosocial intervention with cancer patients, Journal of Consulting and Clinical Psychology 48, 743-759.

Grof, S. (1980): LSD-Psychotherapy, Patridge Green.

Grof, S., Pahnke, W. N., Goodman, L. E., Kurland, A. A. (1972): Psychedelic drug assisted psychotherapy in patients with terminal cancer. Part 2, Journal of Thanatology 2 (No 1-2), 649-691.

Grof, S., Goodman, L. E., Richards, W. A., Kurland, A. A. (1973): LSD-assisted psychotherapy in patients with terminal cancer, International Pharmacopsychiatry 8, 129-144.

Grof, S., Halifax, J. (1980): Die Begegnung mit dem Tod, Stuttgart.

Grossarth-Maticek, R. (1980): Social psychotherapy and course of the disease. First experiences with cancer patients, Psychotherapy and Psychosomatics 33 (No 3), 129-138.

Gustafson, J. P., Coleman, F. et al. (1978): A cancer patients group: The problem of containment, J. Pers. Soc. System 1, 6-18.

Gustafson, J., Whitman, Helen (1978): Towards a balanced social environment on the oncology service: The cancer patients' group, Social Psychiatry 13, 147-157.

Guyotat, J. (ed.) (1978): Psychothérapies Médicales, Paris.

Hacker, T. A. (1977): Some aspects of transference and countertransference in therapy with dying and non-dying patients, Suicide and Life-Threatening Behavior 7, 189-198.

Hägglund, T.-B. (1976): Dying: A psychoanalytic study with special reference to individual creativity and defensive organisation, Psychiatria Fennica Mono 6.

Hausman, C. P. (1980): Life review therapy, Journal of Gerontological Social Work 3 (No 2), 31-37.

Henderson, J. L. (1963): Wisdom of the Serpent: The Myths of Death. Rebirth and Resurrection, New York.

Hertz, D. G. (1975): Confrontation with death. Effect and influence of the impending death on the therapeutic process — A clinical essay, Dynamische Psychiatrie 8, 197-213.

Herzog, E. (1960): Psyche und Tod — Wandlungen des Todesbildes im Mythos und in den Träumen heutiger Menschen, Zürich-Stuttgart.

Heyman, D. A. (1974): Discussions meet needs of dying patients, Hospitals, J. A. H. A., 45, 57-62.

Howe, J. (1980): Konzepte psychotherapeutischer Hilfestellung bei Sterbenden, Referat, gehalten auf dem „Kongreß für Klinische Psychologie und Psychotherapie" in Berlin vom 18. — 22. 2. 1980.

Howells, J. G. (ed.) (1976): Modern Perspectives in the Psychiatric Aspects of Surgery, New York.

Hudson, R. P. (1978): Death, dying, and the zealous phase, in: Bayles, M. D., High, D. M. (eds.) (1978): Medical Treatment of the Dying: Moral Issues, Cambridge, Mass., 65-84.

Hyman, Selma (1977): Death-in-life-life-in-death: Spontaneous process in a cancer patient, Spring No 1, 27-41.

Iszak, F., Engel, J., Medalie, J. (1973): Comprehensive rehabilitation of the patient with cancer. Five-year experience of a home-care unit, Journal of Chronic Disease 26, 363-374.

Jackson, E. (1977): Counseling the dying, Death Education 1, 27-39.

Jaffé, D. E., Bresler, D. E. (1980): The use of guided imagery as an adjunct to medical diagnosis and treatment, *Journal of Humanistic Psychology* 20, 45-59.

Johnson, Edith M., Stark, Doretta E. (1980): A group program for cancer patients and their family members in an acute care teaching hospital, *Social Work in Health Care* 5 (No 4), 335-349.

Joseph, Florence (1962): Transference and countertransference in the case of a dying patient, *Psychoanalysis and the Psychoanalytic Review* 49, 21-34.

Karasu, T. B., Steinmüller, R. I. (eds.) (1978): Psychotherapeutics in Medicine, New York.

Kast, E. (1966): LSD and the dying patient, *Chicago Medical School Quarterly* 26, 80-87.

Kast, E. (1970): A concept of death, in: *Aaronson, B. S., Osmond, H.* (eds.): Psychedelics, Garden City, 366-381.

Kast, E., Collins, V. (1964): Study of lysergic acid diethylamide as an analgesic agent, *Anesthesia and Analgesia Current Researches* 43, 285-291.

Kelly, P. P., Ashby, G. C. (1979): Group approaches for cancer patients. Establishing a group, *American Journal of Nursing* 79, 914-915.

Kerekjarto, M. v., Schiebel-Piest, B. et al. (1980): Arbeitsbericht der Abteilung für Medizinische Psychologie der Universität Hamburg zum Projekt „Medizinpsychologische Betreuung von Tumorpatienten im stationären und ambulanten Bereich", Manuskript.

Kern-Pilch, Kathleen (1980): Anne: An illustrative case of art therapy with a terminally ill patient, *American Journal of Art Therapy* 20, 3-11.

Kimball, C. P. (1975): Medical psychotherapy, *Psychotherapy and Psychosomatics* 25, 193-200.

Krant, M. J., Beiser, M., Adler, G., Johnston, L. (1976): The role of a hospital based psychosocial unit in terminal cancer illness and bereavement, *Journal of Chronic Disease* 29, 115-127.

Krieger, G. W, Bascue, L. O. (1975): Terminal illness: Counseling with a family perspective, *Family Coordinator* 24, 351-355.

Kurland, A., Grof, S., Pahnke, W., Goodman, L. (1972/73): Psychedelic drug assisted psychotherapy in patients with terminal cancer, *Journal of Thanatology* 2, 644-648.

Lamerton, R. (1973): Care of the Dying, London.

Landau, E. (1980): Sterbehilfe mit dem Katathymen Bilderleben, in: *Leuner, H.* (Hrsg.): *Katathymes Bilderleben*, Bern/Stuttgart, 255-262.

Lane, D. S., Liss-Levinson, W. (1980): Education and counseling for cancer patients. Lifting the shroud of silence, *Patient Counselling and Health Education* 2, 154-160.

LaRue, G. (1980): Death and the humanist counselor, *The Humanist* 40, 13-15.

Lebow, Grace H. (1976): Facilitating adaptation in anticipatory mourning, *Social Casework* 57, 458-465.

Leigh, H. (1974): Psychotherapy of a suicidal, terminal cancer patient, *International Journal of Psychiatry in Medicine* 5, 173-182.

LeShan, L. (1964): Some observations on the problem of mobilizing the patient's will to live, in: *Kissen, D. M., LeShan, L.* (eds.): Psychosomatic Aspects of Neoplastic Disease, Kibdib, 109-120.

LeShan, L. (1969): Psychotherapy and the dying patient, in: *Pearson, L.* (ed.): Death and Dying, Cleveland, 28-48.

LeShan, L. (1977): You Can Fight for Your Life, New York.

LeShan, L., Gassman, M. L. (1958): Some observations on psychotherapy with patients suffering from neoplastic disease, *American Journal of Psychotherapy* 12, 732-734.

LeShan, L., LeShan, Eda (1961): Psychotherapy and the patient with a limited life-span, *Psychiatry* 24, 318-323.

Levinson, P. (1975): Obstacles in the treatment of dying patients, *The American Journal of Psychiatry* 132, 28-32.

Lindenberg, S. P. (1977): The effects of an existential-type of group psychotherapy on a time-limited group of members for whom the imminence of death is a pressing reality, Doctoral Dissertation, Georgia.

Linn, B. S., Linn, M. W. (1981): Late stage cancer patients: Age differences in their psychophysical status and response to counseling, *Journal of Gerontology* 36, 689-692.

Lückel, K. (1980): Das Vermeiden des Sterbens — und die Begegnung mit dem Unvermeidbaren, *Integrative Therapie* 6, 194-202.

Lückel, K. (1981): Begegnung mit Sterbenden. Gestaltseelsorge in der Begleitung sterbender Menschen, München.

Mahrer, A. R. (1980): The treatment of cancer through experimental psychotherapy, *Psychotherapy: Theory Research and Practice* 17, 335-342.

McCarthy, M. L. (1975): Life issues and group psychotherapy with terminal cancer patients, Doctoral Dissertation, San Francisco.

McClellan, M. S. (1972): Crisis groups in special care areas, *Nursing Clinics of North America* 7, 363-371.

McKitrick, D. (1981/82): Counseling dying clients, *Omega* 12, 165-187.

McNutt, Eileen (1978): An experience of a therapeutic family reunion, *Transnational Mental Health Research Newsletter* 20, 1-8.

Meares, A. (1976): Regression of cancer after intensive meditation, *Medical Journal of Australia* 2, 184.

Meares, A. (1977): Atavistic regression as a factor in the remission of cancer, *Medical Journal of Australia* 2, 132-133.

Meares, A. (1979): The psychological treatment of cancer. The patient's confusion of the time for living with the time for dying, *Australian Family Physician* 8, 801-805.

Miller, C., Denner, P. et al. (1976): Assisting the psychosocial problems of cancer patients. A review of current research, *International Journal of Nursing Studies* 13, 161-166.

Moss, D. (1980): Transient paranoia and the „gift" in terminal illness, *The British Journal of Medical Psychology* 53, 155-159.

Musick, P. L. (1980): Imagery: A metaphor for health in three cancer patients, in: Shorr, J. E., Sobel, G. E., Robin, P., Connella, J. A. (eds.): Imagery, Its Many Dimensions and Applications, New York, 343-347.

Norton, Janice (1963): Treatment of a dying patient, *Psychoanalytic Study of the Child* 18, 541-560.

Pahnke, W. N. (1970): The psychedelic mystical experience in the human encounter with death, *Harvard Theological Review* 62, 1-32.

Pahnke, W. N., Kurland, A. A., Goodman, L. E., Richards, W. A. (1969): LSD-assisted psychotherapy with terminal cancer patients, *Current Psychiatric Therapies* 9, 144-152.

Pahnke, W. N., Kurland, A. A., Unger, S., Savage, Ch., Wolf, S., Goodman, L. E. (1970): Psychedelic therapy (utilizing LSD) with cancer patients, *Journal of Psychedelic Drugs* 3, 63-75.

Parsell, S., Tagliareni, E. M. (1974): Cancer patients help each other, *American Journal of Nursing* 74, 650-651.

Pelegrino, D. A. (1974): Death and dying counseling and the recreating therapist, *Journal of Leisurability* 1, 15-18.

Peretz, D. (1972): Psychotherapy workshop, in: *Schoenberg, B. et al: Psychosocial Aspects of Terminal Care*, New York. 369-373.

Pettitt, G. A. (1979): Adjunctive trance and family therapy for terminal cancer, in: *Burrows, G. D., Collison, D. R., Dennerstein, L.* (eds.): Hypnosis 1979, Amsterdam, 63-70.

Petzold, H. G. (1980): Integrative Arbeit mit einem Sterbenden mit Gestalttherapie, Ton, Poesietherapie und Kreativen Medien, *Integrative Therapie* 6, 181-193.

Phifer, B. (1977): A review of the research and theological implications of the use of psychedelic drugs with terminal cancer patients, *Journal of Drug Issues* 7, 287-292.

Pomerleau, O. F. (1979): Behavioral medicine: the contribution of the experimental analysis of behavior to medical care, *American Psychologist* 34, 654-663.

Quint-Benoliel, Jeanne (1980/81): Death counseling and human development: Issues and intricacies, *Death Education* 4, 337-353.

Radford, J. (1975): An image of death in dreams and ballads, *International Journal of Symbology* 6, 15-22.

Rebok, G. W., Hoyer, W. J. (1979/80): Clients nearing death: Behavioral treatment perspectives, *Omega* 10, 191-201.

Redd, W. H. (1980): Stimulus control and extinction of psychosomatic symptoms in cancer patients in protective isolation, *Journal of Consulting and Clinical Psychology* 48, 448-455.

Redick, R. J. (1974): Behavioral group counseling and death anxiety in student nurses, Doctoral Dissertation, Pittsburgh.

Renneker, R. E. (1957): Countertransference reactions to cancer, *Psychosomatic Medicine* 19, 409-418.

Richards, W. A. (1978): Mystical and archetypal experiences of terminal patients in DPT-assisted psychotherapy, *Journal of Religion and Health* 17, 117-126.

Richards, W. A. (1979/80): Psychedelic drug-assisted psychotherapy with persons suffering from terminal cancer, *Journal of Altered States Consciousness* 5, 309-319.

Richards, W., Grof, S., Goodman, L., Kurland, A. (1972): LSD-assisted psychotherapy and the human encounter with death, *Journal of Transpersonal Psychology* 4, 121-150.

Richards, W. A., Rhead, J. C., DiLeo, F. B. et al. (1977): The peak experience variable in DPT-assisted psychotherapy with cancer patients, *Journal of Psychedelic Drugs* 9, 1-10.

Rogers, B. L. (1978): Using the creative process with the terminally ill, *Death Education* 2, 123-126.

Roose, L. J. (1969): To die alone, *Mental Hygiene* 53, 321-326.

Roose, L. J. (1969): The dying patient, *The International Journal of Psycho-Analysis* 50, 385-395.

Rosenthal, Hattie R. (1957): Psychotherapy for the dying, *American Journal of Psychotherapy* 11, 626-633.

Rosenthal, Hattie R. (1963): The fear of death as an indispensable factor in psychotherapy, *American Journal of Psychotherapy* 17, 619-630.

Sacerdote, P. (1970): Theory and practice of pain control in malignancy and other protracted or recurring painful illnesses, *International Journal of Clinical and Experimental Hypnosis* 18, 160-180.

Sacerdote, P. (1978): Teaching self-hypnosis to patients with chronic pain, *Journal of Human Stress* 4, 18-21.

Sandford, B. (1957): Some notes on a dying patient, *International Journal of Psycho-Analysis* 38, 158-165.

Schmaltz, Gustav (1958): Fall F. T, in: *Bitter, W.* (Hrsg.): Meditation in Religion und Psychotherapie, Stuttgart, 85-135.

Schwartz, A. M., Karasu, T. B. (1977): Psychotherapy with the dying patient, *American Journal of Psychotherapy* 31, 19-35.

Schwartz, A. M., Karasu, T. B. (1980): Psychotherapy with the dying patient, in: *Karasu, T. B., Bellak, L.* (eds.): Specialized Techniques in Individual Psychotherapy, New York, 277-304.

Shady, G. A. (1977): Death anxiety and ab therapeutic styles as factors in helping patients with different coping styles accept life-threatening illness, Doctoral Dissertation, Manitoba, Canada.

Sheehan, D. V. (1972): A review of the use of LSD for the patient near death, *The Psychiatric Forum* 3, 21-23.

Shneidman, E. S. (1978): Some aspects of psychotherapy with dying persons, in: *Garfield, C. A.* (ed.): Psychosocial Care of the Dying Patient, New York, 201-218.

Simonton, O., Simonton, Stephanie (1975): Belief systems and management of the emotional aspects of malignancy, *Journal of Transpersonal Psychology* 8, 29-41.

Simonton, O., Matthews-Simonton, S., Creighton, J. (1978): Getting Well Again, Los Angeles; dt.: Wieder gesund werden, Reinbek, 1982.

Simonton, O., Matthews-Simonton, S., Sparks, T. F. (1980): Psychological intervention in the treatment of cancer, *Psychosomatics* 21, 226-227, 231-233.

Simpson, M. A. (1979): The Facts of Death, Prentice Hall.

Sobel, H. J. (ed.) (1981): Behavioral Therapy in Terminal Care. A Humanistic Approach, Cambridge, Mass.

Sobel, H. J., Worden, J. W. (1981): Helping Cancer Patients Cope: A Problem Solving Intervention Program, New York.

Spero, M. H. (1981/82): Confronting death and the concept of life review. The Talmudic approach, *Omega* 12, 37-43.

Spiegel, D. (1979): Psychological support for women with metastatic carcinoma, *Psychosomatics* 20, 780-783, 787.

Spiegel, D., Bloom, J. R., Yalom, I. (1981): Group support for patients with metastatic cancer, *Archives of General Psychiatry* 38, 527-533.

Spiegel, D., Yalom, I. D. (1978): A support group for dying patients, *International Journal of Group Psychotherapy* 28, 233-245.

Spiegel-Rösing, Ina (1980): Thanato-Therapie, *Integrative Therapie* 6, 123-140.

Stedeford, A. (1979): Psychotherapy of the dying patient, *British Journal of Psychiatry* 135, 7-14.

Stedeford, A., Bloch, S. (1979): The psychiatrist in the terminal care unit, *British Journal of Psychiatry* 135, 1-6.

Steffney, J. (1975): Symbolism and death in Jung and Zen Buddhism, *Philosophy East and West* 25, 175-185.

Stephenson, J. S. (1981): The family therapist and death: A profile, *Family Relations* 30, 459-462.

Tausch, Anne-Marie (1981): Gespräche gegen die Angst, Reinbek.

Testa, J. A. (1981): Group systematic desensitization and implosive therapy for death anxiety, *Psychological Reports* 48, 376-378.

Tress, W. (1981): Emotionales Erleben und Angstbewältigung: Zwei psychotherapeutische Wirkfaktoren im Vergleich, *Psychotherapie — Psychosomatik — Medizinische Psychologie* 31, 156-161.

Turk, D., Meichenbaum, D., Genest, M. (1982): Pain and Behavioral Medicine, New York.

Turk, D., Rennert, Karen (1981): Pain and the terminally ill cancer patient. A cognitive social learning perspective, in: *Sobel, H. J.* (ed.): Behavior Therapy in Terminal Care. A Humanistic Approach, Cambridge, Mass., 95-123.

Viederman, M., Perry, S. W. (1980): Use of a psychodynamic life narrative in the treatment of depression in the physically ill, *General Hospital Psychiatry* 3, 177-185.

Waltzman, S. A. (1978):Treatment of the dying patient and the family, in: *Karasu, T., Steinmüller, R. I.* (eds.): Psychotherapeutic Approaches in Medicine, New York, 259-293.

Weisman, A. D. (1972): On Dying and Denying. A Psychiatric Study of Terminality, New York.

Weisman, A. D. (1974): The Realization of Death. A Guide for the Psychological Autopsy, New York.

Weisman, A. D. (1979): Coping with Cancer, New York.

Wellisch, D. K. (1981): On stabilizing families with an unstable illness: Helping disturbed families cope with cancer, in: *Lansky, M. R.* (ed.): Family Therapy and Major Psychopathology, New York, 281-300.

Wellisch, D. K., Mosher, M. B., van Scoy, C. (1978): Management of family emotion stress: Family group therapy in a private oncology practice, *International Journal of Group Psychotherapy* 28, 225-231.

Wetmore, R. J. (1963): The role of grief in psychoanalysis, *International Journal of Psychoanalysis* 44, 97-103.

Wheelwright, Jane H. (1981): The Death of a Woman. How Life Became Complete, New York.

Whitman, H. H., Gustafson, J. P., Coleman, F. W. (1979): Group approaches for cancer patients leaders and members, *American Journal of Nursing* 79, 910-913.

Whitman, H. H., Lukes, S. J. (1975): Behavior modification for terminally ill patients, *American Journal of Nursing* 75, 98-101.

Winick, L., Robbins, G. F. (1976): The post-mastectomy rehabilitation group program, *American Journal of Surgery* 132, 599-602.

Wirsching, M., Stierlin, H., Haas, Bettina et al. (1981a): Familientherapie bei Krebsleiden, *Familiendynamik* 6, 2-23.

Wirsching, M., Stierlin, H., Weber, G. et al. (1981b): Brustkrebs im Kontext — Ergebnisse einer Vorhersagestudie und Konsequenzen für die Therapie, *Zeitschrift für Psychosomatische Medizin* 27, 239-252.

Wolberg, L. R. (1967): The Technique of Psychotherapy, 2nd Edition, New York.

Wolff, H. H. (1977): Loss: A central theme in psychotherapy, *The British Journal of Medical Psychology* 50, 11-19.

Wood, P. E., Milligan, M., Christ, D., Liff, D. (1978): Group counseling for cancer patients in a community hospital, *Psychosomatics* 19, 555-561.

Worden, J. W., Weisman, A. D. (1980): Do cancer patients really want counseling? *General Hospital Psychiatry* 2, 100-103.

Yalom, I. D., Greaves, C. (1977): Group therapy with terminally ill, *The American Journal of Psychiatry* 134, 396-400.

Young, W. H. (1960): Death of a patient during psychotherapy, *Psychiatry* 23, 103-108.

Zielen, V. (1976): Todessymbolik in der heutigen Zeit, *Analytische Psychologie 7,* 64-79.

Zinker, J. C., Fink, S. L. (1966): The possibility for psychological growth in a dying person, *Journal of General Psychology* 74, 185-199.

Zinker, J. C., Hallenbeck, Ch. E. (1965): Notes on loss, crisis and growth, *The Journal of General Psychology* 73, 347-354.

Zuehlke, T. E. (1975): Psychotherapy with terminally ill patients, Doctoral Dissertation, South Dakota.

Zuehlke, T. E., Watkins, J. T. (1975): The use of psychotherapy with dying patients: An exploratory study, *Journal of Clinical Psychology* 31, 729-732.

4 Ziele psycho-sozialer Intervention beim Sterbenden

Ina Spiegel-Rösing

1. Einleitung

1.1 Zielreflexion — wozu?

Jede Psychotherapie hat Ziele, jede psycho-soziale Intervention hat Ziele, jedes Helfen hat Ziele — auch wenn sie nicht explizit formuliert sind. Denn auf irgendetwas hin (unter Ausschluß anderer möglicher, denkbarer Ziele) soll psychotherapiert, interveniert, geholfen werden. Die Aussagen sind banal — und dennoch nimmt in der Psychotherapie-Literatur die systematische Zielreflexion und auch die empirische Untersuchung von Zielen (vgl. z. B. *Reiter* und *Steiner* 1976, *Reiter* 1978, *Toman* 1978, *Winkler* 1972) nur einen schmalen Raum ein. Das hängt mit der ebenfalls eher vernachlässigten Untersuchung der *Werte* der Psychotherapie zusammen, denn Ziele sind immer auch Wertsetzungen. Eine der eingehendsten Diskussionen der Werte in der Psychotherapie (Werte des Therapeuten, Werte-Transfer zum Patienten, Werte des Patienten, Wert-Beeinflussung, Wertungscharakter von Interventionen, Wertigkeit von Zielen) ist noch immer das Buch von *London* (1964); doch noch heute kann *Weisskopf-Joelson* (1980) von Werten als dem „enfant terrible" der Psychotherapie reden und sieht *Strupp* (1980) sich bemüßigt, vor dem „gefährlichen Mythos" einer wertfreien Psychotherapie zu warnen. Bei einer Untersuchung von *Strupp* et al. (1977) über *negative* Psychotherapieauswirkungen wurde von den befragten Experten (Psychiater, Psychotherapeuten) als eine der Ursachen für negative Therapieeffekte auch das Versäumnis genannt, „Ziele als solche zu diskutieren, zu beschreiben oder auch nur ihre Realität anzuerkennen" (S. 31).

Mag es schon in der „allgemeinen" Psychotherapie „gefährlich" sein, Ziele und Werte weniger zu diskutieren als Techniken und Methoden, so gilt dies noch nachdrücklicher für psychotherapeutische Interventionen im Kontext von Sterben und Tod. Psychotherapie für den sterbenden Menschen ist Psychotherapie in einer *existentiellen* Situation. Und zwar existentiell in einer doppelten Hinsicht: sie ist existentiell, weil — im Unterschied etwa zur Psychotherapie eines „Zwangsneurotikers" oder eines „Schizophrenen" — der Therapeut selbst auch von dem Problem betroffen ist, das er „behandelt"; auch er ist sterblich, auch er wird sterben. Sie ist existentiell auch für den Patienten: es ist seine letzte Zeit, die Zeit ist oft knapp; eine Zukunft, in der noch etwas korrigierbar ist (auch Wirkungen von Psychotherapie), gibt es nur begrenzt, sie ist jedenfalls ungewiß, oft unvoraussagbar. Gerade deshalb ist es so wesentlich, sich in diesem Bereich therapeutischen Handelns klarzumachen: was tue ich eigentlich, wozu tue ich es, was ist mein Ziel, welche Wertvorstellungen leiten mich und übermittle ich an den Patienten?, d. h. oich Rechenschaft zu geben über das eigene Tun.

Das ist um so wichtiger, als die existentielle Bedeutung von therapeutischem Handeln im Kontext von Sterben und Tod im ersteren Sinn — also in bezug auf den Psychotherapeuten (er selbst ist betroffen) — Gefahren in sich birgt, die zu Lasten des Patienten gehen können und damit eine zutiefst ethische Dimension erhalten. Die Betroffenheit des Therapeuten birgt zum Beispiel die Gefahr, daß therapeutisches Handeln unbemerkt in die Verdrehung gerät, mehr zu seiner denn zu des Patienten Entlastung zu dienen (vgl. dazu Kap. 3). Hier ist es also von großer Wichtigkeit, auch die Grenzen der eigenen Belastbarkeit als Therapeut zu kennen — und das heißt, die Ziele und Werte des eigenen Tuns mit diesen eigenen Grenzen in Einklang zu bringen.

Über die Besonderheit des therapeutischen Handelns im Kontext von Sterben und Tod hinaus ist eine systematische Zielreflexion auch Voraussetzung für die Beantwortung einer Reihe weiterer wesentlicher Fragen. Nur mit einer expliziten Zielformulierung ist die Frage nach der *Zielerreichung* zu beantworten, die Frage nach der Wirkung meines Tuns. Auch die Frage der negativen Wirkungen von Psychotherapie ist im Bereich der Arbeit mit Sterbenden noch nachdrücklicher zu stellen. Es ist auch zu fragen, ob *alternative Ziele* und Werte (und das ist Teil der kritischen Selbst-Reflexion des eigenen Tuns) ins Blickfeld geraten und systematisch bewertet werden können, wenn die eigenen Ziele implizit und unreflektiert bleiben. Implizite Ziele entziehen sich dem kritischen Diskurs, insbesondere der Frage nach ihrer „Angemessenheit". Zu große Ziele können das Handeln lähmen — sie bleiben unerreichbar —, zu kleine können im Detail ersticken und damit am Möglichen vorbeigehen. Auch ist eine eingehende Zielreflexion Voraussetzung für die Frage, wieweit meine therapeutischen Ziele in *Einklang* — *oder auch Mißklang* — stehen mit meinen sonstigen Zielen und Wertorientierungen, den persönlichen, den beruflichen, den gesellschaftichen. Die Frage der Integriertheit meiner allgemeinen und meiner therapeutischen Wertorientierungen stellt sich im Arbeitsbereich Sterben und Tod ja gerade deshalb so nachdrücklich, weil Sterben und Tod auch meine Angelegenheit ist. Auch setzt, wie mir scheint, die Arbeit mit Sterbenden eine nicht auf einen allein technischen, methodischen, interventions-stilistischen Nenner zu bringende menschliche Haltung voraus, die bei einer ich-fremden, von meinen sonstigen Lebenszielen entfremdeten Zielorientierung meiner Arbeit eben nicht technisch herstellbar ist.

Aus diesen Gründen soll im vorliegenden Kapitel versucht werden, für den Bereich der Psychotherapie für Sterbende eine Zielreflexion zumindest zu beginnen. Meine Absicht dabei ist zunächst einmal eine Sensibilisierung für die Bedeutung dieser Frage — nicht die Ablieferung von Antworten. Die Diskussion kann im Rahmen dieses Kapitels nur exemplarisch sein. Sie soll anregen, d. h. wenigstens einige der wichtigen Implikationen verschiedener Zielrichtungen beleuchten und wenigstens einige wichtige Gesichtspunkte der Zielbewertung ansprechen.

Zunächst aber ist noch eine Begriffs- und Bereichsbestimmung für das vorliegende Kapitel notwendig.

1.2 Begriffs- und Bereichsbestimmung

Wie im 1. Kapitel ausgeführt, benutze ich die Bezeichnung „thanato-therapeutische" Arbeit als Kurzbezeichnung für jede Art der psychosozialen Intervention bei Menschen, die von Sterben und Tod betroffen sind. In diesem Kontext ist für mich der Begriff „Ziel" auch nur eine Kurzbezeichnung, und zwar für alle Orientierungen, die der thanato-therapeutischen Arbeit *Richtung* geben. Ich verwende als Bezeichnungen, um die Richtung auszudrücken — ob sie nun explizit oder implizit ist —, auch die Begriffe *Zielorientierung* und *Wertorientierung*. Damit ist nur eine Abstufung der Spezifität gemeint, nicht etwas qualitativ anderes.

Für das vorliegende Kapitel, das ausdrücklich nur eine exemplarische Diskussion liefern kann, muß der Bereich der Thanato-Therapie eingeschränkt werden. Die Bedeutung einer Zielreflexion, die Implikationen von Zielsetzungen, die Gesichtspunkte der Zielbewertung sollen in diesem Kapitel nur für einen Ausschnitt der Thanato-Therapie behandelt werden: für den psycho-sozialen Umgang mit dem *Sterbenden*. Da es mehr um den Aufweis von Gesichtspunkten geht als um eine erschöpfende Diskussion potentieller und faktischer Ziele, werden

Fragen nach dem Setting der psycho-sozialen Intervention (der Sterbende zuhause, im Krankenhaus, im Hospice, im Altenheim, am Unfallort etc.), nach den speziellen Rollenträgern (behandelnder Arzt, Krankenschwester, Psychotherapeut, Angehöriger, Seelsorger, etc.) und nach speziellen Krankheitsbildern nicht im einzelnen behandelt. Andere Kapitel dieses Buches gehen darauf ein.

Im folgenden werde ich in einem ersten Abschnitt einige thanato-therapeutisch wichtige *Probleme des Sterbenden* behandeln, denn die Probleme des Sterbenden sind der wichtigste Bezugspunkt der Zielbewertung. In einem zweiten Abschnitt stelle ich ausgewählte *explizite Zielkonzepte* für die thanato-therapeutische Arbeit vor, um daran einige der wesentlichen Gesichtspunkte einer kritischen Zielbewertung zu illustrieren. Einer dieser Gesichtspunkte ist die Frage, wieweit bestimmte Zielkonzepte der Individualität des jeweils spezifischen sterbenden Menschen gerecht werden; ich werde versuchen, kurz aufzuzeigen, auf welchem Weg eine abstrakte Zielformulierung eine Konkretisierung, auch Pragmatisierung erfahren kann, die den *Bedürfnissen des Patienten* gerecht wird. In einem abschließenden Abschnitt werden nochmals einige der wesentlichen *Gesichtspunkte der Zielbewertung* kritisch diskutiert, und es wird gefragt, wieweit sich, bei aller kritischer Zielreflexion, auch einige positive *konsensfähige Orientierungen* für die thanato-therapeutische Arbeit ausmachen lassen.

2. Hauptteil

2.1 Probleme des Sterbenden

Eine Reflexion der Ziele und Werte psycho-sozialer Intervention setzt die Kenntnis des Problemfeldes voraus, auf das sich die Interventionen beziehen. Was ist die „Krankheit zum Tode"? Was quält den Sterbenden? Welches sind die immer wieder auftauchenden Probleme, mit denen er kämpft?

Für den Krebskranken hat dies *Meerwein* (1981) sehr prägnant zusammengefaßt:

Die Funktion der Angst des Tumorkranken besteht in der Signalisierung eines drohenden oder eingetretenen Verlustes äußerer oder innerer, körperlicher oder seelischer Integrität und der Mobilisierung derjenigen psychischen Funktionen, die geeignet sind, diese Integrität wieder herzustellen. Meist stammt sie aus verschiedenen Quellen und stellt eine Mischung früher, neurotischer Residualängste, von Realängsten und von Todesangst dar. Sie beinhaltet in der Regel sämtliche Vorstellungen, die mit der „Metapher Krebs" verbunden sind: Angst vor Verlassenwerden, Trennung und soziale Isolation, Angst vor innerer oder äußerer Verfolgung und Schuld, Angst vor passiver Auslieferung und Überwältigung durch unkontrollierbare Kräfte, Angst vor Neid und Eifersucht auf die Gesunden, Angst vor verstümmelnden chirurgischen Eingriffen, Angst vor narzißtischer Verletzung als Behandlungsfolge, Angst vor Verlust von Autonomie und Lebensqualität, Angst vor dem eigenen, inneren „Bösen", Angst vor Schmerz, maligner Regression, Rückfällen und Unheilbarkeit.

Todesangst, insofern sie bewußt geäußert wird, nimmt allerdings selten die Gestalt der Angst vor physischer, als vielmehr die Angst vor psychischer Vernichtung an: Angst vor psychischer Desintegration, vor dem inneren „Absturz", vor dem Verlust der Besetzung des Körper-Selbstes, dem Verlust der Realitätskontrolle und dem Verlust der mitmenschlichen Beziehungsfähigkeit.

Die mit dieser Angst verbundene „Enthumanisierung" des Menschen ist bei Krebspatienten oft vordergründiger als die Angst vor dem tatsächlichen, psychischen und irreversiblen Tod. Sie geht einher mit einer alles überschattenden, quälenden und oft unentrinnbaren Scham über den psychophysischen Zerfall und den dadurch in der Umgebung hervorgerufenen Ekel, gegen den oft nur der Abbruch aller Beziehungen und der Rückzug des Kranken auf das eigene „Selbst", den er gleichzeitig fürchtet und zu vermeiden trachtet, einen wirksamen Schutz gewähren kann. (S. 114)

Ich kann im Rahmen dieses Kapitels nur kurz auf einige der Hauptprobleme des Sterbenden eingehen. Ich kann mich auch kurz fassen, weil es eine Reihe brauchbarer Übersichten über die Vielfalt der Probleme gibt, mit denen sich ein Sterbender oft konfrontiert sieht (vgl. z. B. *Barton* 1977, *Roberts* 1976, *Pattison* 1977; vgl. auch die Diskussion der „vulnerability scale" in *Weisman* 1974, 1979 b).

Wenige Darstellungen der Probleme des Sterbenden kommen allerdings über eine nebeneinander aufgereihte Aufstellung der Problemfelder hinaus; eine Systematisierung kann auch im Rahmen dieses Kapitels nicht die Aufgabe sein. Immerhin gibt es einige Ansätze und Konzepte, die versuchen, die Vielfalt der Probleme zu systematisieren und zu strukturieren. Alle laufen darauf hinaus, den Sterbeprozeß in entweder zeitliche oder inhaltliche Bereiche zu gliedern, die dann jeweils durch spezifische, häufig auftretende Probleme gekennzeichnet werden. Vier solcher Ansätze möchte ich kurz erwähnen: Sterben als Krise; das Phasenkonzept; inhaltliche Gliederungen; und das Konzept der „dying trajectories" (Sterbeverläufe).

(1) *Pattison* (1967, 1977, 1978) versteht *Sterben als Krise* (vgl. dazu auch *Moos* und *Tsu* 1977). Wesentliche Merkmale von Krisen sind: Es bricht ein Problem auf in einem Bereich, das existentielle Zielsetzungen des Lebens tangiert; eine Lösung des Problems ist oder erscheint in unmittelbarer Zukunft nicht möglich; und die dem betroffenen Menschen zur Verfügung stehenden üblichen Bewältigungsmöglichkeiten sind überfordert, erschöpft oder unverfügbar. Diese Merkmale von Krise treffen sicher in vielen Fällen auf das Sterben zu. Gibt es ein Problem, das mehr im Zentrum der Frage nach der eigenen Existenz steht

als das Sterbenmüssen? Gibt es eine Lösung für das Sterbenmüssen — angesichts des Todes? Und kann deshalb das Wissen um mein Sterben nicht viele der vorher mir zur Verfügung stehenden Bewältigungsmöglichkeiten überfordern oder angesichts der physischen Realität der Krankheit (Schwäche, Verstümmelung, Funktionsverlust) entmachten? — Das Krisen-Konzept ist gewiß keine allgemeingültige Beschreibung des Sterbeprozesses (vgl. z. B. die Kritik von *Kastenbaum* 1975), aber als Bezugskonzept gerade für die thanato-therapeutische Arbeit ist es nützlich.

(2) Die Diskussion um *„Phasen"* des Sterbens ist durch die bekannten Werke von *Kübler-Ross* (z. B. 1969, 1976) in Gang gekommen. Ihre Phasentheorie des Sterbeprozesses ist inzwischen auf theoretischer, methodischer wie empirischer Ebene vielfältig diskutiert, kritisiert und differenziert worden (*Gullo* et al. 1974, *Kastenbaum* 1975, *Klass* 1981/1982, *Longhofer* und *Floersch* 1980, *Metzger* 1979/1980, *Richards* et al. 1979, *Rodabough* 1980, *Schulz* und *Aderman* 1974, *Shneidman* 1976, *Vernon* 1979, *Weisman* 1966, 1974, 1979 a, 1979 b). Auch eine ethische Diskussion dieses Phasenkonzepts — bzw. seiner Rezeption in Klinik und Öffentlichkeit — ist in Gang gekommen (vgl. dazu auch das Kapitel 3 in diesem Buch).

Mehr klinisch orientierte Phasenkonzepte, die nicht wie bei *Kübler-Ross* das psychologische Problem des Sterbenden zur Definition der Phase benutzen, sondern den Stand und Verlauf der Krankheit als Strukturierungselement des Sterbeprozesses einführen, haben z. B. *Weisman* (1974, 1979 b) und auch *Pattison* (1967, 1977, 1978) vorgelegt. *Weisman* unterscheidet drei Stufen im Ablauf einer zum Tode führenden Krankheit: die erste Stufe umfaßt den Zeitraum vom Beginn der Krankheitssymptomatik bis zur Diagnose, die zweite von der Diagnose bis zum „terminal decline", die letzte beginnt, wenn eine aktive medizinische Behandlung kaum noch Effektivität hat. Jede dieser Stufen ist für *Weisman* durch eine Reihe charakteristischer Probleme gekennzeichnet.

Auf ähnlicher Ebene faßt *Pattison* die Phasen des Sterbens. Vom Erkennen des Todes, dem Wissen um die todbringende Krankheit bis zum Eintreten des Todes spannt sich das „Lebens-Sterbens-Intervall", wie *Pattison* es nennt. Innerhalb dieses Zeitraumes unterscheidet er drei Phasen: die akute Phase, die „Krise des Wissens um den Tod"; die sogenannte chronische Lebens-Sterbens-Phase; sowie eine terminale Phase. Innerhalb dieser Phasen — die alle freilich wenig präzise definiert sind — versucht er, einige der Hauptprobleme des Sterbenden und einige der wichtigen Interventionsmöglichkeiten zu orten, ohne allerdings den Anspruch zu erheben, mit diesem — oder seinem Krisenkonzept — jeden Sterbeprozeß beschreiben zu können.

(3) Einige Autoren versuchen, die Probleme des Sterbeprozesses für ihr Verständnis dadurch zu strukturieren, daß sie die Problemfelder *inhaltlich* klassifizieren. Die „BEEP-Matrix" (*behavior, emotions, environment, physiology*) von *Roberts* (1976) ist ein Beispiel dafür. *Barton* (1977) ordnet die Probleme des Sterbenden in drei Dimensionen, eine physische, physikalische (Krankheitsprozeß, medizinische Seite, physikalische Umgebung), eine psychosoziale (emotionale Probleme, menschliche Umwelt, Krankheitsverarbeitung etc.) sowie eine sonst in der wissenschaftlichen Aufarbeitung dieses Problemfeldes oft vernachlässigte Dimension, die *„meaning dimension"* (Fragen nach dem Sinn, Warum-Frage, subjektive Krankheitstheorien etc.). *Bartons* Behandlung der Hauptprobleme des Sterbenden ist insofern besonders hilfreich, als er sehr stark auch die interpersonalen Konsequenzen intrapsychischer Konflikte des Sterbenden mitanalysiert, Sekundär- von Primärmanifestationen eines Problems unterscheidet und auch entsprechende Interventionskonzepte anbietet (vgl. u.).

(4) Als letztes strukturierendes Konzept seien noch die *„dying trajectories"*, die Sterbeverläufe erwähnt, die *Glaser* und *Strauss* (1965 a, b, 1968) herausgearbeitet haben. Das Konzept der Sterbeverläufe ist definiert 1. nach dem Grad der Gewißheit über das Eintreten des Todes und 2. durch die Erwartung des Todeszeitpunktes. Aus der Kombination dieser beiden Definitionsmerkmale ergeben sich verschiedene Verläufe, z. B. ein Sterbeverlauf, der gekennzeichnet ist durch *mit Sicherheit* zu erwartenden Tod, der *bald* eintritt, oder z. B. ein Krankheitsverlauf, an dessen Ende der Tod zwar auch mit Sicherheit zu erwarten ist, der Zeitpunkt aber gänzlich ungewiß ist. Diese Erwartungen unterschiedlicher Sterbeverläufe gehen einher, wie *Glaser* und *Strauss* empirisch untersucht haben, mit spezifischen Patientenproblemen und charakteristischen Interaktionsmustern im Krankenhaus.

Statt einer auch nur versuchsweise vollständigen Auflistung der Probleme des Sterbenden möchte ich im folgenden — nach dem Verweis auf einige strukturierende Konzepte — auf einige derjenigen Probleme kurz eingehen, die erstens bisher in der Literatur wenig Beachtung gefunden haben, obwohl man mit ihnen in der Begegnung mit Sterbenden immer wieder konfrontiert ist, und zweitens auch von thanato-therapeutischer Relevanz sind, d. h. als mögliches Problemfeld in den Horizont der Zielreflexion mit einbezogen werden müssen.

Ich sehe als Kernkonzepte zur Beschreibung der Problemlage des Sterbenden einmal das *Selbstkonzept* oder Selbstbild des Sterbenden an, das im Sterbeprozeß dramatischen Änderungen unterworfen ist, und zum zweiten das *Interaktionsgefüge* (Verwandte, Ärzte, Krankenhauspersonal etc.) um den Sterbenden. In bezug auf diese beiden Kernkonzepte seien fünf in der Literatur eher vernachlässigte, in der praktischen Arbeit aber häufig auftretende Problemfelder genannt:

(1) *Die Frage nach dem Sinn.* Dieser Fragenkomplex (Warum sterbe *ich*? Woran sterbe ich?) hat auch eine gesellschaftliche Dimension. Stellt unsere Gesellschaft ein Sinn-Verständnis für das Sterben zur Verfügung — mit Ausnahme des religiösen? *Pattison* (1967) hat in bezug auf den gesellschaftlichen Umgang mit Sterben und Tod drei Typen von Gesellschaften unterschieden: Gesellschaften, die den Tod leugnen, ihm „die Stirn bieten" oder ihn akzeptieren (*death-denying, death-defying and death-accepting cultures*). So vereinfacht diese Konzepte sein mögen, so verweisen sie doch auf den Zusammenhang zwischen gesellschaftlichem Umgang mit Sterben und Tod und den individuellen Verarbeitungsmöglichkeiten des eigenen, den Menschen konkret, hier und jetzt, konfrontierenden Sterbeprozesses. *Pattison* sieht es als ein sich besonders deutlich klinisch manifestierendes Problem an, daß in unserer pluralistischen Gesellschaft allgemein gültige Verständnisangebote für Sterben und Tod nicht existieren.

Nach den empirischen Untersuchungen von *Engelke* (1980) fragt knapp die Hälfte der sterbenden Patienten im Rahmen eines seelsorgerlichen Gespräches nach dem *Sinn*; nach dem *Warum* fragt jeder dritte Patient und komme über diese Frage nicht hinweg — und zwar deutlich häufiger Patienten, die keinen Kontakt zur Kirche haben und damit evtl. kein mögliches Sinnangebot. *LeShan* (1964) meint, daß gerade schwere und chronische Schmerzen, die den Kranken in ein „Universum" von unbewältigbarer Qual versenken, die Sinnfrage erzwingen: Was geschieht mit mir? Wozu nur? Habe ich Fehler gemacht? Habe ich Schuld? *Barton* (1977) verweist darauf, aus welchen Bereichen Menschen sonst Sinn ziehen: aus der physischen Funktionsfähigkeit (ich habe Gefühle, einen Körper, Integrität, Bewegung); aus interpersonalen Beziehungen; aus dem Eingebundensein in den gesellschaftlichen Kontext, sei es durch Arbeit, die Wohngegend oder die Gruppengemeinschaften, denen man angehört. Alle diese „Quellen" von Sinn sind in der „Krankheit zum Tode" erschwert oder unverfügbar.

Nach *Frankl* (1972) hat der Mensch ein grundlegendes Bedürfnis nach Sinngebung für sein Leben. Die Sinnfrage stellt sich dabei, möchte ich hinzufügen, auf der intrapersonalen Ebene (z. B. gibt meine Fähigkeit, mich zu freuen, meinem Leben Sinn), auf der interpersonalen Ebene (z. B. diese Fähigkeit in Beziehungen zu anderen „auszuleben", ihnen „Freude" zu geben, macht mein Leben sinnvoll) und auf der transpersonalen Ebene (Bereiche, zu denen ich beitrage und die über mich selbst hinaus von allgemeinerer Bedeutung sind, vermitteln meinem Leben Sinn).

Meerwein (1981) spricht in diesem Zusammenhang von dem Kausalitätsbedürfnis des Menschen (vgl. dazu auch *Budde* und *Thielen* 1979), dem Bedürfnis, die Warum-Frage beantworten zu können. In diesem Versuch, der gerade für den Sterbenden so schwer werden kann, unterscheidet *Meerwein* ich-syntone und ich-dystone Antworten: Antworten also, die entweder mit mir und meinem Selbstverständnis in Einklang zu stehen scheinen (z. B. ich glaube an Gott, Gott hat dies für mich gewollt) oder mit mir in Widerspruch stehen; gerade die nicht selten anzutreffenden Selbstbeschuldigungen, d. h. die Krankheit auf ein Verschulden zurückzuführen, sind oft ich-dyston. So sagt mir z. B. ein Patient: „Ich habe jetzt seit Wochen darüber nachgedacht, warum ich mit dreißig sterben soll. Ich finde nur eines in meinem Leben. Ich habe damals in dem Konflikt mit X. falsch gehandelt, ich bin schuld, daß er diesen Unfall hatte ... Aber ich bin doch wahrhaftig kein im Grunde schlechter Mensch, *das bin ich doch nicht!*"

Gerade die Frage nach ich-syntonen und ich-dystonen Sinngebungsversuchen sind auch thanato-therapeutisch relevant. Dabei ist von größter Bedeutung, daß gerade die Sinnfrage höchst individuelle Antworten finden muß; sie ist so bedrängend, daß man beim Sterbenden von einer „Sinn-Krise" sprechen kann:

Bei jedem Menschen, der mit dem Tod konfrontiert ist, und insbesondere beim Sterbenden, können die Vorgänge, die in zunehmendem Maße die Möglichkeit der Nicht-Existenz ins Bewußtsein rücken, eine Lebenskrise heraufbeschwören, die als eine Sinnkrise angesehen werden kann. (*Barton* 1977, S. 57)

(2) *Die Lebensbilanzierung.* Die Frage, was war das eigentlich für ein Leben, das ich geführt habe, hängt natürlich eng mit der Sinnfrage zusammen. Unter der immensen Zeitbedrängnis, unter dem Eindruck des Verlustes an Zukunft (vgl. u.) treten gerade die „unerledigten Dinge" des Lebens in den Vordergrund, die ungelösten Konflikte, das ungelebte Leben, die nicht realisierten und jetzt nicht mehr realisierbaren Möglichkeiten meines Lebens. Als einer von ganz wenigen Autoren hat sich *Lückel* (1981) sehr eindringlich mit dem Problem und dem Umgang mit der Lebensrückschau bei sterbenden Patienten befaßt (vgl. auch *Butler* 1980). *Engelke* (1980) fand zwar, daß nur 15 % der sterbenden Patienten in einem seelsorgerlichen Gespräch eine Art Lebensbilanz ansprechen, aber ich meine, daß hier „Lebensbilanzie-

rung" zu eng gefaßt wird. Das Auftauchen von Erinnerungen, Perpetuieren bestimmter Fragen an die Vergangenheit und vor allem die antizipatorische Trauer des Sterbenden würde ich im Kontext dieses Problemfeldes sehen.

Antizipatorische Trauer ist Trauer *vor* dem Eintritt des betrauerten Ereignisses. Die Angehörigen empfinden Trauer in Erwartung des Sterbens. Aber sie verlieren „nur" ihn, den sterbenden Menschen. Der Sterbende aber verliert alles — seine Vergangenheit, seine Gegenwart, seine Zukunft, seinen Körper, alle Menschen, alle Funktionen, die er je bekleidet hat, alle Fähigkeit. Deshalb kann die antizipatorische Trauer, dieser Kummer, sich von allem gleichzeitig trennen zu müssen, unbewältigbar sein. Außerdem ist die Ambivalenz, die Trauer oft kennzeichnet (auch Zorn auf den betrauerten Menschen oder das betrauerte Ereignis), in der antizipatorischen Trauer — sei es beim Angehörigen oder beim Patienten selbst — gewissermaßen viel „gefährlicher", denn diese Ambivalenz kann noch ausagiert werden, der Haß (Warum sterbe ich und nicht du?) kann *ausgedrückt* werden und zu sehr schwierigen interpersonalen Konflikten für den Sterbenden führen — worauf besonders *Aldrich* (1963, 1974) hingewiesen hat.

Aldrich sieht überhaupt die antizipatorische Trauer als ein viel entscheidenderes und schwerwiegenderes Problem beim Sterbenden an als etwa die Angst vor dem Tode. Manche Thanato-Therapie-Konzepte greifen dieses Verständnis, diese Gewichtung der Probleme des Sterbenden explizit auf (vgl. z. B. *Bleeker* 1978). In der thanatologischen Literatur hat die antizipatorische Trauer (was ich hatte, verliere ich) mehr Aufmerksamkeit bekommen (vgl. z. B. *Schoenberg* et al. 1974, *Fulton* und *Fulton* 1971, *Fulton* und *Gottesman* 1980) als die wichtigen Fragen etwa nach der Lebensbilanz, den ungelösten Konflikten, dem „unfinished business", den Teilen ungelebten Lebens.

(3) *Zeit.* Die Frage nach dem Sinn von Krankheit, Sterben und Tod, die Frage nach dem Sinn der Vergangenheit (Lebensbilanzierung) kommt gerade deshalb so bedrängend in den Vordergrund, weil die zur Verfügung stehende Zeit, die zur Verfügung stehende Zukunft bedroht ist. Teleskopisch schrumpft, so hat es *Barton* (1977, S. 43) ausgedrückt, die Zukunft zu einer gefährdeten Gegenwart; und dies führe zu der „immensen Dringlichkeit" der Bewältigung von Konflikten und Problemen der Vergangenheit. Wie wesentlich für Menschen die Zeitdimension Zukunft ist und wie schwerwiegend gerade dieser Verlust, hat *Waltzman* (1978) folgendermaßen formuliert:

Die Phantasie, zu reparieren, was beschädigt ist, zu ersetzen, was verlorengegangen ist, oder etwas Neues aufzubauen, ist besonders in den früheren Lebensphasen vorherr-

150

schend; in gewissem Grad durchzieht sie aber unser ganzes Leben, solange die Realität des Todes zumindest teilweise geleugnet wird. Außerdem sind sowohl das Gefühl der Kontinuität als auch die potentielle Möglichkeit des Wandels Bestandteile des Gefühls zu leben ... Stellt der Tod dann aber *mehr* als nur ein abstraktes Konzept dar, dann wird der Verlust der Freiheit, auf die Zukunft hin leben zu können, als überwältigende Belastung erlebt, die außergewöhnliche Bewältigungsfähigkeiten erfordert. Weitere Verluste, wie z. B. des Gefühls der Körperintegrität, des physischen Könnens, der Beziehungsfähigkeit und vieler anderer Dinge, die zur Aufrechterhaltung der Selbstachtung beitragen, stellen eine zusätzliche Belastung dar. (S. 259)

Es zeigt sich, wie sehr gerade Zukunfthaben verankert ist mit meinem ganzen Leben, meinem Selbstkonzept, meinem Selbstverständnis, meiner Handlungsmöglichkeit. Das Problem der Zeit wird zusätzlich dadurch besonders quälend, als nicht nur ein Verlust an Zukunft die Gegenwart gefährdet und den Umgang mit Vergangenheit bedrängt, sondern das Zeiterleben in der Gegenwart beim Sterbenden sich auch oft auf eine ängstigende Weise ändert. *Feigenberg* (1980) behandelt als einer von wenigen Autoren gerade diese Dimension des Sterbens, die qualitative Veränderung des gegenwärtigen Zeiterlebens: die chronologische und die erlebte Zeit geraten auseinander, die chronologische Zeit desintegriert, das subjektive Zeitgefühl kann stark fluktuieren, was dann Angst und Hilflosigkeit auslöst. *Feigenberg* meint deshalb auch, daß es in der thanato-therapeutischen Situation sehr wichtig ist, gerade das Zeiterleben des Patienten zu verstehen — und vor allem als Thanato-Therapeut ihm zu folgen (zum Zeiterleben vgl. auch *Rest* 1977, S. 129 ff, *Rest* 1981, S. 127-132, *Keith* 1981/1982).

(4) *Destruktive Gefühle, Ambivalenz und Fluktuation.* Scham, Ekel, Schuldgefühl, Zorn, Neid — das alles sind Gefühle, mit denen viele Sterbende sich quälen und die deshalb so wichtig sind, als sie sich auch sehr konfliktreich und damit für den Sterbenden zusätzlich belastend interpersonal auswirken können. Gerade der Zorn, daß es mich trifft, nicht den anderen, der Neid auf die Überlebenden, der Haß — so irrational er sein mag —, daß die anderen mir mein Schicksal nicht abnehmen, kann zu interpersonalen Konflikten führen. „Was kann ich schon mit der Freundlichkeit anfangen, mit Zuwendung, mit den Besuchen von Leuten? Sie leben — wie können die wissen, was in mir vorgeht?", sagte mir etwa ein Patient — und er meinte auch *mich* damit. Diese negativen Gefühle werden zwar in der thanatologischen Literatur durchaus angesprochen (schon bei *Kübler-Ross*), aber in der Zielreflexion über die thanato-therapeutische Arbeit wird die Realität dieser destruktiven Gefühle nicht selten hinter einer Ideologie versteckt und gerät damit aus dem Blickfeld. Ich gehe weiter unten ausführlicher darauf ein. Ebenso wird oft — gerade durch die einflußreiche Phasentheo-

rie von *Kübler-Ross* — die Ambivalenz und die Fluktuation der Gefühle des Sterbenden vernachlässigt. Was heute wie ein versöhnter Umgang mit dem erwarteten Tod aussieht, kann morgen wieder in eine zornige und für den Sterbenden selbst und für die Menschen um ihn destruktive Auflehnung umschlagen.

Der Sterbende schwankt nicht nur zwischen extremen Gefühlen, sondern kann auch in seinem Verständnis und Umgang mit der Realität des Sterbeprozesses schwanken. *Feigenberg* (1980) ist darauf etwas ausführlicher eingegangen. In seiner Skizzierung der Probleme des Sterbenden behandelt er die polaren Gefühle und Bewältigungsweisen: Unterwerfung und Aufbegehren, Lebenswille und Sterbenswunsch, Hoffnung und totale Verzweiflung, Wissenwollen, was mit mir los ist, wie es weitergeht, wie lange noch, was noch auf mich zukommt — und Desinteresse, Leugnung, Illusion.

Im Zusammenhang mit der Fluktuation ist es vor allem wichtig, die Frage der Leugnung oder Verdrängung der Krankheitsrealität differenzierter zu sehen. Zwar ist die Frage, was weiß der Patient von seiner Krankheit, was macht er aus dem Wissen, das ihm gegeben wird, was verdrängt er, in der thanatologischen Literatur vielfältig behandelt, aber dennoch hat sich eine dreifach notwendige Differenzierung der Sicht der Verdrängung weder in der Literatur noch in der Praxis konsequent durchgesetzt. Zu dieser Differenzierung von Verdrängung beim Sterbenden hat vor allem *Weisman* wesentliche Beiträge geliefert (vgl. *Weisman* und *Hackett* 1967, *Weisman* 1972b, 1979b). Diese notwendige dreifache Unterscheidung betrifft

— die unterschiedlichen Arten der Verdrängung
— ihre zeitliche Fluktuation
— und ihre Bewertung.

Barton (1977) betont, daß es wichtig sei, zwischen „*denial*" und „*withholding*" zu unterscheiden, und sieht ersteres als einen eher unbewußten Prozeß und das zweite als einen bewußten Bewältigungsmechanismus: nicht reden, nicht erkennen lassen, daß ich weiß, was mit mir los ist, ein Bewältigungsmechanismus, der nicht nur den Patienten selbst, sondern auch seine Umgebung vor der ständigen grausamen Realität des Geschehens schützt. Gerade *Meerwein* (1981) hat darauf auch hingewiesen, daß diese Zurückhaltung der „Wahrheit" eine soziale Funktion hat: Schutz auch für die Kontinuität der Beziehung zu den dem Patienten nahestehenden Menschen (zur sozialen Funktion vgl. auch *Beilin* 1981/1982). *Weisman* unterscheidet ebenfalls verschiedene Arten der Verdrängung, eine Verdrängung erster Ordnung, die sich auf das Faktum der Krankheit bezieht, eine Verdrängung zweiter

Ordnung, welche die Implikationen der Krankheit betrifft, sowie eine Verdrängung dritter Ordnung — die Verleugnung der Todesmöglichkeit selbst (vgl. dazu auch *Pattisons* Unterscheidung von *existential denial, psychological denying* und *non-attention denial,* in *Pattison* 1977, Kapitel 4).

Nicht nur müssen verschiedene Arten der Verdrängung unterschieden werden und deren jeweilige soziale Funktion, es ist auch sehr wichtig, sich zu verdeutlichen, daß Verdrängung und Realitätsaufnahme, „Wissen" und „Nichtwissen" sehr stark fluktuieren können — je nachdem, was heute oder morgen für den Sterbenden aushaltbar ist. *Pattison* (1977) meint deshalb auch, Akzeptieren der Realität und Verdrängung der Realität seien überhaupt nur schwer voneinander zu trennen, sie können beim Sterbenden gleichzeitig und nebeneinander bestehen. *Meerwein* (1981) spricht von einer „doppelten Buchführung" beim Kranken: „d. h. einer zwischen ‚Wissen' und ‚Nichtwissen' pendelnden inneren und äußeren Haltung" (S. 119). Sehr nützlich zum Verständnis dieser widersprüchlich erscheinenden Gleichzeitigkeit ist auch der Begriff der *„middle knowledge"* von *Weisman* (1972b, Kap. 5) — jenes Halbwissen, dessen diffuse Grenzen sich ständig verschieben können.

Ein dritter wichtiger Punkt im Verständnis der Verdrängung beim Sterbenden ist deren Bewertung. Schon *Pattison* (1977) hat die Prämisse eines großen Bereichs der thanatologischen Literatur kritisiert, wonach Verdrängung beim Sterbenden als eher „pathologisch", offene Wahrnehmung und Akzeptieren des Todes als wünschenswert behandelt werden. Sowohl *Pattison* als auch vor allem *Weisman* betonen sehr eine auch positive Bewertung der Verdrängung: sie ist einer der ganz wesentlichen, ja „gesunden" Bewältigungsmechanismen des Sterbenden, mit dessen Hilfe er sich selbst das Maß an Realität dosiert, das er bewältigen kann. Das gibt ihm auch Raum, sich mit den ihm zur Verfügung stehenden Kräften neu zu orientieren und bestimmte neue Bedrohlichkeiten vorübergehend zu „neutralisieren"; Verdrängung ist protektiv.

Diese dreifache Differenzierung im Verständnis von Verdrängung, die Unterscheidung nach Arten der Verdrängung und deren Funktion, nach dem Zeitpunkt der Verdrängung und nach ihrer Bewertung, hat offensichtliche Implikationen für den Umgang mit dem Sterbenden und damit der thanato-therapeutischen Intervention.

(5) *Körperbild.* Das Körperbild ist ein wesentlicher Teil meines Selbstbildes, meines Selbstverständnisses, meiner Persönlichkeit (*Fisher* 1968). Es hat eine lange Entwicklungsgeschichte, es ist biographisch verankert, es ist abhängig von dem, was mein Körper kann, wie

er funktioniert, wie er aussieht, wie andere ihn sehen und auf ihn reagieren. Der Verlust von Körperfunktionen, das Aufbegehren des Körpers im Schmerz (*LeShan* 1964), die Verstümmelung des Körpers durch Operationen (vgl. z. B. *Maguire* 1976, *Parkes* 1976, *Henker* 1979) — das alles erschüttert nicht nur das etablierte Körperbild, sondern wirkt sich auch auf die Reaktionen der anderen und vor allem auf das Selbstwertgefühl aus (für einen Überblick vgl. z. B. *Roberts* 1976, Kapitel 4; vgl. auch *Rest* 1981, *Vaeth* 1980). Scham, Verzweiflung, Rückzug, Zorn sind nur einige der Reaktionen, die der Schwerkranke zeigt.

Der Umgang mit dem Verlust von Körperfunktionen oder Körperteilen wird auch als Trauerprozeß beschrieben (*Elberlik* 1980). Die verschiedenen Körperfunktionen, -teile und -organe können für verschiedene Menschen eine sehr unterschiedliche Besetzung haben, entsprechend variabel ist auch der Umgang mit dem aus dem Verlust resultierenden Körperbild (vgl. z. B. *Adsett* 1963, *Blacher* 1970, *Adamson* und *Shane* 1976). Deshalb wird die Körperlichkeit des Menschen — obwohl in vielen therapeutischen Ansätzen vernachlässigt — gerade in der thanato-therapeutischen Arbeit einen wesentlichen Stellenwert haben müssen.

Wie bewältigt der Sterbende diese Vielfalt von Problemen? Welches sind die Ressourcen, also die Bewältigungsmöglichkeiten, auf die er zurückgreifen kann? Zum Teil mögen es diejenigen Ressourcen sein, die ihm auch in der Bewältigung anderer Lebenskrisen geholfen haben. Zum Teil werden es biographisch frühe Bewältigungsformen sein, die dem Menschen als Kind das „Überleben" ermöglichten. Das hängt ab von der Phase der Verarbeitung des Krankheitsprozesses. In der akuten Phase der „Krise des Sterbens" wird eher auch auf biographisch frühe Bewältigungsformen zurückgegriffen, die dem Menschen in der Kindheit geholfen haben, Bedrohungen zu überstehen (*Pattison* 1977, 309 ff). Als grundsätzlich biographisch verankert, sind die Bewältigungsmöglichkeiten höchst individuell. Sie sind nicht nur individuell, sondern auch bei einem Individuum sehr variabel. *Barton* (1977) betont, daß die individuelle Bewältigung nicht als punktuelles Ereignis, sondern als *Prozeß* gesehen werden müsse, der wechselhaft, schwankend, oft unvoraussagbar ist, weshalb auch die Hilfe für den Sterbenden „eine unvoraussagbare, zufällige, fast chaotische Eigenart" habe (S. 16).

Es gibt eine Reihe guter Übersichtsarbeiten über die Bewältigungsmechanismen des Sterbenden (vgl. z. B. *Heim, Moser* et al. 1978, *Shady* 1978, *Gaus* und *Köhle* 1979), und ich möchte deshalb im Rahmen dieses Kapitels nicht weiter darauf eingehen. Sehr ausführlich hat sich auch *Weisman* (1972, 1974, 1979) mit Bewältigungsformen befaßt und mit der „Verletzbarkeit" (*vulnerability*), die Zeichen mißlungener oder nicht erreichter Bewältigung ist.

Jede Diskussion von „Bewältigung", sei es einzelner Bewältigungsmechanismen oder eines individuellen Bewältigungsstils, enthält eine Bewertung. Was gilt als „Bewältigung"? Wenn dem Sterbenden bei der Bewältigung seiner Probleme geholfen werden soll, ist in unserem Handeln stets — implizit oder explizit — ein Zielkonzept enthalten oder eine allgemeine Zielorientierung. Davon handelt der nächste Abschnitt. Zunächst werden exemplarisch einige derjenigen Zielkonzepte behandelt, die explizit für den thanato-therapeutischen Bereich entwickelt worden sind. In Gegenüberstellung mit diesen Konzepten werden dann die „Ziele", die Bedürfnisse des Patienten, in bezug auf psycho-soziale Hilfe behandelt.

2.2 Ziele psycho-sozialer Intervention

2.2.1 Explizite Zielkonzepte

Die Behandlung expliziter Zielkonzepte, die für den thanato-therapeutischen Bereich diskutiert werden, wird exemplarisch sein. Illustriert werden sollen zwei wichtige Dimensionen, auf denen man verschiedene Zielkonzepte einordnen kann; erstens eine Dimension, die ich einmal „Konzeptgröße" nennen möchte, zweitens die Dimension der „Kontextgröße".

„Konzeptgröße" bezieht sich auf den Anspruch des Zielkonzepts. Er spannt sich zwischen den Polen eines umfassenden Zielkonzepts, nach dem im Sterben das Leben aufgearbeitet wird, und einer selbstbeschränkenden Pragmatik. — „Kontextgröße" bezieht sich darauf, wieweit in der thanato-therapeutischen Arbeit auch der Kontext des Sterbenden miteinbezogen wird: geht es — das wäre der eine Pol — ausschließlich um den Sterbenden unter Ausblendung des sozialen, institutionellen und gesellschaftlichen Kontexts, oder geht es — der andere Pol — in der Zielsetzung auch um die Angehörigen, das Krankenhauspersonal, die Institution Krankenhaus, das Sterben in unserer Gesellschaft.

Ich werde zunächst vier Zielkonzepte darstellen und sie dann anhand der obigen Begriffe kurz diskutieren. Bei der Darstellung werde ich die Autoren selbst ausführlich zu Worte kommen lassen, damit die Zielkonzepte konkret werden, und auch das menschliche Engagement erkennen lassen, das sie trägt.

(1) Eines der bekanntesten und immer wieder aufgegriffenen Zielkonzepte ist *Weismans* Konzept vom *„appropriate death"*, dem „angemessenen Tod" (*Weisman* 1972 a, 1974, 1979 b). Was heißt es, „appropriate death" zum Zielkonzept thanato-therapeutischer Arbeit zu machen?

Es ist unsere Aufgabe zu verstehen, wie der charakteristische Lebensstil eines Menschen seinen bestimmten Todesstil bedingt. Was ist ein „guter Tod"? Mit welcher Art von Tod können wir leben? ... Welche Art von Tod ist für uns annehmbar? Welchen Tod würden wir, hätten wir ein gewisses Maß an Wahlmöglichkeit und Autonomie, als den besten für uns ansehen, als denjenigen, der am meisten in Übereinstimmung mit unseren Lebenswerten und -zielen steht? (1974, S. 139)

Das Sterben, das nur „angemessen" ist, steht also in Einklang mit den Werten, der Persönlichkeit, dem Selbstverständnis, der Biographie des Sterbenden. Vier Merkmale kennzeichnen nach *Weisman* (1979 b) den „angemessenen Tod": Wissen um die eigene Situation, d. h. Bewußtsein des Sterbens (*awareness*), das Akzeptieren des Todes (*acceptability*), die Stimmigkeit oder Richtigkeit, daß er ansteht (*propriety*), und das Gefühl, er kommt jetzt zu einem angemessenen Zeitpunkt (*timeliness*). Zu dem Annehmen des Zeitpunktes des Todes, auch wenn es ein früher Tod ist, meint *Weisman* (1973):

Man kann dann von „angemessenem Sterben" sprechen, wenn nur geringer Leidensdruck besteht und wenig Konflikt und wenn das Verhalten auf der höchstmöglichen Ebene aufrechterhalten ist, die dem physischen Zustand entspricht. Der Patient gibt außerdem zu verstehen, daß das bereits Erreichte dem entspricht, was er von sich erwartet hat ... Dann ist im wörtlichen und im übertragenen Sinn Zeit zu sterben. (S. 370)

An anderer Stelle spricht *Weisman* auch von „zielbewußtem" (*purposeful*) Sterben und sieht es vor allem gekennzeichnet durch ein gewisses Maß an innerer Ruhe, Gelöstheit von Konflikten und Problemen, sogar persönlicher Entwicklung noch im Sterbeprozeß, und einer gewissen Vollendung oder Erfüllung (*Weisman* 1972 c).

Solche Formulierungen sind sicher in Übereinstimmung mit dem, wie man sich sein eigenes Sterben wünschen würde. Was sind die Voraussetzungen, daß ein solches Sterben möglich wird? *Weisman* (1979 b; ergänzend vgl. auch *Weisman* und *Hackett* 1961) definiert eine Reihe von Bedingungen: Er nennt sie „*care, control, composure, communication, continuity, closure*":

1. Pflege. Dazu zählen geeignete Maßnahmen zur Symptomlinderung und Unterstützung durch und für wichtige Bezugspersonen.
2. Kontrolle. Der Patient wird miteinbezogen, selbst wenn das im präterminalen Stadium einfach nur heißt, die Kontrolle über zu treffende Entscheidungen aus der Hand zu geben.
3. Fassung. Es ist an der Zeit, ruhig und gefaßt zu sein. Extreme Gefühlsschwankungen sind eingedämmt, aber nicht so stark, daß keine Reaktion des Patienten mehr

erfolgt. Sanftheit ist das wichtigste, aber trotzdem sollte noch genügend Raum sein für Mitgefühl, Ungeduld, Ärger usw. Manchmal möchte ein Patient lieber in seiner Erstarrung belassen bleiben. Auch das ist eine Möglichkeit, sollte aber nicht mit Gelassenheit verwechselt werden.

4. Kommunikation. Einem gut informierten Patienten geht es im allgemeinen besser, denn Kommunikation ist die Grundvoraussetzung für gegenseitiges Verständnis. Bedürfnisse werden artikuliert; und wenn es nicht möglich ist, sie zu befriedigen, können die Gründe hierfür in einfühlsamer Weise klargelegt und Kompromisse erreicht werden.

5. Kontinuität. Ein Patient kann durch Beibehaltung vertrauter Funktionen des täglichen Lebens als Persönlichkeit am Leben erhalten werden. Dadurch wird ein sanfterer Übergang von einer psycho-sozialen Stufe zur anderen möglich.

6. Abschluß. Noch anstehende Probleme werden gelöst oder neu definiert. Manche Patienten sind zum Sterben bereit, noch bevor ihr Körper sie entläßt. Andere wiederum bleiben bis zum Ende unversöhnt, je nachdem, welche Bewältigungsmechanismen vorher benutzt wurden. Wie dem auch sei, obwohl es Zeit zum Sterben ist, ist Zeit nicht mehr wichtig. (S. 99)

Der „angemessene Tod" ist, wenn man all diese Beschreibungen, Merkmale und Voraussetzungen betrachtet, ein „schöner Tod"; es ist ein anspruchsvolles Zielkonzept, und *Weisman* (1972 b) meint selbst: „Offensichtlich sind diese Bedingungen eines angemessenen Todes gleich dem höchsten Trachten der Menschheit!" (S. 40). Gleichzeitig ist sich *Weisman* sehr wohl bewußt, daß die Destruktivität, die in unserer Gesellschaft herrscht, ein positives Bild des Sterbenden, wie das des angemessenen Todes, nicht eben fördert (*Weisman* 1972 b, S. 36). Er sieht, daß es eine schwere Aufgabe sowohl für den Sterbenden als auch für diejenigen ist, die ihn pflegen, in Richtung auf ein angemessenes Sterben zu handeln. Er spart deshalb auch nicht damit, konkrete Handlungsregeln zu geben, die einen angemessenen Tod eher ermöglichen (für den Patienten selbst vgl. *Weisman* 1979 b, S. 100; für diejenigen, die dem Sterbenden helfen vgl. *Weisman* 1974, S. 188-189, und *Weisman* 1972 c, S. 170-172). Und er plädiert mit Nachdruck dafür, sich gerade ein solch hohes Zielkonzept zu setzen:

Nur wenige haben je das Glück, diese Ziele zu verwirklichen. Es erscheint deshalb höchst unwahrscheinlich, daß bei derart unrealistischen Anforderungen Menschen an der Schwelle des Todes jemals angemessen sterben könnten oder sich überhaupt Gedanken darüber machen. Andererseits kann unser Vorurteil, Tod könne *niemals* angemessen sein, eine sich selbst bestätigende Konzeption werden. Solange wir glauben, daß der Tod schlecht ist und Sterbende durch eine Art magischer Ansteckung davon vergiftet sind, ist angemessenes Sterben niemals möglich. Und wenn wir aus diesem Grund therapeutische Interventionen ablehnen, können wir das Gefühl tiefer Entfremdung, Hoffnungslosigkeit und Einsamkeit vermitteln. Ist aber ein bestimmtes Maß an Bewußtsein, Kontrolle und Kompetenz gegeben, womit wir arbeiten können, dann können wir ein zielbewußtes Sterben fördern ... Wenn wir uns weigern, angemessenes Sterben als unerreichbares, weltfremdes Wunschbild anzusehen, dann werden wir die Autonomie und die persönliche Würde des Patienten schützen. (1972 b, S. 40)

Daran wird deutlich, daß der „angemessene Tod" für *Weisman* weniger ein in jeder Begleitung eines Sterbenden zu erreichendes therapeutisches Ziel ist als vielmehr eine allgemeine Ziel- oder Wertorientierung, die dazu beitragen kann, das Leben im Sterben erträglicher zu machen. Es ist jedenfalls ein sehr individualisiertes Konzept; es geht nicht davon aus, daß für jeden Menschen die gleiche Art des Sterbens „angemessen" ist. Sterben sei ein persönlicher, ein individueller Prozeß, deshalb müsse auch jede psycho-soziale Intervention individualisiert sein (*Weisman* 1972c). Dies stellt auch eine grundlegend ethische Position dar:

> Weder Leben noch Sterben läßt sich auf ein kleines Bündel von Maximen reduzieren. Einem anderen Menschen zu sagen, was er tun, denken oder sein sollte, ist zu jeder Zeit eine Zumutung; vermittelt man das aber einem Sterbenden, so kann man das nur als scheinheilige Grausamkeit bezeichnen. (1972b, S. 36)

Bei einer Zielorientierung thanato-therapeutischer Arbeit allerdings, die vor allem die Angemessenheit des Sterbens für den Sterbenden, die Übereinstimmung mit ihm selbst im Auge hat, treten naturgemäß Überlegungen und Interventionen, die Angehörige oder Krankenhauspersonal miteinbeziehen, in den Hintergrund. *Barton* (1977) erweitert deshalb das *Weisman*sche Zielkonzept zu dem Konzept des „kongruenten Sterbens" (vgl. u.).

(2) *Die „Krisen-Therapie" von LeShan.* In drei Hinsichten ist das Zielkonzept von *LeShan* (vgl. *LeShan* 1964, 1969a, 1969b, 1977; *LeShan* und *Gassman* 1958, *LeShan* und *LeShan* 1961) dem *Weismans* zu vergleichen: es basiert auf einer breiten Basis praktischer psychotherapeutischer Erfahrung mit Sterbenden, es ist vergleichbar in bezug auf die „Konzeptgröße" (und diese beiden Punkte sind möglicherweise nicht unabhängig voneinander), und es ist überwiegend auf die Arbeit mit dem Sterbenden selbst ausgerichtet. *LeShan* hat vor allem psychotherapeutisch mit Krebskranken gearbeitet. Seine Arbeit basiert auf einer psychosomatischen Theorie der Krebsentstehung (*LeShan* 1959, 1966, 1977; *LeShan* und *Reznikoff* 1960, *LeShan* und *Worthington* 1956a, 1956b), wonach der Verlust von Kontakt zum Leben, von Sinn im Leben, der Verlust der Fähigkeit, sich selbst in seiner Eigenart zu leben, der Verlust von Hoffnung, Idealen, Werten, Perspektiven wichtige Faktoren sind, die zum Krankheitsausbruch — und auch zum Verlauf der Krankheit beitragen. Die Todesangst komme auch im wesentlichen aus diesem Gefühl, nicht sein eigenes Leben gelebt zu haben (vgl. *LeShan* und *Gassman* 1958, *LeShan* und *LeShan* 1961). Deshalb sind für *LeShan* die Selbstfindung, das persönliche Wachstum, die Entdeckung der „eigenen Melodie", die Stärkung des Lebenswillens, das

Finden von Sinn, von Hoffnung, von Selbstwertgefühl die Ziele, die er für seine psychotherapeutische Arbeit mit Sterbenden setzt (vgl. auch *LeShan* 1969).

Der Arbeit von *LeShan* liegen zwei anthropologische Prämissen zugrunde. Einmal die Überzeugung vom grundlegenden Wert des Menschen und zum zweiten der Glaube daran, daß der Mensch auch unter den schwierigsten Lebensbedingungen Raum und Möglichkeiten hat, sich zu entfalten und zu wachsen:

> Vielleicht könnte unsere Anschauung am besten erläutert werden, indem wir sagen, daß wir am sterbenden Patienten nicht interessiert sind, weil er stirbt oder weil er ein Patient ist, sondern daß unsere Anteilnahme eher aus dem Glauben erwächst, daß er als Persönlichkeit den Anspruch hat, zu allen Zeiten und unter allen Umständen als Persönlichkeit behandelt zu werden. Seine Fähigkeit, sogar am Ende der ihm bestimmten Lebenszeit ein größeres Verständnis für die Bedeutung des Lebens zu finden, gibt dieser Arbeit mit dem Schwerkranken oder todgeweihten Patienten eine besondere Berechtigung. (*Bowers, Jackson, Knight, LeShan* 1971, S. 102)

Oder an anderer Stelle:

> Mein Ansatz in der Arbeit mit Sterbenden ist auf das Leben ausgerichtet und von dem Glauben bestimmt, daß man unter allen Umständen, gleichgültig wie schmerzhaft und entmutigend diese auch sein mögen, nach optimaler Persönlichkeitsentfaltung streben kann. (*LeShan* 1977, S. 98-99)

LeShans therapeutische Orientierung läßt sich — neben diesen Grundprämissen — durch zwei Merkmale kennzeichnen: 1. das Ziel ist variabel, individuum-orientiert, und es ist 2. gekennzeichnet durch einen spezifischen Umgang mit Zeit; Zeit ist ihr gewissermaßen unwesentlich, jedenfalls die chronologische Zeit; es geht nicht um eine „Erweiterung von Zeit", sondern eine „Erweiterung von Werten":

> … was ein Mensch während der ihm verbleibenden Lebensspanne IST und TUT, d. h. was diese an Gefühl und Verständnis beinhaltet, ist von weitaus größerer Bedeutung als die Lebensdauer in rein chronologischer Sicht. In der Krisentherapie — das ist der Ausdruck, den ich für die von mir im Umgang mit schwerkranken Krebspatienten entwickelten Ansätze und Techniken verwende — gewinnt das Leben mehr Sinn durch eine Erweiterung der Werte als durch eine Erweiterung der Zeit. (1977, S. 97)

Und die individuelle, variable Orientierung wird an folgenden Auszügen deutlich:

> In der Krisentherapie … lege ich großen Wert … auf Offenheit gegenüber Erfahrungen, die Bereitschaft und das Verlangen nach Wachstum in der dem Individuum eigenen, natürlichen und organischen Richtung. Es geht nicht um das Erreichen bestimmter statischer Positionen oder Ziele; ich sehe das therapeutische Ziel in der Stärkung des Lebenswillens und einem Anreiz zu Wachstum und Entwicklung. (1977, S. 107)
>
> In der Krisentherapie stellt sich für jeden einzelnen Patienten das Ziel anders dar. Jeder hat seine eigene, für ihn charakteristische Melodie zu singen, in seinem Handeln einen speziellen Rhythmus auszuleben. Wenn er seine ihm eigene Melodie singt, erlebt er Freude am Leben, Genuß am Leben und einen Sinn im Leben. (1977, S. 108)

Die Umfassenheit des Zielkonzepts der *LeShan*schen Krisen-Therapie läßt sich am besten in seinen eigenen Worten vermitteln:[1] Lebenssinn, Selbstfindung, Freude, Wachstum — wenn nicht Heilung:

> Das therapeutische Ziel beim sterbenden Patienten besteht darin, dem Leben mehr Sinn zu geben; denn das vermag Leben wiederherzustellen oder trägt zumindest, wenn dies nicht der Fall ist, dazu bei, daß die abschließenden Ereignisse an Bedeutungsreichtum gewinnen. Denn angesichts des eigenen Todes erhebt sich der Mensch oft zur vollen Größe seiner menschlichen Existenz. Es kann tatsächlich geschehen, daß er im Sterben den Sinn findet, nach dem er gesucht hat. Das wäre kein unerhebliches Ziel für den Dienst am sterbenden Patienten. (*Bowers, Jackson, Knight, LeShan* 1971, S. 84)

> Um diesen Lebenswillen zu mobilisieren, müssen wir Ziele in der Zukunft haben, die für den Patienten von tiefer Bedeutung sind. Wir brauchen ein Ideal, auf das wir hinarbeiten können ... Das Ideal des vollen, reichen Selbst, der Entfaltung des eigenen Wesens auf die eigene, besondere Weise, der Freiheit, ohne Furcht sein eigenes Selbst voll auszuleben — dies ist ein Ziel, das unserem „Zeitgeist" entspricht und das wert ist, daß man dafür kämpft und leidet. Das ist tatsächlich ein Ziel, für das zu leben sich lohnt. (*Bowers, Jackson, Knight, LeShan* 1971, S. 89/90)

> Die Form der Psychotherapie, mit der wir uns hier befassen, hat mehr das Ziel, Freude und Begeisterung zu wecken, als die Ursachen seelischer Symptome zu ergründen ... Bei dieser Arbeit haben wir es nicht mit der seelischen Pathologie zu tun, eigentlich auch nicht mit der Vorbereitung auf den Tod. Wir befassen uns eher mit der Suche nach den inneren Kräften des einzelnen ... Wir sind eher auf ein „Sein zum Leben" als auf ein „Sein zum Tode" ausgerichtet. (*Bowers, Jackson, Knight, LeShan* 1971, S. 99)

> Das letztliche Potential einer solchen Therapie liegt natürlich darin, zu einer „Heilung" oder Remission des Krebses beizutragen. In einigen Fällen ... wurde dieses Ziel erreicht. Aber der Therapeut sollte vermeiden, falsche Hoffnungen zu wecken. Die Therapie bei einem todkranken Patienten sollte mehr auf Erweiterung, Wachstum und Befreiung des Selbst konzentriert sein als auf physische Genesung. (*LeShan* 1977, S. 96)

Die auf diese Ziele orientierte thanato-therapeutische Arbeit mit dem Sterbenden beseitige die Angst vor dem Sterben, lasse den Menschen in seiner letzten Lebensphase noch zu einer vollständigen Persönlichkeit werden und könne die Sterbeerfahrung gar zu der erfülltesten Zeit seines ganzen Lebens werden lassen:

> Es ist also wichtig, dem Patienten zur Verwirklichung seines eigenen Wertes zu verhelfen, zur vollen Nutzung seiner positiven Kräfte, des Potentials seiner Persönlichkeit ... Wir erreichen das, wenn wir dem Patienten helfen, seine eigene Daseinsform und seinen Weg zu finden und zu akzeptieren ... In dem Maße, in dem das Individuum sich asymptotisch in dieser Richtung bewegt, verringert sich die Todesfurcht, selbst wenn der objektive physische Zustand vielleicht gleich bleibt oder sich verschlechtert. (*Bowers, Jackson, Knight, LeShan* 1971, S. 87/88)

> Durch die innere Entwicklung, die Selbstforschung und die Annahme des eigenen Ich ... wird der Patient zu einem erfüllteren und reicheren Menschen. Er stirbt nicht besiegt und vom Leben geschlagen, sondern ist eine stärkere und vollkommenere Persönlichkeit (*Bowers, Jackson, Knight, LeShan* 1971, S. 85/86)

---

[1] Ich zitiere dabei aus *Bowers* et al. (1971) Passagen, die sich wörtlich auch in anderen Texten *LeShans* finden (vor allem *LeShan* 1969, *LeShan* 1977).

Für den todgeweihten Patienten stellt sich nicht die Frage, wieviel Lebensmonate oder -jahre ihm noch bleiben, sondern wie er diese Zeit durchleben soll. Als Psychotherapeut habe ich im Lauf der Jahre viele Dutzend von Krebspatienten behandelt. In vielen Fällen war es möglich, ihnen zu einer vorher nie erlebten persönlichen Erfüllung zu verhelfen, so daß die ihnen noch verbleibende Zeitspanne zur erfülltesten ihres ganzen Lebens wurde.

Ich habe *LeShan* so ausführlich zitiert, um zu vermitteln: all dies sind sehr schöne Ziele, sehr hohe Ziele. — Sind sie erreichbar? In den Büchern von *LeShan* (1977) und *Bowers, Jackson, Knight* und *LeShan* (1971) finden sich eine Fülle von Fallbeschreibungen von Menschen, bei denen Teile dieser Zielorientierung realisiert wurden, ja Fälle von medizinisch unerwarteter Heilung ... Nur ganz am Rande wird auch einmal erwähnt, daß diese Orientierung fehlschlägt, weil die Lebenskraft zu schwach gebrannt habe (*Bowers* et al. 1971, S. 101).

Wenn wir *LeShans* Konzepte als Zielkonzepte im engeren Sinn betrachten, welche sich stets auch die Frage nach der Zielerreichung stellen müssen, so würde sich ein gewisses Mißtrauen regen angesichts dieser Erfolgsberichte. Die Berichte erscheinen annehmbarer, wenn man *LeShans* Ausführungen weniger als Zielkonzepte thanato-therapeutischer Arbeit versteht denn als allgemeine Zielorientierung oder Zielideologie, als eine allgemeine Wertorientierung. Die erkennbaren Werte sind ein hohes Engagement für die Würde jedes Menschen, für seine spezifische Individualität und für seine positiven, inneren Kräfte auch in der schwierigsten Lebenslage. Und die Wirkung *LeShan*scher Thanato-Therapie mag wesentlich über die Zuwendung laufen, die eine solche Einstellung zum Sterbenden bewirkt.

(3) Der *„Freundschaftspakt"*. *Loma Feigenberg*, Onkologe und Psychiater, nennt seine psychotherapeutische Arbeit mit Sterbenden eine „Pflegeideologie" (*Feigenberg* 1979, 1980). Hauptkennzeichen seiner „Methode", wie er es auch nennt, ist eine radikale Patientenzentriertheit. Die Zielorientierungen von *Weisman* und *LeShan* sind keine Interaktionskonzepte, sie beziehen Verwandte, Pflegepersonal nicht explizit in ihre thanato-therapeutische Intervention ein, aber sie werden auch nicht ausgeschlossen. *Feigenberg* dagegen schließt sie ausdrücklich aus: mit dem Sterbenden schließt er einen „Freundschaftspakt", der Anwesenheit, absolute Zuverlässigkeit und vollständige Verschwiegenheit einschließt. Angehörige, Freunde und Pflegepersonal werden zu Beginn der Therapie davon in Kenntnis gesetzt, daß künftig keinerlei Kontakt zwischen ihnen und dem Therapeuten stattfindet. Hauptargumente für dieses Vorgehen sind für *Feigenberg*, daß es eine große Nähe zwischen Therapeut und Sterbendem ermögliche,

eine unbedingte Offenheit der Kommunikation, also auch die Möglichkeit für den Sterbenden, Konflikte und negative Gefühle anzusprechen, und daß der Sterbende einen wirklichen „neuen Freund" gewinne.

Feigenberg sieht dieses Vorgehen offensichtlich nicht für jeden Sterbenden indiziert — im Unterschied etwa zu den vorangehend dargestellten Zielkonzepten. Er beginnt eine solche formale Therapie mit Hilfe des expliziten Freundschaftsvertrages mit dem Sterbenden vielmehr vor allem dann, wenn der Patient Probleme hat, die umfassender sind als diejenigen, die sich aus der Sterbesituation ergeben:

> Ich wende diese Methode in besonderen Situationen an, wenn der Patient, abgesehen davon, daß er im Sterben liegt, eine schwere, traumatische Begebenheit erlebte, behindert oder deviant ist, allein gelebt hat oder in einer Beziehung voll schmerzlicher Konflikte; oder ... wenn z. B. Patienten um Beendigung ihres Lebens bitten und das medizinische Personal die Fassung verliert und hilflos reagiert. (1979, S. 49/50)

An anderer Stelle:

> Die Methode ist relativ zeitraubend und verlangt einen Therapeuten mit Ausbildung und Erfahrung. Sie kann für Angehörige eine starke Belastung darstellen; Patienten empfinden sie als ungewöhnlich. Aus diesen und anderen Gründen sollte dieses Vorgehen nur besonderen Situationen vorbehalten bleiben. Beispiele für derartige Situationen sind tiefe, komplexe Konflikte zwischen dem Sterbenden und seinen nächsten Angehörigen; selbstzerstörerisches Verhalten des Patienten; der Wunsch nach Euthanasie; ein starkes Aufbegehren gegen das Schicksal oder schwere, lebenslange Probleme ... In einigen Fällen ... ergibt sich die spezielle Indikation hauptsächlich aus Reaktionen des Pflegepersonals und anderer. (1980, S. 95/96)

Nach dieser „Methode" des Freundschaftspaktes läßt der Therapeut sich in einem hohen Maße auf den Patienten ein, die Übertragungsbeziehung wird „gezielt und konstruktiv eingesetzt, nicht analysiert" (1980, S. 145); diese spezifische „Freundschaft" kann einschließen, daß der Therapeut über Nacht beim Patienten bleibt, daß er auch dann zu ihm kommt, wenn er bewußtlos wird, daß er seine Ferien verschiebt — wie es ein wirklicher Freund tun würde. Was soll im Rahmen dieses Vorgehens erreicht werden?

Es geht darum, dem Patienten zu helfen, ihn zu begleiten, an seinem Sterben teilzunehmen, ihn zu unterstützen (1980, S. 16 und S. 211). Dabei steht das *Leben* des Sterbenden im Mittelpunkt dieser Hilfen. „Unsere Hauptaufgabe", so sagt *Feigenberg*, „ist es, dem Sterbenden leben zu helfen, bis er stirbt" (1980, S. 32); und das bedeutet für *Feigenberg*, „die Individualität des Menschen in jeder Hinsicht zu betonen. Ich tue alles, was ich in Worten und Taten tun kann, damit der Patient so weit als möglich als Individuum leben kann" (1980, S. 133). Zu diesem Zweck ist es dem Therapeuten wesentliches Ziel, „die Sicht des Patienten über sein vergangenes Leben, die Erfahrungen seines Lebens hier und jetzt, seine Phantasien, Gedanken und Gefühle über die Zukunft zu verstehen ..." (1980, S. 131).

Als Kernkonzept dieses Vorgehens könnte man zusammenfassend die radikale Patientenzentrierung nennen, die außerordentlich enge und persönliche Beziehung zum Therapeuten, die Orientierung auf das *Leben* des Sterbenden und auf seine einmalige Individualität.

(4) *Kongruentes Sterben und „Adaptation".* Ein Zielkonzept psycho-sozialer Intervention beim Sterbenden, das sich in vieler Hinsicht von den vorangehend besprochenen unterscheidet, ist das von *Barton* (1977). Zunächst ist hervorzuheben, daß es nicht den Anspruch erhebt, formale Psychotherapie zu sein; es ist bescheidener von „psycho-sozialer Intervention" die Rede, und *Barton* entwirft seine Zielvorstellungen nicht für thanato-therapeutische Spezialisten, sondern für Ärzte, Pflegepersonal, Angehörige — sie alle können durch solche Interventionen dem Sterbenden helfen.

Noch in drei weiteren Hinsichten unterscheiden sich *Bartons* Zielvorstellungen von den vorangehenden Konzepten. Erstens hinsichtlich des einbezogenen Interaktionskontextes; zwar ist ihm, wie auch *Weisman*, *LeShan* und *Feigenberg* betonen, das individualisierte Vorgehen von höchster Wichtigkeit, aber er sieht darüber hinaus das Individuum im Kontext menschlicher Interaktion — wobei auch die Individualität aller Interaktionspartner gesehen werden müsse. Gerade das mache die Situation so komplex und verlange, daß man als Helfender in dieser Situation Unklarheit, Wechsel, Widersprüche (*Barton* spricht auch von „Chaos") aushalten müsse:

> In der Begegnung mit der Bedrohung durch Sterben und Tod paßt sich der Mensch in höchst individueller Weise an. Gleichermaßen zeigen auch die Interaktionspartner des Sterbenden ein breites Spektrum von Reaktionen. Die Betreuer sehen sich hier einer praktisch unbegrenzten Anzahl von Variationen gegenüber. So stellt nicht nur die Einzigartigkeit des Individuums eine wichtige Determinante der auftretenden Schwierigkeiten dar; auch die Involvierung und die Reaktionen von Familienangehörigen und Betreuern aus vielen verschiedenen Disziplinen tragen zusätzlich zur Komplexität der Pflegesituation bei.
> Ein im voraus festgelegtes, endgültiges System von Aktionen, Reaktionen und Interventionen läßt sich in der Betreuung Sterbender und ihrer Familien praktisch unmöglich ausarbeiten; keine andere Pflegesituation in der medizinischen Praxis erfordert ein so hohes Maß an Flexibilität, Sensitivität, Vielseitigkeit, breiter Variation an Wissen und Fähigkeiten und eine so enge Zusammenarbeit von Betreuern aus so vielen Disziplinen ... Sich verändernde Bedürfnisse und wandelnde Interaktionsmuster erfordern die Entwicklung von Reaktionen direkt aus der Dynamik des Pflegeprozesses heraus. Dies ist ein Grundkonzept der Sterbehilfe, wenn es auch unzusammenhängend und oft frustrierend erscheint. (1977, S. 87)

Barton warnt sehr davor, „Theorie" zur vermeintlichen Auflösung dieser Ambivalenz zu setzen, die — wie er meint — mehr dem Helfenden hilft als dem Sterbenden:

Versuche, geordnete und vorhersagbare physische oder psycho-soziale Verhaltensabläufe zu identifizieren, erweisen sich oft als höchst frustrierend. Die Versuche, dem Patienten fest umrissene Anpassungsmuster aus übergestülpter Konformität aufzuzwingen, können zu einer reduktionistischen, oft mechanistischen und unpersönlichen Form der Pflege führen. Mögen die Betreuer und andere auch eine gewisse Befriedigung über die relative Geschlossenheit einer bestimmten Theorie oder kognitiven Position empfinden (und dadurch die schmerzliche Intensität ihrer Gefühle abschwächen), so kann der Sterbende um so mehr darunter leiden, wenn er fühlt, daß er die vom Pflegepersonal in ihn gesetzten Erwartungen nicht erfüllt. (1977, S. 8)

Ein zweiter Unterschied bezieht sich auf die Orientierung Leben / Tod. Natürlich geht es in der Sterbebegleitung um das *Leben* des Sterbenden. Aber es ist ein Leben zum Tode — und das bleibt, etwa bei *LeShan*, bei dem das Leben des Sterbenden durch inneres Wachstum noch einmal zu einer vollen Höhe gebracht werden soll, doch weitgehend ausgeblendet — gewiß nicht in der praktischen therapeutischen Arbeit, aber in der Darstellung und Reflexion des Zielkonzepts. Daß jede Selbstentfaltung, jedes innere Wachstum im Sterben eine *paradoxe* Situation darstellt, kommt erst ins Blickfeld, wenn man auch den Endpunkt dieses Lebens im Sterben mit einbezieht:

Der Sterbende ... „lebt mit" seinem Sterben, und die Überlebenden, seien es Familienangehörige oder Betreuer, müssen nicht nur sein Sterben „miterleben", sondern auch seinen Tod und ihr eigenes Überleben „durchleben". Der Schwerpunkt (dieses Buches) liegt auf jenen Aspekten des Lebens, die durch den Sterbeprozeß und den Tod eines Individuums zerrissen werden.
Jede Lebensphase hat ein Wachstumspotential, aber wenn der Sterbende sich über diese Stufe hinausbewegt, „verliert" er diesen Teil seines Lebens. Bei vorangehenden Entwicklungsphasen wird die erreichte Anpassung an diese Phasen jeweils zu einem Teil der Lebenserfahrung des Menschen. Im Sterbeprozeß und beim Herannahen des Todes aber ergibt sich die paradoxe Situation, daß, was immer durch Wachstum und Reifung erreicht wird, begleitet ist von einem Gefühl des Übergangs und des Verlustes. Denn zu guter Letzt muß alles, was erreicht wurde, auch wieder vollständig aufgegeben werden. Dieses Paradox erklärt das in dieser Lebensphase vorherrschende Gefühl des Verlusts, der Sinnlosigkeit und der Verzweiflung, Gefühle, die den Hintergrund bilden, vor dem Anpassung und Wachstum geschieht. Es ist ein Lebensabschnitt, in dem Wachstum durch Loslassen geschieht und in dem Anpassung erfolgt durch ein allmähliches Aufgeben des Lebens und dadurch, daß man lernt, mit einem wachsenden Gefühl des Verlustes zu leben und in direktem Kontakt zu sein mit der Bedrohung von Nicht-Existenz. (1977, S. 15)

Neben der expliziteren Einbeziehung des Interaktionskontextes der Sterbenden und des Todeskontextes des „Lebens zum Tode" unterscheidet sich *Barton* noch in einer dritten Hinsicht von den vorangehend dargestellten Zielkonzepten. *Weisman* und *LeShan* haben ein großes, übergeordnetes Zielkonzept (*appropriate death* bzw. Selbstentfaltung); *Feigenberg* läßt sich durch das Konzept des Freundschaftspaktes leiten. Das sind sehr allgemeine Konzepte, die Zielorientierung geben mögen, aber keine Hinweise auf Interventionen. Sie scheinen dem Umgang mit Sterbenden eine gewisse Durchgängigkeit, Einheitlichkeit und Integriertheit des Handelns zu geben. *Barton* hält ein solches integriertes Vorgehen für nicht möglich (vgl. oben). Seine Zielsetzungen sind problem-spezifisch. Er fragt, für welche Problemfelder müssen die Interventionen des Helfenden welche Ziele haben. Dies sei nur an einigen Beispielen illustriert.

Ich habe weiter vorne einige der weniger beachteten, aber thanato-therapeutisch relevanten Probleme angesprochen, mit denen der Sterbende oft konfrontiert ist. Dazu gehören die vielen negativen, feindlichen, in bezug auf die Interaktion mit Angehörigen und Pflegepersonal destruktiven Gefühle wie Zorn, Haß, Neid, Schuldgefühl. Es hilft dem Sterbenden, wenn diese Gefühle Ausdruck finden können, wenn sie angesprochen werden können, ohne daß „Strafe" und negative Reaktion folgt. Wichtige Ziele sind *Barton* deshalb die sogenannten *„expressive-communicative interventions"*, d. h. Interventionen, die Ausdruck und Kommunikation fördern können:

Diese Interventionen umfassen Aktivitäten, die darauf gerichtet sind, das Ausdrücken der Gefühle zu fördern, die aus der Bedrohung durch Sterben und Tod erwachsen, und ein Setting zu schaffen, in dem diese Gefühle kommuniziert werden können ... Patienten, Familienangehörige und Betreuer neigen dazu, Gefühle zurückzuhalten, die ihnen oder anderen Unbehagen verursachen könnten ... Der Betreuer greift dann zu ausdrucks- und kommunikationsfördernden Interventionen, wenn er das Vorhandensein von Gefühlen bemerkt, die mit blockierter oder verzerrter Kommunikation einhergehen. (1977, S. 94/95)

Aber auch das ist für *Barton* kein mechanistisches Konzept, und er warnt davor, den Patienten in mehr Kommunikation zu drängen, als er im Augenblick bereit oder in der Lage ist aufzunehmen.

Ein zweites Beispiel von Interventionszielen faßt *Barton* unter „subjektiven Einsicht-orientierten Interventionen" zusammen, deren Ziel es ist, dem Patienten, den Angehörigen, den Pflegepersonen zu mehr Einsicht in ihre Gefühle und ihr Verhalten zu verhelfen, gerade in solchen Gefühlen und Verhaltensweisen, die die Problemlage der Beteiligten erschweren. So wird z. B. versucht, einsichtig werden zu lassen, daß der zunehmende Verlust der Autonomie, die zunehmende faktische Abhängigkeit des Sterbenden zu Ärger und Auflehnung führen können, die sich vielleicht auf bestimmte Personen beziehen, dort „abgeladen" werden, aber dennoch nicht diese Person *meinen*. Das kann eine entlastende „Einsicht" sowohl für den Sterbenden als auch die anderen

Menschen in seinem Umfeld sein. Ein anderes Beispiel einer hilfreichen Einsicht bezieht sich auf den Umgang mit dem veränderten Körperbild; der Verlust von Körperfunktionen, von Beweglichkeit, von Intaktheit des äußeren und inneren Körpers erschwert viele Ressourcen oder Bewältigungsmechanismen, die dem Sterbenden früher zur Verfügung gestanden haben mögen; es gehe darum, dem Sterbenden zu vermitteln, daß die Suche nach „psychologischen Prothesen" in dieser Situation nicht nur berechtigt, sondern notwendig ist.

Daneben nennt *Barton* die „Interaktions- und Beziehungs-Interventionen", deren Ziel es ist, den interpersonalen Konflikt in der Umgebung des Patienten zu dämpfen und eine möglichst weitgehende Kontinuität der Beziehungen für den Patienten aufrechtzuerhalten, die wichtiges Element des Selbstbildes des Patienten sind (vgl. o.); die „Interventionen im sozialen Kontext", deren Ziel es ist, alle Ressourcen der sozialen Fürsorge, Familienvorsorge etc. für den Sterbenden und seine Angehörigen auszuschöpfen; die „Pflegeprozeß-Interventionen", die auf die Institution Krankenhaus zielen und deren Zweck die optimale Koordination der Pflege und Hilfe für den Sterbenden ist, unter Beachtung von Hierarchie, Rollenkonflikt und Rollenstereotypie, die in diesem Feld Konflikte stiften, unter Beachtung auch der nicht-menschlichen Umgebung, wie der Einrichtung der Räume, die Frage der Privatheit für den Patienten, die Wirkung bestimmter vorzunehmender Behandlungsmethoden (Bestrahlung) und deren negative Auswirkungen auf den Patienten.

Barton erkennt an, daß einige der angeführten Interventionsziele nur von bestimmten Rollenträgern mit spezieller Ausbildung geleistet werden können, dem Psychiater in Fällen schwerer emotionaler Störungen, dem Krankenhausseelsorger im Falle spiritueller oder religiöser Fragen oder Fragen nach dem Sinn. Die effektive Hilfe für den Sterbenden kann sich *Barton* nur in interdisziplinärer Zusammenarbeit vorstellen. Und entsprechend seiner systematischen Einbeziehung von menschlichem Kontext des Sterbenden gehört zu seinen spezifischen Zielen nicht nur die *Inter*vention, sondern auch die *Post*vention, d. h. die Sorge und Hilfe für die Angehörigen nach dem eingetretenen Tod des Patienten.

Auch wenn *Barton* überwiegend einzelne, problembezogene und spezifische Interventionsziele nennt, so gibt es auch bei ihm eine übergeordnete Zielvorstellung, zu der diese Einzelinterventionen letztlich beitragen sollen: die „Adaptation". Damit ist ein „bestimmtes Maß an psychologischem Wohlbefinden" gemeint — selbst angesichts einer „schmerzvollen und oft nicht akzeptierbaren Situation" (S. 34/35):

Der Versuch, angesichts all dieser Veränderungen ein gewisses Maß an Lebendigkeit und Kontinuität des Selbst aufrechtzuerhalten, stellt die Adaptation des Sterbenden dar. (1977, S. 42)

Bei angemessener Adaptation sind die zwischenmenschlichen Beziehungen des Sterbenden durch einen gewissen Grad tröstlicher Beständigkeit gekennzeichnet ... Adaptation umfaßt ein Gefühl persönlicher Unversehrtheit, Integrität und Ganzheit und auch die Fähigkeit des Individuums, Reales von Unrealem zu unterscheiden. Sie besteht auch in der Fähigkeit zum wirksamen Einsatz psychologischer Mechanismen und Bewältigungsstrategien im Umgang mit unakzeptablen Gefühlen, in der Aufrechterhaltung angemessenen Funktionierens, dem zweckmäßigen Austausch von Informationen, der Aufrechterhaltung tröstlicher zwischenmenschlicher Beziehungen sowie einem gewissen Gefühl der Ausgeglichenheit und des Wohlbefindens. (1977, S. 36)

Ich habe versucht zu verdeutlichen, daß zu den psycho-sozialen Interventionen bei *Barton* nicht nur Interventionen im unmittelbaren Interaktionsfeld um den Sterbenden zählen, sondern auch solche, die sich auf die Institution und auf das soziale System beziehen. Die Einbeziehung dieser verschiedenen Kontexte ist zusammenfassend in *Bartons* Konzept des „kongruenten Todes" enthalten, das er in Erweiterung von *Weismans „appropriate death"* entwickelt; bei dem „kongruenten Tod" geht es nicht nur um die Probleme und Bedürfnisse des Sterbenden, sondern um die Probleme und Bedürfnisse aller Betroffenen:

Der Tod eines Menschen kann bis zu einem gewissen Grad kongruent oder inkongruent mit den Bedürfnissen, Reaktionen, Sorgen und Wahrnehmungen des Sterbenden, seiner Angehörigen und seiner Betreuer sein. Dieses Konzept stellt jedoch einen Idealzustand dar, und es ergeben sich Probleme, weil Tod und Sterben eines Menschen niemals völlig kongruent auf all diesen Gebieten sein kann ... Es ist aber das Merkmal einer wirksamen Sterbebegleitung, während der Terminalphase zu einer bestmöglichen Kongruenz zu gelangen. Im Zustand der Kongruenz werden die Bedürfnisse aller Betroffenen wahrgenommen, verstanden und im größtmöglichen Umfang befriedigt ... (1977, S. 22)

Selbst wenn man die Konzepte „Adaptation" und „kongruenter Tod" miteinbezieht, wird man — im Vergleich mit den anderen behandelten Konzepten — von *Bartons* Zielvorstellungen für die psycho-soziale Intervention in der Sterbesituation sagen können, daß sie in bezug auf die „Konzeptgröße" die „kleinsten", d. h. aber auch spezifischsten und pragmatischsten sind, in bezug auf die „Kontextgröße" jedoch die umfassendsten.

2.2.2 Die Bedürfnisse des Patienten

Der Patient ist in jedem Fall mit einer Reihe von Erwartungen an ihn, Zielvorstellungen in bezug auf sein Verhalten konfrontiert. In diesem unserem Zusammenhang sind mindestens drei Quellen solcher Erwartungen zu unterscheiden, die sich an den Patienten richten. Einmal diejenigen, die an ihn in seiner Rolle als Patient im Krankenhaus, auch an ihn in seiner „Rolle" als Sterbender herangetragen werden. Die Wohlverhaltenserwartungen, die der Institution Krankenhaus das reibungslose Funktionieren erhalten sollen, sind im Kapitel 5 angesprochen. Solche institutionellen Normen „richtigen", „guten", „angemessenen" Verhaltens gibt es auch für den sterbenden Patienten:

> Im allgemeinen . . . schätzt das Pflegepersonal solche Patienten, die Mut und Haltung beim Sterben bewahren; und das nicht nur deshalb, weil sie weniger Szenen heraufbeschwören und weniger emotionalen Streß verursachen, sondern weil sie ehrliche Bewunderung und Sympathie erwecken und ihren Betreuern ein Gefühl professioneller Nützlichkeit vermitteln. Es ist schwierig, Patienten zu bewundern, die sich unschicklich verhalten, auch wenn man ein gewisses Verständnis für ihren schrecklichen Zustand haben kann. *Weiß* ein Patient, daß er sterben muß, muß er seiner Umwelt eine Art Sterbe-Selbst präsentieren. (*Glaser* und *Strauss*, 1965c, S. 189)

In der Praxis erlebt man oft genug, daß ein sich auflehnender Patient von Angehörigen und Krankenhauspersonal beruhigt und gedämpft wird, denn er „sollte" doch auch sein Schicksal realistisch akzeptieren; oder daß ein sterbender Patient, der in Rückzug und Passivität versunken ist, von allen ermuntert wird, noch nicht aufzugeben, denn er „sollte" sich nicht verschließen, solange Kommunikation noch möglich ist. Gerade in solchen Situationen, wo allgemeine institutionell verankerte Normen in Widerspruch mit dem Verhalten des Patienten geraten, wird oft vom Krankenhaus zusätzliche Hilfe angefordert, sei es vom Seelsorger, dem Liaison-Psychiater, dem Psychotherapeuten. Dieses Muster macht nachdenklich, wenn man sich fragt, ob man mit der Hilfe für den Sterbenden eine Hilfe für das reibungslose Funktionieren der Institution Krankenhaus meint oder eine Hilfe für den Patienten. Die Ziele müssen nicht, aber können im Widerspruch stehen, und es wird sich jeder thanato-therapeutisch Helfende die Frage stellen müssen, auf welche Seite er sich im Konfliktfall stellt.

Nicht nur diese institutionell verankerten Erwartungen werden an den Patienten herangetragen, er selbst ist auch eine Quelle von Normen und Erwartungen in bezug auf sein „Wohlverhalten" als Sterbender, und ich meine jetzt die Normen und Erwartungen, die über möglicherweise internalisierte Patientenrollenerwartungen hinausgehen. Es sind Erwartungen, die mit seinem Selbstbild, und Erwartungen, die mit dem erwünschten Fremdbild zu tun haben. Wenn ich mich immer als ein autonomer, ausgeglichener, realistischer Mensch erlebt habe, dies Teil meines Selbstbildes ist, dann erwarte ich auch von mir, daß ich dem Tod gefaßt und realistisch entgegensehe. Und die Unfähigkeit angesichts all der Probleme, die den Sterbenden gleichzeitig bestürmen, die diesem Selbstbild entsprechenden Normen zu erfüllen, können sein Erleben schwerwiegend belasten. Scham, Rückzug, Selbstverachtung, Desintegration des Selbstbildes können die Folge sein. Einige gute Fallbeschreibungen für solche Selbstbild-bedingten Erwartungen des Patienten an sich selbst und auch deren destruktive Folgen finden sich in *Rosenbaum* (1975).

Zum Selbstbild des Menschen gehören auch die Vorstellungen darüber — aus Erfahrung, Rückmeldung und Selbstdarstellung geformt —, wie andere mich sehen, und auch, wie andere mich sehen sollen. Die aus diesem erwünschten Fremdbild (Bild der anderen von mir) erwachsenden Erwartungen und Normen können auch zu einer großen Belastung für den Patienten werden; die Aufrechterhaltung dieses *„presentational dying self"* — des dargestellten Selbst im Sterben (*Glaser* und *Strauss* 1965) — kann ihn ungeheure Kräfte kosten. Diese spezifische Belastung des Sterbenden ist bisher eher wenig beachtet; aber ein eindrückliches Fallbeispiel dafür — sowohl den Kampf um das gewünschte Fremdbild als auch den Zusammenbruch der Kräfte seitens des sterbenden Patienten, dieses aufrechtzuerhalten — findet sich in *Prest* (1970). Die Patientin im Gespräch mit dem Seelsorger:

... Alle diese Briefe und Karten kommen zu mir und sagen, wie mutig ich bin.
Und Sie meinen tatsächlich nicht, daß Sie so mutig sind?
Nein, aber ich scheue mich, alle diese Menschen zu verletzen. Wenn ich nicht durchhalte, was wird das dann für eine Wirkung auf sie haben? ...
... Ist es so, daß Sie zwar mir Ihre wirklichen Gefühle zeigen können, daß Sie aber den anderen gegenüber stets darauf achten müssen, Ihr Gesicht zu wahren?
Ja. ... Ich war sonst immer in der Lage, eine gute Tat vorzutäuschen, aber nun ist es ans Licht gekommen. Ich bin eine ziemlich schlechte Schauspielerin ... Ich habe eine Vorliebe für die Mitte der Bühne. Schon als Kind hatte ich es gern, wenn ich im Mittelpunkt stand ... Wissen Sie, sogar als ich zum ersten Mal erfuhr, daß ich Krebs habe, dachte ich, ich könnte nun eine wichtige Rolle spielen ... eine Märtyrerin werden ... Die Leute würden auf mich sehen und erkennen, wie mutig ich bin und wie leicht ich alles ertrage ... Das Spiel ist aber vorbei ... Dies ist nun die nackte Wirklichkeit ... Dies ist das Leiden, und ich bin gar nicht so tapfer ... (S. 87-90).

Zu einer dritten Quelle von Normen und Erwartungen an den Patienten können die Ziele und Werte psycho-sozialer Intervention beim Sterbenden werden. Ich habe dies schon kurz angesprochen. An dieser Stelle geraten thanato-therapeutische Zielkonzepte in den Bereich ethischer Anfrage. Wenn das Ziel einer thanato-therapeutischen Intervention vom Patienten als ein Normdruck erlebt wird, dann ist die Intervention in jedem Fall fragwürdig. *Barton* zitiert eine Patientin, die fragt, ob sie denn so sterbe, wie die Bücher sagen, daß man sterben soll (1977, S. 52). Gerade deshalb ist es so wichtig, den in großen Worten formulierten Konzepten (Freude soll die Sterbenstherapie wecken, Wachstum soll sie ermöglichen, Adaptation, Akzeptanz soll sie bringen) auch die ganz konkreten, kleinen, spezifischen und nicht generalisierbaren Bedürfnisse des Patienten gegenüberzustellen. Welche Bedürfnisse haben sie, welche Hilfe wollen sie?

Es liegen eine Reihe von Untersuchungen über die Bedürfnisse des sterbenden Patienten vor (vgl. z. B. *Engelke* 1980). Aber ich möchte hier diese Frage nicht anhand von Untersuchungsergebnissen, sondern anhand von Rollenspiel-Ergebnissen aus meiner thanato-therapeutischen Ausbildungsarbeit illustrieren. Es ging in dem Seminar, aus dem ich einige Ergebnisse zitieren möchte, um die selbsterfahrungsbezogene und praxisbezogene Exploration der eigenen Ziele und Werte in bezug auf den Umgang mit Schwerkranken und Sterbenden. Teilnehmer waren überwiegend Medizinstudenten im klinischen Abschnitt des Studiums. Nach verschiedenen Annäherungsschritten und Explorationen der eigenen Lebensziele, Berufsziele, Ziele im Umgang mit Menschen allgemein, ging es zunächst darum, einmal explizit zu notieren, was die eigene Zielvorstellung für den Umgang mit dem Sterbenden ist — auf dem Hintergrund der in der Klinik erlebten eigenen Motivation und Intention. Was auf dieser „abstrakten" Ebene als Zielvorstellungen genannt wird, erinnert durchaus an große Konzepte, wie sie etwa *LeShan* oder *Weisman* formuliert haben. Z. B.:

In meinem Umgang mit dem sterbenden Patienten geht es mir darum, daß er sein bisheriges Leben verarbeitet, daß er den Tod in sein Leben integriert und ihn akzeptiert, daß er das Sterben als eine Möglichkeit persönlichen Wachstums ansehen kann.
... Ich möchte das Angebot vermitteln, daß Sterben nicht etwas ist, das außen ist, das auferlegt ist, sondern etwas, das gestaltbar ist; daß man darüber nachdenken kann, wie man sterben will in einer Weise, die zu einem selbst gehört ...

An diese Frage schloß sich die Überlegung an, welche „Ressourcen", also positive Möglichkeiten, mir zur Verfügung stehen, welche die Realisation dieses Ziels in der Praxis erleichtern oder ermöglichen, und welche „Barrieren" ich sehe, in mir, in anderen, in der Institution Krankenhaus etc., die mir die Zielerreichung erschweren. Bei diesen Reflexionen wurde vor allem auf die von den Teilnehmern für dieses Seminar angefertigten ausführlichen Fallberichte über den Umgang mit Sterbenden zurückgegriffen. Trotz dieser fallbezogenen Reflexion auf Ressourcen und Barrieren bleiben solche Versuche, die eigenen Zielvorstellungen zu formulieren, noch abstrakt, abgespalten von den eigenen Bedürfnissen.

Der nächste Schritt der Ziel-Exploration bestand deshalb darin, anhand einer geleiteten Phantasie oder eines phantasierten Rollenspiels (dazu habe ich eine adaptierte Version von *Koenig* 1975 verwendet) sich in die Situation, selbst sterbenskrank zu sein, zu versetzen. Welche Krankheit habe ich? Wann hat das angefangen? Wie ist das gekommen? Habe ich etwas falsch gemacht? Mache ich mir Sorgen? ... Es sollte dann auf dem Hintergrund dieser vorgestellten Rollen formuliert werden, was jetzt *meine eigenen* Wünsche, Erwartungen und Vorstellungen sind, wie ein „Thanato-Therapeut" *mir* helfen könnte. In der Formulierung dieser eigenen Erwartungen auf Hilfe traten die „großen" Konzepte dann in den Hintergrund, es wurden pragmatische, konkrete, sehr individuelle, sehr verschiedene Hilfswünsche geäußert. Drei Teilnehmer sollen als Beispiel zur Sprache kommen:

Ich habe bei der Vorstellung, selbst sterbenskrank zu sein, bemerkt, daß ich große Schwierigkeiten habe, mir *überhaupt* helfen zu lassen. Ich hatte die Vorstellung, ich bin sehr depressiv, niemand kann mich aushalten. Der „Thanato-Therapeut" soll sich nicht von mir erschlagen lassen, auch nicht von meiner Negativität. Er soll viel starkes Eigenleben haben, er soll die Fäden in der Hand behalten, und er soll mich aushalten, und er soll mir gleichzeitig helfen, irgendwo Ordnung reinzubringen, so daß der Prozeß nicht so destruktiv wird. Er soll tröstend sein, soll nicht unbedingt reden. Er soll in meiner Gegenwart mit den Angehörigen sprechen, in diesem Schutz kann ich dann meine Schuldgefühle besprechen, daß ich mich so spät um die Diagnose gekümmert habe. Er soll helfen, mir die Schmerzen zu erleichtern, soll mir Morphium verschaffen ... Er soll nicht laufend da sein. Er soll mir helfen, den Sterbeprozeß bewußt durchzuarbeiten und möglicherweise auch zu formulieren für andere. Das würde mir einen Sinn geben, auch noch am Ende. Das würde für mich auch bedeuten, daß ich sogar am Schluß noch ein wenig Kompetenz habe. Er soll Interesse an meinem Leben haben. Aber er soll nicht laufend da sein, nicht überfürsorglich sein, er soll mich walten lassen, er soll nicht über meinen Kopf mit dem Pflegepersonal reden. — Mir ist klar geworden, daß ich Angst vor Abhängigkeit habe und Schwierigkeiten, Hilfe anzunehmen. Mir ist auch deutlich geworden, daß eine gewisse *Distanz* zwischen dem Therapeuten und mir wünsche. Und daß er ein Vermittler sein soll zwischen mir als dem negativen Patienten, dem nicht verstehenden Patienten, und den anderen. Wichtig ist für mich *dosierte Hilfe*.

Meine vorgestellte Krankheit war Mammakarzinom, und mein größtes Problem war der Schuldkomplex, daß ich mich so spät darum gekümmert habe. Ich merkte, ich habe solche Erwartungen an den Therapeuten, er soll auf wundersame Weise durch Studium in der Bibliothek widerlegen, daß die späte Beachtung des Problems ... nichts mit dem Ausbruch der Krankheit zu tun hat. — Ich habe Angst vor dem Krankenhaus. Ich will meine Umgebung, meine gewohnte Umgebung, er soll mir mit allen Mitteln helfen, daß ich nach Hause komme. — Ich habe Schmerzen, ich habe Angst. Er soll mir helfen, die Stärke zu haben, diese Schmerzen auszuhalten oder mir Techniken vermitteln, diese aktiv zu mindern. — Nur die allerengsten Freunde und Verwandten sollen wissen, was mit mir los ist. Denen soll er auch helfen nach meinem Tod. — Er soll ein wirklicher Freund sein, ein echt sein und nah, er soll auch eigene Probleme erzählen, so daß ich ihm auch helfen kann, solange das möglich ist. — Wenn ich kindisch werde, soll er mir ruhig und sanft zeigen, wie ich die Situation akzeptieren kann. Er soll sich mit mir verbünden, wenn es darum geht, überflüssige Behandlungsmethoden zu vermeiden.

Das schlimmste Problem wäre für mich, festgefahren zu sein, auch innerlich, z.B. zu nichts mehr Lust zu haben. Ich möchte keinen Therapeuten. Ich möchte einen Freund bei mir haben. Ich habe keinerlei Bedürfnis, einseitig therapiert zu werden. Er soll — wenn schon — jedenfalls begeistert vom Leben erzählen. Er soll Posters, Bilder, Photos in meinem Zimmer aufhängen. Er soll viel frische Luft hereinlassen, sich darum kümmern, daß ich auf der Südseite liege, daß kein Lärm da ist, daß Blumen da sind, Pflanzen, Blick auf Bäume. Daß Vögel zu hören sind. Er soll mir Kopfhörer und Musik verschaffen. Ein Videogerät mit Naturaufnahmen. Ich möchte im Krankenhaus *wohnen*, ich möchte nicht in einer sterilen Atmosphäre sein.

Diese wenigen Auszüge — selbst wenn die genannten Bedürfnisse nur aufgrund einer vorgestellten Rolle erlebt wurden — mögen doch die Konkretion und die Unterschiedlichkeit der Bedürfnisse illustrieren. Der eine will Distanz zum Therapeuten, der andere will den Therapeuten als nahen Freund, der dritte will überhaupt keinen Therapeuten. Der eine wünscht sich Durcharbeitung, Aufarbeitung, Einsicht, eine „Aufgabe" für die letzte Zeit, ein anderer schwankt zwischen magischen Hilfsvorstellungen („auf eine wundersame Weise widerlegen . . .") und ganz konkreten Wünschen wie Vermittlung von Techniken der Schmerzbekämpfung. Es wird zum Teil vielfältige Hilfe erwartet, aber auch die Schwierigkeit gesehen, sie anzunehmen.

Der Sinn dieser Selbstexploration und der Grund, warum ich hier kurz darauf einging, liegt darin, die großen expliziten Zielorientierungen, wie sie etwa *Weisman, LeShan, Feigenberg* vorgelegt haben, oder auch die Zielkonzepte, die wir selbst auf einer abstrakten Ebene formulieren, mit der Bedürfnisseite des Patienten zu konfrontieren. Daran wird dann deutlich, welche *Übersetzungsarbeit* zwischen *„appropriate death"*, „Selbstentfaltung" oder „Akzeptanz" und konkreten Interventionen auf einer Ebene mittlerer oder unterer Zielgröße noch zu leisten wäre, und daß es fragwürdig sein kann, mit einem Konzept „dem" Sterbenden zu begegnen — da hilft dann auch alle Betonung der Wesentlichkeit individueller Unterschiede nicht. In dem erwähnten Seminar bestand deshalb ein weiterer Schritt dieser Zielexploration darin, im faktischen Rollenspiel zu versuchen, als „Thanato-Therapeut" die Bedürfnisse des Patienten zu eruieren. Gerade auch dieses Rollenspiel verdeutlichte die Schwierigkeit, die faktischen Bedürfnisse des anderen von den eigenen Bedürfnissen und von den Vorstellungen über dessen Bedürfnisse getrennt zu halten.

3. Zusammenfassung und Schluß

3.1 Diskussion der Zielkonzepte

Ich habe (exemplarisch) vier explizite Zielkonzepte für die thanato-therapeutische Arbeit dargestellt, die einige wichtige Gesichtspunkte in der Zielsetzungsreflexion illustrieren können. Zusammenfassend möchte ich nochmal drei dieser Gesichtspunkte hervorheben.

(1) *Individualität*. Alle vier Konzepte betonen mit Nachdruck die Notwendigkeit eines individualisierten Vorgehens. Sie erkennen die Gefahr, dem Patienten ein ihm fremdes Zielkonzept überzustülpen, das als Erwartungsnorm seine Problemlage nur erschweren kann. Bei aller Betonung sind aber nicht alle vier Konzepte gleichermaßen frei von dieser Gefahr. Zumindest an das *LeShan*sche Konzept muß diese Anfrage gerichtet werden. Zwar sollte das Ziel „Selbstverwirklichung", das Finden der „eigenen Melodie" im Leben voraussetzen, daß man sich auf dieses ganz spezifische Selbst des anderen sehr eingehend einläßt, d.h. seine „Melodie" erst einmal kennenlernt. Aber wenn für alle Patienten mit dieser Selbstverwirklichung Freude, Sinn, Versöhnung usw. erreicht werden soll, so ist doch eine a-priori-Zielrichtung für alle vorgegeben.

Der dem einzelnen „angemessene Tod" (Zielkonzept *Weismans*) setzt ebenfalls ein Einlassen auf den individuellen Patienten voraus, um diese „Angemessenheit" überhaupt in den Blick zu bekommen — aber auch hier ist die weitgehende Versöhnung mit dem Faktum des Todes, auch seines Zeitpunktes, ein so globales und übergeordnetes Prinzip, daß man sich fragen muß, ob nicht dadurch — allen Warnungen und Beteuerungen zum Trotz — ein Normdruck für den Patienten entsteht.

Feigenberg hat ein schlichteres Zielkonzept — es geht um die Erleichterung des Lebens im Sterben, und seine radikale Abschottung aller Interaktionen, seine totale Konzentration auf die Zweierbeziehung, seine Haltung, sich menschlich einzusetzen, als „Freund", mag der Individualität des einzelnen mehr Raum geben.

Am wenigsten unterliegt wohl das Konzept *Bartons* der Gefahr eines gewissermaßen „transpersonalen" Vorgehens, einmal weil er den gesamten Interaktionskontext einbezieht, dessen Dynamik von Patient zu Patient verschieden ist, zum anderen, weil er seine Zielsetzungen auf der Ebene von Einzelproblembereichen formuliert, die nicht als systematisch zusammenhängend betrachtet werden; dies im Unterschied zu der Problemdarstellung *LeShans*, der viele Probleme des Sterbenden (Angst, Verzweiflung, Resignation etc.) als von einem Kernpunkt herkommend versteht: dem Sinnlosigkeitsgefühl im Leben. Zwar hat auch *Barton* ein übergeordnetes Zielkonzept — und das unterscheidet sich, zumindest hinsichtlich der Todesakzeptanz, nicht von denen von *LeShan* und *Weisman*, aber es gibt nicht mehr als die wünschenswerte Richtung aller Teilinterventionen an und bleibt nicht undifferenziert als Globalziel stehen. Gerade eine systematische, selbstbezogene Reflexion meiner eigenen Bedürfnisse in der Sterbesituation, wie ich sie anhand eines Rollenspiel-Seminars kurz vorgestellt habe, kann helfen, sich die Notwendigkeit einer wirklich individuumsbezogenen psycho-sozialen Intervention zu verdeutlichen.

(2) *Probleme des Sterbenden*. Im ersten Hauptteil des Kapitels habe ich einige Probleme des Sterbenden dargestellt. Die Zielkonzepte sind danach befragbar, wieweit sie der Behandlung dieser Probleme Raum geben. Auch das kann hier — anhand der ausgewählten Problemfelder — wiederum nur beispielhaft geschehen, weniger um Antworten zu liefern, als die Fragen zu illustrieren, die sich dabei stellen.

In dem ausführlichen Zitat von *Meerwein*, das ich dem Abschnitt über „Probleme des Sterbenden" vorangestellt habe, steht die *Angst* im Mittelpunkt der Problembeschreibung. Wo findet diese Angst, so können wir fragen, im Rahmen eines *LeShan*schen Zielkonzeptes Raum? *Zeit* habe ich als ein wichtiges Problem dargestellt, auch das Bedürfnis nach Lebensbilanzierung, Abrundung von *„unfinished business"*. Bei der Gegenwartszentrierung von *LeShan*, wo Zeit nicht mehr wichtig ist, es nicht um Erweiterung von Zeit, sondern Erweiterung von Werten geht, ist auch zu fragen, ob diese Probleme im Rahmen seines Konzeptes Raum finden; wohl eher bei *Feigenberg*, weil es ihm explizit darum geht, alle Zeitdimensionen einzuschließen, auf die Vergangenheit zu schauen, die Gegenwart zu erleichtern, die Zukunft zu antizipieren.

Destruktive Gefühle und Ambivalenz, das Schwanken zwischen polaren Gefühlen, die Fluktuation des Verdrängungsprozesses, werden am meisten bei *Barton* berücksichtigt und implizit bei *Feigenberg*, da einer seiner Hauptgründe für den Abschluß des alle anderen ausschließenden Freundschaftspaktes mit dem Sterbenden der ist, eine so enge Beziehung zu dem Patienten aufzubauen, daß er auch negative Gefühle ausdrücken kann. — Bei allen angeführten Zielkonzepten wird das Problem des veränderten *Körperbildes* kaum explizit einbezogen. Nicht bei *Weisman*, nicht bei *LeShan*, nicht bei *Feigenberg* — diese Konzepte schweben gewissermaßen weit über aller Körperlichkeit. Man kann, wenn man die Literatur zur Thanato-Therapie insgesamt überschaut, zu dem Eindruck kommen, daß Körperlichkeit an die Medizin delegiert wird, obwohl die mit dem Körperbild — als Teil des Selbstbildes — zusammenhängenden Probleme gewiß keine medizinischen, sondern vielfältig psychologische sind. Die Vernachlässigung dieses Problemfeldes ist jedenfalls auffällig.

Wie Körperlichkeit gewissermaßen der Medizin überlassen wird, so zeigt sich auch, daß die Frage nach dem *Sinn*, die ich als eines der oft zu beobachtenden Probleme des Sterbenden genannt habe, auch an bestimmte Rollenträger verwiesen wird, etwa den Seelsorger. In den dargestellten Zielkonzepten für die Thanato-Therapie wird am deutlichsten von *LeShan* und von *Barton* die Frage nach dem Sinn mit einbezogen, wobei *LeShan* spezifiziert, aus was Sinn erwächst (sich selbst entdecken, die eigene Melodie entdecken, sich im letzten Abschnitt des Lebens durch Einsicht entfalten), während eine solche Bestimmung bei *Barton* fehlt.

Insgesamt geben also, wie diese kurze Diskussion illustrieren mag, verschiedene Zielkonzepte sehr unterschiedlichen Raum für bestimmte Problemfelder des Sterbenden. Festzuhalten bleibt, daß jedes Zielkonzept sich der Anfrage stellen muß, wiewiet im Rahmen des Konzepts Platz ist für die genannten und viele der anderen Probleme des Sterbenden, und wo die Gefahr besteht, aus einer bestimmten Orientierung heraus Probleme zu übersehen oder sie — jenseits des individuellen Patienten — für weniger wichtig zu halten.

(3) *„Konzeptgröße"* und *„Kontextgröße"* habe ich als zwei Bewertungsgesichtspunkte thanato-therapeutischer Zielkonzepte genannt. Man muß nicht prinzipiell mit einem „großen" Konzept hadern. *Weisman* hat, wie ich zitiert habe, nachdrücklich dafür plädiert, ein umfassendes Zielkonzept vor Augen zu haben, um sich überhaupt die wünschenswerte *Richtung* des Handelns bewußt zu machen. Worum es mir bei der Bewertung nach der „Konzeptgröße" jedoch geht, ist die Anfrage, wiewiet die großen Konzepte die kleinen Ziele im Auge behalten, wiewiet sie nicht der Gefahr der Entindividualisierung der Hilfe, der Ausblendung von Problemen anheimfallen. Zu fragen ist auch, wiewiet sie der Gefahr unterliegen, die Vielfalt der differenzierenden Faktoren zu übersehen, die jede thanato-therapeutische Arbeit berücksichtigen muß. Solche Fragen nach den Bedürfnissen des individuellen Patienten und die Art der angemessene Hilfe differenzierenden Faktoren sind etwa die Krankheitsart, das Stadium der Krankheit, das gesamte Setting, in dem Hilfe stattfindet, die sozio-ökonomische Eingebundenheit des Patienten, sein soziales Netz, sein Alter und seine Lebensphase, in der er stirbt. Je „größer" das Konzept, und dies um so mehr, wenn die Komplexität des Interaktionsfeldes um den Sterbenden nicht einbezogen wird, desto größer sicher auch die Gefahr, solche differenzierenden Faktoren zu vernachlässigen.

Die „großen" Konzepte stehen auch in Gefahr, die *Barrieren* der Zielerreichung außer acht zu lassen. Und diese Barrieren sind sehr vielfältiger Art. Sie liegen im Patienten, im „Thanato-Therapeuten", in der Situation seiner Arbeit. Barrieren des „Thanato-Therapeuten" sind etwa die eigene Angst, der Ekel, die Ungeduld, das Faktum, daß ich nicht jeden Menschen, auch nicht jeden sterbenden Menschen, gleichermaßen sympathisch finde. Von allen diesen sehr naheliegenden Barrieren ist in den Zielkonzepten wenig die Rede. Barrieren liegen auch im Setting, in der Institution, in der man arbeitet, in der Rolle, in der man auftritt. Nur am Rande erwähnt beispielsweise *Feigenberg*, daß die Reaktion der Klinik und der Kollegen auf seine Arbeit nur mit tiefem Schweigen zu bezeichnen sei. Schweigen ist Dulden, aber die thanato-therapeutische Arbeit kann auch in grellen Konflikt mit der Institution Krankenhaus geraten, etwa dann, wenn dem „Thanato-Therapeuten" der Ausdruck, das Durchleben und Durchhandeln der negativen Gefühle des Patienten wichtiger erscheint als flinke Befriedigung zum „guten" Patienten, der sich reibungslos in das Klinikgefüge einordnet.

Und schließlich liegt eine Barriere, von der so gut wie überhaupt nicht in der thanato-therapeutischen Literatur die Rede ist, im gesellschaftlichen Kontext, in dem die thanato-therapeutische Arbeit stattfindet. Nur ganz am Rande wird in den thanato-therapeutischen Konzepten auch der *gesellschaftliche Kontext* berücksichtigt. Konzepte der Versöhnung mit dem Tod, der Sinnfindung im Tod, der Akzeptanz von Tod müssen sich die Frage gefallen lassen, wie diese Konzepte zu dem *Leben* passen, zu der Versöhnlichkeit, der Sinnhaftigkeit, der Akzeptabilität des Lebens, das unsere gesellschaftliche Realität bestimmt. Wenn in unserer Gesellschaft das funktionierende, gesunde, seine Aufgabe erfüllende, zu Produktivitätssteigerung und Rentabilität beitragende Individuum hoch bewertet wird, wie ist dann ein schwacher, aus den gesellschaftlichen Funktionen herausgerissener, ein nicht rentabilitätssteigender, sondern kostenverursachender, sterbender Patient wirklich achtenswert (vgl. dazu die sozialethischen Überlegungen von *Eid* 1978)? Ich habe diese Anfrage nirgendwo prägnanter formuliert gefunden als bei *Josuttis* (1976), der einige der Leitbilder thanato-therapeutischer Arbeit, vor allem der Seelsorge am Sterbenden, analysiert und darin eine „mißtrauisch" stimmende Einheitlichkeit entdeckt. In bezug auf die Seelsorge für den Sterbenden — aber das gilt auch für die genannten thanato-therapeutischen Konzepte — schreibt er:

Nirgends wird auch nur andeutungsweise erwähnt, daß wir viele Todesarten in unserer Zeit gesellschaftlichen Fehlkonstruktionen verdanken ... (es) wird die gesellschaftliche Verursachung menschlichen Elends in ideologischer Weise verschleiert. Erst recht bleiben die politischen Implikationen einer Sterbebegleitung, die auf Annahme des eigenen Todes abzielt, unbedacht. Der Satz von H. Marcuse: „Ob der Tod nun als ständige Bedrohung gefürchtet wird, ob er als höchstes Opfer verherrlicht oder als Tatsache hingenommen wird, immer bringt die Erziehung zur Zustimmung zum Tod von Anfang an ein Element der Unterwerfung ins Leben — der Unterwerfung und Preisgabe", dieser

Satz trifft die politische Problematik kirchlicher Sterbe-Seelsorge im Kern. Allzu leichtfertig liefert sie in der Weise allgemeiner Religion metaphysischen Sinn, wo gesellschaftlicher Un-Sinn am Werk ist. Mag das Ziel, dem Menschen zu einem ruhigen und gefaßten Sterben zu helfen, noch so ehrenwert sein, der Preis, der dafür gezahlt wird, die Illusion eines seligen oder sinnvollen Sterbens nach einem elenden, sinnlosen Leben, ist hoch (S. 368).

Es ist wichtig, die institutionelle und die gesellschaftliche Dimension bei der Zielreflexion mit einzubeziehen (ein Aspekt der „Kontextgröße"), d.h. danach zu fragen, wieweit die thanato-therapeutische Arbeit für Institutionen, insbesondere die Institution Krankenhaus, stabilisierende Funktionen erfüllt und wieweit sie Anpassungsfunktionen an die verfaßte Gesellschaft übernimmt.

Auf der institutionellen Ebene drängt sich auch die Frage auf, ob manche der Zielvorstellungen, die für den Umgang mit dem Sterbenden entwickelt werden, nicht allgemeine Zielsetzungen einer humanistischen Medizin sind. Es besteht die Gefahr, für eine Spezialdisziplin, den psycho-sozialen Umgang mit dem Sterbenden, hehre Ziele der Menschlichkeit zu entwickeln und damit davon abzulenken, daß viele Ziele der „thanato-therapeutischen" Arbeit ebenso Ziele des Umgangs mit dem Kranken allgemein sein müßten: Eingehen auf seine Bedürfnisse, Kontinuität seiner Beziehungen aufrechterhalten, Kommunikation fördern, Fragen nach seinem veränderten Körper- und Selbstbild. — Und auf der gesellschaftlichen Ebene ist nochmals zu fragen, wie man als thanato-therapeutisch Tätiger die Wahrnehmung des ungeheuren Hilfsbedarfs seitens des Sterbenden und seitens der Angehörigen und des Pflegepersonals im Umgang mit dem Sterbenden in Einklang zu bringen vermag mit den keinesfalls verborgenen politischen Implikationen dieses Helfens. Es zeigt sich, daß die Auseinandersetzung mit dem Tod eine Auseinandersetzung mit der gesellschaftlichen Realität von Leben voraussetzt.

3.2 Einige Schlußfolgerungen

Nachdem ich mit der Behandlung einiger der Hauptprobleme des Sterbens, der Darstellung von Strukturkonzepten für den Sterbeprozeß, der kritischen Anfrage an Zielkonzepte, dem Hinweis auf differenzierende Faktoren und Barrieren der Zielrealisation und dem kurzen Hinweis auf die institutionellen und gesellschaftlichen Implikationen des thanato-therapeutischen Helfens immer wieder die Komplexität dieses Helfens betont habe, möchte ich doch zum Abschluß fragen, ob sich aus einer solchen Reflexion von Zielen nicht auch eine Reihe von konsensfähigen Schlußfolgerungen ergeben. Ich meine, daß sich mindestens fünf solcher Punkte formulieren lassen:

1. Eine Reflexion der oft nur impliziten Ziele und Wertorientierungen in der eigenen thanato-therapeutischen Arbeit hat eine wesentliche kritische Funktion für das helfende Handeln in diesem Bereich.

2. Jedes Zielkonzept muß sich einer Reihe von Anfragen stellen: Dazu gehört u. a. die Frage nach der Berücksichtigung der individuellen Problemfelder des Sterbenden, nach den differenzierenden Faktoren der „Thanato-Therapie", nach den Barrieren der Zielrealisation, nach den institutionellen und gesellschaftlichen Implikationen der thanato-therapeutischen Arbeit, auch den ethischen Fragen der Normsetzung durch Ziele.

3. Wichtiger als jedes große Zielkonzept ist die Frage nach den Bedürfnissen des sterbenden Patienten. Das Zielkonzept darf die Eruierung dieser Bedürfnisse nicht vernebeln. Hilfe kann immer nur an den *Ressourcen*, den Bewältigungsmöglichkeiten des Sterbenden anknüpfen, nicht nur an den Ressourcen des Helfers.

4. Theoretische Konzepte der Thanatologie — wie die behandelten Strukturkonzepte für den Sterbeprozeß oder auch explizite Zielformulierungen — geben Orientierung im thanato-therapeutischen Handeln. Es ist aber immer von neuem zu fragen, ob sie Orientierung vor allem für den Helfenden geben oder ob sie wirklich dem Verständnis des Sterbenden dienen und ob sie nicht die thanato-therapeutische Situation vereinfachen und entdifferenzieren und damit mehr zur Entlastung des Therapeuten beitragen als zu der des Patienten.

5. Thanato-therapeutische Arbeit (das helfende Handeln im Kontext von Sterben und Tod) setzt nicht nur einen klaren eigenen Standpunkt gegenüber Sterben und Tod voraus (vgl. dazu Kapitel 3), sondern dieser Standpunkt ist auch gleichzeitig unlösbar verknüpft mit dem eigenen Standpunkt zum *Leben*, nicht nur meinem individuellen Leben, sondern auch dem Leben in seiner gesellschaftlichen Verfaßtheit.

Literatur

Adamson, J. D., Shane, F. (1976): The psychic significance of parts of the body in surgery, in: *Howells, J. G.* (Ed.): Modern Perspectives in the Psychiatric Aspects of Surgery, New York, 20-47.

Adsett, C. A. (1963): Emotional reactions to disfigurement from cancer therapy, *Canadian Medical Association Journal* 89, 385-391.

Aldrich, K. C. (1963): The dying patient's grief, *Journal of the American Medical Association* 184 (No 5), 329-331.

Aldrich, K. C. (1974): Some dynamics of anticipatory grief, in: *Schoenberg, B.* et al. (Eds.): Anticipatory Grief, New York/London, 3-9.

Barton, D. (1977): Dying and Death. A Clinical Guide for Caregivers, Baltimore.

Bellin, R. (1981/82): Social functions of denial of death, *Omega* 12 (No 1), 25-35.

Blacher, R. S. (1970): Loss of internal organs, in: *Schoenberg, B.* et al. (Eds.): Loss and Grief: Psychological Management in Medical Practice, New York/London, 132-139.

Bleeker, J. A. C. (1978): Brief psychotherapy with lung cancer patients, *Psychotherapy and Psychosomatics* 29 (No 1-4), 282-287.

Bowers, M. K., Jackson, E. N., Knight, J. A., LeShan, L. (1971): Wie können wir Sterbenden beistehen, München/Mainz.

Budde, H. G., Thielen, H. (1979): Subjektive Kausalmodelle im Prozeß der Bewältigung einer körperlichen Schädigung, *Die Rehabilitation* 18 (No 4), 200-203.

Butler, R. N. (1980): Die Lebensrückschau: Eine Interpretation der Erinnerung beim alten Menschen, *Integrative Therapie* 6 (No 2/3), 141-156.

Eid, V. (1978): Hoffnung und Wahrheit in auswegloser Krankheit. Ein schwieriges Problem ärztlicher Hilfeleistung, in: *Eid, V., Frey, R.* (Hrsg.): Sterbehilfe. Oder wie weit reicht die ärztliche Behandlungspflicht, Mainz, 85-96.

Elberlik, K. (1980): Organ loss, grieving and itching, *American Journal of Psychotherapy* 34 (No 4), 523-533.

Engelke, E. (1980): Sterbenskranke und die Kirche, München.

Feigenberg, L. (1979): A method for psychological care of dying cancer patients, in: *De Vries, A., Carmi, A.* (Eds.): The Dying Human, Ramat Gan, 49-52.

Feigenberg, L. (1980): Terminal Care. Friendship Contracts with Dying Cancer Patients, New York.

Fisher, S., Cleveland, S. E. (1968): Body Image and Personality, New York.

Frankl, V. E. (1972): Der Wille zum Sinn, Bern.

Fulton, R., Fulton, J. (1971): A psychosocial aspect of terminal care: Anticipatory grief, *Omega* 2 (No 2), 91-100.

Fulton, R., Gottesman, D. J. (1980): Anticipatory grief: A psychosocial concept reconsidered, *British Journal of Psychiatry* 137, 45-54.

Gaus, E., Köhle, K. (1979): Psychische Anpassungs- und Abwehrprozesse bei lebensbedrohlich Erkrankten, in: *Uexküll, Th. v.* (Hrsg.): Lehrbuch der Psychosomatischen Medizin, München, 745-760.

Glaser, B. G., Strauss, A. L. (1965a): Temporal aspects of dying as a non-scheduled status passage, *American Jornal of Sociology* 71, 48-59.

Glaser, B. G., Strauss, A. L. (1965b): Dying on time, *Trans-Action* 2, 27-31.

Glaser, B. G., Strauss, A. L. (1965c): Awareness of Dying, Chicago; dtsch: Interaktion mit Sterbenden, Göttingen 1974.

Glaser, B. G., Strauss, A. L. (1968): Time of Dying, Chicago.

Gullo, S. V., Cherico, D. J., Shadick, R. (1974): Suggested stages and response styles in life-threatening illness: A focus on the cancer patient, in: *Schoenberg, B.* et al. (Eds.): Anticipatory Grief, New York/London, 53-78.

Heim, E., Moser, A. et al. (1978): Defense mechanisms and coping behavior in terminal illness. An overview, *Psychotherapy and Psychosomatics* 30 (No 1), 1-17.

Henker, F. O. (1979): Body-image conflict following trauma and surgery, *Psychosomatics* 20 (No 12), 812-820.

Josuttis, M. (1976): Das selige und das sinnvolle Sterben. Über Leitbilder kirchlicher Sterbebegleitung, *Wissenschaft und Praxis in Kirche und Gesellschaft* 65, 360-372.

179

Kastenbaum, R. (1975): Is death a life crisis? — On the confrontation with death in theory and practice, in: Datan, N., Ginsberg, L. H.: Life-Span Developmental Psychology. Normative Life Crisis, New York, 19-50.

Keith, P. M. (1981/82): Perceptions of time remaining and distance from death, Omega 12 (No 4), 307-318.

Klass, D. (1981/82): Elisabeth Kübler-Ross and the tradition of the private sphere: An analysis of symbols, Omega 12 (No 3), 241-267.

Koenig, R. (1975): Counseling in catastrophic illness: A self-instructional unit, Omega 6 (No 3), 227-241.

Kübler-Ross, E. (1969): Interviews mit Sterbenden, Stuttgart.

Kübler-Ross, E. (Hrsg.) (1976): Reif werden zum Tode, Stuttgart.

LeShan, L. (1959): Psychological states as factors in the development of malignant disease: A critical review, Journal of the National Cancer Institute 22, 1-18.

LeShan, L. (1964): Some observations on the problem of mobilizing the patient's will to live, in: Kissen, D. M., LeShan, L. (Eds.): Psychosomatic Aspects of Neoplastic Disease, London, 109-120.

LeShan, L. (1964): The world of the patient in severe pain of long duration, Journal of Chronic Diseases 17, 119-126.

LeShan, L. (1966): An emotional life-history pattern associated with neoplastic disease, Annals of the New York Academy of Sciences 125, 780-793.

LeShan, L. (1969a): Mobilizing the life force, Annals of the New York Academy of Sciences 164, 847-861.

LeShan, L. (1969b): Psychotherapy and the dying patient, in: Pearson, L. (Ed.): Death and Dying, Cleveland, 28-48.

LeShan, L. (1977): You Can Fight for Your Life. Emotional Factors in the Causation of Cancer, New York.

LeShan, L., Gassman, M. L. (1958): Some observations on psychotherapy with patients suffering from neoplastic disease, American Journal of Psychotherapy 12, 723-734.

LeShan, L., LeShan, E. (1961): Psychotherapy and the patient with a limited life-span, Psychiatry 24, 318-323.

LeShan, L., Reznikoff, M. (1960): A psychological factor apparently associated with neoplastic disease, Journal of Abnormal and Social Psychology 60 (No 3), 439-440.

LeShan, L., Worthington, R. E. (1956a): Loss of cathexes as a common psychodynamic characteristic of cancer patients: An attempt at statistical validation of a clinical hypothesis, Psychological Reports 2, 183-193.

LeShan, L., Worthington, R. (1956b): Some recurrent life history patterns observed in patients with malignant disease, Journal of Nervous and Mental Diseases 124, 460-465.

London, P. (1964): The Modes and Morals of Psychotherapy, London/New York.

Longhofer, J., Floersch, J. E. (1980): Dying or living?: The double bind, Culture, Medicine and Psychiatry 4 (No 2), 119-136.

Lückel, K. (1981): Begegnung mit Sterbenden. Gestaltseelsorge in der Begleitung sterbender Menschen, München.

Maguire, D. (1976): The freedom to die, in: Shannon, T. A. (Ed.): Bioethics, New York, 171-180.

Meerwein, F. (Hrsg.) (1981): Einführung in die Psycho-Onkologie, Bern.

Metzger, A. M. (1979/80): A Q-methodological study of the Kübler-Ross stage theory, Omega 10 (No 4), 291-301.

Moos, R. H., Tsu, V. D. (1977): The crisis of physical illness: An overview, in: Moos, R. H. (Ed.): Coping with Physical Illness, New York, 3-21.

Parkes, C. M. (1976): The broken heart, in: Shneidman, E. S. (Ed.): Death: Current Perspectives, Palo Alto, 333-347.

Pattison, M. E. (1967): The experience of dying, American Journal of Psychotherapy 21, 32-43.

Pattison, M. E. (1977): The Experience of Dying, Englewood Cliffs.

Pattison, M. E. (1978): The living-dying process, in: Garfield, C. A. (Ed.): Psychosocial Care of the Dying Patient, New York, 133-168.

Prest, A. P. (1970): Die Sprache der Sterbenden, Göttingen.

Reiter, L. (1978): Werte, Ziele und Entscheidungen in der Psychotherapie, in: Strotzka, H. (Hrsg.): Psychotherapie: Grundlagen, Verfahren, Indikationen, München, 87-112.

Reiter, L., Steiner, E. (1976): Allgemeine Wert- und Zielvorstellungen von Psychotherapeuten und Beratern, Praxis der Psychotherapie 21, 80-91.

Rest, F. (1977): Praktische Orthothanasie (Sterbebeistand) im Arbeitsfeld sozialer Praxis. I. Teil: Entwicklung von Verhaltensmerkmalen für den Umgang mit Sterbenden auf der Grundlage partizipierender Feldforschung in Einrichtungen der Altenhilfe, Opladen.

Rest, F. (1981): Den Sterbenden beistehen. Ein Wegweiser für die Lebenden, Heidelberg.

Richards, W. A., Rhead, J. C., Grof, S. et al. (1979): DPT as an adjunct in brief psychotherapy with cancer patients, Omega 10 (No 1), 9-26.

Roberts, S. L. (1976): Behavioral Concepts and the Critically Ill Patient, Englewood Cliffs.

Rodabough, T. (1980): Alternatives to the stages model of the dying process, Death Education 4 (No 1), 1-19.

Rosenbaum, E. H. (1975): Living with Cancer, New York.

Schoenberg, B., Carr, A. C., Kutscher, A. H. et al. (Eds.) (1974): Anticipatory Grief, New York/London.

Schulz, R., Aderman, D. (1974): Clinical research and the stages of dying, Omega 5 (No 2), 137-143.

Shady, G. (1978): Coping styles of patients with life-threatening illness: A literature review, Essence 2 (No 3), 145-154.

Shneidman, E. S. (1976): Death work and stages of dying, in: Shneidman, E. S. (Ed.): Death: Current Perspectives, Palo Alto, 443-451.

Strupp, H. H. (1980): Humanism and psychotherapy: A personal statement of the therapist's essential values, Psychotherapy: Theory, Research and Practice 17 (No 4), 396-400.

Strupp, H. H., Hadley, S. W., Gomes-Schwartz, B. (1977): Psychotherapy for Better or Worse: The Problem of Negative Effects, New York.

Toman, W. (1978): Ziele der Psychotherapie, in: Handbuch der Psychologie, Band Klin. Psychologie, Göttingen, 1820-1848.

Vaeth, J. M. (1980): Body Image, Self-Esteem, and Sexuality in Cancer Patients, Frontiers of Radiation Therapy and Oncology, Vol. 14, Basel.

Vernon, G. M. (1979): A Time to Die, Washington.

Waltzman, S. A. (1978): Treatment of the dying patient and the family, in: Karasu, T., Steinmüller, R. I. (Eds.): Psychotherapeutic Approaches in Medicine, New York, 259-293.

Weisman, A. D. (1966): Death and responsibility: A psychiatrist's view, Psychiatric Opinion 3, 22-26.

Weisman, A. D. (1972a): Psychosocial considerations in terminal care, in: *Schoenberg, B.* et al.: Psychosocial Aspects of Terminal Care, New York, 162-172.

Weisman, A. D. (1972b): On Dying and Denying. A Psychiatric Study of Terminality, New York.

Weisman, A. D. (1972c): Psychosocial death, *Psychology Today* 6, 77-78, 83-84, 86.

Weisman, A. D. (1973): Coping with untimely death, *Psychiatry* 36, 366-378.

Weisman, A. D. (1974): The Realization of Death. A Guide for the Psychological Autopsy, New York.

Weisman, A. D. (1979a): A model for psychosocial phasing in cancer, *General Hospital Psychiatry* 1 (No 3), 187-195.

Weisman, A. D. (1979b): Coping with Cancer, New York.

Weisman, A. D., Hackett, T. P. (1961): Predilection to death. Death and dying as a psychiatric problem, *Psychosomatic Medicine* 23 (No 3), 232-256.

Weisman, A. D., Hackett, T. P. (1967): Denial as a social act, in: *Levin, S., Kahana, R. J.* (Eds.): Psychodynamic Studies on Aging, New York, 79-110.

Weisskopf-Joelson, E. (1980): The enfant terrible of psychotherapy, *Psychotherapy: Theory, Research and Practice* 17 (No 4), 459-466.

Winkler, W. T. (1972): Psychotherapeutische Zielsetzungen, in: *Petrilowitsch, N.* (Hrsg.): Die Sinnfrage in der Psychotherapie, Darmstadt, 68-95.

5 Der institutionelle
Rahmen thanato-therapeutischer Arbeit

Petra Christian-Widmaier, Ulm

Einleitung

„Thanato-therapeutische" Arbeit wurde als jede Art der psychosozialen Intervention bei Menschen, die von Sterben und Tod betroffen
sind, bestimmt (vgl. Kapitel 4). Sie vollzieht sich demnach, wie psychosoziales Handeln überhaupt, in Raum und Zeit. Die *räumliche* Verfassung thanato-therapeutischer Arbeit steht im Mittelpunkt dieses
Kapitels. Sie schließt Bedingungen des *physischen* Raums, der materiellen Umgebung, der körperlich-dinglichen Umwelt, des „physical
setting" und Bedingungen des *sozialen* Raums, des Handlungsraums,
der Mitwelt, des „social setting" dieser Arbeit ein.[1] Das vorliegende
Kapitel behandelt paradigmatisch, aus primär soziologischer Sicht und
unter weitgehender Berücksichtigung empirischer Forschungsergebnisse drei physische und soziale Räume, die thanato-therapeutisch relevant sind: *Krankenhaus, Hospiz* und *Zuhause.*

1. Sterben im Krankenhaus

1.1 Grundlegende Merkmale der Krankenhausinstitution

Die zunehmende Verlagerung des Sterbens in gesellschaftliche Institutionen, vor allem das Krankenhaus, ist unbestritten. Diese Tendenz
wird beispielsweise auch durch Angaben des Statistischen Bundesamtes
bestätigt, wonach sich der Anteil der im Krankenhaus Gestorbenen an
allen Sterbefällen in den Jahren 1962 — 1972 von 45,4 % auf 53,3 %
erhöht hat. Im Jahr 1980 ereigneten sich in den Krankenhäusern für
Akut-Kranke und Sonderkrankenhäusern der BRD schließlich 394 871
Sterbefälle, das sind 55,3 %. Trotz dieser Entwicklung ist eine spezifische Hilfeleistung für Sterbende in der offiziellen Zielsetzung dieser
Institution nicht vorgesehen.[2] Diesen Umstand hat *von Ferber* (1970)
in die einprägsame Formel gefaßt: „Das Sterben widerspricht dem
Anstaltsziel, Leben zu bewahren, beschädigtes Leben wiederherzustellen" (S. 241). Das primäre Ziel des modernen Krankenhauses als einer

gesellschaftlichen Institution ist die Besserung und Wiederherstellung des Akutkranken und damit die Wiederherstellung und Erhaltung seiner Arbeits- und Leistungsfähigkeit. Die rationale Gestaltung und Verwirklichung dieser Zielsetzung geschieht durch die organisatorische Versammlung der folgenden Handlungssysteme: Diagnose, Isolierung, Pflege und Therapie einschließlich Rehabilitation, die wiederum ein funktional und hierarchisch gegliedertes Struktur- und Handlungsgefüge des Krankenhauses bedingen (*Rohde* 1962, 1970, 1973, 1975).

Die skizzierte Zielsetzung und Organisationsstruktur des modernen (Akut-)Krankenhauses haben erhebliche Konsequenzen für den unheilbar Kranken und Sterbenden. Nicht nur, daß eine spezifische Hilfeleistung für diese Patienten — bestenfalls unter der Aufgabenbestimmung „Leidenslinderung" (vgl. Anmerkung 2) subsumierbar — fehlt, das Sterben überhaupt bedeutet für die Krankenhausinstitution eine Niederlage und einen Fehlschlag ihrer Bemühungen. Dementsprechend wird die Pflege und Behandlung sterbender Patienten als Aufgabe auch nur „gleichsam gezwungenermaßen akzeptiert . . .; diese Funktion bleibt nur sekundär gegenüber dem Ziel, Patienten zu einer Besserung oder Wiederherstellung ihrer Leistungsfähigkeit zu führen" (*Lau* 1975, S. 40). Hieraus folgt wiederum, daß gegenüber den differenzierten und hochentwickelten Strategien zur Gesundung eines Patienten die Behandlung von einmal aufgegebenen Kranken weit weniger planvoll und durchdacht verläuft, was sich vor allem an bestimmten Praktiken der Schmerzbekämpfung (*Glaser* und *Strauss* 1974, *Lau* 1975) zeigt, die nach *Fagerhaugh* und *Strauss* (1977) in erheblichem Maße von der Behandlungsideologie, der Organisationsform, den Arbeitsabläufen und Interaktionsprozessen in dieser Institution bestimmt werden.

Hinzu kommt ein weiteres Merkmal des Krankenhauses, das nicht nur den sterbenden Patienten, sondern den Krankenhauspatienten allgemein trifft. Es ist dies der Totalcharakter der Krankenhausinstitution. Eine „totale Institution" läßt sich mit *Goffman* (1961) als

„Wohn- und Arbeitsstätte einer Vielzahl ähnlich gestellter Individuen definieren, die für längere Zeit von der übrigen Gesellschaft abgeschnitten sind und miteinander ein abgeschlossenes, formal reglementiertes Leben führen" (S. 11).

Die wesentlichen Kennzeichen totaler Institutionen sind die Aufhebung der üblicherweise voneinander getrennten Lebensbereiche für Arbeit, Freizeit und Schlaf. Alle Angelegenheiten des Lebens finden nicht nur am gleichen Ort, sondern auch unter der gleichen Autorität statt. Jede Phase der alltäglichen Aktivitäten geschieht in unmittelbarer Gesellschaft einer großen Gruppe von im Prinzip gleich behandelten und gleich handelnden Schicksalsgenossen. Deren Tagesablauf,

Verhalten und Tätigkeiten sind bis ins einzelne nach einem exakten, genau vorgeschriebenen Zeitplan geregelt.[3] Die angeordneten Tätigkeiten folgen schließlich einem einzigen rationalen Plan, der zur Erreichung der Ziele der Institution aufgestellt ist. Zusammenfassend bezeichnet *Goffman* (1961) die „Handhabung einer Reihe von menschlichen Bedürfnissen durch die bürokratische Organisation ganzer Gruppen von Menschen" (S. 18) als das zentrale Faktum totaler Institutionen. Das *Krankenhaus* als eine unterschiedlich stark ausgeprägte totale Institution mit einer bestimmten Zielsetzung und Organisationsstruktur bildet den weitesten und allgemeinsten Rahmen thanato-therapeutischer Arbeit.[4] Der physische und soziale Raum, in dem sich die Situation sterbender Patienten und die Arbeit mit ihnen im engeren Sinn realisiert, ist die *Station*.

1.2 Das Leben auf der Station im allgemeinen und „kritischen Stationen" im besonderen

Aus der Sicht der Krankenhaussoziologie stellt sich die Station als klinisch-pflegerische Grundeinheit der Krankenhausorganisation (*Rohde* 1975) dar. Für das Stationspersonal ist sie ein alltägliches, durch Routineabläufe gekennzeichnetes Arbeitsfeld. Für den kranken Patienten bedeutet sie jedoch eine fremde physische und soziale Welt.[5]

Die Stationsaufnahme impliziert zuallererst eine physische Isolierung des Patienten, die Herausnahme aus seiner gewohnten und vertrauten räumlichen Umgebung. Die Welt des Krankenhauses und die räumlichen Gegebenheiten der Station erscheinen ihm jedoch nicht nur fremd und ungewohnt, sondern er ist ihnen auch weitgehend ausgeliefert. So vermag er sich störenden Begleiterscheinungen des Krankenhausmilieus, wie: lauten Geräuschen, unangenehmen Gerüchen oder grellem Licht, ebensowenig zu entziehen, wie er oftmals körperlich nicht imstande ist, seine Lage im Bett, die eingestellte Betthöhe oder gar die Position des Betts im Krankenzimmer zu verändern. „Ein Element der Patientenrolle besteht in der Hinnahme der Krankenhausumgebung als gegeben, dies ist einer der Hauptunterschiede zwischen dem Zuhause und dem Krankenhaus als Behandlungsort" (*Sommer* und *Dewar* 1963, S. 325). Wie sich das räumliche Umfeld aus der Perspektive des bettlägerigen Patienten ausnimmt und der Lebensraum des sterbenden Patienten, wie noch zu zeigen sein wird, schließlich auf die Ausmaße seines Bettes schrumpft, hat *Coser* (1962) eindringlich festgehalten:

„Während der Patient in seinem Bett auf der Station liegt, entzieht sich ihm die Außenwelt. Auch durch die Fenster, vorausgesetzt es befinden sich überhaupt welche in seinem Blickfeld, kann er nur die Dächer der umliegenden Gebäude sehen, alle Teil desselben Krankenhauses. Ein kleines Stück Himmel mit Sonnenschein oder Regen ist die ganze Realität der Außenwelt, die ihm unmittelbar sichtbar ist. Sogar seine Angehörigen, die um 1 Uhr nachmittags hereindrängen, mögen wie ‚Fremde' erscheinen, abgeschnitten von dem Hauptproblem, dem er sich gegenüber sieht: dem Problem der Heilung. Familie und Freunde gehören der Vergangenheit oder Zukunft an und wirken eine Spur unwirklich" (S. 4).

Die Hospitalisierung bringt neben der physischen Isolierung auch eine soziale Isolierung des Patienten mit sich, die Trennung von vertrauten und bedeutsamen Bezugspersonen und die Beschränkung des Kontakts mit ihnen auf bestimmte Besuchszeiten. Das daraus resultierende Gefühl der Verlassenheit und der Preisgabe, das den Patienten auf der Station beschleicht, wird besonders bei Schwerstkranken verstärkt durch die zunehmende Abhängigkeit von der Handlungsbereitschaft im allgemeinen fremder Mitglieder des Stationspersonals und durch die Unterwerfung unter befremdliche, wenn nicht personfremde Stationsregeln und Routinehandlungen des Stationsbetriebs (vgl. *Rohde* 1973, 1975). Der hospitalisierte Patient wird nicht nur physisch und sozial isoliert, sondern erfährt mit der dadurch gegebenen Rolleneinschränkung auch einen nivellierenden Statusverlust. Im Gegensatz zu den offen zur Schau getragenen Statussymbolen des Stationspersonals — man denke etwa an die weißen Anzüge oder Kittel der Krankenschwestern und an das Stethoskop des Arztes — verbleibt dem Patienten oftmals kaum ein persönliches Kleidungsstück.[6]

Rosengren und *De Vault* (1963) haben dieses „institutionelle Stripping" bei ihren Beobachtungen auf einer Entbindungsstation räumlich erschlossen, indem sie es bestimmten Funktionsräumen der Station zuordnen konnten. Während das Aufnahmebüro räumlich gesehen als eine Art Zwischenstation oder Schleuse (*„intermediary stage"*) im Hospitalisierungsprozeß des Patienten fungiert, ist es der dem Aufnahmebüro direkt gegenüberliegende „Vorbereitungsraum, in dem die aufgenommene Patientin ihres Selbstbilds als einer ‚Person' beraubt und höchst wirkungsvoll und umgehend ihrem neuen Status eines ‚medizinischen Phänomens' unterworfen wird" (S. 274). Der Rollenverlust und der Verlust an sozialem Status, ebenso wie die vorausgegangene physische und soziale Isolierung wirken sich insgesamt depersonalisierend auf den hospitalisierten Patienten aus. Diese Depersonalisierung wird durch ein weiteres Merkmal seiner Situation und seines Lebens auf der Station gefördert: durch die permanente Verletzung seiner Privat- und Intimsphäre.[7]

„Nicht genug, daß medizinische und pflegerische Instrumentalität die intime personale Integrität durchbrechen muß, der Patient liegt virtuell stets gleichsam auf dem Präsentierteller, ist ständiger Beobachtung unterzogen, nicht nur von seiten seiner Mitpatienten, nicht nur mit klinischem Zweck, sondern auch und allein schon dadurch, daß
das Stationspersonal jederzeit Zugang zu seinem Raum hat, der eben nicht der seine ist"
(*Rohde* 1975, S. 71/72).

Die bisher beschriebenen räumlichen und sozialen Bedingungen, die
die Situation des Patienten im Krankenhaus generell kennzeichnen,
verschärfen sich beim sterbenden Patienten und nehmen auf „kritischen Stationen", nach *v. Uexküll* (1973) Stationen, auf denen häufiger
als auf den sogenannten „Normalstationen" Todesfälle vorkommen,
besondere Formen an. Zunächst spitzt sich die physische Isolierung des
sterbenden Patienten dadurch zu, daß er innerhalb der Station mit
zunehmender Verschlechterung seines Zustands einem räumlichen
Abdrängungsprozeß unterworfen wird. Dieser Abdrängungsprozeß
sieht zumindest seine Entfernung aus einem Mehrbettzimmer, seine
Unterbringung in einem Einzelzimmer oder, wenn dies nicht möglich
ist, in unterschiedlichen Funktionsräumen der Station (*Begemann-
Deppe* 1976) vor.[8] Die Absonderung des Sterbenden oder als Notlösung auch die Zusammenlegung von bewußtlosen und sterbenden
Patienten in ein größeres Zimmer (*v. Uexküll* 1973) wird zwar allgemein für angebracht gehalten — allerdings weniger aus Sorge um den
Betroffenen selbst als der möglicherweise beunruhigten Mitpatienten
(*Lau* 1975) —, die Schaffung und Einrichtung angemessener Räume
aber auch bei Krankenhausneubauten vernachlässigt.

Rest (1977) hat diesen räumlichen Abdrängungsprozeß Sterbender
in isolierte Randzonen auch bei seinen Beobachtungen in Einrichtungen der Altenhilfe bestätigt gefunden und darüber hinaus bei der Befragung des Pflegepersonals festgestellt, daß das Bett als der angemessene
Sterbeort betrachtet wird. Das Bett, sonst ein Raum der Geborgenheit
und Intimität (*Bollnow* 1976), verwandelt sich aber im Krankenhaus
und ähnlichen Einrichtungen ins Gegenteil, in einen jederzeit zugänglichen und — was die räumliche Position und Aufstellung des Betts
betrifft — auch in einen Ort allseitiger Zugriffsmöglichkeit.[9] Die
räumliche Absonderung und Isolierung des sterbenden Patienten im
Krankenhaus, seine zunehmende Gebundenheit und Begrenzung auf
die Ausmaße seines Betts werden schließlich durch den Anschluß an
technische Apparate, das „Sterben im Apparat" vervollständigt.
„Nicht wenige Patienten", so vermutet *Lau* (1975, S. 77), „dürften
heute unter dem Sauerstoffzelt, am Beatmungsgerät oder angeschlossen an Apparaturen ihr Leben beenden. Für manche ist die Intensivstation ihre letzte räumliche Umgebung."

Die Intensivstation zählt zu den bereits erwähnten „kritischen Stationen"[10], die sich durch besondere räumliche und soziale Bedingungen auszeichnet. Sie ist eine Einrichtung, in der Menschen zusammengefaßt sind, „die sich in Lebensgefahr befinden und einer subtilen apparativen Überwachung bedürfen" (*Gaus* 1975, S. 189). Das apparative Moment der Intensivstation, das sowohl *Lau* (1975) als auch *Gaus* (1975) hervorheben, betont auch *Quint Benoliel* (1979). So nennt die Autorin beispielsweise als Merkmale der Struktur und Organisation der Intensivstation eine räumliche Anordnung, die der mühelosen Beobachtung und ständigen Überwachung des Patienten dient. Die Kontaktaufnahme mit ihm erfolgt hauptsächlich zur Ausführung technischer Aufgaben und medizinischer Maßnahmen. Da das Stationspersonal im allgemeinen für mehrere Patienten gleichzeitig verantwortlich ist, bleibt der Kontakt oft kurz und oberflächlich.[11] Im Vordergrund stehen die Lebenserhaltung und -rettung des Patienten. Alle Bemühungen konzentrieren sich daher auf diese Aktivitäten. Die nur beschränkt geduldete Anwesenheit von Familienangehörigen vervollständigt schließlich die nach *Quint-Benoliel* (1979) depersonalisierende Situation der meisten Patienten auf der Intensivstation. Nicht nur von soziologischer, sondern auch von psychologischer Seite ist auf Intensivstationen und ähnlichen Einrichtungen eine Häufung psychopathologischer Phänomene beobachtet worden, die zum Begriff des „Intensive-Care-Unit-Syndrome" geführt haben. *Kornfeld* (1969, 1972, 1980) versteht diesen Begriff nicht zuletzt als eine psychische Reaktion auf die Umgebung selbst und benennt neben der erzwungenen Unbeweglichkeit, sensorischen Monotonie und dem Schlafentzug auch die Fremdartigkeit und Bedrohlichkeit der apparativen Ausstattung als pathogene Einflüsse der spezifischen Umwelt der Intensivstation.[12] Diejenigen, die auf der Intensivstation sterben,

„beenden ihr Leben im allgemeinen angeschlossen an alle Arten von lebensverlängernden Apparaturen, und oft tritt der Tod als Gefolge intensiver, heroischer Aktivitäten des Teams ein. Sterben in Intensivbehandlung ist eines der neuen Übergangsrituale einer technologisch hochentwickelten Gesellschaft, die den Hauptbeteiligten wie etwas Objektähnliches behandelt" (*Quint-Benoliel* 1979, S. 150).

Die Beschreibung wesentlicher Eigenarten der Krankenhausumwelt, wie sie sich in der Situation vor allem des sterbenden Patienten auf „Normalstationen" und — am Beispiel der Intensivstation — auch auf „kritischen Stationen" konkretisieren, läßt sich abschließend durch Forschungsergebnisse von *Reynolds* und *Kalish* (1974) zusammenfassen und abrunden.

Die Einsichten der beiden Wissenschaftler beruhen auf Beobachtungen der räumlichen und sozialen Bedingungen des Lebens auf drei Stationen für chronisch und terminal kranke Patienten eines staatlichen Krankenhauses für ehemalige Kriegsteilnehmer („Veterans Administration Hospital"). Sie berichten nicht nur von der anstaltsstrukturell bedingten Aufhebung der Privatheit und Verletzung der Intimsphäre etwa durch die mangelnde Berücksichtigung des Schamgefühls der überwiegend alten, männlichen Patienten bei der Durchführung und Kontrolle bestimmter pflegerischer Maßnahmen, sondern auch vom Verlust des sozialen Status und von Merkmalen der personalen Identität, zum Beispiel Geschlechtsidentität, der Kranken. Sie konnten auch als anstaltstypisches Merkmal — bekannt vor allem im Alten- und Pflegeheim — die mangelnde soziale Interaktion der Patienten untereinander und zwischen den Patienten und Mitgliedern des Stationspersonals feststellen. Diese soziale Gegebenheit des beobachteten Stationslebens spiegelte sich in bestimmten Gegebenheiten des räumlichen Environments wider. So fehlten beispielsweise in dem ohnehin unter dem üblichen Standard an materieller Ausstattung und Ausrüstung liegenden Krankenhaus am Bett der größtenteils bettlägerigen Patienten Stühle, so daß sich die wenigen gehfähigen Patienten auch weiterhin der Rollstühle zur Reservierung einer möglicherweise benötigten Sitzgelegenheit bedienten. Als Treffpunkte und Kommunikationsorte standen den Patienten lediglich Plätze mit bezeichnenderweise in einer geraden Linie aufgereihten Stühlen zum Beispiel neben dem Fahrstuhl zur Verfügung. Diese Art der Anordnung von Einrichtungsgegenständen in institutionellen Settings unterstützt eher die Aufrechterhaltung des ungestörten Arbeitsablaufs und Überblicks auf der Station als die Aufnahme von Interaktionsversuchen seitens der Patienten. Als zusätzlich einengende, antitherapeutische Faktoren der physischen Umwelt der untersuchten Stationen, der „world of the death ward", erwähnen *Reynolds* und *Kalish* (1974) unter anderem auch die restriktive Handhabung der Zimmertemperatur sowie -beleuchtung und der an der Arbeitsorganisation orientierten Zeitmarken der Station, wie die extrem frühen Wasch- und Weckzeitpunkte.[13]

1.3 Rollenträger der Krankenhausinstitution

In den beiden vorangegangenen Teilabschnitten 1.1 und 1.2 des ersten Abschnitts wurden wesentliche räumliche Bedingungen, Charakteristika des *physical* und *social setting* des Krankenhauses und der Situation auf der Station beschrieben. Diese Bedingungen stecken den

Interventions*raum* der Arbeit mit sterbenden Patienten in dieser Institution ab. Der Interventionsraum ist nun zugleich ein Raum psychosozialer *Intervention*, die sich im Unterschied etwa zur häuslichen Umgebung nicht zwischen Mitgliedern einer Primärgruppe, sondern Rollenträgern der Institution Krankenhaus abspielt. Der Patient ebenso wie die institutionellen Vertreter des Krankenhauses, aber auch die Mitglieder semiprofessioneller Berufsgruppen und schließlich außerinstitutionelle Personengruppen, zum Beispiel Familienangehörige, interagieren bzw. intervenieren als Träger bestimmter sozialer Rollen. Der Teilabschnitt 1.3 dieses Kapitels ist der Darstellung von Hauptmerkmalen dieser thanato-therapeutischen Rollenträger gewidmet. Abgesehen vom sterbenden Patienten selbst gelten die sozialen Rollen des Arztes und der Krankenschwester als die drei generellen Rollen (*Rohde* 1962) oder „basic roles" (*Taylor* 1970), die für das Krankenhaus typisch sind und daher auch in dieser Reihenfolge abgehandelt werden.

1.3.1 Sterbender Patient

Der sterbende Patient teilt zunächst ein Rollenmerkmal, das grundsätzlich für jeden Krankenhauspatienten gilt. Entgegen seiner proklamierten zentralen Stellung im Krankenhaus ist seine tatsächliche Position im innerbetrieblich-organisatorischen Krankenhausbetrieb peripher (*Siegrist* 1977), wenn man nicht auch diese „Stellung" im Hinblick auf seinen geringen krankenhausinternen Status, sein institutionelles Ausgeliefertsein und seine typischerweise liegende Körperhaltung „bestenfalls eine Lage" (*Rohde* 1974) nennen möchte. Der Patient steht formell im Zentrum des Krankenhauses, ist dieser Einrichtung aber gleichzeitig auch in weitgehender, passiver Abhängigkeit unterworfen. Er befindet sich „im Stande des bedienten Unmündig-Machtlosen", womit *Rohde* (1962) den strukturellen Widerspruch, der in der sozialen Rolle des Krankenhauspatienten allgemein angelegt ist, anschaulich beschreibt.

Ein erstes wesentliches Merkmal der sozialen Rolle des *sterbenden* Patienten im Krankenhaus besteht nun darin, daß das Sterben in dieser Institution und damit auch der Sterbende selbst einerseits unausweichlich, andererseits aber auch extrem unerwünscht sind. Seine soziale Rolle wird dadurch nicht wie die des akutkranken, wiederherstellbaren Patienten „strukturell gewollt und eingeplant" (*Lau* 1975, S. 32). Diesen Sachverhalt spricht auch *von Ferber* (1970) an, wenn er die eine Seite der doppelten Distanz, in die allein der sterbende Patient zur

Krankenhausinstitution gerät, mit seiner den institutionellen Zielen zuwiderlaufenden Unheilbarkeit und Rettungslosigkeit begründet. Der sterbende Patient stellt die vorausgesetzte Deckungsgleichheit von institutionellen Leistungen und Patientenbedürfnissen in Frage und erfährt diese Infragestellung als distanzierenden, kontaktvermeidenden Umgang der institutionellen Vertreter: der Ärzte, Krankenschwestern und Pfleger mit ihm. Er gerät nicht nur in eine soziale Distanz zu dem an den institutionellen Zielen von Lebenserhaltung und Wiederherstellung von Gesundheit orientierten Krankenhauspersonal, sondern richtet auch zwischen sich und seinen Mitpatienten eine „Schamgrenze", eine „Distanz der Peinlichkeit" (v. *Ferber* 1970) auf, die schließlich zu seinem — mit seiner Verlegung in ein Einzelzimmer auch räumlich vollzogenen — Ausschluß aus der Patientengemeinschaft führt. Die Sterbenden bilden, wie *von Ferber* (1970) feststellt, „die ‚outcasts' der Institutionen, in denen gleichwohl eine zunehmende Anzahl von Menschen ihr Leben beendet" (S. 244). Diese institutionelle Ausstoßung ist ein erstes wesentliches Merkmal der sozialen Rolle des sterbenden Patienten im Krankenhaus.[14]

Weitere Merkmale seiner sozialen Rolle, die die thanatotherapeutische Arbeit mit ihm nicht unwesentlich beeinflussen, lassen sich aus der Weiterentwicklung von *Talcott Parsons'* auf traditionellen devianztheoretischen Voraussetzungen beruhenden Konzept der „Krankenrolle" ableiten. Vier Aspekte kennzeichnen nach diesem Konzept die Rolle des Kranken in unserer Kultur. Der kranke Mensch kann erstens für seinen Zustand nicht verantwortlich gemacht werden. Hieraus folgt zweitens, daß er aufgrund seines Zustands von seinen normalen Rollenverpflichtungen, etwa im Arbeitsbereich, befreit wird. Damit geht allerdings die Erwartung einher, daß er drittens sein Kranksein als etwas Unerwünschtes anerkennt und den Willen zur Gesundung aufbringt. Sofern er nicht aus eigener Kraft gesundet, ist er viertens verpflichtet, kompetente, im allgemeinen ärztliche Hilfe zu suchen und mit dem Arzt zu kooperieren. Mit dem Aufsuchen des Arztes bzw. Vertretern von Institutionen des Gesundheitswesens geht die Rolle des Kranken in die des Patienten über und nimmt, wenn der Patient ins Krankenhaus überwiesen oder eingeliefert wird, die des Krankenhauspatienten an.

Parsons' Konzept der Krankenrolle hat mittlerweile unterschiedliche Kritik erfahren (z. B. *Twaddle* 1972, *Levine* und *Kozloff* 1978, *Pflanz* 1979), die nicht zuletzt an der begrenzten Gültigkeit der vier Aspekte dieser Rolle bei chronisch und unheilbar Kranken ansetzt. So gilt der auf den wiederherstellbaren Akutkranken zugeschnittene Rollenaspekt der vorübergehenden, vom Willen und der Möglichkeit zur Gesundung abhängigen Aussetzung von Rollenverpflichtungen nicht für den unheilbar Kranken und Sterbenden. Letzterer ist von bestimmten Verpflichtungen auf Dauer befreit (*Freidson* 1979). Von ihm wird beispielsweise auch nicht erwartet, daß er sich bis zuletzt um ärztliche Hilfe bemüht. Es macht vielmehr ein Merkmal seiner sozialen Rolle aus, daß vom ärztlichen Experten nichts mehr für ihn getan werden kann.[15] Hierin zeigt sich, daß auch die Rolle des sterbenden Patienten und die des Arztes zu einer komplementären Rollenstruktur zusammengefügt sind (*Pflanz* 1979).

Lipman und *Sterne* (1969), vor allem aber *Noyes* und *Clancy* (1977) haben in Anlehnung an das normative Paradigma die Rolle des Sterbenden durch das folgende, Rechte und Pflichten beinhaltende Muster von Verhaltenserwartungen im einzelnen bestimmt. Gemeinsam sind der sozialen Rolle des Kranken und der sozialen Rolle des Sterbenden, daß sie durch die Autorität des Arztes definiert und zeitlich (durch die gesundheitliche Wiederherstellung bzw. den Eintritt des Todes) begrenzt werden. Darüber hinaus weisen beide soziale Rollen aber erhebliche Unterschiede auf. Der Kranke und der Sterbende werden zunächst gleichermaßen von der Erfüllung ihrer sonst üblichen Aufgaben und Verpflichtungen befreit. Dem Sterbenden steht diese Befreiung jedoch (wie bereits gesagt) auf Dauer zu. Der Kranke und der Sterbende haben das Recht auf Unterstützung und Betreuung, in deren Rahmen der Kranke jedoch zur Abhängigkeit und der Sterbende zur teilweisen Unabhängigkeit ermutigt werden. Nicht nur die Rechte, sondern auch Pflichten beider Rollenträger unterscheiden sich. Vom Kranken wird der Wille zur Gesundung erwartet. Er ist zur Wiederherstellung seiner Gesundheit verpflichtet, kompetente ärztliche Hilfe in Anspruch zu nehmen und den ärztlichen Anordnungen zu folgen. Vom Sterbenden wird dagegen der Wille erwartet, so lange wie möglich zu leben. Er hat die Pflicht, in Zusammenarbeit mit nichtärztlichen Betreuern (*„nonphysician caretakers"*) möglichst lange ohne große Qual funktionstüchtig zu bleiben. Daß solche in der sozialen Rolle des sterbenden Patienten angelegten Verhaltenserwartungen als geltende, ungeschriebene Regeln eines angemessenen Sterbeverhaltens zumindest in amerikanischen Krankenhäusern wirksam sind, läßt sich der empirischen Untersuchung von *Glaser* und *Strauss* (1974) entnehmen. So zeichnet sich ein der Typisierung des „guten Patienten" (*Rohde* 1973, 1974, 1975) vergleichbarer „guter Sterbender" durch folgende Verhaltensweisen aus:

„Er sollte weitgehend seine Fassung und Ausgeglichenheit bewahren. Ganz am Ende sollte er mit Würde den Tod erwarten. Er sollte sich nicht vorzeitig von der Welt abwenden und den Lebenden den Rücken kehren; er sollte sich vielmehr bemühen, ein ‚gutes' Mitglied seiner Familie zu bleiben und ‚nett' zu den Mitpatienten zu sein. Solange es ihm möglich ist, sollte er an dem sozialen Leben auf der Station teilnehmen. Er sollte dem Stab seine Tätigkeit durch Kooperation erleichtern und alles vermeiden, was einzelne in Verlegenheit bringen könnte" (*Glaser* und *Strauss* 1974, S. 82).

In ähnlicher Weise stellt auch *Ariès* (1980) dem akzeptablen Sterbestil die verstörende, widrige, gemeine Art des Sterbens gegenüber.

„Es ist zugleich immer der Tod eines Kranken, der Bescheid weiß. Auch hier gibt es mehrere Möglichkeiten. Erstens, daß der Kranke sich aufbäumt, schreit und aggressiv wird. Zweitens, vom Betreuungspersonal nicht weniger gefürchtet, daß er seinen Tod akzeptiert, sich auf ihn konzentriert, sich zur Wand kehrt, sich von seiner Umgebung abwendet und nicht mehr mit ihr kommuniziert. Ärzte und Krankenschwestern fürchten diese Abwendung, die sie überflüssig macht und ihre Bemühungen lähmt" (S. 752).

„Es läßt sich …", wie *Ariès* (1981) an einer anderen Stelle lakonisch feststellt, „auf zwei Arten schlecht sterben: wenn man seinen Emotionen freien Lauf zu lassen versucht und wenn man sich der Kommunikation verweigert" (S. 267). Die von *Glaser* und *Strauss* (1974) und *Ariès* (1980, 1981) beschriebenen Regeln eines akzeptablen oder angemessenen Sterbestils verletzt folglich ein sterbender Patient durch seine Zuflucht zu Quacksalbern, mangelnde Kooperationsbereitschaft, das Äußern von Aggressionen, fassungsloses lautes Schreien, Klagen oder Jammern, das Stellen übertriebener Anforderungen, Versinken in Apathie oder das vorsätzliche Herbeiführen eines beschleunigten Todes, etwa durch einen Suizidversuch.

Zusätzliche Merkmale der sozialen Rolle des Sterbenden lassen sich schließlich auf dem Hintergrund der interaktionistischen Devianztheorie erschließen. Die soziologische Bedeutung von Krankheit wird in diesem theoretischen Rahmen nicht als „Abweichung von geltenden Normen" verstanden, „die soziale Aktivitäten mit dem Ziel in Gang setzt, die Abweichung unter Kontrolle zu bringen" (*Keupp* 1976, S. 195), sondern als das Ergebnis einer sozialen Reaktion aufgefaßt. „Ob eine Handlung abweichend ist, hängt also davon ab, wie andere Menschen auf sie reagieren" (*Becker* 1981, S. 10). Ein gesellschaftliches Reaktionsmuster dem Sterbenden gegenüber besteht darin, daß ihm ein Stigma aufgeprägt wird (*Epley* und *McCaghy* 1978, *Freidson* 1979), das in der Terminologie *Goffmans* (1977) seine normale Identität „beschädigt". Lediglich eine Implikation dieser Stigmatisierung, die auch die Interaktion des klinischen Stabs mit dem sterbenden Patienten kennzeichnet, sei hier angeführt. Während auf den Zustand der wiederherstellbaren oder zumindest besserungsfähigen Kranken im allgemeinen mit Nachsicht, Entgegenkommen und Unterstützung reagiert wird, fällt dem Todkranken die Anpassung an seinen stigmatisierten Zustand selbst zu, indem er gehalten ist, seine soziale Umgebung so wenig wie möglich damit zu belasten. *Ariès* (1981) hat diesen Sachverhalt im Hinblick auf die Gefühlsbelastung im Umgang mit Sterbenden deutlich zum Ausdruck gebracht.

> „Es ist Sache der Kranken, bei Ärzten und Krankenschwestern nie die unerträgliche Gefühlsbelastung durch ihren nahen Tod aufkommen zu lassen. Sie werden nach Maßgabe der Bereitschaft eingeschätzt, mit der sie der ärztlichen Umgebung (ihrer Sensibilität, nicht ihrem Verstand) die Erinnerung daran ersparen, daß sie sterben werden. So kann die Rolle des Kranken nur negativ sein: *die des Sterbenden, der den Anschein erweckt, als stürbe er nicht*" (S. 210).[16]

Im Rahmen eines Krankheitsverständnisses, das der interaktionistischen Devianztheorie folgt, kommt schließlich auch der prozessuale Charakter der „Krankenrolle" in den Blick, der mit dem Begriff der „Karriere" gefaßt wird. Hinsichtlich der sozialen Rolle des Sterbenden lassen sich zumindest zwei Karriereaspekte unterscheiden. Der erste Aspekt mag mit *Freidson* (1979) als der „Weg durch die verschiedenen Kategorien der Abweichung" (S. 201) beschrieben und am Beispiel eines Menschen veranschaulicht werden, der ein wahrgenommenes Mißbefinden zunächst als „Heiserkeit" deutet, die dann als „Laryngitis" diagnostiziert wird. Im weiteren Verlauf dieser Karriere kann unter Umständen ein Punkt erreicht werden, an dem zunächst die Genesung, dann auch das Überleben unmöglich erscheint, wodurch die Rolle des Kranken in die des chronisch, unheilbar Kranken und zuletzt Sterbenden übergeht. Der zweite Aspekt betrifft die Abfolge unterschiedlicher Stadien im Prozeß des Sterbens selbst. Unter soziologischen Gesichtspunkten haben *Glaser* und *Strauss* (1968) mit ihrem Konzept der „Sterbeverlaufskurven" (*dying trajectories*) und *Rodabough* (1980) mit seinem „Interpersonal Reactions Model" solche interaktiv vermittelten Karrieremuster nachgezeichnet.

1.3.2 Krankenhausarzt

Bei der Darstellung von Merkmalen der sozialen Rolle des sterbenden Patienten wurde bereits deutlich, daß dem Arzt zwar eine entscheidende diagnostische Funktion und damit Rollendefinition des Patienten im Krankenhaus zukommt, die dann aber, von supportiven und palliativen Behandlungsmaßnahmen abgesehen, in den Hintergrund tritt. Nach *Lau* (1975) ist bei der Funktions- und Rollenbestimmung des Arztes zwischen Situationen des „unerwarteten Todes" und des „erwarteten Todes" zu unterscheiden. Wenn der drohende Tod eines stationär aufgenommenen Patienten nicht oder nicht zu einem bestimmten Zeitpunkt vorauszusehen war oder der Patient in einem lebensbedrohlichen Zustand eingeliefert wird, erwartet man vom Krankenhausarzt außergewöhnliche Maßnahmen zur Lebensrettung und Wiederherstellung des Patienten. Ist der Todeseintritt trotzdem nicht zu verhindern, „so verlassen die ärztlichen Experten meist schnell die Szene" (*Lau* 1975, S. 51). In Situationen des erwarteten Todes hat der Arzt nur noch die Aufgabe, den jeweiligen Status des sterbenden Patienten zu definieren, das Handlungsziel danach auszurichten und in Handlungsanweisungen an das Pflegepersonal umzusetzen. In der unmittelbaren Sterbephase ist der Arzt im allgemeinen nicht anwesend. Die Funktionslosigkeit und daraus folgende Abwesenheit des ärztlichen Experten im Moment des Sterbens stellt sich als Endpunkt seiner vorherigen schrittweisen Interaktionsbeschränkung mit dem Sterbenden dar. Der Arzt tritt erst nach dem Tod des Patienten wieder in Erscheinung, wenn er in Ausübung des Amts der Leichenschau den Todeseintritt offiziell feststellt.[17]

„Dem Arzt obliegt die Begutachtung von Krankheit, Sterben und Tod. Durch das ‚Krankschreiben' bestimmt und definiert der Arzt im einzelnen Fall die Krankenrolle; durch das Ausstellen des ‚Totenscheins', der Bestimmung der Todesursache und Todeszeit erfüllt er die wesentliche soziale Funktion der Bestimmung des endgültigen Endes sozialen Lebens" (*v. Troschke* 1975, S. 463).

Der Rückzug des Arztes angesichts sterbender Patienten hängt nicht unwesentlich damit zusammen, daß die Erhaltung und Bewahrung von Leben und Gesundheit als Hauptmerkmal in der sozialen Rolle des Arztes verankert sind. Der Angelpunkt gerade auch der Rolle des Krankenhausarztes besteht nach der „Kategorienlehre" *Parsons'* in der funktionalen Spezifität oder technischen Kompetenz bei der Erkennung, Behandlung und Beseitigung von Krankheiten. Als weitere Rollenmerkmale kommen die universalistische, affektiv neutrale und kollektivistische Orientierungsweise hinzu. Wenn sich dieses eher abstrakte und in der Zwischenzeit teilweise modifizierte Rollenschema auch von den tatsächlichen Formen ärztlichen Rollenhandelns unterscheiden mag, so läßt sich nicht übersehen, daß sich die mit der ärztlichen Berufsrolle verbundenen Erwartungen und Orientierungen als durchaus funktional bei der Bewältigung der Sterbesituationen im Krankenhaus erweisen.

„So kann der Arzt um des von allen gewünschten medizinischen Erfolges willen das ‚Person-sein' oder die ‚Persönlichkeit' des Patienten außer acht lassen und sein Ziel ausschließlich in der Wiederherstellung der Funktionsfähigkeit des Organismus sehen. Er kann sich von der längeren Beschäftigung mit einzelnen Sterbenden fernhalten mit dem unausgesprochenen Hinweis darauf, daß alle Patienten die gleichen Ansprüche (nach der universalistischen Orientierung seiner Berufsrolle) an seinen Zeithaushalt stellen können. Er kann sich der Konfrontation mit dem Sterbenden als einem Individuum mit diffusen Bedürfnissen entziehen, weil man auf Grund seiner Spezialausbildung nur spezifisch ausgerichtetes Handeln von ihm erwarten kann. Daß man von ihm die Beherrschung seiner Gefühle erwartet, verhilft ihm zu einer legitimen Distanz zu seinem sozialen Objekt, wie sie etwa Angehörigen nicht gestattet ist" (*Lau* 1975, S. 53).

Jenseits der professionellen Schutz bietenden sozialen Rolle trägt der sterbende Patient für den Arzt gleichwohl ausgesprochen ambivalente Züge. Er spornt einerseits zu Höchstleistungen und zum optimalen Einsatz medizinischer Mittel und Techniken an; wo dies wirkungslos bleibt, erzeugt er ein Gefühl des Versagens und der Inkompetenz. Vor allem beim hoffnungslos Moribunden, bei dem die „Medizin arbeitslos wird und ihre Aktivitäten nicht mehr angezeigt erscheinen" (*Siegrist* 1977, S. 211), wird die mangelnde Vermittlung und Einübung angemessener Verhaltensweisen im Umgang mit Sterbenden offenbar.[18]

1.3.3 Krankenhausschwester

Durch die Einschränkung des ärztlichen Kontakts mit dem sterbenden Patienten und die Abwesenheit des Arztes im Endstadium wird das Pflegepersonal, in erster Linie die Krankenschwester (bzw. der Krankenpfleger) zum eigentlichen sozialen Gegenüber des Sterbenden im Krankenhaus. Ihre Interaktion mit ihm ist, wie bei den anderen Vertretern der Krankenhausinstitution, durch Merkmale ihrer sozialen Rolle geprägt. In der Rolle der Krankenschwester nimmt zunächst ganz allgemein die außerfamiliäre Pflege Kranker Gestalt an. Die Krankenpflege stellt zwar eine Kernfunktion der Rolle der Krankenschwester dar, ihr Aufgabengebiet erschöpft sich aber keineswegs darin. *Rohde* (1975) nennt in Anlehnung an *Whiting* als weitere Rollenfunktionen (neben der Pflege und physischen Fürsorge des Patienten) die emotionale Stützung und krankenhausspezifische Sozialisation sowie Abschirmung einerseits und die Vermittlung krankenhausinterner und -externer Kontakte des Patienten andererseits. Hinzu kommt als immer bedeutsameres Aufgabenfeld die Ausführung ärztlicher Anweisungen (die Krankenschwester als Helferin des Arztes) und — gerade gegenüber sterbenden Patienten — auch eine teilweise und zeitweise Übernahme medizinisch-therapeutischer Maßnahmen im engeren und weiteren Sinn. In den Situationen um Sterben und Tod wäre die Stellung der Krankenschwester mit ihrer Charakterisierung als ärztliche Helferin allerdings nur unzureichend erfaßt.

„Besonders im Hinblick auf den Typus des ‚erwarteten Todes' könnte man das Verhältnis eher umgekehrt sehen: die Schwester als das eigentliche Gegenüber des Patienten, den Arzt als denjenigen, den sie um Rat fragt und dessen Hilfe sie bei besonderen

Komplikationen in Anspruch nimmt. Bei unerwarteten Todesfällen wird ihre Funktion ebenfalls nicht auf die des Helfens und Vermittelns eingeschränkt sein, weil sie — zumindest auf den Stationen — selbst oft die ersten lebensrettenden Maßnahmen einleiten und die Tätigkeiten des Arztes vorbereiten muß" (*Lau* 1975, S. 56).

Dieses Rollenbild der Krankenhausschwester fügt sich in die fortschreitende Professionalisierung dieser Berufsgruppe durch die Spezialisierung der Ausbildung und Einengung der Tätigkeit auf die einer „Fachschwester" (*Ostner* und *Beck-Gernsheim* 1979), wie sie beispielsweise die Intensivschwester auf der Intensivstation verkörpert. Die soziale Rolle der Krankenhausschwester nähert sich nicht nur hinsichtlich der funktionalen Spezifität der Rolle des Arztes, sondern teilt auch mit ihr die grundlegenden Rollenmerkmale des Universalismus, der affektiven Neutralität und der Kollektivorientierung. Diese Rollenorientierungen spiegeln sich in den Interaktionsorientierungen der Krankenschwester gegenüber dem Patienten, also auch dem sterbenden Patienten, wider. *Glaser* und *Strauss* (1974) fanden bei ihren ausgedehnten Feldstudien in sechs Krankenhäusern der Bucht von San Francisco, daß Ärzte und Schwestern den Umgang mit Sterbenden für belastend, wenn nicht traumatisch hielten und die Tendenz zeigten, den Kontakt mit ihnen weitgehend zu beschränken. Darüber hinaus variierten Inhalt und Form der Interaktion nach dem gegenseitigen Wissen oder Nichtwissen um die Nähe des Todes. *Glaser* und *Strauss* (1974) haben unterschiedliche Interaktionskonstellationen in Abhängigkeit von vier typischen „Bewußtheits-Kontexten" vorgefunden: *„closed awareness"* (Nichtwissen), *„suspected awareness"* (Verdacht), *„mutual pretence awareness"* (gegenseitige Täuschung) und *„open awareness"* (Wissen). So verkürzten beispielsweise die Schwestern ihren Aufenthalt im Zimmer eines todkranken, ahnungslosen Patienten, versorgten ihn weitgehend wortlos mit kontrolliertem, konventionell leerem und aufmunterndem Gesichtsausdruck. Bei einem argwöhnischen Patienten versuchten die Schwestern sich ganz auf äußere, pflegerische Belange zu konzentrieren, seine bedrängenden Fragen zu überhören, umzudeuten, auf ein anderes Thema überzuleiten oder das Zimmer zu verlassen. Ebenso wie die Ärzte vermieden außerdem auch die Krankenschwestern, bei der eigentlichen Sterbeszene anwesend zu sein, die die Wahrung ihrer professionellen Haltung am stärksten bedrohte. Neben dieser Abwehrhaltung dient der Krankenschwester zur dauerhaften funktionalen und sachgerechten Erfüllung ihrer Aufgaben die erwähnte Affektneutralität und der Einsatz von Common-sense-Techniken oder routinierter Handlungsmuster.[19] Die funktionalen Anforderungen an die Krankenschwester verlagern sich schließlich beim

sterbenden Patienten, je mehr er sich dem Tod nähert, von den prestige-
trächtigen medizinisch-therapeutischen Maßnahmen auf die zeitin-
tensive und zudem gratifikationsarme Grundpflege. Die Grundpflege
läßt sich mit *Ostner* und *Beck-Gernsheim* (1979) auch als „einfache
Pflege, vor allem handanlegende Pflege, die Sorge für immer wiederkehrende menschliche Bedürfnisse, Hunger, Durst, Ausscheidungen,
körperliches Wohlbefinden und Schlaf" beschreiben, die nach den beiden Autorinnen zwar immer noch Teil der Aufgabe der Krankenschwester ist, „aber gerade die körperbezogenen und eher schmutzigen
und gering qualifizierten Arbeiten werden mehr und mehr an Hilfs-
kräfte abgegeben" (S. 81).[20]
Die Tätigkeiten der Grundpflege vermitteln nicht nur wenig beruf-
liches Prestige, sie verschaffen der Krankenschwester gerade auch beim
sterbenden Patienten keine ausgleichenden Gratifikationsmöglich-
keiten.

„Die Belohnungen vermindern sich, weil kein ‚Erfolg' im Sinne einer Besserung des
Zustandes des Patienten zu sehen ist. Sie werden extrem niedrig bei bewußtlosen Patienten, die kein Zeichen der Dankbarkeit mehr geben können" (*Lau* 1975, S. 56).

Die Krankenschwester im Krankenhaus zieht, worauf vor allem
Quint-Benoliel in ihrer empirischen Untersuchung (1967) und mehreren Aufsätzen (1974, 1977) hingewiesen hat, ihre professionelle Anerkennung und Befriedigung grundsätzlich aus ihrer Beteiligung an
lebenserhaltenden Aktivitäten.

1.3.4 Sozialarbeiter im Krankenhaus

Arzt und Krankenschwester sind typische soziale (Berufs-)Rollen im
Krankenhaus. Demgegenüber haben der Sozialarbeiter im Krankenhaus und auch der Krankenhausseelsorger gemeinsam, daß sie nicht
ohne weiteres einem der drei Funktionskreise der Krankenhausorganisation zugeordnet werden können und als „nicht zum medizinischen
oder pflegerischen Berufskreis gehörende Gruppen" (*Pflanz* 1979, S.
296) im allgemeinen auch Außenseiterpositionen einnehmen. Sie werden als „paraprofessionals" oder auch „paramedizinische" bzw.
„medizinische Hilfsberufe" bezeichnet und damit der dominierenden
ärztlichen Profession eindeutig nachgeordnet (*Freidson* 1979). Diese
Nachordnung des Sozialarbeiters im Rollengefüge des Krankenhauses
sieht *Rohde* (1977) auch in Abhängigkeit vom jeweiligen Krankheitsbegriff, dem sich das medizinische und pflegerische Personal verpflichtet fühlt. So wird das Krankenhauspersonal, das einen somatischen
Krankheitsbegriff vertritt und daher dem psychosozialen Kontext von
Krankheit nur geringe Beachtung schenkt, den Sozialarbeiter häufig

als „Eindringling in den medizinischen Verfügungsbereich" empfinden, während das weniger krankheits- als patientenzentriert ausgerichtete Krankenhauspersonal aufgrund dieser Ausrichtung oft auch quasi sozialdienstliche Rollenkompetenz für sich selbst beansprucht und daher den Sozialarbeiter nicht selten als „Konkurrenz" erlebt. Grundsätzlich gilt für den Sozialarbeiter, daß seine soziale Rolle im Krankenhaus nicht nur innerhalb des krankenhausinternen Positions- und Statusgefüges, sondern auch im Hinblick auf seine spezifische Funktion unbestimmt bleibt, was sich möglicherweise auch in der von *Rohde* (1977) konstatierten „tatsächlichen Vereinzelung" des Mitarbeiters im Krankenhaus-Sozialdienst niederschlägt. Die Rolle des Sozialarbeiters zeichnet sich nicht nur im Krankenhaus durch einen „Akzent des Diffusen" und eine „Heterogenität der sie bestimmenden Verhaltenserwartungen" *(Peters* 1970) aus. Der „medical social worker" *(Klar* 1975) unterliegt schließlich, wie die anderen „medizinischen Hilfsberufe" auch, einer Tendenz der Professionalisierung *(Freidson* 1959, *Peters* 1970, *Viefhues* 1978), die nicht ohne Auswirkungen auf seine konkrete Interaktion mit Patienten und das heißt auch sterbenden Patienten bleiben dürfte.

Nach dem Versuch, einen ersten Eindruck von Kennzeichen der sozialen Rolle des Sozialarbeiters im Krankenhaus zu gewinnen, ist die Frage nach den institutionell und rollengebundenen Interventionsmöglichkeiten dieses Rollenträgers mit Sterbenden zu stellen. Die Tätigkeit des Sozialarbeiters geschieht zunächst im Auftrag Dritter. „Der Sozialarbeiter ist immer", wie *Peters* (1970) feststellt, „im Auftrag von vom Handlungsadressaten unabhängigen Instanzen tätig" (S. 351), wodurch seiner Rolle unvermeidlich ein kontrollierendes Moment anhaftet. Die Tätigkeit des Krankenhaus-Sozialarbeiters im engeren Sinn vollzieht sich im allgemeinen im Rahmen des in externer oder interner Trägerschaft organisierten Sozialdienstes im Krankenhaus. Nach den 1977 verabschiedeten Richtlinien seiner Vereinigung versteht er sich als „ein Arbeitsfeld der Sozialarbeit im Gesundheitswesen." Er ist „wie alle Berufsgruppen im Krankenhaus der Aufgabenstellung dieser Institution verpflichtet." Im einzelnen hat er die Aufgabe,

„persönliche und soziale Probleme des Patienten, die im Zusammenhang stehen mit Krankheit, Unfall oder Behinderung und deren Auswirkungen auf sein Leben und das seiner Bezugspersonen, aufzugreifen und zu einer angemessenen Lösung beizutragen" (Deutsche Vereinigung für den Sozialdienst im Krankenhaus e.V., 1977).

Dieser Aufgabenkatalog wird durch die Auflistung bestimmter Einzelmaßnahmen konkretisiert, von denen die Bildung von sozialarbeiterischen Schwerpunkten im Krankenhaus, wie z. B. die „Behandlung und Betreuung von Tumor-Patienten" hier von besonderem Interesse sind. Da wissenschaftlich-empirische Untersuchungen zu diesem spezifischen Arbeitsfeld des Sozialarbeiters bislang nicht vorzuliegen scheinen, muß auf einen Bericht aus der unmittelbaren Berufspraxis zurückgegriffen werden. *Hämer* (1980) diskutiert nach mehrjähriger Tätigkeit in einer norddeutschen Kieferklinik Probleme der Sozialarbeit mit gesichtsversehrten Krebskranken, d. h. Patienten, bei denen aufgrund bestimmter Krebserkrankungen operative Eingriffe im Gesichtsbereich vorgenommen wurden mit der häufigen Folge nicht nur eines sichtbaren Schadens im Gesicht, sondern oft auch zusätzlicher Behinderungen, etwa beim Sprechen oder der Nahrungsaufnahme. Handlungsziel des Sozialarbeiters im Umgang mit diesen Patienten ist es, deren sozialer Isolation und gesellschaftlicher Ausgliederung so weit wie möglich entgegenzuwirken.[21] Dies geschieht vor allem durch Einzelfallhilfe und Einzelgespräche mit dem Patienten, Gruppenarbeit zusammen mit anderen Patienten oder den Angehörigen und durch die Ausschöpfung sozialrechtlicher Möglichkeiten. Ohne auf einzelne Probleme der Sozialarbeit mit dieser Patientengruppe eingehen zu können, sei allein die Situation herausgegriffen, in der sich der Zustand des Patienten zunehmend verschlechtert und dem Tod nähert. *Hämer* (1980) macht hier auf die Grenzen der Mittel und Interventionsmöglichkeiten des Sozialarbeiters im Umgang mit diesen sterbenden Patienten aufmerksam.[22]

„Gespräche des Sozialarbeiters mit Patienten in den letzten Lebenswochen sind äußerst schwierig, da der Patient hauptsächlich Empörung, Auflehnung und Bitterkeit ausdrückt. Aussprechen ist ihm meist nicht mehr möglich, da seine Sprache nicht mehr zu verstehen ist und er meist keine Energie mehr zum Aufschreiben aufbringt. Viele der bedrängenden Gefühle kann er mit Gesten nur ahnen lassen: Wut und Verzweiflung lassen sich noch relativ eindeutig zeigen, Einsamkeit, Unverstandensein und Bitterkeit kaum. Fehlschlagende Versuche des Sozialarbeiters, zu erraten, was der Patient ausdrücken möchte, führen manchmal zum abrupten Abbruch des Gesprächs durch Wegdrehen o. ä. ... Ich sehe bislang keine Lösungsmöglichkeiten, bei denen der Patient die Chance hätte, über seine Situation in entlastender Weise zu kommunizieren ..." (S. 112).

1.3.5 Krankenhausseelsorger

Die soziale Rolle des Krankenhausseelsorgers weist Merkmale auf, wie sie teilweise auch für den Sozialarbeiter im Krankenhaus charakteristisch waren. Auszugehen ist auch hier zunächst von der Tatsache, daß der Klinikpfarrer im Dienst und Auftrag Dritter, der Kirche, tätig ist. Weiterhin wird den Religionsgemeinschaften der Zugang zu den Krankenanstalten zwar gesetzlich garantiert[23]; von der institutionellen, betriebswirtschaftlichen, organisatorischen und gesetzlichen

Bestimmung des Krankenhauses her betrachtet, stellt sich die Krankenhausseelsorge aber als „eine fremde, von außen in das Krankenhaus hineinragende Größe"[24] dar. Status und Position des Seelsorgers innerhalb der horizontalen und vertikalen Struktur des Krankenhauses bleiben — der sozialen Rolle des Sozialarbeiters vergleichbar — weitgehend ebenso unbestimmt wie seine krankenhausspezifischen Aufgaben und Funktionen. *Kulenkampff* (1971) und *Busche* (1978) sprechen von der „Ortlosigkeit des Seelsorgers in der funktionalen Organisationsstruktur des Krankenhauses", die mit einer mehr oder weniger ausgeprägten „Isolation" *(Kautzky* 1980)[25] im realen Krankenhausbetrieb einhergeht. Merkmale einer derartigen sogenannten „Rollenunsicherheit" sind verknüpft mit Professionalisierungsbestrebungen dieser Berufsgruppe[26], die wiederum mit der zunehmenden Spezialisierung und Arbeitsteilung des medizinischen Systems in Einklang stehen. Ohne ein erschöpfendes Bild der sozialen Rolle des Klinikpfarrers zeichnen zu wollen[27], sei lediglich ein für das seelsorgerliche Handeln gegenüber Sterbenden wesentlicher Rollenaspekt hervorgehoben: die Delegation von Sterben und Tod an den Krankenhausseelsorger. An den Bruchstellen medizinischer Funktionalität und in der institutionell unbewältigten Situation sterbender Patienten wird dieser im medizinischen Versorgungssystem des Krankenhauses funktionslos erscheinende Rollenträger als der „vermeintliche . . . Experte für den Tod und das Danach!" *(Schipperges* 1976, S. 46) eingesetzt. Welche konkrete Form diese institutionelle Vereinnahmung haben kann, mag das folgende Beispiel veranschaulichen:

> „Der Seelsorger erhält — insbesondere auf der Intensivpflegestation — von dem Stationsarzt die Versicherung, daß ,wir wirklich alles in unserer Macht Stehende getan haben' . . . — und nicht selten folgt eine Aufzählung von Maßnahmen, die nicht nur dem medizinischen Laien Respekt abnötigen. ,Wir können nichts mehr für den Patienten tun! Jetzt sind Sie an der Reihe!' — ist eine nicht selten zu hörende Aufforderung an den Krankenhauspfarrer zum ,Versehgang'" *(Mayer-Scheu,* in: *Mayer-Scheu* und *Kautzky* 1980, S. 107).

In einem kürzlich erschienenen Erfahrungsbericht über die praktische seelsorgerliche Arbeit im Krankenhaus wird diese institutionelle Funktionalisierung des Klinikpfarrers kritisch reflektiert.[28] Der Bericht trägt den bezeichnenden Titel: „Ich will nicht als Spezialist für Sterbebegleitung im Krankenhaus funktionieren" *(Pulheim* 1981). Denselben Sachverhalt konstatiert *Matthaei* (1981), wenn er vom „Sterbespezialisten" spricht, „als der in vielen Kliniken immer noch der Krankenhausseelsorger fungieren muß", mit der Konsequenz einer Belastung, wenn nicht Störung seiner Interventionsmöglichkeiten

gerade gegenüber Todkranken. Diese rollengebundene Interventions-
störung mag sich in dem spiegeln, was *Matthaei* (1981) als „das tiefe
Erschrecken des Schwerkranken" beschreibt, „wenn der Pfarrer in seinem Zimmer oder gar gezielt an seinem Bett erscheint" (S. 37).

Wissenschaftlich empirisch ist die thanato-therapeutische Arbeit des
Krankenhausseelsorgers dementsprechend auch unter dem Gesichtspunkt beleuchtet worden, wie (katholische) Patienten mit akuter
Koronarinsuffizienz bzw. Myokardinfarkt auf das Erscheinen des Prie-
sters und die Spendung der nicht selten als Sterbesakrament („*last
rites*") verstandenen Krankensalbung psychisch reagieren (*Cassem* et
al. 1969). Dreißig katholische Patienten, die sich wegen ihrer schwerwiegenden Herzerkrankung in stationärer Behandlung befanden, wurden mündlich befragt. Als Hauptergebnis der Befragung stellte sich
heraus, daß die *Art und Weise*, in der die sakramentale Handlung
angeboten, begründet und durchgeführt wurde, ihre positive oder
negative Aufnahme entscheidend beeinflußte. So wurde die Sakramentenspendung als besonders bedrohlich, angsterzeugend und beun-
ruhigend erlebt, wenn sie ohne einführende Erläuterung erfolgte, die
Worte „versehen" (*anoint*) oder „Sterbesakrament" (*last rites*) fielen
und auf die Nähe oder Möglichkeit des Todes Bezug genommen
wurde. Als angstmindernd, beruhigend und ermutigend empfanden
die befragten Patienten dagegen die ausdrückliche Kennzeichnung der
sakramentalen Handlung als alltäglichen, routinemäßigen Vorgang,
ihre Bezeichnung als Krankensakrament und ihre Ausrichtung, z.B. in
der Wahl der Gebete, auf Heilung und Genesung.[29)]

Während *Cassem* et al. (1969) einen spezifischen sakramentalen
Teilaspekt der thanato-therapeutischen Arbeit des Krankenhausseelsorgers untersuchten, hat *Wood* (1976) die Frage gestellt, wie Pfarrer
ihre soziale Rolle als Helfer oder Begleiter Sterbender ausüben und
bewältigen („how the minister as death worker functions"). Auf der
Grundlage von Tiefeninterviews mit 31 Seelsorgern ging es ihr insbesondere um die Frage nach der sozialen Herstellung und Struktur eines
Aspekts seelsorglichen Rollenhandelns in Sterbesituationen, der von
den Befragten als wesentlich betrachtet wurde: dem Ausdruck und der
Vermittlung von Anteilnahme („the expression of concern"). Ohne
den Konstruktionsprozeß dieses Handlungsaspektes im einzelnen darstellen zu wollen, ist in unserem Zusammenhang ein Forschungsergeb-
nis besonders aufschlußreich. Die Befragten bedienten sich bei der
Ausübung ihres Berufs einer nondirektiven Art des Sprechens und
einer stark selektiven Weise des Zuhörens. Während der Einsatz non-
direktiver Gesprächsführung in Anlehnung an eine weit verbreitete

Methode psychosozialer Beratung erfolgte, wurde die Selektivität des Zuhörens durch das Selbstverständnis des jeweiligen Seelsorgers gesteuert. *Wood* (1976) unterscheidet zwischen dem „humanistischen", dem Bild des Psychotherapeuten nahestehenden, und dem „traditionalistischen" Rollenselbstverständnis, das sich am Bild des väterlichen, geistlichen Führers orientiert. Nondirektives und selektives Sprechen und Zuhören verringern für den Seelsorger nun nicht nur die Unsicherheit und Ambiquität der Sterbesituation (wie der seelsorgerlichen Besuchssituation überhaupt), sondern schränken auch die unbegrenzte Verfügbarkeit, die von ihm (und oft auch anderen Helferberufen) erwartet wird, ein. Tragen also letztlich bestimmte Formen des Sprechens und Zuhörens zur Bewältigung der Sterbesituation bei, so bergen sie nach *Wood* (1976) allerdings auch die Gefahr in sich, daß sich der Seelsorger mehr an einem speziellen Bezugssystem, in das er den Sterbenden einordnet, und weniger an dessen Besonderheit und Individualität ausrichtet.

Da die konkrete Ausgestaltung seelsorgerlichen Umgangs mit sterbenden Patienten, von den beiden genannten Untersuchungen und gelegentlichen Hinweisen in einzelnen Krankenhausstudien (*Sudnow* 1973, *Glaser* und *Strauss* 1974, *Lau* 1975, *Rest* 1977) abgesehen, meines Wissens noch nicht Gegenstand systematischer empirischer Forschungsarbeit[30] war, sei abschließend wenigstens noch auf die Untersuchung *Engelke*s (1980) verwiesen. Diese explorative Studie basiert auf einer deskriptiv-gewichtenden Inhaltsanalyse von Gedächtnisprotokollen (Verbatims), die Seelsorger über ihre Gespräche mit Sterbenskranken im Krankenhaus angefertigt haben. Aufgrund dieses spezifischen Datenmaterials vermag die Studie allerdings weniger empirisch fundierte Aussagen zur realen psychosozialen Situation und den tatsächlichen Erwartungen sterbender Patienten an die Kirche oder ihre Repräsentanten zu machen, als vielmehr bestimmte Definitions- und Interpretationsmuster dieser sozialen Phänomene durch diejenigen Krankenhausseelsorger aufzuzeigen, deren Verbatims in die Analyse eingegangen sind. Primär also aus deren Perspektive ist für die Situation Sterbenskranker in einem Krankenhaus kennzeichnend,

„daß ihre Krankheit im Mittelpunkt ihres Interesses steht und ihr akutes Erleben (Schmerzen, körperliches und seelisches Leiden) dominiert. Sorgen um die Angehörigen, die Wirtschaftslage und die religiöse Zukunft sowie eine Sinndeutung ihres Erlebens sind nur bei einer sehr kleinen Zahl der Patienten anzutreffen. Fast alle Kranken sind sich ihrer tödlichen Bedrohung bewußt und auch durchaus bereit, darüber mit jemandem zu sprechen. Auffallend ist hierbei, daß die Sprache der Sterbenskranken vor allem durch Symbole und Signale geprägt ist.[31] Der Sterbeprozeß beinahe aller Sterbenskranken ist durch mannigfaltige Konflikte bestimmt. Diese Konflikte haben ihre Wurzel in dem

Grundkonflikt: Angst — Hoffnung und Abwehr — Annahme. Kaum ein Sterbender bejaht sein Sterben; eine kleine Gruppe wünscht sich den Tod, um vom Leiden erlöst zu werden. Nur wenige Sterbenskranke bewältigen ihre Situation durch religiöse Bewältigungsformen".

Sterbenskranke erwarten schließlich nach den Untersuchungsergebnissen *Engelke*s (1980) vom Krankenhausseelsorger „Verständnis und Respekt für ihre Situation und möchten in ihrer Schwäche ernstgenommen werden". Sie wünschen, „daß Menschen sie begleiten, die ihnen gegenüber offen und rücksichtsvoll sind" (S. 172).

1.3.6 Klinischer Psychologe und (Liaison-/Konsultations-) Psychiater/Psychosomatiker

Nach der Beschreibung von Rollenmerkmalen des Sozialarbeiters und Seelsorgers im Krankenhaus und der Konzentration auf Aspekte ihres Rollenhandelns gegenüber sterbenden Patienten seien zwei weitere, ebenfalls an der Interaktion mit Sterbenden beteiligte und gleichfalls zu den „paramedizinischen Berufsgruppen" (*Freidson* 1979) im Gesamtgefüge des Krankenhauses zählende Rollenträger betrachtet.

Die Gruppe der klinischen Psychologen braucht in diesem Zusammenhang nur kurz gestreift zu werden. Ausgehend von der Entstehung der klinischen Psychologie als Fach (vgl. z. B. *Goode* 1960) wird der klinische Psychologe einerseits — ohne hier weitere Differenzierungen etwa zwischen dem klinisch, beispielsweise psychodiagnostisch tätigen Psychologen und dem Forschungspsychologen vornehmen zu wollen — von der medizinischen Profession als Eindringling betrachtet und steht zu den psychoanalytisch orientierten Therapeuten andererseits in einem Spannungsverhältnis. Dennoch hat sich diese Berufsgruppe innerhalb der paramedizinischen Arbeitsteilung einen relativ festen Platz erobern können, wozu die Nähe der meisten psychologischen Erkenntnis-, Forschungs- und Arbeitsmethoden zu den naturwissenschaftlichen Grundlagen der Medizin beigetragen haben dürfte. *Freidson* (1979) spricht — allerdings auf die Verhältnisse in den Vereinigten Staaten bezogen — von der funktionellen Autonomie, einer praktisch unabhängigen Berufsausübung klinischer Psychologen, die nur noch durch die gesetzlich verbotene Verordnung von Medikamenten eingeschränkt wird. *Kautzky* (1980) zeichnet dagegen folgendes Bild vom Status und der Position klinischer Psychologen in hiesigen Einrichtungen der Medizin und des Gesundheitswesens:

„Nur in einigen Spezialkliniken (z. B. in Rehabilitations-Krankenhäusern) haben bisher die Angehörigen der sozialpsychologischen Berufe in der medizinischen Hierarchie eine stärkere Beachtung und Berücksichtigung gefunden. Von einer wirklichen Integration dieser Berufe in ein Gesamtkonzept kann in unserem Krankenhauswesen nicht die Rede sein. Immerhin haben sich einige dieser Berufsgruppen in den letzten Jahren im Hinblick auf die Entwicklung des Krankenhauses und ihren Beitrag dazu deutlicher artikuliert. Da und dort gibt es Modellversuche einer Kooperation und eines integrativen Verständnisses. Aber wir stehen gerade in der Bundesrepublik Deutschland sicher erst am Anfang einer solchen Entwicklung ..." (S. 66).

Versucht man nun, einen Einblick in die Arbeit klinischer Psychologen und vor allem in die Interaktion dieser Rollenträger mit sterbenden Patienten zu gewinnen, so liegen eine ganze Reihe von Erfahrungsberichten, Fallstudien und empirischen Untersuchungen vor allem aus den Vereinigten Staaten vor. Das Kapitel 3 des vorliegenden Buches geht auf die thanatotherapeutische Arbeit Klinischer Psychologen in vielfältiger Weise ein, so daß in diesem Zusammenhang auf weitere Ausführungen verzichtet werden kann.

Vor dem Versuch, einige Rollenmerkmale des Konsultations- bzw. Liaison-Psychiaters und -Psychosomatikers in der Krankenhausinstitution herauszustellen, muß etwas zu deren definitorischer Abgrenzung und organisatorischer Einbindung gesagt werden. Konsultations- und Liaisondienste sind, was zumindest ihre organisatorische Einbindung in Universitätskliniken betrifft, im allgemeinen einer Abteilung für psychosomatische Medizin bzw. für Psychiatrie zugeordnet. Während der Konsultations-Psychiater meist unabhängig von den Stationen vor allem bei psychiatrischen Dringlichkeitsfällen angefordert wird, steht der Liaison-Psychiater

„in enger Verbindung mit den übrigen medizinischen Abteilungen. Der Liaison-Psychiater ist dem klinischen Schauplatz näher; meist arbeitet er intensiv mit den Ärzten und Schwestern der Station zusammen, nimmt einmal oder mehrmals wöchentlich an der klinischen Visite teil; er ist für alle Mitarbeiter der Station möglichst jederzeit erreichbar. Der Liaison-Psychiater versucht im jeweiligen Fall, eine Brücke zwischen dem verhaltenswissenschaftlichen und dem naturwissenschaftlichen Verständnisansatz zu schlagen. Das Arbeitsfeld der Liaison-Psychiater ist damit grundsätzlich verschieden von dem der Konsultations-Psychiater, es umfaßt die klinisch-psychosomatische Tätigkeit im eigentlichen Sinn ..." (*Joraschky* und *Köhle* 1979, S. 282).

Diese Kennzeichnung eher normativer Elemente der sozialen Rolle des Liaison-Psychiaters bzw. -Psychosomatikers bedarf der Ergänzung durch seine tatsächliche Positionsbestimmung im krankenhausinternen Rollengefüge. Sie zeichnet sich, wie bei allen nicht zum engeren medizinischen Funktionskreis der Krankenhausorganisation gehörenden Rollenträgern, durch eine mehr oder weniger unvollständige Integration aus. So ist von einem mehrjährigen Integrationsprozeß dieser Rolleninhaber in das klinische Setting die Rede, der von anfänglicher Ignoranz und Isolation bis zu einer seltenen und selten dauerhaften Anerkennung und Kooperation reicht. Ein Integrationsfaktor eigener

Art gerade gegenüber den somatisch orientierten und daher den neuen professionellen und semiprofessionellen Rollenträgern überwiegend mit Mißtrauen begegnenden Klinikern stellt die zusätzliche (fach-)ärztliche, z. B. internistische Kompetenz der meisten klinisch-psychosomatisch tätigen Psychiater dar.[32] „Da Psychiater Ärzte sind, werden sie in klinischen Arbeitsfeldern eher als andere akzeptiert und wahrscheinlich als primär zuständige psychosoziale Helfer betrachtet" (*Leopold* 1979, S. 254). Neben der gleichwohl unvollständig bleibenden Integration in die Krankenhausorganisation wäre als weiteres Rollenmerkmal schließlich noch die andernorts sogenannte „Rollenunsicherheit" besonders des Liaison-Psychosomatikers zu nennen, die beispielsweise im Fehlen eines festen Berufsbilds und einer stabilen beruflichen Identität zum Ausdruck kommt.

Führt man sich nun das Arbeitsfeld des Liaison-Psychiaters bzw. -Psychosomatikers genauer vor Augen, so wird in der Literatur von einer Intensivierung der Zusammenarbeit dieser Rollenträger mit verschiedenen ärztlichen Fachkollegen in medizinischen Extremsituationen zum Beispiel auf Intensivstationen der Inneren Medizin berichtet. Dieses spezifische Arbeitsfeld schließt die psychiatrische bzw. konsiliarische psychosomatische Untersuchung und Behandlung sterbender Patienten ein.[33] Die unheilbare Erkrankung selbst und das erwartete, absehbare Sterben eines Patienten stellen allerdings keine expliziten Gründe für die Inanspruchnahme des Liaison-Psychiaters/-Psychosomatikers dar. Sie erfolgt vielmehr, was im Zusammenhang mit dem Thema dieses Kapitels von besonderem Interesse ist, in erster Linie aufgrund einer Interaktionskrise der Arzt-Patient-Beziehung, die maßgeblich durch Abweichungen des Patienten von seinen institutionell vorgegebenen Rollen- und Verhaltenserwartungen hervorgerufen wird. Das Spektrum der Anforderungen an den psychiatrischen oder psychosomatischen Konsiliarius läßt sich nach *Joraschky* und *Köhle* (1979) als

„das Ergebnis eines Interaktionsprozesses zwischen den behandelnden Ärzten und ihren Patienten ... betrachten. Zumeist handelt es sich um Kranke, die für den anfordernden Arzt bzw. die Schwester oder das ganze Team ‚Problempatienten' sind, wie z. B. sozial oder psychologisch auffällige Patienten, die sich schlecht in den Stationsablauf einfügen, offen aggressiv sind oder in anderer Weise die Kooperation stören" (S. 283).[34]

1.3.7 Angehörige im Krankenhaus

Zu Beginn des Teilabschnitts 1.3 wurde festgestellt, daß der Sterbende im Krankenhaus ebenso wie die Vertreter dieser Institution als Träger bestimmter sozialer Rollen miteinander interagieren, die den

Rahmen thanatotherapeutischen Handelns abstecken. Während sich, von der sozialen Rolle des sterbenden Krankenhauspatienten abgesehen, diejenige des Arztes und der Krankenschwester als Basisrollen der Krankenhausinstitution bezeichnen lassen, sind diejenigen des Sozialarbeiters und Seelsorgers im Krankenhaus sowie des klinischen Psychologen und (Liaison-/Konsultations-)Psychiaters bzw. Psychosomatikers von sekundärer Bedeutung. Die Angehörigen stehen schließlich außerhalb des engeren oder weiteren Funktions- und Arbeitsteilungssystems der Krankenhausinstitution und stellen außerinstitutionelle Partner des sterbenden Patienten dar. Die Angehörigenrolle ist der Krankenhausroutine grundsätzlich fremd und wirkt oft störend (*Glaser* und *Strauss* 1974). Der außerinstitutionelle Status der Angehörigen schlägt sich zunächst in der Zugangsbeschränkung dieses Personenkreises durch vorgegebene Besuchszeiten nieder. Diese Besuchszeitenregelung wird nun allerdings gegenüber den Angehörigen sterbender Patienten, deren Tod erfahrungs- und erwartungsgemäß in absehbarer Zeit bevorsteht, gelockert und in Ausnahmefällen sogar aufgehoben. Das Ausmaß, in dem den Angehörigen dieser Patienten Besuchserleichterungen gewährt werden, hängt wiederum, wie die Feldbeobachtungen von *Glaser* und *Strauss* (1974) und *Sudnow* (1973) gezeigt haben, von zusätzlichen weiteren Faktoren, beispielsweise dem jeweiligen Bewußtheits-Kontext, der Stationsart und auch der Schichtzugehörigkeit ab. Eine Familie, die um den nahen Tod eines Familienmitglieds weiß, wird es nicht nur in größerer Zahl, sondern auch häufiger im Krankenhaus besuchen.[35]

„Krankenhaus- und Stationsvorschriften müssen übergangen werden, um diese Besuche zu ermöglichen. Die Angehörigen können nun den Sterbenden fast jederzeit besuchen, und einzelne Verwandte mögen wohl gar die Erlaubnis erhalten, ‚rund um die Uhr' bei dem Patienten zu bleiben" (*Glaser* und *Strauss* 1974, S. 142).

Der gleichfalls wissenden Familie einer sterbenden Patientin auf einer Entbindungsstation wird dagegen keine derart weitgehende Sonderregelung der Besuchszeiten eingeräumt, da „die ganze Stationsarbeit auf die Pflege gesunder Frauen und ihrer Neugeborenen abgestellt (ist)" (S. 143). Schließlich spielt auch die Schichtzugehörigkeit bei der Besuchszeitenregelung eine Rolle. Während *Sudnow* (1973) in einem großen Fürsorgekrankenhaus an der Westküste der Vereinigten Staaten beobachtet hat, daß sich Angehörige in diesem Unterschicht-Krankenhaus, nicht zuletzt beeinflußt durch die spezifische Einstellung des dortigen Krankenhauspersonals zu den Angehörigen ihrer Patienten, im allgemeinen nicht am Bett des Sterbenden aufhielten, galt es in einem Privatkrankenhaus der Mittelschicht als selbstverständlich, daß sich die Familie am Sterbebett versammelte — mit den entsprechenden Konsequenzen für eine flexible Regelung der Besuchszeiten.

Dem auf bestimmte Besuchszeiten beschränkten Zugang von Angehörigen entspricht — auch wenn gegenüber den Angehörigen sterbender Patienten Ausnahmeregelungen getroffen werden mögen — die Tatsache, daß eine längerfristige Anwesenheit dieser außerinstitutionellen Rollenträger im Krankenhaus auch räumlich und versorgungstechnisch nicht vorgesehen und eingeplant ist.

„Günstigstenfalls liegt der sterbende Patient in einem Einzelzimmer, das eine Ruhemöglichkeit für ein Familienmitglied aufweist. Meist bleibt nur ein Stuhl oder die Bettkante, was besonders bei älteren Menschen, die häufig bis zuletzt bei ihrem sterbenden Ehegatten aushalten, eine große Belastung bedeutet. Mahlzeiten oder kleine Erfrischungen müssen von gutwilligen Stationsschwestern improvisiert werden" (Lau 1975, S. 47).

Angehörigen wird im Krankenhaus nicht nur der freie Zugang zum Patienten und die unbefristete Anwesenheit bei ihm verwehrt, sondern auch die Verwirklichung jener für die gegenwärtige bürgerliche Familie typischen, gefühlsbetonten Beziehungsformen erschwert. Der Grund liegt in der mangelnden institutionellen Reservierung einer Privat- und Intimsphäre des Patienten. So wird ein sehr persönlicher Umgang der Familienangehörigen mit dem Sterbenden nicht nur durch die Gegenwart von Mitpatienten in einem Mehrbettzimmer, sondern auch durch die vollständige Versorgung und regelmäßige Überwachung des Krankenhauspersonals weitgehend verhindert.[36] „Die Krankenschwester pflegt den Mann", wie Pulheim (1981) verdeutlicht, „nicht die eigene Ehefrau. Die Frau kommt wie eine Fremde auf Besuch" (S. 35).[37] Der dominierende Einfluß des Krankenhauspersonals wird auch in der unmittelbaren Sterbesituation offenbar.

„Vergleicht man den Einfluß der Angehörigen auf die Gestaltung der Sterbeszene mit dem des Personals, so zeigt sich, daß die Angehörigen sich dem Personal gegenüber weitgehend passiv verhalten und ihm die Initiative überlassen. So lassen sich Angehörige z. B. bei Aktionen des Personals wie Bettenrichten, Verbandwechsel, Spritzen usw. bereitwillig vor die Tür schicken" (Lau 1975, S. 48).

Ist die soziale Rolle des Angehörigen der Krankenhausroutine fremd, so werden diese fremden Rollenträger durch bestimmte Rollenzuschreibungen in den Funktions- und Arbeitsablauf der Station zu integrieren versucht. Dies geschieht dadurch, daß Angehörige entweder die Rolle des „Helfers" oder die Rolle des „Patienten" übernehmen.[38] In der Rolle des „Helfers" werden Angehörige vom Stationspersonal z. B. zur Beobachtung und Überwachung von Veränderungen im Zustand des sterbenden Patienten herangezogen, was nicht nur eine Arbeitsentlastung der zuständigen Krankenschwester, sondern auch ein ungestörtes Zusammensein des Angehörigen mit dem

Sterbenden bedeuten kann.[39] In die Rolle eines vorübergehenden „Patienten" geraten Angehörige dann, wenn sie z. B. beim Todeseintritt ihres Familienmitglieds zusammenbrechen und daraufhin ein Beruhigungsmittel verordnet bekommen. Es ist nicht uninteressant, daß den Angehörigen sterbender Patienten nach den Beobachtungen von *Glaser* und *Strauss* (1974) oft auch in weniger offenkundigen Notfällen die Rolle des „Patienten" zugeschrieben wird, bietet diese Rollenzuschreibung vor allem dem Pflegepersonal doch die Möglichkeit, seine letztlich erfolglos bleibenden Bemühungen um den Sterbenden auf den anderen, wieder herstellbaren „Patienten" zu verlagern und durch diesen „Objekt-Wechsel" das Gefühl frustrierender Hilflosigkeit zu vermeiden.

2. Sterben im Hospiz

In dem folgenden zweiten Abschnitt dieses Kapitels geht es nicht um eine erschöpfende Behandlung des Sterbens im Hospiz, sondern um die Darstellung einiger grundlegender räumlicher und sozialer Bedingungen dieser Einrichtung im Unterschied zum Krankenhaus und Zuhause. Es gilt, das Hospiz als zweiten, wenn auch rein quantitativ viel weniger bedeutsamen Raum psychosozialen Umgangs mit Sterbenden zu beschreiben und kritisch zu bedenken. — Der moderne Gebrauch des Wortes „Hospiz" geht auf *Mary Aikenhead,* der Begründerin der Irish Sisters of Charity, im 19. Jahrhundert zurück.

„Da sie den Tod als Beginn der letzten Reise verstand, benannte sie folgerichtig ihr Pflegeheim nach der Raststätte mittelalterlicher Pilgerfahrten zum Heiligen Land — ein Hospiz" (*Cohen* 1979, S. 28).[40]

In der Zwischenzeit existieren über 250 Hospize in Großbritannien, den Vereinigten Staaten und Kanada.[41] Die inhaltliche Definition des Hospizes erweist sich als kompliziert, da dieser Begriff nicht nur eine bestimmte Institution zur Versorgung Sterbender bezeichnet, sondern darüber hinaus eine spezifische Idee und ein Programm der Pflege und Betreuung sterbender Menschen umfaßt. Hospice Care kann unterschiedlich organisiert sein, in Form eines „häuslichen Pflegedienstes, einer selbständigen Institution, einer eigenen Krankenhausabteilung oder eines interdisziplinären, mobilen Teams innerhalb eines Allgemeinkrankenhauses ..." (*Cohen* 1979, S. 68). Hospice Care vollzieht sich als interdisziplinäre Teamarbeit (manchmal ist auch die Rede vom Hospiz als einer „caring community") und betrachtet den todkranken bzw. sterbenden Patienten zusammen mit seiner Familie als *„unit of care",* was die Betreuung der Angehörigen auch nach dem Tod des

Patienten etwa während der Trauerzeit einschließt. Das Hospiz als Idee oder Programm enthält also *drei Grundelemente:* eine spezifische, „*hospice care"* oder „*terminal care"* genannte Behandlung, Pflege und Betreuung, die von einem interdisziplinären Team, einer „*caring community"*, durchgeführt wird und sich sowohl auf den sterbenden Patienten als auch dessen Familie konzentriert. Diese drei Grundelemente des Hospizes (jetzt im engeren Sinn als eine separate Einrichtung verstanden) sind nun unter dem Aspekt der therapeutischen Interventionsmöglichkeiten mit Sterbenden im Vergleich zur Krankenhausinstitution noch einmal aufzugreifen.

Aus dem zuletzt angeführten Grundelement, demzufolge der Patient zusammen mit seiner Familie die entscheidende Betreuungseinheit bildet, folgt, daß das Hospiz im Unterschied zum Krankenhaus keine festgelegten Besuchszeiten hat.[42] Die Familie in einem weitgefaßten Sinn ist grundsätzlich jederzeit willkommen.[43] Eine Altersgrenze für Kinder gibt es nicht, und auch Haustiere sind zugelassen. Die Patienten tragen ihre eigene Kleidung und können Gegenstände unterschiedlicher Art von zu Hause mitbringen. Da der Patient und seine Familie als eine Versorgungseinheit gelten, erscheinen die Familienangehörigen auch nicht als institutionsfremde Rollenträger. Wurde den Angehörigen im Krankenhaus die Rolle des „Helfers" oder des „Patienten" eher aus Gründen ihrer reibungslosen Einfügung in den Arbeitsablauf der Station und der Entlastung des Stationspersonals zugeschrieben, so hat die Beteiligung der Angehörigen an der Pflege des sterbenden Patienten im Hospiz primär therapeutische Funktion.

„Ein letztes Charakteristikum des Hospizansatzes besteht darin, daß die Familie bei der Betreuung des Patienten mitbetreut wird. Durch die Integration von Familienangehörigen in das Behandlungsprogramm haben Angehörige die Möglichkeit, nicht nur ihre Beziehung zum Patienten zu klären, sondern dem Sterbenden auch praktische Dienste wie die Zubereitung besonderer Mahlzeiten zu erweisen. Diese Art von Beteiligung verringert während der Trauerzeit nachhaltig die Entstehung von Schuldgefühlen" (*Schulz* 1978, S. 81).

Therapeutische Hilfe wird den Angehörigen also nicht erst wie im Krankenhaus in Krisensituationen und Ausnahmezuständen zuteil, sondern sie sind von Anfang an in das Betreuungsnetz des Hospizes einbezogen. Dies erstreckt sich auch noch auf die Zeit nach dem Tod des Patienten und unterstützt die Angehörigen bei der Verarbeitung des erlittenen Verlusts. Diese Nachbetreuung dient gleichzeitig aber auch dem Arbeitsteam, die mit dem Tod des Patienten verbundenen eigenen Verlusterlebnisse zu bewältigen. So bleibt beispielsweise in manchen Hospizen der Platz, den der Verstorbene eingenommen hat, für 24

Stunden unbelegt, um angesichts des leeren Betts, des unbesetzten Stuhls den anderen Patienten und dem Stab zu ermöglichen, um den Verstorbenen und den einzigartigen Platz, den er in ihrem Leben innehatte, zu trauern (*Davidson* 1979).

Deutlich unterscheidet sich das Hospiz vom Krankenhaus auch im Hinblick auf das zweite Grundelement, die Art der Behandlung sterbender Patienten, die wiederum den Interventionsraum mit diesen Patienten beeinflußt. *Hospice care* befaßt sich nicht mit kurativer Medizin und Behandlung, sondern konzentriert sich auf palliative Behandlung, andernorts auch *„terminal", „supportive"* oder *„comfort care"* genannt. Im Mittelpunkt steht die Kontrolle und Beherrschung der Symptome, die beim unheilbar erkrankten, sterbenden Patienten auftreten. Die Beschränkung auf Symptomkontrolle hat zur Folge, daß im Hospiz auf bestimmte, im Krankenhaus übliche Maßnahmen im allgemeinen verzichtet wird.

„Röntgenstrahlen, Infusionen, Intubationen und Temperatur-, Puls- und Blutdruckmessungen — übliche medizinische Behandlungsmaßnahmen in Krankenhäusern — sind nicht alltäglich" (*Cohen* 1979, S. 3),[44]

Die Symptomkontrolle umfaßt vor allem die Linderung und Befreiung von Schmerz in einem vierfachen Sinn: körperlichem Schmerz, sozialem Leid, psychischem Mißbefinden und seelischer Not (*physical, social, psychological, and spiritual pain*). Was die Kontrolle körperlicher Schmerzen betrifft, so unterscheidet sich das Hospiz mit seinen ausgefeilten Behandlungsstrategien gerade der chronischen Schmerzen und Beschwerden sterbender Tumorpatienten von der Art des Umgangs mit Schmerz (*„politics of pain management"*, *Fagerhaugh* und *Strauss* 1977) im Akutkrankenhaus. Ziel der Schmerzbehandlung im Hospiz ist es, dem Patienten durch eine frühzeitige, kontinuierliche und individuell abgestimmte Medikation[45] „Erleichterung zu verschaffen und ihn schmerzfrei und geistig wach bis zum Eintritt des Todes zu halten" (*Woodson* 1978, S. 367).

Die für *Hospice Care* zentrale Symptomkontrolle, die nicht nur die Linderung und Befreiung von körperlichen Schmerzen, sondern auch von anderen Leiden und Nöten des sterbenden Patienten impliziert, wird von einem interdisziplinären Team wahrgenommen. Es setzt sich in den einzelnen Hospizen unterschiedlich zusammen. So kann es unter der Leitung eines Mediziners und ärztlichen Direktors aus Krankenschwestern, Sozialarbeitern, Seelsorgern, Psychiatern, Sprach-, Physio- und Beschäftigungstherapeuten und Freiwilligen bestehen, die nicht fragmentiert und unkoordiniert zu arbeiten bestrebt sind, sondern in regelmäßigen Teambesprechungen einen gemeinsamen Behandlungs- und Betreuungsplan für den sterbenden Patienten und seine Familie aufzustellen versuchen. Im Unterschied zum Krankenhaus wird im Hospiz nicht nur ein ausgiebiger Gebrauch von geschulten Freiwilligen gemacht;[46] sie sind auch integraler Bestandteil des Care-Teams, insofern sie in zweckfreier Interaktion und mit ihrem persönlichen Einsatz bei der Erledigung vielfältiger Hilfsdienste zur Stützung des sterbenden Patienten und seiner Familie beitragen.

Das folgende „Fallbeispiel" faßt in idealtypischer Weise die Interventionsbedingungen mit Sterbenden im Hospiz zusammen. Ehe dazu noch einige kritische Anmerkungen folgen, sei es zunächst vollständig wiedergegeben.

„Frau D., 28 Jahre alt und Mutter von fünfjährigen Zwillingsbuben, litt an Leukämie. Ihr Hämatologe, Dr. X., war nicht mehr in der Lage, das Fortschreiten der Krankheit durch Chemotherapie unter Kontrolle zu bringen. Er informierte den Ehemann der Patientin, daß seine Frau todkrank sei und höchstens noch einige Wochen zu leben hätte. Dr. X. veranlaßte daraufhin, daß Frau D. an das Hospiz M. überwiesen wurde.

Frau D.'s Krankenwagen wurde am Eingang des Hospizes von der leitenden Schwester und zwei Krankenwärtern in Empfang genommen, die Frau D. willkommen hießen und sie in ihrem eigenen Bett auf ihr Zimmer rollten. Sie wurde von dem medizinischen Direktor begrüßt und unverzüglich in ein therapeutisches Behandlungsprogramm aufgenommen, das in Absprache mit ihrem Hämatologen entwickelt worden war. Da sie ständig Schmerzen hatte, wurde umgehend ein Plan zur Schmerzbehandlung aufgestellt.

Ihr Zimmer war ein luftiges, helles Vierbettzimmer, das sie mit drei anderen unheilbar kranken Frauen teilte. Die Schwestern kamen oft herein, um mit der Frau zu plaudern, ihr Mut zuzusprechen und ihr jedes Mittel, das ihr verordnet worden war, zu geben. Freiwillige pflückten Blumen aus dem Garten, entliehen Bücher aus der Bücherei und verbrachten Stunden mit den vier Frauen plaudernd, Hände haltend, zuhörend, beobachtend, Anregungen vermittelnd und mit der Erledigung von Besorgungen.

Herr D. nahm häufig die Zwillinge zum Besuch ihrer Mutter mit. Er brachte ihr ihren Lieblingsschaukelstuhl, damit sie darin Platz nehmen konnte, wenn sie das Bett verlassen wollte, und ihren Lieblingsmantel zum Umhängen, wenn es sie fröstelte. Zu den Abendmahlzeiten, die sie oft gemeinsam einnahmen, steuerte er Cocktails und Wein von zu Hause bei. Zwei- oder dreimal in der Woche kam auch Rover, der Hund der Familie, zu Besuch.

Ihre Medikamente wurden pünktlich alle vier Stunden verabreicht; das erste Mal war sie 48 Stunden schmerzfrei. Der medizinische Direktor, die Krankenschwester, das Hauspersonal, der Geistliche, der Sozialarbeiter, die Freiwilligen und sogar der Gärtner, alle zusammen, machten ihren Aufenthalt im Hospiz M. so angenehm wie möglich.

Als Frau Y., ihre Zimmergenossin, starb, beobachtete Frau D., wie sich die Familie von Frau Y. und das Hospizteam um das Bett versammelten und um die Verstorbene trauerten. Keine Vorhänge wurden zugezogen, keine Heimlichtuerei umgab den Tod. Frau Y. war gestorben, und die Familie und das Hospiz trauerten — ein heilsamer („healthy") Vorgang.

Und als Frau D. drei Wochen später starb, war sie bereit dazu; sie war friedlich und ruhig („peaceful"). Ihr Mann und ihre Familie wußten, daß sie die letzten Tage in relativer Gelassenheit und Heiterkeit verbracht hatte, umgeben von Menschen und Dingen, die sie liebte. Sie war von Menschen umgeben gewesen, die sich um sie als ein Individuum, als ein mitmenschliches Wesen gekümmert hatten" (*Cohen* 1979, S. 25/26).

Das zitierte „Fallbeispiel" ist idealtypisch in dem Sinn, daß es in Einklang mit der Hospiz-Idee einen idealen Typus des Sterbens in dieser Einrichtung zeichnet.[47] Es liegen noch kaum empirisch fundierte, wissenschaftliche Untersuchungen vor, die sich mit der tatsächlichen sozialen Situation sterbender Patienten und den konkreten Interaktionsmustern in dieser Einrichtung befaßt haben. Eine Ausnahme bildet die Feldstudie von *Glaser* und *Strauss* (1968), in der unterschiedliche strukturelle Voraussetzungen zur erfolgreichen Durchführung des Care-Programms im Hospiz herausgearbeitet worden sind. Eine wesentliche Voraussetzung besteht in der Herstellung eines offenen Bewußtheitskontextes. An das Wissen um den bevorstehenden Tod und die offene Kommunikation darüber knüpfen weitere strukturelle Bedingungen an: die vorbehaltlose Kooperation oder aber Abwesenheit von Familienangehörigen des Sterbenden und dessen Bereitschaft, sich in der Bestimmung und Kontrolle über das, was mit ihm geschieht, mehr oder weniger ganz dem Arbeitsteam anzuvertrauen und zu überlassen. Das Vertrauen in *Hospice Care* hängt nach den Einsichten der beiden genannten Autoren wiederum als weitere Strukturbedingung entscheidend von ihrem Nachweis ab, das angestrebte Ziel der Schmerzfreiheit tatsächlich auch zu erreichen.[48]

Im Anschluß an diese empirischen Befunde zu einigen Strukturvoraussetzungen von *Hospice Care* ist weiter zu fragen, ob diese Einrichtung nicht in ähnlicher Weise wie die Institution Krankenhaus auch eine bestimmte Norm des Sterbens setzt. So findet sich nicht nur in dem zitierten Beispiel, sondern auch in den entsprechenden Veröffentlichungen immer wieder das Bild vom friedlichen („*peaceful*") Sterben und Tod. Ohne hier näher darauf einzugehen, inwieweit dieses Bild mit dem vor allem von *Saunders* (1977, 1978) betonten christlichen Fundament des Hospizes[49] zusammenhängt, ähnelt diese Sterbenorm doch auffallend jenen von *Josuttis* (1976) herauskristallisierten Leitbildern kirchlicher Sterbebegleitung, die mit den entsprechenden gesellschaftlichen Konsequenzen auf die letztliche Zustimmung und Annahme von Sterben und Tod hinauslaufen. Eine weitere kritische Anfrage an das Hospiz betrifft die realen Verarbeitungsmöglichkeiten der Belastungen, denen die Teammitglieder bei ihrem tagtäglichen Umgang mit Sterbenden ausgesetzt sind. *Glaser* und *Strauss* (1968) haben festgestellt, daß sie eine Form der Befriedigung und Entlastung zunächst in ihrem Beitrag „to courageous and relatively peaceful deaths" (S. 71) — also, wenn man so will, in der Erfüllung der dieser

Einrichtung möglicherweise eigenen Sterbenorm — zu finden vermögen. Diese Befriedigungs- und Entlastungsmöglichkeit reicht aber, wie
die von *Cohen* (1979) berichtete Bereitstellung von *„scream rooms"* in
einigen Hospizen anzeigt, nicht aus, um die emotionalen Belastungen
im ständigen Umgang mit Sterbenden zu bewältigen.[50]

Eine letzte kritische Anfrage richtet sich schließlich auf die gesell-
schaftspolitische Funktion des Hospizes. Auch wenn diese Einrichtung
nicht ausschließlich sterbende (Tumor-)Patienten, sondern teilweise
auch chronisch Kranke und alte Menschen aufnimmt, bedeutet gerade
deren ja nicht zufällige Ausgliederung aus dem medizinischen System
eine Ghettoisierung und Stigmatisierung. Die Unterbringung Sterbender in Spezialeinrichtungen impliziert darüber hinaus, daß Sterben
und Tod mit zunehmender Verlagerung in die gesellschaftliche Institution Krankenhaus und deren Widerstand bei der Lösung der damit ein-
hergehenden Probleme ungelöst weiter verlagert wird, so daß sich der
Prozeß institutionalisierten Sterbens, wenn auch mit anderen Vorzeichen, fortsetzt.

3. Sterben zu Hause

Krankenhaus und Hospiz sind Interventionsräume mit sterbenden
Patienten, die soziologisch gesehen Institutionen im Sinne von Anstalten darstellen, in ihrer Verfassung also grundsätzlich zur Ausbildung
einer „totalen Institution" tendieren.[51] Demgegenüber zeichnet sich
die häusliche Umgebung oder das Zuhause als ein Raum aus, der in
Ermangelung einer der Soziologie des Krankenhauses vergleichbaren
Soziologie des Zuhauses zunächst nur als ein „Bezirk des Nahen und
Vertrauten", ein „Raum der Geborgenheit", als ein „von der Öffentlichkeit abgesonderter und ‚privater' Bereich" (*Bollnow* 1976, *Lüth*
1976) umschrieben werden kann. Mit „Zuhause" verbindet sich
sprachlich und begrifflich schließlich zumindest auch noch die Vorstellung eines bestimmten Wohnorts bzw. -gebäudes, eines Haushalts und,
eng verbunden damit, der Familie.[52] Diese Bedeutungsinhalte von
„Zuhause" gehen bei der folgenden Beschreibung einiger Merkmale
und Bedingungen dieses dritten wesentlichen Raums thanatotherapeutischer Intervention ein.

Zunächst ist bemerkenswert, daß sich gegenwärtig „ein Trend zur
Pflege des terminal Kranken zu Hause" (*Prichard* et al. 1979) abzeich-
net, der allerdings weniger der Einsicht in die Inhumanität institutionalisierten Sterbens entspringt, als vielmehr ökonomische Gründe hat.
Dieser Trend, so läßt sich weiterhin feststellen, hat sich noch kaum in

einer verstärkten Erforschung der Sterbesituation zu Hause niedergeschlagen. Die wenigen und, wie es scheint, ausschließlich angloameri-
kanischen Untersuchungen verfolgen darüber hinaus sehr unterschiedliche Anliegen. So steht beispielsweise dem Bericht über die therapeutische Behandlung zweier Familien mit einem sterbenden Mitglied
(*Horowitz* 1975) die Darstellung von Ergebnissen der einjährigen
Betreuung von 47 todkranken Patienten zu Hause durch einen häuslichen Besuchs- und Pflegedienst (*home care service, Malkin* 1978)
gegenüber. Ältere, auf schriftlicher und mündlicher Befragung beru-
hende empirische Untersuchungen behandeln wiederum Aspekte des
Sterbens zu Hause aus der Sicht der Familienangehörigen (*Aitken-
Swan* 1959), des praktischen Arztes bzw. Hausarztes (*Wilkes* 1965)
und der Krankenschwester ambulanter öffentlicher Gesundheitsdien-
ste (*Glaser* und *Strauss* 1968).

Da es auch in diesem Teilabschnitt, schon allein aufgrund der
inkommensurablen Forschungslage, nicht um ein stringentes und voll-
ständiges Bild des Sterbens zu Hause gehen kann, sondern nur um die
Beschreibung der Hauptbedingungen des Sterbens und des Umgangs
mit Sterbenden in der häuslichen Umgebung im Unterschied zum
Krankenhaus und Hospiz, lassen sich auch veröffentlichte Erfahrungsberichte einzelner Betroffener (*Kobrzycki* 1975, *Lerner* 1978, *Hine*
1979) als Informations- und Illustrationsmaterial heranziehen. In
einem ersten Schritt werden zunächst die Hauptgründe zusammenge-
tragen, die in der Literatur für ein Verbleiben des Sterbenden zu Hause
angeführt werden. In einem zweiten Schritt folgen dann Ausführungen
zu konkreten Bedingungen der häuslichen Sterbesituation, die auch die
damit verbundenen Probleme und Schwierigkeiten sichtbar machen.

Aufgrund des spezifischen Versorgungssystems in den Vereinigten
Staaten, das mit dem deutschen Sozialversicherungssystem nicht vergleichbar ist, wird in der amerikanischen Literatur als ein erster, sehr
realitätsnaher Grund für das Verbleiben des Sterbenden zu Hause die
Verringerung der finanziellen Belastungen seiner Familie genannt.
Neben Kostengründen spielen schicht- und altersabhängige Einstellungen eine Rolle, die etwa in der Vorstellung zum Ausdruck kommen:
„Zuhause ist einfach ein Ort, wo man lebt und stirbt, und es wäre
medizinischer, sozialer und ökonomischer Unsinn, dies ändern zu wollen" (*Wilkes* 1965, S. 801). Das Zuhause als sozusagen „natürlicher
Ort" von Lebensvollzügen, einschließlich des Sterbens, wird im allgemeinen der Unterbringung in einer Institution vorgezogen. Ein weiterer Grund für diesen Sachverhalt liegt in der Sicherheit, die die

gewohnte und vertraute häusliche Umgebung vermittelt. Zu Hause bleibt auch der Sterbende eher noch sein eigener Herr.

„Bei sich zu Hause, so bescheiden es auch sein mag, hat man die Sicherheit, von vertrauten Dingen umgeben zu sein — Dinge, die nur für einen selbst Bedeutung und Wert haben. Sie rufen Erinnerungen wach. Nur bei sich zu Hause hat man die Freiheit, zu essen, was und wann man es möchte. Nur hier hat man die Freiheit, zu baden, sich anzuziehen und zu schlafen, wann man es möchte" (Jivoff 1979, S. 5).

Zu Hause erlebt er schließlich weder die räumliche Trennung von seiner Familie bzw. von Menschen, die ihm am nächsten stehen, noch den ständigen personellen Wechsel seiner Pflege und Betreuung. Für die Angehörigen des Sterbenden wiederum kann das Sterben ihres Familienmitgliedes zu Hause die Gewißheit bedeuten, „daß alles, was getan werden konnte, getan worden ist" (Aitken-Swan 1959, S. 69). Seine unmittelbare, tagtägliche Pflege und Versorgung wirken der Entstehung von Schuldgefühlen entgegen. Hine (1979) unterstreicht diesen Aspekt:

„Die körperliche Arbeit, die mit der Pflege eines Sterbenden verbunden ist, hat eine außerordentlich therapeutische Wirkung. Die Schuld, die so oft bei Hinterbliebenen zu beobachten ist, wird mit dem Urin und den Fäkalien abgewaschen." Sie fährt einige Zeilen weiter fort: „Es ist ein gutes Gefühl, einem geliebten Menschen bei der schmutzigen Arbeit des Sterbens geholfen zu haben . . ." (S. 181).

Schließlich gibt es noch einen weiteren wesentlichen Grund für das Sterben zu Hause, der zum einen in der individuellen Gestaltung des Sterbemoments liegt.[53] Zum anderen gestattet die häusliche Umgebung eine Art und Weise der Realisation und Verarbeitung des endgültigen Todeseintritts, die im Krankenhaus mit seinem strikten Arbeitsablauf und seiner vorgeschriebenen Zeitplanung selten gegeben sind.

„Leider erfordert die Krankenhausroutine manchmal die sofortige Beseitigung des gerade Verstorbenen, oft bevor die Familie vom Tod in Kenntnis gesetzt worden ist . . . Es bedeutet eine große Wohltat, ruhig neben dem Körper eines geliebten Menschen zu sitzen, eine oder zwei Stunden oder solange es dauert, das Ende in sich aufzunehmen. Zu Hause kann eine Familie in Anwesenheit des Toten ein- und ausgehen, bis die Tatsache seines Todes allen ganz zu Bewußtsein gekommen ist" (Hine 1979, S. 185).

Die Sammlung einiger Hauptgründe, die im Vergleich zum Sterben im Krankenhaus und Hospiz für ein Verbleiben des Sterbenden zu Hause sprechen, sagt noch nichts über die tatsächlichen Bedingungen der häuslichen Sterbesituation aus. Aitken-Swan (1979) hat bei der Befragung der Angehörigen bzw. Bezugspersonen von 200 verstorbenen Krebspatienten herausgefunden, daß (abgesehen von den 9 % der Befragten, die sich nicht geäußert haben) 62 % entweder von sich aus oder auf Wunsch des Patienten für dessen Verbleiben zu Hause eintraten. 29 % wünschten dagegen die Einweisung des Todkranken ins Krankenhaus, besonders dann, wenn es sich um eine todkranke bzw. sterbende Frau handelte.

Dieser Befund verweist auf einen ersten wesentlichen Aspekt häuslicher Sterbebedingungen: die Existenz geeigneter Pflegepersonen. Wie bereits der Befund von *Aitken-Swan* (1959) andeutet und auch Ergebnisse von *Wilkes* (1965), *Ward* (1974) und *Kobrzycki* (1975) bestätigen, sind die Pflegepersonen im häuslichen Umkreis überwiegend weibliche Mitglieder der Familie (Ehefrau, Tochter, Mutter). Schwierigkeiten, den Sterbenden bei sich zu Hause zu behalten, können dementsprechend entstehen, wenn als einzige Pflegeperson nur ein männliches und zudem berufstätiges Mitglied der Familie in Betracht kommt; wo Söhne und Töchter noch sehr jung, die Ehefrau oder Mutter schon älter und der Pflege nicht mehr gewachsen und schließlich weitere Kranke in der Familie zu versorgen sind. Die Überweisung Sterbender erfolgt meistens, wenn überhaupt keine Familienangehörigen in der Nähe wohnen und seine Pflege Freunden, Bekannten oder Hausbewohnern überlassen bleibt. Die Existenz geeigneter Pflegepersonen impliziert darüber hinaus, daß diese häuslichen oder familiären Laienhelfer über Grundkenntnisse und -fähigkeiten in der Pflege Schwerstkranker verfügen oder aber darin unterwiesen werden können.

Es kommt hier bereits die Bedeutung professioneller, ambulanter ärztlicher und pflegerischer Dienste in den Blick, auf die später noch einmal hingewiesen wird. Die Pflege kranker Menschen gehört zwar zu den üblichen Vorkommnissen eines Familienlebens, der Umgang mit den körperlichen Bedürfnissen Todkranker und Sterbender, die sich häufig kaum mehr selbst helfen können und spezieller Instrumente bedürfen, kann jedoch nicht ohne weiteres vorausgesetzt werden.[54] Trotz vorhandener Pflegekenntnisse und entsprechender Schulung wird das Verbleiben des Sterbenden zu Hause auch durch kulturell vermittelte Barrieren und familiäre Beziehungsprobleme gefährdet. *French* und *Schwartz* (1973) berichten so zum Beispiel von einem Krebspatienten, dessen Familienangehörige sich trotz Unterweisung nicht zur Spülung seines Blasenkatheters in der Lage sahen. „Sie hatten ‚Angst vor Ansteckung' … Krebs wurde in dieser Familie offensichtlich als ‚ein Fluch' angesehen" (S. 504).[55] *Glaser* und *Strauss* (1968), *Maddison* und *Raphael* (1972), *Horowitz* (1975) und *Cassileth* und *Hamilton* (1979) machen unter verschiedenen Gesichtspunkten auf die Bedeutung der innerfamiliären Beziehungen für die häusliche Sterbesituation aufmerksam.

Neben der Existenz geeigneter Pflegepersonen ist das Zuhause Sterbender als zweite wesentliche Bedingung mit bestimmten Gegenständen auszurüsten und zu versorgen. Diese Ausrüstung beinhaltet etwa die Beschaffung eines Rollstuhls, unterschiedlicher Geräte und Pflegematerialien. Während ein Mangel an diesbezüglicher Ausstattung einerseits zur Überweisung des Patienten ins Krankenhaus beizutragen vermag *(Wilkes* 1965), kann sich andererseits aber auch durch einen Ausstattungsüberfluß der Wohnraum des Sterbenden in „a fully equipped hospital room" (*Hine* 1979) verwandeln. Die Gefahr, die hierbei entsteht, liegt in der Schaffung institutioneller räumlicher Bedingungen zu Hause.

„Einiges an Ausstattung mag notwendig und hilfreich sein, man muß sich jedoch davor hüten, aus dem Zuhause eine Institution zu machen. Dies kann geschehen, wenn unnötige Ausrüstung dazu dient, Unsicherheitsgefühle seitens der Familienmitglieder zu besänftigen. Dies kann auch passieren, wenn Familienmitglieder oder andere, die den Patienten betreuen, die Abhängigkeit dadurch verstärken, daß sie zuviel für ihn zu tun versuchen und ihm nicht gestatten mitzuentscheiden" (*Jivoff* 1979, S. 6).

Als dritte Bedingung des Sterbens zu Hause muß schließlich die medizinisch-pflegerische Unterstützung des Sterbenden und seiner Betreuer durch den Hausarzt und ganz-, halbtags oder stundenweise tätige Krankenschwestern (mit dem Problem anfallender Hauspflegekosten) genannt werden. Die Bedeutung des Hausarztes in der häuslichen Sterbesituation setzt sich aus verschiedenen Elementen zusammen. Neben der medizinischen Hilfe vor allem im Endstadium der unheilbaren Erkrankung vermitteln die regelmäßigen und zuverlässigen ärztlichen Hausbesuche das, was *Aitken-Swan* (1959) als „moral support" bezeichnet. Das Gewicht dieser Unterstützung wird im Unterschied zum Rollenselbstverständnis und Rollenhandeln des Krankenhausarztes auch nicht durch das Wissen um die Tatsache geschmälert, daß eigentlich „nichts mehr zu tun" ist.

In ähnlicher Weise wie der Hausarzt erfüllt auch die Krankenschwester bei ihren Hausbesuchen oder einer längerfristigen Verpflichtung nicht nur praktische pflegerische Funktionen, sondern trägt durch Information und Interpretation des gerade ablaufenden Geschehens zur Definition der Sterbesituation zu Hause bei. Je mehr sich die Sterbephase schließlich dem Ende nähert, desto mehr übernimmt sie nach den empirischen Einsichten von *Glaser* und *Strauss* (1968) die Pflege des Sterbenden und tendiert dazu, ihre Bemühungen auch auf die Angehörigen auszudehnen. Sind gute, tragfähige Beziehungen des Sterbenden und seiner Angehörigen zum Hausarzt und zur Krankenschwester eine wesentliche Bedingung für das Sterben zu Hause, so

bedeuten diese Beziehungen für die Vertreter der ärztlichen und pflegerischen Profession aber auch das Problem, in weit größerem Maß als
in Krankenhaus und Hospiz ihre professionelle emotionale Neutralität
und persönliche Distanz aufzugeben.

Anmerkungen

[1]) Der fließende, ungeklärte Übergang von physischem und sozialem Raum und der
unterschiedliche Gebrauch von Begriffen wie zum Beispiel „sozialer Raum" (*v. Wiese*
1924), „Handlungsraum" (*Parsons* et al. 1953), „soziale Umwelt" und „soziale Mitwelt" (*Schütz* 1960) verweisen auf die Tatsache, daß die Raumbezogenheit psychosozialen Handelns im weitesten Sinn, also auch das des Thanato-Therapeuten, ebenso
wie die Raumbezogenheit sozialer Probleme lange Zeit in der soziologischen Theorie
und Forschung vernachlässigt und ausgeblendet worden sind (*Konau* 1977, *Vaskovics*
1982). Eine umfassende Auseinandersetzung mit der Räumlichkeit thanato-therapeutischer Arbeit, die in diesem Kapitel nicht beabsichtigt ist, hätte hierbei in Anlehnung
an die analytische Differenzierung *Konaus* (1977) die Ebenen des Mikroraums (des
sozialen Handelns im körpernahen Bereich), des Mesoraums (des sozialen Handelns
im organisierten Raum) und des Makroraums (des sozialen Handelns im territorialen
Bezug der politisch organisierten Gesellschaft) zu berücksichtigen.

   Der im Sammelband des Medizinsoziologen *Freidson* (1963) enthaltene Beitrag von
Rosengren und *De Vault* (1963) mit dem bezeichnenden Titel „The Sociology of Time
and Space in an Obstetrical Hospital" veranschaulicht besonders deutlich einige
grundsätzliche Implikationen, die der Raumbezug, in diesem Fall die räumliche Organisation einer bestimmten klinischen Einrichtung, für das psycho-soziale Handeln des
klinischen Stabs, der Patienten und für die Interaktion zwischen beiden haben kann.

[2]) Nach dem geltenden „Gesetz zur wirtschaftlichen Sicherung der Krankenhäuser und
zur Regelung der Krankenhauspflegesätze" (KHG) sind Krankenhäuser „Einrichtungen, in denen durch ärztliche und pflegerische Hilfeleistung Krankheiten, Leiden oder
Körperschäden festgestellt, geheilt oder gelindert werden sollen oder Geburtshilfe
geleistet wird und in denen die zu versorgenden Personen untergebracht und verpflegt
werden können." (Bundesgesetzblatt 1972, Teil I, S. 1009)

   Daß sich heute dennoch über die Hälfte aller Sterbefälle im Krankenhaus ereignen,
hat vielfältige Gründe. Einen wesentlichen Grund sieht *Lau* (1975) in „der Hoffnung
der Patienten und ihrer Umgebung ..., daß sich im Krankenhaus ,noch etwas tun
ließe', daß die Bedrohung durch den Tod noch einmal rückgängig zu machen sei oder
daß man zumindest die Schmerzen lindern könne" (S. 36). Das Krankenhaus besitzt
allerdings auch unter diesem Aspekt ambivalente Züge. Es ist grundsätzlich eine
„Institution ambivalenten Charakters" (*Rohde* 1971). „Es ist Stätte von Hoffnung und
Heilung, zugleich von Leiden und Tod. Es ist Hochburg medizinischen Könnens,
zugleich der Ort medizinischer Bedrohung. Es ist menschenfreundliches Gasthaus,
zugleich hart disziplinierende Isolieranstalt. In ihm macht karitative Zuwendung sich
breit, zugleich ökonomische Rationalität. Es ist gleichermaßen allen Kranken und Leidenden zugedacht, zugleich reproduziert es in seinen Mauern die Schicht- und Klas-
senhierarchie der Gesellschaft. Es will zum Leben zurückbringen, zugleich trennt es
vom Leben" (S. 2).

[3]) Vgl. auch *Berger* (1980): „Die derzeitigen Strukturen des Krankenhauses bringen es
mit sich, daß die intimsten und persönlichsten Aktivitäten der Insassen einer Standar-
disierung unterworfen werden, womit ein entscheidendes Kriterium einer ,totalen
Institution' gegeben ist" (S. 230).

⁴) Die Beschreibung des Krankenhauses als „totale Institution" ist selbstverständlich nicht die einzige begriffliche Definitionsmöglichkeit in der Soziologie des Krankenhauses. *Rohde* (1970, 1975) bestimmt das Krankenhaus als ein soziales System im Sinne einer komplexen und formellen Organisation. Ebenso weist „das" Krankenhaus unterschiedliche empirische Erscheinungsformen auf (z. B. Allgemeine, öffentliche Universitätsklinik, konfessionelles Krankenhaus, private Fachklinik, Psychiatrisches Landeskrankenhaus usw.), die nicht ohne Einfluß auf Form und Inhalt der psychosozialen Intervention bei Sterbenden bleiben. Das Alten- und Pflegeheim, in dem vor allem alte und chronisch kranke Menschen sterben, ist wenigstens anmerkungsweise als weitere gesellschaftliche Institution und damit Ort möglichen thanato-therapeutischen Handelns zu nennen.

Rest (I 1977, II 1978) hat auf der Grundlage partizipierender Feldforschung in zwei im Stadtgebiet Dortmunds gelegenen Einrichtungen der Altenhilfe den Umgang des Altenpflegepersonals mit sterbenden alten Menschen untersucht und dabei auf den dominierenden Einfluß institutioneller und struktureller Faktoren hingewiesen (vgl. das Kapitel „Strukturelle Probleme" und dort vor allem den 2. Abschnitt: „Raum und Zeit", S. 121ff.). *Quint-Benoliel* (1979, S. 146/147) ordnet das Alten- und Pflegeheim unter die kustodialen Institutionen ein, die zu Stätten „for the prolonged dying of individuals with low social value", the „forgotten ones" geworden sind. *Stannard* (1973) hat schließlich in einer auf teilnehmender Beobachtung beruhenden Untersuchung eines privaten (Alten-)Pflegeheims in einem Vorort einer großen Stadt im Mittleren Westen der Vereinigten Staaten bestimmte soziale Bedingungen ausgemacht, die in derartigen Institutionen zu Übergriffen und sogar Mißhandlungen der Heimbewohner führen können. „Alle diese Institutionen haben es mit Klienten von geringem sozialem Ansehen zu tun, die relativ machtlos sind, kaum Aussicht auf Genesung haben und deren Glaubwürdigkeit wenig zählt. Die zerstörerischen Auswirkungen von Personalfluktuation, Absentismus und mangelhafter Rollenerfüllung sind in diesen Institutionen weit verbreitet; die Behandlung wird eher nach kustodialen denn therapeutischen Gesichtspunkten bestimmt, und Feindseligkeit und gegenseitige Antipathie charakterisieren die Beziehungen zwischen den Experten und dem Aufsichtspersonal und denjenigen, die direkt mit den Insassen dieser Institutionen umgehen" (S. 339). Vgl. auch *Gubrium* (1976) und *Markson* (1979).

⁵) Nach *Rohde* (1973) besitzt diese Umwelt weitgehend alle Merkmale einer fremden Kultur. Mit der Hospitalisierung des Patienten findet gleichsam eine „Emigration innerhalb der Gesellschaft (statt), verbunden mit allen Problemen, denen sonst ein Emigrant sich konfrontiert sieht: sich im topographischen Raum der Wirtskultur zurechtzufinden, liebgewordene, dem Selbstbewußtsein inkorporierte Gewohnheiten aufgeben zu müssen, fremdartige Handlungs- und Kommunikationsweisen zu verstehen und sich anzueignen, mit Menschen (Personal und Mitpatienten) umgehen und auskommen zu müssen, die man normalerweise für den Umgang sich nicht ausgesucht hätte" (S. 642). Vgl. ebenso *Sandrock* (1968), *Firth* (1977) *Fairhurst* (1977). Daß die Station freilich auch zu einem zweiten Zuhause („a home away from home", *Coser* 1962) werden kann, widerspricht nicht ihrer Kennzeichnung als einer Welt für sich mit einer bestimmten Sonder- oder Subkultur.

⁶) *Rohde* (1970) deutet bestimmte Phänomene, wie: das Familienphoto, die von zu Hause mitgebrachte Blumenvase auf dem Nachttisch, den demonstrativen Bücherstapel, den phantasievollen Morgenmantel als Versuche des Patienten, den erlittenen Statusverlust auszugleichen.

⁷) Das Ausmaß des institutionalisierten Einbruchs in die Privat- und Intimsphäre des Patienten scheint nach Ergebnissen der ethnographischen Feldstudie *Sudnows* (1973)

schicht- und klassenspezifisch zu differieren. So konnte er beobachten, daß man im „Cohen", einem privaten Mittelschicht-Krankenhaus, „körperliches Entblößen vor anderen oder andere Eingriffe in die Intimsphäre des Patienten mit ungleich größerer Sorgfalt (vermeidet) als im County", einem großen Fürsorgekrankenhaus mit städtischem Einzugsgebiet an der Westküste der Vereinigten Staaten (S. 66).

[8]) *Schmoll* (1979) hat in Anlehnung an *LeShan* und *Gassman* die „Karriere" Sterbenskranker folgendermaßen beschrieben: „Von seiner Wohnung kommt der Patient in die Klinik, in ein Mehrbettzimmer, licht und geräumig. Geht es ihm schlechter, kann er aber noch einmal nach Hause gelassen werden, wird dort der Aktionsradius auf Schlafzimmer und Toilette beschränkt. Geht es ihm noch schlechter, so daß er wieder in die Klinik geschickt werden muß, bekommt er ein Zweibettzimmer zugewiesen, danach evtl., angeblich zur besseren Überwachung, ein Einzelzimmer, das Arztzimmer oder das Untersuchungszimmer. Schlimmstenfalls endet diese Karriere auch heute manchmal noch im Badezimmer mit seinen Kacheln, die an den Sektionssaal erinnern ... Die Lage der Zimmer, z. B. in einer großen Universitätsklinik, ist symbolhaft: die größeren Zimmer haben die Fenster nach Südwesten, zur Sonne hin, die Fenster der Einzelzimmer, Badezimmer und Untersuchungszimmer hingegen sind nach Nordosten gerichtet ... Dies ist die Schattenseite der Klinik (S. 41/42).

[9]) So erhielt *Rest* (1977) auf seine Frage nach den Gründen für die Aufstellung des Betts in der Raummitte die folgende Erklärung: „Es sollten mehr Betten in die Zimmer passen, und sie sollten stehen wie im Krankenhaus, von beiden Seiten zugänglich; das entspricht zwar nicht dem Bedürfnis des Patienten, aber dem Krankenhauscharakter" (S. 127).

[10]) Als weitere „kritische Stationen" lassen sich mit *Gaus* (1975) folgende Abteilungen für gefährdete schwerkranke Patienten anführen: chirurgische Wach- und Intensivstationen, internistische Intensivstationen und Isolierbettsysteme. Zur sogenannten „Krebsstation" vgl. *Krant* et al. (1976), *Hertzberg* (1977), *Hinton* (1980), *Quint-Benoliel* (1979).

[11]) Andererseits wird in der Literatur aber auch berichtet, daß die Beziehungen auf der Intensivstation „zur Vermeidung von Labilisierung und Insuffizienzgefühlen immer wieder enorme Dichtegrade (annehmen), die an symbiotische Beziehungen erinnern" (*Klapp* 1982, S. 40).

[12]) *Gaus* und *Köhle* (1979) geben den neuesten Forschungsstand zu internistischen Intensivstationen im allgemeinen und dem „ICU-Syndrom" im besonderen wieder. Sie erwähnen u. a. vergleichende Studien, die die Auffassung nicht bestätigt haben, daß „die Umgebung in Intensiveinheiten grundsätzlich eine psychologische Noxe darstellt", möglicherweise eher „der subjektiven Interpretation des Personals dieser Stationen" entspricht (S. 778). Der Frage nach der sozialen Bedeutung der Intensivstation für die Familienangehörigen des Patienten, der auf dieser Station stirbt, geht die empirische Studie von *Sherizen* und *Paul* (1977) nach.

[13]) Vgl. auch *Siegrists* (1977) Hinweis nicht nur auf die an den Bedürfnissen des Patienten im allgemeinen vorbeigehenden frühen Weckzeiten, sondern auch die soziale Differenzierung, die hierbei eine Rolle spielt. „Am frühesten werden komatöse Patienten und Pflegefälle gewaschen, anschließend die übrigen Patienten der Allgemeinstationen, danach Privatpatienten" (S. 198).

Ein institutionelles Phänomen, das bislang nur geringe Beachtung gefunden hat, aber auf jene niederdrückenden Implikationen des Krankenhausmilieus ein helles Licht wirft, sind der besondere, unter den Patienten und dem Stationspersonal gleichermaßen verbreitete Humor und Witz. Vgl. hierzu: *Emersons* (1963) empirische, auf Materialien teilnehmender Beobachtung gestützte Untersuchung über „Social

Functions of Humor in a Hospital Setting", die auch ein Kapitel mit der Überschrift „Laughing at Death" (S. 240 ff.) enthält, sowie *Coser* (1962, S. 84 ff.), *Vernon* (1970, S. 325), *Hay* und *Oken* (1972, S. 114), *Reynolds* und *Kalish* (1974, S. 150), *Rohde* (1974, S. 279/280), *Swanson* und *Swanson* (1977, S. 248).

[14]) Eine noch kaum untersuchte Form der „interinstitutionellen" Ausstoßung Sterbender jenseits der Krankheits- und Krankenhauskarriere eines Patienten stellt die rechtzeitig vor dem Todeseintritt vorgenommene Verlegung z. B. von einer Universitätsklinik in ein Allgemeines Kreiskrankenhaus oder von einem Akutkrankenhaus in ein Psychiatrisches Landeskrankenhaus dar.

Die institutionelle Ausstoßung Sterbender als solche mag nicht zuletzt in der Entstehungsgeschichte des modernen Krankenhauses begründet sein. Entwickelte es sich doch in seiner allgemeinen Form gerade aus den Abteilungen für die Behandlung der wenigen Heilbaren innerhalb der alten Hospitäler, die Zufluchtsstätten für Arme, Hilfsbedürftige und Sterbende waren. *Jetter* (1977) sieht das wesentliche Unterscheidungskriterium zwischen Hospital und Krankenhaus darin, „ob die Kranken ‚heilbar' oder wenigstens ‚behandlungsfähig' waren, denn Unheilbare, ‚Sieche' oder lediglich pflegebedürftige Alte sind in Krankenhäusern höchstens versehentlich und vorübergehend akzeptiert worden" (S. 1).

[15]) Dies läßt sich durch empirische Befunde belegen. So stellten *Glaser* und *Strauss* (1974) fest, daß „die wahrscheinlich entscheidende Phase des Sterbens beginnt, wenn man für den Patienten nichts mehr tun kann. Die Aussage ‚man kann nichts mehr für ihn tun', die wir in allen Krankenhäusern hörten, die wir untersuchten, bedeutet, daß der Patient sich weder auf natürliche Weise noch unter Einsatz aller verfügbaren ärztlichen Mittel noch einmal erholen wird". Die Folge ist, daß sich „das grundsätzliche Ziel des Patienten von Genesung auf Erleichterung verlagert, in dessen Konsequenz sich die Aktivitäten des Stabes radikal verändern" (S. 163).

[16]) Diese Widersprüchlichkeit in der sozialen Rolle des Sterbenden haben *Erickson* und *Hyerstay* (1980) unter dem Aspekt der double-bind-situation diskutiert.

[17]) Der Tod gilt in der Theorie der medizinischen Wissenschaft als Endpunkt von Krankheit, so wie der Tote in der Pathologie nicht in seiner sozialen Bedeutung, sondern als Körper in Erscheinung tritt. Dementsprechend sind nach den Beobachtungen von *Arluke* (1977) „*mortality conferences*", also klinisch-pathologische Konferenzen oder Kolloquien, auch keine Todesbetrachtungen („*review of death*"), sondern ritualisierte und routinemäßig veranstaltete akademische Übungen.

[18]) Die zentrale Ursache der Hilflosigkeit des medizinischen Personals gegenüber den Bedürfnissen Sterbender sieht *v. Troschke* (1977) in „einem eindeutigen Sozialisationsdefizit im Interaktionsbereich" während der medizinischen Ausbildung; vgl. auch *Hunt* (1979). *Potthoff* (1980) hat in seiner empirischen Untersuchung hier angesetzt und die Frage gestellt, welches die emotionalen und kognitiven Dimensionen des Todeskonzepts von jungen Medizinern sind und welcher Entwicklung dieses Konzept im Verlauf der Ausbildung und Erfahrungsgewinnung unterworfen wird. Er kommt u. a. zu dem Ergebnis, daß die These von der Verdrängung des Todes im medizinischen Denken im Sinne einer Hemmung oder Tabuisierung der Kommunikation über Sterben und Tod nur partiell zutrifft.

„Die emotionale Betroffenheit durch den Tod und die Konfrontation mit dem Sterbenden nimmt bei jungen Ärzten zu. Jedoch wirken Barrieren, die verhindern, daß sich dieses Erleben auch in reales Verhalten, in empathische Kommunikation mit Sterbenden und über Sterbende durchsetzt. Diese Barrieren brauchen offensichtlich nicht in psychischen Abwehrmechanismen oder allgemeinen Tabus gesucht zu werden, sondern sind konkret im Stationsalltag eines Krankenhauses angesiedelte

Hemmnisse." Als solche Hemmnisse vermutet und zählt *Potthoff* (1980) auf: „Leistungskriterien in der Bezugsgruppe der Ärzte, die an technisch erfolgreicher Therapieleistung orientiert sind und den Tod des Patienten als kränkendes Mißerfolgserlebnis erscheinen lassen; Strukturierungen des Stationsalltags durch effiziente Pflegeroutinen, die besonders individuelles Eingehen auf Gefühlskrisen des Patienten erschweren; Unsicherheiten in den Wert- und Überzeugungssystemen des einzelnen Arztes, die durch die kontroversen ethischen und juristischen Normen hinsichtlich Tod und Sterben existieren usw." (S. 102/103).

[19]) „Das routinierte Handeln hilft, mit der Sache fertig zu werden, sie in das gewohnte Geschehen auf der Station zu integrieren, ihr das Beängstigende zu nehmen. Soweit die Ausbildung zur Krankenschwester überhaupt Hilfen für den Umgang mit Sterbenden und Toten vermittelt, tut sie es durch die Weitergabe solcher Handlungsmuster" (*Lau* 1975, S. 59). Vgl. auch die von *Glaser* und Strauss (1974) als „*loss rationales*" bezeichneten Strategien zur Bewältigung des sozialen Verlusts sterbender Patienten.

[20]) Nach *Malzahn* (1979) gestatten aber gerade die Grundpflegefunktionen, „‚direkt am Patienten' zu arbeiten" und damit eine soziale Beziehung und Form der sozialen Interaktion mit dem Patienten aufzubauen, die im Rahmen der Behandlungspflege durch die Zwischenschaltung und Handhabung technischer Mittel (z. B. Injektionsspritze) unterbunden wird. In ähnlicher Weise notiert auch *Pflanz* (1979), daß im Zuge der Professionalisierung des Schwesternberufes „oft die Schwesternhelferinnen als ‚subprofessionals' die affektiven Komponenten in der Beziehung zum Patienten, wenn dieser das wünscht, liefern" (S. 295).

[21]) Es geht darum, „mit allen zur Verfügung stehenden Mitteln zu verhindern, daß der Patient mehr aus seinem sozialen und gesellschaftlichen Zusammenhang gerissen wird als in der jeweiligen Lage unvermeidlich (was allerdings die genauere Bestimmung der Lage voraussetzt)" (*Hämer* 1980, S. 116). Implizit scheint damit ein Mindestmaß an Desintegration des Krankenhauspatienten als unabänderlich hingenommen zu werden. Es wäre zu fragen, ob es nicht auch Aufgabe des Krankenhaussozialarbeiters sein könnte, außer der Bearbeitung krankheits- und behandlungsbedingter psychosozialer Probleme des Patienten auch Folgen seiner Hospitalisierung, also des Krankenhausaufenthaltes selbst, in der gesamten Krankengeschichte des Patienten aufzugreifen. Dies würde allerdings zunächst eine Einsicht in die im *Rohde*schen (1973) Sinne „tendenziell inhumanen" Strukturmomente der Krankenhausinstitution voraussetzen, die bei einem Selbstverständnis von Sozialdienst im Krankenhaus, das sich mit der Aufgabenstellung dieser Institution offenbar unhinterfragt identifiziert, nicht ohne weiteres gegeben sein dürfte. Hinzu kommt, daß selbst die Wahrnehmung einer solchen Aufgabenstellung durch den Krankenhaussozialdienst durch dessen Randständigkeit im medizinisch-technologischen System, was nach *Rohde* (1977) ebenso für die Krankenhausseelsorge und Laienhelferorganisationen gilt, erschwert wird. „Eben aufgrund ihrer Randständigkeit können diese Dienste ihre Wirkung nur entfalten, wenn Probleme innerhalb des Kernsystems wahrgenommen und in ihrem Gewicht erkannt werden oder wenn der Patient selbst sie zu artikulieren weiß und zu artikulieren wagt. Aber eben dazu, ein solches Wagnis einzugehen, lädt das soziale System des Krankenhauses durchaus nicht ein . . ." (S. 201/202).

[22]) Vgl. dagegen *Abrams* (1972), die aufgrund eigener Erfahrungen als Sozialarbeiterin in medizinischen und psychiatrischen Institutionen von der Verantwortung und Zuständigkeit des Sozialarbeiters gerade auch gegenüber sterbenden Krebspatienten und deren Angehörigen spricht. Sie formuliert als sozialarbeiterisches Handlungsziel ungeachtet der noch verbleibenden Lebensspanne, „to help the patient live with him-

self to the best of his ability and desire", und nennt präventive Maßnahmen und spezifische Interventionsformen als „generic skills of social work" (S. 174/175). Vgl. auch *Goldstein* und *Anderson* (1977).

23) Vgl. Art. 4 GG sowie Art. 140 GG in Verbindung mit Art. 141 WRV, der lautet: „Soweit das Bedürfnis nach Gottesdienst und Seelsorge im Heer, in Krankenhäusern, Strafanstalten oder sonstigen öffentlichen Anstalten besteht, sind die Religionsgemeinschaften zur Vornahme religiöser Handlungen zuzulassen, wobei jeder Zwang fernzuhalten ist."

24) *Degen, J.,* „Distanzierte Integration". Materialien zur Seelsorge in den Strukturen des Krankenhauses, *Evangelische Krankenhausseelsorge,* Nr. 13, Jan. 1980, S. 4.

25) *Kautzky, R.,* „Die Antworten der Therapeuten", in: *Mayer-Scheu* und *Kautzky* (1980), S. 67.

26) Indikatoren dieser Professionalisierungsbestrebungen sind beispielsweise die Einführung spezieller Ausbildungslehrgänge, wie der „klinischen Seelsorgeausbildung" (KSA), und die Einrichtung entsprechender Ausbildungsinstitute und -seminare. Vgl. kritisch zu der KSA, wie sie vor allem in der holländischen Version des „Clinical Pastoral Training" (CPT) praktiziert wird: *Spiegel, Y.,* „Neue Art von Heilsarmee". Überlegungen zum Clinical Pastoral Training, *Evangelische Kommentare,* 1972, S. 412-419; *Josuttis, M.,* „Auf der Flucht vor Konflikten?" — Vermutungen zum Siegeszug einer neuen Seelsorgemethode, *Evangelische Kommentare,* 1974, S. 599-601.

27) Soziologische Ansätze hierzu vermitteln beispielsweise die Religionssoziologie und die dort entwickelte Soziologie des Pfarrerberufs; die Medizinsoziologie etwa unter dem Aspekt der Position und Rolle des Klinikseelsorgers als eines „Quasi-Practitioners" *(Wardwell* 1979), „Außenseiters" *(Pflanz* 1979, *Rosengren* 1980) oder eines semiprofessionellen Rollenträgers bzw. einer paramedizinischen Berufsgruppe *(Rohde* 1970, *Freidson* 1979) und schließlich die Arbeits- und Berufssoziologie. *Strauss* et al. (1980) haben unlängst Psychiater und Pfarrer als „Spezialisten in Gefühlsarbeit in bestimmten kritischen organisatorischen und/oder psychologischen Punkten" (S. 646) einer problematischen Krankheitsverlaufskurve im Krankenhaus bezeichnet. Unter „Gefühlsarbeit" verstehen die Autoren eine Arbeit, „die speziell unter Berücksichtigung der Antworten der bearbeiteten Person oder Personen geleistet wird *und* die im Dienst des Hauptarbeitsverlaufs erfolgt" (S. 629).

28) *Fuchs* (1973) spricht darüber hinaus von einer freilich nicht konfliktfrei verlaufenden „Arbeitsteilung zwischen Medizin und Theologie in der Krankenhaussituation des Sterbenden" (S. 232/233). Diese Arbeitsteilung besteht in der von Medizin und Theologie gleichermaßen vorgenommenen Reduktion des Sterbenden, sei es durch seine Vernachlässigung als Subjekt in der Medizin oder die Vernachlässigung seiner spezifischen gesellschaftlichen Lebensbedingungen in der Theologie.

29) Die Strategien, durch die Ärzte und Schwestern jenen Aspekt der sozialen Rolle des Klinikpfarrers, der durch sprachliche Wendungen wie „Sterbespezialist" *(Matthaei* 1981), „gatekeeper of death" *(Mills* 1977), „the man who comes with the Last Rites" *(McManus* 1977) oder „Todesengel" *(Engelke* 1980) zum Ausdruck kommt, in ihre Interaktion mit Patienten einbeziehen, ist noch kaum untersucht worden. Eine Strategie, die man „indirekte Wahrheitsvermittlung" nennen könnte, beschreiben *Glaser* und *Strauss* (1965). „One simple — and usually unwitting — way of disclosing the truth to a patient is to call the chaplain or priest. Few patients can deny such a cue" (S. 31). Gerade wegen des „Zeichencharakters", den der Besuch und vor allem die Sakramentenspendung des katholischen Seelsorgers hat, wird nach den Beobachtungen *Laus* (1975) der Geistliche umgekehrt oft aber auch erst dann benachrichtigt, „wenn der Patient bewußtlos oder der klinische Tod bereits eingetreten ist" (S. 69).

Eine andere Form der Integration des Klinikpfarrers in den Behandlungsplan des medizinischen Spezialisten, die sowohl das „beruhigende" als auch „beunruhigende" Moment der Seelsorgerrolle in Rechnung stellt, läßt sich dem Erfahrungsbericht *Mitchells* (1974) entnehmen. Er hat Notizen über Anfragen von Chirurgen gesammelt, die beispielsweise folgendermaßen lauteten:

„‚Herr Pfarrer, dieser Mann hat übermorgen bei der Operation eine Chance etwa 50:50. Aber wenn er ruhig und mit Vertrauen hineingeht, kann die Chance sich auf 60:40 verbessern. Können Sie ihm helfen, ruhiger zu werden?' ‚Bitte besuchen Sie Frau Shaffer. Ihr Mann ist morgen mit einer Operation dran, und sie vermutet das, was wir alle vermuten, nämlich daß er inoperabel ist. Sie ist eine schrecklich nervöse Person. Wenn Sie ihr helfen können, helfen Sie mir.' ‚Bitte bleiben Sie weg von Herrn Treadwell. Wenn er einen Pfarrer sieht, ist er sicher, daß er sterben wird. Verdammter Dummkopf, aber lassen Sie uns versuchen, ihn am Leben zu halten'" (S. 61).

[30]) Im Rahmen des von der Deutschen Forschungsgemeinschaft (DFG) geförderten Sonderforschungsbereichs 129 („Psychotherapeutische Prozesse") an der Universität Ulm wird ein soziologisches Forschungsprojekt von *P. Christian-Widmaier* in Zusammenarbeit mit *C. Scheytt* als theologischem Forschungspartner durchgeführt, das bestimmte Ausschnitte der Interaktion zwischen schwerstkranken Patienten und Seelsorger im klinischen Umfeld mit qualitativen Methoden der empirischen Sozialforschung untersucht.

[31]) Es wäre interessant, den Konstruktionsprozeß solcher Interpretationsmuster z. B. in Anbetracht des Sachverhaltes zu untersuchen, daß die analysierten Verbatims von Kursteilnehmern des Pastoralklinikums in Hannover stammen (*Engelke* 1980, S. 4), also nicht unbeeinflußt von *Pipers* (1977, 1979) These der „Krisen- oder Symbolsprache" Sterbender sein dürften.

[32]) Es ist bemerkenswert, daß nicht nur diese, sondern auch andere neue „professionals" eine zusätzliche günstige Integrationsvoraussetzung in der Vertrautheit und Kenntnis der Erfahrungswelt Kranker sehen. In ähnlicher Weise wie *Joraschky* und *Köhle* (1979) nennt auch *Mayer-Scheu* (1980) „die Wiedergewinnung der Nähe zum Kranken" als Mittel zur Überwindung der inneren Krise von Seelsorge und Theologie im Krankenhaus. „Eine Seelsorge, die Antworten … fernab von der Kommunikation mit dem Kranken und den ihn Behandelnden, fernab von seiner Sprache und Erfahrungswelt in theologischen Spekulationen sucht, wird weiterhin Fremdkörper im Krankenhaus bleiben …" (S. 93).

[33]) Einzelne Fallberichte hierzu finden sich z. B. in den folgenden Publikationen: *Weisman, A. D.*, „Misgivings and Misconceptions in the Psychiatric Care of Terminal Patients", in: *Garfield* (1978), S. 185-200; *Shneidman, E. S.*, „Some Aspects of Psychiatry with Dying Persons", in: *Garfield* (1978), S. 201-218; *Freyberger* (1980).

[34]) Als konkretes Beispiel sei die von *Shneidman* (in: *Garfield* 1978) mitgeteilte Begründung für seine Inanspruchnahme im Fall eines 22jährigen, an Leukämie erkrankten Patienten angeführt. „Ich war zuerst von seinem Hämatologen gebeten worden, ihn wegen seines schwierigen und streitsüchtigen Verhaltens im Krankenhaus aufzusuchen. (Er hatte einige der jungen Schwestern beschimpft und verflucht und, schlimmer noch, eine Bettpfanne durchs Zimmer geworfen.)" (S. 214).

[35]) Trotz der in Amerika allgemein gültigen Norm, wonach niemand allein und ohne Beistand naher Verwandter sterben sollte, tritt nach *Glaser* und *Strauss* (1974) mitunter auch das Gegenteil ein. Verwandte insbesondere verarmter alter Menschen und junger Patienten, die sich ihrer Familie entfremdet haben, verringern nach der entsprechenden Mitteilung ihre Besuche und stellen sie schließlich ganz ein.

36) Ein eindringliches Beispiel hierfür findet sich bei *Tausch* (1981), die einen Bericht ihrer Tochter vom Besuch einer Schwerkranken im Krankenhaus wie folgt wiedergibt: „Cornelia: Christels Mann weinte. Die beiden waren sehr lieb zueinander. Er sagte zu Christel: ‚Ich würde so gern zu dir ins Bett kommen.' Auch Christel meinte, wie schön es wäre, wenn sie nebeneinander liegen und er sie in den Arm nehmen könnte. Ich fragte: ‚Soll ich mich in die Nähe der Tür setzen und aufpassen, ob jemand kommt?' Sie haben es sich dann doch nicht getraut. Sie hätten auch nicht die Ruhe gehabt. Gerade in Zeiten des Krankseins und der Hilflosigkeit haben viele Menschen ein intensives Bedürfnis nach Zuwendung und zärtlicher Berührung. Aber diese Art von Kontakten sind sehr selten im Krankenhaus möglich. Muß das so sein?" (S. 72). Vgl. auch *Baider* (1973).

37) Hier liegt ein Problem, das bei allen im weitesten Sinn thanato-therapeutisch tätigen Rollenträgern des Krankenhauses auftreten kann. Obwohl es so z. B. zur Aufgabe der Seelsorge gehört, den Kontakt zwischen dem Patienten und seinen Angehörigen zu fördern, kann dies für den Krankenhausseelsorger auch bedeuten, „sich zurückzuhalten, weil dieser Kontakt durch Übereifer, zu viel Intimität und Vertraulichkeit zwischen Seelsorger und Krankem oft gefährdet wird, weil sich die Angehörigen dann nutzlos vorkommen, beiseite geschoben" (*Pulheim* 1981, S. 34).

38) Eine dritte, meist in staatlichen Altersheimen, Invaliden-Krankenhäusern und auf Unfallstationen anzutreffende Rollenzuschreibung besteht in der Verwandlung der Angehörigen in „Un-Personen", wodurch sie einfach ignoriert werden können; vgl. *Glaser* und *Strauss* (1974). Im allgemeinen werden solche Rollenzuschreibungen in Anlehnung an das bereits vorhandene Rollenrepertoire einer Institution vorgenommen.

39) Zur Unterstützung des Patienten durch den Angehörigen generell vgl. die Untersuchungsergebnisse von *Engelhardt* et al. (1973), S. 151 ff.

40) Zur Entstehungsgeschichte des Hospizes vgl. im einzelnen *Cohen* (1979), S. 13 f.; *Holden* (1976), S. 389; *Davidson* (1979), S. 158 f.; zur Gründung der ersten Hospizes in England, namentlich das St. Joseph's Hospice in Hackney 1905 und das St. Christopher's Hospice in Sydenham, London 1967 vgl. *Saunders* (1976, 1977, 1978).
Zum Begriff „hospice movement" vgl. *Stoddard* (1978); nach *Davidson* (1979) repräsentiert diese Bewegung „die Entwicklung vielfältiger Programme, die darauf abzielen, terminal kranken Patienten, bei denen eine kurative medizinische Behandlung nicht länger angezeigt erscheint, besser beizustehen" (S. 158).

41) Hospize gibt es offenbar auch in Schweden. In der BRD wurde nach einer vom Bundesministerium für Jugend, Familie und Gesundheit durchgeführten Befragung von Wohlfahrtsverbänden, Krankenhausgesellschaften, Kirchen und fachkundigen Einzelpersönlichkeiten die Förderung eines beantragten Modellversuchs abgelehnt. Es handelte sich um den Antrag eines Kreisverbandes einer Wohlfahrtsorganisation, den Bau einer Sterbeklinik finanziell zu unterstützen. Vgl. *Jelen, H. L.*, „Sterbeklinik als Alternative?", in: *Schied, H.-W.* (1980), S. 43-60.

42) Einige Hospize kennen allerdings einen besuchsfreien Tag in der Woche („*visitors/relatives day off*"), der dem Patienten und seinen Familienangehörigen, Freunden und Bekannten eine Ruhepause, das Ordnen von Angelegenheiten u. ä. ermöglichen soll.

43) Nach *Cohen* (1979) umfaßt der Familienbegriff die „natürliche Familie (unmittelbare Angehörige und andere Verwandte)", die „erweiterte Familie (natürliche Familie einschließlich Freunde und sogar Haustiere)" sowie die „angenommene Familie (die Betreuungspersonen)" (S. 75).

[44]) Dies heißt auch, daß auf Maßnahmen verzichtet wird, die das Leben des sterbenden Patienten zwar verlängern, aber nicht retten können. „Im Hospiz werden Patienten zum Beispiel nicht intravenös ernährt, wenn sie keine Nahrung mehr zu sich nehmen möchten. Antibiotika werden bei der Pneumonie eines todkranken Patienten nicht automatisch verordnet. Wenn eine ulzerierte Arterie zu bluten beginnt, werden bei dem Patienten keine Transfusionen gemacht, wenn das Ende sowieso unmittelbar bevorsteht; statt dessen wird der Patient mit einer roten Decke umhüllt, so daß er sich beim Anblick seines Blutes nicht erschreckt, und mit einem starken Sedativum versorgt, während jemand nahe bei ihm sitzt und seine Hand hält" (*Holden* 1976, S. 391).

[45]) Vgl. auch den von *C. Saunders* gebrauchten Begriff der „*polypharmacy*". *Davidson* (1979, S. 171) beschreibt diesen Ansatz. Erwähnenswert ist auch die Bedeutung, die *Saunders* (1978) dem Alkohol als Sedativum hierbei zuschreibt.

[46]) Nicht selten kommen auf ein professionelles Teammitglied 12 freiwillige Helfer. In ähnlicher Weise beträgt in einigen Hospizen, von denen in der Literatur berichtet wird, der Personalschlüssel von Schwester und Patient 1:1. Vgl. dazu *Saunders* (1977): „A hospice is not only a place that ‚cares for dying' but a community giving less technology and more personal care than the usual busy hospital ward" (S. 161).

[47]) In ähnlicher Weise fungieren auch Patientenberichte, von *Saunders* (1976) „stories" genannt, nicht als objektives Belegmaterial, sondern erfüllen die Funktion von „success stories" (*Glaser* und *Strauss* 1968) „to strengthen … the ideology" (S. 71).

[48]) Es bedürfte weiterer Überlegungen, inwieweit diese Zielsetzung des Hospizes wiederum gesellschaftlich vermittelt ist, insofern sie im Zusammenhang steht mit einer allgemeinen Schmerz- und Todesangst. *Sudnow* (1973) macht beispielsweise darauf aufmerksam, daß die Schmerzangst nicht zuletzt durch die moderne Medizin institutionalisiert worden ist.

[49]) In welchem Ausmaß das christlich-religiöse Fundament in einigen Hospizen präsent ist, läßt sich zunächst an der Tatsache ablesen, daß eine — angeblich die einzige — bauliche Veränderung im St. Christopher's Hospiz seit der Eröffnung darin bestand, „die Kapelle, die sich in der Mitte der Einrichtung befindet, zu erweitern" (*Davidson* 1979, S. 160). *Stoddard* (1978) schildert, wie „der Tagesrhythmus in St. Joseph (obschon Mitglieder jeder Gemeinschaft oder Glaubens ohne Einschränkung willkommen sind) der einer streng liturgisch-religiösen Ordnung ist. Die Glocken der Kapelle läuten dreimal am Tag, und alle Arbeit im Hospiz ruht für einen Augenblick des Gebets" (S. 192). Vgl. auch den Erfahrungsbericht von *Bartholomäus* (1980).

[50]) Vgl. dazu auch *Saunders* (1978), S. 200 f.; *Cohen* (1979), S. 74; *Köhle* et al. (1979), S. 829; *Lagrand* (1980), S. 61 ff.; *Gray-Toft* (1980), S. 325 ff.

[51]) Sterben in Einrichtungen dieser Art ist, wie *Marshall* (1976) prägnant formuliert, „organized *for* the residents, not *by* them" (S. 123).

[52]) Innerhalb der Soziologie vermitteln gewinnbringende Einsichten zum „Zuhause" beispielsweise die Soziologie des Raums unter dem Aspekt des Wohnens, der Wohnung und des Wohnraums, weiterhin die Wohnforschung im engeren Sinn, die Stadtsoziologie und die Sozialökologie.

[53]) In welchem Ausmaß nicht nur die Sterbesituation, sondern auch der Sterbemoment im Krankenhaus durch die Zielsetzung dieser Institution und nicht die Bedürfnisse der Betroffenen bestimmt werden können, veranschaulichen die von *Kautzky* (1978, S. 120 f.) herausgegebenen Aufzeichnungen.

[54]) *Hine* (1979) vermutet, daß familiäre Fähigkeiten in dieser Richtung verlorengegangen sind, als die Pflege Sterbender an Institutionen und Berufspersonal abgegeben wurde. Aber auch wenn die Fähigkeit und Bereitschaft dazu vorhanden sind, darf nicht übersehen werden, daß die Pflege und Betreuung eines sterbenden Menschen über einen längeren Zeitraum im allgemeinen eine starke körperliche und seelische Belastung aller Familienmitglieder bedeutet (*Peitgen* 1981). Nicht zufällig ist eines der Schlußkapitel im Familienbericht von den letzten Wochen im Leben des 81jährigen „Gramp" mit der Überschrift versehen: „Bei Gott, es ist eine qualvolle Prüfung!" (*Jury* und *Jury* 1982).

[55]) *Glaser* und *Strauss* (1968) teilen wiederum mit, daß sich Angehörige in der Pflege ihres sterbenden Familienmitglieds manchmal auch durch „ ‚offensive' aspects of the care", z. B. unangenehme Gerüche, behindert fühlen (S. 78). Zum Zusammenhang zwischen den Sauberkeits- und Hygieneansprüchen unserer Zeit und der Verlagerung von Sterben und Tod in Institutionen vgl. *Ariès* (1980).

Literatur

Abrams, R. D. (1972): The responsibility of social work in terminal cancer, in: *Schoenberg, B., Carr, A. C., Peretz, D., Kutscher, A. H.*, (Ed.): Psychosocial Aspects of Terminal Care, New York and London, 173-182.

Aitken-Swan, J. (1959): Nursing the late cancer patient at home, *The Practitioner* 183, 64-69.

Ariès, Ph. (1975): Essai sur l'Histoire de la Mort en Occident du Moyen-âge à nos Jours, Paris; deutsche Ausgabe (1981): Studien zur Geschichte des Todes im Abendland, München.

Ariès, Ph. (1978): L'Homme devant la Mort, Paris; deutsche Ausgabe (1980): Geschichte des Todes. München/Wien.

Arluke, A. (1977): Social control rituals in medicine: The case of death rounds, in: *Dingwall, R., Heath, Ch., Reid, M., Stacey, M.* (Eds.): Health Care and Health Knowledge, London/New York, 107-125.

Baider, L. (1973): Family Structure and the Process of Dying: A Study of Cancer Patients and their Family Interaction, Diss. Brandeis University.

Baider, L., Porath, S. (1981): Uncovering fear: Group experience of nurses in a cancer ward, *Int. J. Nurs. Stud.* 18, 47-52.

Bartholomäus, L. (1980): Ich möchte an der Hand eines Menschen sterben. Aus dem Alltag einer Sterbeklinik, Mainz.

Becker, H. S. (1963): Outsiders: Studies in the Sociology of Deviance, New York/London; deutsche Ausgabe (1981): Außenseiter. Zur Soziologie abweichenden Verhaltens, Frankfurt am Main.

Begemann-Deppe, M. (1976): Im Krankenhaus sterben: Das Problem der Wissenskonstitution in einer besonderen Situation, in: *Begemann, H.* (Hrsg.): Patient und Krankenhaus, München/Berlin/Wien, 71-89.

Berger, E. (1980): Das System der ambulanten und stationären Versorgung, in: *Schönbäck, W.* (Hrsg.): Gesundheit im gesellschaftlichen Konflikt. Vergleichende Analyse von Gesundheitssystemen, München/Wien/Baltimore, 217-244.

Blauner, R. (1966): Death and social structure, *Psychiatry* 29, 378-394.

Bollnow, O. F. (1976): Mensch und Raum, Stuttgart/Berlin/Köln/Mainz.

Busche, B. (1978): Der Krankenhausseelsorger. Eine empirische Untersuchung der Einstellungen und Erwartungen von Patienten, unveröffentlichte Diplomarbeit Erlangen.

Cassem, N. H., Wishnie, H. A., Hackett, T. P. (1969): How coronary patients respond to last rites, *Postgraduate Medicine* 45 (No 3), 147-152.

Cassileth, B. R., Hamilton, J. N. (1979): The family with cancer, in: *Cassileth, B. R.* (Ed.): The Cancer Patient. Social and Medical Aspects of Care, Philadelphia, 233-247.

Castles, M. R., Murray, R. B. (1979): Dying in an Institution. Nurse/Patient Perspectives, New York.

Christian-Widmaier, P. (1978): Die Todesverflochtenheit des Lebens, in: Einheit und Zwiespalt. Zum hegelianisierenden Denken in der Philosophie und Soziologie Georg Simmels, Berlin, 94-106.

Christian-Widmaier, P. (1981): Wo werde ich sterben? Wo möchte ich nicht sterben: Zu Hause, im Krankenhaus, im Hospice (Sterbeklinik), im Alten- und Pflegeheim?, in: *Lipp, W.* (Hrsg.): Sterben. Anregungen eines Studientages zum Weiterdenken, Langenau-Albeck, 67-70.

Cohen, K. P. (1979): Hospice. Prescription for Terminal Care, Germantown/London.

Coser, R. L. (1962): Life in the Ward, East Lansing, Michigan.

Crisp, A. H. (1968): The role of the psychiatrist in the general hospital, *Postgrad. Med. J.* 44 (No 4), 267-276.

Cyrus, E. (1979): A historical perspective on home health care, in: *Prichard, E. R.* et al. (Ed.): Home Care. Living with Dying, New York, 12-16.

Davidson, G. W. (1978): The Hospice. Development and Administration, Washington/New York/London.

Davidson, G. W. (1979): Hospice care for the dying, in: *Wass, H.* (Ed.): Dying. Facing the Facts, Washington/New York/London, 158-181.

Dingwert, P., Tiefenbacher, H. (Hrsg.) (1980): Sterbekliniken — oder was brauchen Sterbende, Stuttgart.

Dubois, P. M. (1980): The Hospice Way of Death, New York/London.

Emerson, J. P. (1963): Social Functions of Humor in a Hospital Setting, Diss. University of California/Berkeley.

Engelhardt, K. (1978): Patienten-zentrierte Medizin, Stuttgart.

Engelhardt, K., Wirth, A., Kindermann, L. (1973): Kranke im Krankenhaus. Grenzen und Ergänzungsbedürftigkeit naturwissenschaftlich-technischer Medizin, Stuttgart.

Engelke, E. (1980): Sterbenskranke und die Kirche, München/Mainz.

Engelke, E., Schmoll, H.-J., Wolff, G. (Hrsg.) (1979): Sterbebeistand bei Kindern und Erwachsenen, Stuttgart.

Epley, F. J., McCaghy, Gh. H. (1978): The stigma of dying: Attitudes toward the terminally ill, *Omega* 8 (No 4), 379-393.

Erickson, R. C., Hyerstay, B. J. (1980): The dying patient and the double-bind hypothesis, in: *Kalish, R. A.* (Ed.): Death, Dying, Transcending, New York, 18-29.

Fagerhaugh, S. Y., Strauss, A. (1977): Politics of Pain-Management: Staff-Patient Interaction, Menlo Park, California.

Fairhurst, E. (1977): On being a patient in an orthopaedic ward: Some thoughts on the definition of the situation, in: *Davis, A., Horobin, G.* (Ed.): Medical Encounters. The Experience of Illness and Treatment, London, 159-174.

Ferber, v. Chr. (1970): Der Tod. Ein unbewältigtes Problem für Mediziner und Soziologen, *Kölner Zeitschrift für Soziologie und Sozialpsychologie* 22 (No 2), 237-250.

Ferber, v. Chr. (1978): Soziologische Aspekte des Todes, in: *Ferber, v. Chr. und L.*: Der kranke Mensch in der Gesellschaft, Reinbek, 45-70.

Few, E. (1975): Nursing the dying at home, in: *Raven, R. W.* (Ed.): The Dying Patient, Plymouth, 63-74.

Firth, R. (1977): Routines in a tropical disease hospital, in: *Davis, A., Horobin, G.* (Eds.): Medical Encounters. The Experience of Illness and Treatment, London, 143-158.

Freidson, E. (1959): Specialities without roots: The utilization of new services, *Human Organization* 18, 112-116.

Freidson, E. (1963): The Hospital in Modern Society, New York/London.

Freidson, E. (1970): Profession of Medicine, New York; deutsche Ausgabe (1979): Der Ärztestand. Berufs- und wissenschaftssoziologische Durchleuchtung einer Profession, Stuttgart.

French, J., Schwartz, D. R. (1973): Terminal care at home in two cultures, *American Journal of Nursing*, 73 (No 3), 502-505.

Freyberger, H. (Ed.) (1980): Psychotherapeutic Interventions in Life-Threatening Illness. Advances in Psychosomatic Medicine, Vol. 10, Basel et al.

Fuchs, W. (1973): Todesbilder in der modernen Gesellschaft, 1. Aufl. Frankfurt am Main.

Garfield, Ch. A. (Ed.) (1978): Psychosocial Care of the Dying Patient, New York et al.

Gaus, E. (1975): Zur Psychologie therapeutischer Extremsituationen in der Medizin, Diss. Ulm.

Gaus, E., Köhle, K. (1979): Intensivmedizin aus psychosomatischer Sicht, in: *Uexküll, Th. v.* (Hrsg.): Lehrbuch der psychosomatischen Medizin, München/Wien/Baltimore, 772-788.

Glaser, B. G., Strauss, A. L. (1964): The social loss of dying patients, *American Journal of Nursing* 64 (No 6), 119-121.

Glaser, B. G., Strauss, A. L. (1965): Awareness of Dying, Chicago/London; deutsche Ausgabe (1974): Interaktion mit Sterbenden. Beobachtungen für Ärzte, Schwestern, Seelsorger und Angehörige, Göttingen.

Glaser, B. G., Strauss, A. L. (1965/66): Temporal aspects of dying as a non-scheduled status passage, *American Journal of Sociology* 71, 48-59.

Glaser, B. G., Strauss, A. L. (1968): Time for Dying, Chicago.

Goffman, E. (1961): Asylums. Essays on the Social Situation of Mental Patients and Other Inmates, Garden City, New York; deutsche Ausgabe (1972): Asyle. Über die soziale Situation psychiatrischer Patienten und anderer Insassen, 3. Aufl., Frankfurt am Main.

Goffman, E. (1963): Stigma. Notes on the Management of Spoiled Identity, Englewood Cliffs, New Jersey; deutsche Ausgabe (1977): Stigma. Über Techniken der Bewältigung beschädigter Identität, 2. Aufl., Frankfurt am Main.

Goldstein, A. M., Anderson, M. M. (1976): A model for social work invention in thanatologie, in: *Gerchick, E.* (Ed.): The Role of the Community Hospital in the Care of the Dying Patient and the Bereaved, New York, 90-98.

Goode, W. J. (1960): Encroachment, charlatanism, and the emerging profession: psychology, sociology, and medicine, *American Sociological Review* 25, 902-914.

Gray-Toft, P. (1980): Effectiveness of a counseling support program for hospice nurses, *Journal of Counseling Psychology* 27 (No 4), 346-354.

Gubrium, J. F. (1976): Death worlds in a nursing home, in: *Lofland, L. H.* (Ed.): Toward a Sociology of Death and Dying, Beverly Hills/London, 83-104.

Hahn, A. (1968): Einstellungen zum Tod und ihre soziale Bedingtheit, Stuttgart.

Hahn, A. (1979): Tod und Individualität. Eine Übersicht über neuere französische Literatur, *Kölner Zeitschrift für Soziologie und Sozialpsychologie* 31 (No 4), 746-765.

Hay, D., Oken, D. (1972): The psychological stresses of intensive care unit nursing, *Psychosomatic Medicine* 34 (No 2), 109-118.

Hämer, D. (1980): Probleme der Sozialarbeit mit gesichtsversehrten Krebskranken im Krankenhaus. *Psychosozial. Zeitschrift für Analyse, Prävention und Therapie psychosozialer Konflikte und Krankheiten* 3, 97-120.

Hertzberg, L. J. (1977): Living in a cancer unit, in: *Pattison, E. M.* (Ed.): The Experience of Dying, New Jersey, 252-261.

Hine, V. H. (1979): Dying at home: Can families cope? *Omega* 10 (2), 175-187.

Hinton, J. (1980): The cancer ward, in: *Freyberger, H.* (Ed.): Psychotherapeutic Interventions in Life-Threatening Illness, Basel et al., 78-98.

Holden, C. (1976): Hospices: For the dying, relief from pain and fear, *Science* 193 (7), 389-391.

Horowitz, L. (1975): Treatment of the family with a dying member, *Family Process* 14, 95-106.

Hunt, V. R. (1979): Influences impairing the relationship between physicians and dying persons, in: *De Vries, A., Carmi, A.* (Eds.): The Dying Human, Ramat Gan, 25-34.

Jetter, D. (1977): Grundzüge der Krankenhausgeschichte (1800-1900). Darmstadt.

Jivoff, L. et al. (1979): Home health care and the quality of life, in: *Prichard, E.* et al. (Ed.): Home Care. Living with Dying, New York, 3-11.

Joraschky, P., Köhle, K. (1979): Psychosomatische Konsultations- und Liaisondienste, in: *Uexküll, Th. v.* (Hrsg.): Lehrbuch der Psychosomatischen Medizin, München/Wien/Baltimore, 281-298.

Josuttis, M. (1976): Das selige und das sinnvolle Sterben. Über Leitbilder kirchlicher Sterbebegleitung, *Wissenschaft und Praxis in Kirche und Gesellschaft* 65, 360-372.

Jury, M., Jury, D. (1978): Gramp. A man ages and dies. The Viking Press; deutsche Ausgabe (1982): Ein Mann altert und stirbt. Die Begegnung einer Familie mit der Wirklichkeit des Todes, Berlin/Bonn.

Kautzky, R. (Hrsg.) (1976): Sterben im Krankenhaus. Aufzeichnungen über einen Tod, Freiburg im Breisgau.

Kenyon, F. E., Rutter, M. L. (1963): The psychiatrist and the general hospital, *Comprehensive Psychiatry* 4, 80-89.

Keupp, H. (1976): Abweichung und Alltagsroutine. Die Labeling-Perspektive in Theorie und Praxis, Hamburg.

Klapp, B. F. (1982): Psychosomatische Aufgabenstellungen in der intensivmedizinischen Betreuung, *Psychotherapie, Psychosomatik, Medizinische Psychologie* 32, (2), 39-42.

Klar, A. (1975): The role of the medical social worker, in: *Raven, R. W.* (Ed.): The Dying Patient, Plymouth, 75-81.

Kobrzycki, P. (1975): Dying with dignity at home, *American Journal of Nursing* 75 (8), 1312-1313.

Köhle, K., Simons, C., Urban, H. (1979): Zum Umgang mit unheilbar Kranken, in: *Uexküll, Th. v.* (Hrsg.): Lehrbuch der Psychosomatischen Medizin, München/Wien/Baltimore, 811-832.

Konau, E. (1977): Raum und soziales Handeln. Studien zu einer vernachlässigten Dimension soziologischer Theoriebildung, Stuttgart.

Kornfeld, D. S. (1963): Psychiatric view of the intensive care unit, *Brit. Med. Journal*, 108-110.

Kornfeld, D. S. (1972): The hospital environment: Its impact on the patient, *Adv. psychosom. Med.* 8, 252-270.

Kornfeld, D. S. (1980): The intensive care unit in adults: Coronary care and general medical/surgical, in: *Freyberger, H.* (Ed.): Psychotherapeutic Interventions in Life-Threatening Illness, Basel et al., 1-29.

Krant, M. M., Beiser, M., Adler, G., Johnston, L. (1976): The role of a hospital-based psychosocial unit in terminal cancer illness and bereavement, *J. Chron. Dis.* 29, 115-127.

Kulenkampff, C. (1971): Moderne Krankenhausseelsorge am Beispiel des psychiatrischen Krankenhauses, *Wege zum Menschen*, 301-307.

Lagrand, L. E. (1980): Reducing Burnout in the hospice and the death education movement, *Death Education* 4, 61-75.

Lamerton, R. (1980): Care of the Dying, Revised and Expanded Edition, Harmondsworth.

Lau, E. E. (1975): Tod im Krankenhaus. Soziologische Aspekte des Sterbens in Institutionen. Soziologische Studien, Band 5, Köln.

Leopold, R. L. (1979): The role of the psychiatrist, in: *Cassileth, B. R.* (Ed.): The Cancer Patient. Social and Medical Aspects of Care, Philadelphia, 249-265.

Lerner, G. (1978): A Death of One's Own, New York; deutsche Ausgabe (1979): Ein eigener Tod. Der Schlüssel zum Leben, Düsseldorf.

Levine, S., Kozloff, M. A. (1978): The sick role: Assessment and overview, *Ann. Rev. Sociol.* 4, 317-343.

Lipman, A., Sterne, R. S. (1969): Aging in the United States: Ascription of the terminal sick role, *Sociology and Social Research*, 194-203.

Lofland, L. H. (Ed.) (1976): Toward a Sociology of Death and Dying, Beverly Hills/London.

Lüth, P. (1976): Der Tod zu Hause — Reflexionen über Angst und Sicherheit in der Sterbehilfe, in: *Lüth, P.* (Hrsg.): Sterben heute — ein menschlicher Vorgang? Beiträge zur Frage Sterbehilfe als Lebenshilfe, Stuttgart, 145-154.

Maddison, D., Raphael, B. (1972): The family of the dying patient, in: *Schoenberg, B.* et al. (Ed.): Psychosocial Aspects of Terminal Care, New York/London, 185-200.

Malkin, S. (1978): Care of the terminally ill at home, in: *Garfield, Ch. A.* (Ed.): Psychosocial Care of the Dying Patient, New York et al., 46-49.

Malzahn, P. (1979): Die psychosoziale Situation des Patienten, in: *Geissler, G., Thoma, P.* (Hrsg.): Medizinsoziologie. Eine Einführung für medizinische und soziale Berufe, Frankfurt am Main, 2. Aufl. 253-286.

Markson, E. (1979): A hiding place to die, in: *Strauss, A.* (Ed.): Where Medicine Fails, New Brunswick, New Jersey, 143-157.

Marshall, V. W. (1976): Organizational features of terminal status passage in residential facilities for the aged, in: *Lofland, L. H.* (Ed.): Toward a Sociology of Death and Dying, Beverly Hills/London, 115-134.

Matthaei, P. (1981): Der alltägliche Tod in der Klinik, in: *Böhme, W.* (Hrsg.): Der Arzt und das Sterben, Karlsruhe, 31-47.

Mayer-Scheu, J., Kautzky, R. (Hrsg.) (1980): Vom Behandeln zum Heilen. Die vergessene Dimension im Krankenhaus, Wien/Freiburg/Basel/Göttingen.

McManus, Ch. J. (1976): The catholic priest in the community hospital, in: *Gerchick, E.* (Ed.): The Role of the Community Hospital in the Care of the Dying Patient and the Bereaved, New York, 128-130.

Mills, L. O. (1977): Issues for clergy in the care of the dying and bereaved, in: *Barton, D.* (Ed.): Dying and Death. A clinical Guide for Caregivers, Baltimore, 200-209.

Mitchell, K. R. (1974): Arbeitsfeld: Krankenhaus, Notizen aus dem Alltag eines Krankenhausseelsorgers, Göttingen.

Noyes, R. (1977): The dying patient: Establish his role to improve care, *Psychosomatics* (8), 42-46.

Noyes, R., Clancy, J. (1977): The dying role: Its relevance to improved patient care, *Psychiatry* 40 (2), 41-46.

Ostner, J., Beck-Gernsheim, E. (1979): Mitmenschlichkeit als Beruf. Eine Analyse des Alltags in der Krankenpflege, Frankfurt am Main.

Parsons, T., Bales, R. F., Shils, E. A. (1953): Working Papers in the Theory of Action, Glencoe Ill.

Pattison, E. M. (1977): The Experience of Dying, Englewood Cliffs, New Jersey.

Peitgen, W. (1981): Sterben zu Hause, in: *Böhme, W.* (Hrsg.): Der Arzt und das Sterben, Karlsruhe, 41-47.

Peters, H. (1970): Die mißlungene Professionalisierung der Sozialarbeit. Das Verhältnis von Rolle, Handlungsfeld und Methodik, *Kölner Zeitschrift für Soziologie und Sozialpsychologie* 22, 335-355.

Pfeiffer, M. C. J., Lemon, E. M. (1953): A pilot study in the home care of terminal cancer patients, *American Journal of Public Health* 43, 909-914.

Pflanz, M. (1979): Medizinsoziologie, in: *König, R.* (Hrsg.): Handbuch der empirischen Sozialforschung. Band 14: Religion, Bildung, Medizin, 2. völlig neu bearbeitete Aufl., Stuttgart, 238-344.

Potthoff, P. (1980): Der Tod im medizinischen Denken. Die Entwicklung kognitiver und emotionaler Dimensionen der Todesbedeutung, Stuttgart.

Prichard, E. R. et al. (Ed.) (1979): Home Care. Living with Dying, New York.

Pulheim, P. (1981): Ich will nicht als Spezialist für Sterbebegleitung im Krankenhaus funktionieren. Erfahrungen eines Krankenhausseelsorgers, in: *Peters, T. R.* (Hrsg.): Theologisch-politische Protokolle, München/Mainz, 28-42.

Quint, J. C. (1967): The Nurse and the Dying Patient, New York.

Quint, J. C. (1974): The dying patient: A difficult nursing problem, in: *Schnaper, N., Annis, J. W., Roose, L. J.* et al. (Eds.): Management of the Dying Patient and his Family, MSS Information Corporation, 100-110.

Quint-Benoliel, J. C. (1977): Nurses and the human experience of dying, in: *Feifel, H.* (Ed.): New Meanings of Death, New York et al., 124-142.

Raven, R. W. (Ed.) (1975): The Dying Patient, Plymouth.

Rest, F. H. O. (1977): Praktische Orthothanasie (Sterbebeistand) im Arbeitsfeld sozialer Praxis. I. Teil: Entwicklung von Verhaltensmerkmalen für den Umgang mit Sterbenden auf der Grundlage partizipierender Feldforschung in Einrichtungen der Altenhilfe, Opladen.

Reynolds, D. K., Kalish, R. A. (1974): Work roles in death-related occupations, *Journal of Vocational Behavior* 4, 223-235.

Reynolds, D. K., Kalish, R. A. (1974): The social ecology of dying: Observations of wards for the terminally ill, *Hospital and Community Psychiatry* 25 (No 3), 147-152.

Rodabough, T. (1980): Alternatives to the stages model of the dying process, *Death Education* 4, 1-19.

Rohde, J. J. (1962): Soziologie des Krankenhauses. Zur Einführung in die Soziologie der Medizin, Stuttgart.

Rohde, J. J., unter Mitarbeit von *Rohde-Dachser, Chr.* (1970): Soziologie und Sozialpsychologie des Klinischen Bereichs, in: *Schraml, W. J.* (Hrsg.): Klinische Psychologie. Ein Lehrbuch für Psychologen, Ärzte, Heilpädagogen und Studierende, Bern/Wien, 46-71.

Rohde, J. J. (1971): Die soziale Situation des Patienten im Krankenhaus und das Problem ihrer Humanisierung, *Evangelische Krankenhausseelsorge* 4 (No 3), 2-6.

233

Rohde, J. J. (1973): Strukturelle Momente der Inhumanität einer humanen Institution. Über die Situation des Patienten im Krankenhaus, in: *Albrecht, G., Daheim, H., Sack, F.* (Hrsg.): Soziologie — Sprache, Bezug zur Praxis, Verhältnis zu anderen Wissenschaften, Opladen, 632-647.

Rohde, J. J. (1974): Veranstaltete Depressivität. Über strukturelle Effekte von Hospitalisierung auf die psychische Situation des Patienten, *Internist* 15, 277-282.

Rohde, J. J. (1975): Der Patient im sozialen System des Krankenhauses. Leitgedanken zu einer patientenzentrierten Krankenhaussoziologie, in: *Ritter-Röhr, D.* (Hrsg.): Der Arzt, sein Patient und die Gesellschaft, Frankfurt am Main, 167-210.

Rohde, J. J. (1977): Sozialarbeit im Krankenhaus — Luxus oder Notwendigkeit? Deutsche Vereinigung für den Sozialdienst im Krankenhaus e. V. (1926-1976), Festschrift. Ohne Erscheinungsort, 69-79.

Rosengren, W. R., Devault, S. (1963): The sociology of time and space in an obstetrical hospital, in: *Freidson, E.* (Ed.): The Hospital in Modern Society, New York/London, 266-292.

Sandrock, F. (1968): Untersuchungen zur Sozialstruktur einer Krankenstation unter Berücksichtigung des pflegerischen Funktionsbereichs, in: *Kaupen-Haas, H.* (Hrsg.): Soziologische Probleme medizinischer Berufe, Opladen, 195-226.

Saunders, C. (1972): A therapeutic community: St. Christopher's Hospice, in: *Schoenberg, B., Carr, A. C., Peretz, D., Kutscher, A. H.* (Ed.): Psychosocial Aspects of Terminal Care, New York/London, 275-298.

Saunders, C. (1976): St. Christopher's Hospice, in: *Shneidman, E. S.* (Ed.): Death: Current Perspectives, California, 516-523.

Saunders, C. (1977): Dying they live: St. Christopher's Hospice, in: *Feifel, H.* (Ed.): New Meanings of Death, New York et al., 154-179.

Saunders, C. (Ed.) (1978): The Management of Terminal Disease, London.

Schipperges, H. (1976): Die moderne Medizin und der Tod, in: *Lüth, P.* (Hrsg.): Sterben heute — ein menschlicher Vorgang? Beiträge zur Frage der Sterbehilfe als Lebenshilfe, Stuttgart, 37-47.

Schmoll, H. J. (1979): Sterben als sozialer Prozeß. Über das soziale Umfeld des Sterbenden, in: *Engelke, E., Schmoll, H. J., Wolff, G.* (Hrsg.): Sterbebeistand bei Kindern und Erwachsenen, Stuttgart, 40-48.

Schulz, R. (1978): The Psychology of Death, Dying, and Bereavement, Reading, Massachusetts et al.

Schütz, A. (1974): Der sinnhafte Aufbau der sozialen Welt. Eine Einleitung in die verstehende Soziologie, Frankfurt am Main.

Sherizen, S., Paul, L. (1977): Dying in a hospital intensive care unit: The social significance for the family of the patient, *Omega* 8 (No 1), 29-40.

Siegrist, J. (1977): Lehrbuch der Medizinischen Soziologie, 3. Aufl., München/Wien/Baltimore.

Simmons, S., Given, G. (1972): Nursing care of the terminal patient, *Omega* 3 (No 3), 217-225.

Sommer, R., Dewar, R. (1963): The physical environment of the ward, in: *Freidson, E.* (Ed.): The Hospital in Modern Society, New York/London, 319-342.

Stannard, Ch. I. (1973): Old folks and dirty work: The social conditions for the patient abuse in a nursing home, *Social Problems* 20 (No 3), 329-342.

Stoddard, S. (1978): The Hospice Movement. A better Way of Caring for the Dying, Briarcliff Manor N. Y.

Strauss, A. L., Glaser, B. G. (1970): Anguish. A Case History of a Dying Trajectory, London.

Strauss, A., Fagerhaugh, S., Suczek, B., Wiener, C. (1980): Gefühlsarbeit. Ein Beitrag zur Arbeits- und Berufssoziologie, *Kölner Zeitschrift für Soziologie und Sozialpsychologie* 32 (No 4), 629-651.

Sudnow, D. (1967): Passing on. The Social Organization of Death, Englewood Cliffs, N. J.; deutsche Ausgabe (1973): Organisiertes Sterben. Eine soziologische Untersuchung, Frankfurt am Main.

Swanson, Th. R., Swanson, M. J. (1977): Acute uncertainty: The intensive care unit, in: *Pattison, E. M.* (Ed.): The Experience of Dying, Englewood Cliffs, N. J., 245-251.

Tausch, A. M. (1981): Gespräche gegen die Angst. Krankheit — ein Weg zum Leben, Reinbek.

Taylor, C. (1970): In Horizontal Orbit. Hospitals and the Cult of Efficiency, New York et al.

Tewes, U. (1978): Soziale Interaktion im Krankenhaus, in: *Basler, H.-D.* et al. (Hrsg.): Medizinische Psychologie II, Sozialwissenschaftliche Aspekte der Medizin, Stuttgart/Berlin/Köln/Mainz, 53-71.

Thoma, P. (1975): Sozialarbeit im Gesundheitswesen, in: *Geissler, B., Thoma, P.* (Hrsg.): Medizinsoziologie. Eine Einführung für medizinische und soziale Berufe, Frankfurt/New York, 207-225.

Thomas, L.-V. (1980): Anthropologie de la mort, Paris.

Trombley, L. E. (1976): A psychiatrist's response of a life-threatening illness, in: *Shneidman, E. S.* (Ed.): Death: Current Perspectives, Palo Alto, California, 506-515.

Troschke, J. v. (1975): Medizinsoziologische Anmerkungen zu Sterben und Tod, *Themen der Krankenpflege* 4 (Jg. 2), 451-468.

Twaddle, A. C. (1972): The concepts of the sick role and illness behavior, *Adv. psychsom. Med.* 8, 162-179.

Uexküll, Th. v. (1967): Kommentar zur Übertragbarkeit der Beobachtungen David Sudnows, in: *Sudnow, D.* (deutsche Ausgabe, 1973): Organisiertes Sterben, Frankfurt am Main, 231-237.

Vaskovics, L. A. (Hrsg.) (1982): Raumbezogenheit sozialer Probleme, Opladen.

Vernon, G. M. (1970): Sociology of Death. An Analysis of Death — Related Behavior, New York.

Viefhues, H. (1978): Kooperation und Konflikt. Bemerkungen zum Verhältnis des Krankenhausarztes zum Krankenhaussozialarbeiter, in: *Mehs, M., Glatzel, J.* (Hrsg.): Sozialdienst im Krankenhaus, Freiburg im Breisgau, 64-73.

Wagner, F. F. (1974): The psychiatrist and the dying hospital patient, in: *Schnaper, N.* et al. (Hrsg.): Management of the Dying Patient and his Family, MSS Information Corporation, 118-120.

Ward, A. W. M. (1974): Terminal care in malignant disease, *Soc. Science and Medicine* 8, 413-420.

Wardwell, W. I. (1979): Limited and marginal practitioners, in: *Freeman, H. E., Levine, S., Reeder, L. G.* (Eds.): Handbook of Medical Sociology, Third Edition, Englewood Cliffs.

Wass, H. (Ed.) (1979): Dying. Facing the Facts, Washington/New York/London.

Weisman, A. D. (1977): The psychiatrist and the inexorable, in: *Feifel, H.* (Ed.): New Meanings of Death, New York et al., 107-122.

Wiese, L. v. (1966): System der Allgemeinen Soziologie als Lehre von den sozialen Prozessen und den sozialen Gebilden der Menschen (Beziehungslehre). (1. Teil 1924, 2. Teil 1928), 4. unveränderte Auflage, Berlin.

Wilkes, E. (1965): Terminal cancer at home, *The Lancet*, April 10, 799-801.

Wood, J. (1976): The structure of concern: The ministry in death-related situations, in: *Lofland, L. H.* (Ed.): Toward a Sociology of Death and Dying, Beverly Hills/London, 135-150.

Woodson, R. (1978): Hospice care in terminal illness, in: *Garfield, Ch. A.* (Ed.): Psychosocial Care of the Dying Patient, New York et al., 365-385.

6 Formen des Sterbens und Thanato-Therapie

Edwin S. Shneidman, Ph. D., Los Angeles

1. Die Überschrift enthält zwei Themen: Es geht um Formen des Sterbens und psychotherapeutische Intervention. Bei der Untersuchung des ersten Themas ergibt sich folgender Fragenkomplex:
a) Gibt es bestimmte Formen oder Muster des Sterbens?
b) Wenn es sie gibt, sind diese Sterbemuster zu begreifen als Gruppenmuster, wonach die meisten Individuen die gleichen Muster teilen (d.h. die gleichen Phasen des Sterbens durchlaufen), oder sind die Sterbemuster bei einzelnen Individuen so beschaffen, daß sie lebensübergreifend sind, d.h. daß man Übereinstimmungen sehen kann zwischen dem Lebens- und dem Sterbemuster?

Erst nach der Diskussion dieser Gesichtspunkte können wir uns dem zweiten Teil der Überschrift zuwenden — den geeigneten psychotherapeutischen Interventionen.

Ich möchte vorausschicken, daß meiner Ansicht nach der angemessene Inhalt jeder psychotherapeutischen Intervention bei einem bestimmten Patienten sich daraus ergeben sollte, wie der Therapeut das Sterbemuster *dieses* Patienten sieht. Außerdem glaube ich — und dies ist die Haupt-Hypothese dieses Kapitels (und meiner eigenen klinischen thanatologischen Arbeit) —, daß das Sterbemuster eines Menschen übereinstimmt mit der Art und Weise, wie dieser Mensch die negativen Schaltpunkte seines Lebens bewältigt hat.

Es gibt tiefliegende Konsistenzen im Leben der Menschen. Der psychologische Verlauf einer tödlichen Erkrankung wird demnach tendenziell bestimmte, tiefliegende Stränge im Lebenslauf *dieses* Menschen spiegeln. Daraus folgt als Ziel des klinischen Thanatologen, den Sterbeprozeß so zu begleiten, daß er der charakteristischen Art des Patienten, sich mit bedrohlichen Situationen auseinanderzusetzen, entspricht. Das Ziel aller psychotherapeutischen Interaktionen und Interventionen ist es, daß das Sterben in Übereinstimmung mit der Persönlichkeit des Sterbenden steht, so wie Hand und Handschuh zusammenpassen oder wie ein Körper in ein Gewand schlüpft, das speziell für ihn geschneidert ist.

(Eine persönliche Anmerkung: Während ich diese Abschnitte für ein deutsches Buch schreibe — das erste Mal seit dem Holocaust, daß ich dies tue —, kommt mir die Einsicht, daß ich in Englisch schreibe, um in eine Sprache übersetzt zu werden, die ich einstmals gern hatte und die ich mit Bitterkeit 40 Jahre lang vermieden habe. Dies ist wichtig für das Thema „Tod": im weiteren Sinn jenseits allen rationalen Verstehens, in bezug auf den gewaltsamen Tod von Millionen und — im engeren Sinn — im Hinblick auf den „Tod" meiner früheren Gefühle für die deutsche Sprache. — Das Schreiben dieses Aufsatzes über das Thema Tod ist ein Teil meines Wiederherstellungsprozesses. Ich glaube, daß dieses Buch ein Schritt in diese Richtung ist. Jedoch tief in mir fühle ich, daß die einzige Sühne von denen kommen muß, die durch Tat, Gedanken oder Billigung mit den Tätern verbunden sind.)

2. Für einen todkranken Menschen ist die Zeit seines Sterbens ein Drama mit vielen Szenen, mit Elementen aus Tragödien von Shakespeare und Goethe und historischen (introspektiven) Feststücken. Wahrscheinlich stirbt jeder Mensch in einer für ihn eigentümlichen Weise „auf eine bemerkenswert persönliche Art"; dennoch lassen sich auch allgemeine Aussagen über den Sterbeprozeß machen. Vom psychologischen Standpunkt aus ist die interessanteste Frage die nach den psychologischen Charakteristika des Sterbeprozesses.

In der thanatologischen Szene nehmen einige Autoren weniger als ein halbes Dutzend spezielle Phasen an — ganz zu schweigen von den obskuren Veröffentlichungen über das Leben nach dem Tode. Meine eigenen Erfahrungen haben mich zu ganz anderen Schlußfolgerungen geführt. Wenn ich mit sterbenden Menschen arbeite, sehe ich das gesamte Spektrum menschlicher Gefühle, die in mannigfaltigsten Anordnungen, Umordnungen und Arrangements durchlebt werden. Ein psychologischer Mechanismus, der allerdings allgegenwärtig erscheint, ist die Verleugnung, die jederzeit auftauchen oder wieder verschwinden kann (vgl. dazu *A. Weisman*s „On Dying or Denying"). Es gibt auch kein Naturgesetz, wonach ein Mensch einen Zustand psychoanalytischer Begnadetheit zu erreichen hat oder eine andere Art von Vollendung, bevor der Tod sein Siegel setzt. Tatsächlich sterben viele Menschen zu früh oder zu spät und lassen unzusammenhängende Fäden und Teilbereiche eines unabgeschlossenen Lebens zurück.

Besonders aufschlußreich ist, wie sich ein Mensch in den streßbelastetsten und am wenigsten erfolgreichen Perioden, den Mißerfolgsphasen seines Lebens, verhalten hat — unabhängig davon, ob diese Ereignisse sich auf Streß in der Schule, im Beruf, in der Ehe oder auf Trennung und Verlusterlebnisse bezogen haben. Meine Hypothese behauptet weiterhin, daß uns die früheren, zeitübergreifenden Verhaltensmuster und Abwehrmechanismen eines Menschen sein Sterbemuster entschlüsseln helfen, d.h. wie er seine Krankheit bekämpft oder sich ihr ergibt, verzweifelnd, leugnend oder beides, wenn er sich zunehmend seiner lebensbedrohlichen Situation bewußt und schließlich der Unmittelbarkeit des anstehenden Todes gewiß wird.

3. Angesichts all dessen sagt uns der gesunde Menschenverstand, daß intensive psychologische Arbeit mit einem sterbenden Kranken etwas anderes ist als psychologische Arbeit mit jeder anderen Gruppe von Menschen. Unter einem „Sterbenden" verstehen wir einen Menschen, der in irgendeiner Weise glaubt oder weiß, daß er sich in einer unerbittlich lebensbedrohlichen Situation befindet, daß die Überlebenschancen äußerst unwahrscheinlich sind und daß es keine „unbegrenzte", zeitlich ausgedehnte Lebensspanne mehr gibt. Beim Sterben ist nicht die Art der Krankheit oder Verletzung das entscheidende, sondern der emotionale, geistig-seelische Zustand des Kranken, eben dieses phänomenologische Erleben, daß man sich in einer unmittelbar lebensbedrohlichen Situation befindet. Das ist es, was Sterben (psychologisch) bedeutet.

Da es wesentliche Unterschiede zwischen der psychologischen Arbeit mit einem Sterbenden und der sonstigen psychotherapeutischen Praxis gibt, muß (als minimale Anforderung) das therapeutische Konzept weiter gefaßt werden.

In einem kürzlich erschienenen Buch, „Krankheit als Metapher" (1978), hat *Susan Sontag* (die Krebs hatte) das Bild zweier Welten entworfen: die Welt des Gesunden und die Welt des Kranken.

„Krankheit ist die Schattenseite des Lebens, ein beschwerlicheres Dasein. Jedermann besitzt zwei Daseinsweisen, eine im Reich des Gesunden, eine im Reich des Kranken. Obwohl wir den gesunden „Paß" bevorzugen, ist jeder von uns früher oder später gezwungen, wenigstens für eine Weile, sich als Bürger des anderen Reiches zu identifizieren."

Ich reibe mich ein bißchen an dem, was sie sagt, auch an der pointierten Weise, in der sie es ausdrückt. Ich würde diesem Schema gern eine dritte Welt hinzufügen: die Welt des Sterbens. Es ist zugegebenermaßen ein großer Unterschied zwischen Gesundsein und Kranksein (sich schlecht fühlen, Schmerzen haben), aber es besteht ein noch größerer Unterschied (ein viel größerer Unterschied) zwischen Kranksein und Sterben. Die psychologische Distanz zwischen dem Wissen um eine Krankheit, von der man erwartet oder hofft zu genesen, und der Erkenntnis, daß man den Tod als Feind hat, ist enorm. Kranksein und Sterben ist etwas sehr Verschiedenes.

Vom psychologischen Gesichtspunkt aus ist die oberste Aufgabe, wenn man einem sterbenden Menschen helfen will, sich auf *diesen* Menschen zu konzentrieren — nicht auf die Biochemie und die Pathologie der kranken Organe, sondern auf ein menschliches Wesen, das wie ein lebender Bienenstock voller Gefühle steckt, vor allem Angst, Entsetzen und Kampf um Kontrolle. Und dann ist bei einem sterbenden Menschen noch eine andere grausame Tatsache allgegenwärtig: seine Zeit ist begrenzt. Diese Situation ist hochdramatisch, völlig anders als die der Psychotherapie mit einem im wesentlichen physisch gesünderen Menschen, wo die Zeit „endlos" erscheint und die Kalenderblätter nicht drängen.

Wenn ein klinischer Thanatologe (Arzt, Psychologe, Schwester, Sozialarbeiter oder anderweitig ausgebildeter Helfer) mit einem sterbenden Menschen arbeitet, so ist das Wichtigste, daß er nicht „bloß redet". (Das schließt jedoch keinesfalls die enorme Bedeutung von einfacher Gegenwärtigkeit aus; es ist überhaupt der wichtigste Bestandteil von Pflege, einfach dazusein, in kommunikativer Stille am Bett zu sitzen oder anscheinend bloß sich über Themen zu unterhalten, die banal oder trivial erscheinen mögen.)

Unter den schrecklichen, unumgänglichen Umständen einer tödlichen Erkrankung ist jeder, der systematisch versucht, einem Sterbenden zu einem psychologisch erträglichen Sterben oder einem „angemesseneren" Tod zu verhelfen, entweder ein Psychotherapeut, oder er handelt in der Rolle des Psychotherapeuten. Vor dieser Rolle gibt es kein Entrinnen. Natürlich spielen auch viele andere Menschen (Angehörige, nahe Freunde, kirchliche Vertreter, Nachbarn) eine sehr wichtige Rolle. Aber der Unterschied zwischen einer Unterhaltung und einem sachkundigen Gespräch ist entscheidend. Überdies glaube ich jetzt, daß mit Sterbenden zu arbeiten eine andere Art des Sich-Einlassens erfordert, und ich neige dazu anzunehmen, daß ein ebenso wichtiger konzeptioneller Unterschied besteht zwischen üblicher Psychotherapie (mit Menschen, bei denen die Lebensspanne nicht Thema ist) und Psychotherapie mit Sterbenden wie zwischen üblicher Psychotherapie und dem Alltagsgespräch.

Welche Themen kommen im allgemeinen in einem thanatologischen Gespräch auf? — Hierzu ein Beispiel:

„Ich gebe es auf. Ich möchte, daß es vorbei ist. Ich erwarte keine Wunder mehr. Das Schwitzen und das Fieber machen mich fertig. Und trotzdem fühle ich mich gut. Es wird jetzt ein langsamer Prozeß. Vielleicht kein schmerzhafter Prozeß, aber ein langsamer. Ich würde gern aussteigen. Dann würde ich gern einschlafen und sterben. Also ich meine, ich weiß nicht, was ich sagen soll. Ich bin einfach müde. Heute morgen bin ich aufgewacht, da hatte ich wirklich Angst. Ich sagte: Lieber Gott, lieber Gott, was soll ich tun? Der liebe Gott, der liebe Gott — der antwortet nicht."

Dies sind die Worte von Mark, einem 20jährigen Berufstänzer und Friseur, einem jungen Mann, der an akuter Leukämie starb. Ich bin an seinem Krankenbett. Diese Worte sind auf einem Kassettenrecorder aufgezeichnet. Seine Stimme ist leise. Die Worte sind sanft gesprochen, unterbrochen von seinem gelegentlichen Husten und Seufzen.

Zu Anfang, als er ins Krankenhaus kam, war sein Benehmen feindselig und gereizt, „bissig", wie ein Arzt später zu mir sagte. Er verunglimpfte und schmähte die Schwestern mit Schimpfnamen. Schließlich warf er eine volle Urinflasche nach ihnen. Dann wurde ich von seinem Arzt gebeten, nach ihm zu sehen. Der Beginn der ersten Sitzung war irgendwie ungewöhnlich: Ich kam in sein Krankenzimmer, berührte sanft seine Hand, nannte ihn bei seinem Vornamen und sagte, daß ich verstehe, daß er ein „böser Junge" gewesen sei. Es war ein großes Risiko: Er hätte total befremdet sein können durch eine solche abrupte Art der Annäherung. Er begann zu schluchzen. Wir hatten sofort eine bindende psychologische Beziehung.

Sein Verhalten auf der Station beruhigte sich innerhalb von Stunden. Er schien nur jemanden zu brauchen, der ihn da traf, „wo er lebte", mit seinem Entsetzen, seiner Angst und seinem Schmerz. Die nächste Sitzung, die hier aufgezeichnet ist, fand mehrere Wochen nach der ersten statt (ich sah ihn fast jeden Tag) und zehn Tage bevor er starb. Die Sitzung setzte sich folgendermaßen fort:

Shneidman: Was war das für eine Furcht?
Patient: Ah, das Unbekannte und noch ein Tag, noch ein Tag. Ich brauche etwas, um weiterzumachen (Husten). Dr. Shneidman! Wenn es einen Weg gäbe, es jetzt zu beenden, ich würde es tun. Es dauert so lange. Ich habe nicht viel Geduld, glaube ich.
S: Das stimmt. Das ist in vielerlei Hinsicht eine Prüfung für Sie, dies inbegriffen.
P: Einbegriffen Geduld, meinen Sie?
S: Ja. Ich glaube nicht, daß es jemals in Ihrem Leben eine Zeit gab, in der Sie so geduldig sein mußten.
P: Wie geht es *Ihnen* damit? Ich habe Angst. Sie sagten, Sie würden mir sagen, was der Tod ist.
S: Wie bitte?
P: Sie sagten, Sie würden sagen, was der Tod ist. Sie sagten, es ist etwas, worüber ich nichts weiß.
S: Ja.
P: Wenn ich nur sicher sein könnte, daß es friedlich sein wird. Wird es friedlich sein?
S: Ich kann es garantieren.
P: Weil das so wichtig ist. Es ist fast wichtiger als irgend etwas anderes — daß es friedvoll ist. Meine Mutter will noch daran festhalten, daß vielleicht noch irgend etwas geschieht.

S: Inwiefern haben sich Ihre Beziehungen zu Ihrer Mutter in den letzten Tagen verändert?

P: Ich habe sie geliebt. Ich lasse es zu, sie zu lieben. Ich habe ihre Liebe zugelassen, ohne das Gefühl, daß sie mich dabei verweichlicht. Ich habe sie mich lieben lassen. Ich habe sie Mutter sein lassen. Sie war so schön. Ich bekomme von ihr mehr Trost als von irgend jemand sonst.[1]

S: Das ist schön! Glauben Sie, daß es dieser Krankheit bedurfte, damit das geschah?

P: Ich weiß nicht. Ich weiß, bei mir war es so, denn jetzt besteht kein Grund mehr, mich in bezug auf ihre kastrierenden Tendenzen in acht zu nehmen, weil sie es wirklich gut mit mir meint. Und sie gibt mir so viel Trost, und sie ist so selbstlos. Weinen ist keine Hilfe. Es tut weh, wenn man Fieber kriegt und viel schwitzt, wie das bei mir ist ... Und wenn es einen Gott gibt, wenn es jemanden gibt, zu dem ich beten könnte, das würde vielleicht das Wunder bewirken, und ich wäre so dankbar und würde es in jeder Weise zeigen (hustet), Das ist so weit hergeholt, so unwirklich. Ich habe keine Chance. Ich möchte so gerne leben. Ich möchte nicht jetzt sterben. ich bin halb dort und halb hier, vielleicht mehr als halb dort. Weil ich für mein Leben keinerlei Ermutigung mehr von den Ärzten bekomme. Im Augenblick geht's um nichts weiter, als mich so lange wie möglich am Leben zu erhalten, was ich wirklich nicht will. Denn es ist zu Ende; sollte es nicht zu Ende sein? Sollte ich nicht aus dem Weg sein? Meine Mutter sagt immer: Nimm jeden Tag, wie er kommt. Das ist sehr schwer, extrem schwer. Ich hatte schon vorher viel Mühe damit. Ich habe jetzt noch mehr Mühe, das zu tun ... So viele Leute haben gesagt, wie sehr ich ihr Leben berührt habe.

S: Ich bin sicher, das stimmt.

P: Alle möglichen Leute, junge, alte, Altersgenossen. Ich habe das gar nicht gewußt.

S: Was für ein Gefühl gibt Ihnen all das?

P: Ich bin letzte Nacht zu Bett gegangen, nachdem ich zugehört hatte, es gehört hatte und darüber gesprochen hatte. Ich ging gestern abend mit einem guten Gefühl zu Bett, und es war sehr tröstlich. Aber dann wachte ich heute morgen auf und war in diesem Entsetzen. Es ist, als bräuchte ich die dauernde Versicherung, daß ich ein guter Mensch gewesen bin und daß da jemand ist, der mich liebt. Ich glaube, das nenne ich nicht gerade erfolgreich.

S: Wie meinen Sie das?

P: Ich vermute, wenn ich es gewesen wäre, würde ich die Sache jetzt besser schaffen.

S: Mit mehr Ruhe?

P: Na ja. Mag sein, daß ich es dann besser durchkämpfen könnte. Ich habe es nicht sehr gut bekämpft. Es ist fast so, als ob ich sterben wollte, von dem Zeitpunkt an, als ich es bekam. Nicht sterben wollte, aber wußte, daß es so kommen würde.

S: Eine Art von Nachgeben?

P: Ja ... Ich erinnere mich, vor ein paar Monaten machten sie eine Blutprobe und eine Knochenmarksuntersuchung, dann gab mir der Arzt eine Spritze, die sich als Valium herausstellte, und dann sagte er mir, daß ich Leukämie habe.

S: Wie hat er Ihnen das gesagt? Hatte er es irgendwie eingeleitet?

P: Ich glaube, er sagte mir — er sagte mir irgendwie, daß wir noch eine gute Zeit erwischt haben und daß wir wirklich eine gute Chance hätten und daß ich in ein Krankenhaus gehen sollte.

S: Wie war Ihre Reaktion?

---

[1] Nur ein paar Wochen vorher hatte er abgelehnt, mit seiner Mutter zu sprechen, und ihr nicht einmal erlaubt, sein Krankenzimmer zu betreten.

P: Ich rief sofort meine Mutter an.

S: Was ging Ihnen durch den Kopf? Wußten Sie, was diese Diagnose bedeutete?

P: (hustend) Ich begriff den Ernst, aber ich war in einem Schockzustand.

S: Was sagten Sie zu Ihrer Mutter?

P: Ich sagte ihr, ich habe Leukämie.

S: Wie war ihre Reaktion darauf?

P: Sie weinte ... Aber tatsächlich dachte ich, daß ich geheilt werden würde. Ich meine, sie sagten mir das. Sie sagten mir, ich hätte wirklich eine gute Chance. Und sie haben alles versucht. Und jetzt ist ein durchaus guter Mensch, der viel zu geben hat, im Begriff zu sterben. Ein junger Mensch wird sterben. Der Tod wird absolut sinnlos ein.

S: Sie sagen das über sich selbst in so einer objektiven Weise.

P: Es ist ein sinnloser Tod. Ich habe dieselbe Frage gestellt: Warum ich? Ich bekomme keine Antwort. Ich vermute, wenn jemand es bekommen soll, dann ist es eben nur eine Krankheit, und da gibt es Statistiken, und irgend jemand muß sie kriegen — so wie vielleicht ein Freund von mir, der gerade so hübsch dahinsegelt und denkt, wie leid ich ihm tue, durch einen Autounfall ums Leben kommt, weil eben auch einmal jemand durch einen Autounfall ums Leben kommen muß.

S: Das ist ein interessanter Gedanke, daß es so viel Elend gibt und soviel Tod, und daß es verteilt werden muß.

P: Ja. Ich wollte, ich könnte schlafen, ein bißchen Ruhe bekommen, aber ich grüble so viel übers Sterben. Aber wenn ich da rauskomme, will ich nicht schlafen. Ich möchte da rauskommen. Ich möchte ein paar Dinge tun, eben einige Dinge, wie z.B. französisch essen gehen, ins Kino gehen, mit meiner Liebsten wieder schlafen. In gewisser Weise allerdings würde dadurch vielleicht alles schwieriger. Aber warum nicht? Warum sollte ich es nicht tun? Warum sollte ich nicht wieder draußen spazierengehen? Ich möchte wissen, wieviel ich verpaßt habe. Nun ist es unwiederbringlich. Glauben Sie, daß das eine gute Idee ist, selbst wenn ich nicht hundertprozentig recht habe, wenn die Ärzte sagen, es ist o.k., daß ich rausgehe? Glauben Sie, es ist gut für mich zu gehen?

S: Natürlich. Glauben Sie nicht?

P: Wissen Sie, ich schwitze immer noch. Ich nehme an, das ist ein Teil der Leukämie. Mein Hals plagt mich immer noch ein bißchen, mein Magen plagt mich auch noch etwas.

S: Gut, ich will Ihnen die Frage zurückgeben: Was meinen Sie?

P: Ich denke, daß fast alles besser ist, als bloß hier im Bett zu liegen. Ich hasse es, für Menschen draußen eine Last zu sein. Aber ich werde niemals vollständig gesund. Ich bin wirklich auf einem Tiefpunkt.

S: Ich weiß, und an einem schwierigen.

P: Ein wirklicher Tiefpunkt ... Fürchten Sie den Tod?

S: Ja, natürlich. Warum fragen Sie?

P: Ich wollte gerade von jemandem, der mehr oder weniger ein Spezialist auf dem Gebiet ist, wissen, wie er sich da fühlt.

S: Also, ich bin ebenso sterblich wie jeder andere. Ich glaube, ich bin Ihnen sehr nahe. Ich mag Krankheit und Schmerzen, Unfähigkeit, Ungewißheit nicht — all die Dinge, die Sie auch nicht mögen.

P: (Seufzer) Ich fühle mich jetzt friedlich.

S: Ich werde am Montag wiederkommen, gegen 11 Uhr.

P: Ich hoffe, daß ich da bin. Das heißt, ich hoffe, daß ich dann noch physisch hier bin.

S: Das ist allerdings eine Voraussetzung. Ich werde Sie dann sehen.

In dieser Sterbeszene tauchen Themen auf, die immer wieder vorkommen. Dazu gehört die Todesangst („Ich hatte wirklich Angst"); die zermürbende Reaktion auf starke Schmerzen („ich möchte einschlafen und sterben"); die immer gegenwärtige Ungewißheit („wenn es einen Gott gibt"); die Phantasien über Rettung („jemand, der vielleicht dieses Wunder vollbringen könnte"); das entschlossene Streben („ich würde mich als besseren Menschen betrachten"); die Ungläubigkeit („es ist so weit hergeholt, so irreal ... es ist ein sinnloser Tod"); die dramatisch sich wandelnden zwischenmenschlichen Beziehungen („ich habe sie mich lieben lassen"); das tiefe Gefühl der Ungerechtigkeit („ein durchaus guter Mensch ... wird sterben"); das Interesse der Reputation nach dem Tode („mir scheint, ich geb' da kein gutes Tonband für Sie ab"); und der Kampf gegen den Schmerz („Ich geb' auf. Ich möchte es hinter mir haben").

Dies sind einige der Themen, die aufkommen und wiederkommen, wenn man todkrank ist und in wachsender Todesangst lebt. Es sind menschliche Phantasien, Gedanken und Gefühle, das heißt, es sind universale menschliche Erfahrungen, die in uns sind von Kindheit an und in verschiedenen Kombinationen aufbrechen, wenn wir ernstlich bedroht sind von dem Gespenst des schrecklichen Unbekannten.

Die gefühlsmäßigen Zustände, die psychologischen Abwehrmechanismen, die Bedürfnisse und Triebe sind beim Sterbenden ebenso vielfältig wie beim Nichtsterbenden —, obgleich sie sich (verständlicherweise, wenn man die lebensbedrohende Situation bedenkt) auf einige der weniger erfreulichen Aspekte des Lebens konzentrieren. Dazu gehören Reaktionen wie Stoizismus, Wut, Schuld, Entsetzen, Duckmäuserei, Furcht, Aufgabe, Heldentum, Abhängigkeit, Überdruß, Kontrollbedürfnis, Kampf um Autonomie und Würde sowie Verleugnung.

Obgleich es sicherlich einige allgemeine psychologische Elemente in allem menschlichen Sterben gibt, so gibt es dennoch keine *eine* Form des Sterbens. Jeder Mensch stirbt auf eine bemerkenswert persönliche Weise. Meine eigene Vorstellung zur Psychologie des Sterbens (wobei ich mich stark anlehne an die allgemeine Persönlichkeitstheorie und die sorgfältige, detaillierte Langzeitstudie über menschliches Verhalten von Dr. *Henry A. Murray*[2] ist, daß jeder Mensch dazu neigt, so zu sterben, wie er gelebt hat, besonders wie er früher in Zeiten von Bedro-

---

[2] Nachzuschlagen in: Endeavors in Psychology: Selections from the Personology of Henry A. Murray (New York: Harper & Row 1981), herausgegeben von *Edwin S. Shneidman.*

hung, Streß, Versagen, Herausforderung, Schock und Verlust reagiert hat. In diesem Zusammenhang kann ich den berühmten Ausspruch des deutschen Biologen aus dem 19. Jahrhundert, *Haeckel*, paraphrasieren und sagen, daß (in gewissem Sinne) *die Onkologie die Ontogenese wiederholt;* ich meine damit, daß, kurz gesagt, der individuelle Lebensverlauf eines Menschen, der an Krebs stirbt, dessen Lebensverlauf „in vorangehenden dunklen Phasen" dupliziert oder spiegelt. Das bedeutet, daß man so stirbt, wie man in den schlimmen Stunden seines Lebens gelebt hat.

Um im voraus zu sagen, wie ein Mensch sich verhalten wird, wenn er stirbt, schauen wir nicht auf die Plateaus oder die Höhepunkte seines Lebens, sondern wir suchen, so wie ein berühmter Krebsarzt es kürzlich ausgedrückt hat, „in den Wellentälern des Lebens". Sterben ist belastend, also ist es sinnvoll, auf frühere Perioden des Lebens zu schauen, die vergleichbar, parallel oder psychologisch ähnlich erscheinen. Es gibt gewisse tiefliegende Konsistenzen bei allen menschlichen Wesen. Ein Mensch lebt charakteristischerweise so, wie er in der Vergangenheit gelebt hat; und Sterben ist Leben. Es gibt da keine feststehenden Phasen. Die Menschen unterscheiden sich im Leben; sie sterben auch unterschiedlich — und zwar ähnlich, wie sie frühere Lebensphasen durchlebt haben, die für sie bereits eine Vorahnung ihrer Sterbezeit darstellten. Ich behaupte, daß bei einem krebskranken Menschen der psychische Verlauf seiner Krankheitsgeschichte dessen eigene Lebensgeschichte in vergleichbaren Perioden seiner gesamten Lebenszeit spiegelt und reflektiert.

Ein kürzlich erschienener Artikel von Dr. *J. Hinton* aus England berichtet über eine wissenschaftliche Untersuchung an 60 todkranken Krebspatienten. Die Studie untersuchte die Beziehung zwischen der Persönlichkeit des Patienten und seiner seelischen Verfassung vor und während der Krankheit. Die Ergebnisse zeigten, daß wir in *detaillierter* Weise die früheren Muster der Lebensbewältigung des Menschen kennen müssen, d. h. die Vielfalt von Verhaltensweisen, in denen ein Individuum stark gewesen ist, erduldend, aggressiv, passiv, furchtsam usw.

Hintons wenn auch vorläufige Ergebnisse geben uns Denkanstöße:

„Problembewältigung: Das ist die vom Ehemann bzw. der Ehefrau geschilderte Fähigkeit des Patienten, bisherige Lebensaufgaben zu bewältigen anstatt ihnen auszuweichen. Es scheint so, als habe dies den größten Einfluß auf die Bewältigung der lebensbedrohlichen Erkrankung. Nach diesen Ergebnissen zeigt sich ein durchgehender Trend, wonach Menschen, die in ihrem Leben die Dinge bewältigt haben, auch in ihrer Krankheit weniger niedergeschlagen, ängstlich oder reizbar sind und auch weniger soziales Rückzugsverhalten zeigen. Dies war eines der konsistentesten signifikanten Ergebnisse der ganzen

Studie ... Schwierigkeiten in der vergangenen Lebensbewältigung verstärkten auch die Wahrscheinlichkeit für das Auftreten von Depression und Angst in der Krankheit ... Dies stützt die häufige Beobachtung, daß die frühere Lebensweise eines Patienten auch die Art seines Sterbens beeinflußt."

All dies läßt vermuten: Wenn man viel über den Menschen (über seine ganze Lebensspanne hinweg) wüßte, dann könnte man genaue Angaben machen über sein künftiges Verhalten; das wäre keine Vorhersage im üblichen Sinn, sondern eher eine wohldurchdachte Extrapolation seiner vergangenen individuellen Verhaltensmuster. Die Phasen der Belastung im Leben haben natürlich nicht immer einen Bezug zu Krankheiten. Sie können auch zusammenhängen mit Mißerfolgen oder Bedrohungen im Berufs- oder Liebesleben oder damit, wie es den Menschen geht, die ich liebe.

4. Lassen Sie mich nun einige spezifische Charakteristika der Arbeit mit Sterbenden (im Gegensatz zu Menschen, die „nur" kritisch krank, leidend, verletzt oder verstört sind) aufführen. Diese spezifischen Merkmale fügen sich zu den Umrissen eines neuen Spezialfaches zusammen, das man (gewiß nicht nur auf Ärzte beschränkt) klinische Thanatologie nennt. — Was ist Besonderes an thanatologischer Arbeit?

(1) Die Regeln sind anders — besonders in bezug auf die Übertragung. Weil der Tod in absehbarer Zukunft, also Monate oder Wochen, vorhersehbar ist (wenn auch ungewiß), können die üblichen Regeln der Psychotherapie entsprechend der Realität modifiziert werden. Die Schnelligkeit, mit der die Beziehung zwischen Therapeut und Patient geknüpft wird, auch die Tiefe dieser Beziehung, die bei einem sterbenden Menschen vollkommen angemessen ist, könnte bei einem gewöhnlichen Patienten unpassend erscheinen und sogar in die Nähe unfachgemäßen Verhaltens geraten. Doch die „Liebe", die zwischen Therapeut und Patient fließt (und auch in der entgegengesetzten Richtung), kann, wenn der Patient ein Sterbender ist, stützend, ja sogar aufwertend wirken. Es erhebt sich die Frage, was geschehen würde, wenn der Patient eine Remission hat oder sogar gesund wird, eine Verunsicherung, die man sich nur mit allem Nachdruck wünschen kann. In diesem seltenen Fall müßte der Therapeut einfach den Vertrag zwischen ihnen beiden neu aushandeln. Im allgemeinen ist in der intensiven Arbeit mit einem Sterbenden eine solche Tiefe von Übertragung und Gegenübertragung zulässig, wie sie vielleicht in keiner anderen beruflichen Beziehung gehandhabt oder unterstützt werden sollte.

Zu jeder Erörterung von *Freuds* zentralen Gedanken gehört das Konzept der „Übertragung". Diese Vorstellung beinhaltet, daß Menschen die Tendenz haben, in ihrem Leben mit anderen Gestalten

(Ärzte, Lehrer, Polizisten, Bedienstete) so in Beziehung zu treten, daß es ihr eigenes tiefes Bedürfnis nach Liebe oder ihre Angst vor Autorität oder Verachtung von Schwachheit etc. widerspiegelt. Diese Gefühle und Bedürfnisse leiten sich ab von ihren frühen unbewußten Reaktionen gegen ihre Eltern und Geschwister; d.h. Menschen haben eine „eingebaute" Neigung zur schnellen Übertragung von wichtigen Gefühlen auf eine andere Person. Übertragung kann sowohl positiv („ich mag dich") als auch negativ sein („ich mag dich nicht").

Im folgenden führe ich einen ungewöhnlichen Auszug aus einer Therapiesitzung an, die das Konzept der Übertragung illustriert. Die Patientin ist eine liebenswerte Frau in den Fünfzigern, die an metastasiertem Brustkrebs stirbt (jetzt verstorben ist). Ihre positive Übertragung auf mich war ihr in den Tagen ihres Sterbens offensichtlich eine trostspendende Kraft. Die folgende Sitzung fand statt an einem Tag, als es einen schweren Regensturm gab.

P: Es ist gut, jetzt drinnen zu sein. Ich möchte nicht deshalb nicht kommen, weil es regnet. Ich möchte keine Sitzungen absagen, ehe es nicht unbedingt sein muß. Denn ich meine, wenn man erst anfängt mit Absagen, dann denkt man: Also, ich fühle mich nicht wohl, oder: ich bin einfach zu müde oder sowas, und man sagt einfach ab.

S: Daß Sie in diesem schweren Regensturm kommen, wirft eine interessante Frage auf, die diesem Setting angemessen ist. Was nehmen Sie mit von diesen Sitzungen?

P: Ich weiß nicht. Irgendwie macht es Spaß. Sprechen über Dinge, über die ich jahrelang nicht nachgedacht habe. Es scheint auch, daß ich nicht mehr so nervös bin, wie ich vorher war. Und ich höre gerne Ihren Gedanken zu. Dadurch denke ich dann an Dinge, an die ich vorher nicht gedacht habe. Ich weiß nicht, was ich von diesen Sitzungen erwarten sollte. Ich war nie in Therapie. Trost, wahrscheinlich. Ich weiß nicht, was es ist, aber ich bin mehr getröstet.

S: Ich möchte Ihnen jetzt eine Frage stellen, die nur ein Psychotherapeut stellen würde: Was halten Sie von mir?

P: Ich meine, Sie sind sehr freundlich, und man kann gut mit Ihnen reden, und wenn Pausen da sind und ich nicht viel zu sagen habe, dann füllen Sie sie mit interessanten Dingen, so ähnlich ist es auch, wenn ich vergebens umherirre. Und Sie verlangen nicht zu viel von mir. Und dann denke ich, Sie verstehen meine Art zu fühlen.

S: Mögen Sie mich?

P: Ja.

S: Warum?

P: Ich glaube, wegen all dem.

S: Erinnere ich Sie an irgend jemanden? Ich meine nicht das Äußere, oder Oberflächliches oder Kleidung oder Status.

P: Nein.

S: Also Sie haben mir einige bewundernswerte menschliche Züge zugesprochen. Es ist jetzt nicht wichtig, ob diese Zuschreibungen richtig sind. Es gab andere Menschen in Ihrem Leben, die diese gleichen Züge hatten. Wer kommt Ihnen, wenn man es so betrachtet, in den Sinn?

P: Also, ich glaube, wahrscheinlich sind Sie der Mensch, zu dem ich komme, weil ich Probleme habe, und ich vermute, es ist meine Mutter, zu der ich früher ging, wenn ich Probleme hatte. Ich ging nicht zu meinem Vater. Wir liebten einander sehr, aber wir konnten nicht miteinander reden; aber mit meiner Mutter konnte ich das sehr gut, über alles. Und wir hatten eine sehr enge Beziehung, Mutter—Tochter, wie Freundinnen. Aber ich kann vor Ihnen noch freier über alle möglichen Sachen reden. Es gibt da Dinge, über die ich mich schäme, mit meiner Mutter zu reden ... Meine Mutter war wie meine Kinderfrau, meine Nanni, war alles in allem. Ich hatte sie sehr lieb. Sie war so sanft, so ansprechbar und verständnisvoll. Und sie erzählte mir auch, wenn sie Probleme hatte, und wir sprachen dann miteinander, als ob wir Gleichaltrige wären. Ich weiß wirklich nicht, warum Papa und ich niemals die Barrieren fallen lassen konnten, denn wir mochten uns schrecklich gern.

S: Sie mochten Ihren Vater schrecklich gern, und Ihre Mutter haben Sie sehr geliebt.

P: Ich sah meinen Vater nicht viel. Er war oft auf Geschäftsreisen. Jedoch meine Mutter war immer da, immer, wenn ich aus der Schule kam, seit der Zeit, als ich ganz klein war. Ich kann mich an keine Gelegenheit erinnern, zu der sie nicht da war.

S: Sie hatten also in Ihrem ganzen Leben ein Gefühl von Sicherheit — zumindest bis vor kurzem.

P: Ja.

S: Sie hatten es gut. Sie hatten in Ihrer Kindheit relativ wenige psychologische Traumata.

P: Ich hatte praktisch keine. Das einzige Mal, an das ich mich erinnern kann, wo ich böse mit meiner Mutter war — und wissen Sie, es war gar nicht wirklich ihre Schuld — das war, als Charles (der Mann der Patientin) wegen militärischer Verpflichtungen nach Übersee mußte, und ich erinnere mich an diese erste Nacht, als ich heimkam und Mutter kam in mein Zimmer, um mir einen Gute-Nacht-Kuß zu geben, und ich sagte ihr, daß *ich* es niemals erlauben würde, daß *meinem* kleinen Mädchen so etwas geschieht. Ich würde meinem kleinen Mädchen den Mann nicht so wegnehmen. Ich weinte und habe meiner Mutter irgendwie Vorwürfe gemacht. Und ich erinnere mich, daß ich später um Verzeihung bat, ich ging in ihr Zimmer, weil ich begriff, daß das, was ich gesagt hatte, Blödsinn war und daß, wenn meinem kleinen Mädchen durch den Krieg der Mann weggenommen wird, ich meine Mutter dafür nicht tadeln konnte.

S: Es ist verständlich, daß Sie in diesem Augenblick Ihre Mutter für diesen Verlust verantwortlich machten.

P: Warum? Warum tat ich das?

S: Ach, aus einem sehr einfachen Grund. Sie haben von ihr erwartet, daß sie Ihnen alles geben und Sie vor allem beschützen würde. Sie hatte das zu nahezu 100 % geleistet. In Ihrer Vorstellung hatten Sie ein absolut magisches Gefühl in bezug auf sie. Sie waren ebenso sicher, daß Ihre Mutter da war, wie Sie sicher waren, daß die Sonne aufgehen würde. Und obwohl Sie erwachsen und verheiratet waren, waren Sie noch ein kleines Mädchen, so wie Sie es in mancher Hinsicht heute noch sind. Das liegt in jedem. In diesem speziellen Augenblick, als Sie weinten, war Ihre Hauptprämisse: Mutter, du kannst doch alles machen. Von der Tatsache, daß Krieg war, wurde dabei abgesehen.

P: Und sie hat mich im Stich gelassen!

S: Das ist die Psycho-Logik im Unterbewußten, auch wenn es auf der Ebene des Bewußten keine Logik ergibt.

P: Nein, das tut es gewiß nicht.

S: Aber so funktioniert die Seele. Das war, psychologisch betrachtet, einer der ehrlichsten Augenblick in Ihrem Leben. Und dann sagten Sie: Ich habe das nicht so gemeint! Aber was Sie tatsächlich meinen, ist, daß Sie es nicht bewußt meinten. Sie meinten es unbewußt, und es ist wirklich eine Botschaft, die ein großes Kompliment für Ihre Mutter ist, denn es bedeutet, daß sie allmächtig ist. Das ist wirklich ein bedeutsames Moment. In dieser Weise ist es absolut sinnvoll.

P: Ja, das ist es jetzt. In all diesen Jahren hatte es für mich überhaupt keinen Sinn — nachdem ich es gesagt hatte oder seitdem — bis jetzt. Jetzt verstehe ich es.

S: Und wie ist es mit mir? Welche allmächtige Sache erwarten Sie von mir?

P: Meinen Krebs zu kurieren, wahrscheinlich ...

Auf derselben Linie liegen die Worte von Anna, Karl Oskars ältestem und liebstem Kind in *V. Mobergs* schwedischem klassischen Roman *„Die Emigranten"*, mit denen sie ihren Vater anfleht, als sie im Sterben liegt:

„Es tut weh zu sterben, Vater. Ich will nicht, daß Gott mich holt, wenn es so schmerzhaft ist. Ich möchte zuhause bleiben. Kann ich nicht daheim bleiben? Bitte, laß mich daheim bleiben! Du bist so groß und stark, Vater, kannst du mich nicht beschützen, so daß Gott mich nicht holen kann? ... Ich bin so klein. Möchtest *du* sterben, Vater? Möchtest du, daß Gott kommt und dich holt?"

In dieser bewegenden Passage sehen wir diesen feinen, aber wesentlichen Unterschied zwischen der Allmacht, die das Kind auf seine Eltern projiziert (und der Patient auf seinen Therapeuten), als Ersatz für den Allmächtigen und der *realen* oder unausweichlichen Allmacht der Natur oder Gottes selbst. Und wir sehen auch die implizite Drohung des Opfers gegenüber dem bisher vermeintlichen allmächtigen Vater (oder Therapeuten), daß, wenn man Gott spielt, der wirkliche Gott uns bestrafen wird: „Willst du, daß Gott kommt und dich (auch) holt?"

(2) Die Ziele sind anders und begrenzt. Weil die Zeit begrenzt ist, sind die Ziele auch begrenzter. Das allem übergeordnete Ziel ist das psychische *Wohlbefinden* des Kranken und, als allgemeine Regel, eine möglichst große Linderung der physischen Schmerzen. Bei einem Menschen, der kurz vor seinem Ende steht, ist Sucht kein Thema. Dennoch sind viele Ärzte geizig oder unangemessen moralisch in bezug auf den Gebrauch von schmerzlindernden Mitteln. Von Dr. *Cicely Saunders*, Begründerin des St. Christopher's Hospice (in der Nähe von London), können wir viel lernen über die Verwendung von Morphium, Alkohol und anderen Analgetica. Psychologische Einsicht ist auch nicht das Ziel des Sterbens. Es gibt keine Vorschrift, die bestimmt, daß ein Mensch sterben muß mit irgendeinem bestimmten Grad von Wissen über sich selbst. In diesem Sinne ist jedes Leben unabgeschlossen. Das Ziel, während man gegen den Kalender der tödlichen Krankheit ankämpft, ist es, „das Unabwendbare zu wollen", eine abschreckende und möglicherweise häßliche Szene so gut wie möglich zu gestalten,

psychologischen Beistand zu geben, das Offenlassen loser Enden zu gestatten, dem Menschen so viel Stabilität wie nur möglich zu geben.

Es gibt im motivationalen System jedes effektiven Therapeuten verständlicherweise ein gewisses Interesse an „Erfolg". Bei einem sterbenden Patienten muß der Therapeut seine Vorstellungen darauf ausrichten, was er realistischerweise für diesen Menschen tun kann. Es ist ein Prozeß, der, wie günstig er auch begonnen und wie effektiv er geführt sein mag, doch immer mit dem Tod endet. Wir müssen es einfach akzeptieren, daß sehr wenige Menschen auf der, ich will es einmal so nennen, richtigen psychologischen Ebene sterben, nachdem sie all ihre Komplexe und Neurosen vollständig durchgearbeitet haben. Der Therapeut oder Helfer muß fähig sein, Unvollständigkeit und Mangel an Geschlossenheit zu ertragen. Niemand entwirrt all die verschiedenen Stränge seines innerseelischen und persönlichen Lebens; bis zur letzten Sekunde gibt es psychische Schöpfungen und Neuschöpfungen, die neue Lösungen erfordern.

Das Ziel, Lebensprobleme vollständig zu lösen, ist unerreichbar. Wie es *A. Weisman* ausdrückt: „Der beste Tod ist der, den ein Mensch für sich selbst wählen würde, wenn er die Wahl hätte."

Weil es keine spezifischen inhaltlichen psychologischen Ziele gibt (z.B. um zu *dieser* Einsicht oder *jenem* Verständnis zu kommen), liegt der Schwerpunkt auf der zwischenmenschlichen Beziehung. Nützlich ist die „Methode der sukzessiven Annäherung", durch die es dem Patienten über einen Zeitraum von vielen Tagen hinweg allmählich möglich wird zu sagen: „Ich habe ein Problem, eine Krankheit, eine Geschwulst, etwas Bösartiges, ich habe Krebs, ich sterbe." Als Helfer neigen wir alle dazu, unser Handeln danach zu beurteilen, wieviel Trost wir einem sterbenden Menschen gegeben haben. In unseren eigenen Gedanken sinnen wir darüber nach, daß der Tod von Großeltern oder eines Elternteils oder von Geschwistern oder eines Freundes oder Patienten gut oder schlecht verlaufen ist, und in Abhängigkeit von der Rolle, die wir bei diesem Tod gespielt haben, empfinden wir unterschiedlich stark Stolz, Schuld oder Scham. Mir ist z.B. klar, wie ich mich in bezug auf den jungen Mann fühle, der an Leukämie starb und den ich vorangehend beschrieben habe. Wenn ich an ihn denke, dann trauere ich über seinen Tod, und ich habe ein verhältnismäßig gutes Gefühl, ihm bei der Lösung von inneren Konflikten geholfen zu haben und, was das Beste von allem ist, dazu beigetragen zu haben, sich wieder mit seiner Mutter zu versöhnen. Das war eine wunderschöne Erfahrung für ihn und für seine Mutter. Es war in dem schrecklichen Kontext seines Sterbens das Wichtigste, das geschehen konnte.

Die Hauptsache in der Arbeit mit einem Sterbenden (beim Besuch, beim Geben und Nehmen des Gesprächs, dem Raten, den Interpretationen, dem Zuhören) sehe ich darin, das psychische *Wohlbefinden* des Menschen zu stärken. Das Kriterium für „Effektivität" liegt allein in diesem Maß. Man kann realistischerweise nicht schön reden, noch nicht einmal optimistisch sein; der Therapeut beginnt in einer schlimmen Situation, die nur immer schlimmer wird. Das Beste, was er erreichen kann, ist, dem Kranken, auf welche Weise auch immer, zu einem immer größeren psychologischen Wohlbefinden zu verhelfen. Dennoch sollte die Hoffnung niemals ganz aufgegeben werden. Vollständige Einsicht ist eine Abstraktion. Es gibt auch kein ideales geistiges Gleichgewicht.

Die Leute sterben entweder zu früh oder zu spät, mit unabgeschlossenen Fragmenten aus dem Programm ihres Lebens. Es ist genug, dem sterbenden Menschen zu helfen, „relativ schmerzfrei zu sein, Leiden zu verringern, emotionale und soziale Verarmung auf ein Minimum zu beschränken …, Restkonflikte zu lösen und all diejenigen verbleibenden Wünsche zu erfüllen, die mit dem gegenwärtigen Zustand und mit seinem Ich-Ideal in Übereinstimmung sind" (*Weisman*). Wenige der wichtigen psychologischen Komplexitäten werden vollständig durchgearbeitet. Es liegt viel Gutes darin, das Unausweichliche zu wollen. Dem Sterbenden kann geholfen werden, seine Angelegenheiten in Ordnung zu bringen, obgleich jeder Mensch mehr oder weniger in einem Zustand psychischer *Testamentlosigkeit* stirbt.

(3) Es ist vielleicht keine Psychotherapie. Natürlich sollte die Arbeit mit einem sterbenden Menschen für diesen psychotherapeutisch sein (alles, was iatrogen wirkt, sollte vermieden werden). Aber der Therapieprozeß unterscheidet sich möglicherweise von gewöhnlicher Psychotherapie so weitgehend, daß er vielleicht ein eigenes Etikett verdient. Das Etikettieren ist überhaupt nicht von Bedeutung. Entscheidend ist, daß der Prozeß flexibel ist und daß er den Änderungen von Bedürfnissen, von Stimmungen, von Bemühungen um Kontrolle, Eintauchen in Verleugnung usw. beim sterbenden Patienten folgt. Die Arbeit mit Sterbenden enthält Elemente einer eher traditionellen Psychotherapie, aber sie ist auch charakterisiert durch andere Arten menschlicher Interaktion, z.B. Kontaktaufnahme, Interview, Ermittlung der Lebensgeschichte, einfaches Gespräch und kommunikative Stille. Hier wird das Ende der Therapie nicht angestrebt; es ist vielmehr ein Prozeß, der weitergeht, bis er durch den Tod unterbrochen wird.

(4) Im Mittelpunkt steht die positiv orientierte Intervention. In der thanatologischen Arbeit braucht der Therapeut weder eine Tabula rasa zu sein noch inaktiv. Die Intervention kann so lange aktiv sein, wie es im Interesse des Patienten steht. Diese Interventionen können Interpretationen sein, Anregungen, Ratschläge (wenn darum gebeten wurde), Kontakte zu Ärzten und Schwestern auf der Station, Kontakte zu Familienmitgliedern, Einschaltung sozialer Hilfsdienste, Verbindung zur Seelsorge etc. Die falsche Vorstellung, jede Intervention sei ein Eingriff in die Rechte und Freiheiten des Patienten, muß als plumper Gedanke zurückgewiesen werden, der keinen Unterschied macht zwischen heilenden und verletzenden Aktivitäten. Der klinische Thanatologe kann in vieler Hinsicht handeln als ein Ombudsmann des Patienten — auf der Station, im Krankenhaus, zuhause und in der örtlichen Gemeinschaft.

(5) Der Sterbende ist der Schrittmacher. Das Gewicht liegt auf dem Prozeß und der kontinuierlichen Anwesenheit des Therapeuten. Nichts *muß* erreicht werden. Der Patient gibt das Tempo an, auch hinsichtlich der Frage, ob das Thema Tod jemals erwähnt wird — obgleich, wenn es erlaubt ist, Tod anzusprechen, dies auch fast immer geschieht. Da muß keine Litanei vorgetragen werden. Verschiedene Menschen kommen in unterschiedlicher Offenheit mit ihrer Krankheit in Kontakt. Jeder Grad der Offenheit ist gleich gut, solange der Patient sich dabei wohl fühlt.

(6) Verleugnung kommt immer vor. Wir haben schon festgestellt, daß die Vorstellung von einem halben Dutzend Phasen des Sterbens eine Simplifizierung ist. In der populärsten Version dieses Ansatzes wird die Verleugnung als das erste Stadium bezeichnet („Nein, das kann mir doch nicht passieren!"). Aber unsere Abneigung gegen die Vorstellung einiger feststehenden Sterbephasen sollte uns nicht zu dem Irrtum verleiten, die Bedeutung des psychischen Mechanismus der Verleugnung zu vernachlässigen. Verleugnung ist keine Phase des Sterbens; sie ist vielmehr ein allgegenwärtiger Aspekt des Sterbeprozesses, der in nicht determinierten Intervallen immer wieder auftaucht. Es ist nur menschlich (selbst für den außergewöhnlichsten Menschen), das Bewußtsein vom drohenden Ende gelegentlich auszulöschen oder davon Urlaub zu nehmen. Es ist wahrscheinlich für den Sterbenden notwendig, die Gedanken an den Tod zwischendurch auf das andere Geleise zu stellen, weg von dem Hauptgeleise, das doch nur in Dunkelheit oder Mysterium führt. Das bedeutet, daß der klinische Thanatologe darauf vorbereitet sein muß, daß der Sterbende plötzlich einen radikalen Schrittwechsel erkennen läßt und z.B. eines Tages anfängt,

davon zu sprechen, daß er aus dem Krankenhaus kommt und eine Reise unternimmt. Wenn der Therapeut diese vorübergehende Verleugnung toleriert, dann wird der Sterbende, so überraschend, wie er begonnen hat, diese Haltung wieder aufgeben und zur Realität des Jetzt zurückkehren. Auch ist Verleugnung keine „Sünde", und man kann dem Patienten helfen, mit Verleugnung umzugehen.

Ein kurz zusammengefaßtes Fallbeispiel mag hierzu von Interesse sein:

Ein Gynäkologe und Onkologe an meinem Krankenhaus bat mich, nach einer ambulant behandelten 58jährigen Dame zu schauen (deren Zustand er für terminal hielt, weil sie einen metastasierten Krebs mit Komplikationen hatte), hauptsächlich, „weil sie ihren Zustand *verleugnete*". Diese Prognose war der Patientin mitgeteilt worden. Ihr fortgesetzter Optimismus und ihr Sprechen über die Zukunft quälten ihren Mann, ihre Kinder — und ihren Arzt. Ob ich sie mir wohl ansehen könnte?

Ich sehe die Sorgen und Probleme der Ehegatten oder des behandelnden Arztes nicht notwendig als meine Aufgabe oder als Programmpunkte meiner Arbeit mit dem Patienten an. Mein Ziel ist ganz einfach: Es ist, das *Wohlbefinden* des Patienten zu stärken, was dann, direkt oder indirekt, auch das Wohlbefinden des Ehepartners verstärkt. Ich begann also, diese Frau zu sehen, und ließ sie über ihr Leben, ihre Klagen, ihre Pläne und ihre Ängste sprechen.

Hier muß ich einfügen, daß ihre Familie über einen speziellen Punkt, der ihnen sehr viel bedeutete, extrem beunruhigt war. Hintergrundsfaktum war, daß Mann und Frau unterschiedliche (christliche) Glaubensrichtungen hatten. Wollte sie eine Feier nach X haben und auf dem Friedhof X beerdigt werden (der Sekte ihrer Kindheit entsprechend), oder wünschte sie eine Zeremonie nach X und ein Begräbnis auf dem Y-Friedhof (nach dem Glauben ihres Mannes, den sie seit vielen Jahren praktiziert hatte)? Das war eine schwierige Angelegenheit, denn wenn sie falsch entschieden würde, dann wäre die Patientin vom Himmel aus womöglich böse auf die Familie. Sie konnten es weder über sich bringen, sie zu fragen, noch hatte sie selbst jemals das Thema angeschnitten.

Ich sah sie oft. Obgleich ich nicht die Absicht hatte, mit dem Thema zu beginnen, behielt ich es im Auge. Eines Tages erzählte sie mir, sie hätte über einen Platz auf dem Friedhof nachgedacht, aber sie würde im Augenblick nichts unternehmen oder das Thema in der Familie aufbringen, weil sie keinen Friedhofsplatz brauche. Und dann fragte sie, was ich darüber dächte. Ich sagte ihr, daß sie mich in der kurzen Zeit unserer Bekanntschaft (einige Sitzungen) mehrere Male nach Lebensregeln gefragt hätte und daß ich jetzt noch eine weitere Regel erwähnen wollte, nämlich, daß man im Leben versuchen sollte, wichtige Entscheidungen nicht unter Streß zu fällen, z.B. ganz allgemein, nicht übereilt zu heiraten, nicht unter Druck ein Haus zu kaufen usw., und daß die beste Zeit für den Kauf einer Grabstelle und für die Vorkehrungen für das Begräbnis dann sei, wenn man es *nicht* nötig hätte — so wie z.B. jetzt. Ob ich eine Grabstelle hätte? O ja, sagte ich ihr, ich habe vor einigen Jahren eine gekauft (ich glaube, daß ich das so gesagt hätte, auch wenn es nicht wahr wäre). Sollte sie es nun tun? Warum nicht, jetzt zu einer Zeit, wo sie es nicht brauchte — sagte ich.

Ein paar Tage später setzte sie mich davon in Kenntnis, daß sie die Sache mit ihrer Familie besprochen, daß sie Anordnungen für eine Bestattung getroffen, einen Priester besucht und Grabstellen für sich und ihren Mann gekauft habe. Innerhalb einer Woche (unter Tränen, aber dabei ein erhebliches Maß an Haltung zeigend) sagte sie, sie habe Abschiedsbriefe und Briefe des Dankes und der Liebe an einige ihrer besten Freunde geschrieben, die abgesandt werden sollten, wenn sie „nicht mehr länger hier sein würde". Sie weinte, als sie daran dachte, daß sie die nächste Jahreszeit nicht mehr erleben würde. Ihr Mann, ihre Kinder und ihr Arzt waren erleichtert. Sie war voller Gram, sie war traurig, aber sie hing sehr an dem bißchen Leben, das ihr noch blieb. Ich war nachdenklich und überlegte, wie Leugnung bei einem Todkranken den Betrachter belastet und wie dann der große Kreislauf des Psychischen sich langsam in seinem eigenen Rhythmus bewegt, um sich selbst zu schützen und sowohl mit den angenehmen wie den grausamen Realitäten zurechtzukommen.

Daß sie eine Grabstelle gekauft hatte (weil sie glauben konnte, sie würde sie jetzt noch nicht benötigen), hatte ihr geholfen, die Tore zur Realität zu öffnen.

(7) Die Bedeutung der Beziehung zu Schwestern und Ärzten auf der Station. Arbeit mit Sterbenden im Krankenhaus (oder wo auch immer) kann nicht im Alleingang geschehen. (Es wäre schwierig, als klinischer Thanatologe in einer Privatpraxis zu arbeiten.) Es ist von zentraler Bedeutung, daß die übrigen Mitarbeiter auf der Station laufend informiert werden über den Zustand des Sterbenden, seine Verfassung, seine Bedürfnisse, und mehr noch, daß sie informiert werden über die Hauptlinien im Konzept dieses speziellen therapeutischen Gesprächs. Ebenso wie die klinische Forschungsarbeit auf der Station nicht ohne die Zusammenarbeit mit der Oberschwester gelingt, erfordert auch die thanatologische Arbeit diese Kooperation. Es sollte klar sein, daß niemand dem Patienten als Patientenbetreuungsspezialist begegnet (ein beschönigendes Wort für den klinischen Thanatologen), wenn er nicht von dem behandelnden Arzt dazu aufgefordert wurde. Dann kann jemand, der dem Patienten vom behandelnden Arzt vorgestellt wird, so handeln wie jeder Berater (mit dem Unterschied hinsichtlich der Häufigkeit und Dauer seiner Besuche: täglich etwa eine Stunde, wie ich schon vorher ausgeführt habe).

(8) Der Hinterbliebene ist das Opfer — und wird eventuell zum Patienten: das Konzept der Nachsorge. A. Toynbee, der englische Historiker, schrieb mit Eloquenz über seine Ansicht, daß der Tod im wesentlichen ein Zwei-Personen-Ereignis sei und daß in der Summation der Angst der Überlebende die Hauptlast der Verletzung trage. All das, was vorangehend schon gesagt wurde, sollte als Plädoyer dafür verstanden werden, daß der klinische Thanatologe praktisch vom Beginn der Arbeit mit dem Sterbenden an mit dem künftigen Hinterbliebenen in Kontakt treten sollte, um eine Beziehung zu ihm zu gewinnen und das explizite Einverständnis zu haben, daß der Hinterbliebene in seiner Vor-Trauerphase und dann später noch eine Zeitlang in größeren Abständen, etwa noch ein Jahr lang nach dem Tode, Hilfe bekommen kann. *Nachsorge,* die Arbeit mit Hinterbliebenen, die sich in der Situation des Opfers befinden, sollte Teil jedes umfassenden

Systems der Gesundheitsfürsorge sein. Das ist nicht nur menschlich, das ist gute ärztliche Praxis. Denn wir wissen (besonders aus der Arbeit von *C. Murray Parkes*), daß die Hinterbliebenen als Gruppe (und zwar in jedem Erwachsenenalter) eine Risikogruppe darstellen; sie haben eine deutlich erhöhte Krankheitsrate (einschließlich Operationen und Krankenhauseinweisungen) und Sterblichkeitsrate (bei einer Vielfalt von Todesursachen); dies gilt für die Zeitspanne von mindestens einem Jahr nach dem Tode eines betrauerten Menschen. Nachsorgende Fürsorge bezieht sich nicht nur auf die „Verluste" im Leben der Hinterbliebenen, sondern auch auf andere Belastungen, mit denen der Trauernde konfrontiert ist.

(9) So wie die Übertragung von großer Bedeutung ist, muß auch der Stellenwert der Gegenübertragung sorgfältig beachtet werden; ein gutes Unterstützungssystem ist eine Notwendigkeit. Die letzten Tage eines Todkranken können durch die „Freuden der Übertragung" (Übertragung auf den thanatologischen Therapeuten) besser gestaltet werden. Wenn der Therapeut dazu bereit und fähig ist, sollte er auf eine intensive Übertragungsbeziehung hinarbeiten. Jedoch gibt es da einen bekannten Einspruch: Wo Übertragung ist, da ist auch Gegenübertragung, d.h. die Gefühle vom Therapeuten zum Patienten hin. Der Therapeut läßt sich auf die Befindlichkeit des Patienten ein und ist daher verletzlich. Wenn der Patient stirbt, ist auch der Therapeut Hinterbliebener. Und während des Sterbeprozesses erlebt auch der Therapeut Verlustängste und seine eigene Hilflosigkeit. Der Umgang mit Sterbenden nimmt einen innerlich mit. Es ist deshalb wichtig, daß der Therapeut über ein ihn tragendes und stützendes soziales Netz verfügt: liebe Menschen, gute Freunde, kollegiale Ratgeber — dies auf dem Hintergrund einer Arbeit, mit der er sich identifizieren kann.

Ein weiterer Aspekt dieser Überlegungen ist, daß ein Arzt manchmal Urlaub vom Tod nehmen muß. Ein gynäkologischer Onkologe z.B. könnte seine Praxis z.T. auch auf dem Gebiet der Geburtshilfe führen, so daß er im Ausgleich zur Arbeit mit jenen Patientinnen, die an Gebärmutterkrebs sterben, Babys zum Licht der Welt verhilft. Ein weiterer Vorschlag: Ein Arzt mit einer onkologischen Praxis sollte für seine Patienten, die depressiv sind und verzweifelt darüber, daß sie sterben müssen, psychiatrische oder psychologische Hilfe bereitstellen — und dies auch für sich selbst ins Auge fassen für den Fall, daß sein eigenes inneres Gleichgewicht gefährdet ist. Diese Art psychotherapeutischer Hilfe sollte beim ärztlichen Umgang mit Sterbenden zur Routine gehören, damit nicht auch der Arzt ein Opfer der Folgen jener außergewöhnlichen psychischen Streß-Situationen wird, denen er durch seine Arbeit im Umfeld von Tod und Sterben ständig ausgesetzt ist.

5. Es gibt keine beste Todesart. Der gute Tod, sehr ähnlich dem, was *A. Weisman* „angemessener Tod" nennt, ist ein Tod, der mit den eigenen spezifischen Bedürfnissen in Übereinstimmung steht und sozusagen „maßgeschneidert" ist, so daß man ihn als sinnvoll empfindet. Bei einem guten Tod werden die eigenen Bedürfnisse erfüllt, unter Einbeziehung der Wünsche und Bedürfnisse der Menschen, die man liebt, und seiner sozialen Umwelt. Das ist „ego-synton" — der Tod paßt. Wenn man auch seine persönliche Sterbeform nicht wählen kann, so ist doch wichtig, daß man über die Art, in der man sterben möchte, nachdenkt und dadurch vielleicht alles ein wenig so gestalten kann, daß Sterben für sich und seine Lieben annehmbarer wird.

Auf meiner eigenen Suche nach einer „talismanischen" Grundregel fand ich nichts Beruhigenderes als die Weisheit meines lieben Lehrers und Freundes, Dr. *H. A. Murray*. Er spricht von einem *„direkten Akzeptieren von etwas, das eigentlich nicht akzeptierbar ist"*. Was ich in bezug auf Tod und Sterben darunter verstehe, ist dies: Es gibt einen Unterschied zwischen Verpflichtung (*obligation*) und dem Verpflichtenden (*obligatory*). Anläßlich einer feierlichen Gelegenheit seinen befehlshabenden Offizier zuhause besuchen zu müssen, ist eine Verpflichtung. Sterben ist etwas Verpflichtendes — es gibt keine Wahl.

Der Schlüssel dazu, das Unausweichliche zu wollen, liegt in dem inneren Beteiligtsein an meinem eigenen Leben, wozu auch Schmerzen und das Sterben gehören, und zwar mit so viel Haltung (Würde, Bereitwilligkeit, Selbstbeherrschung, Stolz, Zielgerichtetheit, Mut, Gelassenheit) wie nur möglich.

Angesichts des Todes bedeutet Einwilligung, das Unausweichliche auf sich zu nehmen (es wäre vielleicht genauer, zu sagen, das Unausweichliche zu *gestalten*), sich in Einklang zu bringen mit dem großen, unveränderlichen Kreislauf der Natur und zu verstehen, daß (gleich, ob es einen Sinn oder Zweck im Leben gibt) niemand, absolut niemand, dem Schicksal, sterben zu müssen, entgeht. Es geht darum, dies zu wissen, es dann zu akzeptieren, zu gestalten, ja fast zu bejahen, anstatt in einem unnötigen Zustand von Angst, Rebellion oder Entsetzen zu verharren.

6. Ich meine, jeder Arzt sollte ein klinischer Thanatologe sein. Er muß wenigstens einmal, möglichst früh in seiner Berufslaufbahn, sich ganz intensiv (5-6 Tage in der Woche für eine Stunde täglich) mit den persönlichen, allgemeinmenschlichen und psychologischen Aspekten

des Sterbens befassen. Das bedeutet, ohne Eile zu haben am Bett zu sitzen und den Sterbenden als Mensch kennenzulernen — jenseits der Biochemie, Zytologie, Medizin, Onkologie „des Falles". Das heißt auch: das Sterben und alles, was damit zusammenhängt, nicht einfach ausklammern, sondern etwas darüber erfahren, daran teilnehmen wollen und davon betroffen werden — mit einem Wort: intensive thanatologische Erfahrungen sammeln.

Der Gewinn aus dieser belastenden Erfahrung, nämlich einen Menschen intensiv zu behandeln als Modell dafür, wie man (wenn man unbegrenzte Zeit hätte und unbegrenzte psychische Reserven) jeden Sterbenden optimalerweise behandeln würde, ist eine bereichernde Erfahrung, die auf die gesamte praktische Arbeit ausstrahlt. Diese Erfahrung ermöglicht dem zugegebenermaßen sehr eingespannten Arzt, mit allen seinen Patienten, ob sie im Sterben liegen oder nicht, effektiver zu arbeiten, auch wenn die Begegnungen mit dem Patienten notwendigerweise kürzer sind. Die eigentliche Rolle des Arztes im 20. Jahrhundert ist nicht nur, Schmerzen zu lindern und Kranke zu heilen, sondern es gehört auch dazu, wenn die Situation es erfordert, den Menschen zu einem besseren Sterben zu verhelfen.

Und wie kann ein Arzt das alles wirklich wissen, wenn er sich nicht die Zeit nimmt, eingehende Erfahrungen zu sammeln über die psychologischen Details zumindest einiger weniger intensiver Sterbeprozesse. Nur dann können die Dienste des Arztes (in welcher Disziplin auch immer) die Qualität psychotherapeutischer Interventionen gewinnen.

Literatur

Feigenberg, Loma (1980): Terminal Care, New York: Brunner/Mazel; (Originally published in Swedish as Terminalvard).

Garfield, C. A. (Ed.) (1978): Psychosocial Care of the Dying Patient, New York: McGraw Hill.

Glaser, B. G., Strauss, A. (1965): Awareness of Dying, Chicago: Aldine Publishing Co.

Glaser, B. G., Strauss, A. (1968): Time for Dying, Chicago: Aldine Publishing Co.

Gollwitzer, H., Kuhn, K., Schneider, R. (Eds.) (1956): Dying We Live, New York: Pantheon Books. (Translated by Reinhard C. Kuhn)

Hinton, J. (1967): Dying, Baltimore: Penguin Books.

Kastenbaum, R., Aisenberg, R. (1972): The Psychology of Death, New York: Springer.

Lifton, R. J. (1979): The Broken Connection: On Death and the Continuity of Life, New York: Simon & Schuster.

Parkes, C. M. (1972): Bereavement: Studies of Grief in Adult Life, New York: International Universities Press.

Shneidman, E. S. (1973): Deaths of Man, New York: Quadrangle Books.

Shneidman, E. S. (Ed.) (1980): Death: Current Perspectives, Palo Alto: Mayfield Publishing Co.

Shneidman, E. S. (1980): Voices of Death, New York: Harper & Row.

Shneidman, E. S. (Ed.) (1981): Endeavors in Psychology: Selections from the Personology of Henry A. Murray, New York: Harper & Row.

Simpson, M. A. (1979): Dying, Death and Grief. A Critical Annotated Bibliography and Source Book of Thanatology and Terminal Care, New York and London: Plenum.

Sudnow, D. (1967): Passing On, Englewood Cliffs, New Jersey: Prentice Hall.

Toynbee, A. et al. (1969): Man's Concern with Death, New York: McGraw Hill.

Weisman, A. D. (1972): On Dying and Denying, New York: Behavioral Publications.

Weisman, A. (1979): Coping with Cancer, New York: McGraw Hill.

7 Die Psychotherapie Sterbender — der Beitrag der Psychoanalyse

Esther Dreifuss, Fritz Meerwein[1]

1. Einleitung

„Media in vita mortui sumus". Von dieser Grundgegebenheit, dieser „conditio humana" ausgehend, ist es schwer verständlich, daß sich die psychoanalytische Forschung bis in die jüngste Zeit hinein kaum mit der Psychoanalyse des Sterbenden bzw. mit der Metapsychologie des Sterbens befaßt hat. Das Todesproblem lag und liegt zwar im polar angelegten psychoanalytischen Strukturmodell psychischer Funktionen schon immer offen und unübersehbar vor und hat in der Hypothese vom unbewußten Unsterblichkeitsglauben des Menschen (*Freud* 1915), in der Analyse neurotischer Todesängste (als Kastrationsangst, als Über-Ich-Angst, als Angst des Verlustes der Ichkontrolle über die Triebe, als Folge des Verlustes eines libidinös besetzten Objektes usw., *Freud* 1923) sowie in der den sog. Wiederholungszwang begründenden Lehre vom Todestrieb seinen Niederschlag gefunden (*Freud* 1920). Die klinische Erforschung und Behandlung des Sterbeprozesses ist von der Psychoanalyse jedoch lange Zeit stark vernachlässigt worden. Verschiedene Gründe sind dafür verantwortlich.

1. Ein der psychoanalytischen Kur innewohnendes Idealziel besteht in der größtmöglichen Entwicklung der sog. Ich-Funktionen des Patienten. Eine stets wachsende, von infantilen Fixierungen immer freier werdende Ich-Autonomie des Analysanden soll zu verbesserten inneren und äußeren Objektbeziehungen, zur Bewältigung von Konflikten, zum Verschwinden der Symptome und schließlich zur Lösung von Übertragung und Gegenübertragung führen. Die im Verlaufe der psychoanalytischen Therapie Todkranker oder Sterbender aber oft notwendig werdenden Externalisierungen von Ich-Funktionen bei fort-

---

[1] Die Autoren arbeiten als klinische Psychologin und Kunstpsychotherapeutin bzw. als Fachberater für Medizinische Psychologie auf der Abteilung für Onkologie des Universitäts-Spitals Zürich. Die folgenden kasuistischen Beispiele entstammen dieser Arbeit und beziehen sich somit ausschließlich auf Karzinom- bzw. Leukämie-Patienten (siehe auch S. 4).

schreitender Einschränkung der äußeren Objektbeziehungen sowie die damit verbundene Unauflöslichkeit der Übertragung stehen in schroffem Gegensatz zu diesen Idealzielen und können einen Angriff auf das Selbstverständnis des Psychoanalytikers darstellen, der beträchtliche Ängste mobilisieren kann. Vermeidung einer tieferen Beteiligung am Schicksal Todkranker oder Sterbender kann Schutz vor mit diesen Angriffen verbundenen Ängsten gewähren.

2. Ausgehend von *Freuds* Hypothese des Todestriebes (1920) kann formuliert werden, der Sterbende erliege im zunehmendem Maße dem Überwiegen des „Thanatos" gegenüber dem „Eros", dessen Kräfte ihn in den unbelebten und unbewegten Zustand („Nirwanaprinzip") zurückzuführen trachten. Da „Thanatos" aber nie vollständig internalisiert werden kann (*Freud* 1938), wird er oft als Aggression oder Destruktion auch in den alten und neuen Objektbeziehungen, somit auch in der Übertragung des Sterbenden, wirksam. Haß, Neid, Eifersucht, Wünsche nach aggressiver Einverleibung des Therapeuten, nach Verschmelzung mit ihm oder nach dessen Einbezug in den Sterbeprozeß mit dem Ziel der „narzißtischen" Erweiterung des bedrohten „Selbst" des Sterbenden aktualisieren oft beim Analytiker eigene Todesängste sowie Todeswünsche *gegen* oder bewußte oder unbewußte Identifikationen *mit* dem Kranken, deren Bewältigung schwierig sein kann. Der notwendige „Split" des Analytikers zwischen der einerseits unumgänglichen Identifikation mit dem Sterbenden und der gleichzeitigen Aufrechterhaltung einer von Patienten unabhängigen, auf die eigene intakte Ich-Autonomie sich gründende therapeutische Funktionsfähigkeit kann dadurch gefährdet werden.

3. Das Eingehen einer engen Beziehung zu einem Sterbenden fordert aber auch vom Therapeuten dann eine besondere Art Trauerarbeit, wenn der Kranke seinem Leiden schließlich erliegt. *Freud* schreibt (1915, S. 342-343), die „kulturell-konventionelle Einstellung gegen den Tod" ergänze sich „nun durch unseren völligen Zusammenbruch, wenn das Sterben eine der uns nahestehenden Personen ... getroffen hat. Wir begraben mit ihm unsere Hoffnungen, Ansprüche, Genüsse, lassen uns nicht trösten und weigern uns, den Verlorenen zu ersetzen. Wir benehmen uns dann wie eine Art von Asra, welche mitsterben, wenn die sterben, die sie lieben". Das Sterben des Kranken kann somit oft auch zu einem teilweisen Sterben des Therapeuten werden, das dieser durch Verweigerung des Eintritts in einen therapeutischen Prozeß letztlich vermeiden möchte.

Trotz dieser weitverbreiteten Vermeidungshaltung vieler Psychoanalytiker gegenüber dem sterbenden Patienten finden sich aber in der

Fachliteratur immer wieder vereinzelte Fallberichte über den Wandel der Objektbeziehungen, der Regressions- und Abwehrformen sowie der Phantasietätigkeit terminal Kranker (*Brodsky* 1959, *Bürgin* 1978, *Dreifuss* 1981, *Greenberg* 1970, *Joseph* 1962, *LeShan* 1978, *Meerwein, Kauf* und *Schneider* 1976, *Pfister* 1930, *Sandford* 1957). Ausführliche psychoanalytische Studien stammen von *Eissler* (1978), *Hägglund* (1978) und *Norton* (1963). Oft, aber nicht immer, handelt es sich dabei um Berichte über das Sterben von Patienten, die während einer aus anderen Gründen begonnenen psychoanalytischen Kur an einem tödlich verlaufenden Leiden erkrankt sind. Die Arbeiten dieser Autoren haben die Kenntnis der Psychodynamik des Sterbeprozesses außerordentlich erweitert.

Eine Eigenart aller dieser Arbeiten, wie auch der vorliegenden, bildet die Tatsache, daß sie sich fast ausschließlich mit dem Sterbeprozeß bei Krebskranken beschäftigen, während die Terminalphasen anderer Krankheiten, z. B. von Herz-Kreislauf-Krankheiten, Nierenkrankheiten usw. dabei kaum Berücksichtigung finden. Die Gründe hierfür sind vielschichtig: (1) Krebskrankheiten bilden die zweithäufigste Todesursache des heutigen Menschen. (2) Der Carcinom-Tod ist in der Regel ein langsamer Tod, so daß die mit ihm verbundenen psychischen Vorgänge über längere Zeiträume verfolgt werden können. (3) Der Tumor stellt für den Kranken sehr häufig bewußt oder unbewußt böse, schlechte Teile seiner eigenen Persönlichkeit oder seiner inneren Objekte dar. Dadurch wird er zum Repräsentanten negativer, destruktiver Erlebnisqualitäten und gewinnt so direkten Einfluß auf das Selbstgefühl des Kranken und auf dessen mitmenschliche Beziehungen. (4) Die Angst des Tumorkranken, dem Fortschreiten der Krankheit und den mit ihr oft verbundenen Schmerzen hilflos und hoffnungslos ausgeliefert zu sein, kaum auf wirksame äußere oder innere Unterstützung im Kampf gegen die Überwältigung durch die Krankheit zählen zu können und dadurch in immer tiefere äußere und innere Isolation zu geraten, läßt die Vorstellungen über den Carcinomtod geradezu zum Paradigma des Sterbens werden. Deshalb stellt er für den direkt oder indirekt von ihm Betroffenen eine besondere Herausforderung dar (*Meerwein* et al. 1976, *Meerwein* 1981).

Die hier angeführten Gründe der bisherigen Vermeidung psychoanalytischer Annäherung an sterbende Patienten können in manchen Aspekten für alle jene Personen (Familienangehörige, Ärzte, Krankenschwestern usw.) gelten, denen der intensive Umgang mit sterbenden Patienten im eigentlichen Sinne „fragwürdig" und damit zum Problem werden kann. Sie haben deshalb in dieser Einleitung Erwähnung gefunden. Die Autoren vertreten jedoch nicht die Ansicht, eine psychoanalytisch orientierte Psychotherapie Sterbender sei in jedem Falle wünschenswert oder angezeigt. Ihr erstmaliges Zustandekommen während der Sterbezeit eines Kranken wird immer ein außergewöhnliches Ereignis bleiben und hängt von Faktoren ab, deren Darstellung den Rahmen dieses Beitrages überschreiten würde.

2. Der sterbende Patient

Der empirisch gewonnene Beitrag der Psychoanalyse zur psychotherapeutischen Arbeit mit Sterbenden besteht in der Erarbeitung von Konzepten, die es ermöglichen sollen, das innere Gleichgewicht des Kranken, das durch langdauernde Krankheit und Leiden in „ichdystoner", d. h. qualvoller oder schmerzhafter Weise verändert worden ist, so weitgehend als möglich wiederherzustellen. Es soll eine „ichsyntonere", d. h. eine gewisse Ruhe vermittelnde innere *Situation* des Sterbenden hergestellt werden können und so ein Beitrag zur sog. „Orthothanasie" (*Eissler* 1978), d. h. zu einem menschenwürdigen und menschengerechten Sterben, geleistet werden können.

Die inneren Leistungen, die vom Sterbenden zur Bewältigung des Sterbeprozesses zu erbringen sind, sind beträchtlich und bewegen sich teils auf „narzißtischer", d. h. auf die eigene Person bezogener, und teils auf „objektaler", d. h. umweltbezogener, Ebene der psychischen Funktionen. Sie werden durch der terminalen Lebensphase zugehörige psychische Anpassungs- bzw. Abwehrleistungen entweder erleichtert oder aber behindert. Das Zusammenspiel aller dieser Faktoren bestimmt jedenfalls Grad und Ausmaß der inneren Harmonie, die der Sterbende in seiner terminalen Lebensphase zu erfahren imstande ist.

Auf narzißtischer Ebene steht zunächst im Vordergrund die Trauerarbeit um den Verlust der Integrität des eigenen Körpers, der meist einer fortschreitenden, oft schmerzhaften, Desintegration anheimfällt. Vergegenwärtigt man sich, daß die frühesten Grundlagen einer autonomen Ich-Entwicklung eng mit der Bildung eines intakten Körper-Ichs verbunden sind, so wird das Ausmaß der Bedrohung des Selbstwertgefühles durch den Zerfall des Körpers und der damit verbundenen Wut- und Schamgefühle des Kranken besonders deutlich. Der mit der Trauerarbeit verbundene, von ihr aber auch geforderte Abzug der libidinösen Besetzung des Körpers und oft auch fast aller mit ihm verbundenen Triebwünsche und -funktionen ist bei vielen Kranken nur durch eine stärkere Besetzung anderer innerer Erfahrungsgrundlagen und Phantasien vollziehbar (*Hägglund* 1978). Ist eine solche Besetzungsverschiebung nicht möglich, verfällt der Kranke meist einer Depression.

Frau W., eine 40jährige, verheiratete Mutter einer 5jährigen Tochter und eines 15jährigen Sohnes, mußte vor einigen Jahren wegen eines Brustkrebses mastektomiert werden. Jetzt ist sie an einer akuten Leukämie erkrankt und deswegen hospitalisiert. Angesichts ihrer Verzweiflung ist ein zusätzliches psychotherapeutisches Angebot in der Form einer Malpsychotherapie (*Dreifuss*) indiziert. Die Patientin lehnte das Angebot zunächst mit dem Hinweis ab, daß sie nicht zeichnen könne und daß ihre 5jährige Tochter alles viel besser machen und die Mutter nur auslachen und verspotten würde. Sie äußerte damit ihre Angst und ihre Scham, sich in der Therapie als brustlose, kindliche und unentwickelte Frau zu zeigen und als Folge von der Therapeutin ebenso abgelehnt und verlassen zu werden, wie sie dies nach der Mastektomie von ihrem Ehemann erwartet hatte. Dieser Angst konnte und wollte sie sich in ihrem hoffnungslosen Zustand keineswegs ein weiteres Mal aussetzen. Auf die Deutung dieser Angst hin beruhigte sich die Patientin und ließ sich auf einen psychotherapeutischen Prozeß ein, der vor allem durch die Bearbeitung der Neidgefühle der Patientin und der dadurch bedingten Spaltung der Pflegepersonen in gute und schlechte Anteile gekennzeichnet war.

So erschwerte die Patientin z. B. während einer späteren Krankheitsphase (es hatte sich eine Pneumonie entwickelt, und sie war durch Infusionsbehandlungen an beiden Armen zu fast völliger motorischer Passivität gezwungen) durch sich in aggressiver Auflehnung äußerndes Neidgefühl auf das Pflegepersonal den pflegerischen Umgang mit ihr beträchtlich. Unbewußt suchte sie aus demselben Grund auch ihre Psychotherapeutin zu inaktivieren, indem sie diese z. B. nach einem kurzen Urlaub mit den Worten empfing, sie habe vermutet, die Therapeutin habe sich beim Skifahren ein Bein gebrochen. „Sie können gut reden, sie sind jung, hübsch und gesund", konnte sie der Therapeutin auf deren Interventionen entgegenhalten. Derartige Neidgefühle können nicht nur bei den Patienten, sondern auch bei denjenigen, auf die sie sich richten, schwere Schuldgefühle auslösen. Unbewußte Identifikationen, wie sie sich z. B. in Träumen manifestieren können, können das Ziel verfolgen, diese Schuldgefühle aufzuheben. So träumte die Therapeutin z. B., nachdem die krebskranke Frau an einer Pneumonie erkrankt war, daß sie selber an einer „inoperablen Pilzinfektion" leide.

Im weiteren Verlauf der Krankheit wurde wegen eines Rezidivs ein zweiter chirurgischer Eingriff notwendig. Anläßlich der darauf folgenden Trennungen von der Therapeutin zwischen den einzelnen Behandlungsstunden konnte die erneut verzweifelte Patientin erstmals Erinnerungen an ihre „gute", geliebte Großmutter äußern, zu der sie von früher Kindheit an bis ins Erwachsenenalter in jeder Notlage flüchten konnte. Die Großmutter pflegte sie, wenn sie krank war, schützte sie vor Schlägen durch den Vater und bekundete ihre Liebe zu ihr mit Geschenken, die nur sie, nicht aber ihre drei Schwestern, erhielt. Im Gegensatz zu dieser Großmutter war die Mutter der Patientin „schlecht", ohne Wahrnehmungsfähigkeit für die Bedürfnisse ihrer Kinder, wenig fürsorglich und nicht in der Lage, Zuneigung und Liebe zu zeigen. Hingegen ist sie mit ihren nun 65 Jahren immer noch gesund und lebt nach der Trennung vom Vater mit einem Freund zusammen („deshalb ist die Mutter gesund", meint die Patientin), worum die todkranke Patientin die Mutter beneidet. Die Deutung und Durcharbeitung der Spaltung der Pflegepersonen und der Therapeutin in einen „guten" (Großmutter) und einen „schlechten" Anteil (Mutter) sowie der Angst, durch ihren Neid die „guten" Anteile der Therapeutin zu zerstören, entlasteten die Patientin sehr und erleichterten es ihr, die Hilfe der Therapeutin anzunehmen bzw. in sich aufzunehmen und ihre guten inneren Erfahrungsgrundlagen dadurch stärker zu besetzen. Der Verlust der eigenen kranken und darum „schlechten" Brust konnte durch die Verinnerlichung der „guten" Brust der Therapeutin aufgewogen werden.

Auf objektaler, d. h. mitmenschlich ausgerichteter Beziehungsebene ist der Sterbevorgang und damit der Trauerprozeß ebenfalls gekennzeichnet durch einen fortschreitenden Abzug der Besetzung der Menschen und Dinge der äußeren Welt. Je ambivalenter diese Besetzung war oder noch ist, um so größer sind die Schwierigkeiten, die sich diesem Abzug in den Weg stellen. Der Wunsch nach Auflösung negativer Gefühle gegenüber der Vergangenheit und gegenüber den nächsten Angehörigen und damit nach Überwindung der Ambivalenz wird deshalb gerade in der Terminalphase stark hervortreten. Je besser und tragender die frühen, der Mutter-Kind-Beziehung entstammenden, verinnerlichten Erfahrungen („innere Objekte") sind, um so leichter wird sich aber die Trauer um den Verlust der äußeren Welt und die Auflösung der Ambivalenz einstellen können. Der Sterbende möchte seinem Leben einen Sinn geben und findet diesen oft in der Gewißheit, auch seinerseits in der Erinnerung der Hinterlassenen als guter, liebenswerter Mensch zu überleben. Schuld-, Zorn- und Neidgefühle möchte er überwinden, sich seinen Angehörigen in einer konfliktfreien Weise wieder annähern und eindrückliche und erinnerungswürdige Spuren seines Lebens hinterlassen.

Frau O., eine beidseitig brustamputierte verwitwete 55jährige Frau und Mutter zweier erwachsener Töchter, ist an ihrem Sterbebett in vielfacher Beziehung mit der Bewältigung von Schuld-, Zorn- und Neidgefühlen konfrontiert.[2] Zu einer schweren Belastung werden für sie die Besuche ihrer jüngeren Schwester, mit welcher sie fast lebenslänglich um die Gunst der Mutter rivalisierend gekämpft hatte. Diese Schwester, seit kurzem verwitwet, äußert der Patientin gegenüber, sie fürchte sich nicht vor dem Tode, sehne sich im Gegenteil danach und werde nach dem Tode der Patientin Suizid begehen. Hier brechen die lange Zeit abgewehrten Haßgefühle zwischen diesen beiden Schwestern im Rivalisieren um die Todesangst noch einmal auf. Die Patientin erfährt, daß ihre eigene Schwester ihren Tod herbeiwünscht, um Suizid begehen, d. h. ihrem verstorbenen Mann nachfolgen zu können, und daß sie somit durch ihr eigenes Sterben bzw. Überleben wie in früher Kindheit die Verantwortung für das Leben oder Sterben der jüngeren Schwester mitzutragen hat. Dieser Konflikt scheint nicht oder nur durch ein immer längeres Ausbleiben der Besuche der Schwester lösbar zu sein.

Auf pragmatischer Ebene kann hingegen eine Wiederholung desselben Konfliktes in der Beziehung zur älteren Tochter und der 4jährigen Enkelin vermieden werden. Die täglichen Besuche von Tochter und Enkelin werden durch den Kampf der Patientin mit ihrer Enkelin um die Gegenwart und Aufmerksamkeit der Tochter überschattet. Eine zunehmende Abhängigkeit der Patientin von ihrer Tochter führt zu Schuldgefühlen der Enkelin gegenüber, die während der Besuche am Krankenbett unmißverständlich zu verstehen gibt, daß sie die Aufmerksamkeit ihrer Mutter ebenfalls benötigt. Die Patientin fühlt sich dabei einerseits für das kleine Mädchen, das in bedrohlicher Weise auf den

---

[2] Betr. den Verlauf der psychotherapeutischen Begleitung dieser Patientin, siehe S. 267 ff.

Fenstersimsen herumklettert, verantwortlich, andererseits entwickelt sie Haßgefühle gegen dieses Kind, die sie schwer belasten. Ihr Schwesternkonflikt drohte, diesmal mit der Tochter in der Rolle der Mutter und der Enkelin in der Rolle der Schwester, wieder aufzubrechen. Im Sinne der Übernahme von Ich-Funktionen hatte hier der Psychotherapeut für eine angemessene Unterbringung des kleinen Mädchens während der Besuchszeiten zu sorgen, worauf sich der Konflikt entschärfte und die Patientin sich beruhigte.

Mit zunehmendem Kräftezerfall stellen sich bei der Patientin deliriöse Zustände ein, deren Inhalte vor allem nachts bei starker Erschwerung der Realitätskontrolle den Charakter psychotischer Realität annehmen. So glaubte die Patientin, jüngere Krankenschwestern würden nachts ihren Pflichten mit entblößten Genitalien und geröteten Gesichtern nachgehen, dabei auf den Korridoren allerhand Lärm verursachen und schließlich von den älteren Krankenschwestern, den sog. „Schäflein", zurechtgewiesen. Die Patientin verspürte dabei einerseits den Wunsch, die Jüngeren bei den Älteren zu denunzieren, andererseits die Jüngeren durch die Älteren bestrafen zu lassen. Auf eine Deutung des Neides auf die „Jungen" und die Trauer darüber, als todkranke Frau sich am Konflikt der jüngeren mit den älteren Frauen nicht mehr beteiligen zu können (die Patientin sagte: „Ich hatte mit der ganzen Sache nichts zu tun"), wurde die Patientin zunächst erregt, dann sehr ruhig und meinte: „Ja, so ist es." Durch diese Einsicht wurde ihr der Weg zur Versöhnung mit den Konfliktpartnern und zu eigener Trauer um den Verlust ihrer psychosexuellen Existenz als Frau wieder geöffnet.

Das im Verlaufe des Sterbeprozesses durch Desintegration bedrohte Selbstgefühl des Kranken kann in fortschreitendem Maße in einen Gegensatz zu den Idealvorstellungen geraten, die sich der Kranke von sich selbst, seinem Leben und seinem Sterben gebildet hat. Die Erfahrung dieser Kluft stellt für viele Kranke eine erhebliche narzißtische Kränkung dar, wodurch sie zur Quelle von tiefem psychischem Schmerz werden kann. Reparative Vorgänge kreativer Art, die die Integrität des Selbstgefühles wieder herstellen sollen, können gerade in dieser Erfahrung ihren Ursprung finden und Anlaß zu künstlerischer Produktivität geben. Die sich mehrenden biographischen Selbstzeugnisse Sterbender gehen von diesem Bedürfnis aus. „Wenn mein langsames Sterben, das nicht mehr anzuzweifeln ist, vorbestimmt ist, dann habe ich nur noch einen letzten Wunsch: daß ich selbst aus diesem Sterben eine wunderbare, große, spannende Geschichte machen kann", schrieb der krebskranke Schriftsteller *W. M. Diggelmann* in seinem letzten Buch „Der Schatten".

Frau O., einst eine begeisterte Turnerin, hatte allerdings keine Möglichkeit, die sich ständig vertiefende Kluft zwischen ihrem Selbstgefühl und ihrem Idealbild durch eine kreative Tätigkeit zu überwinden. Der Verlust ihrer beiden Brüste, dann der zunehmende Metastasenbefall des Skelettsystems mit wiederholten Frakturen, die Einbuße der Blasensphinkterfunktion und schließlich die fortschreitende Behinderung ihrer örtlichen und zeitlichen Orientierung, aber auch vieler manueller Funktionen (Schreiben, Betätigen der elektrischen Bettmechanik) führten bei ihr zum Gefühl eines völligen Verlustes jeglicher Menschenwürde. Darunter litt sie beträchtlich, und sie schämte sich dieses Verlustes, über den sie immer wieder klagte. Erst die Versicherung, daß die krankheitsbedingte Behinderung ihr zwar das Gefühl kindlicher Hilflosigkeit und passiven Ausgeliefertseins verursache, was ein sehr menschliches und keineswegs unmenschliches Gefühl sei, vermochte die Patientin etwas zu beruhigen. Die erwähnte Kluft zwischen Selbstgefühl und Ich-Ideal konnte auf diese Weise etwas verringert werden.

3. Die Übertragung des Patienten

Der terminale Kranke ist, wie bereits mehrfach betont, genötigt, in fortschreitendem Maße um seinen Körper und die „Objekte" der Außenwelt zu trauern. Ersatz für diese Verluste findet er neben einer Belebung innerer Phantasietätigkeit (Überlebensphantasien, Phantasien der Wiedervereinigung mit bereits verstorbenen Angehörigen usw.) häufig in einer Verstärkung und Intensivierung seiner Beziehung zu den ihn betreuenden Personen, vor allem seinem Psychotherapeuten, seinen Ärzten und Pflegepersonen. Meist stellt sich eine idealisierende, den Therapeuten mit allen vom Kranken verlorenen Fähigkeiten ausrüstende Übertragung ein. Ihr entspricht ein Regressionswunsch, durch den „möglicherweise die Sehnsucht nach einem früheren Zustand der Lust, in dem auch das Gefühl höchster Sicherheit herrschen konnte, geweckt" wird (*Eissler*, S. 108). „So wie die Pubertät infolge ihres Regressionspotentials eine teilweise Umformung der Persönlichkeit ermöglicht — die starren Strukturen der Latenzperiode werden während dieser Phase oft gelockert und teilweise reorganisiert —, so mag auch das letzte Wegstück — wiederum mittels eines Regressionspotentials gewisse Strukturen aufzulösen und so einen letzten Schritt vorwärts gestatten" (*Eissler* , S. 49).

Norton (1968) teilt den Regressionsvorgang bei Sterbenden in drei Stufen ein. Auf einer ersten Stufe kann man bei manchen Patienten eine Externalisierung des Über-Ichs und einen Wunsch nach Identifizierung mit dem Therapeuten erkennen. Der Therapeut kann z. B. seiner Gesundheit, Jugendlichkeit und Aktivität wegen in die Rolle des einstmals beneideten Elternteils geraten und schließlich wegen der damit verbundenen Affekte von Zorn und Auflehnung abgelehnt werden, wobei in dieser Ablehnung die Funktion des den Patienten für seine negativen Affekte strafenden Über-Ichs erblickt werden kann. Unter dieser Über-Ich-Einwirkung kann der Patient erheblich leiden (Schuldgefühle, Angst, abgelehnt oder verlassen zu werden, usw.). In diesen Situationen können Deutungen notwendig werden, durch die eine Versöhnung mit dem Therapeuten und der Wunsch, identifikatorisch an seinem Leben teilnehmen zu können, ermöglicht werden sollen. Schreitet die Regression weiter fort, so muß der Therapeut aber in zunehmendem Maße wie eine Mutter Ich-Funktionen übernehmen, d. h. sich für viele jener Verrichtungen und Tätigkeiten zur Verfügung stellen können, die der Kranke selbst nicht ausüben kann (in *Nortons* Fall z. B. das Vorlesen bei fortschreitender Erblindung). Schließlich kann gerade dadurch die innere und äußere Verbindung zwischen beiden so stark werden, daß der Therapeut auch bei Abwesenheit als innerlich anwesend erlebt werden kann und „die Grenzen zwischen innen und außen zeitweise verschwommen sind" (*Norton* 1968). Durch diese „Internalisierung" des Therapeuten wird die Übertragung nun besonders intensiv, was oft notwendig ist, denn *Eissler* (1978) hält es für „vorstellbar, daß durch die Festigung der Übertragung ... das Leiden des Patienten auch im Falle erheblicher Schmerzen auf ein Minimum reduziert werden kann". Damit wird ein „archaisches Vertrauen zur Welt mobilisiert und die ursprünglichen Schutzgefühle zur Mutter wieder erweckt". Es entsteht, was *Alice Balint* eine „ursprüngliche, natürliche Interessengemeinschaft" nennt, in der einst die „Mutterliebe" bzw. die „Liebe zur Mutter" gründete.

Es entspricht aber dieser „natürlichen Interessengemeinschaft" von Therapeut und Patient, daß sie einerseits durch Trennung andauernd bedroht ist, andererseits andauernd erhalten werden muß. Sie erhält dadurch einen ambivalenten Charakter. Diese Ambivalenz hat verschiedene Aspekte. Sie ist zunächst eine Ambivalenz zwischen dem Wunsch nach Rückzug als Vorwegnahme der Trennung und dem Wunsch nach Anklammerung zu deren Verhinderung. Andererseits ist sie, angesichts der unmittelbaren Todesgefahr, eine Ambivalenz zwischen dem Wunsch nach Vergewisserung, daß kein Unheil geschieht, sowie nach dem Wunsch, entsprechend dem Ernst des Zustandsbildes behandelt zu werden. Schließlich gründet sie aber auch in der Wahrnehmung der Ambivalenz der Umgebungspersonen, die den Kranken überleben werden (siehe Einleitung), was die Ambivalenz diesen Personen gegenüber wieder verstärkt. Dies leitet über zur Frage der sog. Gegenübertragung des Therapeuten gegenüber terminal Kranken.

Frau O., älteste von drei Töchtern eines passiv-abhängigen Vaters und einer aktiv-dominierenden Mutter, begab sich im Alter von 38 Jahren wegen immer wieder auftretender depressiver Zustände in die Behandlung eines Psychotherapeuten (siehe auch S. 264 ff.). Sie lebte damals in einer scheinbar geordneten, aber doch sehr spannungsreichen Ehe mit einem um weniges älteren Hilfsarbeiter, der, obschon ein schwerer Alkoholiker, beruflich tüchtig war und sich an seinem Arbeitsplatz emporarbeiten konnte. Aus der Ehe der Patientin entsprossen zwei Töchter. Im Verlaufe der nun folgenden psychoanalytischen Therapie wurden die beträchtlichen Abhängigkeitsprobleme der Patientin, ihre Anklammerungsbedürfnisse in ihrer Ehe und ihre an unbewältigten Aggressions- und Unabhängigkeitsbedürfnissen gescheiterten Verselbständigungsbedürfnisse zum Thema der Behandlung. Nach deren Abschluß fühlte sich die Patientin wesentlich freier und autonomer und nahm mit Befriedigung eine Arbeit außerhalb ihres Hausstandes an. Eine zwischen starken Zuwendungsbedürfnissen und Furcht und Respekt schwankende Einstellung zu ihrem Psychotherapeuten behielt sie aber auch nach Abschluß der Behandlung bei, weshalb sie ihn immer wieder gelegentlich, wenn auch in großen, oft Jahre dauernden Abständen, zur Beratung in Krisensituationen aufsuchte.

Als die Patientin 51 Jahre alt war, starb der Ehemann an den Folgen seines chronischen Alkoholismus (Leber-Zirrhose). Kurze Zeit später verstarb auch der Vater, den die Patientin seines gütigen Wesens einerseits geliebt, aber seiner Bereitschaft zur Unterwerfung unter die dominant-persekutorische Mutter wegen auch zeitweise verachtet hatte. 1 1/2 Jahre nach dem Todes des Mannes und 1 Jahr nach dem Tod des Vaters entwickelte die Patientin einen Brustkrebs, dem wiederum ein Jahr später ein Rezidiv in der anderen Brust folgte. Schließlich stellte sich Metastasierung im ganzen Skelettsystem ein, die in der terminalen Phase eine Dauerhospitalisation erforderte. Zu dieser Zeit übernahm der ehemalige Psychotherapeut der Patientin, der lange Zeit nichts mehr von der Patientin gehört hatte, ihre psychotherapeutische Behandlung erneut, nachdem er Nachricht von ihrer terminalen Hospitalisierung erhalten hatte.

Während dieser nun zweimal wöchentlich stattfindenden Konsultationen berichtete Frau O. viel von ihren Konflikten, die für sie durch den Besuch ihrer Schwester, ihrer Tochter und ihrer Enkelin entstanden (siehe oben). Besonders beunruhigten sie aber nächtliche, halluzinatorische Erlebnisse, die den Anschein erweckten, als ob Tiere oberhalb der Krankenzimmerdecke ihr Unwesen trieben. Sie erinnerte sich dabei, wie sie als die älteste unter ihren Geschwistern oft mit der Aufsicht über ihre jüngeren Schwestern betraut war und sich dabei vor Schuld und Strafe durch die Mutter fürchtete, wenn den von ihr einerseits geliebten, andererseits aber auch oft eifersüchtig abgelehnten Schwestern ein Unheil zugestoßen wäre. In ihrer Krankheit und ihrem Krankenbett erlebte sie sich oft wie durch die Mutter zur Strafe ins „schwarze Kämmerlein" eingeschlossen und äußerte Befürchtungen über ein Unheil, das sie anrichten könnte, wenn sie sich nachts in Panik aus diesem Gefängnis mit Gewalt befreien möchte.

Die Deutung, das Erlebnis nächtlichen Tierspuks zeige wohl die Angst auf, in ihrer Krankheitszeit die innere Kontrolle über manche vielleicht als „tierisch" erlebten inneren Impulse zu verlieren und deswegen bestraft zu werden (Externalisierung des Über-Ichs), beruhigte die Patientin weitgehend, und ihre Nächte wurden ruhiger. In fortschreitendem Maße wünschte sie dann, von sie quälenden Schuldgefühlen befreit zu werden, z. B. von Schuldgefühlen wegen des Zornes auf den „lieben" Vater, der aber doch seines friedfertigen Wesens wegen die Familie nie vor den oft ungerechtfertigten, über die Patientin verhängten Strafen der Mutter habe schützen können. Nachdem sie diesen Zorn wohl erstmals hatte äußern können, fand sie in der Identifikation mit der friedfertigen Seite ihres Vaters und damit in ihrer inneren Verbindung mit ihm einen gewissen Trost.

Die Übertragung der Patientin behielt während dieser ganzen Zeit vorwiegend den Charakter der Idealisierung. Nach der Bearbeitung ihrer in der Terminalphase wieder aktualisierten, ihrer Mutterbeziehung entstammenden Strafängste und den ihrer Vaterbeziehung entstammenden Enttäuschungsreaktionen über ungenügenden Schutz durch ihre Ärzte trat die gleichzeitig immer vorhandene Angst vor den Besuchen des Therapeuten zurück. Auch veränderte sich die Funktion des Therapeuten in dem Sinne, daß er immer mehr zur Übernahme von Ich-Funktionen (kleine Handreichungen verschiedenster Art) veranlaßt wurde. Die Enttäuschung der Patientin über die oft 2-3 Tage dauernden Abstände zwischen den einzelnen Konsultationen des Therapeuten wurde von diesem zwar angesprochen, von der Patientin aber immer negiert. An ihrer Identifikation mit den aggressionslosen Persönlichkeitsanteilen ihres Vaters hielt sie so bis an ihr Ende fest, wohl aus Furcht, sonst die Verbindung mit dem im Therapeuten wiedergefundenen, verlorenen, sichernden, „inneren Objekt" zu gefährden. Mehrmals äußerte sie die Überzeugung, es gehöre zu ihren schönsten Erfahrungen, den Therapeuten in ihrer letzten Lebenszeit wiedergefunden zu haben. Diese Erfahrung werde sie „mit hinübernehmen" (Internalisierung des Therapeuten). Diese und ähnliche Äußerungen weckten im Therapeuten sog. Gegenübertragungsprobleme verschiedenster Art, die im folgenden Abschnitt dargestellt werden.

Diese „Internalisierung des Therapeuten" blieb allerdings nicht während der ganzen Terminalphase ungetrübt. Nachdem die Patientin einmal eines durch ihre zunehmenden Orientierungsschwierigkeiten verursachten Mißverständnisses wegen einen Tag lang vergebens auf den Therapeuten gewartet hatte, nahmen ihre durch Metastasierung verursachten Schmerzen in unerträglicher Weise zu, und sie verspürte Suizidimpulse, derentwegen sie Schuldgefühle empfand. Glücklicherweise erschien am selben Tag eine Bekannte zu Besuch, die sie ähnlich wie den Therapeuten idealisieren konnte, worauf die Schmerzen nachließen und die Überzeugung, nicht vergessen worden zu sein, sich wieder durchsetzte. Anläßlich des folgenden Besuches des Therapeuten teilte sie diesem jedoch mit, daß sie während seiner Abwesenheit an Suizid gedacht habe, dies aber auch gleichzeitig nicht gedacht habe und dennoch Schuldgefühle wegen dieser Gedanken empfand. Die Deutung, daß sie seiner Abwesenheit wegen verzweifelt war und die Suizidimpulse Ausdruck der Wünsche nach seiner Gegenwart und der damit verbundenen Schuldgefühle seien, beruhigte die Patientin. Daraufhin bot sie dem Therapeuten Schokolade an, die sie als Geschenk erhalten hatte, aber selbst nicht zu essen vermochte. Durch diese „Fütterung" des Therapeuten suchte sie unbewußt ihre Internalisierung beim und durch den Therapeuten zu veranlassen und so zu verhindern, daß sie für ihn gestorben sei, und zu erreichen, in ihm als Bedürfnis befriedigender Mitmensch weiterzuleben. Ihre Aufforderung, die Schokolade mitzunehmen, lehnte der Therapeut mit der Begründung ab, die Schokolade an ihrem Krankenbett lassen zu wollen, um bei seinem nächsten Besuch wieder davon zu essen. Damit sicherte er der Patientin ein Weiterleben und die Untrennbarkeit ihrer gegenseitigen Verbindung trotz gleichzeitigem, unverleugnetem Wissen um den nahen Tod erneut zu.[3]

4. Die Gegenübertragung des Therapeuten

In Anbetracht der starken persönlichen Herausforderung des Therapeuten durch den terminalen Patienten ist die Erkennung und Analyse der Gegenübertragung auf den in der beschriebenen Weise regredierenden, vom Tode bedrohten, oftmals ambivalenten, oft latent aggressiven oder „Verschmelzung" mit dem Therapeuten suchenden Patienten von größter Bedeutung. Alle psychoanalytischen Autoren sind sich über den ambivalenten Charakter der Gegenübertragung im klaren. Immerhin meint *Eissler* (1978), daß die Ambivalenz des Therapeuten doch wesentlich geringer sei als diejenige der meisten Familienangehörigen, weshalb der Therapeut vom Patienten auch stark idealisiert werden könne. Konflikte, die dadurch zwischen dem Therapeuten und den Familienangehörigen entstehen können, müssen deshalb im Auge behalten werden.

---

[3] Die Autoren danken Frau Dr. Irma Honsalek für ihre Mitarbeit bei der Bearbeitung dieser Krankengeschichte.

Die Ambivalenz des Therapeuten hat viele Quellen. Sie gründet oft in der Mobilisierung eigener, kindlicher Todeswunschphantasien, die bisher mit Erfolg hatten abgewehrt werden können, und erinnert den Therapeuten an seine eigene Sterblichkeit. Außerdem weiß der Therapeut, daß das Ende der gemeinsamen Wegstrecke mit dem Kranken mit Wahrscheinlichkeit durch dessen Tod markiert wird. Stirbt der Patient, sterben jene Persönlichkeitsanteile, die der Therapeut dem Kranken übergeben hat, mit diesem dahin. Am Ende der Wegstrecke steht deshalb für den Therapeuten nicht die Genugtuung, einem Menschen zu verbesserter Autonomie und reiferen Objektbeziehungen verholfen zu haben. Am Ende steht ein Verlust, um welchen auch der Therapeut zu trauern hat. Schließlich kann der Therapeut auch mit Schuldgefühlen seines eigenen Überlebens wegen, um welches ihn der Kranke beneidet, vielleicht sogar haßt, konfrontiert sein, was ihn erheblich belasten kann. Nicht selten träumen Therapeuten, Ärzte oder Krankenschwestern, die sich um Sterbende kümmern, selbst an dem Leiden erkrankt zu sein, an welchem der Patient zugrunde geht.

Man muß in derartigen Identifikationswünschen mit dem Kranken die Abwehr der Gefahr sehen, die mit dem eigenen Überleben und damit mit der unbewußten Schuld am Tode des Patienten verbunden ist. Verleugnungen, oberflächliche Beruhigungen, Verdrängungen, das Ausagieren übermäßiger Schutzgefühle, falscher Optimismus oder Intellektualisierungen können in der Gegenübertragung begründete Abwehrformen des Therapeuten gegenüber dem sterbenden Patienten darstellen (*Norton* 1968) und die oft unbewußte Absicht verfolgen, die Ambivalenz des Therapeuten zu überwinden. Diese Ambivalenz kann aber nicht überwunden werden, sondern sie gehört der Situation wesensmäßig zu. Die Ambivalenz muß verstanden werden, damit durch sie und mit ihrer Hilfe auch der Patient verstanden werden kann. „... Der Gefühlskonflikt beim Tode geliebter und dabei doch auch fremder und gehaßter Personen hat die Forschung der Menschen entbunden. Aus diesem Gefühlskonflikt wurde zunächst die Psychologie geboren" (*Freud* 1915b).

Eine 37jährige Frau Ch., Mutter einer 5jährigen Tochter, mußte sich nach einem Rezidiv einer akuten myeloischen Leukämie einer Knochenmarkstransplantation unterziehen. Dieser Eingriff war jedoch nicht erfolgreich, und die Patientin erlag ihrer Krankheit nach langem qualvollem Krankenlager bei intensivster Pflege durch ein dafür sehr motiviertes Pflegeteam. Anläßlich einer der regelmäßig stattfindenden Teambesprechungen während der Terminalphase der Patientin erzählte eine Krankenschwester einen Traum, den die Patientin ihr mitgeteilt hatte. Die Patientin träumte, daß sie von Menschenjägern verfolgt werde und vor diesen fliehen muß, aber erleichtert feststellt, daß zum Schluß des Traumes ein Mann mit dem Leben davonkommt.

Die Teambesprechung machte klar, wie schwierig es für die Krankenschwestern war, sich in der die Patientin quälenden und verfolgenden Position der Menschenjäger zu befinden, deren Verfolgung höchstens ein Mann, nicht aber eine Frau überleben kann. Die andauernde Verängstigung und Verletzung der Patientin und die dadurch bedingte Belastung des Pflegeteams äußerte sich darauf in zwei Träumen, die die Schwestern der Therapeutin der Patientin zur Kenntnis brachten: Eine Schwester träumt, ihre Großmutter zeige ihr die tote, aber noch sehr schöne Patientin und mache sie darauf aufmerksam, wie ruhig die Patientin nun sei. Eine andere Schwester träumt, die Patientin sei nun gestorben, müsse aber verborgen werden, damit niemand sie auffinden könne. Beide Schwestern fürchteten sich nach diesen Träumen vor dem Betreten des Krankenzimmers, da sie meinten, die Patientin würde ihre Todeswünsche auf ihren Gesichtern erkennen. Beide Schwestern konnten das Leiden der Patientin und die durch die Behandlung verursachte Entstellung dieser Frau kaum ertragen. Um einerseits das Leiden der Frau abzukürzen und sich selbst andererseits aus der Position der „Menschenjäger" zu befreien, hegten sie begreiflicherweise unbewußte Todeswünsche gegen die Patientin, derer sie sich schämten und sich schuldig fühlten. Die Verbalisierung dieser Wünsche und deren Annahme durch die Therapeutin der Patientin führten bei den Schwestern zu einer deutlichen Entlastung.

5. Zur Frage der Technik der psychoanalytischen Behandlung Sterbender

Psychoanalytische Publikationen über die Psychotherapie Sterbender enthalten meist keine oder nur wenige Ratschläge zur sog. „Technik" der Behandlung Sterbender. Vergegenwärtigt man sich, daß die Psychotherapie Sterbender vorwiegend eine rekonstruktive Therapie des verletzten und von Vernichtung bedrohten „Selbst" und nur ausnahmsweise und sekundär eine evolutive Therapie ihrer äußeren Objektbeziehungen sein kann, so wird das Fehlen technischer Anweisung verständlich. Psychotherapie des „Selbst" heißt ja vor allem Übernahme der Funktion eines sog. „Selbst-Objektes" durch den Therapeuten, m. a. W. empathische Verbalisierung der bedrohlichen ichdystonen und darum abgewehrten inneren und äußeren affektiven Einflüsse auf das Selbst des Kranken (siehe Beispiele S. 263, 275 u. 275 f.). Diese Interventionen bezwecken die Überführung dieser Einflüsse in ichsyntone, dem „Selbst" des Kranken als „normal" zugehörige und damit dessen „Selbst" mitkonstituierende Erlebnisqualitäten. Verbalisierung setzt aber Empathie voraus. Empathie wiederum ist an die Bereitschaft, dauerhafte Sorge und Fürsorge zu zeigen, sowie an die Fähigkeit gebunden, „das Erleben und Durchlaufen der Todeserfahrung mit der sterbenden Person zu teilen. Dadurch gewinnt der Sterbende ein Gefühl für den Sinn seiner eigenen Erfahrung und wird sich gleichzeitig der engen Fusion mit dem Therapeuten bewußt" (*Schwartz* und *Karasu* (1977). *Eissler* (1978) nennt diese Art der Fürsorge „sublimierte

Liebe ohne Leidenschaft" und meint, das Gefühl, „unverdiente, spontane Liebe" zu empfangen, wirke zumindest in manchen Fällen als eine Art „Gegenmittel gegen die Agonie des Todes" (S. 107). Er fordert vom Therapeuten das Teilen des magischen Glaubens an die Unsterblichkeit auf der einen Seite, glaubt aber auch, daß dem Sterbenden vom Therapeuten das Gefühl zu vermitteln sei, ein Teil seiner Person sterbe gemeinsam mit dem Patienten (S. 116). Damit erwartet er auch vom Therapeuten das Eingehen eines Splits zwischen Realität und Überlebens- und Wiedervereinigungsphantasien der Kranken (siehe später), wie ihn der Kranke selbst im Gefolge seiner sich vertiefenden Regression oft vornehmen muß. Auch *Hägglund* betont die Bedeutung der inneren Kommunikation und Identifikation des Therapeuten mit den Unsterblichkeits-, Wiedervereinigungs- oder Auferstehungsphantasien der Kranken. Sie bildet einen Schutz gegenüber dem Gefühl der vollständigen Annihilation und endlosen Einsamkeit, dem der Sterbende sonst anheimfällt.

Es ist verständlich und zu erwarten, daß ein derart empathischer Therapeut vom Sterbenden, der auf allen Ebenen fortgesetzte Verluste erleidet, stark idealisiert werden wird. „Technisch" gesehen kann aber der Umgang mit der jeder Idealisierung innewohnenden Ambivalenz von großer Bedeutung werden. Die Bearbeitung der aggressiven Anteile dieser Ambivalenz, d. h. von Neid, Eifersucht und Todeswünschen seitens des Kranken gegenüber dem idealisierten „Objekt", ist nämlich oft sehr schwierig. Werden derartige Affekte im Sinne eines Splits abgespalten und projektiv auf andere Personen übertragen (es gibt dann „gute" und „schlechte" Menschen in der Umgebung des Kranken), bedürfen sie in der Regel keiner Bearbeitung, da eine Deutung dieses Splits die Schuldgefühle des Kranken erhöhen und damit den Einfluß des „Thanatos" verstärken könnte. Treten sie aber in der Übertragung auf (z. B. durch offene Haßausbrüche oder durch Begegnungsvermeidungen, plötzliche Ablehnung des Therapeuten oder Wunsch nach Abbruch der Therapie), so müssen sie gedeutet werden. *Norton* schildert ein eindrückliches Beispiel, wie auch bei terminalen Kranken negative, der ödipalen Phase entstammende Neid- oder Eifersuchtsgefühle gedeutet werden können, nämlich als verständliche, durch die krankheitsbedingte Abhängigkeit wieder aktualisierte Reminiszenz kindlicher Reaktionen. Durch die Deutung der negativen Übertragung als Folge unverschuldeter Krankheitsabhängigkeit wird das Über-Ich der Kranken geschont und eine Schuldentlastung herbeigeführt.

Meist aber werden aggressive Impulse bei Sterbenden zur Schonung und Erhaltung des idealisierten „Objektes" tief abgewehrt und deshalb nicht deutbar sein (siehe Beispiel S. 268). Man kann letztlich auch annehmen, daß sie sich durch die internalisierten Anteile des „Thanatos" gegen den Sterbenden selbst richten und so zum nicht mehr aufzuhaltenden Tode des Kranken führen.

6. Reparative Vorgänge

In der der Todesdrohung unterworfenen Person des Kranken setzen schon früh psychische reparative Vorgänge ein, die die Funktion ausüben, Kohärenz und Kommunikationsfähigkeit der Persönlichkeit zu erhalten und damit den Kranken vor fortschreitender psychischer Desintegration und damit vor Angst und Einsamkeit weitgehend zu schützen.

Eine initiale *Verleugnung* vor Angst, Krankheit und Todesdrohung zu Beginn einer malignen, letalen Erkrankung ist häufig und vielfach beschrieben (*Eissler* 1978, *Hägglund* 1978, *Kübler-Ross* 1971, *Meerwein* 1976, 1981, *Weisman* 1972). Sie entspricht einem Nicht-wahrhaben-Wollen der Realität der Erkrankung und schützt sowohl den Kranken selbst wie seine Umgebung vor der Erkenntnis der herannahenden Katastrophe. Der verleugnende Kranke gibt sich als Gesunder, der nichts zu fürchten hat und vor dem man sich nicht zu fürchten braucht.

Mit fortschreitender krankheitsbedingter Regression kann aber diese Verleugnung meist nicht aufrechterhalten werden, und es müssen andere Abwehr- und Reparationsstrategien entwickelt werden, damit die Kohärenz der Person, d.h. ein möglichst gutes, einheitliches Selbstgefühl, weiterhin erhalten bleiben kann. Phallische Abwehr (*Hägglund* 1978) einerseits oder aber die Bildung einer Persönlichkeitsspaltung, eines sog. Splits (*Dreifuss* 1981, *Hägglund* 1978, *Meerwein* 1981) stellen derartige, unbewußt in Funktion gesetzte Reparationsvorgänge dar.

Die Position der *phallischen Abwehr* ist gekennzeichnet durch einen inneren Rückzug des Kranken von den äußeren Objekten und die Wiederbelebung grandioser Phantasien über die magisch-omnipotente Funktion des Phallus. In der Wiederbelebung derartiger Phantasien („Ich bin größer und stärker als alle anderen, niemand kann mir besser helfen als ich selbst, ich wünsche in Ruhe gelassen zu werden") vermeidet der Kranke den Wunsch nach der Wiedervereinigung mit den verlorenen Objekten, aber auch die Trauer um diese und bleibt auf diese Weise in seiner terminalen Lebensphase allein. „Ich komme nicht an den Kranken heran", „ich fühle mich vom Kranken herablassend behandelt und nicht benötigt", „der Kranke macht sich über mich lustig", so oder ähnlich können die Reaktionen formuliert werden, die diese Kranken in ihrer Umgebung auslösen. *Hägglund* (1978) leitet diese Abwehrform von frühen Erfahrungen aus der Kindheit der Kranken ab, Erfahrungen des Fehlens wohlwollender, sich kümmernder äußerer Objekte, mit denen bereits kindliche Verlusttrauer hätte jemals geteilt werden können, d. h. also die Erfahrung des „Niemand hilft mir, ich bin ganz auf mich allein gestellt". Trauer muß also anscheinend mit jemandem geteilt werden, um ganz vollzogen werden zu können. Der phallisch Abwehrende hat diese Fähigkeit verloren und bleibt hinter der Mauer seiner Abwehr einsam und depressiv, wenn es nicht gelingt, ihn durch empathische Interventionen daraus zu befreien.

Dem phallisch abwehrenden Kranken steht der regredierende, eine *Symbiose mit den Objekten*, z. B. dem Therapeuten, anstrebende Kranke gegenüber, der dieser Regression keine Abwehr entgegensetzt. Entsprechend der ihr zugehörigen Ambivalenz und der fortschreitenden Einbuße von Ich-Funktionen steht diese Regression unter andauernder Trennungsdrohung, die letztlich Vernichtungsdrohung bedeutet. Deshalb stellt sich im Verlaufe dieser Regression häufig eine Persönlichkeitsspaltung ein, die für das Bestehen der Terminalphase von großer Bedeutung sein kann. Man versteht darunter das gleichzeitige Vorhandensein einer realen Erkenntnis der Todesnähe und eines Überlebensglaubens, der sich oft in sehr lebhaften Phantasien über die Gestaltung der näheren oder weiteren Zukunft niederschlagen kann. Die Wahrnehmung dieser Spaltung und der psychologische Umgang mit ihr ist für die Umgebung aber oft außerordentlich schwierig, da ihr Nachvollzug, d. h. die Einfühlung in die Spaltung, sich in einen krassen Gegensatz zum in der Umgebung meist vorherrschenden Realitätsprinzip setzt. Die jede Realität scheinbar verleugnende Irrealität dieser Spaltung kann von der Umgebung oft nicht nachvollzogen werden, und es bleibt deshalb oft unverstanden, daß der Patient gerade durch diese Spaltung seine Todesangst bewältigt und die Kommunikation mit der Umgebung, deren Verlust ihn bedroht, aufrechterhält. Wer den Patienten bis zum Ende begleiten will, also wirkliche psychologische Sterbehilfe leisten will, ist deshalb genötigt, dieser Spaltung Rechnung zu tragen und sie nicht durch eigene Spaltung, also z. B. durch Verweigerung des Eingehens auf die Phantasien des Kranken oder durch Verleugnung der Realität des nahenden Todes zu beantworten. Er muß vielmehr in der Lage sein, mit beiden Teilen des Kranken, mit dem Sterbenden und dem Überlebenden gleichzeitig umgehen zu können, denn nur dann ist Gewähr dafür geboten, daß der Kranke sich als ganzer Mensch gehalten und begleitet fühlt (*Dreifuss* 1981, *Meerwein* 1981).

Die 42jährige Frau L. leidet als Folge von Wirbelmetastasen bei Mamma-Carcinom an einer Paraplegie beider Beine. Hinsichtlich ihrer Weiterbehandlung bilden sich in ihrem Behandlungsteam zwei Gruppen: während die einen Fortsetzung der physikalischen Therapie und Vertrautmachen der Patientin mit dem Rollstuhl anstreben (vor allem Ärzte und Physiotherapeuten), meinen die anderen (Krankenschwestern), mit solchen Maßnahmen würden der Patientin unrealistische Hoffnungen geweckt, weshalb sie besser unterblieben. Beide Teile des Teams konnten sich gegenseitig nicht mehr verstehen. Erst nachdem das Team begriff, daß die Spaltung des Teams einer inneren Spaltung der Patientin entsprach, einer Spaltung zwischen einem sich stark und potent fühlenden und einem sich schwach und sterbend fühlenden Teil, konnte die Kommunikation im Team wieder hergestellt werden. Die (hier maltherapeutisch arbeitende) Therapeutin konnte hierauf die Angst der Patientin vor völliger Abhängigkeit und Tod als auch ihre Hoffnung auf kreative Veränderungen und Genesung mit der Patientin zur Darstellung und Bearbeitung bringen, was der Patientin ermöglichte, noch monatelang zu Hause in relativer Autonomie zu überleben.

Unter besonderen Umständen können derartige Spaltungen psychotische Dimensionen annehmen. Ein 36jähriger Patient, Herr B., mußte einer akuten Knochenmarksaplasie wegen notfallartig und ohne psychologische Vorbereitung in eine sog. „Life-Island-Isolation" übergeführt werden. Die akute Lebensbedrohung bei gleichzeitiger extremer räumlicher Isolation in der Sterilpflegeeinheit löste bei diesem zu Abhängigkeiten neigenden Mann eine Psychose vom sog. akuten exogenen Reaktionstyp aus. Während der ersten Nacht zerschnitt er seine Infusionsschläuche und zog die herbeieilende Krankenschwester in die Einheit. Wieder an die Infusionen angeschlossen, phantasierte er sich im Bett aus der Einheit in den Himmel schwebend und forderte seine ihn besuchende Gattin auf, ihn auf diesem Flug zu begleiten. Diese psychotische Spaltung stellt einen Versuch des Patienten dar, Isolation und Todesangst durch phantasierte Wiedervereinigung mit dem „verlorenen Objekt" zu überwinden.

Manche Patienten entwickeln in der Terminalphase ihres Leidens ein starkes Bedürfnis nach *kreativer Bewältigung* ihrer Sterbeerfahrung (*Meerwein* 1976). Der eingangs erwähnte Schriftsteller *W. M. Diggelmann* ist hierfür wie viele andere (z. B. *F. Zorn* in „Mars") ein eindrückliches Beispiel. Im kreativen Akt zeigt sich der Wunsch, die verlorenen und zu verlierenden Aspekte der Innen- und Außenwelt in einen sinnvollen Zusammenhang zu stellen, damit wiederherzustellen, neu zu gewinnen und in dieser neuen Gestalt auch nach dem eigenen Tode zu überleben. Durch besondere therapeutische Angebote, z. B. Malpsychotherapie (*Dreifuss* 1981), kann dieses kreative Bedürfnis, das sich nur in seltenen Fällen spontanen Durchbruch verschaffen kann, gefördert werden.

Herr Z., ein 48jähriger verheirateter Mann, Vater dreier Kinder, war zur cytostatischen Behandlung einer akuten lymphatischen Leukämie mehrere Male hospitalisiert. Im Verlaufe dieser Hospitalisationen wurde ihm ein malpsychotherapeutisches Programm angeboten, auf welches er sehr gut ansprach. Nachdem trotz Behandlung die Krankheit fortschritt und in die Terminalphase eintrat, wurde er auf eigenen Wunsch nach Hause entlassen. Dort malte er, gemeinsam mit der Therapeutin, ein Bild. Dieses stellte einen schwarzen Vorhang dar, der, nach den Worten des Patienten, heruntergelassen worden war, als er von der Unheilbarkeit seiner Krankheit erfahren hatte. Allerdings war dieser Vorhang durch einen Spalt geteilt, durch welchen er „immer noch Hoffnung wahrnahm". Der Patient forderte die Therapeutin auf, „die seit dem Krankheitsbeginn gemeinsam erlebte Vergangenheit" im Vordergrund des Vorhanges zu malen und dabei dieselben Farben zu verwenden, die auf früheren Bildern verwendet worden waren. Mit diesen Farben gestaltete der Patient dann den durch den Spalt wahrnehmbaren Hintergrund des Bildes und beschrieb diesen mit „Zukunft".

Auf eine darauf folgende kurze Therapieunterbrechung reagierte der Patient mit erneuten, tiefen Einsamkeits- und Annihilationsgefühlen. Auf deren empathisch spiegelnde Deutung hin beruhigte er sich wieder. Er berichtete, wie ihm die Arbeit mit der Therapeutin wie ein Wandern in der Natur erschien und daß Erinnerungen an Alpaufenthalte und starke religiöse Gefühle der Geborgenheit mit diesen Erinnerungen verbunden seien. Erstmals konnte er nun von seinem Vater erzählen, der ebenfalls an einer Blutkrankheit starb, als der Patient 15jährig war. Mit ihm wanderte er häufig in der Natur, und viele gute Erinnerungen verbanden ihn mit seinem Vater. In der folgenden Stunde verabschiedete sich der Patient von seiner Therapeutin, dankte ihr und starb am folgenden Tage. Die Malpsychotherapie hatte ihm ermöglicht, im gemeinsamen Gestalten gute, der drohenden Zerstörung widerstehende innere Erfahrungen wiederzuleben (sog. „Wiederbesetzung guter, internalisierter Objekte") und die Trennung von diesen Erfahrungen aufzuheben. Dies ermöglichte dem Patienten ein ruhiges Sterben.

Literatur

Brodsky, B.: Liebestod Phantasies in a Patient Faced with Fatal Illness, *Int. J. Psychoanal.* 40:13 (1959).

Bürgin, D.: Das Kind, die lebensbedrohende Krankheit und der Tod, H. Huber, Bern (1979).

Diggelmann, W. M.: Schatten. Tagebuch einer Krankheit, Benziger, Zürich/Köln (1979).

Dreifuss, E.: Die Bedeutung der Kunstpsychotherapie in der Behandlung Krebskranker, *Schweiz. Rundschau Med.* (Praxis) 24:1095 (1981).

Eissler, K. R.: Der sterbende Patient. Zur Psychologie des Todes, Friedrich Fromann, Stuttgart-Bad Canstatt (1978).

Freud, S.: Zeitgemäßes über Krieg und Tod, Imago, Band 10:347 (1915) S. 347, 350.

Freud, S.: Jenseits des Lustprinzips, Imago, Band 13 (1920).

Freud, S.: Das Ich und das Es, Imago, Band 13: 288. (1923).

Freud, S.: Abriß der Psychoanalyse, Imago, Band 17:72. (1938).

Hägglund, T. B.: Dying. A Psychoanalytic Study with Special Reference to Individual Creativity and Defense Organization, Int. Universities Press, Inc., New York (1978).

Joseph, F.: Transference-Countertransference in the Case of a Dying Patient, *Psychoanal. Rev.* 49:21 (1962).

Kübler-Ross, E.: Interviews mit Sterbenden, Kreuz-Verlag, Stuttgart (1971).

LeShan, L.: You can fight for your life, Jove/HBJ Books, New York (1978).

Meerwein, F., Kauf, S., Schneider, G.: Bemerkungen zur Arzt-Patienten-Beziehung bei Krebskranken, *Zschr. Psychosom. Med. Psychoanal.* 22:278 (1976).

Meerwein, F. (Hrsg.): Einführung in die Psycho-Onkologie, H. Huber, Bern, 2., durchgesehene u. erg. Aufl. (1981).

Norton, J.: Die Behandlung einer sterbenden Patientin, *Psyche* 22:99 (1968).

Pfister, O.: Schock-Denken und Schock-Phantasien bei höchster Todesgefahr, *Int. Z. Psychoanal.* 16:430 (1930).

Sandford, B.: Some Notes on a Dying Patient, *Int. J. Psycho-Anal.* 38, 158-165 (1957).

Schwartz, A. M., Karasu, T. B.: Psychotherapy with the Dying Patient, *Am. J. Psychotherapy,* Vol. 31: 19 (1977).

Weisman, A. D.: On Dying and Denying. A Psychiatric Study of Terminality, Behavioral Publications Inc., New York (1972).

8 Tod und Wandlung*
Gedanken zur Begleitung Sterbender aus der Sicht der Analytischen Psychologie C. G. Jungs

Kaspar Kiepenheuer, Zürich[1]

1. Einleitung

Der Umgang mit Sterbenden erfordert eine persönliche Stellungnahme, die auf persönlicher Erfahrung gründet. Die vorliegende Arbeit will keine Überschau über das weitläufige Feld geben, sondern vielmehr dort einen Schwerpunkt setzen, wo die eigene Erfahrung und das Gedankengut der Analytischen Psychologie zu den vielfältigen Arbeiten auf diesem Gebiet Ergänzendes hinzuzufügen vermag. Im Vordergrund dieser Betrachtungen steht nicht das Sterben, sondern der Tod. Denn solange er im Hintergrund lauert, überschattet er um so bedrohlicher und lähmender das Umfeld des Sterbenden.

„... der Tod ist ein treuer Begleiter des Menschen und folgt ihm als sein Schatten. Man hat noch einzusehen, wie sehr Lebenwollen = Sterbenwollen ist", schrieb *Jung* (Briefe I, S. 56) in einem kurzen Beileidsbrief an einen Freund. Diesen Schatten abzustreifen und den Tod aus unserem alltäglichen Denken zu verbannen, scheint ein unermüdliches Bemühen in unserer Welt zu sein. Aus der Sicht des Jungschen Denkens können wir den Tod nicht aus dem größeren Zusammenhang, aus einer Einheit herauslösen: der Tod ist nicht nur ein Teil des Ganzen, sondern könnte sogar eine Kulmination, ja letzte Vollendung eines erfüllten Lebens sein.

Das Leben der Natur und des Menschen ist durchwoben von Sterben und Vergänglichkeit. Der Tagesrhythmus und der jahreszeitliche Ablauf liefern uns vertraute Bilder hierfür, wir sprechen vom Lebensabend, vom Herbst des Lebens. Tagaus, tagein werden wir ans Sterben gemahnt: die Trennung von einem geliebten Menschen, der Abschied von einer Lebensphase, ja jede Ent-scheidung ist eine Einübung auf das Sterben. Die ärztliche Aufgabe gegenüber den Menschen schließt immer (und sei es nur im stillen Hintergrunde) die Auseinandersetzung

---

[1] Für wertvolle Kritik und Anregungen danke ich Frau Susan Bach (London), Frau Aniela Jaffé (Zürich) und Frau Verena Kast (St. Gallen).

*) Verfaßt im September 1982.

mit dem Tod mit ein. „Der Arzt der Antike, der meist Naturwissenschaftler und Philosoph zugleich war, meditierte mit dem Totenschädel auf dem Pult. Er betrachtete den Tod nicht aus der Sicht des Lebens. Er betrachtete das Leben durch die Augenhöhlen des Schädels" (*Hillman* 1966, S. 46). Insbesondere in der zweiten Lebenshälfte, dem Lebensnachmittag, wird die Hinwendung zum Tod zu einer wesentlichen Lebensaufgabe, ja zum Ziel des Ganzwerdungs- und Abrundungsprozesses, welchen *Jung* „Individuation" nannte. Deshalb kann es nicht eine eigenständige Disziplin oder einen Fachmann für Sterbetherapie geben. Auch kann der Blick des Sterbebegleiters sich nicht allein auf die letzte Phase des Lebens richten, in welcher eigentlich „alles schon gelaufen" ist. Vielmehr ist in jenen letzten Augenblicken das Leben als Ganzes konstelliert. Die Qualität und Erfülltheit eines Lebens bestimmt in hohem Maße die Qualität des Sterbens, des Sterbenkönnens. Leben und Tod sind ineinander enthalten.

2. Seele und Tod

> „... das Klima eines Todes ist das unheimlichste aller Gefühle, eine Urgewalt tritt auf. Man wird aus der Bahn geschleudert ... ich hasse den Tod! ..."

Dies sind die Gedanken eines pubertierenden Analysanden, den seine Ungewißheit über den Sinn des Lebens bis zu Selbstmordgedanken führte. Eindrücklich beschrieb er mir, wie dieses grausame und zugleich erhabene Geschehen an seinen tiefsten Wurzeln rüttelte. Er hatte damals seine Konfirmation, jenen schwachen Nachfahren alter Initiations-Bräuche („rites de passage"), der ihm in seiner modernen, aufgeklärten Form nicht die starke Symbolik von Vernichtung und Verwandlung vermitteln konnte, wie sie z.B. von den Pubertäts-Initiationen einiger Naturvölker berichtet wird (*Eliade* 1958), oder von Tod und Auferstehung der christlichen Überlieferung (Kar-Woche). Ist es ein Zufall, daß dieser Junge gerade bei der Konfirmationsfeier sich so bedrückt im Hintergrund hielt, daß der Pfarrer sich besorgt an mich wandte? Dabei sei die Feier doch — so der Pfarrer — mit Bedacht schonend und nüchtern gestaltet gewesen. In der Therapie konnte sein „Tod" bzw. seine Initiation durch die tragende Symbolik seiner Bilder aus dem Unbewußten (Träume, Zeichnungen, Sandspiele) durchgestanden und eine Wandlung ermöglicht werden (*Kiepenheuer* 1984).

Fragen nach dem Sinn des Lebens, des Todes und nach einem „Danach" sind so alt wie die Geschichte der Menschheit. Mythologien und Religionen zeugen vom ringenden Suchen nach Antworten. Der

Ausgangspunkt dieses Weges ist immer wieder das Erleben eines finsteren Abgrundes. Das Grauen vor dem Tode als Urreaktion wird bei manchen primitiven Volksstämmen (in Malaysia, Laos und Sumatra) in den Bestattungsriten noch sichtbar ausgedrückt: so wird von diesen Völkern berichtet, daß sie ihre Toten liegenlassen, wo sie gestorben sind. Sie fliehen, möglichst ohne jemals wieder an den Ort zurückzukehren (*Herzog* 1960, S. 21). Eigentliche Bestattungsriten erst kennzeichnen eine differenzierte rituelle Begegnung mit der Numinosität des Todes. Die moderne Zivilisation wiederum gibt uns technische Hilfsmittel in die Hand, um diese Begegnung zu verhindern, den Tod zu verschleiern. Seit Urzeiten gewachsene Riten, „Ausdruck archetypischer Erwartungen" (*Jung*, Briefe II, S. 440), drohen dabei zu verkümmern. Symbole, welche den Menschen durch wichtige Stationen seines Lebens begleiten konnten, verblassen (vgl. *Fierz* 1982, S. 120ff.).

Ein „Danach" und ein „Jenseits" bleibt uns aus dem Blickwinkel der Lebenden verborgen. Niemand kann beweisen, daß uns nach dem Tod etwas anderes erwartet als das Nichts. Nie ist ein Mensch die Schwelle des Todes je wieder zurückgegangen. Gefragt nach seinem Glauben an ein Jenseits, bezeichnet sich *Jung* selbst als „bescheiden wie ein Regenwurm" (Briefe I, S. 306). *Jung* glaubte nicht, er hielt sich an das, was seine menschlichen Sinne erfassen konnten. Weitergehende Spekulationen behandelte er mit äußerster Vorsicht. Gefragt nach seiner Meinung zu einem Fortleben nach dem Tode, antwortete *Jung* in einem Brief:

„Diese Frage übersteigt eigentlich die Möglichkeit des menschlichen Geistes, der über sich selbst hinaus nichts aussagen kann. Überdies ist auch alle wissenschaftliche Aussage Wahrscheinlichkeit. Man kann also die Frage nur so stellen: besteht eine Wahrscheinlichkeit in bezug auf das Fortleben nach dem Tode? Es ist eine Tatsache, daß — wie alle unsere Anschauungsformen — auch Zeit und Raum keine Axiome, sondern im Grunde genommen statistische Wahrheiten sind. So zeigte sich auch, daß die Psyche zu einem gewissen Teil diesen Kategorien nicht unterworfen ist. Sie ist nämlich telepathischer und präkognitiver Wahrnehmungen fähig. Insofern sie dies ist, befindet sie sich eigentlich in einem außer-raum-zeitlichen Kontinuum . . ." (Briefe III, S. 302).

Schon in seiner Dissertation hat sich *C. G. Jung* mit der kritischen Vorsicht des Wissenschaftlers jenen seltsamen Phänomenen zugewandt, welche später unter dem Begriff Parapsychologie zusammengefaßt wurden. Er betrachtete diese Phänomene meist als einen Ausdruck der objektiven Psyche, die ihre Raum-Zeit-Beschränkung aufhebt, sich also in einer „relativen Raum- und Zeitlosigkeit" bewege (1976, GW VIII, S. 453).

Daß zumindest ein Teil der menschlichen Seele den Gesetzen von Raum und Zeit nicht unterworfen ist, also über unsere dreidimensionale Welt, die zeitliche Begrenzung und über unser rationales Verstehen hinausreicht, dafür gibt es Hinweise genug. Jeder Träumer staunt über die Ungebundenheit, mit welcher seine Träume die Gesetze unseres Verstehens übergehen: im Handumdrehen kann sich eine Szene wandeln, oder eine Traumgestalt ist plötzlich eine andere, Tote werden lebendig, Künftiges vorauserlebt. Anderseits ist es erstaunlich, „wie wenig Aufhebens die unbewußte Seele vom Tode macht!" (1976, GW VIII, S. 451).

Die Geschichte der Menschheit kennt zahlreiche Berichte, welche, oft unabhängig voneinander, eine solche transzendentale Qualität der Seele in erstaunlich übereinstimmender Weise nahelegen. Stellvertretend für viele andere sollen hier nur drei Beispiele aus sehr verschiedenen Quellen angeführt werden:
1. ein persönlicher Bericht: C. G. Jungs Vision,
2. eine Volksumfrage: „Begegnungen" mit Toten,
3. eine mythologische Überlieferung: das Tibetanische Totenbuch.

2.1 Jungs Vision

C. G. Jungs eigene Einstellung zum Tode erfuhr eine wesentliche Wandlung durch eine lebensbedrohliche Krankheit mit 69 Jahren und die inneren Bilder, die ihm während jener Krise widerfuhren.

„Zu Beginn des Jahres 1944 brach ich mir den Fuß, und es folgte ein Herzinfarkt. Im Zustand von Bewußtlosigkeit erlebte ich Delirien und Visionen, die angefangen haben müssen, als ich in unmittelbarer Todesgefahr schwebte und man mir Sauerstoff und Kampfer gab. Die Bilder wurden so gewaltig, daß ich selber schloß, ich sei dem Tode nahe. Meine Pflegerin sagte mir später: ‚Sie waren wie von einem hellen Schein umgeben!' Das sei eine Erscheinung, die sie bei Sterbenden manchmal beobachtet habe. Ich war an der äußersten Grenze und weiß nicht, befand ich mich in einem Traum oder in Ekstase. Jedenfalls begannen sich höchst eindrucksvolle Dinge für mich abzuspielen. Es schien mir, als befände ich mich hoch oben im Weltraum. Weit unter mir sah ich die Erdkugel in herrlich blaues Licht getaucht . . .
Ich hatte das Gefühl, als ob alles Bisherige von mir abgestreift würde. Alles, was ich meinte, was ich wünschte oder dachte, die ganze Phantasmagorie irdischen Daseins fiel von mir ab, oder wurde mir geraubt — ein äußerst schmerzlicher Prozeß. Aber etwas blieb; denn es war, als ob ich alles, was ich je gelebt oder getan hätte, alles, was um mich geschehen war, nun bei mir hätte. Ich könnte auch sagen: es war bei mir, und das war Ich. Ich bestand sozusagen daraus. Ich bestand aus meiner Geschichte und hatte durchaus das Gefühl, das sei nun Ich. ‚Ich bin dieses Bündel von Vollbrachtem und Gewesenem'. — Dieses Erlebnis brachte mir das Gefühl äußerster Armut, aber zugleich großer Befriedigung. Es gab nichts mehr, das ich verlangte oder wünschte; sondern ich bestand sozusagen objektiv: ich war das, was ich gelebt hatte. Zuerst herrschte zwar das Gefühl der Vernichtung, des Beraubtseins oder Geplündertseins vor, aber plötzlich wurde auch das hinfällig. Alles schien vergangen, es blieb ein fait accompli, ohne irgendwelche

Rückbeziehung auf das Frühere. Es gab kein Bedauern mehr, daß etwas weggefallen oder festgenommen war. Im Gegenteil: ich hatte alles, was ich war, und ich hatte nur das." (*Jaffé* 1962, S. 293f.)

Was folgt, ist die Beschreibung seines Wiedereintrittes ins Leben auf die Erde. Für ihn war es, in jener Situation, eine tiefe Enttäuschung: „jetzt muß ich mich wieder in das einfache, untergeordnete ‚Kistchensystem' hineinbegeben!" In den folgenden Tagen des Ringens schaute er großartige Visionen. Sie gipfelten im „Hierosgamos", der heiligen Hochzeit von Zeus und Hera, wie sie in der „Ilias" von *Homer* beschrieben ist.

„Der ‚Geruch' des heiligen Geistes . . . Es war ein Pneuma im Raum von unaussprechlicher Heiligkeit, deren Verdeutlichung das Mysterium Coniunctionis war . . .
Die Objektivität, die ich in diesem Traum und in den Visionen erlebte, gehört zur vollendeten Individuation. Sie bedeutet eine Loslösung von Wertungen und von dem, was wir als gefühlsmäßige Verbundenheit bezeichnen. An der gefühlsmäßigen Verbundenheit liegt den Menschen im allgemeinen sehr viel. Aber sie enthält immer noch Projektionen, und diese gilt es zurückzunehmen, um zu sich selbst und zur Objektivität zu gelangen. Gefühlsbeziehungen sind Beziehungen des Begehrens, belastet mit Zwang und Unfreiheit; man erwartet etwas vom anderen, wodurch dieser und man selber unfrei werden. Die objektive Erkenntnis steht hinter der gefühlsmäßigen Bezogenheit; sie scheint das zentrale Geheimnis zu sein. Erst durch sie ist die wirkliche Coniunctio möglich." (*Jaffé* 1962, S. 299f.)

Für *Jung* begann nach der Krankheit eine fruchtbare Zeit der Arbeit, auch ein unbedingtes Ja-Sagen zum Sein, wie er es nannte. Seine neu errungene Einstellung drückte er in einem Brief folgendermaßen aus:

„. . . der aspectus mortis ist eine gewaltig einsame Sache, wenn man in Gottes Gegenwart aller Dinge beraubt wird. Die eigene Ganzheit wird gnadenlos erprobt . . ." (*Jung*, Briefe III, S. 64).

In neuerer Zeit wurden Erlebnisberichte von fast Gestorbenen veröffentlicht, die in eindrücklicher Weise mit dem berichteten Erleben von C. G. *Jung* übereinstimmen (*Moody* 1975, *Hampe* 1975, *Wiesenhütter* 1978). Den meisten dieser Übergangs-Erfahrungen ist gemeinsam, daß der aus seinem eigenen Körper Heraustretende eine Fähigkeit der Wahrnehmung behält und von oben herab seinen eigenen leblosen Körper beobachtet. Ferner wird immer wieder von einem Licht berichtet, das den Sterbenden zu empfangen scheint, es wird als wärmend und bergend empfunden. Es wird so etwas wie ein zeitgeraffter Lebensrückblick erlebt, welcher den vom Leben Scheidenden zu der kritischen Frage veranlaßt, ob der Auftrag dieses Lebens hiermit nun erfüllt sei. Das Zurück in den wiederbelebten Körper wird von den Geretteten als mühsam oder gar qualvoll beschrieben.

2.2 „Begegnungen" mit Toten

In ihrem Buch „Geistererscheinungen und Vorzeichen" hat *A. Jaffé*
(1978) ein umfangreiches Material zum Thema dieser Grenzerfahrun-
gen psychologisch gedeutet und kommentiert. Es stammt von 1200
Briefzuschriften auf eine Umfrage der Zeitschrift „Schweizerischer
Beobachter" aus dem Jahre 1954/55. Die Antworten kamen aus allen
Schichten der Bevölkerung. *Jaffé* weist auf den kollektiven Wissens-
schatz hin, der hierin zum Ausdruck kommt, sowie auf die wertvolle
Aussagekraft dieser Grenzerfahrungen für den Betroffenen. Die
Zuschriften handeln von Träumen, Visionen und Erscheinungen, in
welchen Sterbende und Verstorbene sich den Lebenden bemerkbar zu
machen scheinen, oft zu einem Zeitpunkt, da der physische Tod noch
gar nicht eingetreten und nicht vorauszusehen war. Von den meisten
dieser Seelenbegegnungen scheint eine beruhigende, tröstende Aus-
strahlung auszugehen. So erscheint in vielen dieser Berichte der Tod als
eine Heimkehr des Menschen zu „seinen Leuten", „zu den Vätern". Die
beschriebenen Erscheinungen von Geistern vertrauter Verstorbener
sind oftmals von einem leuchtenden, beglückend wirkenden Glanze
umgeben. Hier ein Beispiel einer Zuschrift:

„In einer Nacht sah ich meinen lieben Vater in einem lichten Schein an mir vorbei-
schweben. Glaubte zuerst zu träumen, habe mich dann aber im Bett aufgesetzt. War also
völlig wach. Wir sahen uns in die Augen, Vater war so schön, wie ich ihn nie zuvor sah,
möchte fast sagen, wie verklärt. Dann kam mir der Gedanke, es habe gewiß etwas mit
meinem Vater gegeben. Am andern Tag erhielt ich ein Telegramm, Vater sei an einem
Schlaganfall gestorben. Alter 85. — Hatte immer etwas Angst um das Seelenleben meines Vaters, aber weil ich ihn so schön sah, nahm ich an, daß er innerlich vorbereitet war.
Das gab mir große Befriedigung ..." (*Jaffé* 1978, S. 69).

Dieses Zitat ermutigt mich, dem Leser ein ganz persönliches Erleben
anzuvertrauen: meines Vaters Tod, der für mich tief einschneidend
war, zugleich aber auch neue Wege eröffnete.

Während eines Studienaufenthaltes in London ergriff mich plötzlich eine unbeschreibliche Unruhe. Ich hatte gerade meinen Geburtstag und war zu Kaffee und Kuchen bei
Susan Bach (s. Literatur), die mich zu jener Zeit in das Verstehen von Spontanzeichnun-
gen sterbenskranker Kinder einweihte. Ich eilte zurück in meine Wohnung, wo ich
sogleich die telefonische Nachricht erhielt, mein Vater sei gestorben: Herzinfarkt, beim
Besuch eines Sonnenobservatoriums hoch in den Bergen von Mexico. Er war Sonnen-
astronom und hatte immer mit sichtbarer Leidenschaft von „seiner Sonne" gesprochen.
Später entdeckte ich zu Hause neben seinem Bett ein Büchlein „Die Sonne" (*Masereel*
1947) mit zahlreichen Holzschnitten. Eine Seite war mit einem Zettel besonders markiert: Dieses Bild (siehe Abb. 1) schien mir meines Vaters Vorahnung vom Tod anzudeuten. Erst später lernte ich etwas über einen alten mexikanischen Todesmythos, in welchem die Vorstellung lebt, Sterbende vereinigen sich mit der Sonne. Abgesehen von diesem kollektiven Aspekt empfand ich den Tod meines Vaters auch als eine persönliche
Nachricht an mich, „wählte" er doch meinen Geburtstag für die „Heimkehr zu seiner

Sonne". Noch oft begegneten wir uns im Traum, wo er mir gegenüber eine gütige, väterliche Zärtlichkeit entwickelte, wie sie zu seinen Lebzeiten nie wirklich werden konnte.

In vielfältiger und nachprüfbarer Weise belegen diese Berichte die von *Jung* beschriebene Qualität der Seele, die „relative Raum- und Zeitlosigkeit". Die Begegnung mit diesen Erscheinungen erklären uns keineswegs das Mysterium vom Tod, so *A. Jaffé*, aber sie können die Angst und den Schauder vor der Dunkelheit des Todes vermindern.

In seinem Aufsatz „Synchronizität als ein Prinzip akausaler Zusammenhänge" geht *Jung* (1952) auf den Charakter dieser Erscheinungen ausführlich ein sowie auf die Bedeutung für denjenigen, dem sie widerfahren. In einem Brief an Professor *H. Bender*, Freiburg i. Breisgau, schrieb er:

„... Der Psycholog, der sich mit den Vorgängen im Unbewußten beschäftigt, weiß nämlich, daß sich solche merkwürdigen ‚Zufälle' mit Vorliebe im Umkreis archetypischer Konditionen ereignen und daß es öfters den Anschein hat, als ob die innere psychische Disposition durch eine gleichzeitig sich ereignende und kausal unabhängige Paralleldisposition entweder in einem andern Menschen oder in einem Tier oder in Umständen abgebildet würde. Daher die Begleiterscheinungen bei Todesfällen: die Uhr steht still, ein Bild fällt von der Wand, ein Glas zerspringt etc." (*Jung*, Briefe III, S. 154).

C. G. Jungs Begriff der „Synchronizität" bezeichnet das Zusammentreffen zweier oder mehrerer Ereignisse, die für den Betroffenen einen tiefen Sinnzusammenhang haben, nach unserem Wissen aber nicht kausal miteinander verknüpft sein können. Gemeinhin wäre man geneigt zu sagen: „Ach, was für ein Zufall!" In den Rahmen dieser Zufälle gehören auch andere rätselhafte Erscheinungen wie Telepathie, Visionen, Spuk und außersinnliche Wahrnehmungen. Während die objektiv-physikalische Untersuchung dieser Dinge nichts Erhellendes beigetragen hat, betrachten wir sie aus der Perspektive des Subjektes als eine Projektion tiefer, archetypischer Inhalte, indem das Selbst geheimnisvolle *innere* Kräfte freisetzt, die sich *außen* über das Prinzip der simplen Kausalität hinwegsetzen und die Begrenzung von Raum und Zeit durchbrechen. Es ist ganz im Sinne der Synchronizität, dieses innere und jenes äußere Geschehen als sinnreich, aber nicht bloß kausal miteinander verbunden anzuschauen. Für den Betroffenen haben die synchronistischen und verwandten Phänomene den Charakter des Numinosen, ja einer Offenbarung. Werden sie „verstanden", so können sie den weiteren Lebensweg entscheidend bestimmen.

2.3 Das tibetanische Totenbuch

Von den zahlreichen Zeugnissen der Menschheitsgeschichte zu Vorstellungen über ein außer-raum-zeitliches Dasein soll hier das tibetanische Totenbuch stellvertretend erwähnt werden (*Evans-Wentz* 1971). Es ist die Niederschrift des Schülers eines tibetanischen Weisen, für uns eine unschätzbare Fundgrube kollektiver, archetypischer Inhalte. Es geht in diesem Buch, zu dessen deutscher Übersetzung *C. G. Jung* ein Geleitwort und einen psychologischen Kommentar schrieb, um eine den Sterbenden und Verstorbenen „von Angesicht zu Angesicht" vorgelesene Belehrung für ihren Weg durch die vier sogenannten Bardostufen und schließlich zur Vorbereitung auf ein Jenseits. Der Tote wird auf jedem Stück seines Weges zu voller Aufmerksamkeit angehalten. Während der ersten Stufe erfährt er:

„... Oh, Edelgeborener (Soundso), höre zu. Jetzt erfährst du die Strahlung des Klaren Lichtes Reiner Wirklichkeit. Erkenne sie ... Dein eigener Geist, der jetzt Leere ist, jedoch nicht als die Leere des Nichts zu betrachten ist, sondern als reiner Geist, unbehindert, leuchtend, erregend und glückselig, ist das wahre Bewußtsein, der allgute Buddha ..." (*Evans-Wentz* 1971, S. 170).

Auf einer nächsten Stufe, in welcher das Bewußtsein aus dem Körper heraustrete, wird der Tote durch den vorlesenden Lama auf die erreichte Befreiung aufmerksam gemacht. Im weiteren geht es um eine zunehmende Ablösung von den Hinterbliebenen und Begegnung mit „friedlichen und zornigen Gottheiten", die als eigene Gedankenformen, also als Projektionen, anzuschauen seien. Diese letzte Bardostufe begleitet durch die Nachttodwelt, in welcher der Verstorbene in

Gestalt eines „Wunschkörpers" zu ungehinderter Bewegung, ohne jede raumzeitliche Begrenzung, fähig ist. In dieser Phase des „Zwischenzustandes" wird der Tote durch den Vorlesenden auf ein grauenerregendes „Gericht" vorbereitet.

> „... darauf schlingt eine Furie des Todesgottes ein Seil um deinen Hals und zerrt dich weg; sie schneidet deinen Kopf ab, nimmt dein Herz heraus, reißt deine Eingeweide heraus, leckt dein Gehirn aus, trinkt dein Blut, ißt dein Fleisch und nagt an deinen Knochen ... selbst, wenn dein Körper in Stücke zerhackt wird, erholt er sich wieder ..." (a.a.O. S. 245).

Der Tote wird nun weiterhin zum Durchhalten ermahnt, bis vollkommene Erleuchtung und Befreiung erreicht werde. Aufgabe des Verstorbenen ist es nun, seine karmische Neigung in Richtung zu einer neuen irdischen Geburt zu bekämpfen. Denn eine solche Wiedergeburt wäre der Weg der Schwachen, die außerstande seien, Zuneigung und Abneigung abzulegen (vergleiche oben *Jungs* Bemerkung zu seiner Vision). Letztes und edles Ziel des „von Angesicht zu Angesicht" belehrten Toten sei es vielmehr, in eine „übernormale Geburt, in ein Paradiesesreich ..." einzugehen.

In der Einführung des tibetanischen Totenbuches lesen wir: „Die Botschaft dieses Buches ist, daß die Kunst des Sterbens ebenso wichtig ist wie die Kunst zu leben (oder zur Geburt zu gelangen) und daß sie diese ergänzt und krönt; ferner, daß das künftige Dasein vielleicht sogar ganz abhängt von einem richtig gemeisterten Tod ...". Der Sterbende wird mit pädagogischer Geduld und Geschick sozusagen bei der Hand genommen. Es geht nicht in erster Linie um den Abschied von dieser Welt, sondern um eine Einführung, Initiation in eine neue, erhabene Kenntnis der Dinge. Wie jede wirkliche Initiation ist die Stufe der Peinigung und Reinigung unvermeidlich, hier nimmt sie den Charakter des Fegefeuers an. Ein wesentlicher Gehalt dieser Totenbelehrung wird von *Jung* in seinem Geleitwort beschrieben:

> „... Keiner Selbstwerdung (Individuation) ist dieser gefährliche Durchgang (gemeint ist die Tortur) erspart, denn zur Ganzheit des Selbst gehört auch das Gefürchtete, die Unter- oder Überwelt der seelischen Dominanten, aus der sich das Ich einst mühsam und nur bis zu einem gewissen Grade zu einer mehr oder weniger illusionären Freiheit emanzipiert hat ..." (*Jung*, GW XI, S. 561f.).

und an anderer Stelle:

> So ist „... das ganze Buch aus den archetypischen Inhalten des Unbewußten geschöpft ...", ist also „Realität seelischer Gegebenheiten ... so soll der Tote erkennen, ... daß seine Seele und der Geber aller Gegebenheiten eins und dasselbe sind: ..., die Götter — und Geisterwelt ist ,nichts als' das kollektive Unbewußte in mir ..." (a.a.O. S. 566).

Es handelt sich keineswegs um eine rationale Reduktion des Göttlichen als ein nur psychologisches Phänomen. Im Gegenteil, Ziel der Belehrung ist es, „... die durch Geburt verlorene Gottheit der Seele wieder herzustellen" (a. a. O. S. 555).

Die Auseinandersetzung mit den hier dargelegten Mitteilungen aus dem Unbewußten des Individuums und der Völker erweisen sich als Orientierungshilfen für den Suchenden, der bereit ist, sich ein Bild von einem „Danach" zu machen. Mehr ist von diesen Zeugnissen nicht zu erwarten. Das Annehmen des Todes als ein Kernstück des Individuationsweges muß von jedem einzelnen errungen werden.

3. Die Arbeit mit Sterbenden

Die ärztliche Arbeit auf einer Abteilung für leukämie- und tumorkranke Kinder war mir eine wesentliche Erfahrung für das Verstehen und Begleiten von Sterbenden. Viele diese Kinder (keineswegs alle) starben Monate oder Jahre nach Ausbruch der Krankheit (*Hitzig* und *Kiepenheuer* 1976, *Kiepenheuer* 1978, 1980).

Im Umgang mit diesen Kindern litt ich anfangs unter meiner Hilflosigkeit, wenn ich glaubte, etwas tun zu müssen, oder unter meiner Sprachlosigkeit, wenn ich glaubte, etwas sagen zu müssen. Erst später erfuhr ich von den kranken Kindern selbst, daß es auf etwas ganz anderes ankam, nämlich: zuhörend da zu sein und mitzugehen. Dies schien mir besonders dann schwer zu sein, wenn eben nichts getan und nichts gesagt werden konnte. Es schien mir dann wichtig, die eigene Hilf- und Sprachlosigkeit einzugestehen, anzunehmen und auszuhalten.

Die beiden folgenden Berichte über Begegnungen mit sterbenskranken Kindern sind eine freimütige Darstellung der eigenen Betroffenheit. Beide Kinder litten an der gleichen Krankheit: akute lymphatische Leukämie. Jedoch waren die Persönlichkeiten und die Bewältigung der bedrohlichen Situationen bei beiden grundsätzlich verschieden. Diese Kinder waren wichtige Stationen für mich selber, für meine Haltung zu Tod und Sterben und damit zum Leben. Es zeigte sich, daß ich durch mein aufmerksames Zuhören und Miterleben zum Lernenden und die beiden Kinder zu meinen Lehrmeistern wurden.

3.1 „Elisabeth"

Als die 8jährige Elisabeth mit Verdacht auf eine Leukämie ins Spital eintreten mußte, war ich ihr Abteilungsarzt. Die Diagnose mußte bald bestätigt werden. Während der drei Wochen der intensiven Behandlung lag sie in einem Einzelzimmer, damit sie vor Infektionen geschützt war. Dieses Zimmer war mir in einem erschaudernden Sinne heilig. Es kostete mich immer eine kleine Überwindung, die Schwelle zu überschreiten. Elisabeth war für mich eine Gezeichnete, bestimmt für einen ganz besonderen Weg, dem meinen weit voraus, in einsamer Entfernung auch zu ihrer Familie. Zwar kamen die Eltern oft zu Besuch und brachten reichlich Geschenke. Aber sie schienen mir sehr betreten und verlegen, sprachen nur über ganz alltägliche Dinge mit Elisabeth, innerlich hatten sie einen großen Abstand zu ihr. Sie selbst schien sich mit einer Art Schutzmantel zu umgeben, welcher nur einen oberflächlichen Kontakt erlaubte, als wollte sie sich seelisch nicht berühren lassen. Auch dies war es, was mir den Besuch in ihr Zimmer erschwerte: mir lagen Dinge auf der Zunge, die sie im Gespräch nicht zuließ. Über anderes mit ihr zu sprechen dagegen, schien mir zu banal, ja unwürdig, angesichts ihres doch so tragischen Schicksals.

Elisabeth kam über diesen ersten Schub gut hinweg. Sie konnte in einem kräftigen Zustand nach Hause entlassen werden, ging wieder zur Schule, hatte Besuch von ihren Freundinnen — äußerlich alles so, als wäre nichts geschehen. In regelmäßigen Abständen mußte sie zu Kontrollen und Behandlungen in unsere Poliklinik kommen, das empfand sie als eine schwere Plage, lautstark konnte sie darüber fluchen, rissen doch diese Konsultationen sie jedesmal aus ihrem Alltag heraus, in dem sie sich völlig normal und gesund wähnte. Elisabeths Umgebung, die Eltern, der größere Bruder und die kleinere Schwester, taten auch alles, um den gesunden Alltag zu betonen. Auch eine gutmeinende ärztliche Kollegin ging in diesem Sinne positiv auf das Mädchen ein und unternahm mit ihr Dinge, die das aktive, lebendige Leben bestärkten und die schmerzliche Wirklichkeit verleugneten. Elisabeth schätzte es sehr, wenn sie mit ihrer Ärztin z. B. reiten gehen konnte. Aber, ein wesentlicher Teil der ganzen Wahrheit wurde bei dem ganzen Arrangement konsequent ausgelassen. Es bestand so etwas wie ein Komplott des Schweigens in der Umwelt von Elisabeth.

Beide Eltern zeigten ein starkes Bedürfnis der Aussprache. Wir luden sie zu unseren Elternabenden ein, bei welchen sie, zusammen mit anderen Eltern in ähnlicher Situation, Gelegenheit hatten, außerhalb des Klinikbetriebes mit uns über persönliche Nöte zu sprechen und mit anderen Eltern zu teilen. Die Ehe von Elisabeths Eltern war schon seit Jahren am Zerbrechen, erst die schwere Krankheit ihres Kindes brachte die beiden wieder vorübergehend zusammen, zu einer Art Notgemeinschaft. Gegenüber Elisabeth gaben sie sich gemeinsam größte Mühe, gute Miene zum bösen Spiel zu machen, indem sie ihr eheliches Zerwürfnis überspielten und die Krankheitsbedrohung verleugneten.

Elisabeth produzierte damals viele Zeichnungen, wozu wir sie ermutigt hatten. Während Wochen blieb sie bei ein und demselben Motiv: ein Mädchen steht unter einem großen Regenschirm am Rande eines Trottoirs. Riesengroße Tropfen prallen auf den Schirm und sammeln sich am Boden zu zwei Pfützen. Auf der Straße sieht man die Andeutung von einem Zebrastreifen. Der Kopf und der Oberkörper dieses Mädchens bleiben geschützt und verborgen unter dem riesigen Schirm. Weder die Tropfen noch die Blicke können ihr Gesicht erreichen.

Dieses Bild war ein deutlicher Ausdruck ihrer Haltung, die ich akzeptieren mußte. Sie wich mir aus und ließ mich kaum an sich heran. Statt dessen überreichte sie mir immer wieder eine solche Zeichnung mit dem Schirmmädchen, als wollte sie mir damit sagen: „Laß mich in Ruhe in meiner Einsamkeit!" Einzig der angedeutete Zebrastreifen schien ein Stück weit einen Zugang zuzulassen.

Der Vater suchte mich eines Tages für ein Gespräch auf, als er das hartnäckige Schweigen um sein Kind und dessen Krankheit kaum mehr aushielt. Ich ermutigte ihn, mit Elisabeth (vielleicht auf einem Spaziergang) offen über seine schrecklichen Sorgen und Ängste zu sprechen, um damit beide gleichsam aus der Einsamkeit ihres Wissens zu befreien. Zu meinem großen Kummer mißglückte aber auch dieser Versuch: Elisabeth gab sich entrüstet, schon als ihr Vater anfing, von der Krankheit zu sprechen. Sie beschwor ihn, die Krankheit zu vergessen und sich „normalen" Dingen zuzuwenden. „Was ist denn los mit euch heute: Bitte, bitte, seid doch so wie gestern und alle Tage vorher", flehte sie, ja schrie sie. Die Eltern und die beiden Geschwister hielten sich fortan weiter an dieses Gebot, einerseits erleichtert, andererseits bedrückt. Der Scheinfriede wurde fortgesetzt, und es schien auch ganz gut zu funktionieren. Aber jedesmal, wenn Elisabeth ins Spital mußte, war die Hölle los. Und besonders als sie einen Rückfall hatte, war sie ganz verloren. In keiner Weise schien sie darauf vorbereitet. Es herrschte dann eine unsagbare Stille um sie herum. Später kam es immer häufiger zu Rückfällen und Komplikationen, die sie in großer Einsamkeit durchstehen mußte.

Eines Tages spürte die Mutter, daß es mit Elisabeth bald zu Ende gehen würde. Im Fieber äußerte das Mädchen einen eigenartigen Wunsch: „Gebt mir Sand und Kies zu essen!" Wünschte sie Gewicht, Ballast, um Erdenschwere zu behalten? Oder verband sie sich in ihrer Phantasie schon mit der Erde, von der sie aufgenommen werden sollte? Die Mutter war völlig hilflos. Sie wußte nicht, was sie sprechen sollte noch was sie tun sollte. Sie hatte nicht den Mut, ihr Kind zu Hause sterben zu lassen. Schließlich wurde Elisabeth ins Spital eingeliefert, obwohl sie sich entschieden und flehentlich dagegen wehrte. Allein der Vater war während Elisabeths letzten Lebensstunden imstande, sie zu begleiten. Während er seinen Arm um ihre Schulter hielt, spürte er, daß er ihr ganz nahe war. Mit schwacher Stimme wiederholte sie ihre Worte vom Sand und Kies und drückte ganz fest die Hand des Vaters. Er blieb die ganze Nacht, bis sie im Morgengrauen starb. Später vertraute ihr Vater mir an, daß er nur deshalb seiner sterbenden Tochter so nahe habe sein können, weil er damals auf dem Spaziergang den Mut hatte, offen mit ihr zu sprechen. Er ist heute glücklich darüber.

Mit der Mutter dieses Mädchens hatte ich während der folgenden Monate noch viele Gespräche: für sie war die Tochter noch gar nicht gestorben. Das mußte in mühseliger seelischer Arbeit nacherlebt und durchgearbeitet werden. Damals verbrachte sie viele Stunden auf dem Friedhof, am Grab ihres Kindes. Es dauerte 2 Jahre, bis sie es auch innerlich sterben lassen konnte. Solange sie den Tod verleugnete, lebte sie selbst nicht richtig und war nicht gegenwärtig für ihre Familie. Die beiden Geschwister litten damals sehr unter der affektiven Abwesenheit ihrer Mutter. Der Vater hatte schon lange das Haus verlassen.

Der Tod dieses Mädchens hatte für mich einige schmerzliche Fragen geschaffen, ohne daß ich beruhigende Antworten gefunden hätte. Was mich wohl am meisten betroffen hatte, war die eisern lebensbejahende Haltung des Mädchens, das keine böse Ahnung vom Sterben an sich heranzulassen schien. Ich vermutete, daß sie die Unfähigkeit ihrer Angehörigen spürte, der tödlichen Bedrohung in die Augen zu sehen, und daß sie dies loyal respektierte.

Mein Wunsch, im offenen Gespräch mit ihr das Wissen um die Wahrheit zu teilen, blieb unerfüllt. Zwischen der Haltung dieses Mädchens und meiner Überzeugung bestand ein Widerspruch, eine Spannung, die ich auszuhalten hatte. Erst nach ihrem Tode konnte ich auf die in mir lebendig gebliebene Haltung zurückgreifen, als es darum ging, mit der Mutter die so lange verleugnete Wahrheit sozusagen nachzuholen und damit ihren eigenen Lebensweg zu öffnen. Hätte nicht der Vater schon zu Lebzeiten des Kindes für einen kurzen Moment den Durchbruch gewagt, gegen den damaligen scheinbaren Widerstand des Mädchens, so wäre sie vermutlich in totaler Einsamkeit gestorben. So konnte meine Sterbebegleitung zu Lebzeiten des Mädchens nur über den Vater wirksam werden.

3.2 „Stefan"

Ganz anders erlebte ich ein Kind, das ich im folgenden unter dem Namen Stefan vorstellen möchte. Er erkrankte mit sechs Jahren an einer akuten lymphatischen Leukämie, die sein Leben mit 9 ¼ Jahren zu Ende führte.

Stefan war ein scheues und feinempfindendes Kind. Durch seine regelmäßigen Besuche auf unserer Poliklinik entstand aber allmählich eine Vertrautheit, die er weniger durch Worte als durch unausgesprochene Mitteilungen ausdrückte. Ein ganz wichtiges Mittel unseres Dialogs wurden seine Zeichnungen, welchen er einen großen Teil seiner freien Zeit widmete. Sonntags stand er oft lange vor seinen Eltern und seinen beiden Brüdern auf, um eine neue Zeichnung zu machen. Diese Bilder brachte er, zunächst auf meinen Wunsch, dann spontan zu den Kontrolluntersuchungen mit. Er legte großen Wert darauf, daß ich die Bilder in ihrem vollen Umfang zur Kenntnis nahm: ich sollte dann jeweils das Bild beschreiben, während er durch Nicken oder Kopfschütteln oder durch einen kleinen Stoß mit dem Ellbogen meine Beobachtungen bestätigte, korrigierte oder mich zu genauerem Hinsehen ermunterte.

Verschiedene glückliche Umstände halfen mir in der Zusammenarbeit mit diesem Kind, seinen Geschwistern und seinen Eltern. Die ganze Familie spürte so etwas wie ein Aufgehobensein in der religiösen Überzeugung. Die Mutter stammt aus einer spanischen, katholischen Familie. Der Vater ist reformiert. Beide Eltern setzen sich in lebendiger Weise mit religiösen Fragen auseinander und beziehen ihre Kinder hierin ein. Bei diesem Hintergrund fiel es ihnen nicht schwer, mit Stefan auch über die schwere Krankheit zu sprechen, ja auch Gedanken an den Tod und ein Danach anzuschneiden. Auch auf Fragen der beiden anderen Söhne konnten sie eingehen.

Eines Tages, als Stefan in der Poliklinik auf eine Kontrolluntersuchung warten mußte, stand er am Fensterbrett und machte mit einem schwarzen Kugelschreiber folgende kleine Zeichnung.

Wir sehen ganz zentral im Bilde einen schwarzen Panther auf einem Felsen sitzen, bereit zum Sprung; links im Bilde ein mit Gewehr bewaffneter Mann, dessen Blickrichtung und ein „!" über dem Kopf anzudeuten scheinen, daß er das gefährliche Tier vielleicht ahnt, aber nicht genügend deutlich wahrnimmt. Überdies hat er keine Füße, kann also nicht einmal davonlaufen! Während der Panther von den Blättern des Gebüsches beidseits umgeben ist, steht der Mann dort, wo die Blätter fehlen, vielleicht schon abgefallen sind. Ich unterließ es, das Kind mit Worten auf einen möglichen Zusammenhang mit seiner bedrohlichen Krankheit aufmerksam zu machen. Die bedeutsame Miene, mit welcher er mir dieses Bild überreichte, ließ mich aber spüren, daß er mir ein wichtiges Stück seines inneren Wissens anvertraute und es mit mir teilte.

Wir verdanken es *Susan Bach* (1966, 1974/75, 1980), daß wir die Zeichnungen unserer kranken Kinder als ein wichtiges Ausdrucksmittel ihrer körperlichen und seelischen Verfassung schatzen lernten. „Das Kind sagt es in seinem Bilde", war die überzeugende Antwort auf viele unserer bangen Fragen. Häufig hörte man die Frage von Eltern, Ärzten oder Schwestern: „Soll ich dem Kind die ganze Wahrheit sagen? Wie soll ich es tun?" Das sorgfältige Erfassen der Kinderzeichnung gab uns oft nur allzu deutlich Auskunft darüber, was das Kind innerlich bereits über den ernsten Gang der Dinge wußte. Ja, das bange Fragen mußte oft in umgekehrter Weise gestellt werden: „Gelingt es dem Kind, mit seinem inneren Wissen an uns heranzukommen?" Wir wollen diese Form des Dialogs am Beispiel von Stefan fortsetzen:

Zum Muttertag zeichnete Stefan mit größter Sorgfalt dieses Bild mit dem großbauchigen Wikingerschiff auf bewegter See. Auf Deck stehen zehn Wikinger von verschiedener Größe, Farbe und Bewaffnung. Alle Waffen sind erhoben. Für die zehn Mann stehen aber nur neun Schilder zur Verfügung! Und wir wissen, daß es Stefan auf seinen Zeichnungen sehr genau nahm. Sechs blutrote Streifen decken einen Teil des aufgeblähten Segels. Auf dem weiß gebliebenen Raum nach dem sechsten Streifen wäre noch Platz für etwa drei weitere Streifen. Oben im Mastkorb steht ein elfter Wikinger, mit Fernrohr. Sieben Strichlein über seinem Kopf deuten wohl (nach üblicher Manier dieses geschickten Zeichners) seine plötzliche Aufmerksamkeit an.

Nachdem ich auch dieses Bild gebührend bewundert hatte, wagte ich, ihn etwas zu fragen: „Wer ist der Mann dort oben?" Da keine Antwort kam, fragte ich anders: „Und was sieht er in seinem Fernrohr?" Er sagte: „Ein anderes Schiff", und erst einige Wochen später, betreffend den Mann im Mastkorb: „Das sind Sie."

Man ist verleitet, die hier fast aufdringlichen Zahlen in Stefans Bildersprache mit biographischen Daten in Zusammenhang zu bringen. Wenn die sechs roten Streifen sechs (Blut-)gesunden Lebensjahren entsprechen, kann man abschätzen, wieviel Raum dann für die folgenden „weißen" (leukämischen) Jahre verbliebe. Wenn die zehn Wikinger nur neun Schutzschilder haben, was geschieht dann mit dem zehnten Mann! Oder, übersetzt: „Was passiert nach neun geschützten im zehnten ungeschützten Jahr?" Der weitere Krankheitsverlauf gibt hierauf in erschütternder Weise Antwort (s. u.).

Jedoch am Horizont (sozusagen von einer höheren Warte aus) ist etwas Neues in Sicht, etwas so Bedeutungsvolles, daß es dem Zeichner sieben Strichlein Wert ist. Daß er seinen betreuenden Arzt mit dieser Weit- und Vorsicht in Zusammenhang brachte, ist vielleicht ein Hinweis dafür, daß er sich bei unserer besonderen Zwiesprache auch innerlich verstanden fühlte.

Der ernste Verlauf seiner Krankheit erforderte, nach mehreren Komplikationen und Rückfällen, eine intensive stationäre Behandlung in einer sogenannten sterilen Einheit. An einem ruhigen Vormittag zeichnete er in Anwesenheit seiner Mutter, die ihn in Funktion einer Hilfsschwester pflegen konnte, dieses Bild:

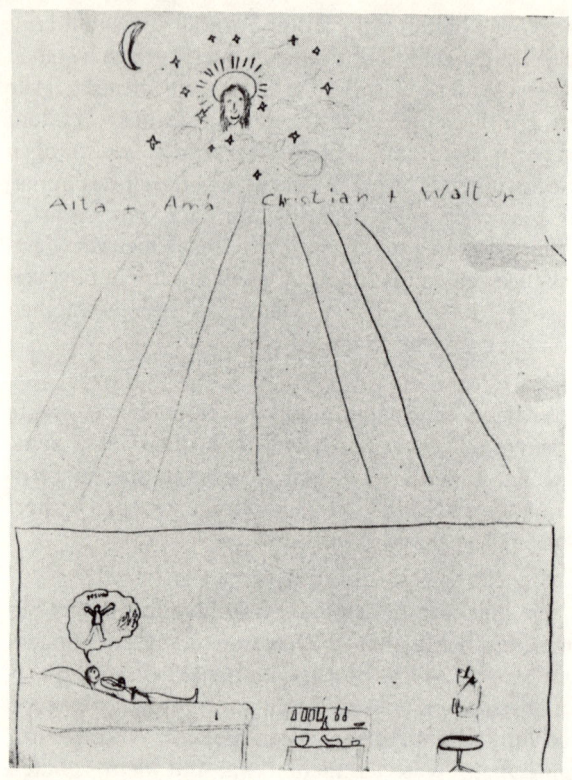

Es ging eine Unterhaltung zwischen der Mutter und Stefan voraus: Sie dachten gemeinsam an alle Menschen, die für ihn beten. Er zeichnete mit Bleistift auf einem selbstgewählten grünen Blatt: Oben den „Lieben Gott" mit Heiligenschein, umgeben von Wolken, Sternen und der Sichel des abnehmenden Mondes, darunter die Namen seiner Liebsten, die für ihn beten, Papi, Mami (in spanisch, seiner Muttersprache) und seine Brüder. Der eingeschlossene Raum unten stellt seine sterile Einheit dar. Über seinem Kopf schwebt vermutlich der Inhalt seines Gebetes, „gesund", dazu ein aufrechtes Figürchen, mit starken, erhobenen Armen, und daneben eine Hand, die vier Spritzen wegzuschieben scheint. Rechts unten sitzt die Mutter. Sie betet auch. Zuletzt malte er die sieben Strahlen zwischen dem Himmel und der sterilen Einheit.

Dieses ist das letzte Bild, welches Stefan überhaupt gemalt hat. Ganz im Gegensatz zu allen früheren Bildern deutet hier nichts mehr auf

Kampf oder Konfrontation. Ein großer Friede geht von dem Bild aus, das den Weg des Kindes so deutlich vorzeichnet. Das Gebet des Kindes, „gesund", verstand ich im Zusammenhang dieses Bildes im Sinne von „erlöst, gerettet, heil" (*salvatus*). Der kleine „Seelenmann", oder auch ein Homunculus, Eidolon (vgl. *Bach* 1974/75, S. 100), weist ja in Richtung zum „Lieben Gott". Die weggeschobenen Spritzen mögen andeuten: „Nun sind genug Spritzen gegeben worden, die sind nicht mehr nötig." Die beiden so gegensätzlichen Welten sind in diesem Bild durch sieben Strahlen überbrückt, wenn sie auch die sterile Einheit nicht ganz erreichen. Hat diese Sieben eine Bedeutung für das Leben dieses Kindes? Oder: Was für sieben Einheiten trennen ihn vom Himmel bzw. führen ihn dorthin?

Hierzu der objektive Krankheitsverlauf: Nachdem das kooperative Kind eine sehr eingreifende intensive Behandlungsphase zunächst erfolgreich überstanden hatte, traten dann einige beunruhigende Nebenwirkungen ein. Ein unklares Fieber bereitete uns immer größere Sorgen. Es ließ sich durch unsere Mittel nicht beeinflussen. Sieben Tage nach dieser letzten Zeichnung, zu Beginn seines 10. Lebensjahres und nach 3jähriger Krankheit, starb Stefan an einem schweren Lungeninfekt. Beide Eltern waren anwesend.

Dieses Bild wird von den Eltern heute wie ein Vermächtnis aufbewahrt. Wochen nach seinem Tod haben wir es wieder gemeinsam betrachtet. Dabei gestand mir seine Mutter unter Tränen: „Stefan hat uns viel mehr gegeben, als wir ihm geben konnten." Auch ich war tief beeindruckt von der inneren Haltung und Stärke dieses sterbenden Kindes, womit er auch mir eine Orientierung und einen Halt gab, um seine Familie trösten und später auch anderen Kindern und Familien helfen zu können. Wieviel Stärke aus einer tiefen religiösen Überzeugung geschöpft werden kann, zeigt nicht nur Stefans letzte Zeichnung, sondern auch eine Äußerung, die er bei seinem Eintritt in die sterile Einheit seinen Eltern gegenüber gemacht hat: „Jesus hat mir so viel Kraft gegeben, daß ich alles überstehen werde, was jetzt kommt."

Gewiß spielt der familiäre Hintergrund eine prägende Rolle. Stefans Eltern konnten ihren Kindern die christliche Überlieferung in farbigen Bildern und Symbolen nahebringen. Daß diese in den letzten Stunden des Lebens mit solch ursprünglicher Kraft wieder aufleben, deutet darauf, daß solche Bilder im tiefen Unbewußten präformiert sind und sozusagen nur darauf warten, angeklungen zu werden.

Von der eindrücklichen Fülle der zeichnerischen Aussage dieses Kindes kann in diesem Rahmen nur ein beschränkter Eindruck vermittelt werden. Nach seinem Tod kamen noch viele Bilder zum Vorschein, insgesamt ca. 300. Während langer Abende ging ich zusammen mit Stefans Eltern auf diese Bilder ein. Der tiefe Gehalt der Bilder überzeugte uns davon, daß das Leben dieses Kindes, so kurz es war, doch eine erfüllende Abrundung erfahren hat.

Auch andere Eltern schwerkranker und sterbender Kinder nehmen wohl etwas von dieser frühen Vollendung wahr, wenn sie sagen: „Dieses Kind ist auf unbeschreibliche Weise anders, reifer als die anderen."

Dieses tröstliche Miterleben einer Ganzwerdung mag *Jung* angesichts des nahenden Todes seiner Frau bewegt haben, als er (halb im Selbstgespräch) sagte: „Sie hat genug bewußt gemacht" (*Jaffé* 1980, S. 18).

Eindrücklich war mir in diesem Zusammenhang der Bericht über ein 10jähriges Mädchen, das nach einer notfallmäßigen Bauchoperation noch vier Tage überlebte. Von der meist anwesenden Mutter wünschte das Kind, bei nach und nach schwindendem Bewußtsein, immer wieder die ihr bekannte Gleichnisgeschichte vom guten Hirten oder das Lied „Weil ich Jesu Schäflein bin" zu hören. Später, im Sterben, berichtete sie der Mutter mit letzter Kraft, was ihr begegnete: sie sah eine Wiese voller Blumen mit vielen spielenden Kindern und zuletzt: „… Mutter, jetzt kommt er!" Und sie fragt, wie sie ihn anfassen solle … „ach so, ich weiß schon, wie meinen Bräutigam".

In kindlich einfacher Weise hat hier das archetypische Bild des Hierosgamos Gestalt angenommen. Die Seele des Kindes erlangt Ganzheit, die Gegensätze vermählen sich. Gewiß hat dieses Kind derlei Dinge nicht erlernt. Vielmehr konnten solche Inhalte in einer Stunde des tiefen Bewegtseins, in einem *„abaissement du niveau mental"* aus den tiefen Schichten des kollektiven Unbewußten aktiviert und sozusagen heraufgeholt werden.

Dieses Urbild vom Tod als Vermählung tritt uns in der Mythologie wie in der Märchenwelt entgegen. Bei den Gebrüdern Grimm finden wir in den Kinderlegenden die „Himmlische Hochzeit": zu guter Letzt vermählt sich der arme, verhungernde Bauernjunge mit der Mutter Gottes und „war tot zur ewigen Hochzeit" (Grimms Märchen, 1978).

4. Perithanatale Betreuung

Mit der Schaffung dieses Begriffes versuche ich, auf das allzu vernachlässigte Umfeld der Sterbenden aufmerksam zu machen (*Kiepenheuer* 1978). Angesichts der Not um sterbende Kinder droht vieles in den Hintergrund zu geraten und der Aufmerksamkeit zu entgehen. Allzu oft stehen zutiefst mitbetroffene Angehörige im Schatten der dramatischen Ereignisse. Viele Eltern neigen dazu (in vermeintlicher Rücksicht auf das kranke Kind oder die noch ahnungslosen [?] Geschwister), sich in Schweigen zu hüllen. Nach außen tragen sie dann eine Normalität zur Schau, während es ihnen innerlich zum Heulen zumute ist. Außenstehende bewundern diese Haltung bisweilen als „tapfer". In Wirklichkeit ist sie jenen willkommen, die eine Auseinandersetzung mit dem eigenen Betroffensein scheuen.

4.1 Begleitung der Angehörigen

Die Begegnung mit sterbenden Kindern hat uns gelehrt, wie weit diese auf ihrem Weg und in ihrem tiefen Wissen um diesen Weg allen anderen voraus sind. Auch haben wir erfahren, daß diese Kinder ihr Wissen mitteilen möchten, sofern sie bei den Nahestehenden Bereitschaft hierfür finden. Es scheinen uns deshalb vor allem die Eltern einer Hilfe zu bedürfen, daß sie bereit werden, das Wissen ihrer Kinder anzunehmen und es mit ihnen zu teilen. Mit dem Tod eines Kindes bricht für die „beraubten" Eltern vor allem dann eine Welt zusammen, wenn ihre Ängste bisher erfolgreich und „tapfer" verschwiegen wurden. Und ausgerechnet in diesem Augenblick, da gerade sie intensiver Hilfe bedürfen, werden sie der vertraut gewordenen Nähe des Spitals, der Schwestern und der Ärzte beraubt. Das ärztliche Engagement kann sich also nicht auf den Sterbenden alleine noch auf die Zeit der akuten Krankheit alleine beschränken. Eine „perithanatale" Betreuung soll das soziale und zeitliche Umfeld mit einschließen.

Diesem Ziel dienen unsere Elternabende, zu welchen wir vor allem die Eltern leukämiekranker Kinder seit einigen Jahren in lockeren Abständen einladen. Diese Abende wurden für viele Eltern zu einer Gelegenheit, mit uns Ärzten und Schwestern auch über Nichtfachliches zu sprechen, über vermeintlich „Nebensächliches", aber doch so Zentrales, daß es manchen Eltern schlaflose Nächte bereitet. Ein ständiges Thema an diesen Abenden ist der Umgang mit der Wahrheit: soll ich meinem Kind die Wahrheit sagen? Wie soll ich sie ihm sagen? Mehrere Eltern tragen unerträgliche Schuldgefühle gegenüber ihren kranken Kindern mit sich herum. Wir können sie ihnen nicht nehmen; aber darüber sprechen zu können, bringt ihnen Linderung. Viele erzieherische Nöte mit kranken Kindern, aber auch mit den gesunden Geschwistern, kommen zur Sprache. Die Besucher dieser Abende schätzen ganz besonders die Begegnung mit anderen, ähnlich betroffenen Eltern. Ein Gefühl des Getragenseins in einem Kollektiv gibt vielen einen Halt. Selten einmal kamen auch (größere) Geschwister zu solchen Abenden. Andere Geschwister forderten wir gelegentlich auf, einmal zu einer Poliklinikkontrolle mitzukommen. Manche Eifersucht oder Schuldgefühle gegen das kranke Geschwister oder Argwohn gegen die Klinik ließen sich so entschärfen.

Eltern verstorbener Kinder finden sich nur selten bereit, auch danach weiterhin mit Eltern noch Lebender zusammenzutreffen, in der Befürchtung, jene in der bangenden Hoffnung um ihr Kind zu entmutigen. Solche ihres Kindes beraubten Familien begleiten wir, indem wir sie zu Hause besuchen. Hier geht es darum, ihre Trauerarbeit zu unterstützen, d. h. schrittweise eine innere Ablösung vom verstorbenen Kind zu erlauben. Wir sahen Eltern, welche das Zimmer ihres toten Kindes während Jahren zu einer Art Altar ausgestalteten, andere, welche die Urne des Verstorbenen wie ein Heiligtum auf dem Buffet im Wohnzimmer aufstellten, ohne sich bewußt zu machen, was eine solche Idolisierung des toten Kindes für die überlebenden Geschwister bedeuten muß. In einem Fall führte die Verherrlichung des Verstorbenen so weit, daß der 6jährige Bruder vor einem „Unfall" nicht zurückschreckte. Als die Mutter ihn gerade noch vor einem heranbrausenden Auto zurückhielt, meinte er, er wolle auch zu seinem Bruder in den Himmel, da dieser es dort so schön habe. Glücklicherweise gelang es, dieses Kind und seine Eltern im Rahmen einer Beratung und Sandspieltherapie bald wieder dorthin zu stellen, wo sie hingehörten: in die Bejahung und Bewältigung der hiesigen und jetzigen Wirklichkeit.

Eine Mutter, die ihren erstgeborenen 15jährigen Sohn plötzlich und unerwartet verlor, benachrichtigte mich telefonisch von dem unfaßbaren Ereignis: mitten im Sommer wurde er bei einer Bergwanderung vom Schnee überrascht und erfror zusammen mit seinem Begleiter. Die Mutter schien mir erstarrt vor Grauen, und sie plagte sich mit Schuldgefühlen. Wie könnte ich sie trösten? Die Nachricht ging auch mir durch Mark und Bein. War ich doch vor Jahren während vieler Monate der Therapeut dieses Knaben, der immer an der Grenze vom Irrealen gelebt hatte: so hatte er allen Ernstes geplant, einen atomgetriebenen Rucksack zu konstruieren, damit er schneller in die Therapie eilen könne, wenn sein Bruder ihn vergiften wolle, usw. Der Tod im sommerlichen Schnee schien dem Wesen dieses Knaben zu entsprechen, es war ganz sein Tod. War ich deshalb so unsagbar berührt?

Da wurde ich von einem mir vertrauten Menschen auf einen Roman aufmerksam gemacht, in welchem die Hauptfigur am Schluß den sanften Schneetod erleidet, ähnlich wie im Märchen von *Hans Christian Andersen* „Das kleine Mädchen mit den Schwefelhölzchen". Leider hatte ich das Buch nicht zur Hand. Aber, welch ein Zu-fall: gleichentags ruft mich die Frau des Romanautors an, um mir ein junges, heimatloses Mädchen zur Beratung anzuvertrauen. Welch ein bedeutsames und zugleich hilfreiches Zusammentreffen! Es war mir so, als würde mein tiefes Berührtsein geheimnisvolle Kräfte freisetzen, die sich über die Gesetze der alltäglichen Wahrscheinlichkeit hinwegsetzen. Und es bedurfte meines Erachtens solcher Kräfte, um diese Frau aus ihrer verschreckten Erstarrung zu lösen: Nur langsam wurde sie bereit, von ihrem toten Sohn Abschied zu nehmen. Ich begleitete sie ins Krematorium und war tief beeindruckt von dem schmerzlichen und zugleich versöhnlichen Ausdruck, der über ihr Gesicht ging, als sie ihren Sohn das letzte Mal sehen und berühren konnte. Aufzeichnungen des Knaben, die sie später fand, zeigten uns auf eindrückliche Weise, daß sein Tod nicht einfach ein böses Mißgeschick, sondern lange vorgezeichnet war.

4.2 Hilfe für Helfer

Wer Sterbende begleitet, muß auch der eigenen Vergänglichkeit ins Gesicht sehen, sonst bliebe sein Einsatz unglaubwürdig, akademisch und unwirksam. So oft ich das Sterben eines Kindes miterlebte, wurde mir die peinliche Hilflosigkeit der meisten Menschen im Umkreis deutlich. Sie scheinen der Hilfe selbst bedürftig, um dem Sterbenden auf seinem Weg wirklich nahesein zu können.

Es geht hier um eine ganz wesentliche Lebensaufgabe jedes einzelnen, um eine zentrale Station auf seinem Weg der Ganzwerdung, der Individuation. In seinem Aufsatz „Seele und Tod" schreibt *C. G. Jung* (1976, GW VIII, S. 447): „... Von der Lebensmitte an bleibt nur der lebendig, der mit dem Leben sterben will. Denn das, was in der geheimen Stunde des Lebensmittags geschieht, ist die Umkehr der Parabel, die Geburt des Todes ... Werden und Vergehen ist dieselbe Kurve ...".

(1) Unterricht für Pflegende

Unter dem Eindruck jener Hilflosigkeit widmete ich mich ganz besonders diesen hilflosen Begleitern: seien es Krankenschwestern, Ärzte, Sozialarbeiter, Kindergärtner oder andere. Bei dieser Hilfe ging es darum, die Pflegenden auf das innere Erleben und Wissen sterbender Kinder aufmerksam zu machen, so wie es oben in den Fallbeispielen ausgeführt wurde. Es geht auch darum, die Helfer zu ermutigen, dem Wissen dieser Kinder zu vertrauen, ja sich ein Stück weit von diesem leiten zu lassen. Dieses Ziel scheint schwer zu verwirklichen zu sein. Bei manchen Zuhörern ist die Betroffenheit, ja Angst so groß, daß sie sich gegenüber diesem Anliegen eher verschließen als sich öffnen. Ihre eigene Existenz scheint bei dieser Arbeit in den Grundfesten erschüttert. Die wenigsten hatten sich bisher mit der Wirklichkeit des eigenen Sterbens vertraut gemacht, sie ins eigene Leben einbezogen. Häufig schieben sie diese naturgegebene Wirklichkeit ängstlich vor sich her und sind in der Begegnung mit Sterbenden eher bemüht, sich am Lebenswillen des Sterbenden festzuhalten und diesen mit unehrlichen Verharmlosungen zu unterstützen, wie z. B.: „Mach dir keine Sorgen, wenn du brav deine Tabletten nimmst, dann wird es schon wieder gut!"

Um mit dem eigenen Sterben, das uns eingeboren ist, vertraut zu werden, erwies sich das schöpferische Gestalten als besonders hilfreich. Statt Vorträge zu hören, erhielten künftige Kinderpflegerinnen in der Schwesternschule einen Brocken Modellierton oder ein Blatt Papier mit Wasserfarben, um das darzustellen, was Sterben und Tod ihnen bedeutet. Immer wieder gab es ein Staunen in der Begegnung mit diesen Werken, die aus der eigenen Tiefe kamen. Sie erwiesen sich als eine gute Grundlage für ein Gespräch, das sich (in kleinen Gruppen) jeweils dem schöpferischen Gestalten anschloß. Was hierbei besonders überraschte, war die beruhigende Kraft, die von diesen Werken ausging, angesichts derer viele so etwas wie Ehrfurcht empfanden. Häufig kehrten ähnliche Motive wieder, wenn auch in ganz variierender Ausgestaltung, so z. B. ein Baum, eine Blume, ein schutzbietendes Gefäß oder ein Schloß oder eine spiralförmig sich nach oben zentrierende Schnecke. Eines der Bilder, welche aus der Thematik „Tod und Sterben" erwachsen sind, zeigte einen Wasserfall in der Wüste; einige Blumen säumten das Wasser, bevor es sich im trockenen Sand allmählich verfloß und zerrann. „Ebenso wird mein Leben zerrinnen, es bleibt nichts ..." formulierte der Zeichner seine Todesängste. Das Bild lud zum gemeinsamen Assoziieren und Amplifizieren ein. Gedanken über die Symbolik des Wassers führten über den anfänglichen Horizont weit hinaus. Das Angstbild wurde für den Zeichner zu einem Bild des Trostes. Der Trost kam letztlich aus seiner eigenen Tiefe. Gemeinsam fiel uns ein Goethe-Gedicht ein, welches der gewonnenen Gemütslage dieses Menschen zutiefst entsprach. Hier die erste Strophe:

Des Menschen Seele
Gleicht dem Wasser:
Vom Himmel kommt es,
Zum Himmel steigt es,
Und wieder nieder

Zur Erde muß es,
Ewig wechselnd.

(*Goethe*, Ges. W. Bd. 1, S. 54)

(2) „Naturspiel"

Das rationale Denken hat den Menschen von einem solchen Aufgehobensein in der eigenen Urnatur mehr und mehr entfernt. Wie kann
er sich diese am ehesten wieder zugänglich machen? Vieles von den
ewigen Gesetzmäßigkeiten, über die der Mensch sich (entsprechend
seinem Streben nach Erkenntnis) emporgehoben hat, lebt die freie
Natur uns unverfälscht vor: im Wechsel der Jahreszeiten, im Tag-
Nacht-Rhythmus, im Vergehen und Aufkeimen der Pflanzen erleben
wir Kreise, die sich schließen und ewig wiederholen.

In diese Richtung wiesen uns schon die spontan gemalten und
geformten Werke der Schwesternschülerinnen. Von daher entsprang
der Gedanke, einmal die freie Natur als Rahmen zu verwenden, um die
eigene innere Natur darzustellen und wiederzufinden. Dies entspricht
dem Gedanken des Sandspiels, welches in einem kleineren Rahmen
dem Spieler einen geschützten und zugleich freien Erlebnisraum anbietet (vgl. *Kalff* 1979).

Als Forum für einen solchen Versuch bot sich die Internationale
Tagung der Jungschen Ausbildungskandidaten an, die sich während
einer Woche dem Thema „Vereinigung der Gegensätze" widmete. 14
dieser Teilnehmer ließen sich gewinnen für ein solches Naturspiel, welches auf das Thema „Stirb und Werde" zentriert wurde (*Kiepenheuer*
1982). Wir begaben uns zunächst auf einen Spaziergang, der uns in
eine unbekannte Gegend führte. Auf halbem Wege, in einem lichten
Birkenhain, setzten wir uns in einen Kreis und stimmten uns mit wenigen Worten und Gedanken auf das Thema ein. Angekommen am Ziel,
einer Gruppe von verlassenen, halbverfallenen Ziegenställen an einem
Bergsattel am Waldrand, sammelten wir uns um ein Feuer, in dessen
weiterem Umkreis jeder von uns bald seinen Platz fand, um dort, ganz
für sich alleine, sein „Stirb und Werde" darzustellen.

Nachher hatten die meisten das Bedürfnis, ihre Szenen, Gedanken,
Gefühle und Einfälle auch den übrigen der Gruppe mitzuteilen. Der
Rundgang von Station zu Station wurde zu einer bewegenden Schau
der persönlichen und kollektiven Seelentiefe. Auf einzelne, wichtige
und wiederkehrende Motive soll hier besonders eingegangen werden:

Die Erde, welche Sterbendes bergend aufnimmt, nach einer langen
Ruhepause aber auch Schoß für neues Aufkeimen sein kann, war ein

häufig erlebtes Motiv. Für andere wurde das Naturspiel zu einer Begegnung mit verstorbenen Angehörigen, die als „gütig, seltsam trostreich" erlebt wurden und wiederum den Blick auf das Leben in ganz neuer Weise freigaben. Auch von unbenannten Ahnengeistern, auch bösen, bedrohlichen Mächten war die Rede.

Einige der Naturspieler nannten ihr Werk einen „Altar", auf dem etwas Lebendiges geopfert wurde, der aber auch, vielleicht gerade durch das Opfer, zu einem Tor in eine andere Welt zu werden schien. Wundersamerweise fand einer der Teilnehmer in dieser Bergeinsamkeit am Eingang „seines" Hauses ein zusammengefaltetes Papier. Auf ihm war zu lesen, in kindlicher Schrift: „Man soll sich nicht verwirren lassen, sondern immer zur Wahrheit stehen". Der Finder war vom Inhalt und der Einfachheit dieser Zeilen betroffen, sie waren gerade für ihn besonders wesentlich. Es ist ja ein Kennzeichen der „synchronistischen Phänomene", daß sie den Betroffenen in einem archetypischen Urgrund ansprechen. Ich meinerseits war beeindruckt, wie dieser Mann, der sonst etwas belehrend und überheblich auf mich gewirkt hatte, nachdenklich wurde und eine neue echte Einfachheit ausstrahlte.

Das Erlebnis der Gegensätze hat viele dieser Naturspielszenen geprägt. Die Spieler ließen sich auf die Spannung von Gegensatzpaaren ein, wie z. B. „Gut—Böse, Drachen—Heiligtum, Absterben—Aufkeimen, Leben—Tod". Für manche nahm diese Auseinandersetzung den Charakter einer „aktiven Imagination" an. Wo Gegensätze aufeinanderwirken, kommen Energien in Fluß, „immer muß Hoch und Tief, Heiß und Kalt usw. vorhanden sein, damit der Ausgleichsprozeß, welcher Energie heißt, stattfinden kann" (*Jung* 1974, GW VII, S. 82). Erstaunlicherweise ist es gerade das Erlauben eines „sowohl als auch", welches aus dem Patt der „unvereinbaren" Gegensätze herausführt und oft einen ungeahnten dritten Weg öffnet. Der Individuationsweg des Menschen zielt auf eine Ganzwerdung, auf ein Annehmen der inneren Gegensätze und ein Integrieren der vergessenen und in den „Schatten" getretenen Qualitäten. Eine totale seelische Ganzheit oder vollkommene Vereinigung der Gegensätze (Conjunctio Oppositorum) kann unter unseren irdischen Verhältnissen allerdings nur ein Ziel, eine Richtung bleiben.

Dies drückte einer unserer Spieler am Ende seiner „Stirb und Werde"-Phantasien so aus: „… ich fühlte mich also in Sicherheit, aber vielleicht allzusehr in Sicherheit, zu klar noch ist die Trennung zwischen Leben und Tod, zwischen Gut und Böse". Sein irdisches Bewußtsein, das klare Unterscheidungen trifft, erlebte er als eine Sicherheit, zugleich aber auch als eine Begrenzung: die „Erkenntnis des Guten und

Bösen" läßt die erlösende Fusion der Gegensätze nicht zu. In einem Brief an einen Ratsuchenden schrieb *Jung* folgendes:

„... das Phänomen des Lebens besteht aus sehr vielen Gegensatzpaaren. Keine Energie ohne Gegensätze. Aber insofern Sie an den Gegensätzen teilhaben, stehen Sie in Konflikt, oder doch in einem dauernden Auf und Ab von Qual und Freude. Natürlich möchte man sich aus dem Wirken der Gegensätze befreien, doch gelingt es nur bis zu einem gewissen Grad; denn sobald man sich dem Konflikt entzieht, weicht man dem Leben aus. ... vollständige Befreiung bedeutet Tod ..." (*Jung*, Briefe I, S. 313).

Eine Teilnehmerin ließ „das Beieinander von Leben und Tod" in sich ein. „Es erschüttert mich, und um meiner Irritation Form zu geben, erinnere ich mich Stück für Stück an Goethes ‚Selige Sehnsucht'. Genau das: Stirb und Werde ...". Das Erlebnis war so übermächtig für diese sonst sehr vorsichtige und zurückhaltende Frau, daß sie das Gedicht, das sie seit ihrer Schulzeit vergessen hatte, mit voller Inbrunst vortragen konnte. Die Schluß-Strophe lautet folgendermaßen:

> Und solang du das nicht hast,
> Dieses: Stirb und Werde!
> Bist du nur ein trüber Gast
> Auf der dunklen Erde.

> (*Goethe*, a.a.O. S. 221)

Für den Suchenden, der vor der Unaussprechlichkeit des Todes nicht zurückschreckte, schien dieses Naturspiel einen wertvollen Weg darzustellen: Der Rahmen der Natur bot dem Einzelnen den Schutz und die Freiheit, um sich selbst begegnen zu können, einige verborgene Qualitäten des Selbst darzustellen und erlebbar zu machen. Ein Klima des Numinosen umgab den einzelnen Spieler, wobei tiefe Schichten des Unbewußten in ihm anklangen. Gestalten und Kräfte tauchten auf, die den Einzelnen mit einer allen gemeinsamen Urnatur verbanden. *Jung* beschrieb diese aus seinem persönlichen Erleben heraus in einem Brief folgendermaßen:

„... gestern hatte ich einen wunderbaren Traum ... der ... brachte großen Trost. Ich bin nicht mehr ein schwarzes oder endloses Meer von Elend und Leiden, sondern ein Teil davon in einem göttlichen Gefäß ... ich gestehe, vor einem langdauernden Leiden fürchte ich mich. Ich glaube, ich bin bereit zu sterben, obwohl es so aussieht, als ob immer noch mächtige Gedanken aufflackerten, wie Blitze in einer Sommernacht. Doch sind es nicht meine Gedanken, sie gehören Gott an, wie alles, das wert ist, erwähnt zu werden ..." (*Jung*, Briefe II, S. 64).

5. Schluß

Tod ist überall, er ist unser „treuer Begleiter". Er zwingt uns zur Stellungnahme. Als „Schatten" des Lebens ist der Tod eine wesentliche Seite des Ganzen, mit der in Einklang zu kommen Ziel des Ganzwerdungsprozesses, der Individuation ist. „Die grundlegenden Gegensätze ..., die Körper und Seele genannt werden, Aktivität und Passivität, Materie und Geist, Diesseits und Jenseits, ... werden alle symbolisiert durch den Gegensatz von Leben und Tod" (*Hillman* 1966, S. 55). Das Ineinanderwirken dieser grundlegenden Gegensätze bedeutet für den Menschen Konfrontation mit der Ganzheit.

Die eigene Erfahrung lehrt uns, daß unsere Einstellung, den Sterbenden eine Therapie gewähren zu wollen, eine Umorientierung erfahren muß: In der offenen Begegnung mit Sterbenden erleben wir, daß diese *uns* etwas zu sagen haben. In einem uns Lebenden weitgehend verborgenen Sinne sind diese dem Heil-werden wohl näher als wir. Der oft so schmerzhaft, ja brutal erlebte Prozeß des Sterbens ist der unumgängliche Weg zu diesem Ziel. Hierzu vernehmen wir in einem Brief des alternden *Jung* folgendes:

„... die Toten sind ja nicht zu bedauern — sie haben so unendlich vieles vor uns voraus, ... mein Mitgefühl ist mit denen, die in der Dunkelheit der Welt, in befangenem Horizont und in der Blindheit des Nichtwissens dem Fluß ihrer Tage, des Daseins Aufgabe erfüllend, folgen müssen, um ihre Lebensfähre, die einst lebenserfüllte urkräftige Gegenwart war, Stück um Stück abbröckelnd, in den Abgrund der Vergangenheit stürzen zu sehen. Dieser Anblick des Alters wäre wohl unerträglich, wenn wir nicht wüßten, daß unsere Seele in eine Region reicht, die weder der Veränderung in der Zeit noch der Beschränkung durch den Ort verhaftet ist. In jeder Seinsform ist unsere Geburt ein Tod und unser Tod eine Geburt. Im Gleichgewicht hängen die Waagschalen des Ganzen ..." (*Jung*, Briefe II, S. 205).

Der Prozeß des Sterbens beginnt mit der Geburt, biologisch wie psychologisch. Die wesentlichen, archetypischen Wegmarken eines Menschenlebens, wie die Geburt, der Eintritt ins Erwachsensein, die Heirat, der Tod, beinhalten Qualitäten des Werdens wie des Vergehens. So ist eigentlich jede Lebensbegleitung, jede Therapie auch eine Sterbebegleitung, und umgekehrt!

Der Tod als die letzte Kulmination eines Menschenlebens scheint mir deshalb der vornehmste Lehrmeister für das Leben. Sterbende scheinen einen Zugang zu jenen Gesetzmäßigkeiten zu gewinnen, die über unsere rationalen Systeme hinausreichen. Sie haben unmittelbaren Anteil an den archetypischen Ordnungen, in denen aber letztlich auch die Lebenden eingebettet sind. Die Begegnung mit dem Tode oder mit Sterbenden kann deshalb für den Lebenden eine Chance bedeuten, indem er die Absolutheit unserer irdischen Maßstäbe in Frage stellt und eine neue Einstellung zum Leben gewinnt: „... Man hat Jahrhunderte ... zu verschwenden! Warum dann diese sinnlose Hetzerei?" Aber „... vielleicht braucht es die Nähe des Todes, um eine Freiheit zu erlangen, die dazu nötig ist ..." (*Jaffé* 1962, S. 304).

Wer sich von der Numinosität des Todes berühren läßt, wird diese Freiheit erlangen, und er wird gewappnet sein, Sterbende zu begleiten, statt sie mit ihrem Wissen, das sie erlangt haben, alleine zu lassen.

„Der Mensch muß sich darüber ausweisen können, daß er sein Möglichstes getan hat, sich eine Auffassung über das Leben nach dem Tode zu bilden, oder sich ein Bild zu machen — und sei es mit dem Eingeständnis seiner Ohnmacht. Wer das nicht tut, hat etwas verloren. Denn was als Fragendes an ihn herantritt, ist uraltes Erbgut der Menschheit, ein Archetypus, reich an geheimem Leben, das sich dem unsrigen hinzufügen möchte, um es ganz zu machen. Die Vernunft steckt uns viel zu enge Grenzen und fordert uns auf, nur das Bekannte — und auch dies mit Einschränkungen — in bekanntem Rahmen zu leben, so als ob man die wirkliche Ausdehnung des Lebens kennte! Tatsächlich leben wir Tag und Tag weit über die Grenzen unseres Bewußtseins hinaus; ohne unser Wissen lebt das Unbewußte mit. Je mehr die kritische Vernunft vorwaltet, desto ärmer wird das Leben; aber je mehr Unbewußtes, je mehr Mythos wir bewußt zu machen vermögen, desto mehr Leben integrieren wir. Die überschätzte Vernunft hat das mit dem absoluten Staat gemein: unter ihrer Herrschaft verelendet der Einzelne ..." (*Jaffé* 1962, S. 305).

In einer Welt, die vom rationalen Denken beherrscht wird, in welcher unser Zugang zum archaischen Erbgut durch allzu perfekte Technik verbaut zu werden droht, wo die Medizin Krankheiten als Makel und den Tod als eine ärgerliche Panne verkennt, gilt es, neue Wege zu suchen, um auf die Bedeutung des Todes für das Leben aufmerksam zu machen. Je immanenter die Todeserfahrung, um so größer die Möglichkeit der Wandlung. Synchronistische Geschehnisse in der Nähe des Todes deuten die Konstellation der Archetypen an, von welchen die Kraft zur Wandlung ausgeht.

Eine wirksame Sterbebegleitung richtet sich vor allem an diejenigen, welche dem Sterbenden nahestehen, dem Geschehen aber noch nicht gewachsen sind. Die bildnerische Aussage von Sterbenden als der wortlose und deshalb weniger verfälschte Ausdruck des Unbewußten erwies sich als wertvolle Brücke, um Nahestehende näher an das Erleben des Sterbenden heranzuführen, ja selbst ein Stück an der wandelnden Kraft dieser Inhalte teilhaben zu lassen. Auch die Helfer bedürfen der Hilfe. Die Begegnung mit der eigenen „Urnatur" beim Malen, Formen oder im „Naturspiel" unter Begleitung eines Kundigen läßt ein Vertrauen wachsen gegenüber den numinosen Mächten, von denen der Sterbende umgeben ist.

Es ist nicht eine lebensverachtende Verherrlichung des Todes, sondern die wirkliche Auseinandersetzung der Lebenden mit dem Tode, welche die Möglichkeit einer fruchtbaren Neuorientierung im diesseitigen Leben in sich birgt. Denn „nur hier, im irdischen Leben, wo die Gegensätze zusammenstoßen, kann das allgemeine Bewußtsein erhöht werden" (*Jaffé* 1962, S. 314). In knapper Klarheit hat *E. Herzog* die Bedeutung des Todes für den Lebenden in seinem Buch „Psyche und Tod" (1960, S. 245) zusammengefaßt:

> „… vom Tode her fällt das Licht auf das Leben — und nur wer in seiner Seele bereit ist, durch das Tor des Todes zu schreiten, erst der wird lebendiger Mensch".

Literatur

Andersen, H. Ch., Das kleine Mädchen mit den Schwefelhölzchen, Manesse, Zürich, Bd. I, S. 502-507.

Bach, S., Spontanes Malen schwerkranker Patienten, *Acta psychosomatica*, Nr. 8, Basel (Geigy) 1966.

—, Spontaneous Pictures of Leucaemic Children as an Expression of the Total Personality, Mind and Body, *Acta Paedopsychiatrica*, 41, 1974/75, S. 86-104.

—, Guidelines for Reading and Evaluating Spontaneous Pictures, in: *Psychosomatische Medizin*, Heft 1/2, Band IX, 1980, S. 5-14.

Eliade, M., Birth and Rebirth, Harper & Row, New York 1958.

Evans-Wentz, W. Y. (Hrsg.), Das Tibetanische Totenbuch, Walter, Olten 1971[10].

Fierz, H. K., Das verlorene Symbol, in: Die Psychologie C. G. Jungs und die Psychiatrie, Daimon, Zürich 1982.

Goethe, J. W. v., Gesammelte Werke, Insel, Wiesbaden 1949[3], Bd. 1.

Grimm, Gebrüder, Die himmlische Hochzeit, in: Grimms Märchen, Kinderlegenden, Gondrom, Bayreuth 1978.

Hampe, J. C., Sterben ist doch ganz anders, Kreuz-Verlag, Stuttgart 1975.

Herzog, E., Psyche und Tod, *Studienreihe des C. G. Jung-Institutes*, Band XI, Rascher, Zürich 1960.

Hillman, J., Selbstmord und seelische Wandlung, Rascher, Zürich 1966.

Hitzig, W. H., Kiepenheuer, K., Das Kind und der Tod, Gedanken zur Beziehung zwischen Pädiater und todkrankem Kind, *Hexagon 'Roche'*, 4, Heft 7, 1-10, 1976.

Jaffé, A., Erinnerungen, Träume, Gedanken von C. G. Jung, Rascher, Zürich 1962.

—, Geistererscheinungen und Vorzeichen, Walter, Olten 1978[2].

—, Der Tod in der Sicht von C. G. Jung, in: Im Umkreis des Todes, Daimon, Zürich 1980.

Jung, C. G., Synchronizität als ein Prinzip akausaler Zusammenhänge, in: Naturerklärung und Psyche, *Studien aus dem C. G. Jung-Institut*, Rascher, Zürich 1952.

—, Zwei Schriften über Analytische Psychologie, Walter, Olten 1974[2], GW VII.

—, Die Dynamik des Unbewußten, Walter, Olten 1976[2], GW VIII.

—, Seele und Tod, Walter, Olten 1976[2], GW VIII.

—, Zur Psychologie östlicher und westlicher Religionen, Walter, Olten 1963, GW XI.

—, Briefe I, Walter, Olten 1972.

—, Briefe II, Walter, Olten 1972.

—, Briefe III, Walter, Olten 1973.

Kalff, D., L. Sandspiel, Rentsch, Erlenbach / Zürich 1979[2].

Kiepenheuer, K., Die innere Welt des sterbenden Kindes, *Familiendynamik*, Jg. 3, Heft 4, 1978.

—, Spontaneous Drawings of a Leukemic Child. An Aid for a More Comprehensive Care of Fatally Ill Children and Their Families, *Psychosomatische Medizin*, Heft 1/2, Band IX, 1980, S. 28-38.

—, Naturspiel „Stirb und Werde!", Selbstverlag, Zürich 1982.

—, Stirb und werde! Archetypische Betrachtung einer Pubertätskrise, *Schweizer Archiv für Neurologie, Neurochirurgie und Psychiatrie*, Bd. 134, Heft 2, 1984.

Masereel, F., Die Sonne, Reclam, Stuttgart 1947.

Moody, R., Life after Life, Mockingbird Books, Covington, Ga, 1975, Deutsch: Leben nach dem Tode, Rowohlt, Reinbek 1977.

Wiesenhütter, E., Grundfragen der Existenz, Kindler, Zürich 1978.

9 Personenzentrierte Arbeit mit Sterbenden

Harry Bergeest und Ursula Haupt, Mainz

1. Grundlagen und Erfahrungen (Bergeest)

Man kann davon ausgehen, daß die Bemühungen unserer Mitmenschen um unser emotionales Wohl in Phasen des Aufbaus oder Genesens wesentlich größer sind als in Phasen des Abbaus oder Sterbens. Dies gilt sowohl für das Erkennen unserer Befindlichkeit als auch für den Einsatz hilfreicher Intervention. *Schmoll* (1979) schreibt: „. . . dem biologischen Tod eilt der soziale Tod des Sterbenden schon weit voraus. Der soziale Kontakt wird im Verlauf des Sterbens immer geringer, je größer die Hoffnungslosigkeit und die Angst wird. Die Zahl der Besucher . . . nimmt ab, sowie die Neugier befriedigt ist oder ersichtlich ist, daß dieser Mensch doch nie mehr in den Lebenskreis zurückkehren wird. . . . Das Gespräch wird vermieden. Man ist froh, wenn der Sterbende schläft oder komatös ist." Gegenüber den Problemen von Todkranken und sehr alten Menschen an der Schwelle des Todes mangelt es uns an Offenheit und Unbefangenheit: wir fühlen uns bedrängt und hilflos.

Diese Tatsache erscheint um so erschreckender, wenn man bedenkt, daß die meisten von uns keinen unerwarteten Tod sterben, sondern durch tödliche Krankheiten wie z.B. Krebs einen längeren Sterbeprozeß durchmachen oder im höheren Alter die Nähe des eigenen Todes spüren (s.a. *Sporken* 1979; *Tews* 1971). Obwohl also sehr viele von uns betroffen sind, sind der Tod und vor allem der Prozeß des Sterbens mit einem Tabu belegt, das sich in diesem Zusammenhang in mehrfacher Richtung auswirkt. Zum einen können die Mitmenschen den Sterbenden aufgrund der eigenen Ängste nicht angemessen begleiten. Zum anderen hat der Sterbende kaum die Möglichkeit gehabt, sich vorher mit dem eigenen Sterben gefühlsmäßig auseinanderzusetzen. Es gab für ihn keine Vorbereitung auf das „reif Werden zum Tode" (*Kübler-Ross* 1977). Dabei ist zu bedenken, daß die Unfähigkeit der Mitmenschen, auf den Sterbenden einzugehen, in Wechselwirkung steht mit dessen eigener mehr oder minder ausgeprägter Unfähigkeit, seine eigenen Gefühle wahrzunehmen und offen zu äußern. Der geringe Stellenwert, der Gefühlen und vor allem Gefühlsäußerungen in unserer weitgehend rational bestimmten Gesellschaft beigemessen wird, wirkt sich besonders erschwerend bei der Bewältigung tabuisierter Probleme aus, die naturgemäß von starken Gefühlen begleitet werden. Ganz zu schweigen von dem Stadium, in dem die Menschen aufgrund ihrer geistigen und körperlichen Hinfälligkeit Gefühle und Bedürfnisse nicht mehr klar artikulieren können (s. a. *Glaus* 1981).

Betrachtet man das hier Gesagte zusammengenommen, so scheint vielen von uns ein „einsamer Tod" bevorzustehen, dessen Symbol immer noch das im Krankenhaus ins Badezimmer abgeschobene Sterbebett ist (s. a. *Sudnow* 1973). Das ist eine Perspektive, die uns resignieren ließe, zeichneten sich nicht auch in der Entwicklung der letzten Jahre entgegengesetzte Bestrebungen ab. Die große Anzahl der Veröffentlichungen zum Thema *Sterben* (s. a. *Engelke* 1979; *Wittkowski* 1978) weist auf eine verstärkte Diskussionsbereitschaft und auf das Bemühen um eine Verbesserung der Situation hin. Vor allem hat jedoch in den letzten Jahrzehnten eine Entwicklung eingesetzt, die auch die *Emotionalität* des Menschen in angemessener Weise wertschätzt. Hier haben die Arbeiten von *Rogers* (1972, 1973a, 1973b, 1975) und *Tausch* u. *Tausch* (1977, 1979) einen wesentlichen Beitrag geleistet, indem sie durch einen personenzentrierten, d.h. auf die Bedürfnisse und die Befindlichkeit des Menschen gerichteten Ansatz Wege zu hilfreicherem zwischenmenschlichem Verhalten aufgezeigt haben. Und hier liegt gerade für die stützende Begleitung von Sterbenden eine wichtige Möglichkeit.

Systematische Forschungen zu personenzentrierter Arbeit mit Sterbenden gibt es kaum. Mir selbst ist nur ein Projekt mit Krebsbetroffenen an der Universität Hamburg bekannt (*A. Tausch* 1980). Es handelt sich, nicht zuletzt aus ethischen Gründen, ohnehin um einen Grenzbereich der schwierigen Forschungsansätze zur therapeutischen Intervention. In dem hier zu beschreibenden Bereich müssen wir uns auf Erfahrungsberichte und Absichtserklärungen beschränken, und auch der vorliegende Artikel ist vor dem Hintergrund weniger persönlicher Erfahrungen zu verstehen.

1.1 Die Arbeit mit Sterbenden

„Konzentriere dich auf den sterbenden Patienten nicht als auf einen Fall einer Krankengeschichte, sondern als auf einen Partner in Mensch-zu-Mensch-Beziehung ... (Laß) den Patienten er selbst sein." Diese

Aussage der Praktikerin *Elisabeth Kübler-Ross* (1977) weist in die gleiche Richtung wie die Ergebnisse der Arbeiten von *Carl Rogers* (s. o.) und dem Ehepaar *Tausch* (s. o.). In diesen Arbeiten ging es darum, hilfreiches zwischenmenschliches Verhalten zu beschreiben und in seinen Bedingungen darzustellen. Dabei stellte sich heraus, daß förderliches Verhalten sowohl im alltäglichen Umgang als auch in einer Therapie oder einer therapieähnlichen Situation im wesentlichen durch drei „notwendige und hinreichende" Merkmale gekennzeichnet ist: durch „Achten — Wärme — Sorgen" dem Partner gegenüber, durch „Echtsein — Ohne-Fassade-Sein" des Helfers (vgl. *Tausch* u. *Tausch* 1979). Im folgenden sollen diese förderlichen Aktivitäten näher erläutert werden.

„Achten — Wärme — Sorgen"

Es kommt darauf an, dem Sterbenden zu vermitteln, daß man Achtung und Wertschätzung für seine Person, für seine Gefühle, für seine Art zu denken und zu handeln empfindet. Der Helfer ist sorgend um den Sterbenden bemüht, übt Nachsicht gegen ihn, ermutigt ihn, vertraut ihm, ist ihm persönlich nahe. Im Umgang mit Sterbenden bedeutet dies insbesondere, daß dessen Wünsche ernst genommen werden, daß er nicht degradiert wird zu einem Objekt, das sich den Vorstellungen und Vorschriften des Helfers zu fügen hat. Der Sterbende muß fühlen können, daß er in seiner Persönlichkeit und in seiner persönlichen Freiheit geachtet wird und willkommen ist. Gerade in sehr alltäglichen, praktischen Dingen wird sich das Gefühl der Achtung vor den Empfindungen des Sterbenden bewähren müssen. Das folgende Beispiel ist aus dem Buch „A Way to Die" von *Zorza* u. *Zorza* (1980) entnommen, das anhand der letzten Lebensphasen einer krebskranken jungen Frau die Möglichkeit eines würdevollen Sterbens aufzeigt:

> „Jane lehnte es inzwischen ab, ein Bad zu nehmen. Ihr ging es noch nicht wieder so gut. ‚Wir haben hier eine besondere Einrichtung, die Sie ins Bad hinabläßt und wieder heraushebt, nachdem wir Sie gewaschen haben', sagte Julia zu ihr, ‚Sie brauchen sich dabei nicht zu bewegen oder irgendetwas zu tun.' Jane sah mit Bedauern auf. Baden hatte ihr früher immer sehr viel Spaß gemacht. ‚Es tut mir leid . . . ich glaube nicht, daß ich es verkraften kann . . .' ‚Machen Sie sich keine Sorgen. Ich komme in einer Stunde noch einmal vorbei. Vielleicht fühlen Sie sich dann besser ausgeruht.' Die Antwort blieb jedoch negativ. ‚Es tut mir leid. Ich kann wirklich nicht.' ‚Ach, dann werden wir Sie vorsichtig im Bett waschen.' Jane entspannte sich."

Sicher wäre es für die Schwester einfacher gewesen, Jane mit sanftem Druck von der Notwendigkeit eines Bades zu überzeugen: „Aber Sie müssen doch baden. Es ist ja auch gar nicht so schlimm, und es geht Ihnen doch auch schon viel besser." Selbst wenn diese oder ähnliche Wendungen mit großer Freundlichkeit vorgebracht werden, drückt sich in ihnen die Mißachtung der Person des Sterbenden und der Wunsch nach Durchsetzung der Bedürfnisse des Helfers aus. Das oben beschriebene tatsächliche Verhalten der Schwester dagegen zeigt, daß sie den anderen Menschen als ein eigenständiges Individuum betrachtet, das Liebe und Zuwendung benötigt, aber nicht vom Helfenden in Besitz genommen werden darf.

„Diese Haltung von Achten — Wärme — Sorgen kann nicht ‚trainiert' werden. Sie kann nicht durch eingelernte Redewendungen, durch eine freundliche Fassade ersetzt werden. Auch wenn ein Gesprächspartner diese Oberfläche nicht durchschauen sollte: Er wird keine starken unmittelbaren Empfindungen von Achtung, Wärme und Anteilnahme erfahren" (*Tausch* u. *Tausch* 1979). Damit ist ein bedeutender Punkt angesprochen. Die Verwirklichung dieses hilfreichen Verhaltensmerkmals erfordert großes persönliches Engagement des Helfers. Er muß sich mit seiner Person tatsächlich auf den Sterbenden einlassen, Persönliches von sich preisgeben und die Achtung und sorgende Zuwendung gegenüber dem anderen wirklich *empfinden*. Gerade der professionelle Helfer wird sich häufig scheuen, eine persönliche Bindung zu Sterbenden entstehen zu lassen. Er fürchtet, daß ihn der bevorstehende Tod dieser Menschen dann zu sehr belasten könnte. Es gibt jedoch Erfahrungen, die zeigen, daß persönliches Engagement nicht nur für einen hilfreichen Sterbebeistand unerläßlich ist, sondern daß auch der Helfer aus dieser Bindung eine Bereicherung erfahren kann: „‚Es ist für uns leichter, ihnen zu helfen, wenn wir sie wirklich gut kennen.' . . . ‚Ist der Tod der Patienten nicht belastender für euch, wenn ihr ihnen sehr nahe gestanden habt?' fragte Richard. ‚Ja, aber das ist auch etwas, das uns hilft, immer wieder weiterzumachen. Man kann mehr für den Patienten tun, wenn man ihn liebt, und dazu muß man ihn gut kennen. Ich glaube nicht an abstrakte Liebe, ich bin nicht religiös.'" (*Zorza* u. *Zorza* 1980).

Es wird sehr von dem Befinden und der Person des Sterbenden abhängen, in welcher Weise und in welchem Ausmaß der Helfer ihm die Achtung seiner Person zeigen und Wärme und Zuwendung geben kann. Dabei ist zu bedenken, daß die persönliche Nähe des Helfers für den Sterbenden nicht bedrängend sein darf. Viele Menschen werden es nicht gewohnt sein, starke Gefühle zu zeigen oder Körperkontakt herzustellen. Der Helfer muß hier sehr vorsichtig vorgehen und seine Gefühle der Wertschätzung und Zuwendung möglicherweise eher verhalten zeigen.

Wenn es dem Helfer gelingt, dieses Verhaltensmerkmal zu verwirklichen, dann kann der Sterbende Vertrauen zu ihm fassen, sich ihm öffnen und auch angstbesetzte, furchterregende Erfahrungen zur Sprache bringen. Sein Selbstwertgefühl und Selbstvertrauen werden gestärkt. Er fühlt sich angenommen und kann es wagen, sich auch mit den bedrängenden Aspekten dieser letzten Lebensphase auseinanderzusetzen.

„Einfühlendes nicht-wertendes Verstehen"

Nach *Tausch* u. *Tausch* (1979) läßt sich dieses Verhaltensmerkmal folgendermaßen beschreiben: „Die helfende Person sucht die innere Erlebniswelt des anderen samt seinem Fühlen und persönlichen Bedeutungen, die dieser im jeweiligen Moment erlebt und die hinter seinen Äußerungen stehen, zu spüren, sich vorzustellen. Sie vergegenwärtigt sich die innere Erlebniswelt und den Strom des Erlebens, der im anderen fließt, gleichsam von der Innenseite des anderen her in genau der gleichen Art, wie dieser seine innere Welt und den Strom seines Erlebens spürt. Es ist ein sehr aufmerksames feinfühliges Hinhören auf die Äußerungen des anderen. Darüber hinaus ist es ein intensives Bemühen, sich in den anderen einzufühlen: Was bedeuten für ihn persönlich seine Äußerungen? Welche persönliche Meinung drückt er aus? Was fühlt er dabei? Was sagen die Äußerungen über sein Selbst? Was ist die ,tiefere Botschaft' seiner Äußerungen?"

So wäre es dem Sterbenden gegenüber z.B. nicht angemessen, seine Äußerungen von Schmerz oder Angst an den Befunden der Diagnose oder seiner „objektiven" Befindlichkeit zu messen. „Pain is what the patient says he feels" (*Zorza* u. *Zorza* 1980) könnte als Leitsatz zum einfühlenden Verstehen gelten. Es kann nicht darum gehen, den Sterbenden etwa von der Unrichtigkeit oder Unmöglichkeit seines Gefühls zu überzeugen. Wenn die todkranke, unter schweren Krebsschmerzen leidende und daher ständig mit Schmerzmitteln behandelte junge Frau in „A Way to Die" sich den Finger an der Zigarette verbrennt und behauptet, aufgrund dieser Verbrennungsschmerzen nicht schlafen zu können, dann ist es ohne Sinn, sie mit der Unhaltbarkeit dieser Behauptung zu konfrontieren. Vielmehr kommt es darauf an herauszufinden, was hinter ihrer Äußerung steht. Ob sie etwa wünscht, jemand möchte nachts bei ihr wachen, ob sie durch die Weigerung, „brav" zu sein und zu schlafen, Zorn über etwas ausdrücken möchte u.ä. Gerade wenn angstbesetzte Gefühle auftreten wie bei der Auseinandersetzung mit dem eigenen Tod, können die Äußerungen der Sterbenden sehr irrational erscheinen oder auch aggressiv sein. *Ostermann* (1979) beschreibt den gelungenen Versuch, hinter den ungerechten, aggressiven Äußerungen eines lebensbedrohlich erkrankten Kindes die tieferen Gefühle zu sehen und zu verbalisieren:

„Volker berichtete mir: ‚Und dann ist der Lehrer gekommen und hat gesagt: »Ich muß euch etwas ganz Trauriges sagen, der Georg ist nämlich gestorben!«‘ Er wandte sich mir dann ganz zu und sagte: ‚Und du warst weg.‘ Und gleich darauf sagte er ganz aggressiv: ‚Ihr mördert hier alle, und zur Strafe mache ich dich jetzt tot‘, und haute mir mit ziemlicher Wucht eine Spritze auf die Hand. Ich war zuerst erschrocken, es tat auch ziemlich weh. Dann habe ich aber gemerkt, was los war, und ich dachte: Daß du jetzt nur richtig antwortest! Ich sagte zu ihm: ‚Volker, eigentlich bist du immer noch böse und traurig, weil Georg tot ist?‘ ‚Ja‘, sagte er, ‚das bin ich‘, und legte seinen Arm um mich. ‚Er war doch mein bester Freund.‘“

Doch oft sind solche Äußerungen auch ganz undramatisch. So in dem folgenden Beispiel aus unserer eigenen Arbeit mit an Krebs erkrankten Kindern. Ein 8jähriger Junge sagte: „Im Krankenhaus sterben doch viele.“ Auf die Frage, ob er Angst hätte, auch im Krankenhaus zu sterben, antwortete er: „Ja — nein, ich komme doch nächste Woche nach Hause.“ Der Helfer wird hier den Widerspruch in der Antwort des Jungen wahrnehmen und versuchen, behutsam das bei aller Zuversicht vorhandene Angstgefühl anzusprechen. Es ist möglich, daß dieses Gefühl weiterhin geleugnet wird. Aber ebensogut ist es denkbar, daß die verborgenen Ängste im Gespräch bearbeitet werden können.

Einfühlendes nicht-wertendes Verstehen vermittelt dem Sterbenden das Gefühl, von einem Menschen tiefgreifend verstanden zu werden. Durch das selbstverständliche Aussprechen und Offenlegen seiner Bedürfnisse und Gefühle wird dem Sterbenden die Auseinandersetzung mit sich selbst erleichtert. Spannungen werden vermindert, Ängste abgebaut. Es hängt von der jeweiligen Situation und der Erfahrung des Helfers ab, diesen Prozeß so zu gestalten, daß er auch für einen Menschen nicht zu bedrängend wird, der es weniger gewohnt ist, seine Gefühle anzusprechen.

„Echtsein — Ohne-Fassade-Sein"

Echtsein, Kongruenz, Ehrlichkeit des Helfers sind unabdingbare Voraussetzungen für hilfreiches Verhalten. Der Helfer muß für den Sterbenden voll einschätzbar sein, ihm ohne Maske oder berufliche Fassade gegenübertreten. Er muß zu erkennen geben, wie es um ihn selbst steht. Dazu A. *Tausch* (1981): „Wichtig ist, daß ich mich ihnen (den Hilfesuchenden) als Mensch mit meinen Empfindungen und meinem Fühlen zeige und ihnen nicht Freundlichkeit und Anteilnahme vorspiele. Menschen in Not sind in ihrer Abhängigkeit von der Hilfe anderer sehr feinfühlig und können meist sehr schnell zwischen echter und vorgetäuschter Freundlichkeit unterscheiden. Nicht die Selbsteinschätzung des Helfers, sondern die Art und Weise, in der er vom Hilfesuchenden wahrgenommen wird, ist der Grundstein ihrer Beziehung und damit auch des Vertrauens, das in dieser Beziehung notwendig ist."

Echtsein besagt zunächst, daß der Helfer sich selbst gegenüber offen ist. Er läßt seine eigenen Gefühle zu und nimmt sie wahr. Dem Sterbenden gegenüber öffnet er sich in hilfreicher Weise und teilt vieles von dem mit, was sein Inneres bewegt.

Echtsein im Umgang mit schwer Erkrankten und Sterbenden birgt eine besondere Problematik. Es ist eine Grundfrage, wie offen mit dem Sterbenden über seine Erkrankung und über seinen bevorstehenden Tod gesprochen oder eine Frage nach der Prognose beantwortet werden kann. In der Praxis wird der Helfer nicht allein entscheiden können, wie die „Phasen der Unwissenheit und Unsicherheit" (*Sporken* 1979) gemeistert werden sollen. Beispiele für die Möglichkeit, das Sterben offen anzusprechen, finden wir bei *Zorza* u. *Zorza* (1980):

> „Jane: ‚Ich würde gern wissen, wie lange es noch dauert, bis ich sterbe?' ‚Ich glaube nicht, daß es noch lange dauert', antwortete Pat in dem gleichen alltäglichen Tonfall. — Jane: ‚Ich wünschte, ich wüßte, wie das ist — Sterben. Ich meine, ich habe Angst davor, aber da weiß wohl niemand so genau . . .' Pat: ‚Ich glaube, das kann ich dir sagen. Du schläfst einfach ein und gehst fort, ohne überhaupt aufzuwachen.' Jane: ‚Das klingt gut.' Pat: ‚Ich habe viele Leute sterben sehen, und dir wird es wahrscheinlich wie ihnen gehen'."

Es wird sicher oft nicht möglich sein, mit dem Sterbenden in dieser Offenheit über seinen bevorstehenden Tod zu sprechen. Wenn er aber danach fragt oder signalisiert, daß ihm die Unsicherheit über seine Zukunft zum Problem wird, müssen diese Signale in jedem Fall vom Helfer aufgegriffen und die damit verbundenen Gefühle in offener Weise bearbeitet werden. Der Helfer soll dabei auch seine eigenen Gedanken und Gefühle so ehrlich wie möglich ausdrücken.

Nur das Echtsein des Helfers vermittelt dem Sterbenden, daß die ihm entgegengebrachte Achtung und Wärme sowie das vom Helfer ausgedrückte einfühlende Verstehen ehrlich gemeint sind. Der Sterbende kann sich auf den Partner verlassen. Er kann ihm vertrauen, weil er merkt, daß die Äußerungen des Helfers wirkliche Aspekte von dessen Persönlichkeit sind und nicht Bestandteil einer Fassade. Der Sterbende kann den Helfer voll einschätzen und braucht keine Zweifel über dessen wahre Gefühle zu haben. Er wird daher weniger leicht das Gefühl haben, doch nur eine Last für den anderen zu sein. Das Verhältnis zum Helfer gibt wenig Anlaß, über die Beziehung zu ihm zu grübeln, der Sterbende kann sich seiner eigenen Person zuwenden. Darüber hinaus ist das Echtsein des Helfers ein Modell für den Sterbenden, das ihm ermöglichen kann, selbst offener für sein eigenes Erleben zu sein und seine eigenen Emotionen offener und fassadenfreier auszudrücken.

Über die hilfreiche Wirkung personenzentrierten Verhaltens kann nach den Ergebnissen der umfangreichen Forschung von *Rogers* und *Tausch* u. *Tausch* kein Zweifel bestehen. Gerade weil „personenzentrierte psychotherapeutische Gespräche keine spezielle Therapie für spezielle Symptome" sind (*Tausch* u. *Tausch* 1979), können sie angesichts des breiten Spektrums der seelischen Schwierigkeiten Sterbender als besonders förderlich gelten. Den Ängsten des Sterbenden steht der personenzentrierte Helfer nicht als therapierender Fachmann, sondern als hilfreicher Mitmensch gegenüber.

Die Verwirklichung dieses Verhaltens stößt in der heutigen Praxis in der Regel auf große Schwierigkeiten. Ein Beispiel aus meiner Erfahrung ist symptomatisch für die Reaktionen, denen der personenzentrierte Helfer bei seiner Arbeit begegnen kann: Verschiedene Male besuchte ich im Krankenhaus eine dem Tode sehr nahe alte Frau in ihrem Einzelzimmer. Sie war sehr schwach und schien zeitweilig nicht mehr wahrzunehmen, was um sie herum vorging. Durch Händedruck und andere manchmal kaum wahrnehmbare nonverbale Äußerungen teilte sie jedoch des öfteren mit, daß sie meine Anwesenheit spürte. Nach einem dieser Besuche nahm mich die Schwester beiseite und sagte: „Sie brauchen nicht mehr zu kommen. Die Frau hört Sie doch nicht mehr. Da können Sie gar nichts mehr tun." Es war sehr schwer, diese Schwester von dem Sinn der fortdauernden Zuwendung gegenüber der Sterbenden zu überzeugen. Größere Einsicht in die emotionale Welt der Menschen und stärkere Wertschätzung von Gefühlen könnte unserer Gesellschaft hier weiterhelfen. Das muß allerdings auf der Basis gemeinsamer Anstrengung geschehen. Der einzelne kann hier immer nur in einem sehr begrenzten Bereich etwas ausrichten. Worte sind oft unbedeutend, und besonders in der Sterbehilfe ist ein zusammenhängendes Gespräch häufig schon aus physischen Gründen nicht möglich. Die hilfreichen Merkmale und Aktivitäten personenzentrierten Verhaltens sind jedoch nicht an verbale Kommunikation gebunden.

Sporken (1979) schreibt, „daß für den Sterbenden nicht der Inhalt der Worte, sondern das menschliche Gefühl hinter diesen Worten das Wichtigste ist. Diesen Gefühlen — vor allem dem Gefühl menschlicher Nähe — kann der Helfer oft besser Ausdruck geben, ohne zu reden.

Eine herzliche Gebärde, ein Streicheln, eine Hand halten oder ein Kuß können einem Sterbenden unendlich gut tun."

1.2 Die Arbeit des Helfers an sich selbst

Die Verwirklichung personenzentrierter Haltungen ist ohne die Arbeit des Helfers an sich selbst nicht denkbar. Auch *Kübler-Ross* sagt in bezug auf den Sterbehelfer: „Zunächst muß ich versuchen, ich selbst zu sein" (1977).

Wir gehen davon aus, daß der Mensch die Umwelt nicht objektiv, sondern subjektiv aus seinen eigenen Bedingungen heraus wahrnimmt und in einer eigenen Welt persönlichen Erlebens und Fühlens lebt. Er entwickelt ein nur ihm zugehöriges Selbstgefühl, das sich aus seiner Wahrnehmung der Umwelt und aus der Interaktion mit der Umwelt konstituiert. Daraus resultiert, daß Selbstbestimmung und Selbstverantwortung die unerläßlichen Grundlagen emanzipierten menschlichen Verhaltens sind. Das ist zwar in der Praxis aufgrund der unterschiedlichen biographischen Voraussetzungen der Individuen nicht immer gegeben, kann aber durch hilfreiches Verhalten der Mitmenschen in beträchtlichem Ausmaß gefördert werden (*Rogers* 1973).

Die Feststellung, daß der reife Mensch selbstbestimmt und selbstverantwortlich handelt, ist nur scheinbar banal: im Alltag zeigt sich, daß für viele Menschen diese Überlegungen nur sehr schwer zu begreifen sind und mit einer egoistischen Einstellung verwechselt werden. Überall treffen wir auf Verhaltensweisen, die dazu dienen, eigene Probleme, eigene Verantwortung und schließlich das eigene Leben abzuwälzen und dem anderen aufzubürden, der dann häufig genug automatisch die Verantwortung übernimmt. In alltäglichen Wendungen wie „Was soll ich denn tun?" steckt oft genug die Absicht des Fragenden, die Mitmenschen in manipulativer Weise in seinen Dienst zu stellen, insbesondere wenn eine solche Frage von einem nonverbalen Appell begleitet wird. Es gilt dagegen festzuhalten, daß niemand uns das eigene Leben *und* Sterben abnehmen kann. Lebenshilfe *und* Sterbehilfe können nur darin bestehen, den einzelnen zu begleiten und zu stützen. Der Beistand soll den Sterbenden nicht davon befreien — oder gar daran hindern —, daß er „sich in eine unvermeidliche Wirklichkeit fügt und diese in Verantwortung auf sich nimmt" (*Sporken* 1979).

Naheliegenderweise treten „manipulative" Verhaltensweisen besonders in einer emotional so angespannten, von großer Angst gekennzeichneten Situation auf, in der der Mensch die Nähe des eigenen Todes spürt. Für den Helfenden ist es in dieser Lage oft außerordentlich schwierig, sich des Druckes — und der dadurch erzeugten massiven Ängste — zu entledigen, den die starken Appelle des Hilfesuchenden bewirken. Er wird dazu neigen, zu trösten, zu beschwichtigen und abzuwiegeln, und leistet damit bestenfalls nur so etwas wie Momentanhilfe, die oberflächlich und ohne Dauer bleibt, weil sich in der Reaktion des Helfers kein Widerhall der tieferen Gefühle des Sterbenden findet. Ein solches Abwiegeln kann in verbindlichen Floskeln bestehen wie: „Sie brauchen doch keine Angst zu haben!" — „Wir (!) werden schon wieder gesund werden." — „Es ist doch alles nicht so schlimm, kein Grund zum Weinen." Es kann aber auch abweisend, ja geradezu aggressiv sein, wenn die Ängste des Angesprochenen besonders stark sind, wie in dem folgenden Beispiel von A. *Tausch* (1981), das die Autorin selbst interpretiert: „Wie bei den Betroffenen selbst ist es häufig auch bei den Angehörigen die Angst, die sie daran hindert, verständnisvoll auf die Bedürfnisse des Erkrankten einzugehen ... Andreas, ein zweiundvierzigjähriger Techniker, berichtet: ‚Wenn ich über meine Angst vor dem Sterben spreche, sagt meine Frau: Du spinnst ja, warum sollst du sterben? Damit ist das Gespräch dann zu Ende.' Den Tatsachen nicht ins Auge sehen, sie ‚wegdrängen' — das ist ein sehr häufig anzutreffendes Verhalten von Angehörigen. Es fehlt ihnen die Kraft, sich in die Welt des Kranken hineinzubegeben, mit seinen Augen seine Wirklichkeit zu sehen ..."

Die zunehmende Diskussion der Sterbe-Problematik hat kaum etwas daran ändern können, daß diese Art oberflächlichen Sterbebeistands selbst bei professionellen Helfern der Regelfall ist, obwohl sicherlich die mit der Diskussion einhergehende langsame Enttabuisierung des Sterbens einen gewissen Teil der Ängste abbauen kann, die im Umgang mit Sterbenden auftreten. Kaum angegangen wurden jedoch die weitaus gravierenderen Ängste, die ihren Ursprung in unserer Art, miteinander zu kommunizieren, und in unserer mangelhaft ausgebildeten Fähigkeit zur Selbst- und Fremdwahrnehmung haben: Die starken Appelle des Sterbenden erzeugen beim Helfer Gefühle der Insuffizienz und der Schuld, weil er diese Appelle nicht als Ausdruck der ureigensten Gefühle des Hilfesuchenden versteht, sondern eine Verantwortung für den Sterbenden übernimmt, der er selbstverständlich nicht genügen kann. Besonders erschwerend wirkt sich hier aus, daß wir in unserer Gesellschaft nicht gelernt haben, offen miteinander umzugehen, und gerade emotionale Probleme oft nur indirekt und verschlüsselt mitteilen können. Auch der professionelle Helfer hat jedoch normalerweise kaum die Fähigkeit, tiefere Gefühle des anderen zu erkennen und adäquat zu beantworten. Er kann sich nicht in den anderen hineinversetzen, sondern bleibt in seiner eigenen Welt, in seinen eigenen Ängsten befangen. Seine „Handlungen und Maßnahmen sind nicht der inneren Welt des anderen angemessen, sie gehen an dem Fühlen und den inneren Bedürfnissen des anderen vorbei" (*Tausch* u. *Tausch* 1979).

Für die praktische personenzentrierte Arbeit mit Sterbenden bedeutet das hier Ausgeführte, daß der erste wichtige Schritt des Helfenden die Bestimmung des eigenen Standorts gegenüber der Thematik *Sterben* ist. Wir müssen zunächst eigene „Trauerarbeit" leisten, d.h. klären, was Tod und Verlust für uns selbst bedeuten, welche emotionalen Probleme sich hier im Laufe unseres Lebens ergeben haben, und werden somit eine Aufarbeitung einleiten. „Wenn ich meine eigenen Gefühle der Frustration, des Zorns und der Enttäuschung zu verstehen lerne, dann kann ich diese Gefühle in konstruktiver Weise benutzen" (*Kübler-Ross* 1977). Wir müssen ergründen, ob sich im Umgang mit emotional angespannten Menschen Angst- und Schuldgefühle bei uns einstellen. Wir müssen lernen, unsere eigenen tiefgehenden Gefühle zuzulassen, wahrzunehmen und weiter zu vertiefen.

Diese Arbeit an sich selbst kann wohl zunächst jeder für sich allein leisten, sozusagen „im stillen Kämmerlein". Sehr häufig wird dieser Weg jedoch in eine Sackgasse führen, denn unser Denken und Verhalten verläuft in ausgeschliffenen Bahnen, und es gibt Ängste und Gefühle, die wir gar nicht erst zulassen und demzufolge auch nicht wahrnehmen können. Nicht ohne Grund suchen wir in angstbesetzten Situationen das Gespräch, und auch bei dem Versuch, sich selbst und die eigene Einstellung zu Tod und Sterben kennenzulernen, wird das Gespräch mit Kollegen und Gleichgesinnten die Entwicklung fördern und beschleunigen. Solche Gespräche sind jedoch oft professionell-rationaler Art und bleiben, gerade was die Emotionen angeht, an der Oberfläche. Gefordert ist hier dagegen eine tiefe, unverstellte Auslotung der eigenen Gefühlswelt. Für diesen so wichtigen Vorgang stellen nach *Rogers* auf die eigene Person zentrierte Gespräche das geeignetste Hilfsmittel dar (*Rogers* 1974). Es handelt sich dabei möglicherweise um Einzelgespräche, besser aber noch um personenzentrierte Gruppengespräche mit Gleichgesinnten und Betroffenen. Das Stichwort heißt unter allen Umständen *Selbsterfahrung*, die nicht auf den Bereich *Sterben* beschränkt zu sein braucht, sondern im Gegenteil oft in der Auslotung vieler Emotionen bestehen muß, um schließlich auch die bei Sterbenden auftretenden Extremgefühle verstehen und akzeptieren zu können. Und hier sind nun viele Ansätze möglich, um sich selbst zu erfahren, durch intensiven Austausch mit anderen, durch die Konfrontation mit eigenen starken und existentiellen Gefühlen und mit denen anderer Menschen: das personenzentrierte Gespräch, gruppendynamische Übungen, Gestaltgruppen usw.

Der Helfende muß wissen und erfahren haben, daß er selbst wie auch der Sterbende in einer eigenen emotionalen Welt lebt, daß sie beide ständig *fühlen*, und wird erst dann in der Lage sein, die tiefgehenden Gefühle des anderen wahrzunehmen und angemessen zu beantworten. Intensive Selbsterfahrung wird dem Helfer zu größerer Entspannung im Umgang mit dem emotional stark belasteten Sterbenden verhelfen. Sie wird ihm helfen, eigene Sperren abzubauen und einen Schritt weiter in die emotionale Welt des anderen zu tun. Denn man kann davon ausgehen, daß die in Selbsterfahrungsprozessen auftretenden und bearbeiteten Ängste durch das Zulassen, Offenlegen und Erkennen eine Verminderung erfahren, die in Richtung auf Entspannung wirkt. Über einen Klienten, der im Verlauf personenzentrierter Gespräche zu einem erhöhten Ausmaß an Selbstwahrnehmung und an Offenheit für die eigene Erfahrung gekommen war, schreibt *Rogers* (1973): „Früher konnte er weder Schmerz noch Krankheit frei empfinden, denn Krankheit hieß lästig sein. Noch konnte er Zärtlichkeit und Liebe für sein Kind empfinden, denn solche Gefühle bedeuteten Schwäche, und er mußte die Fassade aufrechterhalten, stark zu sein. Jetzt aber kann er den Erlebnissen seines Organismus offen gegenüberstehen — er kann müde sein, wenn er müde ist, er kann Schmerz empfinden, wenn sein Körper Schmerz signalisiert, er kann die Liebe, die er für seine Tochter empfindet, frei erleben, und er kann auch Verdruß über sie fühlen und ausdrücken, wie er später sagt. Die Erfahrungen seines ganzen Organismus kann er voll erleben, statt sie aus dem Bewußtsein zu verdrängen." Und etwas später heißt es dazu: „Das Bewußtsein ist nicht länger der Wächter über einen gefährlichen und undurchschaubaren Haufen von Impulsen, die nur im Ausnahmefall das Tageslicht erblicken dürfen, sondern wird zum geruhsamen Mitbewohner einer Gesellschaft von Impulsen, Gefühlen und Gedanken, die sich, wie man feststellt, sehr wohl selbst regulieren können, wenn sie nicht ängstlich behütet werden."

Für die Person des Helfenden ist mit diesem Ansatz ein Weg gewiesen, der die Probleme der Sterbehilfe mildert und auf dem man weitergehen kann, ohne diese Probleme zu verniedlichen, zu leugnen oder zu verdrängen. Ein Weg, auf dem der Helfende ständig an sich selbst arbeiten muß, wie denn die Forschung zur personenzentrierten Gesprächspsychotherapie auch ergeben hat, daß die Therapieeffekte vor allem von den inneren Möglichkeiten des Therapeuten abhängen.

Von ihm wird ein reiches Gefühlsleben erwartet, das ihn befähigt, viele tiefgreifende und bedrängende Gefühle des Hilfesuchenden wahrzunehmen und mitzuteilen, daß er sie versteht. „Ein beruflicher Helfer oder Angehöriger, der für einen Sterbenden sorgt, wird sehr bald erkennen, daß seine Arbeit auch eine Arbeit an sich selbst bedeutet" (*A. Tausch* 1981).

1.3 Die Arbeit im sozialen Umfeld des Sterbenden

In der personenzentrierten Arbeit mit Sterbenden kann es normalerweise nicht darum gehen, eine im herkömmlichen Sinne individuelle, zeitlich geregelte Gesprächspsychotherapie durchzuführen. Vielmehr kommt es darauf an, für den Sterbenden ein therapeutisches Klima zu schaffen; d.h., daß der Helfer nicht isoliert arbeiten kann. Er ist darauf angewiesen, daß Angehörige, Freunde, Ärzte und Pflegepersonal in der gleichen Richtung mitarbeiten. In „A Way to Die" werden Sterbekliniken beschrieben, die man zwar kritisch sehen muß, weil sie den Sterbenden in einer Art Ghetto isolieren, in denen aber ein derartiges Zusammenwirken von Laien und beruflichen Helfern bereits weitgehend verwirklicht wird (vgl. *Zorza* u. *Zorza* 1980).

Der personenzentrierte Helfer muß sich also bemühen, das soziale Umfeld des Sterbenden in seine Arbeit miteinzubeziehen. Das wird er durch Gruppengespräche und, wenn die Organisation es erlaubt, durch Schulung oder Training für Pflegepersonal erreichen. Es ist von besonderer Bedeutung, daß er gerade den Angehörigen Gelegenheit geben kann, sich mit den bei ihnen auftretenden Ängsten und Problemen auseinanderzusetzen. Denn die Möglichkeiten des Sterbenden, seine eigenen Ängste offen zu vermitteln, hängen oft vom Verhalten und der Erwartungshaltung der Angehörigen ab, die der Sterbende nicht enttäuschen oder weiter belasten will. Diese Erfahrung wurde insbesondere bei todkranken Kindern gemacht (vgl. *Raimbault* 1980). Die Unfähigkeit des Kindes, seine Ängste auszudrücken, kann oft auf die „unausgesprochene Schweigevereinbarung mit seinen Eltern und meist auch mit dem Personal" zurückgeführt werden (*Wolff* 1982).

Auch hier wird die Arbeit in der Praxis nicht immer leicht sein. Unsere Erfahrung mit den Angehörigen krebskranker Kinder hat gezeigt, daß die Bereitschaft, über eigene Ängste und über Probleme des Kindes zu sprechen, in unterschiedlichem Ausmaß vorhanden ist. Viele Eltern finden hier wirkliche Erleichterung, während andere kaum zugänglich sind. Der Helfer muß darauf eingestellt sein, daß Ablehnung und das Erlebnis von Mißerfolgen häufig auftreten werden.

2. Kindzentriertes Arbeiten mit progredient kranken Kindern (Haupt)

Im folgenden möchten wir zeigen, wie kindzentrierte bzw. personenzentrierte Hilfe für progredient kranke Kinder und ihre Eltern realisiert werden kann. Die Erfahrungen, die hier mitgeteilt werden, erwuchsen aus der Arbeit mit Kindern in einer Körperbehinderten- und Krankenhausschule, insbesondere mit Kindern, die an fortschreitendem Muskelschwund (in der malignen Form wie z.B. beim Typ Duchenne, vgl. *Beckmann* 1976, erkrankt waren.

Muskelkranke Kinder erleben den Krankheitsverlauf voll bewußt, ihr Schwächerwerden, das Hinfallen, ohne wieder aufstehen zu können, den Verlust der Gehfähigkeit, den Verlust der Fähigkeit, etwas aufheben zu können, die Schwierigkeit, ohne fremde Hilfe zu trinken und zu essen, die Schwierigkeit, längere Zeit zu sitzen und den Kopf zu halten. Eine außerordentlich schwierige Phase ist die Zeit, in der die Gehunfähigkeit eintritt, damit zugleich die Abhängigkeit von fremder Hilfe und meist der Verlust der Hoffnung auf eine definitive Besserung oder Heilung. Ein Teil der Kinder reagiert auf diese einschneidende Veränderung ihrer Lebenssituation sehr heftig mit Trauer, mit Wut, mit Resignation, die von aggressiven Reaktionen durchbrochen wird. In bezug auf Lernen und Schule reagieren diese Kinder meist lustlos, · oft auch mit dem Hinweis: „Das hat doch alles keinen Zweck mehr". Die depressiv-resignativen Tendenzen werden unterstützt durch das Erleben, daß die Krankheit unheilbar ist, daß auch hochspezialisierte Ärzte allenfalls Erleichterung verschaffen können, aber die Krankheit nicht heilen können. Die Kinder wissen, daß sie früh sterben werden. Sie leiten das aus dem Krankheitsverlauf ab, sie hören es vielleicht beim Arztbesuch oder wenn die Eltern darüber sprechen.

In den Phasen, in denen die Kinder sehr verstimmt auf ihre veränderte Lebenssituation, auf die Erkrankung reagieren, sind sie an Kontakten mit anderen Kindern meist weniger interessiert. Da ihr Selbstkonzept erschüttert ist, sind sie oft kaum in der Lage, befriedigende Kontakte und Beziehungen mitzugestalten.

Auch die Eltern der Kinder sind in einer sehr schwierigen Situation. Sie sind sehr betroffen, daß ihr Kind so krank ist, traurig, manchmal aber auch wütend, weil niemand wirklich helfen kann, und verzweifelt. Mitunter versuchen sie auch, das Belastende, Bedrohende nicht wahrzunehmen, sehr viel zu unternehmen, um die Situation besser auszuhalten. Besonders verunsichert sind Eltern, wenn für sie selbst und für das Kind die Auseinandersetzung mit Sterben und Tod ansteht. Die Eltern sind zudem physisch sehr belastet, da die Pflege im Krankheitsverlauf zunehmend schwieriger wird und technische Hilfsmittel diese Schwierigkeiten nicht voll ausgleichen können.

Durch Zuwendung, Wertschätzung, kommuniziertes einfühlendes Verstehen kann es Kindern und Eltern erleichtert werden, in ihrer außerordentlich schwierigen Situation für sich selbst Verarbeitungsmöglichkeiten, Problemlösungen zu finden, ihr Selbstkonzept zu stabilisieren und mit ihrer Situation konstruktiv umzugehen. Es ist von großer Bedeutung, daß die Kinder zu einer Gruppe gehören, z. B. in einer Körperbehindertenschule, die schülerzentriert arbeitet. Dann werden ihre Interessen und Bedürfnisse im gesamten Schulalltag berücksichtigt, sie erleben Verstehen, Akzeptieren, Zuwendung, Wertschätzung, die nicht an bestimmte Leistungsanforderungen gebunden sind. Dies ermöglicht den Kindern zu lernen, ihr Leben hier und jetzt zu gestalten, sich an Projekten zu beteiligen, zu lernen, was für sie in ihrer besonderen Lebenssituation relevant ist. Die Kinder haben die Möglichkeit, sich im Spiel, im Umgang mit geeigneten Werkmaterialien, im Rollenspiel, in Geschichten auszudrücken, für sie Wichtiges zu gestalten. In der Einzelförderung kann sehr speziellen Wünschen und Förderbedürfnissen des Kindes entsprochen werden.

Für eine Reihe von Kindern liegen in einer schülerzentrierten Förderung in der Körperbehindertenschule die Hilfen, die sie für die Reintegration ihres Selbstkonzepts mit Selbstwertschätzung und Kontaktfähigkeit brauchen. Für manche Kinder, die schwer aggressiv-depressiv verstimmt sind, sind zusätzliche Hilfen erforderlich, die durch das kindzentrierte Spielen möglich werden (Grundprinzipien s. bei *Axline, Tausch, Haupt*).

Unsere Erfahrungen beziehen sich auf Einzelspielstunden über längere Zeit, therapeutische Gruppenspielstunden haben wir bisher nicht angeboten. Wichtig ist, daß das Kind Material nach seinen Wünschen auswählen kann, mit dem es, wenn es möchte, sein Erleben, seine Wünsche, Ängste usw. ausdrücken kann. Das Material darf nicht zu groß und zu schwer sein, damit die Kinder es leicht handhaben können (z. B. Playmobil-Spielzeug). Der Spielhelfer trägt dazu bei, daß sich das Kind frei fühlen kann zu tun, was es möchte. Der Spielhelfer hilft ihm dabei durch Wertschätzung des Kindes, Zuwendung, Echtheit. Er kommuniziert sein Verstehen dessen, was das Kind ausdrückt. Er wertet nicht. Die Offenheit des Spielhelfers ist von erheblicher Bedeutung, ebenso wie das Akzeptieren dessen, was das Kind ausdrückt, auch wenn es sehr intensive Gefühle sind wie Todesangst, mörderische Wut, tiefe Trauer, intensive Freude. Da es unserer Erfahrung nach muskelkranken Kindern eher schwer fällt, das, was sie erleben, auch auszudrücken, ist es besonders wichtig, daß der Spielhelfer das, was das Kind ausdrückt, nicht interpretiert, daß er das Kind nicht drängt, ihm nicht Wege vorgibt und schweigt, wenn das Kind das möchte, um sich besser im Spiel ausdrücken zu können. Wir haben gute Erfahrungen damit gemacht, die Kinder gelegentlich zu ermutigen, sich auch heftig auszudrücken, wenn sie das möchten, z.B. mit Schreien. Die Kinder entscheiden mit, wie lange und wie viele Spielstunden sie haben möchten; nach unserer Erfahrung gehen die Kinder sehr verantwortlich mit dieser Möglichkeit um.

Folgender Entwicklungsprozeß zeichnet sich in den Spielstunden bei den Kindern häufig ab. In den ersten Spielstunden überwiegt Spielen mit aggressiven Inhalten (Krieg, Cowboy- und Indianer-Spiele, Unfälle, Zerstören durch Einsturz, durch Erdbeben, durch Wurfgeschosse, Verbrecherjagd, Tod als Strafe). Diese Phase ist bei den Kindern unterschiedlich lang. Abgelöst wird die Phase meist durch direkte Auseinandersetzungen mit Krankheit und Sterben, zum Beispiel in der Form, daß sich im Spiel Patienten in der Klinik darüber unterhalten, ob bei ihnen Krankengymnastik hilft oder ob sie trotzdem das Laufen verlernen; daß Patienten gegen Ärzte toben, weil sie nicht helfen; daß im Spiel einer stirbt und beerdigt wird. Oft bringen die Kinder ihre Vorstellungen über Sterben, Tod, Leben nach dem Tod direkt und unverschlüsselt ins Spiel ein, manchmal unverbunden neben Inhalten aus dem Religionsunterricht. Auch da ist wichtig, daß die Kinder ihre Vorstellungen gestalten und der Helfer nicht mit eigenen interveniert.

Nach dieser Phase tritt meist eine deutliche Entlastung und Verbesserung der psychischen Befindlichkeit der Kinder ein mit konstruktivem Spielen, Äußerungen von Freude, Interesse an Kontakten zu Kindern und Erwachsenen, Interesse am Lernen. Die Spielinhalte wechseln. Je nach Befindlichkeit des Kindes wird zwischendurch auch Angst ausgedrückt und aggressiv gespielt. In dieser Phase werden Spielstunden manchmal von den Kindern abgesagt, weil sie mit anderen Kindern etwas unternehmen möchten, weil sie anderen Interessen nachgehen möchten. Manche Kinder bitten dann nur noch gelegentlich um eine Spielstunde, um einen Spaziergang, um ein Gespräch.

Bei fast allen Kindern besteht noch über längere Zeit gelegentlich das ausgeprägte Bedürfnis nach „Katastrophenspielen" wie Erdbeben, Schiffsuntergang u. a. Offensichtlich ist es wichtig für die Kinder, die physische Bedrohung, die sie erleben, auch sehr konkret in heftigen Spielen auszudrücken. Dabei brauchen sie meist die Unterstützung des

Spielhelfers, um Handlungsabläufe nach ihren Vorstellungen auszuführen.

Kindzentriertes Arbeiten mit progredient kranken Kindern schließt das Angebot zu personenzentrierten Gesprächen mit den Eltern ein. Es sind in jedem Fall Gespräche mit den Eltern notwendig, ehe ein Kind eine Einladung zu Spielstunden erhalten kann. Die Eltern müssen wissen, daß die Spielstunden den Sinn haben, das Kind bei seiner Erlebnisverarbeitung zu unterstützen; Eltern brauchen auch Unterstützung, um mögliche Veränderungen im Verhalten des Kindes in Zusammenhang mit den Spielstunden zu verstehen, und sie brauchen das Angebot einer psychischen Unterstützung durch Gespräche für sie selbst. Wenn die Kinder, ermutigt durch das Erleben in den Spielstunden, sich zwischendurch zu Hause heftiger ausdrücken mit Wut, Schmerz und Angst, wird dieses Verhalten der Kinder insbesondere von den Eltern, die diese Gefühle nicht zulassen können, als ängstigend und provozierend erlebt. Die Hauptschwierigkeit in der Elternarbeit liegt in der hohen Hemmschwelle vieler Eltern mit progredient kranken Kindern und in der tiefsitzenden Angst, sich auf Gefühle, die sie als sehr unangenehm erleben, die sie negativ bewerten und ablehnen, einzulassen.

Diese Schwierigkeiten zeigen sich sehr deutlich in den Gesprächen mit einzelnen Eltern und in den Gruppengesprächen, zu denen wir die Eltern, deren Kinder Spielstunden haben, regelmäßig einladen. Daraus ergibt sich, daß Eltern progredient kranker Kinder nicht erst dann Gespräche brauchen, wenn die Erkrankung schon weit fortgeschritten ist; sie brauchen emotionale Unterstützung von dem Zeitpunkt an, zu dem sich die Krankheit manifestiert und diagnostiziert wird. Es ist eine vordringliche Aufgabe, diese Möglichkeit in Zusammenarbeit mit den behandelnden Ärzten und Spezialkliniken bereitzustellen.

Literatur

Axline, V., Kinderspieltherapie im nicht-direktiven Verfahren, München 1972.
Beckmann, R., Die Rehabilitation von Patienten mit Muskelkrankheiten (Dt. Ges. z. Bekämpfung der Muskelkrankheiten), Freiburg 1976.
Glaus, A., Die Onkologieschwester, in: *F. Meerwein* (Hrsg.), Einführung in die Psycho-Onkologie, Bern / Stuttgart / Wien 1981, S. 199-210.
Haupt, U., Spezielle Arbeitsweisen mit verhaltensgestörten körperbehinderten Kindern, in: *Haupt/Jensen* (Hrsg.), Pädagogik der Körperbehinderten, Berlin 1982.
Kübler-Ross, E. (Hrsg.), Reif Werden zum Tode, Stuttgart / Berlin 1977³.
Ostermann, E., Begleitung lebensbedrohlich erkrankter Kinder. Erfahrungen im Umgang mit Dialysepatienten, in: *Engelke* u. a. (Hrsg.), Sterbebeistand bei Kindern und Erwachsenen, Stuttgart 1979, S. 99-107.

Raimbault, G., Kinder sprechen vom Tod. Klinische Probleme der Trauer, Frankfurt/M. 1980.

Rogers, C., Die nicht-direktive Beratung, München 1972.

—, Die klient-bezogene Gesprächstherapie, München 1973 (a).

—, Entwicklung der Persönlichkeit, Stuttgart 1973 (b).

—, Client-centered psychotherapy, in: *Freedman* u. a. (Hrsg.), Comprehensive Textbook of Psychiatry, Baltimore 1975.

Schmoll, H.-J., Sterben als sozialer Prozeß. Über das soziale Umfeld des Sterbenden, in: *Engelke* u. a., a. a. O. S. 40-48.

Sporken, P., Umgang mit Sterbenden, Düsseldorf 1976.

—, Sterbebeistand: Aufgabe und Ohnmacht, in: *Engelke* u. a., a. a. O. S. 30-39.

Sudnow, D., Organisiertes Sterben, Frankfurt/M. 1973.

Tausch, A., Personenzentrierte Hilfe für Krebspatienten. Referat auf dem Kongreß für Klinische Psychologie und Psychotherapie, Berlin, 18.-22. Februar 1980.

—, Gespräche gegen die Angst, Reinbek 1981[2].

Tausch, R. u. A., Kinderpsychotherapie in nicht-direktivem Verfahren, Göttingen 1956.

—, Gesprächspsychotherapie, 7., völlig neu gestaltete Auflage, Göttingen 1979.

—, Erziehungspsychologie, Göttingen 1977[8].

Tews, H. P., Soziologie des Alterns, Bd. 2, Heidelberg 1971

Wittkowski, J., Tod und Sterben. Ergebnisse der Thanatopsychologie, Heidelberg 1978.

Wolff, G., Personenzentrierte psychologische Betreuung lebensbedrohlich erkrankter Kinder und ihrer Familien, in: *Goetze, H.* (Hrsg.), Personenzentrierte Spieltherapie, Göttingen 1980.

Zorza, R. u. V., A Way to Die, New York 1980.

10 Psychotherapie mit Sterbenden: der Beitrag der Daseinsanalyse*

Gion Condrau, Herrliberg

Wenn wir davon ausgehen, daß nur der Mensch um sein Sterblich-Sein weiß, daß demzufolge nur der Mensch in des Wortes wahrstem Sinne „stirbt" und nur der Mensch sich zu seinem Sterben-Müssen und Sterben-Können „verhalten" kann, dann geht uns auch auf, daß menschliches Leben ein „Sein zum Tode" ist, wie es *Heidegger* in „Sein und Zeit" (1927, 235 ff.) formulierte. Pflanzen „sterben ab", Tiere „verenden", der Mensch aber „stirbt", und dies in irgendeiner Weise zeitlebens. Das *Dasein*, als welches die menschliche Existenz verstanden wird, ist durch verschiedene Grundcharaktere (Existenzialien) gekennzeichnet, unter anderem durch die Offenständigkeit und Freiheit, durch die Gestimmtheit, durch das ursprüngliche Zeitlich- und Räumlich-Sein, durch das Leiblich-Sein, das Mit-Sein und eben das Sterblich-Sein. Diese Grundstrukturen sind nicht etwa lediglich Attribute des Menschseins, sondern sie bestimmen dasselbe wesensmäßig. Die primäre Weltoffenheit ermöglicht nicht nur die Erkenntnis, das Wahrnehmen vorhandener Dinge, nicht nur das Frei-Sein *für* das Begegnende, als welches menschliche Freiheit verstanden wird, es vermittelt vielmehr auch das Verständnis für den anderen Menschen, der gemäß seiner Seinsart als Dasein gleich wie ich selbst in der Welt ist. Die Welt meines Daseins ist Mitwelt. Die Jemeinigkeit der menschlichen Existenz schließt das Mitsein mit den Anderen nicht nur nicht aus, sondern wesenhaft mit ein; die Welt als Mitwelt ist immer schon die, die ich mit Anderen teile.

Wenn menschliches Leben als ein „Sein zum Tode" bezeichnet werden kann, dann stellt sich unzweifelhaft zunächst die Frage, was es denn überhaupt mit dem *Sein* auf sich hat. Die Fundamentalontologie *Heideggers* fragt schlechthin nach dem Sinn von Sein als solchem. Das eigentliche Wesen des Menschen wird zutiefst durch sein ursprüngliches Seinsverständnis geprägt. *Sein* ist für uns selbstverständlich. Wir

---

*) Aus dem Daseinsanalytischen Institut für Psychotherapie und Psychosomatik, Zürich (Direktor Prof. Dr. med. et phil. Gion Condrau)

gebrauchen die Worte *ist* oder *sind* mit jener Sicherheit, die jeglichen Zweifel am Begriff des Seins ausschließt. Trotzdem, meint *Heidegger*, verharren wir in der *Seinsvergessenheit* gerade dann am meisten, wenn wir im Subjekt- und Objektdenken der cartesianischen Weltauffassung die Wirklichkeit zu ergründen glauben. Sein zentrales Anliegen ist die Aufhebung des Subjektivismus, weshalb für ihn Ontologie „nur als Phänomenologie möglich" (1927, 35) ist. Der Mensch ist demzufolge kein Subjekt im Sinne von Descartes, eine *res cogitans*, das einer „Außenwelt", dem Objekt, den *res extensae*, gegenübersteht. Vielmehr wird das Dasein charakterisiert durch das „Ek-stare"; die Existenz ist also eine Ek-sistenz: ein „Hinausstehen in die Wahrheit des Seins" (*Heidegger* 1947, 16).

In einer ersten Kennzeichnung nennt die Daseinsanalytik das menschliche Existieren ein In-der-Welt-sein. Auch dieses In-der-Welt-sein, als solches „exstatisches", Welt eröffnendes, vernehmendes Bezogensein auf das Begegnende, ist nicht eine bloße Eigenschaft des Menschen; dieser nämlich *ist* vielmehr seiner eigensten Grundverfassung nach nichts anderes als das zum Offenhalten von „Welt" gebrauchte Vernehmen-Können.

Die Rede vom In-der-Welt-sein hat zu vielerlei Mißverständnissen geführt, so daß *Heidegger* (1947, 32 f.) gleich einer irrtümlichen Auslegung begegnen mußte. Weil gesagt werde, das Sein des Menschen bestehe im „In-der-Welt-sein", finde man, der Mensch sei zu einem bloßen *diesseitigen* Wesen herabgesetzt, wodurch die Philosophie im Positivismus versinke. Denn was könnte wohl logischer sein als dies, „daß wer die Weltlichkeit des Menschseins behauptet, nur das Diesseitige gelten läßt und das Jenseitige leugnet?". *Welt* meint jedoch nicht ein Seiendes, schon gar nicht die Welt als Erde, „sondern die Offenheit des Seins". Betrachtet nämlich der Mensch immer nur das Seiende, „dann bekundet sich darin die Seinsvergessenheit".

Warum interessiert nun den *Psychotherapeuten* die Frage nach dem Sinn von Sein? Anläßlich eines Zollikoner Seminars im Hause von *Boss* in Zollikon, am 10. März 1965, meinte *Heidegger*, die Psychotherapeuten müßten ein besonderes Interesse daran haben, da für sie die Frage, „was, wer und wie der Mensch *ist*", von grundlegender Bedeutung sei. Damit wollte er ausdrücken, daß ärztliches und insbesondere psychotherapeutisches Handeln sich nicht ausschließlich von der Denkweise der Naturwissenschaften her bestimmen lassen darf, sondern einer neuen Grundlage bedürfe.

Das Menschenverständnis der Daseinsanalyse

Die Fundamentalontologie *Martin Heideggers* bildet die philosophische Grundlage des daseinsanalytisch-phänomenologischen Menschenverständnisses. Grundsätzlich unterscheidet sich dieses von den traditionellen Anthropologien, die auf der cartesianischen Zweiteilung der Wirklichkeit beruhen; so wird ein Dualismus von Leib und Seele abgelehnt, wie überhaupt eine Trennung von Subjekt und Objekt, von Ich und Welt dahinfällt. Der phänomenologisch orientierte Beobachter läßt das ihm Begegnende von sich selbst her Kunde geben. Das Wesen der Welterschlossenheit, sagt *Boss* (1977, 55), als die der Mensch seiner Grundverfassung entsprechend existiert, offenbart sich als „ein primäres und weltweit ausgespanntes Vernehmen-Können der Anwesenheit des Begegnenden und als ein ebenso ausgedehntes Ansprechbar-Sein für die je besonderen Bedeutsamkeiten, aus denen jedes einzelne Anwesende besteht". Ohne diese ursprüngliche Offenheit, die wir als Freiheit *für* die Begegnung mit den Dingen und Mitmenschen einer gemeinsamen Welt bezeichnen können, wäre auch ein Antwort-Geben, überhaupt ein Verhalten des Menschen nicht möglich. Wahrnehmen und Antworten kennzeichnen somit das *Weltverhältnis* des Daseins, ein Bezogen-Sein, das weit über alles sinnenhaft Wahrnehmbare und leibliche Verhalten-Können hinausreicht. Dazu kommt, daß jedes Weltverhältnis, ja alle Weltbezüge immer in dieser oder jener Weise gestimmt sind, so sehr, daß von einem ebenso primären Gestimmtsein, bzw. einer ebenso ursprünglichen Befindlichkeit gesprochen werden darf. Nie nämlich könnte der Mensch sich freuen oder ärgern, nie könnte er Angst oder Trauer empfinden, glücklich oder verstimmt sein, wenn die *Befindlichkeit* nicht als Existenzial vorgegeben wäre. So bestimmt auch im faktischen Existieren die Weite oder Enge des Offenständigseins wie die Tönung der Stimmung das mehr oder weniger freie Verhalten eines Menschen. In der Stimmung der Angst nehmen wir vieles anders, aber auch viel anderes wahr als in jener der Freude und Aufgeschlossenheit.

In ebensolcher Weise, wie das immer schon in dieser oder jener Weise gestimmte Weltverhältnis einen Grundzug menschlichen Daseins konstituiert, gehört als drittes und gleichwertiges ontologisches Phänomen das *Mitsein* zur Grundnatur existenzialen Seins. Das Mit-Sein erfährt der Mensch zumeist in der Weise der Alltäglichkeit, des kulturell und traditionell bedingten Sich-Verhaltens, der Uneigentlichkeit, Geschäftigkeit, Interessiertheit, Genußfähigkeit und Anonymität. Der Mensch verhält sich dem Mitmenschen gegenüber, wie *man* sich verhält; er geht mit ihm um wie mit nichtdaseinsmäßigem Seienden. Selbst die Psychologie, die Lehre von der *Seele* findet keine adäquaten Begriffe für mitmenschliches Dasein. Sie spricht von „Kommunikation" und zementiert damit die Subjekt-Objekt-Spaltung; noch schlimmer ist der psychoanalytische Ausdruck der „Objektbesetzung". Daß damit gerade das Wesentliche am Mit-Sein verpaßt wird, nämlich die unmittelbar gegebene Einheit von Ich und Du, liegt auf der Hand. Gleiches gilt von einem uneigentlichen, anonymen Mit-Sein. Das „Man" (*Heidegger*) ist das Paradigma der Namenlosigkeit, des Gerüchtes, der Lüge. Erst das Gewissen holt das Dasein aus seiner Uneigentlichkeit zurück. Es mahnt den Menschen an seine Mitmenschlichkeit, an seine Verpflichtung zu Begegnung und Beziehung.

Offenständigkeit, Freiheit, Weltverhältnis, Mit-Sein entziehen sich ihrer Natur gemäß der Meß- und Berechenbarkeit naturwissenschaftlicher Methoden. Wie aber steht es mit dem menschlichen „Körper"? Wenn wir uns mit dem Sterben des Menschen befassen, geht es da nicht in ausgezeichneter Weise gerade und ausschließlich um jenen Bereich des Daseins, der der Materie näher steht als dem Geiste? Keineswegs, denn auch unser Leib wird als biologischer Körper in seinem Wesen mißverstanden, ist doch das „Leibliche" des Menschen nie und nimmer einem leblosen „Körper" vergleichbar, sondern immer nur als leibhaftiger Austrag eines Weltbezuges zu verstehen, so daß man mit Fug und Recht von einem „Leiben" sprechen darf. Die Daseinsanalyse hat dies in einem Buch verdeutlicht, das als Auseinandersetzung mit der naturwissenschaftlich orientierten Psychosomatik gedacht ist und den bezeichnenden Titel trägt: *„Leiben und Leben"* (*Boss, Condrau, Hicklin* 1977).

Heidegger bezeichnete es nicht von ungefähr als eine „Verwirrung" des Biologismus, wenn der Leib als etwas Gegenständliches betrachtet werde, das sich lediglich durch seine Materialität vom Seelischen und Geistigen unterscheide. Diese Verwirrung sei auch keineswegs dadurch überwunden, daß eben dem Leiblichen des Menschen eine Seele, der Seele ein Geist und dem Geist das Existentielle aufgestockt und „lauter als bisher die Hochschätzung des Geistes gepredigt" werde. Daß die Physiologie und die physiologische Chemie den „Organismus" naturwissenschaftlich untersuchen könne, sei kein Beweis dafür, daß in diesem „Organischen" das Wesen des Menschen beruhe. „Es könnte doch sein, daß die Natur in der Seite, die sie der technischen Bemächtigung durch den Menschen zukehrt, ihr Wesen gerade verbirgt" (*Heidegger* 1947, 14). *Wir leben* hingegen, *indem wir leiben*. Der Mensch hört, sieht und spricht nicht, weil er die entsprechenden Sinnesorgane hat, sondern er hat eben diese, weil er ein hörendes, sehendes und Sprache besitzendes Wesen ist. Ein Tier ist nicht „sprachlos", weil es die entsprechenden „Sprechwerkzeuge" nicht hat, sondern weil die Rede ihm wesenhaft nicht gegeben ist. Ein Stein ist nicht stumm, blind oder taub, da weder die Sprache noch das Sehen und Hören zu seiner Natur gehören.

Alles Menschliche hingegen ist leiblich, aber dieses Leibliche ist immer das „Leiben" eines bestimmten Weltbezuges, in welchem wir in einem gegebenen Augenblick gerade aufgehen. Der Mensch leibt sein Verhältnis zur Welt, er existiert leibend. Einen Menschen, der nicht leibt, gibt es nicht. Dieses Leiben ist jedoch nicht durch die Epidermis begrenzt oder durch das Vorhandensein bzw. Fehlen von Organen bestimmt. Auch das faktische Fehlen einer leiblich-ontischen Möglichkeit, einen Weltbezug leibhaftig auszutragen, ist kein Gegenargument. Ein Blinder kann nur deshalb blind genannt werden, weil zu ihm das Sehen als existenziale Möglichkeit gehört. Die Privation des faktischen Vollzugs verweist gerade auf das, was fehlt, so wie der Schatten auf das Licht verweist und nicht dessen Gegenpart ist.

Das daseinsanalytische Verständnis von Gesundheit und Krankheit

Dafür hat aber gerade die naturwissenschaftliche Medizin kein Verständnis. Sie kann es nicht haben, weil sie, ihrer Methode gemäß, in der Privation der normgemäßen Austragungsmöglichkeiten menschlichen Existierens lediglich das *Defekthafte* sieht. Der Krankheit, die immer schon auf den Tod verweist, kann das naturwissenschaftliche Denken keinen *Sinn* abgewinnen. Dies heißt nicht, daß die Ärzte am Krankenbett „inhuman" seien, daß nicht auch das *Leiden* des Mitmenschen Beweggrund für ihr Handeln sei. Die Tätigkeit des Arztes beruht somit auf zwei Faktoren: einmal auf der nüchternen, rational erlernbaren therapeutischen Technik, dann auf der jedem Menschen gegebenen, nicht erlernbaren, weil existenziellen Mitmenschlichkeit. Läßt sich der erste Faktor reglementieren, das heißt, im günstigsten Falle aufgrund der Objektivität des Krankheitsgeschehens und der Therapie für die Ärzte normieren, so ist im zweiten Falle der Individualität des Therapeuten Tür und Tor geöffnet. Immer jedoch ist es Aufgabe und Pflicht der Medizin, den Menschen „gesund" zu machen, ihn von seinen Defekten, wo dies möglich ist, zu heilen. Stirbt hingegen der Kranke, so wird dies von der Medizin als ein Versagen der Heilkunst gewertet. Gleichzeitig aber ist der Arzt seiner Verpflichtung enthoben.

Mit dem Tod endet seine Aufgabe, es sei denn, er müsse noch den Totenschein ausstellen.

Wenn Krankheit einem Defekt gleichgesetzt wird, erhebt sich gleichsam von selbst die Frage, was denn eigentlich *Gesundheit* bedeute. Bis vor kurzem, seit der Technisierung der Medizin, war diese einfach zu definieren: nämlich schlicht als das Fehlen von Krankheit. Die Weltgesundheitsorganisation ist da bereits einen Schritt weiter gegangen. Sie hat den Versuch unternommen, die Gesundheit positiv begrifflich zu fassen. Danach ist Gesundheit ein „Zustand vollkommenen körperlichen, geistigen und sozialen Wohlbefindens". Daß auch diese Definition nicht zu befriedigen vermag, liegt auf der Hand. Zunächst weist *Schipperges* (1980, 58) wohl zu Recht darauf hin, daß es sich dabei um eine „tautologische Zweckdefinition" handelt, die allenfalls einer utopischen Zielvorstellung entspricht. Dazu kommt, daß in der WHO-Definition eine Aufteilung der menschlichen Natur in einen „körperlichen", „geistigen" und „sozialen" Bereich vorgenommen wird, die in krassem Gegensatz zur heutigen Auffassung des Daseins steht. Bereits 1831 hatte *Johann Christian Heinroth* in seiner zweiten Auflage des Lehrbuches der Anthropologie geschrieben, der Mensch sei eben so wenig aus Leib und Seele zusammengesetzt als das Licht aus Farben. Und *Heidegger* (1947, 13) meint denn auch, durch die Setzung des Menschen als *homo animalis* werde das Wesen des Menschen zu gering geachtet und nicht in seiner Herkunft gedacht, selbst wenn *anima* oder *mens* „und diese später als Subjekt, als Person, als Geist" hinzu gedacht würden. Mehr als fragwürdig ist es auch, einen „sozialen" Bereich vom psychischen, körperlichen oder geistigen abheben zu wollen, da das „Wohlbefinden", was immer das sein soll, nicht aufspaltbar ist.

Die *Daseinsanalyse* hat ihren *Begriff von Gesundheit* in ausgesprochener Weise dadurch klären können, daß sie sich auf die ontologische Grundverfassung des Daseins besann. Weder das Fehlen von Krankheit noch die Aufteilung nach verschiedenen Seinsbereichen vermögen uns darüber aufzuklären, was Gesundheit eigentlich ist. Tatsächlich kann Kranksein „immer nur als ein Mangelzustand gesunden Existierens verstanden werden" (M. *Boss* 1975², 116), aber „jedes Krankheitsverständnis setzt eine zureichende Einsicht in das Gesundsein voraus"; Gesundsein des Menschen läßt sich dadurch sachgemäß bestimmen, „daß die Vollzugsweisen der erwähnten tragenden Grundzüge aufgezeigt werden" (a. a. O. 442). Dabei ist zu bedenken, daß die Wesenszüge oder Grundcharaktere des Daseins in einer sie einigenden Einheit zusammengehören, einer Einheit, die als das Offene und Freie das menschliche Existieren fundamental auszeichnet. Gesundheit wird demnach dem faktischen Vollzug der Freiheit gleichgesetzt, und die Frage nach der Krankheit kann in die dreigliedrige Form gefügt werden: „Auf welche Art ist die freie Verfügung eines Menschen über den Vollzug welcher Verhaltensmöglichkeiten gegenüber welchen Gegebenheiten der Welt jeweils in ausgezeichneter Weise beeinträchtigt?" (*M. Boss*, a. a. O. 444).

Das Sein zum Tode

Seit *Parmenides* werden die Menschen die Sterblichen genannt, *Hölderlin* spricht von ihnen, und *Heidegger* hat diesen Begriff wieder aufgenommen: „Sterblich ist der Mensch von dem Moment an, da er *ist*. In jedem Augenblick unseres Daseins sind wir sterblich, nicht erst im Zeitpunkt des Sterbens." „Die Sterblichen sind die Menschen. Sie heißen die Sterblichen, weil sie sterben können. Sterben heißt, den Tod *als* Tod vermögen. Nur der Mensch stirbt und zwar fortwährend, solange er auf der Erde, unter dem Himmel, vor den Göttlichen bleibt." Und die Sterblichen „wohnen, insofern sie ihr eigenes Wesen, daß sie nämlich den Tod als Tod vermögen, in den Brauch dieses Vermögens geleiten, damit ein guter Tod sei. Die Sterblichen in das Wesen des Todes geleiten, bedeutet keineswegs, den Tod als das leere Nichts zum Ziel setzen; es meint auch nicht, das Wohnen durch ein blindes Starren auf das Ende verdüstern" (*Heidegger* 1967³a, 24 f.).

„Die Sterblichen in das Wesen des Todes geleiten" — damit meint *Heidegger* gewiß nicht die heute so mannigfaltig propagierte ärztliche und seelsorgerische Sterbehilfe. Es geht ja nicht nur darum, einen Sterbenden in den faktisch bevorstehenden, individuellen Tod zu „geleiten", sondern um die Aufgabe, dem Sterblichen als dem *Menschen*, der lebt, unabhängig vom Zeitpunkt seines Lebens und Sterbens, das *Wesen* des Todes aufgehen zu lassen. Dieses Wesen ist gerade nicht das „Ende", das vulgär verstandene „Nichts". Der Mensch „wohnt" im Sein, aber immer als Sterblicher. *Heidegger* sagt es wiederholt: „Der Mensch west als der Sterbliche ..., er stirbt fortwährend, solange er auf dieser Erde weilt, solange er wohnt" (1967³b, 70).

Zu diesem Sterblichsein, zum „Sein zum Tode" hat der Mensch aber nicht nur eine philosophische Beziehung, etwa, indem er über den Tod meditiert, schreibt, malt, dichtet oder komponiert. Jeder Mensch verhält sich zu seinem Sterblichsein, selbst dann, wenn er nicht denkend dabei verweilt. Zeit und Raum verweisen ihn in ihrer Veränderlichkeit und Vergänglichkeit auf die Möglichkeit des nicht mehr „da"-, nicht mehr „anwesend"-Seins; Leiden und Krankheit, die gemüthaften Verstimmungen, aber auch Freude, Lebenslust und das ständige Wahrnehmen der Natur in all ihrer Schönheit, das Leben selbst ist nur möglich, solange der Mensch „sterblich" ist. Ein „unsterblicher" Mensch ist das un-denkbarste, das es gibt. Er wäre zur tödlichen Langeweile verurteilt. Es gäbe keine „Grenzsituationen" mehr, die Suche nach dem Sinn des Lebens wäre überflüssig, weil ein solcher Sinn gar nicht existierte.

Trotzdem scheint sich der Mensch, der heutige im besonderen, nicht recht mit seinem Sterblichsein abzufinden. Im Zeitalter der Naturwissenschaften und der Technik ist der *Lebenssinn* weniger denn je gefragt. Die gesellschaftlichen Veränderungen unserer Zeit, ja nur schon der letzten zwanzig Jahre, mit dem Verlust der tradierten Familienstrukturen, der Entwertung weltanschaulicher Werte, der Aufhebung sinngebender religiöser Institutionen, mit anderen Worten: die totale Säkularisierung unserer Welt haben auch dem Verständnis des modernen Menschen für Sterben und Tod ihren Stempel aufgedrückt. Eigentlich müßte man von einem *Mißverständnis* sprechen. Denn gerade *das Sterblich-Sein wird* in zunehmendem Maße *verleugnet*. Heute wird anders gestorben als früher. Die Zeiten, da der Mensch im Kreise seiner Lieben sanft entschlief, da er wohlvorbereitet und in Frieden mit sich selbst und der Welt die Augen für immer schloß, nach Regelung aller nötigen Formalitäten bis hin zum persönlichen Testament, scheinen unwiderruflich vorbei zu sein. Bereits findet kaum mehr ein Trauerzug hinter dem Sarg statt, bereits wird nur noch „still beigesetzt".

Zwei Aussagen *Heideggers* bedürfen in diesem Zusammenhang der Erwähnung. Einmal betrifft es die Beziehung des „Sein zum Tode" mit der *Angst*, dann das Verhältnis zur *Freiheit*. „Im Vorlaufen zum unbestimmt gewissen Tode öffnet sich das Dasein für eine aus seinem Da selbst entspringende ständige *Bedrohung. ... Die Befindlichkeit aber, welche die ständige und schlecht-hinnige, aus dem eigensten vereinzelten Sein des Daseins aufsteigende Bedrohung seiner selbst offen zu halten vermag, ist die Angst.* In ihr befindet sich das Dasein vor dem Nichts der möglichen Unmöglichkeit seiner Existenz. Die Angst ängstet sich *um* das Seinkönnen des so bestimmten Seienden und erschließt so die äußerste Möglichkeit. Weil das Vorlaufen das Dasein schlechthin vereinzelt und es in dieser Vereinzelung seiner selbst der Ganzheit seines Seinkönnens gewiß werden läßt, gehört zu diesem Sichverstehen des Daseins aus seinem Grunde die Grundbefindlichkeit der Angst" (1927, 265 f.). Und dann kommt der entscheidende Satz: „Das Sein zum Tode ist wesenhaft Angst."

Die *Angst* stellt den Menschen tatsächlich vor das *Nichts.* Vernichtung heißt die Möglichkeit des Nicht-mehr-da-seins, eben die Nicht-ung. Als endliches In-der-Welt-sein ist das Dasein sterblich. So wie jedoch das Nichts nicht einfach „nichts" ist, etwa als Gegensatz zum Sein, gehört auch das Sterblichsein zum Leben. Das Sterblich-Sein durchwaltet die menschliche Existenz als eine ihr zugehörige Seinsmöglichkeit. Aus diesem Grunde weiß der Mensch auch um sein Sterblich-Sein, selbst wenn nicht aus eigener Erfahrung, sondern nur durch das Sterben anderer. *Die Menschen sind die Sterblichen.* So grenzen sie sich einerseits von den Dingen als bloß vorhandenen Seienden, andererseits von den „Unsterblichen", von *Hölderlin* als die „Himmlischen", die „Göttlichen" und die „Götter" bezeichnet, ab. Mit dem Begriff „die Sterblichen" wird eine wesentliche Seinsweise des Menschen erfaßt.

Das *Sterblich-Sein* ist somit ein ebenso daseinskonstituierendes *Existenzial* wie die bisher aufgeführten. Steht es aber als solches nicht in einem Gegensatz zum Offen-Sein, zum Mit-Sein und zum Leiblich-Sein? Werden nicht durch den Tod alle Existenzmöglichkeiten des Daseins zunichte gemacht, ausgelöscht? Ist es da erstaunlich, daß auch das alltägliche, durchschnittliche Verhalten des Menschen zum Tode, den er je als eigenen zu bestehen hat, der Todesvermeidung dient? In vielen Belangen kann sich der Mensch vertreten lassen, nie jedoch im Sterben. Er kann sein Leben faktisch im Verzicht auf Weltoffenheit, Mitmenschlichkeit und vollen Austrag seines Leiblich-Seins ontisch defizitär verfehlen, dem Tode entgeht er nicht. Ist es da nicht erstaunlich, daß er immer wieder versucht, diesem Gewissesten seines Schicksals auszuweichen, den Tod zu verleugnen? Hängt dies tatsächlich, wie *Boss* (1979, 458) meint, mit unserer „heutigen possessiven Leistungsgesellschaft" zusammen, in der das Leben, wie alles was es gibt, „nur noch als Besitz gesehen werden" kann?

Die Unzahl von Verhaltensweisen der *Todesverleugnung* sind uns bekannt. Das völlige Aufgehen des Menschen im Leistungs- und Konsumzwang, das süchtige Raffen materieller Güter, die Gier nach einem aktiven Ausfüllen der Freizeit, verbunden mit dem Unbehagen vor der Ruhe des Nichtstuns, die Verachtung der Faulheit verbunden mit der sinnlosen Hochschätzung von Arbeit, Ehrgeiz und Erfolg, sind nur oberflächliche Anzeichen der Flucht vor dem Sterbenmüssen. In ihnen zeigt sich ja gerade nicht ein freies Verhältnis zum Leben, ein sinnvolles Ausfüllen der uns diesseitig zugestandenen Zeit, in welchem sowohl Leistung wie Genuß in vernünftigem Rahmen durchaus ihren Platz hätten. Es ist nicht die Zuwendung zum menschlichen Leben zu einem wahrhaft *menschlich gelebten* Leben in Harmonie und Gelassenheit im oben genannten Verhalten zu sehen, sondern gerade deren Gegenteil, nämlich ein hektisches, die Zeit im wahrsten Sinne des Wortes „totschlagendes" und damit auch das Menschliche des menschlichen Lebens desavouierendes Gebaren.

Aber nicht nur diese Seite des Abwehrverhaltens gegenüber dem Tode ist feststellbar. „Wir können unser eigenes Sterblichsein auch dadurch in einer gewissen Entfernung halten, daß wir das Sterben psychologisch untersuchen" (*Boss* 1979, 458). Aber im Grunde untersuchen die Psychologen tatsächlich nur das Verhalten der Lebenden zum Tode. Dieser nämlich entzieht sich einer psychologischen Untersuchung, ist er doch als ein „Wesenszug des Menschen" höchstens einer philosophischen Betrachtung zugänglich und nicht irgendeiner psychologischen Theorie. Ebensowenig vermag eine biologische oder „soziale" Notwendigkeit (*Faller* 1956) uns ein größeres Wissen über den Tod zu vermitteln. *Heidegger* (1927, 234) sagt zwar, das „Ende" des In-der-Welt-seins sei der Tod. Anders jedoch als die biologische Bestimmung des „Endes" betrachtet *Heidegger* dieses Ende als „zur Existenz gehörig".

Der Tod ist also nicht vom Leben ausgeschlossen, sondern immer noch eine Möglichkeit der Existenz. „Der Tod als Ende des Daseins ist die eigenste, unbezügliche, gewisse und als solche unbestimmte, unüberholbare Möglichkeit des Daseins. Der Tod ist als Ende des Daseins im Sein dieses Seienden zu seinem Ende" (*Heidegger* 1927, 258 f.). Als „geworfenes" In-der-Welt-sein ist das Dasein „je schon seinem Tode überantwortet. Seiend zu seinem Tode, stirbt es faktisch und zwar ständig, solange es nicht zu seinem Ableben gekommen ist. Das Dasein stirbt faktisch, sagt zugleich, es hat sich in seinem Sein zum Tode immer schon so oder so entschieden" (S. 259). Man sage: der Tod kommt gewiß, aber vorläufig noch nicht. *Heidegger* nennt dies das „alltäglich verfallende Ausweichen vor ihm", ein uneigentliches Sein zum Tode. Das *Man*, womit Heidegger die Alltäglichkeit meint, spreche nämlich durch das „vorläufig noch nicht" dem Tod die Gewißheit ab. Diese Alltäglichkeit schiebe den Tod hinaus auf ein „später einmal" und verdecke somit das Eigentümliche der Gewißheit des Todes, „daß er jeden Augenblick möglich ist". Eigentliches Sein zum Tode kann nicht ausweichen und verdecken.

Gelassenheit und Freiheit

Es wäre allerdings verfehlt anzunehmen, daß die Begegnung mit dem Tode anderer, daß die Besinnung über das eigene Sterblichsein, das Wissen um seinen eigenen Tod den Menschen nur in die Abwehr treiben würde. Es gibt auch heute, in unserer durchaus rationalen, technokratischen und säkularisierten Zeit vermutlich mehr Menschen, als wir glauben, die dem Tode mit ruhiger *Gelassenheit* entgegensehen, die aufgrund ihrer eigenen Reife, aufgrund ihres religiösen Glaubens oder eines vertieften *Innewerdens ihrer Existenz* als Offensein und Freisein das Sterbenmüssen als eine ihnen zugehörige Existenzweise akzeptieren können. *Demske* (1963) wies darauf hin, daß es Menschen gibt, die den Tod als Vollzug einer Existenzmöglichkeit sehen, welche das Dasein in seiner Ganzheit umfaßt und abschließt, wenn sie auch in einem Unverfügbaren gründet.

Dies führt naturgemäß zur Feststellung, daß *ein freies Verhältnis zum Tode ein freies Verhältnis zum Leben voraussetzt.* Wer Angst vor dem Tode hat, hat auch Angst vor dem Leben. Dies ist an sich nichts Neues. Bereits *Seneca* stellte in einem seiner *Briefe an Lucilius* fest: „Vivere noluit, qui mori non vult" — „wer nicht sterben will, wollte auch nicht leben". Bekannt ist auch sein Ausspruch: „Cotidie morimur ..." — „Täglich sterben wir: täglich wird ein Teil unseres Lebens von uns genommen, und selbst, wenn wir noch zunehmen, nimmt unser Leben ab."

Die Folgerungen liegen auf der Hand. Der Mensch ist nicht zu jeder Zeit seines Lebens für das Wahrnehmen des Todes in gleicher Weise fähig, so daß sich auch das Verhalten zum Sterblichsein in dauerndem Wandel befindet. Das *Kind* erfährt den Tod in anderer Weise als der *junge*, der Pubertät entwachsene Mensch; er ist dem Leben, *seinem* Leben gegenüber in anderer Weise verpflichtet. Der *erwachsene* Mensch in mittlerem Lebensalter wiederum wird vom Alltag persönlich, familiär und beruflich, je nach sozialer und politischer Stellung in der Gesellschaft in anderer Weise absorbiert, obzwar gerade dieses Alter durch seine erhöhte Krisenanfälligkeit ihn vermehrt auf den Tod verweist. Der *alternde* und *alte* Mensch hingegen steht dem Sterbenmüssen besonders nahe; nicht selten erlebt er bereits den sogenannten *sozialen Tod,* bevor er wirklich gestorben ist, sei es durch die physiologischen Degenerationserscheinungen, die psychische Depression, die soziale und berufliche Isolierung. Ein zweites Facit: das Verhältnis zum Tode ist *individuell* ein völlig verschiedenes. Es gibt hier keine Gesetzmäßigkeiten. Selbst in der Krankheit, selbst im Stadium eines mit Sicherheit zum Tode führenden Leidens, gibt es keine eigentliche „Gesetzmäßigkeit", auch wenn von verschiedenen Autoren, insbesondere von *Kübler-Ross* (1975[5]) und *Sporken* (1980), verschiedene *Phasen,* von der Unwissenheit über die Verneinung, Auflehnung, Depression bis zur Annahme des Todes unterschieden werden. *Sporken* selbst bemerkt aber mit Recht, daß der Begriff „Phasen" Anlaß zu Mißverständnissen geben könne, „wenn und insofern er primär als Bestimmung eines chronologischen Ablaufs verstanden wird" (S. 101).

Daseinsanalytische Sterbehilfe — „einspringende" und „vorspringende" Fürsorge

Von wesentlicher Bedeutung für eine *daseinsanalytische Sterbehilfe* ist nur die Erfahrung, daß es hierfür *kein „psychologisches" Konzept* gibt und daß es eines solchen *nicht bedarf. Sterbehilfe heißt in einer ersten Bestimmung eigentlich Lebenshilfe.* Diese kann weder rezeptiert noch kategorisiert werden. Echtes Leben ist im freien Verhaltenkönnen des Menschen dem ihm Begegnenden gegenüber, nicht nur dem Sterblichsein, gegeben. Solches zu vermitteln, ist Aufgabe des Psychotherapeuten, gleich welcher Schulrichtung er angehört. Die Weise, in der er dies tut, ist nicht so sehr von der Theorie der psychoanalytischen Schule her gegeben als vielmehr von der Persönlichkeit und Weltanschauung des Therapeuten selbst, von dessen Reife und Weltkenntnis.

Heidegger hat in „Sein und Zeit" (1927, 122) bereits zwei Möglichkeiten der „Fürsorge für den Anderen" dargelegt, die als Grundlage für jede therapeutische Haltung gelten können. Er spricht von der *einspringenden* und der *vorspringenden Fürsorge*. Die „einspringende Fürsorge" übernimmt das, was zu besorgen ist für den Anderen, während die „vorspringende Fürsorge" für den Anderen „nicht so sehr einspringt, als daß sie ihm in seinem existentiellen Seinkönnen vorausspringt, nicht um ihm die ‚Sorge' abzunehmen, sondern erst eigentlich als solche zurückzugeben". Das alltägliche Miteinandersein der Menschen hält sich zumeist zwischen den Extremen der positiven Fürsorge. Im allgemeinen warnt *Heidegger* jedoch vor der allzu großen Bereitschaft, dem Mitmenschen im Sinne der „einspringenden Fürsorge" beizustehen. Der Andere nämlich, dem geholfen werden soll, „wird dabei aus seiner Stelle geworfen, er tritt zurück, um nachträglich das Besorgte als fertig Verfügbares zu übernehmen, beziehungsweise sich ganz davon zu entlasten. In solcher Fürsorge kann der Andere zum Abhängigen und Beherrschten werden, mag diese Herrschaft auch eine stillschweigende sein und dem Beherrschten verborgen bleiben. Die einspringende, die ‚Sorge' abnehmende Fürsorge bestimmt das Miteinandersein in weitem Umfang, und sie betrifft zumeist das Besorgen des Zuhandenen".

Nun ist das Sterben keineswegs etwas „Zuhandenes", sondern, wie bereits mehrfach ausgeführt, eine Seinsmöglichkeit des menschlichen Existierens. Trotzdem sucht die moderne ärztliche Sterbehilfe immer mehr nach Möglichkeiten einer „einspringenden Fürsorge" für die Schwerkranken. So ist auch das Verleugnen der Wahrheit am Krankenbett, das Vermitteln falscher Hoffnungen, die Tröstung, die Abgabe von bewußtseinsmindernden Medikamenten oder neuerdings sogar die Verabreichung von LSD (*Grof* und *Halifax* 1980) im Sinne dieser Art von Fürsorge zu sehen. Eine Einschränkung gegenüber *Heidegger* muß aber doch gemacht werden. Wenn auch für das Verhalten eines Analytikers die „vorspringende Fürsorge" *prinzipiell* die einzig richtige Haltung ist, so gibt es doch Menschen, denen diese Art der Therapie nicht genügen kann. Dies gilt beispielsweise bei Kindern, bei Depressiven, bei konstitutionell benachteiligten Menschen, denen eine selbständige Reifung weder spontan noch durch eine analytische Therapie möglich ist oder die willentlich darauf verzichten. Im besonderen aber scheint mir, daß der Schwerkranke und der Sterbende ein Anrecht auf eine solche Hilfe hat. In ausgesprochenem Maße gehört auch jenes ärztliche Verhalten in den Begriff der „einspringenden Fürsorge", das mit einem modernen Wort als *Euthanasie* bezeichnet wird. Dort allerdings handelt es sich nicht mehr um einen eigentlichen Sterbebeistand, sondern um eine „Beihilfe" zum Sterben. Für den praktischen Gebrauch unterscheidet die Medizin zwischen einer aktiven und einer passiven Euthanasie. Daß diese Unterscheidung einer *ethischen* Überprüfung nicht standhält, scheint mir augenfällig. Denn die Intention ist im Grunde dieselbe: man will den Tod des Patienten herbeiführen. Für die *politische* Situation scheint sie jedoch von ausschlaggebender Bedeutung zu sein, wie die Diskussionen in allen Ländern bisher gezeigt haben.

Echte Sterbehilfe aber scheint mir nach wie vor durch die *vorspringend befreiende Fürsorge* gewährleistet zu sein. Diese kann nur darin bestehen, daß es demjenigen, der sie zu leisten hat, gelingt, das „Sein zum Tode" *vorzuleben*. Wer selbst noch mit seinem Sterbenmüssen nicht ins klare gekommen ist, kann auch dem Sterbenden keine Hilfe anbieten. In dieser Hinsicht ist der Therapeut oder Seelsorger allein auf sein *eigenes Weltverhältnis zum Tode* angewiesen. Hier helfen keine intellektuellen Diskussionen und hypothetischen Erörterungen über den Tod, sondern nur die oft unaussprechliche, aber erspürte Freiheit und Gelassenheit dem Unabwendbaren unseres Schicksals gegenüber. Wichtiger als alles andere ist, daß sich auch die Sterbehilfe immer noch an einen Lebenden wendet. Leben ist aber in der Isolation nicht möglich. So bedeutet Sterbehilfe letztlich nichts anderes als die menschliche Zuwendung zum Kranken als die bis zum Ende sich durchhaltende Wärme und Liebe, als ein faktisch gelebtes Mit-Sein mit dem Sterbenden, die Möglichkeit, dessen Ängste, dessen Traurigkeit, dessen Verzweiflung, aber auch dessen Hoffnungen mit ihm zu teilen.

Ein 35jähriger Bankangestellter suchte mich wegen verschiedener Beschwerden auf. Er litt unter Brechreiz, Würgegefühle, Appetitlosigkeit, wozu sich eine apathische Interessenlosigkeit gesellte. Er fühlte sich kraftlos, willenlos, kontaktlos. Früher ein Tatmensch, war er nun ein „Eigenbrötler geworden, ohne Grundsätze". Ein „richtiger Lump". Zudem hatte er Schwierigkeiten beim Denken, es passierten ihm Fehler im Beruf. Schuldgefühle plagten ihn, weil er im Interesse der Bank im Münzgeschäft Transaktionen vornehmen mußte, die, wie er sagte, nicht ganz „stubenrein" waren. Er hatte schon oft Selbstmordgedanken gehabt, sei aber zu feige gewesen, Suizid zu begehen. Er habe nämlich gräßliche Angst vor dem Tode. Die analytische Behandlung dieses sympathischen Mannes, der, wie sich im Verlauf der Behandlung herausstellte, an einer schweren Zwangsneurose mit fast schizoid anmutender Kontaktarmut litt, ließ sich recht gut an. Er kam gerne in die Therapie, fühlte sich auf der Psychiatercouch geborgen und zufrieden, „wie er es noch nie zuvor im Leben gewesen war". Auf die Darstellung der Lebensgeschichte und der neurotischen Fehlentwicklung, bei welcher sexuelle Momente eine ausschlaggebende Rolle spielten, wollen wir hier verzichten, da sie für das Verständnis der nachfolgenden Geschehnisse unerheblich sind. Immerhin dauerte die analytische Behandlung dieses sexuell impotenten und infantil gebliebenen Mannes, der zudem an Schmutzphobie und Waschzwang litt, mehrere Jahre. Sein Verhältnis zum Analytiker beschrieb er in einem Brief mit den Worten: „Ich habe mehr und mehr das Verlangen, jemanden zu haben, mit dem ich mich aussprechen darf, ohne abgewiesen, unterbrochen oder gar beschimpft zu werden. Mehr und mehr sehe ich einen Vater in Ihnen, vielleicht besonders darum, weil ich mit meinem leiblichen erneut auf gespanntem Fuß lebe."

Schließlich verlobte sich der Patient. Er hatte sich inzwischen selbständig gemacht und in kurzer Zeit ein ansehnliches Vermögen erarbeitet. In der Beziehung zu seiner Braut erlebte er wechselvolle und dramatische Zeiten; nach etwa dreijähriger Bekanntschaft kam es trotzdem zur Heirat. Die analytische Behandlung wurde damals noch fortgesetzt, jedoch in größeren Zeitabständen.

Nach einem weiteren Jahr, zu einer Zeit, da die Beendigung der Therapie bereits besprochen war, wurde dem Patienten durch einen Dermatologen ein Naevus pigmentosus am Nacken operativ entfernt. Da ein Rezidiv auftrat, ließ er sich im Spital operieren, wo ihm nach der histologischen Untersuchung mitgeteilt wurde, seine Krankheit sei nicht harmlos, er müsse bestrahlt werden. Der Kranke war nun sehr beunruhigt und träumte in der gleichen Nacht, er werde zerstückelt. Nun wünschte er, daß ich mich beim Chefarzt des betreffenden Krankenhauses über die Natur seines Leidens erkundige. Ich erfuhr, daß mein Schützling an einem amelanotischen Melanom der Haut mit Rezidiv-Tumoren am Thorax leide. Die Lebenserwartung des Patienten betrage noch etwa sechs bis acht Monate.

Begreiflicherweise wollte der Kranke nun die „Wahrheit" erfahren. Ich versuchte ihm klar zu machen, daß diese Wahrheit nicht durch die einfache Mitteilung der Diagnose oder Prognose gegeben sei, daß wir uns vielmehr mit der Frage beschäftigen müßten, woran er wirklich leide. Dieses „wirkliche" Leiden entpuppte sich als eine ihn verzehrende Todesangst. Der Tod, so meinte er, sei das Ende allen Existierens, der totale Untergang, die Vernichtung. Gläubig war er schon lange nicht mehr, ein Leben nach dem Tode konnte er sich nicht vorstellen. Die Gespräche, die wir in der folgenden Zeit intensiv über das Sterben und über den Tod führten, beruhigten ihn etwas und lenkten die Aufmerksamkeit von seiner Krankheit ab. Dann kam jedoch die Zeit, da er mehrfach operiert werden mußte, da immer mehr Melanomknötchen auftraten. Er hatte das Gefühl, auseinanderzufallen. Endoxanbehandlung und Bestrahlung blieben ohne Erfolg. Der Patient mußte hospitalisiert werden und erfuhr bei dieser Gelegenheit die genaue Diagnose, welche wir ihm nicht mitgeteilt hatten. Anfänglich besuchte ich ihn alle zwei Tage, später täglich, wobei gesagt werden darf, daß mir das Schicksal dieses Mannes sehr ans Herz ging. Aus dem ehemaligen Patienten war ein Freund geworden.

Seine Untergangsstimmung kam vor allem in den Träumen zum Ausdruck, in denen er beispielsweise in Staumauern von Kraftwerken eingeschlossen oder sich in Vernichtungslagern befand, wo Menschen gequält, gemordet und zerstückelt wurden. In einem anderen Traum sah er einen stolzen Hirschen von einer Hundemeute gejagt und zerfetzt werden. Als sein Zustand eine Zeitlang stationär blieb, begab sich der Patient nach Hause, wo er, zwar bettlägerig, immerhin einige geschäftliche Angelegenheiten erledigen konnte. Eines Tages überraschte er mich mit der Frage, ob er ein Kind zeugen dürfe, da seine Frau und er dies sehnlichst wünschten. Dieses Problem führte zu einem markanten Wendepunkt im Verhalten des Patienten. Erstmals ging ihm ganz spontan die Ernsthaftigkeit seiner Krankheit auf. Es wurde ihm mit aller Klarheit bewußt, daß er über kurz oder lang sterben würde. Dies führte zunächst zu einer gesteigerten Aktivität. Er erledigte noch seine bisher nicht abgeschlossenen Geschäfte, ordnete sein Vermögen, klärte seine Frau über die finanzielle Situation auf, versöhnte sich mit seiner Schwester und machte einen recht zufriedenen Eindruck. Schließlich kam die endgültige Hospitalisierung. Ich begleitete ihn diesmal selbst ins Spital und blieb an diesem Tag mehrere Stunden bei ihm. Einige Wochen später erlebte er einen „Probetod" anläßlich einer Lymphographie. Er hatte das Gefühl zu sterben und fühlte sich dabei „ganz leicht und glücklich". Von da an war die Angst vor dem Sterben völlig verschwunden. Einige Tage später, zwei Jahre nach der Feststellung der Diagnose, starb der Patient.

Es würde zu weit führen, hier den Wortlaut unserer Gespräche mit dem Patienten über das Sterben und den Tod wiederzugeben. Es gibt auch keine allgemeingültigen Regeln für die Behandlung solcher Probleme. Je nach der persönlichen Einstellung des Arztes und des Patienten zum Tode wird sich ein Dialog entwickeln. Jedenfalls dürfte in den meisten Fällen die sonst in der Psychotherapie übliche Zurückhaltung und das Schweigen des Therapeuten weitgehend aufgehoben sein.

Somit hat es der Arzt nicht nur mit einer Krankheit, einem Fall, einem Schicksalsschlag zu tun, sondern mit einem Patienten, dessen ganze Lebensgeschichte und Existenzweise mitbetroffen ist und dessen Kranksein möglicherweise auch bereits von dieser Lebensgeschichte und Existenzweise mitgeformt wurde. Vor allem werden die Hoffnungen, Erwartungen und Ängste, welche der Patient an seine Krankheit knüpft, wesentlich von der bereits vorliegenden Persönlichkeitsstruktur mitbestimmt. Es kann infolgedessen erst recht für die Betreuung eines unheilbar Kranken keinesfalls gleichgültig sein, welches „Weltverhältnis" in seinem Kranksein zum Austrag kommt und welche Weltbezüge sein Leben vor der Krankheit charakterisiert haben.

Daß im übrigen der Verlauf jeder Erkrankung, also auch der von unheilbaren Leibprozessen, in ganz wesentlicher Weise durch das Gestimmtsein des Patienten mitbestimmt wird, ist bekannt. Die Stimmung, welche das Wissen um die Möglichkeit des eigenen Todes begleitet, ist immer ein Hinweis auf die jeweilige Reifung des Menschen. Nur der Arzt, der solchermaßen eigenes Sterblich-Sein bedenkt, der weder an die Dinge dieser Welt verloren und ihnen verfallen ist noch resigniert und passiv dem Tode entgegensieht, kann seinem Kranken selbst eine wahrhafte Sterbehilfe sein.

Die praktische Fürsorge des Arztes muß sich auf den Kranken und auf dessen Umgebung ausrichten. Der Patient seinerseits soll für menschlichen Beistand aufgeschlossen sein, die Umgebung soll eine Situation des Vertrauens ermöglichen. Deshalb kommt der Arzt-Patient-Beziehung beim Sterbenden eine so hervorragende Bedeutung zu, deshalb auch ist der sterbende Patient eine Herausforderung für den Arzt. Hier wird der wirkliche Arzt einen Weg finden zwischen fürsorglicher Pflege, eigener Betroffenheit und Ehrfurcht vor dem unabwendbaren menschlichen Schicksal.

Literatur

Boss, M., Grundriß der Medizin und der Psychologie, 2. Aufl., Hans Huber, Bern 1975.

—, Das Verhältnis von Leib und Seele im Lichte der Daseinsanalytik, in: *Boss, M., Condrau, G., Hicklin, A.*, Leiben und Leben, Benteli, Bern 1977, 37-70.

—, Das Sein zum Tode in tiefenpsychologischer Sicht, in: Die Psychologie des 20. Jahrhunderts, Bd. XV, Kindler, Zürich 1979, 454-463.

Boss, M., Condrau, G., Hicklin, A., Leiben und Leben, Benteli, Bern 1977.

Condrau, G., Einführung in die Psychotherapie, Geist und Psyche, Kindler, München 1974[3].

—, Medizinische Psychologie, Geist und Psyche, Kindler, München 1975[2].

—, Aufbruch in die Freiheit, Benteli, Bern 1977[2].

—, Der Januskopf des Fortschritts, Benteli, Bern 1977[2].

Condrau, G., Sporken, P., Sterben- und Sterbebeistand, in: Christlicher Glaube in moderner Gesellschaft, Bd. 10, Herder, Freiburg/Br. 1980, 85-116.

Demske, J. M., Sein, Mensch und Tod, Karl Alber, Freiburg/München 1963.

Faller, A., Biologisches von Sterben und Tod, *Anima* 11: 1956, 260-268.

Grof, S., Halifax, J., Die Begegnung mit dem Tod, Klett-Cotta, Stuttgart 1980.

Heidegger, M., Sein und Zeit, Niemeyer, Tübingen 1927.

—, Über den Humanismus. Klostermann, Frankfurt/M. 1947.

—, Bauen, Wohnen, Denken, in: Vortr. u. Aufsätze, II, 3. Aufl., Neske, Pfullingen 1967a, 19-36.

—, „. . . Dichterisch wohnet der Mensch . . .", in: Vorträge und Aufsätze, II, 3. Aufl., Neske, Pfullingen 1967b, 61-78.

Kübler-Ross, E., Interviews mit Sterbenden, Kreutz, Stuttgart 1975[5].

Schipperges, H., Gesundheit — Krankheit — Heilung, in: Christlicher Glaube in moderner Gesellschaft, Bd. 10, Herder, Freiburg/Br. 1980, 51-84.

Sporken, P., siehe: *Condrau, G., Sporken, P.*

11 LSD in der Begegnung mit dem Tod
Ein Beitrag zur Humanisierung des Sterbens
Stanislav Grof, Big Sur, Kalifornien

Die letzten Monate im Leben eines Menschen, der an einer Krankheit im Endstadium leidet, werden gekennzeichnet durch zunehmende physische und emotionale Qual. Je näher der Tod kommt, desto stärker erfährt der Patient normalerweise, zusätzlich zu seinen physischen Schmerzen, verschiedene Stufen von Depression, Spannung, Schlaflosigkeit, Angst und psychischer Isolation. Die gängigen Stereotype, die in den modernen, zivilisierten Gesellschaften sowohl als medizinische Fürsorge wie auch als psychologische Behandlung des sterbenden Patienten etabliert wurden, sind von recht zweifelhaftem Wert. Die Perspektive des bevorstehenden und unvermeidlichen Todes führt bei Familienmitgliedern, Verwandten und Freunden und sogar beim behandelnden Krankenhauspersonal zu Gefühlen wie Niederlage, Hilflosigkeit und Verzweiflung. Häufig werden drastische Anstrengungen unternommen, um das Leben der Patienten zu verlängern. Komplizierte Operationen, massive Chemo-Therapie und Bestrahlung, künstliche Ernährung und technische Apparaturen werden benutzt, um das Leben um einige Wochen oder Tage zu verlängern. Bei dieser Anstrengung für eine mechanische Verlängerung des Lebens wird nur sehr wenig unternommen, um die Qualität des emotionalen und interpersonalen Lebens für den Patienten in seinen letzten Tagen zu steigern. Der Sterbende findet sich vor allem von moderner Technologie umgeben, die den Stand von Zukunftsvision verkörpert, wohingegen er zunehmend von menschlicher Unterstützung und wichtiger interpersonaler Kommunikation entfremdet und abgeschnitten wird.

Die behandelnden Ärzte, Krankenschwestern und Familienangehörigen treffen für ihn die Entscheidung, ob er reif, emotional stark genug und bereit ist, der Realität seiner schrecklichen Situation zu begegnen. In vielen Fällen wird beschlossen, der Patient solle „geschützt" werden vor der Wahrheit; als Resultat hiervon wird er zum Gegenstand eines ziemlich komplizierten, heuchlerischen „Gutgläubigkeits"-Spiels, in welchem wichtige Menschen seiner Umgebung einen mehr oder weniger überzeugenden Anschein von Optimismus und Hoffnung zur

Schau tragen. Der Ausschluß dieser sehr wichtigen Frage des nahenden Todes aus dem Kommunikationssystem vergiftet, stört und hemmt natürlich die Interaktion zwischen einem solchen Patienten und seiner interpersonalen Welt. Viele Patienten fühlen in dieser Situation das Mißverhältnis zwischen den verbalen Botschaften, die sie von ihrer Umgebung erhalten, und der sie begleitenden Metakommunikationen wie Gesichtsausdruck, Gestik und Modulation der Stimme. Dies trägt zusätzlich zur Schwierigkeit ihrer Situation und zur zunehmenden Entfremdung bei.

Die gegenwärtige Auffassung vom Tod und der Behandlung des sterbenden Menschen, welche durch massive Verdrängung und Verweigerung charakterisiert wird, scheint ein Nebenprodukt der schnell fortschreitenden Industrialisierung mit der übertriebenen Betonung von Pragmatismus, philosophischem Materialismus und der allgemeinen Orientierung an Erfolg und Leistung zu sein. Die intime Begegnung mit dem Tod scheint zusammen mit der sie auslösenden biologisch verwurzelten Angst (die mit dem Selbstschutz-Instinkt verwandt ist) eine schmerzvolle Erinnerung an die Grenzen der menschlichen Anstrengungen zu repräsentieren, die Natur zu kontrollieren und zu unterwerfen.

Diese Einstellung gegenüber Tod und Sterben, die so typisch ist für die derzeitige westliche Gesellschaft, steht in scharfem Kontrast zu den technisch weniger entwickelten Gesellschaften, speziell im Orient und in früheren Kulturen. Innerhalb des religiösen und philosophischen Systems dieser Länder wurde der Tod als wichtiger und bedeutungsvoller Bestandteil des Lebensprozesses behandelt. Lernen zu sterben wurde angesehen als ein unerläßlicher und wesentlicher Aspekt der Kunst des Lebens. Als anderes Extrem wurde manchmal mehr Betonung auf das Verständnis des Sterbens als auf das des Lebens gelegt — z.B. in den Gesellschaften, die an die Reinkarnation glaubten. In verschiedenen Geheimsekten, Tempel-Geheimlehren und Initiationsriten, die über Jahrtausende hin in vielen Ländern vollzogen wurden, lehrte man Schüler und Eingeweihte, Tod und Wiedergeburt zu erfahren. Man glaubte, diese Prozedur ende in geistiger Erleuchtung und mache es für den Eingeweihten möglich, den Rest seines Lebens auf vollendetere und sinnvollere Weise zu verbringen. Zugleich war diese Erfahrung des symbolischen Todes dafür gedacht, ihn auf die wirkliche Erfahrung des Sterbens und des Todes vorzubereiten. Die Totenbücher, wie das ägyptische oder tibetanische, waren wertvolle Leitfaden, welche den Menschen auf das Tod-Wiedergeburt-Ritual und auf die wirkliche Todeserfahrung vorbereiteten. In vielen Kulturen wurden kunstvolle religiöse und soziale Rituale entwickelt, um dem Menschen eine wirkliche Unterstützung angesichts des bevorstehenden Todes zu geben. Wie auch immer — es ist sicherlich nicht nötig, kulturelle oder historische Unterschiede aufzuführen, um zu zeigen, welch relativ geringe emotionale Unterstützung sterbenden Menschen in der westlichen Welt geboten wird.

Diese Situation weist auf einen interessanten inneren Widerspruch in unserem eigenen kulturellen System hin. Wir haben kunstvolle Systeme entwickelt, die Menschen auf neue und komplizierte Lebensumstände zu trainieren und vorzubereiten, und wir haben ein komplexes Unterstützungs-Netzwerk für Interventionen in verschiedenen Krisensituationen eingerichtet. Ein Sterbender sieht sich der inhaltsschwersten aller Krisen gegenüber, die ein Mensch erfahren kann; sie ergreift jeden Teil seiner Persönlichkeit — biologisch, emotional, psychisch, sozial, philosophisch und geistig. Und trotzdem haben bis vor kurzem Psychiater, Psychologen und andere Mitglieder der helfenden Berufe den mit dem bevorstehenden Tod zusammenhängenden psychischen Problemen sehr wenig Aufmerksamkeit gezollt.

Seit 1959, als *Feifels* Buch „The Meaning of Death" (Die Bedeutung des Todes) veröffentlicht wurde, kann man einen ziemlich mutmachenden Trend auf diesem vernachlässigten Gebiet beobachten. Die von der New Yorker Akademie der Wissenschaften geförderte Konferenz über die „Behandlung von Patienten mit unheilbaren Krankheiten" im Februar 1967 war ein Ausdruck des wachsenden Interesses an den Problemen von Sterbenden. Die jüngsten Versuche, dieses bedeutsame Gebiet ins Bewußtsein der Öffentlichkeit zu rücken, wurden vorangetrieben durch die Arbeit von *Dr. Elisabeth Kübler-Ross* und ihr bahnbrechendes Buch über Tod und Sterben. Leider ist trotz der Aufmerksamkeit, die derzeit diesem Thema gewidmet wird, nur wenig an Verbesserung der Methoden zur Erleichterung der geistigen und physischen Qualen des Sterbenden erzielt worden; im wesentlichen wurden keine konkreten therapeutischen Verfahren entwickelt.

Ein vielversprechender Ansatz der Behandlung scheint der Einsatz von Psychotherapie unter Verwendung psychedelischer Drogen zu sein. Mein eigenes Interesse an psychischen Problemen, die den Tod und das Sterben betreffen, läßt sich unmittelbar auf die psychedelische Forschung zurückführen und in die späten fünfziger und frühen sechziger Jahre zurückverfolgen. Damals arbeitete ich im psychiatrischen Forschungsinstitut in Prag an der Erforschung der Wirksamkeit von LSD und anderen psychedelischen Drogen für die Persönlichkeitsdiagnose und die Therapie psychogenetischer Krankheiten. Bei diesen therapeutischen Experimenten entwickelte ich unabhängig von verschiedenen anderen Forschern in Europa das Konzept der psycholytischen Therapie, eine Methode, die wiederholte Sitzungen mit Drogen innerhalb des Systems einer systematisch psychoanalytisch orientierten Psychotherapie verwendet. Ungeachtet der ursprünglich theoretischen Orientierung überschritten alle meine Patienten während dieser Prozedur den psychoanalytischen Rahmen; zu meiner großen Überraschung konnte ich fast täglich eine Vielzahl transpersonaler Phänomene beobachten, die wiederholt in verschiedenen Tempel-Geheimlehren, spirituellen Initiationen und Verläufen bestimmter Riten beschrieben worden waren. Das Gewöhnlichste und gleichzeitig Wichtigste hierbei war die Erfahrung von Tod und Wiedergeburt, gefolgt von Gefühlen kosmischer Einheit. Diese tiefe und überwältigende Erfahrung schien weitreichende wohltuende Konsequenzen für die Patienten zu haben. Die Möglichkeit lag nahe, daß diese Erfahrungen ein therapeutisches Potential bargen, das bisher der westlichen Psychologie und Psychotherapie unbekannt war. Der enthaltene therapeutische Mechanismus schien den konventionellen therapeutischen Methoden überlegen zu sein.

Viele der Behandelten, die das Tod-Wiedergeburt-Phänomen erfahren hatten, berichteten, daß ihre Vorstellung vom Tod und die Haltung gegenüber dem Sterben eine dramatische Veränderung erfahren habe; ihre Angst vor dem Tod sei beträchtlich gesunken, und der Vorgang des Sterbens erscheine eher als ein phantastisches kosmisches Abenteuer bei vollem Bewußtsein denn als Katastrophe. Ich hatte die Gelegenheit, Sitzungen mit mehreren Krebspatienten abzuhalten; die Ergebnisse waren im wesentlichen dieselben wie bei psychiatrischer Klientel. Bevor ich ein größeres Projekt zur Untersuchung dieser Frage auf systematischere Weise beginnen konnte, wurde mir ein Forschungsstipendium in den USA angeboten, und ich verließ die CSSR.

Nach meiner Ankunft in den Vereinigten Staaten wurde ich Mitglied in einem Team von Psychiatern und Psychologen in Spring Grove in Baltimore. Das Team erforschte systematisch die Möglichkeiten einer psychedelischen Therapie mit LSD bei verschiedenen emotionalen Störungen. Obwohl damals das Augenmerk auf der Therapie von alkoholischen und neurotischen Patienten lag, bestand lebhaftes Interesse an der Erforschung des potentiellen Wertes einer psychedelischen Therapie bei unheilbar Krebskranken. Zum ersten Mal wurde die Aufmerksamkeit des Teams in Spring Grove auf die Bedürfnisse unheilbar Krebskranker in unvorhersehbarer und tragischer Weise erregt. Im Jahre 1965 bekam ein weibliches Mitglied des Personals, welches nicht mit Forschung und psychedelischen Drogen beschäftigt war, im mittleren Alter Brustkrebs, verbunden mit ausgeprägten physischen und emotionalen Schmerzen. Auf der Grundannahme der Erleichterung von Depression und Angst, welche häufig bei Psychiatriepatienten im Verlauf einer mit LSD unterstützten Psychotherapie beobachtet wurde, vermutete ein Mitglied des psychotherapeutischen Teams, *S. Wolf*, daß eine Behandlung mit Drogen sich als hilfreich für diese Frau erweisen werde.

Damals waren die Informationen über den Gebrauch psychedelischer Drogen bei der Behandlung Krebskranker nur bei zwei Stellen zu erhalten. 1963 führte *E. Kast* von der Chicago-Medical-School seine ersten Experimente mit LSD an unheilbar Krebskranken durch. In einer Serie von Artikeln berichtet er, daß LSD nicht nur einen signifikant schmerzlindernden Effekt habe, der dem Dihydromorphinon (Dilaudid) und Meperidin (Demerol) überlegen sei, sondern auch bei einigen Patienten Depressionen milderte, den Schlaf verbesserte und die Sorge vor dem Tod verminderte.

1965 war *S. Cohen* schließlich in der Lage, die Entdeckung von *Kast* in einer Studie zu bestätigen, die nur einige wenige Patienten umfaßte. Er schloß seine Krankengeschichte über einen einzelnen sterbenden Krebskranken, indem er seine Hoffnung ausdrückte, daß „das LSD eines Tages eine Technik ermöglichen würde, die die Erfahrung des Todes verändert".

Diese sehr begrenzten, aber ermutigenden Beobachtungen sowie die umfassende klinische Erfahrungsgrundlage einer LSD-begleitenden Psychotherapie in Spring Grove, wo annähernd 200 psychiatrische Patienten ohne jegliche ernsthafte Komplikationen oder Folgeerscheinungen behandelt worden waren, führten zu der Entscheidung, diese Behandlung dem besagten Mitglied des Personals anzubieten. Nach Rücksprache mit ihrer Familie stimmte sie zu und begann eine kurze vorbereitende Therapie mit *S. Wolf*. Die Behandlung in Spring Grove unterschied sich beträchtlich von der bei *Kast*, der LSD als chemotherapeutisches Verfahren angewendet hatte, manchmal sogar ohne Vorwarnung der Patienten. Im Behandlungsplan von Spring Grove bestand das primäre Ziel darin, das Auftreten eines psychedelischen Gipfelerlebnisses innerhalb einer kurzen, aber intensiven Psychotherapie zu erleichtern. Das Ergebnis dieses Pionierexperimentes war ermutigend und führte zu der Entscheidung, in dieser Richtung weiterzuforschen. 1967 trat *W. Pahnke* der Spring-Grove-Gruppe bei, übernahm verantwortlich das Behandlungsprogramm im Sinai-Hospital und führte diese Forschung während der nächsten viereinhalb Jahre weiter. Nach dem tragischen Tod von *W. Pahnke* im Juli 1971 bat mich *A. Kurland*, Direktor des Psychiatrischen Forschungszentrums in Maryland, die medizinische Verantwortung für weitere Forschungsversuche in dieser Richtung zu übernehmen.

Das Ziel dieser Forschung war, schlüssigere Daten auf einigen der Gebiete zu erhalten, die in den einleitenden Untersuchungen unsere Aufmerksamkeit erregt hatten. Während eines Zeitraumes von zehn Jahren nahmen über hundert Patienten an dieser Untersuchung teil. Diese schloß ein die in der unten beschriebenen Forschung Beteiligten, die ersten Patienten, die früher aufgrund des Beurteilungssystems behandelt worden waren, sowie die Patienten, die in einer Untersuchung mit Dipropyltryptamin (DPT), einem kurz wirkenden psychedelischen Präparat, behandelt worden waren.

Im folgenden Abschnitt wird der Akzent auf 31 Patienten liegen, die mit LSD behandelt wurden und von denen wir quantifizierbare Daten erhielten. Auf den Rat von *L. E. Goodman*, Chef der Onkologie-Klinik im Sinai-Hospital, und anderer interessierter Ärzte hin wurde jeder dieser Patienten von einem Psychiater des Psychiatrischen Forschungszentrums in Maryland befragt. Die Hauptkriterien für die Auswahl waren folgende:

1. Der Patient sollte in nicht geringem Maße an physischen Schmerzen, Depressionen, Angst oder psychischer Isolation leiden, die mit seiner Krankheit verbunden waren.
2. Er sollte eine Lebenserwartung von mindestens drei weiteren Monaten haben.
3. Es durften keine Anzeichen für Gehirntumore oder organisch bedingte Gehirnkrankheiten zu erkennen sein.
4. Der Patient durfte keine schwere Geisteskrankheit aufweisen oder präpsychotisch erscheinen.

Die möglichen Vorteile und Risiken, die dieser Form der Psychotherapie innewohnen, wurden offen mit dem Patienten und seiner Familie diskutiert, und ein schriftliches Einverständnis wurde eingeholt. Von den erwähnten 31 Patienten waren 8 männlich und 23 weiblich. Die Altersspanne betrug 35 — 81 Jahre, das Durchschnittsalter lag bei 54 Jahren. 24 Patienten waren verheiratet, 2 ledig, 2 verwitwet, 3 geschieden. 26 Patienten waren Kaukasier, 5 waren Neger. Zum religiösen Hintergrund: 16 waren Juden, 14 Protestanten, 1 Katholik. Die Zeit von der ersten Diagnose auf Krebs reichte von 13 Jahren bis zu einem Monat, bei einem Mittelwert von 34 Monaten. Die Behandlungsfolge umfaßte drei wechselseitig aufeinander bezogene Phasen:

1. eine Serie von Interviews ohne Drogen, in denen eine Beziehung hergestellt wurde und der Patient auf die Drogen-Sitzung vorbereitet wurde;
2. die LSD-Sitzung als solche;
3. mehrere nachfolgende Interviews zur Integration der Sitzungserfahrungen.

Die Vorbereitung dauerte zwischen sechs und zwölf Stunden (Durchschnitt 9 ¾ Std.) und erstreckte sich über einen Zeitraum von zwei oder drei Wochen. Da ein gutes therapeutisches Verhältnis und die Atmosphäre eines Basisvertrauens die wichtigste unabhängige Variable einer erfolgreichen psychedelischen Psychotherapie zu sein scheinen, wurden beträchtliche Anstrengungen unternommen, um während der Vorbereitungszeit eine enge Beziehung herzustellen und um den Vorbereitungssitzungen die Qualität einer aufrichtigen Begegnung von Mensch zu Mensch zu geben. Die eigentliche psychotherapeutische Arbeit konzentrierte sich im allgemeinen auf die gegenwärtige Situation einschließlich ungelöster Probleme zwischen dem Patienten und den Familienmitgliedern, Probleme durch die Konfrontation mit der Diagnose, der Prognose und dem Tod, aber auch auf wichtige intrapsychische Konflikte, die im Laufe der therapeutischen Beziehung offenkundig wurden. Im Gegensatz zu unserer normalen Vorgehensweise bei Alkoholikern, Drogensüchtigen und neurotischen Patienten wurden keine nachhaltigen Versuche unternommen, um in tiefer liegende Konflikte und Traumata einzudringen.

Der Schwerpunkt wurde nicht auf den Tod gelegt, sondern auf das Leben, wann immer es zeitlich sinnvoll und möglich erschien. Viele Diskussionen mit den Patienten drehten sich um philosophische Fragen und gegenwärtige zwischenmenschliche Beziehungen mit wichtigen Menschen in ihrem Leben. Dies erforderte es, die Familienmitglieder so stark wie möglich einzubeziehen, um ein größeres Maß an Kommunikationsmöglichkeiten zu erreichen. Man betrachtete die Familien einmal mit und einmal ohne ihre Patienten. Sie erhielten die Gelegenheit, ihre eigenen Gefühle über den nahenden Tod zu erörtern und wurden ermutigt, ihre Interaktion auf all den Ebenen zu intensivieren, die geeignet schienen, die psychische Isolierung zu vermindern, wie sie normalerweise von solchen Patienten erlebt wird. Ihre Angst, den Patienten aufzugeben, und ihre eigene Angst vor dem Tod waren meistens wichtige Fragen. Unsere Praxis sah normalerweise nicht vor, die Patienten rücksichtslos und mechanisch mit dem fatalen Ausgang ihrer Krankheit zu konfrontieren. Gleichwohl war es wichtig, daß der Therapeut willens war, Diagnose und Prognoseverfahren zu diskutieren, wenn der Patient dazu bereit war, und aufzupassen, damit seine eigene Angst vor einer solchen Begegnung ihn nicht unbewußt verleitete, dem Patienten nonverbale Hinweise zu geben, daß dieses Thema nicht besprochen werden sollte. Damit diese besondere Situation gut gemeistert werden konnte, mußte großes Vertrauen in das intuitive Einfühlungsvermögen des Therapeuten gesetzt werden. Mindestens eine Woche vor der Verabreichung von LSD wurden alle „bewußtseinsbeeinflussenden" Medikamente abgesetzt. Dagegen gab es keine Unterbrechung der narkotischen, antibiotischen, zytostatischen und hormonellen Medikationen.

Nachdem die Hauptfragen behandelt und eine gute therapeutische Beziehung zwischen Patienten und Therapeut hergestellt worden war, wurden Pläne für die reale psychedelische Sitzung aufgestellt. Dazu wurde der Patient in ein Einzelzimmer verlegt, sofern er vorher in einem Doppelzimmer gelegen hatte. Man machte den Versuch, dieses Umbetten so angenehm, wie es in der Krankenhausumgebung möglich ist, zu gestalten. Manchmal wurden auch Photos oder Kunstwerke, die für den Patienten eine spezielle Bedeutung hatten, mit in dieses Zimmer gebracht. In einem speziellen Interview am Tage vor der LSD-Sitzung erhielt der Patient spezifische und umfassende Instruktionen, die die Vielfalt der durch LSD bewirkten Bewußtseinszustände betrafen, sowie Hilfsmittel, um konstruktiv damit umgehen zu können. Die speziell dafür ausgebildete Krankenschwester bzw. der Co-Therapeut, die dem Therapeuten während der LSD-Sitzung assistierten, besuchten den Patienten, um ein gutes Verhältnis herzustellen und um die Ängste bezüglich der routinemäßigen pflegerischen Notwendigkeiten abzuschwächen, für die sie die Verantwortung während der Sitzung übernahmen. Eine tragbare Stereoanlage wurde aufgebaut; der Patient erhielt Gelegenheit, sich an das Musikhören mit Kopfhörern und Augenklappe zu gewöhnen; beides wurde am folgenden Tag während der Drogenverabreichung verwendet. Normalerweise traf sich der Therapeut mit den Familienmitgliedern des Patienten, um ihnen beim Verständnis des Grundprinzips, der Vorgehensweise und den Zielen der LSD-Behandlung zu helfen, um etwas von ihrer Angst zu nehmen — vor allem jene Ängste, die geweckt worden waren beim Lesen von Artikeln über den Gebrauch und Mißbrauch psychedelischer Drogen in nichtmedizinischen Kreisen; und schließlich, um die Freiheit und den Zusammenhalt in der Familie sowie das Ausdrücken von Gefühlen zu fördern. Der Therapeut bestand generell darauf, daß ein Familienmitglied, welches an dem Abend nach der LSD-Behandlung mit dem

Patienten zusammensein wollte, auch bei diesen Vorbereitungstreffen anwesend war.

Am Morgen des Behandlungstages erhielt der Patient Frühstück und die tägliche Pflege durch das reguläre Personal früher als gewöhnlich, damit die Sitzung beim Eintreffen des Therapeuten und der Krankenschwester ohne unnötige Verzögerung beginnen konnte. Ein Schild wurde an die Tür gehängt, um das Sicherheitsgefühl des Patienten zu fördern, indem man Störungen während der Sitzung vermied und man für Vertraulichkeit sorgte. Das LSD wurde normalerweise intramuskulär injiziert. Die Dosis wurde vom Therapeuten festgelegt auf der Basis der psychischen Abwehrkräfte und der physischen Verfassung des Patienten und reichte von 200 — 500 Mikrogramm.

Wenn der Patient die Wirkung des LSD zu spüren begann, setzte man ihm die Augenklappe auf, um ihm dabei zu helfen, seine Aufmerksamkeit auf die inneren Phänomene zu konzentrieren, die sich zu entfalten begannen, und um Störungen durch äußere Reize zu verhindern. Man setzte ihm die Stereo-Kopfhörer auf und spielte sorgfältig ausgewählte klassische Musik ab, die ihm fast während des ganzen Tages helfen würde, Gefühlsausdrücke zu kanalisieren, Entspannung zu erleichtern und ein verstärktes Gefühl der Kontinuität während der verschiedenen Bewußtseinszustände, die auftreten würden, herzustellen. Der Therapeut und die Krankenschwester blieben während der ganzen LSD-Sitzung beim Patienten. Wenn es angemessen erschien, wurde der Patient emotional unterstützt, indem man seine Hand hielt und ihn verbal ermutigte, sich allen auftretenden Wahrnehmungen zu stellen und seine Gefühle frei auszudrücken. Wann immer es nötig war, wurde eine nonverbale Unterstützung der verbalen Interaktion vorgezogen. In den Pausen während der Sitzung entfernte der Therapeut Kopfhörer und Augenklappe und „schaltete sich kurz ein". Während dieser Zeit erhielt der Patient Gelegenheit, alle Einsichten oder Gefühle verbal mitzuteilen, die er gerne äußern wollte.

Gelegentlich, speziell in den späteren Sitzungsstunden, wurden Familienphotos verwendet, um Gefühle und Erinnerungen an bestimmte Personen, einschließlich des Patienten selbst, ans Licht zu bringen, und des weiteren, um persönliche Konflikte zu lösen.

Die Wirkung von LSD hielt normalerweise zwischen acht und zehn Stunden an. Sobald der Patient in sein normales Bewußtseinsstadium zurückgekehrt war, erhielten die Familienmitglieder Besuchserlaubnis nach Rücksprache mit dem Therapeuten. Nicht selten trat in dieser Zeit ein bedeutender Fortschritt in der Familientherapie ein. Unter bestimmten Umständen wurde auch kleinen Kindern ein kurzer Besuch beim Patienten erlaubt. Die Besuchszeit wurde dann vom Therapeuten beendet, wenn dies angemessen erschien; zusätzliche Zeit wurde normalerweise für die Interaktion zwischen Patient und Therapeut verwendet. An dem Tag der Sitzung verbrachte der Therapeut durchschnittlich 11 ¼ Std. beim Patienten. Falls notwendig wurden Schlafmittel für die der Sitzung folgende Nacht verordnet.

Am folgenden Tage und während der nächsten Woche half der Therapeut dem Patienten, die während der Sitzung erlebten Erfahrungen zu integrieren und gewonnene Ansichten im täglichen Leben so weit wie möglich umzusetzen. Jeder Patient wurde gebeten, eine Aufzählung der während der Sitzung durchlebten Erfahrungen so detailliert wie möglich aufzuschreiben oder zu diktieren. Obwohl der experimentelle Aufbau der Sitzungen Wiederholungen zuließ, erhielten 28 der 31 Patienten nur ein einziges Mal LSD; die restlichen drei Patienten hatten im Verlauf mehrerer Monate 2, 4 oder 6 Sitzungen.

Entsprechend dem eigentlichen Forschungsplan wurde von jedem Patienten erwartet, ausgewählte psychologische Tests vor und nach der Behandlung zu absolvieren. Dies stellte sich jedoch als eine ziemlich unrealistische Erwartung heraus, da solche Tests einen Grad an Aufmerksamkeit erfordern, der für viele der Krebskranken aufgrund der physischen Schmerzen und der Erschöpfung unmöglich zu leisten ist.

Folglich mußte der Hauptakzent eher auf die Beurteilung durch Beobachter als auf psychologische Tests gelegt werden. Zu diesem Zweck wurde von *Pahnke* und *Richards* eine spezielle Beurteilungsskala entwickelt. Dieses Instrumentarium ermöglicht es, Werte von — 6 bis + 6 zu erhalten, die die Stärke folgender Phänomene widerspiegeln: Depression, psychische Isolation, Angst, Schwierigkeiten, sich zu organisieren, Todesangst, Vorerleben von Schmerz sowie seit der jüngsten Überarbeitung des Instrumentariums das Verneinen der Todesnähe. Die Beurteilungen mit Hilfe dieses Instrumentariums erfolgten einen Tag vor und drei Tage nach der Behandlung durch diensthabende Ärzte, Krankenschwestern, Familienmitgliedern, LSD-Therapeuten und Co-Therapeuten sowie aufgrund früherer Ergebnisse durch einen psychiatrisch ausgebildeten Sozialarbeiter, der als unabhängiger Beurteiler eingesetzt wurde. Zusätzlich wurde der Grad des physischen Schmerzes und/oder seiner Erduldung gemessen auf der Basis der für die Behandlung des Patienten notwendigen Menge an Narkotika. Die Dosierung der verschiedenen narkotisierenden Drogen wurde einheitlich bemessen entsprechend der „Narcotic Scale of Equivalent Dosages".

Die Effektivität des psychedelischen Behandlungsprogramms wurde durch standardisierte statistische Tests berechnet, die die Einschätzung des klinischen Zustands eines jeden Patienten vor und nach der Sitzung wie folgt widerspiegelte:

1. durch die Werte, die ihm von verschiedenen Beurteilern auf der Beurteilungsskala zugeschrieben wurden;
2. durch die Menge der verbrauchten Narkotika.

Die Berechnung der Beurteilungen erfolgte getrennt für jede der individuellen Subskalen und genauso für die Darstellungen der sechs Beurteilungskategorien.

Zusätzlich wurde ein zusammengesetzter Index für jede der Kategorien durch Zusammenziehung der Beurteilungen aller Beurteiler erlangt. Die therapeutische Verbesserung wurde durch den Vergleich der zusammengesetzten Indices vor und nach der Behandlung beurteilt. Für eine grobe Beurteilung der Verbesserung wurde für jeden Patienten ein Global-Index seines klinischen Zustandes entwickelt, indem man die Daten aller individuellen Beurteiler für alle gemessenen klinischen Kategorien mitteilte.

Die Verbindung des Global-Index ermöglichte es, den Prozentsatz des therapeutischen Erfolges abzuschätzen. „Dramatische Verbesserung" kann man definieren als Steigerung des Global-Index um vier oder mehr Punkte, „Mittlere Verbesserung" zwei bis vier Punkte; Patienten, die eine Zunahme von weniger als zwei Punkten oder eine gleichhohe Verschlechterung aufweisen, kann man als „im wesentlichen unverändert" bezeichnen.

Gemäß dieser Definition zeigten 9 Patienten (29 %) nach der psychedelischen Therapie eine dramatische Verbesserung, 13 Patienten (42 %) eine mittlere Verbesserung. 9 Patienten (29 %) waren im wesentlichen unverändert. Nur 2 Patienten hatten in der Zeit nach der Behandlung einen geringeren Global-Index; bei beiden Patienten war die Verschlechterung nur geringfügig (— 0,21 bzw. 0,51 Punkte). In der Gruppe der 31 Behandelten nahm die geringste tägliche Dosis an Narkotika von 2,58 Einheiten vor der LSD-Verabreichung auf 2,24 Einheiten ab. Diese Zahlen ergeben eine Punktzahl von 1,10 Punkten, die statistisch nicht signifikant sind, obwohl sie einen positiven Trend anzeigen. Da diese Entdeckung im Gegensatz zu den Daten der Beurteilungen zu stehen scheint, die eine hoch signifikante Abnahme an Schmerzen anzeigen, wird später in diesem Artikel darauf eingegangen.

Die Phänomene, die von den Krebskranken nach ihren LSD-Erfahrungen berichtet wurden, unterschieden sich nicht sehr von denen anderer Kategorien von Patienten, mit denen wir arbeiteten, wie Alkoholiker, Neurotiker und Drogensüchtige. Ihre Erfahrungen reichten von abstrakten ästhetischen Phänomenen über das Wiedererleben traumatischer oder positiver Kindheitserinnerungen bis hin zu tiefgründigen, archetypischen und transzendentalen Bewußtseinszuständen.

Wir hatten in der Klinik den Eindruck, daß die dramatischsten therapeutischen Veränderungen den Sitzungen folgten, in denen die Patienten ein intensives psychedelisches Gipfelerlebnis hatten, deren phänomenologische Beschreibung mit *Pahnkes* mystischen Kategorien: 1. Einheit, 2. Transzendenz von Zeit und Raum, 3. Objektivität und Realität, 4. Sinn für Heiligkeit, 5. stark empfundene positive Stimmung, 6. Unbeschreiblichkeit korrespondiert.

Tiefe Erfahrungen dieser Art wurden in dieser Studie von ungefähr 25 % der Patienten beschrieben. Es waren oft jene Patienten , die nach ihren Sitzungen völlig frei von Todesangst zu sein schienen. Der Erfolg der psychedelischen Behandlung ist jedoch nicht von dieser Art von Erfahrung abhängig; die therapeutische Effizienz rein psychodynamischer Sitzungen ohne transpersonalen Gehalt kann ebenfalls sehr dramatisch sein.

Wie zu erwarten, zeigten sich bei den Krebskranken im allgemeinen mehr schwierige physische Symptome. Verschiedene psychosomatische Probleme wie Übelkeit, Tremor, Herzklopfen und Atembeschwerden treten normalerweise bei einer psychedelischen Psychotherapie auf, speziell beim Eintreten der Wirkung der Droge; sie scheinen wohl mit dem Kampf des Patienten zusammenzuhängen, sich von seinen üblichen Widerständen und Abwehrmechanismen zu befreien. Zusätzlich zu diesen psychosomatischen Erscheinungen verlangten ähnliche Probleme Aufmerksamkeit, die in der somatischen Verfassung der Patienten verwurzelt waren, z. B. das Erbrechen bei Patienten mit Magenkrebs oder Darmverstopfung, oder Harnfluß bei Patienten mit Unterleibstumor oder Metastasen im Rückenmark.

Krebskranke schienen ebenfalls ihre LSD-Sitzungen viel ermüdender zu finden als die anderen Patienten, mit denen wir arbeiteten. Viele Patienten waren nicht nur am Abend des Sitzungstages, sondern auch am folgenden Tag müde.

Die wohltuenden Auswirkungen einer Sitzung wurden für das Krankenhauspersonal typischerweise 2 Tage nach der LSD-Behandlung feststellbar. Es sollte auch erwähnt werden, daß die Häufigkeit von Erscheinungen verstorbener Familienmitglieder bei Krebskranken höher lag als bei anderen Personen; solche Patienten berichteten von einem subjektiv beruhigenden Gefühl durch die Anwesenheit dieser Familienmitglieder, die sich manchmal auch nach der Sitzung fortzusetzen schien.

Interesse verdient die Erörterung, in welchem Maße die therapeutischen Resultate dieser Behandlung den pharmakologischen Effekten des LSD *per se* zugerechnet werden können oder inwieweit sie der Psychotherapie zuzurechnen sind, die der Drogenverabreichung vorausgeht, sie begleitet und ihr folgt. Diese Frage kann natürlich nicht ohne eine umfassende, kontrollierte Studie beantwortet werden.

Kübler-Ross und andere berichteten von bemerkenswerten psychotherapeutischen Erfolgen psychedelischer Drogen. Einige Krankenhaus-Seelsorger haben zweifelsfrei Patienten und ihren Familien bei der Aufgabe geholfen, angesichts der Unausweichlichkeit des Todes so intensiv wie möglich zu leben. Andererseits erhielt *Kast* grundsätzlich positive Resultate mit einer überwiegend chemotherapeutischen Methode und minimaler interpersonaler Interaktion.

Die Geschichte der psychedelischen Forschung zeigt deutlich, daß eine psychotherapeutische Beziehung die Vorteile maximiert und die Risiken einer LSD-Verabreichung minimiert; die Tatsache, daß *Kast* manchmal positive Resultate ohne eine psychotherapeutische Matrix beobachtete, läßt jedoch stark vermuten, daß die möglichen schmerzlindernden und therapeutischen Werte der Droge nicht unterschätzt werden sollten.

Es ist sehr schwierig, einen Vergleich zwischen den Entdeckungen von *Kast* und den Ergebnissen dieser Studie zu ziehen. *Kast* verabreichte normalerweise 100 Mikrogramm LSD bei seinen Experimenten und beendete häufig die Sitzungen mit Chlorpromazin beim Auftreten des geringsten Anzeichens von Erschöpfung. Bei unserer Methode wurde LSD in viel höherer Dosierung (200 — 500 Mikrogramm) nach sorgfältiger Vorbereitung und innerhalb des Rahmens einer systematischen Psychotherapie verabreicht. Das Hauptziel hieß nicht Schmerzlinderung; unser Ziel war es, nicht nur die physischen, sondern auch die emotionalen Leiden des Patienten zu mildern. Trotz der Tatsache, daß eine tiefgehende transzendentale Erfahrung als das am meisten erwünschte Ziel angesehen wurde, wurden die Patienten bewußt ermutigt, mit emotional schwierigen psychodynamischen Erfahrungen zu arbeiten, falls diese bei ihren Sitzungen auftraten. Die Situation ist in *Cohens* Studie sogar noch komplizierter, da in der LSD-Literatur keine detaillierte Beschreibung seiner Forschungsbedingungen existiert. Diese Diskussion kann daher nur auf die einbezogenen Probleme hinweisen; effektive Versuche zur Isolierung der jeweiligen Beiträge von LSD und Psychotherapie müssen deshalb zukünftigen kontrollierten Untersuchungen vorbehalten bleiben.

Interessant ist auch die Erforschung der psychischen Mechanismen, die für die beobachteten therapeutischen Veränderungen verantwortlich sind. Am wenigsten überraschend waren die positiven Ergebnisse auf dem Gebiet der emotionalen Symptome wie Depression, Spannungen, Angst, Schlaflosigkeit und psychische Entzugserscheinungen. Ähnliche Effekte wurden bei unseren vorhergehenden Studien mit psychiatrischen Patienten beobachtet. Es scheint, daß eine LSD-begleitende Psychotherapie eine vorteilhafte Kombination mehrerer Mechanismen, die in der konventionellen Psychotherapie wirksam werden, beinhaltet — z. B. das Wiedererleben traumatischer Kindheitserinnerungen, Abreagieren und Entspannung, Erleichterung emotionaler und intellektueller Einsichten und Intensivierung der Beziehungen untereinander. Da die dramatischen therapeutischen Ergebnisse normalerweise in Zusammenhang mit dem psychedelischen Gipfelerlebnis beobachtet wurden, scheint es, daß solch eine Erfahrung möglicherweise einen neuen und ziemlich starken Mechanismus bewirkt, der tiefgreifende Persönlichkeitsveränderungen auslöst.

Die Wirkung von LSD auf heftige physische Schmerzen ist schwieriger zu erklären. Sicherlich kann diese Substanz nicht einfach als schmerzlinderndes Mittel angesehen werden; seine Wirkung tritt nicht genügend gleichmäßig und vorhersagbar ein, und es gibt keine eindeutige Beziehung Dosis — Reaktion. Außerdem wurde oft ein Nachlassen der Schmerzen für Wochen oder Monate im Anschluß an eine einzige Drogenverabreichung beobachtet. Dies weist auf eine ziemlich eindeutige psychische Komponente dieser schmerzstillenden Wirkung hin. Einige mögliche Erklärungen sind: 1. zunehmende Schmerztoleranz; 2. Abwendung der Aufmerksamkeit vom Schmerzreiz zur Erweiterung des Bewußtseins und 3. eine stärkere „Hier und Jetzt"-Orientierung, die die vergangenen und zukünftigen Komponenten der Schmerzerfahrung verkleinert (die Überempfindlichkeit durch die Erinnerung an vergangene Schmerzen und die Vorwegnahme zukünftiger Schmerzen).

In dieser Hinsicht ist es interessant, auf die Diskrepanz in unseren o. a. Entdeckungen einzugehen, vor allem auf die Tatsache, daß die Beurteilungen eine statistisch signifikante Abnahme von Schmerzen aufwiesen, wohingegen der Verbrauch an Narkotika keine signifikante Abnahme zeigte. Wenigstens drei Faktoren sollten bei der Bewertung dieser Situation in Betracht gezogen werden. Erstens erhielten die meisten der Patienten zusätzlich zu den Narkotika eine Reihe anderer psychoaktiver Substanzen, wie stärkere oder schwächere Tranquillizer, nicht-narkotische Schmerzmittel sowie Schlafmittel. Die Veränderungen im Verbrauch dieser Drogen wurden in unserer Studie nicht systematisch gemessen. Dies ist besonders wichtig im Falle phenothiaziner Tranquillizer, die routinemäßig in der Woche vor der LSD-Sitzung abgesetzt wurden. Zweitens konnten bei vielen Patienten selbst starke narkotische Medikamente die Schmerzen vor der Verabreichung von LSD nicht erfolgreich einschränken. Drittens scheint es ziemlich plausibel, daß diese offensichtliche Diskrepanz auch das Element der Gewöhnung oder sogar der physiologischen Sucht widerspiegelt, die auf die anhaltende Verabreichung von Narkotika zurückzuführen ist.

Bei einer psychedelischen Therapie mit psychiatrischen oder anderen Patienten hört der Therapeut häufig Bemerkungen, die den Tod betreffen. Patienten, die in einer psychedelischen Sitzung den Ablauf von Tod und Wiedergeburt erfahren haben, behaupten normalerweise, daß sie als Ergebnis dieser Erfahrung eine grundlegende Veränderung ihrer Einstellung zum Tod empfinden. Diejenigen, die das Gefühl einer kosmischen Einheit erfahren haben, führen im nachhinein an, daß sie ein geistiges Stadium erreicht hatten, wo der physische Tod irrelevant erscheint. Trotz der Tatsache, daß diese Erfahrung für einen psychedelischen Therapeuten normal ist, war die Entdeckung verblüffend, daß diese Äußerungen augenscheinlich viel mehr als nur eine momentane Selbsttäuschung widerspiegelten, die von einer veränderten Gehirntätigkeit herrührt.

Es dürfte kaum einen besseren Indikator für die Tiefgründigkeit und Bedeutung dieser emotionalen Einsicht geben als ihr Auftreten bei Patienten, die sich wirklich dem Tod gegenübersehen. In der Diskussion der Verhaltensänderung gegenüber dem Sterben, die nach einer LSD-Behandlung beobachtet wurde, vermutet *Kast*, daß einige Mechanismen die Sterbenden vor der niederschmetternden Realisierung ihrer Hoffnungslosigkeit schützen. Diese verzweifelte Situation der Sterbenden ist quantitativ verschieden von der bei den Menschen, die die Möglichkeit ihres Todes zu jeder Zeit mit einiger Wahrscheinlichkeit und schließlich mit Sicherheit antizipieren können. *Kast* unterstellt deshalb, daß die Mechanismen, die uns im täglichen Leben vor der Realisierung unserer mit dem Tode endenden Lage schützen, mit größerer Kraft bei den sterbenden Patienten wirken. Er glaubt, daß die Angst durch das Nachdenken über den Tod bei Kranken wie bei Gesunden die Furcht enthält, die Kontrolle innerer und äußerer Einflüsse zu verlieren. Die Akzeptierung und Hingabe in den unvermeidlichen Verlust der Kontrolle während und nach der Verabreichung werden von *Kast* als Anzeichen dafür gesehen, daß das LSD augenscheinlich den Druck mildert, den der bevorstehende Tod auf die Phantasie der kindlichen Allmacht ausübt, nicht durch die Verstärkung des zwingenden geistigen Bedürfnisses, die kindliche Phantasie aufrechtzuerhalten. Zusätzlich betont *Kast* die Abschwächung der Antizipation als wichtigen Faktor bei der Erleichterung sowohl der Schmerzen als auch der Angst vor dem Tod. Unter normalen Umständen stellt die Antizipation einen sehr wichtigen Mechanismus dar, der nicht nur für die Orientierung, sondern auch zum Schutz und zum Nahrungserwerb nützlich ist. In der verzweifelten Situation des Sterbenden kann die Antizipation nichts zum Wohle des Patienten beitragen, sondern nur sein Gefühl der Hilflosigkeit betonen. Die Antizipation ist Bestandteil der Fähigkeit, Worte sinnvoll zu gebrauchen und Symbole zu formen und zu verändern. *Kast* sieht den Rückgang in der Kraft der Worte und den daraus resultierenden Verlust der Antizipationsfähigkeit zusammen mit der Ausdehnung des unmittelbaren Sinneslebens als die wichtigsten Faktoren, die die Haltung des Sterbenden gegenüber dem Tod verändern.

Die o. a. Erklärungen scheinen zu lückenhaft und unzulänglich zu sein, um die tiefgehenden Veränderungen zu erklären, die bei vielen Sterbenden in einer psychedelischen Psychotherapie beobachtet wurden. Einige der Patienten, die das Phänomen des eigenen Todes und im Anschluß daran die Erfahrung einer kosmischen Einheit und Wiedergeburt erlebten, schienen radikale, anhaltende Veränderungen ihrer grundlegenden Auffassung von der Beziehung des Menschen zum Universum aufzuweisen. Anstatt den Tod als das endgültige Ende von Allem und als einen Schritt in das Nichts anzusehen, erschien er nun plötzlich als Übergang in eine andere Form des Daseins; die Vorstellung eines möglichen Weiterlebens des Bewußtseins über den physischen Tod hinaus schien viel plausibler als sein Gegenteil. Die Patienten, die transzendentale Erfahrungen durchlebten, entwickelten einen tiefen Glauben in die endgültige Einheit aller Geschöpfe und erlebten sich selbst als einen Teil davon — ohne Beachtung der Situation, in der sie sich befanden.

Die Begegnung mit Elementen des Unbewußten in der Form transpersonaler Erfahrungen (wie die *Jungschen* Archetypen, völkische und gemeinschaftliche Erinnerungen, die Erfahrung des kosmischen Dramas, göttliche und dämonische Erscheinungen etc.) ermöglichte es ihnen, sie in einer sehr greifbaren und überzeugenden Weise mit den psychischen Realitäten zu verbinden, die weit über ihr individuelles Gefüge hinausging. Anscheinend war es diese Öffnung des transpersonalen und kosmischen Panoramas, welches für den Hintergrund und das Bezugssystem sorgte, demgegenüber die Tatsache des individuellen Untergangs relativ unwichtig erschien.

An dieser Stelle wäre es als eine rein akademische Frage zu erörtern, ob die beschriebenen Veränderungen des Bewußtseins als barmherziger, irreführender Selbstbetrug oder als tiefe ontologische Einsicht in die Natur des Universums und des Menschen angesehen werden sollten; auf alle Fälle scheinen sie die ansonsten bedrückende Situation des Sterbenden viel erträglicher zu gestalten.

Eine der wichtigen Folgen des psychedelischen Gipfelerlebnisses ist ein tiefgreifender Einfluß auf das Wertsystem des Patienten. Sie bringen die Einsicht in die lächerliche Absurdität übertriebener Sehnsüchte, der Leistungsorientiertheit, des Festhaltens an Geld, Status, Macht und anderen irdischen Werten. Es ist leicht einzusehen, wie hilfreich eine solche Einsicht für jemanden ist, der keine Gelegenheit mehr hat, etwas zu erreichen, und der dabei ist, seinen ganzen weltlichen Besitz zu verlieren. Die Einstellung des Patienten gegenüber der Zeit wird neu gewichtet: Vergangenheit und Zukunft werden im Vergleich mit dem Hier und Jetzt weniger wichtig. Das Genuß-Niveau wird beträchtlich gesteigert, und es gibt die Tendenz, Befriedigung aus den einfachen Dingen des Lebens zu gewinnen. Würdigung menschlicher Beziehungen führt zusammen mit Aufrichtigkeit und Offenheit zu dem Bestreben, die in den gegenwärtigen Beziehungen enthaltenen Konflikte zu lösen. Man kann eher eine unverkennbare Zunahme einer Geistigkeit universaler Art feststellen als eine Bindung an irgendeine bestimmte Kirche. Die auftretenden religiösen und mystischen Gefühle scheinen innerlich begründet und relativ unabhängig von persönlichem Hintergrund und religiöser Unterweisung zu sein; dennoch mögen bei Betrachtung solcher Gefühle die eigenen, traditionellen Glaubenswerte in einer völlig neuen Bedeutung erscheinen.

Die Bedeutung der psychedelischen Therapie bei Sterbenden geht über den begrenzten Rahmen der kurzzeitigen Hilfe für den Patienten hinaus. Die Zeit des Todes ist eine Krisenzeit in jeder Familie. Es scheint, daß die Trauerzeit durch das Ausmaß und die Art der vorausgegangenen Konflikte in der Beziehung zu dem Sterbenden beeinflußt wird. Die Einstellung der Verwandten zum Tod eines Familienangehörigen kann viel schwieriger sein, wenn ihnen nicht klar ist, welche Beachtung sie dem Sterbenden schenken sollen.

Es gibt offensichtlich keine systematische Untersuchung über den Zusammenhang zwischen der Situation und dem Zeitraum, in dem ein Verwandter starb, und der Art der nachfolgenden Trauerreaktion.

Psychiater in der Praxis kennen jedoch die entscheidende Bedeutung des Prozesses, mit dem ein Mensch auf den Tod einer emotional wichtigen Person reagiert und ihn integriert. Die psychedelische Therapie mit Sterbenden, die die Familienmitglieder mit einschließt, eröffnet so eine einzigartige Gelegenheit, präventive Medizin zu praktizieren. Durch eine geeignete therapeutische Intervention haben wir die Gelegenheit, den Todeskampf für den Sterbenden zu erleichtern und zur selben Zeit den Hinterbliebenen zu helfen, dieses tiefe Thema auf gesunde Art und Weise zu verarbeiten.

Einer der praktischen Nachteile dieser psychotherapeutischen Methode ist offensichtlich die Dauer der Erfahrung mit LSD und die beträchtliche zeitliche Verpflichtung, die vom Therapeuten erwartet wird. Diese Situation hat zur Suche nach einer kürzer wirkenden Droge mit ähnlichen Eigenschaften wie LSD geführt. Wir haben eine Untersuchung mit Dipropyltryptamin (DPT) durchgeführt, was vielversprechend erscheint, obwohl es nicht ganz so wirksam ist wie LSD. Neben der kürzeren Wirkungsdauer (in Abhängigkeit von der Dosis 1 ½ bis 6 Stunden) hat DPT zwei weitere bemerkenswerte Vorteile. Seine Wirkung hört schnell und vollständig auf im Gegensatz zu dem wellenähnlichen Abklingen bei LSD. Deshalb erscheinen mit DPT behandelte Patienten nach ihren Sitzungen im allgemeinen lebhaft und hungrig und scheinen viel mehr Energie für Interaktion am Abend mit ihren Familien zur Verfügung zu haben. Zum anderen hat DPT den Vorteil, daß es in den Kreisen, die Drogen mißbrauchen, weitgehend unbekannt ist und glücklicherweise nicht der sensationslüsternen Publizität ausgesetzt ist, wie sie für die Berichterstattung über LSD typisch ist. Einige Patienten waren so erschrocken durch ihre Vorstellung von LSD, daß sie die Behandlung verweigerten, als sie ihnen angeboten wurde; bei vielen mußte ein Erziehungsprozeß bezüglich der medizinischen, verantwortlichen Verwendung von LSD in die vorbereitende Therapie eingeflochten werden, um die Angst abzuschwächen. Andere psychedelische Drogen, die in diesem Zusammenhang vorteilhaft eingesetzt werden könnten, enthalten Methylendyoxyamphetamin (MDA) und die kurz-wirkenden Formen von Psilocybin CZ-74 und CEY-19.

Abschließend sollte betont werden, daß eine psychedelische Therapie nach unserem Verständnis weder eine einfache Chemotherapie noch eine therapeutische Zauberei darstellt. Gleichermaßen wichtige Faktoren sind die Qualität der menschlichen Begegnung, die sensible psychotherapeutische Führung und der Optimismus des Therapeuten.

Der Enthusiasmus des Therapeuten ist ein wirksamer Faktor bei vielen Formen der Psychotherapie. Die dramatischen und positiven Einstellungs- und Verhaltensänderungen nach einer erfolgreichen Therapie bewirken, daß der Enthusiasmus des Therapeuten wirksam bleibt, sogar angesichts einer schrecklichen realen Situation. Unterstützender Enthusiasmus des Therapeuten dürfte sich als einer der wichtigsten Vorzüge dieser Therapieform für Krebskranke im Endstadium erweisen.

Trotzdem reichen Enthusiasmus und Optimismus nicht aus, um ein Programm mit LSD zu beginnen. Zur Warnung für jene, die eine psychedelische Therapie bei Krebskranken versuchen wollen, würden wir dringend abraten von seinem Gebrauch ohne spezielle Ausbildung mit Supervision durch Fachleute, die schon mit den durch diese kraftvolle, psychoaktive Droge ausgelösten Reaktionen vertraut sind. Bei angemessener Ausbildung jedoch, so läßt uns unsere klinische Erfahrung vermuten, kann die fachgerechte Anwendung dieses psychedelischen Verfahrens eine relativ sichere und vielversprechende Methode auf einem Gebiet bereitstellen, das bis in die jüngste Zeit sehr entmutigend gewesen ist. Die Mehrheit der Sterbenden wird immer noch mit dem düsteren Bild konfrontiert, welches von *Aldous Huxley* beschrieben wird als: „Zunehmender Schmerz, zunehmende Angst, zunehmende Morphiumdosis, zunehmende Abhängigkeit, zunehmendes Verlangen, verbunden mit dem endgültigen Verfall der Persönlichkeit und dem Verlust der Möglichkeit, mit Würde zu sterben."

(Aus dem Amerikanischen übersetzt von *H. Maaß*, Aachen).

Literatur

Champdor, A., The Book of the Dead: From the Ani, Hunefer, and Anhei Papyri in the British Museum, Garrett Publications, New York 1966.

Cohen, S., LSD and the Anguish of Dying. Harper's Magazine 231:69, 1965.

Evans-Wentz, W. E., The Tibetan Book of the Dead, Oxford University Press, London 1957; dt.: Das tibetanische Totenbuch, Walter, Olten 1971[10].

Feifel, H. (ed.), The Meaning of Death. McGraw-Hill, New York 1959.

Grof, S., Realms of the Human Unconscions, E. P. Dutton, New York 1976; dt.: Topographie des Unbewußten. LSD im Dienst der tiefenpsychologischen Forschung, Klett-Cotta, Stuttgart 1978.

Grof, S., Halifax, J., The Human Encounter with Death, E. P., Dutton, New York 1977; dt.: Die Begegnung mit dem Tod, Klett-Cotta, Stuttgart 1980.

Kast, E. C., The Analgesic Action of Lysergic Acid Compared with Dihydromorphinone and Meperidine, *Bull Drug Addiction Narcotics*, App. 27:3517, 1963.

Kast, E. C., Pain and LSD-25: A Theory of Attenuation of Anticipation, in: *D. Solomon* (ed.), LSD-25: The Consciousness-Expanding Drug, Putnamen Press, New York 1964.

Kübler-Ross, E., On Death and Dying, Collier-Macmillan, London 1974.

Pahnke, W. H., Richards, W. A., Implications of LSD and Experimental Mysticism, *J. Relig. Hlth.*, 5: 175, 1966.

Richards, W. A., Grof, S., Goodman, L. E., Kurland, A. A., LSD-Assisted Psychotherapy and the Human Encounter with Death, *J. Transpersonal Psychol.* 4:121, 1972.

12 Der Tagtraum des Katathymen Bilderlebens als Form der Sterbehilfe

Hanscarl Leuner, Göttingen

Das Katathyme Bilderleben als imaginatives Verfahren der Psychotherapie stellt ein in sich relativ geschlossenes psychotherapeutisches System dar. Anstelle des Nachttraumes der Psychoanalyse ist ein Tagtraum getreten, der in entspannter Position auf der Couch erlebt, vom Therapeuten angeregt und vorsichtig gelenkt wird. Das Katathyme Bilderleben ist ein dialogisches Verfahren. Die Welt der Imaginationen eröffnet sich dem Patienten unter dem Schutz des Therapeuten, mit dem er in verbalem (und auch nicht-verbalem) Kontakt steht. Der Therapeut kann das Erlebnisfeld der Imaginationen strukturieren, indem er vage formulierte Standardmotive vorgibt, wie z.B. das einer Wiese, eines Bachlaufes, eines Hauses, einer Bergbesteigung u.a., in denen z.B. die Begegnung mit Angehörigen in realer oder in Symbolgestalt in Szene gesetzt wird. Er kann anleiten zur Fokussierung und Klärung von Details des imaginierten Bildes und des begleitenden Gefühlstones. Er kann die Strukturierung des Erlebnisfeldes auch reduzieren und einen frei assoziativen Tagtraum fördern, sofern der Patient die Fähigkeit zu fließenden „Bildern" hat.

Freud erkannte schon sehr früh, daß die psychischen Abbildungsvorgänge des Tagtraumes den Regeln des Nachttraumes folgen und daß sich in ihnen nach Art des Primärvorganges verdrängtes Konfliktmaterial darstellt. Die breite Psychodynamik der Person, die nach den Regeln der Psychoanalyse gelesen und gemeinsam mit dem Patienten entschlüsselt werden kann, schlägt sich in den Tagtrauminhalten des Katathymen Bilderlebens nieder.

In Anlehnung an mehr oder weniger unsystematische Beobachtungen von Tagträumen (*Silberer* 1912, *Kretschmer* 1923) habe ich aufgrund von größeren Versuchsreihen Untersuchungshypothesen gebildet und, 1948 beginnend, das System des Katathymen Bilderlebens schrittweise entwickelt (1954). Dank einer größeren internationalen Arbeitsgruppe konnte das Verfahren in seiner klinischen Bedeutung für die Behandlung von Neurosen, psychosomatischen Erkrankungen und Borderline-Zuständen auf seine Effizienz hin untersucht werden. In subtilen Einzelfallanalysen wurden die herrschende Dynamik und die anzuwendenden Techniken analysiert. Auf die einschlägige Literatur zusammenfassender Publikationen (*Leuner* 1980, *Leuner* und *Lang* 1982) kann verwiesen werden.

Im Verlaufe dieser therapeutischen Untersuchungsreihen stießen meine Arbeitsgruppe und ich im Umgang mit Patienten im terminalen Stadium einer konsumierenden Erkrankung auf zunächst überraschende Beobachtungen in klinischen Fallanalysen. Sie lassen in deutlicher Form erkennen, daß mit Hilfe der imaginativen Therapie des Katathymen Bilderlebens eine m. E. sehr überzeugende Sterbehilfe möglich ist, die unter einem begrenzt notwendigen Einsatz des Therapeuten die wesentlichen Erwartungen erfüllt, die heute an eine Sterbehilfe (*Kübler-Ross* 1972, 1976) gestellt werden. Unter diesen Beobachtungen stechen zwei wegweisende Publikationen besonders hervor: von *H. Eibach* (1979) über einen foudroyanten finalen Verlauf bei einer ihrer eigenen Patientinnen und von *E. Landau* (1980) über die Sterbehilfe einer dem nahen Tod entgegensehenden Krebskranken.

Gehen wir von der geäußerten psychoanalytischen Hypothese des Katathymen Bilderlebens aus, daß sich im Tagtraum in der Regel unbewußte Konfliktkonstellationen darstellen, die letztendlich in der Dynamik frühkindlicher Versagungen und Traumatisierungen beruhen, so zeigen die Analysen der beiden Fälle und eigene Beobachtungen mit einem hohen Maße von Evidenz, daß die Inhalte des Tagtraumes beim vom Tode bedrohten Menschen sich kategoriell von denen in der Psychotherapie neurotischer Menschen abheben. In unmittelbarer Weise stellt sich gegenüber dem „neurotischen Elend" die existentielle Bedrohung durch den Tod, die Auseinandersetzung mit dem Unausweichlichen und schließlich die gewonnene Ruhe in der Annäherung an das Unausweichliche des Schicksals überzeugend dar. — Die von *Kübler-Ross* (1976) aufgestellten Phasen auf dem Wege des Sterbenden zum Tode werden allerdings nur z. T. in der von dieser Autorin geschilderten Folgerichtigkeit beobachtet. Vielmehr begegnen wir in den Fallbeispielen der beiden Autorinnen einer von mir relativ früh aufgestellten These, daß nämlich Inhalte, Verlauf und Eigenart des Katathymen Bilderlebens in hohem Maße individuellen Determinanten folgen und die Erwartung gemeingültiger Verlaufsformen der empirischen Prüfung nicht standhält, sondern eher den Blick des Therapeuten gegenüber der individuellen Verlaufsmatrix beeinträchtigt.

Der psychische Abbildungsvorgang des herannahenden Todes zeichnet sich im Katathymen Bilderleben u. U. sehr früh ab. Nach den bisherigen, allerdings noch begrenzten Beobachtungen kann das geschehen, bevor eine manifeste Erkrankung besteht bzw. dem Patienten das nahende Ende bewußt wird. Darüber hat *Eibach* (1979) berichtet. Ich selbst habe über einen Fall referiert, in dem sich diese „Vorahnung" des Todes im Katathymen Bilderleben in folgender Form abgezeichnet hatte:

Eine 30jährige Frau in einer ihr subjektiv ausweglos erscheinenden Ehesituation trat wegen vielfältiger psychovegetativer Störungen und der Angst, daran zu sterben, in meine Behandlung. Schon nach wenigen Sitzungen mit dem Katathymen Bilderleben, in der die Patientin die Ausweglosigkeit ihrer Lage nach subjektivem Empfinden in besonderem Maße deutlich und sie mutlos wurde, imaginierte sie in der darauffolgenden KB-Sitzung folgendes: Auf einer Wiese war ein alleinstehender Lindenbaum. Mein Angebot, sich unter diesem Baum niederzusetzen, lehnte sie ab, da sie sich vor dem Schatten des Baumes fürchtete. Vielmehr zog sie den sonnenbeschienenen Teil der Wiese vor. In der folgenden Sitzung hatte der Baum plötzlich und unerwartet alle seine Blätter verloren. Die Patientin sah darin eine Bestätigung ihrer Befürchtung, sterben zu müssen. (Die Furcht, aufgrund psychogener Symptome sterben zu müssen, ist dem Psychotherapeuten nicht fremd, z. B. bei Patienten, die an einer Herzphobie leiden und bei denen die entsprechende Befürchtung geradezu zu ihrem Krankheitsbild gehört. Jedoch erfüllt sich diese in der Regel nicht.) — Trotzdem war ich von dem Bild des Baumes, der *plötzlich* seine Blätter verloren hatte, beeindruckt mit dem Gefühl, daß sich darin möglicherweise „ein böses Omen" darstelle. — Etwa 8 Tage später erkrankte die Patientin an einem „akuten Bauch". Nach Einweisung in eine medizinische Klinik verstarb sie unerwartet an einem Ileus (Darmverschlingung). Die Obduktion ergab keinerlei pathologische Befunde. Es hatte sich um einen funktionellen Ileus gehandelt, der in diesem Fall als „psychogener Tod" interpretiert wurde.

Nimmt man diesen Fall paradigmatisch, so führt er zu der Annahme, daß eine unbewußte Instanz entweder über die Wahrnehmungsfähigkeit sich unterschwellig anbahnender psycho-physischer Prozesse verfügt, die auf den Tod „hinauslaufen". Im vorliegenden Fall kann im Hinblick auf den „psychogenen Tod" das Bild von dem seine Blätter verlierenden Lindenbaum aber auch eine unbewußte Wunschtendenz, gewissermaßen i. S. des „Todestriebes", signalisieren, dem dann, hier in besonders tragischer Weise, eine den Tod herbeiführende vegetative Funktionsstörung folgt. Erschreckend und von hoher magischer Qualität ist die sich hier abzeichnende Konsequenz des Signales vom Todeswunsch am Bild des Lindenbaumes mit den plötzlich abfal-

lenden Blättern, aufzufassen wohl als manifester Ausdruck des Vital-
verlustes, der unverhofft und plötzlich, gewissermaßen mit großer
Entschiedenheit, erfolgt und intuitiv „Böses ahnen läßt": eine vorange-
stellte Prophetie, Ausdruck eines makabren Vorentwurfes (im daseinsanalytischen Sinn), dem dann quasi folgerichtig der unerwartete, allein
durch psychologische Faktoren bestimmte Tod folgt. — Die Beziehung
dieses psychogenen Todes zum Voodoo drängt sich unmittelbar auf.

Bei dem Fall von *Eibach* handelt es sich um eine 30jährige Frau, die
Anfang Dezember 1974 zur Fortsetzung einer psychotherapeutischen
Behandlung mit dem KB zur Therapeutin kommt und am 9. April des
nächsten Jahres an einer hochakuten Leukämie stirbt. Auch hier zeichnet sich relativ früh, analog zu dem Motiv meiner Patientin, ein Baum
mit absterbenden Blättern ab.

Während des Aufenthaltes in einer psychosomatischen Klinik bis
Ende November mit der Diagnose „depressive Verstimmung, Neigung
zur Verausgabung — Magenbeschwerden, Kopfschmerzen, Schlafstörungen — auf dem Boden einer narzißtischen Charakterneurose" wurden die angemessenen psychotherapeutischen Maßnahmen vorgenommen. Vor der Aufnahme in diese Klinik im April des gleichen Jahres
hatte die Autorin eine Kurzpsychotherapie mit dem Katathymen Bilderleben durchgeführt. Das Thema der Imaginationen und Assoziationen kreiste damals um Sexualität und Auseinandersetzung mit ihren
Eltern. Beide Themen wurden relativ konstant bearbeitet. Bei der Fortsetzung dieser Behandlung Anfang Dezember fällt nun der Therapeutin ein deutlicher Unterschied in der Ausgestaltung der erneut angebotenen Standardmotive des KB auf: In jeder Sitzung „stirbt" das Bild
der Wiese. Die Wiese verfärbt sich grau-schwarz und „erlischt" vollkommen. Die Patientin assoziiert dazu: „Das ist meine Angst". Beim
Motiv vom Waldesrand entlauben sich die Bäume, nachdem die Blätter anfangs noch braun-rot gefärbt waren. — Nur ein Baum, der an
einem Ast noch einige Blätter hat und an dem die Patientin sich erleichtert festhält, wird von ihr mit dem Halt in Verbindung gebracht, den
ihr die Gegenwart der Therapeutin bietet. In fünf im Januar durchgeführten Sitzungen ändert sich die Thematik der Bilder in einer Weise,
wie sie im therapeutischen KB in der Regel nicht vorkommt und —
sollte sie vorkommen — Ausdruck einer schweren depressiven Störung ist. Die imaginierten Bilder werden dunkel, das Gras der Wiese
ist verbrannt, am Waldrand stehen abgestorbene Bäume, die völlig
kahl sind. Dazwischen steht isoliert, verlassen und frierend die Patientin sehr klein, wie in einem Gefängnis. Sie wird von einer Ratte

bedroht, die zischt, sie anspuckt und ihr Fell angriffslustig sträubt. Mit ihren stechenden gelben Augen fixiert sie die Patientin wie hypnotisierend. Diese kann nicht fliehen. Kein Lichtpunkt zeigt sich, nur fürchterliche Tiere und die immer dichter werdenden „dunklen Steinwolken und die den Wolken entgegenwachsende Mauer". Beim Versuch, einen „winzigen Blick" durch einen Spalt in dem Zaun zu wagen, der zu eng ist, um hindurchzuschlüpfen, sieht sie „unendlich hohe, abgestorbene Baumstämme" und hört „drohendes Gemurmel von unsichtbaren Wesen". Im KB hat sie sich inzwischen in einen Käfer verwandelt. Später erscheint statt einer Wiese eine schmutzig-graue Asphaltfläche. Die Bilder engen sich ein zu geometrischen Figuren, einem Dreieck, das in der Folgezeit konstant immer wieder auftritt. — Während dieser Behandlungsperiode entwickeln sich starke Ängste, die als „Angst vor dem Leben" von der Patientin empfunden werden oder als Angst, als therapieunfähig fortgeschickt zu werden.

Im Protokoll dieser Sitzung schreibt die Patientin: „Eine kalte, schmutzige, graue Asphaltfläche, sie wirkt erloschen, abwehrend. Kein Hauch von Leben oder von Licht, aber auch nicht die Negation davon, auch das wäre noch Leben. Ich krieche zögernd in das Bild hinein (als Käfer), d. h. ich sehe mich wie in einem verschoben darüber geblendeten Bild. Dadurch verbinde ich mich mit der Starrheit und werde zu einem Stein, aber ein fast erloschener Stein. Es ist kalt, eiskalt. Zuerst erschrecke ich über die Kälte und versuche, mich in die Realität zurückzubringen, aber ich bin zur Bewegungslosigkeit verurteilt, gebannt? — Ich werde von innen her immer kälter und sinke von innen her weg, verfaule und bin unfähig, Wärme- oder Kältegefühle abzugeben. Erloschen." — Eine Art Schlange legt sich dann um die Patientin, um sie zu umschließen. Als sie die Todesstarre des Steines verspürt, wechselt sie ihre graue Farbe in eine blau-graue, grün-graue, schwarz-graue. Als sie keine Reaktion verspürt, schießt sie davon. — „... Ich bin bis in alle Fasern tot ..." Die Therapeutin spürt angesichts dieser Darstellungen starke Beklemmung, Hilflosigkeit und Angst nach jeder Sitzung. Es ist ihr schwer, sich ein differenziertes Konzept über die herrschende Situation zu machen. Die makabren Inhalte und ihre Leblosigkeit erscheinen als Regression in eine steinerne, unbelebte Welt. Sie lassen am ehesten auf eine tiefe Depression schließen. In etwa analogen Bildern, wenn auch nicht derart drastisch ausgeprägt, imaginierten Patienten von *Prindull* (1965) in einer Untersuchung an neurotisch Depressiven.

Nach dem klinischen Bild wirkte die Patientin hingegen keineswegs derart depressiv, wie es die KB-Inhalte vermuten ließen. Sie entwickelte vielmehr eine fast hektische Aktivität in ihrem Lebenskreis und versuchte, alles zu konsolidieren, das Familienleben und ihre Ehe. Sie ordnete, was ihr wichtig schien, traf schulische Entscheidungen für ihre vier Kinder und versuchte fast zwanghaft, lang anstehende Entscheidungen zu fällen. Der Ehemann empfand diese Periode nachträglich als „sehr fruchtbar", weil jetzt erstmals Abklärungen in Gesprächen erfolgten, die bislang in dieser Form nicht möglich gewesen waren. (Man kann die Frage aufwerfen, ob die hintergründige Depression nicht durch diese äußeren Aktivitäten erfolgreich abgewehrt wird.)

Die Angst, die sie während der KB-Sitzungen und in den Nachgesprächen ausdrückt, gewinnt immer größere existentielle Bedeutung, wenn auch deren Ursache noch immer unklar bleibt. Die Nachgespräche werden dann allmählich ruhiger und gesammelter, sehr offen, so daß die Patientin anschließend gelöster nach Hause geht. Sie kann in den Gesprächen jetzt auch besser reflektieren als je zuvor in der Therapie.

Aus Anlaß der geplanten Magenoperation wird die Patientin am 19. 2. 1975 zur stationären Aufnahme in der chirurgischen Universitätsklinik aufgenommen. Jetzt stellt sich bei der routinemäßigen Blutbildkontrolle eine Leukopenie (Verminderung der weißen Blutkörperchen) heraus. Bald darauf wird die Diagnose einer akuten myeloischen Leukämie bestätigt.

Also auch in diesem Fall findet sich im Vorfeld der organisch manifesten Erkrankung eine Kette von thematisch zusammengehörigen makabren Imaginationen in den KB-Sitzungen, die in höchst verdichteter Form „absterben, verfaulen, Leblosigkeit, Erstarrung, durch Mauern wie in einem Gefängnis eingeengt sein", ja selbst „zum Sterben werden" zeigen. Eine drastischere und auch unausweichlichere Darstellung von „Nicht-Leben" ist wohl kaum denkbar. Die Patientin verstirbt am 9. April des gleichen Jahres unter der noch zu beschreibenden Sterbehilfe der Autorin.

Mir scheint es wichtig, die hier beschriebene *diagnostische Phase im KB* akzentuiert hervorzuheben. Teils möchte ich damit das Phänomen als solches verdeutlichen und in den Blickpunkt des Interesses rücken, teils möchte ich auf die klinische Bedeutung der geschilderten Inhalte und der aufgeworfenen Thematik hinweisen als ein wegen seiner Dynamik jenseits der therapeutischen Erfahrung mit neurotischen und psychosomatischen Kranken stehendes Verfahren. — *Eibach* war von diesem Unterschied zwischen beiden Formen des Inhaltes des KB zutiefst beeindruckt und zitiert zum Verständnis dessen *Rolle* (nach

Wiesenhütter 1974): „... daß angesichts des Todes jede Neurose aufhöre und daß nicht ,nur zum Tode führende, sondern auch schwere Erkrankungen Neurosen ,auslöschen' können". Aus einem eigenen klinischen Beispiel kann ich diese Beobachtung nur bestätigen.

Im Fall von *Landau* ist es eine 42jährige Akademikerin, verheiratet und Mutter von zwei Kindern. Sie ist an dem gleichen Karzinom erkrankt, an dem ihre Großmutter und eine Tante unter schwerem Leiden gestorben waren. Ihre Ängste, die sie zur Psychotherapeutin führen, beziehen sich auf die Leiden und schrecklichen Qualen, die sie fürchtet, durchmachen zu müssen. — Im Gegensatz zur Patientin von *Eibach* sind die KB-Inhalte in der diagnostischen Phase nicht gleichermaßen durch die dort beschriebenen Inhalte totaler Trostlosigkeit und des ersterbenden Lebens gekennzeichnet. Doch hier finden sich auch eine sonnenverbrannte Wiese mit Löchern, in die sie Angst hat hineinzufallen. Sie ist durch eine unüberwindliche Mauer gehindert, zu einer entfernt liegenden „grünen Landschaft" zu gelangen. Das beherrschende Gefühl ist auch hier Einsamkeit, Isolierung und Ausgeschlossensein. Statt eines Hauses sieht sie einen Betonbunker, in dem sie den Tod in Form eines schwarzgekleideten, bleichgesichtigen SS-Mannes antrifft.

Der Tenor von Einsamkeit, Isolierung, Eingeschlossensein kann hier (im Gegensatz zu der Patientin von *Eibach*) ohne Schwierigkeiten mit der realen Situation in Verbindung gebracht werden: der Ehemann ist ein schwer gestörter Sonderling, der tagelang kein Wort verliert. Sie fühlt sich ihm hilflos ausgesetzt. Ihr Sohn muß sie aus beruflichen Gründen verlassen. — Wenn sich bei dieser Patientin also durch eine neurotische Entwicklung und aktuelle Realsituation depressive KB-Inhalte mit denen des drohenden Todes zu durchmischen scheinen, findet die Autorin (im Gegensatz zu *Eibach*) Anlaß genug, eine therapeutische Strategie einzuschlagen, die geeignet ist, bestehende kreative Kräfte der Patientin zu mobilisieren und den Übertragungserwartungen der Patientin auf empathischen Beistand und eine mütterlichstützende Haltung zu folgen. Die Patientin gelangt nun in eine Phase des Handelns. Sie lebt auf, setzt sich mit der ihr angebotenen einschlägigen Lektüre auseinander, bevor in der 14 Sitzungen in Anspruch nehmenden Therapie *die Angst vor dem Tod* ansteigt und die Trauer um den Verlust ihres Lebens. Sie versöhnt sich mit ihren nahen Angehörigen im KB, erlebt aber jetzt bald jene sich im Körper verbreitende Kälte und das Haus des KB als ihr Grab.

Inzwischen hat sich der von der Therapeutin wieder erneut eingestellte „Tod" aus dem SS-Mann in „eine Tänzerin, die viele Schleier

um sich weht" verwandelt. Die Angst wird erträglich. In dieser letzten,
14. KB-Sitzung stellt sich nach Verfolgung des Bachlaufes spontan ein
Sumpf ein, der zu einem warmen Moor wird: „Immer weicher und
weicher, sinkt immer tiefer und tiefer ... spricht weiter über das
Gefühl des seidigen Moores auf ihrer Haut, da es warm ist und gar
nicht unangenehm. Sie kann sich gehenlassen." — Die Therapeutin,
die zunächst eigene Panik in sich aufsteigen fühlt, erkennt, daß die
Patientin nun: „ruhig, reifer und gefaßter ist als ich". Sie kann sie nun
„nichts mehr lehren".

Im abschließenden Gespräch formuliert die Patientin, was „die therapeutische Stütze" ihr bedeutet hat: ihre Ängste zu erkennen, über die
sie mit niemandem sonst sprechen konnte und die sie sich selbst nicht
eingestehen wollte. Sie hat die Kraft gefunden, diese Ängste zu verarbeiten und zu integrieren. Sie habe im Tagtraum Dinge gesehen, die sie
sich sonst nicht eingestanden hätte, nicht gewagt hätte, über sie nachzudenken oder sie zu empfinden. Sie verabschiedet sich von der Therapeutin, verlangt nochmals ausdrücklich das Gebot der Verschwiegenheit. — Der nach 6 Monaten in einer onkologischen Klinik eingetretene Tod wird der Therapeutin später erst durch Zufall bekannt.

Die Patientin von *Eibach*, die bis 7 Tage vor ihrem Tod mit dem KB
betreut wird, setzt ihre Auseinandersetzung mit dem drohenden Ende
in dramatischen Imaginationen fort. Auch hier fällt der Therapeutin
als hauptsächlicher Bezugsfigur die stützende Rolle zu, zumal die
Angehörigen durch ihre Hilflosigkeit jeglichen Halt und Trost vermissen lassen.

In den Imaginationen der Patientin spielt jetzt eine Dreieck-Formation eine Rolle. Sie ist geteilt „in ein Reich der Lebenden und ein Reich
der Toten". In ihr spiegelt sich auch die periodisch revitalisierende
Bedeutung von Bluttransfusionen als „Lichtexplosionen" wider, die im
KB einen kalten und lichtlosen Wald vorübergehend erhellen. Schließlich pendelt die Patientin zwischen Angst und Hoffnung, Widerstandleisten und Sich-fallenlassen-Können hin und her. In der Niederschrift
des letzten KB, 7 Tage vor ihrem Tod, schreibt sie: „Ich kauere unten
in der selbstgegrabenen Höhle. Unfähig zu irgendeiner Bewegung. Die
totale Schwäche hat mich erfaßt. Ich will auch gar nicht mehr auf die
andere Seite. So viel Kraft, um das zu schaffen, habe ich nie mehr. Das
andere Ich, welches in dem Dornengeflecht geblieben ist, gewinnt wieder Gewalt über mich. Wozu sich auch auflehnen? — Eine riesengroße
Eier-(Sand)Uhr wird zu mir hinuntergelassen. Der Sand rinnt, und ich
weiß, er soll mir meine Zeit darstellen. Aber ich liege und kümmere
mich nicht um die Uhr. Da löst sich die Uhr auf, und statt dessen läßt

das „Ich" aus der dunklen Seite eine verbeulte, verbogene Uhr hinab. Sie hat zwei riesengroße, tiefschwarze Zeiger, die spitz wie Dolche sind. Auf dem dunklen Zifferblatt sind wie Blitze erleuchtete Zahlen, aber keine Uhrzahlen, es müssen Lebenszahlen sein. Erkennen kann ich nur eine ‚30'. — Die Zeiger jagen über das Zifferblatt. Es bedroht mich. Ich möchte schreien, aber wer soll mich hören? Ich will vor der Uhr fliehen, aber ich weiß gleichzeitig, sie wird immer dort sein, wo ich auch bin. Diese rasende, einmal geschmolzene und wieder gehärtete Uhr, mit Symbolen darauf, die sich mir noch verbergen, die aber grausig sein werden. Die Zeiger rasen in entgegengesetzter Richtung aufeinander zu, aber es gibt keinen Zusammenprall, wie ich erwarte. Dadurch werden sie immer bedrohlicher ... Was ist so bedrohlich an dieser Uhr? Ich weiß es noch nicht, aber ich weiß, bald werde ich es wissen, und es wird furchtbar sein." — Am Ende des Protokolls vermerkt sie: „... nunmehr brauche ich die Bilder nicht mehr ..." — Sie wolle nun alles hinter sich lassen: die Ratlosigkeit, die Angst, den Versuch zu entfliehen und das Wissen, doch ausgeliefert zu sein. Dies alles sei jetzt vorbei. Hier hat ihr in der sie befallenden Einsamkeit die Therapeutin nur noch die Hand gereicht. — Am Tag ihres Todes wird diese gerufen und von der Patientin nur noch an ihrer Stimme erkannt. Sie ist bei ihr, um ihr zu sagen, daß sie sich „ganz fallenlassen und Ruhe finden möge".

Bemerkenswerterweise begibt sich auch diese Patientin in ihrer Auseinandersetzung mit der Realität des Todes, wie die Vorgenannte, in die Erde („selbstgegrabene Höhle"), als die „totale Schwäche" sie erfaßt. Beide begeben sich zurück in den Schoß der mütterlichen Welt, der Mutter Erde.

Ein ins einzelne gehender Kommentar scheint überflüssig. Die Unmittelbarkeit der Sprache der Imaginationen, der aus dem Unbewußten aufsteigenden Phantasiebilder ist eindrücklich, fast jedermann verstehbar, von hoher Evidenz und bedarf keiner wissenschaftlichen Bearbeitung oder Interpretation. So also wird das Erleben der existentiellen Bedrohung durch die finale Krankheit, so wird Sterben in der seelischen Binnenwelt erlebt und dargestellt. Dem Symbolkundigen bleiben naturgemäß eine ganze Reihe von Fragen offen. Sie werden nur beantwortet werden können durch die Einfälle der Patienten selbst zu den KB-Inhalten.

Entscheidend ist jedoch, daß dem Tod geweihte Patienten sich mit Hilfe der vom erfahrenen KB-Therapeuten evozierten Imaginationen mit ihrem schweren Weg auseinandersetzen können. Sie lernen schrittweise und erfahren dabei, wie es ihnen mit Unterstützung des Therapeuten gelingt, ihr unausweichliches Schicksal anzunehmen, sich mit diesem letztlich ohne Angst, Trauer über den Verlust und Bitterkeit zu versöhnen. Sie finden auf diesem Wege in einer jeweils individuellen Weise ihren inneren Frieden. Parallel geht offensichtlich (und sollte auch wohl gehen) eine vom Patienten spontan gesuchte oder vom Therapeuten angeregte Versöhnung mit Angehörigen und die Regelung der äußeren Lebensumstände.

Der Therapeut übernimmt unwillkürlich die Stellung eines menschlichen Seelsorgers, der die Begegnung mit den tiefen Schichten der Gefühlswelt des Patienten mit Hilfe der katathymen Imaginationen ermöglicht und schrittweise unter vorsichtigen Interventionen fördert. Es ist eine Selbstbegegnung des Patienten mit sich; er empfängt Nachrichten aus seinem Unbewußten, begegnet der förmlich vorweggenommenen Welt des Todes in ihrer grauenhaften existentiellen Darstellung, wie sie beschrieben wurde. Was uns überrascht, ist der Umstand, daß diese Konfrontationen in den beiden hier vorgetragenen Fällen eine Entlastung bedeuten, eine Entlastung von Ängsten und ein Hinführen zum Akzeptieren dieser Welt des Unlebendigen bis hin zur deutlichen Signalisierung der ablaufenden Lebensuhr. Dabei signalisiert sich die Möglichkeit einer letzten Harmonie, in den Tod einzugehen in einer leidenschaftslosen Form.

Wenn sich das Katathyme Bilderleben dabei als eine sehr wichtige Hilfe erweist, so ist diese doch nicht zu denken ohne die in allen Bereichen der Sterbehilfe immer wieder angesprochene und außerordentlich wichtige persönliche Haltung des Therapeuten. Sie ist gekennzeichnet durch außerordentliches Gewähren und großes empathisches Mitfühlen; zugleich aber auch muß der Therapeut in der Lage und befähigt sein, eine mütterlich-stabilisierende, äußerst verläßliche und gleichmäßig zugewandte Rolle über die oft sehr schweren Phasen zu übernehmen. Schon *Kübler-Ross* hat 1972 die Haltung des Therapeuten in dieser Lage eingehend beschrieben. An seine psychische Stabilität werden hohe Anforderungen gestellt, und er wird in jedem Fall immer wieder von neuem herausgefordert aufgrund seiner starken Betroffenheit, konfrontiert mit seiner eigenen Angst vor dem Tode. Diese Betroffenheit ist im Katathymen Bilderleben eine viel größere als in einer einfachen tröstenden Gesprächsführung. Der Therapeut wird durch die plastischen Imaginationen, die der Patient ihm berichtet, in jeder Sitzung von neuem emotional engagiert und muß sich mit seinen depressiven Anteilen auseinandersetzen.

Die Sterbehilfe mit dem Katathymen Bilderleben ist zweifellos eine wirksame und erfreuliche Hilfe, für den Therapeuten jedoch kann sie über Strecken eine große Last bedeuten. Er soll deshalb nicht nur mit dem Verfahren durch ausreichendes Training vertraut sein, sondern sollte durch regelmäßige empathische Supervision durch einen besonders erfahrenen Therapeuten Absicherung davor erfahren, daß er eigenen depressiven „Untiefen" ausgeliefert ist. Der Therapeut muß ferner ausreichend geschult sein, die Dimensionen „Nähe" und „Distanz" sowie „emotionale Wärme" im therapeutischen Umgang der jeweiligen Situation angepaßt und zu seinem eigenen Schutz einzustellen. Guter Wille, freundliche und warmherzige Zuwendung, das bloße „Helfenwollen" sind keine ausreichenden und wohl auch keine guten Ratgeber zur Durchführung der Sterbehilfe mit dem Katathymen Bilderleben. Ganz besonders muß vor autodidaktischen Versuchen und vor Versuchen, diese Hilfe bei eigenen Angehörigen einzubringen, so naheliegend das im Einzelfall auch sein mag, gewarnt werden. Denn ein Therapeut, der die notwendige Sicherheit und Stabilität verliert und das Ausmaß von Nähe und Ferne zu dem existentiell bedrohten Patienten nicht zu handhaben gelernt hat, wird diesem mehr schaden als helfen und läuft Gefahr, selbst Schaden zu nehmen.

Literatur

Eibach, H., Sterbehilfe in der Klinik unter Einsatz des Katathymen Bilderlebens (KB). Z. Psychoth. med. Psychol. 29, 96, 1979.
Kretschmer, E., Medizinische Psychologie. (1922) Thieme, Stuttgart 1971[13].
Kübler-Ross, E., Interviews mit Sterbenden. Kreuz, Stuttgart, Berlin 1972[4].
Kübler-Ross, E., Reifwerden zum Tode. Kreuz, Stuttgart, Berlin 1976.
Landau, E., Sterbehilfe mit dem Katathymen Bilderleben, in: *Leuner, H.* (Hrsg.), Katathymes Bilderleben, Ergebnisse in Theorie und Praxis. Huber, Bern, Stuttgart, Wien 1983[2].
Leuner, H., Kontrolle der Symbolinterpretation im experimentellen Verfahren. Z. Psychother. med. Psychol. 4, 201, 1954.
Leuner, H. (Hrsg.), Katathymes Bilderleben, Ergebnisse in Theorie und Praxis. Huber, Bern, Stuttgart, Wien 1983[2].
Leuner, H., Katathymes Bilderleben, Grundstufe, ein Seminar. Thieme, Stuttgart 1982[3].
Leuner, H., Lang, O. (Hrsg.), Psychotherapie mit dem Tagtraum, Katathymes Bilderleben, Ergebnisse II; Fallanalysen, Theorie. Huber, Bern, Stuttgart, Wien 1982.
Prindull, G., Die Manifestation der depressiven Verstimmung im experimentellen Katathymen Bilderleben. Med. Diss., Göttingen 1965.
Silberer, H., Symbolik des Erwachens und Schwellensymbolik überhaupt. Jh. Psychoanal. Psychopath. Forsch. 3, 621, 1912.
Wiesenhütter, E., Selbsterfahrung im Sterben. Furche, Hamburg 1974.

Eine curriculare Weiterbildung zum Therapeuten im KB bietet das Institut für Katathymes Bilderleben (Friedländer Weg 30, D-3400 Göttingen) Ärzten und klinisch tätigen Diplom-Psychologen an.

13 Begleitung sterbender Kinder

Dieter Bürgin, Basel

> „Es gehört überdem zur Aufgabe des humanen Sterbens, daß der
> Mensch noch in ihm geburtlich bleibt: ein Wesen, das anfangen
> und hervorbringen kann, obwohl es nun stirbt."
>
> *(Saner* 1977)

1. Allgemeine Bemerkungen

Leben heißt sterben. Sterben ist ein Abschnitt des Lebens, der auf
der einen Seite klar durch den Tod begrenzt ist. Der Beginn des eigentlichen Sterbens aber kann nicht in gleicher Deutlichkeit formuliert
werden. Kindheit und Adoleszenz sind in unserer Zeit geringer Kinder-
sterblichkeit nicht diejenigen Abschnitte des Lebenszyklus, welche
bevorzugt mit dem Begriff des Sterbens verbunden werden.

Den psychischen Problemen des Kindes, das an einer lebensbedrohlichen Krankheit leidet, ist in den vergangenen Jahren zunehmend
mehr Beachtung geschenkt worden (*Bluebond-Langner* 1978, *Bürgin*
1977, 1978, 1981, *Easson* 1970, *Eiser* 1979, *Raimbault* 1975). Das sterbende Kind ist, wenn nicht schwer verletzt, ein krankes Kind, das
nicht selten eine langdauernde, oft vieljährige Leidensgeschichte hinter
sich hat (z.B. chronische Nierenkrankheiten oder maligne Tumoren
inkl. Leukämie). Ungeachtet des Alters und der Information, die ihm
auf der Ebene des Bewußtseins zuteil wurde, ist es sich, mindestens auf
vorbewußter Ebene, fast immer im klaren über die Bedrohlichkeit seines Zustandes. Dieses „innere Wissen" ist in Form und Inhalt abhängig
von seinem seelischen Entwicklungsstand und der Ausgestaltung seiner
kognitiven und emotionalen Konzepte über Krankheit, Leben und Tod
(*Bürgin* 1977). In der Sterbephase ist der Kampf aussichtslos geworden. Die Kreativitätsressourcen reichen nicht mehr aus, um den
destruktiven Prozessen, die mit der Krankheit verbunden sind, Einhalt
zu gebieten.

Man kann nicht von einem sterbenden Kind oder Adoleszenten sprechen, ohne gleichzeitig auch die Gruppe derjenigen Menschen zu
berücksichtigen, welche in seinem Leben bedeutungsvoll sind (Eltern,
Geschwister, übrige Familienmitglieder und andere). Ein unaufhaltsa-
mes Herannahen des Lebensendes nötigt das sterbende Kind und seine
Umgebung (eingeschlossen die behandelnden Personen) zur Anerkennung des Unabänderlichen. Der Widerstand gegen das Gewahrwerden

der Lebensbedrohung ist zäh. Nicht selten ist die Verleugnung, als archaisches und magisches Mittel gegenüber Unerträglichem, von seiten der Eltern ausgeprägter als von seiten des betroffenen Kindes selbst. In solchen Fällen ist das Kind emotional wie alleingelassen. Die drohende Verlustsituation erzeugt Angst, Wut und das Gefühl von Hilflosigkeit. Im Versuch, ein frisches Gleichgewicht (wenngleich auf regressiver Ebene) zu etablieren, wird das individuelle wie auch das familiäre Abwehr- und Anpassungssystem verstärkt. So fehlt dem sterbenden Kind bzw. Jugendlichen oft der adäquate Dialogpartner, der imstande wäre, im gesamten Gefühlsbereich von Befürchtungen und sich verdichtenden Gewißheiten sowohl mitzuschwingen wie auch sich zurückzunehmen. Meist versuchen die sterbenden Kinder, ihre Eltern (und andere für sie bedeutungsvolle Personen) vor dem seelischen Schmerz, der mit dem bevorstehenden Verlust verbunden ist, zu schonen. Sie möchten den Überlebenden behilflich sein, indem sie sie nicht mit unliebsamen Gefühlen und Gedanken belästigen und häufig, als geringstes Übel, das Spiel der gemeinsamen Verleugnung mitspielen (*Bluebond-Langner* 1978).

2. Sterben als Vorgang

Das Kind (bzw. der Adoleszente) stirbt so, wie es seinen individuellen Gegebenheiten (Alter, körperliche Befindlichkeit, psychische Struktur) und den Einstellungen des Systems, von dem es ein Teil ist (Anpassungs- und Entwicklungsreserven der Familie), entspricht. Das Sterben als Prozeß kann sich über Monate hinziehen oder innerhalb von Tagen bzw. Wochen ablaufen. Je näher der Tod, desto mehr zieht sich das Kind von seinen Kontakten zur Umwelt zurück (*Spinetta* et al. 1974). Es wird stiller, ist oft schläfrig. Die Wendung der Aufmerksamkeit nach außen scheint immer mehr Mühe zu bereiten. Am Schluß besteht meist ein komatöser Zustand.

Diese eher phänomenologischen Aspekte lassen sich mittels zweier Modellvorstellungen besser verstehen: Die eine könnte man die *entwicklungspsychologische* nennen. Sie konzipiert das Sterben als einen Lebensabschnitt, in welchem die Stufen der Entwicklung der Objektbeziehungen und der Selbstentfaltung in rückläufiger Weise durchlaufen werden. Um den regressiven Ablauf besser zu verstehen, ist es wesentlich, sich ein Bild davon zu machen, wie sich die Beziehungen zu bedeutungsvollen Anderen ganz allgemein und bei diesem Kind im besonderen entwickelt haben und wie der Aufbau des Selbstgefühls bzw. der eigenen Identität damit verknüpft ist (*Schmale* 1980). Die

Entwicklung der Beziehungen zur Außenwelt (über die Stufen des Autismus, der Symbiose und der Individuation bzw. über die Schritte: Teilobjekt, Übergangsobjekt, ganzes Objekt, Objektkonstanz, Dyade, trianguläre Beziehung) verläuft bei durchschnittlich guter Interaktion zwischen Kind und Umwelt parallel zu der des Selbst, welches von einer ursprünglichen Grandiosität und magisch-allmächtigen Verbundenheit mit allem zu der Bescheidung gelangt, die in der Wahrnehmung der Begrenztheit liegt. Die Regression in den Beziehungsmodalitäten kann beim Sterben ruckartig oder oszillierend zwischen den verschiedenen Positionen vor sich gehen. Sie zieht eine Verschiebung der Besetzungen von außen nach innen nach sich. Dadurch werden mehr und mehr die früheren Anteile der Objektrepräsentanzen reaktiviert. Das Erleben des sterbenden Kindes gestaltet sich in zunehmendem Maße nach archaischen Mustern. Notwendigerweise verändert sich damit auch das Netz der intrafamiliären Beziehungen. Unverarbeitete Trennungs- und Verlusterlebnisse werden bei allen Familienmitgliedern reaktiviert. Anpassungs- und Umgestaltungsvorgänge werden nötig. Insbesondere sind die Auswirkungen auf die Geschwister des sterbenden Kindes zu beachten (*Bürgin* 1977). Die Beziehungsmodalitäten, Rollenverteilungen, gegenseitigen Abgrenzungen, Schuld- und Verdienstkonten, Loyalitätsverpflichtungen usw. bedürfen einer Neudefinition, denn die Homöostase, der Status quo des gesamten Familienbeziehungsnetzes, ist bedroht (*Wirsching* et al. 1981, *Steffen* 1978).

Die andere Modellvorstellung orientiert sich am Prozeß der *Trauer*. Wie wird ein Verlust verarbeitet? Sterben heißt loslassen und verlieren, bedeutet sowohl zunehmenden Verlust von Körperfunktionen (bis zum Verlust des gesamten Körpers) als auch von Lebens- und Aktivitätsbereichen, von äußerer Welt, von Beziehungen zu Anderen. Je größer diese Verluste, desto stärker wird die Besetzung der „inneren Welt", des Bereiches der traumhaften Geschehnisse der Phantasie, der Beziehung zu den „inneren Personen" (Objekt- und Selbstrepräsentanzen). Bei zunehmendem Rückzug wird die Unterscheidung zwischen Innen- und Außenwelt immer schwieriger.

Je nach dem Differenzierungsgrad des psychischen Apparates und der Qualität der „inneren Objekte" sind an diese Rückzüge mehr oder weniger Ängste geketet. Alle Schritte beim Verlusterleben sind mit Gefühlen verbunden, die sehr intensiv und eruptiv sein können: Traurigkeit, Niedergeschlagenheit, Mißmut, Wut und Angst (Angst vor der Unmöglichkeit, im Kontakt mit anderen zu Triebbefriedigungen zu gelangen, vor Trennung, vor Liebesverlust, vor Kontroll- und Steuerungsverlust, vor Fallen-gelassen-Werden, vor Desintegration und vor

Vernichtung). Das Gewahrwerden von Schwäche, Dysfunktion und Einschränkung kommt einer tiefen narzißtischen Kränkung gleich. Mit dem Aufgeben und der Vorstellung des Aufgegeben-Werdens sind meist Gefühle der Hilf- und Hoffnungslosigkeit gekoppelt (*Engel* 1968).

Die Diskrepanz zwischen der Repräsentanz des *Idealselbst* (wie man gerne sein möchte) und des *Realselbst* (Verfassung, in der man sich befindet, insbesondere der Körperzustand) wird zunehmend größer. Immer aufwendiger wird die Arbeit in der Innenwelt, welche mittels der Phantasie diese beiden Pole zu verbinden sucht. Dies mag am folgenden Beispiel illustriert werden:

Ein 6 ½jähriger Knabe, der an einem lymphatischen Lymphosarkom leidet, erzählt zu der TAT-Tafel 19, auf welcher eine schneebedeckte Hütte mit seltsamen Wolkenschleiern zu sehen ist, folgende Geschichte:

„Oh, da ist Winter, daraus könnte ich die *Geschichte der Sieben Zwerge* machen! Nein, in dem Häuschen sind Vater, Mutter und Kinder *drin*. *Draußen* ist ein Sturm, es ist kalt. *Wenn die hinausgehen würden, würden sie krank.* Die Mutter macht den Ofen an und heizt. Dann gibt es Brot und Würstchen und Hühnchen dazu. Die Kinder *träumen* vom Sturm und haben *Angst*. Sie träumen, sie wären *hinausgegangen und erfroren.*"

Das Thema Sterben ist bereits im ersten Ansatz, der Schneewittchen-Idee, enthalten (Tod als Folge einer bösartigen Verfolgung nach Trennung, der durch Liebe und Zufall in einen reversiblen Scheintod umgewandelt wird). Diese Geschichte wird aber verworfen. Im zweiten Anlauf gestaltet der Knabe eine persönlichkeitsnähere Geschichte: Die Außenwelt ist voll Bedrohung. Dort wird man krank. Die Familie, vor allem die Mutter, bietet Geborgenheit, Wärme und Stillung der Bedürfnisse. Das hilflose Ausgeliefertsein und das Sterben, welches mit Trennung, d. h. dem Nach-außen-Gehen, verbunden ist, ist sehr bewußtseinsnahe, wird gleichzeitig als Tatsache erkannt und durch Umdefinition zu einem Trauminhalt als Irrealität erklärt und somit vom Selbst ferngehalten. So werden Charakteristika des Idealselbst und der Selbstobjekte (Sicherheit, Geborgenheit, Zustand der Stillung aller Bedürfnisse) mit den Inhalten des Realselbst (einer lebensbedrohlichen Situation schutzlos ausgeliefert sein) knapp noch zu einem Ganzen verbunden.

Reicht die Fähigkeit der Phantasie nicht mehr aus, diese beiden Pole zu verbinden, so muß das Kind die Desintegration und Vernichtung befürchten, was in seinen symbolischen Mitteilungen zum Ausdruck kommt:

Ein 9 ½jähriges Mädchen zum Beispiel, das an einer myeloischen Leukämie leidet, erzählt folgendes zur TAT-Tafel 8 GF, auf welcher eine junge Frau in traumverlorener Haltung abgebildet ist:

„Das ist eine *verzweifelte* Frau. Sie denkt: ,Ach, wenn man doch nur *zaubern* könnte. Vielleicht kann man sich etwas ganz fest einbilden und dann geht es. Aber, da muß man wohl sehr stark daran glauben.' Sie ging zu einem Arzt und wollte es lernen, konnte es aber nicht recht. Einmal, nach vielen Jahren, stellte sie sich vor, sie könne zaubern, könne gar fliegen. Sie versuchte es einmal, indem sie sich auf den Tisch stellte. Da *flog sie* plötzlich über viele Berge hin, bis sie all ihren *Glauben verbraucht* hatte. Nun dachte sie: ,Ach, jetzt kann ich nicht mehr zurück!' Und stürzte ab ins Meer! Von dort an hat nie mehr jemand etwas von ihr gehört."

Die Verzweiflung bewirkt eine Regression auf die magische Ebene (zaubern). Der Wunsch, vor dem Schlimmen wegzufliegen, findet zwar Erfüllung, führt aber gleichzeitig auch, wie aus Erschöpfung, zum Absturz, zum selbstverschuldeten Verschwinden im Ozean. Idealselbst (eigene Allmacht, die stärker ist als die Gravitationskräfte) und Real-selbst (Wahrnehmen der Erschöpfung und des bevorstehenden Todes) klaffen auseinander, die Geschichte endet mit dem Tod.

Kann das Kind „gehen lassen" und erfolgt gleichzeitig ein „Gehal-tenwerden" durch die Außenwelt, das im Terminalstadium oft über angenehme oder Sicherheit spendende Körpergefühle wie Streicheln, Wiegen, Handhalten etc. vermittelt wird, so gewinnt dieser Selbstver-lust oft große Ähnlichkeit mit dem Versinken in einen „guten" Schlaf.

Die Trauerarbeit, welche das sterbende Kind zu leisten hat, unter-scheidet sich von der Trauer bei anderen Verlusten, — einerseits dadurch, daß sie viel umfassender und mit dem Aufgeben des Selbst (vor allem des Körperselbst) verbunden ist. Können Hinterbliebene im Verlaufe ihrer Trauerarbeit Besetzungsverschiebungen vornehmen, Ersatzobjekte neu besetzen, so steht dieser „Weg nach vorne" dem ster-benden Kind nicht mehr offen. Andererseits ist auch zu bedenken, daß das Kind nicht in gleicher Weise wie der Erwachsene trauert, der diese Fähigkeit, im Verlieren auch zu gewinnen, erst aufgrund des sorgfälti-gen Ablösungsprozesses in der Adoleszenz, die auch als zweite Indivi-duation beschrieben werden kann, erworben hat. Übergangsphasen wie die Adoleszenz erschweren den Sterbeprozeß. Der Adoleszente befindet sich ohnehin in einem biologisch vorgezeichneten Trennungs-und Ablösungsgeschehen (von sich als Kind und von den primären Bezugspersonen der Kindheit). Er ist beim Sterben wie doppelt belastet und zeigt daher eine viel höhere Verletzbarkeit. Erfährt das Kind bei dieser Verzichtarbeit angemessene Hilfe durch geeignete Erwachsene, so wird es von seinen Gefühlen nicht überschwemmt, sondern bleibt in einem durch die zunehmende Beschränkung sich wie fokussiert vertiefenden Dialog, in welchem es für sich selbst und für die Anderen durch den konstanten Austausch bis in die letzte Stunde bedeutungsvoll bleibt. In einer traum-ähnlichen Übergangswelt (*Winnicott* 1969) verwischen sich schließlich, parallel zur zunehmenden Bewußtseinsveränderung, die Grenzen zwischen Ich und Nicht-Ich.

Sterben heißt Loslassen von Selbst und Objekt. Dieser Prozeß wird, vom Individuum her, hauptsächlich von den Erfahrungen der ersten und späteren Trennungen geformt (*Schmale* 1980). Im Begriff der *Trennung* sind sowohl die Aspekte der Entwicklung der Objektbeziehung wie auch die der Trauer, gleich zwei Facetten ein und derselben Sache, enthalten.

Die von der Familie zu leistende *antizipatorische Trauerarbeit*, welche vor dem Tode erfolgt und vorbereitenden Charakter hat, kann um so besser geschehen, je fortgeschrittener der Individuationsprozeß der einzelnen Familienmitglieder ist und je größer die Entwicklungsressourcen sind, die dem System zur Verfügung stehen. Im günstigsten Falle laufen die Prozesse der individuellen Trauerarbeit des sterbenden Kindes und der antizipatorischen Trauerarbeit der Familie synchronisiert, das heißt aufeinander bezogen, ab. Die Eltern stehen dabei oft vor einer dreifachen Aufgabe. Nicht nur geht es um ihre eigene Trauer, sondern sie sollten zudem ihrem sterbenden Kind sowie den überlebenden Geschwistern bei ihren Trauerprozessen behilflich sein. Diese Aufgabe ist oft besonders schwer, da bei den Eltern durch die Lebensbedrohung ihres Kindes verschiedenste Ängste, Phantasien und Vorstellungen aus ihrer eigenen Kindheit bezüglich Sterben und Tod geweckt werden. Es macht viele Eltern wütend, erzeugt Schuldgefühle und blockiert sie, wenn sie zur Einsicht gelangen, daß sie das Schicksal ihres Kindes nicht mehr kontrollieren und steuern können. Anscheinend haben Väter mehr Schwierigkeiten, den bevorstehenden oder erfolgten Verlust ihres Kindes anzunehmen und zu betrauern (*Schmale* 1980, *Merk* 1981).

Zur Illustration der Schwierigkeiten, die beim todkranken Kind mit der Veränderung einer symbiotischen Verzahnung verbunden sind, mag die folgende Vignette dienen. Sie soll, durch Beleuchtung eines herausgegriffenen Aspektes, aufzeigen, wie sehr ein Junge sich bemüht, die antizipatorische Trauerarbeit seiner Mutter und damit auch einen veränderten Dialog zwischen ihnen beiden in Gang zu bringen:

Der 12jährige Philipp leidet an einem malignen Lymphom, das nach der operativen Entfernung und unter intensivster medikamentöser Behandlung nach wenigen Monaten rezidivierte und sich ausbreitete.

Die Überlebenschancen sind klein. Er war ein Kind, das stets große Mühe hatte, die Mutter alleine zu lassen. Bereits im ersten Gespräch mit dem zugezogenen Therapeuten spricht er von seiner Angst, sterben zu müssen. Im weiteren möchte aber er bestimmen, wann und wie lang er den Therapeuten sehen möchte. Die Mutter, ein von familiären Katastrophen gezeichneter Mensch, verleugnet die Lebensbedrohung ihres Kindes mit einem verzweifelten Festhalten an der Erwartung eines göttlichen Wunders. Sie ist beunruhigt, weil Philipp sich selektiv weigert, mit ihr zu sprechen. Als nach mühevollem Abwägen der Entschluß gefaßt wird, eine Knochenmarkstransplantation vorzunehmen, erklärt Philipp dem Therapeuten, er brauche seine Kräfte jetzt für die bevorstehende Prozedur, der Therapeut möge nun doch eher mit der Mutter sprechen. Das nächste Gespräch zwischen Therapeut und der Mutter gestaltet sich völlig anders als die vorigen. Die Mutter erzählt erstmals von ihrem Wunsch, alle Familienmitglieder zu schützen. Sie habe jede Nacht beim Einschlafen Angst, Philipp müsse sterben. Ihre Gefühle habe sie seit frühester Kindheit zu verstecken gelernt. Erstmals gestattet sie sich in diesem Gespräch, etwas zu weinen. Ein Schritt in der vorwegnehmenden Arbeit des Loslassens scheint gemacht. Philipp delegiert dem Therapeuten (nachdem er ihn geprüft hat, ob er offen genug sei, um über das Sterben zu sprechen) eine genau umschriebene Funktion, die er selbst nicht erfüllen kann, auf deren Erfolg er aber für den weiteren Verlauf seines Lebens angewiesen ist.

3. „Arbeiten" mit dem Kind oder es „begleiten"? Was läßt sich tun?

Das sterbende Kind muß sowohl in seiner Individualität wie auch als Teil eines familiären Systems gesehen werden. In alle therapeutischen Überlegungen sind die übrigen Mitglieder der Familie mit einzubeziehen, denn es gilt nicht nur dem Sterbenden, sondern auch den Überlebenden zur Seite zu stehen.

Die Schaffung und/oder Erhaltung eines Kontinuität und Kohärenz vermittelnden, bedeutungsvollen Dialoges (*Spitz* 1976) zwischen dem sterbenden Kind und einem Erwachsenen (am besten einer der Hauptbezugspersonen, das heißt Vater, Mutter oder ihre Substitute) gehören zu den generellen Zielsetzungen bei der therapeutischen Betreuung sterbender Kinder. Die verbleibende Zeit sollte zur Klärung möglichst vieler offener Fragen und unerledigter Angelegenheiten zwischen Kindern und Eltern benutzt werden können (*Kübler-Ross* 1980).

Um die Lebensqualität lange hochzuhalten, müssen körperlicher Schmerz und seelische Einsamkeit in so weitgehendem Maß wie nur möglich eingedämmt werden. Wenngleich das Kleinkind ein anders geartetes Todeskonzept in sich trägt als der Erwachsene, so spürt es doch zweifellos Schmerz und Verlassenheit und registriert das Unvermögen der Eltern, es vor krankheitsbedingten unangenehmen Erfahrungen und Gefühlen zu schützen. Auf medizinische oder chirurgische Eingriffe muß das Kind sowohl zeitlich wie auch bezüglich Inhalt altersadäquat vorbereitet werden.

Da sowieso alle Kinder aus den Veränderungen der eigenen Befindlichkeit und den unzähligen Signalen, die ihnen aus der Welt der Erwachsenen entgegenkommen, um die Lebensbedrohlichkeit ihrer Krankheit wissen, ist die Frage, wieviel Information sie bekommen sollen, müßig. Es ist hingegen wesentlich, sich ein Bild davon zu machen, ob das Kind seine Gedanken, Gefühle und Vorstellungen über Krankheit, Sterben und Tod verbal oder symbolisch zum Ausdruck bringen möchte, welche Fragen es bedrängen und wieviel Antwort es zu welchem Zeitpunkt gebrauchen kann. Es dürfte fast eine Selbstverständlichkeit sein, daß das Kind ein Anrecht auf ehrliche, persönliche, taktvolle und nicht ausweichende Antworten hat. Manchmal wird es auf diese Weise möglich, Phantasien, die infolge des Fehlens grundlegender anatomischer Kenntnisse entstanden sind, zu korrigieren und so mehrschichtige Wirklichkeitsverzerrungen auszugleichen (*Becker* 1979, 1980). So äußerte zum Beispiel ein 13jähriges Mädchen, dem nach einer Operation infolge Hirntumors zum Druckausgleich ein Ventilkatheter eingelegt worden war, die Befürchtung, das Hirn würde durch dieses Schläuchlein allmählich auslaufen. Die Aufklärung über die wirkliche Situation zog eine deutliche Beruhigung nach sich. Das Kind sollte die Bereitschaft spüren, daß seine Befürchtungen jederzeit ein offenes und empathisches Ohr finden.

Einschränkungen, die keine wesentlichen kurativen Effekte mehr erbringen, sowie heroische Rettungsversuche in letzter Minute zur Beruhigung des ärztlichen Gewissens werden besser zugunsten vermehrter Zuwendung und Anteilnahme unterlassen. Wo Heilen nicht mehr möglich ist, kann oft gebessert und immer erleichtert werden (*Kasper* 1959). Gelingt es, das Sterben nicht zu einem enthumanisierenden Prozeß werden zu lassen und dem Kind seine Würde zu bewahren, die seelische Dekompensation und Überflutung mit Angst durch die Lebendigkeit der verbleibenden Beziehungen zu verhindern, so stellt dies ein reiches Entgelt für die im somatisch-kurativen Bereich erfahrene Frustration dar. Günstigenfalls ist es sogar möglich, den

Schicksalsschlag von einer unerträglichen Belastung zu einem Wendepunkt dessen werden zu lassen, was im Leben der Betroffenen emotional wichtig ist.

4. Spezifisch psychotherapeutische Aspekte:

Der psychotherapeutische Prozeß mit dem schwerkranken und sterbenden Kind (bzw. Adoleszenten) und seiner Familie ist anders als mit einem Menschen, der primär an seelischen Konflikten leidet. Die Therapieziele, die Gegenübertragung des Therapeuten und zum Teil auch die therapeutische Methodik sind verschieden.

Der Therapeut ist im Umgang mit dem Sterbenden nicht mehr imstande, den Gang der Dinge aufzuhalten. Er wird vom Heiler zum Helfer, vom Linderer zum Weggefährten. Das Kind geht dem Therapeuten in einem Lebensbereich voran, den er später, in ähnlicher oder anderer Form, auch durchlaufen wird. Die Aufgaben, welche sich für das sterbende Kind stellen, wechseln, so daß der Psychotherapeut manchmal wichtiger, manchmal weniger bedeutungsvoll ist. Sein Ziel wird es sein, das Kind (bzw. den Jugendlichen) darin zu unterstützen, eine seinem Zustand jeweils angemessene, optimale Funktionsbalance zu finden und ihm zur Anerkennung all dessen zu verhelfen, was es den Überlebenden geben oder für sie tun kann.

Richtet sich sein Augenmerk bezüglich des sterbenden Patienten somit auf eine *Orthothanasie*, so wird er sich hinsichtlich der überlebenden Familienmitglieder darum bemühen, ihnen bei der antizipatorischen (und später postmortalen) Trauerarbeit behilflich zu sein, sie zur Vertiefung der emotionalen Kommunikation zu ermuntern und eine Bereinigung aller „Gefühlspendenzen" anzuregen, solange der emotionale Austausch noch möglich ist.

Methodisch zentral ist das aktive Hören, der Versuch, zu verstehen, was das Kind wirklich mitteilen will, sowohl im Bereich der gesprochenen Sprache wie auch mittels nonverbaler Kommunikation oder symbolischer Botschaften (wie z. B. Zeichnungen, Spiele, Geschichten). Das oben erwähnte Mädchen, welches befürchtete, sein Gehirn könnte auslaufen, übermittelte mit seiner Aussage auch die verschlüsselte Botschaft, daß es Angst vor Auflösungs- und Verlusterfahrungen hatte und auch auf dieser Ebene in Kommunikation treten wollte. Der Therapeut wird sich am besten durch das Kind führen lassen und in einer Sprache und Weise Antwort geben, die der kognitiven und emotionalen Verständigungskapazität und damit auch dem Alter des Kindes Rechnung trägt. Es handelt sich weniger darum, anhand von Widerständen abgewehrte Bedürfnisse und Wünsche aufzudecken oder mittels der Übertragung zwecks Freilegung der üblichen Entwicklungswege intrasystemische Konflikte in der Psyche des Kindes anzugehen, als vielmehr darum, sich vom Kind auf derjenigen Stufe der Objektbeziehung brauchen zu lassen, die am meisten Angstreduktion, Sicherheit und Gewißheit der Unzerstörbarkeit des Anderen enthält. Durch sein Interesse, seine Aufmerksamkeit und seine Zuwendung ohne Erwartung einer Gegenleistung, durch eine Art „Beziehungsgeschenk" also (*Eissler* 1955), begleitet der Therapeut das Kind in aktivem Austausch bis zu dem Zustand, in welchem es die Besetzung sämtlicher „libidinöser Objekte" der Außenwelt, also die Gefühlskontakte zu allen in seinem Leben bedeutungsvollen Menschen, aufgibt. Im Idealfall erfüllen die realen Eltern diese Funktion. Nur verlangt dies besonders ausgewogene Persönlichkeiten und eine tiefe, verhältnismäßig wenig Konflikte umfassende Eltern-Kind-Beziehung. — Das Gesagte soll anhand einer klinischen Erfahrung verdeutlicht werden:

Maja ist 7 ½jährig. Sie leidet an einem aus verschiedenen Gründen unheilbaren hämolytisch-urämischen Syndrom. Ich lerne sie 14 Tage vor ihrem Tod im Spital kennen. Sie liegt, körperlich sehr reduziert, im Bett, ist wie müde, abwesend, gibt keine Antwort, zeigt aber verstohlen, daß sie meine Präsenz an ihrem Bettrand registriert. Ich beginne mit einem Spieltier, das dort liegt, zu spielen, versuche ihm einen Namen zu geben. Es entsteht bei Maja eine Spur von Interesse. Sie schüttelt den Kopf und nickt schließlich, wenn ihr ein Name paßt. Plötzlich sagt sie, sie heiße gar nicht Maja und wohne überhaupt nicht hier in der Gegend, sondern weit weg, in einer anderen Stadt. Ich entgegne ihr, es schiene mir, sie wäre am liebsten nicht sie selbst und gehörte auch nicht hier in die Klinik. Ich wisse von anderen Kindern, die selbst krank seien, wie schlimm es sein könne, krank und im Spital sein zu müssen, und wie schwierig es überhaupt sei, darüber mit jemandem zu sprechen. Nun beginnt Maja mich zu mustern. Dann spielt sie still mit ihren Haaren, reißt einige aus, legt sie mir auf die Hand. Ich mache sie auf die Schmerzen aufmerksam, die mit dem Ausreißen verbunden seien. Vielleicht sage sie mir so, daß ihr vieles im Spital und an ihrem Körper weh täte. Jetzt wird Maja lebendiger, tritt vermehrt in Kontakt. Sie fängt an, mir Haare an den Händen, am Arm und am Bart auszurupfen. Ich lasse dieses Spiel, in welchem ich der Geplagte bin, ein Stück weit zu und kommentiere, daß sie mich auf diese Art und Weise fühlen lassen wolle, welchen Unannehmlichkeiten und Trennungen sie unterworfen sei. Maja kneift mich nun immer heftiger und meint (jetzt ein völlig gesprächiges Kind), sie könne noch viel stärker kneifen. Schließlich muß ich Einhalt gebieten. Wir stehen nun aber im Kontakt zueinander. Sie spricht jetzt über Verschiedenes, prüft mich auf Offenheit und Zuverlässigkeit. Als ich ihr nach einiger Zeit erkläre, ich müsse gehen, zeigt sie mir plötzlich ihren Daumen und sagt, sie sei dort krank. Ich erwidere, am Daumen könne ich nichts Krankhaftes erkennen. Nun wird Maja plötzlich heftig, schreit beinahe: „Wie heißt sie, wie heißt sie?" Als ich sie, überrascht über diese Heftigkeit, fragend anschaue, fährt sie fort: „Eine Krankheit, meine Krankheit?" So sprechen wir nun während längerer Zeit über ihren Körper, über ihre Krankheit, an der man sterben kann, die so schlecht zu sehen ist, da außen am Körper alles ganz ist. Maja erklärt schließlich dezidiert, sie wolle jetzt, auf der Stelle, meinen Arbeitsraum sehen. Als ihr Wunsch unter ziemlichem pflegerischem Aufwand erfüllt werden kann, ist sie recht zufrieden.

Eine Woche vor dem Tod: Die pflegende Krankenschwester erklärt, Maja sei heute nicht zu wecken. Nachdem ich mich still zu ihr aufs Bett gesetzt habe, sucht mich ihre Hand (die Augen bleiben geschlossen), und sie fängt an, wie in einem abgesprochenen, averbalen Begrüßungscode, mich zu kneifen. Ich sage zu Maja, daß sie mich offenbar wiedererkenne. Jetzt öffnet sie die Augen, wiederholt in schneller Abfolge die Spiele vom letzten Mal, die in Schlage- und Schneidebewegungen enden. Maja tut dann so, als wolle sie mir die Hand abschneiden, worauf ich ihr entgegne, sie möchte mir auf diese Art möglicherweise zu verstehen geben, daß sie einen Teil von mir bei sich behalten möchte, daß sie sich aber auch vielleicht abgeschnitten gefühlt habe, als sich unser letztes Zusammensein nicht beliebig ausdehnen ließ. Jetzt zählt Maja (in Umkehrung zu unserem ersten Kontakt) Vornamen auf. Ich solle ihr jeweils sagen, wenn jemand, der einen dieser Namen trage, bei mir in Therapie sei. Zudem wolle sie gleich auf der Stelle in mein Büro gebracht werden. Wir sprechen dann über ihre Neugierde, mit was für Kindern und Erwachsenen ich wohl noch meine Zeit verbrächte, aber auch, wie es bei mir (in Entsprechung zu ihrem Körperinneren) wohl innen aussähe. Im Rollstuhl kommt Maja schließlich in mein Zimmer, bleibt dort still, schaut sich alles aufmerksam an und erklärt zum Schluß, sie wolle einen meiner Stühle mitnehmen. Ich erwidere ihr, daß sie offenbar etwas von mir persönlich haben wolle. Vielleicht würde sie ja auch gerne haben, daß ich ihr die ganze Gesundheit geben könnte, etwas Besseres als einen Rollstuhl. Nachdem wir in ihr Zimmer zurückgekehrt sind, entwickelt Maja außerordentlich viel Scharfsinn, um mir zu belegen, daß ich noch viel länger bei ihr bleiben könnte und müßte. So sprechen wir auch darüber, wie schwer es ist, Abschied zu nehmen.

Drei Tage vor dem Tode: Maja wird in sehr schlechtem Allgemeinzustand, auf ihren Wunsch hin, in mein Konsultationszimmer gebracht. Angekuschelt an ihre Krankenschwester schaut sie mich nicht an, spricht nicht, kneift mich aber sofort, wenngleich kraftlos. Wie unter Anstrengung nimmt sie ein Spiel zur Hand, in welchem mit Hilfe eines Magneten Eisenspäne von Sand getrennt werden können. Dann ergreift sie eine kleine, geschlossene Doppelglaskugel, bei welcher durch die Wärme der Hand eine schnell verdunstende Flüssigkeit von der unteren in die obere Kugel steigt. Wie unter großer Anstrengung flüstert sie, daß es wichtig sei, daß die Flüssigkeit *vollständig* in den oberen Glasraum steigen könne. Gleich leise wie Maja sprechend, entgegne ich ihr, sie spräche von Trennung und vom völligen Weggehen, das wie ein Verdunsten sei. Maja gibt nun ein Zeichen, daß sie schlafen möchte, und legt sich zusammengekrümmt in den Stuhl, den sie das letzte Mal mitnehmen wollte. Als ich sie nach einiger Zeit stillen Zusammenseins frage, ob sie nicht doch bequemer in ihrem Spitalbett wäre, nickt sie. Nachdem ich sie zurückbegleitet habe, legt sie im Bett ihre Haare wie einen Vorhang vor die Augen, dreht die Augen und Ohren des Plüschhündchens zu mir, legt seine Pfoten auf meine Hand und schläft ein.

Einen Tag vor dem Tod: Vita minima! Maja liegt in den Armen der Eltern. Plötzlich steht sie auf, holt sich wortlos ihre Bettdecke, breitet sie auf dem Fußboden aus und legt sich darauf. Dann sucht sie meine Hand, behält so lockeren Körperkontakt und kuschelt sich ein. Sie kann von niemandem dazu bewegt werden, aufzustehen. Nach ca. 15 Minuten, die ich wortlos neben ihr verbringe, trage ich sie in der Decke zu den Eltern, die sie nun weiter in den Armen halten. Abends ist Maja voll komatös. Ihre Angehörigen sind konstant bei ihr, bis sie am darauffolgenden Morgen stirbt.

Als Objekt mutueller Identifikation (*Meerwein* 1973) werden beim Therapeuten im Sterbeprozeß seines jungen Patienten besonders starke Übertragungs- und Gegenübertragungsgefühle erweckt. Will er hellhörig sein für die Bedürfnisse des sterbenden Kindes, so muß er seine eigenen Erfahrungen und Vorstellungen, die im Zusammenhang stehen mit Verlust von bedeutungsvollen Personen, Krankheit, Trauer und Tod, besonders unzensuriert zulassen können. Die Begegnung mit dem sterbenden Kind bewirkt über kurz oder lang eine Überprüfung seines eigenen Wertsystems, seiner beruflichen Ziele, seiner persönlichen

Sinngebungen. Die Beendigung der Beziehung durch den Tod, die tiefgreifenden Störungen von körperlichen Funktionen beim sterbenden Kind und die in der Regression teils sehr invasiven Bedürfnisse nach symbiotischer Verschmelzung lösen Gegenübertragungsgefühle besonderer Art aus (*Hägglund* 1981). Die Schuldgefühle des Überlebenden z. B. wurden für eine Therapeutin, welche wegen der bevorstehenden Geburt ihres eigenen Kindes die therapeutische Beziehung zu einem sterbenden Knaben in der Vorpubertät beenden mußte, doppelt spürbar. Um nicht zu stark in das Sterben miteinbezogen zu werden, muß der Therapeut selbst eine konstante Ablösungsarbeit leisten, damit die für seine Aufgabe so nötige Identifikation mit dem sterbenden Kind eine reversible bleibt.

In vielen Fällen wird die Intervention des Psychotherapeuten nur für eine kurze Zeit gewünscht und nötig sein, besonders wenn die Eltern-Kind-Beziehung entwicklungsfähig genug ist. Bei längerer psychotherapeutischer Arbeit mit dem sterbenden Kind wird der Therapeut, als Dialogpartner und Hilfs-Ich zugleich, vom sterbenden Kind in sehr verschiedener Art gebraucht. Durch die intensive gegenseitige Gefühlsbezogenheit und durch die Kontinuität des Dialoges entsteht ein Klima, das dem einer „ausreichend guten Fürsorge" beim Säugling oder Kleinkind entsprechen mag. Es ermöglicht dem Kind eine aktive Ablösungsarbeit, neutralisiert seine Verfolgungsgefühle und verhindert die Desintegration und den Kontaktverlust zwischen Körper und Psyche (*Winnicott* 1976). Das Sterben ist leichter, wenn das Kind angesichts echter Trauer und Sympathie des Therapeuten fühlt, daß auch die Überlebenden der Hilfe bedürfen. Solange es sich im Dialog als eine Person wahrzunehmen vermag, die zwar nehmen, aber auch geben und genießen kann, bleibt Lebendigkeit und in gewissem Sinne auch Kreativität in der abschmelzenden Lebensspanne erhalten. Den Therapeuten begleiten während dieser gesamten Zeit stets die Fragen: Wie wird der antizipierte und der erfahrene Verlust des Selbst und der Beziehung zu den Anderen in diesem Moment erlebt? Welche Bedeutung bekommt die Krankheit auf den jeweiligen Stufen des Erlebens für das Kind? (*Mahrer* 1980). Wann ist der Therapeut Begleiter, wann Katalysator, wann beides? Wie läßt sich das mit dem sterbenden Kind Erfahrene für die überlebenden Familienmitglieder so zur Verfügung stellen, daß es zu ihrem inneren Wachstum und somit zu förderlicher Trauerarbeit beiträgt?

Dem Philosophen *H. Saner* (1977) ist nur beizupflichten, wenn er schreibt: „Kinder sind meist offen für ihre Krankheitszustände, in ihnen ganz vernünftig. Sie lernen sterben und trennen sich mit einer

Souveränität von der Welt, die größer ist als die der meisten Erwachsenen. Ich denke mir, daß ein vernünftiger Arzt mit ihnen gelegentlich alles besprechen kann, wenn er nur ihre Sprache findet."

Literatur

Becker, R. D. C., Die Operation als Schicksal, *Hexagon Roche* 7, Nr. 7, 1979 und 8, Nr. 4, 1980.

Bluebond-Langner, M., The private worlds of dying children, Princeton Univ. Press, 1978.

Bürgin, D., Wie denkt ein Kind über den Tod? *Schweiz. med. Wschr.* 107 (1977), S. 221-225.

Bürgin, D., Zur Prävention psychischer Störungen nach dem Verlust eines Geschwisters im Kindesalter, *Zschr. Soz. Präv.-medizin* 22 (1977), S. 46-52.

Bürgin, D., Das Kind, die lebensbedrohende Krankheit und der Tod, H. Huber, Bern 1978 (enthält detailliertes Literaturverzeichnis).

Bürgin, D., Pädiatrische Psycho-Onkologie, in: *Meerwein, F.* (Ed.), Einführung in die Psychoonkologie, S. 165-183, H. Huber, Bern 1981.

Easson, W. M., The dying child, C. C. Thomas, Springfield/USA 1970.

Eiser, Ch., Psychological development of the child with Leukemia: a review, *J. behav. Med.* 2 (1979), S. 141-157.

Eissler, K. R., The Psychiatrist and the dying patient, Int. Univ. Press, New York 1955.

Engel, G. L., A life setting conductive to illness. The giving-up/given-up complex, *Bull. Menn. Clin.* 32 (1968), S. 355-365.

Hägglund, T. B., The final stage of the dying process, *Int. J. Psychoanal.* 62 (1981) S. 45-49.

Kasper, A. M., The doctor and death, in: *Feifel, H.* (Ed.), The meaning of death, McGraw Hill, N.Y. 1959.

Kübler-Ross, E., unpublizierter Vortrag, Basel 1980.

Mahrer, A. R., The treatment of cancer through experiential psychotherapy, *Psychotherapy: theory, research and practice* Vol. 17 (1980), S. 335-342.

Meerwein, F., Psychoanalytische Erfahrungen an Kranken mit infauster Prognose, Fortbildungskurse Schweiz. Ges. Psych., Vol. 6, S. 86-96, Karger, Basel 1973.

Merk, H. R., Katamnestische Untersuchung von Familien mit Kindsverlust, Dissertation, Basel 1981.

Raimbault, G., L'enfant et la mort, Privat, Toulouse 1975.

Saner, H., Sterbehilfe, *Schweiz. Ärztezeitung* 38 (1977), S. 1616-1623.

Schmale, A. H., The dying patient, *Adv. psychosomat. Med.* Vol. 10 (1980), S. 99-110.

Spinetta, J. J. et al., Personal space as a measure of a dying child's sense of isolation, *J. Cons.Clin.Psychol.* 42 (1974), S. 751-756.

Spitz, R., Vom Dialog, Klett, Stuttgart 1976.

Steffen, H., Reaktionen der Familie auf den Tod eines Kindes, *Familiendynamik* 3 (1978), S. 277-283.

Winnicott, D. W., Übergangsobjekte und Übergangsphänomene, *Psyche* 23 (1969), S. 666-682.

Winnicott, D. W., Angst gepaart mit Unsicherheit, in: *Winnicott, D. W.*, Von der Kinderheilkunde zur Psychoanalyse, S. 124-129, Kindler, München 1976.

Wirsching, M. et al., Familientherapie bei Krebsleiden, *Familiendynamik* 6 (1981), S. 2-23.

14 Familientherapeutische Aspekte beim Krebs[1]

Michael Wirsching, Gießen

Einleitung

Wir wollen im folgenden unseren Weg von den Anfängen unserer Arbeit mit Krebspatienten bis zu unseren gegenwärtigen Behandlungsansätzen beschreiben. Dies ist ein klinisch orientierter Erfahrungsbericht, in dem anhand wegweisender Fallbeispiele vor allem Konzepte, Hypothesen und Behandlungsmöglichkeiten dargestellt werden. Wir hoffen so, denen, die im gleichen Bereich arbeiten, Anregungen zu geben, dabei auf die Parallelen zur Behandlung von Patienten mit anderen schweren körperlichen Krankheiten hinzuweisen und einen Beitrag zur „Familienpsychosomatik" des Krebs zu leisten.

Bei der Behandlung und Betreuung Schwerkranker spielt die Familie des Patienten von jeher eine wichtige Rolle. Die Belastungen durch die Krankheit werden ebenso beschrieben wie die Notwendigkeit, die Familie in den Nachsorgeprozeß aktiv einzubeziehen. Trauerarbeit muß nicht nur vom sterbenden Patienten, sondern vor allem auch von den überlebenden Angehörigen geleistet werden. Krankenhauspsychologen, Sozialarbeiter und Seelsorger sowie viele Hausärzte sind vor allem in angelsächsischen Ländern traditionell familienorientiert. Von der Familientherapie im engeren Sinne ist dieser wichtige Bereich dagegen lange Zeit vernachlässigt worden (*Weakland* 1977). Erst in den letzten Jahren zeigt eine steigende Zahl wissenschaftlicher Publikationen ein zunehmendes Interesse an der „Familien-(psycho-)somatik" (*Minuchin* 1978, *Wirsching* und *Stierlin* 1982, *Smits* 1981). Aus verschiedenen Gründen scheint dabei die Familie des Krebspatienten besondere Aufmerksamkeit zu finden.

Gegenwärtig arbeiten im deutschsprachigen Bereich mindestens 4 weitere Forschergruppen auf diesem Gebiet (*Grossarth-Maticek*, Hei-

[1] Wesentliche hier zusammengefaßte Erfahrungen wurden im Rahmen eines von der Robert-Bosch-Stiftung Stuttgart geförderten Forschungsprojektes gesammelt in Zusammenarbeit mit den anderen Teammitgliedern: *B. Haas, H. Stierlin, G. Weber* und *B. Wirsching.*

delberg, *Möhring* und *Vietinghoff*, Gießen, *Wolff*, Hannover, *Buddenberg*, Zürich). Betrachten wir die Entwicklung unserer eigenen Arbeit, so erkennen wir einen Prozeß, der für das ganze Feld symptomatisch erscheint: Am Anfang standen Untersuchungen über Auswirkungen der Krebskrankheit auf den Patienten und seine Angehörigen, wie etwa der psychosozialen Entwicklung nach Darmkrebsoperationen (*Wirsching* et al. 1977). Darauf folgten Versuche, psychosoziale Einflüsse auf die Entstehung und den Verlauf von Krebskrankheiten herauszuarbeiten, z. B. die Suche nach bestimmten Beziehungskonstellationen, welche sich am Anfang eines Krebsleidens besonders häufig beobachten lassen (*Wirsching* et al. 1981b; vgl. auch *Grossarth-Maticek* 1976). Therapeutische Konsequenzen, die sich daraus ergeben, stellten uns bald vor eine Reihe von Problemen, die sich nach den teilweise recht enthusiastischen früheren Berichten verschiedener Therapeuten nicht hatten voraussehen lassen (vgl. z. B. *Simonton* o. J., *LeShan* 1958, *Bahnson* 1969). Hier haben uns jedoch neueste Entwicklungen der Familientherapie ein Stück weiter gebracht, so daß wir nach einer Reihe von Fehlschlägen zu einem Vorgehen gelangt sind, das für eine breitere wissenschaftliche Überprüfung geeignet erscheint (*Wirsching* et al. 1981 a). Ein kurzer Rückblick auf die bisherige Entwicklung unserer therapeutischen Arbeit soll helfen, den gegenwärtigen Standpunkt theoretisch und empirisch einzuordnen.

Verarbeitungshilfe — Konfliktaufdeckung — Beziehungsänderung

Solange wir den Krebs als (rein körperliche) Krankheit des einzelnen verstanden, war das Hauptziel unserer Behandlungsarbeit, Hilfe bei der Bewältigung der Belastungen zu leisten, die aus der Krankheit und ihren Folgen erwachsen. Wir versuchten zu erfahren, wieweit die Versuche des Patienten und seiner Angehörigen, das Krankheitstrauma zu verarbeiten und sich an die veränderten Lebensumstände anzupassen (*Coping*), eine Rückkehr zu einem normalen ungestörten Leben, wie es vor der Krankheit bestanden haben mag, erlaubte. Stützung, Beratung, Information, eventuell auch Trauerarbeit sind wesentliche Grundlagen dieses weitverbreiteten Vorgehens.

Im Zuge einer zunehmenden Berücksichtigung psychosomatischer Faktoren, die bei vielen Patienten mit ganz unterschiedlichen schweren chronischen körperlichen Krankheiten die Entstehung und den Krankheitsverlauf beeinflussen, mußte dieses vereinfachte Verarbeitungsmodell aufgegeben werden. Es zeigte sich, daß der Versuch, auf die beschriebene Weise die krankheits- (oder verlust-)bedingte Krise zu überwinden, häufig nur dazu führte, die nächste Krankheitskrise beim Patienten oder anderen Familienmitgliedern vorzuprogrammieren. Unter präventorischen Gesichtspunkten schien es notwendig, die krankmachenden Bedingungen im Leben des einzelnen und der Familie zu verändern. Die dafür geeignete Methode schien die Aufdeckung, Bewußtmachung und Bearbeitung der individuellen (intrapsychischen) bzw. familiären (interpersonalen) Konflikte zu sein. Schwierigkeiten bei der Einzeltherapie, die in vielen Fällen an der starken Abhängigkeit des psychosomatischen Patienten von seiner Umwelt zu scheitern schien (*Schöttler* 1981), legten eine Einbeziehung der Angehörigen im Sinne einer analytischen Familientherapie nahe.

Das Ergebnis dieser Behandlungsversuche war entmutigend: Beschränkten wir uns nicht auf eine extrem ausgelesene untypische Population psychologisch-psychotherapeutisch aufgeschlossener und motivierter Patienten, so fanden wir, daß z. B. von 20 brustkrebskranken Frauen, denen eine analytisch orientierte Familientherapie angeboten wurde, 19 innerhalb der ersten Behandlungsphase die Therapie wieder abbrachen. Aber auch in denjenigen Fällen, wo ein aufdeckender Prozeß zustande kam, stellten sich bald Zweifel über die Wirksamkeit dieses Vorhabens ein. In einem Fall, wo eine Öffnung der Kommunikation, der Beginn eines gemeinsamen Trauerprozesses erreicht schien, gewannen wir sogar den Eindruck, zu einer Verschlechterung des Krankheitsverlaufes beigetragen zu haben.

Um in dieser Phase nicht in einen therapeutischen Nihilismus zu fallen oder zu stützenden konfliktvermeidenden Vorgehensweisen zurückzukehren, begannen wir Behandlungsformen einzusetzen, die zunehmend unsere therapeutische Arbeit bei anderen schwergestörten Familien (z. B. bei Psychosen) bestimmten. Wir begannen, das krankmachende Verhalten dieser Familien, etwa harmonisierende Konfliktvermeidung, Aufopferung für andere, verschmelzender Zusammenhalt, Vermeiden von Veränderung und indirekte gefühlsunterdrückende Kommunikation als psychologisch sinnvolle oder gar einzig mögliche Form des Verhaltens in bestimmten Beziehungssituationen zu verstehen (vgl. auch *Selvini* et al. 1976). Anstelle der oben skizzierten linearen Betrachtungsweise traten zirkuläre (oder systemische) Modelle. Wir beschrieben einen Teufelskreis (oder besser Spirale), bei der jeder Versuch, sich kurzfristige Erleichterung von extrem belastenden Konflikten und bedrohlichen Gefühlen zu verschaffen, unmittelbar zur Quelle neuer zusätzlicher Belastungen wird, die einen verstärkten, verzweifelten Einsatz der gleichen untauglichen Bewältigungsstrategien bedingen. D. h. die Entwicklungsspirale verengt sich zunehmend, Flexibilität und Fähigkeit zur Konfliktbewältigung leiden mit jeder neuen Krankheit, Verluste häufen sich. Die Familie als Ganzes gerät an den Rand ihrer psychischen und physischen Existenz.

Die klassischen Merkmale psychosomatischer Patienten: Verleugnung und Verneinung (*Bahnson* 1969), werden so als archaische Überlebensversuche bei extremer Hoffnungslosigkeit und Hilflosigkeit (*Engel* und *Schmale* 1972) verstanden. Eine konfliktaufdeckende analytische Behandlung wird sinnvollerweise als zusätzliche lebensbedrohende Belastung von den Betroffenen zurückgewiesen. Für unser eigenes therapeutisches Vorgehen hatten solche Überlegungen weitreichende Konsequenzen. Wir folgten nunmehr den Leitlinien einer auf Verdrängung von Beziehungssystemen gerichteten Familientherapie, die durch die folgenden Elemente charakterisiert ist (vgl. *Hoffman* 1981, *Selvini* et al. 1980):

a) Das Beziehungsgeschehen wird in Form zirkulärer, das System als Ganzes erfassender *Hypothesen* beschrieben, die Aufschluß über den Sinn (bzw. Funktionen) des jeweiligen symptomatischen Verhaltens geben.

b) Der Therapeut vermeidet in seinem Verhalten jegliches Infragestellen oder Interpretieren des gezeigten Beziehungsmusters. Aus einer Haltung größtmöglicher *Neutralität* heraus wird statt dessen das Verhalten der Familie als das einzig sinnvolle und richtige Verhalten in der gegebenen Situation beschrieben (positive Konnotation).

c) Therapeutische Veränderungen werden nicht mehr aus der Begegnung in der Sitzung selbst erwartet, sondern in den relativ langen Phasen zwischen den Sitzungen. Das Familiengespräch selbst dient vor allem der Informationsgewinnung, der Überprüfung, Weiterentwicklung oder Veränderung der beziehungsdynamischen Hypothesen, welche die Grundlage der am Ende der Sitzung gegebenen beziehungsändernden *Verschreibungen* darstellen. Dies sind Mitteilungen, welche die Nichtveränderung des gezeigten Beziehungsmusters und häufig eine Warnung vor weiteren therapeutischen Gesprächen betonen. Die erwartete Wirkung solcher Verschreibungen ist meist eine paradoxe. Durch die Betonung des Status quo soll der Familie eine Auseinandersetzung mit den Mitteilungen des Therapeuten ermöglicht werden, um so ein wenig bedrohliches Infragestellen des eigenen Verhaltens und der eigenen Situation in Gang zu bringen. Auf diese Weise soll es im weiteren zu konstruktiven Veränderungen innerhalb des Beziehungssystems kommen. Ziel dieser Intervention ist es ausdrücklich nicht, die reibungslose Rückkehr zum Verhalten vor der Krankheit oder vor dem

Tod eines Familienmitgliedes zu erleichtern, sondern das bisherige destruktive Beziehungsmuster zu blockieren und die krankheitsbedingte Krise als Chance zur Neuorientierung zu nutzen.

Wir hatten in den vergangenen zwei Jahren Gelegenheit, mit diesem veränderten systemischen familientherapeutischen Ansatz Erfahrungen bei verschiedenen Gruppen von Krebspatienten zu sammeln. Der Vergleich von 50 Familien mit einem lungenkrebskranken Mitglied mit einer gleich großen Zahl von Patienten, die bei gleicher Grundkrankheit von anderen Kollegen mit einem herkömmlichen konfliktzentrierten Beratungsansatz gesehen wurden, zeigte als erstes Ergebnis: in der familientherapeutischen Gruppe kam in 48 Fällen ein kontinuierlicher, auch in der ambulanten Nachbehandlungsphase fortgesetzter Kontakt zustande. In der Vergleichsgruppe wurden nach dem Erstgespräch angebotene therapeutische Gespräche von 90 % der Patienten abgelehnt. Über die Wirkung, die unsere Arbeit auf die seelische und körperliche Gesundheit der Patienten und ihrer Angehörigen hat, wird erst nach einem längeren systematischen Vergleich der beiden unausgelesenen Behandlungsgruppen (und einer weiteren unausgelesenen Kontrollgruppe, der aus Kapazitätsgründen keinerlei psychosoziales Angebot gemacht werden konnte) Aufschluß gewonnen werden. Dennoch hat sich bei der bisherigen Arbeit bereits eine Fülle hochinteressanter Behandlungsverläufe ergeben, von denen wir im folgenden zur Veranschaulichung unseres Vorgehens zwei ausführliche Beispiele wiedergeben wollen. Als erstes zeigen wir einen Fall mit einer für alle Beteiligten offenkundigen schweren Störung des psychosozialen Verhaltens, einer offenen Krise, die im Verlauf der Krankheit ausgebrochen ist. Als zweites haben wir einen Patienten gewählt, dessen Verhalten in der Krankheit für die Umwelt zunächst unauffällig, vielleicht sogar vorbildlich erschien, bei dem sich jedoch im Zuge eines hoffnungslosen Krankheitsverlaufes zunehmend Probleme der Krankheitsbewältigung und Trauerarbeit zeigten.

Beispiel einer Familienkrisenintervention bei einer lungenkrebskranken Frau

Vorgeschichte: Frau Martinez erkrankte mit 48 Jahren. Sie wollte sich nicht operieren lassen, sondern verließ die Klinik, um zuhause bei ihrer Mutter zu sterben. Erst Wochen später gelang es dem Hausarzt, sie umzustimmen. Wir trafen sie das erste Mal zwei Tage vor der Operation. Ihre ersten Worte waren, sie sei körperlich, seelisch und moralisch am Ende. Zuhause hatte sie vor allem im Bett gelegen, über ihr

Schicksal gegrübelt und sich betrunken. Sie weiß nicht mehr, wie es mit ihr weitergehen soll. Wir erfahren, daß sie erst seit 3 Jahren wieder in Deutschland lebt, nachdem sich ihr spanischer Mann, dem sie vor 16 Jahren nach Australien gefolgt war, von ihr getrennt hatte. Er hatte eine jüngere Frau spanischen Ursprungs kennengelernt, die von ihm schwanger wurde. Frau Martinez selbst war nach zwei Fehlgeburten kinderlos geblieben. Die Trennung sei völlig unerwartet gekommen. Sie packte damals sofort ihre Koffer, verließ ihre wohlhabende Umgebung und zog zu ihrer Mutter nach Deutschland, die sehr bescheiden in einer Industriestadt lebt. Dort fand Frau Martinez zunächst einen schlechtbezahlten Bürojob, den sie inzwischen aber schon wieder verloren hat. Die Mutter ist ihre einzige lebende Verwandte, jedoch sei ihr Verhältnis nie ganz einfach gewesen: als uneheliches Kind wurde Frau Martinez von einer Pflegemutter großgezogen, von ihrem Vater weiß sie nichts. Sie hätte sich bereits als Kind und Jugendliche oft allein und verlassen gefühlt.

Auch jetzt weiß sie nicht mehr weiter. Eine kleine Hilfe war, daß der Hausarzt sie inzwischen über ihre materiellen Versorgungsansprüche aufgeklärt hatte. Dies gab wohl den Anstoß, sich nun doch operieren zu lassen.

Frau Martinez wirkt im ersten Gespräch verzweifelt. Ihr Leben lang setzte sie sich sehr für andere Menschen ein, keine Arbeit und Mühe sei ihr zuviel gewesen, jedoch sei die Anerkennung dafür meist ausgeblieben. Auch mit ihrem Mann hatte sie nie Streit, bis er ihr den Stuhl vor die Tür setzte. Die Mutter will sie nicht belasten, die habe genug eigene Sorgen. In unserem Gespräch versucht sie, sich zusammenzureißen und ihre Hoffnungslosigkeit nicht spüren zu lassen. Nur wenn sie allein ist, weine sie manchmal.

Die Operation (Entfernung eines Lungenlappens) verlief gut. Ein mittelgroßes Plattenepithel-Karzinom, das bereits einen Lymphknoten befallen hatte (Tumorformel: T2 N1 MO) konnte im Gesunden entfernt werden.

Das erste Familiengespräch: Frau M. lehnt zunächst ab, ihre Mutter nach der Operation zu einem erneuten Gespräch hinzuzuziehen. Die Mutter wisse nicht, daß sie Krebs hat (die Mutter war früher Krankenschwester, und die Patientin liegt in einer Klinik, wo fast nur Lungenkrebskranke behandelt werden!). Sie will die alte Frau nicht belasten, und außerdem sei sie materiell und menschlich ganz auf sie angewiesen, dieses Verhältnis dürfe keinesfalls gestört werden. Als wir zusichern, daß sie selbst bestimmt, worüber und wieviel mit der Mutter gesprochen wird, willigt sie ein.

Wir wollten von Anfang an die Mutter als wichtigste Bezugsperson an den Gesprächen beteiligen, um so den krankmachenden Zirkel von Hilflosigkeit und Hoffnungslosigkeit so bald wie möglich zu unterbrechen. Wir vermuteten, daß Frau Martinez' Leben von früh an durch das Gefühl bestimmt war, keine eigenen Ansprüche und Rechte zu haben, sondern nur überleben zu können, wenn sie sich ganz auf die anderen Menschen einstelle. Dabei schien sie aber fast zwangsläufig immer wieder die Erfahrung gemacht zu haben, daß andere (wie z. B. die Pflegemutter, der Ehemann, der Arbeitgeber, in der Phantasie auch die eigene Mutter) ihre Aufopferung nicht anerkannten, sondern sie nur ausnutzten, um sie bei den ersten Schwierigkeiten abrupt fortzujagen. Wir wollten jetzt den Versuch unternehmen, im gemeinsamen Gespräch mit der Mutter gerade während dieser schweren Krisenzeit eine veränderte Erfahrung herbeizuführen.

Zu dem Gespräch, das 3 Wochen nach der Operation in der Klinik stattfand, kamen nicht nur die Patientin und ihre Mutter, sondern auch eine Freundin, die vor 3 Jahren in der gleichen Klinik ihren lungenkrebskranken Mann verloren hatte. Frau M. wirkte weiterhin blaß und krank. Dennoch war die Gesprächsatmosphäre heiter und aufgekratzt. Wir wandten uns zunächst an die Mutter und fragten, wie sie den Zustand der Patientin einschätze. Sie meinte, der Tochter ginge es schon wieder viel besser. Sie sei kräftiger geworden, vor allem ihre Stimmung habe sich gebessert. Der Lebenswille habe sich wohl durchgesetzt. Auch die Freundin bestätigte, wie gut Frau M. sich nach der Operation erholt habe. Sie selbst hatte noch das Bild ihres Mannes vor Augen, der so schnell gestorben war. Als wir die Patientin selbst fragten, wie es zu der plötzlichen Veränderung gekommen sei, lachte sie und sagte, mindestens 7 Jahre will ich es noch schaffen, denn so lange muß mein geschiedener Mann Unterhalt zahlen. Dieses Opfer wolle sie ihm nicht ersparen, auch wenn es um eine lächerlich geringe Summe ginge.

Wie soll es in den nächsten Wochen weitergehen? Frau Martinez will so bald als möglich wieder arbeiten, bloß nicht rumhängen zuhause, vielleicht könne sie auch eine Umschulung machen. Die Mutter und die Freundin stimmen zu, Frau M. brauche unbedingt bald wieder eine Aufgabe. Schon in der Klinik habe sie sich nicht geschont, sei aktiv gewesen, obwohl die Ärzte sie wegen leichten Fiebers ins Bett stecken wollten. Zwei oder drei Wochen will sie nach der Entlassung bei der

Mutter bleiben, dann zurück in ihre alte Wohnung, um normal weiter-zuleben.

Das Gespräch verlief so harmonisch und problemlos, die Stimmung verriet nichts von dem Leiden und der Hoffnungslosigkeit vor der Operation. Wir stellten dies nicht in Frage und vermieden, eine Kon-fliktauseinandersetzung zwischen den Beteiligten in Gang zu bringen. Nach einer kurzen Gesprächsunterbrechung machten wir die folgende abschließende Mitteilung:

„Es gibt Menschen, die bei einer so schweren Krankheit, wie sie Frau Martinez jetzt hat, viele Dinge im Leben verändern. Sie sagen z.B., von nun an will ich mein Leben genießen, Dinge tun, die ich früher versäumt habe, gerade weil das Leben so in Frage gestellt wurde. Das ist bei Ihnen aber anders. Wir haben die Sorge, wenn Sie das täten, also sich pflegen und verwöhnen lassen, auf die faule Haut legen, dann kämen viele Sor-gen und belastende Erinnerungen hoch, alles würde noch schwieriger, als es ist. Sie drei machen in dieser Situation genau das Richtige. Mutter und Freundin helfen Frau Marti-nez, so schnell wie möglich auf die Beine zu kommen, auch wenn dies Kraft kostet und die Gefahr besteht, daß Sie sich alle überanstrengen. Aber das andere wäre sicher schlimmer. Deshalb bestärken wir Sie beide (Mutter und Freundin) sehr darin, ihr (der Patientin) zu helfen, schnell wieder ins alte Fahrwasser zu kommen. Weil es in Ihrem Fall ja nicht darum geht, etwas zu verändern, sind psychologische Gespräche nicht nötig. Diese wären auch nicht gut, weil dann vielleicht zu viele schwierige Themen angespro-chen würden. Wir werden Sie nur zu einem erneuten gemeinsamen Gespräch wiederse-hen, wenn Sie zum nächsten Kontrolltermin in die Klinik kommen".

Das Ziel dieser Intervention war, die schnelle Rückkehr in das alte Abwehrmuster von Harmonisierung, Konfliktvermeidung, Unter-drückung belastender Gefühle und aufopferndem Einsatz für andere zu verhindern, indem wir 1. mitteilen, andere Menschen verhalten sich in der gleichen Situation anders, sie stellen ihr Leben um, versuchen, mehr für sich zu tun, 2. zugleich das bisherige, auch jetzt wieder geplante Verhalten als das einzig richtige verschreiben, weil sonst Schlimmeres (z.B. Depression und Leiden) droht, und indem wir 3. unsere Beziehung zur Familie definieren als eine, die ausdrücklich nicht auf Veränderung, sondern auf Begleitung und Nachschau im Rahmen der auch sonst üblichen Krebsuntersuchungen ausgerichtet ist. Bei sol-chem Vorgehen schien es vielen Familien möglich, sich auch auf einen längerfristigen Kontakt einzulassen.

Die Entwicklung gerät in eine Krise: 6 Wochen später kommt Frau Martinez allein mit ihrer Mutter zur Nachuntersuchung. Sie sieht viel schlechter aus als beim letzten Gespräch. Sie klagt über Wund-schmerzen, Luftnot und Husten. Die Mutter ist sehr besorgt. Die Toch-ter habe sich wieder sehr zurückgezogen. Frau M. weint heftig. Sie habe gehofft, nach der Operation sei alles überstanden. Sie hat Angst, daß der Krebs weiterwächst. Sie fühlt sich oft wie gelähmt, unfähig zu jeder Aktivität. Die Freundin sieht sie kaum noch.

Wir hören dann, daß sich Mutter und Tochter erstmals etwas näher gekommen sind. Die alte Frau spricht über den Vater von Frau M. Sie hatte ihn nicht geheiratet, weil sie während der Schwangerschaft erfuhr, daß gleichzeitig eine andere Frau von ihm noch schwanger war. Sie erzählt, wie schwer es ihr fiel, das Kind in Pflege zu geben.

Wir kommen auf die letzte Stunde zu sprechen. Frau M. ist sehr enttäuscht, daß der Heilungsprozeß nicht so schnell wie erwartet voranschreitet, sie hatte gehofft, schon wieder arbeiten zu können, aber die Kräfte reichen nicht, und sie würde wohl jetzt auch kaum eine Stelle finden. Ihr Krankengeld und die Rente der Mutter reichten fürs tägliche Leben gerade aus. Vom Hausarzt hat sie sich genau über die Krankheit aufklären lassen, auch die Mutter sei jetzt informiert. Anfangs hatte die Freundin sie davor gewarnt, zuviel wissen zu wollen oder gar der Mutter etwas zu sagen. Aber so sei es besser, und die Mutter habe ja ohnehin längst gemerkt, was mit ihr los ist.

In dieser Phase der Behandlung (ca. 8 Wochen nach der Operation) fühlte sich Frau Martinez schwächer und kränker als am Anfang. Sie hat auch mehr Angst. Jedoch dieses Verhalten schien uns bei der Schwere ihrer Krankheit eher angemessen zu sein. Wir hielten es auch für prognostisch günstiger als das bisherige verleugnende Überspielen aller Belastungen. Wir sahen einen Fortschritt darin, daß Frau M. sich nunmehr entschlossen hatte, diese belastenden Gefühle zuzulassen und sie auch mit der Mutter zu teilen, obwohl der Kontakt zur Freundin (selbst Witwe eines an Lungenkrebs gestorbenen Mannes) darunter litt. Diese schien weit weniger bereit, die Veränderungen mitzuvollziehen, und zog sich aus den gemeinsamen Gesprächen zurück.

In unserer Schlußintervention erkennen wir diese Entwicklung ausdrücklich positiv an. Wir betonen, daß Frau Martinez gemerkt hat, daß sich die Entwicklung nicht ohne Schaden beschleunigen läßt. Wir sagen, die Mutter und sie hätten sich entschlossen, offener miteinander zu sprechen. Wir melden jedoch zugleich Bedenken an, ob die beiden nicht zu schnell und zu weit von ihrem alten Verhalten abrücken. Wir führen dieses Tempo der Veränderungen auf unser erstes Gespräch zurück und sagen, daß wir sie jetzt erst in einem längeren Abstand sehen dürfen, daß wir ihnen 6 Wochen Zeit lassen wollen, sich an die bisherigen Veränderungen (die sehr positiv, aber auch sehr weitreichend sind) zu gewöhnen. Wir werden sie beim nächsten Ambulanztermin beide wiedersehen.

Der Entwicklungsprozeß schreitet voran: Beim nächsten Gespräch geht es Mutter und Tochter deutlich besser. Am meisten geholfen hat ihnen der gute Krankheitsverlauf. Auch der Lungenarzt ist überrascht. Im Telefongespräch mit uns äußert er sich sehr zufrieden. Wir bestätigen am Ende dieser Sitzung wieder die gute Entwicklung, warnen jedoch weiter vor zu schnellen und zu großen Veränderungen. Anderenfalls drohten wieder Enttäuschungen, oder sie hätten sonst nichts mehr, worauf sie sich freuen könnten.

Beim nächsten Termin 5½ Monate nach der Operation ist alles unverändert. Pathologische Leberwerte verweisen jedoch auf Frau M.'s Alkoholkonsum. Große Hoffnungen werden jetzt in einen bevorstehenden Kuraufenthalt gesetzt. Sie hofft vor allem auf einen verstärkten Kontakt mit anderen Menschen. Wir äußern uns skeptisch, ob die Kur den gewünschten Erfolg bringt, wenn sie selbst sich nicht entschließt, sich anders zu verhalten.

Jetzt sehen wir sie 10 Monate nach der Operation zum 5. und vorläufig letzten Gespräch. Die Kur ist ihr gut bekommen, obwohl sie in den ersten Tagen kaum Anschluß fand. Dann sprachen andere Frauen sie an, von da an ging es besser. Sie hat sich gut erholt. Der Hausarzt hat sie gesundgeschrieben, weil die Lunge einen einwandfreien Befund bietet. Wir schließen die erste Krisen- und Verarbeitungszeit ab. Es scheint jetzt relativ unwahrscheinlich, daß Frau M. bei neuen Schwierigkeiten wieder so depressiv reagiert, zu trinken beginnt und sich abkapselt wie in früheren Phasen. Vorsichtig sprechen wir jetzt aber das Risiko eines erneuten Krankheitsrückfalls an. Mutter und Tochter haben auch schon darüber gesprochen. Sie sind froh, daß soweit alles gut gegangen ist, und wollen die nächste Zeit genießen. Wir vereinbaren einen weitmaschigen Kontakt alle 3 bis 6 Monate, wann immer sie zur Nachkontrolle in die Klinik kommt. Das vorläufige Therapieziel ist erreicht, die Krankheit hat bisher einen guten Verlauf genommen, und wir haben eine stabile und vertrauensvolle Beziehung gewonnen, die gute Voraussetzungen für die weitere Betreuung bietet.

Probleme fehlgelaufener Trauer, die sich vor allem im Zusammenbruch der familiären Kommunikation, der Isolation vom Umfeld und der Verleugnung eines hoffnungslosen Krankheitsverlaufes ausdrücken, stehen im Mittelpunkt unseres zweiten Behandlungsbeispiels. Patienten wie diese zeigen kaum Zeichen einer Krise, im Kontakt verhalten sie sich unproblematisch und beherrscht. Bei genauem Hinschauen zeigt sich jedoch, daß die Komplikationen, die hier vor dem Hintergrund oft langjährig gestörter Familienbeziehungen drohen, für die Krankheitsverarbeitung, den Krankheitsverlauf und das weitere Leben der Angehörigen kaum weniger destruktiv sind als die eben besprochene offene Krise.

Verleugnung, Abbruch der Kommunikation und gesundheitsschädigendes Verhalten bei einem fortschreitenden Bronchialkrebs

Auch Herrn Hammer trafen wir zum ersten Mal bei einem (Routine-)Gespräch zwei Tage vor einer geplanten Lungenkrebsoperation. Er ist ein riesiger, Bärenstärke vermittelnder Mann Anfang 60. Ausdruck und Haltung verraten den früheren Berufssoldaten. Probleme hat er keine, nur das Warten auf die Operation ist ihm unangenehm. Macht er sich Sorgen, wie der Eingriff ausgeht? Angst kennt er nicht, das sei wie früher im Krieg: läuft die Aktion erstmal, ist die Nervosität auch verflogen. Er habe sich noch nie vor dem Tode gefürchtet. Eigentlich lebt er seit 40 Jahren „aus Versehen". Er war Aufklärer bei der Waffen-SS und überlebte als einer von wenigen den Krieg und die Gefangenschaft. Er erzählt uns, daß er dem Chirurgen nahegelegt hat, bei der Operation nicht zu vorsichtig zu sein und eher ein wenig tiefer zu schneiden. Ein Pflegefall, ein Krüppel wolle er nicht werden. Von anderen abhängig zu werden, sei für ihn unerträglich. Eher werde er sein Leben selbst beenden.

Er ist der einzige Sohn eines U-Boot-Offiziers im 1. Weltkrieg. Die Mutter habe versucht, ihn zu Härte und Selbstkontrolle zu erziehen. Sie seien viel umhergezogen, so daß er keine längeren Freundschaften schließen konnte. Mit 42 Jahren heiratete er eine 20 Jahre jüngere Frau. Kinder wollten sie keine. Urlaub brauchte er nie. Als Kleinunternehmer hat er viel gearbeitet, ohne Rücksicht auf seine Gesundheit zu nehmen. Seit dem 17. Lebensjahr rauchte er mindestens 40 bis 60 Zigaretten pro Tag. Vor 10 Jahren wurde eine chronische Bronchitis diagnostiziert. Vor 4 Jahren fuhr er nach einer perforierten Blinddarmvereiterung im eigenen Wagen in die Klinik. Seit 2 Jahren hat er schwere Hustenanfälle, vor allem in der Nacht. Die Krankheit wurde jetzt entdeckt, weil seine Frau zum Arztbesuch drängte, da sein Husten sie nachts kaum noch schlafen ließ.

Bei der Operation fand sich ein ausgedehntes kleinzelliges Bronchialkarzinom, das bereits das Mediastinum, das Herz und den Aortenbogen ergriffen und auf die gegenüberliegende Lungenseite metastasiert hatte (Tumorformel: T3 N2 M1). Zwei Tage später sprechen wir den Patienten kurz auf der Intensivstation. Ihm gehe es „beschissen". Der

Krebs sei nicht mehr zu operieren gewesen, ohne das Herz zu verletzen. „Dann wäre ich gleich auf dem Tisch geblieben, jetzt sterbe ich etwas langsamer". Wir vereinbaren für die folgende Woche einen Gesprächstermin gemeinsam mit seiner Frau.

In diesem ersten Paargespräch verhält sich Herr Hammer sarkastisch, selbstironisierend, seine Frau dagegen wirkt sehr belastet und bedrückt. Schnell wird deutlich, daß die beiden beschlossen haben, ihre Angst- und Trauergefühle unter Kontrolle zu halten. Auch die Interviewer „vergessen" bald, wie krank Herr H. eigentlich ist. Die Gesprächsatmosphäre ist nicht unangenehm, solange wir nicht an den Krankheitsbefund denken.

Im einzelnen erfahren wir, daß Frau H. zur Zeit sehr belastet ist. Sie hat an Gewicht verloren und schläft schlecht. Die Arbeit als Verkäuferin lenkt sie ab. Ihren Mann besucht sie jeden Tag. Andere Menschen will sie nicht sehen. Ihre Schwester und die Mutter würden mehr von eigenen Sorgen sprechen, als ihr zu helfen. Wie wichtig ihr die Arbeit ist, hat sie gemerkt, als sie vor einigen Jahren auf Vorschlag ihres Mannes zuhause blieb. Sie bekam „Depressionen" und mußte sich von einem Nervenarzt behandeln lassen. Um nicht völlig durchzudrehen, beschloß sie weiterzuarbeiten, wenn es auch wirtschaftlich unsinnig sei und sie stark anstrenge. Das Alleinsein wäre aber schlimmer gewesen.

Herr Hammer hat mit niemandem über seine Krankheit gesprochen. Seine Frau wisse das Notwendige. Er will keine anderen Besucher sehen. Hart, konsequent und unabhängig sei er schon immer gewesen.

Was sie beide über die Krankheit denken? Seine Frau hofft, alles werde wieder gut, er habe bisher ja jede Hürde genommen. Er meint dagegen, die Fahne für die letzte Runde sei gezeigt, wenn die rum sei, könne er keine neuen Reifen mehr draufmachen. Solche Bilder, in denen sich sein Beruf widerspiegelt, wählt er oft, um schwierige Themen zu umschreiben. Seine Sorge sei, alles so zu ordnen, daß er jederzeit „abtreten könne", vor allem daß seine Frau versorgt sei. Seine größte Sorge ist, ob sie nervlich durchhalte. Darüber zu reden, habe keinen Sinn, sonst werde alles noch schlimmer.

Nach einer kurzen Beratungspause knüpfen wir an diese letzten Gedanken an und weisen darauf hin, daß andere Menschen in so schwieriger Lage sich vielleicht dem Partner anvertrauen und im gemeinsamen Gespräch Entlastung und Trost suchen und daß manche Gedanken weniger belasten, wenn sie einmal ausgesprochen sind. — Bei ihnen sei das anders, sie hätten beschlossen, die Schwierigkeiten jeder für sich allein zu bewältigen. Sie hätten bei Frau Hammers Krise die Erfahrung gemacht, daß zuviel Ruhe und Nachdenken viel Kummer und Bedrückung mit sich bringen kann. — Also können wir ihnen nichts anderes raten, als so weiterzuleben wie bisher, nichts zu besprechen, Schwierigkeiten zu überspielen und sich durch viel Arbeit abzulenken, auch wenn dies Kräfte koste und jeder dabei vielleicht sehr allein sei. Das andere sei schlimmer. Gemeinsame Familiengespräche seien in solcher Lage nicht sinnvoll, da komme zuviel Belastendes hoch. Wir vereinbaren lediglich ein Nachgespräch, wenn Herr H. in etwa einem Monat zum nächsten Chemotherapiezyklus in die Klinik kommt.

Nach dem Gespräch wartet Frau Hammer im Flur auf uns. Sie will uns sagen, daß sie heimlich beim Professor war und erfahren hat, daß bei ihrem Mann kaum Hoffnung auf Heilung besteht.

Das nächste Gespräch kommt nicht zustande. Frau H. hat den vereinbarten Termin vergessen. Nach weiteren drei Wochen, beim nächsten Chemotherapiezyklus, sehen wir das Ehepaar zum zweiten Interview. Herr H. zeigt immer noch seinen Galgenhumor. Das Gespräch erscheint entspannter und lockerer. Wir erfahren, daß es Frau H. gut getan hat, als ihr Mann zwischen den Behandlungszyklen zuhause war. Darauf er lachend: „Ich mache viel Unordnung, und sie putzt gern." Er hat sich jetzt entschlossen, sein Geschäft aufzulösen. Sie gehen auch häufiger spazieren, das sei neu und ganz schön. Frau H. ist aufgefallen, daß ihr Mann ruhiger geworden ist. Das sei allerdings kein gutes Zeichen bei ihm. Er antwortet darauf: „Wenn du mich im Rollstuhl fahren mußt, lasse ich die Luft aus dem Reifen". Wir fragen die Frau, ob er damit meint, er wolle sich umbringen? Vielleicht. Darauf erwidert Herr H., das plane er zwar nicht mehr, aber wenn die Chemotherapie nicht wirkte, werde er sie abbrechen. Deshalb sei ein Gespräch mit dem Professor der nächste wichtige Schritt. Dieses Gespräch müsse er aber auf jeden Fall allein führen, seiner Frau würde er dann schon sagen, was sie wissen muß. Was könnte geschehen, wenn sie an dem Gespräch teilnimmt? Sie wolle dann nur Gutes hören, und der Professor sei vielleicht auch nicht mehr ganz ehrlich. Wie steht Frau H. dazu? Sie könne die Wahrheit jetzt mehr vertragen, wisse ja ohnehin, wie ernst es sei. Außerdem seien sich beide darüber einig, daß Herr H. mit 60 Jahren und angesichts des schweren Lebens, das er geführt hat, kein ganz junger Mann mehr sei. Der große Altersunterschied zwischen ihnen sei immer klar gewesen. Die 20 gemeinsamen Jahre seien auch sehr schön gewesen, er habe mehr bekommen, als er sich je vorgestellt habe. Was sind ihre Pläne für die nächste Zeit? Lange könne man ja nicht vorausdenken, aber den Sommer im eigenen Garten zu verbringen, wäre sehr schön.

Am Ende des Gespräches weisen wir auf positive Veränderungen hin: daß ihr Leben ruhiger geworden ist und daß sie mehr Zeit gemeinsam verbringen. Aber wir teilen auch Herrn Hs. Skepsis, ob es gut sei, zu zweit mit dem Professor zu sprechen. Zwar wüßten beide, wie schwer krank er ist, aber könnten sie und der Arzt in einem gemeinsamen Gespräch wirklich ganz offen sein? Sicher bestehe die Gefahr, daß so Mißtrauen oder Mißverständnisse entstünden. Aber vielleicht sei es doch am besten, wenn jeder allein mit ihm rede. Sie könnten dann entscheiden, was sie sich gegenseitig mitteilen wollen. In unseren Gesprächen hätten wir gesehen, daß sie sich in der Krankheit näher gekommen seien und auch heute sehr offen miteinander umgegangen seien. Sie sollten diese Veränderungen nicht zu sehr beschleunigen. Deshalb würden wir sie auch erst in einigen Wochen beim nächsten Behandlungszyklus wiedersehen.

Anders als in dem vorhergehenden Fallbeispiel, wo unsere Intervention (Verschreibung des pathogenen Überforderungsmusters) eine kurative Zielsetzung hatte, haben wir beim Ehepaar Hammer die begrenzten medizinischen Möglichkeiten (metastasierender, inoperabler Lungenkrebs) berücksichtigt und konzentrierten uns auf die Weise, in der sie Angst und Trauer durch Abbruch des Gesprächs und Isolation zu bewältigen versuchten. Wir bemühten uns, das Paar auf eine wenig bedrohliche Weise in einen offenen Austausch miteinander zu bringen. Wir respektierten ihre Entscheidung, Gedanken und Gefühle nicht zu teilen, und vermieden zu häufige und zu intensive Gespräche. Wir konnten aber auch die Konsequenzen ihres Verhaltens deutlich machen: ein Anwachsen von Einsamkeit, Entfremdung und Belastung. Wir dachten weniger daran, einen Einfluß auf den schweren Krankheitsverlauf nehmen zu können, als den beiden zu helfen, die verbliebene Zeit besser zu nutzen und auf diese Weise auch einer späteren pathologischen Trauerreaktion bei Frau H., die uns ihrerseits stark krankheitsgefährdet schien, vorzubeugen.

Das nächste vereinbarte Gespräch nach 6 Wochen kam wieder nicht zustande, da Herr H. bereits nach einem Tag wieder aus der Klinik entlassen wurde, weil er auf die Chemotherapie allergisch reagiert hatte. Eine ersatzweise vorgeschlagene Strahlentherapie lehnte er ab. Er hat sich entschlossen, die Krebsbehandlung zu beenden.

8 Wochen später kommt das Ehepaar zu einer ambulanten Nachuntersuchung. Herr H. hat 30 Pfund an Gewicht verloren, was jedoch bei seiner massigen Erscheinung noch nicht stark auffällt. Die Haare sind wieder nachgewachsen. Er ist braungebrannt und wirkt entspannt. Er habe keine Beschwerden außer Luftnot bei Belastungen. Seine Frau

bestätigt, ihm sei es gut gegangen. Er verbringt viel Zeit in seinem Garten. Auch Frau Hammer wirkt ruhiger und entspannter. Im Gespräch weint sie mehrmals. Sie verstehen sich beide gut. Sexuelle Beziehungen haben sie keine mehr, aber das sei jetzt nicht so wichtig.

Da die Behandlung in der Lungenklinik beendet ist, das Ehepaar jedoch weitere Gespräche wünscht, beschließen wir, von nun an in unserer familientherapeutischen Ambulanz zusammenzukommen. Das 5. und 6. Gespräch 9 bzw. 12 Monate nach der Operation zeigte, daß Herr H. alle Versuche, noch einmal in den alten Beruf zurückzukehren, aufgegeben hat. Seine Frau meint, das habe ihm gut getan. Sie verbringen jetzt einen gemeinsamen Urlaub im Garten. Sie hat in der letzten Zeit darauf geachtet, daß er sich nicht überanstrengt. Zu ihrer Überraschung kann er den Ruhestand genießen. Sie sei im großen und ganzen zufrieden. Er hat noch etwas an Gewicht verloren (von ursprünglich 110 kg auf 90 kg). Er hat wenig Appetit, wünscht sich aber manchmal besondere Speisen, die sie ihm kocht. Außer Herztabletten und gelegentlichen Schmerz- oder Schlafmitteln nimmt er keine Medikamente mehr. Herr Hammer beschreibt die Veränderungen seiner Frau: zum ersten Mal in der Ehe sei sie etwas selbständiger und energischer. Sie habe viel Verantwortung und Aufgaben übernommen, die er bisher trug. Wie es weitergehen wird? Er lebe jetzt nur noch von Tag zu Tag, freue sich an kleineren Dingen und habe auf neue Weise einen Urlaub mit seiner Frau verbracht. Abends denke er manchmal, daß er vielleicht den nächsten Tag nicht mehr erlebe. Es sei jetzt nur noch eine Frage, „ob es schnell oder langsam geht". Beide weinen in den Gesprächen öfter. Nach einer kurzen Besprechungspause sagen wir dem Ehepaar am Ende der 5. Sitzung das Folgende:

„Wir können Ihnen heute wieder bestätigen, daß Sie auf dem richtigen Weg sind. Zwei Fragen sind auch heute wieder aufgetaucht. Die eine betrifft die Umstellung des Lebens in der Krankheit. Da gibt es zwei Extreme, die Sie beide auch kennengelernt haben. Das eine ist, man tut so, als sei nichts geschehen, stürzt so bald als möglich wieder in die Arbeit und ins tägliche Leben, bis man umfällt. Das andere Extrem ist: ich bin krank, ich kann nicht mehr, also alle Viere von sich strecken. Sie selbst haben den richtigen Mittelweg gefunden: vormittags etwas Aktivität, einige Arbeiten, dann wieder ruhen, schlafen, sich in die Sonne legen. Gerade Menschen, die so aktiv gelebt haben wie Sie, haben es meist schwer, einen solchen Mittelweg einzuschlagen. Da haben Sie etwas Besonderes vollbracht. Die andere Frage ist, wie geht es mit der Krankheit weiter? Wie sollen wir uns verhalten? Auch da gibt es wieder zwei Extreme: Entweder nicht mehr darüber reden, nicht mehr daran denken, alles wegschieben oder nur noch von Gedanken an die Krankheit und von der Angst vor dem Sterben überschwemmt werden. Wichtig ist, wozu sie sich entschlossen sahen: die Krankheit ist da, das Risiko ist groß, das Leben muß geordnet werden, und Sie sind sich beide dabei nähergekommen, machen sich nichts mehr gegenseitig vor, können aber auch die Tage genießen, die Sie gemeinsam haben. Niemand weiß letztlich, wie es weitergeht, man muß jeden Tag nehmen, wie er kommt. Wir brauchen in dieser Situation keinen neuen Rat zu geben, sondern wir sehen Sie in 3 Monaten wieder, etwa ein Jahr nach der Operation, um zu sehen, wie es weitergegangen ist. Sollten vorher Fragen auftauchen, können Sie uns jederzeit anrufen".

Das Gespräch mit dem Ehepaar ist viel offener und lockerer geworden. In der schweren Krankheit sind entscheidende Veränderungen vollzogen worden, die diese Phase zu einer wichtigen Lebenserfahrung machen. Frau H. und ihr Mann haben zu uns Vertrauen gefunden, sie sind an einem weiteren Kontakt interessiert. Trotz des schweren metastasierenden Krebsleidens wirkt Herr H. gelassen und scheint wenig zu leiden. Die Krankheit verläuft auch weniger schnell und bösartig, als zunächst angenommen wurde. Er hat außer der Entnahme eines kleinen Tumorteils und einer abgebrochenen Chemotherapie keine weiteren Behandlungen bekommen. Wie auch die Krankheit weiter verlaufen mag, wir meinen, ein sinnvoller Kontakt ist geschaffen worden, und die Weichen wurden für eine konstruktive Bewältigung des Krebsleidens gestellt.

Wichtig war es für uns in diesem wie in ähnlichen Fällen, selbst den Mittelweg zu finden zwischen einem die biologischen Grenzen verleugnenden Überschätzen psychotherapeutischer Möglichkeiten, das vielleicht nur falsche Hoffnungen weckt und sicher in Enttäuschung mündet, und einer therapeutischen Hoffnungslosigkeit, die die Chance zur konstruktiven Lebensveränderung in der Krankheitskrise und zur Einflußnahme auf destruktive Verhaltens- und Erlebensmuster vergibt.

Welche Wirkungen hat die Familientherapie beim Krebs? Skizze eines Evaluationsversuches

Abschließend soll kurz beschrieben werden, wie wir zur Zeit unser therapeutisches Vorgehen überprüfen. Seit unser Team vor 2 Jahren in einer großen Heidelberger Lungenfachklinik den psychosozialen Konsiliardienst übernommen hat, sehen wir zusätzlich zu einer bestimmten Zahl von „Problemfällen", die uns von den verschiedenen Stationen überwiesen werden, möglichst viele Patienten, bei denen die Lungenkrebskrankheit gerade erst entdeckt wurde und die jetzt dem Beginn der Behandlung (Operation, Chemotherapie, Bestrahlung) entgegensehen. Bei dieser Gruppe verfahren wir so, daß wir ein erstes Gespräch mit dem Patienten allein möglichst bald nach der Diagnosestellung führen. Dabei verhalten wir uns überwiegend stützend, aufklärend, orientieren uns an der Vorbereitung auf die medizinische Behandlung und versuchen, einen Kontakt zum Patienten herzustellen. Etwa zwei Wochen später sehen wir diese Patienten erneut, diesmal aber gemeinsam mit den engsten Angehörigen (meist Partner und Kinder), und diesmal ist möglichst auch ein zweiter Ko-Therapeut anwesend. Auch dieses Gespräch wird noch stützend und informierend gehalten, läßt uns mit der Gesamtfamilie in Kontakt kommen, vermittelt aber bereits einen ersten Eindruck des vorherrschenden Beziehungsmusters. Unterschiedlich wird jedoch der Abschluß dieses Familiengesprächs gehalten. Je nachdem, welcher von zwei Untersuchungsgruppen wir den Patienten bereits vor dem allerersten Kontakt zugeordnet haben, unterscheidet sich der Gesprächsabschluß.

Im einen Fall (Familientherapiegruppe) beenden wir das Gespräch mit einer ersten „Verschreibung", wie sie im Prinzip oben in den Fallbeispielen beschrieben wurde oder durch eine Fortsetzung der Familiengespräche im Rahmen der ambulanten Nachsorge (bzw. bei stationären Neuaufnahmen) in Abständen von ca. 6 Wochen bis 3 Monaten eingeleitet wird. Im zweiten Fall (offenes Angebot) fassen wir das Gespräch abschließend in möglichst konstruktiver Weise zusammen und überlassen es der Familie, ob sie eine Fortsetzung individueller oder gemeinsamer Gespräche wünscht. Von diesem Angebot wird jedoch nur in maximal 10 % aller Fälle Gebrauch gemacht. Beide Gruppen sehen wir erneut zur Nachuntersuchung ein bzw. zwei Jahre nach der Diagnosestellung. Auf diese Weise können wir prüfen, ob sich die beiden Gruppen in bezug auf die Krankheitsverarbeitung und den Krankheitsverlauf unterscheiden, wobei auch die Reaktionen und eventuelle Krankheiten der Angehörigen verglichen werden. Außerdem untersuchen wir, wieweit die bei den ersten beiden Gesprächen erhobenen individuellen und familiendynamischen Befunde (Einschätzungsskalen, Fragebogen und Tests) eine Vorhersage des späteren psychologischen und medizinischen Verlaufs erlauben. Als eine zusätzliche 3. Vergleichsgruppe stehen uns diejenigen Patienten zur Verfügung, zu denen wir keinerlei Kontakt hatten, die also lediglich die übliche medizinische Nachsorge durchliefen, wobei sich hier der Vergleich allerdings auf die medizinischen Verlaufsdaten beschränkt. Bei einer völligen Übereinstimmung der drei untersuchten Gruppen in allen medizinischen Ausgangsbefunden (Art, Ausdehnung und Stadium der Krankheit) sowie bei absolut gleichen innerhalb eines Zentrums standardisierten medizinischen Behandlungen und ausschließlich vom Zufall bestimmter Zuordnung zu einer der drei Gruppen erwarten wir bald Aufschluß über die gegenwärtig sehr dringende Frage, bei welchen Patienten (bzw. Familien) welche Formen des Vorgehens realisierbar und wirksam erscheinen und ob sich Einflüsse auf die Krankheitsverarbeitung, eventuell auch auf den Krankheitsverlauf erzielen lassen. Bei künftigen Untersuchungen sollte allerdings auch ein gegenwärtig stark diskutiertes Selbsthilfegruppenangebot, das uns hier noch nicht zur Verfügung stand, in den Vergleich mit aufgenommen werden.

Literatur

Bahnson, C. B., Bahnson, M. B., Role of the Ego Defenses: Denial and Repression in the Etiology of Malignant Neoplasm, *Ann.N.Y.Acad. Sci.* 164, 520-525 (1969).

Engel, G. L., Schmale, A. H., Conversation — Withdrawl: A Primary Regulatory Process for Organismic Homeostasis, in: Physiology, Emotion and Psychosomatic Illness. Ciba Foundation Symposium No. 8, Amsterdam: ASPC Elsevier, Excerpta Medica, S. 57-85 (1972).

Grossarth-Maticek, R., Krebserkrankung und Familie, *Familiendynamik* 1, 294-318 (1976).

Hoffman, L., Foundations of Family Therapy, New York: Basic Books, 1981.

LeShan, L. L., Bussman, M., Some Observations on Psychotherapy with Patients with Neoplastic Disease, *Am. J. of Psychotherapy* 12, 723-734 (1958).

Minuchin, S. et al., Psychosomatic Families. Anorexia nervosa in Context, Cambridge/Mass.: Harvard University Press, 1978; dt.: Psychosomatische Krankheiten in Familien, Stuttgart: Klett, 1981.

Selvini-Palazzoli, M., Die Familie des Anorektikers und die Familie des Schizophrenen: Eine transaktionelle Untersuchung, *Ehe* 12, 107-116 (1976).

Selvini-Palazzoli, M. et al., Hypothesizing — Circularity — Neutrality: Three Guidelines for the Conductor of the Session, *Fam. Proc.* 19, 3-12 (1980); dt.: Hypothetisieren — Zirkularität — Neutralität: Drei Richtlinien für den Leiter der Sitzung, *Familiendynamik* 6, 123-140 (1981).

Simonton, O. C., Matthews-Simonton, S., Creighton, J., Getting well again. A step-by-step, self-help guide to overcoming cancer for patients and their families, Los Angeles: Tarcher (o. J.).

Smits, A., Familie und Krankheit — Eine theoretische Übersicht, *Psychosozial* 3, 66-80 (1981).

Weakland, J. H., „Family Somatics" — A Neglected Edge, *Fam. Proc.* 16, 263-273 (1977).

Wirsching, M., Drüner, H., Hehl, F., Köhler, C., Herrmann, G., Psychosoziale Rehabilitation von Anus präter-Trägern. Ein Vergleich von Krebs- und Colitis ulcerosa-Patienten, *Med. Psychol.* 3, 119-128 (1977).

Wirsching, M., Stierlin, H., Haas, B., Weber, G., Wirsching, B., Familientherapie bei Krebsleiden, *Familiendynamik* 6, 2-23 (1981 a).

Wirsching, M., Stierlin, H., Weber, G., Wirsching, B., Hoffmann, F., Brustkrebs im Kontext — Ergebnisse einer Vorhersagestudie und Konsequenzen für die Therapie, *Zschr. psychosom. Med.* 27, 239-252 (1981 b).

Wirsching, M., Stierlin, H., Krankheit und Familie, Stuttgart: Klett, 1982.

15 Seelsorge an Sterbenden im Krankenhaus

Christoph Scheytt, Ulm

„Der Seelsorger wagt die Sprache der Transzendenz als Sprache
Gottes zu hören und zu sprechen in der gemeinschaftlichen Lebenswirklichkeit selber, angesichts der Ereignisse und Schicksale, der
Hoffnungen und Verzweiflungen. Die Sprache wird mit Recht
gewagt von dem, der selbst von ihr durchdrungen ist. Sie ist wahr
im Dabeisein, unglaubwürdig als bloß gedacht oder gar als bloß
gesagt. Wo sie wahr ist und daher wirkt am Sterbebett, bei der
Hochzeit, bei der Bestattung, in der Not des Daseins, erfüllt sie
ihren Sinn ... Durch ihn (den Seelsorger) wird die mythische Sprache wirkungskräftig ... (Der Pfarrerberuf) ist unmöglich für den,
der enttäuscht oder enttäuschbar ist ... für den, der ... die Leibhaf-
tigkeit des Heiligen verliert ... bei einer radikal negierenden
Ansicht vom Totalunheil ... Vielleicht ist eine gewisse Analogie
zwischen den Berufen des Pfarrers und des Arztes."

Karl Jaspers

1. Begrenzung und Intention des Kapitels

Sinn und Zweck dieses Kapitels kann es nicht sein, eine Theorie der
Seelsorge zu entwickeln oder das Selbstverständnis heutiger Seelsorge
zu vermitteln. Dazu sei auf grundlegende Arbeiten und Übersichten
verwiesen (*Riess* 1973, *Schütz* 1977, *Neidhart* 1970, *Offele* 1966, *Wintzer* 1978, *Jentsch* 1982). Auch eine Darstellung von Theorie und Praxis
der Seelsorge an Sterbenden würde weit über den Rahmen eines Pra-
xisberichts hinausgehen. Sie steht überdies — unter Einbeziehung von
und in Auseinandersetzung mit wichtigen Ergebnissen der thanatologischen Forschung der letzten Jahrzehnte — wohl im ganzen noch aus.
Einige wichtige diesbezügliche Arbeiten sind im Literaturverzeichnis
am Schluß aufgeführt (*Winter* 1976, *Prest* 1970, *Engelke* 1980, *Piper*
1977).

Dagegen soll hier der sehr begrenzte Versuch unternommen werden,
eigene, aus jahrelangem Umgang mit todkranken und sterbenden Menschen im Krankenhaus erwachsene Erfahrung in Beziehung zu Ansätzen theologischer Deutung zu reflektieren — im Sinn der „Einsicht ...,
daß Methodenbewußtsein in der Einzelseelsorge ganz gewiß nicht heißen kann, daß man sich irgendwo ein für allemal abgucken könnte,
,wie es gemacht wird'. Aber wir können uns vielleicht ein wenig die
Augen gegenseitig öffnen für die tatsächlichen Erfahrungen, die wir ja
alle machen; wir können sie mit Hilfe von Theorieelementen in ein
besseres Verständnis überführen und in der Praxis wieder in tatsächli-

che Erfahrungen einmünden lassen und so uns selber und anderen helfen" (*Scharfenberg* 1979, 7).

Aber auch ein solcher Versuch, eigene, ganz „normale" und „gewöhnliche" Praxis reflektierend zu referieren, kann nicht darauf verzichten, wenigstens in knappstem Umriß über das zugrundeliegende Verständnis von Seelsorge Rechenschaft abzulegen. Dies soll trotz der Fragwürdigkeit solcher Kurzdarstellung im folgenden Abschnitt geschehen. Weiterhin soll in ebenso gedrängter Form der Kontext der Seelsorge an Sterbenden im Krankenhaus skizziert werden. Bezogen auf diesen Hintergrund werden sodann Ziele und schließlich aus diesen abgeleitete Schwerpunkte seelsorgerlicher Praxis ermittelt, die unter den Bedingungen des Sterbens im Krankenhaus für letztere von zentraler Bedeutung erscheinen.

Noch eine Bemerkung zu den eingefügten Fallbeispielen. Sie sollten nicht als „Paradigmen" gesehen werden, sondern als begrenzte Wegstücke oder „Stationen": Ausschnitte aus einzelnen Versuchen eines Klinikpfarrers, präsent zu sein; wenn möglich, ein Stück mitzugehen — wenn's hochkommt, bis ans Ende zu begleiten.

Wenn ich jemandem zu danken habe, dann zuallererst denen, deren ungenannte Namen im Gedenken Gottes bewahrt sind.

2. Erfahrung des Heils im Symbol der Beziehung — zum Verständnis seelsorgerlicher Interaktion

Psychotherapie und Seelsorge zielen beide auf die Selbstwerdung des Menschen (auch wenn sie dieses Ziel in einen jeweils verschiedenen Bedeutungszusammenhang einordnen). Beide haben es deshalb mit einer anthropologischen Tiefendimension zu tun: die Psychotherapie mit einer psychologisch-anthropologischen, insofern als die verletzten und ins Unbewußte verdrängten Anteile des Selbst in dieses integriert werden sollen; die Seelsorge mit einer theologisch-anthropologischen, nämlich mit Gott als dem Grund des Seins (auch des je eigenen, personalen Seins), mit dem der Mensch — im Sinn existentieller Heilung, des „Heils" — zur Versöhnung gelangen soll.

Soll solche Versöhnung nicht nur verbale Proklamation bzw. Postulat bleiben, sondern zum erfahrbaren Geschehen werden, das verletzte und verdrängte Anteile der Person ebenfalls mit einbezieht, dann ist die existentielle Evidenz von Sinn für den Menschen unerläßlich; d. h. die Erfahrung, an einem die eigene begrenzte Existenz übergreifenden und sie tragenden Sinn zu partizipieren und in ihm „aufgehoben" zu sein. Derartige Evidenzerfahrung kann freilich nicht auf dem Weg der

Anerkennung einer vorgegebenen Sinnstruktur (und sei sie theologisch-theoretisch — als „verkündigte" — durchaus begründet) und der Unterwerfung unter eine solche zustande kommen. Sie kann aber sehr wohl — auch in nonverbaler, nicht reflektiv erlebter Weise — im „Widerfahrnis" von Beziehung auf mich zukommen. Mit anderen Worten: Sinnerfahrung kann sich in der Gestalt von Begegnung und Beziehung symbolhaft vermitteln.

Damit rücken der konstitutive Horizont und die Grundstruktur seelsorgerlicher Interaktion ins Blickfeld: für diese sind personale Beziehungen, Kommunikationsprozesse und -strukturen eingebettet in eine transpersonale Dimension: die interpersonale Beziehung ist offen für das sie Umgreifende. Seelsorge geht davon aus, daß jenes „Umgreifende" sich in der Menschwerdung Gottes in Jesus Christus selbst definiert und mitgeteilt hat als den Menschen rettende, heilende und versöhnende Liebe. Sie geht weiter davon aus, daß diese Selbstmitteilung Gottes in Gestalt der Menschwerdung (in theologischen Kurzformeln „Evangelium", „Verkündigung" oder „Botschaft" genannt) sich der zwischenmenschlichen Beziehung als Ort und „Zeichen" bedient, d. h. sich in ihr symbolhaft vergegenwärtigen kann.

Von daher hat Seelsorge den Auftrag, die Ermächtigung und das Ziel, Beziehung und Kommunikation als möglichen Ort von Heilungs- und Heilsgeschehen zu qualifizieren bzw. zu restituieren. Unter diesem Aspekt ist es legitime Aufgabe der Seelsorge, Beziehung und Kommunikation aus individuell verkümmerten und institutionell verkrüppelten Zwangsgestalten zu befreien. Solche Befreiung von Beziehung und Kommunikation geschieht durch die der Seelsorge aufgetragene Botschaft oder Verkündigung. Aber auch in solchem Kontext sich vollziehendes nonverbales Geschehen wird von der in dieser Botschaft erfolgenden Qualifikation der Beziehung geprägt und von ihr her deutbar, d. h. zur eindeutigen „Sprache". Die zwischen dem betreffenden bzw. betroffenen Menschen und dem Seelsorger sich entwickelnde Beziehung ihrerseits wird zur „leibhaften" Interpretation der Botschaft vom rettenden und mitgehenden Gott, der bedrohtes Leben rettet, abgewiesenes Leben annimmt und sterbendes Leben aufnimmt.

Seelsorge orientiert sich also an der theologischen Interpretation von Beziehungsgeschehen, d. h. an dessen transpersonaler, die konkrete Interaktion transzendierender Tiefendimension mit dem Ziel, diese Tiefendimension zur Sprache zu bringen. Ort und „Leib" dieses Sprachgeschehens ist die Beziehung zwischen den Interaktionspartnern. Wo die (zunächst getrennten) Größen „Botschaft" und „Beziehung" zum Sprachgeschehen *in* der Beziehung verschmelzen, da kann in, mit und unter dem Wort und Schweigen beider Interaktionspartner der Schalom erfahren werden, der „all unser Denken transzendiert" (Phil. 4, 7)[1].

3. Zum Kontext der Seelsorge an Sterbenden im Krankenhaus

In der Seelsorge an Sterbenden im Krankenhaus muß das im vorausgehenden Abschnitt gezeichnete Grundmuster seelsorgerlicher Interaktion auf zwei spezifische Dimensionen menschlicher und gesellschaftlicher Wirklichkeit bezogen werden: einmal auf Geschick und Erleben des todkranken und sterbenden, existentiell mit dem Tod konfrontierten Menschen in seinen vielschichtigen, oft widersprüchlichen Aspekten und wechselnden Phasen; zum anderen auf die Institution, der sich der Todkranke oder Sterbende anvertraut, deren Struktur, organisierten Abläufen und Zwängen er aber zugleich ausgeliefert ist.

Das Zusammentreffen beider „Bedingungen" und ihre Wechselwirkung aufeinander, die sowohl von Patient zu Patient als auch von einer Station zur anderen sehr verschiedene Verlaufsgestalten des individuellen Sterbeprozesses hervorbringen, ist höchst komplex. Es stellt an den Seelsorger, der sich darauf einlassen will oder soll, hohe Anforderungen hinsichtlich Wahrnehmungsfähigkeit, Sensibilität und Flexibilität. Er wird tief bewegende Erfahrungen machen, die für sein persönliches Wachsen und Reifen großen Gewinn erbringen können; auf der anderen Seite wird er Frustrationen, Insuffizienz- und Schuldgefühle, möglicherweise depressive Verstimmungen zu verarbeiten haben. Für den Sterbenden seinerseits wird sein institutionsbedingtes Geschick (seine „Ortlosigkeit" in einem prinzipiell auf Wiederherstellung von Gesundheit und Bekämpfung des Todes ausgerichteten „Normal"krankenhaus mit allen ihren Folgen) häufig ausgesprochen quälend und bedrückend, ja zum „Leiden im Leiden"[2].

---

[1]) Vgl. die zusammenfassenden Sätze von *D. Hoch*:
„1. Seelsorge ist als „Theologia in actu" zu verstehen.
2. Das Proprium der Seelsorge ist das Proprium der christlichen Ethik: der Zusammenhang des menschlichen Lebens mit dem Eschaton, mit Jesus Christus und so mit der Liebe, dem Vertrauen, dem Angenommensein und der Hoffnung.
3. Dieses Proprium verlangt nicht unbedingt immer nach sprachlichem Ausdruck. Es kann — als zwischenmenschliches Erleben — dem anderen zu einem Abbild oder Hinweis auf Christus werden." (*Hoch* 1977, 52)
[2]) Zur institutionsbedingten Situation des Patienten im Krankenhaus vgl. die medizinsoziologischen Publikationen *Rohde* 1971, 1973, 1974; *Lau* 1975; *Raspe* 1981; zur Situation des sterbenden Patienten im Krankenhaus: *Sudnow* 1973; *Glaser* und *Strauss* 1974; *Kautzky* 1976.

Dieser institutionell-situative Kontext engt die Möglichkeiten seelsorgerlicher Interaktion hinsichtlich ihres Zustandekommens, Settings und Verlaufs ganz erheblich ein — bisweilen in beklemmender Weise. Andererseits kann seelsorgerliche Interaktion mit todkranken und sterbenden Patienten im Krankenhaus, *wenn* sie innerhalb des angedeuteten Kontextes zustande kommt, sich in einem Maß verdichten, konkretisieren und „verleiblichen", das weit über die „Assistenz bei der alltäglichen Rekonstruktion des individuellen Lebens"[3] hinausgeht. Solche Verdichtung, Konkretisierung und Verleiblichung von Beziehung kann prozeßhaft erfahren werden auf dem Weg von der ersten tastenden und (von seiten des todkranken Menschen) oft testenden, vorwiegend verbal bestimmten Begegnung bis zum vorletzten und letzten Miteinandersein, wo einem verbalen Minimum ein nonverbal-emotionales Maximum an Kommunikation korrespondiert. Seelsorgerliche Interaktion mit Todkranken und Sterbenden kann so zur Erfahrung einer *communio viatorum experimentalis* werden, zu einem „Experiment" der Gemeinschaft und der Hoffnung.

4. Ziele der Seelsorge an Sterbenden im Krankenhaus

Am Evangelium orientierte Seelsorge ist am Menschen orientierte Seelsorge; konkret: am Bedürfen, am Bedürfnis des Menschen orientiertes seelsorgerliches Handeln; genauer: auf das Bedürfnis des jeweils einzelnen Menschen in seiner jeweiligen Situation bezogene, also individuell und situativ bestimmte Seelsorge. Die Kompetenz zur Feststellung und Artikulierung des jeweiligen Bedürfnisses des Einzelnen (und des ihm entsprechenden, ihm gerecht werdenden „Humanum") liegt aber ausschließlich bei diesem konkreten Einzelnen selbst.

Die Strukturen der Institution Krankenhaus liefern den einzelnen Patienten der Kompetenz aus, konkret: den verschiedenen, voneinander abgegrenzten Kompetenzen der ihn Behandelnden, Pflegenden und sonstwie Betreuenden. Wer aber ist kompetent für das Sterben oder gar für den Tod? Sofern Sterben und Tod höchst individuelles Schicksal sind, kann solche Kompetenz weder dem Arzt noch dem Pfarrer, weder der Schwester bzw. dem Pfleger noch irgendjemandem sonst, sondern ausschließlich dem Betroffenen selbst zukommen. Ziel einer am Evangelium orientierten Seelsorge am todkranken und sterbenden Menschen müßte also sein: ihn, den Betroffenen, in seiner persönlichen und personalen Kompetenz zu stärken und zu fördern; ihm zu

---

[3] so definiert *Rössler* heutige (beratende) Seelsorge (*Rössler* 1973, 196).

helfen, sich ihrer bewußt zu werden, und ihn zu ermutigen, sie zu artikulieren. Seelsorge an Todkranken und Sterbenden wäre dann eine anthropologisch sich ausrichtende und engagierende Diakonie, die dem Betroffenen zu Hilfe kommt in seinem Bemühen (oder in seinem verzweifelten Kampf), seine Identität aufrechtzuerhalten bzw. diese in der Konfrontation mit dem eigenen Tod neu oder vielleicht überhaupt erst zu finden als „etwas, das allen in die Kindheit scheint und worin noch niemand war, Heimat" (*Bloch* 1959, 1628), — und sei es in der Gestalt nicht zurückgenommenen Protestes gegen den Tod, mit mir selbst identischer „Negierung der Negation", als die mir der Tod begegnet. Kann solcher Protest nicht ebenso eine Gestalt der Hoffnung sein wie die bewußte Akzeptation von Sterben und Tod — gerade in seinem scharf artikulierten Widerspruch gegen eine fatalistische Hinnahme beider? Wenn Glaube angesichts schmerzhafter und Leiden verursachender, Gott und sein Heil „verdunkelnder" Wirklichkeit sich in der Polarität von „Widerstand und Ergebung" (*D. Bonhoeffer*) vollzieht und darstellt, dann ist es theologisch unzulässig und falsch, nur den einen von beiden Polen als „eigentliche" Gestalt des Glaubens zu akzentuieren oder gar zu verabsolutieren. Dann muß auch der andere Pol theologisch reflektiert und bewußt in das Praxisfeld der Seelsorge einbezogen werden. Eine Seelsorge jedenfalls, die auf die Protesthaltung und das Protestverhalten Sterbender nur so „einzugehen" weiß, daß sie diese seelsorgerlich zu „sedieren" versucht, handelt ebenso theologisch unverantwortlich wie inhuman[4].

Herr A., ein 50jähriger Patient, ist nach Auskunft des Arztes „ein todkranker Mann". Er, der Arzt, sagt, er würde es „gutfinden", wenn ich „einmal nach ihm schauen" würde, denn ihm bräche „jetzt eine ganze Welt zusammen". Zu Beginn schildert Herr A. den von ihm erlebten Schrecken und seine Aufregung bis zur Einlieferung in das Krankenhaus mit dem Notarztwagen. In der Fortsetzung kommt es zu folgendem Gespräch:

S. (am Bett stehend): Jetzt geht es Ihnen gar nicht gut?
A.: Ach, jetzt geht es mir wieder gut. Zwei Tage lang habe ich gedacht, ich kratze ab. (Pause) Setzen Sie sich doch her (ich gehe auf die andere Seite des Bettes). Den Stuhl müssen Sie sich schon selber herholen.
S.: Das sehe ich (hole den Stuhl und setze mich). Sie sagten, Sie hätten gedacht, es geht jetzt zu Ende. War das sehr schlimm für Sie?
A.: Überhaupt nicht, in keiner Weise.
S.: Aber Sie sind schon gerne auch noch hier geblieben?
A.: (mit unwilligem Unterton): Ach, was soll das denn ... wie ich dran bin ... wozu ..., was soll denn das? Da komme ich herauf von der Dialyse und habe schrecklichen Durst, in diesen trockenen Räumen, alles in mir ist ganz trocken, und dann soll ich

---

4) Vgl. dazu *Josuttis* 1980.

nichts trinken, darf ich nichts trinken, da gibt es doch nichts mehr, was einen freut. Was soll einen denn da noch freuen?

S.: Sie haben keine Angst vor dem Sterben?

A.: (noch unwilliger): Was soll einem denn da noch gefallen? Was denn? Was soll denn mir noch gefallen? Sagen *Sie* mir, was mir noch gefallen soll! (Pause — setzt sich halb auf und schaut mich direkt an) Ihr glaubt an Gott und an das ewige Leben ... dann müßtet ihr euch ja freuen.

S.: Wenn es so ist, dann müßten wir gerne gehen, meinen Sie?

A.: Ach gerne gehen — freuen müßtet ihr euch doch! Aber ich habe noch keinen gesehen. Noch keinen, der sich gefreut hätte (Pause). Ja, wenn man alt werden könnte. Aber mit fünfzig!

Der „Anspruch" einer sich den anthropologischen Realitäten aussetzenden Seelsorge an Sterbenden kann demgemäß lediglich in ihrem möglichen Modellcharakter für institutionellen Nicht-Anspruch überhaupt, oder positiv ausgedrückt: in ihrer spezifischen Angebotsstruktur bestehen. Diese Angebotsstruktur ist in der genannten Zielsetzung der Seelsorge an Sterbenden begründet: dem Todkranken und Sterbenden den Freiraum zu schaffen und offenzuhalten, den dieser braucht, um die Frage nach dem Sinn zu stellen und seine eigene Identität zu suchen und zu finden.

Die Inhumanität der Institution Krankenhaus im Bereich von Sterben und Tod manifestiert sich heute weniger (wie oft pauschal zu hören ist) in der Verdrängung und Tabuierung dieses Bereichs, sondern vielmehr in einer strukturimmanenten Programmierung und Schematisierung des Sterbens des Einzelnen. Ein Sterbeprozeß, der diesen Normen entspricht, wird in der Regel durchaus akzeptiert; ein schwer oder nicht „integrierbarer" Sterbeprozeß dagegen wird mißbilligt und als Störung erlebt, die bisweilen zu erheblichen Turbulenzen im gesamten Interaktionsfeld Patient — klinisches Personal — Angehörige führt[5].

Dagegen hat seelsorgerliche Sterbebegleitung in aller Deutlichkeit und Konsequenz festzuhalten: Wo das reale, individuelle, persönliche Betroffensein vom Tod in seiner existentiellen Gestalt beginnt, endet die Kompetenz der Lebenden. Mag sie sich „säkular" oder „religiös" begründen — sie bleibt, wo sie sich nichtsdestoweniger durchzuhalten versucht, eine Kompetenzüberschreitung und -anmaßung („wir wissen, wie man richtig, anständig, gut oder selig stirbt"), die den Todkranken auf die Rolle festlegt, welche die Umgebung von ihm (und nur von ihm) erwartet. Auf diese Weise treibt solches „Kompetenzverhalten" den Todkranken in die verzweifelte Alternative, entweder sich „anzupassen" und damit „freiwillig" die Rolle des Abgesonderten,

---

[5]) Dies zeigen vor allem die Untersuchungen von *Glaser* und *Strauss* 1974.

einer „Sonderbehandlung" Bedürftigen auf sich zu nehmen[6] oder sich selbst von seiner Umwelt zu isolieren und damit seinen sozialen Tod, die Exkommunikation aus der Gemeinschaft der Lebenden herbeizuführen. Auf den Tod „vorbereiten" kann sich in Wahrheit nur der Todkranke selbst, wenn er dazu bereit ist, d. h. in Freiheit. Was er von den Lebenden dazu braucht und was sie allein (im doppelten Sinn: nur sie, und nur dies) ihm als Hilfe dabei anbieten können, ist ein Umgang mit ihm, der ihm den Freiraum für seine individuelle und persönliche Konfrontation mit dem Tod beläßt, bzw. eröffnet und offenhält — auch wenn er, der Todkranke selbst, sein Sterben und seinen Tod nur als letzte Sinnlosigkeit und Sinnwidrigkeit empfinden und erfahren kann. Es ist „nicht Aufgabe christlichen Glaubens, der unter dem Vorzeichen der Freiheit steht, menschliches Leben und menschliches Sterben nach einem bestimmten Bild zu formen. Es gehört zur Problematik kirchlicher Sterbebegleitung, daß sie das bewußt oder unbewußt immer wieder versucht hat. Sie bleibt aufgerufen, in menschlicher Solidarität auch und gerade jenen beizustehen, die ihren Tod ohne religiösen Trost, ohne Würde, in der Brutalität körperlichen Verfalls und seelischer Sinnlosigkeit erleiden müssen" (*Josuttis* 1980, 372).

Herr B. (65) liegt seit Monaten im Krankenhaus; in den vorangegangenen Wochen hat sich sein Zustand ständig verschlechtert. Jetzt, am Ende aller medizinischen Möglichkeiten wartet er — offensichtlich ohne Hoffnung — auf den Tod. Ich treffe ihn müde und abgespannt, aber wach und in aggressiver Verzweiflung an. Herr B. artikuliert zunächst seine Hoffnungslosigkeit („Wenn ich könnte, würde ich Gift nehmen").
S.: Sie sehen keinen Sinn mehr in dem allem.
B.: Überhaupt keinen.
S.: Hätte es für Sie einen Sinn, Herr B., wenn wir jetzt von Gott reden würden?
B. (entschieden): Nein. Das hilft überhaupt nichts.
S.: Ich habe es nie getan, die ganze Zeit nicht.
B.: Das war auch richtig. Das ist doch nur Krampf (Pause — blickt suchend auf den Nachttisch).
S.: Da, der Becher? Möchten Sie etwas trinken?
B.: Ja.
S.: Was darf ich Ihnen bringen?
B.: Wasser.
S.: Leitungswasser? Dort, vom Waschbecken?
B.: Ja, gewiß. (Ich gehe und fülle den Becher mit Wasser. Ich komme zurück und halte ihm den Becher an den Mund. Er trinkt ihn ganz leer.)
B.: Das schmeckt besser als alle Medizin — füllen Sie den Becher doch noch einmal und stellen sie ihn hierher. (Ich gehe noch einmal und komme mit dem Becher zurück. Als ich ihn ihm zeige, trinkt er ihn noch einmal zur Hälfte leer. Ich stelle den Becher auf den Nachttisch.) — Pause —

---

[6] Vgl. die Beschreibung derartigen Erlebens in *Tibbe* 1971, 10-12.

S.: Sie liegen da und warten, und ich kann gar nichts ändern.
B. (bestimmt): Sie haben viel verändert. Alles.
S.: Viel verändert? Ich weiß nicht, wann und wo ich das getan habe.
B.: Der Durst. Der ist schlimm. Schlimmer als Hunger.

Aus dem Gesagten lassen sich (zusammenfassend) folgende Thesen formulieren: 1. Kompetent für sein Sterben ist der Sterbende selbst. Wie er es „gestaltet", liegt allein bei ihm. 2. Sterben ist ein höchst intimer Prozeß. Ob und wie der Todkranke den Seelsorger daran teilhaben lassen, was er ihm davon mitteilen will, ist ausschließlich seine Sache. 3. Auftrag der Seelsorge an Sterbenden ist es nicht, den Sterbenden anzuleiten, wie er zu sterben hat, d. h. ihn zu einem „seligen", „sinnvollen" oder „würdigen" Sterben zu bewegen, sondern ihn auf *seinem* Weg zum Tod zu begleiten. Von daher ergibt sich als *erstes Ziel* seelsorgerlicher Sterbebegleitung: Stärkung der Identität des Sterbenden durch Bestätigung seiner Selbstkompetenz, Respektierung seiner Selbst-Mitteilung (und ihrer Grenzen) und Anerkennung seiner Selbstbestimmung.

Angesichts der Realität des modernen „Normal"krankenhauses wird solche Zielbestimmung jedoch zu einer nahezu zynischen Abstraktion — es sei denn, sie wird zur Institution Krankenhaus in Beziehung, und d. h. (in der Regel) ihr entgegengesetzt. Zu diesem Zweck sei, anstelle zahlreicher Einzelerfahrungen von Krankenhausseelsorgern (und erst recht von Sterbenden und ihren Angehörigen)[7], eine Art Summarium zitiert.

„Solange Krankenhäuser den Charakter einer totalen Institution haben, ist die Rolle des Patienten und damit seine psychosoziale Situation gekennzeichnet durch Absterbeprozesse des Selbst (*Rohde*), Identitätskonflikte, Verlust des Selbstwertgefühls, Entmündigung, Eingrenzung und Reglementierung, Kontrolle, Aufhebung der Privatsphäre, Gehorsam, Ein- und Unterordnen, Statusverlust, Abhängigkeit, Verunsicherung, Angst, Anpassung und Unaufrichtigkeit. Die schlimmste Belastung aber ist es für einen kranken oder sterbenden Menschen, wenn er inmitten der vielen Menschen, die sich im Krankenhaus um ihn sorgen, allein gelassen wird. Und diese bittere Erfahrung müssen nicht wenige Patienten heute machen. Krank werden und ins Krankenhaus kommen bedeutet dann oft, in die Isolierung abgeschoben zu werden. Und das geschieht gerade dann, wenn der Mensch in erhöhtem Maße auf die Nähe und Wärme anderer angewiesen ist." (*Engelke* 1979, 26)

Die hier beschriebene Situation von Krankenhauspatienten läßt sich, zugespitzt auf das, was Sterbenden unter solchen Umständen widerfährt, auf zwei Begriffe bringen: Desintegration aus der Gemeinschaft der Lebenden und Abgeschnittensein von Hoffnung. Identitätserfahrung bzw. Identitätsfindung lassen sich aber nur in Beziehung

---

[7] z. B. *Kautzky* 1976.

zum sozialen Umfeld und unter dem Aspekt der Hoffnung verwirklichen. Bedürfnisse wie Selbstkompetenz, Intimität und Selbstbestimmung müssen in einer Situation der Isolation und der Hoffnungslosigkeit zum ohnmächtigen Protest oder zur Apathie pervertieren. Angesichts derartigen Ausgeliefertseins sterbender Menschen an die institutionelle Realität muß sich deren seelsorgerliche Begleitung das weitere,
zweite Ziel setzen: dem sterbenden Menschen im Krankenhaus die
Teilnahme an der Gemeinschaft der Lebenden zu ermöglichen (bzw.
dort, wo er durch institutionelle Strukturen und Zwänge daran gehindert wird, ihn in die Gemeinschaft der Lebenden hereinzuholen) *und*
ihm gleichzeitig Beistand zum *Verlassen dieser Gemeinschaft* zu leisten. Mit anderen Worten: Ziel der Seelsorge an Sterbenden im Krankenhaus im weiteren Sinn ist es, dem Sterbenden die Erfahrung von
Gemeinschaft zu vermitteln und ihm zugleich die Dimension der Hoffnung zu eröffnen.

Die Vermittlung der Erfahrung von Gemeinschaft und die Übermittlung von Hoffnung haben als solche jeweils wieder zwei Gestalten
bzw. Zielrichtungen. Gemeinschaft kann erfahren werden in der
Gestalt der Kommunikation, des vorwiegend verbalen, gegenseitigen
Sich-Mitteilens im Gespräch, und der Partizipation, des vorwiegend
nonverbalen teilnehmend-teilgebenden Schweigens, der Gesten und
der Berührung. Die Übermittlung von Hoffnung ist grundsätzlich auf
zwei Bedrohungen der Hoffnung gerichtet: die aus der Vergangenheit
und die aus der Zukunft; es geht sowohl um die Hoffnung für das
gelebte Leben als auch um die Hoffnung angesichts des Todes. Hoffnung im Blick auf das *vergangene*, das gelebte, das jetzt vergehende
Leben: daß das alles einen Wert und einen Sinn gehabt hat, daß es
nicht sinn- und wertlos war. Selbstwert, Sinn, Lebenserfüllung, wie
fragmentarisch sie auch gewesen sein mag, also Versöhnung für das
Geschehene und Gewesene. Versöhnung mit der Vergangenheit ist freilich nicht auf dem Weg der Beschwichtigung oder gar der Verharmlo-
sung, also der Verdrängung von Vergangenheit zu gewinnen bzw. zu
vermitteln. Dies gilt nicht nur angesichts der Trauer eines Sterbenden
um ungelebtes Leben (ihr ist unbedingt Raum zu geben), sondern vor
allem auch dort, wo der sterbende Mensch und der mit ihm kommuni-
zierende Seelsorger sich den Dimensionen des Versäumten und Ver-
fehlten gegenübersehen: der unterlassenen oder vom Sterbenden als
falsch erkannten Verwirklichung jetzt endgültig entzogener Lebens-
möglichkeit(en). Wo derartiges von einem Todkranken existentiell und
in quälendem Schmerz erlebt wird, darf der Seelsorger dies nicht psy-
chologisierend als „Schuldgefühl" deuten; hier ist er vielmehr heraus-

gefordert, aber auch legitimiert, dem Sterbenden den Horizont der bedingungslosen Annahme durch Gott zu eröffnen, „wo . . . schon ein Blick, ein Zeichen, ein stummer Ruf genügt, daß die Vergebung sich wie ein Adler von den Höhen des Himmels herunterstürzt" (*Bernanos* 1947, 171). Vergebung wäre dann das im Symbol der Beziehung oder auch in der Feier des heiligen Abendmahls vermittelte, aber von „jenseits" ergehende und autorisierte Wort und als solches zugleich die Schwelle, der Übertritt aus der Vergangenheit in die Zukunft, in die Hoffnung nach *vorn*: Du gehst auf eine Tür zu, und sie wird sich öffnen. Bewahrung angesichts des Todes, Geborgenheit im Tod, Verwandlung über den Tod hinaus, also Öffnung für das Kommende — das wären Stichworte der nach vorwärts gerichteten Hoffnung.

Frau K., Mitte 50, im letzten Stadium einer Krebserkrankung, weiß, daß es für sie außer Schmerzlinderung keine medizinische Hilfe mehr gibt und daß ihre Lebenszeit abgelaufen ist. Bei zwei Besuchen spricht sie in Schmerz, Zorn und Trauer von ihrem unerfüllten Leben, vor allem von ihrer tief enttäuschenden Ehe und dem mißlungenen Versuch, eine ihr Leben erfüllende Beziehung zu finden. Am Ende des zweiten und letzten Gesprächs (morgen wird Frau K. nach Hause entlassen, um dort ihr Leben abzuschließen) sagt sie, mit plötzlich verändertem Tonfall, der mich an das Sprechen eines Bekenntnisses erinnert: „Ich habe mir schon einen Mann gewünscht, der mich liebt, den ich aber nicht liebe." „Wie meinen Sie das?" frage ich. „Geliebt werden — einfach nur geliebt werden. Einen Mann, der mich liebt, der mich umgibt und beschützt und umwirbt, und ich muß nichts tun . . . einer, der mich bedingungslos (sie betont dieses Wort stark) liebt. Ich stelle mir das wunderbar vor — aber ich hätte es wohl nicht ausgehalten." Nach einem kurzen Schweigen sage ich: „Bedingungslose Liebe — die gibt's wohl unter uns nicht. Die kommt von woanders her." Sie schaut mich zweifelnd und doch nachdenklich an. — Später, als ich aufstehe, sage ich: „Sie haben von der bedingungslosen Liebe gesprochen — so, wie wenn Sie von einem Traum sprechen würden. Im Leben haben Sie sie nie erfahren. Vielleicht werden Sie erfahren, daß sie Sie im Sterben trägt." „Ich hoffe, daß es nicht zu lange und zu viel für Sie war", füge ich hinzu, als wir uns beim Abschied die Hand geben. „Nein", sagt Frau K., „Sie haben mir zugehört . . . werden wir uns nochmals sehen?" „Vielleicht . . . wir wissen es nicht", gebe ich zur Antwort. „Vergessen Sie mich nicht", sagt sie, und ich: „Nein, das ganz bestimmt nicht. Aber das mit der bedingungslosen Liebe ist nicht unsere Sache. Aber ich glaube, daß ein Anderer sie uns entgegenbringt, und daß Sie etwas davon erfahren auf dem Weg, der vor Ihnen liegt. Das wollte ich Ihnen noch sagen . . ."

Als ich mich an der Tür nochmals zurückwende, schaut Frau K. zu mir her und sagt, wie von innen heraus lächelnd: „Vielleicht gibt es auch noch ein Wunder." „Es gibt sicher verschiedene Wunder", erwidere ich, „und die wirklichen Wunder sehen meist anders aus, als wir sie uns vorstellen." Sie sagt, langsam und wie meditierend: „Tiefer . . . nicht so oberflächlich . . . das bringt uns nicht weiter." Nochmals geht ein Lächeln über ihr Gesicht, als sie „Auf Wiedersehen" sagt. — Erst vor der Tür wird mir bewußt, daß dieses Gesicht, das mich zum Schluß anschaute, so anders war als die gespannten Züge während des Gesprächs: es hatte etwas Strahlendes, Leuchtendes angenommen — Versöhnung, so empfand ich es, lag darin . . .

Frau K. ist 2 1/2 Monate später zu Hause gestorben, ohne noch einmal in die Klinik zu kommen.

Ziel der Seelsorge an Sterbenden

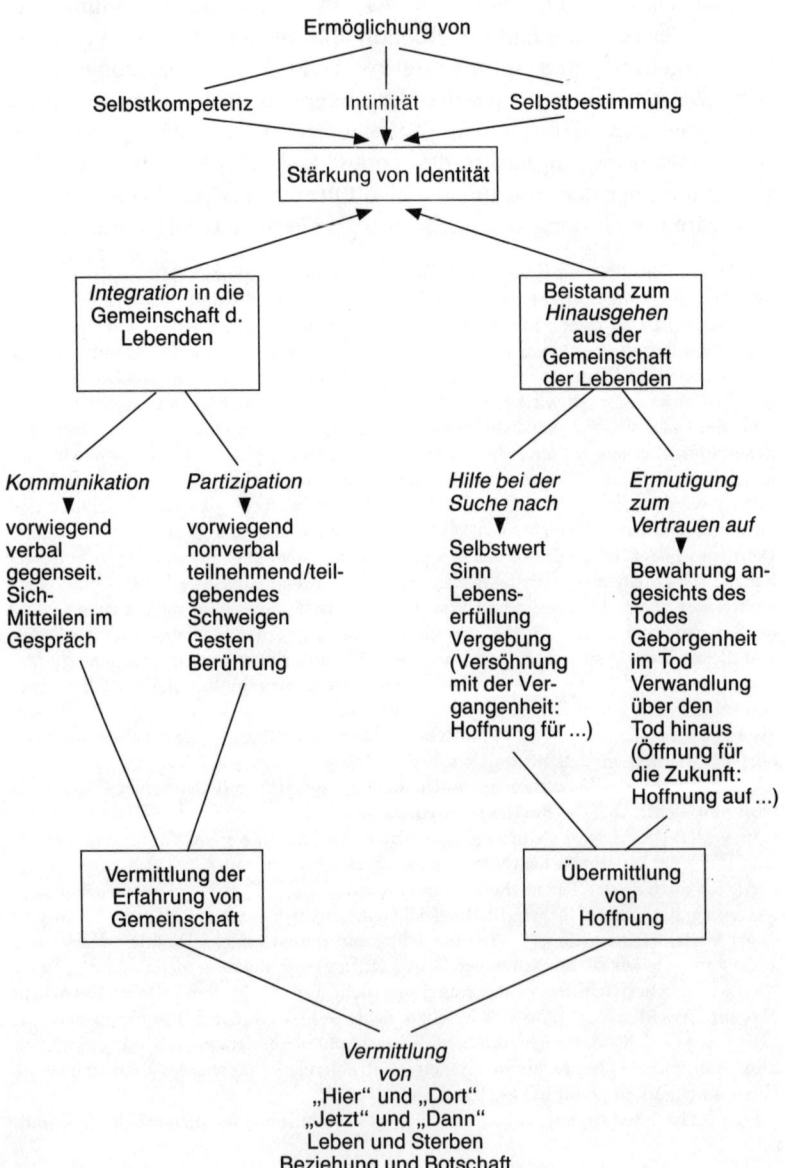

Ermöglichung von

Selbstkompetenz | Intimität | Selbstbestimmung

Stärkung von Identität

Integration in die Gemeinschaft d. Lebenden

Beistand zum *Hinausgehen* aus der Gemeinschaft der Lebenden

Kommunikation
vorwiegend verbal gegenseit. Sich-Mitteilen im Gespräch

Partizipation
vorwiegend nonverbal teilnehmend/teilgebendes Schweigen Gesten Berührung

Hilfe bei der Suche nach
Selbstwert Sinn Lebenserfüllung Vergebung (Versöhnung mit der Vergangenheit: Hoffnung für ...)

Ermutigung zum Vertrauen auf
Bewahrung angesichts des Todes Geborgenheit im Tod Verwandlung über den Tod hinaus (Öffnung für die Zukunft: Hoffnung auf ...)

Vermittlung der Erfahrung von Gemeinschaft

Übermittlung von Hoffnung

Vermittlung von
„Hier" und „Dort"
„Jetzt" und „Dann"
Leben und Sterben
Beziehung und Botschaft

Integration in die Gemeinschaft der Lebenden und Beistand zum Hinausgehen und in beidem die Vermittlung von „Jetzt" und „Dann", „Hier" und „Dort", (noch) leben und (schon) sterben: so etwa läßt sich beschreiben, was geschehen sollte — und geschehen kann.

Das Ziel der Seelsorge kann demnach zusammengefaßt so formuliert werden: Stärkung der Identität des Sterbenden durch dessen Integration in die Gemeinschaft der Lebenden und seine „Infizierung" mit der Hoffnung „wider alle Hoffnung" (Röm. 4,18).

Die beigefügte Übersicht soll (in vereinfachender Form) die Ziele der Seelsorge an Sterbenden und ihr Aufeinanderbezogensein verdeutlichen.

Die genannten Ziele kann Seelsorge an Sterbenden freilich nur vertreten und verfolgen, weil und solange der Seelsorger selbst zu hoffen wagt, daß die in Jesus Christus erschienene, am Tod des Menschen partizipierende Liebe Gottes[8] stärker ist als der Tod und daß dem Sterbenden der Mut zuteil werden wird, sich in diese Liebe fallen zu lassen — als „geordnete Einkehr in die Perspektive absoluter Ohnmacht" (*Herms* 1979, 51).

Präzise formuliert diese seelsorgerliche Hoffnung ein amerikanischer Autor: „Pfarrern ... dürfte daran gelegen sein, daß ein Mensch als Glaubender stirbt. Aber der Glaube, den sie für den Sterbenden wirklich und dringend wünschen, besteht weniger in dieser oder jener Überzeugung oder einem bestimmten Glaubensbekenntnis als vielmehr in dem Vertrauen darauf, daß Liebe, Hoffnung und Sinn stärker sein werden als der Tod" (*Mills* 1977, 205).

5. Schwerpunkte seelsorgerlicher Intervention bei Sterbenden im Krankenhaus

Aus den formulierten Zielen lassen sich Schwerpunkte bzw. Indikationen für konkrete seelsorgerliche Interventionen ableiten: Es sind dies vor allem jene Situationen, in denen sterbende Menschen den Verlust von Identität und Selbstwert, den Verlust von Beziehung und Kommunikation und den Verlust von Hoffnung erfahren und erleiden.

1. *Der Verlust von Identität und Selbstwert* bzw. deren akute Bedrohung, die bei zahlreichen Todkranken manifest werden, müssen nicht

---

[8] „Liebend partizipiert Gott am Schmerz des Todes, um Leben und Tod in ein neues Verhältnis zueinander zu bringen, das Auferstehung von den Toten genannt zu werden verdient" (*Jüngel* 1971, 139).

notwendig durch die persönliche Konfrontation mit dem Tod als solche bedingt sein. Vermutlich sind sie viel häufiger eine Folge des Umgangs der sozialen, insbesondere der institutionellen Umgebung des Todkranken mit diesem[9]. „Was bin ich euch (noch) wert, wenn ich mich als Sterbender zu erkennen gebe?" — das ist möglicherweise die (unausgesprochene) Frage gerade *des* Sterbenden, der das letztere auffallend ängstlich vermeidet, weil er die Reaktion seiner Umgebung fürchtet, wenn er (in deren Augen) „sich selbst aufgibt" und sie so mit ihrer eigenen Ohnmacht konfrontiert. Hier können Besuche des Seelsorgers und eventuell ein Gespräch zwischen diesem und Angehörigen des Personals (Stationskonferenz!) bzw. den nächsten Angehörigen des Patienten die Situation von beiden Seiten her „öffnen" und so dem Sterbenden helfen, die Wahrung von Identität und Selbstwert nicht (länger) um den Preis des „geschlossenen Bewußtseins-Kontexts" (*Glaser* und *Strauss*) erkaufen zu müssen. Das kann wie eine Befreiung wirken.

In bezeichnend verborgener und doch wahrnehmbarer Weise prüft, wie mir scheint, ein Todkranker seinen „Wert" als Sterbender im folgenden Ausschnitt aus einem Besuchsgespräch mit Herrn C., einem fast 70jährigen Todkranken, und seiner Frau.

Herr C.: „Wenn ich keinen Besuch bekommen würde, wäre es nicht auszuhalten . . . Wenn kein Besuch kommt, schlafe ich fast immer." Frau C. (halblaut zu mir): „Er will halt doch noch nicht sterben . . ." Herr C. (leise, aber deutlich von der anderen Seite her zu mir): „Vielleicht kann ich auch einfach einmal so einschlafen." „Wäre Ihnen das recht?" frage ich. Er nickt und sagt: „Das wäre nicht schlecht." Wir schauen uns an und schweigen.

Dann kommt Frau C. von der anderen Seite des Bettes, beugt sich zu ihrem Mann herunter und sagt: „Wir haben dich heute noch gar nicht rasiert." Er (zu mir gewandt): „Das ist mir überhaupt nicht mehr wichtig . . . Früher, wenn ich aus dem Haus gegangen bin, war ich immer tipptopp." Ich sage, ich müsse mich wundern, daß er geistig so wach und rege sei. Darauf er: „Manchmal frage ich mich, ob ich noch normal bin. Ich prüfe mich mit Rechnen." Ich: „Sie machen Kopfrechnungen — als Test, ob Ihr Denken noch richtig ist?" „Ja", sagt er und nickt lächelnd. Dann fügt er hinzu: „Und wie weit es noch weg ist." „Sie möchten daran erkennen, wie lang es noch dauert, bis das Denken aufhört?" „Ja", sagt er und nickt noch einmal. Wieder schweigen wir eine Weile . . .

Identität und Selbstwert können auch durch die Erfahrung krankheits- und krankenhausbedingter Eingrenzung und Reglementie-

---

[9] „Es bestand eine allgemeine Neigung anzunehmen, das Verhalten des sterbenden Patienten sei — aufgrund seiner Einstellung zum Tod — festgelegt und vorgeprägt. Einige in letzter Zeit veröffentlichte Arbeiten haben sich jedoch mit dem Verhalten des sterbenden Patienten als einer Funktion seiner Interaktionen mit wichtigen Personen seiner Umgebung befaßt. Es ist darauf hingewiesen worden: Annahme bzw. Verleugnung des Todes auf seiten des sterbenden Patienten stehen in Zusammenhang sowohl mit der Art und Weise, in der mit ihm über seine Zukunft gesprochen wurde, als auch mit dem Vorgehen, das von seiten des Krankenhauspersonals im Anschluß an diese Mitteilung erfolgt." (*Quint* 1967, 223f.)

rung bedroht werden. Bisweilen kann der Besuch des Seelsorgers dem Betroffenen nur die Möglichkeit bieten, seinen Schmerz, seine Trauer und seinen Zorn darüber zu äußern und mitzuteilen. Aber selbst dies Wenige kann zur Aufrechterhaltung oder Wiedergewinnung von Selbstwert für den Sterbenden viel bedeuten. Wenn sich der Seelsorger partizipierend dem aussetzt und seinen Gesprächspartner nicht beschwichtigt, kann der Sterbende in diesem Geschehen ein Stück Freiraum und Autonomie erleben und damit einen ersten Schritt aus verlorener in Richtung neu zu gewinnender Identität tun.

Von Frau D. (25), die an einer möglicherweise tödlichen Erkrankung leidet, wird, wie mir auffällt, im Stationszimmer kaum gesprochen — als ob die Wahrnehmung und das Interesse des Personals an ihr vorübergingen. Bei meinem Eintreten in das Einzelzimmer und der Begrüßung meine ich eine starke Ambivalenz zwischen Ablehnung und Erwartung zu spüren. Nachdem Frau D. und ich uns ein wenig unterhalten haben, stellt sie plötzlich und unvermittelt eine Frage.

D.: Und was hat das nun für einen Sinn?

S.: Sie meinen, daß wir beide uns hier unterhalten?

D.: Nein, überhaupt, was Sie da so machen. Menschen besuchen, die keine mehr sind.

S.: Ich muß gestehen, so habe ich das noch nie ausgesprochen gehört. (Pause)

D.: Aber so ist es doch. (Pause) (Wir schauen uns gegenseitig an. Dann blickt Frau D. nach oben, auf die dort über dem Bett aufgehängte Bluttransfusion. Schließlich wendet sich ihr Gesicht wieder mir zu.)

S.: Sie sagten: Menschen, die keine mehr sind. Ich habe den Eindruck, daß die Menschen, die irgendwie am Rande des Lebens stehen und denen ich begegne, nicht selten menschlicher sind als manche, die mitten im Leben stehen, wie wir so sagen.

D.: Vielleicht. Mag sein, daß sie mehr vom Leben wissen. (Sie sagt das in einem resignierten, fast depressiven Ton.) (Pause)

D. (plötzlich, unvermittelt): Warum setzen Sie sich eigentlich nicht? (Ich spüre wiederum eine Mischung von Einladung und Aggression.)

S.: Sie sagten, daß Sie so, wie Sie dran sind, niemandem etwas sein, niemandem etwas bedeuten könnten. Sie haben niemals Freunde, niemals Partner?

D.: Die habe ich schon immer wieder mal. Aber ich breche eine solche Beziehung regelmäßig ab.

S.: Sie sind es, die die Beziehung abbrechen?

D.: Ja, natürlich. Ich kann doch meinem Partner nichts vormachen. Deshalb höre ich damit auf, bevor es nicht mehr geht.

2. *Der Verlust von Beziehung und Kommunikation* kann von Sterbenden in zwei Richtungen besonders schmerzhaft erlitten werden: Als Erfahrung von Einsamkeit und Isolation auf der Station („Sterbe-Zimmer") und als Abgeschnittensein von der eigenen alltäglichen und biographischen, psychosozialen Welt. Im ersten Fall kann allein schon die Tatsache eines einzigen, noch mehr die einer Reihe von Besuchen Isolation durchbrechen, wie in ihrer Dankbarkeit fast beschämende Äußerungen solcher todkranker und sterbender Patienten immer wieder zeigen.

Ein Ausschnitt aus dem Gespräch mit Frau E. (Mitte 50):

E.: Am Anfang war es ganz schrecklich. Da konnte ich es fast nicht aushalten.

S.: Als Sie in der ... Klinik lagen?

E.: Da war ich ganz allein. Ich konnte mit niemandem darüber sprechen, bevor Sie kamen.

S.: Das muß eine schlimme Zeit für Sie gewesen sein.

E.: Ganz schrecklich. Ich dachte: Wenn doch jemand käme, dem ich das sagen könnte. Ich kann das allein nicht mehr aushalten. Dann sind Sie gekommen.

S.: Manchmal bedrückt es mich sehr, wenn ich an die Menschen denke, die ganz allein damit fertigwerden müssen.

E.: Damit kann man nicht allein fertigwerden.

S.: Allein schafft man das gar nicht?

E.: Nein. Das geht überhaupt nicht, wenn man niemanden hat, mit dem man darüber reden kann.

Unter dem zweiten Aspekt ist es von besonderer, oft unterschätzter Bedeutung, wenn todkranke Patienten von ihrem Alltag oder aus ihrem Leben zu erzählen beginnen und damit das „Draußen" bzw. das gelebte (oder ungelebte!) Leben in die Kommunikation hereinholen. Sie können auf diese Weise selbst noch einmal Kommunikation mit „abgeschnittenen Teilen" ihres persönlichen und sozialen Daseins finden — eine Verbindung, die auch Vorbereitung auf die endgültige Trennung sein kann. Ob die hier bisweilen „eingeblendete" Frage: „Warum erzähle ich Ihnen das alles?" nicht potentiell in beide Richtungen weist: nach rückwärts und nach vorn? Der Seelsorger muß sich hier Zeit nehmen, um zuzuhören, und er sollte sich von eigenen Bewertungen, was „wichtig" bzw. „unwichtig" ist, freihalten, wenn er Wirkliches vernehmen und Wesentliches verstehen will.

Herr F. ist 23 Jahre alt; seit zwei Jahren läßt ihn die tödliche Erkrankung nicht mehr los. Bei meinem letzten Besuch bei ihm bewegt sich das Gespräch zunächst offen um das Thema „Sterben". Dann sagt Herr F., „dies hier" sei jetzt „sein Reich" (er schaut dabei, alles überblickend, im Zimmer umher). „Da wird die Welt klein", sage ich. Er, zustimmend, wiederholt diese Worte — wie es scheint, ohne Trauer und einverstanden mit dem begrenzten Aufenthalt an diesem Ort, der ihm zur letzten irdischen Zuflucht geworden ist. Dann aber, etwas später, beginnt er zu erzählen und wird dabei immer lebhafter. Er holt ein kleines Fotoalbum aus der Nachttischschublade und zeigt mir Bild um Bild: er und seine Freunde in dem alten Bauernhaus, das sie sich „zurechtgebaut" haben, „wie wir wollten ... da konnten wir die ganze Nacht feiern ..." Er macht mich besonders aufmerksam auf die Filz-Spitzhüte und die rotkarierten Hemden, die sie tragen. „Das war eine Gaudi und die Leut' haben uns nachgeguckt ... Wie wir da im Lokal gesessen sind, haben sie gesagt: ‚Was sind denn das für zwei?'" Wir lachen beide. „Jetzt verstehe ich, daß Sie gesagt haben: ‚Ich habe voll gelebt'", sage ich, als Herr F. das Album schließt und wieder in den Nachttisch zurücksteckt.

Dann verabschiede ich mich von Herrn F. und sage, ich würde Anfang nächster Woche wiederkommen. „Was bis dahin ist, wissen wir nicht," sagt er. „Nein", antworte ich, „das können wir nicht wissen ..." Herr F. starb fünf Tage später.

3. *Der Verlust von Hoffnung* bei Sterbenden ist sehr oft, wenn nicht in aller Regel, die Wirkung des Verlusts von Identität und Selbstwert, von Beziehung und Kommunikation oder von beidem zugleich, — und verstärkt dann umgekehrt, in Gestalt eines wahrhaft tödlichen Zirkels, jene beiden anderen Verlustprozesse massiv. Soll Hoffnung (wieder) erweckt bzw. bedrohte Hoffnung aufgerichtet werden, so kann dies deshalb nicht mit rein verbalen Mitteln geschehen (auch nicht durch Worte aus Bibel und liturgischer Tradition, die isoliert herangeholt werden!). Der Verlust muß vielmehr dort angegangen werden, wo er entstanden ist: es wird entscheidend darauf ankommen, ob das gesamte Verhalten und der Umgang des Seelsorgers mit dem Todkranken diesem Selbstwert- und Kommunikations*erleben* ermöglicht — als soziale Gestalt von Hoffnung sozusagen. Dabei kann es zu einer für beide Interaktionspartner bedeutsamen Umkehrung kommen: an die Stelle des Themas „Hoffnung" (oder „Hoffnungslosigkeit") als inhaltlich-verbalem Medium der Kommunikation im Gespräch tritt — je länger, desto mehr — die Kommunikation als emotional-nonverbales Medium der Hoffnung.

„Wer einem Schwerkranken und Sterbenden zum wahrhaften Begleiter wird, kann selbst zu einem Zeichen werden, durch das dem Kranken vielleicht eine entscheidende Transzendenzerfahrung möglich wird. In solchen Begegnungen kann gerade einem Kranken die Dimension des Lebens aufgehen, die im Alten und im Neuen Testament als die Erfahrung des mitgehenden Gottes beschrieben wird. Hier liegt die theologische Dimension des Begleiters, ja prinzipiell einer jeden Kommunikation von Menschen in der Krise." (*Reiner* 1979, 160)

In *solchem* Kontext können dann, wenn der Sterbende von diesem Angebot Gebrauch machen will, das Wort der Bibel, vor allem der Psalm, das Gebet und das Abendmahl (bzw. Kommunion und Krankensalbung) Ort und Sprache finden und ihre Kraft erweisen: als Stärkung und letzte Vergewisserung der in Gemeinschaft erfahrenen Hoffnung, die auch der „letzten Angst" zu widersprechen vermag: Abschied als Erfahrung letzter Gemeinsamkeit, Trennung als zutiefst verbindendes Geschehen.

Frau G., etwa 50 Jahre alt, befand sich im letzten Stadium einer tödlichen Krebserkrankung. Eine Reihe von Besuchen war vorausgegangen. Der nachstehend wiedergegebene Besuch (zwei, höchstens drei Tage vor ihrem Tod) war der letzte, bei dem ich sie wach und bei Bewußtsein antraf.

Die Schwester, die ich nach Frau G. frage, erwidert: „Sie schläft. Ich kann mal nachsehen." Kurz danach kommt sie aus dem Zimmer und sagt: „Frau G. hat gesagt, Sie könnten kommen, wenn es Ihre Zeit erlaubt." Ich trete ein. Frau G. liegt mit leicht angehobenem Oberkörper im Bett, mit fast geschlossenen Augen. Sie öffnet sie leicht zur Begrüßung. Dann spricht sie leise, in flüsterndem Ton.

G.: Ich kann nicht gut sprechen.
S.: Ich sehe es, Frau G.; Sie müssen nicht sprechen, wenn es schwer ist. (Ich halte eine
   Weile ruhig ihre Hand.) Soll ich beten?
G.: (nickt).
D.: (Ich spreche ein Bibelwort, ein Gebet und den Segen. Beim Segen lege ich Frau G.
   die Hand auf die Stirn. Ich halte weiter ihre Hand. Sie liegt ruhig in der meinen, eine
   ganze Zeit lang.)
G.: (schlägt plötzlich die Augen auf und spricht etwas).
S.: (ich bringe mein Ohr ganz nah an ihren Mund).
G.: (ganz leise aber deutlich) Manchmal bin ich noch hier in meinen Gedanken.
S.: Manchmal sind Sie noch hier, und manchmal sind Sie schon ganz weit fort.
G.: (nickt). —
S.: Wir dürfen Sie nicht mehr festhalten.
G.: (nickt wieder deutlich) Aber für mich ist es schön, wenn Sie noch einmal hier sind.
   (Sie lächelt. Ich halte weiter still ihre Hand. Nach einer Weile werde ich unsicher,
   ob ich jetzt gehen oder noch bleiben soll.)
S.: Ich gehe jetzt, Frau G. Aber ich werde heute abend noch an Sie denken.
G.: (flüstert, ich verstehe nicht, bringe mein Ohr wieder nah an ihren Mund. Mit Tränen
   in den Augen und einer Armbewegung, als wolle sie mich umarmen): Auf Wiederse-
   hen. Nicht bleiben, sonst wird's zu schwer.
S.: Ich muß jetzt gehen, sonst wird's zu schwer?
G.: (nickt deutlich).
S.: Behüt' Sie Gott, Frau G. Leben Sie wohl.

Wie kann der Seelsorger auf die angedeuteten Schwerpunkte für eine
seelsorgerliche Intervention aufmerksam werden? Hier liegen Gefahren und Möglichkeiten nicht selten nahe beieinander. Deshalb sollen
abschließend noch einige *Bedingungen* aufgezeigt werden, die dem
Seelsorger solche Wahrnehmung erschweren bzw. ihn für sie öffnen
können.

Schwerpunkte bzw. Indikatoren der genannten Art können dem
Seelsorger selbst beim Besuch von Todkranken oder bei „zufälligen"
Begegnungen (auch auf dem Flur der Station) erkennbar werden, wenn
er die „Antenne" seiner Wahrnehmung auf entsprechende Signale rich-
tet. Er kann aber auch von Dritten (Schwestern, Angehörigen, Ärzten,
Gemeindegliedern, Kollegen) auf sie hingewiesen oder ausdrücklich
um eine Intervention gebeten werden. Im letzteren Fall ist jedoch Vor-
sicht geboten: Man kann als unkritischer Seelsorger dabei leicht in eine
Art „Auftrags-Seelsorge" geraten, deren fragwürdigen Hintergrund
Todkranke in ihrer erstaunlichen Sensibilität meist rasch erspüren —
möglicherweise ehe oder ohne daß es dem Seelsorger bewußt wird.
Dafür zwei Beispiele:

Der Ehemann einer todkranken Frau rief mich an und bat mich, seine Frau, die ihre
tödliche Erkrankung „nicht wahrhaben" könne, sondern diese verdränge bzw. ver-
leugne, zu besuchen und sie in geeigneter Form allmählich zur „Wahrheit" hinzuführen.
Ich besuchte die Frau mehrmals, bis sie (kurze Zeit vor ihrem Tod) in ein anderes Kran-

kenhaus verlegt wurde. Ich habe eine beklemmende Erinnerung an diese Besuche; obwohl Frau H. zum Gespräch bereit war, hatte ich zunehmend das Gefühl, daß etwas zwischen ihr und mir stand, das wirkliche Kommunikation verhinderte. Nachträglich bin ich mir so gut wie sicher, daß die von mir gefühlsmäßig eingegangene Bindung an den erteilten „Auftrag" das Hindernis für eine wirkliche Begegnung war. Fast überflüssig zu erwähnen, daß in einem solchen Beziehungskontext die „Wahrheit" gerade nicht zur Sprache kommen konnte.

Ich möchte (es ist schon Abend) noch eine todkranke Frau besuchen; bei einigen vorangegangenen Besuchen hat sich, wie ich meine, zwischen ihr und mir eine Beziehung zunehmender Offenheit entwickelt. Als ich auf mein Klopfen keine Antwort vernehme und leise die Tür öffne, sehe ich Frau I. offenbar schlafend im Bett liegen. Ich schließe die Tür ebenso leise und gehe zum Stationszimmer, wo ich der Schwester das Erlebte berichte. Sie meint, ich solle Frau I. trotzdem besuchen („Ich muß sie ja nachher sowieso noch einmal wecken, und wenn Sie jetzt schon einmal hier sind . . ."). Da ich tatsächlich nicht sicher war, ob ich demnächst wieder auf die Station kommen könne, folgte ich dem gut gemeinten Rat. Das erste, was Frau I. sagte, als sie nach meinem leisen Gruß die Augen aufschlug: „Hat Sie die Schwester geschickt?" Nach diesem Besuch wurde die Beziehung nicht mehr, was sie vorher gewesen war.

Vorsicht ist geboten bei jeder Art von „Aufträgen" (vor allem auch, wenn wir gebeten werden, einen schwierigen Patienten zu „beruhigen"): sie können sehr wohl ein Indikator sein (im Sinne einer Situations-Anzeige); sie sollten aber keinesfalls zur bewußt oder unbewußt übernommenen Ziel- (oder auch Zeit-)Angabe für die seelsorgerliche Intervention werden. Maßgebend für diese (und damit auch für die Entscheidung, einen bestimmten Patienten „gezielt" zu besuchen) können allein die Signale sein, die der Todkranke oder Sterbende selbst uns vermittelt; und die eigene Wahrnehmungsfähigkeit in dieser Hinsicht kann kein Hinweis eines Dritten ersetzen — er kann sie aber durchaus „ausblenden".

Gerade die Signale, mit denen ein Sterbender uns den drohenden oder eingetretenen Verlust von Identität und Selbstwert, von Beziehung und Kommunikation und von Hoffnung mitteilt, werden von uns leicht überhört bzw. übersehen. Das hat, wenn ich recht sehe, zwei Gründe: Einmal erfolgt die „Verlust-Anzeige" zumeist nicht in dramatischer, sondern viel häufiger in versteckter, scheinbar beiläufiger oder sehr leiser Weise; und andererseits „übergehen" wir selbst Signale, die uns ausgesprochen Belastendes vermitteln, sehr viel „bereitwilliger" als „positive" Mitteilungen.

Eine weitere Erschwerung ergibt sich aus dem gesellschaftlichen Aspekt: Wo keine Deutung des Todes vermittelt werden kann, dort verlieren Sterben und der sterbende Mensch ihre Bedeutung, werden beide bedeutungslos. Dagegen kann der Umgang mit einem internalisierten Leitbild, einem „Symbol" von Sterben, für die Bedeutung von „Sterben" öffnen und einen Zugang zu ihm ermöglichen (für manchen ist dies z. B. das miterlebte Sterben der Mutter). Kirchliche Seelsorge an Sterbenden hat einen derart symbolhaft vermittelten und vermittelbaren Zugang: Sie trägt in der Tradition, von der sie herkommt, an zentraler Stelle ein Symbol, das gerade das Sterben des Menschen und damit den sterbenden Menschen in einmaliger Weise qualifiziert: das Sterben Jesu. Nur in äußerster Kürze kann hier festgehalten werden: gerade dieses Sterben des Ausgestoßenen kann zum Wertsymbol für den sterbenden Menschen werden; das Sterben des Verlassenen zum Symbol der Beziehung und Begleitung; das Sterben des Gescheiterten zum Symbol der Hoffnung.

Eben die drei Grundaspekte der Situation des sterbenden Menschen, die sich aus der Erfahrung des Umgangs mit ihm als Schwerpunkt für seelsorgerliche Begleitung ausmachen lassen, sind im Symbol des Sterbens Jesu erkennbar, vollständig und vermittelbar „aufgehoben": es trägt und bezeichnet die Hoffnung, die sterbend der Vernichtung von Identität, Beziehung und Hoffnung widerspricht, anstatt sich mit dem Tod zu versöhnen. „Menschliches Sterben soll . . . nicht ohne Hoffnung erfolgen, aber die bewährt sich gerade darin als Hoffnung, daß sie die schmerzliche Erfahrung von Sinnlosigkeit nicht in Sinn umlügen muß" (*Josuttis* 1980, 371). Von daher kann dem Seelsorger beides erwachsen: das Gespür für derartige Erfahrung — und der Mut, sich ihr auszusetzen.

6. Schlußbemerkung

Stärkung von Identität, Integration in die Gemeinschaft der Lebenden und Beistand zum Hinausgehen aus dieser Gemeinschaft: wie weit Seelsorge an Sterbenden im Krankenhaus diese Ziele verwirklichen oder zu ihrer Verwirklichung beitragen kann, läßt sich angesichts der Vielfalt und Komplexität der Situationen, denen sie sich gegenübersieht, wohl kaum im ganzen beurteilen. Aus den angeführten Fallbeispielen werden sicher nicht nur Annäherungen an diese Ziele, sondern auch Defizite ersichtlich. Eines davon, vielleicht das gewichtigste, ist immer noch der „Alleingang" des Klinikpfarrers (um so erfreulicher die Erfahrung, daß er auf manchen Stationen grundsätzlich der Vergangenheit angehört).

Seelsorge kann so etwas wie ein Katalysator des Humanum für Sterbende im Krankenhaus sein — aber sie ist dazu auf Kommunikation und Kooperation mit den Ärzten und den Pflegenden angewiesen. Ohne den eigenen Anteil an diesbezüglich notwendiger Offenheit und Anstrengung zu verkleinern, sei im Sinne einer weiterführenden Problemanzeige abschließend die Erfahrung des schon zitierten amerikanischen Klinikpfarrers mit der Institution Krankenhaus wiedergegeben: „Ein enges Verständnis von Behandlung und ein geschlossenes System ... führen zum Ausschluß anderer helfender Personen ... Wenn die besonderen Bedürfnisse der Sterbenden nicht anerkannt werden, haben diese anderen keinen Ort. Selten aber findet eine unmittelbare Beratung zwischen ärztlichem Personal, Pfarrern und Familien, in der es um die Art von Betreuung geht, die für den Sterbenden am hilfreichsten wäre, tatsächlich statt ... Ehe die Pfarrer den Sterbenden und ihren Familien wirksam Hilfe zu leisten vermögen, ist ein neues und weiter gefaßtes Verständnis von Betreuung auf seiten der Krankenhäuser und der Ärzteschaft erforderlich ... Nur im Leben der einzelnen Berufspraktiker, der Ärzte, Pfarrer, Schwestern, Sozialarbeiter usw. kann es zur Lösung unseres gemeinsamen Problems kommen. Sie wird sich einstellen, wenn ihnen in ihrer Ausbildung Gelegenheit gegeben wird, miteinander bekannt zu werden, sich gegenseitig zu schätzen und einander zu vertrauen. Sie wird sich einstellen, wenn ihre Ausbildung die Konfrontation mit ihren Gefühlen gegenüber Leben und Tod ebenso einschließt wie die Entwicklung beruflichen Könnens. Sie wird sich einstellen, wenn uns bewußt wird, daß beide aufeinander bezogen sind: die fachliche Fähigkeit, mitzuwirken, und die menschliche, mitzuleiden." (*Mills* 1977, 205)

Literatur

Bernanos, G. (1947): Tagebuch eines Landpfarrers. 4. Auflage, München.

Bloch, E. (1959): Das Prinzip Hoffnung, Band 3, Frankfurt am Main.

Engelke, E. (1979): Situation und Umfeld für Sterbebeistand heute, in: *Engelke, E., Schmoll, H.-J., Wolff, G.* (Hrsg.): Sterbebeistand bei Kindern und Erwachsenen, Stuttgart.

Engelke, E. (1980): Sterbenskranke und die Kirche, München/Mainz.

Glaser, B. G., Strauss, A. L. (1974): Interaktion mit Sterbenden, Göttingen.

Herms, E. (1979): Fantasie und Realität in der seelsorgerlichen Beratung, in: *Scharfenberg, J.* (Hrsg.): Freiheit und Methode. Wege christlicher Einzelseelsorge, Göttingen/Wien.

Hoch, D. (1977): Offenbarungstheologie und Tiefenpsychologie in der neueren Seelsorge, München.

Jaspers, K. (1981): Wahrheit und Unheil der Bultmannschen Entmythologisierung, in: *Jaspers, K., Bultmann, R.* (Hrsg.): Die Frage der Entmythologisierung, München, 59 und 60.

Jentsch, W. (1982): Der Seelsorger. Beraten — Bezeugen — Befreien. Grundzüge biblischer Seelsorge, Moers.

Josuttis, M. (1980): Das selige und das sinnvolle Sterben. Über Leitbilder kirchlicher Sterbebegleitung, *Wissenschaft und Praxis in Kirche und Gesellschaft* 65, 360-372.

Jüngel, E. (1971): Tod, Stuttgart.

Kautzky, R. (Hrsg.) (1976): Sterben im Krankenhaus, Freiburg.

Lau, E. E. (1975): Tod im Krankenhaus. Soziologische Aspekte des Sterbens in Institutionen, Köln.

Mills, L. O. (1977): Issues for clergy in the care of the dying and bereaved, in: *Barton, D.* (Ed.): Dying and Death. A Clinical Guide for Caregivers, Baltimore.

Neidhart, W. (1970): Seelsorge, in: *Otto, G.* (Hrsg.): Handbuch für praktische Theologie, Hamburg, 425-446.

Offele, W. (1966): Das Verständnis der Seelsorge in der pastoral-theologischen Literatur der Gegenwart, Mainz.

Piper, H. C. (1977): Gespräche mit Sterbenden, Göttingen.

Prest, A. P. L. (1970): Die Sprache der Sterbenden, Göttingen.

Quint, J. C. (1967): The Nurse and the Dying Patient, New York/London.

Raspe, H.-H. (1981): Herrschaft im Krankenhaus. Medizinsoziologische und medizingeschichtliche Überlegungen zur Situation des Krankenhauspatienten, *Evangelische Theologie* 41 (No 6), 544-556.

Reiner, A. (1979): Der Krebskranke und sein Begleiter, *Deutsches Ärzteblatt* 3.

Riess, R. (1973): Seelsorge. Orientierung, Analysen, Alternativen, Göttingen.

Rössler, D. (1973): Rekonstruktion des Menschen. Ziele und Aufgaben der Seelsorge in der Gegenwart, *Wege zum Menschen* 25, 181-196.

Rohde, J. J. (1971): Die soziale Situation des Patienten im Krankenhaus und das Problem ihrer Humanisierung, *Evangelische Krankenhausseelsorge* 4, 2-6.

Rohde, J. J. (1973): Strukturelle Momente der Inhumanität einer humanen Institution, in: *Döhner, O.* (Hrsg.): Arzt und Patient in der Industriegesellschaft, Frankfurt, 13-35.

Rohde, J. J. (1974): Soziologie des Krankenhauses, 2. Auflage, Stuttgart.

Scharfenberg, J. (1979): Zur Einführung, in: *Scharfenberg, J.*, Freiheit und Methode. Wege christlicher Einzelseelsorge, Göttingen/Wien.

Schütz, W. (1977): Seelsorge. Ein Grundriß, Gütersloh.

Sudnow, D. (1973): Organisiertes Sterben, Frankfurt.

Tibbe, T. und J. (1971): Leben an der Grenze des Todes, Neukirchen-Vluyn.

Winter, F. (1976): Seelsorge an Sterbenden und Trauernden, Göttingen.

Wintzer, F. (1978): Texte zum gewandelten Verständnis und zur Praxis der Seelsorge in der Neuzeit, München.

16 Integrative Therapie — der Gestaltansatz in der Begleitung und psychotherapeutischen Betreuung sterbender Menschen

Hilarion G. Petzold, Düsseldorf

1. Kontext und Legitimation

„*Thanatotherapie* ist ein in vielen Aspekten ‚junger‘ therapeutischer Ansatz für den Umgang mit Menschen, die von Fragen des Sterbens und des Todes betroffen sind und Hilfe für die Bewältigung bzw. Verarbeitung oder Unterstützung für Prozesse persönlichen Wachstums oder Beistand und Trost im Leid bedürfen" (*Petzold* 1965,4). Dabei ist die Frage im Hinblick auf die fortschreitende „Klientelisierung" der Gesellschaft zu stellen, warum plötzlich eine neue Disziplin oder gar eine neue Profession im therapeutischen Feld auftauchen muß? Es sind derartige Phänomene mit Aufmerksamkeit, wenn nicht gar Mißtrauen zu betrachten, da sie oft Ausdruck gesellschaftlicher Entfremdungsprozesse sind, deren verursachende Bedeutung erkannt und angegangen werden muß, wenn nicht eine therapeutische Maßnahme lediglich „Reparatur an Schadstellen" sein will, die inhumane Situationen durch Entlastung der Gesellschaft stabilisiert (*Petzold* 1982a; 1981). Es wird damit die Frage nach der Legitimation thanatotherapeutischer Arbeit gestellt. Diese Frage muß, wenn ihre ganze Komplexität ausgeleuchtet werden soll, auf den Hintergrund umfassender gesellschaftspolitischer und kulturhistorischer Analysen gestellt werden, ein Unterfangen, das hier nicht geleistet werden kann.

Die Thanatotherapie bzw. die Sterbebegleitung durch spezifisch weitergebildete Angehörige sozialer, medizinischer und pflegerischer Berufe oder geschulte Laienhelfer ist nicht in allen Aspekten „jung".

Sie knüpft an die bis in die Antike zurückgehende und in der christlich-abendländischen Tradition fortgeführte *„ars moriendi"* an, die Auseinandersetzung mit dem Sterben zur Vorbereitung auf den Tod und das „gute Sterben". Diese Traditionslinie ist vielfältig und reich, und sie ist nicht nur mit dem Sterben im engeren Sinne befaßt. *Senecas* Trostbriefe an *Lucilius* stehen auf dem Hintergrund seiner Schrift *„De vita beata"* — das glückselige *Leben* wird zur Basis für ein gutes Sterben. Die Auseinandersetzung mit dem Tod und die Bewältigung des unabänderlichen und unausweichlichen Faktums des Sterbens durch die „contemplatio mortis" gehört zu den Großleistungen menschlicher Kultur, die sich im bewußten Sterben von Menschen immer wieder realisiert. Das erfordert aber ein Bewußtsein für die „Präsenz des Todes im Leben", für die Verwobenheit von Wachsen und Vergehen, Lebendigkeit und Sterben (*Weisman* 1974).

Sterbevorbereitung und -begleitung waren bislang ausschließlich Domäne religiöser Institutionen. In einer zunehmend säkularisierten Welt wird von vielen Menschen, die keine explizite Glaubensbindung mehr haben, kirchliche Sterbeseelsorge oft nicht mehr angenommen, auch wenn sich ihre Formen gewandelt haben und sie sich an den Bedürfnissen säkular orientierter Patienten auszurichten versucht. Es ist damit ein *Leerraum* entstanden, der gefüllt werden muß; denn der Mensch bedarf, sofern er nicht durch ein entfremdendes Leben und Prozesse entfremdenden Sterbens deformiert wurde, des *Mit*menschen in der Sterbesituation, und zwar vielfach nicht nur die Präsenz von Angehörigen, sondern die eines Begleiters, der für die Fragen, die sich mit dem Sterben und dem Tod verbinden, aus Wissen und Erfahrung heraus Gesprächspartner und Beistand ist. Hier hat thanatotherapeutische Arbeit einen legitimen Auftrag. Sie will und kann dabei die Seelsorge nicht verdrängen, denn sie verfügt nicht über die religiösen Tröstungen und den sakramentalen Beistand, aber sie bietet für Menschen mit anderen Bedürfnissen und Ausrichtungen ein Angebot, sich mit den Fragen um Leben und Tod auseinandersetzen zu können und beim Hinübergehen — wohin auch immer — im Prozeß des Sterbens einen Wegbegleiter zu haben: ein *Charondienst*.

Es ist heute davon auszugehen, daß nicht nur eine Pluralität der Konfessionen vorhanden ist — das Recht auf den der Religionszugehörigkeit entsprechenden Seelsorger wird nirgends in Frage gestellt —, sondern daß es auch eine Pluralität individueller Todesvorstellungen und persönlicher Sterbephilosophien gibt oder einfach das Bedürfnis eines Suchens in eine noch nicht vorgeprägte Richtung, denen Rechnung getragen werden muß und für die ein dialogfähiger Partner vorhanden sein sollte.

Der Thanatotherapeut tritt aber auch in einen vakanten Raum, den die Personen hinterlassen haben, die eigentlich am Sterbebett sitzen sollten: die Angehörigen. Diese sind vielfach nicht mehr in der Lage, ein sterbendes Familienmitglied angemessen zu begleiten. Hintergrund sind zum einen die behindernden, kommunikationsfeindlichen Strukturen des Krankenhauses, zum anderen aber auch verdinglichte Kommunikationen im Familienkreis selbst, die verlorenen Fähigkeiten, aufgrund ungelöster Konflikte oder emotional verarmter Familienbeziehungen mit dem anderen noch zu reden. Schließlich sind viele Angehörige durch die *Verbannung* von Leiden, Sterben und Tod aus dem Lebensalltag für die Situation der Sterbebegleitung in der Regel nicht ausgerüstet. Oft haben sie noch keinen Menschen sterben sehen, sie haben wenig Erfahrung mit Pflege und Alter, sie hatten keine *„role models"*. Die Sozialisationsdefizite in diesem Bereich seit dem Verschwinden des „öffentlichen Sterbens" dürfen nicht unterschätzt werden. Die *Macht* der individuellen und kollektiven Verdrängung des Todesthemas (*Foucault* 1978; *Eibach* 1977; *Attali* 1978; *MacIntyre* 1978) zeigt sich in besonders scharfer Ausprägung am Sterbebett. Es kann und darf deshalb nicht die Aufgabe des Thanatotherapeuten sein, Funktionen zu übernehmen, die von den Angehörigen ausgefüllt werden müßten, sondern er muß vielmehr darum bemüht sein, sie zu motivieren und ihnen zu helfen, ihren Sterbenden beizustehen.

Ein weiterer Leerraum an Sterbebetten ist entstanden durch die Abwesenheit der Pflegekräfte. Der Sterbebeistand ist nicht mehr selbstverständlicher Bestandteil der Pflege. Tröstung, Linderung, das „über einem Kranken Wachen" sind weitgehend verlorengegangen. Die pflegetechnischen Abläufe müssen oft unter dem Druck der Personalknappheit in einem Zeittakt vollzogen werden, der für eine psychosoziale Betreuung und für mitmenschliche Präsenz keinen oder kaum noch Raum läßt. Die Entwicklung der apparativen Medizin und des modernen Krankenhauswesens und das heutige Medizinverständnis stehen unter dem Gesetz der Kosten-Nutzen-Optimierung, dem Glauben an die Allmacht positivistischer Wissenschaft und damit unter dem Phantasma der Verleugnung von Leid, Sterben und Tod.

Es kann nicht Aufgabe des Thanatotherapeuten sein, defizient gewordene Bereiche der allgemeinen Pflegetätigkeit zu übernehmen und damit das Pflegepersonal von einem mitmenschlichen Umgang mit Sterbenden „zu entlasten". Es würde damit zu Pflegerobotern degradiert. Seine Aufgabe wird hier mehr darin zu sehen sein, dazu beizutragen, daß die Sterbebegleitung wieder integrierter Bestandteil des pflegerischen und ärztlichen Tuns wird.

1.1 Kritische und engagierte Thanatotherapie

Thanatotherapie steht in der Gefahr, zu den inhumanen Bedingungen des Sterbens beizutragen, gegen die sie angetreten ist, wenn sie allein als Entlastungsdisziplin für zerfallene familiäre oder defiziente klinische Strukturen fungiert. Sie hat deshalb die Aufgabe, die „Ursachen hinter den Ursachen" (*Petzold* 1981) in den Blick zu nehmen und die Frage zu stellen, „warum denn plötzlich Geronto- und Thanatotherapie notwendig werden" (idem 1965, 2).

Es kommt damit eine kritische Dimension auf, die sich nicht auf das Verstehen von und die Hilfe bei individuellen Sterbeprozessen beschränkt, sondern eine Bewußtheit dafür schafft, *wie in einer Gesellschaft gestorben wird.* Auf einer solchen Grundlage können dann Strategien des Handelns gewonnen werden, die nicht nur gesellschaftliche und institutionelle Fehlentwicklungen entlasten, sondern die als *„engagierte Thanatotherapie"* für die Beseitigung inhumaner Situationen und der verursachenden Hintergründe von Inhumanität eintreten. Es wird damit politisches Handeln erforderlich, und das ist eine Forderung, die sich mit dem Ideal „wissenschaftlicher Wertneutralität" schlecht verbinden läßt, wenn man im üblichen wissenschaftlichen Habitus sozialisiert worden ist.

Der Thanatotherapeut ist jedoch hier in besonderer Weise gefordert, denn die Humanität oder Inhumanität einer Gesellschaft zeigt sich mit besonderer Schärfe in der Art und Weise, wie sie mit ihren Alten, Kranken und Sterbenden umgeht, d. h. aber mit dem Menschen, der nicht mehr in die Prozesse von Produktion, Konsum und Verwertung wieder eingegliedert werden kann. Die Tendenzen zur *Verdinglichung* wiegen schwer in Bereichen, in denen zwischenmenschliche Intimität und Zuwendung besonders notwendig wären: in der Kindererziehung, in der Krankenpflege, in der Partner- und Liebesbeziehung, in der Sterbebegleitung. Wenn *hier* liebevolles Miteinander nicht mehr realisiert werden kann, wie denn in anderen Bereichen der Gesellschaft?

Kritische Thanatotherapie bedeutet deshalb, engagiert einzutreten, wo Humanität zerstört wird, d. h. aber, wo menschliches Leben und menschliche *Würde* bedroht sind. Es geht damit die Perspektive über das individuelle Sterben (*Bataille* 1981) hinaus auf die Formen *kollektiven Sterbens*, in Krankenhäusern, in Katastrophensituationen, auf Schlachtfeldern (*Kuper* 1978). Die Arbeit an der Grenze des Lebens führt in die Nachdenklichkeit über die *„conditions humaines et inhumaines".* Es sind dies Gedanken, die auch in vielen Sterbenden aufkommen, wenn sie über ihr Leben, ihre Lebensgeschichte und die Geschichte ihrer Lebenszeit nachdenken: mit Grauen bei Kriegserinnerungen, mit Zufriedenheit bei Glückserinnerungen, aber auch mit Sorge, mit einem *„caring",* in dem sich die Zugehörigkeit des Menschen zur menschlichen Gemeinschaft ausdrückt, selbst noch im Angesicht des Todes: „Wie wird es weitergehen? Hoffentlich wird es gut!"

2. Integrative Therapie

Thanatotherapie ist wie Kinder- oder Gerontotherapie kein eigenständiges Verfahren, sondern ein spezifischer Aufgabenbereich im Rahmen einer psychotherapeutischen Methode, z. B. der Psychoanalyse, der Individualpsychologie, der Daseinsanalyse usw. Bei aller Notwendigkeit einer spezifischen Theorienbildung und einer aufgaben- und zielgruppenspezifischen Praxeologie bleibt der Teilbereich „Thanatotherapie" in metatheoretischer, persönlichkeitstheoretischer und therapietheoretischer Hinsicht auf das Grundverfahren verwiesen (*Herzog* 1983). Genau wie die Kindertherapie mit ihren Erkenntnissen über die kindliche Entwicklung zur Konzeptbildung des Gesamtverfahrens beiträgt, so kann auch die Thanatotherapie aus ihrer bilanzierenden Sicht, der Rückschau auf menschliche Lebensverläufe, für das jeweilige Verfahren insgesamt fruchtbare Impulse anbieten. Im vorliegenden Beitrag beziehen wir uns auf die „Integrative Therapie" und ihre metatheoretischen bzw. theoretischen Konzepte (*Petzold* 1974; 1980; 1984; *Bünte-Ludwig* 1984). Es handelt sich bei diesem Verfahren um eine Weiterentwicklung der Gestalttherapie von *Fritz Perls*, *Lore Perls* und *Paul Goodman* (*Petzold* 1984a; *Hartmann-Kottek-Schroeder* 1983; *Perls* 1980). Durch *Perls* (1948) und *Iljine* (1942) wurde die „*aktive Technik*" der ungarischen Schule *Sandor Ferenczis* weiterentwickelt und mit dem dramatischen Element improvisierten Spiels, *Morenos* Psychodrama, verbunden. *Perls* und *Iljine* versuchten den psychoanalytischen Ansatz und die Gestalttheorie bzw. die Phänomenologie zu integrieren, und in der Verbindung phänomenologisch-hermeneutischer und tiefenpsychologischer Sichtweise liegt heute die Charakteristik der „Integrativen Therapie", die Ende der sechziger, Anfang der siebziger Jahre deutlichere Konturen bekam (*Bünte-Ludwig* 1984; *Petzold, Maurer* 1984).

Gegenüber der klassischen Gestalttherapie bezieht sie die *Gruppe als Ganzes*, Körperarbeit, Arbeit mit kreativen Medien sowie die soziotherapeutischen und politischen Perspektiven stärker ein (*Petzold, Heinl* 1983; *Petzold, Frühmann* 1985; *Petzold* 1984b).

2.1 Menschen- und Weltbild

Anthropologie und Kosmologie der „Integrativen Therapie" können an dieser Stelle nur, soweit es für unseren Zusammenhang erforderlich ist, skizziert werden. Der Mensch wird gesehen als „*Körper-Seele-Geist-Subjekt im sozialen und ökologischen Kontext und im Kontinuum individueller Biographie und kollektiver Geschichte. Durch die*

Interaktion mit seinem Umfeld gewinnt er seine Identität" (vgl. *Petzold* 1974). Der Mensch wird unlösbar eingebunden in die Lebenswelt gesehen (*Merleau-Ponty* 1966). Er ist nicht „in die Welt geworfenes Dasein" (*Heidegger*), sondern er ist auf die Welt hin gerichtet (être-au-monde, *Merleau-Ponty* 1964). Die Verbundenheit mit der Welt, die kosmologische Perspektive also, gewinnt für die Thanatotherapie besondere Bedeutung. Im Sinne patristischer Anthropologie kann der Mensch auch als „Mikrokosmos" gesehen werden (*Petzold, Zenkowsky* 1969), denn er bildet in seiner biophysikalischen Realität den Makrokosmos ab, ist seinen Gesetzen unterworfen und Teil des Lebensstromes, der — von Zeugung zu Zeugung weitergegeben — durch die Evolution fließt.

Im individuellen Leben artikuliert sich in einmaliger und unverwechselbarer Form ein Aspekt der Menschheit, der evolutionären Dynamik, der Welt. Unter dieser Perspektive werden Anthropologie und Kosmologie verbunden. Das menschliche Leben ist Geheimnis (*Marcel* 1965), das Leben des Kosmos ist Geheimnis. Was von beiden ausgesagt werden kann, ist der *ständige Wandel* (*Heraklit*), die *Unergründlichkeit* (*homo et mundus absconditus*) und ihre *sinnhafte Verbundenheit*. Über seine *Leiblichkeit* ist der Mensch in die Textur der Lebenswelt eingewoben, gehört zur *„chair commune de ce monde"* (*Merleau-Ponty* 1964). Er ist aus dem Stoff dieser Welt geworden: Moleküle, Atome, subatomare Partikel, Sternenstaub, der sinnvoll zusammenwirkt und zu einer Form gefunden hat, in der die „Intelligenz des Kosmos" besonderen Ausdruck findet.

Der Mensch ist Sternenstaub, der über sich selbst nachdenkt (*Sagan* 1978). Sein Wesen ist dadurch gekennzeichnet, daß er zu sich selbst in Distanz zu gehen vermag, sich in Raum und Zeit erkennen kann, aus „exzentrischer Position" (*Plessner*). Der Mensch weiß um seinen Anfang und um sein Ende, darum daß er diesem Kosmos entstammt und wieder in diesen Kosmos eingeht. Er weiß um seine subjektive Einmaligkeit als biologisches Ereignis und als Zeitgestalt, um seine intersubjektive Verbundenheit, darum, daß er Mensch nur als Mitmensch ist (*Buber, Marcel*), wenn er sich selbst im Spiegel anderer Gesichter und Herzen erkennt. Verbundenheit (*religio*) als Grundverfaßtheit menschlichen Daseins bietet im Hinblick auf die Dimensionen, die uns die moderne Makro- und Mikrophysik und die Biologie erschließen, Möglichkeiten zu einer Transzendenz, die nicht weltenthoben ist, aber eben gerade deshalb unendlich. Im Menschen- und Weltbild der Integrativen Therapie findet sich eine Verbindung von intersubjektiver Konkretheit und kosmologischer Transzendierung, deren Tiefe sich nur in der Begegnung und in der meditativen Versenkung erahnen läßt. Es bietet damit für die Thanatotherapie einen philosophischen Hintergrund, der gerade in bezug auf die Fragen, die von den Sterbenden gestellt werden, Sinnhorizonte eröffnet, eine „innerweltliche Religiosität" und eine „säkuläre Mystik", durch die die Vision etwa christlicher Gottesvorstellung nicht ausgeschlossen wird. Zu dieser Dimension kosmologischer Tiefe und primordialer Sinnerfahrung können Zugänge über meditativ-kontemplative Methoden der Besinnung, Betrachtung und Versenkung gewonnen werden, die in unserem Ansatz unter dem Begriff „Nootherapie" (von griech. νοῦς = Geist) entwickelt worden sind (Petzold 1983a). Weitere Aspekte lassen sich im Hinblick auf die thanatotherapeutische Ethik ableiten: der fundamentale Respekt vor der Einzigartigkeit und der Würde und der Integrität des Menschen, dessen Ziel es ist, sich selbst im Lebenszusammenhang (d. h. aber auch das Wesen und die Geheimnisse unserer gemeinsamen Lebenswelt) nach dem ihm möglichen Maß und in der ihm möglichen Form zu erkennen. Die Gewährleistung eines intersubjektiven Raumes von Begegnung und Dialog werden damit für die ethische Ausrichtung unserer Arbeit handlungsleitend. Wo immer Integrität und Intersubjektivität gefährdet werden, gilt es engagiert für ihre Sicherung einzutreten (idem 1978).

2.2 Persönlichkeitstheorie

Die Persönlichkeitstheorie der Integrativen Therapie sieht den Menschen im Sinne ihres anthropologischen Konzeptes als Ganzheit, deren körperliche, seelische und geistige Dimensionen ihre Grundlage in der Leiblichkeit haben (Petzold 1984b).

Der Leib ist das Substrat des Selbst, das sich im Verlauf der Entwicklung im Rückgriff auf Anlagen und durch Integration von Umwelterfahrungen zu voller Subjektivität entfaltet. In diesem Entwicklungsprozeß finden sich in der Ontogenese phylogenetische Phasen wieder (Hernegger 1978; Jonas 1981). Die einzelnen sensorischen, motorischen und perzeptuellen Funktionen des Körpers können in diesem Entwicklungsprozeß immer gezielter in den Dienst der Bedürfnisbefriedigung und des zwischenmenschlichen Kontaktes gestellt werden, bis sie sich zum „Ich" als der Gesamtheit der Ich-Funktionen zusammenschließen. Das „Ich" wiederum sammelt die propriozeptiven und exterozeptiven Informationen über das Leib-Selbst in seiner Lebenswelt. Zu diesen Informationen gehören auch Beobachtungen darüber, wie man von anderen gesehen wird (Mead 1934; Joas 1982). Die so entstehenden Selbstbilder bilden die Grundlage der Identität. Diese ist die höchste Ich-Leistung, eine Synthese allen Wissens, das das Ich über sich selbst hat (*Petzold, Mathias* 1983). Identität (**I**) entsteht dadurch, daß sich der Mensch im Kontinuum (**Kt**) individueller und kollektiver Geschichte als der erkennt, der er ist (Identifikation) *und* daß er von den Menschen seines relevanten Kontextes (**Kn**), wiederum im zeitlichen Zusammenhang, als einer der ihren erkannt wird (Identifizierung).

Die zusammenwirkende Perzeption des Ich (*Kant*) von Leib und Kontext im Zeitkontinuum konstituiert also Identität: $I = Kt (L, Kn)$. Diese ist damit vom sozialen und ökologischen Kontext mitbestimmt und verbindet Individuum und Gesellschaft in unlösbarer Weise. Der Mensch braucht zur Entfaltung einer konsistenten Identität den anderen Menschen, nicht nur den Spiegel aus Glas, sondern den Spiegel eines Gesichtes (*Petzold* 1982): die Blicke der Mutter, die Identifizierung geben, die Blicke eines erkennenden und liebenden (nicht umsonst setzt das Hebräische beide Begriffe gleich) Mitmenschen, die auch noch im Sterben bekräftigen: „Du bist der, der du bist, weil wir miteinander sind."

Identität wird durch *Abgrenzung* gewonnen, nicht durch Abtrennung, *denn Grenze ist zugleich Berührungsfläche*. Hierin liegt ihre Paradoxie. Der Leib hat sich ausgegrenzt aus dem anonymen evolutionären Lebensstrom und hat eine unverwechselbare Form gefunden. Er wurde zum „Leib-Subjekt" (*Merleau-Ponty* 1966), aber er blieb zugleich der Lebenswelt verbunden. Ähnlich hat er sich ausgegliedert aus dem Strom der Zeit. Die Begrenzung der individuellen Lebensspanne durch Anfang und Ende wird damit in gleicher Weise konstitutiv für eine unverwechselbare Identität. Der memorierte Anfang und der antizipierte Tod sind anthropologisches Grundfaktum, das für die Persönlichkeitstheorie bestimmend wird. *Der Mensch ist Mensch in der Zeit*. Seine persönliche Biographie, die, eingebettet in die epochale Geschichte, gelebt wird, ist Interpretationsrahmen für sein Leben. Identität artikuliert sich im jeweiligen Schnittpunkt von Kontext und Kontinuum, im Hintergrund von vergangenen Erfahrungen und Zukunftsentwürfen und einem Horizont von Welt.

Die identitätsstiftenden Akte des Ichs vollziehen sich in Schwerpunktbereichen, die wir heuristisch als „Säulen der Identität" bezeichnet haben:

I. **Leiblichkeit**: In der Wahrnehmung meiner Leiblichkeit erkenne ich mich (*Identifikation*), mein Leib wird erkannt (*Identifizierung*). Er ist *my body and social body* zugleich. In seiner zeitlichen Entwicklung ist er meine Geschichte. Er steht in der Zeit und speichert die Szenen meines Lebens (*Petzold* 1982). Die Verletzung leiblicher Integrität, der Verlust an Vitalität, Kraft, Wahrnehmungsvermögen, mnestischer Leistungsfähigkeit bedroht das Identitätserleben. Der Schwerkranke, alte und sterbende Mensch wird in der Leiblichkeitssäule der Identität schwer erschüttert. Es macht ihm Mühe, den infirmen Leib mit Identifikationen zu belegen, und auch positive Identifizierungen von außen (liebevolle Blicke, liebkosende Berührungen usw.) werden seltener.

II. **Soziales Netzwerk**: Im sozialen Netzwerk erkenne ich mich — „meine Familie" (Identifikation) —, und werde ich erkannt — „unser Junge" (Identifizierung). Das „soziale Atom" (*Moreno* 1947) wandelt sich im Laufe des Lebens; es nimmt zu, wird reicher und nimmt dann zum Alter hin oft ab, so daß *Moreno* (ibid.) vom „Social Death" spricht, wenn ein Mensch sich nicht mehr in seinem sozialen Zusammenhang identifizieren kann und keine Identifizierungen mehr erhält. Es ist diese Situation insbesondere für den alten Menschen und für den Sterbenden, in gewisser Weise auch für junge Menschen im Krankenhaus, kennzeichnend. Durch die Hospitalisierung werden sie von ihrem bisherigen sozialen Feld getrennt. Sie werden ein „Fall". Man kennt sie nicht oder wenig, weiß nicht um ihre Geschichte. Die Patienten wiederum wissen kaum etwas vom Pflegepersonal. Bei vielen alten Menschen ist das *soziale Atom* leer geworden (*Petzold* 1979a), atrophiert. Altersgenossen sind weggestorben, Kinder weggezogen, desinteressiert oder nicht vorhanden. Manchmal ist es aber auch noch lebendig, erfüllt von Kindern, Enkeln, Nachbarn, Freunden. Ein Mensch, der im „Schoße der Familie" stirbt, umgeben von denen, die er lieb hat und die ihn lieben, erhält noch in seiner Sterbestunde eine klare und starke Identitätszuweisung. Thanatotherapeutische Arbeit sollte versuchen, zerbrechliche soziale Atome zu stabilisieren, ihre Lebendigkeit zu intensivieren. Zuweilen müssen der Therapeut, das Pflegepersonal und Mitpatienten für einen alleinstehenden alten Menschen oder Sterbenden ein „substitutives soziales Atom" bilden.

III. **Arbeit und Leistung**: In der Arbeit erkenne ich mich (Identifikation) und werde ich erkannt (Identifizierung): „Das ist der Dr. X." Die identitätsstiftende Funktion von Arbeit und Leistung ist in unseren Kulturen bedeutsam. Ihr Fortfall durch schwere Erkrankung oder durch den gewaltsamen Eingriff staatlich verfügter Pensionierung führt nicht selten in erhebliche Krisen (*Petzold* 1983b). Menschen, die nichts mehr tun können, fühlen sich besonders in unserer leistungsorientierten Gesellschaft als unnütz und nichts mehr wert. Sie erhalten aus dem kommunikativen Feld der Arbeit keine Identitätszuweisungen mehr. In der thanatotherapeutischen Intervention gilt es — insbesondere bei jüngeren Patienten (z. B. Leukämieerkrankungen) — Hilfen zu geben, mit diesen Verlusten fertigzuwerden, andere Kommunikationsfelder zu erschließen und durch den Rückblick auf getane Arbeit und Erreichtes (bei älteren Patienten wird dies von ihnen selbst immer wieder ins Gespräch gebracht) zu einer zufriedenen und auch ausgeglichenen Haltung beizutragen. Die Veränderung der Identitätssäule „Arbeit und Leistung" über die Lebensspanne hin bringt nur bei wenigen Berufen (z. B. bei Therapeuten) im letzten Drittel einen Zuwachs an Identität, in der Regel aber einen Abbau. (Dies muß jedoch schicht- und lebensweltspezifisch gesehen werden; Butler 1963; Unruh 1983.)

IV. **Materielle Sicherheiten**: Unter diesen Identitätsbereich werden ökonomische Ressourcen und ökologisches Eingebundensein gefaßt. Die materielle Sicherheit oder Unsicherheit wirkt sehr stark auf das Identitätserleben und spielt besonders in unserem Kulturkreis eine wichtige Rolle. Ein Haus z. B., das man gebaut hat, gibt Identifikations- und Identifizierungsmöglichkeiten. Bei lebensbedrohlicher Erkrankung wird die materielle Lebensgrundlage sehr oft beeinträchtigt oder bedroht, was Patienten stark belasten kann. Alte Menschen fühlen sich nicht selten bedrückt, wenn sie ihren Kindern nichts hinterlassen können. Die häufig vorfindliche „Armut im Alter" — in der BRD ist die größte Armutspopulation die der alten Menschen (Bujard, Lange 1979) — ist ein wichtiger Faktor für die Reduktion und den Abbau prägnanter Identität. Das ökologische Eingebettetsein repräsentiert einen anderen Aspekt materieller Sicherheiten. Die eigene Wohnung, das eigene Quartier, „mein Garten, mein Spazierweg" sind Realitäten, die Identifizierung und Identifikation bieten. Bei schwerer Krankheit, Hospitalisierung, Übergang in ein Alten- oder Pflegeheim gehen diese identitätssichernden Elemente verloren. Die neuen ökologischen Felder sind meistens sehr eingeschränkt — „Da gehört einem nichts, noch nicht einmal das Bett. Da ist auch nichts Schönes, wenn man nicht gerade einmal Blumen gebracht bekommt!", so ein Alterspatient im Pflegeheim.

Der Übergang aus dem vertrauten ökologischen Raum (etwa des eigenen Haushalts) in eine Heim- oder Krankenhaussituation oder auch die Verlegung innerhalb eines Altenheimes vom eigenen Zimmer auf die Pflegestation ist mit einer erhöhten Sterblichkeitsrate verbunden. Der Wunsch vieler Patienten — insbesondere der älteren —, nach Hause entlassen zu werden und zu Hause sterben zu dürfen, ist Ausdruck für die Bedeutung der Konstanz des ökologischen Raumes. Es sind dies Fakten, die bei thanatotherapeutischen Interventionen berücksichtigt werden müssen, etwa indem Hilfen in der richtigen Einschätzung materieller Verluste gegeben werden, beim Entstehen akuter Notlagen mögliche Unterstützungen erschlossen werden (solide sozialarbeiterische Tätigkeit also), indem auf Raumkonstanz hingewirkt wird usw. Das Mitbringen vertrauter Gegenstände aus dem häuslichen Bereich ins Krankenzimmer oder Imaginationsreisen nach Hause (vgl. *Petzold* 1985) sind hier mögliche Hilfen.

V. Werte: Der Bereich der Werte hat für die Identität eine tragende Funktion, besonders wenn die anderen Identitätssäulen beeinträchtigt oder beschädigt sind. Werte haben in der Regel eine hohe Enttäuschungsfestigkeit und einen überdauernden Charakter, da sie praktisch immer mit der Existenz von Wertegemeinschaften verbunden sind, aus denen direkt oder virtuell Identifizierungen kommen. Werte bleiben aufgrund ihres übergeordneten Charakters für den Sterbenden in der Regel bis zuletzt identifikationsfähig. Die Aktualisierung und Bestärkung der vorhandenen Wertwelt des Klienten, die Trauer um verlorene Werte, Hilfen beim Erschließen neuer Werte (z. B. durch die mitmenschliche Begegnung) gehören zu den wichtigen Zielsetzungen thanatotherapeutischer Arbeit.

Die Konzepte *integrativer Persönlichkeitstheorie* bieten einen handlungsleitenden Rahmen für die Intervention in der Thanatotherapie. Der sterbende Mensch ist vom Verlust des Selbst (*McCarthy* 1980) bedroht, das als Leib-Selbst mit dem Sterben des Körpers erlischt. Mit dem Abbau der sensorischen, motorischen, perzeptuellen und mnestischen Fähigkeiten des Körpers geht eine Schwächung und letztendlich ein Zerfall des Ichs einher, der einen Zerfall der Identität im Gefolge hat. Schwere Erkrankungen, hohes Alter und Sterben als Prozesse, in denen die Persönlichkeit bedroht ist, Einbußen erfährt und schließlich erlischt, erfordern Maßnahmen, die diesen Prozeß begleiten, womöglich verlangsamen, die Bewältigungshilfen für Verlorenes geben und gewährleisten, daß die kollektive Dimension des Leib-Selbst, der „social body", durch leibliche, mitmenschliche Präsenz für den Sterbenden anwesend ist (z. B. durch körperliche Zuwendung); weiterhin daß die kollektive Seite der Identität für ihn bewahrt bleibt durch Menschen, die ihn auf seinem Sterbebett anschauen, ansprechen, „identifizieren" als jemanden, der wertvoll und liebenswert ist und den man im *Gedächtnis* und im Herzen bewahren wird (*Iljine* 1972); denn auf dieser Grundlage des „Weiterlebens" wird der Abschied vom Leben leichter: „Du kannst in Ruhe gehen, wir werden dich nicht vergessen!" (Vgl. auch die Funktion von Gedächtnisämtern, die den Verstorbenen im „Gedächtnis Gottes" bewahren sollen.)

2.3 Sterben

Das Sterben wird in der Integrativen Therapie nicht als Krankheit gesehen, sondern als das Zuendegehen des Lebensprozesses. Der Tod als das Verlöschen der physischen Existenz gehört zum menschlichen Leben. Er ist eine anthropologische Konstante. Das Ende des Lebensprozesses hat mit dem Anfang vieles gemein. Das Leben beginnt in der Zwischenleiblichkeit, im nonverbalen Dialog von Körper zu Körper; und es endet im „unentfremdeten" Sterben auf eben diese Weise. Die Sprache der Sterbenden in der terminalen Phase wird karg, häufig kindlich, bis in die Nonverbalität. Mimik und Gestik zeigen zuweilen kindliches Gepräge. Es treten Phänomene wie das „Fremdeln" mit dem dafür typischen Lächeln und der Zuflucht-Reaktion zu vertrauten Menschen auf. Die Affekte werden basaler, ungesteuerter. Sie gewinnen wie im Frühbereich der Ontogenese Totalitätsqualitäten: in der Präsenz geliebter Menschen oder Übergangsobjekte (*Winnicott*) Glück, Zufriedenheit, Vertrauen; beim Alleinsein, besonders in der Dunkelheit, Angst, Entsetzen, Verzweiflung.

Es sind dies mögliche Formen in terminalen Prozessen, die von ausgesprochener Vielfalt sind und kaum Regelhaftigkeiten aufweisen. Ihr Verlauf ist abhängig von der körperlichen Verfassung, insbesondere der zerebralen Aktivität, von der Persönlichkeitsstruktur in ihrer biographischen Geprägtheit (hier auch lebensbestimmende, in früher Kindheit wurzelnde Neurosen, aber auch spät erworbene Neurosen des Seniums), vom Wertesystem und der weltanschaulichen Ausrichtung, von der Art der Erkrankung, vom sozialen Bezugssystem (familiäre Präsenz oder Vereinsamung) und vom Setting: Die häusliche Umgebung beeinflußt Sterbeprozesse in anderer Weise als das Krankenzimmer oder die Intensivstation. Nicht zuletzt wird das Sterben bestimmt von der Einstellung, die ein Mensch gegenüber dem Tod und dem Sterbevorgang hat, so wie sie sich im Verlauf des Lebens durch Sozialisationserfahrungen, Sterbevorbilder und die persönliche Auseinandersetzung mit diesen Themen herausgebildet hat. Hier kommt religiösen *„believe systems"* besonderes Gewicht zu, weil sie in der Regel relativ früh sozialisiert und zuweilen geradezu verleiblicht wurden. (So kann man bei zerebral dekompensierten alten Menschen und Sterbenden in der Agonie zuweilen sehen, daß sie noch das Kreuzzeichen machen.)

Die unendliche Vielfalt von „Lebensstilen" (*Adler*), „Lebensgestalten" (*Perls*), die unterschiedlichen Formen des Alterns (*Lehr* 1979) findet in der Verschiedenheit der Sterbeprozesse bzw. „Sterbestile" eine Entsprechung. Die Zurückhaltung der Integrativen Therapie gegenüber Typologien jedweder Art zeigt sich auch im Hinblick auf die *„dying trajectories"* (*Glaser, Strauss* 1965, 1968). Sterben wird als höchstpersönliches, einzigartiges Lebensereignis gesehen, als *„eschaton ergon"* (*Petzold* 1973), in dem es darum geht, seine Lebensgestalt in *kongruenter* Weise zu vollenden. Hierin besteht *das gute Sterben*, der *„appropriate death"* (*Weisman* 1974, S. 139), nicht in Norm- oder Wunschvorstellungen von Frieden und Ausgesöhntheit, sondern in der *persönlichen Form.* Die gestaltpsychologische und gestalttherapeutische Auffassung von der *„guten" Gestalt* beinhaltet weder eine moralische noch eine ästhetische Wertung, sondern zentriert auf dem Prägnanzaspekt. Die Konsequenz, die aus der Multiplizität der *„patterns of aging"* durch das Konzept einer *„differentiellen Gerontologie"* (*Thomae* 1976, 1983) gezogen wurde, muß auch aufgrund der unterschiedlichen Sterbeformen gezogen werden. Sie machen eine *„differentielle Thanatologie"* und differentielle thanatotherapeutische Interventionen erforderlich.

Bei aller Rückgebundenheit des individuellen Sterbens an den vorgängigen Lebensstil kann jedoch nicht generell affirmiert werden, daß Menschen so sterben, wie sie gelebt haben (so *Shneidman*, dieses Buch). Gerade bei länger dauernden Sterbeprozessen haben die zum Tode führenden Krankheiten und das Sterben selbst eine z. T. sehr verändernde Auswirkung auf persönliche Haltungen und Einstellungen. Dies gilt auch für die Wirkung einer engagierten Sterbebegleitung und in Sonderheit für die Wirkung der psychotherapeutischen Arbeit mit Sterbenden.

Da das Sterben den *ganzen Menschen* betrifft, in seiner leiblichen, seelischen, geistigen Dimension, in seiner sozialen und ökologischen Eingebundenheit, muß der *Sterbeprozeß als ein hochkomplexes Geschehen aufgefaßt werden mit biochemischen, biologischen, psychischen, sozialen, ökologischen und spirituellen Dimensionen.* Wird eine von ihnen ausgeblendet, führt dies zu einer Verkürzung oder Fragmentierung des Sterbeprozesses und damit eines humanen, menschengerechten Sterbens. Die thanatotherapeutische Begleitung wird deshalb die medizinischen Aspekte, die psychologische Verfaßtheit, die soziale Situation des Sterbenden (d. h. sein soziales Atom), das Setting (d. h. den ökologischen Raum) und seine spirituellen Bedürfnisse (und die seiner Familie) zu berücksichtigen haben. Dies erfordert in der Regel das Zusammenarbeiten verschiedener Berufsgruppen im Team (Arzt, Schwester, Seelsorger, Krankenhauspsychologe) und der entsprechenden Bezugspersonen (Angehörige, Nachbarn).

2.4 Krankheitslehre

Die Krankheitslehre der Integrativen Therapie kann an dieser Stelle nur insoweit skizziert werden, wie es für die Themenstellung des vorliegenden Beitrages erforderlich ist. In der thanatotherapeutischen und aniatologischen Arbeit wird der Rekurs auf eine psychotherapeutische Krankheitslehre unbedingt erforderlich. Zwar wird der Sterbeprozeß als solcher nicht als Krankheitsprozeß aufgefaßt, jedoch ist er häufig auch deckungsgleich mit dem Verlauf zum Tode führender Erkrankungen, etwa einer multiplen Sklerose oder einem inoperablen bzw. nicht therapierbaren Karzinom. Selbst wenn man derartige Erkrankungen als *rein somatische* Ereignisse betrachtet, haben sie doch psychische, psychosomatische und psychosoziale Auswirkungen. Die infauste Erkrankung stellt ein „kritisches Lebensereignis" (*Filipp* 1981) dar, das die Persönlichkeit insgesamt schwer erschüttert. Die Belastungen durch Schmerzen, durch körperlichen Verfall, Verlust von Vitalität, Verstümmelung durch operative Maßnahmen und Disfiguration durch Chemotherapie führen zu seelischem Streß und Notreaktionen, Veränderungen der Persönlichkeit und psychopathologischen Phänomenen: krankheitsbedingte Angstzustände, Dysphorien, Depressionen, Suizidalität, Depersonalisationserscheinungen, psychotische Reaktionen usw. Im Bereich der *Psychopathogenese durch schwere somatische Erkrankungen* liegen bislang wenig gesicherte Erkenntnisse vor. Es werden hier in der Zukunft sorgfältige Forschungen dringend erforderlich. Mit der Verletzung der körperlichen Integrität durch die destruktiven Krankheitsprozesse wird das Leib-Selbst an der Basis angegriffen. Dies bleibt nicht ohne Auswirkungen auf die im Leibe gründenden Ich-Funktionen, d. h. auf das ganze Ich, was wiederum eine Beeinträchtigung der Konstituierung von Identität zur Folge hat. Das disfigurative Moment der meisten Krankheiten, die Bedrohung, die die soziale Umwelt im Miterleben der Krankheit via Identifikation erfährt, führt zu einer Veränderung der Identitätszuweisungen (Identifizierungen), ja zuweilen zu ihrem Ausbleiben — die Zimmer Schwerstkranker und Sterbender werden bekanntlich vom Personal signifikant weniger aufgesucht als die anderer Patienten. (Makabres Beispiel ist auch die verschiedentliche Weigerung medizinischen Personals in den USA, AIDS-Kranke zu pflegen.) Im schlechtesten Falle erhalten die Patienten negative und diskreditierende Identitätszuweisungen, ein Phänomen, das sich leider immer noch häufig in Alten- und Pflegeheimen findet. Die Gesamtsituation muß als ausgesprochen toxisch bezeichnet werden. Sie ist dazu angetan, die zentralen Bereiche der Identität anzugreifen und zu zerstören (evtl. sogar die als besonders belastungsfähig beschriebene „Säule der Werte"). Unter derartigen Belastungsbedingungen treten, abhängig von der Persönlichkeit, vorgängiger Neurosestruktur und bevorzugten Abwehrformen, spezifische Abwehrmechanismen auf, die z. T. sehr archaischen Charakter haben. Verschmelzungswünsche, Retroflexionen und Spaltung finden sich besonders häufig, aber auch Verleugnung, Verkehrung ins Gegenteil, Projektion, Identifikation mit dem Aggressor usw. Die Stabilisierung und Chronifizierung derartiger Abwehrvorgänge können sich für den Patienten zuweilen negativ auswirken — zuweilen aber auch hilfreich. Für die Umgebung wirken sie oftmals unverständlich und belastend (z. B. wenn ein hohes projektives Potential vorhanden ist oder eine notorische Verleugnung). Die spezielle thanatotherapeutische Krankheitslehre wird handlungsleitend für die entsprechenden Interventionen, insbesondere im Bereich supportiver Therapie, Coping-Hilfen, aufdeckender und durcharbeitender Fokaltherapie, Krisenintervention, konfliktzentrierter Psychotherapie.

Unter der Belastung lebensbedrohlicher Erkrankung exazerbieren zuweilen stabilisierte oder „abgeheilte" psychische Erkrankungen, oder es verschärft sich zum Zeitpunkt des Krankheitsereignisses die akute neurotische, psychotische oder psychosomatische Symptomatik. In gleicher Weise läßt sich aber auch oft beobachten, daß derartige Symptomatik mit dem Manifest-Werden etwa einer Krebserkrankung verschwindet und alle psychische Energie von diesem Ereignis absorbiert wird (*Wiesenhütter* 1978). Nach unserem jetzigen Kenntnisstand und auch bei Durchsicht der einschlägigen Literatur lassen sich hier keine Regelhaftigkeiten feststellen. Der Therapeut bleibt auf die „prozessuale Diagnostik" verwiesen und muß zu jeweils differentiellen Interventionen finden. Was schon bestehende psychische bzw. psychosomatische Erkrankungen anbelangt, so werden sie, sofern eine Psychotherapie unter den Umständen der Erkrankung indiziert ist, nach den theoretischen Konzepten und den methodischen Regeln des Verfahrens behandelt, wobei die besondere Situation und die Gesamtbefindlichkeit des Patienten entsprechend berücksichtigt werden muß. Wir können deshalb hier auf eine nähere Darstellung verzichten.

Unter den zum Tode führenden Erkrankungen finden sich solche, bei denen eine psychosomatische Perspektive möglich scheint dergestalt, daß entweder diese Erkrankung in toxischen Bedingungen des persönlichen Schicksals wurzeln, d.h. „psychogen" sind, oder daß derartige Bedingungen die Entwicklung und den Verlauf der somatischen Erkrankung in mehr oder weniger ausgeprägtem Maße mitverursacht haben. Trotz der Fülle von Veröffentlichungen zur „Psychosomatik des Krebses" (*Bahnson* 1983) sind unsere Kenntnisse in diesem Bereich noch sehr ungesichert. Die empirische Basis ist schmal und diskutierbar, die Theorienbildung ist tentativ. Es ist mit hereditären Faktoren, Läsionen und Noxen (durch Kulturgifte, Strahlenbelastung usw.), familiären Dispositionen (social inheritance), psychischen Traumata und Stress sowie altersbedingten Veränderungen in der Regel eine multifaktorielle Pathogenese anzunehmen, und es verbieten sich eindimensionale Betrachtungsweisen, die das Gesamtsystem des Organismus aus dem Blick verlieren. Deshalb erscheint es für die Geronto-, Aniato- und Thanatotherapie fruchtbar, im Hinblick auf Krebserkrankungen (hier werden Differenzierungen notwendig), multiple Sklerose, Diabetes u. a., psychosomatische Konzepte mit einzubeziehen. Dabei muß man sich des hypothetischen Charakters unbedingt bewußt sein, um nicht den Patienten in Situationen zu bringen, die ihm die letzten Lebenswochen und -monate noch mehr belasten, als dies ohnehin schon der Fall ist.

Soll eine aniatologische Psychotherapie bei einer Krebs- oder MS-Erkrankung durchgeführt werden mit der Zielsetzung der Heilung, so muß eine sehr spezifische Indikation vorhanden sein. Die Anamnese muß der Krankheitstheorie entsprechende, pathogene Konstellationen aufweisen, die die Annahme vorwiegender oder überwiegender Psychogenese nahelegen. Der Patient muß von seiner Kooperationsfähigkeit und -bereitschaft sich auf das Wagnis einer solchen Therapie einlassen, d. h. auf die kleine Chance, durch psychotherapeutische, psychophysische und psychosoziale Interventionen einen Rückgang, eine Verlangsamung oder eine gänzliche Beseitigung seiner Erkrankung zu erreichen. Eine solche *Aniatotherapie*, d. h. die Behandlung schwerst- oder unheilbar Kranker ist nur noch bedingt Thanatotherapie, nämlich insoweit das Todesthema zentral steht und, wenn die Behandlung nicht anschlägt, sie in eine Sterbebegleitung einmündet. Im Sinne eines ganzheitlichen, integrativen Ansatzes bezieht eine solche Behandlung neben psychotherapeutischen Interventionen Körperarbeit, kreative Medien, meditative Praktiken, imaginative Verfahren, diätetische, schulmedizinische und alternativmedizinische Maßnahmen ein. Die Methodik aniatologischer Therapie archaischer, autoaggressiver Erkrankungen muß an anderer Stelle dargestellt werden. Im folgenden seien nur einige allgemeine Konzepte zur Pathogenese vorgestellt und auf die Situation von Kranken spezifiziert.

Pathogene Situation
DEFIZITE

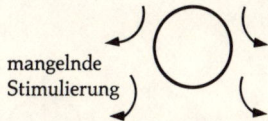

mangelnde
Stimulierung

z. B. sensorische, perzeptuelle,
soziale Deprivation durch Heim-
oder Kliniksituation (Hospitalismuseffekte)

homogene
Stimulierung

z. B. Monotonieeffekt durch
Heim- oder Kliniksituation
(Hospitalismuseffekte)

Pathogene Situation
STÖRUNGEN

uneindeutige Stimulierung

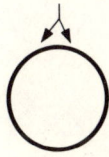

z. B. Ambivalenz bei Pflegehandlungen, Double-bind-Kommunikationen

inkonstante Stimulierung

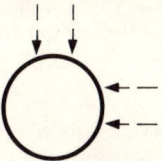

z. B. Wechsel der Pflege- bzw.
Bezugspersonen, häufige Verlegung
(fehlende Objektkonstanz)

Pathogene Situation
TRAUMATA

Externe Überstimulierung

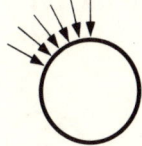

z. B. Untersuchungs- oder
Operationsstreß, Umgebungswechsel

Interne Überstimulierung

z. B. Schmerz, Organverlust,
Trennungen (Objektverlust)

Pathogene Situation
KONFLIKTE

1. *O-O-Konflikt*
   Zwei autochthone Bedürfnisse (d. h. Stimulierungssituationen), die im Organismus angelegt sind, treten gleichzeitig auf. Sie kollidieren miteinander und hemmen sich wechselseitig, z. B. das Bedürfnis nach Nahrung (Hungergefühl) und nach Schlaf.

2. *O-E-Konflikt*
   Ein autochthones Bedürfnis des Organismus kollidiert mit Außenrealität, z. B. Hunger oder Müdigkeit, mit dem Entzug von Nahrung oder Schlaf durch die klinische Situation.

3. *O-I-Konflikt*
   Ein Bedürfnis als autochthoner organismischer Stimulierungszustand wird durch ein internalisiertes Verbot gehemmt (Es/Über-Ich-Konflikt), z. B. der Wunsch eines Patienten nach Zuwendung durch das Rollengefälle Arzt/Patient.

4. *I-E-Konflikt*
   Eine erlernte und internalisierte Strebung und die Außenrealität kollidieren miteinander, z. B. der Wunsch nach Wahrheit und das Verbot einer äußeren Instanz, z. B. Klinikreglement (Wahrheit am Krankenbett).

5. *I-I-Konflikt*
   Zwei erlernte und internalisierte Strebungen stehen gegeneinander, z. B. sich informieren wollen und Zurückhaltung üben, Selbstbestimmung versus Anpassung an die ärztliche Anordnung.

6. *E-E-Konflikt*
   Zwei externe, gleich starke Impulse treffen auf den Organismus und führen zu dem Konflikt, in welche Richtung er reagieren soll (Laß dich operieren — Auf keinen Fall operieren).

7. *O/I 1,2-I-Konflikt*
   Zuwendungsbedürfnis (O), auf das man ein Recht (I^1) hat und zugleich in der Pflicht steht (I^2) wird in seiner Befriedigung durch internalisierte Norm (I) gehemmt. (Dafür ist hier in der Klinik doch nicht der richtige Ort.)

8. *O/I-E-Konflikt*
   Das Bedürfnis nach Sexualität (O), gekoppelt mit dem Wunsch nach einer geschützten, vertrauten Umgebung (I), wird durch die äußeren Umstände (E) der Klinikrealität gehemmt (Krankenbesuch vom Ehepartner).

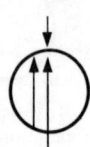

In der Integrativen Therapie werden als Ursache psychischer und psychosomatischer Erkrankungen toxische Stimulierungskonstellationen angesehen. Diese können über das Gesamt der *Lebensspanne* auftreten und *zu jedem Zeitpunkt des Lebens* Erkrankungen auslösen. Im Unterschied zu klassischen psychodynamischen Ansätzen wird also nicht nur auf eine Genese in Kindheit und Jugend zentriert. Vielmehr können gerade die belastenden Bedingungen längerer Krankheitsperioden oder des Seniums Erkrankungen auslösen, ja wir ordnen einen Gutteil der „somatischen" Beschwerden im Alter als psychosomatische Reaktionen ein, die eintreten, wenn alte Menschen in Bereichen ihrer Identität reduziert werden, weil sie vielfach nicht die Beachtung, Fürsorge und Zuwendung erhalten, derer sie bedürfen. Sie erkranken an diesen Defiziten, Uneindeutigkeiten, Traumatisierungen, Konflikten genauso wie ein Kind, das ähnlichen Situationen ausgesetzt ist. Die *Mutimorbidität* im Alter darf also keinesfalls nur als „Verschleißerscheinung" gesehen werden (*Petzold, Bubolz* 1979; *Petzold* 1984c, *Radebold, Schlesinger-Kipp* 1983).

Obwohl sich die Neurosegenese über die gesamte Lebensspanne hin vollzieht, sind die *Schädigungen* aus der *frühen Phase* besonders nachhaltig, da das kleine Kind in den ersten beiden Lebensjahren belastende Einwirkungen als *Totalitätserfahrungen* erlebt, denn die Fähigkeit zur Memoration, Antizipation, Erklärung, Benennung sowie die Möglichkeiten der Affekt- und Impulskontrolle sind noch nicht ausgebildet (beim Hochbetagten oder Moribunden sind sie z. T. wieder zurückgebildet). Die physische Hilflosigkeit — es kann sich weder Negativreizen durch Flucht entziehen noch sie durch aggressive Aktionen zerstören — und die kognitive Defizienz führen zu sehr primitiven und nachhaltig wirkenden Bewältigungsstrategien, die in Krankheitssituationen und im Senium gehäuft (wieder) auftauchen. Folgende seien genannt:

2.4.1 Archaische Regression in die pränatale, uterine Konfluenz

Nehmen Defizite oder Überstimulierungen eine für den Säugling bedrohliche Form an, so kann als Ausflucht eine Regression der schon entwickelten Ich-Funktionen eintreten. Dieser Rückzug dient der Reproduktion der totalen Stimulierung im Schoße der Mutter, die im Körpergedächtnis abgespeichert wurde (vgl. *Ferenczis* Thalassa-Theorie). Es werden durch eine solche Reaktion nicht nur für die Entwicklung notwendige Außenstimulierungen abgeschirmt — korrektive, positive Erfahrungen können nicht mehr aufgenommen werden —, sondern das autochthonen Wachstumsimpulse des Organismus selbst werden gehemmt und können über den Weg der *Retroflektion* ein hochgradig toxisches Potential entwickeln. Setzen sich Defizite und/oder Traumatisierungen intermittierend im Verlaufe der Entwicklung und Sozialisation fort, so besteht die Möglichkeit, daß die Regression in archaische Körperebenen hinein zu einem habituellen Bewältigungsmechanismus wird, der wegen seiner Fixierung auf der Körperebene, im präverbalen und präszenischen Bereich, destruktive Wirkungen im Organischen haben kann. Die „archaische Regression" als Verarbeitungsversuch von Belastungen führt zu konfluenten Verhaltensweisen. Verschmelzungsphantasien und Symbiosewünsche bestimmen die Beziehungen. Abgrenzungsfähigkeit ist kaum ausgeprägt. Verluste werden als extrem bedrohlich erlebt.

Die archaische Regression hat zur Folge, daß die Strukturen des Selbst an der Basis defizitär sind. Fallen zu einem späteren Zeitpunkt in der Entwicklung wieder genügend fördernde Stimulationen an, so können sich die Ich-Funktionen noch in einem Maße entwickeln, daß ein leidlich funktionsfähiges *Ich* gebildet wird und damit die Identität aufgebaut werden kann. Die Basis jedoch ist schwach. Bei fortgesetzten Belastungen oder schweren Traumatisierungen kann der archaische Abwehrmechanismus wieder zur Wirkung kommen, der zu den Außenstimulierungen natürlich in dysfunktionalem Kontrast steht und den Organismus in ständigem Spannungszustand hält. Dabei können, wie *Jonas* (1982) deutlich gemacht hat, auch noch archaische, phylogenetische Relikt-Mechanismen aktiviert werden; dieses Zusammenwirken vermag ein hohes pathogenes Potential zu entfalten.

2.4.2 Archaische Retroflektion

Die archaische Retroflektion ist einer der primitivsten Abwehrmechanismen. Er wurde im Prinzip von *Wilhelm Reich* entdeckt, der als einer der ersten Psychotherapeuten eine *psychosomatische Theorie des Krebses* entwickelte. In der Gestalttherapie bzw. Integrativen Therapie kommt der archaischen und der sekundären Retroflektion große Bedeutung zu. Es setzt dieser Mechanismus besonders bei Traumatisierungen, also Überstimulierungen, ein. Der Organismus des Säuglings bzw. Kleinkindes kann auf die unlustvollen Reize nicht durch Flucht reagieren. Aggressive Äußerungen führen zu weiteren Negativreaktionen (z. B. Mißhandlungen).

Deshalb werden aggressive Regungen zurückgehalten; es kommt zu einem Affektstau; die aggressiven Impulse richten sich gegen den Organismus selbst, der ohnehin als Quelle des Schmerzes und der Unlust erlebt wird; sie werden auf den bzw. in den Körper *retroflektiert* und entfalten hier ihre destruktiven Kräfte.

Die Folge sind psychosomatische Beschwerden verschiedenen Schweregrades, wenn sich ein solches Muster chronifiziert und auch noch in der weiteren Entwicklung und im Erwachsenenalter zur vorherrschenden Strategie der Konfliktbewältigung wird. Das Leib-Selbst wird durch diesen Mechanismus unter einen Dauerstreß gesetzt und ist den archaischen Impulsen ausgeliefert. Zwar wird ein kohärentes *Ich* ausgebildet, aber dieses negiert den Leib bzw. steht ihm feindselig gegenüber. Die Identitätssäule „Leiblichkeit" wird unzulänglich ausgebildet bzw. ist Gegenstand negativer Selbstattributionen. Der Mensch ist in einer permanenten Kampfhaltung. *Er ist mit seinem Leib „im Krieg"*, der gnadenlos geführt wird und bei dem es letztendlich keinen Überlebenden gibt. Aus diesem Grunde verwenden wir auch in der aniatotherapeutischen Arbeit mit Krebspatienten bei Visualisierungsübungen (vgl. *Petzold* 1985) keine Kampfphantasien, z. B. die Schlacht der Abwehrkräfte gegen die Krebszellen (*Simonton* et al. 1980; *Mahrer* 1980). Im Kampf gegen die Krankheit wird damit das Paradigma des Kämpfens aufgenommen, das das Leben des Patienten bislang in pathogener Weise bestimmt hat. Wir bevorzugen deshalb versöhnliche Phantasien und Visualisierungen (Bedauern des Körpers, Überreden der Krankheit, sanftes Ausschwemmen des Tumors usw.).

2.4.3 Archaische Anästhesierung

Auf Überstimulierung, also Traumatisierungen, Störungen oder konflikthafte Stimulierungen kann neben archaischer Regression und Retroflektion mit einer Anästhesie-

450

rung reagiert werden. Der Organismus versucht, sich gegen destruktive Impulse unempfindlich zu machen. Der Leib wird verdinglicht, als Fremdkörper erlebt, gefühllos gemacht. Das *Selbst* wird sich damit kaum erlebbar. Ich-Funktionen werden mangelhaft ausgeprägt, und so ergeben sich auch in der Konstituierung von Identität Mängel. Das Gefühl der Nicht-Identität mit dem Körper führt zu einer vernachlässigenden, lieblosen Haltung dem Leib gegenüber, der oftmals wie eine Maschine ausgebeutet wird und dessen Signale der Erschöpfung oder Überforderung nicht wahrgenommen werden können. Im Unterschied zur archaischen Regression, die oftmals mit Impulslosigkeit und Apathie einhergeht, sind Menschen mit dem Mechanismus der archaischen Anästhesierung durchaus aktiv. Sie weisen oftmals das Krankheitsbild einer *„larvierten Depression"* auf, die durch Leistung und Aktivismus überdeckt wird.

Das relativ funktionsfähige *Ich* konstituiert eine in mehreren Bereichen (Arbeit und Leistung, materielle Sicherheit, Werte) klar ausgeprägte Identität. Die „Säule der Leiblichkeit" ist defizient, der Bereich „soziales Netzwerk" im Hinblick auf die Beziehungsintensitäten arm. Es erscheinen diese Menschen psychisch und sozial weitgehend unauffällig, in hohem Masse angepaßt, zumeist leistungsbezogen. Beim Mechanismus der archaischen Retroflektion hingegen tritt die depressive Symptomatik und der Leistungsaktivismus klarer hervor. Die archaische Alles-oder-Nichts-Haltung wird in ihren destruktiven Aspekten deutlicher erkennbar (Überforderungstypen).

2.4.4 Archaische Spaltung

Ein weiterer Mechanismus, insbesondere mit frühen Konflikten, aber auch mit Traumatisierungen umzugehen, findet sich in der archaischen Spaltung. Die unlustvollen, belastenden Ereignisse werden abgespalten, „in den Körper hinein" gedrängt, womit wieder ein retroflektives Moment oder ein Kampf widerstreitender Impulse im Körper gegeben ist. Die Folge der Spaltung ist eine Fragmentierung des Selbst. Die Ich-Funktionen werden unausgeglichen ausgeprägt, und die Identität erweist sich als brüchig.

Bei aller Bedeutung der *frühen Schädigungen* (wir ziehen diesen Begriff dem der „frühen Störungen" vor, weil er Traumata, Defizite und Konflikte mit einschließt) muß doch die *Lebenslaufperspektive* für die Genese psychosomatischer Erkrankungen unterstrichen werden, insbesondere wenn man onkologische Erkrankungen unter einer solchen Perspektive betrachten will. Nur die ständige Einwirkung von Belastungssituationen, die immer wieder zur Reproduktion archaischer ontogenetischer und phylogenetischer Abwehrmuster führt, nur die Gesamtauswirkungen unglücklicher Lebensverläufe können zu derart destruktiven Resultaten führen. Er muß dabei immer gegenwärtig bleiben, daß im integrativen Ansatz *gesundes wie krankes Verhalten aus dem Zusammenwirken aller positiven, negativen und defizitären Erfahrungen resultiert* (*Petzold* 1984), daß also die Abwesenheit kompensatorischer Erfahrungen von Glück, Zuwendung, Sicherheit usw. als pathogene Faktoren mit berücksichtigt werden müssen.

Als weiterer Gesichtspunkt ist hervorzuheben, daß die beschriebenen pathogenen Konstellationen im sozialen Raum, einem sozialen Netzwerk bzw. *System* stattfinden, in der Regel im System der Familie.

Es müssen deshalb die Defizite, Störungen, Konflikte oder Traumatisierungen schaffenden Familieninteraktionen in den Blick genommen werden, und zwar nicht nur der Herkunftsfamilie unter Berücksichtigung der zu häufig vernachlässigten Großeltern-Generation, sondern auch der gegenwärtigen Familie, in der sich (etwa in toxischen Partnerbeziehungen) pathogene Strukturen reproduzieren.

Konflikte vollziehen sich ja durchaus nicht nur oder überwiegend im Inneren des Organismus, sie sind außen-verursacht, wie schon *Ferenczi* (vgl. *Cremerius* 1981) betonte. Die archaischen Abwehrmechanismen richten sich gegen Bedrohungen, die an den Organismus von außen herangetragen werden.

Eine familientherapeutische Perspektive (*Wirsching*, dieses Buch; *Wirsching, Stierlin* 1982; *Schneider* 1983) wird deshalb unerläßlich, wobei wir den Aspekt der *kognitiven Repräsentation* archaischer Familiensysteme als Wirkfaktor für die Pathogenese und die aktuellen Familieninteraktionen besonders betonen möchten. (Es reicht also nicht, die aktuellen Familieninteraktionen im Sinne *Selvinis* etwa durch Beeinflussung der Kommunikationsregeln zu verändern, auch die verinnerlichten Muster aus der *Geschichte* der Familie müssen „in den Köpfen" der jeweiligen Familienmitglieder verändert werden.) Über die soziale Welt hinaus ist auf den ökologischen Raum zu verweisen, der ein hohes pathogenes Potential haben kann. Die Bedeutung der „ökologischen Sozialisation" für die Entwicklung der Persönlichkeit (*Bronfenbrenner* 1978) und für die Pathogenese ist in der Psychotherapie bisher weitgehend unberücksichtigt geblieben. Die Verinnerlichung bedrückender Umgebung hat aber im Verein mit den übrigen Sozialisationsfaktoren eine nachhaltig pathogene Wirkung, wie wir in der Exploration bei onkologischen Patienten immer wieder feststellen konnten und wie sich bei Menschen in baulich und ausstattungsmäßig unzureichenden Altenheimen zeigt (*Petzold* 1984c).

Aus der Krankheitslehre lassen sich für die Thanatotherapie wichtige Grob- und Feinziele ableiten, insbesondere was die Identifizierung pathogener Stimulierungskonstellationen in der Krankheits- und Krankenhaussituation anbelangt, die Bewertung von Abwehrreaktionen in der Interaktion zum Klienten und seiner Familie oder das Erkennen von krankheitsbedingten psychopathologischen Veränderungen. So kann die archaische Regression, wenn sie plötzlich und massiv einsetzt (etwa nach Ankündigung einer erneuten Operation oder nach der Mitteilung der „Wahrheit") zu psychotischen Reaktionen führen, die archaische Retroflektion zu akuter Suizidalität. Die Krankheitslehre ist deshalb unverzichtbar, auch wenn keine Therapie mit dem Ziel der

Heilung einer Krebserkrankung unternommen wird. Gerade Mechanismen wie die archaische Regression, Retroflektion oder die archaische Spaltung finden sich im Umgang mit terminalen oder onkologischen Patienten häufig. Sie verstellen die Kommunikation des Kranken bzw. Sterbenden mit seiner Umwelt und führen für ihn selbst und seine Bezugspersonen zu Belastungen, die oft durch entsprechende Interventionen auflösbar sind.

3. Angewandte Thanatotherapie

Wir haben am Anfang dieser Arbeit eine sehr breite Definition von Thanatotherapie (vgl. auch *Spiegel-Rösing*, Kap. 1,1.) als Form „angewandter Gerontologie und Thanatologie" gegeben (*Petzold* 1965). Diese Breite ist im Hinblick auf die Aufgabenvielfalt und wegen der Einbeziehung der verschiedensten Interventionsformen und Berufsgruppen erforderlich.

In der Thanatotherapie muß, mehr noch als in anderen therapeutischen Zugängen, auf die breite Ursprungsbedeutung des Wortes (ϑεραπεύειν) zurückgegangen werden: *pflegen, dienen, achten, freundlich behandeln, fördern, heilen, sich sorgen um;* denn neben dem spezifischen Handeln im Sinne einer psychotherapeutischen Intervention sind es ja gerade diese Qualitäten mitmenschlichen Umgangs, die den Charakter der Thanatotherapie bestimmen.

Wir wollen indes an dieser Stelle die Darstellung thanatotherapeutischer Arbeit auf den unmittelbaren Umgang mit Sterbenden bzw. todkranken Personen zentrieren und angrenzende Bereiche nicht behandeln.

Es wurde auf die Komplexität des Sterbeprozesses schon verwiesen. Darüber hinaus wird eine zeitliche Festlegung erforderlich, um Thanatotherapie von der Aniatotherapie, der psychotherapeutischen Behandlung Schwerkranker, pragmatisch abzugrenzen. Die Sterbephase im weitesten Sinne beginnt, wenn aus medizinischer Sicht ein Mensch in eine lebensbedrohliche Situation gerät (durch Krankheit, Unfall o. ä.), bei der mit dem Eintreten des Todes gerechnet werden kann. In dieser Bestimmung sind also auch Patienten eingeschlossen, die eine schwere somatische Krise mit ungewissem Ausgang durchleben.

3.1 Formen thanatotherapeutischer Arbeit

Wir unterscheiden folgende Formen thanatotherapeutischer Arbeit:

3.1.1 Sterbebegleitung

Unter Sterbebegleitung fassen wir den mitmenschlichen Beistand auf der Grundlage von Alltagsstrategien der Hilfeleistung. Da der Sterbebeistand in dieser Form sich für viele Menschen nicht mit konkreten eigenen Erfahrungen verbindet, werden im integrativen Ansatz Angehörige und Laienhelfer mit Verhaltensmöglichkeiten vertraut gemacht. Grundlage bildet die Thematisierung eigener Sterbeerfahrung und Einstellung zum Tod. Ermutigung zum emotionalen Austausch, körperlichen Kontakt, zur Offenheit für Gespräche stellt weitere Handlungsmöglichkeiten bereit. Die Grundhaltung des *„caring"* und die Bekräftigung der Fähigkeit zur wechselseitigen Hilfeleistung von Menschen in Notsituationen (*Kropotkin*) werden bestätigt. Die Regeln des „exchange-helping" (*Laschinsky* et al. 1979) wie z. B. Offenheit, direkte Kommunikation, Überprüfung der eigenen Wünsche an der Situation des Betroffenen, innerer Rollentausch, Ablesen von Wünschen, Anregen, ohne überversorgend zu sein, usw. werden vermittelt (vgl. *Huck, Petzold*, dieses Buch). Die Sterbebegleitung in dieser Form kann über Sterbephasen von unterschiedlicher Dauer eine bedeutsame mitmenschliche Hilfe und Entlastung sein.

3.1.2 Krisenintervention

Sterben als „kritisches Lebensereignis", das Menschen oft überraschend und unvorbereitet trifft, kann in schwere psychische Krisen (Depression, Suizidalität, psychosomatische Reaktionen) führen, die der Betroffene und sein soziales Umfeld alleine nicht mehr bewältigen können. Medikamentöse Ruhigstellung ist hier eine mögliche, aber in der Regel allein nicht ausreichende Maßnahme. Die Krisen des Patienten und seiner Angehörigen bzw. der Familie können mit den Mitteln gestalttherapeutischer Kriseninterventionen angegangen werden: durch beruhigendes Gespräch (talk-down), Techniken innerer Distanzierung (ich sehe mir die Situation gleichsam aus der Außenperspektive an), Rückgriff auf Erfahrungen von bewältigten Krisen im Verlauf des Lebens, emotionaler Ausdruck und emotionale Integration, Klärung der Zukunftsperspektiven (*Petzold* 1979). Krisenintervention zielt im wesentlichen auf ein Abklingen der krisenhaften Turbulenz, um Angehörigen und Pflegepersonal den Umgang mit dem Betroffenen wieder möglich zu machen. Zuweilen wird sie auch zu einer Sterbebegleitung oder einer Thanatopsychotherapie.

3.1.3 Thanatopsychotherapie

In dieser Form der Arbeit wird auf dem Hintergrund psychotherapeutischer Theorie und Methodologie und spezifischer thanatologischer Kenntnisse mit einem sterbenden Menschen gearbeitet, um ihm den Umgang mit seiner Situation zu erleichtern. Dabei werden die Ziele der Intervention vom theoretischen Hintergrund einerseits, den Bedürfnissen des Patienten und seinem Lebenszusammenhang andererseits und schließlich von den Möglichkeiten des Settings bestimmt.

3.2 Settings

Da die Settings bis in die Zielfindung thanatotherapeutischen Vorgehens hinein Auswirkungen haben, sollen sie kurz angesprochen werden.

3.2.1 Ambulante Situation

Besonders in der Begleitung onkologischer Patienten, die sich ja über längere Zeiträume bei relativer Mobilität der Patienten hinziehen kann, verläuft thanatotherapeutische Arbeit mit ambulanten Settings, z. B. in der Praxis niedergelassener, spezialisierter Psychotherapeuten, im Rahmen einer Krebsberatungsstelle oder eines klinischen Ambulatoriums. Die ambulante Behandlung setzt noch ein relativ hohes Maß an Selbständigkeit und aktiver Mitarbeit des Patienten voraus. Sie muß aber auch seiner Belastungsfähigkeit in besonderer Weise Rechnung tragen, da er nicht im Schutz der klinischen Situation steht. Dies ist besonders bei alleinstehenden Patienten zu beachten, z. B. in Zeiten, wo sie von Suizidalität oder psychotischer Dekompensation bedroht sind.

3.2.2 Hausbesuche

Eine ambulante Therapie kann in eine Begleitung durch Hausbesuche übergehen, wenn der Zustand des Patienten es erforderlich macht. Es kann aber auch sein, daß die Behandlung von vornherein als Hausbesuch begonnen und durchgeführt wird (etwa bei Patienten mit Hemi- oder Paraplegien aufgrund von Hirntumoren, Apoplex, Skelettmetastasen, MS-Erkrankungen etc.). Im Hinblick auf die Ziele werden hier Entscheidungen notwendig, ob man dem Patienten helfen soll, so lange wie möglich in der eigenen Wohnung zu bleiben, wann eine Hospitalisierung unumgänglich wird (bei Alleinstehenden), wie die Familie psychisch gestützt und praktisch entlastet werden kann.

Es werden also handfeste Hilfen sozialarbeiterischer Art und auch im Hinblick auf die Pflege erforderlich. Im integrativen Ansatz vertreten wir die Auffassung, daß sich der mit Hausbesuchen arbeitende Psychotherapeut konkret an den in der gegebenen Situation erforderlichen Pflegebehandlungen beteiligen sollte, sofern dies nicht vom Patienten abgelehnt wird. Dies ist eine Besonderheit der thanatotherapeutischen Situation, die für das therapeutische Vertrauensverhältnis wesentlich ist.

3.2.3 Krankenhaus

Die Struktur, die Regeln und Normen des jeweiligen Krankenhaus-Settings bestimmen Frequenz, Dauer, Ziel und Inhalte thanatotherapeutischer Arbeit maßgeblich. Es gibt z. B. Stationen, auf denen psychotherapeutische Sterbebegleitung kaum geduldet ist, Arbeit mit kreativen Medien als abträglich oder die Stationsroutine beeinträchtigend abgelehnt wird und sich deshalb das Vorgehen auf Gespräche zentrieren muß. Sind Ärzte und Stationspersonal in ihrer Einstellung darauf gerichtet, den Patienten möglichst im Unklaren über sein Befinden zu lassen, ist weiterhin beim Personal selbst ein hohes Verdrängungspotential vorhanden, ist die Frage zu stellen, inwieweit in einem solchen Setting überhaupt aufdeckend gearbeitet werden kann, ohne daß zuvor (soweit Bereitschaft und Möglichkeit besteht) durch Arbeit mit den Mitarbeitern das Stationsklima verändert wurde. Ist hingegen die thanatotherapeutische Arbeit in den Stationsablauf integriert, ergeben sich andere Perspektiven. Die Einbeziehung des behandelnden Arztes, der Schwestern, des Krankenhaushilfspersonals, der Mitpatienten, der Angehörigen, so daß ein Team „Helfender" um den Kranken entsteht, das die Qualität einer sorgenden Familie gewinnen kann, stellt für thanatotherapeutische Arbeit eine ideale Situation dar.

3.2.4 Alten- und Pflegeheime

Die Ausführungen über das Krankenhaus treffen weitgehend auch für die Alten- und Pflegeheime zu. Als Besonderheit ergibt sich hier, daß die Gesamtsituation, extremer noch als in der Klinik, davon bestimmt ist, daß auf den Tod hingelebt wird.

Diese Warteposition (vgl. *Hummel*, dieses Buch) und die nicht abreißende Kette der Sterbenden bewirkt beim Personal und bei den Betroffenen spezifische Verhaltensweisen und Abwehrstrategien und stellt den Thanatotherapeuten vor setting-bedingte Probleme, die er aufgreifen muß, um mit einzelnen, Gruppen oder dem Personal wirkungsvoller arbeiten zu können (*Petzold* 1984c).

3.3 Form und Modalität der Arbeit

Die Ziele thanatotherapeutischer Intervention werden schließlich auch von der Form der Arbeit bestimmt. In der Regel erfolgt die Behandlung als Einzeltherapie. In *Krebsberatungsstellen* oder auf onkologischen Stationen kommt zuweilen Gruppentherapie bzw. eine Kombination von Einzel- und Gruppentherapie zur Anwendung. Zuweilen ist dies auch in Alten- und Pflegeheimen der Fall durch Stations- und Zimmergruppen (*Petzold* 1984c). Wo angezeigt und möglich, können Stationsgespräche unter Einbeziehung des Personals oder familientherapeutische Interventionen in der thanatotherapeutischen Arbeit zum Einsatz kommen (vgl. *Wirsching*, dieses Buch), wobei wir auf die Modelle und Konzepte gestalttherapeutischer bzw. integrativer Familientherapie zurückgreifen (*Kempler* 1975; *Schneider* 1983). In all den genannten Arbeitsformen läßt sich stärkere Ausrichtung auf verbales, aktionales oder non-verbales Vorgehen finden, und es kann von der Modalität her *übungszentriert-funktional* (z. B. Entspannungstraining), *erlebniszentriert* (z. B. Malen und Gestalten) oder *konfliktzentriert-aufdeckend* gearbeitet werden (näheres hierzu *Petzold* 1985).

3.4 Ziele und Inhalte thanatotherapeutischer Arbeit

Die Zieldimensionen thanatotherapeutischen Handelns sind von meiner Kollegin *Ina Spiegel-Rösing* im Kapitel 4 dieses Bandes ausführlich diskutiert worden, so daß wir uns hier auf kurze Ausführungen beschränken können. Im Hinblick auf unser anthropologisches und therapietheoretisches Konzept sowie die Auffassung von einer *differentiellen Thanatologie* stehen die Überlegungen von *Barton* (1977) über „kongruentes Sterben und Adaptation" uns noch am nächsten. Sie sind gerade im Hinblick auf die vielfältigen Einschränkungen des institutionellen Kontextes und die oft mit schwersten somatischen Begleiterscheinungen verlaufenen Sterbeprozesse realistischer als die anspruchsvollen Konzeptionen von *LeShan* (1976, 1977). Das Konzept des *„appropriate death"* von *Weisman* (1974) scheint uns besonders für eine spezifische Population geeignet (mit der sich allerdings thanatotherapeutisch gut arbeiten läßt): Sterbende, die kognitiv noch gut organisiert, interspektionsfähig und verbal kompetent sind.

Die Ziele und Inhalte thanatotherapeutischer Arbeit, insbesondere bei psychotherapeutischer Ausrichtung, sehen wir in unserem Ansatz von folgenden Einflußgrößen bestimmt:
1. Metaziele, die aus der theoretischen Position des Therapeuten (Menschenbild, Persönlichkeitstheorie, Krankheitslehre usw.) abgeleitet sind;

2. Ziele, die sich aus den Bedürfnissen des Patienten, den Erfordernissen seines sozialen bzw. familiären Kontextes ergeben,
3. die von den Bedingungen des Settings,
4. von den Besonderheiten des Krankheitsbildes und
5. von der Charakteristik der verwandten Methoden abhängen.

Es wird damit die Bestimmung der Ziele, die Auswahl der Inhalte und die Wahl der zu verwendenden Methoden, Techniken und Medien eine komplexe Aufgabe, die in der Initialphase thanatotherapeutischer Arbeit mit großer Sorgfalt wahrgenommen werden muß. Im Sinne einer *differentiellen Thanatologie* bringen Ausrichtungen an Phasenkonzepten oder Typologien kaum Hilfen (*Thomae* 1983). Der Forschungsstand in der Thanatologie bietet hier überdies noch wenig substantielle Hilfen. Es wird deshalb ein flexibles — und im Hinblick auf die oftmals schwierigen institutionellen Situationen — pragmatisches Vorgehen erforderlich, das unter Beiziehung theoretischer Positionen und praktischer Analysen in der aktuellen Situation relativ schnell zu handlungsleitenden Konzepten kommt. Das Modell *„prozessualer Diagnostik"*, wie es die Integrative Therapie entwickelt hat, vermag hier Hilfen zu geben. Es umfaßt folgende Elemente:

3.4.1 Bedürfnisanalyse

Mit dem Betroffenen wird in *dialogischer Exploration* geklärt, wo er selbst seine Bedürfnisse sieht, was ihm am Herzen liegt, was seine Wünsche sind. Dieses *subjektive Moment* wird ergänzt durch den Versuch einer gewissen Objektivierung.

3.4.2 Problem- und Konfliktanalyse

Der therapeutische Begleiter macht sich *seine Einschätzung* über die Bedürfnisse und die Verfassung des Patienten deutlich unter den Fragestellungen: Was ist ihm noch möglich? Was ist ihm nicht mehr möglich? Was wäre bei entsprechender Hilfe noch möglich? Diese Einschätzung gibt handlungsleitende Ziele für therapeutisches Vorgehen: Wie kann ich Schmerzzustände, Angstgefühle, Kontakt*defizite*, akute *Traumatisierungen* (z. B. Chemotherapie) mindern oder auflösen? Das ist *reparatives Vorgehen.* — Wo muß ich vorhandene Funktionen erhalten? Das ist stabilisierendes bzw. *konservierendes Vorgehen.* — Wo kann ich ungenutzte Möglichkeiten erschließen? Das ist *evolutives Vorgehen* (*Petzold* 1979; *Heekerens* 1984). In der Analyse von Konflikten und Problemen wird unter Rückgriff auf die Theorie der Krankheitslehre auch nach psychodynamisch relevanten Konflikten Ausschau gehalten, die den Patienten belasten oder einschränken und die in seiner Interaktion mit dem Umfeld und seiner Familie zum Tragen kommen.

3.4.3 Lebensweltanalyse

Die Analyse der Lebenswelt (*Abel* et al. 1977; *Unruh* 1983) versucht, die bestimmenden Faktoren des Lebenszusammenhanges des Patienten, seiner Familiensituation, seines sozio-ökologischen Settings, seiner Pflegesituation in den Blick zu nehmen.

Es wird hier wesentlich, daß der Therapeut die Erlebnis- und Vorstellungswelt des Patienten betritt, um diese Lebenswelt von „innen" zu erfahren und zu begreifen, ein „systemimmanentes" Vorgehen, durch das die Perspektive des Gesunden als Maßstab für die Beurteilung der Situation des Kranken weitgehend vermieden werden soll. Der „innere Rollentausch", die Verdeutlichung des „sozialen Atoms" (*Moreno* 1947; *Petzold* 1979a), der Schicht, der Sprachwelt, des Herkommens des Patienten sind hierfür erforderlich. Es ist weiterhin wichtig, Wahrgenommenes in einem gewissen Ausmaß dem Patienten weiterzugeben, um anhand seiner Reaktion die eigene Einschätzung zu korrigieren und ihn am diagnostischen Prozeß der Bestandsaufnahme der Lebenswelt im Rahmen seiner Belastungsfähigkeit und seines Fassungsvermögens zu beteiligen. Aufgrund der oft sehr reduzierten Verfassung des Patienten muß die Frage der Mitbeteiligung jeweils sorgfältig abgewogen werden, und sind die Möglichkeiten partizipativen Vorgehens häufig eingeschränkt, was die *Verantwortung* des Therapeuten einerseits und seine *Macht* andererseits erhöht.

3.4.4 Kontinuumsanalyse

Die Bedingungen der Lebenswelt werden sich in der Regel ohne das Einbeziehen einer historischen Perspektive nicht erschließen. Das Lebenskontinuum muß in den Blick genommen werden. Methodisch geschieht dies im explorativen Gespräch, durch die Technik der *Lebensbilderschau* (indem Berichte des Patienten aufgenommen oder angeregt werden) bzw. durch die Technik des *Lebenspanoramas* (*Petzold, Lückel* 1984; *Heinl, Petzold, Fallenstein* 1983). Eine Anregung kann z. B. durch das Durchblättern eines Bildbandes über die „*Lebenstreppe*" (*Joerißen* 1983) gegeben werden. In der Kontinuumsanalyse ergeben sich oft *Prägnanztendenzen*, d. h., es werden Lebensstile des Patienten erkennbar, es läßt sich das Verlaufsbild der Erkrankung, ihre Prodromalphase erfassen, und es werden daraus Zukunftsperspektiven erschließbar, Linien, die sich aus der Vergangenheit in die Zukunft fortziehen. Bei der gebotenen Vorsicht, die in der Thanatotherapie im Hinblick auf die Prognose angebracht ist, lassen sich auf diese Weise kurz- und mittelfristige Zielterminierungen erreichen.

3.4.5 Ressourcenanalyse

Die Situation der Ressourcen, über die der Patient verfügt, beeinflußt die Zielfindung maßgeblich. Dabei werden die *Eigenressourcen*, die in der unmittelbaren Verfügung des Betroffenen stehen, und die *Fremdressourcen*, die sich erschließen lassen (institutionelle Hilfen, Dienste karitativer Organisationen usw.) unterschieden. Der Ressourcenbegriff (*Schneider* 1979) wird hier weit gefaßt. Ein reiches, hilfsbereites und -fähiges soziales Netzwerk gehören hierzu genauso wie materielle Mittel, physische Konstitution, Entscheidungskräftigkeit, intellektuelle Klarheit, Lebenserfahrung, Coping-Strategien. Wenn der Therapeut weiß, auf welche Ressourcen er zurückgreifen kann, welche fehlen, welche er erschließen muß, wo er selbst als *resource-person* eintreten muß, wird dies seine Arbeit sehr erleichtern.

3.4.6 Zieldimensionen

Es sind mit dieser Darstellung des Instrumentariums „prozessualer Diagnostik" *inhaltlich* wenig Aussagen gemacht worden. Dies ist auch dem Gegenstand angemessen, da die Vielfalt der Situationen, Bedürfnisse und Schicksale normierende Vorstellungen und Interventionstypologien verbietet. Es muß mit jedem und für jeden Betroffenen, mit seinen Angehörigen und mit dem Pflegepersonal ein höchst individueller Rahmen für die Sterbebegleitung bzw. für thanatotherapeutische Interventionen entworfen werden. Dabei steht der Begleiter oftmals auch noch vor der Situation, daß ihm nicht viel Zeit für eine umfängliche Erhebung bleibt. Je länger der Krankheits- und Sterbeverlauf und die Möglichkeit der Kontakte ist, desto sorgfältiger kann die thanatotherapeutische Arbeit fundiert werden. Krankheitsbild und Zustand des Patienten sind deshalb bestimmende Größen für die Reichweite der Exploration. Diese wird in der Terminalphase auf eine Reihe von Bereichen und Fakten verzichten können, da die *Zieldimensionen* kleiner sind und der Rahmen, den die Ziele abdecken, weniger weit gespannt ist. Im Verlaufe langjähriger thanatotherapeutischer Arbeit werden natürlich Erfahrungen gewonnen, die im Sinne von „Prägnanztendenzen" dazu führen, aus relativ wenigen Elementen der verschiedenen Explorationsbereiche schon ein recht genaues Bild der Gesamtsituation zu erhalten. Die Initialphase der Begleitung ist ohnehin auf das Herstellen eines guten Kontaktes, einer Vertrauensbasis und eines therapeutischen Bündnisses gerichtet, so daß die explorative Arbeit erst einmal *„en passant"* erfolgt. Sie nimmt in der Regel zwei bis drei Sitzungen in Anspruch. Auch bei einem reichen Erfahrungshintergrund wird es wichtig, den eigenen Eindruck kritisch zu hinterfragen, ihn, soweit dies geht, mit dem Patienten, den Angehörigen und dem Pflegepersonal auszutauschen, um auf diese Weise Korrektive zu erhalten. Es gibt eigentlich keine festgeschriebenen Ergebnisse. Sie sind im Fluß, im Wandel. Der therapeutische Prozeß und der diagnostische gehen Hand in Hand. Dies ist das Wesen „prozessualer Diagnostik". Noch einige abschließende Überlegungen:

Ein solcher Ansatz wie der hier vorgestellte tut sich schwer mit festgeschriebenen *Zieldimensionen* — zumindest was die Grob- und Feinziele betrifft. Dennoch sind natürlich schon durch die Fragestellungen „prozessualer Diagnostik" und durch die persönlichkeitstheoretischen Prämissen Ziele impliziert, etwa wenn man die „Säulen der Identität" exploriert, ein „soziales Atom" (*Petzold* 1983b) zeichnet usw. Aus dem anthropologischen Hintergrundkonzept mit den Dimensionen *Körper* (Physiologie, Verhalten), *Seele* (Verhalten, Emotionen), *Geist* (Denken, Sinn, Emotionen), *Umfeld* (Verhalten, Gefühle, Kommunikation) (vgl. auch *Barton* 1977; *Roberts* 1976) ergeben sich Festlegungen für Ziele. Es soll deshalb auch für den Bereich der Grob- und Feinziele nicht das Konzept der *Wertneutralität* oder der Indeterminiertheit von *Zielen* vertreten werden, sondern eine Position, die sich um größtmögliche Offenheit und Klientenzentrierung in der Formulierung von Zieldimensionen bemüht. In einem therapeutischen Ansatz, in dem das Konzept der *Identität* so zentral steht wie in der Integrativen Therapie, wird die weitgehende *Erhaltung von Identität* im Sterben ein naheliegendes Ziel. Es steht dahinter die Vorstellung eines *„Prägnanzgewinns"* an Identität, das Bild vom Menschen, der im Sterben, in der Lebensrückschau seine Identität noch einmal in ihrer ganzen Fülle erfährt. Ein solcher impliziter Anspruch kann aber auch an der Situation des Patienten vorbeigehen, ja für ihn quälend werden.

Die *Selbstbilder* des Sterbenden, die in der Identität zusammenlaufen, ändern sich durch das Sterbegeschehen. Sie lassen sich zum Teil nicht aufrechterhalten, und so geht es oftmals eher darum, ihm zu helfen, von ihnen loszulassen. Wo das Sterben mit einem progredienten Verfall der kognitiven und emotionalen Strukturen einhergeht, wo der Sterbende von Schmerz und Atemnot überwältigt ist, geht es um andere Ziele als die psychotherapeutischer Persönlichkeitskonzepte.

Ein Gleiches gilt für die Frage nach dem *Sinn.* Diese für viele Sterbende so zentrale Fragestellung, die in der thanatologischen bzw. thanatotherapeutischen Literatur nur wenig Beachtung gefunden hat, wird weder von allen Patienten gestellt (*Engelke* 1980), noch ist sie für alle Patienten von Belang. Für andere steht sie jedoch im Zentrum. Deshalb muß auf Bedürfnis- und Problemanalyse, Lebenswelt- und Ressourcenanalyse zurückgegriffen werden. Sie liefern die entsprechenden Ziele für den therapeutischen Kontext in der erforderlichen Konkretheit; und so kann einmal stärker die Frage nach dem Sinn oder die Frage nach der Lebensbilanzierung, des Abschließens offener Situationen oder des Umgangs mit der verbleibenden Lebenszeit, der Handhabung destruktiver oder ambivalenter Gefühle oder des Bewältigens körperlichen Zerfalls im Vordergrund stehen. Es können Trauer, Schuldgefühle und aufbrechendes Begehren (nach Sexualität, Schönheit, Genuß) thematisiert werden oder der Umgang mit der Unerträglichkeit der Schmerzen.

Es tauchen derartige Themen oszillierend, wechselnd, sich wiederholend auf. Es werden Themen „vorbereitet", angeboten und „zurückgezogen", indem plötzlich eine Widerstandsreaktion aufkommt. Insofern wird das Vorgehen nur am jeweiligen Fallbericht aufgezeigt werden können (vgl. *Petzold* 1985 und 3.8).

Es wird deshalb hier nur auf einige zielführende Strategien verwiesen, die in der integrativen Arbeit mit Sterbenden relativ häufig auftauchen und die deshalb eine gewisse Bedeutung haben, ohne daß man ihnen damit eine Regelhaftigkeit in Sterbeprozessen zuweisen sollte.

3.5 Prozesse der antizipatorischen Trauer und der Aneignung

Die Situation in schwerer Krankheit und im Sterben ist von *Verlust* und *Trennung* gekennzeichnet. Man *weiß,* daß man sich von lieben Menschen, von vertrauten Orten trennen muß, daß man seine Beweglichkeit, Kraft, ja sein Leben verlieren wird. Es führt dieses Wissen in den Schmerz, in die Auflehnung, in die Verzweiflung, in *Trauerprozesse* also, die vorwegnehmend kommenden Verlusten und Trennungen emotionalen Ausdruck verleihen. Die *„antizipatorische Trauer"* (*Aldrich* 1963; *Fulton, Gottesman* 1980) kann mit Unterstützung des Therapeuten dazu führen, daß belastende Emotionen bewältigt und umgewandelt werden. Gelungene Trauerprozesse bewirken ja, daß die *Trennung* nicht zum Erleben eines totalen Verlustes, sondern in ein Abschied-*nehmen* führt, und das ist ein „Nehmen", nicht ein „Verlieren. *Prendre congée:* Der Abschied führt die Dinge zusammen. Er ermöglicht *Aneignung* auf einer neuen Ebene (*Petzold* 1982b). *Aneignung, „reowning",* ist ein zentrales Konzept der Gestalttherapie (*Perls* 1969, 1980; *Petzold* 1984a). Es bildet die Grundlage von Wachstumsprozessen, die Assimilation und Integration erfordern. In der Thanatotherapie greifen wir für die Strategien der Aneignung auf Phänomene und Prozesse zurück, die in Zeiten des Abschiednehmens, des hohen Alters oder der terminalen Krankheit bei vielen Menschen gleichsam „natürlich" aufkommen.

3.5.1 Aneignung der Lebensspanne

Aus Situationen von Gefahr und Todesdrohung ist das Phänomen der *Lebensrückschau (Mikorey* 1966) bekannt: Das ganze Leben läuft in Sekunden noch einmal ab (*Petzold* 1935; *Husemann* 1938; *Linden* 1979), als müßte am Schluß des Lebens das Ganze noch einmal gegenwärtig gesetzt werden. Das Nachsinnen über das Leben findet sich als eine der wichtigsten „Aktivitäten" bei *Hochbetagten.* Die dabei typische Reaktivierung des *Altgedächtnisses (Lehr* 1979; *Gorman, Wessman* 1977), durch die erlebte Erinnerung aus Kindheit und Jugend, die über so viele Jahrzehnte im Vergessen ruhten, wieder verfügbar werden, kann als Hinweis auf einen „natürlichen Prozeß" der Aneignung der Lebensspanne gewertet werden. Die imaginativen Methoden der *Gestalttherapie* werden, wo immer möglich, in den Dienst der „Lebensbilanz" (*Lückel, Petzold* 1984; *Iljine* 1963) gestellt. Wir bleiben mit dem Menschen, mit dem wir arbeiten, nicht nur in verbalem Kontakt, wir ermutigen ihn, seinen Bericht in aller Bildhaftigkeit zu sehen, *Szenen* in der Phantasie aufkommen zu lassen. Ist erst einmal das Bilderleben angeregt, so stehen die Szenen der Vergangenheit (*Butler* 1963, 1980) lebendig da. Es wird möglich, sie gemeinsam zu betreten. Lebenssequenzen laufen ab mit großer Intensität und Plastizität. Bei manchen Menschen kommt die bildhafte Überschau spontan auf, bei anderen bedarf es nur eines kleinen Anstoßes. Nur wenigen bleibt dieses Medium verschlossen. Dabei geht es nicht nur um die Reproduktion historischer Lebensereignisse. Das Bilderleben hat auch eine gestaltende, formative Seite. Belastende Szenen der Vergangenheit können in alternativer Weise neu *geschaffen* werden. Die Intensität des szenischen Erlebens vermag zu einer *Neubewertung* der Vergangenheit zu führen (vgl. *Petzold* 1985).

Die Bilder der Vorstellungswelt übersteigen die Rede. Die Zeit läßt sich nicht leicht in Worte fassen. Der Bericht ist meistens schon Verkürzung. Auf der anderen Seite wird es immer wieder notwendig, die

Fülle des freigesetzten Materials in Worte zu fassen. Hier bieten die Ansätze der *Poesietherapie* (vgl. idem 1982d) Möglichkeiten der „Verdichtung". Ein freier Vers, ein Vierzeiler, ein gestalteter Text vermag mehr auszusagen als ein Buch.

Die Auslotung der Lebensspanne vermag ein Gefühl der Geschlossenheit zu vermitteln, durch das es offenbar leichter wird, den Tod anzunehmen (*Petzold, Marcel* 1976).

3.5.2 Aneignung von Welt

Das Durchmessen des eigenen Lebens bringt den Sterbenden noch einmal in Kontakt mit der Vielfalt von Welt, mit Landschaften, Städten, Häusern, mit politischen und familiären Ereignissen, mit Kriegszeiten und Friedenszeiten, Umwälzungen und Veränderungen. Diese ganze Vielfalt von Welt wird noch einmal zugänglich. Der Wunsch, noch einmal an Stätten zu gehen, die man in der Vergangenheit besucht hatte, oder an Orte, an denen man gelebt hatte oder leben wollte, zeigt das Bedürfnis der Vergegenwärtigung von Weltvielfalt, um Abschied zu nehmen. Die Welt wird hineingenommen in den Raum des Erlebens, und es wird deutlich: Ich bin ein Teil der Welt, die Welt gehört mir zu. Ein solches Erleben von Verbundenheit mit der Textur dieser Welt läßt Gelassenheit aufkommen, und die Angst schwindet, im Tode verlorenzugehen.

Auch im Bemühen um die Aneignung von Welt nehmen die imaginativen Verfahren einen wichtigen Raum ein. Hinzu kommen Materialmedien: Steine, Blumen, Rinde und eine Vielzahl von Dingen bieten taktile oder olfaktorische Erlebnismöglichkeiten, die man dem Patienten zu erschließen vermag. Auch bei Menschen, die in ihrer Wahrnehmungs-, Erinnerungs- und Denkfähigkeit schon sehr stark eingeschränkt sind, vollziehen sich über diese Medien Aneignungsprozesse (vgl. *Petzold* 1985).

3.5.3 Aneignung von Leiblichkeit

Es mag eigenartig erscheinen, daß gerade in einem Abschnitt des Lebens, wo der Leib verfällt, im Verschwinden begriffen ist oder als Quelle der Schmerzen und der Beschwerden sich bemerkbar macht, über „Aneignung von Leiblichkeit" gesprochen wird. Aber der Leib trägt das Leben bis zum letzten Atemzug. Man kann ihm nicht entkommen; und jede Verdrängung, jeder Hader mit dem Leib, führt zu heftigen Kämpfen, Schmerzen, Pein. *Versöhnung mit dem Leib,* Aneignung des Leibes und Abschiednehmen vom Leib gehen zusammen (*Keleman* 1977). Und es gilt in der Tat Abschied zu nehmen: von

Kräften, von Leistungsfähigkeit und Beweglichkeit, von Sinnesvermögen. Der Leib ist müde geworden. Es ist nicht einfach, ihn zu lassen, sich zu lassen. Ich konnte oft beobachten, daß bei Patienten, die mit ihrem Leib unversöhnt waren, die sich mit ihm nicht auseinandergesetzt hatten, die nicht Abschied nehmen konnten und wollten, die Agonie länger und erbitterter war als bei Menschen, die ihren Leib lassen, sich gehen lassen konnten. Die Aneignung des Leibes ist keine einfache Sache, besonders wenn er über ein Leben lang verdinglicht worden ist, und mehr noch, wenn er an den Apparaturen der Intensivmedizin weiter verdinglicht wird (*Petzold* 1983 c, 1984 b).

Zugänge zum Leib können eröffnet werden über Ton: Der Leib wird geformt — über Imagination: Die Entwicklung des Leibes, seine Veränderungen und seine Fähigkeiten, Vermögen und Unvermögen von Säuglingszeiten an werden in der Vorstellung vergegenwärtigt. Die Kunst der *„sensory awareness"* (*Brooks* 1979) läßt sich auch Schwerkranken und Sterbenden noch lehren. Das Spüren, Atmen, Dehnen wird, zum Teil mit Hilfe des Begleiters, durch Streicheln, atemlockende und -stützende Anwendungen gefördert. Wir haben im Laufe der Jahre auf der Grundlage der chinesischen Medizin und Atemgymnastik (*Berk* 1979; *Palos* 1968), Übungen aus dem Yoga, der Sensory Awareness und der Atemtherapie (*Middendorf* 1984; *Derbolowski* 1978) Methoden entwickelt, die Linderung bringen, entlasten, die Bewußtheit für den Leib schärfen und Aneignung ermöglichen.

3.5.4 Aneignung zwischenmenschlicher Beziehung

Das *„reowning"* des Leibes vollzieht sich in der „Zwischenleiblichkeit". Pflege, Tröstung, Linderung erfolgen in Berührungen, die den ganzen Körper meinen. Zu erfahren, daß der eigene Leib angenommen wird, trotz Gebrechen, trotz der Zeichen des Alters, bildet die Grundlage der Selbstakzeptanz und bietet darüber hinaus einen Zugang zum anderen Menschen, indem durch die *Sprache des Körpers*, durch die Gesten und Berührungen eine Unmittelbarkeit und Innigkeit entsteht, die von der Qualität her an die Intimität von Zwischenleiblichkeit erinnert, wie sie zwischen Mutter und Kind und zwischen Lebenspartnern gewachsen ist. Viele alte Menschen haben freilich einen solchen Kontakt über lange Zeit entbehren müssen durch Isolation und Ausgrenzung, so daß sie — zurückgestoßen und sich zurückziehend —, oftmals nicht mehr in der Lage sind, Beziehungen herzustellen und zu erhalten. Es entwickelt sich oftmals eine Reziprozität von Beziehungslosigkeit zwischen dem alten Menschen, seinen Angehörigen und seiner Umwelt. Man ist sich fremd geworden, entfremdet, so daß das Sterben sich ohne Zwischenleiblichkeit und oft in einer sehr verdünnten Atmosphäre der Mitmenschlichkeit vollzieht.

Es ist nicht mehr üblich, sich zu dem Sterbenden zu legen, um ihn zu wärmen, so wie sich eine Mutter zu ihrem kranken Kind legt. Die Grenzen sind von beiden Seiten gezogen, den Lebenden, denen das Sterben fremd geworden ist, und den Sterbenden, die sich oftmals den Lebenden nicht mehr anvertrauen und sich ihnen „in die Hand" geben können, sondern die ihre Entfremdung und Isolation bis zum Ende leben müssen — oft noch unter einer Ideologisierung: „Ich will niemandem zur Last fallen." Aneignung von Zwischenmenschlichkeit besteht aber auch darin, daß man lernt, daß es ein Recht darauf gibt, nicht allein sterben zu müssen, und daß man sich dem anderen zumuten darf.

3.5.5 Aneignung und Bekräftigung der Wertwelt

Für jeden Menschen gibt es Werte, die für sein Leben bestimmend sind. Für manche ist die Wertwelt nicht sehr präsent und reflektiert, und die handlungsleitenden Kategorien scheinen zuweilen nur im unbewußten Vollzug kultureller Muster durch. Für andere ist die Wertwelt sehr klar. Das Leben wurde bewußt nach Werten gestaltet — seien sie religiöser oder weltanschaulicher Natur. Nach meinen Erfahrungen gehen Menschen, die durch Werte gesichert sind, zumeist dem Tod gelassener entgegen. Die großen Religionen und Denksysteme — nicht nur die theistischen — die zu den bedeutendsten kulturellen Leistungen der Menschheit gehören, vermitteln das Bewußtsein einer Geborgenheit, eines Eingebettetseins, einer Hoffnung. In ihren Ritualen und Symbolen, in der sakralen Kunst, wurde eine Schönheit entfaltet und ein Raum von Geborgenheit bereitgestellt, deren Kraft — sofern sie noch ungebrochen und lebendig ist — durch Schmerz und Todesangst trägt. Ist eine solche Wertwelt ausgeprägt oder in Bruchstücken vorhanden, ist es sinnvoll, sie zu bekräftigen. Die Psychologie hat an Trost und Geborgenheit wenig zu bieten. Hier ist die Aufgabe einer Sterbeseelsorge (*Lückel* 1981 u. dieses Buch) zu sehen, die die Güter ihrer jeweiligen Tradition in überzeugender Weise in den Dialog mit dem Sterbenden zu tragen vermag. Dabei können wiederum kreative Medien, Texte aus der religiösen Tradition, sakrale Musik und Bilder eingesetzt werden (vgl. *Petzold* 1982d, 1985).

Mit Menschen, deren Wertwelt nicht klar bewußt ist, kann die Arbeit in den *Bereichen der Aneignung* deutlich machen, nach welchen Werten sie ihr Leben ausgerichtet haben. Es kann auf diese Weise klar werden, daß sie sich in ihrem Lebensvollzug treu geblieben sind, daß das Leben einen übergreifenden Sinn hatte. Es wird damit eine Hilfe zur Aneignung der Wertwelt gegeben.

3.6 Die therapeutische Beziehung in der Thanatotherapie

Die Rolle des Therapeuten und die therapeutische Beziehung variieren mit den Aufgaben, die sich dem Therapeuten stellen, und mit dem eingeschlagenen therapeutischen Weg, d. h. mit der Methode, der Form, der Modalität, den Medien und Techniken. Nicht zuletzt ist die „psychische Ökonomie des Therapeuten", seine Lebenssituation und seine berufliche Belastung ein wichtiges Moment. Die Begleitung eines Menschen, der gleiches Alter und ähnliche Berufsausrichtung hat (vgl. 3.8), kann stärker belasten als der Beistand bei einem Hochbetagten. Die Arbeit mit einem alten Menschen kann aber andererseits ein vielleicht gerade aktuelles Problem anrühren: den bevorstehenden oder unlängst erfolgten Tod des eigenen alten Vaters oder der Mutter. Hat der Therapeut schon eine größere Anzahl belastender Sterbebegleitungen und schwieriger Psychotherapien durchzuführen, so bleibt jeweils abzuwägen, ob er sich noch eine weitere Begleitung zumuten kann, ob er sie als Intensivtherapie durchführt oder in Form stützender Besuche o. a.

Wird Sterbebegleitung im Rahmen eines professionellen Auftrages durchgeführt, als Arzt, Krankenhausseelsorger, Krankenhauspsychologe oder thanatotherapeutisch weitergebildete Schwester, so ist — bei allem mitmenschlichen Engagement — auch immer die Berufsrolle mit im Spiel, und kommen professionelle Erfahrungen und Wissen zum Tragen. Es ist kaum möglich (und auch wohl nicht wünschenswert), sich von diesem Hintergrund zu lösen. (Mir selbst war in der Begleitung meines 83jährigen Vaters mein professionelles Wissen eine große Hilfe und Entlastung.) Eine gute Professionalität und eine liebevolle, intersubjektive Grundhaltung gewährleisten für den Betroffenen noch am ehesten eine Begleitung, die ihm angemessen ist.

Professionelle thanatotherapeutische Arbeit unterscheidet sich in vielfacher Hinsicht von professioneller Psychotherapie. Ihre Zielsetzung ist nicht die *restitutio ad integrum*, sondern sie will dem Betroffenen helfen, seinen Sterbeprozeß für ihn in einer *kongruenten Weise* zu vollziehen. Es geht nicht um Ablösung und Verselbständigung in Richtung einer selbstbestimmten Lebensbewältigung, sondern um eine „Verbindung bis ans Ende". Übertragung und Gegenübertragung gewinnen einen anderen Stellenwert, und die Bewertung von Widerständen und Abwehrphänomenen (*Petzold* 1981a) erfolgt auf einem anderen Hintergrund. Ein Hauptziel integrativer psychotherapeutischer Arbeit lautet: *„Wo Übertragung war, soll Beziehung werden"* (idem 1980). In der Thanatotherapie indes kann es darum gehen, Übertragungen zu ermöglichen, anzunehmen und aufrechtzuerhalten, ganz wie es die Situation erfordert. Das regressive Moment, das bei schweren körperlichen Erkrankungen häufig aufkommt, schafft beim Patienten ein besonderes Bedürfnis nach Schutz und Sicherheit. Es finden sich deshalb häufig Mutter-Übertragungen, sehr frühe, weil totale und wenig distanzierungsfähige Idealisierungen des Therapeuten bzw. der Therapeutin, denen die Macht zugeschrieben wird, Leiden zu mindern und vor Schmerzen zu bewahren. Es kommen aber auch Vater-Übertragungen auf: der Therapeut als mächtiger Beschützer gegen die Dunkelheit und den Tod.

Die durch die Krankheit aufkommende Regression des Patienten in archaische Erlebniswelten kann eine düstere und bedrohliche Charakteristik haben, geprägt von Angst, Verwirrung und Panik, sie kann aber auch durch die sichernde Funktion des Therapeuten und gute Übergangsobjekte eine gute Qualität von Geborgenheit und Vertrauen gewinnen. Die Sprache der Sterbenden gibt der Sehnsucht nach solchen Atmosphären Ausdruck: Sie wollen im „Schoße der Familie" sterben, geborgen, getragen, aufgehoben. Es können diese Qualitäten nur bereitgestellt werden, wenn es dem Therapeuten gelingt, die Regression des Patienten mit eigener Regression zu begleiten (*Ferenczi, Balint*), ohne dabei in inflationäre Konfluenz abzurutschen. Er kann dann die archaischen Regungen besser verstehen, z. B. spezifische Formen des Zeiterlebens, denn die Zeit der Sterbenden hat ihr eigenes Maß, sowohl was den Horizont betrifft als auch den Verlaufstakt. Sie kann sich endlos dehnen oder darinrasen, zyklische oder archaische Jetzt-Zeit sein (*Hendricks* 1976; *Rest* 1981). Die archaischen *Szenen* — und in der integrativen Therapie werden Übertragungen als Reproduktion alter Szenen in der Gegenwart definiert (*Petzold* 1982) — können wie die präsentische Zeit des Aufgehobenseins durch die Anwesenheit der Mutter eine stützende und bergende Qualität gewinnen. War der Patient die ganze Nacht unruhig, so wird er beim Kommen des Begleiters plötzlich ruhig. Er entwickelt eine große Anhänglichkeit, Wünsche nach körperlicher Zuwendung. Es stellt sich hier die Frage, wann noch von Übertragung gesprochen werden kann und wann hier eine echte Beziehungsmodalität gegeben ist, weil von einem bestimmten Maß der Reduktion an Schwerkranke, Alte und sterbende Menschen sich in solcher Weise verhalten. Die Beziehung von Kindern zu ihren alten Eltern gewinnt ja auch die Qualität, daß *die Kinder zu Eltern ihrer Eltern werden*. Die Ablösung kann als gelungen betrachtet werden (*Halpern* 1979), wenn ihnen eben dieses möglich wird und sie nicht dem alten Vater, der alten Mutter noch Kinderwünsche entgegenbringen oder sie ihre versorgende Aufgabe nicht wahrnehmen können, weil sie immer noch Groll wegen Versagungen hegen, die sie als Kinder erleiden mußten.

Das Annehmen der Übertragung wandelt sich mit dem Wachsen der Intensität in den therapeutischen Begegnungen zur *Beziehung*. Mit jemandem das Sterben zu teilen, schafft vielfach eine Verbundenheit, in der sich therapeutische Abstinenz verbietet, sondern eine zugewandte Haltung, ja auch körperliche Zuwendung möglich und notwendig wird als Ausdruck der Beziehung. Das therapeutische Bündnis ist dann mehr als ein Arbeitsvertrag. Die in der *Integrativen Therapie* praktizierte Therapeutenhaltung auf dem Spektrum zwischen Abstinenz und Selfdisclosure, die als *„partielle Teilnahme"* und *„selektive Offenheit"* gekennzeichnet wird (*Petzold* 1980; *Cohn* 1975), führt zu einer *„Intimität in der Distanz"*. Dies ist zunächst eine professionelle Haltung. Aber auch sie kann sich verwandeln in die Haltung eines Angehörigen, der klar ist und stark, der den Überblick wahrt, der berührt ist, aber nicht überwältigt bis zur Handlungsunfähigkeit und der deshalb den *Charondienst* übernehmen kann. Wird eine solche Intensität erreicht, so gewinnt die Beziehung mit ihren Übertragungseinfärbungen den Charakter einer *„Wahlverwandtschaft"* (*Petzold* 1965). Ich nehme als Begleiter diesen Menschen als meinen Verwandten an, als einen, der mir in enger Weise vertraut und lieb ist. *Feigenberg* (1980) hat mit den *„friendship contracts"* wohl etwas Ähnliches im Sinne gehabt, aber er bindet an diesen Kontrakt die Auflage, daß der Kontakt zwischen Angehörigen und Patient abgebrochen wird zugunsten des Freundschaftspaktes. Und hier haben wir Bedenken. Das Konzept der *Wahlverwandtschaft* hat nichts Ausschließliches oder Ausschließendes. Der Begleiter kann die übrigen Angehörigen einbeziehen, kann sich einbeziehen lassen und wird, wenn ihm seine Arbeit gelingt und er auf nicht zu große Abwehrhaltungen trifft, auch von der Familie des Sterbenden einbezogen. Die symbiotischen Verschmelzungswünsche des Sterbenden, der in die Sicherheit des mütterlichen Schoßes zurückkehren möchte (*Ferenczi* 1964), darf nicht mit eigenen symbiotischen Bedürfnissen beantwortet werden; denn in der frühkindlichen Symbiose ist die Mutter „groß" und selbständig. Sie hat die Rolle eines Hilfs-Ichs, die das tut, was das Kind *noch nicht* kann (*Moreno, Moreno* 1944). In der thanatotherapeutischen Situation tut das Hilfs-Ich das, was der Sterbende *nicht mehr* tun kann. Er liefert sich mit zunehmender Schwäche immer vertrauensvoller an den Begleiter aus, und das verlangt von diesem Zuverlässigkeit und Tragfähigkeit in der Beziehung, *Objektkonstanz*. *Norton* (1963) hat Ähnliches beschrieben, nur legt ihr Bericht eine lineare Regression in immer tiefere Stadien nahe. Häufig aber wechseln regressivere und organisierte Phasen und verlangen vom Therapeuten einen sehr flexiblen Umgang mit den auf ihn zukommenden Übertragungsqualitäten und Beziehungsmodalitäten (*Bard* 1959, 880). Es kommt damit der Frage nach der Handhabung der Gegenübertragung bzw. der „Übertragung des Therapeuten" entscheidende Bedeutung zu, wenn eine tragfähige Beziehungsqualität möglich werden soll.

Die Gewährleistung von Objektkonstanz wirft für die professionelle Sterbebegleitung Probleme auf durch die Tatsache, daß in der Regel mehrere Patienten zu betreuen sind, daß es Schichtdienste gibt usw. Der Wunsch, zu Hause „im eigenen Bett" zu sterben, drückt etwas aus von dem Bedürfnis nach Beständigkeit, die das *Ich* entlastet, in einem Zustand, in dem es sich ohnehin schwerer orientieren kann. Die Beständigkeit eines „guten Raumes" ist nur in wenigen klinischen Sterbesituationen gegeben. Eine positivere *„Übertragung auf den Raum"* und auf die Institution könnte indes hilfreich sein, zur Beziehungskonstanz beizutragen. Die Arbeit in einem Team, wo jeder dem Patienten bekannt und in einem gewissen Maße vertraut ist, ist eine weitere Möglichkeit, diese Situation zu handhaben, und schließlich die Verwendung von *Übergangs-* bzw. *Passage-Objekten* (vgl. *Petzold* 1965, 1985), vertrauten Gegenständen aus dem häuslichen Bereich, der Wohnung, die man mit ins Krankenhaus gebracht hat, oder Kuscheltieren, die der Patient als *Passage-Objekte* angenommen hat.

In der Integrativen Therapie bezeichnen wir als *Gegenübertragung* „eine empathische Reaktion des Therapeuten auf ein emotionales Angebot, das ihm der Patient nahelegt, eine Rolle, die ihm der Patient anträgt" (*Petzold* 1980). Gegenübertragungen sind bewußtseinsnah; sie werden unmittelbar oder nur mit geringfügiger Verzögerung wahrgenommen und eingeordnet. Als *„Übertragung des Therapeuten"* bezeichnen wir transferentielle Reaktionen, die aus dem unbewußten Problempotential des Therapeuten aufkommen und mit dem Patienten agiert werden, wobei sie Übertragungsangebote des Patienten korrespondierend aufnehmen können oder aber an den Bedürfnissen des Patienten gänzlich vorbeiagieren. Da diese Prozesse unbewußt verlaufen, können sie zu schweren Verwicklungen führen. Besonders in der Thanatotherapie, wo durch die hohen Identifikationsmöglichkeiten, durch die Situation der Bedrohung von Selbst, Ich und Identität, die Reproduktion von Trennungsszenen beim Begleiter archaisches Material aufgeschwemmt werden kann, sind die Gefahren des Agierens leicht gegeben. Die Übertragung des Therapeuten in der thanatothera-peutischen Situation, die damit bei ihm aufkommenden Widerstände und Abwehroperationen können verhindern, daß der Patient Verar-beitungsleistungen, die er durchaus für sich erbringen könnte und viel-leicht auch müßte, nicht realisieren kann. Sie können auch zu aggressi-ven und destruktiven Reaktionsweisen auf seiten des Therapeuten füh-ren, zu subtilen Mechanismen des Quälens und der Bestrafung, die weder nach außen auffallen noch dem eigenen Ich zugänglich sind. Die narzißtische Kränkung, die das Sterben eines Menschen für jeden Lebenden darstellt, kann bei Menschen, die kein gutes *Grundvertrauen* haben, keine bergende Mutter- und Familienbeziehung hatten, ein erhebliches, aggressives Potential mobilisieren. Pflegepersonal mit geringer Impulskontrolle kann diese Situation entgleiten. So kommt es zum Schlagen von alten Menschen und Kranken oder — gar nicht so weit entfernt davon — zu gerontotherapeutischer und thanatothera-peutischer Verhaltensmodifikation von „*maladaptivem* Verhalten" durch Entzug von Privilegien oder sogar durch Strafreize (*Whitman, Lukes* 1975; *Ritter-Vosen* 1979; zur Diskussion und Bewertung vgl. *Bubolz* 1983).

Übertragungen des Therapeuten werden durch eine aufdeckende Supervision oder durch die Eskalation der Situation deutlich, wenn es dem Therapeuten selbst bei notorischen Übertragungsreaktionen auf-fällt, „daß etwas nicht stimmt".

Gegenübertragungen können, insbesondere wenn die Angebote des Patienten konstant sind und damit berührtes Problempotential beim Therapeuten „eine kritische Masse erreicht", die Abwehr perforieren. Sie sind dann ohne Supervision oder ein entlastendes kollegiales Gespräch nur noch schwer zu handhaben. Balint-Gruppen, Kompe-tenz-Gruppen, Kontrollanalysen, Supervision kommt deshalb in der thanatotherapeutischen Arbeit große Bedeutung zu (vgl. *Huck, Pet-zold*, dieses Buch).

Die Gegenübertragungsreaktion des Therapeuten stellt ein wichtiges Moment für die therapeutische Interaktion dar. Er muß auf das Ange-bot des Patienten antworten, für ihn etwas verkörpern, was dieser zur Aufrechterhaltung der Stabilität seiner Persönlichkeit braucht. Er muß etwas verkörpern, daß dem Patienten ermöglicht, mit der Angst und der Bedrohung fertig zu werden, der er durch seine Erkrankung ausge-setzt ist. Das erfordert — mehr noch als in anderen Feldern der Psy-chotherapie, die Behandlung von Psychotikern vielleicht ausgenom-men — eine hohe Stabilität des Therapeuten. Dieser wird ja selbst nicht nur ständig mit der eigenen Sterblichkeit, der Möglichkeit des Siechtums, der Schmerzen oder der körperlichen Disfiguration konfrontiert, er wird auch im Hinblick auf die bevorstehende, endgültige Trennung des Sterbenden von der Welt der Lebenden — wie dieser selbst — in Bereichen archaischer Trennungserfahrungen stimuliert. Sind diese nicht gelungen, sondern als Verlust erlebt worden, der sich in pathologischen Trauerreaktionen fixiert hat (*Petzold* 1982b), ist einerseits die Gefahr der Entgleisung der Situation — sowohl auf seiten des Therapeuten als auch auf der des Patienten (z.B. durch psychotische Dekompensation) — gegeben, oder der Therapeut muß ein Abwehrpotential mobilisieren, das ihn in eine Burn-out-Situation führt oder das toxisch wirkt (etwa durch Ausbildung psychosomatischer Erkrankungen aufgrund beständiger Retroflektionen).

Auch im Hinblick auf die hier aufgeführten Probleme erweist sich eine gute Professionalität, etwa auf der Grundlage einer eigenen Lehranalyse, in der die Themen Alter, Krankheit, Leiden, Sterben, Tod durchgearbeitet wurden, als unerläßlich. Sie steht einer Wahlverwandtschafts-Beziehung in keiner Weise im Wege. Als Hilfen für sich im Umgang mit Problemen und Gegenübertragung kann der Therapeut bzw. Begleiter neben Supervision und Kontrollanalyse auf Techniken der Krisenintervention zurückgreifen, die ich in der Integrativen Therapie entwickelt habe und die ihm besonders nützen, wenn er in Schwierigkeiten gerät, mit denen er schwer umgehen kann: Gefühle, Impulse, Phantasien, die sich seiner Kontrolle zu entziehen drohen. Der Kunstgriff der „inneren Distanzierung" hilft ihm, einen Schritt von der Situation zurückzutreten, um sie mit anderen Augen anzusehen. Die Technik des „inneren Beistandes" ist eine andere Möglichkeit. Er ruft sich in Gedanken eine Person herbei, von der er glaubt, sie könne ihm in dieser Situation beistehen und sie meistern. Die innerliche Vergegenwärtigung einer solchen Person (Vater, Mutter, Freund, Lehranalytiker, Kollege usw.) evoziert auch die von dem Vorgestellten ausgehende Sicherheit und wird damit zu einer Kraftreserve.

Es wird hiermit eine nützliche Unterstützung zum Umgang mit schwierigen Übertragungs-Gegenübertragungs-Konstellationen gegeben. Der Begleiter fragt sich: „Was muß ich für den Patienten verkörpern, was für einen Menschen braucht er?" Und er sucht dann nach einer Person in seiner Biographie, die der „Übertragungsanfrage" entsprechen könnte. Der innere Kontakt mit einer solchen Person vermag, sofern er positiv ist und gelingt, die Annahme und Handhabung der Gegenübertragung zu fördern.

3.7 Widerstände und Abwehr

In einer Situation, in der so viel Bedrohung und archaisches Material mobilisiert wird, entsteht sehr leicht Widerstand, und manifestieren sich Abwehrphänomene in vielfältiger Form und auf vielfältigen Ebenen: auf der Ebene der Institution, des Personals, der Angehörigen, des Betroffenen, der Zimmernachbarn, des Therapeuten selbst, aus der Zeit der Frühphase, der Adoleszenz oder des Erwachsenenalters. In der Gestalttherapie bzw. in der Integrativen Therapie werden Widerstand und Abwehrphänomene zunächst einmal *positiv* gewertet. Es sind Versuche, Bedrohung abzuwehren und Stabilität zu erhalten, *protektive Widerstände*. Sie sind damit auch Ausdruck einer gewissen Kraft, die man nutzen kann, indem man *re*-sistance in *as*-sistance umwandelt (*Perls* 1980). Da Widerstandsphänomene in der psychotherapeutischen Literatur überwiegend *negativ* bewertet werden (vgl. die bei *Petzold* 1981 zusammengetragenen Arbeiten), ist es besonders in der Thanatotherapie wichtig, die eigene Position im Hinblick auf die Bewertung derartiger Phänomene zu überprüfen; denn es sind nur die dysfunktionalen Widerstände, die durch Chronifizierungen negative Auswirkungen auf das Leben haben, die notorischen Abwehrhaltungen, die die konstruktive Bewältigung von Lebenssituationen und die Gestaltung von bedeutungsvollen Kommunikationen verhindern. Die Situation Sterbender ist hier anders. Sie haben in der Regel keine weiterreichenden Lebensaufgaben mehr zu bewältigen oder Partner- und Freundschaftsbeziehungen aufzubauen, sondern sie müssen ihre Lebenssituation und ihre Beziehungen abschließen — in der einen Weise oder in der anderen. Insofern ist das *„Feindbild Widerstand"* nicht angebracht. Bei schwerer Erkrankung mit infauster Prognose kann *die Abwehr eine Gnade sein*. Es ist daher aus therapieethischen Erwägungen sehr zu prüfen, wann die „Wahrheit am Krankenbett", z. B. als Aufdecken von Verleugnungen, eine destruktive Wahrheit wird. Uniforme Lösungen gibt es nicht. Sie müssen in jedem Falle unter Beiziehung aller Beteiligten gefunden werden. Dabei ist auch nicht nur die Situation des Betroffenen in den Blick zu nehmen, sondern auch die der Hinterbliebenen. Gelingt einem Sohn die Aussöhnung mit dem Vater nicht, weil dieser in der Verleugnung des Sterbens bleibt, mit seiner Genesung rechnet und eine alte Fehde fortschreitet, so ist durchaus zu fragen, ob hier nicht eine Konfrontation mit der Verleugnung angezeigt ist. Oft genug reißt der Schleier der Verdrängung in der terminalen Phase, und Patienten beklagen sich bitterlich, warum man sie in Unwissenheit gelassen habe. Jetzt sei keine Zeit mehr, die anstehenden, notwendigen Dinge zu regeln. Findet sich auf seiten des Patienten ein sehr hohes Abwehrniveau, das das Personal und die Angehörigen befremdet, so ist es Aufgabe des Thanatotherapeuten, ihnen diese Reaktionen auf der Grundlage seines fachlichen Wissens und seiner Kompetenz zu erklären und ihnen eine verständnisvolle Haltung zu ermöglichen.

Der Umgang mit Widerstand und Abwehr erfordert eine differenzierte Interventionstechnik. Es gilt zu erfassen, aus welcher Schicht der Widerstand kommt, ob es sich um archaische oder spätere Abwehrformen handelt usw. Widerstände müssen „abgeschmolzen", nicht durchbrochen werden. Neben vorsichtigen verbalen Deutungen könnten symbolische Formen der Verarbeitung (etwa durch Imaginationsübungen, z. B. die Entwicklung einer Pflanze vom Samenkorn im Frühjahr zum Verwelken im Herbst, Jahreszeitenspiele, Lebensreisephantasien, *Petzold* 1981b; 1982c) bei sorgfältiger Handhabung hilfreich sein (vgl. idem 1985). Wird durch das Zusammenbrechen eines Widerstandes bei dem Patienten (oder bei Angehörigen) eine starke emotionale Labilisierung ausgelöst, so kann die erwähnte Technik der „*inneren Beistände"* (idem 1975) den Betroffenen als Krisenhilfe angeboten werden.

3.8 Methoden, Techniken und Medien

Die in der Integrativen Therapie und ihren Zweigverfahren entwickelten behandlungsmethodischen Ansätze sind sehr reich und vielfältig. Sie beziehen die Arbeit mit kreativen Medien, Imagination, Musik, Poesie, bildnerisches Gestalten ein, ein Vorgehen, das wir als „integrative Kunst- und Kreativitätstherapie" (*Petzold* 1975; 1985) bezeichnet haben. Oder wir verwenden Methoden der „integrativen Leib- und Bewegungstherapie" (idem 1974; 1984b; *Ullmann* 1984; *Petzold, Berger* 1979) zur Entspannung, Mobilisierung der Atmung, zur Respirationshilfe (bei Lungen- und Bronchial-CA), Kräftigung der Muskulatur bei langer Bettlägerigkeit oder zur Schmerzlinderung. Die Handhabung unterschiedlicher Methoden, Techniken und Medien greift auf die theoretischen Grundlagen der „Integrativen Therapie" zurück sowie auf gerontologische und thanatologische Theorien. Es wird aber auch eine gründliche und spezifische Kenntnis dieser Medien erforderlich, die in einer elaborierten Praxeologie, also einer Theorie der Praxis, gründen. Unsere praktische Arbeit mit alten Menschen, Kranken und Sterbenden ist an anderem Ort (*Bubolz* 1979; *Frohne* 1979; *Petzold, Berger* 1979; *Petzold* 1982d; 1984c; 1985) ausführlich beschrieben worden, weiterhin wird ein Beispiel für gestalttherapeutische Sterbebegleitung gegeben (*Lückel*, dieses Buch), und es seien noch drei Beispiele für integrative thanatotherapeutische Arbeit an dieser Stelle mitgeteilt.

3.8.1 Integrative Arbeit mit Ton

Die Arbeit mit Ton in der Begleitung sterbender Menschen bietet besondere Möglichkeiten des Ausdrucks. Ton hat ein hohes emotionales und evokatives Potential in der therapeutischen Bearbeitung (*Köllermann* 1979; *Kirchmann* 1980; *Lange* 1984). Ton als „Materialmedium" wird in der Regel in der Form des Töpfertons verwandt, zuweilen als Plastikton oder Plastilin.

Ton kann Sterbenden in verschiedenen Zusammenhängen angeboten werden: als Ausdrucksmöglichkeit für regressive und aggressive Impulse, als Symbolisierungsangebot für das Todesthema, als expressive Entlastung bei Schmerzzuständen. Das Medium wird eingebunden in den dialogischen Prozeß der Begleitung. Für die *Aufarbeitung* werden die methodischen Möglichkeiten der *Integrativen Therapie (Petzold* 1980; *Bünte-Ludwig* 1984) eingesetzt. Der Ton muß im Hinblick auf das oft minimale Kräftepotential der Patienten gut vorgeknetet, weich und geschmeidig sein. Ein großes, plastiküberzogenes Sperrholzbrett dient als Unterlage. Der Ton wird als weiche Kugel gegeben. Zunächst formt der Begleiter sie spielerisch und bietet damit ein Modell für das Arbeiten, rollt sie wieder rund und gibt sie dem Klienten. T.: „Vielleicht versuchen Sie es einmal. Der Ton läßt sich sehr leicht bearbeiten, durchkneten, drücken, streichen, rollen, ritzen, ganz wie sie wollen. Für ein Feinarbeiten können Sie diesen Holzspatel benutzen." Der Tonklumpen ist etwa faustgroß. Bei sehr schwachen Patienten kann er auch kleiner sein.

Fallbeispiel I

Marianne, 42 Jahre, ist an Brustkrebs erkrankt, beidseitige Mastektomie. Sie ist durch Knochenmetastasen an der Wirbelsäule in ihrer Bewegungsfähigkeit begrenzt. Sie wird zu Hause in ihrer Familie unter Zuziehung eines Zivildienstleistenden für die schweren Pflegearbeiten versorgt. Die Familie (Vater 74, Mutter 68) ist überfordert. Die Patientin war, als sie noch laufen konnte, im Rahmen einer Krebsberatungsstelle betreut worden. Jetzt erhält sie zweimal wöchentlich einen therapeutischen Hausbesuch, bei dem insbesondere ihre Angstzustände und Depressionen im Zentrum stehen. Die Patientin ist ganz in ihrem Leiden gefangen. Sie spricht nur über ihre Krankheit, meist in einem weinerlichen und klagenden Ton. Gesprächsangebote, die auf eine Reflexion ihrer Gesamtsituation abzielen, werden nicht aufgenommen. „Ich

475

kann doch gar nichts anderes denken, als daß ich sterben muß. Besonders die Ungewißheit macht alles so schwer, und die Schmerzen." Dennoch scheinen die Besuche des Therapeuten von Wichtigkeit. Ein ausgefallener Termin hat eine erhebliche Verschlechterung des Befindens im Gefolge. Und das, obgleich im Zwei-Tage-Rhythmus das vereinbarte kurze Telefongespräch (ca. 10-15 Minuten) stattfindet. An medialen Angeboten kann die Patientin nichts aufnehmen. Malen und Collagen (*Petzold* 1977b, 229f) werden abgelehnt. Nur das Hören von Musik findet Anklang. Wir beenden die Stunden meistens damit, daß wir eine Viertelstunde Musik hören. Es ergibt sich ganz organisch, da die Patientin im Schlußteil der Stunde meist müde ist. Die Musik wird aus dem Plattenbestand der Patientin ausgewählt oder ich bringe sie mit.

T.: „Ich habe heute wieder Barockmusik mitgebracht, Pachelbel, und noch etwas — *Ton* —, und ich möchte Ihnen vorschlagen, beim Hören der Musik die Tonkugel zu formen. Ich habe auch eine Kugel für mich mitgebracht. Ich mache das auch öfters. Es geht ganz einfach." — Das Angebot wird angenommen. Die Patientin schließt die Augen. Sie rollt die weiche Kugel in den Händen hin und her, formt sie zu einer Walze und dann zu einem flachen Kuchen, dann wieder zu einer Kugel. Ich beginne eine Schale zu formen. Nach einer Zeit sehe ich, wie die Patientin — sie hat die Augen immer noch geschlossen — auch an einer Schale arbeitet. Die Musik klingt aus. T.: „Wie ist es Ihnen ergangen?" — P.: „Das war eine angenehme Erfahrung. Der Ton ist so schön kühl an den Händen." — T.: „Wir haben beide eine Schale gemacht." — P.: „Ja, sie sind sich ähnlich. Sie haben eine schöne Form." — Die Stunde ist damit beendet. Zum Wochenende erhalte ich eine Postkarte. Es ist die erste Antwortkarte, die ich von der Patientin erhalte. (Das regelmäßige Schreiben von Postkarten oder Briefen ist ein wichtiges Element in unserem Ansatz der Arbeit mit Alten, Kranken und Sterbenden.) P.: „Ich möchte Ihnen für die schöne Musik danken, sie hat mir sehr viel gegeben. Die Tonschale drückt das für mich aus. Ich habe etwas empfangen ..." Das „Medium" Ton hat die Patientin angesprochen. Beim nächsten Besuch zeigt sie mir stolz eine Doppelschale (Abb. 1), die sie aus den beiden Tonschalen gemacht hatte, offensichtlich Ausdruck ihrer Verschmelzungsphantasien und -wünsche mit dem Therapeuten, die sie allmählich zulassen kann. Das gemeinsame Musik-Erleben fördert natürlich solche Tendenzen, und das simultane Formen der Schalen in der voraufgegangenen Sitzung verdeutlicht das Übertragungs/Gegenübertragungsgeschehen. Das Gesprächsverhalten ist in dieser Stunde offener, interessierter, ohne

Klagsamkeit. Die symbolische Realisierung der Verschmelzung hat offenbar einen guten Grund für die Beziehung geboten. Ich schlage der Patientin vor, weiter mit dem Ton zu arbeiten, und verspreche ihr, neuen Ton mitzubringen. Es folgen zwei Wochen von relativer Produktivität.

Abb. 1: „Doppelschale"

Das Thema der Schale und der Doppelschale wird variiert. Am liebsten arbeitet die Patientin zur Musik. Es folgt eine sehr dramatische Sitzung. Ich werde von der Mutter der Patientin mit den Worten empfangen: „Sie müssen etwas tun, sie ist total verstört, sie spricht gar nicht mehr mit uns!" Dieses Mal war kaum ein Gespräch in Gang zu bringen. Ich frage immer wieder, was los sei. Schließlich deutet die Patientin auf eine Doppelschale. Sie nimmt sie in die Hände, dreht sie um und schluchzt „meine Brüste, meine Brüste". Die umgedrehte Doppelschale hat tatsächlich die Form einer Brust. T.: „Ich kann Sie verstehen, daß Sie das sehr betroffen macht. Zu der Bedrohlichkeit der Krankheit kommt ja noch ein Verlust an Körperlichkeit hinzu." — P. (schluchzt): „Sie können sich das gar nicht vorstellen. Es ist so, wie wenn man die Arme verliert, oder so ähnlich." Ich fühle eine gewisse Gehemmtheit, weiter auf dieses Thema einzugehen. Das „Sie können

sich das gar nicht vorstellen" sehe ich auch an mich als Mann gerichtet.
T.: „Für eine Frau ..." — P.: „Es ist nicht mal das ... ich hatte schöne
Brüste. Sie haben mir gefallen. Aber es bringt mich mit so vielen
Sachen in Kontakt. Ich hätte gerne Kinder gehabt. Ich habe keinen
Partner gefunden. Ich hab' das nicht geschafft, Kinder zu kriegen, Kinder zu stillen. Der Krebs ist für mich wie eine Strafe, weil ich versagt
habe als Frau." Es kommt hier erstmals ein bedeutsames lebensge-
schichtliches Thema ins Spiel. Die Patientin beginnt von ihrer puritani-
schen Erziehung zu sprechen, von ihrer Schwierigkeit, Kontakt zu finden, von der Kontrolle durch ihre Mutter. „Am Anfang hat sie mich
sogar noch gefragt, ob es nicht besser sei, daß wir eine weibliche Therapeutin finden sollten." Die nächsten Stunden sind auf Trauerarbeit
zentriert: Trauer um versäumtes Leben als Frau, Trauer um den Verlust
körperlicher Unversehrtheit. In dieser Zeit formt die Patientin mehrere
Büsten, eine „böse" Brust mit Geschwulst und „gute" volle Brüste, die
formal sehr schön gestaltet sind. „Ich wußte gar nicht, daß ich dafür
Talent habe. (Schluchzt) Ich hab' sie mit Tränen geglättet." (Abb. 2)

Abb. 2: „Böse Brust"

Der Zustand der Patientin verschlechtert sich. Sie muß wieder stationär aufgenommen werden. Es wird eine Geschwulst in der Lunge festgestellt und ein großer linksseitiger Erguß. Sie hat Angst vor dem Punktieren. P.: „Warum muß ich nur so viel mitmachen?" Es kommt wieder die Schuldthematik auf. Ich schlage ihr vor, das Schuldgefühl, das sie so sehr bedrückt, in den Ton hineinzugeben. Die Patientin beginnt mit dem Daumen in die Kugel zu drücken, langsam und rhythmisch, weinend. Ihr Schluchzen bekommt eine aggressive Qualität. T.: „Sprechen Sie ruhig aus, was Sie fühlen!" P.: „Ich möchte alles zerstören, alles, wie mein Leben zerstört worden ist und wie ich mein Leben zerstört habe!" — T.: „Richten Sie das nicht gegen sich, geben Sie das an den Ton weiter. Gestatten Sie sich auch diese destruktiven, aggressiven Gefühle, Sie haben ein Recht dazu!" Die Patientin zerdrückt die Kugel und gräbt die Nägel in den Ton und wird allmählich ruhiger. T.: „Sie haben wahrscheinlich selten in Ihrem Leben Zorn und Wut und Agressivität zeigen können." Sie ist ruhiger und wir hören zusammen noch etwas Musik.

Der Zustand der Patientin verschlechtert sich rapide, aber sie ist ausgeglichener und weniger von Ängsten geplagt. Sie sagt mir, wie wichtig es für sie gewesen sei, negative Gefühle einmal zulassen zu können. Zwei Tage später kann sie kaum sprechen. Sie deutet auf eine kleine Tonarbeit, eine überdachte Schale mit einer Kugel darin (Abb. 3). T.: „Das ist eine sehr schöne Arbeit. Wie ein Kind im Schoß der Mutter." Die Patientin flüstert: „So wird mich die Erde aufnehmen. Schon bald, ich weiß es." Sie verstirbt in derselben Nacht.

Die Arbeit mit Ton hat sich in der Begleitung dieser Patientin als ausgesprochen hilfreich erwiesen, nicht zuletzt weil ein gutes Geschick für dieses Medium vorhanden war. Über ein Leben lang abgewehrte Themen konnten zum Ausdruck gebracht werden in einer „Form", die Verarbeitung ermöglichte. Die Sehnsucht nach einer liebevollen Verbindung, die die kühle, kontrollierende Mutter nicht herstellen konnte und die sie auch in keiner Partnerschaft gefunden hatte, konnte sich in der Doppelschale artikulieren. Die Tonarbeiten des Therapeuten, der bei den Arbeiten der Patientin gleichzeitig für sich mitgestaltete, zeigten durchgängig mütterliche Symbole: Schalen, Kugelformen, eine Frauengestalt. Es war dies die von der Patientin benötigte Gegenübertragung. Das eigene Gestalten ist ein gutes Instrument zur Erfassung der Übertragungs- und Gegenübertragungsreaktionen. Das Austauschen über die Tongebilde, das parallele und gemeinsame dialogische Gestalten (wir hatten in einer Sitzung gemeinsam eine Schale geformt), bot der Patientin die Möglichkeit, in einer für sie nicht bedrohlichen Form Beziehung zum Therapeuten als Mann aufzunehmen. Die Tonarbeit hat der Patientin ungelebte Trauer über die amputierten Brüste erschlossen, Zugang zum Zorn über die Verletzung körperlicher Integrität, aber auch Möglichkeiten der Bewältigung eröffnet — sie formt eine schöne Büste, glättet sie mit Tränen und kann Abschied nehmen.

Abb. 3: „Zurück zur Erde"

Das Zulassenkönnen negativer Gefühle am runden Tonklumpen, auch der Mutter gegenüber, gibt der Patientin die Möglichkeit, sich auszusöhnen, zu einer *letzten Form* zu finden, die mütterliche Aufnahme und Geborgenheit ausdrückte.

Das Medium Ton hat ein sehr hohes Stimulierungspotential und kann manchmal zu sehr plötzlichen, regressiven *Ein*brüchen oder aggressiven *Durch*brüchen führen. Weiterhin kann es sehr massiv die Abwehr bei einer Verleugnung der Faktizität des Todes durchbrechen. Die in diesem Zusammenhang auftretenden starken Emotionen müssen vom Therapeuten aufgefangen und mit seiner Hilfe verarbeitet werden. So gehört das Medium Ton in die Hände eines mit expressiven Verfahren geschulten Therapeuten. Bei plötzlichen Regressionen in frühkindliche Gefühle der Angst und Verlassenheit sind stützende Kör-

Abb. 4:
„Das Grauen
in meiner Seele"

Abb. 5: „Abendstern"

perinterventionen und sichernde Übergangsobjekte (Kuschelkissen, Kuscheltier) nützlich. Bei aggressiven oder destruktiven Durchbrüchen ist es wichtig, dem Patienten diese „zu gestatten" und ihm zu versichern, daß es gut sei, sich einmal so zu äußern, um auf der Übertragungsebene aus der Position „guter Eltern" strafenden Über-Ich-Reaktionen, die sich in Niedergeschlagenheit und somatischen Beschwerden äußern, entgegenzuwirken.

3.8.2 Imaginative Verfahren

Die imaginativen Verfahren als kreativ-medialer Ansatz bieten eine breite Palette von Möglichkeiten im thanatotherapeutischen Kontext. Prinzipiell lassen sich zwei methodische Zugänge unterscheiden: *geleitete* Imaginationen und *spontane* Imaginationen. Die Gestalttherapie hat beide Ansätze entwickelt (*Stevens* 1975; *Petzold* 1977a; 1974).

Die spontane Imagination in Form des „freien Tagtraums" greift die bei alten Menschen und Moribunden ohnehin häufige Tendenz auf, vergangene Ereignisse szenisch nachzuerleben. Die Lebensbilanzierung (*Petzold* 1965; *Petzold, Lückel* 1984), die Lebensrückschau (*Hausman* 1980; *Butler* 1963; *Spero* 1981) setzen das imaginative Moment gezielt ein. Über Memorationen auf der Vorstellungsebene hinaus, führt die Arbeit mit spontanen Bildern aus dem Bereich des Unbewußten, in denen sich auf einer primärprozeßhaften, rechtshemisphärischen Ebene die tieferen emotionalen Strebungen des Patienten artikulieren können, die ansonsten unter der Verdrängung liegen. Sie stammen zum Teil aus frühen Stadien der Entwicklung, traumatischen Erfahrungen von Verlust und Trennung, die durch die Sterbesituation reaktiviert werden. Da diese Form imaginativer Arbeit dem *katathymen Bilderleben* sehr nahe kommt und dieses in vorliegendem Band ausführlich dargestellt wurde (vgl. *Leuner*, Kapitel 12), können wir an dieser Stelle auf weitere Ausführungen verzichten. Im Unterschied zum katathymen Bilderleben werden die imaginierten Bilder mit den Möglichkeiten der integrativen Gestalttherapie aufgearbeitet. Hier kommen Dialogtechnik, Identifikationstechnik, Dramatisierung usw. zum Einsatz wie in der Traumbearbeitung (*Petzold* 1977a). Eine weitere Eigenheit ist die Umsetzung der Imagination in Texte oder Bilder als Modalität der Verarbeitung. Schließlich seien noch der pastoraltherapeutische und der nootherapeutische Zugang (idem 1983a) genannt, die auf eine meditative Kontemplation abzielen können und sich zur Bearbeitung von Fragen nach dem Lebenssinn und der Transzendenz eignen (idem 1983, *Lückel* 1981).

Die spontanen Imaginationen aus dem Reich des Unbewußten bergen ein sehr hohes therapeutisches Potential, gleichzeitig aber auch erhebliche Risiken. Die Patienten können von tief verdrängtem Material überschwemmt werden. Das ohnehin von physischem Schmerz, Beeinträchtigung des Körperbildes und des Selbstwertgefühles, sozialer, sensorischer und perzeptueller Deprivation geschwächte Ich des Patienten kann dann die aufkommenden Gefühle und Bilder nicht mehr integrieren und dekompensiert. Um diese in der Arbeit mit katathymen Imaginationen nicht zu unterschätzenden Risiken zu illustrieren, ein Fallbeispiel.

Fallbeispiel II

Frieda, 47 Jahre, Brustkrebs, Skelett- und Lungenmetastasen. Wegen akuter Suizidalität ist sie bei einer Psychotherapeutin in Behandlung, die bei mir in Kontrollanalyse ist. Die Therapie wird zunächst stützend durchgeführt. Sie ist auf die Bewältigung des Lebensalltags — die Patientin lebt noch in ihrer Familie — gerichtet und auf die Reduktion von Angst- und Depressionszuständen.

Eines Tages kommt die Patientin mit dem Buch von *Simonton* (1978/1982) in die Stunde und wünscht, nach dieser Methode behandelt zu werden. Die Therapeutin, die seit langem mit imaginativen Techniken arbeitet, willigt nach einigem Zögern ein — sie will den im Titel signalisierten Anspruch „getting well again" nicht übernehmen und macht dies der Patientin deutlich. Bei den *positiven Visualisierungen* und *Heilungsphantasien* kommen bei der Patientin immer wieder spontane „katathyme" Bilder auf, Szenen von weiten Einöden, in denen sie aus dem Schutz einer Höhle schemenhaft Ungeheuer am Horizont sieht. Die Therapeutin setzt hier die gestalttherapeutische Technik der direkten Ansprache ein:

T.: „Reden sie die Ungeheuer direkt an! Was könnten Sie zu ihnen sagen?" — P. (sehr unruhig): „Schert euch weg, ihr macht mir Angst!" — T.: „Und was noch?" — P.: „Ich will euch gar nicht sehen, ich gehe in meine Höhle zurück." — Dann wird sie sehr unruhig und sagt: „Ich glaube, hinten in der Höhle sind auch Tiere. Die Höhle ist sehr tief, und ich weiß nicht, was da alles drin ist." Die Therapeutin hielt es hier für besser, die Patientin aus der Imagination herauszunehmen. Sie fordert sie auf, ihre Gefühle mit Pastellkreide zu Papier zu bringen. Die Patientin ist dieses Vorgehen gewöhnt und arbeitet sehr schweigsam und intensiv an einem Bild, daß sie „Das Grauen in meiner Seele" nennt (siehe Abb. 4). Die Therapeutin kommt mit diesem Bild und dem Material der Sitzung in die Kontrollstunde. Wir fokussieren zunächst auf ihr eigenes Zögern gegenüber der imaginativen Arbeit, und es stellt sich heraus, daß neben dem Widerstand gegen den prätentiösen Anspruch ihre uneindeutige Haltung darin begründet war, daß sie meinte, ein stärker realitätsbezogenes Arbeiten wäre für die ohnehin schon belastete Patientin besser. Andererseits habe sie in positiven Visualisierungen keine Kontraindikation gesehen. Überrascht sei sie über die spontanen Bilder, die dabei aufgetaucht seien. Ich rate ihr, im besonderen auf Grund des Bildes, von der Ebene der Imagination abzugehen und nur mit positiven Gedanken bei offenen Augen zu arbeiten, und zwar mit klar formulierten Sätzen (z. B. „Mein Körper reinigt sich, mein Körper heilt sich, alle Kräfte sammeln sich zum Guten" usw.). Mir scheint diese Patientin gefährdet. Deshalb empfehle ich beim Malen Themen vorzugeben, die gegenständlich und konkret sind (Blumen, Häuser, Bäume, Tiere etc.). Indes, die Empfehlung kam zu spät. Am Nachmittag des gleichen Tages ruft mich die Kollegin an, um mich zu informieren, daß die Patientin psychotisch sei. Sie höre Geräusche, Scharren und Knirschen und meine, die Ungeheuer seien in der Kanalisation. Sie könne nicht mehr auf die Toilette gehen.

Es wurde eine Hospitalisierung erforderlich. Unter der Medikation (Haldol u. Tavor) klingt die Symptomatik ab. Die Patientin kann aber nicht nach Hause entlassen werden. Sie bleibt psychotisch. Drei Wochen später tritt sie in die akute Sterbephase ein. Bis zuletzt hat sie zu ihrer Therapeutin, die sie im Krankenhaus besucht guten Kontakt und fühlt sich in ihrer Anwesenheit entlastet und sicher.

Die Komplikation in dem geschilderten Fall lag in dem spontanen Auftauchen von Bildern mit psychotischem Inhalt, obgleich positive Visualisierungen induziert worden waren. Der mit Imaginationstechniken in der Regel verbundene, leicht hypnoide Zustand reduziert die Funktionen des Ichs, so daß hochgeschwemmtes archaisches Material ins Bewußtsein dringen kann. Trotz guter Übertragungsgrundlage und einem guten Rapport während des Bilderlebens kann die Ambivalenz der Therapeutin gegenüber diesem methodischen Ansatz zum gegebenen Zeitpunkt als destabilisierendes Moment angesehen werden. (Die Patientin hatte eine sehr ambivalente Mutter, die ihrem Berufsweg völlig ablehnend gegenübergestanden hatte.)

3.8.3 Integratives mediales Vorgehen

Die bisherige Darstellung hat Möglichkeiten verschiedener Medien kurz vorgestellt und anhand von Fallbeispielen illustriert. Dabei konnten immer nur einige Aspekte der medialen Vorgehensweise vermittelt werden. Die Medien können je nach Indikation, Bedürfnissen des

Patienten, Ansprechbarkeit usw. je für sich oder in Kombination eingesetzt werden (weiteres *Petzold* 1985). Es ist für unser Vorgehen charakteristisch, daß *Medienvielfalt*, wo immer möglich und sinnvoll, zum Einsatz kommt, um den durch schwere Krankheit, hohes Alter und Todesbedrohung eingeschränkten Menschen ein breites Angebot an Erlebnis- und Ausdrucksdimensionen zur Verfügung zu stellen. Dabei ist es wesentlich, daß das Vorgehen in keinen konsumorientierten Aktivismus abgleitet, sondern die Medien prozeßorientiert und aufeinander abgestimmt im Rahmen der Beziehung zwischen Therapeut und Patient, Begleiter und Sterbendem ihren Ort finden. *Multimediale Arbeit stellt sich als ein integriertes Gesamt von Methoden, Techniken und Medien dar, die einen Selbsterkenntnis-, Begegnungs- und Beziehungsprozeß fördern und vertiefen.* Zuweilen kann natürlich auch weniger mehr sein, und es empfiehlt sich die Beschränkung auf ein Medium, etwa das Gedicht oder die Musik. Medienvielfalt unausgewogen eingesetzt, kann gerade den geschwächten Patienten überschwemmen und überfordern. Ein sorgfältiges Abwägen ist also erforderlich. Ungeachtet dieser Einschränkungen erweist sich die Vielfältigkeit der Medien aber als ein Reichtum, der in der Hand des geschulten Therapeuten Schwerkranken und Moribunden Hilfen und Bereicherung bringen kann. Eine sorgfältige Ausbildung im Bereich der Psychotherapie, der Thanatotherapie und der Kunst- bzw. kreativen Therapie ist für die Handhabung der kreativen Medien unerläßlich (*Petzold* 1984c). Auf einer solchen Grundlage wird multimediale Arbeit mehr als eine polypragmatische Anhäufung kunsttherapeutischer Techniken, sondern ein integriertes Ganzes.

Es soll abschließend noch ein Beispiel für multimediales Vorgehen gegeben werden. Es kommen die eigene Betroffenheit des Therapeuten, seine Gegenübertragung und seine Widerstände in besonderer Weise zur Sprache, da die Arbeit mit kreativen Medien nicht nur Stimulierungspotentiale für den Patienten bietet, sondern auch der Therapeut stärker als in rein verbalen Therapien angesprochen wird. Dabei ist die Gratwanderung zwischen *engagierter Anwesenheit* und Involvierung (*Petzold* 1980) eines der schwierigsten Probleme im aniatologischen und thanatotherapeutischen Kontext.

Das Beispiel, das aus einer früheren Veröffentlichung stammt (idem 1980a), wird bewußt wegen der über weite Strecken nicht „fachspezifischen" Darstellung gewählt, um noch einmal deutlich zu machen, daß Thanatotherapie in der Regel mehr ist als eine psychotherapeutische Intervention, daß sie Begegnung und Beziehung ist, die über ein Arbeitsbündnis hinausgeht, und den Charakter eines „Freundschaftspaktes" hat (*Feigenberg* 1980) bzw. den einer „Wahlverwandtschaft" (*Petzold* 1965) gewinnt. Es wird damit auch eine Dimension „wahrhaftiger Alltäglichkeit" zurückgewonnen, die sich dem Zugriff der Fachsprache entzieht, die aber gerade in dem Bereich der Thanatotherapie die Basis unseres Handelns darstellt. Deshalb gibt das nachstehende Beispiel auch meine Position der Psychotherapie in der Arbeit mit sterbenden Patienten oder besser der Begleitung Sterbender besonders klar wieder.

Fallbeispiel III
»Ich will hier kurz von einer Erfahrung berichten. Der Bruder einer Freundin (36 Jahre) lag mit Lungenkrebs im Sterben. Sie selbst wurde mit der Situation nicht mehr fertig, weil sie noch ihre beiden alten Eltern stützen mußte, die völlig zusammengebrochen waren. Sie hatte mich gebeten, sie doch ab und zu ins Krankenhaus zu begleiten. Das habe ich dann getan. Der Bruder, ich will ihn hier Lutz nennen, war in sehr schlechter Verfassung. Er wußte, daß er nicht mehr lange zu leben haben würde: Noch ein paar Wochen, hatten die Ärzte gesagt. Lutz war zwischen Verzweiflung, Hoffnung, daß vielleicht doch noch alles gutgehen könne, und Wut auf die ganze Welt hin- und hergerissen. Als wir ihn besuchten, redete er so, als würde er in den kommenden Wochen entlassen. Dann fing er plötzlich an zu weinen und sagte, er wisse ja, daß er sterben müsse, aber er würde einfach damit nicht fertig. Seine Schwester verstummte unter diesen Äußerungen immer mehr und sank in sich zusammen. Sie war völlig hilflos.
Ich hatte schon mit moribunden, unheilbar kranken Menschen gearbeitet und hatte eine Reihe alter Menschen beim Sterben begleitet. Die Situation war also nicht fremd für mich. Ich hatte mich in meiner eigenen Therapie wieder und wieder mit dem Thema Tod, mit meinem Sterben-Müssen, auseinandergesetzt und hatte, so glaubte ich, meine Position gefunden. Altern, Tod und Sterben haben mich sehr lange beschäftigt. Dennoch hat mich die Situation von Lutz in ganz besonderer Weise betroffen gemacht. Lutz war damals etwa in meinem Alter gewesen, hatte einen ähnlichen Beruf, war erfolgreich, lebenslustig und voller Pläne. Ich erlebte, wie ich meine eigene Betroffenheit von mir wegschob, indem ich mich in die Rolle des Experten flüchtete, versuchte, diese Situation „professionell" anzugehen. Die *Kübler-Ross*-schen Phasen schossen mir plötzlich durch den Kopf, und ich nahm wahr, wie ich sachlich und fast „neben mir stehend" mit Lutz ins Gespräch kam. Und kaum war mir das aufgefallen, zog ich in Gedanken wieder eine professionelle Schleife: „Aha", dachte ich, „jetzt

wehrst du deine Betroffenheit ab. Das Beste also ist, wenn du ein Stück der Betroffenheit zeigst." Und gleich darauf: „Wie unheimlich technisch du bist." Der nächste Gedanke: „Aber Technik ist doch ein ganz legitimes Mittel, mit Angst umzugehen." Da war es deutlich: ich hatte Angst, Angst, Lutz sterben zu sehen; Angst, mit Lutz über sein Sterben sprechen zu müssen; Angst vor seinen Fragen, Angst davor, daß ich keine Antworten hätte; Angst davor, überhaupt sprechen zu müssen. Ich entschloß mich, von dieser Angst im Moment nichts zu zeigen, sie „wegzustecken".

Nachträglich glaube ich, daß es genau das richtige war: sich die Angst einzugestehen und nicht zu versuchen, sie durch den technischen Kunstgriff des „self-disclosure" in den Griff zu bekommen. Heute denke ich, daß meine persönliche Beklommenheit, die in mir immer, wenn ich mit Sterbenden zu tun hatte, aufgestiegen ist, nicht mit therapeutischen Techniken und frommen Sprüchen aufgelöst werden kann, sondern daß sie eingestanden und ausgehalten werden muß. Dann besteht die Chance, daß sich die Situation in mir selbst und zwischen mir und dem sterbenden Menschen ändert. Für mich gehören Angst und Beklommenheit zu jedem intensiven und persönlichen Kontakt mit Sterbenden.

Ich habe dann Lutz gesagt, daß ich öfters kommen möchte, wenn ihm das recht sei. Ich sagte ihm auch, daß es mir wichtig sei, seine Schwester ein bißchen zu entlasten, die einfach nicht mehr könne. Ich hatte ein ungutes Gefühl, als ich dies sagte, und am liebsten hätte ich den Satz wieder zurückgeholt: „Jetzt sagst du ihm, daß du nur wegen deiner Freundin kommst, wegen der Schwester. Daß es dir gar nicht um ihn geht." Aber der Gedanke war falsch. Es war plötzlich ein Stück Verstehen zwischen mir und Lutz und in mir eine eigenartige Berührtheit darüber, daß ein Mensch, der im Sterben steht, die Belastungsgrenzen seiner Mitmenschen, Freunde, Verwandten sieht und akzeptiert. Wir kommen überein, daß ich Lutz zweimal in der Woche besuche, wenn ihm danach ist.

Der erste Besuch verläuft in einer eigenartig beklemmenden, ja zuweilen feindseligen Atmosphäre. Gegenüber dem vorausgegangenen Kontakt sieht Lutz sehr eingefallen und gelb aus. Während der gesamten Sterbebegleitung von Lutz waren für mich diese Wechsel in seinem Gesicht, Ausdruck und Verhalten belastend und schwer zu ertragen — einmal ein bißchen blaß, aber dennoch lebendig, wach, ja voller Hoffnung, ein anderes Mal, vielleicht nur einen Tag später, bleich, zerquält, vom Tode gezeichnet, ein Mensch, der sich aufgegeben hat.

Ich hatte einen Stuhl genommen, mich neben das Bett gesetzt. „Hallo", sage ich. Lutz schweigt. Ich warte auf eine Antwort. Nach einer Zeitlang: „Mir geht's heut' nicht gut." „Das sieht man", antworte ich. Wieder macht sich das Schweigen breit. „Ich hab dir was zu lesen mitgebracht." „Ich lese nicht mehr!" (Ein Stapel Bücher liegt auf seinem Nachttisch.) „Du bist wohl gekommen, mir beim Sterben zuzusehen! Interessant, was?" Ich habe den Impuls zu sagen: „Wenn ich dich störe und es dir heut' nicht gut geht, so gehe ich wohl besser", unterdrücke ihn aber. „Da weißt du wohl nichts drauf zu sagen!" Ich antworte: „Nein, jedenfalls wäre es mir nicht einfach." Lutz: „Ist ja auch egal. Zählt alles nicht mehr. Kannst du mir sagen, was noch zählt?" „Nein", antworte ich, „wir können darüber sprechen. Ich hab' da auch nichts Kluges anzubieten. Ich denke, du beschäftigst dich hier mit deiner Situation, und vielleicht könnte dir ein Gespräch was helfen." Lutz: „Mir kann nichts und niemand helfen. Die Ärzte nicht, du nicht, der liebe Gott nicht." — „Aber vielleicht kann's was klären", sage ich und fühle mich sehr verunsichert. Lutz (sehr aggressiv): „Klären, klären, was gibt's da zu klären? Daß ich sterben muß? Das ist mir schon lange klar. Das ist eindeutig. (Sanfter) Weißt du, ich möchte eigentlich wissen, warum *ich*, warum ausgerechnet ich. Warum nicht du, warum nicht irgend jemand. Und ich weiß auch nicht, warum mich alle belügen, mir was vormachen. Die verheimlichen mir doch meinen wahren Zustand. Die halten mich wohl für blöd, für einen vollen Idioten. Als ob ich nicht wüßte, was mit mir los wär', daß es nur noch ein paar Wochen oder ein paar Monate reicht."

Ich bin betroffen und verwirrt. „Ich weiß", sage ich, „irgendwie wird niemand mit diesen Situationen so richtig fertig. Die meisten Leute, die Kranken selbst und die Menschen, die mit ihnen umgehen, schieben das in der Regel von sich weg. Das einzige ist vielleicht, wenn man miteinander spricht. Oft wird dann etwas klarer. Auch nicht immer." Lutz ist ruhiger geworden. Erschöpft. Er hat meine Unsicherheit gespürt, seine Aggressivität ist verflogen. „Vielleicht hast du recht. Ich weiß auch nicht weiter. Ich weiß einfach nicht weiter" (beginnt zu weinen). „Ich bin jetzt sehr müde. Geh jetzt bitte. Und ... bitte komm wieder." Ich drücke ihm die Hand, und das ist wie ein Versprechen. Ich gehe sehr niedergeschlagen nach Hause, und die gedrückte Stimmung läßt mich den ganzen Tag nicht los. Ich versuche, wieder zu mir zu finden, indem ich mit mir selbst in Gestaltdialoge trete. „Ich bin die Niedergeschlagenheit. Ich sitze in deinen Knochen. Ich sitze unter deiner Haut. Ich bin bis in deine Zähne gedrungen und mache sie pelzig." — „Laß mich doch in Frieden. Ich will mich nicht niederdrücken lassen. Ich *will* dir keinen Raum geben. Du kannst mich nicht zwingen." — „Du kannst mir nicht entgehen. Niemand kann mir entgehen. Die Endgültigkeit deines Endes schlägt dich nieder. Damit schlage ich dich nieder. Ins Grab schlag ich dich." (Grob) „Ich weiß selbst, daß ich ins Gras beißen muß. Ich hab kein memento mori nötig." Ich spüre, wie ein großer Zorn in mir aufkommt — und eine Traurigkeit. Und diese Gefühle schütteln meinen Körper in raschem Wechsel, schütteln die Niedergeschlagenheit heraus. Und ich weiß, daß ich ihrem Sog entgehen kann, wenn ich meinen Zorn und meine Angst und meine Trauer zulasse. Ich merke auch, daß mein Körper locker wird und die Spannung nachläßt, unter der ich, seitdem ich das Krankenzimmer betreten hatte, gestanden habe.

Wer mit Sterbenden arbeitet und sich auf sie einläßt, sie nicht nur als Objekte, Fremde, Puppen behandelt, muß lernen, seine Gefühle zuzulassen, seine Angst, seinen Schmerz, seine Ohnmacht, seine Wut. Sonst muß er sich abschotten, wird hart, in unguter Weise routiniert. Er verliert ein Stück Menschlichkeit und muß sich panzern, um seine Regungen abzuwürgen.

Ich habe im Verlauf dieser Begleitung, stärker noch als in früheren, immer wieder das Zulassen meiner Gefühle wagen und mir gestatten müssen. Zuerst erlebte ich das als sehr anstrengend, später jedoch als Erleichterung. Besonders die Verspannungen und unangenehmen Körpergefühle traten nicht mehr auf. Der nächste Kontakt zwei Tage später verlief ausgeglichener. Lutz: „Ich war letztes Mal wohl sehr schwierig. Heute fühle ich mich schwächer. Dann langt's dazu nicht." H: „Aber zynisch bist du heute auch." Lutz: „Es geht. Der Zynismus ist die einzige Waffe gegen den Tod." H: „Bißchen wenig." Lutz (lacht, ohne Bitterkeit): „Gegen den ist eben kein Kraut gewachsen! Weißt du, manchmal habe ich eben auch das Gefühl, und dann geht das auch … Es muß eben jeder mal daran glauben. Und manchmal, wenn die Schmerzen mich so auffressen, dann wünsche ich es mir auch herbei. Aber meistens gehen Angst und Haß und Empörung in mir durcheinander. Heute fühle ich mich wenigstens klar. Aber unheimlich schwach. Es ist, als ob das Leben irgendwie aus mir herausläuft. Wie so'ne Sanduhr, die ein Loch hat." (Schweigen) H: „Was geht dir jetzt durch den Sinn?" Lutz: „Dieses Bild vom Stundenglas." H: „Und was sagt dir das?" Lutz: „Daß meine Zeit rinnt. Ich rinne. Mein Blut rinnt aus mir. Irgendwo da innen drin. Da rinnt meine Lebenszeit weg. (weint ein bißchen) So viele vertane Lebenszeit." H: „Woran denkst du jetzt?" Lutz: „An vertane Jahre. An vertane Stunden. An all den Streit. An all die Arbeit — ich hab' viel zuviel arbeiten müssen. Ich hab' viel zuwenig Zeit für mich gehabt. Weißt du, ich hatte das alles vor, reisen, Kinder haben, Zeit haben für Musikhören. Ich hatte das alles vor. (Weint heftiger) Das ist alles viel zu früh." H: „Wem sagst du das?" Lutz: „Sicher nicht dem lieben Gott. Dem Leben, oder mir selbst. Dem Tod würde ich es sagen, wenn man mit dem reden könnte." H: „Wenn du mit dem Tod reden könntest, was würdest du ihm sagen?" Lutz: „Das ist schwer ... Man muß ja sterben ... Ich weiß nicht." H: „Ich möchte dir vorschlagen, das einfach mal aufzuschreiben, was du ihm sagen würdest, wenn du es fassen kannst. In so ein kleines Stück Prosatext oder in Verse. Überhaupt deine Gedanken und Gefühle einmal aufzuschreiben." Lutz: „Ja, eigentlich möchte ich meinen Tod dokumentieren. Alles festhalten. Es soll mir nichts verlorengehen. Aber ich fühle mich zu schwach dazu. Weißt du, ich bin oft so benebelt. Die Medikamente und die Schmerzen und überhaupt. Ich will das schon und weiß doch, daß ich keine Kraft dazu hab'. Ich fühl' mich auch jetzt unheimlich müde und schwach. Irgendwie, als ob die Kraft raus wär'. Es ist schön, daß du da bist." Ich sitze noch eine Viertelstunde bei Lutz, der erschöpft einschläft. Zwei Tage später ist der nächste Kontakt. Lutz geht es sehr schlecht. Wir sprechen wenig. Er hat zwei Gedichte geschrieben, die er mir zu Anfang des Besuches zeigt (vgl. *Petzold* 1982d; *Petzold, Orth* 1984). Dann greift er nach meiner Hand und bittet mich, ich möchte heute nur ein bißchen bei ihm sitzen, er könne und möchte nicht reden. Ich lese die Gedichte, und innerlich in mir weint alles.

„Ich bin leckgeschlagen.
Und es ist nicht die lebendige See, die in mich eindringt.
Ich bin leckgeschlagen.
Und meine Seele läuft aus wie Öl.
Verschmutzend.
Ölpest.
Auch Ihr sollt sterben, Ihr Seevögel.

Mein Tod ist schwarz, schmierig,
ich verende
selbst
ein Seevogel."

Das zweite Gedicht lautete:

„Ich bin grau wie der Sand im Stundenglas.
Uralter Sand,
der nicht alt geworden ist.
Er mißt Todeszeit.
Jedes Körnchen
ein Stück Sterben.
Sand aus Gebeinen
Sand in mir
mein Gebein
rinnt
Korn um Korn
ins Nichts."

Lutz: „Sie sind sehr düster, die Gedichte, meine ich." H: „Ja, ich finde das erste bedrückend. Das zweite nicht so. Da rinnt für mich die Zeit Korn um Korn ..." Lutz (heftig): „Für mich war das schlimm. Ich bin zu dem Bild gekommen, weil ich solche Schmerzen hatte in meinen Knochen. Jedes Korn ist ja von meinen Knochen. Als ob man mir das Mark ausbohrt, die Knochen aufraspelt. Weißt du, ich habe keinen friedlichen Tod. Ich werd' keinen friedlichen Tod haben. Ich sterbe qualvoll, viehisch." H: „Wie die Wasservögel in der Ölpest." Lutz: „Ja, ich hab' das mal in der Bretagne erlebt. Tausende von kleinen schwarzen Klumpen. Weißt du, das ist kein natürlicher Tod. Und das macht mich auch so zornig. So wahnsinnig zornig, daß ich so denaturiert sterbe, keinen richtigen Tod: Krebs." H: „Was fühlst du, wenn du das so sagst?" Lutz: „Kränkung, ein schlimmes Gefühl von Kränkung. Von Unheil, von Zerstörung, auch irgendwie entwürdigt. Das alles hier ist entwürdigend. Du bist entwürdigend, wie du mir so zuschaust. Laß mich doch verrecken." H: „Es macht dich zornig, daß ich lebe und gesund bin. Ich kann diese Gefühle auch verstehen. Es macht auch keinen Spaß, dem zuzusehen, was mit dir passiert, und manchmal bekomme ich geradezu Schuldgefühle, daß ich gesund bin."
Lutz: „Und warum machst du denn das? Warum kommst du denn her, warum zeichnest du das auf und hältst das fest?" H: „Ich hab' mich das oft gefragt. Nicht nur bei dir. Ich hab' ja schon bei manchen dabeigesessen. Meistens alte Leute. Vielleicht ist das meine Art, mit der Angst vor dem Sterben umzugehen. Möglichst nah herangehen, dann weiß man, wie es ist, wenn es einen selber trifft. Aber ich glaube, es ist nicht nur das. Mich hat das Altsein immer angezogen. Alle meine

Lehrtherapeuten waren „große alte Männer". Oft habe ich gedacht, ich würde bei den alten Menschen sehen, wie die ein gelungenes Leben hinter sich gebracht haben, wie denen das gelungen ist." Lutz: „Ich bin wohl das falsche Untersuchungsobjekt." H.: „Verdammt, dein Zynismus geht mir jetzt wirklich auf den Geist. Warum bist du nur so verletzend? Gut, jetzt hat es dich erwischt, aber mich trifft's auch, wie jeden, sicher." Lutz: „Tut mit leid. Ich pack's manchmal nicht anders. Ich find' es auch gut, daß du das alles aufzeichnest. Wirklich. Du dokumentierst das für mich, ich kann's ja nicht mehr. Eigentlich beneide ich dich auch, daß du so was machst. Ich hätt' das auch machen sollen. Ich hätt' so vieles machen sollen. Ich hab' so viel Unnötiges gemacht."

H.: „Wenn du willst, sehen wir uns das einmal an. Von dem, was ich von dir weiß, trifft das für dich nicht zu. Du hast doch 'ne Menge Sachen gemacht, die wichtig sind. Mehr als mancher andere in der Zeit. — Du hast jetzt die Augen geschlossen, kommt dir ein Gedanke oder eine Erinnerung?" Lutz: „Ja, es kommen Bilder aus meiner Kindheit, von dem Dorf ... ein Bachtal, sehr grün ... viele Bäume und Büsche sind da. Wir haben da gespielt, Kaulquappen und Köcherfliegenlarven gesammelt. Wir waren immer zu dritt, der Karl, der Bodo und ich. Wir hatten eine unheimlich gute Zeit. Ich würd' da gerne noch mal hingehen. Ich war da schon ewig nicht mehr. Vor vier Jahren war da noch nichts verändert. Sonst verändert sich immer alles so schnell." H.: „Woran denkst du, wenn du das so sagst?" Lutz: „An das Dorf. Unheimlich hat sich das verändert. Schon damals, als ich immer vom Internat nach Hause kam. Jedes Jahr war was Neues gebaut." H.: „Warst du die ganze Gymnasialzeit im Internat?" Lutz: „Ja, alles andere war zu weit. Das mit dem Fahren ging nicht. Im Internat war es gar nicht so schlecht! Ich war immer einer der Besten. Da mochten sie einen auch gern, die Pauker und die Schüler. Eigentlich ist mir alles leicht von der Hand gegangen."

Wir gehen noch einige Kindheits- und Jugenderinnerungen in der Vorstellung durch. Sie haben durchweg positiven Charakter. Nach einiger Zeit sagt Lutz, daß er aufhören möchte, denn er werde müde. Wir sprechen noch ein bißchen. Lutz sagt: „Ich glaube, so ein Stück Bilanz ist jetzt einfach wichtig für mich. Ich werd' das für mich weitermachen, und wenn du kommst, können wir es zusammen machen. Es gibt da noch ein paar Sachen, da möchte ich alleine nicht gerne hinschauen."

Die *Bilanz* am Lebensende ist — ganz gleich, ob es sich um einen jungen oder alten Patienten handelt — von entscheidender Bedeutung. Sie ermöglicht die *Schließung* der Lebensgestalt. Die Szenen des Lebens müssen sich zusammenfügen. Der letzte Akt muß im Rückblick auf das gesamte Stück gespielt werden. Auf die Bedeutung der Lebensbilanz hatte mich zuerst mein Lehrer in der Psychotherapie, *Vladimir Iljine,* hingewiesen. Er hat mit sterbenden Freunden und Patienten — oft in monatelanger Begleitung — Szenarien ihres Lebens erarbeitet, „um eine Bilanz im Angesicht ihres Todes zu ermöglichen, in der keine Rolle und kein Spieler ausgelassen wird, in der vergangenes Leben noch einmal lebendig werden kann" (*Iljine* 1963). Er ist meines Wissens auch der erste, der die Imagination von Situationen und Szenen in der Begleitung Sterbender systematisch einsetzte. *Butler* (1963) hat mit seiner „life review therapy" einen ähnlichen Ansatz für die Behandlung alter Menschen vorgetragen, aber es folgt bei ihm keine systematische Aufarbeitung des Geschehens. In der Arbeit *Iljines* hingegen wird gezielt aufgearbeitet und im Unterschied zu den in seelsorgerlichen Sterbebegleitungen üblichen Bilanzgesprächen ein erlebnisaktivierendes Vorgehen angewandt. Es wird ganz bewußt die Imagination gleichsam „dramatisiert".

Das „Drama der Gedanken wird im Gespräch nach ‚außen' gebracht, wird mitgeteilt, muß nicht mehr allein gespielt *und* betrachtet werden. Der Sterbende ist Autor und Zuschauer zugleich, wenn er sein Leben an sich vorüberziehen läßt, ja, wenn es an ihm vorüberzieht, sein Denken überschwemmt, ohne daß er es abstellen kann. Diese quälende Doppelrolle ist um so bedrängender, weil er gewesener Autor ist. Das Stück ist fertig, unverfügbar geworden. Er ist nunmehr nur noch Autor, Spieler und Zuschauer des letzten Aktes" (*Iljine* 1963). Der Begleiter wird bei den Szenen der Lebensbilanz Zuschauer. Der Sterbende ist nicht mehr allein in seinem Drama, er kann sich mit einem weiteren Zuschauer über die einzelnen Akte, Szenen und Rollen austauschen. Es wird ihm auf diese Weise eher eine Betrachtung „aus der Distanz" möglich, die Voraussetzung für eine Bilanz ist. Die Gestaltmethode bringt ein zusätzliches Element herein: die Dramatisierung der Szene durch Dialoge, die der Patient mit einzelnen Personen oder Dingen in der Szene führen kann. Gestalttherapeutische Identifikationstechniken ermöglichen es, die Ereignisse aus der Vergangenheit sich wirklich wieder zu eigen zu machen. Es geschieht ein „reowning", das die Integrationsleistung in der Bilanz fördert und erleichtert.

Nach der Niederschrift dieses Abschnittes in der Art, wie ich üblicherweise Artikel zu schreiben pflege, weiß ich, daß er für mich die Funktion einer Distanzierung hatte. Die Auswertung des Materials, die Transkripte und Protokolle greifen mich noch an, merke ich, und es

stellt sich für mich wieder die Frage: was ist für mich aus dieser Begleitung noch unerledigt? Im Augenblick weiß ich keine Antwort darauf.

Mit Lutz habe ich in mehreren Sitzungen dann versucht, ihm bei der
Lebensbilanz zu helfen, sich vergessene oder abgelehnte Szenen zu eigen
zu machen, ihm Auseinandersetzungen zu ermöglichen, die er vermieden
hat und die er „nachholen" wollte. Ich werde aus dem Material eine
Szene herausgreifen, die ein Stück dieser Arbeit vermitteln kann.

Lutz: „So ein paar Sachen drücken mich schon sehr. Wenn ich das
so bedenke, hätt' ich einige Sachen anders machen sollen, besser." H.:
„Ja, vielleicht kannst du einmal schauen, was dir da in den Sinn
kommt?" Lutz: „Das mit meiner Schwester. Ich hab' eigentlich im
mer auf ihre Kosten gelebt. Ich bin immer bevorzugt worden, und ich
habe das auch immer weidlich ausgenutzt." H.: „Wenn du die Augen
schließt und mal ein Bild von deiner Schwester zu bekommen suchst,
was kommt dir da auf?" Lutz: „Da seh' ich gleich eine Szene mit Zeugnissen. Meins ist natürlich erstklassig, ihres ist ziemlich mittelmäßig.
Alle hacken auf ihr rum und ich natürlich auch. Das hat mich noch
größer gemacht. Die sitzt in der Ecke und heult, und ich sitz mit den
Eltern und einem Onkel und so einer Tante von meiner Mutter am
Tisch — bei den „Erwachsenen". Und wir ziehen über die her. Jetzt
kommt ein anderes Bild, da habe ich ihr Nachhilfe gegeben. Ich hab
sie ganz schön gequält dabei, ihr so richtig gezeigt, wie doof sie ist."
H.: „Was fühlst du jetzt?" Lutz: „Scham ... und Traurigkeit." H.: „Stell
dir vor, du könntest es deiner Schwester sagen, was du jetzt fühlst."
Lutz: „Marita, es tut mir leid, es tut mir wirklich leid. Es ist ja später
besser geworden zwischen uns, aber ich bin immer oben geblieben,
und ich habe es auch immer so gelassen. Und jetzt läuft es umgekehrt,
jetzt bin ich unten, und du stehst über mir. Ich schäm' mich wirklich."
H.: „Was meinst du, was Marita antworten würde?" Lutz: „Ach, die
würd' das herunterspielen: ,Hab ich nie so schwer genommen', oder:
,Ist doch alles vorbei'. Sie war immer ganz fair zu mir, jedenfalls
meistens. — Jetzt kommt mir noch ein anderes Bild, im Studium. Sie
hat oft kein Geld gehabt, aber wenn sie was hatte, hat sie mir immer
noch was abgegeben. Das hab' ich auch gemacht, aber es hat erst
immer ein großes Trara gegeben. Ich weiß nicht, ich hab' sie wohl auch
so behandelt wie mein Vater meine Mutter. Wir haben darüber nie
gesprochen." H.: „Aber vielleicht kannst du ja mal mit ihr darüber
sprechen. Wenn sie dich wieder besuchen kommt." Lutz: „Da ist sie
wieder in einer so schlechten Position. Jetzt kann sie sich doch nicht
mit mir so richtig auseinandersetzen, (bitter) man muß mich ja
schonen." H.: „Aber vielleicht ist es doch wichtig, daß sie's einfach

hört und du es ihr sagen kannst." Lutz: „Mag sein. Ich werd' darüber nachdenken, und wenn mir danach ist, sprech ich's an. Auf jeden Fall ist mir leichter, darüber gesprochen zu haben. Ich bin auch froh, daß sie ihre Sache geschafft hat. Da bin ich wirklich froh. (Leise) Ich merk', daß ich sie schon sehr lieb habe. Vielleicht sollte ich ihr das mal sagen ... Es ist genug für heute."

Neben der Anregung, Gedanken und Gefühle in Prosa, Texten oder Versen aufzuschreiben, habe ich Lutz auch vorgeschlagen, das, was ihn bewegt, in Farben auszudrücken (*Bubolz* 1979; *Petzold* 1985; *Petzold, Orth* 1984). Ich hatte ihm Wachsmalfarben und einen Block mitgebracht, und er fühlte sich von dem Medium sehr angesprochen. Lutz: „Das Malen schafft mir Erleichterung. Manchmal lenkt es mich ab, und manchmal kann ich auch meine Schmerzen herausmalen. Dieses Bild z. B. (zeigt mir ein Bild, das nur in Rottönen gemalt ist, Spiralen, Flächen, Striche, nichts Konkretes), da hatte ich unheimliche Schmerzen. In mir war alles rot vor Schmerz. Da habe ich dann die Farben genommen. Erst habe ich mich unheimlich schwach gefühlt, und dann habe ich die Schmerzen in die Farbe hineingemalt, auf das Papier 'raufgeschmiert, so grell und brennend und beißend wie sie waren. Es war ganz eigenartig, die Schmerzen sind so in das Rot hineingeflossen aus mir auf das Papier hin. Danach konnt' ich sehr gut schlafen."

Ein anderes Bild zeigte eine Wiese, Bäume, einen Bach, die Szene aus seiner Kindheit, seinen liebsten Spielplatz. Ein weiteres Bild (Abb. 5) stellte eine untergehende Sonne hinter den Bergen dar, nur noch halb über die Gipfel schauend, die Wolken violett, orange, die schwarze Nacht im Heranziehen. In der blauschwarzen Wand, die von links in das Bild hineinragte, fand sich ein einzelner Stern. Ein Teil der Landschaft, Bäume und kleine Häuser, lag schon im Schatten, ein Teil noch im Licht. Das Bild war sehr stimmungsvoll, und Lutz war sehr zufrieden mit ihm. Lutz: „Das Malen ist was Schönes; seit meiner Schulzeit hab ich das nicht mehr gemacht. Schade eigentlich. Man hätte das eigentlich machen sollen." Ich versuche, mit ihm das Bild gestalttherapeutisch auszuschöpfen.

H.: „Was empfindest du, wenn du so dein Bild anschaust?" Lutz: „Das ist ganz friedlich. Die Sonne hat keine so rechte Kraft mehr. Sie wärmt nur noch ein bißchen." H.: „Vielleicht kannst du einmal die Rolle der Sonne übernehmen." Lutz: „Ich bin eine untergehende Sonne. Ich habe die Erde beschienen, ich habe Gräser und Blumen blühen lassen, und jetzt gehe ich zur Ruhe. Hinter die Berge." H.: „Vielleicht kannst du die Berge sprechen lassen." Lutz: „Ich bin die Berge.

Niemand weiß, was hinter uns ist. Wir verbergen ein Geheimnis. Wir bilden die Grenze zwischen dem Land der Lebenden und dem der Toten. Wir hüten unsere Grenze gut. Wir sind nicht übersteigbar." H.: „Was antwortet die Sonne den Bergen?" Lutz: „Ich sinke zwar hinter euch hinab, aber ich steige wieder auf (wird traurig). Ich bin keine Sonne, ich steig' nicht wieder auf. Mich hüllt die dunkle Nacht ein." H.: „Laß die Nacht sprechen!" Lutz: „Ich bin die dunkle Nacht, ich überziehe das Land, wenn die Sonne gegangen ist. Ich bin weich und dunkel, Finsternis. Ich ziehe gegen das Abendrot herauf." H.: „Was sagt das Abendrot?" Lutz: „Ich sehe der Nacht entgegen, ziehe mich hinter die Berge zurück, vergolde die Bergkuppen, grüße den Abendstern in der Dunkelheit. — Ich bin der Abendstern, ich leuchte in der Dunkelheit, ich funkle von ferne aus dem weiten Weltall, aus unvorstellbaren weiten Räumen — wie ein Hoffnungsschimmer. (Zu mir gewandt) Vielleicht gibt es doch so etwas wie Hoffnung?" Ich nicke: „Darauf hoffe ich manchmal auch." Lutz: „Auf die Hoffnung hoffen … eigenartig, aber es stimmt irgendwie für mich."

Wir schauen uns gemeinsam noch das Bild an, und ich lasse es auf mich wirken. Mir fällt eine Liedstrophe aus meiner Pfadfinderzeit ein, und ich sage sie Lutz: „Noch hinter Bergesrande steht braun der Abendschein, da hüllen sich die Lande in ihre Schatten ein, wo Sonne kaum gelacht, der Frierenden erbarmte, für kurze Zeit erwarmte, steht wiederum die Nacht." Lutz: „Das kenn' ich auch, das ist alles lange, lange her." — Wir gehen ganz friedlich voneinander.

Ich kann über fünf Tage nicht kommen, weil ich ein Seminar durchführen muß. Wir hatten uns verabschiedet, und ich hatte versprochen, zwischenzeitlich anzurufen und zu schreiben. Aus den Telefonkontakten erfuhr ich, daß es ihm erheblich schlechter ging. Als ich ihn wieder besuche, springt mich sein Elend an, das gelbe, eingefallene Gesicht, die tief in den Höhlen liegenden Augen, und es wird mir eng ums Herz. Ich erfahre plötzlich ganz existentiell die Bedeutung des Ausdrucks: „Vom Tode gezeichnet".

Lutz: „Es geht wohl zu Ende." H.: „Du siehst schlechter aus. Ich hab dir Ton mitgebracht, weil ich dachte, wir könnten etwas in Ton gestalten. Aber das wird wohl zu anstrengend sein." Lutz: „Laß nur mal, ich kann's ja versuchen." Ich habe ganz weichen und geschmeidigen Ton bei mir, knete ihn noch gut vor und gebe ihm dann einen kleinen Klumpen. Lutz hält den Ton matt in der Hand und beginnt dann langsam eine Kugel zu formen, indem er den Klumpen wieder und wieder zwischen den Händen hin und her rollt. Er hat die Augen geschlossen und beginnt dann zu modellieren. Nach und nach gestaltet er ein eingefallenes Menschengesicht heraus. Das Gesicht ist fragmentarisch und doch gut erkennbar. Mit dem Daumen streicht er es glatt. Er schaut das Tongesicht an und streichelt es immer wieder: „Das ist mein Gesicht. Ein müdes Gesicht, kühl wie der Ton und glatt. Ich bin dieses Gesicht ... eigentlich ganz friedlich, wenn diese Quälerei zu Ende ist. Mein Gesicht aus Erde ... seltsam ... der Gedanke, daß mein Gesicht aus Erde ist. (Zu mir gewandt) Von wieviel Gesichtern mag wohl die Erde in diesem Ton sein? ... Ich bin jetzt müde. (Streichelt das Gesicht) ... mein Gesicht ist sehr müde geworden, (zu mir gewandt) es ist nicht schlimm; nicht so schlimm wie vor ein paar Wochen ... wirklich!" Lutz schläft über dem Streicheln des Tongesichtes ein.

Als ich zwei Tage später in die Klinik komme, ist er in die Agonie eingetreten. Ich bleibe mit seiner Schwester bei ihm. Er ist ohne Bewußtsein. Wir halten seine Hand oder seinen Kopf und sprechen leise an seinem Ohr, sagen ihm, daß wir bei ihm sind und daß wir bei ihm bleiben. Gegen zwei Uhr nachts schlägt er plötzlich die Augen auf, es ist wie ein Moment des Erkennens, ein Blick, der von sehr weit her kommt, uns erreicht und sich durch uns hindurch in einer nicht mehr erreichbaren Weite verliert. Wir sind beide ganz ruhig, bedrückt und doch irgendwie erleichtert. Ich bringe Marita nach Hause, und schlafe, bei mir angekommen, irgendwie leer und erschöpft ein.

Am nächsten Tag fängt mich der Alltag wieder ein. Ich stürze mich in die Arbeit und entdecke im Laufe des Vormittags, daß ich mit meiner Hektik etwas wegwische; und ich merke, daß ich ein Stück Trauerarbeit zu leisten habe. Nicht Trauer um einen langjährigen Freund oder einen nahen Verwandten, sondern Trauer um einen Menschen, der mit mir sein Sterben geteilt hat und der mir für mein Sterben ein Stück Angst weggenommen und ein Stück Hoffnung gegeben hat« (*Petzold* 1980a).

Literaturverzeichnis

Abel, H., Heinze, Th. et al., Lebensweltanalyse von Fernstudenten. Arbeitsbereich Erwachsenenstudium, Fernuniversität Hagen, Werkstattbericht, Nov. 1977, Hagen 1977.
Aldrich, K. C., Dying patient's grief. *J. Americ. Medical Assoc.* 5 (1963), 329-331.
Aronson, E. et al., Ausgebrannt, Klett-Cotta, Stuttgart 1983.
Attali, J., Die kannibalische Ordnung. Von der Magie zur Computermedizin, Campus, Frankfurt 1981.
Bahnson, C.B., The states of the arts in psycho-oncology, VIIth World Congress of the International College of Psychosomatic Medicine, Hamburg 22 July 1983.
Balint, M., Psychotherapeutische Aspekte der Regression, Klett, Stuttgart 1981.
Bard, M., Implications of analytic psychotherapy with the physically ill, *Americ. J. Psychotherapy*, 13 (1959), 860-871.
Barton, D., Dying and death. A clinical guide for caregivers, Baltimore 1977.

Bataille, G., Die Tränen des Eros, Matthes & Seitz, München 1981.

Baudrillard, J., Der symbolische Tausch und der Tod, Matthes & Seitz, München 1982.

Berk, W. R., Chinese healing arts. Internal Kung-Fu, Peace Press, Culver City, 1979.

Brooks, Ch., Erleben durch die Sinne, Junfermann, Paderborn 1979.

Bubolz, E., Bildung im Alter, Lambertus, Freiburg 1983.

Bubolz, E., Methoden kreativer Therapie in einer integrativen Psychotherapie mit alten Menschen, in: *Petzold, Bubolz* (1979) 343-382.

Bünte-Ludwig, Ch., Gestalttherapie — Integrative Therapie, in: *Petzold, H.* (Hrsg.), Wege zum Menschen, Junfermann, Paderborn 1984, Bd. 1, 217-309.

Bujard, O., Lange, U., Armut im Alter, Beltz, Weinheim 1979.

Butler, R. N., The life review: Interpretation of reminiscence in the aged, *Psychiatry*, 26 (1963), 65-76.

Butler, R. N., The life review: An unrecognized Bonanza, *Intern. J. of Aging and Human Development*, 12 (1980), 35-38.

Cohn, R., Von der Psychoanalyse zur Themenzentrierten Interaktion, Klett, Stuttgart 1975.

Cremerius, J., Die Sprache der Zärtlichkeit und der Leidenschaft. Reflexionen zu S. Ferenczis Wiesbadener Vortrag von 1932, in: *Psyche*, 11 (1983b), 988-1015.

Derbolowski, U., Richtig Atmen hält gesund, Econ, Düsseldorf 1978.

Eibach, U., Krankenhaus und Menschenwürde. *Wissenschaft und Praxis in Kirche und Gesellschaft*, 66 (1977), 330-347.

Engelke, E., Sterbenskranke und die Kirche, Kaiser, München 1980.

Feigenberg, L., Terminal ward, Lund 1977.

Feigenberg, L., Terminal care. Friendship contracts with dying cancer patients, New York 1980.

Ferenczi, S., Bausteine zur Psychoanalyse, 4 Bde., Huber, Bern 1964.

Ferenczi, S., Beiträge zur Psychoanalyse, Fischer Verlag, Frankfurt 1972.

Filipp, S.-H., Kritische Lebensereignisse, Urban & Schwarzenberg, München 1981.

Foucault, M., Die Subversion des Wissens, Ullstein, Berlin 1978.

Fulton, R., Gottesman, D. J., Anticipatory grief: A psychosocial concept reconsidered, *British J. Psychiatry*, 137 (1980), 45-54.

Glaser, B. G., Strauss, A. L., Temporal aspects of dying as a non-scheduled status passage, *Americ. J. Sociology*, 71 (1965) 48-59.

Glaser, B. S., Strauss, A. L., Time of dying, Chicago 1968.

Gorman, B. S., Wessman, A. E., The experience of time, Plenum Press, New York 1977.

Hacker, T. A., Some aspects of transference and countertransference in therapy with dying and non-dying patients. *Suicide and Life-Threatening Behaviour* 7 (1977), 189-198.

Halpern, A., Abschied von den Eltern, Iskopress, Hamburg 1978.

Hartmann-Kottek-Schroeder, L., Gestalttherapie, in: *Corsini, R.*, Handbuch der Psychotherapie, Beltz, Weinheim 1983, Bd. 1, 281-320.

Hausmann, C. P., Life review therapy, *J. Gerontol. Social Work* 2 (1980) 31-37.

Heekerens, H. P., Aspekte der Berufstätigkeit von Gestalttherapeuten, Ergebnisse einer Umfrage; in: *Integrative Therapie* 1 (1984) 162-169.

Heinl, H., Petzold, H., Fallenstein, A., Das Arbeitspanorama, in: *Petzold, H., Heinl, H.* (Hrsg.), Psychotherapie und Arbeitswelt, Junfermann, Paderborn 1983, 356-409.

Hendricks, C. D., Hendricks, J., Concepts of time and temporal construction among the aged, with implications for research, in: *Gumbrium, J. F.*, Time, roles, and self in old age, *Human Sciences Press*, New York 1976, 13-49.

Hernegger, R., Der Mensch auf der Suche nach Identität, Habelt, Bonn 1978.

Herzog, W., Modell und Theorien der Psychologie, Göttingen 1984.

497

Husemann, F., Vom Bild und Sinn des Todes, Emil Weises Buchhandlung, Dresden 1938; Verlag Freies Geistesleben, Stuttgart 1979⁴.

Iljine, V. N., Therapeutisches Theaterspiel, Paris 1942.

Iljine, V. N., Scenarien Sterbender, Paris 1963 (russ. mimeogr.)

Iljine, V. N., Memoire éternelle, *Presence Orthodoxe*, 1 (1970).

Joas, H., Praktische Intersubjektivität. Die Entwicklung des Werkes von G. H. Mead, Suhrkamp, Frankfurt 1981.

Joerißen, B., Lebenstreppe und Lebensspiel im 16. Jh., in: Die Lebenstreppe. Bilder der menschlichen Lebensalter. Schriften des Rheinischen Museumsamtes, Rheinland-Verlag, Köln 1983.

Jonas, D., Kurzpsychotherapie in der allgemeinen Medizin, Hippokrates, Stuttgart 1981.

Keleman, St., Lebe dein Sterben, *Isco-Press*, Hamburg 1979.

Kempler, W., Gestaltfamilientherapie, Klett, Stuttgart 1975.

Kirchmann, E., Selbstdarstellung mit Ton in der Integrativen Kindertherapie. *Integrative Therapie* 1 (1980) 58-69.

Köllermann, H., Tonarbeit und Gestalt als kreativer Ansatz in der Integrativen Therapie, Grad. Arbeit, Fritz Perls Institut, Düsseldorf 1979.

Kuper, L., Genocide its political use in the 20th century, Penguin, Harmondsworth 1978.

Lange, S., Möglichkeiten der Selbsterfahrung durch das Medium Ton in der Integrativen Therapie, Diplomarbeit, Psychol. Institut I, Univ. Hamburg 1984.

Laschinsky, D., Petzold, H., Rinast, M., Exchange Learning — Ein Konzept für die Arbeit mit alten Menschen, in: *Integrative Therapie* 3 (1979), 224-246.

Lehr, U., Psychologie des Alters, Steinkopff, Darmstadt 1979³.

LeShan, L., You can fight for your life. Emotional factors in the causation of cancer, New York 1977.

Linden zur, W., Blick durchs Prisma, Lebensbericht eines Arztes, Klostermann, Frankfurt 1979⁴.

Lückel, K., Begegnung mit Sterbenden, Kaiser, München 1981.

Lückel, R., Integrative Arbeit mit Märchen, Junfermann, Paderborn 1979.

MacIntyre, A., The right to die garrulously, in: *McMullin, E.*, Death and decision, Boulder, Colorado 1978, 75-84.

Marcel, G., Die Menschenwürde und ihr existentieller Grund, Knecht, Frankfurt 1965.

McCarthy, J. B., Death Anxiety. The Loss of the Self, Gardener Press, New York 1980.

Mead, G. H., Mind, Self and Society, Univ. of Chicago Press, Chicago 1934.

Merleau-Ponty, M., Le visible et l'invisible, Gallimard, Paris 1964.

Merleau-Ponty, M., Phänomenologie der Wahrnehmung, De Gruyter, Berlin 1966.

Middendorf, I., Der Erfahrbare Atem, Junfermann, Paderborn 1984.

Moreno, J. L., Moreno, F. B., Spontaneity theory of child development, *Sociometry* 7 (1944) 89-128.

Moreno, J. L., The social atom and death, *Sociometry* 10 (1947) 81-86.

Norton, J., Treatment of a dying patient. *Psychoanalytic Study of the Child*, 18 (1963), 541-560.

Palos, St., Atem und Meditation, Barth, Weilheim 1968.

Perls, F. S., Die Integration der Persönlichkeit — Theoretische Erwägungen und therapeutische Möglichkeiten, 1948, in: *Petzold, H. G.* (Hrsg.), Gestalt, Wachstum, Integration, Junfermann, Paderborn 1980, 27-51.

Perls, F. S., Gestalt Therapy verbatim, Real People Press, Laffayette, California 1969.

Perls, F. S., Gestalt, Wachstum, Integration, Junfermann, Paderborn 1980.

Petzold, Hugo, Das Erleben des Lebenspanoramas, *Rosenkreuzer Zeitschrift*, 6 (1935), 176-178.

Petzold, Hilarion G., Géragogie — nouvelle approche de l'éducation pour la viellesse et dans la viellesse, *Publications de L'Institut St. Denis*, 1 (1965), 4-10.

Petzold, H. G., Gestalttherapie und Psychodrama, Nicol, Kassel 1973.

Petzold, H. G., Psychotherapie und Körperdynamik, Junfermann, Paderborn 1974.

Petzold, H. G., Integrative Therapie ist kreative Therapie, Fritz Perls Institut, Düsseldorf 1975 (Mimeogr.).

Petzold, H. G., Theorie und Praxis der Traumarbeit in der Integrativen Therapie, *Integrative Therapie*, 3/4 (1977), 147-175.

Petzold, H. G., Psychodrama — Therapie in der Arbeit mit alten Menschen, Junfermann, Paderborn 1979.

Petzold, H. G., Aufsatz zur Veränderung der sozialen Mikrostruktur im Alter, eine Untersuchung von 40 „sozialen Atomen" alter Menschen, in: *Integr. Therap.*, 1/2 (1979a), 51-79.

Petzold, H. G., Die Rolle des Therapeuten und die therapeutische Beziehung, Junfermann, Paderborn 1980.

Petzold, H. G., Integrative Arbeit mit einem Sterbenden, *Integrative Therapie*, 2 (1980a), 181-193.

Petzold, H. G., Vorsorge — ein Feigenblatt der Inhumanität, in: *Z. f. Humanist. Psychol.*, 3/4 (1981), 82-90.

Petzold, H. G., Widerstand — ein strittiges Konzept in der Psychotherapie, Junfermann, Paderborn 1981a.

Petzold, H. G., Sich selbst im Lebensganzen verstehen lernen, in: *Pro Senectute, Schneider, H.-D.* (Hrsg.), Vorbereitung auf das Alter, Schöningh, Paderborn 1981b, 89-112.

Petzold, H. G., Theater oder das Spiel des Lebens, Verlag für Humanist. Psychol., Flach, Frankfurt 1982.

Petzold, H. G., Gestalttherapeutische Perspektiven zu einer „engagierten Thanatotherapie", Vortrag auf der 1. Deutschen Tagung für Thanato-Psychologie, Nov. 1982, Universität Osnabrück, Abt. Vechta, 1982a, Tagungsbericht, Hrsg. *J. Howe, R. Ochsmann*, Tod, Sterben, Trauer, Klotz, Frankfurt 1984.

Petzold, H. G., Gestaltdrama, Totenklage und Trauerarbeit, in: *Petzold, H. G.* (Hrsg.), Dramatische Therapie, Hippokrates, Stuttgart 1982b, 335-364.

Petzold, H. G., Symbolspiele mit Puppen, *Animation 7* (1982c), 249-251.

Petzold, H. G., Poesie- und Bibliotherapie mit Alten, Kranken und Sterbenden. *Integrative Therapie*, 4 (1982d), 286-324.

Petzold, H. G., Psychotherapie, Meditation und Gestalt, Junfermann, Paderborn 1983.

Petzold, H. G., Nootherapie und „säkulare Mystik" in der Integrativen Therapie, 1983a, in: Petzold (1983), 53-99.

Petzold, H. G., Probleme mit der Pensionierung, in: *Petzold, H. G., Heinl, H.*, (1983b), 409-447.

Petzold, H. G., Kranke lassen sich nicht recyclen, *Z. f. Humanist. Psychol.*, 1/2 (1983c), 21-34.

Petzold, H. G., Vorüberlegung zu einer integrativen Persönlichkeitstheorie, *Integrative Therapie*, 1/2 (1984), 73-115.

Petzold, H. G., Die Gestalttherapie von Fritz Perls, Lore Perls und Paul Goodman, *Integrative Therapie*, 1/2 (1984a), 5-72.

Petzold, H. G., Leiblichkeit, Junfermann, Paderborn 1984b.

Petzold, H. G., Mit alten Menschen arbeiten, Pfeiffer, München 1984c.

Petzold, H. G., Sterben und Kreativität, Junfermann, Paderborn 1985 (in Vorbereitung).

Petzold, H. G., Zenkowsky, B., Das Bild der Menschen im Lichte der orthodoxen Anthropologie, Edel, Marburg 1969.

Petzold, H. G., Bubolz, E., Bildungsarbeit mit alten Menschen, Klett, Stuttgart 1976.
Petzold, H. G., Marcel, G., Anthropologische Vorbemerkungen zur Bildungsarbeit mit alten Menschen, in: Petzold, Bubolz (1976), 9-18.
Petzold, H. G., Bubolz, Psychotherapie mit alten Menschen, Junfermann, Paderborn 1979.
Petzold, H. G., Heinl, H., Psychotherapie und Arbeitswelt, Junfermann, Paderborn 1983.
Petzold, H. G., Mathias, U., Rollenentwicklung und Identität, Junfermann, Paderborn 1983.
Petzold, H. G., Orth, I., Poesie- und Bibliotherapie, Junfermann, Paderborn 1984.
Petzold, H. G., Maurer, Y., Integrative Gestaltpsychotherapie, in: Maurer, Y. Hauptformen der Psychotherapie, Hippokrates, Stuttgart 1984.
Petzold, H. G., Lückel, K., Zur Methode der Lebensbilanz, in: Petzold, H. G. (1984c).
Petzold, H. G., Frühmann, R., Das Konzept der Gruppe in den Schulen der Psychotherapie, Junfermann, Paderborn 1985 (in Vorber.).
Plessner, H., Die Stufen des Organischen und der Mensch, Berlin 1975².
Radebold, H., Schlesinger-Kipp, G., Familien- und paartherapeutische Hilfen bei älteren und alten Menschen, Vandenhoeck & Ruprecht, Göttingen 1982.
Rest, F., Praktische Orthothanasie (Sterbebeistand) im Arbeitsfeld sozialer Praxis, I, Westdeutscher Verlag, Opladen 1977.
Rest, F., Den Sterbenden beistehen. Ein Wegweiser für die Lebenden, Quelle & Meyer, Heidelberg 1981.
Ritter-Vosen, X., Verhaltenstherapie mit alten Menschen, in: Petzold, Bubolz (1979).
Roberts, S. L., Behavioral concepts and the critically ill patient. Englewood Cliffs, 1976.
Sagan, C., Unser Kosmos, Droemer & Knaur, München 1978.
Schneider, K., Familientherapie in der Sicht psychotherapeutischer Schulen, Junfermann, Paderborn 1983.
Simonton, O., Matthews-Simonton, S., Creighton, J., Getting well again, Los Angeles 1978; dt.: Wieder gesund werden, Rowohlt, Reinbek 1982.
Spero, M. H., Confronting death and the concept of life review, Omega 12 (1981/82) 37-43.
Thomae, H., Patterns of aging, Karger, Basel 1976.
Thomae, H., Alternsstil und Altersschicksale, Huber, Bern 1983.
Ullmann, R., Integrative Bewegungstherapie, in: Maurer, Y., Hauptformen der Psychotherapie, Hippokrates, Stuttgart 1984.
Unruh, D. R., Invisible lifes. Social worlds of the aged, Sage Publications, Beverly Hills 1983.
Weisman, A. D., On dying and denying. A psychiatric study of terminality, N.Y.1972.
Weisman, A. D., The realization of death, New York 1974.
Weisman, A. D., Coping with cancer, New York 1979.
Whitman, H. H., Lukes, S. J., (1975), Behavior modification for terminally ill patients, American Journal of Nursing 75, 98-101.
Wiesenhütter, E., Blick nach drüben. Selbsterfahrungen im Sterben, Gütersloh 1976.
Winnicott, D. W., Vom Spiel zur Kreativität, Klett, Stuttgart 1983.
Wirsching, M., Stierlin, H., Haas, B. et al., Familientherapie bei Krebsleiden, Familiendynamik, 6 (1981), 2-23.
Wirsching, M., Stierlin, H., Krankheit und Familie, Klett Cotta, Stuttgart, 1982.
Zinker, J. C., Hallenbeck, Ch. E., Notes on loss, Crisis and Growth, J. General Psychology, 73 (1965), 347-354.
Zinker, J. C., Fink, S. L., The possibility for psychological growth in a dying person, J. General Psychology, 74 (1966), 185-199.
Zinker, J. C., Gestalttherapie als kreativer Prozeß, Junfermann, Paderborn 1982.

17 Death Education, Thanatagogik — Modelle und Konzepte

Karin Huck, München
Hilarion Petzold, Düsseldorf

„*Qui apprendrait les hommes à mourir,
leur apprendrait à vivre.*" (*Montaigne*)

1. Hintergrund und Entwicklung der Sterbeerziehung

Die Notwendigkeit einer systematischen Auseinandersetzung mit den Themen „Sterben und Tod" in allen Bereichen der Pädagogik läßt sich nur vor dem Hintergrund komplexer sozialer Entwicklungen verstehen, die unsere Gesellschaften in den letzten beiden Jahrhunderten zutiefst verändert haben. Diese Prozesse haben dazu geführt, daß Sterben und Tod an den Rand unserer Gesellschaft gedrängt, funktionalisiert und in spezifisch dafür eingerichtete Institutionen abgeschoben wurden. Erst in den 50er Jahren begann sich in Amerika eine Reaktion auf diese Entwicklung abzuzeichnen. Eine Flut von Literatur, beginnend etwa mit *Feifels* Buch „The meaning of death" (1959) brachte die Themen Sterben und Tod erstmals stärker in das Bewußtsein der Öffentlichkeit und führte dazu, daß sich neue Forschungsbereiche wie die Thanatologie, wissenschaftliche Vereinigungen, regelmäßige Kongresse und Zeitschriften konstituierten.
Schließlich entstand zunehmend auch Interesse an einer pädagogisch-psychologischen Umsetzung dieser Thematik. Dieses Interesse bildete den Ursprung der Death Education (DE). Übersichtsreferate von *Pine* (1977) und *Leviton* (1977a) zeigen die Entwicklung der DE auf.
Der im Amerikanischen verwendete Begriff „*death education*" läßt sich in dieser Kürze und Prägnanz nicht ohne weiteres ins Deutsche übertragen. Schon bei der Wortfindung macht sich also das Tabu bemerkbar. Ins Deutsche übersetzt, würde der Begriff „death education" vielleicht so lauten: „eine Erziehung zur Auseinandersetzung mit Sterben und Tod und einem adäquateren Umgang mit diesen Ereignissen". Im folgenden soll das Wort „Sterbeerziehung" verwendet werden, obwohl wir uns bewußt sind, daß dieser Begriff in der Kürze nur einen Teil dessen umfaßt, was gemeint ist. Er enthält nämlich nicht die

umfassendere, universellere Dimension des Todes. Die von *Petzold* (1965) eingeführten Begriffe „Thanatagogik" und „Geragogik", die analog zu Andragogik und Pädagogik geprägt wurden, greifen weiter, tragen allerdings die Probleme des entlegenen Fremdwortes. Amerikanische Autoren wiesen immer wieder auf die Parallelen zwischen „sexual education" und „death education" hin (s. *Leviton* 1977a, 1977b; *Feifel*, zit. bei *Pine* 1977): ebenso wie das Thema „Sexualität" lange von sozialen Tabus umgeben war und Sexualerziehung zu einem freieren und offeneren Umgang mit Sexualität geführt hat, sah man auch den Bereich „Sterben und Tod" mit Tabus besetzt und erhoffte sich von der „death education" einen besseren und humaneren Umgang mit Sterbenden.

1963 wurde von *Fulton* an einer amerikanischen Universität (University of Minnesota) zum ersten Mal ein regelmäßiger Kurs zum Thema „Tod" angeboten. 1965 brachten die Artikel von *Quint* und *Folta* die Notwendigkeit einer Sterbeerziehung des Pflegepersonals ins Bewußtsein der Öffentlichkeit; *Eissler* hatte dies bereits 1955 für den psychiatrischen Beruf mit seinem Buch „Psychiatrist and the dying patient" geleistet. Eine größere Popularität und Aufmerksamkeit der Öffentlichkeit für die Probleme Sterbender konnte dann *Kübler-Ross* (1969) mit ihren Beiträgen und interdisziplinären Seminaren erreichen. 1969 gründete *Fulton* das „Center of death education and research" an der University of Minnesota mit dem Ziel, relevante Informationen zu den Themen „Sterben und Tod" zu sammeln und die Erkenntnisse dieser Forschungen einer möglichst breiten Öffentlichkeit zugänglich zu machen. 1970 wurde die erste wissenschaftliche Konferenz zum Thema „Death Education" in der Hamline University (St. Paul, Minnesota) abgehalten. Im selben Jahr gründete *Krant* „Equinox", eine alternative Einrichtung, in der Sterbende unter humanen Bedingungen menschenwürdig versorgt wurden. Die Anregungen kamen dieses Mal aus Europa, aus England, wo *Saunders* schon 1967 das St. Christopher's Hospiz eröffnet hatte (*Saunders* 1977). Diese und ähnliche Einrichtungen der „Hospizbewegung" begannen ebenfalls damit, Programme zum Thema „Sterben und Tod" anzubieten (*Krant* 1971, 1974 und *Bertram* 1974).

Weitere wichtige Etappen auf dem Weg der Etablierung der Sterbeerziehung waren das Erscheinen eines Spezialheftes zu diesem Thema in der Zeitschrift „Omega" (1975 Vol. 6, 3) und das Treffen der „International Work Group in Dying, Death and Bereavement" im Juni 1976. Diese Konferenz befaßte sich im Rahmen der Thematik u. a. mit der Ausbildung des Pflegenden, der Erzieher und der Studenten. Seit

Beginn der 70er Jahre gibt es in den USA zahlreiche Death-Education-Programme an High Schools, Colleges und Universitäten sowie in den Ausbildungsinstitutionen von Medizinern und Pflegepersonal, und die Anzahl derartiger Death-Education-Kurse nahm rapide zu. Bereits 1974 zählten *Berg* und *Daugherty* über 600 derartige Kurse; gegenwärtig gibt es nach Schätzungen von Experten „Tausende" solcher Programme (*Pine* 1977, S. 70). In den letzten fünf Jahren läßt sich einerseits die Veröffentlichung zahlreicher differenzierter Death-Education-Programme für verschiedene Studien- und Berufsgruppen beobachten, die über exakte Zielkataloge und Evaluationsmethoden verfügen; auf der anderen Seite ist eine Fülle populärwissenschaftlicher Publikationen zu verzeichnen.

Parallel zur Literatur entstand in den 70er Jahren eine große Zahl von Filmen und Tonbandkassetten zu den Themen Tod, Sterben und Trauer (*Duke* 1975, *Dayringer* 1978). Mit der Ausweitung des Materials vom mehr akademischen Erziehungsniveau hin zu den populären Medien fand die Sterbeerziehung damit auch Eingang in die Unterrichtsformen der Elementary und Secondary Schools. 1976 wurde in den USA das „Forum for Death Education and Counseling Inc." gegründet, das DE-Programme fördert und weiterentwickelt und zugleich versucht, die Qualität der DE zu verbessern. 1977 erschien zum ersten Mal eine Spezialzeitschrift mit dem Titel „Death Education", die von *Wass* und einem internationalen Editorial Board herausgegeben wird.

Zusammenfassend unterscheidet *Pine* (1977) bei der Entwicklung der Death Education in den Vereinigten Staaten drei Etappen:

— die „alte Schule", deren Anhänger profunde Kenntnisse über die Themen Tod und Sterben hatten und oft ausgezeichnete Wissenschaftler und Literaten waren, jedoch auf pädagogische Aspekte und Umsetzungsmöglichkeiten ihrer Thematik weniger Aufmerksamkeit verwendeten;

— die „neue Schule", deren Mitglieder vor allen Dingen an den pädagogischen Aspekten der Thematik Sterben und Tod interessiert waren und damit die DE im engeren Sinn intensivierten; viele von ihnen hatten wiederum wenig praktische oder wissenschaftliche Erfahrungen in diesem Feld;

— die „nouveaux arrivés"; zu ihnen zählt *Pine* Lehrer, die sich dem Gebiet der DE aufgrund ihrer modischen Popularität zuwandten und den Markt mit populärwissenschaftlichen Kursen und Literatur zur Thematik zu überschwemmen begannen.

Während die DE in den USA inzwischen also als voll entfaltet gelten kann (*Benoliel* 1982) und sich auch in Lehrprogrammen auf allen Ebenen fest etabliert hat, setzte eine Entwicklung in diese Richtung in Europa und speziell in der Bundesrepublik später ein.

Die Bedeutsamkeit, ja Notwendigkeit einer Erziehung zum Umgang mit Sterben und Tod vor allem für Berufsgruppen, die mit dieser Thematik ständig konfrontiert sind, rückte hier nur allmählich in den Blickpunkt des Interesses, und erst in den letzten 3 — 5 Jahren wurden in Deutschland vermehrt Studientage, Kongresse, Kurse, Programme an Volkshochschulen, Fachhochschulen, Schwesternschulen und Universitäten entwickelt und angeboten. Derartige Veranstaltungen waren meist das Ergebnis von Einzelinitiativen bestimmter Personen oder Institutionen; systematische Lehrpläne oder Ausbildungsrichtlinien für Berufsgruppen, die mit Sterbenden arbeiten, gibt es noch nicht. Insgesamt sind hier also in der BRD noch erhebliche Defizite zu verzeichnen. Besonders das Einbringen dieser Thematik in die schulische, ja vorschulische Erziehung ist noch nicht in Angriff genommen. Das Erlöschen der religiösen und familiären Traditionen der *ars moriendi* wird es aber notwendig machen, eine Thanatagogik zu entwickeln, die analog zur Geragogik (*Petzold* 1965; *Petzold, Bubolz* 1976, 3) eine Lebenslaufperspektive umfaßt und Möglichkeiten zu einem „guten Sterben" vorbereiten hilft.

2. Bedeutung und Notwendigkeit einer Erziehung zum Umgang mit Sterben und Tod

Sterben ist ein *persönliches* Ereignis, niemand kann es für einen anderen Menschen durchleben; und Sterben ist zugleich ein *soziales* Ereignis, denn was ein Sterbender erlebt, ist beeinflußt durch die Gefühle und Handlungen der anderen, die seine soziale Welt ausmachen (nach *Benoliel* 1977, S. 124) und von Konzepten, die der Sterbende von Jugend auf der sozialen Welt entnommen hat. Eine Auseinandersetzung mit den existentiellen Themen „Sterben und Tod" könnte daher auf verschiedenen Ebenen hilfreich sein: auf der persönlich-individuellen, auf institutioneller und gesellschaftlicher Ebene.

Bedeutung für das Individuum

Abschiednehmen, loslassen, trauern — sich öffnen für Neues, Beziehung aufnehmen, einen Neuanfang wagen, dies ist eine universelle Aufgabe im Lebenszyklus eines Individuums. Dieses Urprinzip begreifen und bewußt in kleinen Anlässen durchleben, heißt, sich aufs Sterben vorbereiten. Die Beschäftigung mit Sterben und Tod ist also eine „universelle Entwicklungsaufgabe und kein isoliertes Katastrophen-Ereignis" (*Goldstein* nach *Zelinsky* et al. 1983, S. 315). Sie trägt dazu bei, seine Identität in prägnanterer Weise zu erleben; denn Identität wird in Abgrenzung und Kontakt gewonnen. Lebensanfang und -ende machen *meine* Lebensspanne in ihrer biographischen Unverwechselbarkeit und Einzigartigkeit aus (*Petzold, Mathias* 1983). Die Integration von Sterben und Tod ins Leben hat Auswirkungen auf das Leben und die eigene Lebensvorstellung und -führung. Eine Sterbeerziehung könnte dem Individuum helfen, eine persönliche Lebensphilosophie zu entwickeln und durch das Bewußtwerden eigener Todesängste und -vorstellungen mit der Hilf- und Sprachlosigkeit angesichts des Todes besser umzugehen.

Bedeutung auf institutioneller Ebene

Besonders wichtig wird eine Erziehung zum Umgang mit Sterben und Tod auf der institutionellen Ebene für alle Berufsgruppen, die hautnah und tagtäglich mit dieser existentiellen Erfahrung konfrontiert werden, wie Mediziner, Pflegepersonal, medizinische Hilfsberufe (z. B. Röntgenassistentinnen, Physiotherapeuten und Ergotherapeuten), Berufsgruppen in Altersheimen und Beerdigungsinstitutionen, Seelsorger, Psychologen, Sozialarbeiter, Notarztwagen-Fahrer u. a.

Eine Sterbeerziehung kann diesen Berufsgruppen einerseits Unterstützung und Entlastung geben und andererseits helfen, offen für das Leid sterbender Menschen und deren Angehörigen zu werden und zu bleiben. Sie kann dazu beitragen, daß ein Helfer, der in einem Berufsfeld steht, das durch eine Kumulation von Leid angesichts des Todes charakterisiert ist, sich nicht verschließen und in eine inhumane Routine verfallen muß, sondern sich noch von dem individuellen Schicksal betreffen lassen und entsprechend einfühlend handeln kann.

Bedeutung auf gesellschaftlicher Ebene

Auf gesellschaftlicher Ebene könnte eine Sterbeerziehung zu einem allmählichen Abbau des Tabu-Aspektes, zu einer freieren Kommunikation über den Tod und damit eventuell zu mehr Initiativen für einen selbstverständlicheren und verantwortlicheren Umgang in der Betreuung von Sterbenden und Trauernden in den Familien und in Institutionen führen.

Amerikanische Autoren haben sich ausführlich mit den Auswirkungen einer Death Education auf gesellschaftlicher Ebene befaßt, und der Mehrzahl der vorgetragenen Auffassungen können wir uns hier anschließen. In Gesellschaften, die den Tod derart ausgeklammert haben wie die westlichen Industrienationen, gilt es aufs neue der Tatsache ins Auge zu schauen, daß wir alle sterblich sind, daß das Leben zerbrechlich ist und der Tod plötzlich eintreten kann. Diese Auseinandersetzung führt vielleicht dazu, daß das Leben wertvoller erscheint (*Leviton* 1977, S. 269) und unter Umständen auch die junge Generation oder Menschen in der mittleren Lebensphase, in der „mid-life-crisis" (*Weinstock, Whiteburne* 1982), in der Frage nach dem Lebenssinn Hilfen erfahren.

Feifel sieht in einer allgemeinen Auseinandersetzung mit Sterben und Tod noch umfassendere Perspektiven. Er weist mit einem Zitat von *Antonio Paz* auf die Beziehung zwischen einem Begreifen des Todes und einer Entwicklung der Zivilisation hin: „Eine Zivilisation, die den Tod negiert, endet damit, daß sie das Leben negiert. Der Tod gibt eine authentische Aussage über die Aktualität und die Bedeutung des Lebens. Er hilft uns, unser Bild vom Menschen und seiner Welt zu klären und zu intensivieren . . ." (*Feifel*, Zit. nach *Leviton* 1977a, S. 269). Da der Tod jeden trifft, könnte Sterbeerziehung helfen, daß Tod jeden *betrifft*, und damit „unser aller Ehrfurcht vor dem Leben und vor der Notwendigkeit einer harmonischen Welt fördern" (*Leviton* 1977, S. 270). „Unter diesem Aspekt kann Sterbeerziehung vielleicht sogar dazu beitragen, daß die Wahrscheinlichkeit eines vorzeitigen Todes durch nukleare Vernichtung oder Zerstörung der Umwelt reduziert wird" (*Leviton* 1977, S. 54; vgl. *Petzold* 1983).

Dieser kurze Überblick über die Entwicklung und die Bedeutung einer Erziehung zum Umgang mit Sterben und Tod soll keinesfalls den Eindruck vermitteln, als handele es sich hier nur um eine neue Spezialdisziplin. So wie Sterben und Tod nur in bezug auf das Leben zu verstehen sind, kann Thanatagogik nur vor dem Hintergrund einer interdisziplinären wissenschaftlichen Beschäftigung mit den Themen Sterben und Tod gesehen werden.

Sterbeerziehung kann und darf nicht die Fehlentwicklung reproduzieren, die Sterben und Tod als Resultat gesellschaftlicher Veränderungsprozesse in einen Winkel abgeschoben hat. Deshalb muß die Verbindung der Thanatagogik mit anderen Bereichen der Pädagogik bzw. Agogik und der Sozialwissenschaften erhalten bleiben. Nur in einer solchen Einbettung in eine umfassendere Theorie und Praxis kann Sterbeerziehung ihrer eigentlichen Aufgabe gerecht werden (*Bubolz* 1983).

Im folgenden sollen verschiedene Möglichkeiten einer konkreten Sterbeerziehung aufgezeigt und diskutiert werden, um dann zu dem

Versuch überzuleiten, einen integrativen Ansatz zur Erziehung im Umgang mit Sterben und Tod zu entwickeln.

Um eine klare Übersicht über bestehende Programme geben zu können, werden wir uns in dieser Arbeit auf die Sterbeerziehung des Pflegepersonals und helfender Berufe im Krankenhaus zentrieren. Die Verlagerung des Sterbens in Institutionen wie Pflegeheime und Krankenhäuser, die Entwicklung der Intensiv- und Notfallmedizin sowie die Fortschritte in der Diagnostik und Therapie, die zu einer Lebensverlängerung und auch einer Verlängerung des Sterbens führten, konfrontieren Berufsgruppen in diesem Berufsfeld in einem enormen Ausmaß mit Sterben und Tod.

Das Pflegepersonal ist die Berufsgruppe, die den häufigsten und dichtesten Kontakt zu Sterbenden hat und die damit auch einen bedeutsamen Einfluß auf die Qualität des Sterbens selbst und die Qualität der Betreuung von Patienten und Angehörigen hat (*Miles* 1980).

Es soll ausdrücklich betont werden, daß diese Zentrierung der Thematik des vorliegenden Aufsatzes auf das Pflegepersonal und helfende Berufe im Krankenhaus keinesfalls so verstanden werden sollte, als ob sich durch die Sterbeerziehung dieser Zielgruppe die Situation in den Krankenhäusern ändern könnte. Dies wäre eine kurzsichtige Betrachtung des Problems. Die Zentrierung auf das Pflegepersonal soll eher auf das Gewicht hinweisen, daß diese Berufsgruppe durch die Tabuisierung der Themen Sterben und Tod in der Gesellschaft für uns alle auf ihren Schultern trägt.

3. Übersicht über Aus- und Fortbildungsprogramme zum Thema Sterben und Tod für das Pflegepersonal

Im folgenden soll ein kurzer Überblick über die verschiedenen Möglichkeiten einer Erziehung zum Thema „Sterben und Tod" für *Pflegepersonal* gegeben werden und jeweils anhand einiger Beispiele dargestellt werden. Eine umfassende Aufzählung und Beschreibung bestehender Programme kann im Rahmen dieses Artikels nicht geschehen. Ausgewählt wurden Beispiele aus der neueren amerikanischen und deutschen Literatur, die das Spektrum der Möglichkeiten in der Sterbeerziehung darlegen und die es zugleich gestatten, einige zentrale Aspekte zu diskutieren. Die bestehenden Aus- und Fortbildungsmodelle wurden schwerpunktmäßig in folgende Untergruppen unterteilt:

1. *alternative Versorgungsmodelle* für Schwerstkranke und Sterbende; Modelle, die versuchen, eine alternative Betreuung von kranken / sterbenden Patienten zu praktizieren und dadurch indirekt Sterbeerziehung u. a. für das Personal zu leisten;

2. *Supportgruppen* (Balint- bzw. Supervisionsgruppen), Gruppen, die berufsbegleitend durchgeführt werden und sich vorwiegend an den jeweiligen Interessen und Bedürfnissen des Pflegepersonals, das mit Sterbenden arbeitet, orientieren;
3. *spezielle Methoden und/oder Techniken,* die in der Sterbeerziehung eingesetzt werden können und von den Autoren unabhängig von einem konkreten Kurs beschrieben werden;
4. *Kursprogramme,* Veranstaltungen, die das Thema Sterben und Tod in einem bestimmten begrenzten Zeitraum mit bestimmter Zielsetzung hinsichtlich des Erlernens von Inhalten, Fähig- und Fertigkeiten anbieten.

Die ersten drei Möglichkeiten werden im folgenden nur kurz beschrieben, besonderes Gewicht soll auf die Darstellung der verschiedenen Kursprogramme gelegt werden. Nicht näher wird hier auf den Beitrag der *Literatur* zur Sterbeerziehung eingegangen, obwohl die verschiedenen Veröffentlichungen in Form von wissenschaftlichen, populärwissenschaftlichen oder literarischen Darstellungen zur Zeit wahrscheinlich den bedeutsamsten Beitrag leisten, weil sie auf breiter Ebene wirken und am leichtesten zugänglich sind. Auch die Rolle und Auswirkungen der *audio-visuellen* Medien (*Dayringer* 1978 und *Duke* 1975) sollen nicht weiter diskutiert werden.

3.1 Alternative Versorgungsmodelle

Alternative Versorgungsmodelle werden hier als Möglichkeit der Sterbeerziehung genannt, da sie allein durch ihr Bestehen und Wirken Aufklärungs- bzw. Weiterbildungscharakter haben. Diese Modelle wirken, indem sie „tun", praktisch handeln; zusätzlich bieten sie fast alle spezielle Fortbildungsveranstaltungen für Pflegepersonal und Mediziner an.

3.1.1 Hospize

Als wohl bekanntestes Versorgungsmodell in der Betreuung Schwerstkranker und sterbender Patienten sind vor allem die Hospize zu nennen, die sich nach der Einrichtung und Bewährung des ersten Hospizes St. Christopher's von *C. Saunders* 1967 in England rasch auch in den USA ausbreiteten. Heute gibt es in Nordamerika grob geschätzt bereits einige hundert Hospiz-Programme, in England mehr als 60 (*Doyle* 1982; *Death Education* 2, 1978, *The Hospice*). In der BRD wird diese „Bewegung" noch mit Skepsis und Abwehr betrachtet; vielleicht spielen kulturelle Unterschiede und der noch größere

Tabu-Aspekt bei uns im Umgang mit Tod und Sterben eine Rolle für diese Zurückhaltung. An der Universitätsklinik in Köln wird derzeit eine erste, am St. Christopher's Hospiz orientierte Abteilung eingerichtet. Hospize sind mehr als ein Programm für die medizinische Versorgung von Sterbenden oder ein Platz, wo solche Patienten betreut werden. Ein Hospiz ist ein Konzept, das auf einer klar definierten Pflege-Philosophie beruht.

Das Hospiz-Konzept repräsentiert einen ganzheitlichen Ansatz hinsichtlich der Betreuung von Sterbenden und ihren Familien, ausgeführt von einem interdisziplinären Team statt einer Ansammlung von verschiedenen Fachrichtungen. Das Team bietet eine Pflege an, die medizinische, psycho-emotionale, soziale und spirituelle Bedürfnisse in Form von häuslicher Pflege, ambulanter und stationärer Versorgung berücksichtigt sowie einen Beistand in der Trauer der Familienangehörigen leistet, (*Bodine* zit. bei *Garfield* et al. 1982). Die kritischen Einwände, daß spezielle „Sterbekliniken" die Sterbenden noch mehr aussondern und abschieben, sind durchaus berechtigt, wenn man nur die stationäre Versorgung ins Auge faßt. Die Hospizbewegung geht jedoch, wie auch aus den Ausführungen von *Bodine* deutlich hervorgeht, weiter. Sie versucht, Sterben wieder in den Familien stattfinden zu lassen, stellt hierfür mobile Teams zur Verfügung, die den Angehörigen bei der Betreuung der Sterbenden helfen sollen und bietet eine Vielfalt von Fortbildungsmöglichkeiten an (Übersicht über Trainingsprogramme in Hospizen vgl. *Garfield* et al. 1982). Selbst einer nur stationären Versorgung käme zum gegenwärtigen Zeitpunkt (wenn sie vorübergehende Funktionen hat) in der BRD eher die Bedeutung eines Modelles zu, einer sichtbar gemachten Durchbrechung eines Tabus und einer Institution, die Fortbildung und praktische Anleitung im Umgang mit Sterbenden anbieten könnte.

3.1.2 Integration psychosozialer Arbeit in die stationär-internistische Versorgung von Patienten

Eine andere und in der BRD zur Zeit vielleicht eher denkbare Möglichkeit alternativer Versorgung von Kranken und Sterbenden stellen die Modelle zur „Integration psychosozialer Arbeit in die stationär-internistische Versorgung von Patienten" dar, wie sie u. a. von *Köhle* et al. (1977) in Ulm, *Jährig* (1978) in Hamburg, *Huck* (1982, 1983), *Kindl* (1982) in München und *Kreibich-Fischer* (1982) in Berlin beschrieben werden (weitere Modelle in *Uexküll* 1981). In den meisten der genannten Modelle arbeiteten bzw. arbeiten Psychiater (Ulm) oder Psychologen im sogenannten Liaisondienst (*Lipowski* 1972), d. h. in enger Zusammenarbeit mit einem internistischen Team oder im Konsiliardienst, d. h. stationsübergreifend. Damit werden Wege für die interdisziplinäre Kooperation der verschiedenen pflegerischen und psychosozialen Berufe im Krankenhaus eröffnet (*Petzold* 1983a). Einige Arbeiten (*Kindl, Kreibich-Fischer*) betonen die psychosoziale Betreuung und Beratung der Patienten, während die anderen das Gewicht der Interventionen auf eine Veränderung von Stationsabläufen und -strukturen legen.

Es wurden folgende Schwerpunkte gesetzt:
— verstärkter Austausch von psychosozialen und medizinischen Informationen bei Übergabebesprechungen, Visiten und speziell dafür eingerichteten Stationskonferenzen;
— verstärkter Austausch von Informationen zwischen Personal und Patienten (z. B. die Einführung eines Erstinterviews der Schwestern mit den Patienten) sowie der Patienten untereinander (z. B. durch die Motivierung der Patienten zur Bildung von Selbsthilfegruppen);
— Reflexion und / oder Modifikation von gewohnten Veranstaltungen (wie z. B. Visite) oder Organisationsabläufen (z. B. Gruppen- statt Funktionspflege, Besuchszeiten);
— Reflexion des persönlichen Handelns und institutioneller Faktoren in Fortbildungs- und Balintgruppen.

Der Vorteil dieser Versorgungsmodelle im Hinblick auf eine Sterbeerziehung liegt zum einen darin, daß Sterbende nicht als spezielle Patientengruppe behandelt werden, sondern wie alle Kranken in einer ganzheitlichen und patientenorientierten Pflege versorgt werden, zum anderen darin, daß das Personal in diesen Einrichtungen durch eine Anleitung in der Praxis lernen kann. Der Nachteil der beschriebenen Modelle liegt jedoch in ihrer Abhängigkeit von Einzelinitiativen und ihrer z. T. geringen Generalisierbarkeit auf andere Personen und Krankenhäuser.

Nur eine offizielle und institutionalisierte Form dieser ganzheitlichen Betreuung der Patienten und eine Einbindung in ein größeres Versorgungsmodell, das auch die Verbindung zu den ambulanten Diensten berücksichtigt, könnte einen bedeutsameren Beitrag zu einer allgemeineren Erziehung im Umgang mit Kranken und Sterbenden leisten.

3.2 Supervision

Die zweite Möglichkeit einer Sterbeerziehung bilden die Supportgruppen, die berufsbegleitend regelmäßig Aussprachemöglichkeiten, Reflexion des eigenen Tuns in dem speziellen Berufsfeld und Informationen zu den angesprochenen Themen bieten. Die Gruppen werden z. B. als „support group" (*Amaral* et al. 1981), Balintgruppen (*Urban* et al. 1973), als „group therapy" (*Yano* 1977) oder Supervisions- bzw. Kompetenzgruppen (*Petzold* 1977 c) angeboten und unterscheiden sich jeweils etwas in Zielsetzung und Methodik. Allen gemeinsam ist jedoch das Ziel, Teilnehmern, die aktiv im Beruf stehen, eine Entlastung in ihrer Arbeit zu geben und anhand von Falldarstellungen praxisnah den Umgang mit Patienten und Angehörigen sowie mit eigenen Gefühlen zu vermitteln.

Amaral et al. (1981) führten eine „support group" mit den Schwestern einer Krebsstation einmal in der Woche über 8 Monate hinweg durch. In unstrukturierten und z. T. didaktischen Sitzungen wurde versucht, den emotionalen Streß des Personals durch supportive Maßnahmen zu reduzieren und die Kenntnisse über psychologische Probleme von Patienten mit einer Krebserkrankung sowie todkranken Patienten und deren Angehörigen durch informative Elemente zu verbessern. *Urban* et al. (1973) führten eine Balintgruppe mit Schwestern im Rahmen einer Gruppe für „patienten-zentrierte Medizin" durch, in der auch die Schwierigkeiten der einzelnen Schwestern auf Stationen mit Sterbenden besprochen wurden (zit. nach *Koch, Schmeling* 1982).

Yano (1977) beschreibt den Verlauf einer psychodynamisch ausgerichteten „group therapy for oncological nurses", die einmal wöchentlich (1 Stunde) über ein Jahr lang durchgeführt wurde und ebenfalls der Entlastung und Erweiterung von Kenntnissen und Fertigkeiten im Umgang mit Krebspatienten und todkranken Patienten diente (zit. nach *Koch, Schmeling* 1982).

Petzold (1977 c) stellt in seinem Aufsatz u. a. ein allgemeines Modell für die Supervision von Personal, das in der Altenarbeit tätig ist, vor. („Gestaltsupervision" durch Kompetenzgruppen). In den Gruppen werden sowohl Probleme des Teilnehmers, des Patienten, Probleme, die sich in der Beziehung ergeben, Konflikte im Mitarbeiterteam als auch Probleme, die durch institutionelle Faktoren entstehen, in gestalttherapeutischer Supervision bearbeitet (vgl. *Petzold, Lemke* 1979; *Petzold, Heinl* 1981), wobei alle Teilnehmer ihre Kenntnisse und Erfahrungen nach dem Prinzip der „joint competence" einbringen. In der BRD werden diese Supervisions- oder Balintgruppen z. T. schon in der Fort- und Weiterbildung von Sozialarbeitern, Seelsorgern, Psychologen und Medizinern verwendet; sie sind jedoch noch wenig bekannt und verbreitet in der Aus- und Fortbildung von Pflegepersonal und Lehrschwestern.

Der Vorteil dieser Gruppen für eine Sterbeerziehung liegt darin, daß sie praxisnah sind, den Entlastungsaspekt betonen und sich an den jeweiligen Bedürfnissen der Teilnehmer orientieren. Sie können berufsbegleitend über längere Zeiträume durchgeführt werden und ermöglichen dadurch eine kontinuierliche Stützung der Teilnehmer und Umsetzung und Überprüfung des Gelernten in der Praxis. Die wünschenswerte Ausweitung dieser Art Gruppen für Pflegepersonal ist zum gegenwärtigen Zeitpunkt jedoch nur beschränkt möglich, da es noch wenige qualifizierte und für dieses Praxisfeld spezialisierte Supervisoren gibt.

3.3 Spezielle Methoden und Techniken in der Sterbeerziehung

Einige Autoren stellen einzelne Methoden und/oder Techniken vor, die sie in der Sterbeerziehung angewandt haben. Die im folgenden ausgewählten Arbeiten reichen von einem Selbstinstruktionsprogramm bis zu Gruppenmethoden und von übenden bis zu mehr therapeutischen Ansätzen. *Koenig* (1975) entwickelte eine Selbstinstruktions-Einheit, die Studenten aus medizinisch-pflegerischen Berufen bei ihren anfänglichen Erfahrungen im Umgang mit schwerstkranken Patienten helfen soll. Die beschriebene Einheit kann auch in Gruppen z. B. in der Klassenzimmer-Situation unter Anleitung des Lehrers wirkungsvoll eingesetzt werden. Die ausgeführten Übungen beinhalten z. B. die Vorstellungen, selber tödlich krank zu sein, im Rollenspiel die Gefühle und das Verhalten von Patienten nachzuempfinden und Bewertungskriterien für das Beraterverhalten zu finden. 27 in Skalenform zu beantwortende Fragen und weitere schriftliche Übungen sollen auf die Einzigartigkeit der Verarbeitung einer tödlichen Erkrankung je nach Persönlichkeit und Biographie eines Patienten hinweisen sowie auf die Bedeutung und Art der Beziehungsaufnahme zum Patienten und die Notwendigkeit, jedem einzelnen zuzuhören und mit ihm zu sprechen, aufmerksam machen.

Balton und Crowder (1975) stellen Rollenspiel-Übungen vor, die sich im Unterricht von Pflegepersonal hinsichtlich der Themen Sterben, Tod, Trauer als nützlich erwiesen haben, da sie eine gute Mischung aus kognitivem und affektivem Lernen ermöglichen. Die Beispiele sind so aufgebaut, daß die beteiligten Personen über ihre Rolle und ihre Situation jeweils auf speziellen Kärtchen informiert werden, ohne etwas von den Mitspielern zu wissen; der Rest der Klasse hat alle Informationen. Die Beispiele simulieren klinische Situationen;

sie sollen die Beobachtung von interpersonalen Phänomenen erleichtern, für eine Konfrontation sorgen, wesentliche psychodynamische Prinzipien demonstrieren und die wichtigsten Dimensionen einer Betreuung von sterbenden Patienten und ihren Familien verdeutlichen. Es werden sieben verschiedene Übungen mit repräsentativen klinischen Situationen (z. B. Ärger gegenüber dem Pflegepersonal, die Rolle der Persönlichkeit bei der Krankheitsverarbeitung) beschrieben.

Bugental (1973/74), von der „existential psychology" herkommend, stellt eine Reihe von vier Techniken vor, die in Gruppen eingesetzt werden können und die Teilnehmer direkt, persönlich und emotional betreffend mit dem Thema „mein Tod" konfrontieren sollen. Die beschriebenen Vorgehensweisen enthalten:
— das Zeichnen einer Lebenslinie mit einer Art Bilanzierung und Zukunftsausblick vom jetzigen Standort aus,
— die Erfahrung des jähen Herausgerissenwerdens aus den Lebensaktivitäten,
— die „Orpheusreise", eine Bewußtwerdung der eigenen Identität und das Erleben von Identitätsverlust bzw. -gewinn,
— das Schreiben eines eigenen Nachrufes.
Die einzelnen Schritte der Übungen werden genau beschrieben, ebenso die Aufgaben des Leiters.

Weiner (1975) und *Petzold* (1979) beschreiben in ihren Arbeiten das Psychodrama als einen wertvollen und flexiblen Ansatz in der Death Education (vgl. auch *Engelke* 1977). Nach einer kurzen allgemeinen Einführung in die Methode des Psychodramas, in die Ziele, den Prozeß, die Instrumente, werden spezielle Techniken für die Sterbeerziehung vorgestellt und durch Beispiele (z. B. Doppeln, Rollentausch, „death scene", d. h. Abschiednehmen von einer wichtigen Bezugsperson) konkretisiert. Weiter führt *Weiner* spezielle Warm-up-Techniken (z. B.: Wie fühle ich mich als Überlebender? Schreiben der eigenen Todesanzeige) und Abschlußtechniken (z. B. Wiedergeburt) auf und beschreibt abschließend einige Erfahrungen mit der psychodramatischen Methode in Gruppen, die sich mit den Themen „Sterben und Tod" beschäftigten. Die Methode kann den Teilnehmern, aber auch dem Leiter helfen, mit aktuellen vergangenen Erfahrungen im Zusammenhang mit Tod besser fertig zu werden und sich auf zukünftige Erfahrungen adäquat vorzubereiten. So begann *Weiner* diese Arbeit, als sie selbst von einer Erkrankung mit infauster Prognose betroffen wurde.

Die skizzierten Arbeiten können einen recht positiven Beitrag zur Sterbeerziehung leisten, da sie konkrete Beschreibungen von Rollenspielen und von Selbsterfahrungsübungen geben und über Erfahrungen bei ihrer Anwendung berichten. Wichtig bei einer Darstellung von Selbsterfahrungsübungen ist es jedoch, auf die Verantwortlichkeit im Umgang mit derartigen Techniken aufmerksam zu machen, auf Voraussetzungen in den Gruppen hinzuweisen, wie es z. B. *Bugental* tut, oder sie, wie *Weiner*, im Rahmen einer bestimmten Methode vorzustellen, so daß Strukturen für den Leiter vorgegeben sind. Je nachdem in welchem Kontext und von wem bestimmte Techniken eingesetzt werden, können sie potente Instrumente sein, eine maligne Krise bei einem Menschen hervorzurufen (z. B. die Orpheusreise), altvertraute Abwehrmechanismen zu verstärken oder einen positiven Reifungs- und Entwicklungsprozeß einzuleiten. „The risk of harming people psychologically is always present as is the opportunity for bringing about positive change" (*Stillton* 1983, S. 54).

Diese Überlegungen sind für Death-Education-Programme insofern wichtig, als noch wenig Erfahrungen und Berichte über die Motivationen und Persönlichkeiten der Teilnehmer an solchen Kursen vorliegen. Einzelne Autoren geben kurze Hinweise darauf, daß z. B. Teilnehmer suizid gefährdet waren (*Leviton* 1975), eine Krisenberatung brauchten oder den Belastungen eines Kurses nicht gewachsen waren, weil sie gerade selbst einen Verlust erlitten hatten (*Benoliel* 1982) oder in anderer Weise labilisiert waren. Die Beschreibung von Techniken muß also per se nicht negativ sein, sollte jedoch bei derart existentiellen Phänomenen, wie es Sterben und Tod sind, in einen größeren Zusammenhang gestellt und auf dem Hintergrund einer erlernten Methode verwendet werden.

Auf diese Weise kann man vielleicht auch einer Entwicklung vorbeugen, daß solche Übungen als bloße „Partyspiele" eingesetzt werden und damit ihren eigentlichen Sinn verlieren oder daß sie in der „pop-death"-Szene, wie *Pine* (1977) die populärwissenschaftliche Beschäftigung mit Sterben und Tod nennt, Verbreitung finden und damit unter Umständen das Gegenteil von dem erreichen, was ursprünglich intendiert war, wenn sie nämlich zu einer subtileren Verleugnung des Todes führen durch eine scheinbar spielerisch zu leistende Auseinandersetzung mit ihm.

3.4 Kursprogramme

Die Kursprogramme werden im folgenden tabellarisch dargestellt. Es wurden qualifizierte Kurse aus der neueren Literatur ausgewählt. Nicht aufgeführt werden frühere Arbeiten, die sehr knapp oder sehr kursorisch referiert werden (wie z. B. *Bloom* 1975, *White* 1970), und Kurse, die Spezialthemen wie „Onkologische Fortbildung" (z. B. *Sellschopp* 1983) oder „gerontologische Fortbildung" behandeln, obwohl sie sich teilweise in Zielsetzungen und Inhalten überschneiden.

3.4.1 Darstellung der Kursprogramme

Die Darstellung berücksichtigt folgende für eine Bewertung von Kursen zum Thema „Sterben und Tod" besonders wichtig erscheinende Gesichtspunkte:

a) *Ziele*: Die Ziele werden unterteilt in:
— Global- oder Richtziele, die sich durch den anthropologischen Hintergrund und das jeweilige Medizin- und Pflegeverständnis ergeben,
— Grob- und Feinziele, d. h. konkrete Kursziele zu den Themen „Sterben und Tod".
Sofern Globalziele in den vorliegenden Arbeiten auftauchen, wird dies vermerkt. Die Grob- und Feinziele werden wegen ihrer z. T. sehr differenzierten Darstellung schwerpunktmäßig zusammengefaßt.

b) *Methoden*: Bei der Kategorie „Methode" muß berücksichtigt bleiben, daß sie eigentlich dreierlei enthält, nämlich Methoden, Techniken und Medien (zur genaueren Diskussion dieser Unterscheidung *Petzold* 1977a). Da jedoch die meisten Autoren keine Differenzierung angeben, sondern nur von „methods" sprechen, bleiben wir bei dieser unspezifischen Bezeichnung.

c) *Kontextvariablen*: Hierzu zählen Angaben über Gruppengröße, Zeitabläufe, Teilnahmemodus (freiwillige oder Pflichtveranstaltung) und Gruppenzusammensetzung.

d) *Inhalte*: Da eine Darstellung der gesamten Inhalte eines Kurses in dieser tabellarischen Form nicht möglich ist, wurden diese schwerpunktmäßig zusammengefaßt.

e) *Evaluation*: Hier werden die Instrumentarien sowie das experimentelle Design (soweit vorhanden) aufgeführt, die zur Bewertung eines Kurses verwendet wurden.

f) *Leiteraufgaben und -ausbildung*: Unter diesem Punkt wird kurz registriert, ob genauere Angaben über die Aufgaben und die Voraussetzungen eines Leiters gemacht werden.

Die in der Tabelle vorgenommene scheinbare „Gleichschaltung" von in Form und Intention unterschiedlichen Arbeiten zum Thema wird durch die Hinweise „genauere Ausführungen" bzw. „nur im Zusammenhang mit den übrigen Kursinhalten zu verstehen" ein wenig zu revidieren versucht.

	Abermeth, 1977 (eine Unterrichtseinheit zum Thema als Teil eines Kurses „patientenzentrierte" Pflege)	*Benoliel, J. Q., 1982* University of Washington, Seattle
Menschenbild	Konzept der „patientenzentrierten" Krankenpflege genaue Ausführungen	nicht näher angegeben
Ziele	sich eigener Gefühle u. Verhaltensweisen Sterbenden gegenüber bewußt werden, sie verstehen lernen u. ihre Auswirkungen auf die Kommunikation mit den Patienten erkennen, Wege suchen, um Sterbende u. Angehörige seelsorgerlich zu begleiten nur im Rahmen der Gesamtzielsetzung zu verstehen	Bewußtsein für die multidimensionale Natur des Todes im menschlichen Erleben geben und eine Verbindung von emotionalem u. kognitivem Lernen hinsichtlich Sterben u. Tod fördern ausführliche Angaben der einzelnen Lernziele
Methoden	„einsichtiges Lernen" Informationsvermittlung durch Kurzreferate u. Arbeitsbögen, gelenktes Unterrichtsgespräch, Kleingruppenarbeit, Erfahrungsaustausch, Tafelbilder, Literaturstudium, genaue Beschreibung für jeden Lernschritt	Referate, Diskussionen, sharing, Filme, Musik, Hausaufgaben im Praxisfeld mit schriftl. Protokollen, schriftl. Arbeit zu einem Aspekt des Themas „Tod" u. zur persönl. Philosophie über berufl. Praxis, Einzelgespräche mit Leiter, genaue Beschreibung des Vorgehens
Inhalte	Sterben im Krankenhaus, Reaktionen der Pflegenden, Mitteilung der Diagnose, Trauerprozeß des Sterbenden u. entsprechende Reaktionen des Personals, Beistand für Sterbende und Angehörige, Tod und Glauben, Begleitung Trauernder, nur im Zusammenhang mit den übrigen Kursinhalten zu sehen	Bedeutung von Tod auf verschiedenen Stufen menschlicher Existenz: gesellschaftlich, kulturell, institutionell, beruflich, familiär, individuell

	Abermeth, 1977 (eine Unterrichtseinheit zum Thema als Teil eines Kurses „patientenzentrierte" Pflege)	Benoliel, J. Q., 1982 University of Washington, Seattle
Kontext Gruppengröße Zeitraum Teilnahmemodus Gruppenzusammensetzung	keine genauen Angaben 3 Doppelstunden keine Angaben Schwesternschülerinnen oder exam. Krankenschwestern	16 2 Std./Woche über 9—10 Wochen graduate stud. (Pflege), freiwillig Pflegepersonal u. a. Studenten
Evaluation	keine Angaben	schriftl. Rückmeldung über Erlerntes, Inhaltsanalyse der schriftl. Protokolle, standardisierte Fragebögen zu: Inhalten, Organisation, Referaten, Hausaufgaben, Kenntnissen u. Engagement des Leiters, follow-up nach 1 Jahr mit stand. Fragebogen u. offenen Fragen
Leiter	Leiteraufgaben und -voraussetzungen werden genauer ausgeführt	keine genauen Angaben

	Bertram et al., 1982 Univ. of Massachusetts, Medical Center	Degener et al., 1982 Univ. of Manitoba, School of Nursing, Winnipeg
Menschenbild	humanistischer Ansatz in Pflege u. Therapie von Kranken u. Sterbenden	klientenorientierter Ansatz
Ziele	Exploration von persönlichem, kulturellem u. sozialem Ausdruck der Krankheitsmethaper mit dem Ziel, Helfer im Gesundheitswesen diesen aus humanistischer Sicht so zentralen Parametern gegenüber zu sensibilisieren ausführliche Angaben der einzelnen Lernziele	Patienten in der Sterbephase optimal zu pflegen und zwar in körperlicher und psychischer Hinsicht
Methoden	Betonung der Selbstreflexion, prozeßorientierter Unterricht mit Techniken u. Medien wie Rollenspiel, Filmen, Musik, Tonbänder, Poesie, Diskussionen, sharing genaue Beschreibung des Kursverlaufes	theor. Unterricht: anfangs Lehrstrategien, die Interesse u. Sensitivität für „erleichternde Pflege" wecken sollen; Referate, Diskussionen, Spielen eines Dramas, Analyse von Kinderbüchern zum Thema, Tonbandaufnahmen von einem Patienten; prakt. Übungen: Zuweisung best. Patienten, Modeling u. Anleitung durch Lehrer, Posthoc-Analyse von Schwierigkeiten u. emotionalen Reaktionen der Schwestern
Inhalte	Mitteilung von Diagnose / Prognose, Krebs, Bilder, Ängste, Phantasien, Rollen: Patient — Personal, Krebs u. seine Auswirkung auf die Familie, Bewältigungsstrategien, Kontrolle, Würde, Tod u. das Danach, Trauerprozeß	körperliche u. psychische Pflege mit folgenden Schwerpunkten: Sterben, Schmerzen, Essen, Ausscheidung, Körperverfall, Trauerprozeß

	Bertram et al., 1982 Univ. of Massachusetts, Medical Center	Degener et al., 1982 Univ. of. Manitoba, School of Nursing, Winnipeg
Kontext Gruppengröße Zeitraum	keine Angaben 90 min / Woche über 6 Wo.	ca. 60 – 70 (keine genauen Angaben) über 8 Monate (Stundenzahl nicht angegeben); prakt. Aufgaben: 6 Std. / Woche über 24 Wochen
Teilnahmemodus Gruppenzusammen- setzung	Teilnehmer, die 4 – 8 Wochen im Hospiz arbeiteten Pflegepersonal, Mediziner, Sozialarbeiter, Seelsorger	im Rahmen des Curriculums Schwestern im 3. Jahr der Ausbildung
Evaluation	formal: Fragebögen wie z. B. *Shneidmans* You and death erweitert um Punkte wie: Wahrheit / Professionalität, Patient-Personal-Beziehung, Beziehungen des Personals untereinander, Intimsphäre, Würde, informell: Beurteilung der Stud.-Beteiligung, Stud.-Berichte über Transfer u. Erfahrungen	Test, der die Todesangst u. Einstellung zur Pflege von Sterbenden mißt, Vergleich von 3 Gruppen mit pre- und posttest, follow-up 1 Jahr später mit dem Test u. halbstandardisiertem Interview, informell: mündliches Feedback
Leiter	keine genauen Angaben	keine genauen Angaben

	Koch, U., Schmeling, Ch., 1982 Univ. Hamburg	*Kopel* et al., 1975 VA Hospital, Houston, Texas
Menschenbild Ziele	nicht näher angegeben Verbesserung der psychosozialen Versorgung von Patienten kognitive Ziele: Erweiterung des Wissens um Probleme unheilbar Kranker und um eine Verbesserung ihrer Versorgung auf gesell., inst. u. persönl. Ebene; affektiv-soz. Ziele: Nachempfindung u. Verdeutlichung d. Gefühle des Pat. u. des betreuenden Personals; skills: Erwerb von Fertigkeiten im Umgang mit Schwerstkranken (z. B. „Aktives Zuhören") ausführliche Angaben und Diskuss. der einzelnen Lernziele	nicht näher angegeben Stimulation angemessener affektiver Reaktionen und eine schärfere Wahrnehmung menschlicher Probleme im Zusammenhang mit Sterben und Tod
Methoden	Informationsvermittlung durch Arbeitspapiere, Gruppengespräche, Einzel- u. Kleingruppenarbeit, Rollenspiele, Hausaufgabe (Aufzeichnung eines Gesprächs), Tonbandaufnahmen, Film genaue Beschreibung jeder Lerneinheit	experiential approach Podiumsgespräch (modeling), Phantasiereise (Todesphantasie), sharing in Kleingruppen Rollenspiel (Patient, Familie, Helfer) Kleingruppendiskussionen
Inhalte	persönliche Erfahrungen u. Einstellungen zu Sterben u. Tod, offene Kommunikation (Aufklärungsprobleme), aktives Zuhören, psych. Situation u. Reaktion von todkranken Patienten, psych. Situation u. Reaktionen des Personals, Einbeziehung der Familie des Todkranken, Umsetzbarkeit des Gelernten	Reaktion auf die Vorstellung des eigenen Todes, Patient-Familie-Helfer-Interaktionen, persönliche Erfahrungen im Umgang mit Sterbenden

	Koch, U., Schmeling, Ch., 1982 Univ. Hamburg	Kopel et al., 1975 VA Hospital, Houston, Texas
Kontext		
Gruppengröße	max. 15	48
Zeitraum	Kurzversion: 2 bzw. 3 Tage Langversion: 5 Tage	1 Tag
Teilnahmemodus	keine Angaben	keine Angaben
Gruppenzusammensetzung	Krankenpflegeschülerinnen; exam. Krankenschwestern; (Gruppen mit Medizinstudenten und Zivildienstleistenden)	Schwesternschülerinnen, exam. Schwestern, Sozialarbeiter
Evaluation	Fragebögen (skaliert): — Einstellung zu Tod u. Sterben — Erwartungen an das Seminar — Persönlichkeitstest (FPI) in der I. u. VI. Einheit sowie als follow-up nach 3–4 Monaten; offener Fragebogen (Erfahrungen mit Sterben und Tod), Inhaltsanalyse in der V. u. VII. Einheit, Vergleich verschiedener Berufsgrupppen (mit einer Kontrollgruppe)	mündliche Rückmeldungen in der Abschlußsitzung
Leiter	Aufgaben des Leiters u. Voraussetzungen werden genauer ausgeführt	keine genauen Angaben

521

	Leviton, D., 1977 University of Maryland	McCorkle, R., 1982 Univ. of Washington, School of Nursing, Seattle
Menschenbild	Hinweise auf ganzheitliche Gesundheitserziehung	nicht näher angegeben
Ziele	Stud. befähigen, über den Tod zu kommunizieren, die Ätiologie von Selbstmord zu erkennen, Sterbenden humaner zu begegnen, Bedeutung von Trennung u. Verlust sowie Bedeutung von Tod i. d. Erziehung von Kindern erkennen; Theorien über den Tod in „Tod-als-persönl.-Erfahrung" zu integrieren	Befähigung zu einer persönlichen Pflege von Patienten mit fortgeschrittener Krebserkrankung u. zur Betreuung der Familien; den Sterbe- und Trauerprozeß verstehen lernen u. Aneignung verschiedener Skills in der Betreuung Sterbender u. deren Familien
Methoden	Vorlesungen, Gastvorlesungen, Literaturstudium, Forschungsaufgaben, Besuch von Institutionen (z. B. Beerdigungsinstitut), Filme, Kleingruppenarbeit, Diskussionen, individuelle Beratungsgespräche	halbstrukturierte Seminare mit vorwiegendem Sharing, audiovisuellen Bändern, Vorgabe bestimmter prakt. Aufgaben im klin. Kontext, Protokolle der Erfahrungen, Feedback u. Modeling durch die Lehrer, individuelle Beratungsgespräche
Inhalte	in der 1. Hälfte unpersönl. u. objektive Themen: Definition u. Sprache des Todes, philosoph. u. anthropol. Theorien, soziale u. historisch-rechtliche Faktoren; in der 2. Hälfte persönl. Themen: Tod i. d. Entwicklung des Menschen, Verlust u. Trauer, Beerdigungs- u. Trauerrituale, Interaktion mit Sterbenden u. Angehörigen, Suizid	Sterbeprozeß, Trauerprozeß, Erlernen verschiedener Skills, genaue Beschreibung der praktischen Aufgaben; in der Arbeit wird nur der klin. Teil der Ausbildung beschrieben, Angaben über den theoret. Teil werden nicht gemacht

	Leviton, D., 1977 University of Maryland	McCorkle, R., 1982 Univ. of Washington, School of Nursing, Seattle
Kontext		
Gruppengröße Zeitraum	300 – 400 keine genauen Angaben, ein Semester lang	6, je 2 in einer klin. Einrichtung 2 Std./Woche Seminar 4 Std./Woche Praxis über 4 Quarters (1 akad. Jahr)
Teilnahmemodus Gruppenzusammensetzung	freiwillig, Studenten verschiedenster Disziplinen u. a. Pflegepersonal	freiwillig Pflegepersonal mit mindest. 1 J. Berufserfahrung
Evaluation	zwei objektive Tests zu den erworbenen Kenntnissen, 3 Seiten langer Aufsatz in Ich-Form (persönl. Reaktion auf Tod)	Lehrer-Beobachtungen des Stud., Beurteilung der Protokolle (wöchentl.), Beurteilung des Stud. in gemeinsamem Gespräch mit Lehrer, Klin.-Inst., Stud. und Kollegen, Vergleich der Anfangserwartungen mit dem Erreichten am Ende jedes Quarters
Leiter	Hinweise auf Voraussetzungen des Leiters	keine genauen Angaben

	Miles, M. Sh., 1980 University of Kansas, Kansas City	Petzold, H. G., 1965; Petzold, H., Küchler, Th., et al., 1984 Fritz Perls Institut
Menschenbild	nicht näher angegeben	ganzheitliches Menschenbild
Ziele	besseres Verständnis von u. adäquater Umgang mit den eigenen Gefühlen und Reaktionen auf Sterben und Tod sowie Verständnis des Trauerprozesses und der Gefühle u. Bedürfnisse von Patienten und deren Familien, Erkennen der Belastungen des Berufes u. Suche nach Entlastung	Humanisierung der Pflege, des Sterbens, des Lebenszusammenhanges, persönliches Wachstum, Verstehen gesellschaftlicher und institutioneller Zusammenhänge, Methodik der Thanatotherapie, Aufbau von Kontakt, Umgang mit Gefühlen von Patienten, Angehörigen, Personal; Umgang mit Übertragung, Gegenübertragung, Widerstand
Methoden	Vorträge, Kleingruppen-Diskussionen, Sharing, Rollenspiel, Sensitivity-Übungen, Theaterstück, Filme, Tonbänder, Literaturstudium ausgewählter Artikel	Korrespondenzprozesse, Gestaltpädagogik und -therapie, psychodramatisches Rollenspiel, Imagination, kreative Medien, Integrative Atem- und Bewegungstherapie, Impulsreferate, Literaturstudium, Supervision
Inhalte	keine genauen Angaben	Ergebnisse der soziologischen und psychologischen Gerontologie und Thanatologie, gesellschaftliche und individuelle Verleugnungsmechanismen, Formen des Sterbens, Trauerprozesse, Krisenintervention, Lebensbilanz, Beratungsstrategien, Familienintervention, Indikation von Medien, Theorie und Praxis der Thanato-, Aniato- und Gerontotherapie

	Miles, M. Sh., 1980 University of Kansas, Kansas City	*Petzold, H. G.*, 1965; *Petzold, H.,* *Küchler, Th.*, et al., 1984 Fritz Perls Institut
Kontext		
Gruppengröße Zeitraum	12 2 Std./Woche über 6 Wochen	12-16 2 Jahre in 5 Blockseminaren à 30 Std.; Supervision 30 Std.
Teilnahmemodus Gruppenzusammen- setzung	freiwillige Teilnahme am Forschungsprojekt exam. Schwestern im Beruf	nach Vorgespräch, freiwillig Ärzte, Schwestern, Seelsorger, helfende Berufe
Evaluation	Death Anxiety — Semantisches Differential (Teil I u. II), quasi experimentelles Design mit 4 Gruppen (1 Gr. „auf Warteliste", 2 Kontrollgruppen)	Aktionsforschung, Interviews, Fragebögen
Leiter	keine genauen Angaben	Hinweise auf Leitervoraussetzungen und -aufgaben

	Simons, C., 1977, Ulm (Ein Seminar zum Thema als Teil eines Kurses zur „patientenzentrierten Pflege — psychosomatische Medizin")	Spiegel-Rösing, I., 1980, Ulm Universität Ulm
Menschenbild	Konzept der patientenzentrierten Krankenpflege mit genaueren Ausführungen;	ganzheitliches Menschenbild
Ziele	mit den Problemen des Umganges mit schwerkranken u. sterbenden Pat. vertraut machen u. gleichzeitig Handlungsanleitungen für die Orientierung in diesen Konfliktbereichen u. belastenden Pflegesituationen erarbeiten nur im Rahmen der Gesamtzielsetzung zu verstehen	„Menschlichkeit" im Krankenhaus 1. Teil: Exploration eigener Einstellungen zu Leben, Sterben u. Tod mit genauen Angaben über konkrete Ziele pro Lernschritt; 2. Teil: die Zielsetzungen werden entsprechend dem gemeinsam gewählten Thema festgelegt u. für jeden Lernschritt konkretisiert, genaue Ausführung anhand eines Beispieles
Methoden	Themenzentrierte Interaktion, Kombination von Diskussionen über ausgewählte Literatur, Film und Austausch über Erlebnisse im Umgang mit schwerstkranken Patienten	1. Teil (vorgegeben): Selbsterfahrungsübungen zu den Themen: Leben, Sterben, Tod mit anschließendem Austausch, Kurzreferate; 2. Teil (variabel): von der Gruppe selbstgewählte Spezialthemen bearbeitet mit: eigenen Fallberichten, selbsterfahrungszentrierten Verfahren, Rollenspielen u. Kurzreferaten, genaue Beschreibung der verwendeten Verfahren
Inhalte	Phasen des Sterbens, Diagnosemitteilung, Verleugnungsprozesse, psychologische Probleme in der Intensiv- u. Notfallmedizin, Probleme im Umgang mit Angehörigen, alternative Versorgungsmodelle in der Betreuung von Tumorpatienten, Probleme der Sterbehilfe, nur im Zusammenhang mit den übrigen Kursinhalten zu sehen	1. Teil: „Grundergebnisse der Thanatologie" 2. Teil: je nach gewähltem Schwerpunkt (ein Beispiel mit genauer Beschreibung)

	Simons, C., 1977, Ulm (Ein Seminar zum Thema als Teil eines Kurses zur „patientenzentrierten Pflege — psychosomatische Medizin")	Spiegel-Rösing, I., 1980, Ulm Universität Ulm
Kontext		
Gruppengröße	2 Gruppen à 7–8 Teilnehmer	keine genauen Angaben
Zeitraum	1 1/2 Std. / Woche über 12 Wochen	keine genauen Angaben
Teilnahmemodus	freiwillig	freiwillig
Gruppenzusammensetzung	exam. Pflegepersonal mit mindestens 3 Jahren Berufserfahrung	Medizinstudenten, Mediziner, Pflegepersonal, Seelsorger, Sozialarbeiter
Evaluation	nur im Rahmen des Gesamtkurses: Beurteilungsbogen (mit dem 9 Personen eine Schwester beurteilen), schriftl. u. mündl. Prüfungen, strukturierte schriftl. Befragung zu den verschiedenen Kursen, follow-up nach 2–3 Jahren: Fragebogen zur Beurteilung der Erreichung intendierter Ziele und über Arbeitsmöglichkeiten u. -probleme	qualitative Auswertung der Mitschriften u. Protokolle, schriftl. u. mündl. Feedback, Vergleich der schriftl. fixierten Anfangserwartungen mit dem Erreichten
Leiter	keine genauen Angaben	Aufgaben des Leiters werden angegeben

	Staub, H., 1982, Stuttgart	Steppe, H., 1982, Frankfurt
Menschenbild Ziele	keine Angaben Der Pflegende soll lernen, mit der eigenen Angst beim Umgang mit Sterbenden umzugehen. Er soll eine emotionale Balance erreichen, die ihm die Realisierung seines Handlungswissens ermöglicht, ohne Vermeidungsreaktionen im emotionalen Zuwendungsbereich zu zeigen.	ganzheitliches Medizin- und Pflegeverständnis Erkennen der gesell. Bedingtheit von Todeseinstellungen und -ritualen, Erkennen instit. Bedingungen und Sensibilisieren für Freiräume, Akzeptieren eigener Betroffenheit u. Sensibilisieren für Bedürfnisse des Patienten, Kennenlernen u. Akzeptieren der verschiedenen Erscheinungsformen von Trauer, Sicherheit im Umgang mit Angehörigen genauere Ausführung zu jeder Lerneinheit
Methoden	„mediale Konfrontation" (Filme, Lieder), Selbstdarstellungen in der Kleingruppe, Rollenspiele, Impulsreferate der Kleingruppenteamer, Gespräch in Kleingruppen	Vorträge. Diskussionen, Austausch von Erlebtem, Literaturstudium, Rollenspiel, begleitende Supervision
Inhalte	eigenes Erleben von Tod u. Sterben, theologische u. gesellschaftliche Fragen im Zusammenhang mit Tod u. Sterben, Arten u. Funktion von Trauerriten, Tod u. Sterben in Literatur u. Musik, Nähe-Distanz-Problem, Trauerphasen u. -probleme	gesellsch. Dimension von Tod, institutionalisiertes Sterben, Betreuung u. Begleitung Schwerstkranker u. Sterbender, Betreuung u. Beratung von Angehörigen (Trauerphasen), genauere Ausführungen zu jedem Schwerpunkt

	Staub, H., 1982, Stuttgart	Steppe, H., 1982, Frankfurt
Kontext		
Gruppengröße	37	max. 18
Zeitraum	4 Tage	100 Std. über 3 Monate, Anfangsblock von 2 Tagen, dann 1 Tag / Woche
Teilnahmemodus		freiwillig
Gruppenzusammensetzung	Altenpfleger im Anerkennungsjahr im Rahmen der Schule für Altenpflege	exam. Pflegepersonal mit mind. 2 Jahren Berufserfahrung
Evaluation	motivationale Ausgangslage durch Interviews vor und Fragebogen nach dem Seminar bestimmt; Seminarauswertung: anonyme Statements zum Seminarabschluß (Methode „buzzing") Ratingbogen zur Einschätzung von Aussagen am Seminarschluß, follow-up nach 3 Monaten mit dem Ratingbogen	Fragebogen wird noch ausgearbeitet
Leiter	knappe Hinweise auf Leiteraufgaben, keine Angaben zu Leitervoraussetzungen	keine genauen Angaben

	Swain, H. L., Cowles, K. V., 1982 University of Wisconsin, Milwaukee	Taubert, J., 1980, 1983 Diakoniewerk Kaiserswerth
Menschenbild	nicht näher angegeben	ganzheitliches Menschenbild, ganzheitliche Krankenpflege
Ziele	Vermittlung von Wissen und Theorien zum Thema Sterben u. Tod sowie eines Verständnisses der Komplexität sozialer u. persönlicher Einflüsse auf Reaktionen angesichts von Tod u. Sterben. Anstoß zu einer Auseinandersetzung mit persönl. Gefühlen u. Reaktionen auf Sterben u. Tod	genauere Ausführungen Befähigung: – zum klärenden u. helfenden Gespräch mit Patienten und Angehörigen, – zur umfassenden Pflege und zur Einschätzung kogn. und emotion. Komponenten des eigenen Verhaltens im Kontakt mit anderen, – zum angemessenen Umgang mit Schwerkranken, Sterbenden, Angehörigen
Methoden	strukturiertes Seminar: Referate, Diskussionen in d. Großgruppe, Medienpräsentation, schriftl. Abschlußprüfung; Wochenendgruppe: persönl. Austausch zum Thema Sterben u. Tod, Gruppenübungen, Arbeit mit Medien: Malen, Musik, Poesie, Theaterspielen, Filme, Schreiben eines Nachrufes	Themenzentrierte Interaktion, Fallbesprechungen, Theorieerarbeitung, kontinuierliche Integration von Teilaspekten des Themas in den Gesamtkurs
Inhalte	Einstellungen zu Sterben u. Tod, Sterbe- und Trauerphasen, Bewältigungsstrategien von Patient u. Familie, rechtliche u. ethische Fragen zu Sterben u. Tod, Aktivitäten nach dem Tod, Trauerverarbeitung der Angehörigen, Schwestern-Patient-Beziehungen, institutionelle Möglichkeiten u. Alternativen in der Versorgung von Sterbenden	theoretische Grundlagen zum Thema „Sterben", Trauerprozeß, Grundformen der Angst, „Aufklärungsproblematik", Hilflosigkeit in unveränderbaren Situationen u. a. nur im Zusammenhang mit den übrigen Inhalten des Gesamtkurses zu verstehen

| | *Swain, H. L., Cowles, K. V.*, 1982
University of Wisconsin, Milwaukee | *Taubert, J.*, 1980, 1983 |
|---|---|---|
| Kontext
Gruppengröße
Zeitraum

Teilnahmemodus
Gruppenzusammensetzung | 50, am Wochenende: 25
2 Std./Woche über 15 Wochen
16-Std.-Wochenende (nach der 2. und 3. Woche)
freiwillig
offen für alle Studenten, 80 % Schwestern i. d. Ausbildung | 6—8
1 Jahr, berufsbegleitend, 640 Std.

freiwillig, nach Vorstellungsgespräch
examinierte Krankenschwestern |
| Evaluation | mündl. Feedback nach jeder Sitzung, anonyme schriftl. Beurteilung nach dem Wochenende u. nach dem Abschlußexamen;
2 Fragebögen (*Shneidmans* u. *Collett-Lesters*), follow-up nach mehreren Jahren: Fragebogen mit einer Bewertung hinsichtlich der Erreichung intendierter Ziele u. Auswirkungen auf das persönl. Leben | Aktionsforschung:
Fragebögen,
Einzel- und Gruppeninterviews
(nicht näher ausgeführt) |
| Leiter | keine genauen Angaben | Hinweise auf Leitervoraussetzungen und -aufgaben |

3.4.2 Diskussion wesentlicher Aspekte von Kursprogrammen

3.4.2.1 Ziele und Inhalte

Bei einer Durchsicht der beschriebenen Kurse fällt zunächst auf, daß mehrere Autoren in den zitierten Arbeiten zwar die Ziele für den speziellen Kurs beschreiben, jedoch keine Angaben über das von ihnen vertretene *Menschenbild* und das daraus abgeleitete Medizin- und Pflegeverständnis machen (z. B. *Benoliel; McCorkle; Miles; Swain und Cowles; Kopel*). Positive Ausnahme bilden die — dafür z. T. sehr knappen — Lerneinheiten, die in einen umfassenderen Pflegekurs eingebettet sind (z. B. *Abermeth; Simons; Taubert*) und die Arbeit von *Bertram*. In den übrigen Arbeiten finden sich nur ungenaue Angaben oder kurze Hinweise auf ein dahinterliegendes umfassenderes Konzept.

Bei den Kursen für Pflegepersonal ohne Aufweis der Hintergrundsdimensionen bzw. des Pflegeverständnisses erscheint Sterben als von den übrigen Lebensprozessen abgespalten, und es entsteht der Eindruck, daß der Umgang mit Sterbenden qualitativ etwas total anderes ist und völlig andere Fähigkeiten erfordert als der Umgang mit kranken und leidenden Menschen. Derartig aufgebaute Programme laufen Gefahr, trotz positiver Intention — nämlich einen humanen Umgang mit Sterbenden — eine neue Spezialisierung einzuführen, diese zu institutionalisieren und damit letztlich nichts Grundlegendes zu verändern. Außerdem bringen sie das Pflegepersonal in eine in sich widersprüchliche Situation. Denn alle Programme zielen anscheinend auf eine „ganzheitliche" Betreuung der sterbenden Patienten ab. Dies widerspricht den gegenwärtigen Zielen und Inhalten der Krankenpflegeausbildung und -praxis, die die medizinisch-technischen Fertigkeiten und die physische Grundpflege betont (*Sinacore* 1981).

Damit Sterbeerziehung effektiv werden kann, müssen Abweichungen vom traditionellen Medizin- und Pflegeverständnis offengelegt und expliziert werden. Es muß auf mögliche, in der Praxis auftretende Konflikte und Widerstände vorbereitet werden sowie ein Angebot konkreter Transferhilfen (z. B. in Form von Supervisionsgruppen) vorhanden sein (wie z. B. im Kaiserswerther, FPI und Ulmer Kurs).

Fast alle Autoren geben neben Zielen, die den kognitiven Bereich betreffen, auch Ziele hinsichtlich des emotional-affektiven Bereiches an und/oder Ziele, die eine Veränderung von Einstellungen und Haltungen intendieren. Diese Erkenntnis, daß für einen adäquateren Umgang mit tabuisierten Themen, wie es Sterben und Tod sind, eine Aneignung von Wissen allein nicht ausreichend sein kann, ist als sehr positive Entwicklung zu bezeichnen.

Angestrebte Verhaltensänderungen können erst eintreten, wenn das Pflegepersonal motiviert wird, sich mit diesen existentiell so betreffenden Themen zu beschäftigen, und bereit ist, sich mit den eigenen Einstellungen und Haltungen auseinanderzusetzen. Diese Ziele hinsichtlich des emotional-affektiven und des Einstellungsbereiches werden in einigen Arbeiten genau beschrieben und erscheinen in Formulierungen wie: „Anstoß geben zu …, Stimulation von …, Exploration von …, Verständnis von …, Sensibilisierung für.." als durchaus legitim, sinnvoll jedoch nur im Zusammenhang mit einem Gesamtkonzept. Zielformulierungen wie „adäquater Umgang mit den eigenen Gefühlen" erscheinen dagegen recht unrealistisch, wenn man die zur Erreichung verwendeten Methoden oder die Kontextvariablen genauer anschaut. Dieses Ziel kann sicher nur mit einer intensiveren Bearbeitung der eigenen Gefühle in gruppentherapie-ähnlichen Settings (*Stillion* 1983) erreicht werden.

Ein zweiter wichtiger Faktor für Verhaltensänderungen ist das Wissen über die Phänomene Sterben und Tod, und zwar auf verschiedenen Ebenen menschlicher Existenz: der gesellschaftlich-kulturellen, der institutionellen, familiären und individuellen Ebene.

Die in den Kursen genannten Ziele reichen von dem Wissen über konkrete Pflegehandlungen bis zu kulturellen Faktoren von Tod und Sterben. Eine weitergehende Diskussion der Vielfalt von Zielen im kognitiven Bereich soll hier nicht erfolgen. Die Auswahl der Ziele aus der Palette der Möglichkeiten hängt von dem jeweiligen Gesamtkonzept eines Kurses, von den Intentionen einer Institution sowie den Kontextvariablen ab. Als besonders wichtig erscheint jedoch das Wissen um eine Krankheitsbewältigung, den Sterbe- und Trauerprozeß von Patienten und Angehörigen. Auch das Wissen um den Einfluß institutioneller Faktoren auf das Handeln des Helfers kann das Personal entlasten, da es den inadäquaten Umgang mit Sterben und Tod nicht nur als persönliche Unzulänglichkeit ansehen muß.

Einige Autoren intendieren zusätzlich die Vermittlung von Skills, d. h. Fertigkeiten im Umgang mit Schwerkranken und Sterbenden (z. B. *Degener; Koch/Schmeling; McCorkle*). Hier stellt sich z. B. bei der Arbeit von *Koch* und *Schmeling* die Frage, ob es nicht sinnvoller ist, dem Personal zunächst nur Haltungen zu vermitteln und diese modellhaft im Umgang mit den Teilnehmern zu demonstrieren, als zusätzlich noch Kommunikationsformen einzuüben, die in der Kürze der zur Verfügung stehenden Zeit als Techniken erscheinen müssen. Besonders wenn Interaktionsformen (in dieser Arbeit z. B. die nondirektive Gesprächsführung bzw. speziell das aktive Zuhören und die offene Kommunikation) mit Patienten angestrebt werden, die dem sonstigen Habitus des Pflegepersonals, nämlich einem aktiven, Ratschläge gebenden Handeln entgegenstehen.

Es ist zwar wichtig, dem Personal durch Vermittlung von konkreten Fertigkeiten einen Halt in der Arbeit zu geben, jedoch sollte man genauer abwägen, was in einem bestimmten Zeitraum möglich ist, und sich sonst besser beschränken. Es fällt weiter auf, daß nur in wenigen Arbeiten als explizites Ziel die Notwendigkeit einer Motivierung und einer Anleitung des Pflegepersonals zu einer effektiven Psychohygiene (*Vachon* 1978 und *LaGrand* 1982) genannt wird, obwohl fast alle Autoren auf die Belastungen des Personals in der Arbeit und im Kurs hinweisen.

Die Nichtbeachtung psychohygienischer Faktoren läuft auf eine Verobjektivierung des Pflegepersonals hinaus, einer Aufspaltung in eine berufliche und private Person. Einen humanen Umgang, eine patientenorientierte Pflege, die neben den physischen auch die psychosozialen Bedürfnisse des Patienten und der Angehörigen berücksichtigen soll, wird man nur vermitteln können, wenn Lehrende die Lernenden ebenfalls als personale Einheit sehen und entsprechend mit ihnen in Beziehung treten. Auf diese Weise lernen die Pflegenden, sich selber ganzheitlich mit den eigenen physischen, emotionalen, psychosozialen und geistigen Bedürfnissen wahrzunehmen und zu akzeptieren, was wiederum Voraussetzung für eine adäquate Fremdwahrnehmung ist.

Die ständige Konfrontation mit Krankheit, Altern, Sterben und Tod erfordert eine Motivation und Fähigkeit zum Wahrnehmen eigener Belastungen, zu einer ausreichenden Prophylaxe sowie zu einer kontinuierlichen Entlastung durch den persönlichen Bereich: Familie, Interessen, soziale Kontakte u. ä.

Berücksichtigt man die derzeitigen Sozialisationsbedingungen des Pflegepersonals und die Situation im heutigen Krankenhaus, so erscheint es durchaus sinnvoll, diese Ziele einer Sterbeerziehung voranzustellen oder zumindest gleichzeitig im Blickfeld zu haben.

3.4.2.2 Methoden bzw. Techniken

Die Komplexität des Bereiches und die existentiell ansprechende Thematik haben zu einer Fülle verschiedener recht kreativer Verarbeitungsweisen geführt. Die meisten Autoren verwendeten neben oder statt einer theoretischen Wissensvermittlung in der herkömmlichen Form von Referaten oder Diskussionen in Großgruppen eine Vielfalt von Methoden und Techniken, die ein „*Erfahrungslernen*" ermöglichen sollten.

Allerdings erscheint die Auswahl der Techniken in einigen Arbeiten eher zufällig oder mehr unter dem Aspekt der Lernmotivierung vorgenommen worden zu sein. Eine konsequente Herleitung der Methoden und Techniken aus einem anthropologischen Hintergrund, einer thanatologischen oder therapeutischen oder pädagogischen Theorie ist wegen der bereits erwähnten unzureichenden Erarbeitung und Darstellung eines Gesamtkonzeptes meist nicht geschehen. Ausnahmen bilden die Arbeiten von *Bertram*, der Kaiserswerther und Ulmer Kurse. Es ist zu befürchten, daß bei einem Einsatz von Techniken ohne Gesamtkonzept bald eine Sammlung von „Übungen zur Sterbeerziehung" herauskommt. Vor einer Verwendung von Selbsterfahrungsübungen eben als *Übung* ohne eine Einbettung in einen entsprechenden theoretischen und methodischen Hintergrund sowie in den Prozeß einer Gruppe muß jedoch gerade bei den Themen „Sterben und Tod" besonders gewarnt werden.

Außerdem laufen Programme, die zu viele Übungen und Medien anbieten, um emotionale Reaktionen bei den Teilnehmern hervorzurufen, Gefahr, den Krankenhausalltag des Pflegepersonals zu reproduzieren: eine Anhäufung von Reizen, die eine Flut von Gefühlen auslöst und nur noch durch die gewohnten Schutz- und Abwehrmechanismen (z. B. Verdrängung, Somatisierung) zu bewältigen sind.

Wenn Gefühle durch den Einsatz von Medien oder durch Selbsterfahrungsübungen stimuliert werden, wäre es wichtig, dem Personal gleichzeitig zu helfen, Streßstimuli wahrzunehmen, als Alarmzeichen zu erkennen und Notwendigkeit und Möglichkeiten einer Streßreduktion aufzuzeigen. Mehrere Autoren weisen auf die Notwendigkeit einer psychischen Entlastung und das Eingehen auf die Bedürfnisse der Teilnehmer für die Durchführung des Kurses hin, so z. B. *Swain* und *Cowles* (1982): „Während ich lehrte, wie wichtig ein Verstehen der emotionalen Auswirkungen des Sterbens auf ein Individuum ist, vergaß ich zu verstehen, welche Auswirkungen das Lernen über Sterben auf Studenten hat).

Auch *Benoliel, Bertram, Leviton* und die Autoren der deutschen Kurse weisen auf diesen Aspekt hin und bieten ihren Studenten zusätzliche Einzelberatungen oder Supervision an.

Mehrere Autoren geben nicht genau an, ob und in welcher Form die stimulierten Gefühle im Kurs aufgearbeitet werden. In einigen Arbeiten wird von einem „Austausch der Gefühle", einem „Sharing" oder Kleingruppendiskussionen gesprochen. Für das Pflegepersonal ist das Mitteilen der Gefühle und die Erkenntnis, daß es anderen ähnlich geht, schon ein wichtiger erster Lernschritt und ein Mittel zur Streßreduktion.

Wenn zu viele Übungen in zu kurzen Zeiteinheiten oder zu starker Strukturierung (wie z. B. auch beim standardisierten Programm von *Koch* und *Schmeling* oder auch bei *Staub*) angeboten werden, so daß unter Zeitdruck Gefühle hervorgerufen, aber unerledigt zurückgelassen werden, kann jedoch der positive Effekt des Aussprechens kippen und zu einem „Reden über" im Sinne einer Vermeidung einer wirklichen Auseinandersetzung mit den Emotionen werden. Auch das ist eine Wiederholung der Alltagssituation im Krankenhaus. Gerade ein adäquater Umgang mit den Gefühlen der Teilnehmer wäre aber im Sinne eines Modell-Lernens für das Pflegepersonal sehr wichtig. „Wenn ein Sich-Begegnen auf einer humanen Ebene von großer Bedeutung in der humanistischen Erziehung ist, dann muß auch der Raum, den eine Person dafür braucht, in die Unterrichtsstruktur eingeschlossen sein" (*Bertram* et al. 1982, S. 394). Weniger ist daher in den Kursen sicher mehr, wenn das Wenige dafür intensiver und modellhaft bearbeitet werden kann.

3.4.2.3 Kontext-Variablen (Gruppengröße, Zeit, Teilnahmemodus, Gruppenzusammensetzung)

Die Veranstaltungen variieren hinsichtlich ihres *zeitlichen* Umfanges erheblich. So werden Veranstaltungen von wenigen Stunden bis zu mehr als 100 Stunden, über einen kurzen Zeitraum von einem Tag oder über mehrere Monate verteilte Kurse angeboten. Auch die Teilnehmerzahl schwankt sehr, nämlich von 6 bis mehr als 300. Die Vor- und Nachteile dieser Variationen in Zeit und Gruppengröße können sinnvoll nur im Zusammenhang mit den jeweiligen Zielen bzw. situativen Erfordernissen beurteilt werden. Denn Zielsetzungen und Methoden sind abhängig von institutionellen Bedingungen, der zur Verfügung stehenden Zeit, vorgegebenen Gruppengröße usw.

Generell kann man sagen, daß „ein angemessener Umgang mit Gefühlen" und der Anstoß von Einstellungsänderungen sich effektiv nur in längeren Zeiträumen entwickeln können. Die Vermittlung kann verantwortlich und überschaubar nur in kleinen Gruppen (etwa 16 Teilnehmer) erfolgen. Ebenso benötigen der Erwerb und die Anwendung von Fertigkeiten („skills") längere Zeiträume und kleinere Lerngruppen, da sie sich meist erst aus den oben genannten Veränderungen ergeben. Für eine effektive Umsetzung in die Praxis ist eine intermittierende Erprobung im Praxisfeld einzuplanen. Kleine Gruppen und lange Zeiträume haben auf der anderen Seite den Nachteil, daß sie weniger Breitenwirkung haben und relativ kostenintensiv sind.

Betrachtet man die aufgeführten Programme zur Sterbeerziehung unter dem Gesichtspunkt dieser Interdependenz von Gruppengröße / Ziel / Zielsetzung, so findet man bei einigen Modellen eine starke Diskrepanz zwischen dem Anspruch der Zielsetzung und den Mitteln und der Zeit, durch die und in der dies erreicht werden soll (z. B. bei *Abermeth, Bertram, Koch* und *Schmeling, Miles, Simons, Staub*).

Andere Modelle wiederum haben zwar realistische Vorstellungen über die in einer bestimmten Zeit bei einer bestimmten Gruppengröße zu erreichenden Ziele, sind jedoch dadurch so kostenaufwendig, daß sie wenig Chancen für eine allgemeinere Anwendung in der Aus-, Fort- und Weiterbildung haben werden (z. B. *McCorkle, Taubert*).

Auf alle Fälle wird man bei einer Planung von Kursen nicht umhinkommen, einen Kompromiß zwischen Idealvorstellungen und praktikablen Vorgehensweisen zu schließen. Letztere werden beeinflußt durch Ausbildungscurricula oder finanzielle Möglichkeiten der Institutionen (wie z. B. Schwesternschulen) und Organisationen oder durch den zumutbaren finanziellen und zeitlichen Aufwand, den einzelne Teilnehmer an Veranstaltungen privatwirtschaftlicher oder gemeinnütziger Institutionen aufbringen können.

Weitere Interdependenzen bestehen zwischen Teilnahmemodus / Gruppenzusammensetzung und Ort der Veranstaltung einerseits und Zielen und Methodik andererseits. Die beschriebenen Kurse finden alle (bis auf den von *Degener*) *freiwillig* und an einem *Ort außerhalb des Arbeitsplatzes* statt. Dies ist insofern wichtig, weil bei Pflichtveranstaltungen z. B. Selbsterfahrungsanteile noch vorsichtiger eingesetzt werden müssen. Das gleiche gilt für Veranstaltungen, die während der Arbeitszeit und am Arbeitsplatz stattfinden; denn eine Sensibilisierung für die eigenen Gefühle und die der anderen kann nur bedingt in einer Atmosphäre geschehen, die ein Übermaß an belastenden Reizen enthält und von dem Personal Haltung und Kontrolle erfordert.

Auch die *homogene* oder *heterogene* Zusammensetzung der Gruppen z. B. hinsichtlich Beruf, Alter, Berufserfahrung oder Motivation der Teilnehmer bleibt nicht ohne Auswirkung auf die Zielsetzung und das Vorgehen bei Maßnahmen der Sterbeerziehung. Die in den Staaten angebotenen Kurse sind häufiger heterogen zusammengesetzt, da sie wegen der unterschiedlichen Ausbildungsbedingungen z. T. an den Universitäten stattfinden. Die beschriebenen Kurse deutscher Autoren sind im Hinblick auf die Berufsgruppe meist homogen (außer in den Kursen von *Petzold* und *Spiegel-Rösing*). Zum gegenwärtigen Zeitpunkt erscheint diese homogene Zusammensetzung (hinsichtlich Berufsgruppe) in der *Ausbildung* für das Pflegepersonal (in Deutschland) zu diesem Thema auch als günstiger, da das Selbstbewußtsein dieser Berufsgruppe noch relativ gering ist und die Lernfähigkeit in gemischten Gruppen dadurch gehemmt werden kann. Für *Fort-* und *Weiterbildungen* ist zur Förderung der Kooperation im Krankenhaus als zusätzlicher Lernschritt eine heterogene Gruppe sicher von Vorteil, vor allem wenn sie auf einer entsprechenden Ausbildung aufbauen könnte und außerhalb des Klinik-Settings stattfindet, so daß mehr die persönlichen Unterschiede und Ähnlichkeiten gesehen werden und nicht so sehr das jeweilige Rollenverhalten und Berufsprestige.

Bei heterogenen Gruppen muß allerdings sehr viel mehr auf eine Koordination der unterschiedlichen Wissens- und Erfahrungshintergründe sowie Lernstile der verschiedenen Teilnehmer geachtet werden, damit die einen nicht über- und die anderen nicht unterfordert werden. Insgesamt werden die beschriebenen Kontextvariablen und ihre Interdependenzen mit Zielen und Methoden in den wenigsten Arbeiten problematisiert und diskutiert.

3.4.2.4 Evaluation

In den ausgewählten Arbeiten werden die verschiedensten Instrumente zur Evaluation, d. h. der Beurteilung eines Kurses oder Modelles im Hinblick auf die Erreichung der intendierten Ziele, eingesetzt. Die eingesetzten Instrumentarien werden in der Tabelle soweit möglich angegeben. Die Fülle verschiedenster Beurteilungskriterien ergibt sich einerseits aus den unterschiedlichen Zielsetzungen; sie zeigt andererseits aber auch die Hilflosigkeit bei der Frage der Evaluation derartig komplexer Lernprozesse. Diese Schwierigkeiten sind keineswegs spezifisch für Seminare zur Sterbeerziehung, sie entsprechen den Problemen, die bei der Evaluation psychotherapeutischer Einzel- und Gruppenverfahren sowie in der Beurteilung von Curricula auftreten. Die bis vor kurzem vorherrschende Produktevaluation, die durch Vorher-Nachher-Erhebungen die Produkte des Lernprozesses zu erfassen sucht (*Fatzer* und *Jansen* 1980), kann den Zielen eines Seminares zum besseren Umgang mit Sterbenden sicher nicht gerecht werden (*Stillion* 1983). So verwenden viele amerikanische Autoren (*Thrush* et al. 1979; *Combs* 1981; *Trent* et al. 1981) als Evaluationsinstrument eine „Death Anxiety Scale". Diese Untersuchungen gehen meist von der Annahme aus, daß ein Kurs die Angst vor dem Tod vermindert (so auch *Staub*). Abgesehen davon, daß noch zu diskutieren wäre, ob dies überhaupt ein zu erstrebendes oder zu erwartendes Ziel sein kann (*Leviton* 1977b) — man könnte als positives Ergebnis durchaus auch annehmen, daß durch eine geringere Verdrängungsnotwendigkeit die Angst nach einem Kurs überhaupt erst gefühlt wird —, wird bezweifelt, ob mit solchen Instrumenten das Gelernte wirklich zu erfassen ist.

Die Methoden der Evaluation eines derartig komplexen Geschehens, wie es ein Seminar zur Sterbeerziehung ist, können das Erreichte wahrscheinlich nur adäquat beurteilen, wenn sie mit dem Menschenbild, den Zielen und Lehrmethoden zu vereinbaren sind; die gängigen Methoden der positivistischen Empirie erfüllen diese Bedingungen in der Regel nicht. Methoden, wie sie im Rahmen von Aktionsforschungen angewendet werden (*Fatzer* und *Jansen* 1980), würden diesem Anspruch gerechter, wobei man bei ihrem Einsatz wiederum darauf achten muß, daß der Aufwand noch in einem vernünftigen Verhältnis zum Ergebnis steht. Rückt die Evaluationsfrage eines Kurses zu sehr in den Mittelpunkt des Interesses, kommt man, wie auch *Koch* und *Schmeling* (1982) ausführen, in das Dilemma, die Durchführung eines Seminars einer exakten Evaluation wegen so stark strukturieren zu müssen, daß die intendierten Ziele gar nicht mehr erreicht werden *können*. Bei aller Notwendigkeit zur wissenschaftlichen Legitimation eines Kurses sollte es nicht so weit kommen, daß sich die Ziele und die Methodik eines Seminars an den zur Verfügung stehenden Evaluationsinstrumenten orientieren. *Swain* und *Cowles* (1982) formulieren dies so: „Ich bin erfreut festzustellen, daß meine Studenten mehr gelernt haben, als ich einzuschätzen in der Lage bin" (S. 311).

3.4.2.5 Ausbildungsleiter

Wegen des stark zunehmenden Interesses auf dem „Markt" der Sterbeerziehung wird es wichtig sein, wie *Leviton* 1977 betont, Kriterien aufzustellen, die ein Ausbildungsleiter (*Death Educator*) zu erfüllen hat. In den USA befassen sich in den letzten Jahren verschiedene Gremien und Kongresse mit diesem Problem der „Ausbildung der Ausbilder" (s. *Leviton* 1977a, S. 261). Obwohl in den meisten der oben beschriebenen Kurse neben kognitiven auch affektive Ziele verfolgt werden und eine Vielfalt erlebnisaktivierender Techniken z. T. aus dem Bereich der Psychotherapie verwendet wird, machen nur wenige Autoren genauere Angaben über die Aufgaben und Voraussetzungen des Leiters, z. B. *Koch* und *Schmeling*, *Abermeth*, *Leviton*, *Spiegel-Rösing*.

Lehrende zum Thema Sterben und Tod kommen aus den verschiedensten Disziplinen: Philosophie, Psychologie, Medizin, Theologie, Rechts- und Sozialwissenschaften u. a., und je nach Art ihres Unterrichtes sind sicher unterschiedliche Voraussetzungen erforderlich. Leiter, die mit Methoden arbeiten, die nicht nur kognitive Inhalte vermitteln oder eine Selbstreflexion anregen wollen, sondern auch die Gefühle der Teilnehmer ansprechen oder hervorrufen, sollten neben den theoretischen Kenntnissen zu den entsprechenden Themen und allgemeinen didaktischen Fähigkeiten noch weitere Voraussetzungen erfüllen. Sie sollten

- eine therapeutische und gruppendynamische Zusatzausbildung haben, um mit den durch die Selbsterfahrungsübungen oder Medien hervorgerufenen Gefühlen und den Gruppenprozessen umgehen zu können;
- Kenntnisse über psychopathologische Reaktionen und den Umgang mit Krisen haben um die Belastbarkeit einzelner Teilnehmer beurteilen und Krisenintervention leisten zu können;
- möglichst eine eigene Lehranalyse (im Rahmen eigener Zusatzausbildung) gemacht und sich speziell mit den Themen „Krankheit, Leiden, Sterben, Tod" persönlich auseinandergesetzt haben;
- praktische Erfahrungen im Umgang mit Sterbenden und Kenntnisse über das jeweilige Berufsfeld haben.

„Es ist zu leicht, Pandoras Büchse zu öffnen, aber nicht immer einfach, mit dem fertig zu werden, was aus ihr herauskommt. Dies ist eine Verantwortung, der sich ein death educator nicht entziehen darf" (*Simpson* 1979, S. 171).

4. Aufbau und Durchführung eines Kurses „Integrative Arbeit mit Sterbenden" für Pflegepersonal und helfende Berufe

Konzipierung von Aus-, Fort- und Weiterbildung zum Thema „Umgang mit Sterben und Tod" kann nicht losgelöst von der Zielgruppe, an die man sich richten will, den spezifischen Kontext, auf den man sich bezieht (Mikroebene, z. B. Krankenhaus X oder Altenheim Y), und den übergeordneten Rahmen (Meso- und Makroebene, regionales und überregionales Gesundheitswesen) erfolgen. Je genauer die Weiterbildungsbedürfnisse der Zielgruppe und die Bedingungen des Kontextes bekannt sind, desto größer ist die Chance einer angemessenen Curriculumsentwicklung. In eine solche gehen immer ein die implizite bzw. explizite Position der Planer, was ihr Menschenbild und ihre Wertvorstellungen anbelangt. Von hier leiten sich die Globalziele ab. Alle anderen Zielsetzungen (Grob- und Feinziele) gründen in sozialwissenschaftlichen, medizinischen, gerontologischen und thanatologischen Theoriekonzepten einerseits und in einer Analyse des Kontextes, seiner historischen Dimension (Kontinuum), seiner Möglichkeiten (Ressourcen) — des *Lebenszusammenhanges* also insgesamt — andererseits. Die Lebensweltanalyse (*Abel* et al. 1977; *Unruh* 1983), die Kontext-, Kontinuum- Konflikt und Ressourcenanalyse umfaßt (*Petzold, Bubolz* 1976; *Petzold, Maurer* 1984; *Petzold* 1982a), stellt die Basis für thanatagogische Programme dar.

Sie liefern die Fakten, die — an Menschenbild und Werten gemessen — zu Zielen, Inhalten, Methoden, Techniken und Medien, zu Interventionsstrategien also, führen und Evaluationskriterien bestimmen (*Bubolz* 1983). Es ist unserer Auffassung nach nicht möglich, ein „generelles Curriculum" zu entwickeln, ohne daß zuvor die Rahmenbedingungen, d. h. die gesellschaftlichen Aspekte hinsichtlich des Themas, das spezifische Berufsfeld, die Situation der fortzubildenden Berufsgruppe sowie deren Interaktionspartner genauestens analysiert wurden. Ansonsten können Angebote entstehen, die einer spezifischen Situation, den allgemeinen beruflichen Einstellungen und Wertsetzungen widersprechen und damit die Teilnehmer in kognitive Dissonanzen und Belastungssituationen führen.

Im folgenden sollen in Kürze die wichtigsten Gesichtspunkte genannt werden, die bei der Planung und Durchführung einer Aus-, Fort- oder Weiterbildung von Pflegepersonal zu den Themen „Sterben und Tod" zu berücksichtigen sind und die wir unseren Weiterbildungsangeboten zugrunde legen.

4.1 Gesellschaftliche Aspekte

Der Umgang mit Sterben und Tod in der jeweiligen Kultur und Gesellschaft bestimmen die Konzepte einer Thanatagogik, ganz gleich, ob sie zur Gesellschaft konform oder konträr steht. Die Behandlung dieser Themen in kulturellen Formen, Riten und Gebräuchen, in Institutionen, Wissenschaft und Politik, insbesondere in den Medien, bilden den kollektiven Hintergrund der individuellen Todesbilder der Kursteilnehmer. Diese Todesbilder in ihren bewußten und ihren phantasmatischen Dimensionen, ihrer lebensgeschichtlichen Geprägtheit und gesellschaftlichen Verankerung müssen Gegenstand thanatagogischer Veranstaltungen werden. Dabei ist nicht von den Konzeptvorstellungen und Abstraktionen der Kursplaner auszugehen, sondern das Potential der Gruppe, mit der gearbeitet wird, ist einzubeziehen. Nur so wird eine teilnehmerbezogene Arbeit möglich (*Petzold, Reinhold* 1984). Insofern erübrigt sich an dieser Stelle eine detaillierte Darstellung der gesellschaftlichen Aspekte, die in den übrigen Beiträgen dieses Bandes verschiedentlich zur Sprache gekommen sind (vgl. *Petzold* 1983). Es sei nur das in unserer Gesellschaft vorherrschende *Medizinverständnis* erwähnt, das für den Kontext der Weiterbildung von medizinischem Pflegepersonal eine große Bedeutung hat, da es den derzeitigen Umgang mit Sterben und Tod spezifisch beeinflußt.

Die seit der Mitte des 19. Jahrhunderts zunehmend naturwissenschaftlich ausgerichtete Medizin hat zu einer weitgehenden Trennung von physischen und psychosozialen Gegebenheiten sowie zu einer einseitigen Definition von Krankheit als einem abnormen biologischen Phänomen, das seine Ursachen in anatomischen und biochemischen Prozessen hat, geführt.

Krankheit wird außerhalb der Kontrolle und Verantwortung des einzelnen gesehen (selbst wenn er z. B. einen Herzinfarkt aufgrund seiner Lebensweise bekommt) und in die Hände des Mediziners, des Experten, gelegt mit der Vorstellung, daß die Krankheit von ihm mit den verschiedenen technischen und pharmakologischen Hilfsmitteln diagnostizierbar und behandelbar sei. Ein entsprechend aufgebautes Gesundheitssystem verstärkt diese Tendenz noch, Krankheit als etwas Ich-Fremdes, von der Person Losgelöstes anzusehen und für chronische Erkrankungen eine Entschädigung von der Gesellschaft zu fordern. Krankheit als Schicksal oder als z. T. mitverantwortetes, als ganzheitliches Phänomen zu sehen, ist weitgehend aus dem Blickfeld geraten.

Ähnliche Entwicklungen lassen sich in der *Pflege*, die in gewisser Weise von dem Medizinverständnis abhängig ist, feststellen. In den letzten Jahren wurde durch neue Spezialisierungen und Funktionsteilungen der Patient zunehmend fragmentiert und das Gewicht auf die einwandfreie körperliche Grundpflege und medizinisch-technische Behandlungspflege gelegt. Die „Kunst der Pflege" ist im Verschwinden begriffen. Sie war keine Spezialkunst wie die Heilkunde, sondern eine allgemeine Kunst, die viele Menschen, insbesondere die Frauen beherrschten. Sie schloß weitere Künste ein: die Linderung, die Tröstung, das Wachen über einem Kranken, zwischenmenschliche Qualitäten wie die der Fürsorge und des Mitleidens, psychologische Fähigkeiten wie die der Einfühlung und der Feinhörigkeit. Diese früher nicht nur in der Hauspflege, sondern auch in der institutionellen Pflege selbstverständlichen Aspekte sind in den letzten Jahren wieder Gegenstand zunehmender Diskussion zur „Humanisierung des Krankenhauses" und einer „patientenzentrierten" Pflege, um den Prozessen des Verschwindens entgegenzuwirken (*Petzold* 1983b).

4.2 Institutionelle Aspekte

Die Betreuung Alter, Kranker, Behinderter und Sterbender wird heutzutage immer mehr in die Institutionen verlagert. Der Umgang mit Sterben und Tod ist in den letzten Jahren vor allem durch biographische Patientenberichte und Kritik in den Medien an die Öffentlichkeit gedrungen. Sterben findet in den meisten Fällen noch „heimlich" in Stationszimmern, im Bad oder anderen Funktionsräumen statt. Leichen werden zum Teil versteckt unter abgezogener Bettwäsche von Stationen transportiert. Die „Inhumanität" entsteht u. a. durch die Diskrepanz der Erwartungen und Einstellungen von Personal und Patienten in der Institution:

Während für den Arzt das Sterben eine Niederlage, ein Versagen seiner Kunst ist und für das Personal Sterben und die Versorgung des Toten fast eine Störung und zusätzliche Belastung in der alltäglichen beruflichen Routine sind, stellen sie für den Patienten und Familienangehörigen individuelle, existentiell bedrängende Erlebnisse dar. Die Kommunikationen und Interaktionen zwischen Pflegepersonal und Patienten werden sowohl in der Krankheit als im Sterben durch die erlernten Einstellungen und Erwartungen, durch die Rollen, bestimmt: das Pflegepersonal zeigt eine „Ich-tue-Orientierung" (I-do-orientation, *Sinacore*, 1981), d. h. das Pflegepersonal ist auf aktives Handeln eingestellt und übt eine Kontrolle über verschiedene Aspekte der Körperfunktionen und des Befindens eines Patienten aus. Der Patient zeigt eine „Ich-empfange-Orientierung" (I-receive-orientation, ibid., 1981, S. 125), d. h. er verhält sich passiv, empfängt Spritzen, nimmt Medikamente, führt bestimmte Übungen aus und läßt verschiedene diagnostische Untersuchungen über sich ergehen. In dieser Tun-Empfangen-Beziehung kommt dem Personal eine übermäßige Verantwortung zu, etwas zu tun, während der Patient vorwiegend in der Rolle des Erwartenden ist, der wenig eigen- oder mitverantwortlich an dem Krankheitsverlauf mitwirken kann.

Die festgeschriebenen Rollenkonfigurationen und das damit einhergehende strenge Regelsystem der Krankenhaushierarchie führen dazu, daß bei Ärzten, Pflegepersonal, medizinisch-technischen Kräften hinter dem weißen Kittel die Personen verschwinden und eine Reduktion auf Funktionen stattfindet. In gleicher Weise führt die Patientenrolle, die Karteikarte, die Fieberkurve, die Verwendung des Krankheitsbildes zur Bezeichnung einer konkreten Person zu einer Verdinglichung. Der Patient wird Objekt. Die wechselseitigen Depersonalisierungen führen zu einer unwirklichen Szenerie, in der die Angehörigen verunsichert und desorientiert umherirren oder bemüht sind, sich möglichst nahtlos und unauffällig dem Fluß der Stationsabläufe einzufügen, um sie nicht zu stören (vgl. *Petzold* 1983 a, b, d).

4.3 Situation des Patienten

Kranksein bedeutet in unserer Gesellschaft eine Fehlfunktion oder Verletzung des Körpers oder bestimmter Organe, eine Störung des „Normalzustandes", nämlich der einem Menschen zustehenden Gesundheit. Die Auffassung von Krankheit als ganzheitlichem Phänomen, als Störung einer Dimension eines Organismus, (der eine personale Einheit von Leib — Seele — Geist ist mit Interdependenz zu seinem sozialen und ökologischen Umfeld und einer bestimmten Vergangenheit und Zukunft) ist zurückgetreten gegenüber einer mechanistischen Auffassung, bei der der Körper als Objekt gesehen wird und Diagnostik und Therapie mit Vorstellungen von Inspektion und Reparatur verbunden sind. Der Kranke und seine Familie haben die Heilung, Genesung und Pflege an andere abgegeben. Das führt einerseits zu funktionellen Beziehungen zwischen Patient — Arzt / Pflegepersonal, zu überhöhten Erwartungen und Forderungen bis hin zu Vorstellungen auf den Anspruch bestimmter — zur Not einklagbarer — Leistungen. Andererseits macht diese Haltung den Patienten aber auch passiver und ohnmächtiger, da er wenig Ein- und Mitwirkungsmöglichkeiten auf das Krankheitsgeschehen zu haben scheint.

Für einen Patienten ist die Einlieferung in ein Krankenhaus nicht selten mit einer Phase der Unsicherheit und einer Labilisierung seiner Person, d. h. mit einer Krise, verbunden: er ist krank, seine Familie und Freunde können nur zu bestimmten Zeiten kommen; Charakteristiken, durch die er sich definiert bzw. von anderen definiert wird, fallen fort: seine Kleidung, seine Berufsrolle, sein gewohntes Auftreten, seine Interessen und Hobbys und seine alltäglichen Gewohnheiten.

Für einen alten, schwerstkranken oder sterbenden Menschen ist die Einlieferung ins Krankenhaus, die Herausnahme aus der vertrauten Umgebung ein „kritisches Lebensereignis" (*Filipp* 1981) und löst oft eine Art Identitätskrise aus, da viele „Säulen seiner Identität" (*Petzold*, 1983 c) im Laufe einer chronischen Erkrankung schon „eingestürzt" sind (Verfall des Körpers durch Krankheit und Therapien, bisweilen Distanzierung von Partnern und Freunden, Verlust der Arbeit durch Berentung, Verlust der materiellen Sicherheit, Verlust gewohnter Interessen und Hobbys) oder durch plötzliche Erkrankung (Infarkt, Unfall) gefährdet sind. In einer solchen Krise braucht ein Mensch Halt und

Struktur, Menschen, die ihm vertraut sind und denen er trauen kann. Statt dessen kommt er in eine Umgebung, die durch Undurchsichtigkeit der Strukturen, eine häufig nicht verständliche Fachsprache und z. T. nicht offene Kommunikation gekennzeichnet ist und die zusätzliche Belastungen durch einen ungewohnten Tagesablauf, anstrengende Untersuchungen und therapeutische Maßnahmen, Abhängigkeiten, Zusammensein mit anderen Menschen in einem Zimmer, Erleben von Krankheit und Sterben bei Mitpatienten mit sich bringt (*Huck* 1982). Eine Konfrontation mit dem Tod trifft einen Patienten einmal durch das Sterben von Mitpatienten und/oder durch das Ahnen, Fürchten oder Wissen um den eigenen bevorstehenden Tod.

Da dem Patienten seine gewohnten Bewältigungsmechanismen (*coping styles*) und Anpassungsstrategien (*adjustment strategies*) in dem labilisierten Zustand nicht zur Verfügung stehen und Gefühlsausbrüche von Verzweiflung und Trauer in der Regel nicht offen gezeigt werden können (sie passen nicht in die Atmosphäre eines Krankenhauses, würden wahrscheinlich Gefühle von Hilflosigkeit, Peinlichkeit oder Aggression als Reaktion beim Personal erzeugen), bleiben ihm nur die Verdrängung, Somatisierung und die zweifelhaften Segnungen medikamentöser Sedierung.

Die Bedrohung durch den Tod löst Ängste, Verzweiflung, Depression aus, Fragen nach dem Warum, dem *Sinn* des Sterbens und Fragen nach dem Sinn des eigenen gelebten und ungelebten Lebens (Lebensbilanzierung, *Petzold* 1965; *Lückel* 1981; *Petzold, Lückel* 1984), Angst und Trauer, die Welt, die Angehörigen, Freunde und alles, was einem lieb war, verlassen zu müssen, Hemmungen, die Angehörigen und das Personal zu belasten, Angst vor Schwäche, Abhängigkeit und Schmerzen.

All diese Gefühle und Fragen kann ein Patient zumeist in der funktional-nüchternen, medizinisch-technischen Atmosphäre eines Krankenhauses nicht offen ausdrücken. Viele spüren in dieser so diskrepanten Situation zum ersten Mal die existentielle Gewißheit, dem Leben und Sterben letztlich ganz alleine gegenüberzustehen. Die Bewältigung der Krise geschieht zwar einerseits durch die im Laufe des Lebens erlernten Abwehr- oder Coping-Mechanismen (*Haan* 1977), wird aber andererseits durch die gesellschaftliche und institutionelle Situation beeinflußt. So sind viele Bewältigungsversuche eher als Anpassungsmechanismen an eine wenig stützende, objektivierende Umwelt zu sehen denn als individueller Umgang mit Krankheit und Sterben.

Für Angehörige kann die Situation ebenfalls eine große Belastung sein, Gefühle der Hilflosigkeit, Trauer, Schuld und Verzweiflung werden durch die Diskrepanz der einfühlbaren persönlichen Wirklichkeit des Patienten und der entpersönlichten beruflichen Wirklichkeit von der Personalseite noch verstärkt. Die Sprach- und Ausdruckslosigkeit von Patienten, Angehörigen und Personal verhindert vielfach einen natürlichen Trauerprozeß (*Canacakis-Canás* 1983; *Petzold* 1982).

4.4 Situation des Pflegepersonals

Die *Ausbildung* für das Pflegepersonal ist im Bundesgesetzblatt bundesweit geregelt (1972). Die Inhalte der Ausbildung sowie die Art der Vermittlung sind gemäß dem naturwissenschaftlichen Medizin- und Pflegeverständnis krankheitszentriert (nicht krankenzentriert) ausgerichtet, d. h. konkret: von den 1200 Mindeststunden (100 zur freien Verfügung) entfallen 910 Stunden auf medizinisch-technische Wissensvermittlung und 40 Stunden auf die Fächer Psychologie, Pädagogik und Soziologie (die 250 Stunden Krankenpflege sind vorwiegend der körperlichen Pflege gewidmet). Hinsichtlich der Themen Tod und Sterben erlernen Schwestern / Pfleger zwar genauestens, wie sie mit dem sterbenden und mit dem toten Körper umgehen müssen, nicht jedoch, wie sie auf die Gefühle des Sterbenden, der Angehörigen eingehen und mit der eigenen Betroffenheit fertigwerden können.

Ähnlich wie bei Medizinern werden in der Ausbildung die Genesungsaufgabe und das aktive Handeln, die Beobachtung von Körperfunktionen und medizinisch-technischen Fertigkeiten betont. Eine Einschätzung der psychischen und sozialen Situation eines Patienten, die Gesprächsführung mit ihm sowie eine mehr abwartende Haltung, die die Aktivitäten und Kräfte des Patienten fördert und an seine Mithilfe glaubt, werden nicht erlernt.

In den wenigen Stunden der psycho-sozialen Ausbildung bekommen die Schüler / innen häufig „trocken" wenig praxisrelevante „psychologische und soziologische Grundbegriffe" vermittelt. Eine psychologische Unterstützung für die Praxisphase, z. B. in Form von Balint-Gruppen oder Gruppen- bzw. Einzel-Supervision, ist nicht vorgesehen. Schwester oder Pfleger sind also beim Übergang von der Ausbildung zur Praxis wenig bis gar nicht auf die psychosoziale Situation eines Patienten sowie auf die Bewältigung eigener Gefühle und Schwierigkeiten und die Anforderungen in einer multi-disziplinären Teamarbeit vorbereitet.

Die *berufliche Situation* des Pflegepersonals ist schließlich erschwert durch Schicht- und Nachtdienst, die Abhängigkeit von den verschiedenen anderen Berufsgruppen, die Mittlerrolle (und damit Pufferfunktion) zwischen Patient, Angehörigen und Mediziner, durch die unpersönliche Funktions- statt Gruppenpflege, durch ein Zunehmen von Verwaltungs- und Organisationsaufgaben.

Das Ausmaß an persönlicher Befriedigung in der Pflege ist unter den heutigen Bedingungen reduziert; während früher kleine Erfolge (z. B. Fieberreduktion bei Wadenwickeln) noch auf die direkte Pflegebehandlung zurückgeführt werden konnten, werden Verbesserungen im Krankheitsverlauf mehr und mehr durch die Anwendung technischer und chemischer Mittel erreicht (z. B. fiebersenkende Medikamente).

Auch in der Öffentlichkeit findet der Beruf — vielleicht auch wegen der Unsichtbarkeit und dem Dienstleistungsaspekt der Arbeit — wenig Anerkennung; das Prestige ist gering und steigt eher mit der Verantwortung für und dem Umgang mit medizinisch-technischen Aufgaben (z. B. auf einer Intensivstation); fürsorgliche, warme, ruhige Zuwendung und das Eingehen auf das psychische Befinden eines Patienten werden nicht als Können und besondere Fähigkeit beurteilt (häufig sogar von Ärzten und der eigenen Berufsgruppe als „Herumtrödeln oder Nichtstun" bewertet). Die psychischen Belastungen des Berufes durch eine Konfrontation mit Elend und Leid durch Krankheit, Altern, Sterben und Tod sind enorm, da sie in den Krankenhäusern in konzentrierter Form zu finden sind. Durch vorherrschende Organisationsformen wie Funktionspflege und durch Spezialisierungen wie Notaufnahmen, Intensivstationen und onkologische Stationen werden diese Belastungen noch verstärkt, da sie die Aktionsmöglichkeiten weitgehend vorgeben (z. B. in der Notaufnahme: schnelles Beobachten der körperlichen Symptome, rasches Entscheiden und Handeln). Es wird wenig Spielraum gelassen für eine persönliche Zuwendung, was wiederum zu schlechtem Gewissen, Unzufriedenheit und Resignation oder auch durch extreme Schutzmaßnahmen zu einer Abstumpfung, schlechten Routine und in wenigen Fällen auch zu Machtausübung gegenüber dem Patienten führen kann.

Nicht unwesentlich bei der Analyse der Situation von Pflegepersonal ist die Frage nach der Berufsmotivation und damit auch die Frage nach der Persönlichkeit eines Helfers (*Schmidbauer* 1974; *McCorkle* 1982). Hierzu gibt es, ebenso wie zu den psychischen Belastungen und Folgen des Berufes, nur wenige experimentelle Untersuchungen. Unsere Beobachtungen im langjährigen Umgang mit Pflegepersonal in seinem Berufsfeld, in Fort- und Weiterbildungen sowie in Supervisions- und Therapiegruppen haben uns immer wieder auf folgende Phänomene gestoßen: Für viele Schwestern/Pfleger scheint es schwer zu sein, Gefühle zuzulassen und auszudrücken, besonders Gefühle der

Trauer, der Schwäche und Ohnmacht; es besteht eher eine Norm, sich zu kontrollieren, stark zu sein und Gefühle nicht zu zeigen. Das Klima auf den Stationen, besonders den pflegeintensiven, ist von präzisen Funktionsabläufen, Sachbezogenheit, häufig auch von Anonymität geprägt. Der Wechsel der Dienste verhindert oft einen persönlichen Austausch, den Aufbau einer kohäsiven Teamatmosphäre und beläßt den einzelnen häufig in einer isolierten Position, in der er keine Entlastung für anstehende Probleme und von persönlicher Betroffenheit findet. So ist es sicher kein Zufall, daß es so gut wie keine Bücher und Berichte über die psychischen Belastungen in der Pflegearbeit gibt (wie sie von Patientenseite vielfach zu finden sind). Die Situation im Schwesternheim ist in der Regel auch nicht dazu angetan, ein entlastendes, kommunikatives Feld bereitzustellen, sondern ist eher von Isolation gekennzeichnet. Auf der anderen Seite haben viele Schwestern/Pfleger Probleme, sich abzugrenzen, d. h. sich nicht in die Gefühle der Patienten und Angehörigen hineinziehen zu lassen, bei einem Sterbenden nicht „mitzusterben" und auch bei Bitten um Hilfe sowohl im Beruf als auch im Privatleben einmal „nein" sagen zu können. Es bestehen oft hohe Ideale und Perfektheitsansprüche, die es der Schwester bzw. dem Pfleger nicht gestatten, Fehler zu machen oder einmal selber um Hilfe zu bitten.

Durch die Diskrepanz Ideale — Realität kommt es zu Unzulänglichkeitsgefühlen, Depressionen und Resignation und durch die oben beschriebenen zusätzlichen Belastungen nicht selten zu psychosomatischen Erkrankungen, Sucht (vor allem Alkoholismus) und Suizid. Schwestern von Intensivstationen, aus der Unfallambulanz und dem OP zeigten sich besonders belastet. In bewegungstherapeutischen Weiterbildungen wurde von dieser Gruppe besonders über Verspannungen des oberen Kreuzes, Migräne und Schlafstörungen geklagt. Für den Arbeitgeber zeigt sich die Problematik vor allem an den objektiven Daten wie den vielbeklagten Fehlzeiten und der hohen Fluktuationsrate.

Diese Skizzierung von Rahmenbedingungen wollte und konnte nur einige Aspekte aufzeigen. Sie mußte generell bleiben und kann nur den Hintergrund für die von den Teilnehmern eines Kurses zu leistende konkrete *Lebensweltanalyse* bieten.

5. Ziele

Die Ziele einer Weiterbildungsmaßnahme sind vom Menschen- und Weltbild der planenden und durchführenden Personen nicht abzutrennen. Es handelt sich bei der Thanatagogik auch um keine wertneutrale wissenschaftliche Disziplin. Wo es um Leben und um Sterben geht, sind Wertsetzungen und Wertentscheidungen unumgänglich. Es sei deshalb kurz der anthropologische Hintergrund unseres Konzeptes skizziert.

5.1 Anthropologischer Hintergrund

Ausgangspunkt des hier beschriebenen Handelns ist die Vorstellung, daß der *Mensch eine personale Einheit* (Leib-Seele-Geist-Subjekt) ist, dessen individuelle Wirklichkeit nicht losgelöst von seinen Mitmenschen und seiner Lebenswelt (*Unruh* 1983), seinem sozialen und ökologischen Umfeld sowie von seiner jeweiligen Geschichte und Zukunft erfaßt werden kann (*Petzold* 1978, 1984; *Bünte-Ludwig* 1984). *Krankheit* ist demnach nicht nur eine Störung des Körpers oder eines Organs, die von einem Spezialisten diagnostiziert und „repariert" wird, sondern ein umfassendes Geschehen, das nur im lebensgeschichtlichen Kontext eines Individuums sinnvoll zu begreifen ist (s. auch *von Weizsäcker* 1976). Unter der Perspektive dieses Menschenbildes wird *medizinisches und pflegerisches Handeln* zu einem zwischenmenschlichen Geschehen, an dem beide Seiten — der Heilende / Pflegende *und* der kranke Mensch — aktiv, fühlend-mitfühlend, leidend-mitleidend, erforschend und heilend beteiligt sind. Diese Sicht von Krankheit, Medizin und Pflege gibt dem Patienten einen Teil der Verantwortlichkeit zurück und kann ihm auch ein Gefühl der Würde und Kraft durch eine Mitwirkungsmöglichkeit am Genesungsprozeß vermitteln. Den Arzt und Pflegenden kann sie entlasten und das Handeln nicht nur als eine Reihe funktioneller Verrichtungen, sondern als ein Tun in einem sinnvollen Zusammenhang und als intersubjektives Geschehen erscheinen lassen.

So wie der Mensch als personale Einheit verstanden wird, wird auch der *Lebensverlauf als „Lebensganzes"* (*Petzold* 1981a, b) gesehen; das bedeutet hinsichtlich des Sterbens eines Menschen, daß dieses nicht losgelöst von seinem gelebten und ungelebten Leben, seiner Vergangenheit und seinen Zukunftshoffnungen gesehen werden kann. So geschieht im Sterben eines Menschen auch nicht etwas qualitativ völlig Neues und anderes als im Leben (vgl. *Shneidman*, dieses Buch). Der Gestalttherapeut *Keleman* (1977, S. 16) schreibt in „Lebe dein Sterben": „*Sterben*, wie jeder Wendepunkt, ist ein Übergang, in dem wir uns dem Unbekannten und der zunehmenden Verwobenheit neuer Seinsweisen stellen, neuer Handlungen, neuer Gedanken, neuer Gefühle. Jeder Wendepunkt bedingt den Mut zum Verlust und eine

Begegnung mit dem Unbekannten. Das Unbekannte besteht aus dem, was wir nicht erkennen oder unvorhersehbar finden, und aus dem damit verbundenen Gefühl von Hilflosigkeit." Im Laufe seines Lebens wird also jeder Mensch mit „vielen kleinen Sterbe-Erlebnissen" (Keleman) konfrontiert. Sie wahrzunehmen und zuzulassen, ist Voraussetzung für Wachstum und Reife. Eine spezielle Sterbeerziehung ist aus dieser Sicht also eigentlich nicht notwendig, denn wenn jemand begriffen hat, daß das Leben ein fortlaufender Prozeß von Trennung, Abschiednehmen und Neubeginn ist (Petzold 1982), gekennzeichnet von „dem Verlust alter Grenzen und der Bildung neuer Grenzen" (Keleman, 1977, S. 18), wird er auch das Erleben eines Sterbenden und das Sterben selbst als „summing up of a life" (Bertram et al. 1982) begreifen können. Die Durchführung von Seminaren zur Sterbeerziehung kann auf diesem Hintergrund nur sinnvoll erscheinen:

1. wenn sie in eine Vermittlung existentiell-persönlicher und psychosozialer Grundprinzipien eingebettet ist oder darauf aufbaut;
2. wenn sie motiviert, sich mit existentiell-persönlichen und psychosozialen Grundprinzipien sowohl im eigenen Leben als auch in der Beziehung zu anderen auseinanderzusetzen.

5.2 Globalziele

Als Globalziele, an denen Grob- und Feinziele sowie die zur Erreichung eingesetzten Methoden immer wieder zu reflektieren und zu überprüfen sind, seien folgende Konzepte genannt:

— Humanisierung des Lebenszusammenhanges: Diese Leitvorstellung psychosozialer Weiterbildungsangebote und Interventionsprogramme greift besonders für den Bereich der Arbeit mit Kranken und Sterbenden. Eine Gesellschaft ist so human oder inhuman wie ihr Umgang mit Kranken, Leidenden und Sterbenden. Die medizinischen und pflegerischen Institutionen werden damit in besonderer Weise ein Ort, an dem sich Humanität erweist. Es muß deshalb diese Zielsetzung hinter allem medizinisch-pflegerischem, thanatagogischem und thanatotherapeutischem Handeln stehen.

— Integrität: Dieses Konzept impliziert „eine fundamentale Sorge (caring) und Verantwortung für den anderen Menschen und diese Welt" (Petzold 1978). Integrität bedeutet die Erhaltung, Entfaltung, Entwicklung und Verbesserung der Identität von Menschen, Gruppen und Lebensräumen.

— Intersubjektivität und Koexistenz: Psychosoziale Arbeit muß getragen werden von dem Bemühen, den Mitmenschen in seiner subjektiven Würde ernst zu nehmen (Marcel 1965). Das erfordert das Erfahren der eigenen personalen Würde und ein Bewußt- und Innewerden, daß der Mensch wesensmäßig Mitmensch, Koexistierender ist.

— Komplexe Bewußtheit: Um zu intersubjektivem Handeln fähig zu werden, ist eine „wache, aufmerksame und reflexive Wahrnehmung dessen, was in mir und um mich herum vor sich geht", notwendig. Es wird auf diese Weise eine Sensibilität für die Verletzung von Integrität und den Verfall von Intersubjektivität gewonnen.

— *Engagierte Verantwortung:* Aus komplexer Bewußtheit und in der Affirmation von Intersubjektivität erwächst „die Bereitschaft des Menschen, für sein Handeln einzustehen ... und engagiert einzutreten, wo immer Integrität bedroht ist". Es ist ein solidarisches Eintreten von Menschen für Menschen, das aus dem Koexistenzaxiom gewonnen wird und zur Legitimation und Fundierung professioneller Hilfeleistung dient.

— *Persönliches Wachstum und Identität:* Ziel psychosozialer Weiterbildung für helfende und pflegerische Berufe muß immer auch das persönliche Wachstum der Teilnehmer sein, indem dazu beigetragen wird, ihre persönliche und professionelle Identität zu bereichern und zu entfalten. In der Weiterbildung für die Arbeit mit Schwerkranken und Sterbenden kommt diesem Ziel besondere Bedeutung zu, da hier Menschen Hilfen gegeben werden sollen, ihr Leben zu vollenden (vgl. *Petzold* 1978).

Das beschriebene Menschenbild und die aufgeführten Globalziele entwerfen einen ideellen Rahmen, einen Handlungshintergrund, der mit Blickpunkt auf den klinischen Alltag einer Utopie gleichkommt, und doch — die Utopien weisen uns die Horizonte der Hoffnung (*Bloch, Marcel*). Manches von diesen Zielen steht im Widerspruch zu dem in der Ausbildung zur Schwester oder zum Pfleger oder zum Arzt vermittelten und im Berufsalltag praktizierten Medizin- und Pflegeverständnis, so daß ihre Realisierung in der Mehrzahl der heutigen Krankenhäuser nur schwer und zuweilen gar nicht möglich sein wird (*Rohde* 1973). Deshalb müssen derartige Zielsetzungen mit Kursteilnehmern im Hinblick auf ihre Umsetzbarkeit diskutiert werden. Es muß ihre Zielhaftigkeit herausgestellt werden, und die abzuleitenden Grob- und Feinziele müssen so bestimmt werden, daß eine „machbare" Praxis im Rahmen der institutionellen Gegebenheiten und eine allmähliche Veränderung dieser Gegebenheiten möglich werden. Geschieht dies nicht, so besteht die Gefahr, daß Teilnehmer an einer Fortbildung in zusätzliche Konflikte kommen und dadurch überfordert werden.

Das Ziel der „Intersubjektivität" bedeutet nicht, von Schwestern und Pflegern zu fordern, *jedem* Patienten in *Subjektbeziehungen* mit dem Anspruch totaler personaler Begegnung gegenüber zu treten. Dies wäre bei einer Station mit vielleicht 25 Patienten und vorherrschender Funktionspflege bei knappem Personalschlüssel eine nicht zumutbare Belastung. Die „Inhumanität" des Krankenhauses würde dann nur von der Gruppe der Patienten auf die Gruppe des Pflegepersonals geschoben. Wesentlich aber ist, daß die *sachlich-funktionalen* Beziehungen, die mit Pflegehandlungen verbunden sind, von einer *intersubjektiven* Haltung getragen werden und daß sie nicht zu *Objektbeziehungen* degenerieren (*Petzold* 1980). Es gilt also, Handlungsalternativen zu entwickeln, die im Rahmen der derzeitigen Gegebenheiten von Krankenhäusern praktikabel sind und damit mögliche Veränderungen anstoßen. Es gilt, eine größere Bewußtheit für institutionelle Zusammenhänge zu schaffen und Flexibilität und Bereitschaft für Veränderungen zu fördern.

Im Hinblick auf die Kursteilnehmer wird es also notwendig werden, komplexe Zusammenhänge, wie sie die Institution Krankenhaus und dahinterstehend das öffentliche Gesundheitswesen darstellen, mit der persönlichen Lebenswirklichkeit des einzelnen, seiner biographischen und professionellen Erfahrung und seinen Wünschen an eine erfüllende und zufriedenstellende Arbeit zu verbinden. Da es sich um Weiterbildungen handelt, die Menschen für den menschlichen Umgang mit den Menschen ausrüsten sollen, können nicht nur kognitive Lernstrategien und kognitive Ziele im Zentrum stehen, sondern es müssen auch affektive und soziale Lernziele, der Bereich der Einstellungen, Werte, Haltungen und Fertigkeiten einbezogen werden.

Wir haben deshalb für das didaktische Konzept unserer Kurse auf die aus der generativen Linguistik stammenden Kategorien „Kompetenz" und „Performanz" (Chomsky 1965) zurückgegriffen, allerdings unter Einbezug der weiterführenden kompetenztheoretischen Diskussionen (Habermas 1971; Schmidt 1973 u. a.). Kompetenz wird hier verstanden als „die Gesamtheit der Fähigkeiten, die erforderlich sind, um bestimmte Ziele zu erreichen", wobei diese von metatheoretischen Prämissen einerseits und andererseits vom jeweiligen Lebenszusammenhang bestimmt sind, wie schon ausgeführt wurde. Unter Performanz verstehen wir „alle jene Fertigkeiten, durch die Kompetenzen in sinnvolles praktisches Handeln umgesetzt werden können" (Petzold 1983e). Performanzen, die nicht in Kompetenz gründen, stehen in der Gefahr, Chaos zu schaffen (etwa durch die Verwendung einer psychotherapeutischen Technik, ohne daß eine kompetente Einschätzung der Situation, des Krankheitsbildes, der psychischen Belastbarkeit des Patienten vorliegt). Kompetenzen ohne angemessene Performanz stehen in ähnlicher Weise in Gefahr, in Unangemessenheit zu führen (das theoretische Wissen um Sterbeprozesse und Krankheitsbilder ohne eine geschulte Intuition und Fähigkeit, dieses Wissen zu kommunizieren oder in Interventionen umzuformen, vermag in gleicher Weise einen Patienten zu belasten oder zu schädigen). So sind Kompetenz und Performanz gleichgeordnet und bilden eine unlösbare Bezogenheit von Theorie und Praxis.

Dies gilt für alle psychotherapeutischen Weiterbildungen im allgemeinen und im besonderen für geronto- und thanatotherapeutische bzw. -agogische Weiterbildungen. Die im Voranstehenden aufgezeigten Globalziele können deshalb noch einmal unter einem neuen Ordnungsgesichtspunkt zusammengefaßt werden:

Förderung der personalen Kompetenz und Performanz als die Entwicklung der Fähigkeit der Person zu „komplexer Bewußtheit", d. h. ihrer Möglichkeit, sich selbst im Umfeld wahrzunehmen und daraus folgend zu einer angemessenen Performanz zu gelangen: ihre Bedürfnisse und Interessen verantwortlich und adäquat zu regulieren, ihre Potentiale zu erhalten und zu entfalten und damit „Sinn" für das persönliche und gemeinschaftliche Leben zu gewinnen.

Förderung der sozialen Kompetenz und Performanz. Soziale Kompetenz setzt personale voraus und ist die Fähigkeit der Person, komplexe soziale Situationen adäquat wahrzunehmen und auf sie angemessen zu reagieren. Soziale Performanz beinhaltet die Fähigkeit, soziale Situationen aufzubauen und mit anderen Menschen und Gruppen in „Korrespondenz" zu treten, um auf diese Weise zu „Konsens" und „Kooperation" zu gelangen.

Förderung der professionellen Kompetenz und Performanz. Im Bereich der angewandten Humanwissenschaften können professionelle Kompetenz und Performanz nicht losgelöst von der personalen und sozialen betrachtet werden. Spezifisch verstehen wir unter den professionellen Aspekten die Beherrschung der theoretischen Konzepte und der praktischen Fertigkeiten, die zu einer qualifizierten Ausübung der Profession erforderlich sind (vgl. *Petzold* 1983 d).

Es wird auf einem solchen breiten Hintergrund am ehesten möglich sein, Angehörige medizinischer und psychosozialer Berufe für übergreifende Kooperation und integrative Intervention (*Petzold* 1979, 1982 b; *Heekerens* 1984; *de Moor* 1982) auszurüsten, wie sie im Umgang mit Schwerkranken, Sterbenden und ihren Angehörigen erforderlich werden.

5.3 Grobziele

Die sich aus diesen Überlegungen ergebenen Grobziele und mit ihnen verbundene Inhalte sollen im folgenden kurz dargestellt und auf verschiedene Aufgabenbereiche hin spezifiziert werden.

5.3.1 Ziele und Inhalte, die die Persönlichkeit des Kursteilnehmers selber betreffen

Wer mit Schwerkranken und Sterbenden arbeitet, wird durch diese Tätigkeit bewußt und unbewußt mit der Möglichkeit eigenen Leidens und mit dem Faktum der eigenen Endlichkeit konfrontiert. Realitäten, die unter gesellschaftlichen Tabus liegen und die die eigene Existenz bedrohen und deshalb vom Ich abgewehrt werden müssen. Über die Selbsterfahrung sollen die Teilnehmer mit ihren Abwehrreaktionen vertraut gemacht werden, sie sollen sie wahrnehmen und handhaben lernen; dies im Sinne eigener Psychohygiene einerseits und mit dem Ziel eines angemesseneren Umgangs mit dem Patienten andererseits. Wer sich mit seinen eigenen Todesängsten auseinandergesetzt hat, vermag leichter, die Todesängste seiner Patienten anzunehmen, Hilfen zu geben, die Fragen nach der „Wahrheit am Krankenbett" differentiell und angemessen zu entscheiden. Ein weiterer Schwerpunkt stellt die Bewußtheit für eigene Streßreaktionen dar, um Möglichkeiten zu finden, *rechtzeitig* nach Entlastungsmöglichkeiten Ausschau zu halten und „Burn-out-Reaktionen" zu entgehen (*Elsaesser* 1981; *Freudenberger* 1980; *LaGrand* 1980; *Price, Murphy* 1984; *Cherniss* 1980; *Aronson* et al. 1983). Das Auseinandersetzen mit Trennungs- und Verlusterlebnissen in der eigenen Biographie, Verlusten von Menschen, Dingen, Lebenswelten, der „Abschied von den Eltern" (*Halpern* 1981) muß vollzogen werden. Unerledigte oder pathologisch fixierte Trauerprozesse (*Petzold* 1982) können auf diese Weise bewußt und einer Bearbeitung zugänglich werden. Dies ist insofern wünschenswert, als ansonsten bei der Konfrontation mit derartigen Themen durch die Patienten verschärfte Abwehrreaktionen von seiten des Betreuers notwendig werden oder seine psychische Stabilität gefährdet werden kann. Das emotionale Einlassen öffnet dem Kursteilnehmer einen Zugang zu den eigenen Gefühlen und macht es ihm dadurch möglich, Gefühlsäußerungen der Patienten besser annehmen zu können. Es werden damit Reaktionen der Beschwichtigung und Unterdrückung vermieden.

Das Zulassen eigener Betroffenheit eröffnet neue Möglichkeiten der Regulierung von Nähe und Distanz. Die für die empathische und sensible Arbeit mit dem Patienten notwendige Identifikation wird gegenüber den extremen Positionen der Verhärtung und der Überidentifikation erkennbar. Das erleichtert notwendige Abgrenzungen. Die hierbei oft auftretenden Schuldgefühle werden gleichfalls in einen biographischen Kontext gestellt. Sie erweisen sich älteren Patienten gegenüber (Vater-/Mutterübertragung), aber auch Kindern gegenüber (erhöhtes Identifikationsangebot) als besonders nachhaltig. Das Verstehen der eigenen Reaktionen, die mögliche Einordnung in einen biographischen Bezugsrahmen stellt hier wichtige Entlastungsmöglichkeiten bereit.

Im Prozeß der Gruppe und in der fallbezogenen Supervision lernen die Teilnehmer Abwehrmechanismen, Widerstände, Übertragungen und Gegenübertragungen bei sich zu erkennen und im Hinblick auf andere für diese Phänomene sensibel zu werden. Über die Weiterbildungsmaßnahme tritt der Teilnehmer selbst bewußt in einen Prozeß, des persönlichen Wachstums und der Identitätsfindung ein. Aus dieser Erfahrung heraus lernt er, das menschliche Leben als Wachstumsprozeß, der mit Alter und Tod seinen Abschluß erfährt, besser zu verstehen. Es wird ihm aus einer solchen Haltung leichter möglich sein, Wachstumsprozesse auch in der terminalen Phase des Lebens zu erkennen, aufzugreifen und zu fördern.

Ein wichtiges Ziel der persönlichen und professionellen Entwicklung stellt die Förderung der Fähigkeit dar, sich mit ähnlich gesinnten und arbeitenden Kollegen auszutauschen und zu solidarisieren. Ein patientenzentrierter, humaner Umgang mit Schwerkranken und Sterbenden und die durch die Selbsterfahrung bewirkte notwendige Sensibilisierung erfordert die wechselseitige Stützung. Die Strukturen der Institution stehen vielfach noch zu den aufgeführten Zielsetzungen konträr, so daß Frustrationserlebnisse und Verletzungen möglich werden, die nur gemeinsam aufgefangen und bewältigt werden können. Einzelkämpfer stehen in der Regel auf verlorenem Posten. Der veränderte Umgang mit den Patienten fordert notwendigerweise einen veränderten Umgang des Personals miteinander, und zwar rollen- und statusübergreifend. Die Station als Team, als Stationsgemeinschaft, in der alle Berufsgruppen und die Patienten — jeder nach seinen Funktionen und Möglichkeiten — kooperieren, ist ein Idealziel.

5.3.2 Ziele und Inhalte für den Umgang mit Patienten

Im Hinblick auf den Patienten geht es für den Kursteilnehmer in erster Linie darum, ihn besser verstehen zu lernen, das bedeutet, die Situationen am Kranken- oder Sterbebett besser zu erfassen. Dies aber ist in keiner Weise ausreichend. Vielmehr geht es darum, eine Lebenssituation insgesamt kennen und verstehen zu lernen. Das Verstehen der Krankheitssituation wird durch ein möglichst intensives Einfühlen und Hineinversetzen in die Lage des Patienten erreicht und durch Information über das Phänomen Schmerz, Prozesse des Sterbens, Strategien des Umgangs mit dem Leid, Formen der Abwehr, gegenüber der Faktizität des Sterbens usw. Auch das Wissen um Besonderheiten spezifischer Krankheitsbilder und der mit ihnen verbundenen Leidens- und Sterbensprozesse wird für ein Verstehen des Patienten erforderlich. Ein Lungenkarzinom oder ein Knochenkrebs, ein Mamma-CA oder eine Multiple Sklerose sind im klinischen Krankheitsbild nicht nur in somatischer Hinsicht, sondern auch in psychologischer zu differenzieren und verlangen unterschiedliche Interventionen, Behandlungs- und Beratungsstrategien. Dies ist nicht zuletzt für die Vorbereitung auf invasive Untersuchungen, operative Eingriffe, Bestrahlung und Chemotherapie auszusagen, bei denen eine angemessene psychologisch-psychotherapeutische Vorbereitung und Begleitung durch entsprechend geschultes Personal Entlastung und Erleichterung bringen könnte. Die Übergänge von der Arbeit mit dem schwerkranken Patienten zum sterbenden Patienten werden fließend. Die Besonderheiten des Sterbens etwa durch eine Multiple Sklerose oder eine

Leberzirrhose oder eine Leukämie lassen sich nicht nivellieren. Der Unfallpatient mit inneren Verletzungen auf der Intensivstation und der Diabetes- oder Dialyse-Patient, dessen System dekompensiert, stellen dem Begleiter unterschiedliche Aufgaben, mit denen er sachkompetent umgehen muß, was die psychologische bzw. psychosoziale Intervention anbetrifft.

Das Verstehen der Lebenssituation erweist sich als eine allgemeinere Aufgabe. Es muß hier ein Kontakt aufgebaut werden, in dem Begleiter und Patient eine Sicherheit erleben, die Öffnungen möglich macht. Der Betreuer muß lernen, einen „intermediären Raum" (Winnicott) aufzubauen. Er muß in die Lage versetzt werden, als „Hilfs-Ich" (Moreno) des Patienten zu fungieren, um sein verlöschendes Ich zu stützen. Eine hohe Empathiefähigkeit, die Lebenswelt des Patienten zu betreten und „systemimmanent" mit ihm zu arbeiten, wird hier vom Betreuer und Begleiter verlangt; denn es geht ja nicht darum, Beratungsstrategien aus dem eigenen Systemrahmen zu entwickeln, sondern darum, die Möglichkeiten im Bezugssystem des Patienten auszuschöpfen, seine persönlichen Werte aufzunehmen und seiner Situation angemessen einsetzen zu können. Es müssen deshalb die eigenen Lebensvollzüge, Einstellungen, Haltungen, Werte für den Betreuer in ihrem biographischen Bezug deutlich und bewußt sein, damit er mit einer ausreichenden Trennschärfe für das Eigene und das Fremde dem Patienten begegnen kann, ohne ihn im Spiel der Übertragungen und Gegenübertragungen, der Widerstände und Abwehrphänomene in Richtungen zu drängen, die mehr im Bezugssystem des Therapeuten als in dem des Patienten liegen.

5.3.3 Ziele in Bezug auf die Angehörigen

Die Angehörigen haben im Alltag der meisten Krankenhäuser keinen festen Ort aber eine genau bemessene, eingegrenzte Zeit. Besonders bei Schwerkranken und Sterbenden werden Angehörige nicht selten als zusätzlicher Belastungsfaktor gesehen. Gerade in bezug auf die Angehörigen aber wird die Aufgabe der Death Education und die Rolle der Betreuer prägnant. Die Funktionen professioneller Helfer, die in der Arbeit mit Schwerkranken und Sterbenden tätig sind, können und dürfen nicht darin bestehen, Aufgaben zu übernehmen, die zu den Verpflichtungen von Angehörigen bzw. Familien gehören, sofern diese in der Lage, bereit oder motivierbar sind, diese Aufgaben wahrzunehmen. Die Arbeit mit Angehörigen bzw. Familien ist als zentraler Aufgabenbereich der Thanatagogik anzusehen. Die Einschätzung des sozialen Netzwerkes (social atom, Moreno) eines Patienten, insbesondere seines Kernbereiches (*Petzold* 1979), die Kenntnis über habituelle Abwehr- oder Bewältigungsstrategien von Familien usw. sind die Voraussetzungen dafür, daß der Betreuer im Gespräch mit den Angehörigen „defending-strategies" in „coping-strategies" umzuwandeln hilft (*Haan* 1977). Im Kontakt mit den Angehörigen wird es darum gehen, unter Einschätzung der jeweiligen Belastungsfähigkeit der Betroffenen, Verstehen und Verständnis für die Situation des Kranken oder Sterbenden zu fördern. Die Fragen um die „Wahrheit am Krankenbett" sind so zu thematisieren, daß die Angehörigen mit dem Problem angemessen umgehen können, sich ihre Kommunikation mit dem Kranken oder Sterbenden offener oder — wenn auf dessen Seite eine Verleugnung vorliegt — verstehender und akzeptierender gestaltet. Weitere Aufgaben können darin bestehen, im klärenden Familiengespräch oder, bei entsprechender Vorbildung, durch gezielte familientherapeutische Interventionen Hilfen zu geben. Ungeklärte Situationen, unausgesprochene Vorwürfe, die von allen Beteiligten als belastend empfunden werden, ohne daß sie angegangen werden, können so Klärungsprozessen zugeführt werden. Die Hilf- und Sprachlosigkeit am Sterbebett, die Angehörige so häufig hindert, ein erlösendes Wort oder eine liebevolle, tröstende oder versöhnende Geste zu wagen, kann oft durch ein kurzes Gespräch von seiten des Betreuers gelöst werden.

Als letztes sei auf die Hilfen zum Gelingen des Trauerprozesses hingewiesen. Mißlungene oder fixierte Trauerprozesse haben ein hohes pathogenes Potential. Im Unterschied zu anderen Kulturen sind die Möglichkeiten, mit der Trauer zu leben und Trauerarbeit zu leisten, in unserer Zivilisation sehr eingeschränkt (*Petzold* 1982; *Canacakis-Canás* 1982). Durch beratendes Gespräch können — besonders bei länger dauernden Sterbephasen — antizipatorische Trauerprozesse gefördert werden. Es werden Hilfen im Umgang mit Angst, Verzweiflung, Schmerz gegeben, emotionaler Ausdruck wird ermutigt und nicht unterdrückt. Das heißt aber, daß Betreuer selbst im Hinblick auf ihre Emotionalität eine ausreichende Freiheit gewinnen müssen und daß sie die Emotionen der Betroffenen annehmen und mit ihnen umgehen können. Das „Nun hören Sie doch auf zu weinen!", die häufig vorzufindende Hilflosigkeit gegenüber Tränen, muß neuen Verhaltensweisen Platz machen: der Fähigkeit, emotionalen Ausdruck zuzulassen, ihn zu ermutigen und aktiv Trost zu spenden und Unterstützung zu geben. Es liegen wiederum die erforderlichen Kompetenzen und Performanzen in der Persönlichkeit des Betreuers, seiner Stabilität, Belastungsfähigkeit, seiner Fähigkeit sich einzulassen und abzugrenzen, Überidentifikation zu vermeiden und sich im Geflecht der Übertragungen orientieren zu können.

5.3.4 Ziele im Umgang mit der Institution

Helfende und pflegende Berufe im Krankenhaus sind selbst Teil der Institution. Dies wird dem einzelnen Rollenträger, der Schwester oder dem Arzt, nur selten in aller Klarheit bewußt und deutlich, auch wenn sie selbst an der Institution Krankenhaus, ihren Grenzen und Zwängen leiden. Das Verstehen der Institution beginnt mit dem Erfahren und der Reflexion der eigenen Berufsrolle in ihren institutionellen Verflechtungen. In einer „Archäologie" (*Foucault* 1976) der Institution Klinik wird ein Verstehenshorizont für das historische Gewachsensein gewonnen. Die Veränderungen der Institution werden anhand der eigenen Berufserfahrung reflektiert, was besonders bei Anwesenheit von Kursteilnehmern mit langjähriger Erfahrung im Krankenhaus fruchtbare Aspekte ergeben kann. Die „totalen Institutionen" (*Goffman*) — und das Krankenhaus ist ihnen zuzurechnen — sind nicht im Eiltempo zu verändern, denn ihre Strukturen werden von der Gesellschaft gestützt (u. a. durch die Erwartungshaltungen der Patienten und Angehörigen). Die Sicherungsfunktion, die totale Institutionen für die Gesellschaft haben — hier Umgang mit und Abwehr von Krankheit, Leiden, Sterben und Tod — scheint nur ausübbar, wenn eine hohe Konstanz der Institution, ihrer Regeln und Normen, Funktionen und Rollen gewährleistet ist. Dies zu begreifen ist erforderlich, damit Teilnehmer an Kursen für den Umgang mit Schwerkranken und Sterbenden, Maßnahmen also, die auf eine Humanisierung des Krankenhauses abzielen (*Petzold* 1983a, 1983b), die Veränderungsdynamik derartiger Institutionen verstehen lernen, die Persistenz hierarchischer Strukturen erkennen, an denen sie selbst teilhaben und die sie selbst durch ihre Berufsrollen stabilisieren, um zu angemessenen Strategien der Innovation zu kommen, ohne sich unnötige Frustrationen und Verletzungen einzuhandeln. Auch die Institution Krankenhaus ändert sich, z. T. in rasantem Tempo (vgl. etwa den Bereich Medizintechnik, *Thoma* 1983). In anderen Bereichen sind Veränderungen minimal, kaum feststellbar. Weil des öfteren Inhalte und Ziele thanatagogischer Seminare dem vorherrschenden Medizinverständnis, Institutionsstrukturen und Rollennormen nicht entsprechen, steht der Kursteilnehmer in der Gefahr, in Konflikte zu kommen, an denen er aufgrund der institutionellen Persistenz zu scheitern droht. Es müssen derartige Zusammenhänge in Kursen zur Sterbeerziehung thematisiert werden, um Innovationsimpulse umsetzbar werden zu lassen. Wenn Teilnehmer z. B. verstehen, daß auch die Patienten Teil der Institution sind, daß das, was ihnen „angetan" wird, aufgrund ihres Rollenverständnisses von ihnen *erwartet* und gewünscht wird, wenn sie erfahren, daß sie selbst, sollten sie erkranken und Patient werden, trotz ihrer thanatagogischen Weiterbildung in der Gefahr stehen, ähnliche Verhaltensweisen und Erwartungen zu produzieren, so werden sie an die mühevollen Prozesse der *Bewußtseinsbildung* — und um diese geht es in erster Linie — mit angemesseneren Erwartungen und einer langfristigen Perspektive herangehen. Es wird auf diese Weise auch vermieden, die Einschränkungen des Handelns durch institutionelle Grenzen nicht als persönliches Versagen zu sehen. Die Institution wird in ihrer realen Macht, als Ausdruck gesellschaftlicher Macht und Agentur anonymer Macht (*Foucault* 1978) gesehen. Ihre Konturen werden realer. Phantasmatische Mächtigkeit, die durch „Übertragungsreaktionen auf die Institution" aufkommt und auf seiten des Mitarbeiters als Ohnmacht erlebt werden kann, wird von realen Abhängigkeiten unterscheidbar.

Die im Voranstehenden aufgezeichneten Bereiche konnten mit ihren spezifischen Zielsetzungen und Inhalten nur in groben Umrissen dargestellt werden. Die Aufstellung von Feinzielen muß in dieser Arbeit entfallen. Sie werden in unseren Curricula projekt- und personenbezogen mit den jeweiligen Teilnehmern erarbeitet. Hervorgehoben werden soll abschließend, daß thanatagogische Zielsetzungen nicht losgelöst von der Aufgabe betrachtet werden können, mit den Fragen umzugehen, die das Leben uns im Alltag unseres Berufes und unserer Beziehungen stellt. Die Fragen nach einem guten Sterben können nicht von den Fragen nach einem erfüllten Leben abgetrennt werden. *Sinacore* (1981, S. 131) fragt mit Recht: „Wie effektiv kann eine Sterbeerziehung sein, wenn wir nicht zuerst die Grundzüge der Gesundheitserziehung (Health-education) erkennen, die dazu geführt haben, daß wir den humanistischen Aspekt des Sterbens vermieden haben?" Die Zielformulierungen in der *Death Education* müssen komplex und mehrperspektivisch sein. Sie müssen unterschiedliche Lernebenen und -bereiche einbeziehen, um den vielfältigen und vielschichtigen Erfordernissen der unterschiedlichen Menschen (Betreuer wie Patienten), Settings und der Institution zu entsprechen. Die Notwendigkeit eines integrativen und zugleich differentiellen Ansatzes findet in den Zielformulierungen zahlreicher thanatagogischer Programme seinen Niederschlag. *Swain* und *Cowles* (1983, S. 318ff) z. B. zentrieren auf die Förderung professioneller Kompetenz, wobei die Bedeutung kognitiver, affektiver und sozialer Lernziele hervorgehoben wird. In unserem Ansatz wird die Förderung personaler sowie spezifischer sozialer Kompetenz und Performanz in das Zentrum gestellt, weil diese den professionellen

Fähigkeiten bei helfenden und sozialen Berufen zugrunde liegen. Außerdem kommt dem Performanzaspekt, d. h. der Umsetzung von Kenntnissen in Interventionen, besondere Aufmerksamkeit zu. Die emotionalen und sozialen Lernziele rücken damit in den Vordergrund und machen ein spezifisches und methodisches Vorgehen erforderlich. Ziele, wie Empathie, mitfühlendes Verstehen, Konfliktfähigkeit, emotionale Belastbarkeit, Abgrenzungsfähigkeit, Regulierung von Nähe und Distanz lassen sich nicht durch kognitive Information und rational-verstehbare Verhaltensweisen erreichen. Sie erfordern Fähigkeiten und Fertigkeiten, die in der Persönlichkeit selber liegen.

6. Methodische Aspekte

Im Hinblick auf Mitarbeiter in psychosozialen, pflegerischen oder pädagogischen Berufen gehen wir von der Maxime aus, daß *das wichtigste Instrument der Beratung der Berater selbst ist*. Seine Persönlichkeit also gilt es zu entwickeln und zu schulen, um ihn für ein besseres Ausüben seiner Profession auszurüsten. Methoden der Selbsterfahrung und der Persönlichkeitsentwicklung, des emotionalen und des sozialen Lernens erscheinen uns deshalb angezeigt. Es bieten sich hierfür die verschiedenen Ansätze erlebnisaktivierender Arbeit, die vor allen Dingen im Bereich der „humanistischen Pädagogik" (*Fatzer* 1983) entwickelt wurden, die Gestaltpädagogik (*Petzold, Brown* 1977; *Bürmann* 1983), die themenzentrierte Interaktion (*Cohn* 1975), die integrative Agogik (*Petzold* 1978, 1984a; *Bubolz* 1983; *Petzold, Reinhold* 1984). Letztere ist aus der Erwachsenenbildung und psychotherapeutischen Ansätzen hervorgegangen und in dieser Verbindung für die Aufgabe der beruflichen Weiterbildung von Erwachsenen besonders gut geeignet.

Die Charakteristik der Methode liegt darin, daß kognitive, affektive, somatomotorische und soziale Lernziele verbunden werden, daß das Lernen den persönlichen Erfahrungshintergrund, Ereignisse aus der Lebensgeschichte und aus der beruflichen Erfahrung einbezieht. Dabei liegt das Bemühen darin, die Kompetenzen der einzelnen für das Thema und den Gesamtprozeß der Gruppe wirksam werden zu lassen: *joint-competence* (*Petzold, Lemke* 1982). Die Gruppe wird so als Lerngemeinschaft verstanden, in der Wissen nicht nur über die Information durch die / den Leiter vermittelt wird; die Mehrzahl der Teilnehmer hat ja im persönlichen Lebensbereich Erfahrungen mit dem Sterben und mit schweren Erkrankungen (z. B. von Großeltern und Eltern) gemacht oder ist im beruflichen Bereich damit konfrontiert worden, Sterbebeistand oder Familienberatung praktizieren zu müssen, ohne dafür spezifisch ausgerüstet und vorbereitet worden zu sein. Diese Situationen des Gelingens sowie des Mißlingens dienen hier als Lernmaterial. Das Lernen in der und durch die Gruppe, das Lernen der Gruppe, stellt damit ein besonderes Klima bereit. Es entsteht eine Gemeinschaft von Betroffenen. Die Themen bleiben nicht abstrakt, sie erhalten einen *„Sitz im Leben"* (*Gunkel*), so daß auch die Lernsituation in vielem der Situation mit Angehörigen, mit Kranken oder Kollegen vergleichbar wird. Methoden wie „Rollenspiel" sind nicht nur Simulation von Situationen am Kranken- oder Sterbebett, indem „so getan wird als ob" — z. B. ein Trauernder beraten wird — sie gewinnen Realitätsqualitäten.

Bei der Vermittlung praxisrelevanter Interventionsformen in der Arbeit mit Schwerkranken und Sterbenden wird im Ansatz der Integrativen Therapie und Agogik so verfahren, daß *die Methode durch die Methode gelehrt wird* (*Petzold* 1983e). So erlernt man Formen der Beratung dadurch, daß man einerseits selbst beraten wird und zum anderen selbst berät. Dies erfolgt mit folgenden methodischen Vorgehensweisen:

6.1 Simulations- und Rollenspiele, Mikroanalyse

Unter Verwendung von Simulations- und Rollenspieltechniken werden Beratungssituationen oder Interaktionskonstellationen mit Klienten durchgespielt, indem die Teilnehmer der Lerngruppe die verschiedenen Rollen übernehmen. Das Interaktionsverhalten wird von der gesamten Gruppe beobachtet (ggf. über Video aufgezeichnet) und zusammen mit dem Leiter nach längeren oder kürzeren Sequenzen analysiert. Die Methode der *„Mikroanalysen"* erweist sich dabei als ausgesprochen nützlich. Es wird nach drei bis fünf Minuten einer Spielsequenz — oder auch schon nach kürzerer Zeit — ein „Schnitt" gemacht; die aufgezeichneten oder mitgeschriebenen Interaktionen und Interventionen werden im Detail diskutiert und, wo es angezeigt ist, in einer *„Reprise"* wiederholt. Erfahrenere Kursteilnehmer oder der Kursleiter können auch Beratungsalternativen vorspielen. Es werden damit Rollenmodelle geschaffen, die über Imitationslernen (*Bandura*) bzw. über das holographische Aufnehmen der Gesamtszene (*Petzold* 1983e; 1982, S. 166ff) angeeignet werden können. Das Lernen ist lebendig; der zu vermittelnde Stoff wird plastisch; die affektive Beteiligung der Spieler ist mit mehr oder weniger großer Intensität gegeben, wenngleich ihre „Tiefung" (*Petzold* 1979) auf einem flacheren bis mittleren Niveau anzusetzen ist.

Zuweilen kann es vorkommen, daß durch die Thematik ein Spielender so stark angerührt wird, daß die Rollenspiel-Situation in persönliche Betroffenheit übergeht, eine „Involvierung" erfolgt und psychodramatisch oder gestalttherapeutisch weitergearbeitet werden muß.

6.2 Selbsterfahrung durch Psychodrama und Gestalttherapie

Ein weiterer methodischer Zugang besteht über die *Selbsterfahrung* mittels gestalttherapeutischer und psychodramatischer Methoden (*Petzold* 1982). Hier wird kein Geschehen simuliert, sondern Teilnehmer aus dem Kurs bringen Situationen, in denen sie z. B. selbst von schwerer Krankheit betroffen waren oder einen Angehörigen verloren hatten. Antizipierte Situationen z. B.: „Mein Vater ist schon Ende 70, ich muß wohl schon bald mit seinem Ableben rechnen" — können aufgegriffen werden. Psychodramatisches und gestaltdramatisches Vorgehen vergegenwärtigen also Vergangenes, Aktuelles oder Antizipiertes aus der persönlichen Biographie und Lebenswelt. Die in derartigen Situationen durchgeführten Gespräche und Beratungen werden durch den Leiter modellhaft mit dem Betroffenen vorgeführt, anschließend — ggf. anhand der Aufzeichnungen — durchgesprochen, wobei das Erleben des „Klienten" und der Gruppenmitglieder einbezogen werden: Wie habe ich als „Klient" meinen „Berater" erlebt? Was hat das Gespräch für mich bewirkt? Hat es meine Situation geklärt, hat es mir Halt gegeben, hat es mir Perspektiven eröffnet? usw. Aufgrund solcher Modellszenen beginnen die Teilnehmer unter Begleitung des Leiters selbst erlebnisaktivierende Gespräche zu führen. Wo ein „Berater" mit seinen „Klienten" ins Stocken gerät oder inadäquate Interventionsstrategien verfolgt, greift der Leiter unmittelbar in das Geschehen ein, führt weiter, hilft aus, so daß der „Klient" seine Problematik in einem gesicherten Rahmen bearbeiten kann.

Es werden über diesen Ansatz Lernerfahrungen auf einer intensiven Ebene emotionaler Tiefung möglich. Für den „Berater" weist ein solches Verfahren eine sehr große Realitätsnähe auf. Er erlebt sich aktiv in einer helfenden Situation. Für den „Klienten" wird die Wirkung der Beratungsstrategie „rezeptiv" erfahrbar. Er spürt, was ihm wohlgetan hat und was sich als störend oder befremdend erwies. Ist er selbst wieder in der Situation eines Beraters, werden ihm die Gefühle und Reaktionen des Patienten auf seine Beratungsstrategien verständlicher. Schließlich können die als Klienten fungierenden Teilnehmer auf diese Weise relevante biographische Situationen und ihre emotionalen Hintergründe besser kennenlernen und verarbeiten. Für Beratungssituationen werden ihnen eigene „wunde Bereiche", d. h. Themen, bei denen Widerstands- und Abwehrphänomene, Unsicherheiten, Überidentifikationen auftreten können, bekannt, was die Chance steigert, daß sie mit derartigen Themen und Situationen in der Praxis besser umzugehen vermögen.

6.3 Beratung und Gesprächsführung in vivo

Bei diesem Ansatz führt der Teilnehmer an der Weiterbildung mit dem Leiter oder unter seiner Begleitung am Kranken- bzw. Sterbebett selbst Beratungsgespräche durch. Er kann auf diese Weise einerseits modellhaft das Verhalten des Leiters und die gesamte Szene in sich aufnehmen, zum anderen auf dem sicheren Hintergrund der Anwesenheit eines erfahrenen Kollegen in das Gespräch eintreten. In der Praxis stellt sich das so dar, daß der Patient bzw. der Sterbende einen Besuch von beiden Betreuern erhält, die ihn auch während der gesamten erforderlichen Zeit oder doch über eine größere Strecke gemeinsam besuchen und begleiten. Die Lernsituation ist, was die methodischen Aspekte anbelangt, der Situation der Begleitung nachgeordnet; die mitmenschliche Präsenz steht im Zentrum, und dies ist der eigentliche Lernprozeß. Die gemeinsame Erfahrung wird in der Nachbesprechung im Hinblick auf die persönliche Betroffenheit, die Qualität der Beziehung und die Struktur der Gesprächsführung durchgearbeitet.

Es wird eine derartige Lernsituation durch Simulationsspiele und durch psychodramatische bzw. gestaltdramatische Methoden günstigerweise vorbereitet.

6.4 Techniken und Medien

Neben den *Methoden* als „zusammenhängenden Strategien des Handelns zur Erreichung theoriegeleiteter und kontextbestimmter Ziele" (*Petzold* 1977) werden im integrativen Ansatz auch *Techniken* und *Medien* eingesetzt. Um die kognitiven, affektiven und sozialen Lernziele in optimaler Weise zu erreichen, sind diese Ansätze an anderer Stelle ausführlich beschrieben worden (*Petzold* 1980; 1981a; 1985; dieses Buch Kap. 15). Die Arbeit mit Farben, mit Ton, mit Collagen, mit Gedichten über die Themen Altern, Krankheit, Sterben und Tod (*Bubolz* 1979) erweist sich für die Teilnehmer als eine Möglichkeit, Erfahrungen von großer Erlebnisdichte zu sammeln.

Das Gestalten des eigenen Leibes oder das Formen des „letzten Gesichtes" in Ton läßt erfahrbar werden, was es heißt: „Von Erde bist du genommen, zu Erde sollst du werden." Die Methode des *Lebens-panoramas*, bei der die Kursteilnehmer auf einen großen Papierbogen mit Wachsmalstiften ihren gesamten Lebensweg aufzeichnen, und dabei besonders Erfahrungen mit Altern, Tod und Sterben szenisch einzeichnen (von den ersten Erinnerungen bis zur Gegenwart und darüber hinaus antizipierend auch noch zu erwartende Verluste wichtiger Menschen bis hin zu einer Vision des eigenen Endes) — diese Methode bringt die Teilnehmer in Kontakt mit ihren eigenen Einstellungen und Haltungen zu diesen Fragestellungen. Das Lebenspanorama mit dem Themenschwerpunkt „Altern, Krankheit, Sterben, Tod" macht Sozialisationseinflüsse deutlich und vermittelt, welche Todesbilder man internalisiert hat, welche Vorbilder für ein gelungenes Altern und ein gutes Sterben man verinnerlicht hat oder wo solche Vorbilder fehlen bzw. schlechte Beispiele gegeben sind. Wie Großeltern, Nachbarn, die eigenen Eltern das Altern bewältigt haben, wie sie mit Leiden und Sterben umgegangen sind, wird in seiner prägenden Wirkung — im Guten wie im Schlechten — erfahrbar (*Petzold* 1981a; 1982a; *Petzold, Heinl, Fallenstein* 1983). In anderen Übungssequenzen werden die Teilnehmer aufgefordert, sich vorzustellen, ihnen würde eine schlimme Diagnose eröffnet, die eine sofortige Operation mit ungewissem Ausgang erforderlich mache. Es gelte, in dieser Situation noch schnell die wichtigsten Dinge zu ordnen, ein Testament abzufassen und einer oder zwei bedeutsamen Bezugspersonen einen Brief zu schreiben. Es bringt diese Übung „Testament und Abschiedsbrief" die Teilnehmer nicht nur mit einer Situation in Kontakt, in der viele Patienten stehen (mit der Zeitnot, der Ratlosigkeit, der schwierigen Aufgabe, Entscheidungen zu fällen, Unerledigtes zu regeln), es macht auch bewußt für das eigene Leben, ob es geordnet oder ungeordnet ist und inwieweit man vorbereitet ist auf die Möglichkeit, plötzlich abtreten zu müssen — eine Situation, die jeden Tag eintreten kann. Im Imaginationsspiel wird dann konkretisiert: wer wird an meinem Krankenbett sein, wer wird mich regelmäßig besuchen, bei wem habe ich wirklich Beistand, auf wen kann ich mich verlassen, wer wird mich im Tode begleiten?

Es konfrontieren diese Fragen den Teilnehmer mit der Qualität seiner aktualen sozialen Bezüge, seinem „sozialen Atom" (*Petzold* 1979; 1982c): Ist mein soziales Netzwerk tragfähig, habe ich genügend nahestehende Menschen, die mir Beistand sein könnten oder denen ich vielleicht, wenn sie betroffen sind, Beistand leisten würde? Oftmals wird den Kursteilnehmern deutlich, wie schwach ihr soziales Netzwerk ausgebildet ist und auch, daß es zum Teil in den eigenen Händen und in der eigenen Verantwortung liegt, ob man in Alter und Krankheit einsam ist oder nicht. Die *Sterbeerziehung beginnt im Leben* und bedeutet, bewußter dafür Sorge zu tragen, daß das Leben gelingt. Dies wird besonders plastisch durch die Methode der *„Lebensbilanz"* (*Petzold, Lückel* 1984), der in der Sterbebegleitung große Bedeutung zukommt. Sie wird von den Teilnehmern erlernt, indem sie selbst in wechselseitiger Begleitung ihre Lebensbilanz ziehen. Wichtige Szenen des Lebens werden in der Imagination vergegenwärtigt und so wird das Lebensganze unter starker emotionaler Beteiligung noch einmal angesehen. Diese Erfahrungen werden mit dem Begleiter durchgesprochen oder in Texte bzw. Gedichte gefaßt, die thematisch wie folgt überschrieben sein können: „Abschied", „Vorwurf", „Klage", „Dank an das Leben" o. ä. Bildnerisches Gestalten, Imagination, kreatives Schreiben, szenisches Spiel vermögen die komplexen Dimensionen dieser Themen zu erschließen. Sie führen die Gruppe zusammen, fördern Kohäsion und ein Klima wechselseitigen Verstehens und Annehmens, wie es auch in der direkten Arbeit mit dem Patienten notwendig ist.

Es können die Möglichkeiten der medialen Arbeit hier nur angedeutet werden, ansonsten muß auf die weiterführende Literatur verwiesen werden (*Bubolz* 1979, *Petzold* 1984a, 1985 und dieses Buch Kap. 15).

7. Kursstruktur

Die von uns durchgeführten Kurse variieren nach Zielgruppen, Zielsetzung und zeitlichem Rahmen. So lief der erste thanatagogische Kurs 1965 in Paris für Mediziner, Seelsorger und Mitarbeiter in Altenheimen über ein Semester bei einer zweistündigen Veranstaltung pro Woche, durchgeführt von *Gabriel Marcel* und *Hilarion Petzold* (1965). Durch Zielsetzungen und Zielgruppen waren die thematischen Schwerpunkte: Sterben im Altenheim, psychologischer Sterbebeistand, Sterbeseelsorge, Ethik (*Marcel* et al. 1956, 1976). Schon damals wurde dem erlebnisaktivierenden Aspekt und der praxisbezogenen Durchführung große Aufmerksamkeit geschenkt. 1974 wurde von *Petzold* (1982a) ein 5-Tage-Seminar zum Thema „Arbeit mit Alten, Kranken und Sterbenden als persönliche Erfahrung" konzipiert, in dem eine kompakte Information zum Thema für Angehörige psychosozialer Berufe angeboten wurde. Teilnehmer waren vornehmlich Schwestern, Ärzte, Heimmitarbeiter und Seelsorger, zuweilen auch betroffene Laien. Die Heterogenität der Kursteilnehmer erwies sich als ausgesprochen fruchtbar. Der Selbsterfahrungsaspekt (Panorama der eigenen Verlust- und Sterbeerfahrung, Testament, Nachruf usw.) war ein Schwerpunkt, Umgang mit Gefühlen, Handhabung von Beziehungen, Regulierung von Nähe, Distanz, Abgrenzung der andere. Dieses Seminar wurde im Laufe der Jahre methodisch-didaktisch verfeinert. Das Erkennen von Widerstands- und Abwehrphänomenen auf der Seite der Betreuer und der Betreuten, der Umgang mit Übertragungen und der Gebrauch erlebnisaktivierender Methoden (z. B. Poesietherapie) in der Arbeit am Kranken- und Sterbebett wurden verstärkt einbezogen.

Es wurde dieses fünftägige Kompaktseminar als Weiterbildungsseminar standardisiert und wird im Rahmen des „Fritz Perls Instituts" bis zum gegenwärtigen Zeitpunkt angeboten. Eine verkürzte Version als 3-Tage-Seminar wurde von Petzold für die Arbeit mit Studenten der Medizin im Rahmen von Lehrveranstaltungen für Thanatologie und Thanatotherapie an der Universität Graz entwickelt. Die Erfahrungen der eigenen Betroffenheit, der eigenen Einstellung zu Leiden, Sterben und Tod stehen hier im Zentrum, um auf dieser Grundlage am Krankenbett einen neuen Zugang zum Menschen zu finden. In Rollenspielen wird besonders auf das Anbahnen einer Gesprächssituation und den Aufbau von Kontakt Wert gelegt. Ein anderes 20stündiges Kompaktseminar im gleichen Rahmen versucht medizinpsychologische und thanatagogische Weiterbildung und Supervision über eine „Kompetenzgruppe" (Petzold, Lemke 1980) für Medizinstudenten, die im Rahmen des Projektes „Medizin und Ethik" der Hochschülerschaft (1984) an der Universität Graz Schwerkranke und Sterbende betreuen. Anhand der von den Teilnehmern der Gruppe vorgestellten Fälle wird ähnlich wie in Balint-Gruppen das Geschehen am Krankenbett reflektiert. Durch das erlebnisaktivierende Moment kann die eigene Betroffenheit zum Ausdruck gebracht werden. Das Beraterverhältnis wird transparent gemacht und anhand des Materials der Teilnehmer exemplarisch thanatagogisches und thanatotherapeutisches Wissen vermittelt.

Von den Teilnehmern der Kurse wurde immer wieder der Wunsch nach einer umfassenderen Weiterbildung geäußert, so daß 1975 ein Kompaktcurriculum von 5 Blockseminaren mit je 5 Tagen konzipiert wurde, das über anderthalb bis zwei Jahre verteilt systematisch die Kompetenz helfender Berufe in diesem Bereich entwickeln sollte. Dieses Angebot entstand in der Zusammenarbeit gerontotherapeutisch, aniatologisch und thanatotherapeutisch tätiger Kollegen am „Fritz Perls Institut", die auf der Grundlage der Integrativen Gestalttherapie mit kreativen Medien und mit dem erlebnisaktivierenden Ansatz arbeiten: Hilarion Petzold (1965, 1977c), Elisabeth Bubolz (1979, 1983), Ina Spiegel-Rösing (1980), Kurt Lückel (1981), Karin Huck (1983), Thomas Küchler (1983).

Das Kompaktcurriculum konnte je nach Teilnehmergruppe stärker auf die Arbeit mit alten Menschen oder stärker auf die Arbeit mit Menschen im Krankenhaus zentriert durchgeführt werden. Die genauere Struktur des Kompaktcurriculums wurde an anderer Stelle detailliert dargestellt (*Petzold, Küchler* et al. 1984). Es wird deshalb hier nur eine Kurzfassung der Kursausschreibung wiedergegeben:

Kompaktcurriculum Integrative Therapie mit Alten, Kranken und Sterbenden

Zielgruppe: Ärzte, Krankenpfleger und -schwestern, Seelsorger, Sozialarbeiter, Psychologen.

Der Umgang mit Kranken, alten Menschen und Sterbenden wirft für die therapeutischen, sozialen und pflegerischen Berufe zahlreiche Schwierigkeiten auf. Der beständige Umgang mit diesen Klienten bringt eine Konfrontation mit den Fragen Alter, Krankheit und Tod mit sich, die persönliche Auseinandersetzung erfordert. Das Kompaktcurriculum hat zum Ziel, über gestalttherapeutische Selbsterfahrung die eigene Stellung zu Leiden und Tod zu klären, um auf dieser Grundlage Möglichkeiten der Gesprächsführung, der Therapie und Betreuung zu vermitteln. Gerontologisches, geragogisches und thanatologisches Grundlagenwissen wird so vermittelt, daß sich daraus Handlungskonsequenzen für die Praxis ableiten lassen. Der integrative Ansatz der Gestalttherapie wird in seinen Anwendungsmöglichkeiten für die genannten Zielgruppen gelehrt. In Praxisseminaren haben die Teilnehmer Gelegenheit, unter Supervision im Praxisfeld zu arbeiten.

1. Seminar: Altern und Sterben als persönliche Erfahrung (5 AE = 30 Std.)
Ziel des Seminars ist es, durch gestalttherapeutische Selbsterfahrung die Themen Altern, Sterben, Krankheit, Tod auf dem Hintergrund der eigenen Biographie anzugehen. Die persönlichen Erfahrungen, die man im Verlauf der Kindheit und Jugend mit diesem Thema gemacht hat, sind für unsere Haltung prägend geworden. Die Auseinandersetzung mit dem eigenen Altern, den eigenen Ängsten, Befürchtungen und Hoffnungen steht im Zentrum der Arbeit. Wie können wir uns selbst als Alternde begreifen und annehmen? Wie gehen wir mit der Bedrohung der eigenen Identität durch Tod und Krankheit um, die uns die Begegnung mit unseren Patienten täglich vor Augen führt? Diese Fragen sind entscheidend für den Umgang mit Alten, Kranken und Sterbenden. Durch die Bearbeitung dieser Fragen in der Gemeinschaft der Gruppe sollen Möglichkeiten der Entlastung und Integration eröffnet werden. Methodisch werden dabei kreative Medien wie z.B. Collagen, Ton, Poesie u.a. eingesetzt.

2. Seminar: Krankheit und Tod in unserer Gesellschaft (5 AE = 30 Std.)
Unsere Einstellungen zu Krankheit und Tod sind nicht nur Ergebnisse persönlicher biographischer Erlebnisse, sie sind uns auch gesellschaftlich vermittelt. Wir wollen versuchen — unter Rückgriff auf eigene Erfahrungen — Klischees, Normierungen und Reaktionsmuster herauszuarbeiten, um bewußter mit ihnen umgehen zu können. Die konkrete berufliche Situation der Teilnehmer soll uns als Ausgangsmaterial für die Analyse gesellschaftlicher und institutioneller Zwänge dienen. Welchen Belastungen bin ich in Institutionen ausgesetzt, und welche Möglichkeiten habe ich, mit ihnen umzugehen? Diese Frage soll mit Hilfe von Diskussionen, Rollenspielen und Gestaltmethoden angegangen werden. Im direkten Praxisbezug werden auf diese Weise Ergebnisse thanatologischer Forschung vermittelt.

3. Seminar: Praxis der Beratung und Gesprächsführung I (5 AE = 30 Std.)
Die Methodik der Gesprächsführung und Beratung mit Alten, Kranken und Sterbenden auf der Grundlage des Gestaltansatzes wird vorgestellt. Die Strukturierung des Settings, Aufbau des Kontaktes, Handhabung der Beziehung, Umgang mit Übertragungen und Gegenübertragungen, Beratungsstrategien und -ziele sind einige Themenschwerpunkte. Gestaltung von thematisch orientierten Gesprächen, z. B. Hoffnung/Hoffnungslosigkeit, Todesfurcht, Schmerzen, Einsamkeit, Glauben etc. wird erarbeitet. Besonderes Gewicht wird auf die Methode der „Lebensbilanz" gelegt. Grundprinzipien und Techniken der Gestaltberatung werden zu diesem Zweck in Theorie und Praxis vermittelt.

4. Seminar: Praxis der Beratung und Gesprächsführung II (5 AE = 30 Std.)
Schwerpunkt dieses Seminars ist eine Vertiefung der Methodik der Gestaltberatung, wobei die Arbeit mit Angehörigen und Familien in den Vordergrund gestellt wird. Typische Konstellationen und Interaktionssequenzen werden im Rollenspiel simuliert. Die Grundkonzepte der „death-education" werden praxisrelevant vermittelt.

5. Seminar: Praxisberatung und Supervision (5 AE = 30 Std.)
In diesem Seminar stellen die Teilnehmer Situationen aus ihrem beruflichen Feld, mit denen sie Schwierigkeiten haben oder für die sie Hilfestellung wünschen, vor. Besondere Aufmerksamkeit wird den Problemen gewidmet, die sich aus dem Transfer der Gestaltberatungstechniken und der Verwendung kreativer Medien ergeben. In Rollen- und Simulationsspielen werden die Situationen aufgerollt und durchgearbeitet. Wo angezeigt, werden alternative Möglichkeiten erprobt. Die Supervisionsarbeit hat folgende Schwerpunkte: Probleme der Klienten, Probleme des Therapeuten, Schwierigkeiten in der Therapeut-Klient-Beziehung, Schwierigkeiten mit dem Setting (Institutionen, Kollegen etc.), Indikation und Charakteristik von Medien. Soweit möglich, soll direkte Arbeit mit Klienten supervidiert werden. Material sind vorbereitete Tonbänder und Protokolle der Teilnehmer.

6. Fortlaufende Supervisions- und Fallbesprechungsgruppe (30 Std.)
Zwischen den einzelnen Seminaren treffen sich die Teilnehmer in einer fortlaufenden Supervisions- und Fallbesprechungsgruppe, um anstehende Probleme aus der Praxis durchzuarbeiten und Transferhilfen zur Umsetzung der Kursinhalte zu erhalten.

Derzeit wird am *„Fritz Perls Institut für Integrative Therapie"*, Düsseldorf/Mainz, eine erste „aniatologische, geronto- und thanatotherapeutische Vollausbildung aufgebaut (*Petzold* et al. 1984), die über einen Zeitraum von 4 Jahren läuft und analog zum „Therapeuten für Kinder- und Jugendlichenpsychotherapie" konzipiert ist. Die Arbeit mit alten Menschen, Schwerkranken (onkologische, Diabets-, Dialyse-, MS-Patienten) und Sterbenden erfordert eine solche Breite spezifischen theoretischen Wissens und praktischer Interventionsmethodik, daß eine besondere Spezialisierung zum *„Fachtherapeuten für Aniato-, Geronto- und Thanatotherapie"* durchaus angezeigt scheint, insbesondere wenn die psychotherapeutische Behandlung archaisch-auto-aggressiver Erkrankungen in die Ausbildung einbezogen wird, wie z. B. die Psychotherapie von Krebskranken, MS-Patienten usw. Wir haben hierfür den Begriff *aniatologische Behandlung* bzw. Aniatotherapie eingeführt, weil die Arbeit mit schwer- bzw. unheilbar (*aniatos*) Kranken ein eigenes, bisher vernachlässigtes, Aufgabengebiet ist, das spezielle theoretische Kenntnisse und methodische Vorgehensweisen verlangt.

8. Der Kursleiter

An Leiter von thanatagogischen und thanatotherapeutischen Fortbildungen sind besondere Anforderungen zu stellen, was die berufliche Kompetenz und die persönliche Integrität anbelangt. Es werden leider derartige Kurse z. T. von Personen durchgeführt, die nie mit einem Sterbenden gearbeitet oder noch nie einen Toten gesehen haben. Der Leiter sollte über umfangreiche eigene Selbsterfahrung verfügen und am besten in einer Eigentherapie die Themen Altern, Krankheit, Sterben, Leiden, Abschied durchgearbeitet haben. Sofern er mit erlebnisaktivierenden Verfahren und entsprechender Tiefung arbeitet sowie Supervisionsgruppen durchführt, erachten wir eine eigene therapeutische Ausbildung und Weiterbildung in Methoden der Supervision für unerläßlich. Im Hinblick auf die Gesamtdurchführung, die Methodik und Didaktik des Kurses sollte es dem Leiter möglich sein, den Teilnehmern das zu vermitteln bzw. sie das erleben zu lassen, was diese den Patienten geben sollen. Eine dialogische Haltung, eine Achtung vor der Würde und Integrität des anderen, die Fähigkeit, Gefühle anzusprechen und auszudrücken, Nähe und Distanz in angemessener Art und Weise zu regulieren und den Gruppenmitgliedern mit Wärme und Menschlichkeit zu begegnen, sind für uns wichtige persönliche Eigenschaften des Leiters. Der Leiter wird durch sein Kommunikationsverhalten Modell für Beziehungsaufnahme, für Kontakt und Auseinandersetzung, für Zuwendung und Abgrenzung. Er zeigt, wie der Kontext einzubeziehen ist, was es heißt, „Raum zu geben", „jemandem Zeit zu lassen", an schwierige Fragen mit „Selbstverständlichkeit" heranzugehen. Seine Toleranz für unterschiedliche Denkweisen und Reaktionsformen vermittelt den Teilnehmern, was eine wertschätzende und verstehende Haltung ist. Die hierfür erforderliche Reife und Sicherheit, die Souveränität, auch Fehler machen zu dürfen und sich nicht als unfehlbar darzustellen, erfordert Lebenserfahrung, eigenes Durcharbeiten und eine gute Professionalität. Ein Kursleiter sollte zu den Fragen, die sich mit Leben, Tod, Leiden, Werten, Transzendenz verbinden, einen Standpunkt gefunden haben und diesen vermitteln können als Position seines *augenblicklichen* Erfahrungs- und Reflexionsstandes, ohne dogmatisch zu werden. Er sollte vermitteln können, daß er auch weiter im Prozeß des Lernens und der Veränderung steht, und so den Teilnehmern Mut machen, in ihre eigenen Integrations- und Veränderungsprozesse einzutreten. Es werden Leitern diese Eigenschaften nicht geschenkt. Sie sind das Resultat einer ernsthaften Arbeit an sich selbst und einer beständigen Bereitschaft zur intersubjektiven Auseinandersetzung. Es kann nicht darum gehen, Leiter von Kursen zur Sterbevorbereitung in die Position abgeklärter Gurus hochzustilisieren, sondern es geht um Persönlichkeiten, die ihre ernste Auseinandersetzung mit diesen Fragen glaubhaft vertreten können. Macher, Technokraten und Sensation-Seeker halten wir als Kursleiter für ungeignet.

9. Schlußbemerkung

Wir gehen in unseren Programmen von der Prämisse aus, daß effektive Hilfe und humane Begleitung von Schwerkranken und Sterbenden nur möglich ist, wenn man die eigenen Gefühle und Reaktionen zu den Themen Krankheit, Leiden, Sterben, Tod kennt, insbesondere die Gefühle der Ohnmacht, Angst, Betroffenheit und Hilflosigkeit. Nur so wird es möglich, daß sozusagen von einem Punkt der „Selbstreferenz" es zu einem „Verstehen der menschlichen Bedrängnis kommt, die mit Tod und Sterben verbunden ist" (*Miller*, nach *Zelinsky* et al. 1983, 317). Es kann auf diese Weise vermieden werden, daß die Auseinandersetzung mit Sterben und Tod ein rein akademisches Unterfangen wird und damit eine neue Form der Abwehr (*Marcel, Petzold* 1976). „...the denial of death may be advancing towards a new level of sophisitication" (*Kastenbaum* 1977, S. 87). Thanatagogische Kurse müssen als zentrales Ziel die *Integration von Leiden, Altern und Sterben in das Leben* der Kursteilnehmer haben und damit in das Leben der Patienten, ihrer Angehörigen und in das Leben der Institution. Nur so kann der Verdrängung und Verleugnung des Todes mit all ihren problematischen und negativen Folgeerscheinungen begegnet werden. Weil Abschiednehmen, Altes-Aufgeben, Trauern, Hilflosigkeit-Zulassen-Können, Unbekanntem-ins-Auge-sehen-Können und Neues-begrüßen-Können ein fundamentales Lebens- und Sterbeprinzip ist, erscheint uns der Rückgriff auf die eigenen biographischen Erfahrungen der Trennung und des Abschiednehmens, insbesondere in den Frühphasen der eigenen Entwicklung (*Mahler* et al. 1979; *Bowlby* 1972) und spezifisch der „Abschied von den Eltern" (*Halpern* 1978) von besonderer Wichtigkeit. Das Leben als „Kette von Trennungen, Abschieden und Neuanfängen" (*Petzold* 1982), als beständiger Vollzug des „kleinen Sterbens" (*Keleman*) muß in Kursen zur „Death Education" als Ganzes im Blick bleiben. Wir halten deshalb nach wie vor an unserer frühen Definition (*Petzold* 1965) von *Geragogik* und *Thanatagogik* fest als: „*Lernen des Alterns, für das Altern, im Alter*" und „*Lernen des Sterbens im Leben, Lernen für das Sterben im Leben, das Leben lernen im Sterben*".

Literatur

Aronson, E., Pines, A., Kafry, D., Ausgebrannt, Klett-Cotta, Stuttgart 1983.

Abel, H., Heinze, Th. et al., Lebensweltanalyse von Fernstudenten. Arbeitsbereich Erwachsenenstudium, Fernuniversität Hagen, Werkstattbericht, Hagen 1977.

Abermeth, H. D., Patienten-zentrierte Krankenpflege, van den Hoeck & Ruprecht, Göttingen 1977.

Amaral, Ph. et al., Staff support group on a cancer ward: A pilot study, *Death Educ.* 5 (1981), 267-274.

Baltes, P., Eckensberger, L., Entwicklungspsychologie der Lebensspanne, Klett, Stuttgart 1979.

Bandura, A., Lernen am Modell, Klett, Stuttgart 1976.

Barton, D., Crowder, M. K., The use of role playing techniques as an instructional aid in teaching about dying, death and bereavement, *Omega* 6, (1975), 243-250.

Benoliel, J. Q., Nurses and the human experience of dying, in: *Feifel* (1977), 123-142.

Benoliel, J. Q., Death Education for the Health Professional, Hemisphere Publishing, New York 1982.

Benoliel, J. Q., Death influence in clinical practise: A course for graduate students, *Death Educ.* 5 (1982), 273-346.

Bertram, S. L., Death education in the face of a taboo, in: *Grollman* (1974).

*Bertram, S. L.*et al. Humanistic health care education in a hospice / palliative care setting. *Death Educ.* 5 (1982), 391-408.

Besems, Th., Überlegungen zu intersubjektivem Unterricht in der integrativen Pädagogik, in: *Petzold, Brown* (1977), 45-75.

Bloom, S., On teaching an undergraduate course on death and dying, *Omega* 6 (1975), 223-226.

Bowlby, J., Separation, Penguin, Harmondsworth 1972.

Bubolz, E., Bildung im Alter, Lambertus, Freiburg 1983.

Bugental, J. F. T., Confronting the existential meaning of „my death" through group exercises, *Interpers. Develop.* 4 (1973/74), 148-163.

Bundesgesetzblatt, Teil I, 1972, Nr. 40, S. 753.

Bünte-Ludwig, Ch., Gestalttherapie — Integrative Therapie, in: *Petzold, H. G.* (Hrsg.), Wege zum Menschen, Bd. 1, Junfermann, Paderborn 1984.

Bürmann, J., Gestaltpädagogik, in: *Sauter, F.,* Psychotherapie der Schule, München 1983.

Canacakis-Canás, J., Trauerverarbeitung im Trauerritual, Schiborr, Essen 1982.

Cherniss, C., Staff burn out: Job stress in the human services, Sage Publications, Beverly Hills/London 1980.

Chomsky, N., Aspekte der Syntax-Theorie, Suhrkamp, Frankfurt 1969.

Christ, D., „Ich bin krank gewesen und ihr habt mich besucht". — Der Auftrag des Klinik-Seelsorgers und sein Beitrag zur Humanisierung des Krankenhauses, *Z. f. Humanist. Psychol.* 3/4 (1983), 74-92.

Cohn, R., Von der Psychoanalyse zur themenzentrierten Interaktion, Klett, Stuttgart 1975.

Combs, D. C., Brief communications: The effects of selected death education Curriculum models on death anxiety and death acceptance, *Death Educ.* 5 (1981), 75-81.

Dayringer, R., How I use audiovisual materials, *Death Educ.* 2 (1978), 205-214.

Degener, L. et al., An undergraduate nursing course in palliative care, *Death Educ.* 5 (1982), 317-326.

Doyle, D., Hospice — An education center for professionals, *Death Educ.* 6 (1982), 226-232.

Duke, Ph., Media on death and dying, *Omega* 6 (1975), 275-285.

Eissler, K. R., The psychiatrist and the dying patient, *International Univ. Press*, New York 1955.

Elsaesser, P. S., Wenn sie dir zu nahe kommen, Beltz, Weinheim 1982.

Fatzer, G., Jansen, H.-H., Die Gruppe als Methode: gruppendynamische und gruppentherapeutische Verfahren und ihre Wirksamkeit, Beltz, Weinheim, Basel 1980.

Fatzer, G., Humanistische Pädagogik, *Integrative Therapie* 2/3 (1983), 262-283.

Feifel, H. (Hrsg.), The meaning of death, McGraw Hill, New York 1959.

Feifel, H. (Hrsg.), New meanings of death, McGraw Hill, New York 1977.

Filipp, S. H., Kritische Lebensereignisse, Urban & Schwarzenberg, München 1981.

Folta, J. R., The perception of death, *Nursing Research* 14 (1965), 232-235.

Foucault, M., Geburt der Klinik. Eine Archäologie des ärztlichen Blicks, Ullstein, Berlin 1976.

Foucault, M., Von der Subversion des Wissens, Ullstein, München 1978.

Freudenberger, H. J., Das Erschöpfungssyndrom von Mitarbeitern in alternativen Einrichtungen, in: Petzold, H. G., Vormann, G., Therapeutische Wohngemeinschaften, Pfeiffer, München 1980, 88-104.

Garfield, Ch. A. et al., Mental health training and the hospice community: A national survey, *Death Educ.* 6 (1982), 189-204.

Grollmann, E., Concerning death: A practical guide for the living, Boston 1974.

Haan, N., Coping and defending, Academic Press, New York 1977.

Habermas, J., Vorbereitende Bemerkung zu einer Theorie der kommunikativen Kompetenz, in: Habermas, J., Luhmann, N., Theorie der Gesellschaft oder Sozialtechnologie, Suhrkamp, Frankfurt 1971, 101-141.

Habermas, J., Theorie des kommunikativen Handelns, 2 Bd., Suhrkamp, Frankfurt 1981.

Halpern, H., Abschied von den Eltern, Isko-Press, Hamburg 1978.

Heinl, H., Petzold, H. G., Gestalttherapeutische Fokaldiagnose und Fokalintervention bei Störungen aus der Arbeitswelt, *Integrative Therapie* 1 (1980), 20-57.

Hochschülerschaft (Hrsg.), Bericht 1984 des Projektes Medizin und Ethik der Hochschülerschaft an der Universität Graz, Graz 1984.

Howe, J., Ochsmann, R., Tod — Sterben — Trauer. Bericht über die 1. Tagung zur Thanato-Psychologie vom 4.-6. Nov. 1982 in Vechta, Fachbuchhandlung für Psychologie, Klotz, Frankfurt 1984.

Huck, K., Modellversuch zur Integration des psychosozialen Arbeitsansatzes in die stationär-internistische Krankenversorgung, unveröff. Manuskript, München 1982.

Huck, K., Der Psychologe im Krankenhaus, *Signal* 4 (1982), 16-21.

Huck, K., Begegnen statt Funktionieren. Möglichkeiten und Grenzen des Psychologen im Krankenhaus, *Z. f. Humanist. Psychol.* 3/4 (1983), 15-35.

Jährig, Ch., Medizinische Psychologie in der Klinik, Ein Versorgungsmodell in der Inneren Medizin, *Medizinische Psychologie* 3 (1978), 209-211.

Kastenbaum, R., We covered death today, *Death Educ.* 1 (1977), 85-92.

Keleman, St., Lebe Dein Sterben, Isko-Press, Hamburg 1977.

Kindl, M., Modellversuch zur Integration des psychosomatischen Arbeitsansatzes in die stationär-internistische Krankenversorgung, unveröff. Manuskript, München 1982.

Koch, U., Schmeling, Chr., Betreuung von Schwer- und Todkranken, Ausbildungskurs für Ärzte und Krankenpflegepersonal, Urban & Schwarzenberg, München 1982.

Köhle, K., et al., Die internistisch-psychosomatische Krankenstation, Editions Roche, Basel 1977.

Koenig, R., Counceling in catastrophic illness: A self-instructional unit, *Omega* 6 (1975), 227-241.

Kopel, K., O'Connell, W., Paris, J., Girardin, P., A human relations laboratory approach to death and dying, *Omega*, 6, 1975, 219-221.

Krant, M. J., The dying patients — Medicine's responsibility, *J. of Thanatology* 1 (1971), 1-24.

Krant, M. J., The doctor, fatal illness and the family, in: *Grollman* (1974).

Kreibich-Fischer, R., Modell zur psychosozialen Betreuung von Tumorpatienten im Krankenhaus Moabit, 1. Tagung zur Thanato-Psychologie in Vechta 1982, in: *Howe, Ochsmann* (1984).

Kübler-Ross, E., On death and dying. Macmillan, New York 1969.

Küchler, Th., Die Angst, keine Antwort zu haben. *Z. f. Humanist. Psychol.* 1/2 (1983), 70-79.

LaGrand, L. E., Reducing burnout in the hospice and the death education movement, *Death Educ.* 4 (1980) 61-75.

Leviton, D. Education for death, or death becomes less a stranger, *Omega*, 6, 1975, 183-191.

Leviton, D., Death education, in: *Feifel* (1977), 253-272.

Leviton, D., The scope of death education, *Death Educ.* 1 (1977b), 41-56.

Lipowski, Z. J., Consultation Liaison-Services in the General Hospitals, *Psychother. Psychosom.* 21 (1972) 232-234.

Lückel, K., Begegnung mit Sterbenden, Kaiser, München 1981.

Mahler, M. et al., Die psychische Geburt des Menschen, Fischer, Frankfurt 1978.

Marcel, G. et al., Was erwarten wir vom Arzt, Hippokrates, Stuttgart 1956.

Marcel, G., Petzold, H. G., Anthropologische Bemerkungen zur Bildungsarbeit mit alten Menschen, in: *Petzold, Bubolz* (1976), 18-19.

McCorkle, R., Death education for advanced nursing practise, *Death Educ.* 5 (1982), 347-361.

Miles, M. Sh., The effects of a course on death and dying and grief on nurses' attitudes toward dying patients and death. *Death Educ.* 4 (1980), 245-260.

Moor, de, W., De psychotherapeutische interventije, Van Loghum Slaterus, Den Haag 1982.

Petzold, H. G. Géragogie — nouvelle approche de l'éducation pour la viellesse et dans la viellesse, *Publications de L'Institut St. Denis* 1, (1965) 4-10; dtsch. in: *Petzold* (1984a).

Petzold, H. G., Die Rolle der Medien in der integrativen Pädagogik, in: *Petzold, Brown* (1977), 101-123.

Petzold, H. G., Psychotherapie und Körperdynamik, Junfermann, Paderborn 1974, 2. Aufl. 1977a.

Petzold, H. G., Integrative Geragogik, in: *Petzold, Brown* (1977b) 214-246.

Petzold, H. G., Das Ko-respondenzmodell in der integrativen Agogik, *Integrative Therapie* 1 (1978), 21-58.

Petzold, H. G., Psychodrama-Therapie. Theorie, Methoden, Anwendung in der Arbeit mit alten Menschen, Junfermann, Paderborn 1979.

Petzold, H. G., Psychodrama, therapeutisches Theater und Gestalt als Methoden der Interventionsgerontologie und der Alterspsychotherapie, in: *Petzold, Bubolz* (1979a), 147-260.

Petzold, H. G. (Hrsg.), Schwerpunktheft Humanisierung des Alters, *Z. f. Humanistische Psychologie* 3/4 (1979b).

Petzold, H. G., Die Rolle des Therapeuten und die therapeutische Beziehung, Junfermann, Paderborn 1980.

Petzold, H. G., Grundfragen der menschlichen Kommunikation im Lebensverlauf, *Gestalt-Bulletin* 1/2 (1981), 54-69.

Petzold, H. G., „Sich selbst im Lebensganzen verstehen lernen", in: *Pro Senectute, H.-D. Schneider* (Hrsg.), Vorbereitung auf das Alter, Schöningh, Paderborn 1981a, 89-112.

Petzold, H. G., Fritz Perls, der Begründer der Gestalttherapie, Einführung zu: *F. S. Perls*, Verlorenes und Wiedergefundenes aus meiner Mülltonne, Verl. f. Humanist. Psychol., Flach, Frankfurt, 1981a, 9-12.

Petzold, H. G., Gestaltdrama, Totenklage und Trauerarbeit, in: *Petzold, H. G.*, Dramatische Therapie, Hippokrates, Stuttgart 1982, 335-368.

Petzold, H. G., Sterben — ein Lebensprozeß, *Sensus-Kommunikation* 2 (1982a), 3-9.

Petzold, H. G., Integrative Intervention — a system approach to the planning and realisation of drug therapy programs, Proceedings of the 12th Int. Conf. on Drug Dependence, 22.-26.3.1982, Bangkok, International Council on Alcohol and Addictions, Lausanne/Genf 1982b.

Petzold, H. G., Der Mensch ist ein soziales Atom, *Integrative Therapie* 3 (1982c) 161-175.

Petzold, H. G., Gestalttherapeutische Perspektiven zu einer engagierten Thanatotherapie, Referat zur 1. Tagung für Thanatopsychologie vom 4.-6. Nov. 1982, in: *Howe, J., Ochsmann, R.*, Tod — Sterben — Trauer, Bericht über die 1. Tagung zur Thanatopsychologie, Fachbuchhandlung für Psychologie, Klotz, Frankfurt 1983.

Petzold, H. G. (Hrsg.), Humanisierung des Krankenhauses I, Schwerpunktheft d. Z. f. Humanist. Psychol. 1/2 (1983a).

Petzold, H. G., Kranke lassen sich nicht „recyclen", in: *Z. f. Humanist. Psychol.*, 1/2 (1983b), 21-34.

Petzold, H. G., Der Verlust der Arbeit durch die Pensionierung als Ursache von Störungen und Erkrankungen. Möglichkeiten der Intervention durch Soziotherapie und Selbsthilfegruppen, in: *Petzold, H., Heinl, H.* (Hrsg.), Psychotherapie und Arbeitswelt, Junfermann, Paderborn 1983c, 409-446.

Petzold, H. G. (Hrsg.), Humanisierung des Krankenhauses II, Berufe im Krankenhaus, Schwerpunktheft d. Z. f. Humanist. Psychol. 3/4 (1983d).

Petzold, H. G., Zur Ausbildung von dynamisch-orientierten Leib- und Bewegungstherapeuten, *Gruppendynamik* 1 (1983e), 63-83.

Petzold, H. G., Vorüberlegungen und Konzepte zu einer integrativen Persönlichkeitstheorie, *Integrative Therapie* 1/2 (1984).

Petzold, H. G., Mit alten Menschen arbeiten, Pfeiffer, München 1984a (in Vorber.)

Petzold, H. G., Ausbildungscurriculum für die psychotherapeutische Arbeit mit Kranken, alten Menschen und Sterbenden, Fritz Perls Institut, Düsseldorf 1984b.

Petzold, H. G., Sterben und Kreativität, Junfermann, Paderborn 1985 (in Vorber.)

Petzold, H. G., Bubolz, E., Bildungsarbeit mit alten Menschen, Klett, Stuttgart 1976.

Petzold, H. G., Brown, G. I., Gestaltpädagogik, Pfeiffer, München 1977.

Petzold, H. G., Sieper, J., Quellen und Konzepte der Integrativen Pädagogik, in: *Petzold, Brown* (1977), 14-36.

Petzold, H. G., Bubolz, E., Psychotherapie mit alten Menschen, Junfermann, Paderborn 1979.

Petzold, H. G., Lemke, J., Gestaltsupervision als Kompetenzgruppe, *Gestalt-Bulletin* 3 (1979), 88-94.

Petzold, H. G., Heinl, H., Einige Gedanken zu Inhalt und Struktur von Supervision in der Psychotherapieausbildung, *Gestalt-Bulletin* 1/2 (1981), 38-41.

Petzold, H. G., Bäumges, U., Integrative Therapie mit älteren Glaukompatienten, *Integrative Therapie* 2 (1983), 198-238; auch in: *Petzold* (1984a).

Petzold, H. G., Mathias, U., Rollenentwicklung und Identität, Junfermann, Paderborn 1983.

Petzold, H. G., Heinl, H., Fallenstein, A., Das Arbeitspanorama, in: *Petzold, H. G., Heinl, H.* (Hrsg.), Psychotherapie und Arbeitswelt, Junfermann, Paderborn 1983, 356-408.

Petzold, H. G., Küchler, Th. et al., Kompaktcurriculum für die Arbeit mit alten Menschen, Schwerkranken und Sterbenden, Fritz Perls Institut, Düsseldorf 1984.

Petzold, H. G., Maurer, Y., Integrative Gestaltpsychotherapie, in: *Maurer, Y.*, Bedeutende Formen der Psychotherapie, Hippokrates, Stuttgart 1984.

Petzold, H. G., Reinhold, K., Humanistische Psychologie, Integrative Therapie und Erwachsenenbildung, in: *K. Garnitschnig*, Menschenerweckende Erwachsenenbildung, Herold-Verlag, Wien 1984, 49-68.

Petzold, H. G., Lückel, K., Die Methode der Lebensbilanz in der Arbeit mit alten Menschen, Kranken und Sterbenden, in: *Petzold* (1984a).

Pine, V. R., A socio-historical portrait of death education, *Death Educ.* 1 (1977), 57-84.

Price, D. M., Murphy, P. A., Staff Burnout in the perspective of grief theory, *Death Educ.* 1 (1984), 47-58.

Quint, J. B., Awareness of death and the nurse's composure, *Nursing research* 15 (1966), 763-773.

Quint, J. C., The dying patient: A difficult nursing problem, *Nursing Clinics of North America* 2 (1967), 763-773.

Rohde, J. J., Strukturelle Momente der Inhumanität einer humanen Institution in: *Döhner, O.* (Hrsg.), Arzt und Patient in der Industriegesellschaft, Suhrkamp, Frankfurt 1973.

Saunders, C., Dying they live: St. Christopher's Hospice, in: *Feifel* (1977), 153-180.

Schmidbauer, W., Die hilflosen Helfer, Rowohlt, Reinbek 1977.

Schmidt, S. J., Texttheorie, München 1973.

Sellschopp, A., Psychosoziale Fortbildung im onkologischen Bereich, Bericht über das Ausbildungsseminar, unveröff. Skript, 1983.

Siegrist, E. P., Arbeit und Interaktion im Krankenhaus, Enke, Stuttgart 1978.

Simons, C., Umgang mit schwerkranken und unheilbar kranken Patienten, in: *Köhle, K., Böck, D., Grauhan, A.*, Die internistisch-psychosomatische Krankenstation. Ein Werkstattbericht, Rocom-Publikation, Editiones Roches, Basel 1977, 143-146.

Simpson, M. A., Death education where is thy sting, *Death Educ.* 3 (1979), 165-173.

Sinacore, J. M., Avoiding the humanistic aspect of death: An outcome from the implicit elements of health professions education, *Death Educ.* 5 (1981), 121-133.

Spiegel-Rösing, I., Ein Beitrag zu der Frage nach mehr Menschlichkeit im Krankenhausalltag, unveröff. Skript, Ulm 1980.

Staub, H., Mit dem Sterben leben. Die Entwicklung eines Kompaktseminars zur Sterbebegleitung für Pflegepersonal, in: *Howe, J., Ochsmann, R.* (Hrsg.), „Tod — Sterben — Trauer, Bericht über die erste Tagung zur Thanato-Psychologie vom 4.-6. Nov. 1982 in Vechta, Klotz, Frankfurt 1983.

Stillion, J. M., Where Thanatos meets Eros: Parallels between death education and group psychotherapy, *Death Educ.* 2 (1983), 53-67.

Steppe, H., Lehrgangsrichtlinien: Umgang mit Schwerstkranken und Sterbenden, unveröff. Skript, Frankfurt 1982.

Steppe, H., Handlangertum und Nächstenliebe. Die inhumane Situation des Pflegepersonals, *Z. f. Humanist. Psychol.* 3/4 (1983), 64-74.

Swain, H., Cowles, K. V., Interdisciplinary death education in a nursery school, *Death Educ.* 5 (1982), 297-315.

Taubert, J., Erfahrungen der Fortbildung von Krankenpflegepersonal. Leben — Lebenskrise — Sterben — Tod. Vortrag auf der 1. Tagung zur Thanato-Psychologie, Vechta 1982. Bericht über die Vorbereitungsphase des Modellvorhabens „Menschengerechte Krankenpflege" im Diakoniewerk Kaiserswerth vom 1.1.-31.12.79 vorgelegt vom Diakoniewerk Kaiserswerth.

Thoma, H., Entwicklung einer vergeßbaren Technik. Der Beitrag des Medizintechnikers zur Humanität im Krankenhaus, *Z. f. Humanist. Psychol.* 3/4 (1983), 49-63.

Thrush, J. C., Paulus, G. S., The availability of education on death and dying: A survey of U. S. nursing schools, *Death Educ.* 3 (1979), 131-142.

Trent, C. et al., The impact of a workshop on death and dying on death anxiety, life satisfaction, and locus of control among middle-aged and older adults, *Death Educ.* 5 (1981), 157-173.

Uexküll, Th. v. (Hrsg.), Integrierte Psychosomatische Medizin, Modelle in Klinik und Praxis, Enke, Stuttgart 1981.

Unruh, D., Invisible lives. Social worlds of the aged, Sage, Berverly Hills 1983.

Urban, H. et al., Der Umgang mit unheilbar Kranken. *Themen der Krankenpflege,* 1 (1973), München, 37-68.

Vachon, M. L., Motivation and stress experienced by staff working with the terminally ill., *Death Educ.* 2 (1978), 113-126.

Wass, H. (Hrsg.), The Hospice. Special issue, *Death Educ.* 2 (1978).

Weiner, H. B., Living experiences with death — A journeyman's view through psychodrama, *Omega* 6 (1975), 251-274.

Weinstock, C., Whitebourne, S., Die mittlere Lebensspanne, Urban & Schwarzenberg, München 1982.

White, D. K., An undergraduate course in death, *Omega* 1 (1970), 167-174.

Yano, B. S., What about US? Group therapy for oncology nurses, *The Journal of practical nursing*, 28, 29, 34, 38 (1977).

Zelinsky, L., Thorson, J. A., Educational approaches for preparing social work students for practice related to death and dying, *Death Educ.* 6 (1983), 313-322.

18 Medizinpsychologische Betreuung von Tumorpatienten im stationären und ambulanten Bereich*
Ein Projektbericht

Christian Buhrmester, Margit von Kerekjarto, Gerda Ratsak, Bettina Schiebel-Piest, Hamburg

Einleitung

Von der Deutschen Krebshilfe e. V. wurde im Jahre 1979 die Möglichkeit gegeben, an der Universität Hamburg eine Arbeitsgruppe zu etablieren, um innerhalb der II. Medizinischen Klinik die Betreuung von onkologisch und hämatologisch Kranken zu übernehmen. Das Projekt wurde als eine 5 Jahre laufende Modelleinrichtung etabliert, die Aufschlüsse über den Bedarf und die Möglichkeiten der psychosozialen Betreuung dieser Patienten im stationären und ambulanten Bereich erbringen soll.

Grundlage für den Projektantrag waren die Erfahrungen aus einer 3jährigen Tätigkeit der Mitarbeiter der Abteilung für Medizinische Psychologie in der Versorgung tumorkranker Patienten. Aus den Erfahrungen in dieser klinischen Tätigkeit entstand im September 1978 der Projektantrag an die Deutsche Krebshilfe e. V. Schwerpunkte dieses Versorgungsmodells sind die psychologische Betreuung von Krebskranken und deren Angehörigen sowie die Beratung des behandelnden medizinischen Personals. Im Rahmen der wissenschaftlichen Begleitung des Versorgungsmodells werden Evaluationsinstrumente zur Überprüfung der gesetzten Ziele entwickelt. Die Kooperation mit anderen Arbeitsgruppen soll die Vergleichbarkeit der ermittelten Befunde erleichtern. Die Projektarbeit begann unter Leitung von einer der Autoren (M. v. K.) am 1. Oktober 1979.

Überblick über den Verlauf der Projektarbeit

Die psychosoziale Betreuung von Tumorpatienten fand in der ersten Phase der Projektarbeit in zwei Bereichen statt; zum einen in der onkologisch-hämatologischen Ambulanz der Poliklinik der II. Medizini-

---

*) Aus dem Universitätskrankenhaus Hamburg — Eppendorf (UKE) II. Medizinische Klinik, Abt. f. Medizinische Psychologie (Abteilungsdirektorin: Prof. Dr. M. v. Kerekjarto)

schen Klinik des UKE und zum anderen auf einer der internistischen Stationen der II. Medizinischen Klinik in Form eines Liaisonservices. Auf dieser Station hatte jeweils etwa ein Fünftel der dort liegenden Patienten onkologisch-hämatologische Erkrankungen. Weiterhin wurden auf einer weiteren internistischen Station der II. Medizinischen Klinik des UKE Patienten weiterbetreut, die von der hämatologischen-onkologischen Ambulanz stationär eingewiesen worden waren. Die Betreuungsarbeit wurde besonders durch zwei Faktoren bestimmt:

1) In der Ambulanz und auch auf beiden Stationen wurde neben der Gruppe der onkologisch-hämatologisch Kranken auch eine größere Anzahl Patienten mit anderen Diagnosen behandelt. Diese gemeinsame Behandlung von Patienten mit unterschiedlichen Diagnosen erlaubte es nicht, alle Patienten global auf ein psychosoziales Betreuungsangebot hinzuweisen. Während dieser Projektphase wurden die Patienten daher besonders durch das medizinische Personal auf die psychosozialen Unterstützungsmöglichkeiten hingewiesen.

2) In der Ambulanz stand den medizinpsychologischen Mitarbeitern je ein Dienstzimmer zur Verfügung, eine notwendige Voraussetzung für die gleichzeitige psychotherapeutische Betreuung der Patienten während der Öffnungszeiten der Onkologischen Ambulanz.

Im Oktober 1980 wurde im Rahmen der Lehrstuhlbesetzung durch Prof. Dr. *D. Hossfeld* die Abteilung für Onkologie und Hämatologie am UKE gegründet. In der neuen Abteilung bilden Ambulanz und Station eine räumliche Einheit, in der fast ausschließlich Patienten mit onkologischen und hämatologischen Krankheiten behandelt werden. Für die psychosoziale Betreuungsarbeit ergaben sich hierdurch folgende wesentliche Veränderungen:

1) Die Patienten können neben der Information durch die Ärzte gezielt durch Handzettel und Anschläge auf das Betreuungsangebot hingewiesen werden.

2) Bedingt durch den Raummangel in der neuen Abteilung haben die psychosozialen Mitarbeiter keine Dienstzimmer mehr in der Ambulanz. Daher müssen Patientengespräche meist auf dem Flur der Ambulanz stattfinden.

3) Patienten und Angehörige werden in der neuen Abteilung einer permanenten Konfrontation mit anderen Tumorpatienten und deren oft sehr invasiver Behandlung ausgesetzt.

4) Schwestern, Pfleger und Ärzte sind durch die massive Konfrontation mit Krebspatienten, deren Behandlung und Sterben stärker

psychisch belastet. Dies wird u. a. an einer erhöhten Mitarbeiterfluktuation deutlich.

Arbeitsbereiche des Projektes

Patientenversorgung	Evaluation	Kooperation
Onkolog.-hämatolog. Ambulanz Onkolog.-hämatolog. Station Konsultation – Liaison – Dienst (Arbeit mit Ärzten und Pflegepersonal)	– Entwicklung und Revision von Evaluationsinstrumenten – Dokumentation der psychosozialen Tätigkeiten – Computergerechte Aufbereitung der Daten – Verrechnung und Auswertung der Daten	Austausch und Zusammenarbeit mit anderen Psycho-onkolog. Arbeitsgruppen

Situation der betreuten Krebspatienten — quantitative Angaben

Die im Projekt versorgten Patienten haben neben Primärtumor bzw. Grunderkrankung meist Rezidive, Metastasierungen oder Zweitkrebse. Bei ihrer Behandlung geht es meist darum, die Tumor- oder Systemerkrankung einzudämmen, also Lebenszeit und -qualität bestmöglich zu erhalten. Das bedeutet letztlich, daß die meisten Patienten unheilbar sind. Sie erhalten (im weitesten Sinne) palliative Chemotherapie; etliche von ihnen sind „austherapiert".

Insgesamt wurden 348 Patienten betreut. Die Altersspanne der betreuten Patienten reichte von 16 bis 86 Jahre. Die Anzahl der Kontakte belief sich auf insgesamt 4.463. Ein hoher Anteil (36 %) der betreuten Patienten verstarb bis zum jetzigen Zeitpunkt.

Problemschwerpunkte der Patienten

Aus der Vielzahl von Problemen, mit denen Tumorpatienten, ihre Angehörigen und Behandelnden konfrontiert werden, lassen sich Schwerpunktbereiche herauskristallisieren, die häufig Anlaß für psychosoziale Interventionen wurden:

1) Belastungen, die mit der Krankheitsverarbeitung verbunden sind:
— die unerträgliche Belastung bei Mitteilung der Diagnose oder Prognose,
— die permanente Unsicherheit über den Verlauf der Erkrankung, so daß längerfristige Zukunftsplanung unmöglich wird,
— die Mitteilung von Befunden über Rezidive, Metastasierungen oder Zweitkrebse,
— die Mitteilung über die Erfolglosigkeit einer Therapiemaßnahme oder die Aussichtslosigkeit weiterer Therapiemaßnahmen.

2) Belastungen, die durch die Behandlung bedingt sind:
— das Ertragen von Nebenwirkungen der oft invasiven Therapiemaßnahmen (z. B. Appetitlosigkeit, Übelkeit und Erbrechen),
— die Isolierung der Patienten wegen Infektionsgefahr während einer immunsuppressiven Therapie,
— die psychische Verarbeitung von Organverlusten, Entstellungen (z. B. Haarverlust), Einschränkungen der Mobilität und Vitalität oder die Einbuße der sexuellen Attraktivität und Funktionsfähigkeit,
— die Abhängigkeit von langwieriger, oft belastender medizinischer Behandlung und Kontrolle.

3) Soziale Probleme
— Berufs- oder Arbeitsunfähigkeit, verbunden mit Sorgen um den Arbeitsplatz, finanzielle Einbußen,
— Verlust der Fähigkeit, sich selbst zu Hause zu versorgen; Abhängigkeit von Hilfe,
— Schwierigkeiten und Hilflosigkeit gegenüber Institutionen bei Problemen, z. B. mit Krankengeld, Schwerbehindertenausweis, Rente, Kur oder Wohnungssuche (bei Notwendigkeit eines Fahrstuhls),
— Probleme bei der Versorgung von Angehörigen zu Lebzeiten und nach dem Tode des Patienten (z. B. die Versorgung kleiner Kinder oder bisher gepflegter Eltern).

4) Kommunikationsstörungen und Konflikte mit
— medizinisch/pflegerischem Personal,
— Familienangehörigen und Freunden (Entfremdung, Isolation),
— Eskalation früher latenter Konflikte durch die psychische Belastung von Patienten und Angehörigen oder auch durch die krankheitsbedingte zunehmende Abhängigkeit.

5) Belastungen durch den Krankenhausaufenthalt
— die Belastung durch starke Identifikation mit anderen Patienten, deren Krankheitsverlauf oder Sterben miterlebt wird,
— die Isolation von Familie und anderen wichtigen Bezugspersonen;
— Verlassen der gewohnten Umgebung (besonders für alte Menschen).

6) Konfrontation mit Tod und Sterben
— Konfrontation mit Tod und Sterben bei anderen Patienten und als eigene erlebte Gefährdung,
— Erleben der Terminalphase der Erkrankung und Sterben.

Mögliche Folgen der psychischen Belastung von Tumorpatienten

Werden Patienten mit den oben aufgeführten Problemsituationen konfrontiert, die oft auch in mehreren Bereichen gleichzeitig auftreten, so gelangen Patienten leicht an die Grenze ihrer psychischen Belastbarkeit. Hierdurch bedingt kommt es dann zu Komplikationen oder inadäquaten Reaktionen des Patienten, die nicht nur seine Lebensqualität erheblich beeinträchtigen können, sondern auch die notwendige Tumorbehandlung verhindern können und unter Umständen bis zu einer vitalen Gefährdung des Patienten reichen. Hier sollen nur beispielhaft folgende Bereiche erwähnt werden:

— Angst und Spannung erhöhen die Schmerzempfindung, steigern Übelkeit und Erbrechen und vergrößern den Medikamentenbedarf oft erheblich.
— Depressive Verstimmungen bei krankheitsbedingten Verlusterlebnissen schwächen den Überlebenswillen und die Abwehrkräfte des Patienten.
— Projektive Aggressionen gegen Angehörige (die eigentlich gegen die Krankheit gerichtet sind) können zu weiterer Isolation und Labilisierung des Patienten führen und bereiten den Angehörigen oft unerträgliche Schuldgefühle.
— Projektive Aggressionen gegen das medizinische Personal können die Kooperationsbereitschaft (*compliance*) des Patienten und die gesamte Weiterbehandlung in Frage stellen.
— Autoaggressionen, die zu unbewußtem selbstzerstörerischem Verhalten führen, gefährden den Patienten gegebenenfalls erheblich (z. B. unvorsichtige Bewegungen bei Knochenentkalkung mit Frakturfolgen).

— Überstarke psychische Abwehrmechanismen (insbesondere Verleugnung) können den Patienten zu unrealistischen Einschätzungen seiner Lage führen (z. B. bricht ein Patient vorzeitig seine Behandlung ab, da er seine psychische Stabilität durch das Anerkennen einer Behandlungsbedürftigkeit zu sehr gefährden würde).

— Eine Verringerung der Immunabwehrkräfte durch zu starke psychische Belastung oder Sinken des Genesungs- und Überlebenswillens.

— Schwächung der psychischen Abwehrmechanismen in Krisensituationen, Angstüberflutung, unkontrollierte panische Reaktionen, psychotische Dekompensation oder Suizidversuche.

In diesem Zusammenhang muß auch die Gefahr von unter Umständen schweren psychischen und psychosomatischen Störungen bei Angehörigen erwähnt werden, wie die Studien über erhöhtes psychosomatisches Erkrankungsrisiko nach Verlusterlebnissen sowie die Studien zu den erhöhten Sterberaten von Witwen zeigen (vgl. *Parkes* 1974).

Ziel der psychosozialen Interventionen ist es, die oben beschriebenen inadäquaten Reaktionen von Patienten und Angehörigen abzuwenden oder zu mildern. Ziel der Betreuungsarbeit ist es, möglichst auch schon präventiv einzugreifen, so daß es gar nicht erst zu einer solchen Eskalation von Konflikten kommt.

Psychosoziale Interventionsformen

Das Spektrum der psychosozialen Interventionsformen ist bei der Heterogenität der Patientengruppe wie auch der Angehörigen und der Vielzahl der Probleme entsprechend breit gefächert. Im Projekt werden folgende Interventionsformen angewandt:

Psychosoziale Interventionsformen			
Krisen-intervention	Supportive Therapie, Beratungs-gespräche, Kurztherapie	Beratung in sozialen Fragen	Sterbe-begleitung

Kontaktaufnahme

Patienten werden in der Ambulanz direkt durch einen *„Brief an die Patienten"* informiert. Auf der Station werden systematisch Aufnah-

582

megespräche mit Neupatienten geführt, bei denen die Patienten ebenfalls das Informationsblatt erhalten. Diese Erstgespräche bieten eine Reihe von Vorteilen für alle Beteiligten:

— Der Patient erfährt zu Beginn seiner Behandlung von der Betreuungsmöglichkeit, erhält Information und lernt den Psychotherapeuten persönlich kennen.

— Der Patient fühlt sich angenommen in seinen physischen und psychischen Bedürfnissen und kann auch in diesem ersten Kontakt für ihn wesentliche Themen ansprechen. Er kann von sich aus weitere Gespräche vereinbaren oder zu einem späteren Zeitpunkt auf diese Möglichkeit zurückgreifen.

— Der Medizinpsychologe kann sich ein Bild von der Befindlichkeit des Patienten machen und mögliche Problembereiche erkennen. Er kann auf diese Weise zu einer Einschätzung gelangen, über welche Möglichkeiten der Patient verfügt, um später eintretende krankheitsbedingte Belastungen zu bewältigen.

— Ärzte und Pflegepersonal erhalten Informationen über die Sozialanamnese des Patienten, über seine Sorgen, Ängste und Erwartungen und mögliche Gefahrenquellen in der psychosozialen Konstellation des Patienten und/oder seines Umfeldes.

Durch die im psychologischen Erstgespräch gewonnenen Informationen können frühzeitig von Ärzten, Pflegepersonal und Medizinpsychologen prophylaktische oder flankierende Maßnahmen zur Stützung des Patienten erfolgen.

Krisenintervention

Kriseninterventionen sind dann notwendig, wenn der Patient und/oder seine Angehörigen plötzlich und unerwartet mit einem schwerwiegenden Problem konfrontiert werden. Krisenhafte Situationen können entstehen,

— bei inadäquater, nicht sukzessiver Mitteilung einer Diagnoseänderung (Progress);

Patient erfährt während der Visite, daß ein drohender Querschnitt besteht, spricht nicht mehr, starrt an die Decke und liegt erstarrt (wie gelähmt) im Bett.

— wenn der Patient phobisch auf Behandlungs- oder Diagnosemaßnahmen reagiert;

Patient fängt an zu weinen, zu schreien, als er die Infusion sieht. Er wehrt sich dagegen, sie angelegt zu bekommen. Dies geschieht sehr überraschend; der Patient hatte vorher noch mit einer Schwester geredet und gelacht.

— wenn der Patient plötzlich und unerwartet eingewiesen oder entlassen werden muß;
— wenn der Patient sehr heftige Schmerzen oder panische Angst hat, die er nicht mehr kontrollieren kann.

Angehörige reagieren häufig mit panischer Angst,
—wenn sie ihren Verwandten in den eben genannten Situationen sehen;
—wenn sie Situationen fälschlich als lebensbedrohlich ansehen;
—wenn sie sich zu stark mit dem Patienten identifizieren.

Die Bewältigungsstrategien reichen dann nicht mehr aus, so daß eine totale Dekompensation droht. Eine Kommunikation mit dem Patienten ist dann nur noch verzerrt und eingeschränkt möglich. Bei starker Angst, Wut und verzweifelter Panik muß versucht werden, zu einer kathartischen Abreaktion zu gelangen, um dem Betroffenen zu einem sprachlichen Ausdruck seiner Angst zu verhelfen, ihn zu stützen und zu ermutigen.

„Das Schlimmste ist, im Infusionsraum vor der Nierenschale mit den Spritzen zu sitzen und auf den Arzt zu warten. Dann bin ich der einsamste Mensch auf der Welt."
„Bleiben Sie bei mir, bis die Spritze gewirkt hat! Halten Sie mich ganz fest, dann muß ich nicht schreien."

In Hoffnungslosigkeit erstarrte Patienten benötigen vor allem die geduldige (oft stille) kontinuierliche Präsenz des Therapeuten. Dabei ist es wesentlich, dem Patienten die Einfühlbarkeit seines seelischen Zustandes zu versichern und ihn schließlich durch Ermutigung und Zuspruch zu stützen. Um dem Patienten den Weg aus der Krise zu erleichtern, ist es besonders wichtig, möglichst viele Brücken zum medizinisch-pflegerischen Personal und den Angehörigen zu schlagen. Durch die wiederhergestellte Einbindung in eine soziale Bezugsgruppe soll es dem Patienten ermöglicht werden, sich die stabilisierenden Funktionen dieser Bezugsgruppe zu eigen zu machen. Gefühle der Scham und Schuldangst, versagt zu haben, erschweren es sonst dem Patienten auch noch nach überstandener Krise, von sich aus wieder Kontakt zu seinen betreuenden Ärzten und Schwestern aufzunehmen.

Supportive Therapie, Beratungsgespräche, Kurztherapie

Diese in der Literatur sonst getrennt aufgeführten Therapieverfahren sollen hier zusammen dargestellt werden, da die Betreuung von Tumorpatienten meist nicht in einem zeitlich und inhaltlich abgegrenzten Therapiesetting erfolgen kann, sondern sich stark am Krankheitsverlauf orientieren muß. Durch die oft raschen Veränderungen im

Krankheitsgeschehen und in der Behandlung kann sich die gesamte Situation des Patienten und seine psychische Belastung oft schnell wandeln. Daher ist es für den Therapeuten wichtig, flexibel die situationsadäquate Form von stützender oder aufdeckender psychotherapeutischer Intervention zu wählen.

Kernpunkt der supportiven Therapie (*Freyberger* und *Speidel* 1976) ist der Aufbau einer stabilen Beziehung zum Patienten mit dem Ziel von *Stützung, Gewährung* und *Ermutigung.* Besonders die bei einer Tumorerkrankung gehäuft auftretenden Verlusterlebnisse (im somatischen und psychosozialen Bereich) führen bei vielen Patienten zu einer derartigen Belastung, daß ihnen die Fähigkeit zur Selbstreflektion nur eingeschränkt zur Verfügung steht. Hier wären aufdeckende psychotherapeutische Interventionen daher wenig sinnvoll. Therapeutische Ziele sind vielmehr der Aufbau und/oder die Verstärkung von tragenden Beziehungen besonders auch zu den Angehörigen, den Ärzten und dem Pflegepersonal. Darüber hinaus stützt der Medizinpsychologe den Patienten auch durch Ratschläge und durch die Ermutigung bei der Bewältigung von Problemen. Durch die *kontinuierliche* Pflege eines tragenden, vom Patienten positiv erlebten Kontaktes zum Therapeuten und die Versicherung, jederzeit erreichbar oder durch einen Kollegen vertreten zu sein, soll dem Patienten die Gewißheit einer ständig für ihn verfügbaren Unterstützung gegeben werden.

Allein diese Gewißheit um die potentielle Verfügbarkeit des Therapeuten führt meist schon zu einer erheblichen Stabilisierung des Patienten. Diese Form der supportiven Therapie kann bei Bedarf auch bei poststationären Patienten noch telefonisch weitergeführt werden und damit die erste beschwerliche häusliche Reintegration unterstützen.

Bei *Beratungsgesprächen* liegt das Ziel vor allem in einer Klärung der Situation des Patienten. Die Aufgabe des Psychotherapeuten besteht hierbei primär in einer Hilfe zur Selbsthilfe. Eine Klärung der Situation des Patienten und der ihn belastenden Probleme soll ihm ermöglichen, seine Entscheidungen selbst zu treffen und in praktisches Handeln umzusetzen.

Kurztherapie ist nur bei psychisch stabileren Patienten indiziert, bei denen keine schnell einwirkenden Veränderungen in der somatischen Erkrankung und Behandlung zu erwarten sind. Da im Arbeitsbereich des Projektes vornehmlich Patienten im fortgeschrittenen Stadium und in der Terminalphase der Erkrankung betreut werden, findet diese Therapieform nur in geringem Umfang Anwendung. In der Kurztherapie wird ein umschriebener Problembereich in einer begrenzten Zahl von Therapiesitzungen bearbeitet. Hierbei kommt es darauf an, den der Störung zugrunde liegenden Konflikt aufzudecken und einer für den Patienten akzeptableren Lösung zuzuführen.

Beratung in sozialen Fragen

Informationsvermittlung und Beratung in sozialen Fragen wird im Rahmen des Projektes insbesondere von der Sozialpädagogin (G. R.) durchgeführt. Im Vordergrund stehen dabei folgende Bereiche:
— Möglichkeiten der poststationären *häuslichen Versorgung* (z. B. Essen auf Rädern, Familienpflege bzw. Hauspflege, Organisation von Nachbarschaftshilfe);
— Hilfestellung im *Umgang mit Behörden und Institutionen* (z. B. bei Einstufungsänderungen des Schwerbehindertenausweises, Krankengeldweiterzahlung, Kuranträgen, Rentenanträgen, Beschaffung von behindertengerechten Wohnungen);
— *Vermittlung von Kontakten* zu Selbsthilfegruppen oder Nachsorgeeinrichtungen (z. B. DRK, Nachgehender Krankenhilfsdienst).

Sterbebegleitung

Die Betreuung von Sterbenden auf der Station fordert (als letzte Konsequenz der supportiven Therapie) die Person des Betreuers am stärksten. Bei der Sterbebegleitung müssen tägliche, manchmal häufigere Kontakte stattfinden, damit drohende oder schon vorhandene Isolation des Sterbenden wenigstens teilweise verhindert wird.

Dem Patienten soll offenes Sprechen über Schmerzen, Sterben und seine Sorgen um die Angehörigen ermöglicht werden. Besonders Patienten, die allein sind oder allein gelassen werden, benötigen oft ein symbiotisches Mitgehen und eine intensive Präsenz des Medizinpsychologen. Angst, Wut, Depression, aber auch unrealistisch positive Phantasien als Teil der Verleugnung müssen in dieser Phase höchster Bedrohung zugelassen und mitgetragen werden. Für alle Gesprächspartner ist der sporadische Realitätsverlust des Patienten schwer zu ertragen. Lebensphantasien wechseln mit Aussagen über Sterben manchmal von Satz zu Satz, und es ist wichtig, dem Patienten hierin zu folgen.

„Riechen Sie die Blaubeeren? Wir werden jetzt welche pflücken und nachher schön mit Milch und Zucker essen. Aber der Weg ist so weit, ganz weit.
Meine Frau soll das Auto ruhig behalten, sonst wird sie zu einsam, wenn ich tot bin."

Auch wenn Gespräche nicht mehr möglich sind, kann dem Patienten die Nähe und Zuwendung des Betreuers einen Teil der Angst und Einsamkeit nehmen. Körperkontakt ist dann noch ein möglicher Zugang zum Sterbenden.

Die Patientin ist sehr unruhig, stöhnt und hält die Augen geschlossen. Nach einiger Zeit öffnet sie kurz die Augen, entspannt sich dann, hält die Hand des Betreuers und bettet sie sich schließlich als Stütze unter den Kopf.

Stützung der Angehörigen und Ermutigungen der wichtigsten Bezugspersonen, selbst bei dem Patienten zu bleiben, ist eines der vorrangigen Ziele der Betreuung.

„Es macht sich ja keiner einen Begriff davon, wie man als Ehepartner leidet. Damit kann man den Ärzten ja nicht auch noch kommen. Aber wohin soll ich mit meinen Tränen!"
„Ich bin zwar kein Patient, ich bin nur die Mutter ..."
„Was soll ich denn da noch! Sie merkt doch gar nicht mehr, daß ich an ihrem Bett stehe. Wie soll ich denn mit ihr reden, sie ist so weit weg."
„Ich weiß gar nicht mehr, wie ich mit ihm sprechen soll, seit ich weiß, daß er nicht mehr richtig gesund werden kann."

In vielen Fällen müssen die psychosozialen Mitarbeiter auch über den Tod der Patienten hinaus Kontakt zu den Angehörigen halten, um sie bei ihrer Trauerarbeit zu stützen.

Arbeit mit dem medizinisch-pflegerischen Personal

Auf der Station wird die gesamte Bandbreite onkologisch-hämatologischer Erkrankungen vom Frühstadium bis zum Terminalstadium behandelt. Das Hauptgewicht liegt hierbei auf den fortgeschrittenen Stadien. Hinzu kommt eine relativ große Zahl sterbender Patienten. Diese Situation stellt an die psychische Belastbarkeit von Ärzten und Pflegepersonal wie auch an die psychosozialen Mitarbeiter besonders hohe Anforderungen.

„Also, Frau X. schreit so viel und klingelt andauernd. Das kann nicht nur der Schmerz sein! Also, wir können es auch nicht mehr aushalten!"

Gerade für die Pflegekräfte auf der Station, die naturgemäß in sehr engem Kontakt mit den Patienten stehen, fehlt nicht nur medizinische, sondern auch besonders psychologische Vorbildung für den Umgang mit schwerstkranken Tumorpatienten. Unsicherheit und Hilflosigkeit führen daher immer wieder zu zwei Verhaltenstendenzen, die sich für Patienten wie auch Pflegepersonal besonders ungünstig auswirken:

1) Eine nur wenig zugewandte Haltung führt (im Sinne einer unbewußten psychischen Abwehr) zur Abkapselung vom Patienten und verstärkt die Isolation des Patienten.

2) Eine Überidentifikation mit dem Patienten und seiner Krankheit führt andererseits unter Umständen zu so starker psychischer Belastung, daß die Gefahr einer psychischen Dekompensation droht.

Die Folgen dieser Haltungen machen sich unter anderem in einer besonders hohen Personalfluktuation bemerkbar. Dieser ständige Personalwechsel führt wiederum zu einer verstärkten Teambelastung. Die Dynamik dieses Teufelskreises möglichst abzuschwächen, ist eines der Ziele der medizin-psychologischen Tätigkeit auf der Station und in der Ambulanz. Um dieses Ziel zu erreichen, arbeiten die medizin-psychologischen Mitarbeiter in einer besonderen Kooperationsform (Konsultation-Liaisondienst) mit einer onkologisch-hämatologischen Abteilung zusammen. Im Gegensatz zum Konsiliardienst wird der Medizinpsychologe im Konsultation-Liaisondienst nicht nur auf Anforderung auf der Station tätig. Konsultation-Liaisondienst bedeutet also eine sehr viel intensivere Zusammenarbeit, die durch folgende Punkte charakterisiert ist:

1) tägliche Präsenz des medizin-psychologischen Mitarbeiters auf der Station bzw. Ambulanz,
2) möglichst permanent für Ärzte und Pflegekräfte erreichbar zu sein,
3) regelmäßige wöchentliche Teilnahme an Visiten/Ambulanz-Fallbesprechungen bzw. Abteilungsbesprechungen,
4) wöchentliche Teilnahme an der Übergabe auf der Station und den Mittagsbesprechungen der Ambulanz-Schwestern.

Die Vorteile dieser Arbeitsweise liegen hierbei in der Möglichkeit zur schnellen gegenseitigen Information und in der Einbindung psychosozialer Aspekte in die Patientenversorgung. Darüber hinaus ermöglicht die Integration des Medizinpsychologen in die Arbeit der Station bzw. Ambulanz den Aufbau eines Vertrauensverhältnisses, das Voraussetzung für entlastende Einzelgespräche mit den medizinisch-pflegerischen Mitarbeitern ist. Ziel ist es, dabei stabilisierend auf den einzelnen wie auch indirekt auf das gesamte Team einzuwirken und gleichzeitig den multiplikativen Effekt solcher Gespräche für die Patienten nutzbar zu machen.

Evaluation der psychosozialen Arbeit

Das Projekt hatte von Anfang an das Ziel und die Aufgabe, das Versorgungsmodell auf verschiedene Aspekte hin zu evaluieren. In Kenntnis anglo-amerikanischer Projekte, wo die psychosoziale Betreuung schon selbstverständlicher Teil der onkologischen Teamarbeit ist, wird die grundsätzliche Frage nach der Notwendigkeit von psychosozialer Versorgung hier nicht gestellt.

Im Arbeitsfeld mit Schwer- und Schwerstkranken kann der Nachweis der Effizienz eines Versorgungsmodells nicht darin bestehen, wie viele Patienten durch die Psychotherapie gesünder oder schneller gesünder geworden sind als ohne diese. Aufgabe des Projektes ist es vielmehr, Strategien zur optimalen psychosozialen Versorgung onkologisch Kranker zu entwickeln. Daher muß die Evaluation darin bestehen, langfristig Interventionsverfahren im Umgang mit solchen Patienten zu erproben.

Im Rahmen des Projektes wurden folgende Evaluationsinstrumente zur Erfassung der psychosozialen Interventionen entwickelt:

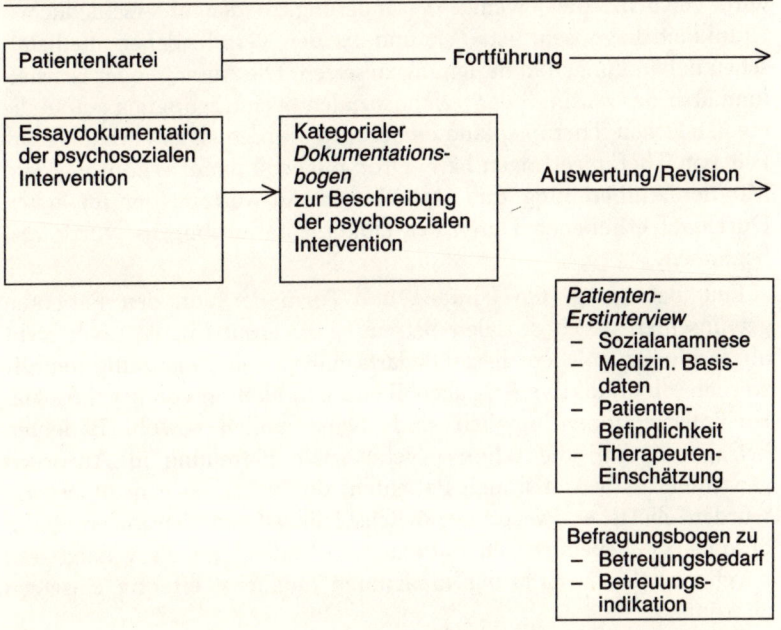

Wichtige Orientierungslinie der notwendigen weiteren Erforschung der psychosozialen Betreuung war die möglichst geringe Belastung von Patienten. Darüber hinaus sollte die natürliche Kliniksituation möglichst wenig verfälscht werden. Aus diesen Gründen war eine direkte Übertragung der umfangreichen und den Patienten belastenden amerikanischen Befragungsmethoden nicht möglich. Fragebögen wurden soweit wie möglich durch Therapeuteneinschätzung ersetzt. Hierbei wurde ein gewisser Verlust an Objektivität der Daten bewußt in Kauf genommen.

Basierend auf den Erfahrungen der Essaydokumentation, wurde ein kategoriales Dokumentationssystem entwickelt. Das Instrument erfaßt Informationen zu folgenden Bereichen:

1) Gründe und Inhalte der geführten Gespräche,
2) Bedürfnisse und Probleme der Patienten,
3) Stimmung und Befindlichkeit der Patienten,
4) beobachtbare Verhaltensweisen der Beteiligten.

Durch die longitudinale Mehrfach-Erhebung (z. B. täglich, zweimal wöchentlich) von Verhalten, Stimmung, Befindlichkeit eines Patienten wird versucht, die jeweilige Veränderung zu den unterschiedlichen Krankheitsdiagnosen, -stadien und zu den verschiedenen medizinischen Behandlungen in Beziehung zu setzen. Die Aussage oder Feststellung über das Ausmaß der psychosozialen Beeinträchtigung soll in die medizinischen Therapiepläne einbezogen werden. Die Vorhersagbarkeit von Therapieerfolgen bzw. Drop-outs soll damit erhöht werden. Mit der Aufbereitung und statistischen Auswertung der im ersten Durchlauf erhobenen Daten des Dokumentationsbogens wurde erst begonnen.

Eine Befragung, um Umfang und Form der von den Patienten gewünschten psychosozialen Betreuung zu ermitteln, ist noch nicht abgeschlossen. Neben dieser Bedarfsanalyse soll gleichzeitig geprüft werden, ob prädiktive Aussagen über die Indikation von psychosozialen Interventionen möglich sind. Daher sollen sowohl Patienten befragt werden, die schon psychosoziale Betreuung in Anspruch genommen haben, als auch Patienten, die bisher noch nicht betreut wurden. Ziel ist es, Wege zur möglichst frühzeitigen Identifizierung der besonders hilfsbedürftigen Patienten zu finden, um die verfügbaren psychosozialen Versorgungskapazitäten möglichst effektiv einsetzen zu können.

Ein weiterer Schwerpunkt der Evaluationsarbeit ist zur Zeit die Entwicklung von halbstrukturierten Erstinterviews. Ziele sind hierbei:

1) Erhebung der Sozialanamnese bei Neuaufnahme des Patienten in Station/Ambulanz zur Information von Ärzten und Pflegepersonal über die psychosoziale Situation des Patienten,
2) Informierung des Patienten über das bestehende Betreuungsangebot,
3) Einschätzung der psychischen Verfassung durch den Medizinpsychologen.

Im Sinne einer längerfristigen prospektiv angelegten Studie sollen hierbei Möglichkeiten und Grenzen einer Indikationsstellung zur psychosozialen Intervention geprüft werden. Der Zeitpunkt einer eventuell notwendigen psychosozialen Intervention soll auch präzisiert werden.

Literatur

Buhrmester, C., Zur psychischen Problematik der Tumorkranken und ihrer Betreuer; I. Lemrader Seminar: Die medizinische und gesundheitspolitische Entwicklung der Onkologie, Lemrade 1981.
Freyberger, H., Speidel, H., Die supportive Psychotherapie in der klinischen Medizin, *Biblthca. Psychiat.* No. 152, pp. 141-196, Karger, Basel 1976.
Jährig, Ch., Medizinpsychologische Praxis in der stationären internistischen Krankenversorgung, *Verh. dtsch. Ges. In. Med.* 84, 1525, 1979.
Kerekjarto, M. von, Die psychische Betreuung von Krebskranken, I. Lemrader Seminar: Die medizinische und gesundheitspolitische Entwicklung der Onkologie, Lemrade 1981.
—, Über die Notwendigkeit psychosozialer Versorgung onkologisch und hämatologisch Kranker im Krankenhaus, in: *D. Beckmann* et al. (Hrsg.): Medizinische Psychologie, Springer-Verlag Berlin, Heidelberg, New York 1982 a.
—, Psychosoziale Faktoren bei der Therapie und Betreuung von Neoplasiepatienten, *Med. Klin.* 77, 314-316, Nr. 10, 1982 b.
—, Considerations for the impact of medical therapy on quality of life, Second Internat. Sym. on early breast-cancer, Heidelberg, Karger, Basel 1982 c.
Meyer, A. E., Kerekjarto, M. von, Vom Umgang mit zum Tode Kranken, in: *A. Jores* (Hrsg.): Praktische Psychosomatik, Huber, Bern 1980.
Parkes, C. M., Vereinsamung. Die Lebenskrise bei Partnerverlust, Rowohlt, Reinbek 1974.

19 Sterbebegleitung auf der Intensivstation aus der Sicht der Krankenschwester

Hilde Steppe, Frankfurt

Einleitung

Mein Interesse an diesem Thema ist sowohl ganz persönlicher als auch professioneller Natur. Als Krankenschwester habe ich 9 Jahre lang auf mehreren Intensivstationen gearbeitet. Ich habe Hunderte von Patienten in ihren letzten Stunden oder Wochen gepflegt und nach ihrem Tod die letzten Handgriffe an ihnen verrichtet. Der Umgang mit Sterben und Tod war etwas Alltägliches und blieb doch immer etwas Fremdes und Bedrohliches. Ich war nicht darauf vorbereitet, wie es für mich sein würde, so viele Menschen zum Tode zu begleiten. In meiner jetzigen Tätigkeit in der Fortbildung und Ausbildung von Pflegepersonal habe ich Kontakt zu vielen Kolleginnen und Kollegen, die auf Intensivstationen arbeiten, und ich sehe die gleichen Mechanismen von Hilflosigkeit oder Verdrängung, die ich an mir selbst erlebt habe, denn immer noch fehlt die Vorbereitung und die Möglichkeit, sich über diese spezifischen Erfahrungen auszutauschen. So versucht dieser Beitrag, eine Lücke zu schließen, indem ich einmal als Betroffene spreche und andererseits als Nicht-mehr-Betroffene die Distanz habe, Verallgemeinerungen zu treffen und daraus Vorschläge zu entwickeln, wie Sterbebegleitung in ein pflegerisches Gesamtkonzept integriert werden kann.

Zielsetzung und Definition

In diesem Beitrag sollen die Möglichkeiten und Grenzen von Sterbebegleitung auf der Intensivstation auf dem Hintergrund persönlicher Erfahrung transparent gemacht werden. Es werden einige Faktoren, die das Sterben auf Intensivstationen bestimmen, dargestellt. Die Grenzen von psychosozialer Intervention werden aufgezeigt und darüber hinaus Möglichkeiten entwickelt, wie persönliche und institutionelle Barrieren, die eine Sterbebegleitung verhindern, flexibler gehandhabt werden können. Im Kontext dieses Artikels bedeutet Sterbebegleitung die individuelle ganzheitliche Betreuung und Pflege des sterbenden Patienten mit dem Ziel, das Leben menschenwürdig zu voll-

enden. Diese Definition wird auf ihre praktische Brauchbarkeit im Alltag einer Intensivstation überprüft und kritisch hinterfragt.

Beschreibung der Intensivstation

Intensivstationen sind Überlebensstationen, als solche gedacht und
bis zu nahezu absoluter Perfektion im Laufe der letzten zehn Jahre weiterentwickelt. Ihre Apparaturen ersetzen mittlerweile fast alle Funktionen des menschlichen Körpers, Computer speichern jederzeit abruf-
bare Daten über physiologische und pathologische Reaktionen des
Patienten, Überwachungsgeräte melden exakt jede Über- oder Unter-
schreitung von festgesetzten Normwerten, unsichtbare Vorgänge im
menschlichen Körper werden mit Hilfe der Elektronik übersetzt in
bunte Bilder, Kurven oder Diagramme, Beatmungsgeräte passen sich
dem Atmungsrhythmus von Patienten an: Der Mensch ist zerlegt in
eine Unmenge von Einzelfunktionen, die einzeln überwacht, registriert
und therapiert werden. Es gibt keine Ruhe auf diesen Stationen, keine
dunklen Ecken, denn die Überwachung und Therapie läuft Tag und
Nacht, das Zischen und Piepsen der Apparate und Monitore bildet
eine ständige Geräuschkulisse, die nie nachläßt, sich lediglich in ihrer
Zusammensetzung und ihrem Rhythmus verändert. So gibt es auf
Intensivstationen diese schwer zu beschreibende, ständig wenigstens
latent vorhandene Spannung, die oft bedrohlich wirkt; denn es kann
so viel passieren (Herzstillstand, Atemstillstand, Notaufnahme,
Alarm), und dann ist es notwendig, schnell und richtig zu reagieren,
Entscheidungen zu treffen, Apparate zu verstellen, Leben zu retten. Es
erscheint verständlich, daß da, wo wiederbelebt wird, wo Leben, das
als verloren galt, wieder erweckt wird, der Tod keinen Platz hat.

Die Geschichte der Intensivmedizin ist auch eine Geschichte der Veränderung des bestimmbaren Todeszeitpunkts: der Herz- und Kreislauf-
stillstand gilt schon lange nicht mehr als Kriterium, die Diskussion um
den Hirntod und den Moment, in dem er als irreversibel anerkannt
wird, ist noch bei weitem nicht abgeschlossen. Wo früher gültige und
als „normal" empfundene, weil sichtbare Grenzen nicht mehr gelten
und sich ständig verschieben, ist es schwer zu akzeptieren, daß auch
hier Patienten ihre letzten Tage oder Stunden verbringen, ist es noch
viel schwerer, dem Patienten das Recht auf seinen Tod zuzugestehen
und die Möglichkeiten der modernen Medizin einzusetzen, um den
Patienten in der Sterbephase zu begleiten.

Die Menschen, die als Patienten auf diesen Stationen liegen, haben
Krankheiten, die vor kurzer Zeit noch als nicht therapierbar galten; es

sind Opfer schwerer Unfälle, die durch die Notfallmedizin und das Netz der Rettungsdienste nicht mehr auf der Straße sterben, sondern überleben; es sind Patienten mit schweren Verbrennungen, Vergiftungen oder Herzinfarkten oder Patienten nach Operationen von solchen Ausmaßen, wie sie früher undenkbar schienen. Das Ziel von Intensivstationen ist, Leben zu erhalten und Kernfunktionen dessen, was das physische Leben ausmacht, zu ersetzen durch Maschinen; vitalbedrohte Patienten zu versorgen, bis der Körper wieder selbst in der Lage ist, die Steuerung zu übernehmen.

Intensivstationen sind meist abgeschlossene Einheiten innerhalb des Krankenhauses, die räumlich getrennt von den anderen Stationen liegen. Sie sind zugänglich nur über eine oder mehrere Schleusen, in denen eine spezielle Schutzkleidung angelegt werden muß, die alle Personen gleich erscheinen läßt. Es gibt eine eigene Sprache mit nur intern verständlichen Begriffen für die dort Tätigen, und es gibt eine Vielzahl von spezifischen Ritualen, die von hygienischen Bestimmungen über Pflegemethoden bis zur Versorgung Toter reichen.

Aufgrund der Bedeutung der Intensivstationen und des ganzen speziellen Settings entwickelt sich meist ein ausgeprägtes „Elitebewußtsein" der dort Tätigen und eine große Distanz zu den anderen Bereichen des Krankenhauses, die oftmals einer Isolation gleichkommt.

Erscheinungsformen des Todes auf Intensivstationen

Ein etwa 20jähriger Mann wird klinisch tot eingeliefert nach einem Starkstromunfall. Er wird erfolgreich wiederbelebt, das heißt, sein Herz schlägt wieder, aber er hat keine Spontanatmung. Die Überwachungsgeräte werden angeschlossen, er wird gewaschen und bekommt ein Hemd angezogen.

Nach 2 Stunden setzt sein Herz wieder aus, diesmal bleibt die Reanimation ohne Erfolg, er stirbt nach etwa 15 Minuten. Seinen Namen erfahren wir erst nach seinem Tod durch die Polizei.

Frau B., 40 Jahre alt, wird bewußtlos eingeliefert. Sie hat sich bei einem Verkehrsunfall multiple Verletzungen und ein schweres Schädel-Hirn-Trauma zugezogen. Sie muß mehrere Male operiert werden. Sie zeigt keinerlei Reaktionen auf Ansprechen, Berührungen oder Schmerzreize. Sie wird alle 2 Stunden neu gebettet, damit sie keine Druckstellen bekommt, sie wird zweimal täglich gewaschen, ihre Herztätigkeit, Temperatur, Puls, Blutdruck wird ständig registriert. Sie muß kontrolliert beatmet werden, da sie selbst nicht atmet, und bekommt regelmäßig sedierende Medikamente, da sie öfters krampft.

Flüssigkeit und Nahrung erhält sie über einen intravenösen Katheter, später als flüssige Nahrung über eine Magensonde. Auftretende Infektionen werden erfolgreich antibiotisch behandelt. Ihr Mann darf sie täglich besuchen, er zeigt uns Fotos, erzählt von ihr, wie sie gewesen ist. Er möchte nicht, daß die Kinder sie so sehen. Frau B. reagiert auch bei ihrem Mann nicht auf Sprache oder Berührungen. Sie wird perfekt gepflegt und versorgt und stirbt nach 6 Wochen an einem Herzstillstand.

Herr R. ist 55 Jahre alt, er hat eine künstliche Herzklappe eingesetzt bekommen. Er muß die ersten 2 Tage nach der Operation beatmet werden und wird mit Medikamenten im Dämmerzustand gehalten, damit er nicht gegen die Maschine atmet. Er wird ab und zu unruhig und will sich einen der vielen Schläuche herausreißen, doch wenn wir ihm die Hand halten und mit ihm sprechen, wird er ruhig und schläft weiter. Nach 2 Tagen wird der Beatmungsapparat entfernt, Herr R. ist sehr ängstlich, ob er allein ausreichend atmen kann. Wir erklären ihm die Überwachungsgeräte und machen Atemübungen mit ihm. Er ist glücklich, daß die Operation so gut verlaufen ist, und macht Pläne für den nächsten Urlaub. Nach 6 Tagen Aufenthalt auf der Intensivstation soll er verlegt werden. Am Abend vorher bekommt er plötzlich schwere Herzrhythmusstörungen, die in ein Kammerflattern übergehen. Kurz davor bekommt er große Angst, dann wird er bewußtlos. Die Wiederbelebung verläuft erfolglos, Herr B. stirbt währenddessen. Er hatte keine Angehörigen.

Frau W., 38 Jahre alt, muß wegen einer Atemmuskellähmung beatmet werden. Sie lernt im Laufe von mehreren Monaten, mit dem Beatmungsgerät umzugehen. Sie ist bei Bewußtsein und nimmt nach einer sehr depressiven Phase von etwa 4 Wochen starken Anteil an ihrer Umgebung. Sie bekommt ein Einzelzimmer, darf Besuch haben und ihre Zimmerwände so ausschmücken, wie es ihr gefällt. Alle 2 Wochen ist eine andere Pflegekraft für sie zuständig, bald kennt sie alle und äußert mimisch ihre Wünsche, die berücksichtigt werden. Die Untersuchungen haben einen inoperablen Tumor ergeben. Frau W. erkundigt sich täglich ausführlich nach ihren medizinischen Befunden und will die Ergebnisse alle selbst sehen. Nach etwa 8 Monaten bekommt sie eine schwere Lungenentzündung, die sich nicht therapieren läßt. Sie weiß jetzt, daß sie bald sterben wird, der Arzt hat es ihr auf ihr Fragen hin bestätigt. Sie teilt durch Mimik und bunte Buchstaben, die sie aneinanderreiht, mit, daß sie den Pfarrer sprechen möchte. Ihre Angehörigen sind jetzt ständig bei ihr, streicheln sie oder lesen und singen ihr etwas vor. Das Pflegepersonal und die Ärzte gehen regelmäßig in kurzen Abständen zu ihr, um nach ihr zu sehen oder pflegerische Verrichtungen auszuführen. Sie stirbt nachts, während sie schläft, ihr Mann und eine Schwester sind bei ihr.

Aspekte der Beziehung zwischen Patient und Pflegepersonal

An den genannten Beispielen werden die verschiedenen Erscheinungsformen des Sterbens auf Intensivstationen deutlich, sie zeigen auch die Schwierigkeiten, die sich für die Betreuer aus der spezifischen Situation ergeben. Ein großer Teil der Patienten bleibt während des ganzen Stationsaufenthalts, dessen Dauer zwischen Stunden und Monaten schwanken kann, bewußtlos.
Eine Kontaktaufnahme ist hier nahezu unmöglich, eine Kommunikation findet nicht statt. Für das Pflegepersonal ergibt sich daraus eine total einseitige Beziehung zum Patienten, denn er kann nicht sprechen, und wieviel er versteht, hört oder sieht oder fühlt, ist nicht feststellbar. Die psychischen Inhalte bei Bewußtlosen sind nicht bekannt, können nur in Einzelfällen rekonstruiert werden, wenn Patienten aus der Bewußtlosigkeit aufwachen und schildern, was sie wahrgenommen haben. Ein Bild dessen, was der Patient einmal gewesen oder für andere noch ist, stellt sich nur über einen engen Kontakt zu den Angehörigen her.

Eine Sterbebegleitung bei Patienten, die nur ganz kurz auf der Station sind, erscheint ebenfalls unmöglich, denn sie sind oft schon tot, bevor der Name bekannt ist. Der Anteil der Patienten, die bei Bewußtsein sind und deren Tod durch eine schwere Grundkrankheit erwartet oder akzeptiert wird, ist verschwindend gering und vor allem bedingt durch den spezifischen Charakter der Intensivbehandlung als Durchgangsstation für akut gefährdete Patienten.

Und auch hier ist es oft der Fall, daß Patienten, bei denen der Tod erwartet wird, zu diesem Zeitpunkt nicht mehr bei Bewußtsein sind oder durch Medikamente nicht ansprechbar sind. So ist der Moment, in dem eine Sterbebegleitung beginnen könnte, oft auch der Moment, in dem mit dem Patienten nicht mehr kommuniziert werden kann. Aus der oft absoluten Priorität der lebensrettenden medizinischen Notwendigkeiten auf der Intensivstation ergibt sich für das Pflegepersonal, daß Sterbebegleitung im Sinne einer „Lebensvollendung" erst in dem Moment als solche wahrgenommen werden kann, wenn das Sterben offiziell zugelassen wird, was konkret einem ausdrücklich erklärten Verzicht auf Wiederbelebungsmaßnahmen entspricht.

Zur Situation des Pflegepersonals

Die Situation des Pflegepersonals ist vor allem gekennzeichnet durch die Verpflichtung zur ständigen Präsenz „aller Sinne": die Tatsache, daß Schwerstkranke oder Bewußtlose nicht mehr in der Lage sind, elementare Dinge, wie z. b. zu atmen, selbst zu tun, bedeutet, daß die Pflegeperson die Koordination und Kontrolle der durch Apparate und Chemotherapie ersetzten Funktionen übernehmen muß.

Die ständige Anwesenheit beim Patienten und damit die Kontinuität des Kontakts wird auch hier durch das Pflegepersonal geleistet. Der Kontakt der Ärzte zu den Patienten ist zwar viel intensiver als auf sogenannten „Normalstationen", doch bleibt er trotzdem punktuell. Das bedeutet, daß pflegerische Handlungen und Entscheidungen oft lebensrettend sind, und gleichzeitig wird damit die möglicherweise tödliche Folge von Fehlern oder Unachtsamkeit deutlich. Es ist nicht selten so, daß nach dem Tod eines Patienten anhand der Daten der klinische Verlauf der letzten Stunden rekonstruiert wird und Überlegungen angestellt werden, was passiert wäre, wenn man etwas anders gemacht hätte, wenn man eventuelle Anzeichen früher erkannt hätte oder anders interpretiert hätte.

Daraus ergibt sich ein fast nicht einzulösender Anspruch an Vollkommenheit und permanenter Verfügbarkeit von Wissen und Erfahrung, der auf der psychischen Ebene einen ständigen Konflikt zwischen „übermenschlichem" Anspruch und dem Wissen um die eigene Unvollkommenheit auslöst.

Die geradezu paradoxe Situation wird deutlich, wenn man auf der einen Seite den Anspruch an Krankenpflege aus ihrer humanitären Tradition heraus betrachtet (also Fürsorge, Wärme, Nähe zu geben) und dies in Beziehung setzt zu der notwendigen Distanz, also zu rationaler Wahrnehmung, Interpretation und Verarbeitung der physiologischen und pathologischen Daten des Patienten.

Dem Wunsch des Patienten, z. B. nach Ruhe und Dunkelheit in der Nacht, kann oft aus Erwägungen heraus, die für den Patienten vielleicht lebensrettend sind, nicht entsprochen werden. Schwerstverletzten Patienten müssen Schmerzen zugefügt werden, um z. B. durch häufiges Umlagern Folgekrankheiten zu verhindern. Diese ständige Anspannung, gleichzeitig fürsorglich sein zu sollen und unbestechlich sein zu müssen, macht es nahezu unmöglich, psychische Energien auch noch für andere Prozesse zu mobilisieren.

Diese Struktur macht auch den Grundwiderspruch von Sterbebegleitung auf Intensivstationen deutlich. Im Sinne der vorherigen Definition setzt Sterbebegleitung das Zulassen von Sterben voraus — und jeder, der auf Intensivstationen arbeitet, hat nicht nur *verlernt*, das Sterben zuzulassen, sondern darüber hinaus *gelernt*, den Eintritt des Todes nicht als etwas Endgültiges zu begreifen, sondern als ein Moment, das unter Einsatz von viel Energie abwendbar oder veränderbar ist. Und dieser Lernprozeß ist ein notwendiger Faktor für das optimale Funktionieren einer Intensivstation. Aus all dem ergibt sich, daß die Grenzen von Sterbebegleitung auf Intensivstationen aufgrund der gängigen allgemeinen Zielsetzung von Intensivpflege, der strukturellen Bedingungen und der individuellen Situation der dort Tätigen sehr eng gefaßt sind. Unter den im Moment überwiegend gegebenen Bedingungen ist Sterbebegleitung im umfassenden Sinne nicht integrierbar in ein pflegerisches Gesamtkonzept, das die individuelle Betreuung des einzelnen Patienten zum Ziel hat.

Diskussion der Konsequenzen

Aus der beschriebenen Situation lassen sich mehrere Schlußfolgerungen ziehen. Eine Konsequenz wäre sicher die Arbeitsteilung, was bedeuten würde, daß Spezialisten den Teil der Betreuung übernehmen, der nicht in das Konzept paßt, d. h. also vereinfacht: Schwestern, Pfleger und Ärzte für das Überleben, Theologen und Psychologen für die Sterbebegleitung zu qualifizieren. Auf einigen Stationen wird dies in Ansätzen auch schon praktiziert. Allerdings kann sich diese „Lösung" nur auf die psychische Seite des Konflikts beziehen und ändert zudem nichts an der Tatsache, daß der Umgang mit Sterbenden ein wichtiger und großer Teil des Berufsalltags auf Intensivstationen ist. Eine andere Konsequenz besteht darin, den Tod zu ignorieren, d. h. über Todesfälle nicht zu sprechen oder sie allenfalls aufzulösen in objektiv erklärbare Vorfälle und Reaktionen auf bestimmtes medizinisches Handeln, sie also rational verfügbar zu machen. Dies ist oftmals sicher hilfreich — nur ist es leider eine Illusion, daß das Negieren von subjektiv empfundenen Niederlagen diese ungeschehen macht.

Auch diese Entscheidung löst also die Situation nicht konstruktiv auf, genauso wenig, wie dies die anderen Konsequenzen tun, die beobachtet werden können, die von der totalen Ironisierung bis zu Entwicklung von speziellen Ausdrücken, mit denen der Tod umschrieben wird, reichen.

Ansätze zur Veränderung

Es bleibt die Möglichkeit, das grundlegende Konzept von Intensivstationen zu überdenken und die Fortschritte der modernen Medizin als instrumentellen Faktor zu begreifen, der nicht mehr ausschließlich das Überleben zum Ziel hat, sondern der den Tod bei schwerstkranken Patienten mit einbezieht. Dieser Schritt bedeutet als erstes einen Abschied von der Omnipotenz der Medizin und der Technik und der mit ihnen verbundenen Manipulationsmöglichkeiten. Er bedeutet die Erlaubnis für die auf der Intensivstation Tätigen, nicht übermenschlich perfekt sein zu müssen, sondern die realistische Einschätzung von menschlichem Verhalten und Handlungsvermögen in Relation zur Krankheit und zum Zustand des Patienten. Er bedeutet zudem die Entlastung von individueller „Schuld" bei jedem Todesfall eines Schwerstkranken und damit die Anerkennung der Grenzen des Lebens und des Unbekannten, das der Tod für uns alle bedeutet.

Erst auf dieser Basis wird das Zulassen von Sterben möglich — und damit die Integration der Sterbebegleitung in ein pflegerisches Gesamtkonzept. Diese Veränderung muß sich auf mehreren Ebenen abspielen, wenn sie wirksam werden soll, also sowohl auf der persönlichen als auch auf der institutionellen und im weitesten Sinne auf der gesellschaftlichen Ebene.

Integration von Sterbebegleitung in ein pflegerisches Gesamtkonzept

1. Individuelle Ebene

An erster Stelle steht hier sicherlich die Reflexion der eigenen Einstellung zu Sterben und Tod. Dies ermöglicht das Erkennen und Annehmen der persönlichen Barrieren und der damit verbundenen Gefühle wie Hilflosigkeit, Angst oder Trauer. Auf dieser Basis kann eine realistische Einschätzung der eigenen Möglichkeiten und Grenzen im Umgang mit dem Patienten entstehen, die Emotionalität und die notwendige professionelle Distanz verbindet. Eine klare Benennung der Tatsache, daß die meisten Patienten nicht auf Intensivstationen sterben wollen, sondern aufgrund ihres gesundheitlichen Zustands dazu gezwungen sind, ist notwendig. Sie erlaubt den dort Tätigen, ihre Energie dafür einzusetzen, individuelle Freiräume zu erkennen und zu nutzen.

Diese Einstellungsänderung kann durch Fort- und Weiterbildung angeregt werden, wobei das Thema „Sterben und Tod" auch ein wichtiger Bestandteil der Grundausbildung der medizinischen Berufe werden muß. Ein kontinuierlicher Austausch im Rahmen von Selbsthilfegruppen ist gut denkbar, denn die psychischen Energien, die durch die ständige Konfrontation mit Sterben und Tod gefordert werden, erschöpfen sich ohne begleitende Hilfe nach kurzer Zeit oder führen zu extremen Verdrängungsprozessen.

2. Organisatorische Möglichkeiten auf der Station

Sind die grundlegenden Voraussetzungen im beschriebenen Sinne geschaffen oder intendiert, so zeigen sich viele Ansätze, die das Sterben auf der Intensivstation menschlicher machen können. Für sterbende Patienten sollten feste pflegerische Bezugspersonen zuständig sein, wobei es wichtig ist, daß die jeweilige persönliche Belastbarkeit offen angesprochen wird. Bei Patienten, deren Pflege extrem belastend ist (z. B. Patienten mit schweren Verbrennungen oder nach verstümmelnden Operationen), können kürzere Arbeitsschichten eingerichtet werden, so daß jeweils eine Pflegegruppe sich in der Betreuung abwechseln kann.

Die Anerkennung des Nicht-Alltäglichen eines Todesfalls kann durch eine einfache Regelung deutlich werden, nämlich dadurch, daß die Pflegeperson nach dem Tod eines Patienten etwas Zeit für sich bekommt, in der sie sich zurückziehen kann und nicht sofort wieder in die Alltagsroutine eingespannt wird.

Die physische Präsenz der betreuenden Person beim Patienten ist in der Regel bereits gegeben und kann genutzt werden, um möglichst viel Kontakt zum Patienten herzustellen. Viele pflegerische Verrichtungen bieten sich für einen intensiven Körperkontakt geradezu an, wie z. B. Rückenmassagen oder Streicheln beim Umbetten oder Lagern. Hygienische und pflegerische Rituale können auf ihre kommunikative Bedeutung hin überprüft und entsprechend modifiziert werden, wie z. B. die Notwendigkeit der totalen Schutzkleidung bei Angehörigen, die vielleicht dazu führt, daß sie für den Patienten nicht mehr zu erkennen sind. Hierzu gehört auch die Überlegung, ob der körperliche Kontakt, den der Patient spürt, sich ausschließlich auf Gummihandschuhe, Plastikfolien oder Schaumstoffkissen reduzieren muß, genauso wie manche Augenverbände vielleicht eine Bindehautentzündung verhindern, aber gleichzeitig den Patienten einer wichtigen Wahrnehmung berauben.

Eine zeitliche Orientierung ist für den Patienten gerade dort wichtig, wo Tag und Nacht sich nicht klar unterscheiden; bisher gibt es erst auf wenigen Stationen Uhren, die im Blickfeld des Patienten angebracht sind.

Durch die vielen Geräusche auf der Station können die Patienten oft nichts von dem verstehen, was ihnen vom Fußende des Bettes aus zugerufen wird. Es ist also notwendig, dicht am Ohr des Patienten zu sprechen und einfache Sätze zu formulieren, die unter Umständen oft wiederholt werden müssen, weil der Patient sie schnell vergißt.

Bei Patienten, die sich nicht oder nicht mehr verbal äußern können, gibt es Möglichkeiten, die Kommunikation über Symbole oder nonverbale Zeichen aufrechtzuerhalten. Bei Bewußtlosen ist dies allerdings nicht mehr möglich, hier bleibt nur der Anspruch, daß es in jedem Falle wichtig ist, den Patienten so zu behandeln, als ob er nicht bewußtlos wäre, aus der grundsätzlichen Würdigung des Menschen als Persönlichkeit heraus. Die emotionale Distanz, die sich aus der total einseitigen Kommunikation bei bewußtlosen Patienten ergibt, läßt sich vielleicht etwas reduzieren, wenn über Kontakt und Gespräche mit den Angehörigen ein Bild des Patienten entsteht und er aus der Anonymität des „Schädelhirntraumas" heraustritt als der Mensch, der er gewesen ist.

Grundsätzlich gilt, daß die Angehörigen des Patienten so weit als möglich in die Pflege und Betreuung des Patienten mit einzubeziehen sind. Gerade bei Sterbenden müssen die wenigen übriggebliebenen Möglichkeiten des sozialen Kontakts erhalten bleiben. Auf vielen Intensivstationen ist die strikte Besucherbeschränkung bereits einer durchgehenden Besuchszeit gewichen. Für das Personal kann das unter Umständen bedeuten, daß sie neben dem Patienten auch noch die Angehörigen zu betreuen haben. Die bereits erwähnte kontinuierliche Beratung kann hier Hilfestellung geben, sowohl für das Personal als auch für die Angehörigen.

Für die Patienten, die bei Bewußtsein sind, sollte die Form der Betreuung mit ihnen und ihren Angehörigen abgesprochen werden; für viele ist sicher eine zusätzliche psychotherapeutische Begleitung im Sterbeprozeß eine große Hilfe in der angsterregenden Situation auf der Intensivstation.

Es ist sicher auch möglich, dem Patienten durch Trennwände oder ähnliches wenigstens ein Stückchen Intimsphäre zu verschaffen. Die Routinemaßnahmen, die keine therapeutische Relevanz haben und den Patienten belasten, sollten zugunsten einer verstärkten Pflege reduziert werden.

3. Institutionelle Ebene

Die Integration der Sterbebegleitung in ein Gesamtkonzept macht die Schaffung eines therapeutischen Teams im eigentlichen Sinne des Wortes notwendig. Erst wenn alle an der Betreuung beteiligten Berufsgruppen sich als gleichberechtigte Partner zusammenfinden, kann die Sterbebegleitung wirklich ganzheitlich durchgeführt werden.

Gleichberechtigte Betreuung müßte dann auch gemeinsame Verantwortung und Entscheidung mit dem Patienten und seinen Angehörigen bedeuten sowie gegenseitige Hilfe und Unterstützung.

Ansätze in diese Richtung sind im Moment meist nur unter Modellbedingungen vorhanden. Regelmäßige Supervision oder Balint-Gruppen bieten einen guten Rahmen für die Institutionalisierung des Teamgedankens. Hier könnte z. B. über eine mögliche Verlegung von Patienten gesprochen werden, die aufgrund ihres Krankheitsbildes keiner apparativen Überwachung und Therapie mehr bedürfen und auf anderen Stationen vielleicht mehr Ruhe und Raum für die Angehörigen finden können.

Bereits in der Planung von Intensivstationen sollten humane Gesichtspunkte eine Rolle spielen, wie z. B. die Wahl der Farben, Größe der Zimmer, Rückzugsmöglichkeiten, um nur einige Dinge zu nennen.

Ausblick

Gerade auf Intensivstationen wird der Anteil der persönlichen Betreuung ganz wichtig, denn der Mensch ist das Bindeglied zwischen technischer Perfektion und den Patienten, die dort liegen. Die beschriebenen Möglichkeiten können Ansätze zu einer humanen Intensivtherapie sein, die dem Patienten auch auf diesen Stationen ein Stückchen Autonomie zu bewahren versucht. Den Konflikt allerdings, daß niemand gern auf einer Intensivstation sterben will, müssen diejenigen aushalten lernen, die dort arbeiten. Er wird lebbarer, wenn er akzeptiert wird, denn dann werden die Freiräume sichtbar, die auch auf Intensivstationen vorhanden sind und die für den Patienten und das Personal ein Stück verwirklichte Humanität im Sterbeprozeß bedeuten. Eine Insel der Humanität kann und wird die Intensivstation nicht werden; sie kann aber ein Ort sein, wo Menschen geholfen wird, entweder zu überleben oder bei nicht mehr therapierbaren Krankheiten in Frieden zu sterben.

Literatur

Freyberger, H., Grundzüge der psychotherapeutischen Sterbehilfe bei Krankenhauspatienten, *Deutsche Krankenpflegezeitschrift* 11, 1973, 582-587.
Freyberger, H., Haan, D., Müller-Wieland, K., Psychosomatische Aufgabenbereiche auf Intensivbehandlungsstationen, *Der Internist* 6/1969, 240-243.

Gaus, E., Köhle, K., Intensivmedizin aus psychosomatischer Sicht, in: Uexküll, Th. v., Lehrbuch der Psychosomatischen Medizin, Urban und Schwarzenberg, München 1979.

Hay, D., Oken, D., The psychological Stresses of Intensive-Care Unit Nursing, Psychosomat. Medicine Vol. 34, No. 2, 109-118.

Kornfeld, D., The Intensive Care Unit in Adults: Coronary Care and General Medical/Surgical, Adv. in Psychosomatic Medicine, Vol. 10, Basel, München, Paris 1980.

Robinson, J. S., Psychologische Auswirkungen der Intensivpflege, Anaesthesist 24, 1975, 416-418.

Schara, J., Aufforderung zu einer humanen Intensivtherapie, Die Schwester, der Pfleger 9/1981, 638-643.

Vreeland, R., Ellis, G. L., Stresses on the Nurse in an Intensive-Care Unit, JAMA, April 14, 1969, Vol. 208, No. 2.

20 Ein Leben vor dem Tod
Therapeutische Arbeit im Altenheim
Konrad Hummel, Fellbach

„Ach, daß es danach noch was Schönes gibt
ist tröstlich in unserer Lage
wie gut und doch da bleibt uns noch
die kleine — die große — die Frage
(das wüßten wir gern noch daneben)
ob's sowas gibt — wir hättens gern:
— auch vor unserem Tode ein Leben."

Wolf Biermann

1. Das Problem in Zahlen

Im folgenden beschreibe ich Beobachtungen, Probleme, Gefühle und Vorschläge zur Sterbebegleitung älterer Menschen im Alten- und Pflegeheim. Der Bericht umfaßt Erfahrungen und Zahlen aus dem Fellbacher Heim am Kappelberg. Dieses 200-Betten-Heim ist Teil des Wohlfahrtswerkes und des Paritätischen Wohlfahrtsverbandes. Seit 1977 verfolgt das Haus eine gemeinwesenorientierte ganzheitliche Altenpflege (*Hummel* 1982).

Die Altenpflege findet ihre organisierte Form im Pflegeheim. Aus der Krankenpflege heraus entwickelt, hat sie im Zuge herrschender gesellschaftlicher Entwicklungen das Pflegeheim vom bewahrenden Asyl zum kleinen Krankenhaus gemacht. Hinter der Fassade des Krankenheimes verbirgt sich jedoch nahezu unverändert das gleiche Problem wie im Asyl. In solch einem Heim wird gestorben.

Der Tod ist das Problem trotz der Medizinierung geblieben. Der Lebenszyklus des heutigen Menschen spielt sich an immer mehr Weichenstellungen in Organisationen ab, von der Geburt bis zum Tod (*Levy* 1977). Die Hälfte der Bundesbürger stirbt im Krankenhaus. Im hohen Alter spielt das Heim dabei eine zunehmende Rolle. Ungefähr 62 % der Ältesten sterben im Krankenhaus, 20 % im Pflegeheim, 4 % in anderen Heimformen und nur 14 % zu Hause (*Zimmermann* 1977). Nahezu ein Drittel der Heimbewohner stirbt im Jahr. Auf den Pflegestockwerken sind es noch mehr. Rein nach statistischen Zahlen aus Fellbach (1978/79) zieht ein Bewohner in der Gewißheit ins Pflegeheim, noch ca. zwei Jahre dort zu leben. In Fellbach sind die Sterbenden durchschnittlich ca. 83 Jahre alt.

Der Heimeintritt bekommt den Charakter einer Vorstufe zum Tod. Gegen die Endstationsvorstellung wird in der gerontologischen Diskussion Rehabilitation und Aktivierung gesetzt (*Gössling/Lehr* 1978) und weniger der Begriff der Lebensqualität und des „Lebens vor dem Tod".

2. Sterben im Heim

Die ausführlichste wissenschaftliche Untersuchung mit dem Sterben in Alterseinrichtungen (*Rest* 1977) formuliert als Probleme des institutionellen Sterbens folgende Erscheinungen, die wir in vier Punkten in der Praxis wiederfinden können.

1. In stationären Einrichtungen verliert der sterbende Mensch ein sicheres Identitätsgefühl von Zeit und Raum. Er steht in der Gefahr, irgendwelchen zeitlos beleuchteten, klimatisierten, anonymen Räumen ausgeliefert zu werden.

2. Er erfährt strukturelle Gewalt, indem ihm Besuche verwehrt werden oder er mehrfachen Umverlegungen bis hin ins Sterbezimmer unterworfen ist, Umzüge etwa auch vom Wohn- ins Alten- und weiter ins Pflegeheim.

3. Ein sozialpsychologischer Teufelskreis: In bestimmter Weise etikettierte Bewohner, die z.B. als schwierig gelten, werden auch in ihrem Sterben entsprechend behandelt. Da sich Verhaltensweisen und besonders Tabus im Augenblick des Sterbens eher verstärken als auflösen, wird in bestimmten Heimen beim Sterben eines Bewohners erst recht nicht mehr vom Tod gesprochen.

4. Obwohl das Allerweltsrezept der Mitarbeiter solcher Einrichtungen darin besteht, mehr Geld, Mitarbeiter und Fortbildung zu haben, bleibt die Beobachtung, daß das Menschenbild der Heimmitarbeiter selbst den klinischen Normen folgt und nicht ganzheitlich ist. Im besten Fall interessieren sich manche Mitarbeiter angesichts des Sterbens für pflegerische Verhaltensweisen, aber nicht für den Menschen.

Die Probleme wirken sich so fatal aus, weil der Mensch im Heim einem System unterworfen ist, das besonders stiefmütterlich behandelt wurde, von dem aber besonders viel erwartet wird. Einerseits fehlt den Heimen das Image der klinischen Einrichtungen mit ihrer „Allwissenheit" und ihren Spezialisten, andererseits fehlt den Heimen das individuelle, gewohnte Milieu in der Wohnung oder bei den Angehörigen. Gleichzeitig wird von den Heimen erwartet, daß sie mehr aufs Sterben eingestellt sind als die Krankenhäuser und es gelassener als überforderte Angehörige organisieren können.

3. Das Sterben für Mitarbeiter

Für Mitarbeiter in Alten- und Pflegeheimen ist das Sterben, ähnlich wie das Einziehen neuer Bewohner, eine Unterbrechung der Routine, erfordert ein aktives soziales Verhalten, eine Vielfalt von Rollenausübungen und große Toleranz. Die Situation des Heim- und Pflegepersonals ist nach meiner Beobachtung eher durch drei Dinge geprägt mit entsprechenden psychodynamischen Folgen.

1. Eine hohe normative Orientierung: Man darf, man muß und orientiert sich dabei noch an gängigen, herrschenden gesellschaftlichen Werten. So fällt auch auf, daß Heimmitarbeiter sich in der allgemeinen Einschätzung vom Tod nicht von der Durchschnittsbevölkerung unterscheiden, obwohl sie viel mehr damit zu tun haben. Diese normative Orientierung führt zu ständigen und hohen Schuldgefühlen. Man möchte vermeiden, etwas falsch zu machen.

2. Gewisse Minderwertigkeitsgefühle wegen der umstrittenen Arbeitsplätze im Alten- und Pflegeheim, der relativ mäßigen Bezahlung und der kurzen Ausbildung führen zum Versuch, gegenüber den psychischen Problemen des Sterbens Distanz zu wahren und umgekehrt Phantasien eigener Überlegenheit und Unsterblichkeit zu entwickeln. Nur selten haben auch bei uns Mitarbeiter das Sterben eines Bewohners so nahe an sich herankommen lassen, daß sie nach ihrem eigenen Sterben gefragt haben.

3. Der Altenpfleger ist ein neuer Beruf. Viele, die diese Ausbildung derzeit mitmachen, machen dies als Erstberuf und sind folglich sehr jung. Der Altersabstand zu den Sterbenden beträgt oft bis zu 60 Jahren. Dies führt immer wieder zu Übertragungsproblemen. Eigene familiäre Erfahrungen werden unbewußt in die Sterbesituation übernommen. Dies kann, im Unterschied zum vorherigen Phänomen, eher zu einem Mangel an Distanz führen.

Nicht zu übersehen ist das institutionelle Problem der Hierarchie. Im Sterbevorgang selber können dem Altenpfleger alle Beteiligten hineinreden. Es sind dies die verschiedenen Vorgesetzten, Angehörige, Ärzte, Pfarrer usw.

4. Ganzheitliches Sterben

Im Heim am Kappelberg arbeiten im pflegerischen Bereich 45 Mitarbeiter. Die vom Heimleiter und leitenden Mitarbeitern aus allen Arbeitsbereichen entwickelte Konzeption versteht sich als Handlungsrahmen und nicht als Handlungsanweisung. Innerhalb dieses Rahmens spielen das Menschenbild und das Verständnis von der Gesamtinstitution eine zentrale Rolle. Geprägt war diese Konzeption anfangs von dem Versuch, dieses große Heim drastisch zu öffnen, aktivierende Maßnahmen einzuführen und Hierarchien in Frage zu stellen. Daraus wurde notwendigerweise der Versuch, ein anderes Bild von Institution, Heimbewohner und Pflegestation zu entwerfen, als es derzeit vorherrschend ist. Unter einer gemeinwesenorientierten Institution verstehen wir eine Einrichtung, die auf allen Ebenen offen ist. Sie ermöglicht vielfältige Kontakte zwischen draußen und drinnen und benötigt vielfältige Gremien zur Selbstverwaltung. Unter einem ganzheitsorientierten Menschenbild verstehen wir nicht nur die Einheit von Körper, Seele und Geist, sondern auch deren Einbindung in das soziale Umfeld, bestehend aus Wohnen, Begegnen und Arbeiten. Daraus folgt schließlich eine Umgestaltung der bisherigen Heim- und Pflegenormen, so daß in Fellbach das Wohnen vor dem Heilen steht, das lebendige Leben vor den reinen Aktivitäten und das Wohnmilieu auch den Mitarbeiter ganzheitlich einbezieht. Der Mitarbeiter kann hier neben seiner funktionellen Aufgabe auf vielfältige Weise seine Persönlichkeit einbringen, seine Interessen, Fähigkeiten, Beziehungs- oder Freizeitwünsche. Praktisch bedeutet dies, daß das Sterben Teil des Lebens im Hause geworden ist.

5. Das Sterben leben

1. Gegen den Verlust des sterbenden Menschen von Zeit und Raum setzen wir die milieuorientierte Pflege, in der darauf geachtet wird, daß jeder Bewohner seinen Raum mit eigenen Möbeln hat und, je nach Situationswunsch, umstellen und gestalten kann. Mit Hilfe von Orientierungsmöglichkeiten wie Uhren, Kalender usw. sowie der Rhythmisierung des Programmes in tageszeitliche, wochenzeitliche und jahreszeitliche Unterschiede wird der Zeitraum strukturiert.

Beispiel: Herr B. wohnte mit seiner Frau auf dem ersten Pflegestockwerk. Die Mitarbeiter ermunterten im Sterbeprozeß von Herrn B. die Frau und ermutigten sie, das Bett des Mannes so in die Mitte des Raumes zu stellen (sie stehen bei uns sonst immer an den Wänden), daß die Frau mit Besuchern, etwa beim Kaffeetrinken, am Bett sitzen konnte und ihr Mann an der Kommunikation teilhaben konnte. Selbst das bei uns wenig übliche, aber hier notwendige Pflegebettseitengitter verlor so seine abschreckende Wirkung. Es war ein ständiger kommunikativer Kontakt gegeben, und es entsprach in besonderer Weise den bisherigen Lebensvorstellungen von Herrn B., der sein Zimmer immer außerordentlich gepflegt hatte.

2. Gegen die strukturelle Gewalt in Alteninstitutionen setzen wir die Sicherheit, daß beim Sterben niemand umverlegt werden muß. Diese Sicherheit gilt bei uns seit Jahren, besonders auch für solche Menschen,

die unabhängig vom Sterben akut verwirrt sind. Sie werden nicht in die Landeskrankenhäuser weiterüberwiesen, so daß alle Beteiligten sich darauf einstellen können und müssen, mit Desorientierungen zu leben und sie in ihren Alltag einzubauen. Nur in wenigen Fällen, wo wir uns nicht sicher waren, ob es sich um eine Sterbephase oder um eine viel längere chronische Pflegebedürftigkeit handelt, haben wir noch vor dem Sterben den Umzug vom Alten- ins Pflegeheim (meist dann aber nur in Einzelzimmer) organisiert. Nie geschieht dies ohne Einwilligung der Betroffenen. Eine besonders große Rolle spielen dabei für uns die Angehörigen.

Beispiel: Frau G. galt seit längerer Zeit als verwirrte Bewohnerin des zweiten Stocks. Ihr permanentes Rufen und Stören, auch in Pausen, belästigte die anderen Bewohner. Aufgrund unserer Garantien hatten sich allerdings die anderen Nachbarn auf sie eingestellt. In der akuten Sterbephase erklärten sich fast alle bereit, Frau G. so regelmäßig zu besuchen, daß ihr permanentes „Hallo"-Rufen fast ganz abnahm und einige Bewohner nach dem Tod von Frau G. sehr nachdenklich wurden über ihr bisheriges Bild, das sie von Frau G. gehabt hatten.

Frau S., Altenheimbewohnerin, kam nach einem Krankenhausaufenthalt offensichtlich akut krebsgeschwächt zurück. Sie wurde nicht ins Pflegeheim übernommen, sondern konnte weiterhin im Altenheim wohnen. Sogar die etwas verfeindete Nachbarin mühte sich, sie gelegentlich zu besuchen. Wir ermunterten die Tochter von Frau S., häufig zu kommen und beim Sterben dabei zu sein. Wir boten dafür das Gästezimmer an. Frau S. konnte im eigenen Bett (kein Krankenbett) sterben. Die Tochter wurde beispielsweise nach dem Eintreten des Todes am frühen Morgen eingeladen, mit den Mitarbeitern zu frühstücken und Kaffee zu trinken.

3. Gegen den „sozialpsychologischen Teufelskreis" setzen wir den Kampf um Normenvielfalt und Offenheit. Wir versuchen, sobald es deutlich wird, daß es ans Sterben geht, Mitarbeiter zu ermuntern, daß sie mehr statt weniger erlauben. Wir versuchen in Schichtübergaben, die Dinge beim Namen zu benennen und in den Informationen den Tod und die Toten zu respektieren.

Beispiel: Frau S., weit über 80 Jahre, eine der profiliertesten Bewohnerinnen des Heimes, ehemalige Heimbeirätin, war offensichtlich im Kampf mit dem Tod. Entsprechend ihrem Lebensthema, immer für andere da zu sein und sehr rational orientiert zu sein, ermunterten wir die Mitarbeiter, durchaus emotional, großzügig und humorig zu sein. So wurden mehrfach an ihrem Sterbebett Gespräche geführt, etwa mit ihrem Enkel, die sich bewußt auch um Zeitgeschichte, allgemeine und lustige Tagesereignisse drehten. Eine Krankenschwester ermunterte Frau S. wenige Stunden vor dem Tod, im Rollstuhl noch durch den sonnigen Garten zu fahren.

Dem Heimbeirat wurde immer wieder vorgelegt, daß am Schwarzen Brett des Heims nicht nur Neueinziehende, sondern auch Verstorbene benannt werden sollten. Ferner sollte im Heimfernsehen des Hauses darauf hingewiesen werden, wer verstorben ist. Und schließlich sollten im Jahresbericht des Heimes ganz bewußt mitten in die Dokumentation der Aktivitäten auch die Namen der Verstorbenen des letzten Jahres genannt werden. Bei allen Vorgehensweisen ergab es Diskussionen um das Todestabu. In allen Fällen konnte eine Zustimmung erreicht werden.

4. Gegen das verkürzte Menschenbild in den Heimen setzen wir das ganzheitliche Menschenbild, in dem der Wert des Menschen nicht an seinem medizinischen Tod aufhört und sich immer auch auf eine soziale Umwelt danach bezieht.

Beispiel: In Stockwerksversammlungen auf den Pflegestockwerken werden die Verstorbenen nicht nur genannt, sondern zum Teil auch Erinnerungen über sie erzählt. In einer Heimkonferenz wurde einer verstorbenen Beirätin im Sinne „indianischer Todesrituale" von jedem Teilnehmer etwas mitgegeben. Beim Tod der allseits bekannten Frau S. im zweiten Stock wurde eine Zeitlang eine Fotoausstellung aufgehängt. Je überraschender und kürzer der Tod ist, um so mehr soll nach unserer Ansicht mit animatorischen und sozialpädagogischen Maßnahmen ein gemeinsamer Trauerprozeß angeregt und erlaubt sein. Je länger das Leiden gedauert hat, um so mehr muß sich das pädagogische Bemühen auf einen gemeinsamen Abschluß beziehen. In diesem Sinne gelang bei Herrn K., der wenige Tage vor seinem Tod seinen 100. Geburtstag feiern konnte, ein relativ rascher Abschluß, weil sein Geburtstag in überdurchschnittlichem Maße vorbereitet, gemeinsam begleitet, optisch dargestellt und nachgefeiert worden war.

5. Gegen die psychodynamischen Erscheinungen im Verhalten der Mitarbeiter (Schuld, Unsterblichkeit und Übertragung) setzen wir selbsterfahrungsorientierte Gesprächs-, Rollenspiel- und Fortbildungsmethoden.

Beispiel: Am Tag, als Frau B. auf dem dritten Stock starb, war die davon sehr wesentlich betroffene Pflegemitarbeiterin auf einer Tagung. Hier brachte sie diese Betroffenheit als Lernstörung ein. In Form eines Rollenspiels konnte ihre Trauer bearbeitet, zugelassen und ein Stück weit gedeutet werden auf ihrem eigenen familiären Hintergrund. Bei der Rückkehr von der Klausur war Frau B. tatsächlich gestorben.

Frau Z. auf dem zweiten Stock galt immer wieder als schwierig und klagend, aber sehr anspruchsvoll und geistreich. Der zuständige Altenpfleger distanzierte sich innerlich durch scharfe Abgrenzung und Benennung des ganzen Vorganges als weitere Krankheitserscheinung. In einem Gespräch konnte die Distanz aufgebrochen werden, indem das allmächtige Bild der Bewohnerin aufgelöst wurde. Frau Z. als Sterbende nicht nur wahrzunehmen, sondern auch wahrnehmen zu dürfen, es ihr auch sagen zu dürfen, zu staunen, daß sie darüber nicht zusammenbricht, den Tod als Tatsache zuzulassen, ermöglichte es dem Altenpfleger, kleinste Pflegevorgänge, z. B. Mundpflege, Nahrungszubereitung, Intimpflege, Lagerung, wesentlich aufmerksamer und einfühlsamer vorzunehmen.

6. Gegen die Zuständigkeits- und Hierarchieprobleme des Mitarbeiters setzen wir die Beratung. In den unmittelbaren Sterbeprozeß und dessen Gestaltung und Beratung durch den Mitarbeiter sollten die Vorgesetzten so wenig wie möglich eingreifen. Uns scheint aber das Ausmaß des Interesses, das z. B. Vorgesetzte gegenüber Mitarbeitern in bezug auf den Sterbenden erbringen, das beste Mittel, um die Mitar-

beiter selbst aufzuwerten. Emotionale Reaktionen von Mitarbeitern sollten dabei ganz offen zum Tragen kommen.

Beispiel: Herr B. wurde immer schwächer und zeigte deutliche Verschleimungsanzeichen. Die Verständigung eines Arztes wäre üblich gewesen. Die zuständigen zwei jüngeren Altenpflegeschichtleiter hatten jedoch beide Angst, sich der aggressiven Kritik des dafür bekannten praktischen Arztes auszusetzen. Sie delegierten die Arzttelefonate. Der Arzt kritisierte prompt und scharf das Verhalten der Pfleger, er sei zu spät verständigt worden. Am Sterbevorgang des Herrn B. hat dies allerdings nichts verändert. Als die Mitarbeiter die Kritik des Arztes kommentarlos einsteckten, wurde in einer Pflegeteamsitzung der entsprechende Mitarbeiter hinzuzitiert, und es wurde deutlich gemacht, worin die Regelverletzung aus Sicht des Heimes besteht: Offensichtlich hat ein Altenpfleger sich der Vorgesetzten nicht als Hilfe bedient, sondern das Problem wegdelegiert. Mitarbeiter zu ermuntern, solche Entlastung zu suchen, indem nicht nach unten wegdelegiert wird, sondern Angehörige, Vorgesetzte oder andere um Mithilfe gebeten werden, ist ein wichtiger Trainingseffekt.

Als Frau S. auf dem ersten Stockwerk starb, hatte eine Mitarbeiterin Schwierigkeiten, den allseits empfohlenen unmittelbaren Körper- und Handkontakt auf Dauer aufrechtzuerhalten. Frau S. äußerte keine Wünsche in dieser Richtung, die Mitarbeiterin wollte jedoch auf ihre Weise Präsenz zeigen. Sie setzte sich jeweils für einige Minuten ins Dienstzimmer, um hier in Distanz zu lesen und zu warten. Sie ging dann regelmäßig in bestimmten Abständen in das Zimmer von Frau S. Auf die ängstliche Frage der Mitarbeiterin, ob sie denn richtig gehandelt habe, bestärkten wir sie ausdrücklich, weil es im Sterbebeistand selten um das geht, was wir meinen tun zu müssen, sondern darum, ob wir das bieten, was wir bieten können.

6. Vorläufige Bilanz

In den Alten- und Pflegeheimen wird gestorben. Die Sterbenden nehmen etwas mit; wenn es nur dieser kleine Teil ist, den Mitarbeiter an ihnen getan haben. Sie lassen den Angehörigen, Mitbewohnern, Mitarbeitern etwas zurück. Dieses persönliche Erlebnis und „Vermächtnis" wird vom Sterbevorgang, aber auch von dem bestimmt, wie die Lebenden den Tod des Anderen als Bestandteil ihres Lebens akzeptieren, aufnehmen und kultivieren können. Gemeinwesenorientierte ganzheitliche Arbeit sieht im Sterbenden einen lebendigen Menschen, dem wir ermöglichen sollten, *seinen* Tod sterben zu dürfen.

Literatur

Hummel, K., Öffnet die Altenheime, Beltz, Weinheim 1982.
Lehr, U., Interventionsgerontologie, Steinkopff, Darmstadt 1979.
Levy, R., Der Lebenslauf als Statusbiographie, Enke, Stuttgart 1977.
Rest, F., Praktische Orthothanasie im Arbeitsfeld sozialer Praxis. Forschungsbericht des Landes Nordrhein-Westfalen 1977.
Zimmermann, R., Der Heimbewohneranteil alter Menschen, ein statistischer Trugschluß, in: Alter und Hilfsbedürftigkeit, Enke, Stuttgart 1977.

21 Gestalttherapeutische Hilfen in der Seelsorgebegleitung sterbender Menschen

*Kurt Lückel, Bielefeld** *

Vorbemerkung

„*Seelsorge* ist ... Lebenshilfe, die das Leben eines Menschen in all seinen Beziehungen heilen und fördern will, gerade auch in seiner Beziehung zu dem, was seinem Leben Sinn vermittelt, zu Gott ..." (Erwachsenenkatechismus, S. 1176).

Der *Gestalttherapie* geht es „um den ganzen, den ‚wirklichen' Menschen in seiner Welt, um die Beseitigung von Entfremdung in der Beziehung zu sich selbst, zu den Mitmenschen und zur Umwelt" (*Petzold, Brown* 1977). Zu diesem ganzheitlichen Ansatz gehört die Offenheit für „die existentielle Erfahrung einer letzten Zugehörigkeit, einer ganz persönlichen Bezogenheit, durch die der Mensch im Leben und im Sterben getragen wird" (*Petzold* 1979).

Ich war elf Jahre lang Gemeindepfarrer in einer mittelgroßen Stadt. In diese Zeit fiel meine Begegnung mit der Gestalttherapie — eine Begegnung, die mein Leben und meine Weise, Seelsorger zu sein, entscheidend beeinflußt und geprägt hat. Die so geprägte Seelsorge möchte ich „Gestaltseelsorge" nennen.[1] Es geht dabei um den Versuch, im Bereich der Seelsorge Gestaltkonzepte, Gestaltanregungen und -methoden derart zu integrieren, daß sie zu mir gehören, sozusagen in meine Intuition einfließen, mir als mein Eigenes verfügbar sind, meine persönlichen Ausdrucksmittel werden und entsprechend auch in meine eigene Sprache umgesetzt sind.

Es war ein sehr spannender, durchaus auch krisenhafter Prozeß, an mir selbst zu erleben, wie die beiden jeweils ganzheitlichen Ansätze von Seelsorge und Gestalttherapie miteinander korrespondieren und zusammenwirken, sich ergänzen und bereichern können und wo gegebenenfalls Grenzen der Durchdringung zu erkennen[2] und Abgrenzungen[3] zu vollziehen waren.

---

*) Aus *Integrative Therapie*, 1/2 (1980), 1-9.

Ich habe dieses gegenseitige Wechselspiel von Gestalttherapie und Seelsorge in einer umfangreicheren Arbeit zum Thema „Gestaltseelsorge in der Begleitung sterbender Menschen" (*Lückel* 1981) dargestellt und reflektiert.

Ich möchte mich in diesem Beitrag auf einen sehr entscheidenden Punkt im Umgang mit dem Sterben und in der Begleitung Sterbender konzentrieren: nämlich auf das Phänomen, daß wir „Sterblichen" in unserem Kulturkreis weithin so leben, als ob es Sterben nicht gäbe oder nicht geben dürfte. — In der Sprache der Gestalttherapie ausgedrückt: daß wir die Realität des Sterbens „vermeiden". Und ich möchte (an *einem* Beispiel) versuchen, deutlich zu machen, auf welche Weise Gestalt-Anregungen und -Konzept gerade an diesem neuralgischen Punkt eine entscheidende Hilfe sind — sowohl für mich als Seelsorger als auch für den Betroffenen, und zwar eine Hilfe, sich selbst in dieser Situation zu erleben, Alternativen zu entdecken und den jeweils eigenen Weg der Lebensbewältigung im Angesicht des Todes zu finden.

Das Vermeiden[4] — und die Begegnung mit dem Unvermeidbaren

„Die meisten Menschen leben ihr Sterben so, wie sie ihr Leben gelebt haben ... Doch wir brauchen nicht so zu sterben, wie wir gelebt haben" (*Keleman* 1977).

Ein Leben lang soll es nicht wahr sein — und nun soll es wahr-genommen werden: daß ich sterben muß! Ein Leben lang sammeln sich meine Ängste um den einen Punkt: daß ich nicht „tot" sein will, nicht sozial tot, nicht seelisch tot, nicht leiblich tot. Ein Leben lang immer wieder Angst vor „vernichtendem" Urteil (das brächte mich um!), Angst vor „Botschaften", die mich in meinem Wertgefühl töten, Angst vor Trennung und Alleinsein, Angst, daß keiner mehr mitgeht, daß ich „nichts" mehr gelte, daß ich nichts mehr machen, daß keiner mir helfen kann. — Ein Leben lang: Vermeiden des Angstbesetzten — und nun soll ich endgültig eben diesem Unvermeidlichen begegnen?

Um mich her ist das Thema Sterben „tabu" (außer im Krimi, in Horrorfilmen, im Krieg, in den Statistiken der Verkehrsunfälle ...). Wer Krebs hat, gilt praktisch als Todeskandidat. Und der Todgeweihte muß damit rechnen, daß man ihm nicht „alles" sagt, daß die Ärzte, das Pflegepersonal, die Angehörigen mehr über mich wissen als ich selbst, daß ich also „entmündigt" werde. Ich müßte selber sehr viel

Kraft und Entschlossenheit aufwenden, müßte darum kämpfen, daß mir in diesem kranken System der Vermeidung[5] das gesagt wird, was ich wissen will. Oder will ich es lieber doch nicht wissen, es lieber offen lassen, es lieber nach und nach vielleicht erfahren ... dieses Letzte? — Oder vielleicht darauf hoffen, daß betäubende Schmerzmittel mir diese letzte Auseinandersetzung, das bewußte, schmerzliche Wahrnehmen dieses Letzten gnädig ersparen?

Fast immer und immer wieder, wo ich Menschen in ihrem Sterben begleitet habe, stieß ich zunächst auf die gleiche Tabu-Schranke: Das Wort „Sterben" wurde möglichst vermieden. Draußen im Krankenhausflur, im Gespräch mit Schwestern oder Angehörigen hieß die Umschreibung oft: „Man muß mit allem rechnen", „es sieht nicht gut aus", „es steht schlimm"... Drinnen im Dreibettenzimmer, wo die anderen mithören, liegt der Sterbende mit seinen Ahnungen oft allein.

Ich spüre es meist an der Atmosphäre, an den Blicken und Seitenblicken der Mitpatienten, am vielsagenden Verstummen, am forschenden Blick des Kranken, an seiner Unruhe, an der Handbewegung, an einem Kopfschütteln, begleitet von der Bemerkung „es geht heute gar nicht gut" oder „diese Schwäche!" oder „die versuchen ja alles, (aber ...)", wie nahe oder verdeckt die Ahnung an der Oberfläche liegt, wie sehr sie von den anderen abgewehrt oder auf welche Weise sie aufgenommen wird. Und ich selbst bringe meine Abwehr oder Bereitschaft, meine Angst oder meinen Mut zur Offenheit, mein Gespür für das, was dem Kranken möglich ist und was nicht, oder auch meine Unfähigkeit, seine Andeutungen und widerstreitenden Gefühle aufzunehmen, — dies alles bringe ich mit in diese Tabuzone im Umkreis des Sterbens.

Aus dem Verlauf eines Begegnungsprozesses in der Gestalt-Arbeit kenne ich solche Vermeidungsmuster. Und ich weiß, daß sie eine Schutzfunktion[6] haben: Sie schützen mich davor, meiner gesellschaftlich eingespielten Rolle, meines „Ansehens", meines am Leistungs- und Imagedenken ausgerichteten Selbst-Wertgefühls entkleidet und dem schrecklichen Angstgefühl ausgeliefert zu sein: daß ich nichts oder nur noch wenig (wert) bin. Und ich weiß, daß nichts wichtiger ist, als eben dieses Schutzbedürfnis „gelten zu lassen". Dieses Schutzbedürfnis, das sich etwa äußern kann in der Haltung: „ich doch nicht! das ist gar nicht möglich!" (Nichtwahrhabenwollen); oder: „noch bin ich nicht tot, denkt ja nicht, so schnell werdet ihr mich los!" (Zorn); oder: „ich hab noch einiges vor; wenn ich mal wieder bei Kräften bin ..." (Verhandeln); oder „ach, heute wird mir alles zuviel, ich bin einfach müde" (Depression);[7] oder: „Sie denken, weil ich im Bett liege, habe ich nichts mehr zu tun? Sehen sie mal da: den Berg Akten — den habe ich mir gestern herbringen lassen!" (Geschäftigkeit) ...

Sterbenmüssen ist ganz gewiß der totalste „Angriff" auf das ein Leben lang ausgependelte oder starr aufrechterhaltene innere Gleichgewicht vom Bewußtsein, daß ich „etwas" oder „jemand" bin, auch der totalste Angriff auf die Wichtigkeit meiner Rolle, die ich gespielt habe. Es trifft mich im Kern meiner Existenz, meiner Zugehörigkeit, meiner Beziehung zu mir, zu anderen, zur Welt — und auch zu Gott. Längst nicht immer ist darum der „Durchbruch zur Wahrheit" in der Sterbesituation möglich. In den meisten Fällen bekennen Angehörige nachträglich: „Er/sie hat das wohl geahnt" — aber aussprechen konnten es weder der Sterbende noch die, die zu ihm gehörten.

Und ich selbst habe meine seelsorgerische Aufgabe in der Begleitung Sterbender keineswegs vor allem darin gesehen, daß ihnen oder den Angehörigen dieser Durchbruch möglich wäre. Für mich war es das Wichtigste, herauszufinden, was dem Sterbenden (und seinen Angehörigen) wahrzunehmen, auszusprechen und zu ertragen möglich sei und was nicht. Lebenslang eingeübtes Vermeidungs- und Schutzverhalten nun gerade auf dieser letzten Wegstrecke zu verändern, wäre für mich ebenso eine Überforderung wie für die Beteiligten und Betroffenen.

Eigentlich ist diese Grundeinstellung für mich die wichtigste „Erkenntnis" aus dem Bereich der Gestalttherapie im Umgang mit solchen Situationen, nämlich die Grundeinstellung: Geltenlassen dessen, was *ist*, statt herbeizuführen, was „eigentlich sein sollte".[8] Dies bedeutet, daß ich letztlich jedem Sterbenden *seine* Weise zu sterben lassen möchte, statt ihm meine Weise vorzuschreiben (und sei sie noch so „christlich" oder „gestaltisch"). Alles andere, was die Gestalttherapie an Methoden und Anregungen anzubieten hat, z. B. Gestaltdialoge und Konzentrationsanleitungen (*Perls* 1976, S. 86 ff), die Wahrnehmung des Hier und Jetzt, die Hilfe zum Selbstsupport, Lebensrückschau, Aufarbeiten von Unerledigtem usf., kann wichtig sein, um einem Sterbenden zu helfen, daß für ihn Sterben noch einmal ein bewußt (vielleicht auch aktiv) gelebtes Stück Leben werden kann. Aber entscheidend ist jene Grundhaltung, die mich, den Seelsorger, ebenso entlastet und entkrampft wie den Patienten. (In welchem Maß dies Arbeit an mir selbst bedeutet und wieso gerade dieses eigentlich Entlastende so schwer ist, beschreibe ich an anderer Stelle.)[9]

Die Kehrseite dieser Grundhaltung ist die Erfahrung, daß wirkliche „Veränderung" nur möglich ist, indem ich das anerkenne und gelten lasse, was tatsächlich „ist". Denn wirkliche Veränderung (*Perls* 1974,

S. 28) bedeutet ja gerade, das zuzulassen, was ich nie oder nur selten zugelassen habe: Nämlich der zu sein, der ich in diesem Augenblick, in dieser Situation, in dieser Begegnung, auf diesem Lebenshintergrund bin: Ich mit meinen verborgenen und offenen Gefühlen, mit meinen Vermeidungs- und Schutzbedürfnissen, ich mit meiner äußerlich zur Schau getragenen Festigkeit und Unnahbarkeit, mit dem, was ich ahne oder weiß, aussprechen oder nicht aussprechen kann oder will. Es ist eine Weise, zu mir jetzt „ja" zu sagen, die mir wie ein Preisgeben meiner Selbst erscheint — eben wie mein „Sterben". Der Weg dorthin führt mich in der Regel durch einen Sperrgürtel von Angst, durch Gefühlszonen der Leere, der Kontaktlosigkeit, der Kälte, der „Todesstarre" (Perls 1974, S. 64). Im voraus meine ich: „Das bringt mich um!" Im nachhinein erkenne ich: daß nicht „ich" gestorben bin, sondern jener Teil in mir, der mich dauernd daran gehindert hat, „ich selbst" zu sein, — und daß ich so nicht mein Leben verliere, sondern es neu gewinne!

Ich bewege mich mit diesen Überlegungen im Umkreis des Kernpunktes meines christlichen Glaubens: im Umkreis der Botschaft von der „Rechtfertigung des Sünders". Die reformatorische Lehre des „simul iustus, simul peccator" meinte ja genau dies: Indem ich der „Sünder" (d. h., der von mir selbst, von anderen, von der Welt, von Gott als dem Urgrund des Lebens Entfremdete) bin, der ich bin, bin ich „gerecht", erfahre ich mich als vom „Urgrund des Lebens" angenommen. Und es ist Christus, der dafür bürgt, daß „dieser Urgrund sich als prinzipiell annehmend, tragend und liebend" erweist (Stollberg 1978, S. 107). Für meine christliche Lebenshaltung heißt das: Mein Leben kann nur „sündig" gewagt und gelebt werden. Dieses „Kreuz" gehört zum Leben selbst hinzu, und gerade im „Annehmen" dieses „Kreuzes der Entfremdung" gewinne ich das Leben. — Methodisch folgt daraus für die Seelsorge gerade nicht etwa „ein Katalog von Forderungen an den hilfsbedürftigen Menschen, sondern die Möglichkeit für Berater und Ratsuchenden, das anzunehmen, was ist" (Stollberg 1978, S. 106 ff).

Ich denke in diesem Zusammenhang an eine sehr dramatische Begegnung mit dem Unvermeidlichen: Besuch im Krankenhaus bei einem 65-jährigen Mann, ehemals Krankenpfleger. Er hat seine an Krebs erkrankte Frau seit nunmehr zwei Jahren zu Hause gepflegt. Plötzlich erkrankt er selbst. Diagnose: Ebenfalls Krebs, aussichtslos, nur noch begrenzte Lebensdauer. Er weiß (angeblich) noch nichts über die Art und das Ausmaß seiner Erkrankung; ich, als ich ihn besuche, auch nicht.

Er bittet mich, kaum daß er mir mit fassungslosen Worten und Gesten seine Situation geschildert hat, ihm ein Wort vom Frieden Gottes zu sagen. Ich gehe zunächst auf diese verbale Bitte ein — aber noch indem ich reden will, hält es ihn nicht mehr im Bett. Eine Unruhe, wie ich sie bis dahin wohl noch bei keinem Patienten erlebt hatte, treibt ihn durchs Zimmer, ans Waschbecken, er meint, sich übergeben zu müssen, würgt aber nur, ohne sich erleichtern zu können, kehrt ins Bett zurück und weiß nicht, still zu liegen.

Ich lasse also das Wort vom Frieden ungesagt und spreche ihn auf seine Unrast an. Er nimmt das nach kurzem Zögern auf und sagt, daß er sich eben diese Unruhe nicht erklären könne. Auf meine Anregung zählt er auf, was ihn alles beunruhigt: daß er seine Frau im Stich gelassen habe; er habe sich doch so stark gefühlt und ihr so gut helfen können. „Ich habe so vielen geholfen ..." Und nun dieser plötzliche Zusammenbruch, dazu dauernd dieser Brechreiz und ständiges Herzjagen. „Und keiner da —." Ich sage: „Keiner, der Ihnen nahesteht?" Er nickt, schlägt die Bettdecke zurück, wälzt sich wieder aus dem Bett. Ich biete ihm an, mit ihm im Zimmer hin- und herzugehen. Er hängt sich bei mir ein. Wir gehen „ziellos" kreuz und quer, zum Waschbecken, an den Schrank, zum Tisch in der Ecke. Er keucht: „Es nützt alles nichts ..." Wir verschnaufen kurz und brechen wieder auf: Zum Fenster, das er öffnen will, dann aber erst zurück zum Bademantel, dann wieder zum Fenster mit Blick hinüber, wo er verdeckt sein Haus sehen kann. Er verweilt, steht da mit etwas zitternden Beinen, aber er steht und blickt lange stumm hinüber. Tränen treten ihm in die Augen, sein Gesicht beginnt zu beben, er krampft seinen Arm, mit dem er sich an mir festhält, ballt die Faust zu einem angespannten Zittern, knirscht mit den Zähnen, tritt zurück, bittet mich, das Fenster zu schließen, blickt durch die Scheibe und hängt plötzlich in meinem Arm und schüttelt sich vor Weinen, krümmt sich vor Schmerzen im Bauch ... und stößt heraus: „Und ich dachte, sie stirbt vor mir!"

Er verspürt wieder den Brechreiz und übergibt sich unter krampfartigem Würgen ins Waschbecken, das wir mit knapper Not noch erreichen, und sagt dazwischen öfter: „All die Jahre ... all die Jahre ..." Ich: „All die Jahre haben Sie dauernd so viel geschluckt ...?" Er: nickt ins Waschbecken und wiederholt: „Immer geschluckt ...", und dann wütend: „Immer geschluckt!" — und muß spucken und Schleim erbrechen.

Nach einer Weile wird er ganz schlapp. Ich helfe ihm ins Bett zurück, er fröstelt und schwitzt zugleich, klappert mit den Zähnen, zittert am ganzen Körper und weint erschütternd: „Es ist aus, es ist aus!

Ich kenne das! Ich hab's doch tausendmal gesehen. — Mit mir ist's aus
...!" Er weint lange, bis er immer ruhiger wird und schließlich still und
ruhig atmend daliegt.

Nach einiger Zeit stutzt er, hält den Atem an und sagt: „Die Unruhe
ist weg." Er schaut mich an „... sie ist weg ...!" wiederholt er überrascht. „So habe ich mich lange nicht mehr gefühlt". Ich: „Ja, das will
ich glauben (nach einer Pause), aber da mußte ja auch unheimlich viel
heraus. So vieles, was Sie all die Jahre nicht rauslassen konnten ..." Er:
„... Ja ... (und nach einigem Zögern), und ich wollte es nicht zugeben,
daß es mit mir so schlecht steht." Ich: „Sie haben es gespürt?" Er:
„Schon seit drei Monaten. Aber ich wollte durchhalten." Ich: „Ich
glaube, ich kann das gut verstehen ..." Nachher bat er mich noch einmal um das Wort vom Frieden Gottes. Zuvor hatte er sich entschuldi-
gend bedankt: „Da hab ich Ihnen aber einiges zugemutet! Ich versteh's
immer noch nicht, wieso Sie mit mir durchs Zimmer gelaufen sind.
Aber das war genau das Richtige. Hätte ich nicht gedacht ... (nach
einer Pause, mit einer anderen Stimme) ... daß mein Pastor nochmal
mein Krankenpfleger werden würde ..."

Er gab mir Grüße mit an seine Frau. „Sagen Sie ihr, ich könnte wieder besser schlafen — und ich denke an sie ..." Aus der Nachttischschublade zog er eine Karte mit einem Blumenstrauß darauf. „Geben
Sie ihr das doch bitte von mir — statt Blumen". Ich habe ihn noch
zweimal besucht. Er starb schon zwei Wochen später.

„Gelten lassen, was ist". — Das betraf hier alles, was in den Vordergrund drängte: seine Unruhe, sein Wunsch nach Frieden, seinen Brechreiz, seine innere Bedrängnis, sein Bedürfnis, daß einer mit ihm geht,
einer, der ihm nahesteht (und das war jetzt in dieser Situation ich). Das
Wort vom Frieden Gottes konnte ihn vorab nicht erreichen. Da war
zu viel „Unerledigtes", zu vieles in ihm, das er „vermieden" und das
sich in ihm zum Bersten angestaut hatte — und das nun auf knappstem
Raum eruptionsartig sich Ausdruck verschaffte: alles, was er sich in
der Pflege seiner ständig jammernden Frau „verbissen", und alles, was
er in dieser Beziehung „zum Kotzen" gefunden und doch geschluckt
hatte, die fassungslose Wut darüber, daß er noch vor ihr stirbt, der
Zusammenbruch seiner immer noch aufrechterhaltenen „Helferrolle",
und schließlich die totale Trauer, daß es mit ihm wirklich zu Ende
geht..., so hatte er sich selbst nicht wahr-haben wollen. Der Widerstand dagegen, daß dies nun für ihn gelten sollte, war nur zu verständlich. Aber der Druck seiner drängenden Unruhe war stärker als aller
Widerstand.

Daß ich mit ihm ging und ihn nicht etwa „stoppte" oder zu beruhigen versuchte, beruhte auf meiner in der Gestalttherapie oft gemachten Erfahrung, daß jede „Gestalt" ihren eigenen Weg der „Selbstregulation" und des Selbstausdrucks findet (*Perls* 1976, S. 22 f; *Polster*, 1975, S. 232; *Petzold* 1977, S. 219). Dies war s e i n Weg. Indem ich mitging, gab ich ihm zu verstehen, daß ich seine Unruhe ernst nehme. Im Mitgehen gab ich ihm die Möglichkeit, sein Vermeiden zu erleben und ihm Ausdruck zu geben (*Perls* 1976, S. 113). Gerade weil sein Hin- und Herlaufen Ausdruck seines Vermeidens war (Ausdruck auch seiner Entfremdung), hatte es keinen Sinn, dieses Vermeiden durch Erklärungen oder andere beruhigende Interventionen zu umgehen — also das Vermeiden zu vermeiden (*Perls* 1976, S. 88 f).

Es war klar: Er konnte und wollte sich zunächst nicht „stellen", — so als könnte er durch Ortsveränderung dem Unvermeidlichen entgehen oder ent-laufen. Und er erlebte, daß das „alles nichts nützt!" Die Unruhe blieb, bis er „sich stellte" und lange stehen blieb (*Perls* 1976, S. 116). So wurde die Unruhe zum Wegweiser, der ihn ans Ziel führte: zum Fenster mit dem Blickkontakt nach Hause und damit zum Kontakt mit seiner Trauer und Wut, zu den Introjekten der letzten Jahre, und auf diesem Wege ermöglichte sie ihm, dem „Unvermeidlichen" zu begegnen: sich selbst als dem, der nun sterben muß.

Auch der anfangs (im Appell an meine Rolle als Pfarrer) geäußerte Wunsch nach einem Wort vom Frieden Gottes war eigentlich der letzte, untaugliche Versuch, seine Unruhe ohne die schmerzliche Selbstbegegnung (theologisch gesprochen: ohne das „Kreuz") loszuwerden. Denn wirkliche Veränderung, auch das Spüren des Friedens Gottes war nur möglich, indem er bei sich zuließ, was an Bedrängnis (auch an moralisch Verbotenem) in ihm war. Im Grunde zerbrach dabei sein altes Bild von sich selbst, das vor allem geprägt war durch das, was er sein wollte (Helfer) und was nicht sein durfte (Wut und Ablehnung gegen seine kranke Frau, sein eigenes Sterbenmüssen). Und gerade in diesem Zerbrechen entdeckte er sich selber, er „fühlte" sich selbst wie „lange nicht mehr" ... Und auch das Gefühl für seine Frau (auch für mich) war in neuer Qualität wieder da. Der „Friede Gottes" machte sich „irdisch" bemerkbar: in der Beziehung zu sich selbst, zu seiner Jetzt-Situation, zu seiner Frau und auch zu mir.

Er hatte sich auf seinem Zick-Zack-Weg dem Unvermeidbaren gestellt. Und es galt auf diesem Wege, vieles „anzunehmen", was unter moralischem Aspekt unannehmbar wäre; christlich gesprochen: er hat sein „Kreuz", daß er „Sünder", und das heißt auch, „sterblich" ist, auf sich genommen — und so Leben und Frieden erfahren.

Anmerkungen

[1] Zur Problematik des Begriffs „Seelsorge" vgl. *Petzold* (1979, S. 119 f). Ich selbst verstehe „Seelsorge" im Sinne des o. g. Eingangszitats.

[2] Ich möchte in diesem Zusammenhang das wissenschaftliche Problem der Beziehung von Theologie/Pastoraltheologie einerseits und Humanwissenschaft/Gestalttherapie andererseits nicht erörtern. Vgl. dazu *Winkler* (S. 9); *Riess* (1973, S. 31 ff., 53 ff). Als Beitrag zum „Korrespondieren" von Subjekten und Systemen auf gleicher Ebene, um ein „Mit-einander-Antworten" und „Zusammenwirken" zu ermöglichen, vgl. *Petzold* (1978, S. 21 ff). Zum Thema „Metatheorie": *Petzold* (1979, S. 118f. und 123f).

[3] Zur Abgrenzung gegen eine antihumane Tendenz des Perlsschen „Gestaltgebets" vgl. *Cohn* (1975, S. 101f). *Cohn* versucht, gleichzeitig eine „gestaltgemäße" Variante des ungestaltischen Perlsschen Schlußsatzes zu formulieren. Zum Thema: Grenzen der Methoden gestalttherapeutischer Arbeit in der Seelsorge, vgl. *Neumann* (1978, S. 131 f).

[4] Zum Thema „Vermeiden" vgl. *Perls* (1974, S. 46ff und 63f): Vermeiden heißt, „das Offensichtliche" nicht sehen (wollen).

[5] Vgl. *Glaser/Strauss* (1965, S. 63ff): „Das rituelle Spiel wechselseitiger Täuschung"; dazu *Lau* (1975, S. 72ff).

[6] Vgl. *Petzold* (1973, S. 27; 1973a, S. 282); zur manipulativen Funktion der Vermeidung vgl. *Perls* (1976, S. 64ff).

[7] Vgl. *Kübler-Ross* (1971, S. 41ff).

[8] „Veränderung geschieht dann, wenn jemand zu dem wird, was er ist, und nicht wenn er versucht, etwas zu werden, was er nicht ist" (*Petzold* 1973, S. 34). Vgl. *Perls* (1974, S. 26ff), *Polster* (1975, S. 61f), *Perls* (1976, S. 122).

[9] In *Lückel* (1981) vgl. *Jung* (1932, S. 19); *Tacke* (1975, S. 144).

Literatur

Aichelin, H. u. a.,Tod und Sterben - Deutungsversuche, Gütersloher Verlagshaus, 1978.

Cohn, R., Von der Psychoanalyse zur themenzentrierten Interaktion, E. Klett Verlag, Stuttgart 1975.

Debus, G. und *Juhre, A.*, Tod in der Gesellschaft, Hammer Verlag, Wuppertal 1971.

Evangelischer Erwachsenenkatechismus, Gütersloher Verlagshaus Gerd Mohn, 1975.

Glaser, B. G., Strauss, A., Interaktion mit Sterbenden, Vandenhoeck u. Ruprecht, Göttingen 1965.

Jung, C. G., Die Beziehung der Psychotherapie zur Seelsorge, Rascher Verlag, Zürich und Leipzig 1932.

Jüngel, E., „Tod" (Themen der Theologie, Bd. 8), Kreuz-Verlag, Stuttgart 1971.

Keleman, St., Lebe dein Sterben, ISKO-PRESS, Hamburg 1977.

Kübler-Ross, E., Interviews mit Sterbenden, Kreuz-Verlag 1971.

Lau, E. E., Tod im Krankenhaus (Soziologische Aspekte des Sterbens in Institutionen), Verlag J. P. Bachem, Köln 1975.

Lückel, K., Begegnung mit Sterbenden. Kaiser, München 1981.

Neumann, I., Biblische Imagination; in: *Y. Spiegel* (Hrsg.), Doppeldeutlich, Chr. Kaiser Verlag, München 1978.

Perls, F., Gestalt-Therapie in Aktion, Ernst Klett Verlag, Stuttgart 1974.

—, Grundlagen der Gestalttherapie, Verlag J. Pfeiffer, München 1976.

Petzold, H., Gestalttherapie und Psychodrama, Nicol-Verlag, Kassel 1973

—, Das Ko-respondenzmodell in der Integrativen Agogik; *Integrative Therapie* 1/1978.

—, Integrative Gestalttherapie in der Ausbildung von Seelsorgern; in: *J. Scharfenberg* (Hrsg.), Freiheit und Methode, Herder u. Co., Wien; Vandenhoeck u. Ruprecht, Göttingen 1979.

—, (Hrsg.), Kreativität und Konflikte, Junfermann Verlag, Paderborn 1973 a.

Petzold, H., Brown, G. J., Gestaltpädagogik (Konzepte der Integrativen Erziehung), Verlag J. Pfeiffer, München 1977.

Polster, E. u. M., Gestalttherapie, Kindler Verlag, München 1975.

Riess, R., Seelsorge, Vandenhoeck u. Ruprecht, Göttingen, 1973.

Stollberg, D., Wenn Gott menschlich wäre ..., Kreuz-Verlag, Stuttgart 1978.

Tacke, Helmut, Glaubenshilfe als Lebenshilfe, Neukirchener Verlag 1975.

Winkler, K., Seelsorge im Vergleich, Berliner Hefte für Ev. Krankenhausseelsorge Nr. 45.

Mitarbeiterverzeichnis

Bergeest, Harry, Dipl.-Psych., Dr. phil., Akademischer Oberrat an der Erziehungswissenschaftlichen Hochschule Rheinland-Pfalz in Mainz; Ausbildung in Gesprächspsychotherapie bei Anne-Marie und Reinhard Tausch; Arbeitsschwerpunkte: Aus- und Weiterbildung von Sonderpädagogen, Psychotherapie und Beratung krebskranker und behinderter Kinder und ihrer Eltern und Erzieher.

Bürgin, Dieter, Dr. med., Medizinstudium in Basel und Paris. Danach Ausbildung zum Kinderpsychiater und Psychoanalytiker. Privatdozent an der Universität Basel. Leiter der Psychiatrischen Universitätspoliklinik für Kinder und Jugendliche in Basel. Neben diversen Publikationen zur Kinderpsychiatrie seit Jahren mit der Problematik des sterbenden Kindes und seiner Familie in Auseinandersetzung. Publikation zum Thema: Das Kind, die lebensbedrohende Krankheit und der Tod, Huber, Bern 1978.

Buhrmester, Christian, Dipl.-Psych., Wissenschaftlicher Angestellter am Universitätskrankenhaus Hamburg-Eppendorf, Abteilung für Medizinische Psychologie. Projekt: Medizinpsychologische Betreuung von Tumorpatienten im ambulanten und stationären Bereich.

Christian-Widmaier, Petra, Studium der Soziologie, Philosophie und Politischen Wissenschaft in Heidelberg, Göttingen und USA. Magister Artium. Promotion mit einem sozialphilosophischen Thema über Georg Simmel. Wissenschaftliche Mitarbeit in medizinsoziologischen Forschungsprojekten in Göttingen und Nürnberg. Zur Zeit Durchführung eines thanatologischen Forschungsprojektes im Sonderforschungsbereich 129 der Universität Ulm. Gegenwärtige Forschungsschwerpunkte: Soziologie des Todes und Medizinsoziologie.

Condrau, Gion, Prof. Dr. med. et phil., Spezialarzt FMH für Neurologie, Psychiatrie und Psychotherapie. Medizinstudium mit Doktorat in Bern 1944, Doktorat in Philosophie und Psychologie 1949 in Zürich, Privatdozent für psychosomatische Medizin an der Med. Fakultät der Universität Zürich, Titularprofessor und Privatdozent für Neurosenlehre und Psychotherapie an der Philosophischen Fakultät der Universität Fribourg. Lehrbeauftragter für Daseinsanalyse an der Phil. I Fakultät der Universität Zürich und am Institut für angewandte Psychologie in Zürich, Direktor des Daseinsanalytischen Institutes für Psychotherapie und Psychosomatik Zürich. Verfasser verschiedener wissenschaftlicher Arbeiten und Bücher über medizinische Psychologie, Daseinsanalyse und Psychotherapie.

Dreifuss, Esther, klinische Psychologin MA und dipl. Kunstpsychotherapeutin ATR an der Abteilung für Onkologie, Universitätsspital Zürich, sowie in freier Praxis. Ausbildungskandidatin der Schweizerischen Gesellschaft für Psychoanalyse. Publikationen: „Die Kunstpsychotherapeutische Betreuung von Krebspatienten", *Schweizerische Rundschau für Med.* *Praxis* 24, 1981; „Der Krebspatient und seine Familie — Erfahrungen aus der Klinik", *Schweizerische Rundschau für Med.* *Praxis* 49, 1982.

Grof, Stanislav, M. D., klinischer Psychiater. Seit 25 Jahren Forschung über paranormale Bewußtseinszustände, insbesondere durch psychedelische Drogen (LSD). Früher Leiter der psychiatrischen Forschung am Maryland Psychiatric Research Center und Assistenz-Professor für Psychiatrie an der John Hopkins University in Baltimore, Md. Z. Zt. Mitarbeiter am Esalen Institute in Big Sur, California. Verfasser zahlreicher wissenschaftlicher Veröffentlichungen, insbesondere zur LSD-Forschung. In deutsch erschienen: Topographie des Unbewußten. LSD im Dienste der tiefenpsychologischen Forschung, Stuttgart 1978; zusammen mit J. Halifax: Die Begegnung mit dem Tod, Stuttgart 1980.

Haupt, Ursula, Dr. phil., Professorin für Körperbehindertenpädagogik an der Erziehungswissenschaftlichen Hochschule Rheinland-Pfalz in Mainz; Studium der Pädagogik, Sonderpädagogik und Psychologie in Köln; therapeutische Ausbildung u. a. in Gesprächspsychotherapie; pädagogische, psychologische und therapeutische Arbeit mit körperbehinderten Kindern und ihren Eltern seit 23 Jahren.

Huck, Karin, Dipl.-Psych., Dr. phil., mehrjährige verhaltenstherapeutische Arbeit mit Kindern und Erwachsenen, eigene Psychoanalyse, Ausbildung in Gestalttherapie am Fritz Perls Institut und dort auch Lehrbeauftragte; Tanztherapie bei A. Halprin. Seit 8 Jahren klinische Tätigkeit, davon die letzten „4 Jahre als Mitarbeiterin auf einer hämatologischen Station eines Münchener Allgemein-Krankenhauses. Arbeitsschwerpunkte: Betreuung von chronisch kranken und sterbenden Patienten, Supervision, Fortbildung sowie Selbsterfahrungsgruppen mit Pflegepersonal, Medizinern und Medizinstudenten, Death-Education.

Hummel, Konrad, Studium der Pädagogik und Soziologie in Frankfurt. Medienforschung bei der Akademie Arnoldsheim und den Blättern der Wohlfahrtspflege. Fortbildungstätigkeit für die Arbeiterwohlfahrt, das Elisabethenstift in Darmstadt, den Deutschen Paritätischen Wohlfahrtsverband. Weiterbildung Integrative Arbeit mit Alten, Kranken, Sterbenden am Fritz Perls Institut. Heimleitung des Heims am Kappelberg, Fellbach, seit 1977. Veröffentlichung von Dokumentationen und dem Buch „Öffnet die Altersheime", Beltz, Weinheim 1982.

Kiepenheuer, Kaspar, Dr. med., ist Kinderarzt und Kinderpsychiater, psychiatrischer Konsiliarius an der onkologischen Abteilung der Universitäts-Kinderklinik Zürich, Dozent am C.-G.-Jung-Institut; nach 6jähriger Mitarbeit an der Klinik und Forschungsstätte für Jungsche Psychologie derzeit Oberarzt am Kinderpsychiatrischen Dienst der Universität Zürich, als analytischer Psychologe vorwiegend beschäftigt mit Psychotherapien für Kinder und Jugendliche.

Leuner, Hanscarl, Dr. med., Professor der Psychiatrie und Neurologie, Facharzt, Psychotherapie, Psychoanalyse (DPG), Vorstand der Abteilung für Psychotherapie und Psychosomatik der Universität Göttingen; Vorstandsmitglied des Ausbildungszentrums für Psychotherapie und Psychoanalyse, Göttingen. Promotion 1947, Habilitation 1959, Professur 1965, Visiting Professor Yale University (USA) 1966, Commonwealth University (VA) (USA); Mitglied (zum Teil Ehrenmitglied) zahlreicher in- und ausländischer Fachgesellschaften; Präsident der Internationalen Gesellschaft für Katathymes Bilderleben, Leiter des gleichnamigen Instituts, Göttingen. Bücher: „Die experimentelle Psychose", Springer-Serien 1962; „Halluzinogene", Huber 1982; „Katathymes Bilderleben, Grundstufe", Thieme 1982[3]; „Katathymes Bilderleben, Ergebnisse I", Huber 1983[2]; ferner zahlreiche Arbeiten über Entwicklungspsychologie, Rauschmittelmißbrauch, Respiratorisches Feedback.

Lückel, Kurt, geb. 1935, studierte Theologie in Wuppertal, Heidelberg und Bonn. Er war Inspektor am Ref. Predigerseminar Elberfeld und Gemeindepfarrer in Siegen. Zur Zeit tätig als Ausbilder in Methoden klinischer Seelsorge am Seelsorgeinstitut der Kirchlichen Hochschule Bethel und zugleich als Krankenhausseelsorger an den Bodelschwinghschen Anstalten in Bethel. Gestalttherapeutische Ausbildung am Fritz Perls Institut und dort auch Lehrtherapeut. Buchveröffentlichung: „Begegnung mit Sterbenden", Kaiser, München 1981.

Meerwein, Fritz, Prof. Dr. med., Privatdozent an der Universität Zürich, Psychiater und Psychoanalytiker. Konsiliarius für Medizinische Psychologie an der Medizinischen Universitäts-Klinik und der Abteilung für Onkologie am Universitäts-Spital Zürich.

Petzold, Hilarion, Dr. theol., Dr. phil., Studium der orient. Theologie (Promotion Paris 1968), Philosophie (Promotion bei Gabriel Marcel, Paris 1971), der Psychologie, Erziehungswissenschaften (Promotion Frankfurt 1979), Medizin und Soziologie in Düsseldorf und Frankfurt. Psychoanalyse und Therapeutisches Theater bei V. N. Iljine, Paris, Psychodrama bei J. L. Moreno, New York, Gestalttherapie bei F. S. Perls, Vancouver. Gründer und Leiter des „Fritz Perls Institutes für Integrative Therapie". Lehrt am Institut St. Denis, Paris, und an der Freien Universität Amsterdam. Weitere Lehrtätigkeit an den Universitäten Bern (Klinische Psychologie), Frankfurt (Gruppentherapie). Lehrauftrag für Geronto- und Thanatotherapie an der Universität Graz, Supervisor der Krebsberatungsstelle Düsseldorf. Wissenschaftlicher Leiter des Forschungsprojektes der Niederösterreich. Landesregierung über Pensionistenheime. Arbeitsschwerpunkte: Verfahren dramatischer und leiborientierter Therapie, philosophische Anthropologie, Einzel-/Gruppentherapie und Bildungsarbeit mit alten Menschen. Seit 1964 in der Arbeit mit Alten, Kranken und Sterbenden tätig. Zahlreiche Buchveröffentlichungen, u. a. „Bildungsarbeit mit alten Menschen", Klett 1976; „Psychotherapie mit alten Menschen", Junfermann 1979; „Mit alten Menschen arbeiten", Pfeiffer 1984; „Wege zum Menschen", 2 Bd., Junfermann 1984.

Ratsak, Gerda, Dipl.-Soz.Päd. (FH), Mitarbeiterin im Universitätskrankenhaus Hamburg-Eppendorf, Abteilung für Medizinische Psychologie, Projekt: Medizinpsychologische Betreuung von Tumorpatienten im ambulanten und stationären Bereich.

Scheytt, Christoph, Studium der ev. Theologie in Tübingen 1946-1951. Bis 1970 Pfarrer in verschiedenen Gemeinden in Württemberg. Seit 1971 Klinikpfarrer an den Universitätskliniken in Ulm. Klinische Seelsorgeausbildung (CPE). Mitarbeit an der Abteilung Psychosomatik der Universität Ulm. Seit 1980 Beteiligung an einem Teilprojekt zur Interaktion zwischen lebensbedrohlich erkrankten Patienten und dem Seelsorger im klinischen Umfeld im Sonderforschungsbereich „Psychotherapeutische Prozesse" der Universität Ulm.

Schiebel-Piest, Bettina, Dipl.-Psych., Wissenschaftliche Angestellte am Universitätskrankenhaus Hamburg-Eppendorf, Abteilung für Medizinische Psychologie; Projekt: Medizinpsychologische Betreuung von Tumorpatienten im ambulanten und stationären Bereich.

Shneidman, Edwin S., Ph. D., Professor für Thanatologie, Direktor des Laboratory for the Study of Life-Threatening Behaviour an der Los Angeles School of Medicine (Universität of California). Er war Ko-Direktor (und Mitbegründer) des Los Angeles Suicide Prevention Center und des Center for the Study of Suicide Prevention an dem National Institute of Mental Health (NIMH) in Bethesda, Maryland. Er war Gastprofessor an der Harvard University und Fellow am Center for Advanced Study and the Behavioural Sciences (Stanford University). Er war Gründungspräsident der American Association of Suicidology. Veröffentlichung zahlreicher Bücher und Artikel zum Thema Sterben und Selbstmord.

Spiegel-Rösing, Ina, Studium der Psychologie an der Freien Universität Berlin, der Duke University und der Harvard University. Promotion Psychologie an der Ruhr-Universität. Habilitation in Wissenschaftssoziologie an der Universität Konstanz. Seit Januar 1976 Professorin an der Universität Ulm. Abgeschlossene Ausbildung in Integrativer Therapie am Fritz Perls Institut, dort auch Lehrbeauftragte; C.-G.-Jung-Analyse. Forschungs-, Lehr- und Praxisbereiche: Psychologie, Wissenschaftsforschung, Thanatologie, Psychotherapieforschung, Ethno-Medizin. Zahlreiche Fachveröffentlichungen.

Steppe, Hilde, Fachkrankenschwester für Intensivpflege und Anästhesie, Fortbildung zur Pflegedienstleitung in mehreren Methoden der humanistischen Psychologie (u. a. Gestaltpädagogik, TA, TZI, Integrative Arbeit mit Alten, Kranken und Sterbenden beim Fritz Perls Institut). Seit mehreren Jahren Leiterin eines Fortbildungszentrums für Berufe im Gesundheitswesen in Frankfurt. Schwerpunkt: Anwendung psychologischer Konzepte im Berufsalltag der Krankenpflege.

Wirsching, Michael, Med. Staatsexamen und Promotion FU Berlin 1972. 1972 — 1982 Psychosomatische Klinik der Universität Heidelberg, seit 1975 Oberarzt der Abt. für Familientherapie der Psychosomatischen Klinik Heidelberg. 1978 Abschluß der analytischen Weiterbildung am Heidelberg-Institut, 1978 Habilitation (Psychotherapie/Psychosomatik) Universität Heidelberg. Seit 1. 1. 1982 Prof. für Klinische Psychosomatik und Psychotherapie am Zentrum für Psychosomatische Medizin der Justus-Liebig-Universität Gießen. Arbeitsschwerpunkte: Familien-Dynamik und Familientherapie, vor allem auch bei körperlichen Krankheiten, psychosomatische Konsiliararbeit, Psychoonkologie.

*) Die kursiv gesetzten Seitenzahlen verweisen auf die Literaturangaben.

Melges, F. T. 123, *129*
Meltzer, J. C. 54, *82*
Mendelsohn, E. 34, *64*
Menzel, H. *75*
Menzel, P. T. *78*
Merk, H. R. 382, *390*
Merleau-Ponty 436, 438, *498*
Messer, S. B. 54, *82*
Metcalf, P. 21, *27*
Metzger, A. M. 146, *180*
Meyer, A. E. *591*
Meyer, B. C. *70*
Meyer, J. E. 18, *28*, 123, *129*
Meyer, R. M. *70*
Michels, R. 52, *82*
Middendorf, I. 465, *498*
Mikkelsen, E. J. 123, *129*
Mikorey, M. *70*
Mikorey 463
Miles, M. Sh. 507, 524f, 532, 537, *573*
Miller 570
Miller, A. 36, *70*
Miller, A. J. 12, *28*
Miller, C. *136*
Miller, W. C. 87, 94, 118, 122, *129*
Milligan, M. *139*
Mills, D. H. *73*
Mills, L. O. 224, *232*, 421, 429, *430*
Milton, D. *78*
Milton, G. W. *70*
Minuchin, S. 391, *408*
Mitchell, B. 34, *64*
Mitchell, K. R. 225, *232*
Mitford, J. 21, *28*
Mlott, S. R. *129*
Moberg, V. 249
Mochel, H. *78*
Mick, L. A. 122, *128*
Möhring 392
Molinari, G. F. *73*
Möllering, J. *78*
Mollica, R. F. 53, *82*
Montagne, C. H. *78*
Montaigne 501
Moody, R. A. 49, *67*, 283, *309*
Moor, P. *78*
Moor, de, W. 553, *573*
Moore, R. A. 52, 53, *82*
Moos, R. H. 145, *181*
Moreno, F. B. 469, *498*, 556
Moreno, J. L. 435, 439, 459, 469

Morison, R. S. *73, 78*
Morris 36
Morrison, J. K. 123, *129*
Moser, A. 154, *179*
Mosher, M. B. *139*
Moss, D. M. *70*, 109, *136*
Mosteller, F. 37, *63*
Mouw, R. J. 34, *64*
Mowrer, O. H. 52, *82*
Mueller, D. M. *78*
Mueller, P. H. *73*
Müller-Wieland, K. *603*
Munitz, H. 122, *130*
Munson, R. 34, 35, *64*
Murphy, J. G. 53, *82*
Murphy, P. A. 554, *575*
Murray, H. A. 244, 256, *258*
Murray, P. 122, *129*
Murray, R. B. *229*
Musick, P. L. 89, 103, 104, 118, *136*
Muthny, F. A. *127*
Muzekari, L. H. *131*

Nash, J. L. 123, *130*
Nathan, H. *69, 70*
Nehemkis, A. M. *124*
Neidhart, W. 409, *430*
Nelson, J. B. 34, 35, *64*
Neumann, I. 621, *621*
Neville, R. C. *73*
Nevins, M. M. 12, *28*
Nicholi, A. M. *132*
Nir, Y. 54, *82*
Norton, J. 86, 87, 89, 95, 97, 99, 100,
    136, 261, 266, 267, 270, 272, 277,
    469, *498*
Novack, D. H. *70*
Novak, D. 34, *64*
Nowak, K. *78*
Noyes, R. 49, *67*, *124*, 192, *232*, 233

Ochsmann, R. 499, 572, *573*, 574, *575*
O'Connell, W. *573*
O'Connor, J. M. 36, *63*
O'Donnell, T. J. 34, *64*
Offele, W. 409, *430*
Oken, D. *70*, 230, *604*
Olson, E. 22, *28*
Oppenheim, G. *70*
Orth, I. 489, 494, *500*
Osis, K. 49, *67*

644

Sachregister